Código Extranjería

Lefebvre

Lefebvre

Cuarta Edición: Julio de 2025

ISBN: 979-13-87732-32-5
Depósito legal: M-14787-2025
PVP: 18,41 € (IVA incluido)
Imprime: Printing'94

© Lefebvre-El Derecho, S.A.
CIF: A79216651
Monasterios de Suso y Yuso, 34.28049 Madrid. Tfno.: 91 210 80 00
clientes@lefebvre.es
www.efl.es

Accede gratis a este Código Básico en nuestras aplicaciones móviles

1. Apunta y escanea

Abre la cámara de tu smartphone y apúntala al código QR que encontrarás en esta página.

2. Descarga nuestra app (si aún no la tienes)

- Si es la primera vez que escaneas nuestro QR, te llevaremos directamente a la tienda de aplicaciones de tu dispositivo (Google Play o App Store).
- Descarga nuestra app gratuita Códigos Lefebvre con un solo clic.
- Una vez instalada, ábrela y tendrás acceso inmediato al contenido actualizado del Código que acabas de escanear.

3. Para usuarios que ya tienen la app

- Si ya tienes nuestra app instalada pero nunca la has usado, simplemente escanea el código QR desde la pantalla de inicio de sesión.
- ¿Ya has utilizado nuestra app antes? Abre el menú lateral y selecciona "Escanear código QR" para acceder al nuevo Código

Este acceso estará disponible hasta el 1 de septiembre de 2026, fecha en que se publicarán las nuevas ediciones en formato papel.

Todos los ejemplares se entregarán retractilados. No se admitirá ninguna devolución de Códigos sin esta protección.

ÍNDICE

2. DERECHO DE ASILO, REFUGIADOS, APÁTRIDAS Y DESPLAZADOS

3. NACIONALES DE ESTADOS MIEMBROS DE LA UNIÓN EUROPEA

RELACIÓN DE REFORMAS DE LAS NORMAS PUBLICADAS

Ley Orgánica 8/2000, de 22 de diciembre, de reforma de la Ley Orgánica 4/2000, de 11 de enero, sobre derechos y libertades de los extranjeros en España y su integración social.

Real Decreto 864/2001, de 20 de julio, por el que se aprueba el Reglamento de ejecución de la Ley Orgánica 4/2000, de 11 de enero, sobre derechos y libertades de los extranjeros en España y su integración social, reformada por Ley Orgánica 8/2000, de 22 de diciembre

Real Decreto 865/2001, de 20 de julio, por el que se aprueba el Reglamento de reconocimiento del estatuto de apátrida.

Ley Orgánica 11/2003, de 29 de septiembre, de medidas concretas en materia de seguridad ciudadana, violencia doméstica e integración social de los extranjeros.

Real Decreto 1325/2003, de 24 de octubre, por el que se aprueba el Reglamento sobre régimen de protección temporal en caso de afluencia masiva de personas desplazadas.

Ley Orgánica 14/2003, de 20 de noviembre, de Reforma de la Ley orgánica 4/2000, de 11 de enero, sobre derechos y libertades de los extranjeros en España y su integración social, modificada por la Ley Orgánica 8/2000, de 22 de diciembre; de la Ley 7/1985, de 2 de abril, Reguladora de las Bases del Régimen Local; de la Ley 30/1992, de 26 de noviembre, de Régimen Jurídico de las Administraciones Públicas y del Procedimiento Administrativo Común, y de la Ley 3/1991, de 10 de enero, de Competencia Desleal.

Real Decreto 2393/2004, de 30 de diciembre, por el que se aprueba el Reglamento de la Ley Orgánica 4/2000, de 11 de enero, sobre derechos y libertades de los extranjeros en España y su integración social.

Sentencia 236/2007, de 7 de noviembre de 2007. Recurso de inconstitucionalidad 1707-2001. Interpuesto por el Parlamento de Navarra contra diversos preceptos de la Ley Orgánica 8/2000, de 22 de diciembre, de reforma de la Ley Orgánica 4/2000, de 11 de enero, sobre derechos y libertades de los extranjeros en España y su integración social.

Sentencia 259/2007, de 19 de diciembre de 2007. Recurso de inconstitucionalidad 1640-2001. Interpuesto por la Junta de Andalucía respecto a diversos preceptos de la Ley Orgánica 8/2000, de 22 de diciembre, de reforma de la Ley Orgánica 4/2000, de 11 de enero, sobre derechos y libertades de los extranjeros en España y su integración social.

Real Decreto 1161/2009, de 10 de julio, por el que se modifica el Real Decreto 240/2007, de 16 de febrero, sobre entrada, libre circulación y residencia en España de ciudadanos de los Estados miembros de la Unión Europea y de otros Estados parte en el Acuerdo sobre el Espacio Económico Europeo.

Ley Orgánica 2/2009, de 11 de diciembre, de reforma de la Ley Orgánica 4/2000, de 11 de enero, sobre derechos y libertades de los extranjeros en España y su integración social.

Sentencia de 1 de junio de 2010, de la Sala Tercera del Tribunal Supremo, por la que se anulan varias expresiones de los artículos 2, 3, 4, 9 y 18 y disposición final tercera del Real Decreto 240/2007, de 16 de febrero, sobre entrada, libre circulación y residencia en España de ciudadanos de los Estados miembros de la U.E. y de otros Estados parte en el Acuerdo sobre el Espacio Económico Europeo.

Ley Orgánica 10/2011, de 27 de julio, de modificación de los artículos 31 bis y 59 bis de la Ley Orgánica 4/2000, de 11 de enero, sobre derechos y libertades de los extranjeros en España y su integración social.

Real Decreto 1710/2011, de 18 de noviembre, por el que se modifica el Real Decreto 240/2007, de 16 de febrero, sobre entrada, libre circulación y residencia en España de ciudadanos de los Estados miembros de la Unión Europea y de otros Estados parte en el Acuerdo sobre el Espacio Económico Europeo.

Real Decreto-ley 16/2012, de 20 de abril, de medidas urgentes para garantizar la sostenibilidad del Sistema Nacional de Salud y mejorar la calidad y seguridad de sus prestaciones.

Real Decreto 1192/2012, de 3 de agosto, por el que se regula la condición de asegurado y de beneficiario a efectos de la asistencia sanitaria en España, con cargo a fondos públicos, a través del Sistema Nacional de Salud.

Sentencia de 12 de marzo de 2013, de la Sala Tercera del Tribunal Supremo, por la que se anulan determinados preceptos del Reglamento de la Ley Orgánica 4/2000, sobre derechos y libertades de los extranjeros en España y su integración social, aprobado por el Real Decreto 557/2011, de 20 de abril.

Ley Orgánica 4/2013, de 28 de junio, de reforma del Consejo General del Poder Judicial, por la que se modifica la Ley Orgánica 6/1985, de 1 de julio, del Poder Judicial.

Real Decreto 844/2013, de 31 de octubre, por el que se modifica el Reglamento de la Ley Orgánica 4/2000, de 11 de enero, sobre derechos y libertades de los extranjeros en España y su integración social, aprobado por el Real Decreto 557/2011, de 20 de abril.

Ley 25/2013, de 27 de diciembre, de impulso de la factura electrónica y creación del registro contable de facturas en el Sector Público.

Real Decreto 162/2014, de 14 de marzo, por el que se aprueba el reglamento de funcionamiento y régimen interior de los centros de internamiento de extranjeros.

Ley 2/2014, de 25 de marzo, de la Acción y del Servicio Exterior del Estado.

Ley 10/2014, de 26 de junio, de ordenación, supervisión y solvencia de entidades de crédito.

Ley Orgánica 4/2015, de 30 de marzo, de protección de la seguridad ciudadana.

Ley Orgánica 8/2015, de 22 de julio, de modificación del sistema de protección a la infancia y a la adolescencia.

Ley 25/2015, de 28 de julio, de mecanismo de segunda oportunidad, reducción de la carga financiera y otras medidas de orden social.

Real Decreto 987/2015, de 30 de octubre, por el que se modifica el Real Decreto 240/2007, de 16 de febrero, sobre entrada, libre circulación y residencia en España de ciudadanos de los Estados miembros de la Unión Europea y de otros Estados parte en el Acuerdo sobre el Espacio Económico Europeo.

Real Decreto-ley 11/2018, de 31 de agosto, de transposición de directivas en materia de protección de los compromisos por pensiones con los trabajadores, prevención del blanqueo de capitales y requisitos de entrada y residencia de nacionales de países terceros y por el que se modifica la Ley 39/2015, de 1 de octubre, del Procedimiento Administrativo Común de las Administraciones Públicas.

Ley 11/2018, de 28 de diciembre, por la que se modifica el Código de Comercio, el texto refundido de la Ley de Sociedades de Capital aprobado por el Real Decreto Legislativo 1/2010, de 2 de julio, y la Ley 22/2015, de 20 de julio, de Auditoría de Cuentas, en materia de información no financiera y diversidad.

Real Decreto Legislativo 1/2020, de 5 de mayo, por el que se aprueba el texto refundido de la Ley Concursal.

Real Decreto 903/2021, de 19 de octubre, por el que se modifica el Reglamento de la Ley Orgánica 4/2000, sobre derechos y libertades de los extranjeros en España y su integración social, tras su reforma por Ley Orgánica 2/2009, aprobado por el Real Decreto 557/2011, de 20 de abril.

Real Decreto-ley 24/2021, de 2 de noviembre, de transposición de directivas de la Unión Europea en las materias de bonos garantizados, distribución transfronteriza de organismos de inversión colectiva, datos abiertos y reutilización de la información del sector público, ejercicio de derechos de autor y derechos afines aplicables a determinadas transmisiones en línea y a las retransmisiones de programas de radio y televisión, exenciones temporales a determinadas importaciones y suministros, de personas consumidoras y para la promoción de vehículos de transporte por carretera limpios y energéticamente eficientes.

Ley 22/2021, de 28 de diciembre, de Presupuestos Generales del Estado para el año 2022.

Real Decreto-ley 10/2022, de 13 de mayo, por el que se establece con carácter temporal un mecanismo de ajuste de costes de producción para la reducción del precio de la electricidad en el mercado mayorista.

Real Decreto 629/2022, de 26 de julio, por el que se modifica el Reglamento de la Ley Orgánica 4/2000, sobre derechos y libertades de los extranjeros en España y su integración social, tras su reforma por Ley Orgánica 2/2009, aprobado por el Real Decreto 557/2011, de 20 de abril.

Real Decreto-ley 13/2022, de 26 de julio, por el que se establece un nuevo sistema de cotización para los trabajadores por cuenta propia o autónomos y se mejora la protección por cese de actividad.

Ley Orgánica 10/2022, de 6 de septiembre, de garantía integral de la libertad sexual.

Ley 18/2022, de 28 de septiembre, de creación y crecimiento de empresas.

Ley 28/2022, de 21 de diciembre, de fomento del ecosistema de las empresas emergentes.

Ley 4/2023, de 28 de febrero, para la igualdad real y efectiva de las personas trans y para la garantía de los derechos de las personas LGTBI.

Ley Orgánica 2/2023, de 22 de marzo, del Sistema Universitario.

Ley 11/2023, de 8 de mayo, de trasposición de Directivas de la Unión Europea en materia de accesibilidad de determinados productos y servicios, migración de personas altamente cualificadas, tributaria y digitalización de actuaciones notariales y registrales; y por la que se modifica la Ley 12/2011, de 27 de mayo, sobre responsabilidad civil por daños nucleares o producidos por materiales radiactivos.

Sentencia 731/2023 del Tribunal Supremo, de 5 de Junio de 2023

Ley Orgánica 1/2025, de 2 de enero, de medidas en materia de eficiencia del Servicio Público de Justicia.

Real Decreto Ley 2/2025, de 18 de marzo, por el que se aprueban medidas urgentes para la garantía del interés superior de la infancia y la adolescencia ante situaciones de contingencias migratorias extraordinarias.

INDICE DE PRECEPTOS AFECTADOS POR LAS REFORMAS

1. LEGISLACIÓN DE EXTRANJEROS

I. Ley Orgánica 4/2000, de 11 de enero, sobre derechos y libertades de los extranjeros en España y su integración social.

Última reforma de la presente disposición realizada por RDL 2/2025, de 18 de marzo, por el que se aprueban medidas urgentes para la garantía del interés superior de la infancia y la adolescencia ante situaciones de contingencias migratorias extraordinarias

TÍTULO PRELIMINAR
Disposiciones generales

1. *Delimitación del ámbito.* [1] 1. Se consideran extranjeros, a los efectos de la aplicación de la presente Ley, a los que carezcan de la nacionalidad española.

2. Lo dispuesto en esta Ley se entenderá, en todo caso, sin perjuicio de lo establecido en leyes especiales y en los Tratados internacionales en los que España sea parte.

3. Los nacionales de los Estados miembros de la Unión Europea y aquellos a quienes sea de aplicación el régimen comunitario se regirán por las normas que lo regulan, siéndoles de aplicación la presente Ley en aquellos aspectos que pudieran ser más favorables [2] . [3]

2. *Exclusión del ámbito de la ley.* Quedan excluidos del ámbito de aplicación de esta ley:

---

[1] Dada nueva redacción por art. 1 apartado 1 de Ley Orgánica 8/2000 de 22 de diciembre de 2000, con vigencia desde 23/01/2001

[2] Véase el RD 240/2007 de 16 febrero, sobre entrada, libre circulación y residencia en España de ciudadanos de los Estados miembros de la Unión Europea y de otros Estados parte en el Acuerdo sobre el Espacio Económico Europeo

[3] Dada nueva redacción apartado 3 por art. único apartado 1 de Ley Orgánica 2/2009 de 11 de diciembre de 2009, con vigencia desde 13/12/2009

a) Los agentes diplomáticos y los funcionarios consulares acreditados en España, así como los demás miembros de las misiones diplomáticas permanentes o especiales y de las oficinas consulares y sus familiares que, en virtud de las normas del Derecho internacional, estén exentos de las obligaciones relativas a su inscrip ción como extranjeros y a la obtención de la autorización de residencia. [4]

b) Los representantes, delegados y demás miembros de las Misiones permanentes o de las Delegaciones ante los Organismos intergubernamentales con sede en España o en Conferencias internacionales que se celebren en España, así como sus familiares. [5]

c) Los funcionarios destinados en Organizaciones internacionales o intergubernamentales con sede en España, así como sus familiares, a quienes los Tratados en los que sea parte España eximan de las obligaciones mencionadas en el párrafo a) de este artículo.

2 bis. *La política inmigratoria.* [6] 1. Corresponde al Gobierno, de conformidad con lo previsto en el art. 149.1.2ª de la Constitución, la definición, planificación, regulación y desarrollo de la política de inmigración, sin perjuicio de las competencias que puedan ser asumidas por las Comunidades Autónomas y por las Entidades Locales. [7]

2. Todas las Administraciones Públicas basarán el ejercicio de sus competencias vinculadas con la inmigración en el respeto a los siguientes principios:

a) la coordinación con las políticas definidas por la Unión Europea; [8]

---

[4] Dada nueva redacción letra a por disposición adicional única de Ley Orgánica 14/2003 de 20 de noviembre de 2003, con vigencia desde 21/12/2003

[5] Dada nueva redacción letra b por art. único apartado 2 de Ley Orgánica 2/2009 de 11 de diciembre de 2009, con vigencia desde 13/12/2009

[6] Añadido por art. único apartado 3 de Ley Orgánica 2/2009 de 11 de diciembre de 2009, con vigencia desde 13/12/2009

[7] Véase el RD 1463/2009 de 18 septiembre, sobre traspaso de funciones y servicios a la Generalitat de Cataluña en materia de autorizaciones iniciales de trabajo por cuenta propia o ajena de los extranjeros cuya relación laboral se desarrolle en Cataluña

[8] Ténganse en consideración las siguientes disposiciones comunitarias: - Directiva 2003/110/CE, del Consejo, de 25 de noviembre de 2003, sobre la asistencia en casos de tránsito a efectos de repatriación o alejamiento por vía aérea - Directiva 2003/109/CE, del Consejo, de 25 de noviembre, de 2003, relativa al Estatuto de los

b) la ordenación de los flujos migratorios laborales, de acuerdo con las necesidades de la situación nacional del empleo;

c) la integración social de los inmigrantes mediante políticas transversales dirigidas a toda la ciudadanía;

d) la igualdad efectiva entre mujeres y hombres;

e) la efectividad del principio de no discriminación y, consecuentemente, el reconocimiento de iguales derechos y obligaciones para todos aquellos que vivan o trabajen legalmente en España, en los términos previstos en la Ley;

f) la garantía del ejercicio de los derechos que la Constitución, los tratados internacionales y las leyes reconocen a todas las personas;

g) la lucha contra la inmigración irregular y la persecución del tráfico ilícito de personas;

h) la persecución de la trata de seres humanos;

i) la igualdad de trato en las condiciones laborales y de Seguridad Social;

j) la promoción del diálogo y la colaboración con los países de origen y tránsito de inmigración, mediante acuerdos marco dirigidos a ordenar de manera efectiva los flujos migratorios, así como a fomentar y coordinar las iniciativas de cooperación al desarrollo y codesarrollo.

3. El Estado garantizará el principio de solidaridad, consagrado en la Constitución, atendiendo a las especiales circunstancias de aquellos

---

nacionales de terceros países residentes de larga duración - Directiva 2004/81/CE, del Consejo, de 29 de abril de 2004, relativa a la expedición de un permiso de residencia a nacionales de terceros países que sean víctimas de la trata de seres humanos o hayan sido objeto de una acción de ayuda a la inmigración ilegal que cooperen con las autoridades competentes - Directiva 2004/82/CE, del Consejo, de 29 de abril de 2004, sobre la obligación de los transportistas de comunicar los datos de las personas transportadas - Directiva 2004/114/CE, de 13 de diciembre de 2004, del Consejo, relativa a los requisitos de admisión de los nacionales de terceros países a efectos de estudios, intercambio de alumnos, prácticas no remuneradas o servicios de voluntariado - Directiva 2005/71/CE, de 12 de octubre de 2005, del Consejo, relativa a un procedimiento específico de admisión de los nacionales de terceros países a efectos de investigación científica - Directiva 2008/115/CEE, de 16 de diciembre de 2008, del Parlamento Europeo y el Consejo, relativa a las normas y procedimientos en los Estados miembros para el retorno de los nacionales de terceros países en situación de estancia ilegal - Directiva (UE) 2021/1883 del Parlamento Europeo y del Consejo de 20 de octubre de 2021 relativa a las condiciones de entrada y residencia de nacionales de terceros países con fines de empleo de alta cualificación - Directiva 2009/52/CE, del Parlamento Europeo y del Consejo, de 18 de junio de 2009, por la que se establecen normas mínimas sobre las sanciones y medidas aplicables a los empleadores de nacionales de terceros países en situación irregular territorios en los que los flujos migratorios tengan una especial incidencia.

2 ter. *Integración de los inmigrantes.* [9] 1. Los poderes públicos promoverán la plena integración de los extranjeros en la sociedad española, en un marco de convivencia de identidades y culturas diversas sin más límite que el respeto a la Constitución y la Ley.

2. Las Administraciones Públicas incorporarán el objetivo de la integración entre inmigrantes y sociedad receptora, con carácter transversal a todas las políticas y servicios públicos, promoviendo la participación económica, social, cultural y política de las personas inmigrantes, en los términos previstos en la Constitución, en los Estatutos de Autonomía y en las demás leyes, en condiciones de igualdad de trato.

Especialmente, procurarán, mediante acciones formativas, el conocimiento y respeto de los valores constitucionales y estatutarios de España, de los valores de la Unión Europea, así como de los derechos humanos, las libertades públicas, la democracia, la tolerancia y la igualdad entre mujeres y hombres, y desarrollarán medidas específicas para favorecer la incorporación al sistema educativo, garantizando en todo caso la escolarización en la edad obligatoria, el aprendizaje del conjunto de lenguas oficiales, y el acceso al empleo como factores esenciales de integración.

3. La Administración General del Estado cooperará con las Comunidades Autónomas, las Ciudades de Ceuta y Melilla y los Ayuntamientos para la consecución de las finalidades descritas en el presente artículo, en el marco de un plan estratégico plurianual que incluirá entre sus objetivos atender a la integración de los menores extranjeros no acompañados. En todo caso, la Administración General del Estado, las Comunidades Autónomas y los Ayuntamientos colaborarán y coordinarán sus acciones en este ámbito tomando como referencia sus respectivos planes de integración.

4. De conformidad con los criterios y prioridades del Plan Estratégico de Inmigración, el Gobierno y las Comunidades autónomas acordarán en la Conferencia Sectorial de Inmigración programas de acción bienales para reforzar la integración social de los inmigrantes.

---

[9] Añadido por art. único apartado 4 de Ley Orgánica 2/2009 de 11 de diciembre de 2009, con vigencia desde 13/12/2009

Tales programas serán financiados con cargo a un fondo estatal para la integración de los inmigrantes, que se dotará anualmente, y que podrá incluir fórmulas de cofinanciación por parte de las Administraciones receptoras de las partidas del fondo [10].

TÍTULO PRIMERO
Derechos y libertades de los extranjeros

CAPÍTULO PRIMERO
Derechos y libertades de los extranjeros

3. *Igualdad con los españoles e interpretación de las normas.* 1. Los extranjeros gozarán en España de los derechos y libertades reconocidos en el Título I de la Constitución en los términos establecidos en los Tratados internacionales, en esta Ley y en las que regulen el ejercicio de cada uno de ellos. Como criterio interpretativo general, se entenderá que los extranjeros ejercitan los derechos que les reconoce esta Ley en condiciones de igualdad con los españoles. [11] [12]

2. Las normas relativas a los derechos fundamentales de los extranjeros serán interpretadas de conformidad con la Declaración Universal de Derechos Humanos y con los tratados y acuerdos internacionales sobre las mismas materias vigentes en España, sin que pueda alegarse la profesión de creencias religiosas o convicciones ideológicas o culturales de signo diverso para justificar la realización de actos o conductas contrarios a las mismas. [13]

---

[10] Queda sin efecto lo previsto en este apartado 4: - Para el ejercicio 2014, conforme a la disp. adic. 82ª Ley 22/2013 de 23 diciembre. - Para el ejercicio 2015, conforme a la disp. adic. 72ª Ley 36/2014 de 26 diciembre. -Para el ejercicio 2016, conforme a la disp.adic.75ª Ley 48/2015 de 29 de octubre. - Para el ejercicio 2017, conforme a la disp. adic. 104ª Ley 3/2017 de 27 junio. - Para el ejercicio 2018, conforme a la disp. adic. 105ª Ley 6/2018 de 3 julio

[11] Véase art. 13.1 CE

[12] Dada nueva redacción apartado 1 por art. 1 apartado 2 de Ley Orgánica 8/2000 de 22 de diciembre de 2000, con vigencia desde 23/01/2001

[13] Dada nueva redacción apartado 2 por art. único apartado 5 de Ley Orgánica 2/2009 de 11 de diciembre de 2009, con vigencia desde 13/12/2009

4. *Derecho a la documentación.* [14] 1. Los extranjeros que se encuentren en territorio español tienen el derecho y el deber de conservar la documentación que acredite su identidad, expedida por las autoridades competentes del país de origen o de procedencia, así como la que acredite su situación en España.

2. Todos los extranjeros a los que se haya expedido un visado o una autorización para permanecer en España por un período superior a seis meses, obtendrán la tarjeta de identidad de extranjero, que deberán solicitar personalmente en el plazo de un mes desde su entrada en España o desde que se conceda la autorización, respectivamente. Estarán exceptuados de dicha obligación los titulares de un visado de residencia y trabajo de temporada.

Reglamentariamente se desarrollarán los supuestos en que se podrá obtener dicha tarjeta de identidad cuando se haya concedido una autorización para permanecer en España por un periodo no superior a seis meses.

3. Los extranjeros no podrán ser privados de su documentación, salvo en los supuestos y con los requisitos previstos en esta Ley Orgánica y en la Ley Orgánica 1/1992, de 21 de febrero, sobre Protección de la Seguridad Ciudadana.

5. *Derecho a la libertad de circulación.* [15] 1. Los extranjeros que se hallen en España de acuerdo con lo establecido en el Título II de esta Ley, tendrán derecho a circular libremente por el territorio español y a elegir su residencia sin más limitaciones que las establecidas con carácter general por los tratados y las leyes, o las acordadas por la autoridad judicial, con carácter cautelar o en un proceso penal o de extradición en el que el extranjero tenga la condición de imputado, víctima o testigo, o como consecuencia de sentencia firme. [16]

2. No obstante, podrán establecerse medidas limitativas específicas cuando se acuerden en la declaración de estado de excepción o de sitio, en los términos previstos en la Constitución, y, excepcionalmente por razones de seguridad pública, de forma individualizada, motivada y en

---

[14] Dada nueva redacción por art. único apartado 6 de Ley Orgánica 2/2009 de 11 de diciembre de 2009, con vigencia desde 13/12/2009

[15] Dada nueva redacción por art. único apartado 7 de Ley Orgánica 2/2009 de 11 de diciembre de 2009, con vigencia desde 13/12/2009

[16] Véase art. 19 CE

proporción a las circunstancias que concurran en cada caso, por resolución del Ministro del Interior, adoptada de acuerdo con las garantías jurídicas del procedimiento sancionador previsto en la Ley. Las medidas limitativas, cuya duración no excederá del tiempo imprescindible y proporcional a la persistencia de las circunstancias que justificaron la adopción de las mismas, podrán consistir en la presentación periódica ante las autoridades competentes y en el alejamiento de fronteras o núcleos de población concretados singularmente.

6. *Participación pública.* [17] 1. Los extranjeros residentes en España podrán ser titulares del derecho de sufragio, en las elecciones municipales, en los términos establecidos en la Constitución, en los tratados internacionales, en su caso, y en la Ley. [18]

2. Los extranjeros residentes, empadronados en un municipio, tienen todos los derechos establecidos por tal concepto en la legislación de bases de régimen local, pudiendo ser oídos en los asuntos que les afecten de acuerdo con lo que disponga la normativa de aplicación.

3. Los Ayuntamientos incorporarán al padrón a los extranjeros que tengan su domicilio habitual en el municipio y mantendrán actualizada la información relativa a los mismos.

4. Los poderes públicos facilitarán el ejercicio del derecho de sufragio de los extranjeros en los procesos electorales democráticos del país de origen.

7. *Libertades de reunión y manifestación.* 1. Los extranjeros tienen el derecho de reunión en las mismas condiciones que los españoles. [19] [20]

2. Los promotores de reuniones o manifestaciones en lugares de tránsito público darán comunicación previa a la autoridad competente con la antelación prevista en la Ley Orgánica reguladora del Derecho

---

[17] Dada nueva redacción por art. único apartado 8 de Ley Orgánica 2/2009 de 11 de diciembre de 2009, con vigencia desde 13/12/2009

[18] Véase art. 13.2 CE

[19] Véase art. 21 CE

[20] Dada nueva redacción apartado 1 por art. único apartado 9 de Ley Orgánica 2/2009 de 11 de diciembre de 2009, con vigencia desde 13/12/2009

de Reunión, la cual no podrá prohibirla o proponer su modificación sino por las causas previstas en dicha Ley.

8. *Libertad de asociación.* [21] Todos los extranjeros tienen el derecho de asociación en las mismas condiciones que los españoles. [22]

9. *Derecho a la educación.* [23] 1. Los extranjeros menores de dieciséis años tienen el derecho y el deber a la educación, que incluye el acceso a una enseñanza básica, gratuita y obligatoria. Los extranjeros menores de dieciocho años también tienen derecho a la enseñanza posobligatoria.

Este derecho incluye la obtención de la titulación académica correspondiente y el acceso al sistema público de becas y ayudas en las mismas condiciones que los españoles.

En caso de alcanzar la edad de dieciocho años en el transcurso del curso escolar, conservarán ese derecho hasta su finalización.

2. Los extranjeros mayores de dieciocho años que se hallen en España tienen derecho a la educación de acuerdo con lo establecido en la legislación educativa. En todo caso, los extranjeros residentes mayores de dieciocho años tienen el derecho a acceder a las demás etapas educativas posobligatorias, a la obtención de las titulaciones correspondientes, y al sistema público de becas en las mismas condiciones que los españoles.

3. Los poderes públicos promoverán que los extranjeros puedan recibir enseñanzas para su mejor integración social.

4. Los extranjeros residentes que tengan en España menores a su cargo en edad de escolarización obligatoria, deberán acreditar dicha escolarización, mediante informe emitido por las autoridades autonómicas competentes, en las solicitudes de renovación de su autorización o en su solicitud de residencia de larga duración.
[24]

---

[21] Dada nueva redacción por art. único apartado 10 de Ley Orgánica 2/2009 de 11 de diciembre de 2009, con vigencia desde 13/12/2009

[22] Véase art. 22 CE

[23] Dada nueva redacción por art. único apartado 11 de Ley Orgánica 2/2009 de 11 de diciembre de 2009, con vigencia desde 13/12/2009

[24] Véase art. 27 CE y la LO 2/2006, de 3 de mayo, de Educación

10. *Derecho al trabajo y a la Seguridad Social.* [25] 1. Los extranjeros residentes que reúnan los requisitos previstos en esta Ley Orgánica y en las disposiciones que la desarrollen tienen derecho a ejercer una actividad remunerada por cuenta propia o ajena, así como a acceder al sistema de la Seguridad Social, de conformidad con la legislación vigente. [26]

2. Los extranjeros podrán acceder al empleo público en los términos previstos en la Ley 7/2007, de 12 de abril, del Estatuto Básico del Empleado Público. [27]

11. *Libertad de sindicación y huelga.* [28] 1. Los extranjeros tienen derecho a sindicarse libremente o a afiliarse a una organización profesional, en las mismas condiciones que los trabajadores españoles. [29]

2. Los extranjeros podrán ejercer el derecho a la huelga en las mismas condiciones que los españoles. [30]

12. *Derecho a la asistencia sanitaria.* [31] Los extranjeros tienen derecho a la asistencia sanitaria en los términos previstos en la legislación vigente en materia sanitaria.

13. *Derechos en materia de vivienda.* [32] Los extranjeros residentes tienen derecho a acceder a los sistemas públicos de ayudas en materia de vivienda en los términos que establezcan las leyes y las

---

[25] Dada nueva redacción por art. único apartado 12 de Ley Orgánica 2/2009 de 11 de diciembre de 2009, con vigencia desde 13/12/2009

[26] Véase art. 7 LGSS. Téngase en cuenta la O. TAS/3698/2006, de 22 de noviembre, por la que se regula la inscripción de trabajadores extranjeros no comunitarios en los Servicios Públicos de Empleo y en las Agencias de Colocación

[27] Véase art. 57 EBEP

[28] Dada nueva redacción por art. único apartado 13 de Ley Orgánica 2/2009 de 11 de diciembre de 2009, con vigencia desde 13/12/2009

[29] Véase art. 28.1 CE

[30] Véase art. 28.2 CE

[31] Dada nueva redacción por disposición final 3 de Real Decreto-Ley 16/2012 de 20 de abril de 2012, con vigencia desde 24/04/2012

[32] Dada nueva redacción por art. único apartado 15 de Ley Orgánica 2/2009 de 11 de diciembre de 2009, con vigencia desde 13/12/2009

Administraciones competentes. En todo caso, los extranjeros residentes de larga duración tienen derecho a dichas ayudas en las mismas condiciones que los españoles.

14. *Derecho a Seguridad Social y a los servicios sociales.* [33] 1. Los extranjeros residentes tienen derecho a acceder a las prestaciones y servicios de la Seguridad Social en las mismas condiciones que los españoles.

2. Los extranjeros residentes tienen derecho a los servicios y a las prestaciones sociales, tanto a las generales y básicas como a las específicas, en las mismas condiciones que los españoles. En cualquier caso, los extranjeros con discapacidad, menores de dieciocho años, que tengan su domicilio habitual en España, tendrán derecho a recibir el tratamiento, servicios y cuidados especiales que exija su estado físico o psíquico.

3. Los extranjeros, cualquiera que sea su situación administrativa, tienen derecho a los servicios y prestaciones sociales básicas.

15. *Sujeción de los extranjeros a los mismos impuestos que los españoles.* 1. Sin perjuicio de lo dispuesto en los acuerdos aplicables sobre doble imposición internacional, los extranjeros estarán sujetos, con carácter general, a los mismos impuestos que los españoles. [34]

2. Los extranjeros tienen derecho a transferir sus ingresos y ahorros obtenidos en España a su país, o a cualquier otro, conforme a los procedimientos establecidos en la legislación española y de conformidad con los acuerdos internacionales aplicables. El Gobierno adoptará las medidas necesarias para facilitar dichas transferencias. [35]

---

[33] Dada nueva redacción por art. único apartado 16 de Ley Orgánica 2/2009 de 11 de diciembre de 2009, con vigencia desde 13/12/2009

[34] Dada nueva redacción apartado 1 por art. 1 apartado 11 de Ley Orgánica 8/2000 de 22 de diciembre de 2000, con vigencia desde 23/01/2001

[35] Dada nueva redacción apartado 2 por art. único apartado 17 de Ley Orgánica 2/2009 de 11 de diciembre de 2009, con vigencia desde 13/12/2009

CAPÍTULO II
Reagrupación familiar [36]

16. *Derecho a la intimidad familiar.* 1. Los extranjeros residentes tienen derecho a la vida en familia y a la intimidad familiar en la forma prevista en esta Ley Orgánica y de acuerdo con lo dispuesto en los Tratados internacionales suscritos por España.

2. Los extranjeros residentes en España tienen derecho a reagrupar con ellos a los familiares que se determinan en el art. 17. [37]

3. El cónyuge que hubiera adquirido la residencia en España por causa familiar y sus familiares con él agrupados conservarán la residencia aunque se rompa el vínculo matrimonial que dio lugar a la adquisición.

Reglamentariamente se podrá determinar el tiempo previo de convivencia en España que se tenga que acreditar en estos supuestos. [38]

17. *Familiares reagrupables.* [39] 1. El extranjero residente tiene derecho a reagrupar con él en España a los siguientes familiares:

a) El cónyuge del residente, siempre que no se encuentre separado de hecho o de derecho, y que el matrimonio no se haya celebrado en fraude de Ley. En ningún caso podrá reagruparse a más de un cónyuge aunque la Ley personal del extranjero admita esta modalidad matrimonial. El extranjero residente que se encuentre casado en segundas o posteriores nupcias por la disolución de cada uno de sus anteriores matrimonios sólo podrá reagrupar con él al nuevo cónyuge si acredita que la disolución ha tenido lugar tras un procedimiento jurídico que fije la situación del cónyuge anterior y de sus hijos comunes en cuanto al uso de la vivienda común, a la pensión compensatoria a dicho cónyuge y a los alimentos que correspondan a los hijos menores, o

---

[36] Véanse los arts. 65 a 71 RD 1155/2024 de 19 noviembre, por el que se aprueba el nuevo Reglamento de esta Ley Orgánica, con vigencia desde el 20 mayo 2025 y los arts. 52 a 61 RD 557/2011 de 20 abril, del anterior Reglamento

[37] Dada nueva redacción apartado 2 por art. 1 apartado 12 de Ley Orgánica 8/2000 de 22 de diciembre de 2000 , con vigencia desde 23/01/2001

[38] Dada nueva redacción apartado 3 por art. 1 apartado 12 de Ley Orgánica 8/2000 de 22 de diciembre de 2000, con vigencia desde 23/01/2001

[39] Dada nueva redacción por art. único apartado 18 de Ley Orgánica 2/2009 de 11 de diciembre de 2009, con vigencia desde 13/12/2009

mayores en situación de dependencia. En la disolución por nulidad, deberán haber quedado fijados los derechos económicos del cónyuge de buena fe y de los hijos comunes, así como la indemnización, en su caso.

b) Los hijos del residente y del cónyuge, incluidos los adoptados, siempre que sean menores de dieciocho años o personas con discapacidad que no sean objetivamente capaces de proveer a sus propias necesidades debido a su estado de salud. Cuando se trate de hijos de uno solo de los cónyuges se requerirá, además, que éste ejerza en solitario la patria potestad o que se le haya otorgado la custodia y estén efectivamente a su cargo. En el supuesto de hijos adoptivos deberá acreditarse que la resolución por la que se acordó la adopción reúne los elementos necesarios para producir efecto en España.

c) Los menores de dieciocho años y los mayores de esa edad que no sean objetivamente capaces de proveer a sus propias necesidades, debido a su estado de salud, cuando el residente extranjero sea su representante legal y el acto jurídico del que surgen las facultades representativas no sea contrario a los principios del ordenamiento español.

d) Los ascendientes en primer grado del reagrupante y de su cónyuge cuando estén a su cargo, sean mayores de sesenta y cinco años y existan razones que justifiquen la necesidad de autorizar su residencia en España. Reglamentariamente se determinarán las condiciones para la reagrupación de los ascendientes de los residentes de larga duración en otro Estado miembro de la Unión Europea, de los trabajadores titulares de la tarjeta azul de la U.E. y de los beneficiarios del régimen especial de investigadores. Excepcionalmente, cuando concurran razones de carácter humanitario, podrá reagruparse al ascendiente menor de sesenta y cinco años si se cumplen las demás condiciones previstas en esta Ley.

2. Los extranjeros que hubieran adquirido la residencia en virtud de una previa reagrupación podrán, a su vez, ejercer el derecho de reagrupación de sus propios familiares, siempre que cuenten ya con una autorización de residencia y trabajo, obtenida independientemente de la autorización del reagrupante, y acrediten reunir los requisitos previstos en esta Ley Orgánica.

3. Cuando se trate de ascendientes reagrupados, éstos sólo podrán ejercer, a su vez, el derecho de reagrupación familiar tras haber obteni-

do la condición de residentes de larga duración y acreditado solvencia económica.

Excepcionalmente, el ascendiente reagrupado que tenga a su cargo un o más hijos menores de edad, o hijos con discapacidad que no sean objetivamente capaces de proveer a sus propias necesidades debido a su estado de salud, podrá ejercer el derecho de reagrupación en los términos dispuestos en el apartado segundo de este artículo, sin necesidad de haber adquirido la residencia de larga duración.

4. La persona que mantenga con el extranjero residente una relación de afectividad análoga a la conyugal se equiparará al cónyuge a todos los efectos previstos en este capítulo, siempre que dicha relación esté debidamente acreditada y reúna los requisitos necesarios para producir efectos en España.

En todo caso, las situaciones de matrimonio y de análoga relación de afectividad se considerarán incompatibles entre sí.

No podrá reagruparse a más de una persona con análoga relación de afectividad, aunque la Ley personal del extranjero admita estos vínculos familiares.

5. Reglamentariamente, se desarrollarán las condiciones para el ejercicio del derecho de reagrupación así como para acreditar, a estos efectos, la relación de afectividad análoga a la conyugal.

18. *Requisitos para la reagrupación familiar.* [40] 1. Los extranjeros podrán ejercer el derecho a la reagrupación familiar cuando hayan obtenido la renovación de su autorización de residencia inicial, con excepción de la reagrupación de los familiares contemplados en el art. 17.1.d) de esta Ley, que solamente podrán ser reagrupados a partir del momento en que el reagrupante adquiera la residencia de larga duración.

La reagrupación de los familiares de residentes de larga duración, de los trabajadores titulares de la tarjeta azul de la U.E. y de los beneficiarios del régimen especial de investigadores, podrá solicitarse y concederse, simultáneamente, con la solicitud de residencia del reagrupante. Cuando tengan reconocida esta condición en otro Estado miembro de la Unión Europea, la solicitud podrá presentarse en

---

[40] Dada nueva redacción por art. único apartado 19 de Ley Orgánica 2/2009 de 11 de diciembre de 2009, con vigencia desde 13/12/2009

España o desde el Estado de la Unión Europea donde tuvieran su residencia, cuando la familia estuviera ya constituida en aquél.

2. El reagrupante deberá acreditar, en los términos que se establezcan reglamentariamente, que dispone de vivienda adecuada y de medios económicos suficientes para cubrir sus necesidades y las de su familia, una vez reagrupada.

En la valoración de los ingresos a efectos de la reagrupación, no computarán aquellos provenientes del sistema de asistencia social, pero se tendrán en cuenta otros ingresos aportados por el cónyuge que resida en España y conviva con el reagrupante.

Las Comunidades Autónomas o, en su caso, los Ayuntamientos informarán sobre la adecuación de la vivienda a los efectos de reagrupación familiar.

Las Administraciones Públicas promoverán la participación de los reagrupados en programas de integración socio-cultural y de carácter lingüístico.

3. Cuando los familiares a reagrupar sean menores en edad de escolarización obligatoria, la Administración receptora de las solicitudes deberá comunicar a las autoridades educativas competentes una previsión sobre los procedimientos iniciados de reagrupación familiar, a los efectos de habilitar las plazas necesarias en los centros escolares correspondientes.

18 bis. *Procedimiento para la reagrupación familiar.* [41] 1. El extranjero que desee ejercer el derecho a la reagrupación familiar deberá solicitar una autorización de residencia por reagrupación familiar a favor de los miembros de su familia que desee reagrupar, pudiendo solicitarse de forma simultánea la renovación de la autorización de residencia y la solicitud de reagrupación familiar.

2. En caso de que el derecho a la reagrupación se ejerza por residentes de larga duración en otro Estado miembro de la Unión Europea que residan en España, la solicitud podrá presentarse por los familiares reagrupables, aportando prueba de residencia como miembro de la familia del residente de larga duración en el primer Estado miembro.

---

[41] Añadido por art. único apartado 20 de Ley Orgánica 2/2009 de 11 de diciembre de 2009, con vigencia desde 13/12/2009

19. *Efectos de la reagrupación familiar en circunstancias especiales.* [42] 1. La autorización de residencia por reagrupación familiar de la que sean titulares el cónyuge e hijos reagrupados cuando alcancen la edad laboral, habilitará para trabajar sin necesidad de ningún otro trámite administrativo.

2. El cónyuge reagrupado podrá obtener una autorización de residencia independiente cuando disponga de medios económicos suficientes para cubrir sus propias necesidades.

En caso de que la cónyuge reagrupada fuera víctima de violencia de género, sin necesidad de que se haya cumplido el requisito anterior, podrá obtener la autorización de residencia y trabajo independiente, desde el momento en que se hubiera dictado a su favor una orden de protección o, en su defecto, informe del Ministerio Fiscal que indique la existencia de indicios de violencia de género.

3. Los hijos reagrupados podrán obtener una autorización de residencia independiente cuando alcancen la mayoría de edad y dispongan de medios económicos suficientes para cubrir sus propias necesidades.

4. Reglamentariamente se determinará la forma y la cuantía de los medios económicos considerados suficientes para que los familiares reagrupados puedan obtener una autorización independiente.

5. En caso de muerte del reagrupante, los familiares reagrupados podrán obtener una autorización de residencia independiente en las condiciones que se determinen.

CAPÍTULO III
Garantías jurídicas

20. *Derecho a la tutela judicial efectiva.* [43] 1. Los extranjeros tienen derecho a la tutela judicial efectiva. [44]

2. Los procedimientos administrativos que se establezcan en materia de extranjería respetarán en todo caso las garantías previstas en la

---

[42] Dada nueva redacción por art. único apartado 21 de Ley Orgánica 2/2009 de 11 de diciembre de 2009, con vigencia desde 13/12/2009

[43] Renumerado por art. 1 apartado 14 de Ley Orgánica 8/2000 de 22 de diciembre de 2000 como artículo 20, dando nueva redacción, con vigencia desde 23/01/2001

[44] Véase art. 24 CE

legislación general sobre procedimiento administrativo, especialmente en lo relativo a publicidad de las normas, contradicción, audiencia del interesado y motivación de las resoluciones, salvo lo dispuesto en el art. 27 de esta Ley.

3. En los procedimientos administrativos estarán legitimadas para intervenir como interesadas las organizaciones constituidas legalmente en España para la defensa de los inmigrantes, expresamente designadas por éstos.

4. En los procesos contencioso-administrativos en materia de extranjería estarán legitimadas para intervenir las entidades que resulten afectadas en los términos previstos por el art. 19.1.b) de la Ley reguladora de dicha jurisdicción.

21. *Derecho al recurso contra los actos administrativos.* [45] 1. Los actos y resoluciones administrativas adoptados en relación con los extranjeros serán recurribles con arreglo a lo dispuesto en las leyes.

2. El régimen de ejecutividad de los actos administrativos dictados en materia de extranjería será el previsto con carácter general en la legislación vigente, salvo lo dispuesto en esta Ley para la tramitación de expedientes de expulsión con carácter preferente.

22. *Derecho a la asistencia jurídica gratuita.* [46] 1. Los extranjeros que se hallen en España tienen derecho a la asistencia jurídica gratuita en los procesos en los que sean parte, cualquiera que sea la jurisdicción en la que se sigan, en las mismas condiciones que los ciudadanos españoles. [47]

2. Los extranjeros que se hallen en España tienen derecho a asistencia letrada en los procedimientos administrativos que puedan llevar a su denegación de entrada, devolución, o expulsión del territorio español y en todos los procedimientos en materia de protección internacional, así como a la asistencia de intérprete si no comprenden o hablan la lengua oficial que se utilice. Estas asistencias serán gratuitas

---

[45] Renumerado por art. 1 apartado 15 de Ley Orgánica 8/2000 de 22 de diciembre de 2000 como artículo 21, dando nueva redacción, con vigencia desde 23/01/2001

[46] Dada nueva redacción por art. único apartado 22 de Ley Orgánica 2/2009 de 11 de diciembre de 2009, con vigencia desde 13/12/2009

[47] Véase la Ley 1/1996, de 10 de enero, de asistencia jurídica gratuita

cuando carezcan de recursos económicos suficientes según los criterios establecidos en la normativa reguladora del derecho de asistencia jurídica gratuita.

3. En los procesos contencioso-administrativos contra las resoluciones que pongan fin a la vía administrativa en materia de denegación de entrada, devolución o expulsión, el reconocimiento del derecho a la asistencia jurídica gratuita requerirá la oportuna solicitud realizada en los términos previstos en las normas que regulan la asistencia jurídica gratuita. La constancia expresa de la voluntad de interponer el recurso o ejercitar la acción correspondiente deberá realizarse de conformidad con lo previsto en la Ley 1/2000, de 7 de enero, de Enjuiciamiento Civil, o en caso de que el extranjero pudiera hallarse privado de libertad, en la forma y ante el funcionario público que reglamentariamente se determinen.

A los efectos previstos en este apartado, cuando el extranjero tuviera derecho a la asistencia jurídica gratuita y se encontrase fuera de España, la solicitud de la misma y, en su caso, la manifestación de la voluntad de recurrir, podrán realizarse ante la misión diplomática u oficina consular correspondiente.

CAPÍTULO IV
De las medidas antidiscriminatorias

23. *Actos discriminatorios.* [48] 1. A los efectos de esta Ley, representa discriminación todo acto que, directa o indirectamente, conlleve una distinción, exclusión, restricción o preferencia contra un extranjero basada en la raza, el color, la ascendencia o el origen nacional o étnico, las convicciones y prácticas religiosas, y que tenga como fin o efecto destruir o limitar el reconocimiento o el ejercicio, en condiciones de igualdad, de los derechos humanos y de las libertades fundamentales en el campo político, económico, social o cultural.

2. En cualquier caso, constituyen actos de discriminación:

a) Los efectuados por la autoridad o funcionario público o personal encargado de un servicio público, que en el ejercicio de sus funciones,

---

[48] Renumerado por art. 1 apartado 17 de Ley Orgánica 8/2000 de 22 de diciembre de 2000 como artículo 23, dando nueva redacción, con vigencia desde 23/01/2001

por acción u omisión, realice cualquier acto discriminatorio prohibido por la Ley contra un extranjero sólo por su condición de tal o por pertenecer a una determinada raza, religión, etnia o nacionalidad. [49]

b) Todos los que impongan condiciones más gravosas que a los españoles, o que impliquen resistencia a facilitar a un extranjero bienes o servicios ofrecidos al público, sólo por su condición de tal o por pertenecer a una determinada raza, religión, etnia o nacionalidad.

c) Todos los que impongan ilegítimamente condiciones más gravosas que a los españoles o restrinjan o limiten el acceso al trabajo, a la vivienda, a la educación, a la formación profesional y a los servicios sociales y socioasistenciales, así como a cualquier otro derecho reconocido en la presente Ley Orgánica, al extranjero que se encuentre regularmente en España, sólo por su condición de tal o por pertenecer a una determinada raza, religión, etnia o nacionalidad.

d) Todos los que impidan, a través de acciones u omisiones, el ejercicio de una actividad económica emprendida legítimamente por un extranjero residente legalmente en España, sólo por su condición de tal o por pertenecer a una determinada raza, religión, etnia o nacionalidad.

e) Constituye discriminación indirecta todo tratamiento derivado de la adopción de criterios que perjudiquen a los trabajadores por su condición de extranjeros o por pertenecer a una determinada raza, religión, etnia o nacionalidad.

24. *Aplicabilidad del procedimiento sumario.* [50] La tutela judicial contra cualquier práctica discriminatoria que comporte vulneración de derechos y libertades fundamentales podrá ser exigida por el procedimiento previsto en el art. 53.2 de la Constitución en los términos legalmente establecidos.

---

[49] Dada nueva redacción apartado 2 letra a por art. único apartado 23 de Ley Orgánica 2/2009 de 11 de diciembre de 2009, con vigencia desde 13/12/2009

[50] Renumerado por art. 3 apartado 5 de Ley Orgánica 8/2000 de 22 de diciembre de 2000 como artículo 24, con vigencia desde 23/01/2001

TÍTULO II
Régimen jurídico de las situaciones de los extranjeros

CAPÍTULO PRIMERO
De la entrada y salida del territorio español

25. *Requisitos para la entrada en territorio español.* [51] [52]

1. El extranjero que pretenda entrar en España deberá hacerlo por los puestos habilitados al efecto, hallarse provisto del pasaporte o documento de viaje que acredite su identidad, que se considere válido para tal fin en virtud de convenios internacionales suscritos por España y no estar sujeto a prohibiciones expresas. Asimismo, deberá presentar los documentos que se determinen reglamentariamente que justifiquen el objeto y condiciones de estancia, y acreditar medios de vida suficientes para el tiempo que pretenda permanecer en España, o estar en condiciones de obtener legalmente dichos medios.

2. Salvo en los casos en que se establezca lo contrario en los convenios internacionales suscritos por España o en la normativa de la Unión Europea, será preciso, además, un visado.

No será exigible el visado cuando el extranjero se encuentre provisto de la tarjeta de identidad de extranjero o, excepcionalmente, de una autorización de regreso. [53]

3. Lo dispuesto en los párrafos anteriores no será de aplicación a los extranjeros que soliciten acogerse al derecho de asilo en el momento de su entrada en España, cuya concesión se regirá por lo dispuesto en su normativa específica.

4. Se podrá autorizar la entrada en España de los extranjeros que no reúnan los requisitos establecidos en los párrafos anteriores cuando existan razones excepcionales de índole humanitaria, interés público o cumplimiento de compromisos adquiridos por España. En estos casos,

---

[51] Renumerado por art. 1 apartado 18 de Ley Orgánica 8/2000 de 22 de diciembre de 2000 como artículo 25, dando nueva redacción, con vigencia desde 23/01/2001

[52] Véanse los arts. 1 a 6 RD 1155/2024 de 19 noviembre, por el que se aprueba el nuevo Reglamento de esta Ley Orgánica, con vigencia desde el 20 mayo 2025 y los arts. 1 a 6 RD 557/2011 de 20 abril, del anterior Reglamento

[53] Dada nueva redacción apartado 2 por art. 1 apartado 6 de Ley Orgánica 14/2003 de 20 de noviembre de 2003, con vigencia desde 21/12/2003

se procederá a hacer entrega al extranjero de la documentación que se establezca reglamentariamente.

5. La entrada en territorio nacional de los extranjeros a los que no les sea de aplicación el régimen comunitario, podrá ser registrada por las autoridades españolas a los efectos de control de su período de permanencia legal en España, de conformidad con la Ley Orgánica 15/1999, de 13 de diciembre, de protección de datos de carácter personal. [54]

25 bis. *Tipos de visado.* [55] 1. Los extranjeros que se propongan entrar en territorio español deberán estar provistos de visado, válidamente expedido y en vigor, extendido en su pasaporte o documento de viaje o, en su caso, en documento aparte, salvo lo dispuesto en el apartado 2 del art. 25 de esta Ley.

2. Los visados a que se refiere el apartado anterior serán de una de las clases siguientes:

a) Visado de tránsito, que habilita a transitar por la zona de tránsito internacional de un aeropuerto español o a atravesar el territorio español. No será exigible la obtención de dicho visado en casos de tránsito de un extranjero a efectos de repatriación o alejamiento por vía aérea solicitado por un Estado miembro de la Unión Europea o por un tercer estado que tenga suscrito con España un acuerdo internacional sobre esta materia.

b) Visado de estancia, que habilita para una estancia ininterrumpida o estancias sucesivas por un período o suma de períodos cuya duración total no exceda de tres meses por semestre a partir de la fecha de la primera entrada.

c) Visado de residencia, que habilita para residir sin ejercer actividad laboral o profesional.

d) Visado de residencia y trabajo, que habilita para la entrada y estancia por un período máximo de tres meses y para el comienzo, en ese plazo, de la actividad laboral o profesional para la que hubiera sido previamente autorizado. En este tiempo deberá producirse el alta del trabajador en la Seguridad Social, que dotará de eficacia a la autoriza-

[54] Añadido apartado 5 por art. único apartado 24 de Ley Orgánica 2/2009 de 11 de diciembre de 2009, con vigencia desde 13/12/2009

[55] Dada nueva redacción por art. único apartado 25 de Ley Orgánica 2/2009 de 11 de diciembre de 2009, con vigencia desde 13/12/2009

ción de residencia y trabajo, por cuenta propia o ajena. Si transcurrido el plazo no se hubiera producido el alta, el extranjero quedará obligado a salir del territorio nacional, incurriendo, en caso contrario, en la infracción contemplada en el art. 53.1.a) de esta Ley.

e) Visado de residencia y trabajo de temporada, que habilita para trabajar por cuenta ajena hasta nueve meses en un período de doce meses consecutivos.

f) Visado de estudios, que habilita a permanecer en España para la realización de cursos, estudios, trabajos de investigación o formación, intercambio de alumnos, prácticas no laborales o servicios de voluntariado, no remunerados laboralmente.

g) Visado de investigación, que habilita al extranjero a permanecer en España para realizar proyectos de investigación en el marco de un convenio de acogida firmado con un organismo de investigación.

3. Reglamentariamente, se desarrollarán los diferentes tipos de visados [56].

26. *Prohibición de entrada en España.* [57] 1. No podrán entrar en España, ni obtener un visado a tal fin, los extranjeros que hayan sido expulsados, mientras dure la prohibición de entrada, así como aquellos que la tengan prohibida por otra causa legalmente establecida o en virtud de convenios internacionales en los que sea parte España.

2. A los extranjeros que no cumplan los requisitos establecidos para la entrada, les será denegada mediante resolución motivada, con información acerca de los recursos que puedan interponer contra ella, plazo para hacerlo y autoridad ante quien deben formalizarlo, y de su derecho a la asistencia letrada, que podrá ser de oficio, y de intérprete, que comenzará en el momento mismo de efectuarse el control en el puesto fronterizo.

---

[56] Véase Tít. II RD 1155/2024 , de 19 noviembre, por el que se aprueba el nuevo Reglamento de esta Ley Orgánica

[57] Renumerado por art. 1 apartado 19 de Ley Orgánica 8/2000 de 22 de diciembre de 2000 como artículo 26, dando nueva redacción, con vigencia desde 23/01/2001

27. *Expedición del visado.* [58] [59]

1. El visado se solicitará y expedirá en las Misiones Diplomáticas y Oficinas Consulares de España, salvo en los supuestos excepcionales que se contemplen reglamentariamente o en los supuestos en los que el Estado español, de acuerdo con la normativa comunitaria sobre la materia, haya acordado su representación con otro Estado miembro de la Unión Europea en materia de visados de tránsito o estancia. [60]

2. La concesión del visado:

a) Habilitará al extranjero para presentarse en un puesto fronterizo español y solicitar su entrada.

b) Habilitará al extranjero, una vez se ha efectuado la entrada en territorio español, a permanecer en España en la situación para la que hubiese sido expedido, sin perjuicio de la obligatoriedad de obtener, en su caso, la tarjeta de identidad de extranjero. [61]

3. Reglamentariamente se establecerá la normativa específica del procedimiento de concesión y expedición de visados, conforme a lo previsto en la disposición adicional undécima de la Ley 30/1992, de 26 de noviembre. En dicho procedimiento podrá requerirse la comparecencia personal del solicitante. [62]

4. El ejercicio de la potestad de otorgamiento o denegación de visados se sujetará a los compromisos internacionales vigentes en la materia y se orientará al cumplimiento de los fines de la política exterior del Reino de España y de otras políticas públicas españolas o de la Unión Europea, como la política de inmigración, la política económica y la de seguridad ciudadana. [63]

---

[58] Renumerado por art. 1 apartado 20 de Ley Orgánica 8/2000 de 22 de diciembre de 2000 como artículo 27, dando nueva redacción, con vigencia desde 23/01/2001

[59] Véanse el art. 7 y el cap. I del tít II RD 1155/2024, de 19 noviembre, por el que se aprueba el nuevo Reglamento de esta Ley Orgánica, con vigencia desde el 20 mayo 2025 y el art. 7 RD 557/2011 de 20 abril, del anterior Reglamento

[60] Dada nueva redacción apartado 1 por art. único apartado 26 de Ley Orgánica 2/2009 de 11 de diciembre de 2009, con vigencia desde 13/12/2009

[61] Añadido apartado 2 por art. 1 apartado 8 de Ley Orgánica 14/2003 de 20 de noviembre de 2003, con vigencia desde 21/12/2003

[62] Renumerado apartado 2 por art. 1 apartado 8 de Ley Orgánica 14/2003 de 20 de noviembre de 2003 como apartado 3, con vigencia desde 21/12/2003

[63] Renumerado apartado 3 por art. 1 apartado 8 de Ley Orgánica 14/2003 de 20 de noviembre de 2003 como apartado 4, con vigencia desde 21/12/2003

5. Para supuestos excepcionales podrán fijarse por vía reglamentaria otros criterios a los que haya de someterse el otorgamiento y denegación de visados. [64]

6. La denegación de visado deberá ser motivada cuando se trate de visados de residencia para reagrupación familiar o para el trabajo por cuenta ajena, así como en el caso de visados de estancia o de tránsito. Si la denegación se debe a que el solicitante del visado está incluido en la lista de personas no admisibles prevista en el Convenio de aplicación del Acuerdo de Schengen de 14 de junio de 1990, se le comunicará así de conformidad con las normas establecidas por dicho Convenio. La resolución expresará los recursos que contra la misma procedan, órgano ante el que hubieran de presentarse y plazo para interponerlos. [65]

28. *De la salida de España.* [66] 1. Las salidas del territorio español podrán realizarse libremente, excepto en los casos previstos en el Código Penal y en la presente Ley. La salida de los extranjeros a los que no les sea de aplicación el régimen comunitario, podrá ser registrada por las autoridades españolas a los efectos de control de su período de permanencia legal en España de conformidad con la Ley Orgánica 15/1999, de 13 de diciembre, de Protección de Datos de Carácter Personal. [67]

2. Excepcionalmente, el Ministro del Interior podrá prohibir la salida del territorio español por razones de seguridad nacional o de salud pública. La instrucción y resolución de los expedientes de prohibición tendrá siempre carácter individual.

3. La salida será obligatoria en los siguientes supuestos:

a) Expulsión del territorio español por orden judicial, en los casos previstos en el Código Penal.

---

[64] Renumerado apartado 4 por art. 1 apartado 8 de Ley Orgánica 14/2003 de 20 de noviembre de 2003 como apartado 5, con vigencia desde 21/12/2003

[65] Dada nueva redacción apartado 6 por art. único apartado 27 de Ley Orgánica 2/2009 de 11 de diciembre de 2009, con vigencia desde 13/12/2009

[66] Dada nueva redacción por art. único apartado 28 de Ley Orgánica 2/2009 de 11 de diciembre de 2009, con vigencia desde 13/12/2009

[67] Véase el art. 19 RD 1155/2024 de 19 noviembre, por el que se aprueba el nuevo Reglamento de esta Ley Orgánica, con vigencia desde el 20 mayo 2025 y el art. 19 RD 557/2011 de 20 abril, del anterior Reglamento

b) Expulsión o devolución acordadas por resolución administrativa en los casos previstos en la presente Ley.

c) Denegación administrativa de las solicitudes formuladas por el extranjero para continuar permaneciendo en territorio español, o falta de autorización para encontrarse en España.

d) Cumplimiento del plazo en el que un trabajador extranjero se hubiera comprometido a regresar a su país de origen en el marco de un programa de retorno voluntario.

CAPÍTULO II
De la autorización de estancia y de residencia [68]

29. *Enumeración de las situaciones.* [69] 1. Los extranjeros podrán encontrarse en España en las situaciones de estancia o residencia.

2. Las diferentes situaciones de los extranjeros en España podrán acreditarse mediante pasaporte o documento de viaje que acredite su identidad, visado o tarjeta de identidad de extranjero, según corresponda. [70]

30. *Situación de estancia.* [71] [72]

1. Estancia es la permanencia en territorio español por un período de tiempo no superior a 90 días, sin perjuicio de lo dispuesto en el art. 33 para la admisión a efectos de estudios, intercambio de alumnos, prácticas no laborales o servicios de voluntariado. [73]

---

[68] Dada nueva redacción por art. único apartado 29 de Ley Orgánica 2/2009 de 11 de diciembre de 2009, con vigencia desde 13/12/2009

[69] Dada nueva redacción por art. 1 apartado 9 de Ley Orgánica 14/2003 de 20 de noviembre de 2003, con vigencia desde 21/12/2003

[70] Dada nueva redacción apartado 2 por art. único apartado 30 de Ley Orgánica 2/2009 de 11 de diciembre de 2009, con vigencia desde 13/12/2009

[71] Renumerado por art. 1 apartado 23 de Ley Orgánica 8/2000 de 22 de diciembre de 2000 como artículo 30, dando nueva redacción, con vigencia desde 23/01/2001

[72] Véanse los capítulos I del tít. III y III del tít. II RD 1155/2024, de 19 noviembre, por el que se aprueba el nuevo Reglamento de esta Ley Orgánica, con vigencia desde el 20 mayo 2025 y los arts. 28 y ss. RD 557/2011 de 20 abril, del anterior Reglamento

[73] Dada nueva redacción apartado 1 por art. único apartado 31 de Ley Orgánica 2/2009 de 11 de diciembre de 2009 , con vigencia desde 13/12/2009

2. Transcurrido dicho tiempo, para permanecer en España será preciso obtener o una prórroga de estancia o una autorización de residencia. [74]

3. En los supuestos de entrada con visado, cuando la duración de éste sea inferior a tres meses, se podrá prorrogar la estancia, que en ningún caso podrá ser superior a tres meses, en un período de seis meses.

4. En los supuestos de entrada sin visado, cuando concurran circunstancias excepcionales que lo justifiquen, podrá autorizarse la estancia de un extranjero en el territorio español más allá de tres meses.

30 bis. *Situación de residencia.* [75] 1. Son residentes los extranjeros que se encuentren en España y sean titulares de una autorización para residir.

2. Los residentes podrán encontrarse en la situación de residencia temporal o de residencia de larga duración. [76]

31. *Situación de residencia temporal.* [77] 1. La residencia temporal es la situación que autoriza a permanecer en España por un período superior a 90 días e inferior a cinco años. Las autorizaciones de duración inferior a cinco años podrán renovarse, a petición del interesado, atendiendo a las circunstancias que motivaron su concesión. La duración de las autorizaciones iniciales de residencia temporal y de las renovaciones se establecerá reglamentariamente. [78]

2. La autorización inicial de residencia temporal que no comporte autorización de trabajo se concederá a los extranjeros que dispongan de medios suficientes para sí y, en su caso, para los de su familia.

---

[74] Dada nueva redacción apartado 2 por disposición adicional única de Ley Orgánica 14/2003 de 20 de noviembre de 2003, con vigencia desde 21/12/2003

[75] Añadido por art. 1 apartado 11 de Ley Orgánica 14/2003 de 20 de noviembre de 2003, con vigencia desde 21/12/2003

[76] Dada nueva redacción apartado 2 por art. único apartado 32 de Ley Orgánica 2/2009 de 11 de diciembre de 2009, con vigencia desde 13/12/2009

[77] Dada nueva redacción por art. único apartado 33 de Ley Orgánica 2/2009 de 11 de diciembre de 2009, con vigencia desde 13/12/2009

[78] Véase el tít. IV RD 1155/2024, de 19 noviembre, por el que se aprueba el nuevo Reglamento de esta Ley Orgánica, con vigencia desde el 20 mayo 2025 y los arts. 45 y ss. RD 557/2011 de 20 abril, del anterior Reglamento

Reglamentariamente se establecerán los criterios para determinar la suficiencia de dichos medios.

3. La Administración podrá conceder una autorización de residencia temporal por situación de arraigo, así como por razones humanitarias, de colaboración con la Justicia u otras circunstancias excepcionales que se determinen reglamentariamente.

En estos supuestos no será exigible el visado.

4. La autorización inicial de residencia temporal y trabajo, que autorizará a realizar actividades lucrativas por cuenta propia y/o ajena, se concederá de acuerdo a lo dispuesto por los arts. 36 y siguientes de esta Ley.

5. Para autorizar la residencia temporal de un extranjero será preciso que carezca de antecedentes penales en España o en los países anteriores de residencia, por delitos existentes en el ordenamiento español, y no figurar como rechazable en el espacio territorial de países con los que España tenga firmado un convenio en tal sentido.

6. Los extranjeros con autorización de residencia temporal vendrán obligados a poner en conocimiento de las autoridades competentes los cambios de nacionalidad, estado civil y domicilio.

7. Para la renovación de las autorizaciones de residencia temporal, se valorará en su caso:

a) Los antecedentes penales, considerando la existencia de indultos o las situaciones de remisión condicional de la pena o la suspensión de la pena privativa de libertad.

b) El incumplimiento de las obligaciones del extranjero en materia tributaria y de seguridad social.

A los efectos de dicha renovación, se valorará especialmente el esfuerzo de integración del extranjero que aconseje su renovación, acreditado mediante un informe positivo de la Comunidad Autónoma que certifique la asistencia a las acciones formativas contempladas en el art. 2.ter de esta Ley.

31 bis. *Residencia temporal y trabajo de mujeres extranjeras víctimas de violencia de género o de violencias sexuales.* [79] 1. Las mujeres extranjeras, cualquiera que sea su situación administrativa, tienen garantizados los derechos reconocidos en la Ley Orgánica 1/2004, de

---

[79] Dada nueva redacción por disposición final 6 de Ley Orgánica 10/2022 de 6 de septiembre de 2022, con vigencia desde 07/10/2022

28 de diciembre, de Medidas de Protección Integral contra la Violencia de Género, en caso de que sean víctimas de violencia de género; y los derechos reconocidos en la Ley Orgánica de garantía integral de la libertad sexual, en caso de que sean víctimas de violencias sexuales; así como, en ambos casos, a las medidas de protección y seguridad establecidas en la legislación vigente.

2. Si al denunciarse una situación de violencia de género o de violencia sexual contra una mujer extranjera se pusiera de manifiesto su situación irregular, no se incoará el expediente administrativo sancionador por infracción del artículo 53.1.a), y se suspenderá el expediente administrativo sancionador que se hubiera incoado por la comisión de dicha infracción con anterioridad a la denuncia o, en su caso, la ejecución de las órdenes de expulsión o de devolución eventualmente acordadas.

3. La mujer extranjera que se halle en la situación descrita en el apartado anterior podrá solicitar una autorización de residencia y trabajo por circunstancias excepcionales a partir del momento en que se hubiera dictado una orden de protección a su favor o, en su defecto, informe del Ministerio Fiscal que indique la existencia de indicios de violencia de género o sexual. Dicha autorización no se resolverá hasta que concluya el procedimiento penal. En el momento de presentación de la solicitud, o en cualquier otro posterior a lo largo del proceso penal, la mujer extranjera, por sí misma o a través de representante, también podrá solicitar una autorización de residencia por circunstancias excepcionales a favor de sus hijos menores de edad o que tengan una discapacidad y no sean objetivamente capaces de proveer a sus propias necesidades, o una autorización de residencia y trabajo en caso de que fueran mayores de dieciséis años y se encuentren en España en el momento de la denuncia.

Sin perjuicio de lo anterior, la autoridad competente para otorgar la autorización por circunstancias excepcionales concederá una autorización provisional de residencia y trabajo a favor de la mujer extranjera y, en su caso, las autorizaciones de residencia provisionales a favor de sus hijos menores de edad o con discapacidad, o de residencia y trabajo si fueran mayores de dieciséis años, previstas en el párrafo anterior, que se encuentren en España en el momento de la denuncia. Las autorizaciones provisionales eventualmente concedidas concluirán en el momento en que se concedan o denieguen definitivamente las autorizaciones por circunstancias excepcionales.

4. Cuando el procedimiento penal concluyera con una sentencia condenatoria o con una resolución judicial de la que se deduzca que la mujer ha sido víctima de violencia de género o de violencia sexual, incluido el archivo de la causa por encontrarse el investigado en paradero desconocido o el sobreseimiento provisional por expulsión del denunciado, se notificará a la interesada la concesión de las autorizaciones solicitadas. En el supuesto de que no se hubieran solicitado, se le informará de la posibilidad de concederlas, otorgándole un plazo para su solicitud.

Si del procedimiento penal concluido no pudiera deducirse la situación de violencia de género o sexual, se incoará el expediente administrativo sancionador por infracción del artículo 53.1.a) o se continuará, en el supuesto de que se hubiera suspendido inicialmente.

32. *Residencia de larga duración.* [80] 1. La residencia de larga duración es la situación que autoriza a residir y trabajar en España indefinidamente, en las mismas condiciones que los españoles. [81]

2. Tendrán derecho a residencia de larga duración los que hayan tenido residencia temporal en España durante cinco años de forma continuada, que reúnan las condiciones que se establezcan reglamentariamente. A los efectos de obtener la residencia de larga duración computarán los periodos de residencia previa y continuada en otros Estados miembros, como titular de la tarjeta azul de la UE. Se considerará que la residencia ha sido continuada aunque por períodos de vacaciones u otras razones que se establezcan reglamentariamente el extranjero haya abandonado el territorio nacional temporalmente.

3. Los extranjeros residentes de larga duración en otro Estado miembro de la Unión Europea podrán solicitar por sí mismos y obtener una autorización de residencia de larga duración en España cuando vayan a desarrollar una actividad por cuenta propia o ajena, o por otros fines, en las condiciones que se establezcan reglamentariamente. No obstante, en el supuesto de que los extranjeros residentes de larga duración en otro estado miembro de la Unión Europea deseen

---

[80] Dada nueva redacción por art. único apartado 35 de Ley Orgánica 2/2009 de 11 de diciembre de 2009, con vigencia desde 13/12/2009

[81] Véase el tít. VI RD 1155/2024, de 19 noviembre, por el que se aprueba el nuevo Reglamento de esta Ley Orgánica, con vigencia desde el 20 mayo 2025 y los arts. 147 y ss. RD 557/2011 de 20 abril, del anterior Reglamento

conservar el estatuto de residente de larga duración adquirido en el primer estado miembro, podrán solicitar y obtener una autorización de residencia temporal en España.

3 bis. Los extranjeros a quienes España u otro Estado miembro de la Unión Europea hubiese reconocido protección internacional y que se encuentren en España, podrán solicitar por sí mismos y obtener una autorización de residencia de larga duración en España en las condiciones que se establezcan reglamentariamente.

No se reconocerá la condición de residente de larga duración en España al beneficiario de protección internacional cuyo estatuto hubiese sido revocado, cesado, finalizado, o cuya renovación hubiese sido denegada, de acuerdo con las normas de la Unión Europea aplicables, y en las condiciones que se establezcan reglamentariamente. [82]

4. Con carácter reglamentario se establecerán criterios para la concesión de otras autorizaciones de residencia de larga duración en supuestos individuales de especial vinculación con España.

5. La extinción de la residencia de larga duración se producirá en los casos siguientes:

a) Cuando la autorización se haya obtenido de manera fraudulenta.

b) Cuando se dicte una orden de expulsión en los casos previstos en la Ley.

c) Cuando se produzca la ausencia del territorio de la Unión Europea durante 12 meses consecutivos. Reglamentariamente se establecerán las excepciones a la pérdida de la autorización por este motivo, así como el procedimiento y requisitos para recuperar la autorización de residencia de larga duración.

d) Cuando se adquiera la residencia de larga duración en otro Estado miembro.

e) cuando, obtenida la autorización por la persona a quien otro Estado miembro reconoció protección internacional, las autoridades de dicho Estado hubieran resuelto el cese o la revocación de la citada protección. [83]

6. Las personas extranjeras que hayan perdido la condición de residentes de larga duración podrán recuperar dicho estatuto mediante un procedimiento simplificado que se desarrollará reglamentariamente.

---

[82] Añadido apartado 3 bis por disposición final 2 apartado 1 de Ley Orgánica 4/2013 de 28 de junio de 2013, con vigencia desde 30/06/2013

[83] Añadida apartado 5 letra e por disposición final 2 apartado 1 de Ley Orgánica 4/2013 de 28 de junio de 2013, con vigencia desde 30/06/2013

Dicho procedimiento se aplicará sobre todo en el caso de personas que hayan residido en otro Estado miembro para la realización de estudios.

33. *Régimen de admisión a efectos de estudios, intercambio de alumnos, prácticas no laborales o servicios de voluntariado.* [84] 1. Podrá ser autorizado, en régimen de estancia, conforme a lo dispuesto en la presente ley, el extranjero que tenga como fin único o principal realizar una de las siguientes actividades de carácter no laboral:

a) Cursar o ampliar estudios.

b) Realizar actividades de investigación o formación, sin perjuicio del régimen especial de los investigadores.

c) Participar en programas de intercambio de alumnos en cualesquiera centros docentes o científicos, públicos o privados, oficialmente reconocidos.

d) Realizar prácticas no laborales.

e) Realizar servicios de voluntariado. [85]

2. La vigencia de la autorización coincidirá con la duración del curso para el que esté matriculado, de los trabajos de investigación, del intercambio de alumnos, de las prácticas o del servicio de voluntariado. En el caso de los estudios superiores, en los supuestos en los que el solicitante vaya a estudiar más de un curso académico, la vigencia de la autorización coincidirá con la duración oficial de los estudios en las condiciones que reglamentariamente se determinen, que incluirán el mantenimiento y comprobación de los requisitos que dieron lugar al otorgamiento de la autorización. [86]

3. La autorización se prorrogará con el límite de un año en cada prórroga en los términos y con los periodos de cada actividad de conformidad con su legislación específica siempre y cuando el titular demuestre que sigue reuniendo las condiciones requeridas en la au-

---

[84] Dada nueva redacción por art. único apartado 36 de Ley Orgánica 2/2009 de 11 de diciembre de 2009, con vigencia desde 13/12/2009

[85] Dada nueva redacción apartado 1 por disposición final 3 apartado 2 de Ley Orgánica 2/2023 de 22 de marzo de 2023, con vigencia desde 12/04/2023

[86] Dada nueva redacción apartado 2 por disposición final 3 apartado 2 de Ley Orgánica 2/2023 de 22 de marzo de 2023, con vigencia desde 12/04/2023

torización inicial y que cumple los requisitos exigidos con carácter general y los específicos de cada una de ellas. [87]

4. Los extranjeros admitidos con fines de estudio, prácticas no laborales o voluntariado podrán ser autorizados para ejercer una actividad retribuida por cuenta propia o ajena, en la medida en que ello no limite la prosecución de los estudios o actividad asimilada, en los términos que reglamentariamente se determinen.

5. La realización de trabajo en una familia para compensar la estancia y mantenimiento en la misma, mientras se mejoran los conocimientos lingüísticos o profesionales se regulará de acuerdo con lo dispuesto en los acuerdos internacionales sobre colocación «au pair».

6. Se facilitará la entrada y permanencia en España, en los términos establecidos reglamentariamente, de los estudiantes extranjeros que participen en programas de la Unión Europea destinados a favorecer la movilidad con destino a la Unión o en la misma.

7. Todo extranjero, admitido en calidad de estudiante en otro Estado miembro de la Unión Europea, que solicite cursar parte de sus estudios ya iniciados o completar éstos en España podrá solicitar una autorización de estancia por estudios y obtenerla, si reúne los requisitos reglamentarios para ello, no siendo exigible el visado.

A fin de que todo extranjero admitido en calidad de estudiante en España pueda solicitar cursar parte de sus estudios ya iniciados o completar éstos en otro Estado miembro de la Unión Europea, las Autoridades españolas facilitarán la información oportuna sobre la permanencia de aquél en España, a instancia de las Autoridades competentes de dicho Estado miembro.

8. Se someten al régimen de estancia previsto en este artículo los extranjeros que cursen en España estudios de formación sanitaria especializada de acuerdo con la Ley 44/2003, de 11 de noviembre, de profesiones sanitarias, salvo que ya contaran con una autorización de residencia previamente al inicio de los mismos, en cuyo caso podrán continuar en dicha situación.

---

[87] Dada nueva redacción apartado 3 por disposición final 3 apartado 2 de Ley Orgánica 2/2023 de 22 de marzo de 2023, con vigencia desde 12/04/2023

34. *Residencia de apátridas, indocumentados y refugiados.* [88] 1. El Ministro del Interior reconocerá la condición de apátrida a los extranjeros que manifestando que carecen de nacionalidad reúnen los requisitos previstos en la Convención sobre el Estatuto de Apátridas, hecha en Nueva York el 28 de septiembre de 1954, y les expedirá la documentación prevista en el art. 27 de la citada Convención. El estatuto de apátrida comportará el régimen específico que reglamentariamente se determine. [89]

2. En cualquier caso, el extranjero que se presente en dependencias del Ministerio del Interior acreditando que no puede ser documentado por las autoridades de ningún país y que desea ser documentado por España, una vez verificada la pertinente información y siempre que concurran y se acrediten razones excepcionales de índole humanitaria, interés público o cumplimiento de compromisos adquiridos por España, podrá obtener, en los términos que reglamentariamente se determinen, un documento identificativo que acredite su inscripción en las referidas dependencias. En todo caso, se denegará la documentación solicitada cuando el peticionario esté incurso en alguno de los supuestos del art. 26, o se haya dictado contra él una orden de expulsión. [90]

3. La resolución favorable sobre la petición de asilo en España supondrá el reconocimiento de la condición de refugiado del solicitante, el cual tendrá derecho a residir en España y a desarrollar actividades laborales, profesionales y mercantiles de conformidad con lo dispuesto en la Ley 5/1984, de 26 de marzo, reguladora del derecho de asilo y de la condición de refugiado, modificada por la Ley 9/1994, de 19 de mayo, y su normativa de desarrollo. Dicha condición supondrá su no devolución ni expulsión en los términos del art. 33 de la Convención

---

[88] Renumerado por art. 1 apartado 27 de Ley Orgánica 8/2000 de 22 de diciembre de 2000 como artículo 34, dando nueva redacción, con vigencia desde 23/01/2001

[89] Véase el art. 128 RD 1155/2024, de 19 noviembre, por el que se aprueba el nuevo Reglamento de esta Ley Orgánica, con vigencia desde el 20 mayo 2025 y el art. 123 RD 557/2011 de 20 abril, del anterior Reglamento, así como el RD 865/2001, de 20 de julio, que aprueba el Reglamento de reconocimiento del estatuto del apátrida. Téngase en cuenta, también, la Ley 12/2009, de 30 de octubre, reguladora del derecho de asilo y de la protección subsidiaria

[90] Dada nueva redacción apartado 2 por art. 1 apartado 14 de Ley Orgánica 14/2003 de 20 de noviembre de 2003 , con vigencia desde 21/12/2003

sobre el Estatuto de los Refugiados, hecha en Ginebra el 28 de julio de 1951.

35. *Menores no acompañados.* [91] [92]

1. El Gobierno promoverá el establecimiento de Acuerdos de colaboración con los países de origen que contemplen, integradamente, la prevención de la inmigración irregular, la protección y el retorno de los menores no acompañados. Las Comunidades Autónomas serán informadas de tales Acuerdos. [93]

2. Las Comunidades Autónomas podrán establecer acuerdos con los países de origen dirigidos a procurar que la atención e integración social de los menores se realice en su entorno de procedencia. Tales acuerdos deberán asegurar debidamente la protección del interés de los menores y contemplarán mecanismos para un adecuado seguimiento por las Comunidades Autónomas de la situación de los mismos.

3. En los supuestos en que los Cuerpos y Fuerzas de Seguridad del Estado localicen a un extranjero indocumentado cuya minoría de edad no pueda ser establecida con seguridad, se le dará, por los servicios competentes de protección de menores, la atención inmediata que precise, de acuerdo con lo establecido en la legislación de protección jurídica del menor, poniéndose el hecho en conocimiento inmediato del Ministerio Fiscal, que dispondrá la determinación de su edad, para lo que colaborarán las instituciones sanitarias oportunas que, con carácter prioritario, realizarán las pruebas necesarias [94] .

4. Determinada la edad, si se tratase de un menor, el Ministerio Fiscal lo pondrá a disposición de los servicios competentes de protección de menores de la Comunidad Autónoma en la que se halle.

---

[91] Dada nueva redacción por art. único apartado 37 de Ley Orgánica 2/2009 de 11 de diciembre de 2009, con vigencia desde 13/12/2009

[92] Véanse los arts. 165 a 174 RD 1155/2024 de 19 noviembre, por el que se aprueba el nuevo Reglamento de esta Ley Orgánica, con vigencia desde el 20 mayo 2025 y los arts. 189 a 198 RD 557/2011, de 20 de abril, del anterior Reglamento

[93] Véanse arts. 189 y ss. RD 557/2011, de 20 de abril, por el que se aprueba el Reglamento de la Ley Orgánica 4/2000, sobre derechos y libertades de los extranjeros en España y su integración social, tras su reforma por Ley Orgánica 2/2009

[94] Véase Consulta 1/2009, de 10 de noviembre, sobre algunos aspectos relativos a los expedientes de determinación de la edad de los menores extranjeros no acompañados

5. La Administración del Estado solicitará informe sobre las circunstancias familiares del menor a la representación diplomática del país de origen con carácter previo a la decisión relativa a la iniciación de un procedimiento sobre su repatriación. Acordada la iniciación del procedimiento, tras haber oído al menor si tiene suficiente juicio, y previo informe de los servicios de protección de menores y del Ministerio Fiscal, la Administración del Estado resolverá lo que proceda sobre el retorno a su país de origen, a aquel donde se encontrasen sus familiares o, en su defecto, sobre su permanencia en España. De acuerdo con el principio de interés superior del menor, la repatriación al país de origen se efectuará bien mediante reagrupación familiar, bien mediante la puesta a disposición del menor ante los servicios de protección de menores, si se dieran las condiciones adecuadas para su tutela por parte de los mismos.

6. A los mayores de dieciséis y menores de dieciocho años se les reconocerá capacidad para actuar en el procedimiento de repatriación previsto en este artículo, así como en el orden jurisdiccional contencioso administrativo por el mismo objeto, pudiendo intervenir personalmente o a través del representante que designen.

Cuando se trate de menores de dieciséis años, con juicio suficiente, que hubieran manifestado una voluntad contraria a la de quien ostenta su tutela o representación, se suspenderá el curso del procedimiento, hasta el nombramiento del defensor judicial que les represente.

7. Se considerará regular, a todos los efectos, la residencia de los menores que sean tutelados en España por una Administración Pública o en virtud de resolución judicial, por cualquier otra entidad. A instancia del organismo que ejerza la tutela y una vez que haya quedado acreditada la imposibilidad de retorno con su familia o al país de origen, se otorgará al menor una autorización de residencia, cuyos efectos se retrotraerán al momento en que el menor hubiere sido puesto a disposición de los servicios de protección de menores. La ausencia de autorización de residencia no impedirá el reconocimiento y disfrute de todos los derechos que le correspondan por su condición de menor.

8. La concesión de una autorización de residencia no será obstáculo para la ulterior repatriación cuando favorezca el interés superior del menor, en los términos establecidos en el apartado cuarto de este artículo.

9. Reglamentariamente se determinarán las condiciones que habrán de cumplir los menores tutelados que dispongan de autorización de

residencia y alcancen la mayoría de edad para renovar su autorización o acceder a una autorización de residencia y trabajo teniendo en cuenta, en su caso, los informes positivos que, a estos efectos, puedan presentar las entidades públicas competentes referidos a su esfuerzo de integración, la continuidad de la formación o estudios que se estuvieran realizando, así como su incorporación, efectiva o potencial, al mercado de trabajo. Las Comunidades Autónomas desarrollarán las políticas necesarias para posibilitar la inserción de los menores en el mercado laboral cuando alcancen la mayoría de edad.

10. Los Cuerpos y Fuerzas de Seguridad del Estado adoptarán las medidas técnicas necesarias para la identificación de los menores extranjeros indocumentados, con el fin de conocer las posibles referencias que sobre ellos pudieran existir en alguna institución pública nacional o extranjera encargada de su protección. Estos datos no podrán ser usados para una finalidad distinta a la prevista en este apartado.

11. La Administración General del Estado y las Comunidades Autónomas podrán establecer convenios con organizaciones no gubernamentales, fundaciones y entidades dedicadas a la protección de menores, con el fin de atribuirles la tutela ordinaria de los menores extranjeros no acompañados.

Cada convenio especificará el número de menores cuya tutela se compromete a asumir la entidad correspondiente, el lugar de residencia y los medios materiales que se destinarán a la atención de los mismos.

Estará legitimada para promover la constitución de la tutela la Comunidad Autónoma bajo cuya custodia se encuentre el menor. A tales efectos, deberá dirigirse al juzgado competente que proceda en función del lugar en que vaya a residir el menor, adjuntando el convenio correspondiente y la conformidad de la entidad que vaya a asumir la tutela.

El régimen de la tutela será el previsto en el Código Civil y en la Ley de Enjuiciamiento Civil. Además, serán aplicables a los menores extranjeros no acompañados las restantes previsiones sobre protección de menores recogidas en el Código Civil y en la legislación vigente en la materia.

12. Las Comunidades Autónomas podrán llegar a acuerdos con las Comunidades Autónomas donde se encuentren los menores extranje-

ros no acompañados para asumir la tutela y custodia, con el fin de garantizar a los menores unas mejores condiciones de integración.

35 bis. *Contingencia migratoria extraordinaria para la protección del interés superior de la infancia y la adolescencia migrante no acompañada.* [95] 1. La Conferencia Sectorial de Infancia y Adolescencia podrá adoptar mediante Acuerdo por unanimidad tanto los requisitos para la declaración de la situación de contingencia migratoria extraordinaria para la protección del interés superior de la infancia y la adolescencia migrante no acompañada, como el Plan de respuesta a dicha situación, así como finalmente los criterios para la aplicación de dicho Plan, que incluirán, en todo caso, los necesarios para determinar en qué supuestos procede que se ordene el traslado de personas menores extranjeras no acompañadas de una comunidad o ciudad autónoma a otra por resolución de la persona que presida la Conferencia Sectorial de Infancia y Adolescencia, previa comunicación y acreditación de dicha contingencia por parte de la comunidad o ciudad autónoma afectada. El Acuerdo, de adoptarse, debe ser único y recoger el conjunto de estos elementos.

En defecto de dicho acuerdo unánime, los requisitos para la declaración de la situación de contingencia migratoria extraordinaria para la protección del interés superior de la infancia y la adolescencia migrante no acompañada, el Plan de respuesta a dicha situación, y los criterios para la aplicación de dicho Plan se regularán de conformidad con lo dispuesto en esta ley.

2. Se declarará la situación de contingencia migratoria extraordinaria para la protección del interés superior de la infancia y la adolescencia migrante no acompañada en aquellas comunidades o ciudades autónomas cuyo sistema de protección y tutela de personas menores de edad extranjeras no acompañadas exceda en ocupación tres veces su capacidad ordinaria en los términos de la disposición adicional undécima.

La aprobación de dicha declaración se realizará en un plazo máximo de cinco días naturales desde la comunicación por parte de la co-

[95] Añadido por art. único apartado 1 de Real Decreto-Ley 2/2025 de 18 de marzo de 2025, con vigencia desde 20/03/2025

munidad o ciudad autónoma afectada, y será trasladada al conjunto de integrantes de la Conferencia Sectorial de Infancia y Adolescencia [96] .

3. Dicha situación de contingencia migratoria extraordinaria determinará que se establezca por el órgano competente de la Administración General del Estado cuál será la comunidad o ciudad autónoma a la que se traslade para su ubicación a la persona menor de edad extranjera no acompañada, en cada caso, en los términos previstos en los artículos 35 ter y 35 quáter.

35 ter. *Modelo de gestión de contingencias migratorias extraordinarias para la infancia y la adolescencia migrante no acompañada.* [97] 1. El Modelo de gestión de contingencias migratorias extraordinarias para la infancia y la adolescencia migrante no acompañada contendrá:

a) El conjunto de criterios objetivos para la determinación, por el órgano competente de la Administración General del Estado, de cuál será la ubicación de las personas menores de edad extranjeras no acompañadas en las diferentes comunidades o ciudades autónomas.

b) La regulación del mecanismo de derivación de las personas menores de edad extranjeras no acompañadas a otras comunidades o ciudades autónomas.

c) Los criterios para la determinación del número de plazas por comunidad autónoma o ciudad autónoma, para atender a las personas menores de edad extranjeras no acompañadas en caso de derivación.

2. En defecto del acuerdo unánime a que se refiere el artículo 35 bis.1, los criterios objetivos para la determinación, por el órgano competente de la Administración General del Estado, de cuál será la ubicación de las personas menores de edad extranjeras no acompañadas en las diferentes comunidades autónomas, serán los siguientes:

a) Un 50 por ciento de las niñas y niños en razón a la población de las comunidades o ciudades autónomas de acogida según los datos recogidos en la Estadística continua de población.

b) Un 13 por ciento de las niñas y niños en razón a la Renta disponible bruta per cápita de los hogares de las comunidades o ciu-

---

[96] Véase el RD 658/2025, de 22 julio, por el que se regulan las medidas a adoptar en situaciones de contingencia migratoria extraordinaria para la protección del interés superior de la infancia y la adolescencia migrante no acompañada

[97] Añadido por art. único apartado 2 de Real Decreto-Ley 2/2025 de 18 de marzo de 2025, con vigencia desde 20/03/2025

dades autónomas de acogida, publicada por el Instituto Nacional de Estadística.

c) Un 15 por ciento en razón inversa a la Tasa de paro según la Encuesta de Población Activa del último cuatrimestre de las comunidades o ciudades autónomas de acogida.

d) Un 6 por ciento atendiendo al esfuerzo en atención a personas menores no acompañadas, valorando, en sentido inverso, el esfuerzo de la comunidad o ciudad autónoma en la atención a niñas, niños y adolescentes acogidos con base en los siguientes parámetros: promedio de niños, niñas y adolescentes extranjeros no acompañados atendidos en los últimos seis meses; ratio de niños, niñas y adolescentes extranjeros no acompañados por cada 100.000 habitantes de la población de la comunidad o ciudad autónoma [98].

e) Un 10 por ciento en razón inversa al dimensionamiento estructural de sistema de plazas de acogida estimado por el Ministerio de Juventud e Infancia, a partir de los acogimientos residenciales del Boletín de datos estadísticos de medidas de protección a la infancia y la adolescencia (Boletín número 26), actualizados a 19 de febrero de 2025, con la información comunicada por comunidades autónomas. Se calculará en razón a la diferencia de plazas existentes con respecto al promedio deseable de disponer de una plaza por cada 2.500 habitantes.

f) Un 2 por ciento en razón a su realidad de ciudad fronteriza estableciéndose una ponderación negativa a la Ciudad de Melilla del -100 % para atender a su situación fronteriza.

g) Un 2 por ciento en razón a la insularidad estableciéndose una ponderación negativa a Islas Baleares del -100 % para atender a su situación de insularidad.

h) Un 2 por ciento atendiendo a la dispersión de la población.

35 quater. *Plan de respuesta solidaria ante la situación de contingencia migratoria extraordinaria para la protección del interés superior de la infancia y la adolescencia migrante no acompañada.* [99] 1. El Plan de respuesta solidaria ante una situación de contingencia

---

[98] Conforme al art. 5 RD 658/2025, de 22 julio, el criterio del esfuerzo en atención a personas menores de edad previsto en esta letra, se calculará de acuerdo con los datos del Registro de Menores Extranjeros No Acompañados

[99] Añadido por art. único apartado 3 de Real Decreto-Ley 2/2025 de 18 de marzo de 2025, con vigencia desde 20/03/2025

migratoria extraordinaria para la protección del interés superior de la infancia y la adolescencia migrante no acompañada (Plan de respuesta solidaria) recogerá el conjunto de actuaciones a desarrollar ante la declaración de una situación de esta naturaleza, y comprenderá las que se regulan en este artículo, las previstas en los criterios de aplicación del Plan de respuesta solidaria a que se refiere el artículo siguiente, las establecidas en el Protocolo Marco de Menores Extranjeros No Acompañados previsto en el reglamento de desarrollo de esta ley (Protocolo Marco), así como aquellas contempladas en la restante normativa de aplicación.

2. Declarada la situación de contingencia migratoria extraordinaria recogida en el artículo 35 bis, si se localiza a una persona menor extranjera no acompañada se realizarán las actuaciones contenidas en el Protocolo Marco con las especialidades y plazos recogidos en este artículo. Tanto si su minoría de edad es indubitada, como si se trata de personas menores de edad extranjeras no acompañadas indocumentadas cuya minoría de edad no pudiera ser establecida con seguridad, se procederá a realizar su reseña inmediata o a la mayor brevedad posible, y a su inscripción, si no estuvieran ya inscritos, en el Registro de Menores Extranjeros No Acompañados dentro de las veinticuatro horas siguientes desde que se realice esta reseña en la que se refleje la minoría de edad de la persona extranjera no acompañada, acreditada esta o no.

3. Mientras se mantenga la situación de contingencia migratoria extraordinaria recogida en el artículo 35 bis, la persona extranjera no acompañada, con independencia de que su minoría de edad sea indubitada o no pudiera ser establecida con seguridad, será trasladada en el plazo máximo de quince días naturales a contar desde la fecha de inscripción en el Registro de Menores Extranjeros No Acompañados, a la comunidad o ciudad autónoma de destino, que será la que corresponda de acuerdo con lo establecido en el artículo 35 quinquies.

La propuesta de ubicación en una comunidad o ciudad autónoma se adoptará por el órgano competente de la Administración General del Estado de forma simultánea a su inscripción en el Registro de Menores Extranjeros No Acompañados.

4. La resolución de ubicación y traslado a una concreta comunidad o ciudad autónoma por el órgano competente de la Administración General del Estado será dictada dentro del plazo de quince días naturales desde su inscripción en el Registro de Menores Extranjeros No

Acompañados, dentro de los cuales la persona menor afectada y la comunidad o ciudad autónoma de destino habrán de ser oídas, dando conocimiento al Ministerio Fiscal en garantía del interés superior del menor y de los derechos que le confiere el ordenamiento jurídico.

Asimismo, se garantiza la intervención del Ministerio Fiscal cuando así lo aprecie de oficio en cualesquiera de las actuaciones previstas en este artículo.

En todo caso, dicha resolución de ubicación y traslado deberá inscribirse en el Registro de Menores Extranjeros No Acompañados indicando la comunidad o ciudad autónoma de destino en la que será ubicada la persona menor extranjera.

5. En el supuesto de la persona menor extranjera no acompañada indocumentada cuya minoría de edad no pudiera ser establecida con seguridad al que se refiere el apartado 2, se practicarán en la comunidad o ciudad autónoma de destino las actuaciones del expediente de determinación de edad a que se refiere el artículo 35.3, en su caso, y las restantes que procedan conforme a la normativa de aplicación y al Protocolo Marco.

6. En lo no previsto en este artículo se aplicará, en cuanto a las actuaciones a realizar tras la localización de personas extranjeras no acompañadas que sean indubitadamente menores de edad, o personas que no porten documentación cuya minoría de edad no pueda ser establecida con seguridad, el Protocolo Marco. Las entidades cuyo objeto se refiera total o parcialmente a la atención de personas menores extranjeras no acompañadas, así como las personas que actúen en su representación o encuadradas en su actividad de manera habitual, estarán obligadas a poner en conocimiento de la autoridad correspondiente la localización de personas menores de edad extranjeras no acompañadas a fin de que pueda procederse en los términos del referido Protocolo Marco respecto de las mismas.

7. En los criterios de aplicación del Plan de respuesta solidaria se incluirán las medidas que se estimen necesarias para establecer una financiación suficiente para el mismo.

8. Se entregará a las personas menores de edad extranjeras no acompañadas si su grado de madurez lo permite, o a sus representantes legales en otro caso, una certificación de los datos que consten en el Registro de Menores Extranjeros No Acompañados que les afecten,

incluyendo los datos correspondientes a su identidad y la comunidad o ciudad autónoma a la que se encuentren asignados.

35 quinquies. *Criterios de aplicación del Plan de respuesta solidaria ante la situación de contingencia migratoria extraordinaria para la infancia y la adolescencia migrante no acompañada.* [100] 1. En defecto del acuerdo unánime de la Conferencia Sectorial de Infancia y Adolescencia a que se refiere el artículo 35 bis.1, los criterios de aplicación del Plan de respuesta solidaria serán adoptados en el seno de la Conferencia Sectorial de Infancia y Adolescencia en ejercicio de las funciones de coordinación de la Administración General del Estado, en los términos del artículo 151.2.a) de la Ley 40/2015, de 1 de octubre, de Régimen Jurídico del Sector Público.

Los órganos competentes de las comunidades o ciudades autónomas deberán realizar las actuaciones necesarias para garantizar la atención a las personas menores de edad extranjeras no acompañadas que deban ubicarse en su territorio en los plazos previstos por los criterios de aplicación aprobados en el seno de la Conferencia Sectorial de Infancia y Adolescencia de acuerdo con la resolución a la que se refiere el artículo 35 quáter.4.

2. Dicho acuerdo recogerá los criterios objetivos para la determinación de la reasignación territorial de las personas menores de edad extranjeras no acompañadas, así como la asignación de la tutela y custodia por parte de los servicios de protección de las comunidades o ciudades autónomas en las que hayan sido redistribuidas.

3. Los criterios de aplicación del Plan de respuesta solidaria, una vez aprobados, serán comunicados por la Secretaría de la Conferencia Sectorial de Infancia y Adolescencia a todas las comunidades y ciudades autónomas afectadas por conducto de las personas titulares de la Consejerías competentes en materia de juventud e infancia, quienes darán traslado, a su vez, a los servicios de su titularidad, así como a otras Administraciones de su territorio que pudieran resultar afectadas y al Ministerio Fiscal.

4. En cuanto al régimen de tutela, guarda y acogimiento de las personas menores de edad extranjeras no acompañadas se estará a lo dispuesto en la legislación civil. Las personas menores de edad

---

[100] Añadido por art. único apartado 4 de Real Decreto-Ley 2/2025 de 18 de marzo de 2025, con vigencia desde 20/03/2025

extranjeras no acompañadas que se desplacen, sin autorización, fuera del territorio de la comunidad o ciudad autónoma titular de su guarda o tutela podrán ser conducidas nuevamente por los servicios competentes, una vez localizadas, a su territorio y, en cualquier caso, deberán ser puestas a disposición de la autoridad correspondiente.

5. Las actuaciones a desarrollar por los órganos competentes de las comunidades o ciudades autónomas en ejecución del Plan de respuesta solidaria y de sus criterios de aplicación podrán ser ejercidas en el ámbito de la Comunidad Autónoma del País Vasco por las Diputaciones Forales de los Territorios Históricos de acuerdo con la distribución de competencias que se derive de su propia normativa de aplicación. A estos efectos, podrán participar en la Conferencia Sectorial de Infancia y Adolescencia en los términos que establezca la legislación autonómica.

CAPÍTULO III
De las autorizaciones para la realización de actividades lucrativas [101]

36. *Autorización de residencia y trabajo.* [102] 1. Los extranjeros mayores de dieciséis años precisarán, para ejercer cualquier actividad lucrativa, laboral o profesional, de la correspondiente autorización administrativa previa para residir y trabajar. La autorización de trabajo se concederá conjuntamente con la de residencia, salvo en los supuestos de penados extranjeros que se hallen cumpliendo condenas o en otros supuestos excepcionales que se determinen reglamentariamente.

2. La eficacia de la autorización de residencia y trabajo inicial se condicionará al alta del trabajador en la Seguridad Social. La Entidad Gestora comprobará en cada caso la previa habilitación de los extranjeros para residir y realizar la actividad.

3. Cuando el extranjero se propusiera trabajar por cuenta propia o ajena, ejerciendo una profesión para la que se exija una titulación especial, la concesión de la autorización se condicionará a la tenencia y,

---

[101] Dada nueva redacción por art. único apartado 38 de Ley Orgánica 2/2009 de 11 de diciembre de 2009, con vigencia desde 13/12/2009

[102] Dada nueva redacción por art. único apartado 39 de Ley Orgánica 2/2009 de 11 de diciembre de 2009, con vigencia desde 13/12/2009

en su caso, homologación del título correspondiente y, si las leyes así lo exigiesen, a la colegiación.

4. Para la contratación de un extranjero, el empleador deberá solicitar la autorización a que se refiere el apartado 1 del presente artículo, que en todo caso deberá acompañarse del contrato de trabajo que garantice una actividad continuada durante el periodo de vigencia de la autorización.

5. La carencia de la autorización de residencia y trabajo, sin perjuicio de las responsabilidades del empresario a que dé lugar, incluidas las de Seguridad Social, no invalidará el contrato de trabajo respecto a los derechos del trabajador extranjero, ni será obstáculo para la obtención de las prestaciones derivadas de supuestos contemplados por los convenios internacionales de protección a los trabajadores u otras que pudieran corresponderle, siempre que sean compatibles con su situación. En todo caso, el trabajador que carezca de autorización de residencia y trabajo no podrá obtener prestaciones por desempleo. [103]

Salvo en los casos legalmente previstos, el reconocimiento de una prestación no modificará la situación administrativa del extranjero.

6. En la concesión inicial de la autorización administrativa para trabajar podrán aplicarse criterios especiales para determinadas nacionalidades en función del principio de reciprocidad.

7. No se concederá autorización para residir y realizar una actividad lucrativa, laboral o profesional, a los extranjeros que, en el marco de un programa de retorno voluntario a su país de origen, se hubieran comprometido a no retornar a España durante un plazo determinado en tanto no hubiera transcurrido dicho plazo.

8. Reglamentariamente se determinarán las condiciones y requisitos para hacer posible la participación de trabajadores extranjeros en sociedades anónimas laborales y sociedades cooperativas.

37. *Autorización de residencia y trabajo por cuenta propia.* [104] 1. Para la realización de actividades económicas por cuenta propia habrá de acreditarse el cumplimiento de todos los requisitos que la legislación vigente exige a los nacionales para la apertura y funcionamiento

---

[103] Téngase en cuenta el art. 267 LGSS

[104] Dada nueva redacción por art. único apartado 40 de Ley Orgánica 2/2009 de 11 de diciembre de 2009, con vigencia desde 13/12/2009

de la actividad proyectada, así como los relativos a la suficiencia de la inversión y la potencial creación de empleo, entre otros que reglamentariamente se establezcan. [105]

2. La autorización inicial de residencia y trabajo por cuenta propia se limitará a un ámbito geográfico no superior al de una Comunidad Autónoma, y a un sector de actividad. Su duración se determinará reglamentariamente.

3. La concesión de la autorización inicial de trabajo, en necesaria coordinación con la que corresponde al Estado en materia de residencia, corresponderá a las Comunidades Autónomas de acuerdo con las competencias asumidas en los correspondientes Estatutos.

38. *Autorización de residencia y trabajo por cuenta ajena.* [106]
1. Para la concesión inicial de la autorización de residencia y trabajo, en el caso de trabajadores por cuenta ajena, se tendrá en cuenta la situación nacional de empleo. [107]

2. La situación nacional de empleo será determinada por el Servicio Público de Empleo Estatal con la información proporcionada por las Comunidades Autónomas y con aquella derivada de indicadores estadísticos oficiales y quedará plasmada en el Catálogo de Ocupaciones de Difícil Cobertura. Dicho catálogo contendrá una relación de empleos susceptibles de ser satisfechos a través de la contratación de trabajadores extranjeros y será aprobado previa consulta de la Comisión Laboral Tripartita de Inmigración.

Igualmente, se entenderá que la situación nacional de empleo permite la contratación en ocupaciones no catalogadas cuando de la gestión de la oferta se concluya la insuficiencia de demandantes de empleo adecuados y disponibles. Reglamentariamente se determinarán los requisitos mínimos para considerar que la gestión de la oferta de empleo es considerada suficiente a estos efectos.

---

[105] Véanse los arts. 82 y ss. RD 1155/2024 de 19 noviembre, por el que se aprueba el nuevo Reglamento de ésta Ley Orgánica, con vigencia desde el 20 mayo 2025 y los arts. 103 y ss. RD 557/2011 de 20 abril, del anterior Reglamento

[106] Dada nueva redacción por art. único apartado 41 de Ley Orgánica 2/2009 de 11 de diciembre de 2009, con vigencia desde 13/12/2009

[107] Véase los arts. 72 y ss. RD 1155/2024 de 19 noviembre, por el que se aprueba el nuevo Reglamento de esta Ley Orgánica, con vigencia desde el 20 mayo 2025 y los arts. 62 y ss. RD 557/2011 de 20 abril, del anterior Reglamento

3. El procedimiento de concesión de la autorización de residencia y trabajo inicial, sin perjuicio de los supuestos previstos cuando el extranjero que se halle en España se encuentre habilitado para solicitar u obtener una autorización de residencia y trabajo, se basará en la solicitud de cobertura de un puesto vacante, presentada por un empresario o empleador ante la autoridad competente, junto con el contrato de trabajo y el resto de documentación exigible, ofrecido al trabajador extranjero residente en un tercer país. Verificado el cumplimiento de los requisitos, la autoridad competente expedirá una autorización cuya eficacia estará condicionada a que el extranjero solicite el correspondiente visado y que, una vez en España, se produzca el alta del trabajador en la Seguridad Social.

4. El empresario o empleador estará obligado a comunicar el desistimiento de la solicitud de autorización si, mientras se resolviera la autorización o el visado, desapareciera la necesidad de contratación del extranjero o se modificasen las condiciones del contrato de trabajo que sirvió de base a la solicitud. Asimismo, cuando el extranjero habilitado se hallase en España deberá registrar en los Servicios Públicos de Empleo el contrato de trabajo que dio lugar a la solicitud y formalizar el alta del trabajador en la Seguridad Social, y si no pudiera iniciarse la relación laboral, el empresario o empleador estará obligado a comunicarlo a las autoridades competentes.

5. La autorización inicial de residencia y trabajo se limitará, salvo en los casos previstos por la Ley y los Convenios Internacionales firmados por España, a un determinado territorio y ocupación. Su duración se determinará reglamentariamente.

6. La autorización de residencia y trabajo se renovará a su expiración:

a) Cuando persista o se renueve el contrato de trabajo que motivó su concesión inicial, o cuando se cuente con un nuevo contrato.

b) Cuando por la autoridad competente, conforme a la normativa de la Seguridad Social, se hubiera otorgado una prestación contributiva por desempleo.

c) Cuando el extranjero sea beneficiario de una prestación económica asistencial de carácter público destinada a lograr su inserción social o laboral.

d) Cuando concurran otras circunstancias previstas reglamentariamente, en particular, los supuestos de extinción del contrato de trabajo o suspensión de la relación laboral como consecuencia de ser víctima de violencia de género.

7. A partir de la primera concesión, las autorizaciones se concederán sin limitación alguna de ámbito geográfico u ocupación.

8. La concesión de la autorización inicial de trabajo, en necesaria coordinación con la que corresponde al Estado en materia de residencia, corresponderá a las Comunidades Autónomas de acuerdo con las competencias asumidas en los correspondientes Estatutos.

38 bis. *Régimen especial de los investigadores.* [108] *(Derogado)*

38 ter. *Residencia y trabajo de profesionales altamente cualificados.* [109] *(Derogado)*

39. *Gestión colectiva de contrataciones en origen.* [110] 1. El Ministerio de Trabajo e Inmigración, teniendo en cuenta la situación nacional de empleo, podrá aprobar una previsión anual de las ocupaciones y, en su caso, de las cifras previstas de empleos que se puedan cubrir a través de la gestión colectiva de contrataciones en origen en un período determinado, a los que sólo tendrán acceso aquellos que no se hallen o residan en España. Asimismo, podrá establecer un número de visados para búsqueda de empleo en las condiciones que se determinen, dirigidos a hijos o nietos de español de origen o a determinadas ocupaciones. La mencionada previsión tendrá en cuenta las propuestas que, previa consulta de los agentes sociales en su ámbito correspondiente, sean realizadas por las Comunidades Autónomas, y será adoptada previa consulta de la Comisión Laboral Tripartita de Inmigración. [111]

---

[108] Derogado por disposición derogatoria única de Real Decreto-Ley 11/2018 de 31 de agosto de 2018, con vigencia desde 04/09/2018

[109] Derogado por disposición derogatoria única letra a) Ley 11/2023 de 8 de mayo de 2023, con vigencia desde 10/05/2023

[110] Dada nueva redacción por art. único apartado 44 de Ley Orgánica 2/2009 de 11 de diciembre de 2009, con vigencia desde 13/12/2009

[111] Véase el tít. VI RD 1155/2024 de 19 noviembre, por el que se aprueba el nuevo Reglamento de esta Ley Orgánica, con vigencia desde el 20 mayo 2025 y los arts. 167 y ss. RD 557/2011, de 20 de abril, del anterior Reglamento, así como

2. El procedimiento de concesión de la autorización inicial de residencia y trabajo mediante tramitación colectiva de los contratos en origen, estará basado en la gestión simultánea de una pluralidad de autorizaciones, presentadas por uno o varios empleadores, respecto de trabajadores seleccionados en sus países, con la participación, en su caso, de las autoridades competentes. En la gestión del mismo se actuará coordinadamente con las Comunidades Autónomas competentes para la concesión de la autorización de trabajo inicial.

3. Las ofertas de empleo realizadas a través de este procedimiento se orientarán preferentemente hacia los países con los que España haya firmado acuerdos sobre regulación de flujos migratorios.

40. *Supuestos específicos de exención de la situación nacional de empleo.* [112] 1. No se tendrá en cuenta la situación nacional de empleo cuando el contrato de trabajo vaya dirigido a: [113]

a) Los familiares reagrupados en edad laboral, o el cónyuge o hijo de extranjero residente en España con una autorización renovada, así como al hijo de español nacionalizado o de ciudadanos de otros Estados miembros de la Unión Europea y de otros Estados parte en el Espacio Económico Europeo, siempre que estos últimos lleven, como mínimo, un año residiendo legalmente en España y al hijo no le sea de aplicación el régimen comunitario.

b) Los titulares de una autorización previa de trabajo que pretendan su renovación.

c) Los trabajadores necesarios para el montaje por renovación de una instalación o equipos productivos.

d) Los que hubieran gozado de la condición de refugiados, durante el año siguiente a la cesación de la aplicación de la Convención de Ginebra de 28 de julio de 1951, sobre el Estatuto de los Refugiados, por los motivos recogidos en el supuesto 5 de la sección C de su art. 1.

---

la O ISM/1417/2023 de 29 diciembre, por la que se regula la gestión colectiva de contrataciones en origen para 2024

[112] Dada nueva redacción por art. único apartado 45 de Ley Orgánica 2/2009 de 11 de diciembre de 2009, con vigencia desde 13/12/2009

[113] Véase el art. 75 RD 1155/2024 de 19 noviembre, por el que se aprueba el nuevo Reglamento de esta Ley Orgánica, con vigencia desde el 20 mayo 2025 y el art. 65 RD 557/2011, de 20 de abril, del anterior Reglamento

e) Los que hubieran sido reconocidos como apátridas y los que hubieran perdido la condición de apátridas el año siguiente a la terminación de dicho estatuto.

f) Los extranjeros que tengan a su cargo ascendientes o descendientes de nacionalidad española.

g) Los extranjeros nacidos y residentes en España.

h) Los hijos o nietos de español de origen.

i) Los menores extranjeros en edad laboral con autorización de residencia que sean tutelados por la entidad de protección de menores competente, para aquellas actividades que, a criterio de la mencionada entidad, favorezcan su integración social, y una vez acreditada la imposibilidad de retorno con su familia o al país de origen.

j) Los extranjeros que obtengan la autorización de residencia por circunstancias excepcionales en los supuestos que se determinen reglamentariamente y, en todo caso, cuando se trate de víctimas de violencia de género o de trata de seres humanos.

k) Los extranjeros que hayan sido titulares de autorizaciones de trabajo para actividades de temporada, durante dos años naturales, y hayan retornado a su país.

l) Los extranjeros que hayan renunciado a su autorización de residencia y trabajo en virtud de un programa de retorno voluntario.

2. Tampoco se tendrá en cuenta la situación nacional de empleo, en las condiciones que se determinen reglamentariamente para:

a) La cobertura de puestos de confianza y directivos de empresas.

b) Los profesionales altamente cualificados, incluyendo técnicos y científicos contratados por entidades públicas, universidades o centros de investigación, desarrollo e innovación dependientes de empresas, sin perjuicio de la aplicación del régimen específico de autorización aplicable de conformidad con la presente Ley.

c) Los trabajadores en plantilla de una empresa o grupo de empresas en otro país que pretendan desarrollar su actividad laboral para la misma empresa o grupo en España.

d) Los artistas de reconocido prestigio.

41. *Excepciones a la autorización de trabajo* [114] . [115] 1. No será necesaria la obtención de autorización de trabajo para el ejercicio de las actividades siguientes: [116] [117]

a) Los técnicos y científicos extranjeros, invitados o contratados, por el Estado, las comunidades autónomas o los entes locales o los organismos que tengan por objeto la promoción y desarrollo de la investigación promovidos o participados mayoritariamente por las anteriores. [118]

b) Los profesores extranjeros invitados o contratados por una universidad española.

c) El personal directivo y el profesorado extranjeros, de instituciones culturales y docentes dependientes de otros Estados, o privadas, de acreditado prestigio, oficialmente reconocidas por España, que desarrollen en nuestro país programas culturales y docentes de sus países respectivos, en tanto limiten su actividad a la ejecución de tales programas.

d) Los funcionarios civiles o militares de las Administraciones estatales extranjeras que vengan a España para desarrollar actividades en virtud de acuerdos de cooperación con la Administración española.

e) Los corresponsales de medios de comunicación social extranjeros, debidamente acreditados, para el ejercicio de la actividad informativa.

f) Los miembros de misiones científicas internacionales que realicen trabajos e investigaciones en España, autorizados por el Estado.

g) Los artistas que vengan a España a realizar actuaciones concretas que no supongan una actividad continuada.

h) Los ministros, religiosos o representantes de las diferentes iglesias y confesiones, debidamente inscritas en el Registro de Entidades

---

[114] Dada nueva redacción leyenda por disposición adicional única de Ley Orgánica 14/2003 de 20 de noviembre de 2003, con vigencia desde 21/12/2003

[115] Dada nueva redacción por art. 1 apartado 34 de Ley Orgánica 8/2000 de 22 de diciembre de 2000 como artículo 41, dando nueva redacción, con vigencia desde 23/01/2001

[116] Véanse arts. 88 y 89 RD 1155/2024 de 19 noviembre, por el que se aprueba el nuevo Reglamento de esta Ley Orgánica, con vigencia desde el 20 mayo 2025 y arts. 117 y ss. RD 557/2011, de 20 de abril, del anterior Reglamento

[117] Dada nueva redacción apartado 1 por disposición adicional única de Ley Orgánica 14/2003 de 20 de noviembre de 2003, con vigencia desde 21/12/2003

[118] Dada nueva redacción apartado 1 letra a por art. 1 apartado 19 de Ley Orgánica 14/2003 de 20 de noviembre de 2003, con vigencia desde 21/12/2003

Religiosas, en tanto limiten su actividad a funciones estrictamente religiosas.

i) Los extranjeros que formen parte de los órganos de representación, gobierno y administración de los sindicatos homologados internacionalmente, siempre que limiten su actividad a funciones estrictamente sindicales.

j) Los menores extranjeros en edad laboral tutelados por la entidad de protección de menores competente, para aquellas actividades que, a propuesta de la mencionada entidad, mientras permanezcan en esa situación, favorezcan su integración social. [119]

2. Reglamentariamente se establecerá el procedimiento para acreditar la excepción. En todo caso, este procedimiento será el mismo tanto para el personal de instituciones públicas como de organismos promovidos o participados mayoritariamente por una Administración pública. [120]

Apartado 3 (Derogado) [121]

42. *Régimen especial de los trabajadores de temporada.* [122] 1. El Gobierno regulará reglamentariamente la autorización de residencia y trabajo para los trabajadores extranjeros en actividades de temporada o campaña que les permita la entrada y salida del territorio nacional, así como la documentación de su situación, de acuerdo con las características de las citadas campañas y la información que le suministren las Comunidades Autónomas donde se promuevan. [123]

2. Para conceder las autorizaciones de residencia y trabajo deberá garantizarse que los trabajadores temporeros serán alojados en condiciones de dignidad e higiene adecuadas.

---

[119] Renumerada apartado 1 letra k por art. único apartado 46 de Ley Orgánica 2/2009 de 11 de diciembre de 2009 como letra j), con vigencia desde 13/12/2009

[120] Dada nueva redacción apartado 2 por art. 1 apartado 19 de Ley Orgánica 14/2003 de 20 de noviembre de 2003, con vigencia desde 21/12/2003

[121] Derogado apartado 3 por art. único apartado 46 de Ley Orgánica 2/2009 de 11 de diciembre de 2009 , con vigencia desde 13/12/2009

[122] Dada nueva redacción por art. único apartado 47 de Ley Orgánica 2/2009 de 11 de diciembre de 2009, con vigencia desde 13/12/2009

[123] Véase el tít. V RD 1155/2024 de 19 noviembre, por el que se aprueba el nuevo Reglamento de esta Ley Orgánica, con vigencia desde el 20 mayo 2025 y el art. 174 RD 557/2011, de 20 de abril, del anterior Reglamento

3. Las Administraciones públicas promoverán la asistencia de los servicios sociales adecuados.

4. Las ofertas de empleo de temporada se orientarán preferentemente hacia los países con los que España haya firmado acuerdos sobre regulación de flujos migratorios.

5. Las Comunidades Autónomas, los Ayuntamientos y los agentes sociales promoverán los circuitos que permitan la concatenación de los trabajadores de temporada, en colaboración con la Administración General del Estado.

6. Reglamentariamente se determinarán las condiciones para que los trabajadores en plantilla de una empresa o grupo de empresas que desarrollen su actividad en otro país puedan ser autorizados a trabajar temporalmente en España para la misma empresa o grupo.

43. *Trabajadores transfronterizos y prestación transnacional de servicios.* [124] 1. Los trabajadores extranjeros que, residiendo en la zona limítrofe, desarrollen su actividad en España y regresen a su lugar de residencia diariamente deberán obtener la correspondiente autorización administrativa, con los requisitos y condiciones con que se conceden las autorizaciones de régimen general, siéndoles de aplicación en cuanto a los derechos de seguridad social lo establecido en el art. 14.1 de esta Ley. [125]

2. Reglamentariamente se establecerán las condiciones para la autorización de residencia y trabajo en el marco de prestaciones transnacionales de servicios, de acuerdo con la normativa vigente [126] .

---

[124] Dada nueva redacción por art. único apartado 48 de Ley Orgánica 2/2009 de 11 de diciembre de 2009, con vigencia desde 13/12/2009

[125] Véase el tít. VIII RD 1155/2024 de 19 noviembre, por el que se aprueba el nuevo Reglamento de esta Ley Orgánica, con vigencia desde el 20 mayo 2025 y los arts. 182 y ss. RD 557/2011, de 20 de abril, del anterior Reglamento

[126] Véanse, hasta el 19 mayo 2024, arts. 110 y ss. RD 557/2011, de 20 de abril, por el que se aprueba el Reglamento de esta la Ley Orgánica

CAPÍTULO IV
De las tasas por autorizaciones administrativas y por tramitación de las solicitudes de visado y de los precios públicos [127]

44. *Hecho imponible.* [128] 1. Las tasas se regirán por la presente Ley y por las demás fuentes normativas que para las tasas se establecen en el art. 9 de la Ley 8/1989, de 13 de abril, de Tasas y Precios Públicos.

2. Constituye el hecho imponible de las tasas la tramitación de las autorizaciones administrativas y de los documentos de identidad previstos en esta Ley, así como de sus prórrogas, modificaciones y renovaciones; en particular:

a) La tramitación de autorizaciones para la prórroga de la estancia en España.

b) La tramitación de las autorizaciones para residir en España.

c) La tramitación de autorizaciones de trabajo, salvo que se trate de autorizaciones para un período inferior a seis meses.

d) La tramitación de tarjetas de identidad de extranjeros.

e) La tramitación de documentos de identidad a indocumentados.

f) La tramitación de visado.

3. Se podrán establecer precios públicos por la prestación de servicios de tramitación de visados por parte de proveedores de servicios externos, de conformidad con la normativa aplicable. [129]

45. *Devengo.* [130] 1. Las tasas se devengarán cuando se solicite la autorización, la prórroga, la modificación, la renovación, o el visado.

En el caso de las Comunidades Autónomas que tengan traspasadas las competencias en materia de autorización de trabajo, les corresponderá el devengo del rendimiento de las tasas.

2. En los casos de autorización de residencia y trabajo por cuenta ajena a favor de trabajadores de servicio doméstico de carácter parcial

---

[127] Dada nueva redacción por disposición final 3 apartado 1 de Ley Orgánica 2/2023 de 22 de marzo de 2023, con vigencia desde 12/04/2023

[128] Dada nueva redacción por art. único apartado 49 de Ley Orgánica 2/2009 de 11 de diciembre de 2009, con vigencia desde 13/12/2009

[129] Añadido apartado 3 por disposición final 3 apartado 3 de Ley Orgánica 2/2023 de 22 de marzo de 2023, con vigencia desde 12/04/2023

[130] Dada nueva redacción por art. único apartado 50 de Ley Orgánica 2/2009 de 11 de diciembre de 2009, con vigencia desde 13/12/2009

o discontinuo, el devengo de la tasa se producirá en el momento de afiliación y/o alta del trabajador en la Seguridad Social.

3. En los casos de renovación de la autorización de residencia y trabajo por cuenta ajena, en ausencia de empleador, y cuando se trate de trabajadores de servicio doméstico de carácter parcial o discontinuo, el devengo de la tasa se producirá en el momento de alta del trabajador en la Seguridad Social.

4. El importe de las tasas se establecerá por orden ministerial de los departamentos competentes. Cuando las Comunidades Autónomas tengan traspasadas las competencias en materia de autorización inicial de trabajo, éstas se regirán por la legislación correspondiente.

46. *Sujetos pasivos.* [131] 1. Serán sujetos pasivos de las tasas los solicitantes de visado y las personas en cuyo favor se concedan las autorizaciones o se expidan los documentos previstos en el art. 44, salvo en las autorizaciones de trabajo por cuenta ajena, en cuyo caso será sujeto pasivo el empleador o empresario, excepto en el supuesto de relaciones laborales en el sector del servicio doméstico de carácter parcial o discontinuo, en que lo será el propio trabajador.

2. Será nulo todo pacto por el que el trabajador por cuenta ajena asuma la obligación de pagar en todo o en parte el importe de las tasas establecidas.

47. *Exención.* [132] No vendrán obligados al pago de las tasas por la concesión de las autorizaciones para trabajar los nacionales iberoamericanos, filipinos, andorranos, ecuatoguineanos, los sefardíes, los hijos y nietos de español o española de origen, y los extranjeros nacidos en España cuando pretendan realizar una actividad lucrativa, laboral o profesional, por cuenta propia.

Las solicitudes de visado presentadas por nacionales de terceros países beneficiarios de derecho comunitario en materia de libre circulación y residencia estarán exentas del pago de las tasas de tramitación.

Las entidades públicas de protección de menores estarán exentas del pago de las tasas derivadas de las autorizaciones que están obligadas a

---

[131] Dada nueva redacción por art. único apartado 51 de Ley Orgánica 2/2009 de 11 de diciembre de 2009, con vigencia desde 13/12/2009

[132] Dada nueva redacción por art. único apartado 52 de Ley Orgánica 2/2009 de 11 de diciembre de 2009, con vigencia desde 13/12/2009

solicitar para éstos en ejercicio de la representación legal que de ellos ostentan.

En aplicación de la normativa comunitaria sobre la materia, quedarán exentos del pago de la tasa relativa a visados de tránsito o estancia, los niños menores de seis años; los investigadores nacionales de terceros países que se desplacen con fines de investigación científica en los términos establecidos por la Recomendación 2005/761/CE, del Parlamento y del Consejo; y los representantes de organizaciones sin ánimo de lucro que no sean mayores de 25 años y vayan a participar en seminarios, conferencias o acontecimientos deportivos o educativos, organizados por organizaciones sin ánimo de lucro.

48. *Cuantía de las tasas.* [133] 1. El importe de las tasas se establecerá por Orden ministerial de los Departamentos competentes, sin perjuicio de lo dispuesto por la normativa comunitaria en relación con procedimientos de solicitud de visados de tránsito o estancia. [134] [135]

2. Las normas que determinen la cuantía de las tasas deberán ir acompañadas de una memoria económico-financiera sobre el coste de la actividad de que se trate y sobre la justificación de la cuantía propuesta, la cual deberá ajustarse a lo establecido en los arts. 7 y 19.2 de la Ley 8/1989, de 13 de abril.

3. Se consideran elementos y criterios esenciales de cuantificación que sólo podrán modificarse mediante norma del mismo rango, los siguientes:

a) En la tramitación de la solicitud de visado, los gastos administrativos de tramitación, la limitación de los efectos del visado de tránsito aeroportuario, la duración de la estancia, el número de entradas autorizadas, el carácter de la residencia, así como, en su caso, el hecho de que se expida en frontera. También se tendrán en cuenta los costes complementarios que se originen por la expedición de visados, cuando, a petición del interesado, deba hacerse uso de procedimientos tales

[133] Renumerado por art. 1 apartado 41 de Ley Orgánica 8/2000 de 22 de diciembre de 2000 como artículo 48, dando nueva redacción, con vigencia desde 23/01/2001

[134] Véase O PJC/617/2025, de 13 junio, por la que se establece el importe de las tasas por tramitación de autorizaciones administrativas y documentos de identidad en materia de inmigración y extranjería

[135] Dada nueva redacción apartado 1 por art. único apartado 53 de Ley Orgánica 2/2009 de 11 de diciembre de 2009, con vigencia desde 13/12/2009

como mensajería, correo electrónico, correo urgente, telefax, telegrama o conferencia telefónica.

b) En la concesión de autorizaciones para la prórroga de estancia en España, la duración de la prórroga.

c) En la concesión de autorizaciones de residencia, la duración de la autorización, así como su carácter definitivo o temporal, y, dentro de estas últimas, el hecho de que se trate de la primera o ulteriores concesiones o sus renovaciones.

d) En la concesión de autorizaciones de trabajo, la duración de la misma, su extensión y ámbito, el carácter y las modalidades de la relación por cuenta ajena, así como, en su caso, el importe del salario pactado.

e) En la expedición de tarjetas de identidad de extranjeros, la duración de la autorización y el hecho de que se trate de la primera o ulteriores concesiones o sus renovaciones.

En todo caso, será criterio cuantitativo de las tasas el carácter individual o colectivo de las autorizaciones, prórrogas, modificaciones o renovaciones. [136]

4. Los importes de las tasas por tramitación de la solicitud de visado se adecuarán a la revisión que proceda por aplicación del derecho comunitario. Se acomodarán, asimismo, al importe que pueda establecerse por aplicación del principio de reciprocidad. [137] [138]

49. *Gestión, recaudación y autoliquidación.* [139] 1. La gestión y recaudación de las tasas corresponderá a los órganos competentes para la concesión de las autorizaciones, modificaciones, renovaciones y prórrogas, la expedición de la documentación a que se refiere el art. 44 y la tramitación de la solicitud de visado. [140]

---

[136] Dada nueva redacción apartado 3 por art. 1 apartado 26 de Ley Orgánica 14/2003 de 20 de noviembre de 2003, con vigencia desde 21/12/2003

[137] Véase O AUC/891/2024, de 13 agosto, por la que se establecen las cuantías de las tasas por la tramitación de visados

[138] Dada nueva redacción apartado 4 por art. 1 apartado 26 de Ley Orgánica 14/2003 de 20 de noviembre de 2003, con vigencia desde 21/12/2003

[139] Añadido por art. 1 apartado 42 de Ley Orgánica 8/2000 de 22 de diciembre de 2000, con vigencia desde 23/01/2001

[140] Dada nueva redacción apartado 1 por art. único apartado 54 de Ley Orgánica 2/2009 de 11 de diciembre de 2009 , con vigencia desde 13/12/2009

2. Los sujetos pasivos de las tasas estarán obligados a practicar operaciones de autoliquidación tributaria y a realizar el ingreso de su importe en el Tesoro cuando así se prevea reglamentariamente [141].

TÍTULO III
De las infracciones en materia de extranjería y su régimen sancionador [142]

50. *La potestad sancionadora.* [143] El ejercicio de la potestad sancionadora por la comisión de las infracciones administrativas previstas en la presente Ley Orgánica, se ajustará a la dispuesto en la misma y en sus disposiciones de desarrollo, y en la Ley 30/1992, de Régimen Jurídico de las Administraciones Públicas y del Procedimiento Administrativo Común.

51. *Tipos de infracciones.* [144] 1. Incurrirán en responsabilidad administrativa quienes sean autores o participen en cualquiera de las infracciones tipificadas en los artículos siguientes.

2. Las infracciones administrativas establecidas en la presente Ley Orgánica se clasifican en leves, graves y muy graves.

52. *Infracciones leves.* [145] Son infracciones leves:

a) La omisión o el retraso en la comunicación a las autoridades españolas de los cambios de nacionalidad, de estado civil o de domicilio, así como de otras circunstancias determinantes de su situación laboral cuando les sean exigibles por la normativa aplicable.

---

[141] Véase disp. adic. 12ª RD 1155/2024 de 19 noviembre, por el que se aprueba el nuevo Reglamento de esta Ley Orgánica

[142] Véase el tít. XIV RD 1155/2024 de 19 noviembre, por el que se aprueba el nuevo Reglamento de esta Ley Orgánica, con vigencia desde el 20 mayo 2025 y el tít. XIV RD 557/2011, de 20 de abril, del anterior Reglamento

[143] Renumerado por art. 1 apartado 43 de Ley Orgánica 8/2000 de 22 de diciembre de 2000 como artículo 50, con vigencia desde 23/01/2001

[144] Renumerado por art. 1 apartado 44 de Ley Orgánica 8/2000 de 22 de diciembre de 2000 como artículo 51, con vigencia desde 23/01/2001

[145] Renumerado por art. 1 apartado 45 de Ley Orgánica 8/2000 de 22 de diciembre de 2000 como artículo 52, dando nueva redacción, con vigencia desde 23/01/2001

b) El retraso, hasta tres meses, en la solicitud de renovación de las autorizaciones una vez hayan caducado.

c) Encontrarse trabajando en España sin haber solicitado autorización administrativa para trabajar por cuenta propia, cuando se cuente con autorización de residencia temporal. [146]

d) Encontrarse trabajando en una ocupación, sector de actividad, o ámbito geográfico no contemplado por la autorización de residencia y trabajo de la que se es titular. [147]

e) La contratación de trabajadores cuya autorización no les habilita para trabajar en esa ocupación o ámbito geográfico, incurriéndose en una infracción por cada uno de los trabajadores extranjeros ocupados. [148]

f) La ausencia de comunicación a la autoridad pública por parte de las entidades cuyo objeto se refiera total o parcialmente a la atención de personas menores de edad extranjeras no acompañadas, así como de las personas que actúen en su representación o encuadradas en su actividad de manera habitual, de la localización de personas menores de edad extranjeras no acompañadas a fin de que pueda procederse en consecuencia. [149]

53. *Infracciones graves.* [150] 1. Son infracciones graves:

a) Encontrarse irregularmente en territorio español, por no haber obtenido la prórroga de estancia, carecer de autorización de residencia o tener caducada más de tres meses la mencionada autorización, y siempre que el interesado no hubiere solicitado la renovación de la misma en el plazo previsto reglamentariamente.

b) Encontrarse trabajando en España sin haber obtenido autorización de trabajo o autorización administrativa previa para trabajar, cuando no cuente con autorización de residencia válida.

---

[146] Dada nueva redacción letra c por disposición adicional única de Ley Orgánica 14/2003 de 20 de noviembre de 2003, con vigencia desde 21/12/2003

[147] Añadida letra d por art. único apartado 55 de Ley Orgánica 2/2009 de 11 de diciembre de 2009, con vigencia desde 13/12/2009

[148] Añadida letra e por art. único apartado 55 de Ley Orgánica 2/2009 de 11 de diciembre de 2009, con vigencia desde 13/12/2009

[149] Añadida letra f por art. único apartado 5 de Real Decreto-Ley 2/2025 de 18 de marzo de 2025, con vigencia desde 20/03/2025

[150] Dada nueva redacción por art. único apartado 56 de Ley Orgánica 2/2009 de 11 de diciembre de 2009, con vigencia desde 13/12/2009

c) Incurrir en ocultación dolosa o falsedad grave en el cumplimiento de la obligación de poner en conocimiento de las autoridades competentes los cambios que afecten a nacionalidad, estado civil o domicilio, así como incurrir en falsedad en la declaración de los datos obligatorios para cumplimentar el alta en el padrón municipal a los efectos previstos en esta Ley, siempre que tales hechos no constituyan delito. Cuando cualquier autoridad tuviera conocimiento de una posible infracción por esta causa, lo pondrá en conocimiento de las autoridades competentes con el fin de que pueda instruirse el oportuno expediente sancionador.

d) El incumplimiento de las medidas impuestas por razón de seguridad pública, de presentación periódica o de alejamiento de fronteras o núcleos de población concretados singularmente, de acuerdo con lo dispuesto en la presente Ley.

e) La comisión de una tercera infracción leve, siempre que en un plazo de un año anterior hubiera sido sancionado por dos faltas leves de la misma naturaleza.

f) La participación por el extranjero en la realización de actividades contrarias al orden público previstas como graves en la Ley Orgánica 1/1992, de 21 de febrero, sobre Protección de la Seguridad Ciudadana.

g) Las salidas del territorio español por puestos no habilitados, sin exhibir la documentación prevista o contraviniendo las prohibiciones legalmente impuestas.

h) Incumplir la obligación del apartado 2 del art. 4.

2. También son infracciones graves:

a) No dar de alta, en el Régimen de la Seguridad Social que corresponda, al trabajador extranjero cuya autorización de residencia y trabajo por cuenta ajena hubiera solicitado, o no registrar el contrato de trabajo en las condiciones que sirvieron de base a la solicitud, cuando el empresario tenga constancia de que el trabajador se halla legalmente en España habilitado para el comienzo de la relación laboral. No obstante, estará exento de esta responsabilidad el empresario que comunique a las autoridades competentes la concurrencia de razones sobrevenidas que puedan poner en riesgo objetivo la viabilidad de la empresa o que, conforme a la legislación, impidan el inicio de dicha relación.

b) Contraer matrimonio, simular relación afectiva análoga o constituirse en representante legal de un menor, cuando dichas conductas se realicen con ánimo de lucro o con el propósito de obtener indebidamente un derecho de residencia, siempre que tales hechos no constituyan delito.

c) Promover la permanencia irregular en España de un extranjero, cuando su entrada legal haya contado con una invitación expresa del infractor y continúe a su cargo una vez transcurrido el período de tiempo permitido por su visado o autorización. Para graduar la sanción se tendrán en cuenta las circunstancias personales y familiares concurrentes.

d) Consentir la inscripción de un extranjero en el Padrón Municipal por parte del titular de una vivienda habilitado para tal fin, cuando dicha vivienda no constituya el domicilio real del extranjero. Se incurrirá en una infracción por cada persona indebidamente inscrita.

54. *Infracciones muy graves.* [151] 1. Son infracciones muy graves:

a) Participar en actividades contrarias a la seguridad nacional o que pueden perjudicar las relaciones de España con otros países, o estar implicados en actividades contrarias al orden público previstas como muy graves en la Ley Orgánica 1/1992, de 21 de febrero, sobre Protección de la Seguridad Ciudadana.

b) Inducir, promover, favorecer o facilitar con ánimo de lucro, individualmente o formando parte de una organización, la inmigración clandestina de personas en tránsito o con destino al territorio español o su permanencia en el mismo, siempre que el hecho no constituya delito.

c) La realización de conductas de discriminación por motivos raciales, étnicos, nacionales o religiosos, en los términos previstos en el art. 23 de la presente Ley, siempre que el hecho no constituya delito.

d) La contratación de trabajadores extranjeros sin haber obtenido con carácter previo la correspondiente autorización de residencia y trabajo, incurriéndose en una infracción por cada uno de los trabajadores extranjeros ocupados, siempre que el hecho no constituya delito. [152]

---

[151] Dada nueva redacción por art. único apartado 57 de Ley Orgánica 2/2009 de 11 de diciembre de 2009, con vigencia desde 13/12/2009

[152] Téngase en cuenta el art. 48 de la Ley 62/2003, de 30 de diciembre, de medidas fiscales, administrativas y del orden social, en la redacción introducida por la disposición adicional 6 Ley 26/2009, de 23 de diciembre, de Presupuestos Generales del Estado para el año 2010

e) Realizar, con ánimo de lucro, la infracción prevista en la letra d) del apartado 2 del artículo anterior.

f) Simular la relación laboral con un extranjero, cuando dicha conducta se realice con ánimo de lucro o con el propósito de obtener indebidamente derechos reconocidos en esta Ley, siempre que tales hechos no constituyan delito.

g) La comisión de una tercera infracción grave siempre que en un plazo de un año anterior hubiera sido sancionado por dos faltas graves de la misma naturaleza.

2. También son infracciones muy graves:

a) El incumplimiento de las obligaciones previstas para los transportistas en el art. 66, apartados 1 y 2.

b) El transporte de extranjeros por vía aérea, marítima o terrestre, hasta el territorio español, por los sujetos responsables del transporte, sin que hubieran comprobado la validez y vigencia, tanto de los pasaportes, títulos de viaje o documentos de identidad pertinentes, como, en su caso, del correspondiente visado, de los que habrán de ser titulares los citados extranjeros.

c) El incumplimiento de la obligación que tienen los transportistas de hacerse cargo sin pérdida de tiempo del extranjero o transportado que, por deficiencias en la documentación antes citada, no haya sido autorizado a entrar en España, así como del extranjero transportado en tránsito que no haya sido trasladado a su país de destino o que hubiera sido devuelto por las autoridades de éste, al no autorizarle la entrada.

Esta obligación incluirá los gastos de mantenimiento del citado extranjero y, si así lo solicitan las autoridades encargadas del control de entrada, los derivados del transporte de dicho extranjero, que habrá de producirse de inmediato, bien por medio de la compañía objeto de sanción o, en su defecto, por medio de otra empresa de transporte, con dirección al Estado a partir del cual haya sido transportado, al Estado que haya expedido el documento de viaje con el que ha viajado o a cualquier otro Estado donde esté garantizada su admisión.

3. No obstante lo dispuesto en los apartados anteriores, no se considerará infracción a la presente Ley el hecho de transportar hasta la frontera española a un extranjero que, habiendo presentado sin demora su solicitud de protección internacional, ésta le sea admitida a trámite, de conformidad con lo establecido en la Ley 12/2009, de 30 de octubre reguladora del derecho de asilo y de la protección subsidiaria.

55. *Sanciones.* [153] 1. Las infracciones tipificadas en los artículos anteriores serán sancionadas en los términos siguientes:

a) Las infracciones leves con multa de hasta 500 euros.

b) Las infracciones graves con multa de 501 hasta 10.000 euros. En el supuesto contemplado en el art. 53.2.a) de esta Ley, además de la sanción indicada, el empresario también estará obligado a sufragar los costes derivados del viaje.

c) Las infracciones muy graves con multa desde 10.001 hasta 100.000 euros, excepto la prevista en el art. 54.2.b), que lo será con una multa de 5.000 a 10.000 euros por cada viajero transportado o con un mínimo de 750.000 euros a tanto alzado, con independencia del número de viajeros transportados. La prevista en el art. 54.2.a) en relación con el art. 66.1 lo será con una multa de 10.001 hasta 100.000 euros por cada viaje realizado sin haber comunicado los datos de las personas transportadas o habiéndolos comunicado incorrectamente, con independencia de que la Autoridad gubernativa pueda adoptar la inmovilización, incautación y decomiso del medio de transporte, o la suspensión provisional o retirada de la autorización de explotación.

2. La imposición de sanciones por las infracciones administrativas establecidas en la presente Ley Orgánica corresponderá al Subdelegado del Gobierno o al Delegado del Gobierno en las Comunidades Autónomas uniprovinciales. Cuando una Comunidad Autónoma tenga atribuidas competencias en materia de autorización inicial de trabajo de extranjeros la imposición de las sanciones establecidas en esta Ley en los supuestos de infracción a que se refiere el párrafo siguiente corresponderá a la Comunidad Autónoma y se ejercerá por la Autoridad que la misma determine, dentro del ámbito de sus competencias.

En los supuestos calificados como infracción leve del art. 52.c), d) y e), graves del art. 53.1.b), y 53.2.a), y muy grave del art. 54.1.d) y f), el procedimiento sancionador se iniciará por acta de la Inspección de Trabajo y Seguridad Social, de acuerdo con lo establecido en el procedimiento sancionador por infracciones del orden social, correspondiendo la imposición de las sanciones a las autoridades referidas en el párrafo anterior.

En los supuestos de participación en actividades contrarias a la seguridad nacional o que pueden perjudicar las relaciones de España con

[153] Dada nueva redacción por art. único apartado 58 de Ley Orgánica 2/2009 de 11 de diciembre de 2009, con vigencia desde 13/12/2009

otros países, previstos en el art. 54.1.a), de acuerdo con lo establecido en el procedimiento sancionador que se determine reglamentariamente, la competencia sancionadora corresponderá al Secretario de Estado de Seguridad.

3. Para la graduación de las sanciones, el órgano competente en imponerlas se ajustará a criterios de proporcionalidad, valorando el grado de culpabilidad y, en su caso, el daño producido o el riesgo derivado de la infracción y su trascendencia.

4. Para la determinación de la cuantía de la sanción se tendrá especialmente en cuenta la capacidad económica del infractor.

5. A no ser que pertenezcan a un tercero no responsable de la infracción, en el supuesto de la letra b) del apartado 1 del art. 54, serán objeto de decomiso los vehículos, embarcaciones, aeronaves, y cuantos bienes muebles o inmuebles, de cualquier naturaleza que sean, hayan servido de instrumento para la comisión de la citada infracción.

A fin de garantizar la efectividad del comiso, los bienes, efectos e instrumentos a que se refiere el apartado anterior podrán ser aprehendidos y puestos a disposición de la autoridad gubernativa, desde las primeras intervenciones, a resultas del expediente sancionador que resolverá lo pertinente en relación con los bienes decomisados.

6. En el supuesto de la infracción prevista en la letra d) del apartado 1 del art. 54 de la presente Ley, la autoridad gubernativa podrá adoptar, sin perjuicio de la sanción que corresponda, la clausura del establecimiento o local desde seis meses a cinco años.

7. Si el sancionado por una infracción prevista en los arts. 52.e) o 54.1.d) de esta Ley fuera subcontratista de otra empresa, el contratista principal y todos los subcontratistas intermedios que conocieran que la empresa sancionada empleaba a extranjeros sin contar con la correspondiente autorización, responderán, solidariamente, tanto de las sanciones económicas derivadas de las sanciones, como de las demás responsabilidades derivadas de tales hechos que correspondan al empresario con las Administraciones públicas o con el trabajador. El contratista o subcontratista intermedios no podrán ser considerados responsables si hubieran respetado la diligencia debida definida en el cumplimiento de sus obligaciones contractuales.

56. *Prescripción de las infracciones y de las sanciones.* [154] 1. Las infracciones muy graves prescribirán a los tres años, las graves a los dos años y las leves a los seis meses.

2. Las sanciones impuestas por infracciones muy graves prescribirán a los cinco años, las graves a los dos años y las impuestas por infracciones leves al año.

3. Si la sanción impuesta fuera la de expulsión del territorio nacional la prescripción no empezará a contar hasta que haya transcurrido el período de prohibición de entrada fijado en la resolución con un máximo de diez años.

57. *Expulsión del territorio.* [155] 1. Cuando los infractores sean extranjeros y realicen conductas de las tipificadas como muy graves, o conductas graves de las previstas en los apartados a), b), c), d) y f) del art. 53.1 de esta Ley Orgánica, podrá aplicarse, en atención al principio de proporcionalidad, en lugar de la sanción de multa, la expulsión del territorio español, previa la tramitación del correspondiente expediente administrativo y mediante la resolución motivada que valore los hechos que configuran la infracción. [156]

2. Asimismo, constituirá causa de expulsión, previa tramitación del correspondiente expediente, que el extranjero haya sido condenado, dentro o fuera de España, por una conducta dolosa que constituya en nuestro país delito sancionado con pena privativa de libertad superior a un año, salvo que los antecedentes penales hubieran sido cancelados.

3. En ningún caso podrán imponerse conjuntamente las sanciones de expulsión y multa.

4. La expulsión conllevará, en todo caso, la extinción de cualquier autorización para permanecer legalmente en España, así como el archivo de cualquier procedimiento que tuviera por objeto la autorización para residir o trabajar en España del extranjero expulsado. No obstante, la expulsión podrá revocarse en los supuestos que se determinen reglamentariamente.

---

[154] Renumerado por art. 1 apartado 49 de Ley Orgánica 8/2000 de 22 de diciembre de 2000 como artículo 56, con vigencia desde 23/01/2001

[155] Dada nueva redacción por art. único apartado 59 de Ley Orgánica 2/2009 de 11 de diciembre de 2009, con vigencia desde 13/12/2009

[156] Véanse los arts. 241 y ss. RD 1155/2024 de 19 noviembre, por el que se aprueba el nuevo Reglamento de esta Ley Orgánica, con vigencia desde el 20 mayo 2025 y los arts. 242 y ss. RD 557/2011, de 20 de abril, del anterior Reglamento

En el caso de las infracciones previstas en las letras a) y b) del art. 53.1 de esta Ley, salvo que concurran razones de orden público o de seguridad nacional, si el extranjero fuese titular de una autorización de residencia válida expedida por otro Estado miembro, se le advertirá, mediante diligencia en el pasaporte, de la obligación de dirigirse de inmediato al territorio de dicho Estado. Si no cumpliese esa advertencia se tramitará el expediente de expulsión.

5. La sanción de expulsión no podrá ser impuesta, salvo que la infracción cometida sea la prevista en el art. 54, letra a) del apartado 1, o suponga una reincidencia en la comisión, en el término de un año, de una infracción de la misma naturaleza sancionable con la expulsión, a los extranjeros que se encuentren en los siguientes supuestos:

a) Los nacidos en España que hayan residido legalmente en los últimos cinco años.

b) Los residentes de larga duración. Antes de adoptar la decisión de la expulsión de un residente de larga duración, deberá tomarse en consideración el tiempo de su residencia en España y los vínculos creados, su edad, las consecuencias para el interesado y para los miembros de su familia, y los vínculos con el país al que va a ser expulsado.

c) Los que hayan sido españoles de origen y hubieran perdido la nacionalidad española.

d) Los que sean beneficiarios de una prestación por incapacidad permanente para el trabajo como consecuencia de un accidente de trabajo o enfermedad profesional ocurridos en España, así como los que perciban una prestación contributiva por desempleo o sean beneficiarios de una prestación económica asistencial de carácter público destinada a lograr su inserción o reinserción social o laboral.

Tampoco se podrá imponer o, en su caso, ejecutar la sanción de expulsión al cónyuge del extranjero que se encuentre en alguna de las situaciones señaladas anteriormente y que haya residido legalmente en España durante más de dos años, ni a sus ascendientes e hijos menores, o mayores con discapacidad que no sean objetivamente capaces de proveer a sus propias necesidades debido a su estado de salud, que estén a su cargo.

6. La expulsión no podrá ser ejecutada cuando ésta conculcase el principio de no devolución, o afecte a las mujeres embarazadas, cuando la medida pueda suponer un riesgo para la gestación o la salud de la madre.

7 a) Cuando el extranjero se encuentre procesado o imputado en un procedimiento judicial por delito o falta para el que la Ley prevea

una pena privativa de libertad inferior a seis años o una pena de distinta naturaleza, y conste este hecho acreditado en el expediente administrativo de expulsión, en el plazo más breve posible y en todo caso no superior a tres días, el Juez, previa audiencia del Ministerio Fiscal, la autorizará salvo que, de forma motivada, aprecie la existencia de circunstancias que justifiquen su denegación.

En el caso de que el extranjero se encuentre sujeto a varios procesos penales tramitados en diversos juzgados, y consten estos hechos acreditados en el expediente administrativo de expulsión, la autoridad gubernativa instará de todos ellos la autorización a que se refiere el párrafo anterior.

b) No obstante lo señalado en el párrafo a) anterior, el juez podrá autorizar, a instancias del interesado y previa audiencia del Ministerio Fiscal, la salida del extranjero del territorio español en la forma que determina la Ley de Enjuiciamiento Criminal.

c) No serán de aplicación las previsiones contenidas en los párrafos anteriores cuando se trate de delitos tipificados en los arts. 312.1, 313.1 y 318.bis del Código Penal.

8. Cuando los extranjeros, residentes o no, hayan sido condenados por conductas tipificadas como delitos en los arts. 312.1, 313.1 y 318.bis del Código Penal, la expulsión se llevará a efecto una vez cumplida la pena privativa de libertad.

9. La resolución de expulsión deberá ser notificada al interesado, con indicación de los recursos que contra la misma se puedan interponer, órgano ante el que hubieran de presentarse y plazo para presentarlos.

10. En el supuesto de expulsión de un residente de larga duración de otro Estado miembro de la Unión Europea que se encuentre en España, dicha expulsión sólo podrá efectuarse fuera del territorio de la Unión cuando la infracción cometida sea una de las previstas en los arts. 53.1.d) y f) y 54.1.a) y b) de esta Ley Orgánica, y deberá consultarse al respecto a las Autoridades competentes de dicho Estado miembro de forma previa a la adopción de esa decisión de expulsión. En caso de no reunirse estos requisitos para que la expulsión se realice fuera del territorio de la Unión, la misma se efectuará al Estado miembro en el que se reconoció la residencia de larga duración.

11. Cuando, de acuerdo con la normativa vigente, España decida expulsar a un residente de larga duración que sea beneficiario de protección internacional reconocida por otro Estado miembro de la

Unión Europea, las autoridades españolas competentes en materia de extranjería solicitarán a las autoridades competentes de dicho Estado miembro información sobre si dicha condición de beneficiario de protección internacional continúa vigente. Dicha solicitud deberá ser respondida en el plazo de un mes, entendiéndose, en caso contrario, que la protección internacional sigue vigente.

Si el residente de larga duración continúa siendo beneficiario de protección internacional, será expulsado a dicho Estado miembro.

Lo dispuesto en los dos párrafos anteriores será de aplicación para las solicitudes cursadas por autoridades de otros Estados miembros de la Unión Europea respecto a los extranjeros a los que España hubiera concedido la condición de beneficiario de protección internacional.

De conformidad con sus obligaciones internacionales, y de acuerdo con las normas de la Unión Europea, España podrá expulsar al residente de larga duración a un país distinto al Estado miembro de la Unión Europea que concedió la protección internacional si existen motivos razonables para considerar que constituye un peligro para la seguridad de España o si, habiendo sido condenado por sentencia firme por un delito de especial gravedad, constituye un peligro para España. En todo caso, cuando la protección internacional hubiera sido reconocida por las autoridades españolas, la expulsión sólo podrá efectuarse previa tramitación del procedimiento de revocación previsto en la normativa vigente en España en materia de protección internacional. [157]

58. *Efectos de la expulsión y devolución.* [158] 1. La expulsión llevará consigo la prohibición de entrada en territorio español. La duración de la prohibición se determinará en consideración a las circunstancias que concurran en cada caso y su vigencia no excederá de cinco años.

2. Excepcionalmente, cuando el extranjero suponga una amenaza grave para el orden público, la seguridad pública, la seguridad nacional o para la salud pública, podrá imponerse un período de prohibición de entrada de hasta diez años.

---

[157] Añadido apartado 11 por disposición final 2 apartado 2 de Ley Orgánica 4/2013 de 28 de junio de 2013, con vigencia desde 30/06/2013

[158] Dada nueva redacción por art. único apartado 60 de Ley Orgánica 2/2009 de 11 de diciembre de 2009, con vigencia desde 13/12/2009

En las circunstancias que se determinen reglamentariamente, la autoridad competente no impondrá la prohibición de entrada cuando el extranjero hubiera abandonado el territorio nacional durante la tramitación de un expediente administrativo sancionador por alguno de los supuestos contemplados en las letras a) y b) del art. 53.1 de esta Ley Orgánica, o revocará la prohibición de entrada impuesta por las mismas causas, cuando el extranjero abandonara el territorio nacional en el plazo de cumplimiento voluntario previsto en la orden de expulsión.

3. No será preciso expediente de expulsión para la devolución de los extranjeros en los siguientes supuestos:

a) Los que habiendo sido expulsados contravengan la prohibición de entrada en España.

b) Los que pretendan entrar ilegalmente en el país.

4. En el supuesto de que se formalice una solicitud de protección internacional por personas que se encuentren en alguno de los supuestos mencionados en el apartado anterior, no podrá llevarse a cabo la devolución hasta que se haya decidido la inadmisión a trámite de la petición, de conformidad con la normativa de protección internacional.

Tampoco podrán ser devueltas las mujeres embarazadas cuando la medida pueda suponer un riesgo para la gestación o para la salud de la madre.

5. La devolución será acordada por la autoridad gubernativa competente para la expulsión.

6. Cuando la devolución no se pudiera ejecutar en el plazo de 72 horas, se solicitará de la autoridad judicial la medida de internamiento prevista para los expedientes de expulsión.

7. La devolución acordada en el párrafo a) del apartado 3 de este artículo conllevará la reiniciación del cómputo del plazo de prohibición de entrada que hubiese acordado la resolución de expulsión quebrantada. Asimismo, toda devolución acordada en aplicación del párrafo b) del mismo apartado de este artículo llevará consigo la prohibición de entrada en territorio español por un plazo máximo de tres años [159].

---

[159] Téngase en cuenta la Sent. 17/2013 de 31 enero, que, desde el 26 febrero 2013, declara inconstitucional y nulo el inciso «Asimismo, toda devolución acordada en aplicación del párrafo b) del mismo apartado de este artículo llevará consigo la

59. *Colaboración contra redes organizadas.* [160] 1. El extranjero que se encuentre irregularmente en España y sea víctima, perjudicado o testigo de un acto de tráfico ilícito de seres humanos, inmigración ilegal, explotación laboral o de tráfico ilícito de mano de obra o de explotación en la prostitución abusando de su situación de necesidad, podrá quedar exento de responsabilidad administrativa y no será expulsado si denuncia a los autores o cooperadores de dicho tráfico, o coopera y colabora con las autoridades competentes, proporcionando datos esenciales o testificando, en su caso, en el proceso correspondiente contra aquellos autores.

2. Los órganos administrativos competentes encargados de la instrucción del expediente sancionador informarán a la persona interesada sobre las previsiones del presente artículo a fin de que decida si desea acogerse a esta vía, y harán la propuesta oportuna a la autoridad que deba resolver, que podrá conceder una autorización provisional de residencia y trabajo a favor del extranjero, según el procedimiento previsto reglamentariamente.

El instructor del expediente sancionador informará de las actuaciones en relación con este apartado a la autoridad encargada de la instrucción del procedimiento penal.

3. A los extranjeros que hayan quedado exentos de responsabilidad administrativa se les podrá facilitar, a su elección, el retorno asistido a su país de procedencia o la autorización de residencia y trabajo por circunstancias excepcionales, y facilidades para su integración social, de acuerdo con lo establecido en la presente Ley velando, en su caso, por su seguridad y protección.

4. Cuando el Ministerio Fiscal tenga conocimiento de que un extranjero, contra el que se ha dictado una resolución de expulsión, aparezca en un procedimiento penal como víctima, perjudicado o testigo y considere imprescindible su presencia para la práctica de diligencias judiciales, lo pondrá de manifiesto a la autoridad gubernativa competente para que valore la inejecución de su expulsión y, en el supuesto de que se hubiese ejecutado esta última, se procederá de igual forma a los efectos de que autorice su regreso a España durante

---

prohibición de entrada en territorio español por un plazo máximo de tres años» del art. 58.6 (actual art. 58.7), en la redacción dada por la LO 14/2003, de 20 noviembre

[160] Dada nueva redacción por art. único apartado 61 de Ley Orgánica 2/2009 de 11 de diciembre de 2009, con vigencia desde 13/12/2009

el tiempo necesario para poder practicar las diligencias precisas, sin perjuicio de que se puedan adoptar algunas de las medidas previstas en la Ley Orgánica 19/1994, de 23 de diciembre, de protección a testigos y peritos en causas criminales.

5. Las previsiones del presente artículo serán igualmente de aplicación a extranjeros menores de edad, debiendo tenerse en cuenta en el procedimiento la edad y madurez de éstos y, en todo caso, la prevalencia del principio del interés superior del menor.

6. Reglamentariamente se desarrollarán las condiciones de colaboración de las organizaciones no gubernamentales sin ánimo de lucro que tengan por objeto la acogida y protección de las víctimas de los delitos señalados en el apartado primero.

59 bis. *Víctimas de la trata de seres humanos.* [161] 1. Las autoridades competentes adoptarán las medidas necesarias para la identificación de las víctimas de la trata de personas conforme a lo previsto en el art. 10 del Convenio del Consejo de Europa sobre la lucha contra la trata de seres humanos, de 16 de mayo de 2005.

2. Los órganos administrativos competentes, cuando estimen que existen motivos razonables para creer que una persona extranjera en situación irregular ha sido víctima de trata de seres humanos, informarán a la persona interesada sobre las previsiones del presente artículo y elevarán a la autoridad competente para su resolución la oportuna propuesta sobre la concesión de un período de restablecimiento y reflexión, de acuerdo con el procedimiento previsto reglamentariamente.

Dicho período de restablecimiento y reflexión tendrá una duración de, al menos, noventa días, y deberá ser suficiente para que la víctima pueda decidir si desea cooperar con las autoridades en la investigación del delito y, en su caso, en el procedimiento penal. Tanto durante la fase de identificación de las víctimas, como durante el período de restablecimiento y reflexión, no se incoará un expediente sancionador por infracción del art. 53.1.a) y se suspenderá el expediente administrativo sancionador que se le hubiere incoado o, en su caso, la ejecución de la expulsión o devolución eventualmente acordadas. Asimismo, durante el período de restablecimiento y reflexión, se le autorizará la estancia temporal y las administraciones competentes velarán por la

---

[161] Añadido por art. único apartado 62 de Ley Orgánica 2/2009 de 11 de diciembre de 2009, con vigencia desde 13/12/2009

subsistencia y, de resultar necesario, la seguridad y protección de la víctima y de sus hijos menores de edad o con discapacidad, que se encuentren en España en el momento de la identificación, a quienes se harán extensivas las previsiones del apartado 4 del presente artículo en relación con el retorno asistido o la autorización de residencia, y en su caso trabajo, si fueren mayores de 16 años, por circunstancias excepcionales. Finalizado el período de reflexión las administraciones públicas competentes realizarán una evaluación de la situación personal de la víctima a efectos de determinar una posible ampliación del citado período.

Con carácter extraordinario la Administración Pública competente velará por la seguridad y protección de aquellas otras personas, que se encuentren en España, con las que la víctima tenga vínculos familiares o de cualquier otra naturaleza, cuando se acredite que la situación de desprotección en que quedarían frente a los presuntos traficantes constituye un obstáculo insuperable para que la víctima acceda a cooperar. [162]

3. El periodo de restablecimiento y reflexión podrá denegarse o ser revocado por motivos de orden público o cuando se tenga conocimiento de que la condición de víctima se ha invocado de forma indebida. La denegación o revocación deberán estar motivadas y podrán ser recurridas según lo establecido en la Ley 30/1992, de 26 de noviembre, de Régimen Jurídico de las Administraciones Públicas y del Procedimiento Administrativo Común. [163]

4. La autoridad competente podrá declarar a la víctima exenta de responsabilidad administrativa y podrá facilitarle, a su elección, el retorno asistido a su país de procedencia o la autorización de residencia y trabajo por circunstancias excepcionales cuando lo considere necesario a causa de su cooperación para los fines de investigación o de las acciones penales, o en atención a su situación personal, y facilidades para su integración social, de acuerdo con lo establecido en la presente Ley. Asimismo, en tanto se resuelva el procedimiento de autorización de residencia y trabajo por circunstancias excepcionales, se le podrá facilitar una autorización provisional de residencia y trabajo en los términos que se determinen reglamentariamente.

---

[162] Dada nueva redacción apartado 2 por disposición final 2 de Ley Orgánica 8/2015 de 22 de julio de 2015, con vigencia desde 12/08/2015

[163] Dada nueva redacción apartado 3 por art. 2 de Ley Orgánica 10/2011 de 27 de julio de 2011, con vigencia desde 29/07/2011

En la tramitación de las autorizaciones referidas en el párrafo anterior se podrá eximir de la aportación de aquellos documentos cuya obtención suponga un riesgo para la víctima.

5. Las previsiones del presente artículo serán igualmente de aplicación a personas extranjeras menores de edad, debiendo tenerse en cuenta la edad y madurez de éstas y, en todo caso, la prevalencia del interés superior del menor.

6. Reglamentariamente se desarrollarán las condiciones de colaboración de las organizaciones no gubernamentales sin ánimo de lucro que tengan por objeto la acogida y protección de las víctimas de la trata de seres humanos.

60. *Efectos de la denegación de entrada.* [164] 1. Los extranjeros a los que en frontera se les deniegue la entrada según lo previsto por el art. 26.2 de esta Ley, estarán obligados a regresar a su punto de origen.

La resolución de la denegación de entrada conllevará la adopción inmediata de las medidas necesarias para que el extranjero regrese en el plazo más breve posible. Cuando el regreso fuera a retrasarse más de setenta y dos horas, la autoridad que hubiera denegado la entrada se dirigirá al Juez de Instrucción para que determine el lugar donde hayan de ser internados hasta ese momento.

2. Los lugares de internamiento para extranjeros no tendrán carácter penitenciario, y estarán dotados de servicios sociales, jurídicos, culturales y sanitarios. Los extranjeros internados estarán privados únicamente del derecho ambulatorio.

3. El extranjero durante su internamiento se encontrará en todo momento a disposición de la autoridad judicial que lo autorizó, debiéndose comunicar a ésta por la autoridad gubernativa cualquier circunstancia en relación a la situación de los extranjeros internados.

4. La detención de un extranjero a efectos de proceder al regreso a consecuencia de la denegación de entrada será comunicada al Ministerio de Asuntos Exteriores y a la embajada o consulado de su país.

[164] Dada nueva redacción por art. único apartado 63 de Ley Orgánica 2/2009 de 11 de diciembre de 2009, con vigencia desde 13/12/2009

61. *Medidas cautelares.* [165] 1. Desde el momento en que se incoe un procedimiento sancionador en el que pueda proponerse la expulsión, el instructor, a fin de asegurar la resolución final que pudiera recaer, podrá adoptar alguna de las siguientes medidas cautelares: [166]

a) Presentación periódica ante las autoridades competentes.

b) Residencia obligatoria en determinado lugar.

c) Retirada del pasaporte o documento acreditativo de su nacionalidad, previa entrega al interesado del resguardo acreditativo de tal medida.

d) Detención cautelar, por la autoridad gubernativa o sus agentes, por un período máximo de 72 horas previas a la solicitud de internamiento.

En cualquier otro supuesto de detención, la puesta a disposición judicial se producirá en un plazo no superior a 72 horas.

e) Internamiento preventivo, previa autorización judicial en los centros de internamiento. [167]

f) Cualquier otra medida cautelar que el juez estime adecuada y suficiente. [168]

2. En los expedientes sancionadores en la comisión de infracciones por transportistas, si éstos infringen la obligación de tomar a cargo al extranjero transportado ilegalmente, podrá acordarse la suspensión de sus actividades, la prestación de fianzas, avales, o la inmovilización del medio de transporte utilizado.

62. *Ingreso en centros de internamiento.* [169] 1. Incoado el expediente por alguno de los supuestos contemplados en las letras a) y b) del art. 54.1, en las letras a), d) y f) del art. 53.1 y en el art. 57.2 de

---

[165] Renumerado por art. 1 apartado 54 de Ley Orgánica 8/2000 de 22 de diciembre de 2000 como artículo 61, dando nueva redacción, con vigencia desde 23/01/2001

[166] Véase el art. 243 RD 1155/2024 de 19 noviembre, por el que se aprueba el nuevo Reglamento de esta Ley Orgánica, con vigencia desde el 20 mayo 2025 y el art. 244 RD 557/2011 de 20 abril, del anterior Reglamento

[167] Dada nueva redacción apartado 1 por art. 2 apartado 3 de Ley Orgánica 11/2003 de 29 de septiembre de 2003, con vigencia desde 01/10/2003

[168] Añadida apartado 1 letra f por art. único apartado 64 de Ley Orgánica 2/2009 de 11 de diciembre de 2009, con vigencia desde 13/12/2009

[169] Dada nueva redacción por art. único apartado 65 de Ley Orgánica 2/2009 de 11 de diciembre de 2009, con vigencia desde 13/12/2009

esta Ley Orgánica en el que pueda proponerse expulsión del territorio español, el instructor podrá solicitar al Juez de Instrucción competente que disponga el ingreso del extranjero en un centro de internamiento en tanto se realiza la tramitación del expediente sancionador. [170]

El Juez, previa audiencia del interesado y del Ministerio Fiscal, resolverá mediante auto motivado, en el que, de acuerdo con el principio de proporcionalidad, tomará en consideración las circunstancias concurrentes y, en especial, el riesgo de incomparecencia por carecer de domicilio o de documentación identificativa, las actuaciones del extranjero tendentes a dificultar o evitar la expulsión, así como la existencia de condena o sanciones administrativas previas y de otros procesos penales o procedimientos administrativos sancionadores pendientes. Asimismo, en caso de enfermedad grave del extranjero, el juez valorará el riesgo del internamiento para la salud pública o la salud del propio extranjero.

2. El internamiento se mantendrá por el tiempo imprescindible para los fines del expediente, siendo su duración máxima de 60 días, y sin que pueda acordarse un nuevo internamiento por cualquiera de las causas previstas en un mismo expediente.

3. Cuando hayan dejado de cumplirse las condiciones descritas en el apartado 1, el extranjero será puesto inmediatamente en libertad por la autoridad administrativa que lo tenga a su cargo, poniéndolo en conocimiento del Juez que autorizó su internamiento. Del mismo modo y por las mismas causas, podrá ser ordenado el fin del internamiento y la puesta en libertad inmediata del extranjero por el Juez, de oficio o a iniciativa de parte o del Ministerio Fiscal.

4. No podrá acordarse el ingreso de menores en los centros de internamiento, sin perjuicio de lo previsto en el art. 62.bis 1. i) de esta Ley. Los menores extranjeros no acompañados que se encuentren en España serán puestos a disposición de las entidades públicas de protección de menores conforme establece la Ley Orgánica de Protección Jurídica del Menor y de acuerdo con las normas previstas en el art. 35 de esta Ley.

5. La incoación del expediente, las medidas cautelares de detención e internamiento y la resolución final del expediente de expulsión del

---

[170] Véase el cap. I del tít. III RD 162/2014 de 14 marzo, por el que se aprueba el reglamento de funcionamiento y régimen interior de los centros de internamiento de extranjeros

extranjero serán comunicadas al Ministerio de Asuntos Exteriores y a la embajada o consulado de su país.

6. A los efectos del presente artículo, el Juez competente para autorizar y, en su caso, dejar sin efecto el internamiento será el Juez de Instrucción del lugar donde se practique la detención. El Juez competente para el control de la estancia de los extranjeros en los Centros de Internamiento y en las Salas de Inadmisión de fronteras, será el Juez de Instrucción del lugar donde estén ubicados, debiendo designarse un concreto Juzgado en aquellos partidos judiciales en los que existan varios. Este Juez conocerá, sin ulterior recurso, de las peticiones y quejas que planteen los internos en cuanto afecten a sus derechos fundamentales. Igualmente, podrá visitar tales centros cuando conozca algún incumplimiento grave o cuando lo considere conveniente.

62 bis. *Derechos de los extranjeros internados.* [171] 1. Los centros de internamiento de extranjeros son establecimientos públicos de carácter no penitenciario; el ingreso y estancia en los mismos tendrá únicamente finalidad preventiva y cautelar, salvaguardando los derechos y libertades reconocidos en el ordenamiento jurídico, sin más limitaciones que las establecidas a su libertad ambulatoria, conforme al contenido y finalidad de la medida judicial de ingreso acordada. En particular, el extranjero sometido a internamiento tiene los siguientes derechos:

a) A ser informado de su situación.

b) A que se vele por el respeto a su vida, integridad física y salud, sin que puedan en ningún caso ser sometidos a tratos degradantes o a malos tratos de palabra o de obra y a que sea preservada su dignidad y su intimidad.

c) A que se facilite el ejercicio de los derechos reconocidos por el ordenamiento jurídico, sin más limitaciones que las derivadas de su situación de internamiento.

d) A recibir asistencia médica y sanitaria adecuada y ser asistidos por los servicios de asistencia social del centro.

e) A que se comunique inmediatamente a la persona que designe en España y a su abogado el ingreso en el centro, así como a la oficina consular del país del que es nacional.

---

[171] Dada nueva redacción por art. único apartado 66 de Ley Orgánica 2/2009 de 11 de diciembre de 2009, con vigencia desde 13/12/2009

f) A ser asistido de abogado, que se proporcionará de oficio en su caso, y a comunicarse reservadamente con el mismo, incluso fuera del horario general del centro, cuando la urgencia del caso lo justifique.

g) A comunicarse en el horario establecido en el centro, con sus familiares, funcionarios consulares de su país u otras personas, que sólo podrán restringirse por resolución judicial.

h) A ser asistido de intérprete si no comprende o no habla castellano y de forma gratuita, si careciese de medios económicos.

i) A tener en su compañía a sus hijos menores, siempre que el Ministerio Fiscal informe favorablemente tal medida y existan en el centro módulos que garanticen la unidad e intimidad familiar. [172]

j) A entrar en contacto con organizaciones no gubernamentales y organismos nacionales, internacionales y no gubernamentales de protección de inmigrantes.

2. Los centros dispondrán de servicios de asistencia social y sanitaria con dotación suficiente. Las condiciones para la prestación de estos servicios se desarrollarán reglamentariamente.

3. Las organizaciones constituidas legalmente en España para la defensa de los inmigrantes y los organismos internacionales pertinentes podrán visitar los centros de internamiento; reglamentariamente se desarrollarán las condiciones de las mismas.

62 ter. *Deberes de los extranjeros internados.* [173] El extranjero sometido a internamiento estará obligado:

a) A permanecer en el centro a disposición del Juez de Instrucción que hubiere autorizado su ingreso.

b) A observar las normas por las que se rige el centro y cumplir las instrucciones generales impartidas por la dirección y las particulares que reciban de los funcionarios en el ejercicio legítimo de sus funciones, encaminadas al mantenimiento del orden y la seguridad dentro del mismo, así como las relativas a su propio aseo e higiene y la limpieza del centro.

c) A mantener una actividad cívica correcta y de respeto con los funcionarios y empleados del centro, con los visitantes y con los otros

---

[172] Téngase, en cuenta la inaplicabilidad del inciso "y existen en el centro módulos que garanticen la unidad e intimidad familiar". conforme a la Sent. de 10 febrero 2015

[173] Dada nueva redacción por art. único apartado 67 de Ley Orgánica 2/2009 de 11 de diciembre de 2009, con vigencia desde 13/12/2009

extranjeros internados, absteniéndose de proferir insultos o amenazas contra los mismos, o de promover o intervenir en agresiones, peleas, desórdenes y demás actos individuales o colectivos que alteren la convivencia.

d) A conservar el buen estado de las instalaciones materiales, mobiliario y demás efectos del centro, evitando el deterioro o inutilización deliberada, tanto de éstos como de los bienes o pertenencias de los demás extranjeros ingresados o funcionarios.

e) A someterse a reconocimiento médico a la entrada y salida del centro, así como en aquellos casos en que, por razones de salud colectiva, apreciadas por el servicio médico, y a petición de éste, lo disponga el director del centro.

62 quater. *Información y reclamaciones.* [174] 1. Los extranjeros recibirán a su ingreso en el centro información escrita sobre sus derechos y obligaciones, las cuestiones de organización general, las normas de funcionamiento del centro, las normas disciplinarias y los medios para formular peticiones o quejas. La información se les facilitará en un idioma que entiendan.

2. Los internados podrán formular, verbalmente o por escrito, peticiones y quejas sobre cuestiones referentes a su situación de internamiento.

Dichas peticiones o quejas también podrán ser presentadas al director del centro, el cual las atenderá si son de su competencia o las pondrá en conocimiento de la autoridad competente, en caso contrario.

62 quinquies. *Medidas de seguridad.* [175] 1. Las actuaciones de vigilancia y seguridad interior en los centros podrán suponer, en la forma y con la periodicidad que se establezca, inspecciones de los locales y dependencias y siempre que fuera necesario para la seguridad

---

[174] Añadido por art. 1 apartado 32 de Ley Orgánica 14/2003 de 20 de noviembre de 2003, con vigencia desde 21/12/2003

[175] Añadido por art. 1 apartado 32 de Ley Orgánica 14/2003 de 20 de noviembre de 2003, con vigencia desde 21/12/2003

en los centros registros de personas, ropas y enseres de los extranjeros internados [176].

2. Se podrán utilizar medios de contención física personal o separación preventiva del agresor en habitación individual para evitar actos de violencia o lesiones de los extranjeros, impedir actos de fuga, daños en las instalaciones del centro o ante la resistencia al personal del mismo en el ejercicio legítimo de su cargo. El uso de los medios de contención será proporcional a la finalidad perseguida, no podrán suponer una sanción encubierta y sólo se usarán cuando no exista otra manera menos gravosa para conseguir la finalidad perseguida y por el tiempo estrictamente necesario.

3. La utilización de medios de contención será previamente autorizada por el director del centro, salvo que razones de urgencia no lo permitan, en cuyo caso se pondrá en su conocimiento inmediatamente. El director deberá comunicar lo antes posible a la autoridad judicial que autorizó el internamiento la adopción y cese de los medios de contención física personal, con expresión detallada de los hechos que hubieren dado lugar a dicha utilización y de las circunstancias que pudiesen aconsejar su mantenimiento. El juez, en el plazo más breve posible y siempre que la medida acordada fuere separación preventiva del agresor, deberá si está vigente, acordar su mantenimiento o revocación.

62 sexies. *Funcionamiento y régimen interior de los centros de internamiento de extranjeros.* [177] En cada centro de internamiento de extranjeros habrá un director responsable de su funcionamiento para lo cual deberá adoptar las directrices de organización necesarias, coordinando y supervisando su ejecución. Asimismo será el responsable de adoptar las medidas necesarias para asegurar el orden y la correcta convivencia entre extranjeros y asegurar el cumplimiento de

[176] Declarada la constitucionalidad del apartado 1, desde el 26 febrero 2013, conforme a Sent. 17/2013 de 31 enero, interpretado según su fj 14

[177] Añadido por art. 1 apartado 32 de Ley Orgánica 14/2003 de 20 de noviembre de 2003, con vigencia desde 21/12/2003

sus derechos, y de la imposición de medidas a los internos que no respeten las normas de correcta convivencia o régimen interior [178] .

63. *Procedimiento preferente.*   [179] [180]

1. Incoado el expediente en el que pueda proponerse la expulsión por tratarse de uno de los supuestos contemplados en el art. 53.1.d), 53.1.f), 54.1.a), 54.1.b) y 57.2, la tramitación del mismo tendrá carácter preferente.

Igualmente, el procedimiento preferente será aplicable cuando, tratándose de las infracciones previstas en la letra a) del apartado 1 del art. 53, se diera alguna de las siguientes circunstancias:

a) riesgo de incomparecencia.

b) el extranjero evitara o dificultase la expulsión, sin perjuicio de las actuaciones en ejercicio de sus derechos.

c) el extranjero representase un riesgo para el orden público, la seguridad pública o la seguridad nacional.

En estos supuestos no cabrá la concesión del período de salida voluntaria.

2. Durante la tramitación del procedimiento preferente, así como en la fase de ejecución de la expulsión que hubiese recaído, podrán adoptarse las medidas cautelares y el internamiento establecidas en los arts. 61 y 62.

3. Se garantizará el derecho del extranjero a asistencia letrada, que se le proporcionará de oficio, en su caso, y a ser asistido por intérprete, si no comprende o no habla castellano, y de forma gratuita en el caso de que careciese de medios económicos.

4. Iniciado el expediente, se dará traslado al interesado del acuerdo de iniciación debidamente motivado y por escrito, para que alegue lo que considere adecuado, en el plazo de 48 horas, advirtiéndole de las consecuencias de no hacerlo así.

5. Si el interesado, o su representante, no efectuase alegaciones ni realizasen proposición de prueba sobre el contenido del acuerdo de

[178] Véase RD 162/2014 de 14 marzo, por el que se aprueba el reglamento de funcionamiento y régimen interior de los centros de internamiento de extranjeros

[179] Dada nueva redacción por art. único apartado 68 de Ley Orgánica 2/2009 de 11 de diciembre de 2009, con vigencia desde 13/12/2009

[180] Véanse los arts. 233 a 236 RD 1155/2024 de 19 noviembre, por el que se aprueba el nuevo Reglamento de esta Ley Orgánica, con vigencia desde el 20 mayo 2025 y los arts. 234 a 237 RD 557/2011 de 20 abril, del anterior Reglamento

iniciación, o si no se admitiesen, por improcedentes o innecesarias, de forma motivada, por el instructor las pruebas propuestas, sin cambiar la calificación de los hechos, el acuerdo de iniciación del expediente será considerado como propuesta de resolución con remisión a la autoridad competente para resolver.

De estimarse la proposición de prueba, esta se realizará en el plazo máximo de tres días.

6. En el supuesto de las letras a) y b) del apartado 1 del art. 53 cuando el extranjero acredite haber solicitado con anterioridad autorización de residencia temporal conforme a lo dispuesto en el art. 31.3 de esta Ley, el órgano encargado de tramitar la expulsión suspenderá la misma hasta la resolución de la solicitud, procediendo a la continuación del expediente en caso de denegación.

7. La ejecución de la orden de expulsión en los supuestos previstos en este artículo se efectuará de forma inmediata.

63 bis. *Procedimiento ordinario.* [181] [182]

1. Cuando se tramite la expulsión para supuestos distintos a los previstos en el art. 63 el procedimiento a seguir será el ordinario.

2. La resolución en que se adopte la expulsión tramitada mediante el procedimiento ordinario incluirá un plazo de cumplimiento voluntario para que el interesado abandone el territorio nacional. La duración de dicho plazo oscilará entre siete y treinta días y comenzará a contar desde el momento de la notificación de la citada resolución.

El plazo de cumplimiento voluntario de la orden de expulsión podrá prorrogarse durante un tiempo prudencial en atención a las circunstancias que concurran en cada caso concreto, como pueden ser, la duración de la estancia, estar a cargo de niños escolarizados o la existencia de otros vínculos familiares y sociales.

3. Tanto en la fase de tramitación del procedimiento como durante el plazo de cumplimiento voluntario, podrá adoptarse alguna o algunas de las medidas cautelares establecidas en el art. 61, excepto la de internamiento prevista en la letra e).

---

[181] Añadido por art. único apartado 69 de Ley Orgánica 2/2009 de 11 de diciembre de 2009, con vigencia desde 13/12/2009

[182] Véanse los arts. 225 a 232 RD 1155/2024 de 19 noviembre, por el que se aprueba el nuevo Reglamento de esta Ley Orgánica, con vigencia desde el 20 mayo 2025 y los arts. 226 a 233 RD 557/2011 de 20 abril, del anterior Reglamento

64. *Ejecución de la expulsión.* [183] 1. Expirado el plazo de cumplimiento voluntario sin que el extranjero haya abandonado el territorio nacional, se procederá a su detención y conducción hasta el puesto de salida por el que se deba hacer efectiva la expulsión. Si la expulsión no se pudiera ejecutar en el plazo de setenta y dos horas, podrá solicitarse la medida de internamiento regulada en los artículos anteriores, que no podrá exceder del período establecido en el art. 62 de esta Ley. [184]

2. Tanto en los supuestos de prórroga del plazo de cumplimiento voluntario como de aplazamiento o suspensión de la ejecución de la expulsión, lo que se acreditará en documento debidamente notificado al interesado, se tendrá en cuenta la garantía para el extranjero afectado de:

a) El mantenimiento de la unidad familiar con los miembros que se hallen en territorio español.

b) La prestación de atención sanitaria de urgencia y tratamiento básico de enfermedades.

c) El acceso para los menores, en función de la duración de su estancia, al sistema de enseñanza básica.

d) Las necesidades especiales de personas vulnerables.

3. La ejecución de la resolución de expulsión se efectuará, en su caso, a costa del empleador que hubiera sido sancionado por las infracciones previstas en el art. 53.2.a) o 54.1.d) de esta Ley o, en el resto de los supuestos, a costa del extranjero si tuviere medios económicos para ello. De no darse ninguna de dichas condiciones, se comunicará al representante diplomático o consular de su país, a los efectos oportunos.

4. Cuando un extranjero sea detenido en territorio español y se constate que contra él se ha dictado una resolución de expulsión por un Estado miembro de la Unión Europea, se procederá a ejecutar inmediatamente la resolución, sin necesidad de incoar nuevo expediente de expulsión. Se podrá solicitar la autorización del Juez de instrucción para su ingreso en un centro de internamiento, con el fin de asegurar la ejecución de la sanción de expulsión, de acuerdo con lo previsto en la presente Ley.

---

[183] Dada nueva redacción por art. único apartado 70 de Ley Orgánica 2/2009 de 11 de diciembre de 2009, con vigencia desde 13/12/2009

[184] Véanse los arts. 245 a 248 RD 1155/2024 de 19 noviembre, por el que se aprueba el nuevo Reglamento de esta Ley Orgánica, con vigencia desde el 20 mayo 2025 y los arts. 246 a 248 RD 557/2011 de 20 abril, del anterior Reglamento

5. Se suspenderá la ejecución de la resolución de expulsión cuando se formalice una petición de protección internacional, hasta que se haya inadmitido a trámite o resuelto, conforme a lo dispuesto en la normativa de protección internacional.

6. No será precisa la incoación de expediente de expulsión:

a) para proceder al traslado, escoltados por funcionarios, de los solicitantes de protección internacional cuya solicitud haya sido inadmitida a trámite en aplicación de la Ley 12/2009, de 30 de octubre reguladora del derecho de asilo y de la protección subsidiaria, al ser responsable otro Estado del examen de la solicitud, de conformidad con los convenios internacionales en que España sea parte, cuando dicho traslado se produzca dentro de los plazos que el Estado responsable tiene la obligación de proceder al estudio de la solicitud.

b) para proceder al traslado, escoltados por funcionarios, manutención, o recepción, custodia y transmisión de documentos de viaje, de los extranjeros que realicen un tránsito en territorio español, solicitado por un Estado miembro de la Unión Europea, a efectos de repatriación o alejamiento por vía aérea.

65. *Carácter recurrible de las resoluciones sobre extranjeros.* [185] 1. Las resoluciones administrativas sancionadoras serán recurribles con arreglo a lo dispuesto en las leyes. El régimen de ejecutividad de las mismas será el previsto con carácter general.

2. En todo caso, cuando el extranjero no se encuentre en España, podrá cursar los recursos procedentes, tanto en vía administrativa como jurisdiccional, a través de las representaciones diplomáticas o consulares correspondientes, quienes los remitirán al organismo competente.

66. *Obligaciones de los transportistas.* [186] 1. Cuando así lo determinen las autoridades españolas respecto de las rutas procedentes de fuera del Espacio Schengen en las que la intensidad de los flujos migratorios lo haga necesario, a efectos de combatir la inmigración ilegal y garantizar la seguridad pública, toda compañía, empresa de

---

[185] Renumerado por art. 1 apartado 58 de Ley Orgánica 8/2000 de 22 de diciembre de 2000 como artículo 65, dando nueva redacción, con vigencia desde 23/01/2001

[186] Dada nueva redacción por art. 1 apartado 35 de Ley Orgánica 14/2003 de 20 de noviembre de 2003, con vigencia desde 21/12/2003

transporte o transportista estará obligada, en el momento de finalización del embarque y antes de la salida del medio de transporte, a remitir a las autoridades españolas encargadas del control de entrada la información relativa a los pasajeros que vayan a ser trasladados, ya sea por vía aérea, marítima o terrestre, y con independencia de que el transporte sea en tránsito o como destino final, al territorio español.

La información será transmitida por medios telemáticos, o, si ello no fuera posible, por cualquier otro medio adecuado, y será comprensiva del nombre y apellidos de cada pasajero, de su fecha de nacimiento, nacionalidad, número de pasaporte o del documento de viaje que acredite su identidad y tipo del mismo, paso fronterizo de entrada, código de transporte, hora de salida y de llegada del transporte, número total de personas transportadas, y lugar inicial de embarque. Las autoridades encargadas del control de entrada guardarán los datos en un fichero temporal, borrándolos tras la entrada y en un plazo de veinticuatro horas desde su comunicación, salvo necesidades en el ejercicio de sus funciones. Los transportistas deberán haber informado de este procedimiento a los pasajeros, estando obligados a borrar los datos en el mismo plazo de veinticuatro horas. [187]

2. Toda compañía, empresa de transporte o transportista estará obligada a enviar a las autoridades españolas encargadas del control de entrada la información comprensiva del número de billetes de vuelta no utilizados por los pasajeros que previamente hubiesen transportado a España, ya sea por vía aérea, marítima o terrestre, y con independencia de que el transporte sea en tránsito o como destino final, de rutas procedentes de fuera del Espacio Schengen.

Cuando así lo determinen las autoridades españolas, en los términos y a los efectos indicados en el apartado anterior, la información comprenderá, además, para pasajeros no nacionales de la Unión Europea, del Espacio Económico Europeo o de países con los que exista un convenio internacional que extienda el régimen jurídico previsto para los ciudadanos de los Estados mencionados, el nombre y apellidos de cada pasajero, su fecha de nacimiento, nacionalidad, número de pasaporte o del documento de viaje que acredite su identidad.

La información señalada en el presente apartado deberá enviarse en un plazo no superior a 48 horas desde la fecha de caducidad del billete.

---

[187] Dada nueva redacción apartado 1 párrafo 2 por art. único apartado 71 de Ley Orgánica 2/2009 de 11 de diciembre de 2009, con vigencia desde 13/12/2009

3. Asimismo, toda compañía, empresa de transporte o transportista estará obligada a:

a) Realizar la debida comprobación de la validez y vigencia, tanto de los pasaportes, títulos de viaje o documentos de identidad pertinentes, como, en su caso, del correspondiente visado de los que habrán de ser titulares los extranjeros.

b) Hacerse cargo inmediatamente del extranjero que hubiese trasladado hasta la frontera aérea, marítima o terrestre correspondiente del territorio español, si a éste se le hubiera denegado la entrada por deficiencias en la documentación necesaria para el cruce de fronteras.

c) Tener a su cargo al extranjero que haya sido trasladado en tránsito hasta una frontera aérea, marítima o terrestre del territorio español, si el transportista que deba llevarlo a su país de destino se negara a embarcarlo, o si las autoridades de este último país le hubieran denegado la entrada y lo hubieran devuelto a la frontera española por la que ha transitado.

d) Transportar a los extranjeros a que se refieren los párrafos b) y c) de este apartado hasta el Estado a partir del cual le haya transportado, bien hasta el Estado que haya expedido el documento de viaje con el que ha viajado, o bien a cualquier otro Estado que garantice su admisión y un trato compatible con los derechos humanos.

La compañía, empresa de transportes o transportista que tenga a su cargo un extranjero en virtud de alguno de los supuestos previstos en este apartado deberá garantizar al mismo unas condiciones de vida adecuadas mientras permanezca a su cargo.

4. Lo establecido en este artículo se entiende también para el caso en que el transporte aéreo o marítimo se realice desde Ceuta o Melilla hasta cualquier otro punto del territorio español.

TÍTULO IV
Coordinación de los poderes públicos en materia de inmigración

67. *Coordinación de los órganos de la Administración del Estado.* [188] 1. El Gobierno llevará a cabo una observación permanen-

---

[188] Renumerado por art. 1 apartado 60 de Ley Orgánica 8/2000 de 22 de diciembre de 2000 como artículo 67, con vigencia desde 23/01/2001

te de las magnitudes y características más significativas del fenómeno inmigratorio con objeto de analizar su impacto en la sociedad española y facilitar una información objetiva y contrastada que evite o dificulte la aparición de corrientes xenófobas o racistas.

2. El Gobierno unificará en Oficinas provinciales los servicios existentes, dependientes de diferentes órganos de la Administración del Estado con competencia en inmigración, al objeto de conseguir una adecuada coordinación de su actuación administrativa.

3. El Gobierno elaborará planes, programas y directrices sobre la actuación de la Inspección de Trabajo previa al procedimiento sancionador destinados especialmente a comprobar el cumplimiento del principio de igualdad y no discriminación de los trabajadores extranjeros, así como el cumplimiento efectivo de la normativa en materia de autorización de trabajo de extranjeros, todo ello sin perjuicio de las facultades de planificación que correspondan a las Comunidades Autónomas con competencias en materia de ejecución de la legislación laboral. [189]

68. *Coordinación de las Administraciones Públicas.* [190] 1. La Conferencia Sectorial de Inmigración es el órgano a través del cual se asegurará la adecuada coordinación de las actuaciones que desarrollen las Administraciones Públicas en materia de inmigración.

2. Las Comunidades Autónomas que asuman competencias ejecutivas en la concesión de la autorización inicial de trabajo, deberán desarrollarlas en necesaria coordinación con las competencias estatales en materia de extranjería, inmigración y autorización de residencia, de manera que se garantice la igualdad en la aplicación de la normativa de extranjería e inmigración en todo el territorio, la celeridad de los procedimientos y el intercambio de información entre las Administraciones necesario para el desarrollo de sus respectivas competencias. La coordinación deberá realizarse preservando la capacidad de autoorganización de cada Comunidad Autónoma así como su propio sistema de descentralización territorial.

[189] Dada nueva redacción apartado 3 por disposición adicional única de Ley Orgánica 14/2003 de 20 de noviembre de 2003, con vigencia desde 21/12/2003

[190] Dada nueva redacción por art. único apartado 72 de Ley Orgánica 2/2009 de 11 de diciembre de 2009, con vigencia desde 13/12/2009

3. Con carácter previo a la concesión de autorizaciones por arraigo, las Comunidades Autónomas o, en su caso, los Ayuntamientos, emitirán un informe sobre la integración social del extranjero cuyo domicilio habitual se encuentre en su territorio. Reglamentariamente se determinarán los contenidos de dicho informe. En todo caso, el informe tendrá en cuenta el periodo de permanencia, la posibilidad de contar con vivienda y medios de vida, los vínculos con familiares residentes en España, y los esfuerzos de integración a través del seguimiento de programas de inserción sociolaborales y culturales.

4. Las Comunidades Autónomas que hayan asumido competencias en materia de seguridad ciudadana y orden público mediante la creación de una policía propia, podrán aportar, en su caso, un informe sobre afectación al orden público en todos los procedimientos de autorización de residencia o su renovación, referidas a extranjeros que se encuentran en España, en los que se prevea la necesidad de informe gubernativo. Tal informe se incorporará al expediente al igual que el que, en su caso, aporten las Fuerzas y Cuerpos de Seguridad del Estado en el ejercicio de sus competencias sobre seguridad pública.

69. *Apoyo al movimiento asociativo de los inmigrantes.* [191] Los poderes públicos impulsarán el fortalecimiento del movimiento asociativo entre los inmigrantes y apoyarán a los sindicatos, organizaciones empresariales y a las organizaciones no gubernamentales que, sin ánimo de lucro, favorezcan su integración social, facilitándoles ayuda económica, tanto a través de los programas generales como en relación con sus actividades específicas.

70. *El Foro para la Integración Social de los Inmigrantes.* [192] 1. El Foro para la Integración Social de los Inmigrantes, constituido de forma tripartita y equilibrada, por representantes de las Administraciones Públicas, de las asociaciones de inmigrantes y de otras organizaciones con interés e implantación en el ámbito migratorio, incluyendo entre ellas a las organizaciones sindicales y empresariales más representati-

[191] Renumerado por art. 1 apartado 62 de Ley Orgánica 8/2000 de 22 de diciembre de 2000 como artículo 69, dando nueva redacción, con vigencia desde 23/01/2001
[192] Renumerado por art. 1 apartado 63 de Ley Orgánica 8/2000 de 22 de diciembre de 2000 como artículo 70, dando nueva redacción, con vigencia desde 23/01/2001

vas, constituye el órgano de consulta, información y asesoramiento en materia de integración de los inmigrantes. [193]

2. Reglamentariamente se determinará su composición, competencias, régimen de funcionamiento y adscripción administrativa.

71. *Observatorio Español del Racismo y la Xenofobia.* [194] Se constituirá el Observatorio Español del Racismo y la Xenofobia, con funciones de estudio y análisis, y con capacidad para elevar propuestas de actuación, en materia de lucha contra el racismo y la xenofobia.

72. *Comisión Laboral Tripartita de Inmigración.* [195] 1. La Comisión Laboral Tripartita de Inmigración es el órgano colegiado adscrito al Ministerio competente en materia de inmigración, de la que forman parte las organizaciones sindicales y empresariales más representativas.

2. La Comisión Laboral Tripartita de Inmigración será informada sobre la evolución de los movimientos migratorios en España y, en todo caso, será consultada sobre las propuestas de Catálogo de ocupaciones de difícil cobertura, las previstas en el art. 39 de esta Ley y las de contratación de trabajadores de temporada que se determinen.

3. Mediante Orden Ministerial se determinará su composición, forma de designación de sus miembros, competencias y régimen de funcionamiento.

---

[193] Dada nueva redacción apartado 1 por art. único apartado 73 de Ley Orgánica 2/2009 de 11 de diciembre de 2009, con vigencia desde 13/12/2009

[194] Añadido por art. 1 apartado 37 de Ley Orgánica 14/2003 de 20 de noviembre de 2003, con vigencia desde 21/12/2003

[195] Añadido por art. único apartado 74 de Ley Orgánica 2/2009 de 11 de diciembre de 2009, con vigencia desde 13/12/2009

DISPOSICIONES ADICIONALES [196]

Disposición Adicional Primera. *Plazo máximo para resolución de expedientes.* [197] 1. El plazo general máximo para notificar las resoluciones de las solicitudes de autorizaciones que formulen los interesados a tenor de lo previsto en esta Ley será de tres meses, contados a partir del día siguiente al de la fecha en que hayan tenido entrada en el registro del órgano competente para tramitarlas; ello, sin perjuicio del plazo máximo de 15 días naturales establecido por la normativa comunitaria en relación con procedimientos de solicitud de visado de tránsito o estancia (así como de las excepciones previstas en la misma para su posible ampliación). Transcurrido el plazo para notificar las resoluciones de las solicitudes, salvo lo dispuesto en el apartado siguiente, éstas podrán entenderse desestimadas. [198]

2. Las solicitudes de prórroga de la autorización de residencia, la renovación de la autorización de trabajo, así como las solicitudes de autorización de residencia de larga duración que se formulen por los interesados a tenor de lo dispuesto en la presente Ley Orgánica se resolverán y notificarán en el plazo máximo de tres meses contados a partir del día siguiente al de la fecha en que hayan tenido entrada en el registro del órgano competente para tramitarlas. Transcurrido dicho plazo sin que la Administración haya dado respuesta expresa, se entenderá que la prórroga o renovación han sido concedidas. [199]

3. Las solicitudes de modificación de la limitación territorial o de ocupación de las autorizaciones iniciales de residencia y trabajo se resolverán y notificarán por la administración autonómica o estatal competente en el plazo máximo de un mes. Transcurrido dicho plazo

---

[196] Dada nueva redacción por art. 2 apartado 1 de Ley Orgánica 8/2000 de 22 de diciembre de 2000, con vigencia desde 23/01/2001

[197] Dada nueva redacción por disposición adicional única de Ley Orgánica 14/2003 de 20 de noviembre de 2003, con vigencia desde 21/12/2003

[198] Dada nueva redacción apartado 1 por art. único apartado 75 de Ley Orgánica 2/2009 de 11 de diciembre de 2009, con vigencia desde 13/12/2009

[199] Dada nueva redacción apartado 2 por art. único apartado 76 de Ley Orgánica 2/2009 de 11 de diciembre de 2009, con vigencia desde 13/12/2009

sin que la Administración haya dado respuesta expresa, se entenderá que la solicitud ha sido concedida. [200]

Disposición Adicional Segunda. *Subcomisiones de Cooperación.* [201] En atención a la situación territorial y a la especial incidencia del fenómeno migratorio y a las competencias que tengan reconocidas en sus respectivos Estatutos de Autonomía en materia de ejecución laboral y en materia de asistencia social, y en concordancia con los mismos, se podrán constituir subcomisiones en el seno de las Comisiones Bilaterales de Cooperación entre el Estado y las Comunidades Autónomas, en concordancia con lo que prevean sus respectivos Estatutos de Autonomía, para analizar cuestiones sobre trabajo y residencia de extranjeros que les afecten directamente.

En particular, en atención a la situación geográfica del archipiélago canario, a la fragilidad de su territorio insular y a su lejanía con el continente europeo, de acuerdo con lo establecido en el art. 37.1 de su Estatuto de Autonomía, en el seno de la Comisión Bilateral de Cooperación Canarias-Estado se constituirá una subcomisión que conocerá de las cuestiones que afecten directamente a Canarias en materia de residencia y trabajo de extranjeros.

Disposición Adicional Tercera. *Lugares de presentación de las solicitudes y exigencia de comparecencia personal.* [202] 1. Cuando el sujeto legitimado se encuentre en territorio español habrá de presentar personalmente las solicitudes relativas a las autorizaciones de residencia y de trabajo en los registros de los órganos competentes para su tramitación. Igualmente, en los procedimientos en los que el sujeto legitimado fuese un empleador, las solicitudes podrán ser presentadas por éste, o por quien válidamente ostente la representación legal empresarial. Reglamentariamente se podrán establecer excepciones a la

---

[200] Añadido apartado 3 por art. único apartado 76 de Ley Orgánica 2/2009 de 11 de diciembre de 2009, con vigencia desde 13/12/2009

[201] Añadida por art. 2 apartado 2 de Ley Orgánica 8/2000 de 22 de diciembre de 2000, con vigencia desde 23/01/2001

[202] Añadida por art. 1 apartado 38 de Ley Orgánica 14/2003 de 20 de noviembre de 2003, con vigencia desde 21/12/2003

presentación ante el órgano competente para su tramitación o a la necesidad de presentación personal de solicitudes. [203]

2. Cuando el sujeto legitimado se encuentre en territorio extranjero, la presentación de solicitudes de visado y su recogida se realizarán personalmente ante la misión diplomática u oficina consular en cuya demarcación aquél resida. Excepcionalmente, cuando el interesado no resida en la población en que tenga su sede la misión diplomática u oficina consular y se acrediten razones que obstaculicen el desplazamiento, como la lejanía de la misión u oficina o dificultades de transporte que hagan el viaje especialmente gravoso, podrá acordarse que la solicitud de visado pueda presentarse por representante debidamente acreditado. Las solicitudes relativas a los visados también podrán presentarse electrónicamente mediante las aplicaciones específicas de tramitación que existan. Asimismo, se podrán presentar en los locales de un proveedor de servicios externo con el que el Ministerio de Asuntos Exteriores, Unión Europea y Cooperación mantenga un contrato de concesión de servicios, con sujeción a las condiciones previstas en la normativa comunitaria sobre visados. [204]

Sin perjuicio de lo dispuesto en el párrafo anterior, en los supuestos de presentación de solicitudes y recogida de visado de estancia, tránsito y de residencia por reagrupación familiar de menores, ambos trámites podrán realizarse mediante representante debidamente acreditado.

En cualquier caso, la misión diplomática u oficina consular podrá requerir la comparecencia del solicitante y, cuando lo estime necesario, mantener una entrevista personal.

Lo dispuesto en este apartado se entenderá sin perjuicio de lo establecido en la normativa comunitaria que desarrolla la política común de visados en lo relativo a la posibilidad de celebrar acuerdos con otros Estados miembros de la Unión Europea a efectos de representación en terceros Estados, en cuanto a procedimientos de solicitud de visados de tránsito o estancia. [205]

3. Asimismo, no se requerirá la comparecencia personal en los procedimientos de contratación colectiva de trabajadores, en los supuestos

---

[203] Dada nueva redacción apartado 1 por art. único apartado 77 de Ley Orgánica 2/2009 de 11 de diciembre de 2009, con vigencia desde 13/12/2009

[204] Dada nueva redacción apartado 2 párrafo 1 por disposición final 3 apartado 4 de Ley Orgánica 2/2023 de 22 de marzo de 2023, con vigencia desde 12/04/2023

[205] Añadido apartado 2 párrafo 4 por art. único apartado 78 de Ley Orgánica 2/2009 de 11 de diciembre de 2009, con vigencia desde 13/12/2009

contemplados en un convenio o acuerdo internacional, en cuyo caso se estará a lo dispuesto en el mismo.

Disposición Adicional Cuarta. *Inadmisión a trámite de solicitudes.* [206] 1. La autoridad competente para resolver inadmitirá a trámite las solicitudes relativas a los procedimientos regulados en esta Ley, en los siguientes supuestos:

a) Falta de legitimación del solicitante, o insuficiente acreditación de la representación.

b) Presentación de la solicitud fuera del plazo legalmente establecido.

c) Cuando se trate de reiteración de una solicitud ya denegada, siempre que las circunstancias que motivaron la denegación no hayan variado.

d) Cuando conste un procedimiento administrativo sancionador contra el solicitante en el que pueda proponerse la expulsión o cuando se haya decretado en contra del mismo una orden de expulsión, judicial o administrativa salvo que, en este último caso, la orden de expulsión hubiera sido revocada o se hallase en uno de los supuestos regulados por los arts. 31.bis, 59, 59.bis o 68.3 de esta Ley.

e) Cuando el solicitante tenga prohibida su entrada en España.

f) Cuando se trate de solicitudes manifiestamente carentes de fundamento.

g) Cuando se refieran a extranjeros que se encontrasen en España en situación irregular, salvo que pueda encontrarse en uno de los supuestos del art. 31, apartado 3.

h) Cuando dicha solicitud no sea realizada personalmente y dicha circunstancia sea exigida por Ley.

2. En los procedimientos relativos a solicitudes de visado de tránsito o estancia, la autoridad competente para resolver inadmitirá a trámite las solicitudes, en los siguientes supuestos:

a) Presentación de la solicitud fuera del plazo de los tres meses anteriores al comienzo del viaje.

b) Presentación de la solicitud en documento distinto al modelo oficialmente establecido a los efectos.

---

[206] Dada nueva redacción por art. único apartado 79 de Ley Orgánica 2/2009 de 11 de diciembre de 2009, con vigencia desde 13/12/2009

c) No aportación de documento de viaje válido al menos hasta tres meses después de la fecha (en su caso, última fecha) prevista de salida del territorio de los Estados miembros de la Unión Europea; en el que figuren al menos dos páginas en blanco; y expedido dentro de los diez años anteriores a la presentación de la solicitud de visado.

d) Cuando no se aporte fotografía del solicitante, acorde a lo dispuesto en la normativa reguladora del Sistema de Información de Visados (VIS) de la Unión Europea.

e) Cuando no se hayan tomado los datos biométricos del solicitante.

f) Cuando no se haya abonado la tasa de visado.

Disposición Adicional Quinta. *Acceso a la información, colaboración entre Administraciones públicas y gestión informática de los procedimientos.* [207] 1. En el cumplimiento de los fines que tienen encomendadas, y con pleno respeto a la legalidad vigente, las Administraciones públicas, dentro de su ámbito competencial, colaborarán en la cesión de datos relativos a las personas que sean consideradas interesados en los procedimientos regulados en esta Ley Orgánica y sus normas de desarrollo.

2. Para la exclusiva finalidad de cumplimentar las actuaciones que los órganos de la Administración General del Estado competentes en los procedimientos regulados en esta Ley Orgánica y sus normas de desarrollo tienen encomendadas, la Agencia Estatal de Administración Tributaria, la Tesorería General de la Seguridad Social y el Instituto Nacional de Estadística, este último en lo relativo al Padrón Municipal de Habitantes, facilitarán a aquéllos el acceso directo a los ficheros en los que obren datos que hayan de constar en dichos expedientes, y sin que sea preciso el consentimiento de los interesados, de acuerdo con la legislación sobre protección de datos [208].

Igualmente, los anteriores organismos facilitarán a las Comunidades Autónomas la información necesaria para ejercer sus competencias sobre autorizaciones iniciales de trabajo sin que tampoco sea preciso el consentimiento de los interesados.

---

[207] Dada nueva redacción por art. único apartado 80 de Ley Orgánica 2/2009 de 11 de diciembre de 2009, con vigencia desde 13/12/2009

[208] Téngase en cuenta la Sent. 17/2013 de 31 enero, que, desde el 26 febrero 2013, declara la constitucionalidad del párrafo, en la redacción dada por la LO 14/2003, de 20 noviembre, siempre que se interprete según su fj 7

3. La tramitación de los procedimientos en materia de extranjería derivados del cumplimiento de lo dispuesto en la presente Ley Orgánica, se realizará sobre una aplicación informática común cuya implantación y coordinación respecto de los restantes Departamentos implicados corresponderá al Ministerio de Trabajo e Inmigración. Dicha aplicación, garantizando la protección de datos de carácter personal, registrará la información y datos relativos a los extranjeros y ciudadanos de la Unión Europea residentes en España y sus autorizaciones, impulsará el cumplimiento de lo establecido por la legislación en materia de acceso electrónico de los ciudadanos a los servicios públicos y permitirá el conocimiento, en tiempo real, de la situación de las solicitudes de autorización reguladas en esta Ley por parte de los órganos administrativos que sean competentes en cada una de las fases del mismo, así como su intervención en la fase que recaiga dentro de su ámbito de competencias. Asimismo, la aplicación informática permitirá la generación de bases de datos estadísticas por las administraciones intervinientes para la obtención de la información actualizada y fiable sobre las magnitudes relativas a la inmigración y la extranjería.

En cumplimiento de lo establecido por la normativa comunitaria sobre la materia, la tramitación de procedimientos relativos a visados de tránsito y de estancia se realizará sobre la aplicación informática específicamente creada a los efectos, dependiente del Ministerio de Asuntos Exteriores y de Cooperación, que estará interconectada con la aplicación informática común, en orden a que en la base de datos de esta última conste información sobre los datos de los visados solicitados y concedidos en las Oficinas consulares o Misiones diplomáticas españolas en el exterior.

El Ministerio del Interior, de acuerdo con sus competencias en materia de orden público, seguridad pública y seguridad nacional, mantendrá un Registro central de extranjeros. Reglamentariamente, se establecerá la interconexión que, en su caso, resulte necesaria para que en la aplicación informática común conste la información que pueda repercutir en la situación administrativa de los extranjeros en España.

4. Cuando las Comunidades Autónomas, en el ámbito de sus competencias, intervengan en alguno de los procedimientos regulados en esta Ley, se garantizará que su participación en los procedimientos informatizados responda a estándares comunes que garanticen la necesaria coordinación de la actuación de todos los órganos administrativos intervinientes. Igualmente, la aplicación informática común dará

acceso a las Comunidades Autónomas con competencias en materia de autorización de trabajo a la información necesaria para el ejercicio de sus competencias, entre la que se encontrará aquella relativa a la concesión y extinción de autorizaciones de reagrupación familiar concedidas en su territorio así como de las altas en Seguridad Social de las autorizaciones de trabajo iniciales concedidas por ellas.

5. El Observatorio Permanente de la Inmigración aunará el conjunto de la información estadística disponible en materia de extranjería, inmigración, protección internacional y nacionalidad, con independencia de la Administración Pública, Departamento ministerial u Organismo responsable de su elaboración, con la finalidad de servir como sistema de análisis e intercambio de la información cualitativa y cuantitativa relacionada con los movimientos migratorios al servicio de las entidades responsables de gestionar las políticas públicas en dichas materias.

Disposición Adicional Sexta. *Acuerdos de readmisión.* [209] A los extranjeros que, en virtud de los acuerdos que regulen la readmisión de las personas en situación irregular suscritos por España, deban ser entregados o enviados a los países de los que sean nacionales o desde los que se hayan trasladado hasta el territorio español, les será de aplicación lo dispuesto en los citados acuerdos así como su normativa de desarrollo.

Dichos acuerdos contendrán cláusulas de respeto a los derechos humanos en virtud de lo que establecen en esta materia los tratados y convenios internacionales.

En el caso de que el titular de la tarjeta azul de la U.E. concedida en España fuera objeto de una medida de repatriación en otro Estado miembro, por haberse extinguido la vigencia de la autorización originaria para permanecer en dicho Estado o por denegarse su solicitud para residir en él, se le readmitirá sin necesidad de ninguna otra formalidad, incluyendo, en su caso, a los miembros de su familia previamente reagrupados.

---

[209] Dada nueva redacción por art. único apartado 81 de Ley Orgánica 2/2009 de 11 de diciembre de 2009, con vigencia desde 13/12/2009

Disposición Adicional Séptima. *Delimitación del Espacio Schengen.* [210] A los efectos de lo dispuesto en esta ley, se entenderá por Espacio Schengen el conjunto de los territorios de los Estados a los que se apliquen plenamente las disposiciones relativas a la supresión de controles en las fronteras interiores y circulación de personas, previstas en el título II del Convenio para la aplicación del Acuerdo de Schengen, de 19 de junio de 1990.

Disposición Adicional Octava. *Ayudas al retorno voluntario.* [211] El Gobierno contemplará anualmente la financiación de programas de retorno voluntario de las personas que así lo soliciten y planteen proyectos que supongan su reasentamiento en la sociedad de la que partieron y siempre que los mismos sean de interés para aquella comunidad.

Disposición Adicional Novena. *Autorizaciones autonómicas de trabajo en origen.* [212] En el marco de los procedimientos de contratación colectiva en origen, las comunidades autónomas con competencias ejecutivas en materia de autorizaciones de trabajo podrán establecer servicios que faciliten la tramitación de los correspondientes visados ante los consulados españoles, así como promover el desarrollo de programas de acogida para los trabajadores extranjeros y sus familias.

Disposición Adicional Décima. *Régimen especial de Ceuta y Melilla.* [213] [214]

1. Los extranjeros que sean detectados en la línea fronteriza de la demarcación territorial de Ceuta o Melilla mientras intentan superar

---

[210] Añadida por art. 1 apartado 42 de Ley Orgánica 14/2003 de 20 de noviembre de 2003, con vigencia desde 21/12/2003

[211] Añadida por art. 1 apartado 43 de Ley Orgánica 14/2003 de 20 de noviembre de 2003, con vigencia desde 21/12/2003

[212] Añadida por art. único apartado 82 de Ley Orgánica 2/2009 de 11 de diciembre de 2009, con vigencia desde 13/12/2009

[213] Añadida por disposición final 1 apartado 1 de Ley Orgánica 4/2015 de 30 de marzo de 2015, con vigencia desde 01/04/2015

[214] Disposición declarada conforme a la Constitución, desde el 22 diciembre 2020, por la STC (Pleno) 172/2020, de 19 de noviembre, siempre que se interprete tal y como se ha indicado en su f.j. 8.º C), concretado en los siguientes puntos: a) Aplica-

los elementos de contención fronterizos para cruzar irregularmente la frontera podrán ser rechazados a fin de impedir su entrada ilegal en España.

2. En todo caso, el rechazo se realizará respetando la normativa internacional de derechos humanos y de protección internacional de la que España es parte.

3. Las solicitudes de protección internacional se formalizarán en los lugares habilitados al efecto en los pasos fronterizos y se tramitarán conforme a lo establecido en la normativa en materia de protección internacional.

Disposición Adicional Undécima. *Capacidad ordinaria de los sistemas para la adecuada protección y tutela de las personas menores de edad extranjeras no acompañadas.* [215] 1. En defecto del acuerdo unánime de la Conferencia Sectorial de Infancia y Adolescencia a que se refiere el artículo 35 bis, la capacidad ordinaria del sistema de protección y tutela de menores se obtendrá de dividir la población total de cada comunidad autónoma a 31 de diciembre del año anterior, por el cociente resultante de dividir la población total de España a 31 de diciembre del año anterior entre el número máximo de personas menores de edad extranjeras no acompañadas atendidas por el conjunto del sistema de protección español, según los datos que envíen las comunidades autónomas antes del 31 de marzo de 2025, y previa inscripción en el registro de menores y certificación del Ministerio de Juventud e Infancia.

2. Mediante real decreto, previa información a la Conferencia Sectorial de Infancia y Adolescencia, se aprobará anualmente cuál es la capacidad ordinaria del sistema de protección y tutela de personas menores de edad extranjeras no acompañadas, en los términos recogidos en la presente disposición adicional.

3. A tal efecto las ciudades y comunidades autónomas deberán remitir a la persona titular de la Presidencia de la Conferencia Sectorial de Infancia y Adolescencia antes del 15 de enero de cada año certificación del titular de la Consejería competente del número máximo de

---

ción a las entradas individualizadas. b) Pleno control judicial. c) Cumplimiento de las obligaciones internacionales

[215] Añadida por art. único apartado 6 de Real Decreto-Ley 2/2025 de 18 de marzo de 2025, con vigencia desde 20/03/2025

personas menores de edad extranjeras no acompañadas atendidas por el sistema de protección de la ciudad o comunidad autónoma en el año anterior, recogiendo la identidad de los menores y la fecha considerada, y excluyendo las comunidades o ciudades autónomas de origen a los efectos de esta certificación el cómputo de los menores que hayan sido efectivamente trasladados a otra comunidad o ciudad autónoma, dentro del año considerado, en razón a la declaración de una situación de contingencia migratoria extraordinaria en la comunidad o ciudad autónoma de origen.

4. Mediante el Real Decreto-ley 2/2025, de 18 de marzo, por el que se aprueban medidas urgentes para la garantía del interés superior de la infancia y la adolescencia ante situaciones de contingencias migratorias extraordinarias, se crea un Fondo adscrito al Ministerio con competencia en materia de infancia para compensar íntegramente a las comunidades y ciudades autónomas por los costes ocasionados por la sobreocupación por menores extranjeros no acompañados trasladados desde otra comunidad o ciudad autónoma, entendiendo que excede la ocupación la capacidad ordinaria de su sistema de protección y tutela de menores extranjeros no acompañados en los términos del apartado 1, y siempre que acredite un número de plazas de acogida por encima de la media del total de las plazas existentes en el conjunto del Estado por cada 100.000 habitantes, mientras dicha situación perdure.

Para dotar dicho fondo en el año 2025 se concede un crédito extraordinario en el presupuesto de la sección 31 "Ministerio de Juventud e Infancia", servicio 04 "Dirección General de Derechos de la Infancia y la Adolescencia", programa 231G "Atención a la Infancia y a las Familias", concepto 452 "Fondo para la atención a niños, niñas y adolescentes migrantes no acompañados para cubrir los costes ocasionados por la sobreocupación y/o traslado de menores", por un importe de 100.000.000 de euros.

El crédito extraordinario que se concede en el párrafo anterior de este apartado se financiará de conformidad con el artículo 59 de la Ley 47/2003, de 26 de noviembre, General Presupuestaria.

5. La capacidad ordinaria de los sistemas de protección y tutela de personas menores de edad extranjeras no acompañadas establecida en esta disposición adicional, solo podrá prorrogarse un año, mediante real decreto y previo informe de la Conferencia Sectorial de Infancia y Adolescencia. Posteriormente, se requerirá el acuerdo unánime de la Conferencia Sectorial de Infancia y Adolescencia o, en su defecto, el

acuerdo por mayoría absoluta del Congreso de los Diputados, previa remisión de la propuesta elaborada por el Gobierno.

A partir de transcurrido el primer año de prórroga, sin Acuerdo unánime de la Conferencia Sectorial sobre la capacidad ordinaria de los sistemas de protección y tutela de personas menores de edad extranjeras no acompañadas actualizada anualmente, las resoluciones derivadas de la aplicación de esta ley que pueda establecer la Administración General del Estado sobre la reubicación de las personas menores de edad extranjeras no acompañadas no resultarán de cumplimiento obligatorio para las comunidades y ciudades autónomas.

Disposición Adicional Duodécima. *Alcance de las decisiones de la Administración General del Estado sobre la capacidad de los sistemas de protección y tutela de personas menores de edad extranjeras no acompañadas.* [216] Sin perjuicio de lo establecido en la disposición adicional undécima para el año 2025 y su prórroga, no podrá acordarse por la Administración General del Estado sin el Acuerdo unánime de la Conferencia Sectorial de Infancia y Adolescencia la reubicación obligatoria de personas menores de edad extranjeras no acompañadas procedentes de otra comunidad o ciudad autónoma en su territorio, ni atribuirse de manera obligatoria la atención o tutela de las mismas a aquellas comunidades y ciudades autónomas que acrediten la ocupación efectiva de un número de plazas de acogida de personas menores de edad, ya sean extranjeras o no, por encima de la media del total de las plazas existentes en el conjunto del Estado por cada 100.000 habitantes.

DISPOSICIONES TRANSITORIAS

Disposición Transitoria Primera. *Regularización de extranjeros que se encuentren en España.* [217] El Gobierno, mediante Real Decreto, establecerá el procedimiento para la regularización de los extranje-

---

[216] Añadida por art. único apartado 7 de Real Decreto-Ley 2/2025 de 18 de marzo de 2025, con vigencia desde 20/03/2025

[217] Dada nueva redacción por disposición adicional única de Ley Orgánica 14/2003 de 20 de noviembre de 2003, con vigencia desde 21/12/2003

ros que se encuentren en territorio español antes del día 1 de junio de 1999 y que acrediten haber solicitado en alguna ocasión autorización de residencia o trabajo o que lo hayan tenido en los tres últimos años.

Disposición Transitoria Segunda. *Validez de las autorizaciones vigentes.* [218] Las distintas autorizaciones o tarjetas que habilitan para entrar, residir y trabajar en España a las personas incluidas en el ámbito de aplicación de la Ley que tengan validez a la entrada en vigor de la misma, la conservarán por el tiempo para el que hubieren sido expedidas.

Disposición Transitoria Tercera. *Normativa aplicable a procedimientos en curso.* Los procedimientos administrativos en curso se tramitarán y resolverán de acuerdo con la normativa vigente en el momento de la iniciación, salvo que el interesado solicite la aplicación de la presente Ley.

DISPOSICIÓN DEROGATORIA

Disposición Derogatoria Unica. *Derogación normativa.* Queda derogada la Ley Orgánica 7/1985, de 1 de julio, sobre derechos y libertades de los extranjeros en España, y cuantas disposiciones se opongan a lo establecido en esta Ley.

DISPOSICIONES FINALES

Disposición Final Primera. *Modificación del art. 312 del Código Penal.* El apartado 1 del art. 312 del Código Penal queda redactado de la forma siguiente:
«**Artículo 312**
1. Serán castigados con las penas de prisión de dos a cinco años y multa de seis a doce meses, los que trafiquen de manera ilegal con mano de obra.»

---

[218] Dada nueva redacción por disposición adicional única de Ley Orgánica 14/2003 de 20 de noviembre de 2003, con vigencia desde 21/12/2003

Disposición Final Segunda. *Inclusión de un nuevo Título XV bis en el Código Penal.* Se introduce un nuevo Título XV bis con la siguiente redacción:

«TÍTULO XV BIS. *DELITOS CONTRA LOS DERECHOS DE LOS CIUDADANOS EXTRANJEROS*

Artículo 318 bis

1. Los que promuevan, favorezcan o faciliten el tráfico ilegal de personas desde, en tránsito o con destino a España serán castigados con las penas de prisión de seis meses a tres años y multa de seis a doce meses.

2. Los que realicen las conductas descritas en el apartado anterior con ánimo de lucro, o empleando violencia, intimidación o engaño o abusando de una situación de necesidad de la víctima, serán castigados con las penas de prisión de dos a cuatro años y multa de doce a veinticuatro meses.

3. Se impondrán las penas correspondientes en su mitad superior a las previstas en los apartados anteriores, cuando en la comisión de los hechos se hubiere puesto en peligro la vida, la salud o la integridad de las personas o la víctima sea menor de edad.

4. En las mismas penas del apartado anterior y además en la inhabilitación absoluta de seis a doce años incurrirán los que realicen los hechos prevaliéndose de su condición de autoridad, agente de ésta o funcionario público.

5. Se impondrán las penas superiores en grado a las previstas en los apartados anteriores, en sus respectivos casos, cuando el culpable perteneciere a una organización o asociación, incluso de carácter transitorio que se dedicare a la realización de tales actividades.»

Disposición Final Tercera. *Modificaciones en los arts. 515, 517 y 518 del Código Penal.* 1. Se añade un nuevo apartado 6º en el art. 515 con la siguiente redacción:

«6º Las que promuevan el tráfico ilegal de personas.»

2. Se modifica el primer párrafo del art. 517 , que quedará redactado de la siguiente forma:

«En los casos previstos en los números 1º y 3º al 6º del art. 515 se impondrán las siguientes penas:»

3. Se modifica el art. 518 , que quedará redactado de la siguiente forma:

«Los que con su cooperación económica o de cualquier otra clase, en todo caso relevante, favorezcan la fundación, organización o actividad de las asociaciones comprendidas en los números 1º y 3º al 6º del art. 515, incurrirán en la pena de prisión de uno a tres años, multa de doce a veinticuatro meses, e inhabilitación para empleo o cargo público por tiempo de uno a cuatro años.»

Disposición Final Cuarta. *Preceptos no orgánicos.* [219] 1. Tienen naturaleza orgánica los preceptos contenidos en los siguientes artículos de esta Ley: 1, 2, 3, 4.1, 4.3, 5, 6, 7, 8, 9, 11, 15, 16, 17, 18, 18 bis, 19, 20, 21, 22.1, 23, 24, 25, 25 bis, 27, 29, 30, 30 bis, 31, 31 bis, 33, 34, 36, 37, 39, 40, 41, 42, 53, 54, 55, 57, 58, 59, 59 bis, 60, 61, 62, 62 bis, 62 ter, 62 quáter, 62 quinquies, 62 sexies, 63, 63 bis, 64, 66, 71, las disposiciones adicionales tercera a octava y décima y las disposiciones finales.

2. Los preceptos no incluidos en el apartado anterior no tienen naturaleza orgánica.

Disposición Final Quinta. *Apoyo al sistema de información de Schengen.* El Gobierno, en el marco de lo previsto en el Convenio de aplicación del Acuerdo de Schengen, adoptará cuantas medidas fueran precisas para mantener la exactitud y la actualización de los datos del sistema de información de Schengen, facilitando el ejercicio del derecho a la rectificación o supresión de datos a las personas cuyos datos figuren en el mismo.

Disposición Final Quinta bis. *Código Comunitario de Visados.* [220] Las previsiones de la presente Ley en materia de visados de tránsito y estancia se entenderán sin perjuicio de lo establecido en el Reglamento (CE) nº 810/2009, de 13 de julio, por el que se establece un Código Comunitario sobre Visados.

Disposición Final Sexta. *Reglamento de la Ley.* El Gobierno en el plazo de seis meses aprobará el Reglamento de esta Ley Orgánica.

---

[219] Dada nueva redacción por disposición final 1 apartado 2 de Ley Orgánica 4/2015 de 30 de marzo de 2015, con vigencia desde 01/04/2015

[220] Añadida por art. único apartado 84 de Ley Orgánica 2/2009 de 11 de diciembre de 2009, con vigencia desde 13/12/2009

Disposición Final Séptima. *Información sobre la Ley a organismos y organizaciones interesados.* Desde el momento de la entrada en vigor de esta Ley, el Gobierno adoptará las medidas necesarias para informar a los funcionarios de las diversas Administraciones públicas, a los directivos de asociaciones de inmi grantes, a los Colegios de Abogados, a los sindicatos y a las organizaciones no gubernamentales de los cambios que sobre la aplicación de la normativa anterior supone la aprobación de esta Ley Orgánica.

Disposición Final Octava. *Habilitación de créditos.* El Gobierno dictará las disposiciones necesarias para hacer frente a los gastos originados por la aplicación y desarrollo de la presente Ley.

Disposición Final Novena. *Entrada en vigor.* Esta Ley Orgánica entrará en vigor a los veinte días de su completa publicación en el «Boletín Oficial del Estado».

II. Real Decreto 1155/2024, de 19 de noviembre, por el que se aprueba el Reglamento de la Ley Orgánica 4/2000, de 11 de enero, sobre derechos y libertades de los extranjeros en España y su integración social.

REAL DECRETO POR EL QUE SE APRUEBA EL REGLAMENTO DE LA LEY ORGÁNICA 4/2000, SOBRE DERECHOS Y LIBERTADES DE LOS EXTRANJEROS EN ESPAÑA Y SU INTEGRACIÓN SOCIAL

I

El fenómeno migratorio es un fenómeno estructural; la movilidad humana en busca de oportunidades y una vida mejor es una realidad constatada a lo largo de los años que va a continuar.

El marco jurídico español, presidido por la Constitución española, no sólo da cabida al fenómeno migratorio, sino que cuenta con un espacio y una normativa propias, que han tenido que ir adaptándose a los cambios y nuevas tendencias experimentadas en el tiempo.

España, con un pasado migratorio importante, ha ido construyendo su política migratoria sobre unas bases consolidadas: la primera, la estrecha cooperación interministerial con aquellos departamentos más implicados en la gestión de las diversas facetas del fenómeno migratorio y, también, la Comisión Laboral Tripartita de Inmigración que proporciona un marco institucional, permanente y específico de consulta y acuerdo con los agentes sociales para gestionar las cuestiones que afecten al mercado de trabajo y su desarrollo normativo. Gracias a esa cooperación, se ha diseñado una política migratoria no sólo sólida y estable, sino también eficaz: una política migratoria integral, que incluye, en consonancia con los instrumentos internacionales de los que forma parte y muy señaladamente del Pacto Mundial para la Migración Segura, Ordenada y Regular, que fue formalmente aprobado por la Asamblea General de la Organización de Naciones Unidas mediante Resolución de 19 de diciembre de 2018 (A/RES/73/195), la lucha contra las causas profundas de las migraciones, la prevención y lucha contra la inmigración irregular, la atención humanitaria de las personas llegadas a costas y la acogida de quienes tienen una necesidad de protección internacional, con pleno respeto a los Derechos Humanos, y, finalmente, el establecimiento de canales de migración regular.

En segundo lugar, España forma parte de la Unión Europea y de su Espacio de Libertad, Seguridad y Justicia. Participa, pues, en el diseño de las políticas de migración y asilo junto con las instituciones europeas, en la elaboración de normativa de la Unión. Dentro de ese marco europeo, la situación geográfica y estratégica de España es un elemento capital que debe tenerse en cuenta a la hora de diseñar una política migratoria estable, planificada y capaz de responder a los desafíos migratorios a medio y largo plazo.

Así pues, debido a la evolución del fenómeno migratorio y a la necesidad de adaptar la normativa a una realidad cambiante, resulta necesario aprobar un nuevo reglamento que aglutine las diversas y necesarias reformas, en lugar de llevar a cabo una modificación parcial del mismo. En concreto, se plantea simplificar y agilizar los procedimientos, evitando la presentación excesiva de documentos o por vías inadecuadas y la doble comprobación de los mismos requisitos; reducir los tiempos, excesivos, empleados para algunas vías de migración regular; mejorar la concreción jurídica respecto a las figuras y situaciones cubiertas por determinados permisos; contemplar, de manera expresa, los derechos de las personas trabajadoras migrantes, consagrados, además, en el derecho de la Unión Europea; conseguir una mayor claridad, también, en lo relativo a aquellas disposiciones comunes a todas las autorizaciones, como es el caso de la presentación de las solicitudes o las extinciones de las autorizaciones; la regulación de en qué supuestos, y bajo qué condiciones, se puede modificar el estatus migratorio de una persona, y de sus familiares, algo que resultaba necesario dada la confluencia de varias figuras jurídicas y la dificultad, tanto para el operador jurídico como para el propio titular de la autorización, de efectuar esa transición con seguridad jurídica.

II

Este real decreto se estructura en un artículo único que aprueba el Reglamento de la Ley Orgánica 4/2000, de 11 de enero, sobre derechos y libertades de los extranjeros en España y su integración social, cinco disposiciones transitorias, una disposición derogatoria única y cuatro disposiciones finales.

Por su parte, el reglamento que aprueba este real decreto se compone de doscientos sesenta y cinco artículos, divididos en quince títulos, diecinueve disposiciones adicionales, y una disposición transitoria única.

Las modificaciones que se introducen afectan de manera generalizada a todas las situaciones de las personas extranjeras en España. De aquí que se vea conveniente hacer un breve repaso de cada título que compone el nuevo Reglamento.

En el título I, relativo al régimen de entrada y salida de territorio español, los principales cambios se introducen con el fin de ajustar la normativa española a las disposiciones de la Unión Europea y especialmente al Código de Fronteras Schengen. Así, se sustituye el concepto de puesto fronterizo por paso fronterizo y se aumentan las referencias al mencionado texto de la Unión.

El título II, que anteriormente únicamente regulaba el tránsito aeroportuario, pasa a disponer todo lo relativo a visados, contemplando así su definición, las clases de visado que existen (de tránsito aeroportuario, de estancia de corta duración, y de larga duración), así como el procedimiento y los requisitos en cada caso. De esta manera, se regula de una manera más clara y ordenada cada tipo de visado, contribuyendo así al mejor entendimiento de los procedimientos.

Teniendo en cuenta el importante número de visados que se expiden en las oficinas consulares (más de 1.300.000 en 2023, según datos del Observatorio Permanente de Inmigración (OPI), de los cuales el 84 % corresponde a visados de corta duración y el 16 % a visados de larga duración), resultaba necesario contar con un título propio que regulase esta figura y profundizara en el procedimiento a seguir. De esta manera, se establecen requisitos generales para la expedición del visado, cuya valoración corresponderá a la oficina consular, y requisitos específicos para cada tipo de autorización, cuya valoración corresponderá a la oficina de extranjería competente.

El título III, relativo a la estancia, sufre cambios tanto en las estancias de corta duración como en las de larga duración.

En el ámbito de las estancias de corta duración, se hace una remisión más directa al derecho de la Unión, de aplicación para este supuesto, y se especifican los requisitos para las prórrogas de estancia sin visado, ya en el ámbito del derecho nacional.

Respecto a las estancias de larga duración, se introducen una serie de modificaciones en la estancia por estudios, cuya denominación pasa a ser estancia por estudios, movilidad de alumnos, servicios de voluntariado o actividades formativas. Según datos del OPI a 31 de diciembre de 2023 se encuentran en vigor 75.857 autorizaciones (de las cuales un 70 % son autorizaciones iniciales y para cursar estudios superiores), con una media de veintiséis años de sus titulares. El objetivo de la reforma en este ámbito es regular mecanismos que permitan formar talentos, fomentar su empleabilidad y con la nueva regulación de la modificación de estatus, retenerlos.

Asimismo, se aclara cada tipología de estudios o actividades formativas incluidas en la autorización con el fin de aportar seguridad jurídica y mejorar la transposición de la Directiva 2016/801/UE del Parlamento Europeo y del Consejo, de 11 de mayo de 2016, relativa a los requisitos de entrada y residencia de los nacionales de países terceros con fines de investigación, estudios, prácticas, voluntariado, programas de intercambio de alumnos o proyectos educativos y colocación au pair. Además, se aporta seguridad jurídica respecto al tipo de instituciones y centros en los que se pueden cursar los estudios y las actividades normativas, algo no regulado reglamentariamente hasta ahora. Para ello, y como novedad, se prevé la creación del Registro de Instituciones y Centros de Enseñanza Superior.

Por otra parte, se suprimen de este título las figuras de prácticas no laborales y de actividades de investigación, ya que se encuentran ambas reguladas en la Ley 14/2013, de 27 de septiembre, de apoyo a los emprendedores y su internacionalización.

El título IV, dedicado a la residencia temporal, recoge grandes cambios respecto a este tipo de autorizaciones, que concentraban a 31 de diciembre de 2023 a alrededor de 450.000 personas (una variación del 20 % con respecto al año anterior). Así, se ordenan los requisitos aplicables, estableciendo unos generales aplicables a todas las autorizaciones de residencia, y requisitos específicos para cada tipo de autorización.

Asimismo, se eliminan las figuras de investigación, Tarjeta azul-UE y prestaciones transnacionales de servicios, que se encuentran reguladas en la Ley 14/2013, de 27 de septiembre; y se introduce la autorización de residencia temporal de familiares de personas con nacionalidad española.

Por otro lado, se regula la autorización de trabajo de duración determinada como una especialidad dentro de las autorizaciones de residencia y trabajo por cuenta ajena inicial en línea con la normativa laboral; y, con el fin de flexibilizar el ejercicio de la actividad laboral, se autoriza el trabajo por cuenta propia en paralelo con el trabajo principal por cuenta ajena.

A su vez, respecto a la reagrupación familiar, se establece una edad mínima de dieciocho años para la reagrupación de cónyuges; se introduce la definición de vivienda de acuerdo con Ley 12/2023, de 24 de mayo, por el derecho a la vivienda. También, se clarifican los miembros de la familia que pueden reagruparse; se modifica el periodo de convivencia requerido para el permiso independiente para el/la cónyuge en línea con la reagrupación de familiares de ciudadanos comunitarios que ejercen la libre circulación; y se transpone al ordenamiento jurídico español parte de la Directiva (UE) 2021/1883 del Parlamento Europeo y del Consejo de 20 de octubre de 2021 relativa a las condiciones de entrada y residencia de nacionales de terceros países con fines de empleo de alta cualificación, y por el que se deroga la Directiva 2009/50/CE del Consejo, regulando la expedición de permisos autónomos a los familiares de las personas titulares de una Tarjeta azul-UE por acumulación de periodos en otros Estados Miembros.

Se crea un nuevo capítulo para regular la autorización de residencia temporal de familiares de personas con nacionalidad española. El Real Decreto 629/2022, de 26 de julio, por el que se modifica el Reglamento de la Ley Orgánica 4/2000 de 11 de enero, sobre derechos y libertades de los extranjeros en España y su integración social, tras su reforma por Ley Orgánica 2/2009 de 11 de diciembre, aprobado por el Real Decreto 557/2011, de 20 de abril modificó el artículo 124.3 del reglamento de la ley orgánica ampliando la figura del arraigo familiar a aquellas personas que, estando en España, tienen un vínculo con un ciudadano español en la forma de cónyuge, pareja de hecho acreditada, ascendientes o descendientes.

Sin embargo, esta figura se ha encontrado con importantes limitaciones. Su carácter excepcional y su propia configuración como arraigo hacen que no sea posible hablar propiamente de un estatuto de familiar de ciudadano español completo. A modo de ejemplo, no se contemplaba la reagrupación con fines de residencia cuando el familiar se encontraba en su país de origen o de procedencia, no se regulaba qué ocurría si se rompía el vínculo familiar o la posibilidad de que el familiar pudiera reagrupar.

Por tanto, teniendo en cuenta lo expuesto, se ha considerado la necesidad de regular el estatuto de familiar de personas con nacionalidad española de forma específica en este nuevo Reglamento fuera de la figura de arraigo familiar, dejando la figura de arraigo familiar para regular los supuestos de progenitores de ciudadanos comunitarios.

El título V, de nueva creación, está dedicado a las autorizaciones de residencia y trabajo para actividades de temporada. De esta manera, se introduce la autorización de residencia y trabajo para actividades de temporada también a nivel individual. Asimismo, se introducen en el reglamento los contenidos relativos a derechos y garantías de las personas trabajadoras que se preveían anualmente en la Orden Ministerial sobre gestión colectiva de contrataciones en origen, aumentando así la seguridad jurídica y mejorando la correcta trasposición de la Directiva 2014/36/UE del Parlamento Europeo y del Consejo de 26 de febrero de 2014 sobre las condiciones de entrada y estancia de nacionales de terceros países para fines de empleo como trabajadores temporeros.

El título VI, relativo a la gestión colectiva de contrataciones en origen regula la contratación de trabajadores de forma colectiva, mientras que los dos títulos anteriores lo permiten de forma individual. Este nuevo modelo de gestión colectiva de contrataciones en origen permite tramitar conjuntamente varias autorizaciones (al menos 10), siempre y cuando las personas extranjeras no se encuentren en España.

La Ley Orgánica 4/2000, de 11 de enero, prevé la posibilidad de conceder una autorización de residencia temporal por circunstancias excepcionales en determinadas situaciones, tales como por razón de arraigo, razones humanitarias, de colaboración con la justicia u otras circunstancias excepcionales que se determinen reglamentariamente.

El nuevo título VII del Reglamento regula los requisitos y el procedimiento para obtener una autorización de residencia temporal por circunstancias excepcionales en determinadas situaciones.

En relación con el arraigo, se ha definido el concepto y los tipos de arraigo que existen: arraigo de segunda oportunidad, sociolaboral, social, socioformativo y familiar. Asimismo, se han modificado los requisitos que se deben cumplir y las características de estas autorizaciones, favoreciendo así el acceso a las situaciones documentadas regulares e impulsando la integración de las personas extranjeras en el mercado de trabajo. Por eso, se ha reducido el periodo de permanencia en España a dos años, excepto para arraigo familiar, y se habilita a trabajar a todas las personas extranjeras que sean titulares de una autorización de residencia temporal por arraigo.

Se ha creado un nuevo arraigo de segunda oportunidad para aquellas personas que hubieran sido titulares de una autorización de residencia, y que por distintas razones no han podido renovar su autorización de residencia. Por otro, el arraigo sociolaboral, exige que el solicitante tenga un contrato de trabajo en las mismas condiciones que las autorizaciones de residencia inicial y trabajo por cuenta ajena.

Respecto del arraigo social, podrán acceder a él aquellas personas extranjeras que tengan vínculos familiares en España o que puedan justificar que están integradas en la sociedad española a través de un informe de la Comunidad autónoma correspondiente.

A su vez, se mantiene el arraigo por formación, que pasa a denominarse arraigo socioformativo. Se permite acceder a este arraigo a aquellas personas que ya están cursando o que están matriculadas en algunas formaciones en aras de fomentar su integración.

En cuanto al arraigo familiar, se limita únicamente a los progenitores de ciudadanos de otro Estado miembro de la Unión Europea y Espacio Económico Europeo y Suiza, la autorización de residencia para progenitores de menores de edad de nacionalidad española queda regulada en el capítulo VI del título IV.

Junto a las autorizaciones de residencia por arraigo, se prevén las autorizaciones por circunstancias excepcionales por razones humanitarias, colaboración con autoridades, seguridad nacional o interés público. Estas autorizaciones mantienen sustancialmente la misma regulación que la que tenían anteriormente, pero con algunos pequeños cambios. Entre las novedades, se ha introducido entre los delitos de los que puede ser víctima un extranjero, los de odio del 510 de la Ley Orgánica 10/1995, de 23 de noviembre, del Código Penal, así como los artículos del 316 a 318 bis del Código. Se ha previsto también, que el trabajo por seis meses en situación irregular en el plazo de los dos años anteriores a la denuncia da derecho a una autorización, si se prueba adecuadamente ante la autoridad laboral competente o judicial.

Se ha regulado una sección común relativa al procedimiento de solicitud, la prórroga y, en qué circunstancias la autorización de residencia habilita a trabajar, así como la posibilidad de modificar a otra autorización de residencia en los términos del título XI.

El artículo 31.bis de la Ley Orgánica 4/2000, de 11 de enero, relativo a la autorización de residencia temporal y trabajo de mujeres extranjeras víctimas de violencia de género ha sido modificado por Ley Orgánica 10/2022, de 6 de septiembre, de garantía integral de la libertad sexual, para incluir una nueva autorización de residencia temporal y trabajo para las víctimas de violencia sexual, así como para los hijos e hijas menores de ambas figuras, menores tutelados y mayores de edad que no puedan proveer a sus propias necesidades.

En este sentido, en los capítulos siguientes de este título VII se ha recogido el desarrollo de las autorizaciones de residencia por circunstancias excepcionales para las víctimas de violencia sexual. Se mantiene sustancialmente la regulación que había respecto de las víctimas de violencia de género y sexual; los casos de colaboración contra redes organizadas; y las víctimas de trata de seres humanos.

El título VIII, que se refiere a las personas trabajadoras transfronterizas, no ha sufrido modificaciones.

El título IX, sobre menores extranjeros, regula la residencia de hijos o tutelados, el desplazamiento temporal de menores y los menores extranjeros no acompañados. Los principales cambios incorporados en la reforma tienen por objetivo mejorar el procedimiento y vigencia de la autorización concedida a los hijos o tutelados de personas extranjeras con residencia legal en España. También se mejora y se clarifica los procedimientos para permitir el desplazamiento de menores en el marco de un programa humanitario. En cuanto al capítulo referente a menores no acompañados no ha habido cambios.

El título X, relativo a la residencia de larga duración introduce ligeros cambios procedimentales para estar en consonancia con la Directiva 2003/109/CE del Consejo, de 25 de noviembre, relativa al estatuto de los nacionales de terceros países de larga duración, y transpone parte de la Directiva (UE) 2021/1883 en lo relativo al cómputo del periodo de residencia legal de las personas titulares de la Tarjeta azul-UE.

El título XI se refiere a la modificación de las situaciones de las personas extranjeras en España y recoge grandes cambios frente a la regulación anterior con el objetivo principal de trasponer parcialmente al ordenamiento jurídico español parte de la Directiva (UE) 2024/1233 del Parlamento Europeo y del Consejo, de 24 de abril de 2024, por la que se establece un procedimiento único de solicitud de un permiso único que autoriza a los nacionales de terceros países a residir y trabajar en el territorio de un Estado miembro y por la que se establece un conjunto común de derechos para las personas trabajadoras de terceros países que residen legalmente en un Estado miembro. La Directiva obliga a los estados Miembros a examinar toda solicitud de una autorización de residencia y trabajo (permiso único) realizada por un titular de una autorización de residencia.

El título XII regula las disposiciones comunes, clarificando así los procedimientos y aumentando la seguridad jurídica. Se contemplan disposiciones acerca del régimen competencial, el procedimiento de tramitación de las autorizaciones en el caso de traspaso de competencias ejecutivas en materia de autorización inicial de trabajo a Comunidades Autónomas, el concepto de familiar a cargo, los lugares de presentación de solicitudes y el acceso a la información. En su capítulo II se regula los supuestos o circunstancias que dan lugar a la extinción de una autorización. De esta forma, se proporciona seguridad jurídica tanto a la persona extranjera solicitante de una autorización o titular de ésta, como a los distintos operadores jurídicos, públicos y privados, que confluyen en el área de la extranjería.

En cuanto a la documentación de las personas extranjeras, regulada en el título XIII, en consonancia con la inclusión del retorno voluntario, se prevé la forma de entrega de la tarjeta de identidad de extranjero.

El título XIV se destina a las infracciones en materia de extranjería y su régimen sancionador, derivadas de la reforma legal, y no ha sufrido apenas modificaciones.

El título XV contempla las Oficinas de Extranjería y los Centros de Migraciones, reiterando la dependencia orgánica y funcional que aquéllas poseen.

Finalmente, el reglamento contiene diecinueve disposiciones adicionales, y una disposición transitoria única relativa a los centros e instituciones de educación superior reconocidos.

En coherencia con lo expuesto, se considera que este Reglamento permitirá continuar desarrollando en España una política migratoria integral, adaptada a la realidad y a la naturaleza de los flujos migratorios llegados a España, pero también a nuestra vinculación al derecho de la Unión Europea. Será, también, una normativa que permitirá hacer la transición hacia el modelo migratorio derivado del «Nuevo Pacto de Migración y Asilo» adoptado por el Consejo y el Parlamento de la UE en diciembre de 2023 bajo presidencia española. El Pacto generará una necesidad de abordar reformas normativas de mayor calado, pero antes de ello será preciso adecuar nuestro ordenamiento a las demandas de seguridad jurídica, agilidad y adecuación normativa legal existentes hoy, y con visos de permanecer, preparando el terreno para las que se desprendan, y se contemplen, en el Plan de implementación que España deberá remitir a la Comisión Europea en diciembre de 2024. Asimismo, es el momento de incorporar, también, la normativa de la Unión Europea de reciente aprobación.

De igual modo, será necesario adoptar futuras reformas normativas que regulen además otros supuestos para lograr la debida protección a aquellos colectivos que presenten un riesgo tangible de desprotección debido a conflictos o disturbios graves de naturaleza política, étnica o religiosa.

Por ello, se establece en la disposición final tercera un mandato al Gobierno para adoptar las reformas normativas que sean necesarias para dar protección aquellos colectivos que presenten un riesgo tangible de desprotección debido a conflictos o disturbios graves de naturaleza política, étnica o religiosa.

III

Este real decreto se adecúa a los principios de buena regulación establecidos en el artículo 129 de la Ley 39/2015, de 1 de octubre, del Procedimiento Administrativo Común de las Administraciones Públicas. Así, es respetuosa con los principios de necesidad y eficacia, al completar la incorporación de varias directivas al ordenamiento jurídico español y al abordar, de forma más amplia, los retos que se presentan derivados del contexto demográfico y del mercado laboral español.

La norma es acorde al principio de proporcionalidad, al contener la regulación imprescindible para la consecución de los objetivos previamente mencionados, e igualmente se ajusta al principio de seguridad jurídica, siendo coherente con el resto del ordenamiento jurídico nacional y de la Unión Europea, así como internacional.

Con respecto al principio de eficiencia, la norma no supone un aumento de las cargas administrativas sino una disminución de estas, por razón de la simplificación administrativa perseguida.

En cuanto al principio de transparencia, el alcance y objetivo se han definido claramente en este preámbulo, y se ha facilitado además que los potenciales destinatarios de la norma hayan tenido una participación activa en la elaboración de la misma. A estos efectos, la norma ha sido sometida a los trámites de consulta pública y de audiencia e información públicas establecidos en los artículos 26.2 y 26.6 respectivamente de la Ley 50/1997, de 27 de noviembre, del Gobierno, al afectar a los derechos e intereses legítimos de las personas. Adicionalmente, se ha solicitado informe de la Oficina de Coordinación y Calidad Normativa, del Foro para la integración social de los inmigrantes, de la Comisión Interministerial de Extranjería, de la Comisión Laboral Tripartita de Inmigración, y de las Secretarías Generales Técnicas de todos los ministerios.

Asimismo, ha sido informado por las Comunidades Autónomas y las Ciudades de Ceuta y Melilla, y por la Federación Española de Municipios y Provincias.

Este real decreto se adecúa plenamente al orden constitucional de distribución de competencias, en concreto a la competencia exclusiva atribuida al Estado por el artículo 149.1. 2.ª de la Constitución Española en materia de inmigración y extranjería.

Se exceptúan de lo anterior las referencias al procedimiento sobre autorizaciones iniciales de trabajo por cuenta propia o ajena de las personas extranjeras en aquellas comunidades autónomas a las que haya sido traspasada esta competencia, que se dictan al amparo del artículo 149.1. 7.ª de la Constitución Española, que otorga al Estado la competencia exclusiva sobre legislación laboral sin perjuicio de su ejecución por los órganos de las comunidades autónomas.

En su virtud, a propuesta de la Ministra de Inclusión, Seguridad Social y Migraciones y de los Ministros de Asuntos Exteriores, Unión Europea y Cooperación, del Interior, y de Política Territorial y Memoria Democrática, con la aprobación previa del Ministro para la Transformación Digital y de la Función Pública, de acuerdo con el Consejo de Estado, y previa deliberación del Consejo de Ministros en su reunión del día 19 de noviembre de 2024,

DISPONGO:

Único.   *Aprobación y ámbito de aplicación del reglamento.* 1. Se aprueba el Reglamento de la Ley Orgánica 4/2000, de 11 de enero, sobre derechos y libertades de los extranjeros en España y su integración social, cuyo texto se inserta a continuación.

2.   Las normas del reglamento de la Ley Orgánica 4/2000, de 11 de enero, se aplicarán con carácter supletorio, o a los efectos que pudieran ser más favorables, a los nacionales de los Estados miembros de la Unión Europea y a las demás personas incluidas en el ámbito del Real Decreto 240/2007, de 16 de febrero, sobre entrada, libre circulación y residencia en España de ciudadanos de los Estados miembros de la Unión Europea y de otros Estados parte en el Acuerdo sobre el Espacio

Económico Europeo. Asimismo, las normas del Reglamento de la Ley Orgánica 4/2000, de 11 de enero, se aplicarán con carácter supletorio a quienes sea de aplicación la Ley 12/2009, de 30 de octubre, reguladora del derecho de asilo y de la protección subsidiaria.

DISPOSICIONES TRANSITORIAS

Disposición Transitoria Primera. *Validez de las autorizaciones o tarjetas en vigor.* Las distintas autorizaciones o tarjetas que habilitan para entrar, residir y trabajar en España, concedidas a las personas incluidas en el ámbito de aplicación del reglamento que se aprueba mediante este real decreto y que tengan validez a la fecha de su entrada en vigor, conservarán dicha validez durante el tiempo para el que hubieren sido expedidas.

Disposición Transitoria Segunda. *Solicitudes presentadas con anterioridad a la entrada en vigor del reglamento.* Las solicitudes presentadas con anterioridad a la entrada en vigor de este real decreto se tramitarán y resolverán conforme a la normativa vigente en la fecha de su presentación, salvo que el interesado solicite la aplicación de lo dispuesto en el Reglamento de la Ley Orgánica 4/2000, de 11 de enero, sobre derechos y libertades de los extranjeros en España y su integración social y siempre que se acredite el cumplimiento de los requisitos exigidos para cada tipo de solicitud.

Disposición Transitoria Tercera. *Autorizaciones de residencia temporal por razones de arraigo familiar o tarjetas de residencia de familiar de ciudadanos de la Unión.* Las personas extranjeras que, con ocasión de un vínculo familiar con una persona de nacionalidad española, sean titulares de autorizaciones de residencia temporal por razones de arraigo familiar o de tarjetas de residencia de familiar de ciudadano de la Unión Europea que se encuentren vigentes a la fecha de entrada en vigor del Reglamento de la Ley Orgánica 4/2000, de 11 de enero, sobre derechos y libertades de los extranjeros en España y su integración social, conservarán la residencia mientras cumplan las condiciones del capítulo VII del título IV, sin que sea necesario presentar la solicitud de autorización de residencia temporal de familiares de personas con nacionalidad española.

Disposición Transitoria Cuarta. *Familiares de personas con nacionalidad española de las letras d) y e) del artículo 94.1.* Cuando las personas extranjeras contempladas en las letras d) y e) del artículo 94.1 de este reglamento tuvieran el vínculo familiar y se encontrasen en territorio nacional a la fecha de publicación del Reglamento de la Ley Orgánica 4/2000, de 11 de enero, sobre derechos y libertades de los extranjeros en España y su integración social podrán, excepcionalmente, solicitar la autorización de residencia temporal prevista en el capítulo VII del título IV en el plazo de los seis meses siguientes a la fecha de entrada en vigor.

Disposición Transitoria Quinta. *Autorizaciones de residencia por circunstancias excepcionales por razón de arraigo.* Aquellas personas extranjeras que en el momento de la entrada en vigor de este reglamento se encuentren en situación irregular como consecuencia de una resolución denegatoria o desestimatoria firme en sede administrativa y, en su caso, judicial de su solicitud de protección internacional, y reúnan los requisitos generales y específicos establecidos en el capítulo I del título VII excepto el de permanencia, podrán solicitar una autorización de residencia por circunstancias excepcionales por razones de arraigo siempre que hayan permanecido en territorio español en situación irregular al menos los seis meses inmediatamente anteriores a la presentación de la solicitud de esta autorización.

Esta solicitud de autorización por razón de arraigo podrá ser solicitada durante los doce meses siguientes a la entrada en vigor de este reglamento. El Consejo de Ministros podrá acordar la prórroga de los plazos señalados en esta disposición transitoria.

DISPOSICIÓN DEROGATORIA

Disposición Derogatoria Única. *Derogación normativa.* Quedan derogados el Reglamento de la Ley Orgánica 4/2000, de 11 de enero, sobre derechos y libertades de los extranjeros en España y su integración social, aprobado por el Real Decreto 557/2011, de 20 de abril, por el que se aprueba el Reglamento de la Ley Orgánica 4/2000, sobre derechos y libertades de los extranjeros en España y su integración social, tras su reforma por Ley Orgánica 2/2009; y cuantas otras disposiciones, de igual o inferior rango, se opongan a lo dispuesto en este real decreto y en el reglamento que por él se aprueba.

DISPOSICIONES FINALES

Disposición Final Primera. *Títulos competenciales.* El presente real decreto se dicta al amparo de lo dispuesto en el artículo 149.1. 2.ª de la Constitución, que atribuye al Estado la competencia exclusiva en materia de nacionalidad, inmigración, extranjería y derecho de asilo.

Se exceptúan de lo anterior las referencias al procedimiento sobre autorizaciones iniciales de trabajo por cuenta propia o ajena de las personas extranjeras en aquellas comunidades autónomas a las que haya sido traspasada esta competencia, que se dictan al amparo del artículo 149.1. 7.ª de la Constitución, que otorga al Estado la competencia exclusiva sobre legislación laboral, sin perjuicio de su ejecución por los órganos de las comunidades autónomas.

Disposición Final Segunda. *Incorporación de derecho de la Unión Europea.* Mediante este real decreto se incorporan al derecho español:

a) Parcialmente, la Directiva (UE) 2014/36 del Parlamento Europeo y del Consejo de 26 de febrero de 2014 sobre las condiciones de entrada y estancia de nacionales de terceros países para fines de empleo como trabajadores temporeros.

b) Parcialmente, la Directiva (UE) 2021/1883 del Parlamento Europeo y del Consejo de 20 de octubre de 2021 relativa a las condiciones de entrada y residencia de nacionales de terceros países con fines de empleo de alta cualificación, y por el que se deroga la Directiva 2009/50/CE del Consejo.

c) La Directiva (UE) 2024/1233 del Parlamento Europeo y del Consejo, de 24 de abril de 2024, por la que se establece un procedimiento único de solicitud de un permiso único que autoriza a los nacionales de terceros países a residir y trabajar en el territorio de un Estado miembro y por la que se establece un conjunto común de derechos para los trabajadores de terceros países que residen legalmente en un Estado miembro.

d)   Parcialmente, la Directiva (UE) 2016/801 del Parlamento Europeo y del Consejo de 11 de mayo de 2016 relativa a los requisitos de entrada y residencia de los nacionales de países terceros con fines de investigación, estudios, prácticas, voluntariado, programas de intercambio de alumnos o proyectos educativos y colocación au pair.

Disposición Final Tercera.   *Desarrollo normativo.* 1.   En el plazo de seis meses desde la publicación en el «Boletín Oficial del Estado» del presente Real Decreto el Gobierno impulsará las reformas normativas necesarias para dar protección a aquellos colectivos que presenten un riesgo tangible de desprotección debido a conflictos o disturbios graves de naturaleza política, étnica o religiosa.

2.   Se autoriza a las personas titulares de los Ministerios de Asuntos Exteriores, Unión Europea y Cooperación, del Interior, de Trabajo y Economía Social, de Inclusión, Seguridad Social y Migraciones y de Política Territorial y Memoria Democrática para dictar, en el ámbito de sus respectivas competencias, las normas que sean necesarias para la ejecución y desarrollo de lo dispuesto en este real decreto y en el reglamento que por él se aprueba. En el supuesto de que las materias no sean objeto de la exclusiva competencia de cada uno de ellos, la ejecución y desarrollo de lo dispuesto en este real decreto y en el reglamento que por él se aprueba se llevará a cabo mediante Orden del ministro de la Presidencia, dictada a propuesta de los ministros interesados.

Disposición Final Cuarta.   *Entrada en vigor.* El presente Real Decreto y el Reglamento que por él se aprueba entrarán en vigor a los 6 meses de su publicación en el «Boletín Oficial del Estado».

Dado en Madrid, el 19 de noviembre de 2024.
FELIPE R.
El Ministro de la Presidencia, Justicia y Relaciones con las Cortes,
FÉLIX BOLAÑOS GARCÍA

REGLAMENTO DE LA LEY ORGÁNICA 4/2000, DE 11 DE ENERO, SOBRE DERECHOS Y LIBERTADES DE LOS EXTRANJEROS EN ESPAÑA Y SU INTEGRACIÓN SOCIAL

TÍTULO I
Régimen de entrada y salida de territorio español

CAPÍTULO I
Pasos de entrada y salida

1. *Entrada por pasos fronterizos.* 1. Sin perjuicio de lo dispuesto por los convenios internacionales suscritos por España y atendiendo a lo establecido en el derecho de la Unión Europea al respecto, la persona extranjera que pretenda entrar en territorio español deberá hacerlo por los pasos habilitados al efecto y durante las horas de apertura. Las horas de apertura estarán claramente indicadas en aquellos pasos fronterizos que no estuviesen abiertos las 24 horas del día.

Además, la persona extranjera deberá estar provista del pasaporte o documento de viaje en vigor que acredite su identidad y que se considere válido para tal fin, estar en posesión de un visado válido cuando éste sea exigible, y no estar sujeta a prohibiciones expresas de entrada. Asimismo, deberá presentar los documentos determinados en este reglamento que justifiquen el objeto y condiciones de entrada y estancia, y acreditar la posesión de los medios económicos suficientes para el tiempo que pretenda permanecer en España o, en su caso, estar en condiciones de obtener legalmente dichos medios.

2. Excepcionalmente, las autoridades o los funcionarios responsables del control fronterizo podrán autorizar el cruce de fronteras, fuera de los pasos fronterizos o de los días y horas señalados, en los supuestos previstos en el derecho de la Unión Europea.

3. Los miembros de la dotación de buques que estén en posesión de un documento de identidad del marino (DIM) en vigor podrán circular mientras dure la escala del buque por el recinto del puerto o por las localidades próximas, en un entorno de 10 kilómetros, sin la obligación de presentarse en el paso fronterizo, siempre que los interesados figuren en la lista de tripulantes del buque al que pertenez-

can, sometida previamente a control y verificación de la identidad de profesionales de la marina por los funcionarios mencionados en el apartado 2.

Podrá denegarse el derecho a desembarcar a la persona profesional de la marina que represente una amenaza para el orden público, la salud pública o la seguridad nacional, o a aquel en el que concurran circunstancias objetivas de las que pueda deducirse su incomparecencia en el buque antes de su partida.

2. *Habilitación de pasos fronterizos.* 1. De conformidad con el interés nacional y lo dispuesto en los convenios internacionales en los que España sea parte, la habilitación de un paso en frontera terrestre se adoptará, previo acuerdo con las autoridades del país limítrofe correspondiente, mediante orden de la persona titular del Ministerio de la Presidencia, Justicia y Relaciones con las Cortes, a propuesta conjunta de las personas titulares de los Ministerios de Asuntos Exteriores, Unión Europea y Cooperación, de Hacienda y del Interior.

2. Cuando se trate de la habilitación de pasos en puertos o aeropuertos, la Orden ministerial a propuesta de los titulares de los Departamentos que corresponda, previo informe favorable del departamento ministerial u órgano autonómico del que dependan el puerto o el aeropuerto.

3. *Cierre de pasos fronterizos.* 1. El cierre, con carácter temporal o indefinido, de los pasos fronterizos habilitados para la entrada y la salida de España o la limitación de las categorías de personas cuyo cruce se permite se podrá acordar por Orden del titular del Ministerio de la Presidencia, Justicia y Relaciones con las Cortes, a propuesta de los titulares de los Ministerios competentes, cuando así resulte bien de las disposiciones que deban regir a consecuencia de los estados de alarma, excepción o sitio, bien en aplicación de leyes especiales, en supuestos en que lo requieran los intereses de la defensa nacional, la seguridad del Estado y la protección de la salud y seguridad de los ciudadanos, así como en supuestos de elevada presión migratoria irregular, sin perjuicio de la posibilidad de desconcentrar dicha competencia.

2. Podrá procederse, al cierre o traslado de los pasos fronterizos en supuestos distintos de los previstos en el apartado anterior, siempre y cuando su ubicación resultará innecesaria o inconveniente.

3.   El cierre de los pasos fronterizos deberá comunicarse a aquellos países con los que España tenga obligación de hacerlo como consecuencia de los compromisos internacionales suscritos con ellos.

CAPÍTULO II
Entrada: requisitos y prohibiciones

4.   *Requisitos.* 1.   Para estancias previstas en territorio español o en cualquier Estado miembro, de una duración que no exceda de noventa días naturales dentro de cualquier período de ciento ochenta días naturales, lo que implica tener en cuenta el período de ciento ochenta días naturales que precede a cada día de estancia, de conformidad con el art. 6 del Reglamento (UE) 2016/399 del Parlamento Europeo y del Consejo de 9 de marzo de 2016 por el que se establece un Código de normas de la Unión para el cruce de personas por las fronteras, la entrada de un extranjero en territorio español estará condicionada al cumplimiento de los siguientes requisitos:

a)   Estar en posesión de un documento de viaje válido que otorgue a su titular el derecho a cruzar la frontera y que cumpla los siguientes criterios:

1)   Seguirá siendo válido como mínimo tres meses después de la fecha prevista de partida del territorio de los Estados miembros. En casos de emergencia justificados, esta obligación podrá suprimirse,

2)   Deberá haberse expedido dentro de los diez años anteriores;

b)   Estar en posesión de un visado válido, cuando así lo exija el Reglamento (UE) 2018/1806, del Parlamento Europeo y del Consejo de 14 de noviembre de 2018, por el que se establecen la lista de terceros países cuyos nacionales están sometidos a la obligación de visado para cruzar las fronteras exteriores y la lista de terceros países cuyos nacionales están exentos de esa obligación, salvo que sean titulares de un permiso de residencia válido o de un visado de larga duración válido;

c)   Estar en posesión de documentos que justifiquen el objeto y las condiciones de la estancia prevista en los términos establecidos en el artículo 8.

d)   Disponer de medios de subsistencia suficientes, tanto para el período de estancia previsto como para el regreso al país de origen o el tránsito hacia un tercer país en el que su admisión esté garantizada, o estar en condiciones de obtener legalmente dichos medios en los términos establecidos en el artículo 9.

e)   Presentación, en su caso, de los certificados sanitarios a los que se refiere el artículo 10.

f)   No estar sujeto a una prohibición de entrada, en los términos del artículo 11.

g)   No suponer una amenaza para el orden público, la seguridad interior, la salud pública o las relaciones internacionales de ninguno de los Estados miembros ni, en particular, estar inscrito como no admisible en las bases de datos nacionales de ningún Estado miembro por iguales motivos.

2.   A efectos de la aplicación del apartado 1, la fecha de entrada se considerará como primer día de estancia en el territorio de los Estados miembros, y la fecha de salida como último día de estancia en el territorio de los Estados miembros. No se tendrán en cuenta para el cálculo de la duración de la estancia en el territorio de los Estados miembros los períodos de estancia autorizados por medio de un visado nacional de larga duración o de un permiso de residencia.

3.   La Comisaría General de Extranjería y Fronteras podrá autorizar la entrada en España a las personas nacionales de terceros países que no cumplan alguno de los requisitos establecidos en el apartado 1, cuando existan razones excepcionales de índole humanitaria, interés público o cumplimiento de compromisos adquiridos por España. En estos casos, se procederá a hacer entrega al extranjero de la resolución acreditativa de la autorización de entrada por cualquiera de estas causas.

En todos estos casos, cuando la persona nacional de un tercer país estuviera inscrita como no admisible en el Sistema de Información Schengen, se informará de ello a los demás Estados Miembros conforme a lo establecido en el derecho de la Unión Europea.

Sin perjuicio de la posible consideración de las causas que motivaron su concesión en el marco del procedimiento relativo a la residencia por circunstancias excepcionales, la autorización de la entrada en España en base a lo dispuesto en el párrafo anterior no supondrá, por sí misma y de forma aislada a otras circunstancias que pudieran ser alegadas, el cumplimiento de los requisitos a acreditar de cara a la obtención de una autorización de residencia por circunstancias excepcionales.

4. No obstante lo dispuesto en el apartado 1, podrá autorizarse la entrada al territorio español a las personas nacionales de terceros países que no cumplan las condiciones establecidas en el apartado 1, pero que sean titulares de un permiso de residencia o de un visado de larga duración, al objeto de que puedan llegar al territorio del Estado miembro que haya expedido el permiso de residencia o el visado de larga duración, a no ser que figuren en la lista nacional de personas no admisibles del Estado miembro en cuyas fronteras exteriores se presenten y que la descripción que les afecte esté acompañada de medidas que se opongan a la entrada o al tránsito.

5. Podrá autorizarse la entrada al territorio español a aquellas personas de terceros países que se presenten en la frontera y cumplan los requisitos establecidas en el apartado 1, excepto estar en posesión de un visado válido cuando lo exija el Reglamento (UE) 2018/1806, del Parlamento Europeo y del Consejo de 14 de noviembre de 2018, por el que se establecen la lista de terceros países cuyos nacionales están sometidos a la obligación de visado para cruzar las fronteras exteriores y la lista de terceros países cuyos nacionales están exentos de esa obligación, si se les puede expedir un visado en la frontera en virtud de los artículos 35 y 36 del Reglamento (CE) número 810/2009 del Parlamento Europeo y del Consejo.

5. *Autorización de regreso.* 1. No obstante lo dispuesto en el artículo anterior, a la persona extranjera cuya autorización de residencia o de estancia se encuentre en periodo de renovación o prórroga se le podrá expedir una autorización de regreso que le permita salir de España y retornar al territorio nacional, siempre que la persona solicitante acredite que ha iniciado los trámites de renovación o prórroga del título que le habilita para permanecer en España dentro del plazo legal fijado al efecto.

Igualmente, la persona titular de una tarjeta de identidad de extranjero en vigor podrá solicitar una autorización de regreso en caso de robo, extravío, destrucción o inutilización de aquélla, siempre que acredite haber presentado solicitud de duplicado de la tarjeta.

2. La autorización de regreso tendrá una vigencia no superior a noventa días desde la caducidad de la autorización de residencia o de estancia, si se solicita con anterioridad a dicha caducidad.

En caso de que se solicite en un momento posterior a la caducidad de la autorización de residencia o de estancia, la autorización de regreso tendrá una vigencia no superior a noventa días desde que sea concedida.

Cuando el viaje responda a una situación de necesidad, la autorización de regreso se tramitará con carácter preferente.

3. Cuando la persona extranjera acredite que el viaje responde a una situación de necesidad y concurran razones excepcionales, podrá expedirse la autorización de regreso referida en el apartado anterior, con una vigencia no superior a noventa días desde que se conceda la autorización de regreso, si se ha resuelto favorablemente la solicitud inicial de autorización de residencia o de autorización de estancial.

4. La autorización de regreso será concedida por el Delegado o Subdelegado del Gobierno competente, por el Comisario General de Extranjería y Fronteras o por las personas titulares de las comisarías y puestos fronterizos del Cuerpo Nacional de Policía.

5. Durante la validez de los noventa días de la autorización de regreso no habrá limitación de entradas y salidas con un único documento.

6. De conformidad con el derecho de la Unión Europea, la autorización de regreso sólo será válida para efectuar su entrada por los Pasos Fronterizos habilitados españoles.

6. *Documentación para la entrada.* 1. Para acreditar su identidad, la persona extranjera que pretenda entrar en España deberá hallarse provisto de uno de los siguientes documentos:

a) Pasaporte, individual, familiar o colectivo, válidamente expedido y en vigor. Las personas menores de 16 años podrán figurar incluidos en el pasaporte de su padre, madre o tutor cuando tengan la misma nacionalidad del titular del pasaporte y viajen con éste.

b) Título de viaje, válidamente expedido y en vigor.

c) Documento nacional de identidad, cédula de identificación o cualquier otro documento en vigor que acredite su identidad, que hayan sido considerados válidos para la entrada en territorio español, en virtud de compromisos internacionales asumidos por España.

2. Tanto los pasaportes como los títulos de viaje y demás documentos que se consideren válidos deberán estar expedidos por las autoridades competentes del país de origen o de procedencia de sus titulares o por las organizaciones internacionales habilitadas para ello por el Derecho Internacional y contener, en todo caso, datos suficientes para la determinación de la identidad y la nacionalidad de las personas

titulares. Los pasaportes deberán permitir el retorno al país que los haya expedido.

Asimismo, conforme al derecho de la Unión Europea, tanto los pasaportes como los títulos de viaje deberán cumplir los criterios siguientes:

a) seguir siendo válido como mínimo tres meses después de la fecha prevista de partida del territorio de los Estados miembros. En casos de emergencia justificados, esta obligación podrá suprimirse,

b) haberse expedido dentro de los diez años anteriores;

3. Las oficinas consulares españolas, previa autorización expresa de la Dirección General de Españoles en el Exterior y de Asuntos Consulares del Ministerio de Asuntos Exteriores, Unión Europea y Cooperación, podrán expedir salvoconductos a extranjeros en las condiciones que establezca la normativa específica aplicable.

4. La admisión de pasaportes colectivos se ajustará a los convenios internacionales que sobre ellos existan o se concierten por España. En ambos casos será preciso contar con el informe previo del Ministerio del Interior.

7. *Exigencia de visado.* 1. Las personas extranjeras que se propongan entrar en territorio español deberán ir provistas del correspondiente visado, válidamente expedido y en vigor, extendido en sus pasaportes o documentos de viaje o, en su caso, en documento aparte, salvo lo dispuesto en el apartado siguiente.

2. Para estancias de una duración que no exceda de noventa días naturales dentro de cualquier período de ciento ochenta días naturales, no necesitarán visado:

a) Los nacionales de países exentos de dicho requisito en virtud de lo establecido en el derecho de la Unión Europea, así como las personas extranjeras que se encuentren en algún otro de los supuestos de exención de visado establecidos en el derecho de la Unión Europea.

En este caso, de conformidad con lo establecido en el derecho de la Unión Europea, deberá constar una autorización de viaje registrada en el Sistema Europeo de Información y Autorización de Viaje (ETIAS) cuando entre en vigor.

b) Los titulares de pasaportes diplomáticos, de servicio u otros pasaportes oficiales expedidos por países con los que se haya acordado su supresión, en la forma y condiciones establecidas en el acuerdo correspondiente. Se podrá exigir visado a titulares de pasaportes diplomáticos, de servicio u otros pasaportes oficiales de países exentos de dicho requisito, cuando España haya acordado la exigencia de visado de acuerdo con lo establecido en el Derecho de la Unión Europea.

c) Las personas titulares de documentos de viaje expedidos por determinadas organizaciones internacionales intergubernamentales a sus funcionarios, cuando España haya acordado la supresión de dicho requisito.

d) Las personas extranjeras que tengan la condición de refugiadas y estén documentadas como tales por un país signatario del Acuerdo Europeo número 31, de 20 de abril de 1959, relativo a la exención de los visados para refugiados, siempre a condición de reciprocidad según lo dispuesto en el artículo 1 de dicho Acuerdo.

e) Los miembros de las tripulaciones de buques con finalidad empresarial, cuando se hallen documentados con un documento de identidad del marino en vigor y sólo durante la escala del buque, en las condiciones que establece el Código de Fronteras Schengen.

f) Los miembros de las tripulaciones de aviones comerciales extranjeros que estén documentados como tales mediante la tarjeta de miembro de la tripulación y en el ejercicio de sus funciones vayan a: embarcar y desembarcar en el aeropuerto de escala o destino situado en el territorio de un Estado miembro; dirigirse al territorio del municipio en que radique el aeropuerto de escala o de destino situado en el territorio español; o desplazarse, por cualquier medio de transporte, a un aeropuerto situado en territorio español con el fin de embarcar en un avión con salida de este mismo aeropuerto.

g) Las personas extranjeras titulares de una autorización de residencia, una autorización provisional de residencia, un visado de larga duración o una tarjeta de acreditación diplomática, expedidos por las autoridades de otro Estado con el que España haya suscrito un acuerdo internacional que contemple esta posibilidad. Estas autorizaciones habrán de tener una vigencia mínima igual al plazo de estancia, o de la duración del tránsito, previsto en el momento de solicitar la entrada.

h) Las personas extranjeras que se encuentren en algún otro de los supuestos de exención de visado permitidos en el Derecho de la Unión Europea, cuando España haya acordado la supresión de dicho requisito.

3. No precisarán visado para entrar en territorio español las personas extranjeras titulares de una tarjeta de identidad de extranjero, de una tarjeta de acreditación diplomática, o de la autorización de

regreso prevista en el artículo 5 ni las personas titulares de una tarjeta de identidad de extranjero de trabajador transfronterizo respecto a la entrada en el territorio español que forma frontera con el país del trabajador, siempre que las autorizaciones que acreditan dichos documentos hayan sido expedidas por los órganos españoles y estén vigentes en el momento de solicitar la entrada.

8. *Documentos justificativos para la comprobación de las condiciones de entrada.* 1. Las personas extranjeras deberán, si así se les requiere, especificar el motivo de su solicitud de entrada y estancia en España.

Los funcionarios responsables del control de entrada en función, entre otras circunstancias, del motivo y duración del viaje podrán exigirles la presentación de documentos que justifiquen o establezcan la verosimilitud de la razón de entrada invocada.

Las personas extranjeras que soliciten la entrada, para justificar la verosimilitud del motivo invocado, podrán presentar cualquier documento o medio de prueba que, a su juicio, justifique los motivos de entrada manifestados.

2. A estos efectos, podrá exigirse la presentación, entre otros, de los siguientes documentos:

a) En relación con cualquiera de los motivos de solicitud de entrada y estancia previstos en este apartado, billete de vuelta o de circuito turístico.

b) Además, para los viajes de carácter profesional, alternativamente:

1.º La invitación de una empresa o de una autoridad expedida, en los términos fijados mediante Orden ministerial a propuesta de los titulares de los Departamentos que corresponda, para participar en reuniones de carácter comercial, industrial o vinculadas a la actividad.

2.º Documentos de los que se desprenda que existen relaciones comerciales o vinculadas a la actividad.

3.º Tarjetas de acceso a ferias y congresos.

c) Además, para los viajes de carácter turístico o privado, alternativamente:

1.º Documento justificativo de la existencia de lugar de hospedaje a disposición del extranjero: bien emitido por el establecimiento de hospedaje o bien consistente en carta de invitación de un particular, expedida en los términos fijados mediante Orden ministerial a propuesta de los titulares de los Departamentos que corresponda, cuyo contenido habrá de responder exclusivamente a que quede constancia de la existencia de hospedaje cierto a disposición del extranjero.

En ningún caso, la carta de invitación suplirá la acreditación por la persona extranjera de los demás requisitos exigidos para la entrada.

Sin perjuicio de lo establecido en el párrafo anterior, el documento justificativo de la existencia de lugar de hospedaje a disposición de la persona extranjera contendrá la información relativa a si el alojamiento supone o no la cobertura de toda o parte de su manutención.

2.º   Confirmación de la reserva de un viaje organizado.

d)   Además, para los viajes por motivos de estudios o formación: matrícula o la documentación acreditativa de la admisión en un centro de enseñanza.

e)   Además, para los viajes por otros motivos, alternativamente:

1.º   Invitaciones, reservas o programas.

2.º   Certificados de participación en eventos relacionados con el viaje, tarjetas de entrada o recibos.

9.   *Acreditación de medios económicos.* La persona extranjera deberá acreditar, en el momento de la entrada, que dispone de recursos o medios económicos suficientes para su sostenimiento y el de las personas a su cargo que viajen con él, durante el periodo de permanencia en España, o que está en condiciones de obtener legalmente dichos medios, así como para cubrir el traslado a otro país o el retorno al país de procedencia.

La cuantía de los medios económicos exigibles a estos efectos, así como el modo de acreditar su posesión, será la dispuesta en el presente Reglamento o, en caso de no estar expresamente prevista, será la determinada mediante Orden del titular del Ministerio de la Presidencia, Justicia y Relaciones con las Cortes, a propuesta de los titulares de los Ministerios competentes.

Dicha regulación tendrá en consideración, en cuanto a las cuantías exigibles, las circunstancias de que de la documentación del establecimiento de hospedaje o la carta de invitación de un particular, aportada por la persona extranjera en el marco del artículo 8, pueda derivarse que el alojamiento comprende toda o parte de su manutención.

En caso de entrada en España, en tránsito hacia otro Estado miembro de la Unión Europea, o cuando una parte de la estancia de la persona extranjera vaya a realizarse en otro u otros Estados miembros de la Unión Europea, los medios económicos habrán de ajustarse a los importes de referencia que estos Estados hayan notificado a la Comisión de conformidad con el artículo 39 del Reglamento (UE) 2016/399 del Parlamento Europeo y del Consejo de 9 de marzo de 2016 por el que se establece un Código de normas de la Unión para el cruce de personas por las fronteras (Código de fronteras Schengen).

10.   *Requisitos sanitarios.* Cuando así lo determine el Ministerio del Interior, de acuerdo con los Ministerios de Sanidad, Derechos Sociales, Consumo y Agenda 2030 y de Inclusión, Seguridad Social y Migraciones, las personas que pretendan entrar en territorio español deberán presentar en los pasos fronterizos un certificado sanitario expedido en el país de procedencia por los servicios médicos que designe la oficina consular española, o someterse a su llegada, en la frontera, a un reconocimiento médico por parte de los servicios sanitarios españoles competentes, para acreditar que no padecen ninguna de las enfermedades que pueden tener repercusiones de salud pública graves de conformidad con lo dispuesto en el Reglamento Sanitario Internacional de 2005, así como en los compromisos internacionales sobre la materia suscritos por España, sin perjuicio de lo que se disponga, al efecto, por el Derecho de la Unión Europea.

Los reconocimientos médicos se realizarán en todo caso de acuerdo con lo establecido en el Reglamento Sanitario Internacional de 2005.

11.   *Prohibición de entrada.* Se considerará prohibida la entrada de las personas extranjeras, y se les impedirá el acceso al territorio español, aunque reúnan los requisitos exigidos en los artículos precedentes, cuando:

a)   Hayan sido previamente expulsadas de España y se encuentren dentro del plazo de prohibición de entrada que se hubiera determinado en la resolución de expulsión, o cuando haya recaído sobre ellas una resolución de expulsión, salvo caducidad del procedimiento o prescripción de la infracción o de la sanción.

b)   Hayan sido objeto de una medida de devolución, contemplada en el artículo 58.3.a) de la Ley Orgánica 4/2000, de 11 de enero, y se encuentren dentro del plazo de prohibición de entrada que se hubiera determinado en el correspondiente acuerdo de devolución.

c)   Se tenga conocimiento, por conductos diplomáticos, a través de Interpol o por cualquier otra vía de cooperación internacional, judicial o policial, de que se encuentran reclamadas, en relación con causas criminales derivadas de delitos comunes graves, por las autoridades judiciales o policiales de otros países, siempre que los hechos por los que figuran reclamadas constituyan delito en España y sin perjuicio de su detención, en los casos en que ésta proceda.

d)   Hayan sido objeto de prohibición expresa de entrada, en virtud de resolución del titular del Ministerio del Interior, por sus actividades contrarias a los intereses españoles o a los derechos humanos o por sus notorias conexiones con organizaciones delictivas, nacionales o internacionales, u otras razones judiciales o administrativas que justifiquen la adopción de esta medida, sin perjuicio de su detención, en los casos en que ésta proceda.

e)   Tengan prohibida la entrada en virtud de convenios internacionales en los que España sea parte o de acuerdo con lo establecido en el Derecho de la Unión Europea, salvo que se considere necesario establecer una excepción por motivos humanitarios o de interés nacional.

12.   *Forma de efectuar la entrada.* 1.   A su llegada al paso fronterizo para la entrada en España, las personas extranjeras acreditarán con carácter prioritario ante los funcionarios responsables del control que reúnen los requisitos previstos en los artículos de este capítulo para la obligada comprobación de éstos y permitirán la toma de datos biométricos con el fin de alimentar y consultar las bases de datos pertinentes según lo establecido en la normativa reguladora de éstas.

2.   Si la documentación presentada fuera hallada conforme y no existiese ninguna prohibición o impedimento para la entrada del titular, se estampará en el pasaporte o título de viaje el sello, signo o marca de control establecido, salvo que las leyes internas o los tratados internacionales en que España sea parte prevean la no estampación, con lo que, previa devolución de la documentación quedará franco el paso al interior del país.

3.   No se estampará sello de entrada ni de salida en aquellos supuestos previstos en el derecho de la Unión Europea.

4.   La estampación del sello de entrada quedará sustituida por el registro en el Sistema de Entradas y Salidas, cuando éste entre en funcionamiento, excepto en los casos previstos en el apartado tercero y cuarto artículo 2 del, por el que se establece un Sistema de Entradas y Salidas (SES) para registrar los datos de entrada y salida y de denegación de entrada relativos a nacionales de terceros países que crucen

las fronteras exteriores de los Estados miembros, se determinan las condiciones de acceso al SES con fines policiales y se modifican el Convenio de aplicación del Acuerdo de Schengen y los Reglamentos (CE) n.º 767/2008 y (UE) n.º 1077/2011.5. Si el acceso se efectúa con documento de identidad o de otra clase en los que no se pueda estampar el sello de entrada, el interesado deberá cumplimentar el impreso previsto para dejar constancia de la entrada, que deberá conservar en su poder y presentar junto a la documentación identificativa, si le fuese requerida.

5. En aquellos trayectos directos y sin escala, ni tránsitos, los policías responsables del control de entrada a territorio nacional podrán, en virtud de acuerdos bilaterales suscritos por España, desplegarse en el país de origen para que, con carácter previo al embarque a la nave o aeronave con destino, directo y sin escalas, a España, la persona extranjera acredite que reúne los requisitos previstos en los artículos del presente capítulo para acceder a territorio nacional, sin perjuicio de que una vez llegue al paso fronterizo habilitado de entrada en España deba someterse a la inspección descrita en los apartados anteriores del presente artículo.

13. *Declaración de entrada.* 1. Tendrán la obligación de declarar la entrada personalmente ante las autoridades policiales españolas las personas nacionales de terceros países, excepto Andorra, Mónaco y San Marino, que accedan a territorio español procedentes de un Estado con el que España haya firmado un acuerdo de supresión de controles fronterizos y carezcan de autorización de residencia en España.

2. Si no se hubiese efectuado en el momento de la entrada, dicha declaración deberá efectuarse en el plazo de tres días a partir de aquélla, en cualquier comisaría del Cuerpo Nacional de Policía.

14. *Registro de entrada en territorio español.* 1. Las entradas realizadas en territorio español, de acuerdo con lo previsto en los artículos doce y trece, por las personas extranjeras a las que no les sea de aplicación el régimen de ciudadanos Unión Europea, podrán ser registradas por las autoridades competentes en el Registro Central de Extranjeros, a los efectos de control de su periodo de permanencia legal en España, de conformidad con la Ley Orgánica 3/2018, de 5 de diciembre, de Protección de Datos Personales y garantía de los derechos digitales.

2.   El sistema de registro de entradas en España será regulado mediante Orden ministerial a propuesta de los titulares de los Departamentos que corresponda.

15.   *Denegación de entrada.* 1.   Los funcionarios responsables del control denegarán la entrada en el territorio español a las personas extranjeras que no reúnan los requisitos establecidos en este capítulo y en el Derecho de la Unión Europea. Dicha denegación se realizará mediante resolución motivada y notificada directamente al interesado que comparece en el paso de fronterizo, con información acerca de los recursos que puedan interponerse contra ella, el plazo para hacerlo y el órgano ante el que deban formalizarse, así como de su derecho a la asistencia letrada, que podrá ser de oficio en el caso de que el interesado carezca de recursos económicos suficientes y, en su caso, de intérprete, que comenzará en el momento de efectuarse el control en el paso fronterizo.

La resolución contendrá, entre otros extremos, el siguiente:

a)   La determinación expresa de la causa por la que se deniega la entrada.

b)   La información al interesado de que el efecto que conlleva la denegación de entrada es el regreso a su punto de origen.

c)   La información al interesado de su derecho a la asistencia jurídica, así como a la asistencia de intérprete, si no comprende o habla las lenguas oficiales que se utilicen, a partir del momento en que se dicte el acuerdo de iniciación del procedimiento. Ambas asistencias serán gratuitas en el caso de que el interesado carezca de recursos económicos suficientes, de acuerdo con lo previsto en la normativa reguladora del derecho de asistencia jurídica gratuita.

La información, que igualmente se habrá proporcionado tan pronto se inicie el procedimiento administrativo, hará expresa mención a la necesidad de presentar la oportuna solicitud en los términos previstos en las normas que regulan la asistencia jurídica gratuita para el ejercicio de éste en caso de que se decidiera impugnar la resolución en vía jurisdiccional contencioso-administrativa, de conformidad con el artículo 22.3 de la Ley Orgánica 4/2000, de 11 de enero.

Cuando existiesen acuerdos que regulen la readmisión de las personas en situación irregular suscritos por España, los funcionarios responsables del control, tras facilitar la información a la que se refiere el artículo 26.2 de la Ley Orgánica 4/2000, de 11 de enero, denegarán, en los términos previstos en los citados acuerdos, la entrada de las personas a las que les sean de aplicación, siempre que la denegación se produzca dentro del plazo previsto en los mismos.

2. La resolución de denegación de entrada conllevará los efectos previstos en el artículo 60 de la Ley 4/2000, de 11 de enero. La resolución no agota la vía administrativa y será recurrible con arreglo a lo dispuesto en las leyes. La mera interposición del recurso, por sí misma, no tendrá efecto suspensivo sobre la resolución de denegación de entrada, de acuerdo con el derecho de la Unión Europea y con el ordenamiento interno.

Si la persona extranjera no se hallase en España, podrá interponer los recursos que correspondan, tanto en vía administrativa como jurisdiccional, a través de las representaciones diplomáticas o consulares correspondientes, las cuales los remitirán al órgano competente.

A los efectos previstos en el apartado 3 del artículo 22 de la Ley Orgánica 4/2000, de 11 de enero, la persona extranjera que se hallase privada de libertad podrá manifestar ante el Delegado o Subdelegado del Gobierno competente o el Director del Centro de Internamiento de Extranjeros o el responsable del paso fronterizo bajo cuyo control se encuentre, que lo harán constar en acta que se incorporará al expediente, su voluntad de interponer recurso contencioso-administrativo o de ejercitar la acción correspondiente contra la resolución que ponga fin a la vía administrativa. La interposición del recurso no tendrá efecto suspensivo sobre la resolución de denegación de entrada.

3. El regreso se ejecutará de forma inmediata y, en todo caso, dentro del plazo de setenta y dos horas desde que se hubiese acordado. Si no pudiera ejecutarse dentro de dicho plazo, la autoridad gubernativa o, por delegación de ésta, el responsable del paso fronterizo habilitado se dirigirá al juez de instrucción para que determine, en su caso, las instalaciones en las que haya de permanecer el extranjero, hasta que llegue el momento del regreso, de conformidad con lo establecido en la Ley Orgánica 4/2000, de 11 de enero, sobre derechos y libertades de los extranjeros en España y su integración social.

4. A la persona extranjera a quien le sea denegada la entrada en el territorio nacional por los funcionarios responsables del control, de conformidad con lo dispuesto en los acuerdos internacionales suscritos por España, se le estampará en el pasaporte un sello de entrada

tachado con una cruz de tinta indeleble negra, y deberá permanecer en las instalaciones destinadas al efecto en el paso fronterizo hasta que, máximo setenta y dos horas, retorne al lugar de procedencia o continúe viaje hacia otro país donde sea admitida.

Las instalaciones estarán dotadas de servicios adecuados y, especialmente, de servicios sociales, jurídicos y sanitarios acordes con su cifra media de ocupación.

La permanencia de la persona extranjera en estas instalaciones tendrá como única finalidad garantizar, en su caso, su regreso al lugar de procedencia o la continuación de su viaje hacia otro país donde sea admitida. La limitación de la libertad ambulatoria de la persona extranjera responderá exclusivamente a esta finalidad en su duración y ámbito de extensión.

Las instalaciones estarán dotadas de servicios adecuados y, especialmente, de servicios sociales, jurídicos y sanitarios acordes con su cifra media de ocupación.

5. Durante el tiempo en que la persona extranjera permanezca en las instalaciones del paso fronterizo o en las instalaciones en que se haya acordado su permanencia, todos los gastos de mantenimiento que se ocasionen serán a cargo de la compañía o transportista que lo hubiese transportado, y sin perjuicio de la sanción que pueda llegar a imponerse.

Igualmente, la compañía o transportista se hará cargo inmediatamente de la persona extranjera al que se le haya denegado la entrada y serán a cuenta de ella todos los gastos que se deriven del transporte para su regreso al Estado a partir del cual haya sido transportada, al que haya expedido el documento de viaje con el que ha viajado la persona extranjera a cualquier otro donde esté garantizada su admisión. Lo anterior será de aplicación sin perjuicio de que el regreso pueda ser realizado por la misma compañía o por otra empresa de transporte.

6. La limitación de la libertad ambulatoria de una persona extranjera a efectos de proceder al regreso a consecuencia de la denegación de entrada será comunicada a la embajada o consulado de su país. No obstante, en caso de que dicha comunicación no haya podido realizarse o la embajada o consulado del país de origen de la persona extranjera no radique en España, dicha situación será comunicada al Ministerio de Asuntos Exteriores, Unión Europea y Cooperación.

16.   *Obligaciones de los transportistas de control de documentos.* 1.   La persona o personas que designe la empresa de transportes deberán requerir a las personas extranjeras que presenten sus pasaportes, títulos de viaje o documentos de identidad pertinentes, así como, en su caso, visado, cuando embarquen fuera del territorio de los países en los que esté en vigor el Convenio de aplicación del Acuerdo de Schengen, de 14 de junio de 1985, con destino o en tránsito al territorio español. El requerimiento tendrá por objeto comprobar la validez y vigencia de los documentos.

2. Deberán, asimismo, consultar los sistemas informáticos de la Unión Europea a los que tenga acceso, según se establezca en el Derecho de la Unión y en la normativa nacional.

3. Los transportistas de viajeros por vía terrestre deberán adoptar las medidas que estimen oportunas para que se compruebe la documentación de todas las personas extranjeras que embarquen fuera del territorio de los países en los que esté en vigor el Convenio de aplicación del Acuerdo de Schengen, de 14 de junio de 1985. Tales comprobaciones podrán realizarse en las instalaciones de la estación o parada en la que se vaya a producir el embarque, a bordo del vehículo antes de iniciarse la marcha o, una vez iniciada, siempre que sea posible el posterior desembarque en una estación o parada situada fuera del territorio de los países en los que esté en vigor el Convenio de aplicación del Acuerdo de Schengen.

Cuando se constate que una persona extranjera no dispone de la documentación necesaria, no deberá ser admitida a bordo del vehículo y, si hubiera iniciado la marcha, deberá abandonarlo en la parada o lugar adecuado más próximos en el sentido de la marcha fuera del territorio de los países en los que esté en vigor el Convenio de aplicación del Acuerdo de Schengen.

En el caso de que la persona extranjera con documentación aparentemente deficiente decidiese embarcar o no abandonar el vehículo, el conductor o el acompañante, al llegar a la frontera exterior, deberán comunicar a los agentes encargados del control las deficiencias detectadas a fin de que adopten la decisión que resulte procedente.

17. *Obligaciones de los transportistas de remisión de información.* 1. En los términos establecidos en los apartados 1 y 2 del artículo 66 de la Ley Orgánica 4/2000, de 11 de enero, toda compañía, empresa de transporte o transportista deberá remitir a las autoridades españolas encargadas del control de la entrada la información sobre los pasajeros que vayan a ser trasladados, ya sea por vía aérea, marítima o terrestre, con independencia de que el transporte sea en tránsito o tenga como destino final al territorio español. Asimismo, las empresas de transporte deberán suministrar la información comprensiva del número de billetes de vuelta no utilizados por los pasajeros a los que previamente hubieran transportado a España.

2.   Por orden ministerial conjunta del Ministerio de Inclusión, Seguridad Social y Migraciones, y del Ministerio del Interior, se determinarán las rutas procedentes de fuera del Espacio Schengen respecto de las cuales sea necesario remitir a las autoridades españolas encargadas del control de entrada, con la antelación suficiente, la información a la que se refiere el artículo 66.1 y 2 de la Ley Orgánica 4/2000, de 11 de enero. La resolución indicará, entre otros aspectos, el plazo y la forma en la que dicha información deba remitirse.

3.   Por su parte, las compañías aéreas tendrán la obligación de comunicar a las autoridades competentes los datos del Registro de Nombres de Pasajeros a los que se refiere y en los términos dispuestos en Ley Orgánica 1/2020, de 16 de septiembre, sobre la utilización de los datos del Registro de Nombres de Pasajeros para la prevención, detección, investigación y enjuiciamiento de delitos de terrorismo y delitos graves.

18.   *Obligaciones de los transportistas en caso de denegación de entrada.* 1.   Si se negara la entrada en el territorio español a una persona extranjera por incumplimiento de las condiciones de entrada previstas en el derecho de la Unión Europea, el transportista que la hubiera traído a la frontera por vía aérea, marítima o terrestre estará obligado a hacerse cargo de él inmediatamente. A petición de las autoridades encargadas del control de entrada, deberá llevar a la persona extranjera al tercer Estado a partir del cual le hubiera transportado, al Estado que hubiese expedido el documento de viaje con el que hubiera viajado, o a cualquier otro tercer Estado donde se garantice su admisión y un trato compatible con los derechos humanos. Esta misma obligación deberá asumir el transportista que haya trasladado a una persona extranjera en tránsito hasta una frontera del territorio español si el transportista que deba llevarlo a su país de destino se negara a embarcarla, o si las autoridades de este último país le hubieran denegado la entrada y la hubieran devuelto a la frontera española por la que ha transitado.

En los supuestos de transporte aéreo, se entenderá por sujeto responsable del transporte la compañía aérea o explotador u operador de la aeronave. La responsabilidad será solidaria en el caso de que se utilice un régimen de código compartido entre transportistas aéreos. En los casos en que se realicen viajes sucesivos mediante escalas, el responsable será el transportista aéreo que efectúe el último tramo de viaje hasta territorio español.

2. Las obligaciones de los transportistas en caso de denegación de entrada a las que se refiere este artículo, así como las de control de documentos y remisión de información a las que se refieren los dos artículos anteriores, serán igualmente aplicables a los supuestos de transporte aéreo o marítimo que se realice las ciudades de Ceuta o Melilla hasta cualquier otro punto del territorio español.

CAPÍTULO III
Salidas: requisitos y prohibiciones

19. *Requisitos.* 1. En ejercicio de su libertad de circulación, las personas extranjeras podrán efectuar libremente su salida del territorio español, salvo en los casos previstos en el artículo 28.3 de la Ley Orgánica 4/2000, de 11 de enero, en los que la salida será obligatoria, y salvo en los supuestos previstos en el artículo 57.7 de dicha ley orgánica, en los que la salida requiere autorización judicial. Excepcionalmente, la salida podrá ser prohibida por el titular del Ministerio del Interior, de conformidad con el artículo 28.2 de dicha ley orgánica.

2. Las salidas mediante autorización judicial podrán ser instadas por los órganos legalmente competentes, sin perjuicio del derecho de las personas extranjeras afectados a instar la salida por sí mismos.

3. A los efectos previstos en el apartado anterior y salvo en los casos en que lo impida el carácter secreto, total o parcial, del sumario, las unidades o servicios de policía judicial informarán a la Dirección General de la Policía y al Delegado o Subdelegado del Gobierno de aquellos supuestos en los que hubiera personas extranjeras incursas en procesos penales por delitos cometidos en España.

20. *Documentación y plazos.* 1. Todas las salidas voluntarias del territorio nacional deberán realizarse, cualquiera que sea la frontera que se utilice para tal fin, por los pasos fronterizos habilitados y previa exhibición del pasaporte, título de viaje o documento válido para la entrada en el país.

2.   También podrán realizarse las salidas, con documentación defectuosa o incluso sin ella, si no existiese prohibición ni impedimento alguno a juicio de los servicios policiales de control.

3.   Las personas extranjeras en tránsito que hayan entrado en España con pasaporte o con cualquier otro documento al que se atribuyan análogos efectos habrán de abandonar el territorio español con tal documentación, y deberán hacerlo dentro del plazo para el que hubiese sido autorizado el tránsito, del establecido por los acuerdos internacionales o del plazo de validez de la estancia fijada en el visado.

4.   Los que se encuentren en situación de estancia o de prórroga de estancia habrán de salir del territorio español dentro del tiempo de vigencia de dicha situación salvo que hayan solicitado una autorización de residencia atendiendo a la normativa vigente.

5.   Quienes sean titulares de una autorización de residencia, o de estancia por estudios pueden salir y volver a entrar en territorio español cuantas veces lo precisen, mientras la autorización y el pasaporte o documento análogo se encuentren en vigor.

21.   *Forma de efectuar la salida.* 1.   A su salida del territorio español, las personas extranjeras presentarán a los funcionarios responsables del control en los pasos fronterizos habilitados para ello la documentación señalada para su obligada comprobación.

2.   Si la documentación fuera hallada conforme y no existiese ninguna prohibición o impedimento para la salida del titular o de las personas titulares, se estampará en el pasaporte o título de viaje el sello de salida, salvo que las leyes internas o acuerdos internacionales en que España sea parte prevean la no estampación. Previa devolución de la documentación quedará franco el paso al exterior del país.

La estampación del sello de salida quedará sustituida por el registro en el Sistema de Entradas y Salidas, cuando éste entre en funcionamiento, excepto en los casos previstos en el apartado tercero y cuarto del artículo 2 del Reglamento (CE) n.º 2017/2226, del Parlamento Europeo y del Consejo, de 30 de noviembre de 2017.

3.   Si la salida se hiciera con documentación defectuosa, sin documentación o con documento de identidad en el que no se pueda estampar el sello de salida, la persona extranjera cumplimentará, en los

servicios policiales de control, el impreso previsto para dejar constancia de la salida.

4. Las salidas de territorio español de las personas extranjeras a las que no les sea de aplicación el régimen de ciudadanos de la Unión Europea podrán ser registradas por las autoridades competentes en el Registro Central de Extranjeros, a los efectos de control de su periodo de permanencia legal en España, de conformidad con la Ley Orgánica 3/2018, de 5 de diciembre, de Protección de Datos Personales y garantía de los derechos digitales.

El sistema de registro de salidas de España se regulará en la Orden prevista en el apartado 2 del artículo 14.

22. *Prohibiciones de salida.* 1. De conformidad con lo previsto en el artículo 28.2 de la Ley Orgánica 4/2000, de 11 de enero, la persona titular del Ministerio del Interior podrá acordar la prohibición de salida de personas extranjeras del territorio nacional, en los casos siguientes:

a) Las de personas extranjeras incursas en un procedimiento judicial por la comisión de delitos en España, salvo los supuestos del artículo 57.7 de la Ley Orgánica 4/2000, de 11 de enero, cuando la autoridad judicial autorizase su salida o expulsión.

b) Las de personas extranjeras condenadas por la comisión de delitos en España a pena de privación de libertad y reclamados, cualquiera que fuera el grado de ejecución de la condena, salvo los supuestos del artículo 57.7, de la Ley Orgánica 4/2000, de 11 de enero, y los de aplicación de convenios sobre cumplimiento de penas en el país de origen de los que España sea parte.

c) Las de personas extranjeras reclamadas y, en su caso, detenidas para extradición por los respectivos países, hasta que se dicte la resolución procedente.

d) Los supuestos de padecimiento de enfermedad contagiosa que, con arreglo a la legislación española o a los convenios internacionales, impongan la inmovilización o el internamiento obligatorio en establecimiento adecuado.

2. Las prohibiciones de salida se adoptarán con carácter individual por la persona titular del Ministerio del Interior, según los casos, a iniciativa propia, a propuesta del titular de la Secretaría de Estado de Migraciones, del titular de la Secretaría de Estado de Seguridad, del Delegado o Subdelegado del Gobierno, de las autoridades sanitarias o

a instancias de los ciudadanos españoles y de las personas extranjeras residentes legales en España que pudieran resultar perjudicados, en sus derechos y libertades, por la salida de las personas extranjeras del territorio español. Las prohibiciones de salida deberán notificarse formalmente al interesado.

CAPÍTULO IV
Devolución y salidas obligatorias

23. *Devoluciones.* 1. De conformidad con lo establecido en el artículo 58.3 de la Ley Orgánica 4/2000, de 11 de enero, no será necesario un expediente de expulsión para la devolución, en virtud de resolución del Subdelegado del Gobierno, o del Delegado del Gobierno en las Comunidades Autónomas uniprovinciales, de las personas extranjeras que se hallaran en alguno de los siguientes supuestos:

a) Las personas extranjeras que habiendo sido expulsadas contravengan la prohibición de entrada en España.

A estos efectos, se considerará contravenida la prohibición de entrada en España cuando así conste, independientemente de si fue adoptada por las autoridades españolas o por las de alguno de los Estados con los que España tenga suscrito convenio en ese sentido.

b) Las personas extranjeras que pretendan entrar irregularmente en el país. Se considerarán incluidos, a estos efectos, a las personas extranjeras que sean interceptadas en la frontera o en sus inmediaciones.

2. En el supuesto del párrafo b) del apartado anterior, las Fuerzas y Cuerpos de Seguridad del Estado encargadas de la custodia de costas y fronteras que hayan interceptado a las personas extranjeras que pretenden entrar irregularmente en España los conducirán con la mayor brevedad posible a la correspondiente comisaría del Cuerpo Nacional de Policía, para que pueda procederse a su identificación y, en su caso, a su devolución.

3. En cualquiera de los supuestos del apartado 1, la persona extranjera respecto de la cual se sigan trámites para adoptar una resolución de devolución tendrá derecho a la asistencia jurídica, así como a la asistencia de intérprete, si no comprende o habla las lenguas oficiales que se utilicen. Ambas asistencias serán gratuitas en el caso de que el interesado carezca de recursos económicos suficientes, de acuerdo

con lo previsto en la normativa reguladora del derecho de asistencia jurídica gratuita.

4. Cuando la devolución no se pudiera ejecutar en el plazo de setenta y dos horas, se solicitará de la autoridad judicial la medida de internamiento prevista para los expedientes de expulsión en la sección primera del capítulo III del título XIV.

A los efectos previstos en el artículo 22.3 de la Ley Orgánica 4/2000, de 11 de enero, si durante la situación de privación de libertad la persona extranjera manifestase ante el Delegado o Subdelegado del Gobierno o el Director del Centro de Internamiento de Extranjeros bajo cuyo control se encuentre, éste lo hará constar en acta que se incorporará al expediente su voluntad de interponer recurso contencioso-administrativo o ejercitar la acción correspondiente contra la resolución de devolución una vez agotada la vía administrativa.

5. La ejecución de la devolución conllevará el nuevo inicio del cómputo del plazo de prohibición de entrada contravenida, cuando se hubiese adoptado en virtud de una resolución de expulsión dictada por las autoridades españolas.

6. Aun cuando se haya adoptado una resolución de devolución, ésta no podrá llevarse a cabo y quedará en suspenso su ejecución cuando:

a) Se trate de mujeres embarazadas y la medida pueda suponer un riesgo para la gestación o para la salud de la madre; o se trate de personas enfermas y la medida pueda suponer un riesgo para su salud.

b) Se formalice una solicitud de protección internacional, hasta que se resuelva sobre la solicitud o ésta no sea admitida conforme con lo dispuesto en el artículo 19.1 de la Ley 12/2009, de 30 de octubre, reguladora del derecho de asilo y de la protección subsidiaria.

La admisión a trámite de la solicitud de protección internacional llevará aparejada la autorización de entrada y la permanencia provisional del solicitante.

c) Cuando se ponga de manifiesto que sea una persona víctima de trata.

d) Cuando existan indicios de que la persona extranjera pueda ser menor de edad, siempre y cuando no esté acompañada.

La admisión a trámite de la solicitud de protección internacional llevará aparejada la autorización de entrada y la permanencia provisional del solicitante.

7. El plazo de prescripción de la resolución de devolución será de cinco años si se hubiera acordado en aplicación del apartado a) del

artículo 58.3 de la Ley Orgánica 4/2000, de 11 de enero; y de dos años si se hubiera acordado en aplicación del apartado b) del artículo 58.3 de la Ley Orgánica 4/2000, de 11 de enero. La prescripción se aplicará de oficio por los órganos competentes.

El plazo de prescripción de la resolución de devolución acordada en aplicación del apartado a) del artículo 58.3 de la Ley Orgánica 4/2000, de 11 de enero, no empezará a contar hasta que haya transcurrido el periodo de prohibición de entrada reiniciado.

8.   Cuando en el marco de un procedimiento relativo a autorizaciones de residencia por circunstancias excepcionales, se comprobase que consta contra la persona solicitante una resolución de devolución no ejecutada, ésta será revocada, siempre que del análisis de la solicitud derive la procedencia de la concesión de la autorización de residencia por circunstancias excepcionales.

En caso de que el órgano competente para resolver sobre la solicitud de autorización no fuera el mismo que dictó la resolución de devolución a revocar, instará de oficio su revocación al órgano competente para ello. En el escrito por el que se inste la revocación se hará constar el tipo de autorización solicitada y expresa mención a la procedencia de la concesión de la misma, por cumplimiento de los requisitos exigibles para ello, salvo el relativo a la existencia de la resolución de devolución no ejecutada.

24.   *Salidas obligatorias.* 1.   En los supuestos de falta de autorización para encontrarse en España, en especial por no cumplir o haber dejado de cumplir los requisitos de entrada o de estancia, o en los de denegación administrativa de solicitudes de prórrogas de estancia, de autorizaciones de residencia o de cualquier otro documento necesario para la permanencia de extranjeros en territorio español, así como de las renovaciones de las propias autorizaciones o documentos, la resolución administrativa dictada al efecto contendrá la advertencia al interesado de la obligatoriedad de su salida del país, sin perjuicio de que, igualmente, se materialice dicha advertencia mediante diligencia en el pasaporte o documento análogo o en documento aparte, si se encontrase en España amparado en documento de identidad en el que no se pueda estampar dicha diligencia.

No contendrán orden de salida obligatoria las resoluciones de inadmisión a trámite de solicitudes dictadas de conformidad con lo dispuesto en la disposición adicional cuarta de la Ley Orgánica 4/2000, de 11 de enero.

2. La salida obligatoria habrá de realizarse dentro del plazo establecido en la resolución denegatoria de la solicitud formulada, o, en su caso, en el plazo máximo de quince días contado desde el momento en que se notifique la resolución denegatoria, salvo que concurran circunstancias excepcionales y se justifique que se cuenta con medios económicos suficientes; en tal caso, se podrá prorrogar el plazo hasta un máximo de noventa días. Una vez transcurrido el plazo indicado sin que se haya efectuado la salida, se aplicará lo previsto en este Reglamento para los supuestos a que se refiere el artículo 53.1.a) en combinación con el 57.1, de la Ley Orgánica 4/2000, de 11 de enero.

3. Si las personas extranjeras a que se refiere este artículo realizasen efectivamente su salida del territorio español conforme a lo dispuesto en los apartados anteriores, no serán objeto de prohibición de entrada en el país y eventualmente podrán volver a España, con arreglo a las normas que regulan el acceso al territorio español.

4. Se exceptúan del régimen de salidas obligatorias los casos de los solicitantes de protección internacional que hayan visto rechazado el examen de su solicitud por no corresponder a España su estudio a tenor de lo dispuesto en el Reglamento UE 604/2013 del Parlamento Europeo y del Consejo por el que se establecen los criterios y mecanismos de determinación del estado miembro responsable del examen de una solicitud de Protección Internacional presentada en uno de los Estados miembros por un nacional de un tercer país o un apátrida. Una vez notificada la resolución de inadmisión a trámite o de denegación, se deberá proceder a su traslado, escoltado por funcionarios, al territorio del Estado responsable del examen de su solicitud de asilo, sin necesidad de incoar expediente de expulsión, siempre y cuando dicho traslado se produzca dentro de los plazos en los que el Estado responsable tiene la obligación de proceder al examen de dicha solicitud, sin perjuicio de lo dispuesto en el artículo 18.1.d) del citado Reglamento de la Unión.

TÍTULO II
Visados

CAPÍTULO I
Definición, lugares y forma de presentación y procedimiento

25. *Definición.* 1. El visado es un título expedido por la autoridad competente del Ministerio de Asuntos Exteriores, Unión Europea y Cooperación que habilita a su titular para presentarse en un paso fronterizo habilitado a tal efecto con el fin de solicitar la entrada en el territorio español con fines de estancia o de residencia, o bien para transitar por la zona de tránsito internacional de un aeropuerto español.

El visado a que se refiere el párrafo anterior será de una de las clases siguientes:

a) Visado de tránsito aeroportuario.
b) Visado de estancia de corta duración.
c) Visado de larga duración.
2. Una vez en España, las personas extranjeras podrán encontrarse en las situaciones de estancia o de residencia.

26. *Lugares y formas de presentación de las solicitudes de visado.* 1. La presentación de solicitudes de visado y su recogida se realizarán personalmente ante la oficina consular en cuya demarcación aquél resida el sujeto legitimado. Se entenderá por oficina consular los Consulados Generales, los Consulados y las Secciones Consulares de las Misiones Diplomáticas.

Asimismo, las solicitudes de visado se podrán presentar en los locales de un proveedor de servicios externo con el que el Ministerio de Asuntos Exteriores, Unión Europea y Cooperación mantenga un contrato de concesión de servicios.

Las solicitudes también podrán presentarse electrónicamente mediante las aplicaciones específicas de tramitación que existan.

La presentación de solicitudes de visado y su recogida se podrá realizar a través de representante debidamente acreditado cuando así se prevea en la normativa española y en el derecho de la Unión Europea.

Excepcionalmente, cuando el interesado no resida en la población en que tenga su sede la oficina consular y se acrediten razones que obstaculicen el desplazamiento, como la lejanía de la oficina, dificultades de transporte que hagan el viaje especialmente gravoso o razones acreditadas de enfermedad o condición física que dificulten sensiblemente su movilidad, podrá acordarse que la solicitud de visado pueda presentarse por representante debidamente acreditado.

2. Sin perjuicio de lo establecido en el apartado anterior, el Ministerio de Asuntos Exteriores, Unión Europea y Cooperación, si media causa que lo justifique podrá determinar otra oficina consular en la que corresponda presentar la solicitud de visado.

3. Lo dispuesto en este artículo se entenderá sin perjuicio de lo establecido en el derecho de la Unión Europea que desarrolla la política común de visados en lo relativo a la posibilidad de celebrar acuerdos con otros Estados miembros de la Unión Europea a efectos de representación en terceros Estados, en cuanto a procedimientos de solicitud de visados de tránsito aeroportuario o estancia de corta duración.

27. *Procedimiento en materia de visados.* 1. La Oficina consular receptora de la solicitud de visado devolverá una copia sellada de la misma con indicación de la fecha y el lugar de recepción o remitirá el acuse de recibo al domicilio fijado a efectos de notificación en el ámbito de la demarcación consular.

2. La oficina consular ante la que se presente la solicitud de visado, si mediara una causa que lo justifique, además de la documentación que sea preceptiva, podrá requerir los informes que resulten necesarios para resolver dicha solicitud.

3. Durante la sustanciación del trámite del visado, la oficina consular podrá requerir la comparecencia de la persona solicitante y, cuando se estime necesario, mantener una entrevista personal para comprobar su identidad, la validez de la documentación aportada y la veracidad del motivo de solicitud del visado. Salvo causa fundada debidamente acreditada ante el órgano competente, la incomparecencia en el plazo fijado, que no podrá exceder de quince días, producirá el efecto de considerar a la persona interesada desistida en el procedimiento, emitiéndose la resolución correspondiente.

Cuando se determine la celebración de una entrevista en ella deberán estar presentes, al menos, dos representantes de la Administración española, además del intérprete, en caso necesario, y deberá quedar constancia de su contenido mediante un acta firmada por los presentes, de la que se entregará copia a la persona solicitante.

4.   De acuerdo con lo establecido en el artículo 68 de la Ley 39/2015, de 1 de octubre, del Procedimiento Administrativo Común de las Administraciones Públicas, si la solicitud no reúne los requisitos exigidos la oficina consular podrá requerir una subsanación.

5.   En función de las posibilidades técnicas existentes en el territorio, la oficina consular y la persona solicitante podrán convenir el domicilio, que habrá de estar en todo caso dentro de la demarcación consular, así como el medio para efectuar los requerimientos de subsanación o de aportación de documentos o certificaciones exigidos, las citaciones de comparecencia y las notificaciones de resolución. En todo caso, se deberá dejar mención sucinta de todo ello en el expediente y en la copia de la solicitud que se devuelve como recibo.

Las citaciones y requerimientos se realizarán a través del teléfono o del correo electrónico de contacto proporcionado por la persona interesada o su representante legal, y se dejará constancia fehaciente de su realización en el expediente de visado.

Si la citación o requerimiento efectuado a través del teléfono o el correo electrónico de contacto convenido hubiera sido desatendido, se cursarán por escrito las citaciones, requerimientos o notificaciones al domicilio fijado a este efecto en la solicitud, el cual deberá encontrarse situado en el ámbito de la misma demarcación consular.

Sin perjuicio de lo establecido para los supuestos de comparecencia personal y entrevista de los solicitantes de visado, las citaciones o requerimientos cursados deberán atenderse en un plazo máximo de diez días que podrá ser ampliado prudencialmente, hasta cinco días, a petición del interesado o a iniciativa del órgano, cuando la aportación de los documentos requeridos presente dificultades especiales.

Agotadas todas las posibilidades de notificación sin que pueda practicarse, cualquiera que fuese la causa, la notificación se realizará mediante anuncio publicado durante diez días en el correspondiente tablón de la oficina consular, extremo del que será informada la persona solicitante en el momento de presentar la solicitud de visado.

De resultar desatendidos en su plazo los requerimientos o citaciones, se tendrá al solicitante por desistido, y se le notificará la resolución por la que se declara el desistimiento utilizándose el mismo procedimiento descrito en el párrafo anterior. La resolución consistirá en la declaración de la circunstancia que concurra en cada caso, con indicación de los hechos producidos, las normas aplicables y la motivación correspondiente, y los recursos que caben contra la misma.

Un extracto del procedimiento que se contempla en este apartado se recogerá en el impreso de solicitud para conocimiento de las personas interesadas.

28. *Resolución de las solicitudes de visado.* 1. Los órganos competentes para la resolución de los procedimientos en materia de visados son las oficinas consulares.

2. En la resolución de la solicitud de visado se atenderá al interés del Estado y a la aplicación de los compromisos internacionales asumidos por el Reino de España en la materia. El visado se utilizará como instrumento orientado al cumplimiento de los fines de la política exterior del Reino de España y de otras políticas públicas españolas o de la Unión Europea, en especial la política de inmigración, la política económica y la de seguridad nacional, la salud pública o las relaciones internacionales de España. De acuerdo con lo anterior, el Ministerio de Asuntos Exteriores, Unión Europea y Cooperación podrá instruir a las oficinas consulares a conceder o denegar solicitudes de visado en atención a intereses de política exterior o de otras políticas públicas españolas o de la Unión Europea.

3. Si la persona solicitante, en el momento de dictar la resolución, no figura en la lista de personas no admisibles, la oficina consular valorará la documentación e informes incorporados al efecto junto, en su caso, con la autorización o autorizaciones concedidas, y resolverá la solicitud del visado.

4. Notificada la concesión del visado, la persona solicitante deberá recogerlo en el plazo máximo de un mes desde la notificación salvo en los procedimientos en que expresamente se determine otro plazo por este reglamento. En caso de no hacerlo así, se entenderá que la persona interesada ha renunciado al visado concedido y se producirá el archivo del procedimiento.

5. Las solicitudes de visado se denegarán:

a) Cuando no se acredite el cumplimiento de los requisitos previstos para su expedición.

b) Cuando, para fundamentar la petición de visado, se hayan presentado documentos falsos o formulado alegaciones inexactas, medie mala fe, o la petición entrañe fraude de ley.

c)   Cuando concurra una causa prevista legalmente de inadmisión a trámite que no hubiera sido apreciada en el momento de la recepción de la solicitud.

d)   Cuando la oficina consular llegue al convencimiento de que no se acredita indubitadamente la identidad de las personas, la validez de los documentos, o la veracidad de los motivos alegados para solicitar el visado. En caso de haberse celebrado una entrevista, se remitirá una copia del acta al órgano administrativo que, en su caso, hubiera otorgado inicialmente la autorización cuando dicho órgano la requiera.

6.   La denegación de una solicitud de visado deberá ser motivada, e informará a la persona interesada de los hechos y circunstancias constatadas y, en su caso, de los testimonios recibidos y de los documentos e informes que hayan conducido a la resolución denegatoria.

7.   La resolución denegatoria de una solicitud de visado se notificará a la persona solicitante de forma que le garantice la información sobre su contenido, las normas que en Derecho la fundamenten, el recurso que contra ella proceda, el órgano ante el que hubiera de presentarse y el plazo para interponerlo. Asimismo, a los efectos oportunos, se dará traslado de esta resolución denegatoria de la solicitud del visado al órgano que concedió la autorización.

8.   Sin perjuicio de la eficacia de la resolución denegatoria, y con independencia de que la persona interesada haya o no presentado recurso contra ella, la persona extranjera conocedora de una prohibición de entrada por su inclusión en la lista de personas no admisibles podrá encauzar a través de la oficina consular una solicitud escrita dirigida a la persona titular de la Secretaría de Estado de Seguridad del Ministerio del Interior si quisiera ejercer su derecho de acceso a sus datos o a solicitar su rectificación o supresión de los mismos en el sistema de información de Schengen.

9.   El contenido de este artículo se entenderá sin perjuicio de lo establecido por el derecho de la Unión Europea en materia de resolución de visados de tránsito aeroportuario, o visados de estancia de corta duración o sobre el Sistema de Información de Visados. En el supuesto de que se dicte una resolución denegatoria por incumplimiento de algunos de los requisitos de estos visados, incluido el de figurar como persona no admisible, esta se notificará mediante el impreso normalizado previsto por el derecho de la Unión Europea y expresará el recurso que contra ella proceda, así como el órgano ante el que hubiese de plantearse y el plazo de interposición.

10. Si la resolución sobre la autorización de estancia de la larga duración o de residencia temporal es desfavorable, la oficina consular resolverá de forma desfavorable el procedimiento relativo a la solicitud de visado. Asimismo, la oficina consular notificará al interesado el sentido de las resoluciones, informándole por escrito en el mismo documento de los recursos administrativos y judiciales que procedan contra la resolución desfavorable sobre la autorización de estancia de larga duración o de residencia temporal, y la resolución desfavorable de la solicitud del visado, los órganos ante los que deban interponerse y los plazos previstos para ello.

CAPÍTULO II
Visados de tránsito aeroportuario

29. *Definición, requisitos y procedimiento.* 1. El visado de tránsito aeroportuario es aquel que permite transitar una, dos o, excepcionalmente, varias veces, y habilita a la persona extranjera específicamente sometida a esta exigencia a permanecer en la zona de tránsito internacional de un aeropuerto español, sin acceder al territorio nacional, durante escalas o enlaces del vuelo.

2. El régimen de exigencia de visado de tránsito aeroportuario, el procedimiento y condiciones para su expedición, los requisitos para su obtención y las causas para su denegación serán los establecidos en el derecho de la Unión Europea y en el capítulo I del presente título.

3. La anulación y retirada del visado de tránsito aeroportuario se llevará a cabo según lo establecido en el Derecho de la Unión Europea.

CAPÍTULO III
Visados de estancia de corta duración

30. *Definición, requisitos y procedimiento.* 1. El visado de estancia de corta duración es aquel que autoriza a su titular, una vez en España y durante su periodo de vigencia, a permanecer en España por un periodo ininterrumpido o suma de periodos sucesivos cuya duración total no exceda de noventa días naturales en cualquier periodo de ciento ochenta días naturales a partir de la fecha de la primera entrada en el Espacio Schengen.

El régimen de exigencia de visado de estancia de corta duración, el procedimiento y condiciones para su expedición, los requisitos para su obtención y las causas para su denegación serán los establecidos en el derecho de la Unión Europea y en el capítulo I del presente título.

2.   Los visados de estancia de corta duración pueden ser:

a)   Visado uniforme: válido para el tránsito por el Espacio Schengen durante un periodo no superior al tiempo necesario para realizar dicho tránsito o para la estancia en dicho Espacio Schengen hasta un máximo de noventa días naturales en cualquier periodo de ciento ochenta días naturales. Podrá permitir uno, dos o múltiples tránsitos o estancias cuya duración total no podrá exceder de noventa días naturales en cualquier periodo de ciento ochenta días naturales.

b)   Visado de validez territorial limitada: válido para el tránsito o la estancia en el territorio de uno o más de los Estados que integran el Espacio Schengen, pero no para todos ellos. La duración total del tránsito o de la estancia que se autoriza no podrá exceder de noventa días naturales en cualquier periodo de ciento ochenta días naturales.

31.   *Visados expedidos en las fronteras exteriores.* 1.   En supuestos excepcionales debidamente acreditados o por encomienda del Ministerio de Asuntos Exteriores, Unión Europea y Cooperación, los responsables de la Dirección General de la Policía a cargo del control de entrada de personas en territorio español podrán expedir en frontera visados uniformes o de validez territorial limitada.

2.   Asimismo, se podrá expedir un visado uniforme o de validez territorial limitada con fines de tránsito a la persona profesional de la marina que pretenda embarcar o desembarcar en un buque en el que vaya a trabajar o haya trabajado como profesional de la marina.

3.   Los visados mencionados en los dos apartados anteriores se tramitarán según lo establecido en el derecho de la Unión Europea.

32.   *Prórroga del visado de estancia de corta duración.* 1.   La prórroga de un visado de corta duración ya expedido se llevará a cabo según lo establecido en el derecho de la Unión Europea, en los siguientes supuestos:

a)   Existencia de razones humanitarias o de fuerza mayor que impiden a la persona titular abandonar el territorio de los Estados miembros antes de que caduque el visado o la duración de la estancia autorizada por este.

b) Si la persona titular del visado demuestra la existencia de razones personales graves que justifican la prórroga de la validez del visado o de la duración de la estancia.

2. La duración de la estancia, incluida la prórroga, no deberá exceder de noventa días naturales en cualquier periodo de ciento ochenta días naturales.

3. Será competente para la tramitación del procedimiento de prórroga del visado la Comisaría de Policía Nacional de la provincia donde vaya a permanecer la persona extranjera, que se expedirá en las unidades competentes que determine la Dirección General de la Policía.

4. La prórroga del visado podrá ser concedida por la persona titular de la Comisaría General de Extranjería y Fronteras de la Dirección General de la Policía.

5. La persona titular de la Dirección General de Españoles en el Exterior y de Asuntos Consulares será competente para prorrogar los visados de estancia de corta duración expedidos a las personas titulares de pasaportes diplomáticos, oficiales o de servicio por razones de cortesía internacional.

33. *Anulación y retirada del visado de estancia de corta duración.* 1. La anulación y retirada del visado de estancia de corta duración se llevará a cabo según lo establecido en el Derecho de la Unión Europea.

2. La competencia para la anulación y retirada del visado corresponderá a las oficinas consulares y a la comisaría general de extranjería y fronteras.

CAPÍTULO IV
Visados de larga duración

Sección 1ª
Visado de estancia de larga duración por estudios, movilidad de alumnos, servicios de voluntariado o actividades formativas

34. *Visado de estancia de larga duración por estudios, movilidad de alumnos, servicios de voluntariado o actividades formativas.* 1. El visado de estancia de larga duración por estudios, movilidad de alumnos, servicios de voluntariado o actividades formativas habilita a su titular para presentarse en un paso fronterizo habilitado a tal efecto con el fin de solicitar su entrada en el territorio español para llevar a cabo alguna de las siguientes actividades por una duración superior a noventa días naturales:

a) Realización de estudios superiores en una institución o centro de enseñanza superior reconocido en España, en el marco de un programa a tiempo completo, que conduzca a la obtención de un título de educación superior reconocido.

b) Realización de estudios de educación secundaria postobligatoria en un centro de enseñanza autorizado en España, en el marco de un programa a tiempo completo que conduzca a la obtención de un título reconocido.

c) Participación en un programa de movilidad de alumnos con el fin de seguir un programa de enseñanza secundaria obligatoria o postobligatoria en un centro docente o científico oficialmente reconocido.

d) Prestación de un servicio de voluntariado dentro de un programa que persiga objetivos de interés general para una causa sin ánimo de lucro en el que las actividades no son remuneradas, excepto en forma de reembolso de gastos, dinero de bolsillo o ambos.

e) Realización de actividades formativas.

2. El visado podrá expedirse por una duración igual a la de la actividad respecto a la que se concedió la autorización, con el límite máximo de un año en el caso de que la autorización se conceda por un periodo superior, sin perjuicio de lo establecido en el artículo 208.

3. El visado incorporará la autorización de estancia de larga duración y, una vez en España, autorizará a la persona extranjera a

permanecer en situación de estancia de larga duración, sin perjuicio de la obligación, para estancias superiores a seis meses, de obtener la tarjeta de identidad del extranjero, que deberá solicitar personalmente ante la Comisaría de Policía competente en el plazo de un mes desde su entrada en España.

35. *Requisitos para obtener el visado.* Serán requisitos para la concesión del visado de estancia de larga duración por estudios, movilidad de alumnos, servicios de voluntariado o actividades formativas:

a) Que la persona extranjera aporte el impreso de solicitud oficial, debidamente cumplimentado y firmado.

b) Que la persona extranjera aporte pasaporte o título de viaje en vigor, reconocido como válido en España, con una vigencia mínima de un año.

c) Que la persona extranjera sea titular de una autorización inicial de estancia de larga duración por estudios, movilidad de alumnos, servicios de voluntariado o actividades formativas conforme a los artículos 52 y sucesivos.

d) Haber abonado la tasa por tramitación del visado.

e) Que la persona extranjera no se encuentre irregularmente en territorio español.

f) En el supuesto previsto en el párrafo a) del apartado 1 del artículo 52 la persona extranjera deberá ser mayor de diecisiete años. En los supuestos de los párrafos b) y e) del apartado 1 de dicho artículo, la persona deberá ser mayor de dieciocho años. En el supuesto del párrafo c) del apartado 1 de dicho artículo, para cursar los estudios correspondientes al programa de movilidad, la persona deberá tener la edad permitida por la normativa vigente en materia de educación para los estudios inherentes a dicho programa. En el supuesto previsto en el párrafo d) del apartado 1 de dicho artículo, la edad mínima será la requerida en la normativa sectorial vigente.

g) En los supuestos previstos en la letra anterior que permiten que la persona extranjera sea menor de edad, si la persona extranjera fuera menor de edad, y cuando estuviera a cargo de un tercero que no ostentara la patria potestad ni la tutela, deberá contar con la autorización de ambos progenitores o de quien ostente la patria potestad o tutela con carácter exclusivo para la estancia prevista en España a efectos de realizar la actividad de que se trate, con constancia del centro, la organización, entidad u organismo responsable de la actividad para la que ha sido autorizado y del periodo de estancia previsto.

h)   Disponer de recursos económicos suficientes para cubrir los gastos de manutención y el coste del viaje de regreso a su país sin recurrir al sistema de ayudas sociales, y, en su caso, los de sus familiares, de acuerdo con las siguientes cantidades de referencia:

1.º   Para su sostenimiento, una cantidad que represente mensualmente el 100 % del IPREM, salvo que se acredite debidamente tener abonado de antemano el alojamiento por todo el tiempo de duración de la estancia.

A estos efectos, se tendrán en cuenta los recursos procedentes, entre otras fuentes, de subvenciones, ayudas y becas, un contrato de trabajo válido o una oferta de empleo en firme cuando la autorización habilite a trabajar, una declaración de toma a cargo por el centro de enseñanza responsable del programa de intercambio de alumnos, por una entidad de acogida de personas en prácticas o una entidad de voluntariado.

2.º   Para el sostenimiento, en su caso, de los familiares que estén a su cargo, durante su estancia en España: una cantidad que represente mensualmente el 75 % del IPREM, para el primer familiar, y el 50 % del IPREM para cada una de las restantes personas que vayan a integrar la unidad familiar en España.

No se computarán, a los efectos de garantizar ese sostenimiento, las cuantías utilizadas o a utilizar para cubrir, en su caso, el coste de los estudios o del programa de movilidad.

i)   Contar con un seguro de enfermedad, concertado con una entidad aseguradora autorizada para operar en España, con prestaciones similares a las concedidas por la cartera común básica de servicios asistenciales del Sistema Nacional de Salud, válido para la duración de la estancia prevista.

j)   En el caso de que la persona solicitante sea mayor de edad penal y la estancia supere los seis meses, carecer de antecedentes penales en los países anteriores donde haya residido durante los últimos cinco años por delitos previstos en el ordenamiento español.

k)   No figurar como rechazable en el espacio territorial de países con los que España tenga firmado un convenio en tal sentido.

l)   Que la persona extranjera aporte certificado médico con el fin de acreditar que no padece ninguna de las enfermedades que pueden tener repercusiones de salud pública graves de conformidad con lo dispuesto en el Reglamento Sanitario Internacional de 2005.

36. *Procedimiento.* 1. La solicitud del visado de estancia de larga duración por estudios, movilidad de alumnos, servicios de voluntariado o actividades formativas deberá presentarse por la persona extranjera personalmente o mediante representación en la oficina consular española competente para su tramitación.

La solicitud deberá ser acompañada de la documentación que acredite el cumplimiento de los requisitos previstos en el artículo 35, con excepción del previsto en la letra c), en el artículo 53, y, en su caso, en el artículo 58.

La solicitud del visado deberá presentarse con una antelación mínima de dos meses a la fecha del comienzo de la actividad o estudios que vaya a realizar, salvo que se acrediten causas justificadas que impidan la presentación con dicha antelación. La solicitud del visado conllevará la solicitud de la autorización inicial de estancia de larga duración por estudios, movilidad de alumnos, servicios de voluntariado o actividades formativas.

2. Recibida la solicitud, la oficina consular requerirá por medios electrónicos la resolución del órgano competente en resolver sobre la autorización de estancia de larga duración.

3. La oficina de extranjería valorará los requisitos establecidos en el artículo 53 y, en su caso, en el artículo 58.

El órgano competente resolverá sobre la autorización de estancia de larga duración en el plazo máximo de siete días desde la recepción de la comunicación a que se refiere el apartado anterior. Transcurrido este plazo sin respuesta, se entenderá que el sentido de la resolución es desfavorable.

La resolución se grabará en la aplicación correspondiente, de forma que la oficina consular competente en la tramitación del visado tenga acceso a la misma.

4. Si la resolución sobre la autorización de estancia de larga duración es favorable, la oficina consular resolverá y expedirá, en su caso, el visado de estancia en el plazo máximo de un mes.

En caso de que la resolución sobre la autorización de estancia de larga duración sea desfavorable, se estará a lo dispuesto en el apartado 10 del artículo 28.

Sección 2ª
Visados de residencia

37.   *Visado de residencia.* 1.   El visado de residencia habilita a su titular para presentarse en un paso fronterizo habilitado a tal efecto con el fin de solicitar la entrada en el territorio español con fines de residencia por una duración superior a noventa días naturales.
2.   El visado podrá expedirse por una duración igual a la de la autorización de residencia correspondiente, con el límite máximo de un año en el caso de que la autorización se conceda por un periodo superior, sin perjuicio de lo establecido en el artículo 208.
Como excepción a lo establecido en el párrafo anterior, en el caso de que el visado se expida sobre la base de una autorización de residencia y trabajo para actividades de temporada, el visado podrá expedirse por la duración del periodo de actividad anual autorizado.
3.   Una vez en España, el visado autorizará al extranjero a permanecer en España en situación de residencia, sin perjuicio de la obligación, para periodos de residencia superiores a seis meses, de obtener la Tarjeta de Identificación del Extranjero, que deberá solicitar personalmente ante la Comisaría de Policía competente en el plazo de un mes desde su entrada en España.

38.   *Requisitos para obtener el visado de residencia.* Serán requisitos para la concesión del visado de residencia:
a)   Que la persona extranjera aporte el impreso de solicitud, debidamente cumplimentado y firmado.
b)   No encontrarse irregularmente en territorio español.
c)   No figurar como rechazable en el espacio territorial de países con los que España tenga un convenio firmado en tal sentido.
d)   Que la persona extranjera aporte pasaporte o título de viaje en vigor, reconocido como válido en España, con una vigencia mínima de un año.
e)   En el caso de que la persona solicitante sea mayor de edad penal, carecer de antecedentes penales en los países donde haya residido durante los últimos cinco años por delitos previstos en el ordenamiento español.
f)   Que la persona extranjera sea titular de una autorización inicial de residencia y/o trabajo, cuando esto sea exigible.

g) Que la persona extranjera cumpla los requisitos específicos relativos al visado establecidos en el procedimiento para cada tipo de autorización.

h) Que la persona extranjera haya abonado la tasa por tramitación del visado.

i) Que la persona extranjera aporte certificado médico con el fin de acreditar que no padece ninguna de las enfermedades que pueden tener repercusiones de salud pública graves de conformidad con lo dispuesto en el Reglamento Sanitario Internacional de 2005.

39. *Procedimiento de tramitación de los visados de residencia temporal no lucrativa, de residencia temporal y trabajo por cuenta propia y de residencia temporal con excepción de la autorización de trabajo.* 1. La solicitud de visado de residencia temporal no lucrativa, de residencia temporal y trabajo por cuenta propia y de residencia temporal con excepción de la autorización de trabajo conllevará la solicitud de la correspondiente autorización de residencia temporal y deberá ser acompañada de la documentación que acredite el cumplimiento de los requisitos generales previstos en el artículo 38, con excepción del previsto en la letra f), y del cumplimiento de los requisitos específicos de cada autorización.

En los supuestos previstos en el artículo 88 cuando la duración prevista de la actividad no sea superior a noventa días naturales en cualquier periodo de ciento ochenta días naturales, la persona extranjera, cualquiera que sea su nacionalidad, deberá solicitar el correspondiente visado de estancia de corta duración ante la oficina consular española competente. En estos casos el procedimiento aplicable será el previsto para la tramitación de visados de estancia de corta duración, debiendo acreditar la persona extranjera que reúne las condiciones para su inclusión en uno de los supuestos descritos en el artículo anterior.

2. La oficina consular valorará el cumplimiento de los requisitos previstos en el artículo 38 y, en el caso de los visados de residencia temporal no lucrativa, los requisitos específicos previstos en el artículo 61.2 a) y b).

3. La oficina de extranjería valorará los requisitos específicos establecidos para la autorización correspondiente:

a) En el caso de las autorizaciones de residencia temporal no lucrativa, los requisitos específicos previstos en el artículo 61.2 c) y d).

b)   En el caso de las autorizaciones de residencia temporal y trabajo por cuenta propia, los requisitos específicos previstos en el artículo 84.

c)   En el caso de las autorizaciones de residencia temporal con excepción de la autorización de trabajo, los requisitos específicos previstos en el artículo 89.

4.   Recibida la comunicación de la oficina consular el órgano competente resolverá sobre la autorización de forma motivada.

5.   La oficina consular resolverá y expedirá, en su caso, el visado de residencia en el plazo máximo de un mes desde la recepción de la resolución favorable sobre la autorización de residencia. El visado incorporará la autorización de residencia.

40.   *Procedimiento de tramitación de los visados de residencia temporal por reagrupación familiar, de residencia temporal y trabajo por cuenta ajena y de residencia para actividades de temporada.* 1.   La solicitud de visado de residencia temporal por reagrupación familiar, de residencia temporal y trabajo por cuenta ajena y de residencia para actividades de temporada deberá presentarse por la persona extranjera personalmente o mediante representación, acompañarse de la documentación que acredite el cumplimiento de los requisitos generales previstos en el artículo 38 y dentro de los plazos siguientes:

a)   En el caso de los visados de residencia temporal por reagrupación familiar, la solicitud deberá ser presentada en el plazo de dos meses desde la notificación de la concesión de la autorización al reagrupante junto con la documentación original que acredite los vínculos familiares o de parentesco o de la existencia de la unión de hecho y, en su caso, la edad y la dependencia legal.

b)   En el caso de los visados de residencia temporal y trabajo por cuenta ajena y residencia para actividades de temporada, la solicitud deberá ser presentada en el plazo de un mes desde la notificación de la concesión de la autorización al empleador interesado.

2.   La oficina consular valorará el cumplimiento de los requisitos del artículo 38 y, en el caso de los visados de residencia temporal por reagrupación familiar, la documentación original que acredite los vínculos familiares o de parentesco o de la existencia de la unión de hecho y, en su caso, la edad y la dependencia legal.

3. La oficina consular resolverá y expedirá, en su caso, el visado en el plazo máximo de un mes desde la presentación de la solicitud de visado.

4. En los procedimientos de gestión de contratación colectiva en origen, una vez recibida la notificación de la resolución de concesión de la autorización, el empleador, la organización empresarial o sus representantes acreditados deberán presentar ante la oficina consular española competente las solicitudes de visado de todas las personas trabajadoras de forma conjunta y acompañada de la documentación que acredite el cumplimiento de los requisitos del artículo 38.

El visado se emitirá, en su caso, en el plazo abreviado que se establezca en la orden ministerial por la que se apruebe la gestión colectiva de contrataciones en origen.

41. *Visado de residencia de familiares de personas con nacionalidad española.* 1. La solicitud del visado de residencia de familiares de ciudadanos españoles se tramitará conforme al procedimiento establecido.

2. En el supuesto previsto en el artículo 97.1.a) para los visados de residencia de familiares de personas con nacionalidad española, la solicitud deberá ser presentada en el plazo de un mes desde la notificación de la concesión de la autorización al ciudadano español junto con la documentación que acredite el cumplimiento de los requisitos generales previstos en el artículo 38, salvo el previsto en el artículo 38.h), y con la documentación original que acredite los vínculos familiares o de parentesco o de la existencia de la unión de hecho y, en su caso, la edad y la dependencia legal.

La oficina consular verificará el cumplimiento de los requisitos señalados en el párrafo anterior, y resolverá y expedirá, en su caso, el visado en el plazo máximo de quince días desde la presentación de la solicitud.

3. En el supuesto previsto en el artículo 97.1.b) para los visados de residencia de familiares de personas con nacionalidad española, la solicitud de visado deberá presentarse ante la oficina consular junto con la documentación que acredite el cumplimiento de los requisitos previstos en el artículo 96 y en el artículo 38, salvo el previsto en el 38.h) así como con la documentación original que acredite los vínculos familiares o de parentesco o de la existencia de la unión de hecho y, en su caso, la edad y la dependencia legal.

La solicitud del visado conllevará la solicitud de la autorización de residencia de familiares de personas con nacionalidad española.

Recibida la solicitud, la oficina consular requerirá por medios electrónicos la resolución de la oficina de extranjería competente sobre la autorización de residencia.

La oficina de extranjería valorará los requisitos establecidos en el artículo 96 y resolverá sobre la autorización de residencia en el plazo máximo de dos meses desde la recepción de la comunicación de la oficina consular. Transcurrido este plazo sin respuesta, se entenderá que la solicitud ha sido desestimada.

Si la resolución sobre la autorización de residencia es favorable, la oficina consular verificará el cumplimiento de los requisitos establecidos en el artículo 38, salvo el previsto en el artículo 38.h), así como con la documentación original que acredite los vínculos familiares o de parentesco o de la existencia de la unión de hecho y, en su caso, la edad y la dependencia legal, y resolverá y expedirá, en su caso, el visado de residencia en el plazo máximo de quince días desde la recepción de la resolución favorable de residencia.

En caso de que la resolución sobre la autorización de residencia sea desfavorable, se estará a lo dispuesto en el apartado 10 del artículo 28.

Sección 3ª
Visados de carácter extraordinario

42. *Visados de residencia de carácter extraordinario.* 1. El Ministerio de Asuntos Exteriores, Unión Europea y Cooperación, para atender circunstancias extraordinarias y en atención al cumplimiento de los fines de la política exterior del Reino de España y de otras políticas públicas españolas o de la Unión Europea, en especial la política de inmigración, la política económica y la de seguridad nacional, la salud pública o las relaciones internacionales de España, podrá ordenar a una oficina consular la expedición de un visado de residencia, que podrá tener una vigencia máxima de un año.

2. La Dirección General de Españoles en el Exterior y de Asuntos Consulares informará de dicha expedición a Dirección General de Gestión Migratoria, a los efectos de la concesión de la autorización de carácter extraordinario, y remitirá copia de los siguientes documentos:

a)   El pasaporte en vigor o título de viaje, reconocido como válido en España, con una vigencia mínima de un año.

b)   En el caso de que la persona solicitante sea mayor de edad penal, los documentos acreditativos de carecer de antecedentes penales en España y en los países donde haya residido durante los últimos cinco años por delitos previstos en el ordenamiento español.

En el caso de circunstancias excepcionales debidamente acreditadas, podrá exceptuarse el requisito de aportación de los documentos mencionados en el párrafo anterior, siempre que el solicitante justifique adecuadamente la imposibilidad de obtener dichos documentos de las autoridades del país correspondiente y aporte una declaración responsable de ausencia de antecedentes penales en los países donde haya residido durante los últimos cinco años por delitos previstos en el ordenamiento español.

Sección 4ª
Visados para la búsqueda de empleo

43.   *Visados para la búsqueda de empleo.*   1.   Los visados para la búsqueda de empleo autorizarán a la persona extranjera a desplazarse al territorio español para la búsqueda de empleo durante un periodo de residencia de doce meses. Durante este periodo, en el caso de obtener un contrato, el empleador deberá presentar una solicitud de autorización inicial de residencia temporal y trabajo por cuenta ajena en favor de la persona extranjera, de acuerdo con lo establecido en el artículo 73.2.

2.   Los visados para la búsqueda de empleo serán de una de las clases siguientes:

a)   Visados para la búsqueda de empleo dirigidos a hijos o nietos de español de origen.

b)   Visados para la búsqueda de empleo en determinadas ocupaciones y ámbitos territoriales.

3.   Los requisitos para la obtención del visado serán los establecidos en el artículo 38 y los específicos que se establezcan en la orden ministerial por la que se apruebe la gestión colectiva de contrataciones en origen.

4.   Una vez en España, en caso de obtener un contrato, será de aplicación el procedimiento previsto en el artículo 77 para la tramita-

ción de la autorización inicial de residencia temporal y trabajo por cuenta ajena sin que sea necesario la obtención de un visado, salvo lo dispuesto para el plazo máximo para resolver y notificar, que en este caso será de diez días.

La presentación por parte del empleador de una solicitud de autorización inicial de residencia y trabajo por cuenta ajena durante la vigencia del visado para la búsqueda de empleo prorrogará la validez de la situación de residencia de la persona titular del visado hasta la resolución del procedimiento.

5.   La eficacia de la autorización concedida estará condicionada a la posterior afiliación y alta de la persona trabajadora en la Seguridad Social en el plazo de un mes desde la notificación realizada a la persona solicitante. Cumplida la condición, la autorización adquirirá vigencia y tendrá la consideración de autorización inicial de residencia y trabajo por cuenta ajena.

44.   *Visados para la búsqueda de empleo dirigidos a hijos o nietos de español de origen.* 1.   La orden ministerial por la que se apruebe la gestión colectiva de contrataciones en origen podrá aprobar un número de visados de búsqueda de empleo dirigidos a hijos o nietos de español de origen que, de acuerdo con lo dispuesto por el artículo 40 de la Ley Orgánica 4/2000, de 11 de enero, se encuentran exentos de la valoración de la situación nacional de empleo.

2.   El número de visados de búsqueda de empleo dirigido a los hijos y nietos de español de origen, el sistema de selección de los destinatarios y las fórmulas de presentación de las solicitudes se regularán en la orden ministerial por la que se apruebe la gestión colectiva de contrataciones en origen.

45.   *Visados para la búsqueda de empleo en determinadas ocupaciones y ámbitos territoriales.* 1.   La orden ministerial por la que se apruebe la gestión colectiva de contrataciones en origen podrá aprobar un número de visados de búsqueda de empleo limitados a determinadas ocupaciones y ámbitos territoriales.

Excepcionalmente, cuando se produzcan circunstancias imprevistas en el mercado laboral, la Dirección General de Gestión Migratoria podrá disponer que la autorización de residencia y trabajo sea concedida en otro ámbito territorial u ocupación.

2. El número de visados de búsqueda de empleo en determinadas ocupaciones y ámbitos territoriales, el sistema de selección de los destinatarios y las fórmulas de presentación de las solicitudes se regularán en la orden ministerial por la que se apruebe la gestión colectiva de contrataciones en origen.

Sección 5ª
Retirada y anulación del visado de larga duración

46. *Retirada y anulación.* Los visados expedidos se retirarán cuando se extinga la autorización que dio origen a su concesión, y se anularán cuando se ponga de manifiesto que, en el momento que se expidieron, no se cumplían los requisitos necesarios para su expedición. La resolución de retirada o anulación de un visado deberá realizarse conforme a lo establecido en del artículo 28. 6 y 7. El contenido de este artículo se entenderá sin perjuicio de lo establecido en el artículo 33.

CAPÍTULO V
Las situaciones de las personas extranjeras en España

47. *Enumeración de las situaciones.* 1. Las personas extranjeras podrán encontrarse en España en las situaciones de estancia de corta duración, de estancia de larga duración, de residencia o de tránsito aeroportuario.

2. Se encontrarán en situación de estancia de corta duración quienes se encuentren en España en alguno de los siguientes supuestos:

a) La persona titular de un visado de estancia de corta duración, durante su periodo de vigencia.

b) Quien se encuentre en España para una estancia prevista de una duración que no exceda de noventa días naturales dentro de cualquier periodo de ciento ochenta días naturales y no esté sometido a la obligación de visado según lo establecido por el derecho de la Unión Europea.

c) Quien, excepcionalmente, haya sido autorizado para la estancia en territorio español de una duración que no exceda de noventa días naturales dentro de cualquier periodo de ciento ochenta días naturales en los términos del artículo 51.

3.   Se encontrará en situación de estancia de larga duración la persona titular de un visado o de una autorización de estancia por estudios, movilidad de alumnos, servicios de voluntariado o actividades formativas, durante su periodo de vigencia.

4.   Se encontrarán en situación de residencia quienes se encuentren en España en alguno de los siguientes supuestos:

a)   La persona titular de un visado para la búsqueda de empleo, durante su periodo de vigencia.

b)   La persona titular de un visado de residencia o de una autorización de residencia, durante su periodo de vigencia.

c)   La persona titular de un visado en los términos del artículo 42 o de una autorización de residencia de carácter extraordinario.

5.   Se encuentra en situación de tránsito aeroportuario la persona titular de un visado de tránsito aeroportuario.

TÍTULO III
La estancia en España

CAPÍTULO I
Estancia de corta duración

48.   *Definición.* 1.   Se halla en situación de estancia de corta duración con visado la persona extranjera que se encuentre en España, sea titular de un visado de estancia de corta duración en los términos referidos en el capítulo III del título II y no lo sea de una autorización de residencia.

La situación de estancia de corta duración con visado será válida durante un periodo ininterrumpido o suma de periodos sucesivos cuya duración total no exceda de noventa días naturales en cualquier periodo de ciento ochenta días naturales a partir de la fecha de la primera entrada en el Espacio Schengen, y siempre durante el periodo de validez del visado de corta duración correspondiente.

Si se trata de una estancia de corta duración con fines de tránsito, la duración de la estancia autorizada corresponderá al tiempo necesario para efectuar el tránsito.

2. Se halla en situación de estancia sin visado la persona extranjera que, encontrándose en España, no esté sometida a la obligación de visado para estancias de noventa días naturales en cualquier periodo de ciento ochenta días naturales, computados de acuerdo con lo establecido en el Reglamento UE 2016/399 del Parlamento Europeo y del Consejo, de 9 de marzo de 2016, por el que se establece un Código de normas de la Unión para el cruce de personas por las fronteras y no sea titular de un visado o de una autorización de estancia de larga duración o de residencia.

La situación de estancia sin visado será válida por un periodo ininterrumpido o suma de periodos sucesivos cuya duración total no exceda de noventa días naturales en cualquier periodo de ciento ochenta días naturales a partir de la fecha de la primera entrada en el Espacio Schengen.

A estos efectos, la fecha de entrada se considerará como primer día de estancia en el territorio de los Estados miembros, y la fecha de salida como último día de estancia en el territorio de los Estados miembros. Para el cálculo de la duración de la estancia en territorio de los Estados miembros, no se considerarán los períodos de permanencia autorizados mediante un visado nacional de larga duración o un permiso de residencia.

49. *Prórroga de estancia de corta duración sin visado. Procedimiento.* 1. La persona extranjera que se encuentre en España en situación de estancia sin visado, podrá solicitar una prórroga de estancia sin visado cuando concurran las circunstancias previstas en el artículo 20 del Convenio de aplicación del Acuerdo de Schengen, con un límite temporal de tres meses adicionales a la estancia inicial.

2. La solicitud se formalizará en los modelos oficiales, y a ella se acompañarán los siguientes documentos:

a) Pasaporte completo ordinario o documento de viaje, con vigencia superior a la de la prórroga de estancia que se solicite, que se anotará en el expediente y se devolverá a la persona interesada.

b) Acreditación de las razones alegadas para la solicitud, que deberán ser excepcionales, en el supuesto de nacionales de Estados a los que no se exige visado para su entrada en España.

c)   Prueba suficiente de que dispone de medios económicos adecuados para el tiempo de prórroga que solicita, en los términos que establece el título I Régimen de entrada y salida del territorio español.

d)   Un seguro de asistencia en viaje con la misma cobertura que el necesario para la solicitud del visado de estancia de corta duración, y con una vigencia igual o superior a la prórroga solicitada.

e)   Las garantías de retorno al país de procedencia o, en su caso, de admisión en el Estado tercero de destino, con anterioridad a la fecha de finalización de la prórroga que se solicita. Podrá servir como medio para acreditar dicha circunstancia la aportación de un billete adquirido a nombre de la persona solicitante con fecha de retorno cerrada anterior a la finalización del periodo de prórroga de estancia solicitada.

3.   La persona solicitante deberá identificarse personalmente ante la jefatura superior o Comisaría de Policía de la localidad donde se encuentre al hacer la presentación de la solicitud. El plazo de resolución y notificación se realizará conforme a lo dispuesto en la disposición adicional séptima. Transcurrido el plazo de tramitación sin haber obtenido respuesta se entenderá que la solicitud ha sido desestimada.

4.   La prórroga de estancia podrá ser concedida por la persona titular de la Comisaría General de Extranjería y Fronteras de la Dirección General de la Policía, previo informe de la jefatura superior o Comisaría de Policía, si concurren las siguientes circunstancias:

a)   Que la documentación se adapte a lo preceptuado en este artículo.

b)   Que el solicitante no esté incurso en ninguna de las causas:

1.ª   De prohibición de entrada determinadas en el título I Régimen de entrada y salida del territorio español, porque no se hubieran conocido en el momento de su entrada o porque hubieran acontecido durante su estancia en España.

2.ª   De expulsión o devolución.

5.   La prórroga de estancia se hará constar en el pasaporte o título de viaje, o en documento aparte si la persona interesada hubiera entrado en España con otro tipo de documentación, y amparará a su titular y a los familiares que, en su caso, figuren en dichos documentos y se encuentren en España.

6.   Las resoluciones denegatorias sobre la prórroga de estancia habrán de ser motivadas, deberán notificarse formalmente a la persona interesada y dispondrán su salida del territorio nacional, que deberá

realizarse antes de que finalice el periodo de estancia inicial o, de haber transcurrido éste, en el plazo fijado en la resolución denegatoria, que no podrá ser superior a setenta y dos horas, en la forma regulada en este reglamento. El plazo de salida se hará constar, conforme a lo dispuesto en este reglamento, en el pasaporte o título de viaje o en el impreso correspondiente previsto para dejar constancia de la salida del territorio nacional.

50. *Extinción de la prórroga de estancia de corta duración sin visado.* La vigencia de la prórroga de estancia de corta duración sin visado se extinguirá por las siguientes causas:

a) El transcurso del plazo para el que hubiera sido concedida.

b) Hallarse la persona extranjera incursa en alguna de las causas de prohibición de entrada previstas en el título I Régimen de entrada y salida del territorio español.

51. *Estancia en supuestos de entrada o documentación irregulares.* Excepcionalmente, y siempre que existan motivos humanitarios, de interés público u obligaciones internacionales, la persona titular del Ministerio del Interior podrá autorizar la estancia en territorio español por un máximo de noventa días naturales dentro de cualquier periodo de ciento ochenta días naturales a las personas extranjeras que hubieran entrado en él con documentación defectuosa o incluso sin ella o por lugares no habilitados al efecto.

CAPÍTULO II
Autorización de estancia de larga duración por estudios, movilidad de alumnos, servicios de voluntariado o actividades formativas

52. *Definición.* 1. Será titular de una autorización de estancia de larga duración por estudios, movilidad de alumnos, servicios de voluntariado o actividades formativas la persona extranjera que haya sido habilitada a permanecer en España por un periodo superior a noventa días naturales con el fin de llevar a cabo alguna de las siguientes actividades:

a) Realización de estudios superiores, como actividad principal, en una institución o centro de enseñanza superior reconocido en España, en el marco de un programa a tiempo completo, que conduzca a la obtención de un título de educación superior reconocido.

Se entenderá por título de educación superior reconocido aquel expedido por una institución o centro de enseñanza superior reconocido en España.

Los estudios superiores son aquellos estudios, universitarios o no, que conduzcan a la obtención de los títulos que se corresponden con los niveles y cualificaciones fijados en el Real Decreto 1027/2011, de 15 de julio, por el que se establece el Marco Español de Cualificaciones para la Educación Superior. Asimismo, a los efectos de este apartado, se incluirán también los estudios universitarios conducentes a los títulos propios que, en ejercicio de su autonomía y de lo previsto en la normativa universitaria, en su caso impartan las instituciones de educación superior reconocidas, y, además, quedarán incluidos los títulos de Máster de Formación Profesional previstos en el Real Decreto 659/2023, de 18 de julio, por el que se desarrolla la ordenación del Sistema de Formación Profesional.

Los estudios superiores a que se refiere el párrafo anterior podrán incluir, en su caso, la realización de un curso preparatorio a dichos estudios, así como las prácticas de formación obligatorias, que tendrán igualmente la consideración de estudios superiores. Tendrán la condición de curso preparatorio los cursos cero o de otro tipo que pueda ofrecer la institución de enseñanza superior a las personas estudiantes ya admitidas y que sean previos al inicio oficial de los estudios.

Los estudios universitarios se podrán cursar en modalidad presencial o híbrida conforme a lo establecido en los planes de estudios correspondientes y en aplicación de la normativa vigente en materia de universidades. El resto de los estudios superiores se podrán realizar en modalidad presencial o híbrida conforme a la normativa vigente en materia de educación, siempre que, al menos, el 50 por ciento de la programación impartida sea presencial.

Se entenderá por institución o centro de enseñanza superior reconocido en España los centros o instituciones que estén acreditados como tales o adscritos a un centro reconocido, así como aquellos inscritos como tal en el Registro de Instituciones y Centros de Enseñanza Superior. A estos efectos se podrá proceder a la comprobación de la inscripción de la institución o del centro, según corresponda, en el Registro de Universidades, Centros y Títulos (RUCT), en el Registro estatal de centros docentes no universitarios, en el Registro de Instituciones y Centros de Enseñanza Superior o en los registros oficiales correspondientes.

El presente apartado se aplicará también a las personas estudiantes que realicen sus estudios en instituciones o centros de enseñanza superior de carácter internacional que estén radicados y autorizados en España, siempre que dichos estudios conduzcan a la obtención de un título de educación superior reconocido en otros Estados.

b) Realización de estudios de educación secundaria postobligatoria en un centro de enseñanza autorizado en España, en el marco de un programa a tiempo completo, que conduzcan a la obtención de un título reconocido.

La definición de educación secundaria postobligatoria se entenderá según disponga la normativa sectorial correspondiente.

Se entenderá por título reconocido aquel expedido por un centro de enseñanza autorizado en España.

Se entenderá por centro de enseñanza autorizado en España aquel acreditado a nivel estatal o a nivel autonómico. A estos efectos el centro de enseñanza deberá figurar inscrito en el Registro estatal de centros docentes no universitarios o en los registros oficiales correspondientes.

Los estudios se podrán cursar en modalidad presencial o semipresencial conforme a la normativa vigente en materia de educación, siempre que, al menos, el 50 por ciento de la programación impartida en los centros sea de manera presencial.

Los estudios a los que se refiere el presente apartado podrán incluir, en su caso, la realización de formación práctica tutorizada obligatorias, que tendrán igualmente la consideración de estudios.

En lo que se refiere a la Formación profesional, quedarán incluidos en el ámbito de aplicación de este apartado los ciclos formativos de grado medio y los títulos de Especialista de Formación Profesional previstos en el Real Decreto 659/2023, de 18 de julio.

c) Participación en un programa de movilidad de alumnos con el fin de seguir un programa de enseñanza secundaria obligatoria o postobligatoria en un centro docente o científico oficialmente reconocido.

Se entenderá por programa de movilidad de alumnos un programa de educación secundaria estatal o autonómico, reconocido equivalente al nivel 2 o 3 de la Clasificación Internacional Normalizada de la Educación establecida por la UNESCO, en el marco de un programa de intercambio de alumnos o un proyecto educativo gestionado por un centro de enseñanza inscrito en el Registro estatal de centros docentes no universitarios o en los registros oficiales correspondientes, o por un centro científico oficialmente reconocido.

d)   Prestación de un servicio de voluntariado dentro de un programa que persiga objetivos de interés general para una causa sin ánimo de lucro en el que las actividades no son remuneradas, excepto en forma de reembolso de gastos, dinero de bolsillo o ambos.

Se entenderá por servicio de voluntariado aquellas actividades desarrolladas por entidades de voluntariado legalmente constituidas e inscritas en los registros establecidos por las autoridades competentes en el marco de los programas de voluntariado existentes según la normativa sectorial aplicable en España, así como las que se efectúen en el ámbito del Cuerpo Europeo de Solidaridad.

e)   Realización de actividades formativas.

Se entenderá, exclusivamente, por actividades formativas, las comprendidas en los siguientes supuestos:

1.º   Funciones como auxiliares de conversación extranjeros en centros educativos españoles inscritos en el Registro estatal de centros docentes no universitarios o en los registros oficiales correspondientes.

2.º   Enseñanzas de estudios idiomáticos del castellano o de las lenguas cooficiales en España impartidas, de forma presencial, en las escuelas oficiales de idiomas o en centros acreditados en España por el Instituto Cervantes o por el organismo público análogo de la correspondiente lengua cooficial, siempre que no se trate de la lengua materna o la lengua oficial del país del que sea nacional la persona extranjera.

3.º   Cursos preparatorios para las pruebas selectivas para el acceso a plazas de formación sanitaria especializada.

4.º   Realización de una formación conducente a la obtención de la certificación de aptitud técnica o habilitación profesional según la relación de actividades formativas, duración y condiciones que se establezcan por Resolución del Órgano competente.

5.º   Realización de una formación completa, ni modular ni parcial, en un centro de enseñanza autorizado en España, conducente a la obtención de certificados profesionales de las ofertas del sistema de formación profesional de grado C, en sus niveles 2 y 3, con los requisitos y condiciones establecidos en la Ley Orgánica 3/2022, de 31 de marzo, de ordenación e integración de la Formación Profesional y su normativa de desarrollo.

Se entenderá por centro de enseñanza autorizado en España aquel acreditado a nivel estatal o a nivel autonómico o adscrito a un centro de enseñanza reconocido en España. A estos efectos el centro de enseñanza deberá figurar inscrito en el Registro estatal de centros docentes no universitarios o en los registros oficiales correspondientes, siempre que se cumplan los requisitos y condiciones previstos en la normativa estatal y autonómica correspondiente, en particular en cuanto a la acreditación del certificado profesional y a la posterior autorización de cada acción formativa que se pretenda desarrollar.

Los estudios se podrán cursar en modalidad presencial o semipresencial conforme a la normativa vigente en materia de formación, siempre que, al menos, el 50 por ciento de la programación impartida sea de manera presencial.

2. Se entenderá por programa de estudios a tiempo completo aquel en el que el estudiante se haya matriculado al menos en el noventa por ciento de los créditos en el caso de estudios universitarios, o, en su defecto, en el noventa por ciento del programa de estudios.

3. Las figuras de las actividades de investigación y de las prácticas no laborales previstas en el artículo 33.1 de la Ley Orgánica 4/2000, de 11 de enero, se encuentran reguladas en la Ley 14/2013, de 27 de septiembre.

53. *Requisitos para la obtención y el mantenimiento de la autorización.* 1. Para la obtención de la autorización de estancia de larga duración, deberán cumplirse los siguientes requisitos específicos para cada supuesto previsto en el artículo 52.1:

a) Realización de estudios superiores:

1.º Haber sido admitido por una institución o un centro de enseñanza superior reconocido para cursar un programa de estudios en los términos previstos en el artículo 52.1.a).

2.º Haber abonado los derechos de inscripción, matrícula o documento equivalente exigidos por la institución o el centro de enseñanza correspondiente.

b) Realización de estudios de educación secundaria postobligatoria:

1.º Haber sido admitido por una institución o centro de enseñanza autorizado para la realización de los estudios en los términos previstos en el artículo 52.1.b).

2.º   Haber abonado los derechos de inscripción, matrícula o documento equivalente exigidos, en su caso, por la institución o el centro de enseñanza correspondiente.

c)   Participación en un programa de movilidad de alumnos:

1.º   Haber sido admitido en un centro de enseñanza.

2.º   Haber sido admitido como participante en un programa de movilidad de alumnos con el fin de seguir un programa de enseñanza secundaria obligatoria y/o postobligatoria en un centro docente o científico oficialmente reconocido.

3.º   Que el centro de enseñanza que gestiona el programa de movilidad de alumnos o el proyecto educativo se haga responsable del alumno durante su estancia, en particular en cuanto al coste de sus estudios, así como los gastos de estancia y regreso a su país.

4.º   Ser alojado, durante su estancia, con una familia que habrá sido seleccionada por la organización responsable del programa de movilidad de alumnos en que participa, o en un internado o residencia adscrito o concertado por la citada organización en el marco de programa.

d)   Prestación de un servicio de voluntariado:

1.º   Haber sido admitido para la realización de un servicio de voluntariado en el marco de un convenio firmado con la entidad encargada del programa de voluntariado, que incluya una descripción del programa, de las funciones y condiciones de supervisión, de las actividades en él previstas y de las condiciones para realizarlas, así como la duración del mismo, las horas de trabajo voluntario a cumplir, los recursos disponibles para cubrir su manutención y alojamiento durante su estancia, una cantidad mínima en concepto de dinero de bolsillo durante aquella, y, en su caso, la formación que recibirá la persona extranjera para que pueda realizar el programa de voluntariado.

2.º   Que la entidad de voluntariado esté legalmente constituida e inscrita en el registro competente de acuerdo con la normativa estatal, autonómica o de otro Estado miembro de la Unión Europea de aplicación.

e)   Realización de actividades formativas:

1.º   Haber sido admitido para la realización de las actividades formativas.

2.º   Haber abonado los derechos de inscripción o matrícula exigidos, en su caso, por la institución, la entidad o el centro correspondiente.

3.º   En el supuesto del artículo 52.1.e) 3.º, haber obtenido un título español de licenciado o graduado en medicina, farmacia, enfermería o en otras titulaciones universitarias que habiliten para participar en las convocatorias anuales de pruebas selectivas para el acceso a plazas de formación sanitaria especializada o un título extranjero debidamente reconocido u homologado a los previstos en este párrafo.

2.   En cualquiera de los supuestos del artículo 52.1, la persona solicitante no deberá suponer una amenaza para el orden público, la seguridad pública o la salud pública, circunstancia que se acreditará mediante la comprobación de la inexistencia de antecedentes penales en España y la valoración del informe policial correspondiente.

3.   En cualquiera de los supuestos, el solicitante deberá haber abonado la tasa por tramitación del procedimiento.

54.   *Procedimiento.* 1.   La solicitud de autorización de estancia de larga duración podrá presentarse cuando la persona extranjera esté fuera de España o cuando sea titular de una autorización de residencia y se encuentre en territorio nacional.

En los supuestos previstos en el artículo 52.1.a) y en el artículo 58, la solicitud también podrá presentarse en España por la persona extranjera siempre que se encuentre regularmente en territorio nacional.

En el supuesto previsto en el artículo 52.1.e).4.º, la solicitud también podrá presentarse en España por la persona extranjera siempre que se encuentre regularmente en territorio nacional y así lo haya dispuesto la resolución que regule las condiciones de obtención de la certificación de aptitud técnica o habilitación profesional.

En caso de que la persona extranjera presente la solicitud en España conforme a los supuestos previstos en los dos párrafos anteriores, deberá ser mayor de edad y la solicitud de la autorización deberá presentarse con una antelación mínima de dos meses a la fecha del comienzo de la actividad o estudios que vaya a realizar.

2.   En caso de que la solicitud se presente desde fuera de España, la persona extranjera deberá presentar una solicitud de visado de estancia de larga duración por estudios, movilidad de alumnos, servicios de voluntariado o actividades formativas, de acuerdo con los artículos 34 a 36.

La solicitud del visado deberá presentarse con una antelación mínima de dos meses a la fecha del comienzo de la actividad o estudios que vaya a realizar, salvo que el procedimiento de matrícula o inscripción requiera un plazo inferior, en cuyo caso, deberá justificarse.

3.   En caso de que la solicitud se presente desde España, esta deberá presentarse por la persona extranjera, personalmente, mediante representación o a través de los medios electrónicos habilitados para ello, en el modelo oficial, en la oficina de extranjería en la provincia en la que la persona extranjera vaya a iniciar la actividad. La solicitud deberá presentarse con una antelación mínima de dos meses a la fecha de expiración de la situación legal en la que se encuentre.

A la solicitud se acompañará la documentación que acredite el cumplimiento de los requisitos previstos en los artículos 35 y 53.

En este supuesto, la oficina de extranjería verificará el cumplimiento de los requisitos previstos en los artículos 35 y 53, salvo los previstos en las letras c) y d) del artículo 35. La solicitud de autorización prorrogará la situación legal de la persona solicitante hasta la resolución del procedimiento.

En este caso el plazo máximo para resolver y notificar será de dos meses, transcurrido los cuales sin haber obtenido respuesta se entenderá que su sentido es desfavorable.

4.   Para la valoración del requisito establecido en el artículo 53.2 la oficina de extranjería recabará de oficio el informe del registro central de penados y el informe policial sobre la persona solicitante. Estos informes serán emitidos en el plazo de cinco días.

La existencia de antecedentes en el informe policial no supondrá, por sí misma y de forma automática, causa de denegación de la autorización. En ese caso, el órgano competente valorará de forma casuística y circunstanciada, que la persona extranjera no suponga una amenaza para el orden público, la seguridad interior, la salud pública o las relaciones internacionales de ninguno de los Estados miembros de la Unión Europea.

5.   En el caso de que la resolución sobre la autorización fuera desfavorable, la oficina de extranjería notificará a la persona interesada el sentido de la resolución, informándole por escrito en el mismo documento de los recursos administrativos y judiciales que procedan contra la misma, los órganos ante los que deban interponerse y los plazos previstos para ello.

En caso de que la solicitud se haya presentado ante una oficina consular, la oficina de extranjería dará traslado a esta de lo referido en el párrafo anterior para que notifique a la persona interesada.

6. Sin perjuicio de lo anterior, en el supuesto del artículo 52.1.a), cuando la persona extranjera se encuentre regularmente en España, las instituciones o centros de enseñanza superior reconocidos en España en las que la persona extranjera vaya a cursar los estudios podrán presentar la solicitud de autorización electrónicamente, debiendo acompañar a la solicitud los documentos que acrediten el cumplimiento de los requisitos previstos en los artículos 35 y 53, salvo los previstos en las letras c) y d) del artículo 35, que serán valorados por la oficina de extranjería correspondiente. A tal efecto, las instituciones o centros de enseñanza superior deberán estar inscritas en el Registro de Instituciones y Centros de Enseñanza Superior.

En este caso, se eximirá al solicitante de acreditar el cumplimiento de los requisitos previstos en el artículo 53.1.a). No obstante, la Administración podrá efectuar de oficio comprobaciones del cumplimiento de estos requisitos para lo cual la institución o centro deberá disponer de la documentación acreditativa.

El plazo máximo para resolver y notificar será de 15 días, transcurridos los cuales sin haber obtenido respuesta la solicitud se entenderá desestimada.

7. Asimismo, los centros o instituciones de enseñanza superior inscritos en el Registro de Instituciones y Centros de Enseñanza Superior podrán solicitar la tramitación colectiva de las autorizaciones previstas en el artículo 52.1.a). Dicha tramitación colectiva estará basada en la gestión planificada de un cupo temporal de autorizaciones presentadas por tales centros o instituciones de educación superior. En estos casos, el procedimiento será el previsto en el párrafo anterior.

8. La autorización de estancia de larga duración será denegada:

a) Cuando no se cumplan los requisitos establecidos para cada autorización.

b) Cuando, para fundamentar la solicitud, se hayan presentado documentos falsos, que hayan sido adquiridos fraudulentamente o manipulados, formulado alegaciones inexactas o medie mala fe.

c) Cuando el centro o institución en el que el solicitante haya sido admitido no sea un centro o institución reconocido, autorizado o acreditado y esto sea preceptivo.

9. En caso de que la autorización tenga una vigencia superior a seis meses, la persona extranjera deberá solicitar personalmente, ante

la Comisaría de Policía competente, en el plazo de un mes desde la concesión de dicha autorización, la tarjeta de identidad de extranjero.

55.   *Duración, prórroga y extinción de la autorización de estancia de larga duración por estudios, movilidad de alumnos, servicios de voluntariado o actividades formativas.* 1.   La duración de la autorización será igual a la de los estudios, programa de movilidad, servicio de voluntariado o actividad formativa, con el límite de un año, salvo en el caso de los estudios superiores previstos en el apartado 1.a) del artículo 52, en cuyo caso la vigencia de la autorización coincidirá con la duración oficial de los estudios.

En el caso de la autorización concedida a las personas extranjeras del supuesto previsto en el artículo 58, su vigencia será igual a la de la duración de los estudios de formación sanitaria especializada en los que hayan obtenido plaza.

2.   La vigencia de la autorización deberá comenzar con una antelación de un mes con respecto al comienzo de la actividad o estudios que dieran lugar a la concesión de la misma, excepto en el supuesto de que la solicitud se presente durante los dos meses previos al comienzo de la actividad o estudios, en cuyo caso, la vigencia de la autorización podrá comenzar con un mes de antelación o desde el día en el que se resuelva dicha concesión, siempre y cuando la actividad o estudios vayan a comenzar en un plazo inferior a un mes.

La vigencia se extenderá quince días más allá de la finalización de la actividad o estudios.

Durante la vigencia de la autorización, la persona extranjera deberá mantener los requisitos que dieron lugar a su concesión. La institución o centro de enseñanza deberá mantener su condición de reconocido, autorizado o acreditado en España.

En el caso de que la autorización se conceda por más de un año, será requisito para el mantenimiento de la vigencia de la misma que la persona extranjera o, en su caso, la institución o centro aporte anualmente, al inicio de cada curso, los derechos de inscripción, matrícula o documento equivalente que acredite que continúa cursando los estudios que dieron lugar a la concesión de la autorización.

Esto podrá acreditarse, sí así lo establece la normativa aplicable, a través de la realización de estudios en el territorio de otro Estado Miembro de la Unión Europea, en el marco de programas temporales promovidos por la propia Unión.

La Administración, a través del órgano competente, podrá, en el ejercicio de sus competencias de control, requerir a la persona extranjera en cualquier momento durante la vigencia de la autorización que acredite seguir reuniendo los requisitos generales y específicos exigidos.

3. Durante los dos meses previos a la fecha de expiración de la vigencia del visado o de la autorización, en los supuestos previstos en las letras a), b), d) y e) del artículo 52.1, la persona titular de la misma podrá solicitar una prórroga cuando acredite el cumplimiento de los requisitos previstos en el artículo 53.1 para el supuesto por el que obtuviera la autorización, el requisito previsto en el artículo 53.2 y los requisitos previstos en las letras b), h) e i) del artículo 35.

4. La prórroga deberá solicitarse por medios electrónicos, por la persona extranjera o a través de representante, en modelo oficial, e irá dirigida a la oficina de extranjería de la provincia donde obtuvo la autorización inicial. La presentación de la solicitud dentro del plazo previsto en el apartado anterior prorrogará la validez de la autorización anterior hasta la resolución del procedimiento. También se prorrogará la validez de la autorización hasta la resolución del procedimiento en el supuesto en que la solicitud se presentase dentro de los tres meses posteriores a la fecha en que hubiera finalizado la vigencia de la anterior autorización, sin perjuicio de la incoación del correspondiente procedimiento sancionador por la infracción prevista en el artículo 52.b) de la Ley Orgánica 4/2000, de 11 de enero.

Transcurrido un mes sin que se haya notificado la resolución se entenderá que la misma ha sido desestimada por silencio administrativo.

5. La vigencia de la prórroga coincidirá con la duración del curso para el que esté matriculado, del programa de movilidad, del servicio de voluntariado o de la actividad formativa, con el límite máximo de un año.

En el caso de los supuestos previstos en las letras d) y e) del artículo 52.1, solo se permitirá una prórroga por autorización. En el caso de las letras a) y b) de dicho artículo, se permitirán hasta dos prórrogas por autorización.

En el supuesto previsto en el artículo 52.1.e) 2.º, para la concesión de la prórroga se requerirá que la persona solicitante haya superado el curso en el que estuviera matriculado en el caso de las Escuelas Oficiales de Idiomas o, en los demás casos, que haya obtenido uno de los diplomas de español como lengua extranjera (DELE) previstos en el Real Decreto 1137/2002, de 31 de octubre, por el que se regulan los «diplomas de español como lengua extranjera (DELE)» o haya realizado la inscripción para realizar la prueba conducente al mismo o haya obtenido un diploma del Servicio Internacional de Evaluación de la Lengua Española.

En el supuesto previsto en el artículo 52.1.e) 3.º, para la concesión de la prórroga se requerirá que la persona solicitante acredite que se ha presentado a las pruebas selectivas para el acceso a plazas de formación sanitaria especializada.

6. La declaración de extinción por pérdida o retirada de una autorización de estancia de larga duración por estudios se producirá en los supuestos regulados con carácter común en este Reglamento y específicamente cuando la institución o centro de enseñanza referido en el apartado 1.a) del artículo 52 pierda su condición de reconocido en España, en este último caso, se permitirá a la persona extranjera completar sus estudios en otra institución o centro de enseñanza superior reconocido.

56. *Familiares de la persona titular de una autorización de estancia de larga duración por estudios superiores.* 1. En el supuesto del artículo 52.1.a), los familiares de las personas extranjeras que sean titulares de una autorización de estancia de larga duración por estudios superiores podrán solicitar los correspondientes visados o autorizaciones de estancia de larga duración para entrar o permanecer legalmente en España durante el período de validez de la autorización que le reste al titular la vigencia de su estancia, siempre que le reste al menos una duración de noventa días naturales.

Este artículo también será de aplicación a los familiares de las personas extranjeras que cursen en España estudios de formación sanitaria especializada conforme al artículo 58.

2. A efectos del apartado anterior, el término familiar se entenderá referido:

a) Al cónyuge, pareja registrada o pareja estable debidamente probada del titular de la autorización de estancia de larga duración por estudios. Se entenderá por pareja estable aquella que acredite la existencia de un vínculo duradero. En todo caso, se entenderá la existencia de este vínculo si se acredita un tiempo de convivencia marital de, al menos, un año continuado, salvo que tuvieran descendencia en común, en cuyo caso bastará la acreditación de convivencia estable debidamente probada.

b) A los hijos menores de edad no casados, o que no hayan constituido su propia unidad familiar, del titular de la autorización de estancia de larga duración por estudios o de su cónyuge, pareja registrada o pareja estable.

c) A los hijos mayores de edad no casados, o que no hayan constituido su propia unidad familiar, del titular de la autorización de estancia de larga duración por estudios o de su cónyuge, pareja registrada o pareja estable que tengan necesidades de apoyo específicas y personalizadas por razón de discapacidad o de enfermedad.

3. Para la concesión del visado o de la autorización a favor del familiar se tendrán que acreditar los siguientes requisitos:

1.º Que el familiar sea titular de una autorización de estancia de larga duración por estudios en vigor conforme a lo dispuesto en el artículo 52.1.a).

2.º Que no se encuentran irregularmente en territorio español.

3.º Que se acredite el vínculo familiar o de parentesco.

4.º Que la unidad familiar de convivencia conforme a la definición de este apartado cuente con medios económicos suficientes para el sostenimiento de la unidad familiar.

5.º Que cuente con un seguro de enfermedad.

6.º En el caso de que el familiar sea mayor de edad penal y la estancia supere los seis meses, que carece de antecedentes penales en España y en los países donde haya residido durante los cinco años anteriores a la presentación de la solicitud por delitos previstos en el ordenamiento español.

7.º Que el familiar no suponga una amenaza para el orden público, la seguridad pública o la salud pública, circunstancia que se acreditará mediante la comprobación de la inexistencia de antecedentes penales a que se refiere el párrafo anterior y la valoración del informe policial correspondiente.

4. El procedimiento para la solicitud del visado o de la autorización de estancia de larga duración para familiares de titulares de autorizaciones de estancia de larga duración por estudios será el previsto para los titulares de la autorización en los artículos 36 y 54 respectivamente. En el caso de solicitud de visado, a la oficina consular le corresponderá verificar los requisitos señalados en los puntos 2.º, 3.º, 4.º y 5 º del apartado 3 del presente artículo, así como la ausencia de

antecedentes penales en los países de residencia durante los cinco años anteriores a la presentación de la solicitud por delitos previstos en el ordenamiento español.

En el caso de solicitud desde España, será la oficina de extranjería competente la que compruebe el cumplimiento de dichos requisitos.

5.   Los familiares que sean titulares del visado o de la autorización referidos en el presente artículo, podrán permanecer en territorio español durante el mismo periodo y con idéntica situación que el titular de la autorización principal. La permanencia estará, en todo caso, vinculada a la situación de estancia de la persona titular del visado o de la autorización principal.

6.   Los familiares que sean titulares del visado o de la autorización referidos en el presente artículo no estarán autorizados a trabajar durante su vigencia.

7.   Los hijos nacidos en España de la persona extranjera que se encuentre en situación de estancia conforme a lo dispuesto en el artículo 52 adquirirán automáticamente la autorización de estancia de larga duración para familiares de titulares de autorizaciones de estancia de larga duración por estudios, cuya vigencia será la misma que la del progenitor titular de la autorización. A estos efectos, el padre o la madre deberán solicitar personalmente la autorización de estancia de larga duración en favor del menor en el plazo de los 6 meses siguientes a la fecha del nacimiento.

8.   Se le otorgará un visado o una autorización de estancia de larga duración para familiares de titulares de autorizaciones de estancia de larga duración por estudios a la persona que apoye al titular de la autorización de estancia de larga duración conforme a lo dispuesto en el artículo 52 cuando la persona que tenga concedida la autorización tenga una discapacidad o una enfermedad que precise ese tipo de apoyo.

57.   *Acceso al empleo de las personas titulares de la autorización.* 1.   Las personas extranjeras titulares de la autorización podrán ser autorizadas para ejercer una actividad retribuida por cuenta ajena en instituciones públicas o entidades privadas cuando el empleador o la persona extranjera presenten la correspondiente solicitud de autorización de trabajo y se cumplan los requisitos previstos en el artículo 74, excepto los exigidos en la letra a), en el segundo párrafo de la letra c) y en la letra h) del apartado primero, siempre y cuando las condiciones laborales se ajusten a la normativa vigente y al convenio colectivo aplicable para la actividad a ejercer.

Asimismo, podrán ser autorizadas a realizar actividades por cuenta propia, siempre y cuando la persona extranjera presente la solicitud correspondiente y se cumplan los requisitos previstos en el artículo 84, excepto los exigidos en las letras d) y e).

Dichas actividades deberán ser compatibles con la realización de aquéllas para las que, con carácter principal, se concedió la autorización de estancia de larga duración.

La autorización de estancia de larga duración obtenida en virtud de los supuestos establecidos en el artículo 52.1, letra a), autorizará a trabajar por cuenta propia y ajena, automáticamente y sin necesidad de un trámite adicional, siempre que esta actividad laboral sea compatible con la realización de esos estudios.

No será preciso solicitar otra autorización adicional para realizar prácticas curriculares, entendiendo por tales las que formen parte del plan de estudios o formación para el que se otorgó la autorización de estancia de larga duración, que se produzcan en el marco de los correspondientes convenios de colaboración entre las entidades públicas o privadas y la institución de educación superior o el centro docente o científico de que se trate y que no tengan carácter laboral. Las prácticas académicas externas curriculares en entidades públicas o privadas y la fase de formación en empresa u organismo equiparado tendrán dicha consideración, y, por tanto, su realización estará cubierta por la autorización de estancia de larga duración por estudios concedida.

La autorización de estancia de larga duración obtenida también autorizará, automáticamente y sin necesidad de un trámite adicional, para el desarrollo de actividades formativas en empresa u organismo equiparado, conforme a los requisitos y condiciones de la legislación sectorial, en el caso de que se realicen en el marco de la formación profesional de régimen general o intensivo, tanto en los ciclos formativos de grado medio y superior, como en la formación profesional conducente a la obtención de certificados profesionales.

2. Con carácter general, la actividad laboral a la que se refiere el apartado primero del presente artículo no podrá ser superior a las treinta horas semanales, salvo en el caso de la formación profesional de régimen intensivo que se estará a lo que determine la legislación sectorial. El incumplimiento de dicho límite será causa de extinción de la autorización estancia de larga duración.

3. La autorización se limitará geográficamente a la comunidad autónoma en la que se haya concedido la autorización de estancia de larga duración. No obstante, se podrá realizar actividad laboral en localidades de otra comunidad autónoma siempre y cuando sean localidades limítrofes con la comunidad autónoma en la que se haya concedido la autorización de estancia de larga duración.

Se podrá excepcionar la limitación geográfica de las autorizaciones siempre que la localización del centro de trabajo o del centro en que se desarrolle la actividad por cuenta propia no implique desplazamientos continuos que supongan la ruptura del requisito de compatibilidad con la finalidad principal para la que se concedió la autorización de estancia de larga duración.

Cuando la relación laboral se inicie y desarrolle en el ámbito territorial de una sola comunidad autónoma y a ésta se le haya traspasado la competencia ejecutiva de tramitación y resolución de las autorizaciones iniciales de trabajo por cuenta propia y ajena, corresponderá a los órganos competentes de la comunidad autónoma la admisión, tramitación, resolución de solicitudes y, de los recursos administrativos que, en su caso, se interpongan.

4. La vigencia de la autorización para trabajar coincidirá con la de la autorización de estancia de larga duración. La pérdida o denegación de la prórroga de la autorización de la estancia de larga duración será causa de extinción de la autorización para trabajar.

Las autorizaciones para trabajar se prorrogarán de oficio por el órgano competente si subsisten las circunstancias que motivaron la concesión anterior, siempre y cuando se haya obtenido la prórroga de la autorización de estancia de larga duración.

5. En caso de que la persona titular de la autorización ejerza una actividad laboral en los términos previstos en este artículo, el requisito de seguro médico establecido en el artículo 35 se entenderá cumplido mediante el alta en el régimen correspondiente de la Seguridad Social.

58. *Régimen especial de los estudios de especialización en el ámbito sanitario.* De acuerdo con el artículo 33.8 de la Ley Orgánica 4/2000, de 11 de enero, se someterán al régimen de estancia de larga duración previsto en este capítulo las personas extranjeras que cursen en España estudios de formación sanitaria especializada de acuerdo con la Ley 44/2003, de 11 de noviembre, de profesiones sanitarias, salvo que ya contasen con una autorización de residencia previamente al inicio de los mismos, en cuyo caso podrán continuar en dicha situación de residencia.

Las personas extranjeras que ostenten un título español, o extranjero pero debidamente reconocido u homologado, de licenciado o graduado en medicina, farmacia, enfermería u otros títulos universitarios que hayan obtenido plazas de formación sanitaria especializada podrán realizar las actividades laborales derivadas de lo previsto en el Real Decreto 1146/2006, de 6 de octubre, por el que se regula la relación laboral especial de residencia para la formación de especialistas en Ciencias de la Salud sin que sea preciso la tenencia de una autorización para trabajar.

Lo previsto en el párrafo anterior se entenderá sin perjuicio de la necesidad de comunicación de esta circunstancia a la oficina de extranjería competente.

El órgano competente resolverá sobre la concesión de la autorización de estancia de larga duración prevista en este capítulo tras la verificación del cumplimiento del requisito previsto en el artículo 53.2 y de que hayan sido adjudicatarios de una plaza en los estudios de especialización mencionados en el párrafo primero.

Cuando se encuentren fuera de España, la oficina consular de su lugar de residencia podrá expedir el visado de estudios siempre que se verifique el cumplimiento de los requisitos previstos en el artículo 35.

59. *Movilidad dentro de la Unión Europea.* 1. Las personas estudiantes que posean un visado o una autorización de estancia de larga duración válida para la realización de programas de enseñanza superior, expedida por España, y que participen en un programa de la Unión Europea o multilateral que incluya medidas de movilidad o que estén cubiertos por un acuerdo entre dos o más instituciones de enseñanza superior, tendrán derecho a entrar y permanecer en uno o varios Estados miembros, durante un período de hasta trescientos sesenta días por Estado miembro, a fin de realizar parte de sus estudios en una institución de enseñanza superior previa comunicación a las autoridades de dichos Estados de acuerdo con su normativa en aplicación de la Directiva (UE) 2016/801, del Parlamento Europeo y del Consejo, de 11 de mayo de 2016, relativa a los requisitos de entrada y residencia de los nacionales de países terceros con fines de investigación, estudios, prácticas, voluntariado, programas de intercambio de alumnos o proyectos educativos y colocación au pair.

2. Las personas estudiantes que posean un visado o una autorización válida expedida por otro Estado miembro de conformidad con la Directiva (UE) 2016/801, del Parlamento Europeo y del Consejo, de 11 de mayo de 2016, y que participen en un programa de la Unión o multilateral que incluya medidas de movilidad o que estén cubiertos por un acuerdo entre dos o más instituciones de enseñanza superior, tendrán derecho a entrar y permanecer en España, durante un período de hasta 360 días, a fin de realizar parte de sus estudios en una institución de educación superior española, previa comunicación a la oficina de extranjería de la provincia en la que vaya a iniciarse la actividad.

La comunicación se realizará en cualquier momento anterior a la entrada en territorio español y, a más tardar, en el plazo de un mes desde que se efectúe la misma por la institución de educación superior española, con indicación de la duración prevista y las fechas de la movilidad.

En la comunicación se incluirá el documento de viaje válido y la autorización válida expedida por el primer Estado miembro que abarcará el período total de movilidad en que la persona estudiante vaya a permanecer en España. Además, la comunicación incluirá la prueba de que la persona estudiante está realizando parte de sus estudios en el marco de un programa de la Unión Europea o multilateral que incluye medidas de movilidad o de un acuerdo entre dos o más instituciones de enseñanza superior y la prueba de que la persona estudiante ha sido aceptada por una institución de educación superior española.

La correspondiente oficina de extranjería podrá presentar objeciones a la movilidad de la persona estudiante, dentro de un plazo de 30 días a partir de la fecha de recepción de la comunicación completa, cuando:

a) No se cumplan las condiciones establecidas en este apartado.

b) Los documentos presentados se hayan adquirido fraudulentamente o hayan sido falsificados o manipulados o sea aplicable alguno de los motivos de denegación de una solicitud de autorización.

c) Haya transcurrido la duración máxima de estancia a la que se refiere este apartado.

En caso de oposición a la movilidad no se permitirá a la persona estudiante realizar parte de sus estudios en la institución de enseñanza superior española y el primer Estado miembro permitirá la reentrada sin más trámites de la persona extranjera desplazada. Si no se hubiera producido todavía el desplazamiento a España, la resolución denegatoria impedirá el mismo.

3. Las personas estudiantes extranjeras que hayan sido admitidas para la realización o ampliación de estudios en otro Estado miembro de la Unión Europea, pero que no estén cubiertos por un programa de la Unión Europea o multilateral que incluya medidas de movilidad o por un acuerdo entre dos o más instituciones de enseñanza superior, podrán presentar una solicitud de autorización para entrar y permanecer en España a fin de cursar o completar parte de sus estudios en una institución de enseñanza superior española no siendo exigible la obtención de visado.

La solicitud podrá ser presentada en cualquier momento anterior a la entrada en territorio español y, como máximo, en el plazo de un mes desde que se efectúe la misma.

Se dirigida a la oficina de extranjería correspondiente a la provincia en que esté situado el centro de enseñanza, ante la oficina consular española correspondiente al lugar previo de residencia en la Unión Europea o ante la propia oficina de extranjería. A la solicitud se acompañará la siguiente documentación:

a) Documentación acreditativa de su condición de admitida como estudiante en otro Estado miembro de la Unión Europea.

b) Documentación acreditativa del cumplimiento de los requisitos establecidos en el artículo 53.1 a), 2 y 3, además de los establecidos en el artículo 35.h), i) y j).

El órgano competente resolverá y notificará en el plazo máximo de un mes, transcurrido el cual sin haber obtenido respuesta se entenderá que su sentido es favorable.

Concedida, en su caso, la autorización, la persona extranjera deberá entrar en España en el plazo máximo de tres meses desde la notificación de la resolución, de no encontrarse ya en territorio español.

TÍTULO IV
Residencia temporal

60. *Definición y supuestos de residencia temporal.* 1. Se halla en la situación de residencia temporal la persona extranjera que se encuentre autorizada a permanecer en España por un periodo superior a noventa días naturales e inferior a cinco años, sin perjuicio de lo establecido en materia de estancia por estudios, movilidad de alumnos, servicios de voluntariado o actividades formativas.

2.   Las personas extranjeras en situación de residencia temporal serán titulares de uno de los siguientes tipos de autorización:

a)   Autorización de residencia temporal no lucrativa.

b)   Autorización de residencia temporal por reagrupación familiar.

c)   Autorización de residencia temporal y trabajo por cuenta ajena.

d)   Autorización de residencia temporal y trabajo por cuenta propia.

e)   Autorización de residencia temporal con excepción de la autorización de trabajo.

f)   Autorización de residencia temporal de familiares de ciudadanos españoles.

CAPÍTULO I
Residencia temporal no lucrativa

61.   *Definición y requisitos específicos.* 1.   Se halla en situación de residencia temporal no lucrativa la persona extranjera, así como sus familiares, que hayan sido autorizados a residir en España sin realizar actividades laborales o profesionales.

2.   Para la concesión de una autorización inicial de residencia temporal no lucrativa será necesario acreditar, los siguientes requisitos específicos:

a)   Contar con medios económicos suficientes para atender sus gastos de manutención y residencia incluyendo, en su caso, los de su familia, durante el periodo de tiempo por el que se desee residir en España, y sin necesidad de desarrollar ninguna actividad laboral o profesional, de conformidad con lo dispuesto en este capítulo.

b)   Contar con un seguro de enfermedad.

c)   No encontrarse, en su caso, dentro del plazo de compromiso de no retorno a España que la persona extranjera haya asumido al retornar voluntariamente a su país de origen.

d)   No representar una amenaza para el orden público, la seguridad pública o la salud pública, circunstancia que se acreditará mediante la comprobación de la inexistencia de antecedentes penales en España y la valoración del informe policial correspondiente.

e) Haber abonado la tasa por tramitación del procedimiento.

3. A efectos de la autorización de residencia temporal no lucrativa, el término familiar se entenderá en los términos siguientes:

a) El cónyuge, pareja registrada o pareja estable debidamente probada de la persona solicitante de la autorización de residencia. Se entenderá por pareja estable aquella que acredite la existencia de un vínculo duradero. En todo caso, se entenderá la existencia de este vínculo si se acredita un tiempo de convivencia marital de, al menos, un año continuado, salvo que tuvieran descendencia en común, en cuyo caso bastará la acreditación de convivencia estable debidamente probada.

b) Los hijos e hijas menores de edad no casados, o que no hayan constituido su propia unidad familiar, del solicitante o de su cónyuge, pareja registrada o pareja estable.

c) Los hijos e hijas mayores de edad del solicitante o de su cónyuge, pareja registrada o pareja estable y que tengan una discapacidad que requiera de apoyo o que no sean objetivamente capaces de proveer a sus propias necesidades debido a su estado de salud.

4. La autorización inicial de residencia temporal no lucrativa tendrá la duración de un año.

62. *Medios económicos a acreditar para la obtención de una autorización de residencia temporal no lucrativa.* 1. Las personas extranjeras que deseen residir en España sin realizar una actividad laboral o lucrativa deberán contar con medios económicos suficientes para el periodo de residencia de la autorización, o acreditar una fuente de percepción periódica de ingresos, para sí mismo y, en su caso, su familia, en las siguientes cuantías, que se establecen con carácter de mínimas y referidas al momento de solicitud del visado o de renovación de la autorización:

a) Para su sostenimiento, durante su residencia en España, una cantidad que represente mensualmente en euros el 400 % del IPREM, o su equivalente legal en moneda extranjera.

b) Para el sostenimiento de cada uno de los familiares a su cargo, durante su residencia en España, una cantidad que represente mensualmente en euros el 100 % del IPREM, o su equivalente legal en moneda extranjera, cantidad a acreditar de forma adicional a la referida en el apartado a) anterior.

2.   En los supuestos previstos en las letras a) y b) del apartado anterior, la cuantía global de medios económicos habrá de suponer la disposición de la cuantía mensual calculada con base a lo establecido en el apartado anterior, en relación con el tiempo de vigencia de la autorización solicitada.

3.   La disponibilidad se podrá acreditar por cualquier medio de prueba admitido en Derecho, incluyendo la aportación de títulos de propiedad, cheques certificados o tarjetas de crédito, que deberán ir acompañados de una certificación bancaria que acredite la cantidad disponible como crédito de la citada tarjeta.

En el caso de presentarse información relativa a cuentas o instrumentos financieros en el extranjero, esta deberá incluir:

a)   La razón social o denominación completa de la entidad bancaria o de crédito, así como su domicilio.

b)   La identificación completa de las cuentas.

c)   La fecha de apertura o cancelación o, en su caso, las fechas de concesión y revocación de la autorización.

d)   Los saldos de las cuentas a 31 de diciembre del año anterior al de presentación de la solicitud y el saldo medio correspondiente al último año.

Si los medios económicos proceden de acciones o participaciones en empresas españolas, mixtas o extranjeras radicadas en España, la persona interesada acreditará, mediante certificación de las mismas, que no ejerce actividad laboral alguna en dichas empresas, y presentará declaración responsable en tal sentido.

63.   *Procedimiento.* 1.   La persona extranjera que desee residir temporalmente en España sin realizar actividades laborales o profesionales deberá solicitar el correspondiente visado de residencia en la oficina consular española competente de conformidad con los artículos 38 y 39.

La solicitud del visado conllevará la solicitud de la autorización de residencia temporal no lucrativa.

2.   La oficina de extranjería competente valorará los requisitos establecidos en las letras c), d) y e) del apartado 2 del artículo 61 para la concesión o denegación de la autorización de residencia temporal no lucrativa.

3.   Para la valoración del requisito establecido en el artículo 61.2 d), la oficina de extranjería recabará de oficio el informe del registro

central de penados para comprobar la inexistencia de antecedentes penales en España y recabará informe policial sobre la persona solicitante. Estos informes serán emitidos en el plazo de siete días.

La existencia de antecedentes en el informe policial no supondrá, por sí misma y de forma automática, causa de denegación de la autorización. En ese caso, el órgano competente valorará de forma casuística y circunstanciada que la persona extranjera no suponga una amenaza para el orden público, la seguridad interior, la salud pública o las relaciones internacionales de ninguno de los Estados miembros de la Unión Europea.

4. El órgano competente resolverá sobre la autorización de residencia en el plazo máximo de un mes desde la recepción de la comunicación de la oficina consular. Transcurrido este plazo sin respuesta, se entenderá que la solicitud ha sido desestimada.

La oficina de extranjería competente grabará la resolución en la aplicación correspondiente, para su conocimiento por el Ministerio de Asuntos Exteriores, Unión Europea y Cooperación y por la oficina consular correspondiente.

Cuando la oficina consular no disponga de los medios técnicos necesarios para el acceso en tiempo real a la resolución mencionada en el párrafo anterior, los servicios centrales del Ministerio de Asuntos Exteriores, Unión Europea y Cooperación le darán traslado electrónico de la misma en el plazo de veinticuatro horas desde su recepción.

5. En el plazo de un mes desde la entrada en España, su titular deberá solicitar personalmente la correspondiente tarjeta de identidad de extranjero.

64. *Renovación de la autorización de residencia temporal no lucrativa.* 1. La persona extranjera que desee renovar su autorización de residencia temporal deberá solicitarlo a la oficina de extranjería competente para su tramitación durante los dos meses previos a la fecha de expiración de la vigencia de su autorización. La presentación de la solicitud en este plazo prorroga la validez de la autorización anterior hasta la resolución del procedimiento. También se prorrogará hasta la resolución del procedimiento en el supuesto en que la solicitud se presentase dentro de los tres meses posteriores a la fecha en que hubiera finalizado la vigencia de la anterior autorización, sin perjuicio de la incoación del correspondiente procedimiento sancionador por la infracción prevista en el artículo 52.b) de la Ley Orgánica 4/2000, de 11 de enero.

2.   Para la renovación de una autorización de residencia temporal no lucrativa, la persona extranjera deberá cumplir los siguientes requisitos:

a)   Ser titular de una autorización de residencia temporal no lucrativa en vigor o hallarse dentro del plazo de los tres meses posteriores a la caducidad de esta.

b)   Contar con medios económicos suficientes para atender sus gastos de manutención y residencia, incluyendo, en su caso, los de su familia, durante el periodo de tiempo por el que corresponda la renovación, sin necesidad de desarrollar ninguna actividad laboral o profesional, en los términos establecidos en el artículo 62.

c)   Haber mantenido durante la vigencia de la autorización que se pretende renovar y continuar con un seguro de enfermedad.

d)   Tener escolarizados a los menores a su cargo en edad de escolarización obligatoria durante la permanencia de estos en España.

e)   Haber abonado la tasa por tramitación del procedimiento.

f)   Haber residido de forma real y efectiva en España durante más de ciento ochenta y tres días durante el año natural.

3.   A la solicitud, en modelo oficial, deberá acompañar la documentación que acredite que se reúnen los requisitos señalados en el apartado anterior, entre otros:

a)   Copia del pasaporte completo en vigor o título de viaje, reconocido como válido en España.

b)   Los documentos que acrediten los recursos económicos suficientes para atender sus gastos de manutención y residencia, así como el seguro de enfermedad, durante el periodo de tiempo por el que se pretenda renovar la residencia en España sin necesidad de desarrollar ninguna actividad laboral o profesional.

c)   En su caso, informe emitido por las autoridades autonómicas competentes que acredite la escolarización de los menores en edad de escolarización obligatoria que estén a su cargo.

4.   En caso de que a partir de la documentación presentada junto a la solicitud no quede acreditada la escolarización de los menores en edad de escolarización obligatoria que estén a cargo del solicitante, la Oficina de extranjería pondrá esta circunstancia en conocimiento de las autoridades educativas competentes, y advertirá expresamente y por escrito a la persona solicitante de que en caso de no producirse la

escolarización y presentarse el correspondiente informe en el plazo de un mes, la autorización no será renovada.

5. Para la renovación de la autorización se valorará, en su caso, previa solicitud de oficio de los correspondientes informes:

a) La posibilidad de renovar la autorización de residencia a las personas extranjeras que hubieren sido condenadas por la comisión de un delito y hayan cumplido la condena, las que hubieran sido indultadas o se hallasen en situación de remisión condicional de la pena o de suspensión de la pena.

b) El incumplimiento de las obligaciones de la persona extranjera en materia tributaria y de Seguridad Social durante la vigencia de su autorización.

6. A los efectos de la renovación de la autorización, se valorará el esfuerzo de integración de la persona extranjera. Dicha circunstancia se acreditará mediante la aportación por parte de la persona extranjera, de un informe favorable de los órganos competentes de la Comunidad Autónoma de su lugar de residencia que recomienden la renovación, principalmente en caso de que no acredite el cumplimiento de alguno de los requisitos previstos para la renovación de la autorización.

El informe, de ser favorable, certificará el conocimiento y respeto de los valores constitucionales de España, los valores estatutarios de la Comunidad Autónoma en que se resida, los valores de la Unión Europea, los derechos humanos, las libertades públicas, la democracia, la tolerancia, la igualdad entre mujeres y hombres y, en su caso, el aprendizaje de las lenguas oficiales del lugar de residencia.

En caso de que el informe no haya sido emitido en el plazo de un mes circunstancia que habrá de ser debidamente acreditada por el interesado, podrá justificarse este requisito por cualquier medio de prueba admitido en Derecho.

7. La autorización de residencia temporal renovada tendrá una vigencia de dos años, salvo que corresponda obtener una autorización de residencia de larga duración o de larga duración-UE.

8. La solicitud se resolverá y se notificará a la persona interesada en el plazo de tres meses desde la presentación de la solicitud. Trascurrido dicho plazo se entenderá estimada.

9. En el plazo de un mes desde la notificación de la resolución por la que se renueva la autorización, su titular deberá solicitar perso-

nalmente, ante la Comisaría de Policía competente, la correspondiente tarjeta de identidad de extranjero.

CAPÍTULO II
Residencia temporal por reagrupación familiar

65. *Definición.* 1.   Se halla en situación de residencia temporal por razón de reagrupación familiar la persona extranjera que haya sido autorizada a residir en España en virtud del derecho a la reagrupación familiar ejercido por una persona extranjera residente.

2.   La autorización de residencia por reagrupación familiar del cónyuge, la pareja de hecho o el hijo o hija reagrupado habilitará a su titular a trabajar, siempre que superen la edad mínima de admisión al trabajo, sin necesidad de realizar ningún trámite administrativo. Dicha autorización les habilita para trabajar por cuenta ajena o por cuenta propia, en cualquier parte del territorio español, ocupación o sector de actividad.

66. *Familiares reagrupables.* 1.   La persona extranjera podrá reagrupar en España a los siguientes familiares:

a)   Su cónyuge mayor de dieciocho años, siempre que no se encuentre separado de hecho o de derecho y que el matrimonio no se haya celebrado en fraude de ley.

En ningún caso podrá reagruparse a más de un cónyuge, aunque la ley personal de la persona extranjera admita esta modalidad matrimonial.

La persona extranjera residente que se encuentre casada en segundas o posteriores nupcias sólo podrá reagrupar con ella al nuevo cónyuge y sus familiares si acredita que la disolución de sus anteriores matrimonios ha tenido lugar tras un procedimiento jurídico que fije la situación del cónyuge anterior y sus familiares en cuanto a la vivienda común, la pensión al cónyuge y los alimentos para los hijos menores o mayores dependientes.

b)   La persona extranjera mayor de dieciocho años, no casada que mantenga con la persona reagrupante una relación de afectividad análoga a la conyugal. A los efectos previstos en este capítulo, se considerará que existe relación de análoga afectividad a la conyugal cuando:

1.º Dicha relación se encuentre inscrita en un registro público establecido en un Estado miembro de la Unión Europea a esos efectos, y no se haya cancelado dicha inscripción.

2.º Se acredite la vigencia de una relación estable debidamente probada no registrada, mediante cualquier medio de prueba admitido en derecho. En todo caso, se entiende por pareja estable debidamente probada aquella que acredite suficientemente una relación de convivencia análoga a la conyugal, dentro o fuera de España, de, al menos, doce meses continuados. No será exigible el periodo de convivencia previa si la pareja cuenta con descendencia común siempre que se mantenga el vínculo.

Resultará de aplicación a este supuesto lo previsto, en relación con el o la cónyuge, en los párrafos segundo y tercero de la letra a). Serán incompatibles a efectos de lo previsto en este capítulo las situaciones de matrimonio, pareja inscrita y relación estable debidamente probada no registrada.

c) Sus hijos o los de su cónyuge o pareja, siempre que sean menores de dieciocho años en el momento de la solicitud de la autorización de residencia a su favor o los mayores de esa edad que tengan una discapacidad que requiera de apoyo o los mayores de edad que no sean objetivamente capaces de proveer a sus propias necesidades debido a su estado de salud.

Cuando se trate de hijos de uno solo de los cónyuges o miembros de la pareja se requerirá, además, que éste ejerza en solitario la patria potestad, que se le haya otorgado la custodia con carácter exclusivo, estén efectivamente a su cargo y se haya autorizado el traslado de residencia del menor a España por la autoridad judicial o bajo consentimiento del otro progenitor, o que se haya otorgado con carácter compartido, siempre que el otro titular del derecho de custodia haya dado su consentimiento para que resida en territorio nacional.

En el supuesto de hijos adoptivos deberá acreditarse que la resolución por la que se acordó la adopción reúne los elementos necesarios para producir efectos en España.

d) Las personas representadas legalmente por la persona reagrupante, cuando sean menores de dieciocho años en el momento de la solicitud de la autorización de residencia a su favor o los mayores de esa edad que tengan una discapacidad que requiera de apoyo, o los mayores de edad que no sean objetivamente capaces de proveer a sus propias necesidades debido a su estado de salud, siempre que el acto jurídico del que surgen las facultades representativas no sea contrario a los principios del ordenamiento español.

e) Sus ascendientes en primer grado, o los de su cónyuge o pareja registrada o estable, cuando estén a su cargo, sean mayores de sesenta y cinco años y existan razones que justifiquen la necesidad de autorizar su residencia en España.

Excepcionalmente, cuando concurran razones de carácter humanitario, se podrá reagrupar a las personas ascendientes menores de sesenta y cinco años que reúnan los restantes requisitos establecidos en el párrafo anterior.

f) Un hijo o una hija mayor de edad de la persona reagrupante o de su cónyuge o de su pareja que vaya a ejercer la condición de cuidador de la persona reagrupante y este tenga reconocido alguno de los grados de dependencia contemplados en el artículo 26 de la Ley 39/2006, de 14 de diciembre, de Promoción de la Autonomía Personal y Atención a las personas en situación de dependencia.

2. Las referencias incluidas en el presente capítulo en relación con la condición de persona extranjera a cargo y con la de razones de carácter humanitario, se entenderán de conformidad con los requisitos y condiciones establecidos en el capítulo I del título XII.

67. *Requisitos.* La persona reagrupante deberá acreditar la existencia de los siguientes requisitos:

1. Tener recursos fijos y regulares suficientes para su propia manutención y la de los miembros de su familia. Para ello, se evaluarán dichos recursos en función de su naturaleza y de su regularidad, y deberán representar una de las siguientes cantidades: ingresos, rentas o rendimientos de carácter periódico equivalente, en euros o su equivalente legal en moneda extranjera, al 150 % del IPREM, en unidades familiares que incluyan a la persona reagrupante y a un familiar reagrupado, y del 50 % del IPREM por cada miembro adicional.

La exigencia de dicha cuantía podrá ser minorada en los supuestos del artículo 66.1.c) y d), cuando concurran circunstancias acreditadas que aconsejen dicha minoración de acuerdo con el principio del interés superior del menor, según lo establecido en la Ley Orgánica 1/1996, de 15 de enero, de Protección Jurídica del Menor. Se atenderá a las circunstancias del caso concreto, valorando la edad, desarrollo físico y emocional del familiar reagrupado, la relación con su reagrupante, y el número de miembros de la unidad familiar, haciendo una interpretación favorable a la vida familiar, y además se reúnan los restantes requisitos legales y reglamentarios para la concesión de la autorización de residencia por reagrupación familiar.

En el caso del párrafo anterior, la cuantía a justificar para una unidad familiar de dos miembros, siendo uno de ellos un menor de edad, será del 110 % de la cuantía de la renta garantizada del Ingreso Mínimo Vital con carácter anual y, por cada menor de edad adicional, se exigirá un 10 % adicional.

El cómputo de los ingresos, rentas o rendimientos de carácter periódico se llevará a cabo atendiendo a las siguientes reglas:

a) Con carácter general se computarán por su valor íntegro, que incluya, en su caso, la parte proporcional de las pagas extraordinarias, excepto los procedentes de actividades económicas que se computarán por su rendimiento neto.

b) Las ganancias patrimoniales se computarán por la cuantía que se integra en la base imponible del Impuesto sobre la Renta de las Personas Físicas.

c) Computará como ingreso el importe íntegro, incluida la parte proporcional de las pagas extraordinarias, de las pensiones y prestaciones, contributivas o no contributivas, públicas o privadas.

d) Se entenderá por patrimonio estable aquel que represente el importe medio de los últimos seis meses.

e) Se exceptuarán del cómputo de los recursos:

1.º Las ayudas para el estudio y las ayudas de vivienda, tanto por alquiler como para adquisición.

2.º Las pensiones compensatorias, las pensiones de alimentos o equivalentes, salvo que sean en favor de la persona a reagrupar.

3.º Los ingresos provenientes del sistema de asistencia social.

Para la determinación de las cuantías, se computa, según la naturaleza de los recursos, el conjunto de las rentas, rendimientos o ingresos o, en su caso, del patrimonio, de la persona reagrupante, de su cónyuge o pareja, así como la de otros familiares en línea directa en primer grado, siempre que tengan la condición de residente en España y formen parte de la misma unidad de convivencia.

2. Disponer de vivienda adecuada para atender sus necesidades y las de su familia.

Se entenderá por vivienda adecuada la que cumpla con los requisitos establecidos por el artículo 3 c) de la Ley 12/2023, de 24 de mayo, por el derecho a la vivienda, en tanto no entren en contradicción con los requisitos regulados por las administraciones competentes en materia de vivienda, en cuyo caso, y a los efectos de su regulación, prevalecerán aquellas.

La persona reagrupante acreditará tal condición con la aportación de informe emitido por los servicios sociales de su lugar de residencia de los órganos competentes de la Comunidad Autónoma, o, cuando así haya sido decidida por esta, de la Corporación local, el cual habrá de ser emitido y notificado en el plazo de un mes desde la solicitud de este. Simultáneamente y por medios electrónicos, el órgano competente para su emisión deberá dar traslado del informe a la oficina de extranjería.

En caso de que el informe no haya sido emitido en plazo, circunstancia que habrá de ser debidamente acreditada por el interesado, podrá justificarse este requisito por cualquier medio de prueba admitida en Derecho.

Tanto el informe de la administración pública competente como la documentación sustitutiva conforme al párrafo anterior, tendrán una antigüedad máxima de seis meses a la fecha de presentación de la solicitud de reagrupación, y deben acreditar, al menos, los siguientes extremos: título que habilite para la ocupación y disposición de la vivienda, número de habitaciones, uso al que se destina cada una de las dependencias de la vivienda, número de personas que la habitan y condiciones de habitabilidad y equipamiento. Si bien el informe o la documentación sustitutiva sobre vivienda adecuada no es vinculante, el órgano que resuelva apartarse de su contenido motivará expresamente las razones que justifican tal circunstancia.

El título que justifique la ocupación y disposición de la vivienda se entenderá referido a la persona reagrupante o a cualquier otra persona que forme parte de la unidad familiar de convivencia según la relación parentescos incluida en el artículo 66 de este reglamento.

3.   Tener un seguro de enfermedad para la persona reagrupante y los miembros de su familia a los que se refiere el artículo 66.

4.   En caso de que el reagrupante tenga otros hijos o hijas menores de edad a cargo en edad de escolarización obligatoria y ya se encuentren en España, estos deberán estar escolarizados.

5.   No encontrarse, en su caso, dentro del plazo de compromiso de no retorno a España que la persona extranjera haya asumido al retornar voluntariamente a su país de origen.

6. No representar una amenaza para el orden público, la seguridad pública o la salud pública, circunstancia que se acreditará mediante la comprobación de la inexistencia de antecedentes penales en España y la valoración del informe policial correspondiente.

7. Haber abonado la tasa por tramitación del procedimiento.

68. *Procedimiento.* 1. La solicitud de reagrupación familiar se podrá presentar cuando la persona extranjera reagrupante haya residido en España al menos un año y haya solicitado la autorización para residir durante al menos otro año, con las siguientes excepciones:

a) Que la persona reagrupante sea titular de una autorización de residencia de larga duración o de larga duración-UE concedida en España, para la reagrupación de sus ascendientes o de los ascendientes de su cónyuge o pareja de hecho.

La solicitud podrá presentarse cuando se haya solicitado la autorización de residencia de larga duración o de residencia de larga duración-UE.

En el caso de que la persona reagrupante sea residente de larga duración-UE, para la concesión de la reagrupación familiar deberá acreditar el cumplimiento de los requisitos previstos en las letras b) y c) del artículo 176.

b) Que la persona reagrupante sea residente en España en base a su previa condición de residentes de larga duración-UE en otro Estado miembro de la Unión Europea.

En todo caso, no podrá concederse la autorización de residencia a la persona familiar reagrupable hasta que, en función de la situación que deba ostentar el reagrupante para el ejercicio del derecho, no se haya producido la efectiva renovación de la autorización de la persona reagrupante, o concedido su autorización de residencia de larga duración o de residencia de larga duración-UE en España.

2. La persona extranjera que desee ejercer el derecho de reagrupación familiar deberá solicitar, personalmente ante la oficina de extranjería competente para su tramitación, una autorización de residencia temporal a favor de los miembros de su familia que desee reagrupar.

La reagrupación de los familiares de las personas extranjeras residentes de larga duración-UE en otro Estado miembro de la Unión Europea, podrá ser presentada por los propios familiares, aportando prueba de residencia como miembro de la familia de la persona residente de larga duración-UE en el primer Estado miembro.

3.   La solicitud, que deberá cumplimentarse en modelo oficial, deberá acompañarse de la siguiente documentación:

a)   Relativos a la persona reagrupante:

1.º   Copia completa del pasaporte, documento de viaje o cédula de inscripción del solicitante en vigor.

2.º   Copia de la documentación que acredite que cuenta con empleo y/o recursos económicos suficientes, de acuerdo con lo establecido en el artículo 67.1.

3.º   Documentación que acredite la disponibilidad, por parte de la persona reagrupante, de una vivienda adecuada de acuerdo con lo establecido en el artículo 67.2.

4.º   En los casos de reagrupación de cónyuge o pareja, declaración responsable de la persona reagrupante de que no reside con él en España otro cónyuge o pareja.

5.º   Seguro de enfermedad de acuerdo con lo establecido en el artículo 67.3.

b)   Relativos al familiar a reagrupar:

1.º   Copia completa del pasaporte completo o título de viaje, en vigor.

2.º   Copia de la documentación acreditativa de los vínculos familiares o de parentesco o de la existencia de la unión de hecho y, en su caso, de la dependencia legal y económica.

4.   Para la valoración del requisito establecido en el artículo 67.6, la oficina de extranjería recabará de oficio el informe del registro central de penados para comprobar la inexistencia de antecedentes penales en España y recabará informe policial sobre la persona en cuyo favor se tramita la autorización. Estos informes serán emitidos en el plazo de siete días.

La existencia de antecedentes en el informe policial no supondrá, por sí misma y de forma automática, causa de denegación de la autorización. En ese caso, el órgano competente valorará de forma casuística y circunstanciada, que la persona extranjera no suponga una amenaza para el orden público, la seguridad interior, la salud pública o las relaciones internacionales de ninguno de los Estados miembros de la Unión Europea.

5.   En el supuesto de que se cumpla con los requisitos establecidos para la reagrupación familiar, el órgano competente resolverá la concesión de la autorización de residencia por reagrupación, y se suspenderá la eficacia de la autorización en los siguientes términos:

a) La solicitud de visado se tramitará conforme a lo establecido en los artículos 38 y 40. La resolución de concesión, en su caso, hará mención expresa a que la autorización no desplegará sus efectos hasta que no se produzca la obtención del visado y la posterior entrada en España de su titular, que deberá ser en el plazo máximo de un mes.

b) En el supuesto de familiares de residentes de larga duración-UE, la eficacia de la autorización estará condicionada a la efectiva entrada del familiar en territorio nacional, si dicha entrada se produjera tras la concesión de la autorización. En este caso, la entrada deberá producirse en el plazo máximo de un mes desde la notificación de la concesión de la autorización, lo que habrá de constar en la resolución.

6. El órgano competente, a la vista de la documentación presentada y de los informes obtenidos, resolverá de forma motivada en el plazo máximo de dos meses, atendiendo a los requisitos previstos en esta sección, sobre la autorización solicitada. Transcurrido dicho plazo sin haber obtenido respuesta se entenderá que la solicitud ha sido desestimada.

La resolución se grabará en la aplicación correspondiente, de forma que la oficina consular competente en la tramitación del visado tenga acceso a la misma.

7. Los procedimientos regulados en este artículo, así como los relativos al correspondiente visado y a la renovación de autorizaciones de residencia por reagrupación familiar serán objeto de tramitación preferente.

8. La Secretaría de Estado de Migraciones publicará periódicamente información estadística sobre las solicitudes y concesiones de autorizaciones iniciales de residencia por reagrupación familiar a los órganos competentes en la correspondiente Comunidad Autónoma, así como a la Federación Española de Municipios y Provincias a los efectos de su traslado a los Ayuntamientos correspondientes.

9. Cuando la persona reagrupante sea titular de una autorización de residencia temporal, la vigencia de la autorización de residencia de los familiares reagrupados se extenderá hasta la misma fecha que la autorización de que sea titular la persona reagrupante en el momento de la entrada del familiar en España, con el mínimo de un año.

Cuando la persona reagrupante tenga la condición de residente de larga duración o de residencia de larga duración-UE en España, la vigencia de la primera autorización de residencia de los familiares reagrupados se extenderá hasta la fecha de validez de la tarjeta de identidad de extranjero de que sea titular la persona reagrupante en el momento de la entrada del familiar en España, con el mínimo de un año. La posterior autorización de residencia de la persona reagrupada será de larga duración.

69. *Residencia de los familiares reagrupados, independiente de la persona reagrupante.* 1. La persona reagrupada que sea cónyuge o pareja de la persona reagrupante podrá obtener una autorización de residencia y trabajo independiente, cuando haya completado, al menos, un año de autorización de residencia por reagrupación familiar en España, y reúna alguno de los siguientes requisitos:

a) Contar con medios económicos suficientes propios en los términos previstos en el artículo 67 de este reglamento.

b) Cumplir los requisitos exigibles de cara a la concesión de una autorización de residencia temporal y trabajo por cuenta propia.

c) Cumplir los requisitos laborales exigibles de cara a la concesión de una autorización de residencia temporal y trabajo por cuenta ajena excepto la situación nacional de empleo.

De solicitarse y concederse en el momento de la renovación de la autorización por reagrupación familiar, la autorización de residencia independiente obtenida en estos supuestos, que continuará habilitando para residir y trabajar sin ningún tipo de limitación, será de cuatro años de duración. En caso de instarse durante la vigencia de la autorización ya renovada, la concesión declarará el mantenimiento de la autorización de la que sea titular, en este caso a título personal, por el tiempo de vigencia que le reste.

2. Asimismo, la persona reagrupada podrá obtener una autorización de residencia y trabajo independiente, cuando se dé alguno de los siguientes supuestos:

a) En el caso de cónyuge o pareja, cuando se rompa el vínculo conyugal que dio origen a la situación de residencia, por separación de derecho, disolución del matrimonio, nulidad o por cancelación de la inscripción, siempre que acredite una duración del vínculo de tres años y la convivencia en España durante al menos un año, o durante un tiempo inferior en el caso de que se le haya otorgado la custodia de los hijos o hijas en común.

La solicitud de autorización de residencia independiente habrá de solicitarse en el plazo de los seis meses siguientes a la fecha de notificación de la admisión de la demanda de nulidad, divorcio o separación de derecho, de la resolución de cancelación de la inscripción de la pareja registrada.

De solicitarse y concederse en el momento de la renovación, la autorización de residencia independiente obtenida en estos supuestos, que continuará habilitando para residir y trabajar sin ningún tipo de limitación, será de cuatro años de duración. En caso de instarse durante la vigencia de la autorización ya renovada, la concesión declarará el mantenimiento de la autorización de la que sea titular a título personal por el tiempo de vigencia que le reste.

b)   Independientemente del tiempo de residencia y convivencia, cuando la persona reagrupada fuera víctima de violencia de género, víctima de violencia sexual, víctima de un delito por conductas violentas ejercidas en el entorno familiar, víctima de trata de seres humanos por parte de la persona reagrupante o víctima del delito de abandono de familia, menores o personas con discapacidad necesitadas de especial protección, una vez dictada a su favor, en los cuatro primeros casos, una orden judicial de protección o, en su defecto, exista un informe policial o un informe del Ministerio Fiscal que indique la existencia de indicios de violencia de género o cuente con informe en la que figure identificada como víctima de trata de seres humanos emitido por las autoridades policiales con formación específica en la investigación de la trata de seres humanos y en la identificación de sus víctimas. También se podrá acreditar la condición de víctima de violencia de género, víctima de violencia sexual y víctima de un delito por conductas violentas ejercidas en el entorno familiar a través del documento que lo acredite de conformidad con las previsiones recogidas en la normativa correspondiente.

La solicitud de autorización de residencia independiente habrá de solicitarse en el plazo de los seis meses siguientes a la fecha en que se notifiquen los informes o documentación a la que se refiere el párrafo anterior.

La tramitación de estas solicitudes tendrá carácter preferente y la duración de la autorización independiente, que será incondicionada y que continuará habilitando para residir y trabajar sin ningún tipo de limitación, será de cinco años.

c)   Independientemente del tiempo de residencia y de convivencia, por fallecimiento de la persona reagrupante siempre que estos hayan residido en España cumpliendo los requisitos previstos antes del fallecimiento de la persona titular y que se solicite en el plazo de los seis meses siguientes a la fecha del fallecimiento. La autorización de residencia independiente obtenida en este caso continuará habilitando para residir y trabajar sin ningún tipo de limitación y tendrá una duración de cinco años de duración.

3. En los casos previstos en el apartado anterior, cuando, además del cónyuge o pareja, se haya reagrupado a otros familiares, éstos conservarán la autorización de residencia concedida y dependerán, a efectos de la renovación de la autorización de residencia por reagrupación familiar, del miembro de la familia con el que convivan.

4. Los hijos e hijas y los menores de edad sobre los que la persona reagrupante ostente la representación legal obtendrán una autorización de residencia independiente cuando alcancen la mayoría de edad y acrediten encontrarse en alguna de las situaciones descritas en el apartado 1 de este artículo, o bien cuando hayan alcanzado la mayoría de edad y hayan residido en España durante cinco años.

5. Como excepción a lo establecido en los apartados anteriores, las personas reagrupadas por una persona titular de una Tarjeta azul-UE obtendrán una autorización de residencia independiente cuando hayan residido en cualquier país de la Unión Europea durante cinco años, siempre que hayan residido en España al menos los últimos dos años anteriores a la presentación de la solicitud correspondiente.

6. Las personas ascendientes reagrupadas podrán obtener una autorización de residencia independiente de la persona reagrupante cuando hayan obtenido una autorización para trabajar, sin perjuicio de que los efectos de dicha autorización de residencia independiente, para el ejercicio de la reagrupación familiar, queden supeditados a lo dispuesto en el artículo 17.3 de la Ley Orgánica 4/2000, de 11 de enero.

70. *Reagrupación familiar por personas residentes reagrupadas.* 1. Las personas extranjeras que hubieran adquirido la residencia temporal en virtud de una previa reagrupación familiar podrán, a su vez, ejercer el derecho de reagrupación respecto de sus propios familiares, siempre que cuenten con una autorización de residencia y trabajo obtenidos independientemente de la autorización de la persona reagrupante y reúnan los requisitos establecidos para el ejercicio del derecho a la reagrupación familiar.

2. En el supuesto de los ascendientes, estos sólo podrán ejercitar, a su vez, el derecho de reagrupación familiar tras haber obtenido la condición de residente de larga duración y acrediten solvencia econó-

mica para atender las necesidades de los miembros de su familia que pretendan reagrupar.

3. Excepcionalmente, la persona ascendiente reagrupada que tenga a su cargo uno o más hijos e hijas menores de edad o los mayores de esa edad que tengan una discapacidad que requiera de apoyo o los mayores de edad que no sean objetivamente capaces de proveer a sus propias necesidades debido a su estado de salud, podrá ejercer el derecho de reagrupación en los términos dispuestos en el apartado 1 de este artículo.

71. *Renovación de la autorización de residencia por reagrupación familiar.* 1. La renovación de la autorización deberá solicitarse en modelo oficial en el plazo de dos meses previos a su expiración o dentro de los tres meses posteriores a esa fecha, sin perjuicio de la incoación del correspondiente procedimiento sancionador por la infracción prevista en el artículo 52.b) de la Ley Orgánica 4/2000, del 11 de enero.

2. La renovación de la autorización de residencia por reagrupación familiar de descendientes, menores tutelados o ascendientes podrá ser solicitada por el cónyuge o pareja del reagrupante, siempre que dicho cónyuge o pareja sea residente en España, forme parte de la misma unidad familiar, y el reagrupante original no reúna los requisitos exigibles para la renovación de la autorización por reagrupación familiar.

Ello será igualmente de aplicación, en el caso de descendientes o menores tutelados, respecto a su otro progenitor o tutor, siempre que éste tenga la condición de residente en España y sin perjuicio de que forme parte o no de la unidad familiar.

3. Para la renovación de una autorización se deberán cumplir los siguientes requisitos:

a) La persona reagrupante ha de ser titular de una autorización de residencia, la persona reagrupada ha de ser titular de la autorización de residencia por reagrupación familiar, y ambas autorizaciones han de encontrarse en vigor o hallarse dentro del plazo de tres meses posteriores a la caducidad de ésta.

b) Ha de mantenerse el vínculo familiar o de parentesco o la existencia de la unión de hecho.

c) Se valorará, en su caso, previa solicitud de oficio de los correspondientes informes, la posibilidad de renovar la autorización de residencia a las personas extranjeras que hubieran sido condenadas por la comisión de un delito y hayan cumplido la condena, los que hubieran sido indultados o se hallasen en situación de remisión condicional de la pena o de suspensión de la pena.

d)   Tener escolarizados a los menores a su cargo en edad de escolarización obligatoria durante la permanencia de éstos en España.

e)   Haber abonado la tasa por tramitación del procedimiento.

4.   A la solicitud se deberá acompañar la documentación siguiente:

a)   Copia completa del pasaporte en vigor, cédula de inscripción o título de viaje, reconocido como válido en España, del reagrupado y del reagrupante.

b)   En su caso, documentación acreditativa de la vigencia del matrimonio o de la relación de análoga afectividad a la conyugal.

c)   En su caso, informe emitido por las autoridades autonómicas competentes que acredite la escolarización de los menores en edad de escolarización obligatoria que estén a su cargo. En caso de no acreditarse, la oficina de extranjería lo pondrá en conocimiento de las autoridades educativas y advertirá a la persona solicitante de que la autorización no será renovada si no acredita dicha escolarización en el plazo del mes siguiente a su requerimiento.

d)   En su caso, documentación acreditativa del esfuerzo de integración que se acreditará mediante la aportación, entre otros medios de prueba, de un informe favorable de los órganos competentes de la Comunidad Autónoma de su lugar de residencia.

El informe, de ser favorable, certificará el conocimiento y respeto de los valores constitucionales de España, los valores estatutarios de la Comunidad Autónoma en que se resida, los valores de la Unión Europea, los derechos humanos, las libertades públicas, la democracia, la tolerancia, la igualdad entre mujeres y hombres y, en su caso, el aprendizaje de las lenguas oficiales del lugar de residencia.

En caso de que el informe no haya sido emitido en el plazo de un mes, circunstancia que habrá de ser debidamente acreditada por el interesado, podrá justificarse este requisito por cualquier medio de prueba admitido en Derecho.

5.   El vencimiento del plazo máximo de tres meses desde la presentación de la solicitud sin haberse notificado resolución expresa, legitima al interesado para entenderla estimada por silencio administrativo.

6.   La autorización renovada, que habilitará para trabajar por cuenta ajena y por cuenta propia sin ningún tipo de limitación, tendrá

una duración de cuatro años y esa vigencia quedará condicionada al mantenimiento de la autorización de residencia de la que sea titular la persona reagrupante de la que dependa.

CAPÍTULO III
Residencia temporal y trabajo por cuenta ajena

72. *Definición.* Se halla en situación de residencia temporal y trabajo por cuenta ajena la persona extranjera mayor de dieciséis años autorizada a residir en España por un periodo superior a noventa días naturales e inferior a cinco años, y a ejercer una actividad laboral por cuenta ajena.

73. *Autorización inicial de residencia temporal y trabajo por cuenta ajena.* 1. La autorización inicial de residencia temporal y trabajo por cuenta ajena habilitará a sus titulares, siempre que hayan sido dados de alta en el régimen correspondiente de la Seguridad Social dentro del plazo de tres meses desde su entrada legal en España, a residir y trabajar por cuenta ajena en España.

La autorización inicial se limitará a un ámbito geográfico autonómico y a una ocupación salvo en los casos en los que no resulte aplicable la situación nacional de empleo.

2. El acceso a la autorización inicial de residencia temporal y trabajo por cuenta ajena de quienes sean titulares de un visado de búsqueda de empleo se regirá por lo establecido en la sección cuarta del capítulo IV del título II y por el título VI.

3. Las personas extranjeras que obtengan una autorización de una duración de más de seis meses deberán solicitar personalmente la tarjeta de identidad de extranjero correspondiente en el plazo de un mes desde su alta en el régimen correspondiente de la Seguridad Social.

4. La autorización inicial de residencia temporal y trabajo por cuenta ajena tendrá una duración igual a la de la actividad a desarrollar, con el máximo de un año, y se limitará, en lo relativo al ejercicio de la actividad laboral y salvo en los casos previstos por la Ley y los Convenios Internacionales firmados por España, a un ámbito geográfico autonómico y a una ocupación determinada.

Cuando la Comunidad Autónoma tuviera reconocidas competencias en materia de autorización inicial de trabajo podrá fijar el ámbito geográfico de la autorización dentro de su territorio.

5.   La autorización inicial de residencia temporal y trabajo por cuenta ajena autorizará también para el ejercicio de una actividad por cuenta propia durante su vigencia, siempre que la actividad principal sea la actividad por cuenta ajena, salvo que se esta se haya extinguido de forma sobrevenida por razones ajenas a la voluntad de la persona extranjera, circunstancia que deberá comunicarse a la oficina de extranjería que haya concedido la autorización en el plazo de tres días.

74.   *Requisitos.* 1.   Para la concesión de una autorización inicial de residencia temporal y trabajo por cuenta ajena será necesario cumplir los siguientes requisitos específicos:

a)   Que la situación nacional de empleo permita la contratación de la persona trabajadora extranjera en los términos previstos en el artículo 75 o, en el caso de que la autorización se encuadre en un procedimiento de gestión colectiva de contrataciones en origen, en los términos que se establezca en la orden correspondiente.

b)   Que el empleador presente un contrato de trabajo firmado por la persona trabajadora y por él mismo y que se establezca para la persona trabajadora una actividad continuada durante el periodo de vigencia de la autorización inicial de residencia temporal y trabajo por cuenta ajena.

La fecha de comienzo del contrato deberá estar condicionada al momento de eficacia de la autorización de residencia temporal y trabajo por cuenta ajena.

c)   Que las condiciones fijadas en el contrato de trabajo se ajusten a las establecidas por la normativa vigente y el convenio colectivo aplicable para la misma actividad, categoría profesional y localidad.

En el caso de que la contratación fuera a tiempo parcial, la retribución total a percibir por la persona solicitante deberá ser igual o superior al salario mínimo interprofesional para jornada completa y en cómputo anual.

d)   Que el empleador se encuentre al corriente del cumplimiento de sus obligaciones tributarias y frente a la Seguridad Social.

e)   Que el empleador cuente con medios económicos, materiales o personales, suficientes para su proyecto empresarial y para hacer frente a las obligaciones asumidas en el contrato frente al trabajador en los términos establecidos en el artículo 76.

f) Que la persona trabajadora tenga la capacitación y, en su caso, la cualificación profesional legalmente exigida para el ejercicio de la profesión.

g) No encontrarse, en su caso, dentro del plazo de compromiso de no retorno a España que la persona extranjera haya asumido al retornar voluntariamente a su país de origen.

h) No representar una amenaza para el orden público, la seguridad pública o la salud pública, circunstancia que se acreditará mediante la comprobación de la inexistencia de antecedentes penales en España y la valoración del informe policial correspondiente.

i) Haber abonado la tasa por tramitación del procedimiento.

2. Sin perjuicio de lo previsto en el apartado anterior, no se tendrá en cuenta la situación nacional de empleo en los supuestos establecidos en el artículo 40 de la Ley Orgánica 4/2000, de 11 de enero, o por Convenio internacional.

Igualmente, se autorizará a trabajar sin atender a la situación nacional de empleo a las personas nacionales de Estados con los que se hayan suscrito convenios internacionales a tal efecto, así como a las personas nacionales de Estados no pertenecientes a la Unión Europea ni al Espacio Económico Europeo enroladas en buques españoles en virtud de acuerdos internacionales de pesca marítima. En este caso, se concederá validez de autorización para trabajar al duplicado de la notificación de embarque o renovación del contrato de tripulantes extranjeros en buques españoles. En estos supuestos no se exigirá la solicitud de la tarjeta de residencia de extranjeros.

3. En el caso de que la actividad a desarrollar corresponda a actividades de temporada, se estará a lo dispuesto en el título V.

75. *Determinación de la situación nacional de empleo.* 1. A los efectos de determinar la situación nacional de empleo, el Servicio Público de Empleo Estatal elaborará, con periodicidad trimestral, de acuerdo con la información suministrada por los servicios públicos de empleo autonómicos y previa consulta de la Comisión Laboral Tripartita de Inmigración, un catálogo de ocupaciones de difícil cobertura para cada Comunidad Autónoma, así como para las ciudades de Ceuta y Melilla. A solicitud motivada de la Comunidad Autónoma correspondiente, el Catálogo también podrá ser de ámbito provincial o, en el caso de las provincias insulares, podrá establecerse para cada isla o agrupación de ellas.

El procedimiento de elaboración del Catálogo de ocupaciones de difícil cobertura será establecido por Orden del titular del Ministerio de la Presidencia, Justicia y Relaciones con las Cortes, a propuesta de los titulares de los Ministerios de Inclusión, Seguridad Social y Migraciones y de Trabajo y Economía Social, previo informe de la Comisión Laboral Tripartita de Inmigración.

Asimismo, por Acuerdo de la Comisión Delegada del Gobierno para Asuntos Económicos, a propuesta del Ministerio de Inclusión, Seguridad Social y Migraciones y previa consulta a la Comisión Laboral Tripartita de Inmigración, en el Catálogo se incorporarán aquellos sectores u ocupaciones cuya insuficiencia de cobertura se determine de acuerdo con una metodología objetiva basada en indicadores estadísticos oficiales.

Se considerarán como ocupaciones las consignadas en la Clasificación Nacional de Ocupaciones que esté en vigor.

La concreción del detalle con que una ocupación se debe incluir en el Catálogo de ocupaciones de difícil cobertura se realizará teniendo en cuenta el grado de especialización requerido para el desempeño de la actividad.

La calificación de una ocupación como de difícil cobertura implica la posibilidad de tramitar la autorización inicial de residencia temporal y trabajo por cuenta ajena dirigida a la persona extranjera.

2. Asimismo, se considerará que la situación nacional de empleo permite la contratación en las ocupaciones no calificadas como de difícil cobertura cuando el empleador acredite ante la Oficina de Extranjería la dificultad de cubrir los puestos de trabajo vacantes con trabajadores ya incorporados en el mercado laboral interno. A estos efectos, la oficina de extranjería tendrá en consideración el informe presentado por los Servicios Públicos de Empleo, así como la urgencia de la contratación acreditada por la empresa.

Para ello, el empleador deberá presentar una oferta de empleo ante el Servicio Público de empleo competente en el territorio donde radique el puesto de trabajo que pretende cubrir. Dicha oferta estará formulada de forma precisa y ajustada a los requerimientos del puesto de trabajo, sin contener requisitos que no tengan relación directa con su desempeño.

El Servicio Público de Empleo en el que se haya presentado la oferta de empleo, en el marco de sus competencias en materia de intermediación laboral, la gestionará durante un periodo de ocho días promoviendo el contacto entre la persona empleadora y las personas demandantes de empleo que se adecuen a los requerimientos de la misma. Asimismo, dará publicidad a la oferta de empleo en cualquiera de los espacios públicos destinados a la difusión de ofertas de que disponga el Servicio Público de Empleo, a fin de que las personas trabajadoras que residen en cualquier parte del territorio español puedan concurrir a su cobertura.

Transcurrido dicho periodo desde la presentación de la oferta por la persona empleadora, ésta deberá comunicar al Servicio Público de Empleo el resultado de la selección de las personas candidatas que se han presentado para cubrir los puestos de trabajo vacantes, indicando las personas candidatas que han sido admitidas y las que han sido rechazadas, así como las causas del rechazo.

El Servicio Público de Empleo emitirá la certificación de insuficiencia de personas demandantes en un plazo máximo de tres días contados a partir de la comunicación por parte de la persona empleadora del resultado de la selección.

El certificado emitido por el Servicio Público de Empleo competente deberá contener información que identifique a la persona empleadora, la oferta, el número de puestos de trabajo ofertados y de personas trabajadoras puestas a disposición de la persona empleadora.

La Comisión Laboral Tripartita de Inmigración realizará un seguimiento de la aplicación de lo dispuesto en este Reglamento sobre la determinación de la Situación nacional de Empleo.

76. *Medios económicos, materiales y personales a acreditar por el empleador para hacer frente a las obligaciones dimanantes del contrato de trabajo.* 1. El empleador deberá contar con medios en cuantía suficiente para hacer frente a su proyecto empresarial y a las obligaciones derivadas del contrato firmado con la persona trabajadora extranjera. Dicha cuantía deberá incluir el pago del salario bruto reflejado en el contrato que obre en el procedimiento.

2. Cuando el empleador requerido sea una persona física, deberá además acreditar que cuenta con medios económicos suficientes para atender sus necesidades y las de su familia. La cuantía mínima exigible se basará en los siguientes porcentajes del salario mínimo interprofesional según el número de personas a su cargo, descontado

el pago del salario reflejado en el contrato de trabajo que obre en el procedimiento:

a) En caso de no existir familiares a cargo del empleador: una cantidad que represente mensualmente el 50 % del SMI.

b) En caso de unidades familiares que incluyan dos miembros, contando al empleador solicitante: una cantidad que represente mensualmente el 100 % del SMI.

c) En caso de unidades familiares que incluyan más de dos personas, contando al empleador solicitante: una cantidad que represente mensualmente el 25 % del SMI por cada miembro adicional.

En los casos de unidades familiares que incluyan dos o más miembros, los medios económicos a acreditar resultarán de la suma de aquéllos con los que cuente cada una de las personas que integren la unidad familiar y en circunstancias que así lo requieran y debidamente justificadas se valorarán otros medios económicos y/o los medios de otros miembros de la familia.

77. *Procedimiento.* 1. El empleador, personalmente o a través de quien válidamente tenga atribuida la representación, deberá presentar la correspondiente solicitud de autorización inicial de residencia temporal y trabajo por cuenta ajena ante la oficina de extranjería de la provincia donde esté ubicado el centro de trabajo.

2. Con la solicitud de autorización inicial de residencia temporal y trabajo por cuenta ajena en modelo oficial deberá acompañarse la siguiente documentación:

a) El número de identificación fiscal y, en el caso de que la empresa esté constituida como persona jurídica, documento público que otorgue su representación legal en favor de la persona que formule la solicitud.

Si el empleador fuera persona física, no se le exigirá la presentación del número de identificación fiscal si accede a la verificación de sus datos a través del Sistema de Verificación de Datos de Identidad. En el caso que no autorice tal verificación, deberá aportar copia del documento acreditativo de su identidad de acuerdo con el Real Decreto 522/2006, de 28 de abril, por el que se suprime la aportación de fotocopias de documentos de identidad en los procedimientos administrativos de la Administración General del Estado y de sus organismos públicos vinculados o dependientes.

b) Copia del contrato de trabajo, en modelo oficial establecido.

c)   Los documentos acreditativos de los medios económicos, materiales o personales de los que dispone para su proyecto empresarial y para hacer frente a las obligaciones derivadas del contrato firmado con la persona trabajadora extranjera, de acuerdo con lo establecido en el artículo 76.

La disponibilidad de medios no podrá acreditarse mediante la referencia a ingresos procedentes de subvenciones, subsidios y ayudas de carácter no contributivo o asistencial otorgadas por administraciones públicas españolas, salvo en el ámbito del Sistema para la Autonomía y Atención a la Dependencia y el cuidado de menores.

Cuando el empleador tenga la condición de empresa, podrá acreditar el cumplimiento de este requisito a través de, entre otros medios de prueba, la presentación de la documentación acreditativa de su inscripción y alta en los registros que sean preceptivos. Cuando el empleador sea una persona física, deberá presentar copia de la declaración del impuesto sobre la renta de las personas físicas del año anterior o autorice al órgano tramitador para la comprobación de datos tributarios y con la Seguridad Social.

d)   Copia del pasaporte completo o documento de viaje en vigor de la persona trabajadora extranjera.

e)   Documentación que acredite la capacitación y, en su caso, la cualificación profesional legalmente exigida para el ejercicio de la profesión.

f)   Aquellos documentos que acrediten, de ser alegada por la persona interesada, la concurrencia de un supuesto específico de no consideración de la situación nacional de empleo, así como la justificación de que se trata, en su caso, de un supuesto establecido en el artículo 40 de la Ley Orgánica 4/2000, de 11 de enero, o por un Convenio internacional.

g)   En su caso, certificado del Servicio Público de Empleo competente de la insuficiencia de demandantes de empleo para cubrir el puesto de trabajo.

3.   La oficina de extranjería comprobará si concurre o no alguna de las causas de inadmisión a trámite que se recogen en la Ley Orgánica 4/2000, de 11 de enero, y si apreciara su concurrencia resolverá de forma motivada declarando la inadmisión a trámite de la solicitud.

4.   Recibida la solicitud de autorización, el órgano competente comprobará la documentación aportada. Si la documentación estuviera incompleta, formulará el oportuno requerimiento a fin de que se

subsanen los defectos en el plazo de diez días advirtiéndole de que, de no efectuarse, se le tendrá por desistido de su solicitud y procederá al archivo de su expediente, dictándose al efecto la oportuna resolución.

5. Admitida a trámite la solicitud, se procederá a la instrucción del procedimiento y a su inmediata tramitación y se comprobará la información de la Agencia Estatal de Administración Tributaria y de la Tesorería General de la Seguridad Social respecto al cumplimiento de las obligaciones en materia tributaria y de Seguridad Social, así como el informe del Registro Central de Penados para comprobar la inexistencia de antecedentes penales en España y el informe policial de los servicios competentes. Estos informes serán emitidos en el plazo de siete días.

La existencia de antecedentes en el informe policial no supondrá, por sí misma y de forma automática, causa de denegación de la autorización. En ese caso, el órgano competente valorará de forma casuística y circunstanciada, que la persona extranjera no suponga una amenaza para el orden público, la seguridad interior, la salud pública o las relaciones internacionales de ninguno de los Estados miembros de la Unión Europea.

6. El órgano competente, a la vista de la documentación presentada y de los informes obtenidos, resolverá y notificará de forma motivada en el plazo máximo de tres meses, atendiendo a los requisitos previstos en esta sección, sobre la autorización solicitada, y grabará de inmediato la resolución en la aplicación informática correspondiente, de manera que las autoridades de los organismos afectados, incluido el Ministerio de Asuntos Exteriores, Unión Europea y Cooperación y la oficina consular española correspondiente al lugar de residencia del trabajador, tengan conocimiento de la misma en tiempo real.

Transcurrido el plazo de tres meses sin haber obtenido respuesta, se entenderá que la solicitud ha sido desestimada.

Cuando la oficina consular competente no disponga de los medios técnicos necesarios para el acceso en tiempo real a la resolución mencionada en el párrafo anterior, los servicios centrales del Ministerio de Asuntos Exteriores, Unión Europea y Cooperación le darán traslado de la misma en el plazo de veinticuatro horas desde su recepción.

7. La solicitud del visado se tramitará conforme a lo establecido en los artículos 38 y 40.

8. La eficacia de la autorización quedará suspendida hasta el alta de la persona trabajadora en el régimen correspondiente de Seguridad

Social que debe producirse en el plazo de tres meses desde su entrada legal en España.

9. En el plazo de un mes desde el alta de la persona trabajadora en el régimen correspondiente de la Seguridad Social, esta deberá solicitar personalmente la tarjeta de identidad de extranjero.

78. *Denegación de las autorizaciones iniciales de residencia temporal y trabajo por cuenta ajena.* 1. El órgano u órganos competentes denegarán las autorizaciones iniciales de residencia temporal y trabajo por cuenta ajena en los supuestos siguientes:

a) Cuando no se acredite cumplir alguno de los requisitos establecidos en el artículo 74.

b) Cuando en los doce meses inmediatamente anteriores a la fecha de solicitud el empleador haya amortizado los puestos de trabajo que pretende cubrir por despido improcedente o nulo, declarado por sentencia o reconocido como tal en acto de conciliación, o por las causas previstas en los artículos 50, 51 y 52.c) del texto refundido de la Ley del Estatuto de los Trabajadores, aprobado por el Real Decreto Legislativo 2/2015, de 23 de octubre, excepto en los supuestos de fuerza mayor.

c) Cuando el empleador solicitante haya sido sancionado mediante resolución firme en los últimos doce meses por infracciones calificadas como graves o muy graves en la Ley Orgánica 4/2000, de 11 de enero, o por infracciones en materia de movimientos migratorios calificadas como graves o muy graves, o por infracciones en materia de permisos de trabajo de extranjeros calificadas como muy graves en el Texto Refundido de la Ley sobre Infracciones y Sanciones en el Orden Social, aprobada por el Real Decreto Legislativo 5/2000, de 4 de agosto.

d) Cuando, para fundamentar la solicitud, se hayan presentado documentos falsos, que hayan sido adquiridos fraudulentamente o manipulados, formulado alegaciones inexactas o medie mala fe.

e) Cuando el órgano competente para resolver valore que la persona solicitante representa una amenaza al orden público, seguridad pública o salud pública y esta circunstancia quede debidamente acreditada y motivada en un informe policial.

f) Cuando el empleador solicitante haya sido condenado mediante sentencia firme por delitos de trata de seres humanos, delitos contra los derechos de las personas trabajadoras o contra los derechos de las personas extranjeras, así como contra la Hacienda Pública o la

Seguridad Social, salvo que los antecedentes penales hubieran sido cancelados.

g)   De así entenderlo oportuno el órgano competente para la resolución del procedimiento a la vista de las circunstancias concurrentes, cuando en los doce meses inmediatamente anteriores a la fecha de presentación de la solicitud el empleador solicitante haya decidido la extinción del contrato que motivó la concesión de una autorización inicial de residencia temporal y trabajo por cuenta ajena con carácter previo a la finalización de la vigencia de la autorización.

Para la resolución del procedimiento, será igualmente causa de denegación de una autorización que en los tres años inmediatamente anteriores a la fecha de presentación de la solicitud el empleador solicitante haya sido sancionado por comisión de la infracción prevista en el artículo 53.2.a) de la Ley Orgánica 4/2000.

h)   Cuando en la fecha de solicitud de la autorización el empleador mantenga vigentes medidas de suspensión de contratos, de acuerdo con lo previsto en el artículo 47 y 47.bis del Estatuto de los Trabajadores, en relación con los puestos de trabajo que pretende cubrir.

i)   Cuando concurra una causa prevista legalmente de inadmisión a trámite que no hubiera sido apreciada en el momento de la recepción de la solicitud.

2.   La denegación habrá de ser motivada y expresará los recursos que contra ella procedan, el órgano administrativo o judicial ante el que hubieran de presentarlo y el plazo para interponerlos.

79.   *Cambio de empleador.* 1.   Transcurridos tres meses de la vigencia de la autorización y durante el primer año se permitirá a la persona trabajadora el cambio de empleador en la misma ocupación.

2.   Se autorizará el cambio de empleador en cualquier momento de la vigencia de la autorización de residencia y trabajo inicial, si la persona empleadora incumpliera gravemente las obligaciones establecidas en el contrato de trabajo y esos incumplimientos fueran subsumibles en el artículo 50 del texto refundido de la Ley del Estatuto de los Trabajadores aprobado por el Real Decreto Legislativo 2/2015, de 23 de octubre.

En este supuesto, la persona trabajadora tendrá un plazo de tres meses desde que se constaten indicios suficientes de la existencia del grave incumplimiento para que una segunda persona empleadora comunique a la oficina de extranjería competente el cambio de empleador.

3. Asimismo, se autorizará el cambio de empleador si concurren circunstancias sobrevenidas, ajenas a la voluntad de la persona empleadora, que impidan que se pueda iniciar o desarrollar la actividad laboral.

En este caso, la persona extranjera o el empleador deberán comunicar tales circunstancias a la oficina de extranjería competente en el plazo máximo de quince días. Una vez efectuada dicha comunicación, la persona trabajadora tendrá un plazo de tres meses para que un segundo empleador comunique a la oficina de extranjería competente el cambio de empleador.

4. En los supuestos previstos en los apartados segundo y tercero, la oficina de extranjería verificará el cumplimiento de los requisitos previstos en los apartados b), c), d) y e) del artículo 74 en el plazo máximo de un mes. Transcurrido dicho plazo sin resolución expresa la solicitud se entenderá desestimada.

5. Efectuada la comunicación, la oficina de extranjería emitirá un documento para constancia de dicha comunicación y certificando la titularidad de la autorización por el trabajador y el ámbito de limitación de ésta. Dicho documento será entregado, en el plazo máximo de cinco días, al trabajador extranjero a los efectos de que éste pueda dirigirse al Servicio Público de Empleo competente y solicitar sus servicios de intermediación laboral.

Si el cambio de empleador supusiera una modificación de su alcance en cuanto a la ocupación, sector de actividad y/o ámbito territorial de limitación se atenderá a lo dispuesto en el artículo 192. El segundo empleador deberá comunicar a la oficina de extranjería competente el cambio de empleador.

6. La persona trabajadora tendrá derecho a permanecer en España, si el cambio de empleador se solicitó en tiempo y forma, hasta que finalice el plazo de que disponga el órgano competente para resolver.

7. El cambio de empleador a los efectos previstos en este artículo y sus consecuencias jurídicas, se entiende sin perjuicio de lo dispuesto en la normativa laboral y de Seguridad Social vigente.

80. *Renovación de las autorizaciones de residencia temporal y trabajo por cuenta ajena.* 1. La renovación de las autorizaciones de residencia temporal y trabajo por cuenta ajena deberá solicitarse, en modelo oficial, durante los dos meses previos a la fecha de expiración de la vigencia de su autorización. La presentación de la solicitud en este plazo prorrogará la validez de la autorización anterior hasta la resolución del procedimiento. También se prorrogará hasta la resolución del procedimiento en el supuesto en que la solicitud se presentase dentro de los tres meses posteriores a la fecha en que hubiera finalizado la vigencia de la anterior autorización, sin perjuicio de la incoación del correspondiente procedimiento sancionador por la infracción prevista en el artículo 52.b) de la Ley Orgánica 4/2000.

2.   La autorización de residencia y trabajo por cuenta ajena se renovará a su expiración en los siguientes supuestos:

a)   Cuando se acredite la continuidad en la relación laboral que dio lugar a la concesión de la autorización cuya renovación se pretende.

b)   Cuando la persona trabajadora haya tenido un periodo de actividad laboral de al menos tres meses por año, y se encuentre en alguna de las siguientes circunstancias:

1.º   Haya suscrito un contrato de trabajo con un nuevo empleador acorde con las características de su autorización para trabajar, y figure en situación de alta o asimilada al alta en el momento de solicitar la renovación.

2.º   Disponga de un nuevo contrato que reúna los requisitos establecidos en el artículo 74 y con inicio de vigencia condicionado a la concesión de renovación.

3.º   Que la relación laboral que dio lugar a la autorización cuya renovación se pretende se haya extinguido por causas ajenas a su voluntad, y desde entonces hasta la fecha de solicitud de la renovación de la autorización de residencia y trabajo se ha mantenido inscrito ininterrumpidamente como demandante de empleo en los Servicios Públicos de Empleo competentes.

c)   Cuando la persona trabajadora se encuentre en alguna de las situaciones previstas en el artículo 38.6 b) y c) de la Ley Orgánica 4/2000, de 11 de enero.

d)   De acuerdo con el artículo 38.6.d) de la Ley Orgánica 4/2000, de 11 de enero, cuando:

1.º   La persona trabajadora acredite que se ha encontrado trabajando y en alta en el régimen correspondiente de la Seguridad Social durante un mínimo de nueve meses en un periodo de doce.

2.º   Un familiar, definido en los términos del artículo 66, cumpliera con los requisitos económicos para reagrupar a la persona trabajadora.

3.º   En los supuestos de extinción del contrato de trabajo o suspensión de la relación laboral como consecuencia de que la trabajadora sea víctima de violencia de género o violencia sexual.

3.   Junto con la solicitud de renovación deberán presentarse los documentos acreditativos de que se reúnen las condiciones para su concesión, de acuerdo con lo establecido en el apartado anterior, así como informe emitido por las autoridades autonómicas competentes que acredite la escolarización de los menores a su cargo en edad de escolarización obligatoria.

4.   En caso de que a partir de la documentación presentada junto a la solicitud no quede acreditada la escolarización de los menores en edad de escolarización obligatoria que estén a cargo de la persona solicitante, la oficina de extranjería pondrá esta circunstancia en conocimiento de las autoridades educativas competentes, y advertirá expresamente y por escrito a la persona extranjera solicitante de que en caso de no producirse la escolarización y presentarse el correspondiente informe en el plazo de un mes, la autorización no será renovada.

5.   Para la renovación de la autorización se valorará, en su caso, previa solicitud de oficio de los respectivos informes:

a)   La posibilidad de renovar la autorización de residencia a las personas extranjeras que hubieren sido condenadas por la comisión de un delito y hayan cumplido la condena, las que hubieran sido indultadas o se hallasen en situación de remisión condicional de la pena o de suspensión de la pena.

b)   Que la persona extranjera haya incumplido sus obligaciones en materia tributaria y de Seguridad Social.

6.   Igualmente se valorará, en su caso, el esfuerzo de integración de la persona extranjera. Esta circunstancia se acreditará mediante la aportación, entre otros medios de prueba, de un informe favorable de los órganos competentes de la Comunidad Autónoma de su lugar de residencia que recomienden la renovación.

El informe, de ser favorable, certificará el conocimiento y respeto de los valores constitucionales de España, los valores estatutarios de la Comunidad Autónoma en que se resida, los valores de la Unión Europea, los derechos humanos, las libertades públicas, la democracia, la tolerancia y la igualdad entre mujeres y hombres y, en su caso, el aprendizaje de las lenguas oficiales del lugar de residencia.

En caso de que el informe no haya sido emitido en el plazo de un mes, circunstancia que habrá de ser debidamente acreditada por el interesado, podrá justificarse este requisito por cualquier medio de prueba admitido en Derecho.

7. Los descubiertos en la cotización a la Seguridad Social no impedirán la renovación de la autorización, siempre que se acredite la realización habitual de la actividad. El órgano competente pondrá en conocimiento de la Inspección de Trabajo y Seguridad Social la situación de descubierto de cotización, a los efectos de que se lleven a cabo las actuaciones que procedan.

8. Será causa de denegación de las solicitudes de renovación, además del incumplimiento de algunos de los requisitos previstos en este artículo, la concurrencia de alguno de los supuestos de denegación previstos en el artículo 78 de este reglamento, excepto el relativo a que la situación nacional de empleo permita la contratación y aquellos que no sean atribuibles a la persona trabajadora.

9. Transcurrido el plazo de tres meses para resolver y notificar sobre una solicitud de renovación de autorización de residencia y trabajo por cuenta ajena sin que se haya dictado resolución expresa, esta se entenderá estimada.

81. *Efectos de la renovación de la autorización de residencia temporal y trabajo por cuenta ajena.* 1. La renovación de la autorización de residencia y trabajo por cuenta ajena se hará por un periodo de cuatro años, salvo que corresponda una autorización de residencia de larga duración, y permitirá el ejercicio de cualquier actividad en cualquier parte del territorio nacional, por cuenta ajena y por cuenta propia. Los efectos de la autorización renovada se retrotraerán al día inmediatamente siguiente al de la caducidad de la autorización anterior.

En el supuesto en el que la vigencia de la autorización inicial sea menor a un año, y se cumpla alguno de los supuestos establecidos en el artículo 80, la renovación de la autorización se concederá por la duración de la actividad a desarrollar, con el máximo de un año.

2. Notificada la resolución favorable, la persona extranjera deberá solicitar personalmente en el plazo de un mes la tarjeta de identidad de extranjero.

CAPÍTULO IV
Residencia temporal y trabajo por cuenta propia

82. *Definición, duración y ámbito.* Se halla en situación de residencia temporal y trabajo por cuenta propia la persona extranjera mayor de dieciocho años autorizada a residir en España por un periodo superior a noventa días naturales e inferior a cinco años, y a ejercer una actividad lucrativa por cuenta propia.

83. *Autorización inicial de residencia temporal y trabajo por cuenta propia.* La autorización inicial de residencia temporal y trabajo por cuenta propia tendrá una duración de un año y se limitará a un ámbito geográfico autonómico y a un sector de actividad.

Cuando la Comunidad Autónoma tuviera reconocidas competencias en materia de autorización inicial de trabajo por cuenta propia podrá fijar el ámbito geográfico de la autorización dentro de su territorio.

84. *Requisitos.* Para la concesión de una autorización inicial de residencia temporal y trabajo por cuenta propia será necesario acreditar, los siguientes requisitos específicos:

a) Cumplir los requisitos que la legislación vigente exige a los nacionales para la apertura y funcionamiento de la actividad proyectada.

b) Poseer la cualificación profesional legalmente exigida o experiencia acreditada suficiente en el ejercicio de la actividad profesional, cuando esta lo requiera, así como en su caso la colegiación cuando así se requiera.

c) Acreditar la suficiencia de la inversión prevista para la implantación del proyecto y sobre la incidencia, en su caso, en la creación de empleo, incluyendo como tal el auto empleo.

d) No encontrarse, en su caso, dentro del plazo de compromiso de no retorno a España que la persona extranjera haya asumido al retornar voluntariamente a su país de origen.

e) No representar una amenaza para el orden público, la seguridad pública o la salud pública, circunstancia que se acreditará mediante la comprobación de la inexistencia de antecedentes penales en España y la valoración del informe policial correspondiente.

f)   Haber abonado la tasa por tramitación del procedimiento.

85.   *Procedimiento.* 1. La persona trabajadora extranjera no residente que pretenda trabajar por cuenta propia en España deberá presentar una solicitud de visado de residencia conforme a lo establecido en los artículos 38 y 39.

2. Para la valoración del requisito establecido en el artículo 84 e), la oficina de extranjería recabará de oficio el informe del registro central de penados para comprobar la inexistencia de antecedentes penales en España y recabará informe policial sobre la persona solicitante. Estos informes serán emitidos en el plazo de siete días.

La existencia de antecedentes en el informe policial no supondrá, por sí misma y de forma automática, causa de denegación de la autorización. En ese caso, el órgano competente valorará de forma casuística y circunstanciada, que la persona extranjera no suponga una amenaza para el orden público, la seguridad interior, la salud pública o las relaciones internacionales de ninguno de los Estados miembros de la Unión Europea.

3. La autorización inicial de residencia temporal y trabajo por cuenta propia será denegada cuando no se cumplan los requisitos establecidos para su concesión en el artículo 84.

La autorización será igualmente denegada cuando, para fundamentar la petición, se hayan presentado documentos falsos o formulado alegaciones inexactas, o medie mala fe.

4. El órgano competente resolverá sobre la autorización de residencia en el plazo máximo de tres meses desde la recepción de la comunicación de la oficina consular. Transcurrido este plazo sin respuesta, se entenderá que la solicitud ha sido desestimada.

5. Al resolver sobre la autorización inicial de residencia temporal y trabajo por cuenta propia el órgano competente, que será el autonómico cuando tenga competencias en materia de autorización inicial de trabajo por cuenta propia, deberá grabar de inmediato la resolución favorable en la aplicación informática correspondiente, de manera que los órganos de la Administración o Administraciones afectadas tengan conocimiento en tiempo real de la misma, y condicionará su eficacia a la expedición del visado y posterior alta de la persona trabajadora, durante los tres meses posteriores a su entrada legal en España, en el régimen correspondiente de la Seguridad Social.

Cuando la oficina consular competente no disponga de los medios técnicos necesarios para el acceso en tiempo real a la resolución mencionada en el párrafo anterior, los servicios centrales del Ministerio de Asuntos Exteriores, Unión Europea y Cooperación le darán traslado electrónico de la misma en el plazo de veinticuatro horas desde su recepción.

6. Las personas extranjeras que deseen desarrollar actividades por cuenta propia durante el primer año de concesión de autorización de forma simultánea en varias Comunidades Autónomas, y siempre en relación con el mismo sector de actividad, habrán de obtener las correspondientes autorizaciones de trabajo por cuenta propia, de conformidad con los requisitos relativos a la actividad generalmente exigidos para su obtención.

7. En el plazo de los tres meses posteriores a la entrada legal de la persona extranjera en España, se deberá producir su afiliación, alta y posterior cotización, en los términos establecidos por la normativa de Seguridad Social que resulte de aplicación. El alta en el régimen correspondiente de la Seguridad Social en el mencionado plazo dotará de eficacia a la autorización inicial de residencia temporal y trabajo por cuenta propia.

8. En el plazo de un mes desde el alta del trabajador en el régimen correspondiente de la Seguridad Social, éste deberá solicitar personalmente la tarjeta de identidad de extranjero.

9. Si finalizado el plazo de tres meses de estancia no existiera constancia de que el trabajador se ha dado de alta en el régimen correspondiente de la Seguridad Social, éste quedará obligado a salir del territorio nacional, incurriendo en caso contrario en infracción grave por encontrarse irregularmente en España.

86. *Renovación de la autorización de residencia y trabajo por cuenta propia.* 1. La renovación de las autorizaciones de residencia temporal y trabajo por cuenta propia deberá solicitarse, en modelo oficial, durante los dos meses previos a la fecha de expiración de la vigencia de su autorización. La presentación de la solicitud en este plazo prorrogará la validez de la autorización anterior hasta la resolución del procedimiento. También se prorrogará hasta la resolución del procedimiento en el supuesto en que la solicitud se presentase dentro de los tres meses posteriores a la fecha en que hubiera finalizado la vigencia de la anterior autorización, sin perjuicio de la incoación del correspondiente procedimiento sancionador por la infracción prevista en el artículo 52.b) de la Ley Orgánica 4/2000.

2.   La autorización de residencia y trabajo por cuenta propia podrá ser renovada en los siguientes supuestos:

a)   Cuando se acredite la continuidad en la actividad que dio lugar a la autorización que se renueva, previa comprobación de oficio del cumplimiento de sus obligaciones tributarias y de Seguridad Social.

Los descubiertos en la cotización a la Seguridad Social no impedirán la renovación de la autorización, siempre que se acredite la realización habitual de la actividad. El órgano competente pondrá en conocimiento de la Inspección de Trabajo y Seguridad Social la situación de descubierto de cotización, a los efectos de que se lleven a cabo las actuaciones que procedan.

b)   Cuando un familiar, definido en los términos del artículo 66, cumpliera con los requisitos económicos para reagrupar a la persona trabajadora.

c)   Cuando por el órgano gestor competente, conforme a la normativa sobre la materia, se hubiera reconocido a la persona extranjera trabajadora autónoma la protección por cese de actividad.

d)   En el caso de trabajadores autónomos económicamente dependientes, cuando se produzca la interrupción o extinción del contrato por causas ajenas a la persona trabajadora autónoma, incluida la trabajadora autónoma económicamente dependiente que sea víctima de violencia de género o víctima de violencia sexual.

e)   Cuando la persona trabajadora se encuentre en alguna de las situaciones previstas en el artículo 38.6 b) y c) de la Ley Orgánica 4/2000, de 11 de enero.

3.   A la solicitud, en modelo oficial, deberá acompañar la documentación que acredite que sigue cumpliendo los requisitos que se exigen para la concesión inicial o, en su caso, de que concurre alguno de los supuestos previstos en los puntos b), c) y d) del apartado 2 de este artículo. En todo caso, la solicitud irá acompañada de informe emitido por las autoridades autonómicas competentes que acredite la escolarización de los menores a su cargo en edad de escolarización obligatoria.

4.   En caso de que a partir de la documentación presentada junto a la solicitud no quede acreditada la escolarización de los menores en edad de escolarización obligatoria que estén a cargo de la persona solicitante, la oficina de extranjería pondrá esta circunstancia en cono-

cimiento de las autoridades educativas competentes, y advertirá expresamente y por escrito a la persona extranjera solicitante de que en caso de no producirse la escolarización y presentarse el correspondiente informe en el plazo de un mes, la autorización no será renovada.

5.   La oficina de extranjería para la tramitación del procedimiento comprobará de oficio la información sobre que la persona interesada está al corriente en el cumplimiento de sus obligaciones tributarias y de Seguridad Social, así como recabará el certificado de antecedentes penales y el informe policial de los servicios competentes y resolverá.

Se valorará, en función de las circunstancias de cada supuesto, la posibilidad de renovar la autorización de residencia y trabajo a las personas extranjeras que hubieran sido condenadas por la comisión de un delito y hayan cumplido la condena, los que han sido indultadas o que se encuentren en la situación de remisión condicional de la pena o suspensión de la pena.

6.   Igualmente se valorará el esfuerzo de integración de la persona extranjera. Esta circunstancia se acreditará mediante la aportación, por parte de la persona extranjera, entre otros medios de prueba, de un informe favorable de los órganos competentes de la Comunidad Autónoma de su lugar de residencia que recomienden la renovación, principalmente en caso de que no acredite el cumplimiento de alguno de los requisitos previstos para la renovación de la autorización.

El informe, de ser favorable, certificará el conocimiento y respeto de los valores constitucionales de España, los valores estatutarios de la Comunidad Autónoma en que se resida, los valores de la Unión Europea, los derechos humanos, las libertades públicas, la democracia, la tolerancia y la igualdad entre mujeres y hombres, y en su caso, el aprendizaje de las lenguas oficiales del lugar de residencia.

En caso de que el informe no haya sido emitido en el plazo de un mes, circunstancia que habrá de ser debidamente acreditada por el interesado, podrá justificarse este requisito por cualquier medio de prueba admitido en Derecho.

Dicho esfuerzo de integración podrá ser alegado por la persona extranjera como información a valorar en caso de no acreditar el cumplimiento de alguno de los requisitos previstos para la renovación de la autorización.

87.   *Efectos de la renovación de la autorización de residencia temporal y trabajo por cuenta propia.* 1.   La autorización de residencia y trabajo por cuenta propia renovada tendrá una vigencia de cuatro años, salvo que corresponda una autorización de residencia de larga duración, y habilitará a trabajar por cuenta ajena y por cuenta propia en cualquier parte del territorio nacional y en cualquier sector de actividad. Los efectos de la autorización renovada se retrotraerán al día inmediatamente siguiente al de la caducidad de la autorización anterior.

2. Se entenderá que la resolución es favorable en el supuesto de que la Administración no resuelva expresamente en el plazo de tres meses desde la presentación de la solicitud.

CAPÍTULO V
Residencia temporal con excepción de la autorización de trabajo

88. *Excepciones a la autorización de trabajo.* Están exceptuados de la obligación de obtener autorización de trabajo para el ejercicio de una actividad lucrativa, laboral o profesional, sin limitación de ámbito geográfico, las personas extranjeras que estén incluidas en el artículo 41 de la Ley Orgánica 4/2000, de 11 de enero, y cumplan las siguientes condiciones:

a) Técnicos, investigadores y científicos invitados o contratados por la Administración General del Estado, las Comunidades Autónomas, las universidades, los entes locales o los organismos que tengan por objeto la promoción y el desarrollo de la investigación promovidos o participados mayoritariamente por las anteriores.

Tendrán esta consideración los profesionales que por sus conocimientos, especialización, experiencia o prácticas científicas sean invitados o contratados por una de las Administraciones citadas para el desarrollo de una actividad o programa técnico, científico o de interés general.

Esta circunstancia quedará acreditada con la presentación de la invitación o contrato de trabajo, suscritos por quien tenga atribuida la competencia o la representación legal correspondiente del órgano, organismo o entidad correspondiente, donde conste la descripción del proyecto y el perfil profesional que se requiere para su desarrollo.

b) Profesores, técnicos, investigadores y científicos invitados o contratados por una universidad española. Se considera como tales a los docentes que sean invitados o contratados por una universidad española para desarrollar tareas docentes, de investigación o académicas. Esta circunstancia quedará acreditada con la presentación de la invitación o contrato de trabajo para el ejercicio de dichas actividades, suscritos por quien tenga atribuida la representación legal de la universidad española correspondiente.

c) Personal directivo o profesorado de instituciones culturales o docentes dependientes de otros Estados, o privadas, de acreditado prestigio, oficialmente reconocidas por España, que desarrollen en nuestro país programas culturales y docentes de sus países respectivos, en tanto limiten su actividad a la ejecución de tales programas. Podrán beneficiarse de la excepción las personas extranjeras en quienes concurran las circunstancias siguientes:

1.ª Ocupar puestos de dirección, de docencia o de investigación y limitar su ocupación al ejercicio de la indicada actividad en instituciones culturales o docentes extranjeras radicadas en España.

2.ª Cuando se trate de instituciones culturales o docentes dependientes de otros Estados, deberán desarrollar en España su actividad de forma que los estudios cursados, programas desarrollados y los títulos o diplomas expedidos tengan validez y sean reconocidos por los países de los que dependan.

3.ª Si se trata de instituciones privadas extranjeras, se considerará acreditado el prestigio cuando la entidad y las actividades realizadas hayan sido oficialmente reconocidas y autorizadas por las autoridades competentes, y los títulos o diplomas que expidan tengan validez y reconocimiento por los países de los que dependan.

Estas circunstancias quedarán acreditadas con la presentación de la documentación que justifique la validez en el país de origen de los títulos o diplomas expedidos en España, del contrato de trabajo, o designación para el ejercicio de actividades de dirección o docencia. Y, en el caso de las entidades privadas, también de la documentación que justifique su reconocimiento oficial en España.

d) Los funcionarios civiles o militares de las Administraciones estatales extranjeras que vengan a España para desarrollar actividades en virtud de acuerdos de cooperación con una Administración española.

Esta situación quedará acreditada con la presentación del certificado emitido por la Administración estatal extranjera competente y la justificación de tales aspectos.

e) Corresponsales de medios de comunicación extranjeros. Tendrán esta consideración los profesionales de la información al servicio de medios de comunicación extranjeros que desarrollen su actividad informativa en España, debidamente acreditados por las autoridades españolas como corresponsales o como enviados especiales.

f) Miembros de misiones científicas internacionales que realicen trabajos e investigaciones en España, autorizados por la Administración, estatal o autonómica, competente.

Tendrán esta consideración las personas extranjeras que formen parte de una misión científica internacional que se desplace a España para realizar actividades de estudio o investigación programadas por un organismo o agencia internacional, y autorizadas por las autoridades competentes.

g) Ministros religiosos y miembros de la jerarquía de las diferentes iglesias, confesiones y comunidades religiosas, así como religiosos profesos de órdenes religiosas. Tendrán esta consideración las personas en quienes concurran los siguientes requisitos:

1.º Que pertenezcan a una iglesia, confesión, comunidad religiosa u orden religiosa que figure inscrita en el Registro de Entidades Religiosas del Ministerio de Presidencia, Justicia y Relaciones con las Cortes.

2.º Que tengan, efectiva y actualmente, la condición de ministro de culto, miembro de la jerarquía o religioso profeso por cumplir los requisitos establecidos en sus normas estatutarias.

3.º Que las actividades que vayan a desarrollar en España sean estrictamente religiosas o, en el caso de religiosos profesos, sean meramente contemplativas o respondan a los fines estatutarios propios de la orden; quedan expresamente excluidas las actividades laborales que no se realicen en este ámbito.

4.º Que la entidad de la que dependan se comprometa a hacerse cargo de los gastos ocasionados por su manutención y alojamiento, así como a cumplir los requisitos exigibles de acuerdo con la normativa sobre Seguridad Social.

El extremo indicado en el párrafo 1.º se acreditará mediante certificación del Ministerio de Presidencia, Justicia y Relaciones con las Cortes; los expresados en los párrafos 2.º a 4.º se acreditarán mediante certificación expedida por la entidad, con la conformidad del Ministerio de Presidencia, Justicia y Relaciones con las Cortes y la presentación de copia de los Estatutos de la orden.

Quedan expresamente excluidos de este artículo los seminaristas y personas en preparación para el ministerio religioso, aunque temporalmente realicen actividades de carácter pastoral, así como las personas vinculadas con una orden religiosa en la que aún no hayan profesado, aunque realicen una actividad temporal en cumplimiento de sus estatutos religiosos.

h) Las personas extranjeras que formen parte de los órganos de representación, gobierno y administración de los sindicatos y organizaciones empresariales reconocidos internacionalmente, siempre que su actividad se limite estrictamente al desempeño de las funciones inherentes a dicha condición.

i) Las personas extranjeras que cuenten con un permiso de trabajo válido en un Estado miembro de la Unión Europea y sean desplazadas a España en el marco de una prestación de servicios trasnacional, en los términos definidos por la Ley 45/1999, de 29 de noviembre, sobre el desplazamiento de trabajadores en el marco de una prestación de servicios transnacional.

89. *Requisitos y procedimiento.* 1. La persona trabajadora extranjera no residente en España que esté exceptuada de la obligación de obtener autorización de trabajo para el ejercicio de una actividad lucrativa, laboral o profesional, y siempre que la duración prevista de la actividad sea superior a noventa días naturales, deberá presentar una solicitud de autorización de residencia temporal con excepción de la autorización de trabajo ante el órgano competente para su tramitación o, en el caso de encontrarse fuera de España, una solicitud de visado de residencia ante la oficina consular española correspondiente a su lugar de residencia.

La solicitud del visado de residencia conllevará la solicitud de autorización de residencia temporal con excepción de la autorización de trabajo.

2. Los requisitos para la obtención de una autorización de residencia temporal con excepción de la autorización de trabajo serán:

a) La acreditación de encontrarse en alguno de los supuestos de excepción de la autorización de trabajo.

b) No encontrarse, en su caso, dentro del plazo de compromiso de no retorno a España que la persona extranjera haya asumido al retornar voluntariamente a su país de origen.

c) No representar una amenaza para el orden público, la seguridad pública o la salud pública, circunstancia que se acreditará mediante la comprobación de la inexistencia de antecedentes penales en España y la valoración del informe policial correspondiente.

d)   Haber abonado la tasa por tramitación del procedimiento.

3.   La solicitud de visado se tramitará de acuerdo con lo establecido en el capítulo IV del título II.

4.   Para la valoración del requisito establecido en la letra c) del apartado segundo del presente artículo, la oficina de extranjería recabará de oficio el informe del registro central de penados y el informe policial sobre la persona solicitante. Estos informes serán emitidos en el plazo de siete días.

La existencia de antecedentes en el informe policial no supondrá, por sí misma y de forma automática, causa de denegación de la autorización. En ese caso, el órgano competente valorará de forma casuística y circunstanciada, que la persona extranjera no suponga una amenaza para el orden público, la seguridad interior, la salud pública o las relaciones internacionales de ninguno de los Estados miembros de la Unión Europea.

5.   En caso de que la persona extranjera se encuentre regularmente en España, deberá solicitar la autorización de residencia temporal con excepción de la autorización de trabajo ante la oficina de extranjería correspondiente a la provincia donde se inicie la actividad, aportando la documentación que lo justifique. La solicitud deberá presentarse con una antelación mínima de dos meses a la fecha de expiración de la situación legal en la que se encuentre.

En este supuesto la oficina de extranjería verificará el cumplimiento de los requisitos previstos en el artículo 38, salvo el previsto en los apartados f) y h).

El plazo máximo para notificar la resolución del Subdelegado o delegado del Gobierno competente será de dos meses, transcurrido el cual la solicitud se entenderá desestimada. La oficina de extranjería podrá solicitar la presentación de la documentación adicional que se estime pertinente para acreditar que la persona extranjera se encuentra en alguno de los supuestos previstos en el artículo 88, así como los informes que sean precisos a otros órganos administrativos.

6.   En caso de que la solicitud se presente ante la oficina consular el plazo máximo para resolver y notificar será de 15 días, transcurridos los cuales sin haber obtenido respuesta la solicitud se entenderá desestimada.

7.   La vigencia de la autorización de residencia temporal con excepción de la autorización de trabajo será igual a la duración de la

actividad o programa que se desarrolle, con el límite máximo de un año la autorización inicial, y de cuatro en la prórroga, si subsisten las circunstancias que motivaron la excepción.

CAPÍTULO VI
Residencia temporal de la persona extranjera que ha retornado voluntariamente a su país

90. *Ámbito de aplicación.* 1.　Lo previsto en el presente capítulo se aplicará a la persona extranjera que, siendo titular de una autorización de residencia temporal:

a)　Se acoja a un programa de retorno voluntario impulsado, financiado o reconocido por la Administración General del Estado; o

b)　Retorne voluntariamente a su país de origen al margen de programa alguno.

2.　En cualquier caso, lo previsto en este capítulo se entenderá sin perjuicio del derecho de las personas extranjeras residentes en España a salir de territorio español y regresar a éste durante la vigencia de su autorización de residencia, sin más limitaciones que las establecidas de conformidad con el artículo 28 de la Ley Orgánica 4/2000, de 11 de enero, y las derivadas de la posible extinción de su autorización tras un determinado periodo de ausencia de territorio español, de acuerdo con lo previsto en este Reglamento.

91. *Compromiso de no regreso a territorio español.* 1.　Finalizada la vigencia de su compromiso de no regreso a territorio español, la persona extranjera podrá solicitar, o podrá solicitarse a su favor, una autorización de residencia temporal o de residencia temporal y trabajo, de acuerdo con lo previsto en este reglamento en función del tipo autorización que desee obtener.

En caso de que el programa de retorno voluntario no establezca un periodo de compromiso de no regreso a España o si la persona extranjera retorna a su país de origen al margen de programa alguno, la solicitud de autorización de residencia temporal o residencia temporal y trabajo de acuerdo con lo establecido en este capítulo podrá ser presentada transcurridos tres años desde la fecha del retorno a su país de origen. Este plazo podrá ser modificado por orden de la persona titular del Ministerio de Inclusión, Seguridad Social y Migraciones.

2. A efectos de control de la fecha del retorno, la persona extranjera, cualquiera que sea el programa de retorno voluntario al que se haya acogido o de no haberse acogido a ninguno, deberá comparecer personalmente en la oficina consular española en el país de origen, entregando su tarjeta de identidad de extranjero en vigor.

3. En caso de que haya regresado a su país de origen en base a un programa de retorno voluntario que no implique su renuncia a la situación de residencia de que fuera titular, o de no haberse acogido a ningún programa, la persona extranjera, a efectos de que le resulte de aplicación lo previsto en este capítulo, habrá de renunciar expresamente y por escrito a su autorización de residencia, en el momento en que comparezca en la oficina consular española en su país de origen para acreditar su retorno.

4. La oficina consular española ante la que la persona extranjera entregue su tarjeta y renuncie a su autorización de residencia entregará a éste un documento en el que consten ambas actuaciones y la fecha en la que se han producido.

92. *Autorizaciones de residencia temporal o de residencia temporal y trabajo.* 1. No resultará de aplicación el requisito relativo a la consideración de la situación nacional de empleo en los procedimientos sobre autorizaciones en los cuales este fuera generalmente exigible, cuando la persona extranjera a cuyo favor se soliciten éstas se encuentre incluido en el supuesto previsto en el artículo 90.1.a).

2. En el marco de la gestión colectiva de trabajadores en origen, podrán ser presentadas ofertas de carácter nominativo a favor de las personas extranjeras que se hubieran acogido al programa de retorno voluntario o hubieran regresado a su país al margen de un programa en los términos previstos en este capítulo, siempre que con ello hubieran renunciado a la titularidad de una autorización de residencia temporal y trabajo.

Igualmente, los órganos españoles competentes realizarán las actuaciones necesarias para que dichas personas extranjeras sean preseleccionados en los procedimientos desarrollados en su país de origen a los que concurran, siempre que reúnan los requisitos de capacitación y, en su caso, cualificación profesional legalmente exigida para el ejercicio de la profesión.

3. Los procedimientos de solicitud de una autorización de residencia temporal o de residencia temporal y trabajo derivados de lo previsto en este capítulo serán objeto de tramitación preferente. El plazo máximo para la resolución y notificación será de cuarenta y cinco días desde día siguiente al de la fecha en que hayan tenido entrada en el registro del órgano competente para tramitarlas.

4. La situación de residencia temporal de la persona extranjera se entenderá continuada, a los efectos de acceso a la situación de residencia de larga duración, si bien dicho cómputo no incluirá el tiempo transcurrido desde el retorno voluntario de la persona extranjera a su país de origen o país de anterior residencia, hasta la concesión de la nueva autorización de residencia temporal o de residencia temporal y trabajo.

5. Lo previsto en este artículo resultará de aplicación una vez transcurrido el plazo de compromiso de no regreso a España, asumido por la persona extranjera al retornar voluntariamente a su país de origen.

CAPÍTULO VII
Residencia temporal de familiares de personas con nacionalidad española

93. *Definición.* Se encontrará en situación de residencia temporal la persona extranjera que, obteniendo una autorización conforme a lo previsto en este capítulo, no posea la nacionalidad de uno de los Estados miembros de la Unión Europea, ni de otro Estado parte del Acuerdo sobre el Espacio Económico Europeo ni de Suiza y tenga con una persona de nacionalidad española una relación familiar de las que se incluyen en este capítulo, independientemente del lugar y el momento en que se cree el vínculo, siempre que se mantenga y le acompañen, se unan o se reúnan con él en territorio nacional, salvo en el caso previsto en el artículo 94.1 h) del presente reglamento en cuyo caso podrán hacerlo en cualquier circunstancia.

94. *Ámbito de aplicación.* 1. Podrán solicitar una autorización de residencia temporal de familiar de una persona de nacionalidad española, siempre que convivan, quienes se encuentren en alguna de las siguientes situaciones:

a)   El cónyuge mayor de dieciocho años, siempre y cuando no haya recaído acuerdo o declaración de nulidad del vínculo matrimonial o divorcio y no se haya celebrado en fraude de ley.

En ningún caso podrá acceder a esta autorización más de un cónyuge, independientemente de que la ley personal de la persona extranjera admita esta modalidad matrimonial.

En cuanto a la persona de nacionalidad española residente que esté casada en segundas o posteriores nupcias, sólo podrá acceder a esta autorización el nuevo cónyuge y sus familiares relacionados en este artículo si acreditan que la disolución de sus anteriores matrimonios ha tenido lugar tras un procedimiento que fije la situación del cónyuge previo y sus familiares con relación a la vivienda común, las eventuales pensiones al cónyuge y a los hijos menores o mayores dependientes.

b)   La pareja extranjera no casada mayor de dieciocho años que mantenga con la persona de nacionalidad española una relación de afectividad análoga a la conyugal e inscrita en un registro público establecido, a esos efectos, en un Estado miembro de la Unión Europea o en un Estado parte en el Acuerdo sobre el Espacio Económico Europeo o en Suiza, siempre y cuando no se haya celebrado en fraude de ley y no se haya cancelado dicha inscripción, lo que deberá ser suficientemente acreditado.

c)   La pareja extranjera no casada mayor de dieciocho años que mantenga con la persona de nacionalidad española una relación estable debidamente probada. En todo caso, se entenderá por pareja estable debidamente probada aquella que acredite suficientemente una relación de convivencia análoga a la conyugal, dentro o fuera de España, de, al menos, doce meses continuados. No será exigible el periodo de convivencia previa si la pareja cuenta con descendencia común siempre que se mantenga el vínculo.

Las situaciones de matrimonio, pareja registrada y pareja estable se considerarán, en todo caso, incompatibles entre sí.

d)   Sus hijos o, los de su cónyuge, pareja registrada o pareja estable siempre y cuando esta también resida o vaya a residir en España, menores de veintiséis años, o mayores de dicha edad que estén a su cargo, o que tengan una discapacidad para la que precisen apoyo para el ejercicio de su capacidad jurídica. En todos los casos anteriores, siempre que convivan o pretendan convivir con ellos y no estén casados o hayan constituido su propia unidad familiar. Si estuvieran casados o hubieran constituido su propia unidad familiar podrán solicitar las autorizaciones conforme a lo previsto en la letra i) de este apartado acreditando que todos los miembros de esa unidad familiar están a cargo de la persona con nacionalidad española.

En el supuesto de hijos adoptivos deberá acreditarse que la resolución por la que se acordó la adopción reúne los elementos necesarios para producir efectos en España conforme a la normativa nacional e internacional.

Cuando se trate de hijos del cónyuge, o de la pareja registrada o estable, menores de dieciocho años, podrán acceder a la autorización de residencia siempre que el progenitor extranjero ejerza la patria potestad o la custodia con carácter exclusivo o, en su defecto, siempre que el otro titular del derecho de custodia haya dado su consentimiento ante una autoridad pública o fedatario público. No será necesario tal consentimiento cuando esos hijos menores hayan nacido en España y hayan permanecido en nuestro país desde su nacimiento.

e)   Los ascendientes directos de primer grado en línea directa y los de su cónyuge, o pareja registrada o pareja estable siempre que no haya recaído acuerdo o declaración de nulidad del vínculo matrimonial, o divorcio, o se haya cancelado la inscripción registral de la pareja en los siguientes casos:

1.º   cuando acrediten que viven a su cargo y carezcan de apoyo familiar en origen,

2.º   cuando concurran razones de carácter humanitario.

f)   El padre, madre, tutor o tutora de un menor de nacionalidad española, siempre que el solicitante tenga a cargo al menor y conviva con este o esté al corriente de sus obligaciones respecto al mismo. Esta relación deberá haber sido constituida conforme al ordenamiento jurídico español.

g)   Un único familiar, hasta el segundo grado, que realice o vaya a realizar los cuidados que precise una persona con nacionalidad española que tenga reconocido alguno de los grados de dependencia previstos en el artículo 26 de la Ley 39/2006, de 14 de diciembre, de Promoción de la Autonomía Personal y Atención a las personas en situación de dependencia.

h)   Los hijos y las hijas cuyo padre o madre sean o hubieran sido españoles de origen.

i)   Otros miembros de su familia no incluidos en los apartados anteriores, y acrediten, de forma fehaciente, en el momento de la solicitud, que se encuentran a su cargo.

2.   Cuando existan varios familiares de la persona con nacionalidad española, las solicitudes de las autorizaciones de residencia temporal podrán formularse, de todos los miembros de la unidad familiar o de parte de ella al mismo tiempo o de forma sucesiva.

3.   Las referencias incluidas en el presente capítulo en relación con la condición de persona extranjera a cargo o de razones de carácter humanitario, se entenderán de conformidad con los requisitos y condiciones establecidos en el capítulo I del título XII.

4.   Cuando se trate de familiares menores de dieciocho años con los que no exista vínculo de filiación, habrá de acreditarse la existencia de medidas de protección por desamparo en España o en el extranjero, siempre que no sean contrarias al orden público español.

95.   *Características de la autorización de residencia temporal de familiares de personas con nacionalidad española.* 1.   A las personas extranjeras a las que se les conceda esta autorización tendrán derecho, durante su vigencia, a residir y trabajar, sin necesidad de realizar ningún trámite administrativo adicional, mientras se mantengan las condiciones previstas en el presente capítulo y siempre que superen la edad mínima de admisión al trabajo. Dicha autorización les habilita para trabajar por cuenta ajena o por cuenta propia, y en cualquier parte del territorio español, ocupación o sector de actividad.

Los familiares que hayan accedido a la autorización de residencia, tras haber acreditado la condición de persona extranjera a cargo, la podrán mantener o conservar, aunque ejerzan en España, durante su vigencia, actividades por cuenta ajena o por cuenta propia. Ello sin perjuicio de que puedan solicitar una autorización de residencia independiente en los términos y con los efectos previstos en el artículo 99.

De conformidad con lo establecido en el artículo 40 de la Ley Orgánica 4/2000, de 11 de enero, no se tendrá en cuenta la situación nacional de empleo para la concesión de estas autorizaciones.

2.   Las personas titulares de la autorización de residencia temporal de familiares de personas con nacionalidad española podrán ejercer su propio derecho a la reagrupación familiar en los términos, plazos, requisitos y condiciones previstas en los artículos 68 y 69.

3. En caso de que la persona extranjera se encuentre en España, la concesión de la autorización de residencia tendrá una validez de 5 años a partir de la fecha de su concesión o, en su caso, se otorgará por el periodo previsto de residencia en España del familiar de nacionalidad española si éste fuera inferior. En caso de que la persona extranjera se encuentre fuera de España, la autorización concedida tendrá una duración de 5 años o por el periodo previsto de residencia en España del familiar español si éste fuera inferior y tendrá efecto desde la fecha en que se efectúe la entrada en España.

4. Si la duración de la autorización fuera inferior a la máxima de 5 años podrá renovarse siempre y cuando se mantengan las condiciones previstas en este capítulo, por cinco años o por el periodo previsto de residencia en España del familiar de nacionalidad española si este fuera inferior, siempre que la solicitud se presente en los dos meses previos a la fecha de la caducidad o en los tres meses posteriores a la misma, y sin perjuicio de la incoación del correspondiente procedimiento sancionador por la infracción prevista en el artículo 52.b) de la Ley Orgánica 4/2000, de 11 de enero. La presentación de la solicitud dentro del plazo de renovación prorroga la validez de la autorización anterior hasta la resolución del procedimiento.

96. *Acreditación de los requisitos para la obtención de la autorización.* Para obtener una autorización de residencia temporal de familiares de personas con nacionalidad española será necesario cumplir los siguientes requisitos específicos:

a) Relativos al familiar de nacionalidad española:

1.º Copia completa del pasaporte, o del documento nacional de identidad, en vigor.

2.º En los casos de solicitud a favor de cónyuge o pareja, declaración responsable de que no reside con él en España otro cónyuge o pareja.

b) Relativos al familiar extranjero:

1.º Copia completa del pasaporte, del título de viaje, en vigor.

2.º Documentación acreditativa de la existencia del vínculo familiar con el familiar de nacionalidad española.

3.º En los supuestos en los que así se exija, documentación acreditativa de que el familiar se encuentre a cargo del familiar de nacionalidad española.

4.º   En los casos contemplados en el artículo 94.1.i), se deberá acreditar la dependencia, la convivencia, el grado de parentesco y, en su caso, la existencia de motivos graves de salud o discapacidad.

5.º   En el supuesto de pareja estable, documentación que justifique la existencia de una relación estable con la pareja de nacionalidad española, el tiempo de convivencia y, en su caso, certificado de nacimiento de los descendientes comunes.

97.   *Procedimiento para la obtención de la autorización de residencia.* 1.   La solicitud de autorización de residencia podrá presentarse según el supuesto de que se trate, de la siguiente forma:

a)   Por la persona de nacionalidad española cuando esta se encuentre en territorio nacional y la extranjera se halle en el Estado de origen o de procedencia y ambos pretendan fijar su residencia de manera efectiva en España.

b)   Por la persona extranjera, cuando tanto el familiar de nacionalidad española como el familiar extranjero se encuentren fuera del territorio nacional y tengan previsto trasladar o establecer su residencia de manera real en España.

c)   Excepcionalmente, cuando la persona extranjera y el ciudadano español se encuentren en territorio nacional, los familiares de las letras a), b), c), f), g), h) del apartado primero artículo 94 y, hasta que cumplan los dieciocho años, los familiares incluidos en la letra d), podrán solicitar en España, indistintamente, cualquiera de los dos esta autorización de residencia temporal.

2.   En el caso previsto en la letra a) del apartado primero, el familiar de nacionalidad española presentará la solicitud a favor de su familiar personalmente o mediante representación según el modelo oficial ante la oficina de extranjería de la provincia en la que resida, junto con la documentación prevista en el artículo 96.

La oficina de extranjería comprobará el cumplimiento de los requisitos y resolverá sobre la autorización. En caso de que la autorización sea concedida, el familiar deberá presentar la solicitud del correspondiente visado ante la oficina consular española competente que se tramitará conforme a lo dispuesto en el artículo 41.2.

3.   En el caso previsto en la letra b) del apartado primero, la persona extranjera presentará la solicitud de visado ante la oficina consular española competente que se tramitará conforme a lo dispuesto en el artículo 41.3.

4.   En el supuesto previsto en la letra c) del apartado primero, el familiar de nacionalidad española o la persona extranjera presentará la solicitud ante la oficina de extranjería de la provincia en la que tenga establecida o vaya a establecer su residencia junto con la documentación que acredite el cumplimiento de los requisitos previstos en los artículos anteriores de este capítulo y el artículo 38, salvo los previstos en el artículo 38. b) y h).

5.   Salvo que se hayan inadmitido o denegado autorizaciones del mismo tipo con base en una identidad sustancial de hechos, la presentación de la solicitud otorgará, durante su tramitación y hasta su resolución, el derecho de permanecer provisionalmente a los familiares en España y, en el caso de aquellos referidos en las letras a), b), c) y d) del artículo 94, habilitará para el desarrollo de actividades laborales o profesionales por cuenta ajena o propia, respectivamente. El mantenimiento de la autorización provisional y, en su caso, de la habilitación para trabajar quedarán condicionados a la posterior concesión definitiva de la autorización, quedando sin efecto en otro caso.

6.   Recibida la solicitud de autorización, la oficina de extranjería competente comprobará la documentación aportada y verificará el cumplimiento de los requisitos previstos en este capítulo.

Si la documentación estuviera incompleta, formulará el oportuno requerimiento a fin de que se subsanen los defectos en el plazo que se señale en la notificación, que no podrá ser superior a quince días, advirtiéndole de que, de no efectuarse, se le tendrá por desistido de su solicitud y procederá al archivo de su expediente, dictándose al efecto la oportuna resolución.

Para valorar la condición prevista en el artículo 94.1, la oficina de extranjería recabará de oficio el informe de los servicios competentes de la Dirección General de la Policía en materia de seguridad y orden público, de los juzgados y tribunales, así como del Registro Central de Penados.

El órgano competente resolverá y notificará en el plazo de dos meses desde la fecha de presentación de solicitud. Transcurrido dicho plazo sin haber obtenido respuesta se entenderá que la solicitud ha sido desestimada.

En el supuesto previsto en el apartado 1.b), el órgano competente resolverá en el plazo de dos meses desde la recepción de la comunicación de la oficina consular, transcurrido el cual sin haber obtenido respuesta se entenderá que la solicitud ha sido desestimada.

La resolución de concesión, que, en su caso, hará mención expresa a que la autorización no desplegará sus efectos hasta que no se produzca la obtención del visado y la posterior entrada en España de su titular, se incorporará a la aplicación informática correspondiente para que sea inmediatamente accesible por el Ministerio de Asuntos Exteriores, Unión Europea y Cooperación y por la oficina consular para su valoración.

7.   En el caso previsto en la letra c) del apartado primero, una vez obtenida la autorización, la persona extranjera deberá solicitar personalmente la tarjeta de identidad de extranjero ante la Comisaría de Policía competente en el plazo de un mes desde la notificación de la concesión.

En los demás casos, la persona extranjera deberá solicitar personalmente la tarjeta de identidad de extranjero ante la Comisaría de Policía competente en el plazo de un mes desde la fecha de entrada en territorio nacional.

8.   Los procedimientos regulados en este artículo, serán objeto de tramitación preferente y tendrán carácter gratuito.

98.   *Condiciones para el ejercicio del derecho a una autorización de residencia temporal de familiares de personas con nacionalidad española.* 1.   La autorización de residencia temporal de familiares de personas con nacionalidad española, o el correspondiente visado, se podrán denegar por razones de orden público, seguridad pública o salud pública, respetando el principio de proporcionalidad y, teniéndose en cuenta la normativa reguladora de orden público y de la seguridad pública.

Cuando se adopte por las razones anteriormente señaladas de orden público o de seguridad pública, la denegación de la autorización o del visado deberá estar fundada exclusivamente en la conducta personal de la persona extranjera, que, en todo caso, deberá constituir una amenaza real, actual y suficientemente grave que afecte a un interés fundamental de la sociedad, y que será valorada, por el órgano competente para resolver en atención a los informes de las autoridades policiales, fiscales o judiciales que obren en el expediente.

La existencia de condenas penales anteriores, dentro o fuera de España, no constituirá, por sí sola, razón automática para acordar la denegación de la autorización o del visado, salvo en el caso de los familiares incluidos en las letras c), g), h) e i) del artículo 94 que tendrán que acreditar, en todo caso, la inexistencia de antecedentes penales.

2. La vigencia de la autorización de residencia estará condicionada al hecho de que la persona titular de la misma continúe encontrándose en alguno de los supuestos que dan derecho a su obtención y mantenga el cumplimiento de los requisitos y condiciones. Las personas españolas o el familiar extranjero deberán comunicar los eventuales cambios de circunstancias referidos al domicilio, a su nacionalidad, estado civil y en su caso, la condición de pareja registrada o estable, a la oficina de extranjería de la provincia donde residan o la Comisaría de Policía correspondiente en el plazo de dos meses desde que se produzcan.

3. Conforme a lo dispuesto en el capítulo II del título XII de este reglamento, será causa de retirada o pérdida de la autorización que la persona de nacionalidad española o el miembro o miembros de su familia no hagan o hayan dejado de hacer vida conyugal o familiar efectiva o se constate que el ciudadano español o la pareja no casada ha contraído matrimonio o mantiene una relación estable con otra persona.

99. *Residencia independiente de las personas que tienen o han tenido vínculos familiares con una persona de nacionalidad española.* 1. Las personas referidas en el artículo 94, con la excepción de los mencionados en las letras c) e i), podrán optar a una autorización independiente cuando se den los supuestos contemplados en los apartados siguientes:

2. El fallecimiento de la persona de nacionalidad española no afectará al derecho de residencia de quienes sean titulares de la autorización siempre que estos hayan residido en España antes del fallecimiento del titular del derecho. Las personas que hubieran obtenido la autorización de residencia temporal de familiares de personas con nacionalidad española tendrán la obligación de comunicar el fallecimiento a la oficina de extranjería donde residan en el plazo máximo de seis meses desde que se produzca.

3. El cese de la residencia efectiva en España de la persona con nacionalidad española, que habrá de ser comunicada en el plazo máximo de seis meses desde que se produzca, no supondrá la pérdida de la autorización de residencia de sus hijos ni del progenitor que tenga atribuida la custodia efectiva de éstos, con independencia de su nacio-

nalidad, siempre que dichos hijos residan en España y se encuentren matriculados en un centro de enseñanza para cursar estudios, ello hasta la finalización de éstos.

4. En el caso de nulidad del vínculo matrimonial o divorcio, o de la cancelación de la inscripción como pareja registrada, de la persona con nacionalidad española con la persona extranjera, esta tendrá obligación de comunicar dicha circunstancia a las autoridades competentes en el plazo de seis meses desde que se produzca. Para conservar el derecho de residencia, deberá acreditarse uno de los siguientes supuestos:

a) Duración de al menos tres años del matrimonio o situación de pareja registrada o estable, hasta el inicio del procedimiento judicial de nulidad del matrimonio, divorcio o de la cancelación de la inscripción como pareja registrada, de los cuales deberá acreditarse que al menos uno de los años ha transcurrido en España.

La solicitud de autorización de residencia independiente habrá de solicitarse en el plazo de los seis meses siguientes a la fecha de notificación de la admisión de la demanda de nulidad, divorcio o separación de derecho, de la resolución de cancelación de la inscripción de la pareja registrada o del cese de la convivencia de la pareja estable.

b) Otorgamiento por mutuo acuerdo o decisión judicial, de la custodia de los hijos e hijas de la persona con nacionalidad española, al excónyuge o expareja registrada o estable de nacionalidad extranjera.

c) Resolución judicial o mutuo acuerdo entre las partes que determine el derecho de visita, al hijo o hija menor, del excónyuge o expareja registrada o estable de nacionalidad extranjera, cuando dicho menor resida en España y dicha resolución o acuerdo se encuentre vigente.

5. Cuando la persona extranjera fuera víctima de violencia de género, de violencia sexual, de un delito por conductas violentas ejercidas en el entorno familiar, víctima de trata de seres humanos por parte del familiar español o víctima del delito de abandono de familia, menores o personas con discapacidad necesitadas de especial protección, una vez dictada a su favor, en los tres primeros casos, una orden judicial de protección o, en su defecto, exista un informe policial o un informe del Ministerio Fiscal que indique la existencia de indicios de violencia de género o cuente con informe en el que figure identificada como víctima de trata de seres humanos emitido por las autoridades policiales con formación específica en la investigación de la trata de

seres humanos y en la identificación de sus víctimas. También se podrá acreditar la condición de víctima de violencia de género, víctima de violencia sexual y víctima de un delito por conductas violentas ejercidas en el entorno familiar a través del documento que lo acredite de conformidad con las previsiones recogidas en la normativa correspondiente.

6. En los supuestos previstos en los apartados anteriores, el familiar extranjero, para mantener o conservar la autorización por el tiempo que reste de vigencia hasta su caducidad, deberá solicitar expresamente ante la oficina de extranjería la residencia independiente en el plazo de los seis meses siguientes a la fecha en que se produzca el hecho causante previsto en los ordinales segundo a cuarto de este artículo. Obtenida la resolución favorable sobre la residencia independiente, la persona extranjera mantendrá la tarjeta de identidad de extranjero de la que sea titular hasta la caducidad de la misma.

7. En los supuestos previstos en los apartados anteriores, cuando no sea posible mantener la autorización a título personal, procederá solicitar la modificación de la autorización en los términos previstos en el título XI siempre que acrediten los requisitos previstos y se solicite en el plazo de los tres meses siguientes a la fecha que se produzca la circunstancia que lo justifica o a los tres meses siguientes a la denegación de la solicitud de la residencia independiente.

TÍTULO V
Residencia y trabajo para actividades de temporada

CAPÍTULO I
Definición y requisitos de concesión

100. *Definición.* Se halla en situación de residencia y trabajo para actividades de temporada la persona extranjera mayor de dieciséis años autorizada a residir en España y a ejercer actividades laborales por cuenta ajena por periodos máximos de nueve meses en un año natural, durante el periodo de vigencia de la autorización, para ejercer una actividad de temporada.

101. *Autorización de residencia temporal y trabajo para actividades de temporada.* 1.   Las autorizaciones de residencia y trabajo para actividades de temporada tendrán una duración de cuatro años y habilitarán a sus titulares, durante su periodo de vigencia, a trabajar por un periodo de actividad máximo de nueve meses durante cada año natural.

Se concederán para un único empleador, sin perjuicio de las especificidades que se puedan establecer en los supuestos de concatenación, prórrogas del periodo de actividad y cambios de empleador.

Las empresas de trabajo temporal no podrán ser titulares de esta autorización de residencia y trabajo para actividades de temporada ni ser autorizados por cambio de empleador o en la cadena de concatenaciones.

Salvo en los casos en los que no resulte aplicable el requisito de la situación nacional de empleo, la autorización se limitará a un ámbito geográfico autonómico y a una ocupación.

Cuando la comunidad autónoma tuviera reconocidas competencias en materia de autorización inicial de trabajo podrá fijar el ámbito geográfico de la autorización dentro de su territorio.

2.   Su vigencia estará supeditada al mantenimiento de las condiciones que justificaron su concesión.

3.   En el plazo de un mes desde el alta de la persona trabajadora en el régimen correspondiente de la Seguridad Social, la persona extranjera deberá solicitar la tarjeta de identidad de extranjero, personalmente. En esa tarjeta se hará constar que la autorización es para actividades de temporada.

4.   La Comisión Laboral Tripartita de Inmigración será informada sobre la evolución de las contrataciones de trabajadores de temporada que se determinen.

102. *Requisitos.* 1.   Para la concesión de las autorizaciones de residencia y trabajo para actividades de temporada, será necesario cumplir con los requisitos establecidos en el artículo 74 para las autorizaciones de residencia y trabajo, con las siguientes especificidades:

a)   Que la persona trabajadora no resida ni se halle en España.

b)   Que se formalice por escrito un contrato fijo-discontinuo de conformidad con lo previsto en el artículo 16 de la ley del Estatuto de los Trabajadores, y contenga, como mínimo, las referencias del Real

Decreto 1659/1998 del artículo 8, apartado 5, de la Ley del Estatuto de los Trabajadores sobre información al trabajador sobre los elementos esenciales del contrato de trabajo, y, todas aquellas otras que la normativa laboral establezca para el tipo de contrato correspondiente y, en concreto, el lugar y el tipo de trabajo; la duración de temporada; las horas de trabajo y la fecha de inicio del trabajo. Se dará al mismo tiempo una copia por escrito del contrato en un idioma que pueda entender la persona trabajadora.

c) Que el empleador ponga a disposición de la persona trabajadora un alojamiento adecuado conforme a lo establecido en el artículo 109.

d) Que el empleador suscriba un seguro que cubra la asistencia sanitaria de la persona trabajadora desde la fecha de inicio del viaje a España hasta aquella en que se produzca el alta en el régimen correspondiente de la Seguridad Social.

e) Que se haya abonado la tasa relativa a la autorización de residencia y trabajo para actividades de temporada.

f) Que el empleador se comprometa a la organización de los viajes de la persona trabajadora en los términos establecidos en el artículo 107.1.c).

g) Que el empleador indique el periodo de actividad previsto para el primer año de la autorización plurianual y, en su caso, las concatenaciones contractuales.

h) Que la persona trabajadora extranjera se comprometa a retornar a su país de origen y lo notifique en los términos normativamente establecidos.

i) Que la persona trabajadora extranjera se comprometa a cumplir las normas vigentes sanitarias, de régimen interior y convivencia en explotaciones y alojamientos o de riesgos laborales.

j) Que la persona trabajadora tenga los certificados o licencias administrativas que, en su caso, se exijan para el desarrollo de una actividad profesional regulada según la normativa sectorial aplicable.

k) Que el empleador aporte el compromiso de retorno firmado por la persona trabajadora.

2. Se requerirá que la situación nacional de empleo permita la contratación de trabajadores extranjeros según este Reglamento y sus normas de desarrollo, excepto para las recogidas en la previsión anual de ocupaciones aprobada en los procedimientos de gestión colectiva de contratos de trabajo que sigue su propio régimen.

3.   Durante el primer año de la autorización se requerirá, para la entrada en España el visado de residencia y trabajo para actividades de temporada que se tramitará conforme a lo establecido en el artículo 40.

4.   En cada año sucesivo a aquel en que se hubiera concedido la autorización, la persona titular de la autorización deberá, si se cumplen todos los requisitos, ser llamada de nuevo por el empresario, en el marco del contrato de trabajo celebrado.

CAPÍTULO II
Procedimiento, denegación y llamamiento

103.   *Procedimiento.* 1.   Será de aplicación el procedimiento previsto en el artículo 77 con las especificidades contenidas en los apartados siguientes.

2.   La presentación de las solicitudes se realizará con una antelación mínima de dos meses al inicio de la actividad laboral prevista, salvo causa motivada.

3.   Con la solicitud de autorización, deberá acompañarse, además de los documentos previstos en el artículo 77, la siguiente documentación:

a)   La acreditación por la empresa de haber informado a la persona trabajadora de los derechos y obligaciones que derivan de la firma del contrato de trabajo.

b)   La prueba de estar en posesión o de haber solicitado un seguro de asistencia sanitaria.

c)   La acreditación de que el empleador pondrá a disposición de la persona trabajadora un alojamiento adecuado en los términos establecidos en el presente reglamento.

d)   El compromiso de organizar el viaje en los términos fijados en el artículo 107.1.c).

e)   Declaración responsable del cumplimiento de solvencia económica. Se comprobará de oficio la información de la Agencia Estatal de Administración Tributaria y de la Tesorería General de la Seguridad Social respecto al cumplimiento de las obligaciones en materia tributaria y de Seguridad Social, siempre y cuando no conste la negativa expresa manifestada por el solicitante, en cuyo caso, dicha documentación deberá ser aportada por el mismo.

f) Declaración responsable de la persona trabajadora donde acredite el compromiso de retorno, de cumplir las normas vigentes sanitarias, de régimen interior y convivencia en explotaciones y alojamientos o de riesgos laborales durante toda la vigencia de la autorización.

4. La oficina de extranjería resolverá y notificará de forma motivada en el plazo máximo de un mes, atendiendo a los requisitos exigidos en este título. Transcurrido dicho plazo sin haber recaído resolución expresa se entenderá desestimado por silencio administrativo.

5. En el plazo máximo de un mes siguiente a la notificación de la resolución de concesión de la autorización temporal de residencia y trabajo, la persona trabajadora solicitará el correspondiente visado ante la oficina consular española competente. Se tramitará de acuerdo con el procedimiento establecido en el artículo 40.

6. El empleador deberá proceder al alta en el régimen correspondiente de la Seguridad Social en el plazo máximo de tres días desde la entrada en España de la persona trabajadora.

7. Estas solicitudes se orientarán preferentemente hacía los países con los que España haya firmado acuerdos sobre regulación y ordenación de flujos migratorios.

104. *Denegación de la solicitud.* 1. Las solicitudes de autorización serán denegadas si el empleador no acredita el cumplimiento de los requisitos establecidos en el artículo 102.

También será motivo de denegación estar incurso en los supuestos establecidos en el artículo 78, salvo lo establecido en la letra a) del apartado primero.

2. Asimismo, las solicitudes serán denegadas en el caso de que el empleador, en los dos años anteriores a la solicitud, incurra en alguno de los siguientes supuestos:

a) El incumplimiento grave de las obligaciones contractuales laborales recogidas en la normativa laboral y de Seguridad Social vigente, incluidos los convenios colectivos aplicables.

b) Cuando su empresa esté siendo o se haya liquidado según la normativa sobre insolvencia o cuando no realice actividad económica alguna.

c) Cuando haya sido sancionado por el incumplimiento grave de las garantías y obligaciones previstas en este Reglamento y sus disposiciones de desarrollo, cuya sanción no esté prevista en el Real Decreto Legislativo 5/2000, de 4 de agosto, por el que se aprueba el texto refundido de la Ley sobre Infracciones y Sanciones en el Orden Social.

3. Será causa de denegación de la autorización que las personas trabajadoras seleccionados hayan incurrido en alguna de las siguientes circunstancias en los dos años inmediatamente anteriores a la presentación de la solicitud:

a) El abandono anticipado e injustificado de la actividad durante la vigencia del contrato.

b) La realización de actividades laborales para empresas o actividades distintas a las que se autorizó, sin perjuicio de las posibilidades de cambio de empleador.

c) El incumplimiento del compromiso de retorno durante la vigencia de una autorización anterior de residencia y trabajo para actividades de temporada.

4. La denegación habrá de ser motivada y expresará los recursos que contra ella procedan, el órgano administrativo o judicial ante el que hubieran de presentarlo y el plazo para interponerlos y deberá ser notificada al empresario solicitante.

105. *Causas específicas de extinción de la autorización de residencia para actividades de temporada.* 1. Se declarará la extinción por pérdida y retirada de la autorización cuando el empleador haya incurrido en alguno de los siguientes supuestos:

a) Su empresa esté siendo o se haya liquidado según la normativa sobre insolvencia o cuando no realice actividad económica alguna.

b) Cuando el empleador solicitante haya sido sancionado mediante resolución firme en los últimos doce meses por infracciones calificadas como graves o muy graves en la Ley Orgánica 4/2000, de 11 de enero, o por infracciones en materia de movimientos migratorios calificadas como graves o muy graves, o por infracciones en materia de permisos de trabajo de extranjeros calificadas como muy graves en el Texto Refundido de la Ley sobre Infracciones y Sanciones en el Orden Social, aprobada por el Real Decreto Legislativo 5/2000, de 4 de agosto.

c) Haya sido sancionado por el incumplimiento grave de las garantías y obligaciones previstas en este Reglamento y sus disposiciones de desarrollo, en los supuestos no previstos en el Real Decreto Legislativo 5/2000, de 4 de agosto.

d) El incumplimiento grave de las obligaciones contractuales laborales recogidas en la normativa laboral y de Seguridad Social vigente, incluidos los convenios colectivos aplicables.

e) El empresario haya incumplido gravemente con las obligaciones establecidas en el contrato de trabajo.

f) Cuando, para fundamentar la solicitud, se hayan presentado documentos falsos, que hayan sido adquiridos fraudulentamente o manipulados, formulado alegaciones inexactas o medie mala fe.

2. Se extinguirán si el trabajador incurre en alguno de los supuestos previstos en el apartado tres del artículo 104.

3. Si el empleador no diera de alta al trabajador en el régimen correspondiente de la Seguridad Social conforme a lo previsto en el artículo 103.6, se podrá acordar la retirada de la autorización y declarar su extinción. La oficina de extranjería podrá requerir a la persona empleadora que alegue causa justificada de la falta de alta y la tendrá en cuenta para la adopción de la resolución.

En este supuesto y en los supuestos a los que se refiere el apartado primero, y siempre que el trabajador haya actuado de forma diligente podrá obtener la posibilidad de cambio de empleador y beneficiarse de las medidas y disposiciones previstas en el artículo 110.

106. *Llamamientos de las personas titulares de la autorización durante la vigencia de la autorización plurianual.* 1. A partir del segundo año de vigencia de la autorización, el empleador deberá comunicar a la autoridad competente, con una antelación mínima de tres meses al inicio de la actividad laboral prevista en ellas salvo causa motivada, el inicio del llamamiento que ha realizado a la persona trabajadora titular de la autorización para el inicio del periodo de actividad correspondiente.

2. El nuevo periodo de actividad no podrá ser superior a nueve meses. Los términos de la actividad deberán ser los mismos previstos en la autorización, salvo que hubiera habido un cambio de empleador conforme a lo previsto en el artículo 110, en cuyo caso el llamamiento será hecho por el nuevo empresario para la actividad aprobada con el cambio.

En su caso, para su aprobación, deberán indicarse las concatenaciones contractuales previstas, independientemente de que el año anterior las hubiera habido y de cuales hubieran sido estas.

3.   La autoridad competente deberá comprobar que en el llamamiento no concurren ninguna de las causas de extinción de la autorización y que su titular retornó al país de origen de la contratación al finalizar el periodo de actividad del año anterior.

4.   Asimismo, podrá ser causa de exclusión del llamamiento las personas trabajadoras que haya incurrido en alguna de las circunstancias especificadas en el apartado tres del artículo 104.

5.   La autoridad competente resolverá y notificará el llamamiento en el plazo máximo de un mes desde la presentación de la solicitud, si no procede la extinción de la autorización. En la resolución, se indicará el periodo de actividad de ese año y las concatenaciones. Transcurrido dicho plazo sin que se haya dictado resolución expresa, esta se entenderá estimada.

6.   La presentación de la tarjeta de identidad de extranjero junto a la referida resolución sobre el llamamiento serán documentos suficientes para solicitar la entrada en territorio español. Durante la vigencia de la autorización, deberá ir acompañada del correspondiente pasaporte o documento valido para la entrada en el territorio nacional.

CAPÍTULO III
Garantías y derechos, cambio de empresario, prórroga de la actividad, renovación y modificación de la autorización

107.   *Derechos y garantías.* 1.   Los empleadores deberán garantizar a las personas trabajadoras titulares de una autorización de residencia y trabajo para actividades de temporada las siguientes condiciones:

a)   Las derivadas del cumplimiento de los requisitos establecidos en este título para conceder la autorización de residencia y trabajo para actividades de temporada.

b)   La facilitación, con anterioridad a la firma del contrato de trabajo, de una copia traducida del mismo a un idioma que comprenda la persona trabajadora.

c)   La organización de los viajes de llegada a España y de regreso al país de origen de la contratación. El empleador asumirá el coste del primero y del segundo, salvo indicación expresa de lo contrario en el documento por el que se compromete a la organización del viaje.

En todo caso, asumirá el traslado de ida y vuelta entre el paso de entrada y el lugar de alojamiento y entre este y el de salida, al regreso. Asimismo, asumirá el traslado al lugar de trabajo desde el alojamiento.

Esta obligación se extenderá, según se indica, a cada desplazamiento anual durante la vigencia de la autorización plurianual en la migración circular.

d)   Las actuaciones precisas en orden a garantizar el regreso de las personas trabajadoras al país de origen de la contratación una vez concluida la actividad laboral.

e)   Cumplir La realización de aquellas medidas dirigidas a dar cumplimiento a los requisitos de control sanitario exigidos tanto en el puesto de trabajo como en el control fronterizo, o en los desplazamientos intermedios, que establezca la autoridad sanitaria competente, asumiendo su coste.

f)   El pago del coste del seguro médico mencionado en el artículo 102.

g)   Disponer de las medidas previstas en todos aquellos planes o protocolos a cuya realización se encuentren obligados los empleadores de conformidad con la normativa vigente en materia de igualdad, de prevención del acoso sexual y el acoso por razón de sexo en el trabajo y otras.

2.   Las personas trabajadoras tendrán derecho a recibir un trato igual al de las personas trabajadoras nacionales en los términos establecidos en el título I de la Ley Orgánica 4/2000, de 11 de enero.

3.   La Inspección de Trabajo y Seguridad Social vigilará y exigirá el cumplimiento de las garantías previstas a favor de la persona trabajadora a la que se refiere el presente título en ejercicio de las competencias atribuidas por su normativa específica.

El informe de la Inspección de Trabajo y Seguridad Social proporcionará información al órgano competente con el objeto de dar cumplimiento a los requisitos del artículo 104.

4.   En el supuesto de que se extinga la autorización por incumplimiento del empresario, este deberá abonar una compensación al trabajador temporero con arreglo a los procedimientos previstos en la normativa aplicable.

108.   *Derecho de información.* 1.   La autoridad competente pondrá a disposición de los solicitantes información sobre los documentos justificativos necesarios para una solicitud en un idioma que comprendan, así como la información sobre entrada y residencia, incluidos los derechos y obligaciones y las garantías del procedimiento previstos para la persona titular de esta autorización.

2.   Cuando se expida la autorización se facilitará por la autoridad competente a la persona trabajadora información por escrito sobre sus derechos y obligaciones, incluidos los procedimientos de reclamación y de denuncia en un idioma que comprendan.

Además, deberá de resolver todas las dudas que puedan tener las personas trabajadoras antes de iniciar el periodo de actividad.

109.   *Alojamiento.* 1.   El empleador, al menos durante todo el periodo de actividad, y en caso de circunstancias sobrevenidas excepcionales, estará obligado a garantizar la puesta a disposición del trabajador de un alojamiento adecuado que reúna las condiciones previstas en la normativa vigente debiendo garantizarse la habitabilidad, higiene y condiciones sanitarias adecuadas del alojamiento. El cumplimiento de esta garantía por el empleador deberá ser objeto de verificación.

El alojamiento se ofrecerá preferentemente de forma gratuita, pero podrá exigirse a la persona trabajadora el pago de una renta que no superará el 15 % del IPREM vigente. Los gastos de suministros, como el agua y la luz, podrán reclamarse a la persona trabajadora, pero en ese caso su suma más la de la renta no podrán ser más del 22 % del IPREM, salvo que se pruebe un uso abusivo por parte de la persona trabajadora, en cuyo caso se reclamará el coste real de los suministros.

La persona empleadora facilitará a la persona trabajadora un documento en el que figuren las condiciones del régimen de cesión incluidos los gastos reales de los suministros. La renta y los gastos no se deducirán automáticamente del salario de la persona trabajadora, sino que su pago resultará del cumplimiento de los establecido en ese documento.

El empleador cuando haya puesto a disposición a la persona trabajadora un alojamiento adecuado notificará a la autoridad competente cualquier cambio de alojamiento del trabajador.

2.   La Inspección de Trabajo y Seguridad Social podrá verificar el cumplimiento de los requisitos establecidos en el apartado anterior, en ejercicio de las competencias atribuidas en su normativa específica.

3.   Las organizaciones sindicales podrán entrar en el alojamiento, previa autorización de las personas trabajadoras, para verificar el cumplimiento de los requisitos establecidos en los apartados anteriores.

110.   *Cambio de empleador.* 1.   Se autorizará el cambio de empleador de la persona trabajadora transcurridos tres meses de actividad laboral de cada llamamiento. El nuevo empleador deberá solicitarlo antes de la finalización del periodo de actividad acordado con el anterior empresario.

Para ello, se exigirá el mantenimiento de todos los requisitos establecidos en la autorización inicial del artículo 102. La actividad podrá ser en diferente ámbito geográfico y ocupación siempre y cuando lo permita la situación nacional de empleo en el mismo sector.

2.   Se autorizará el cambio de empleador después de cada convocatoria, si el empresario incumpliera gravemente las obligaciones establecidas en el contrato de trabajo y esos incumplimientos fueran subsumibles en el artículo 50 del texto refundido de la Ley del Estatuto de los Trabajadores, aprobado por Real Decreto Legislativo 2/2015, de 23 de octubre.

En este supuesto, la persona trabajadora tendrá un plazo de tres meses desde que se constaten indicios suficientes de la existencia del grave incumplimiento para que una segunda persona empleadora se dirija a la autoridad competente para comunicar el cambio de empleador en la posición del empleador anterior o presentar una solicitud de nueva autorización de residencia y trabajo para actividades de temporada o una inicial de residencia y trabajo por cuenta ajena.

La nueva solicitud, para ambos tipos de autorización, no exigirá comprobación de la situación nacional de empleo, pero sí que se cumplan los demás requisitos exigidos para cada tipo de autorización salvo el de hallarse en la persona extranjera para la de temporada.

3.   Asimismo, se autorizará el cambio de empleador después de cada llamamiento si concurren circunstancias sobrevenidas, ajenas a la voluntad de la persona empleadora e independientes de las circunstancias de la persona trabajadora, que impidan que se pueda desarrollar la actividad laboral.

En este caso, la persona extranjera o la persona empleadora que solicitó la autorización deberán comunicar tales circunstancias a la oficina de extranjería, en un plazo máximo de quince días. Dicha comunicación abrirá un plazo de un mes en el que un segundo empleador deberá dirigirse a la oficina de extranjería para comunicar su voluntad del cambio en la posición del anterior.

4.   La duración máxima del periodo de actividad, cuando haya cambio de empleador no podrá superar nueve meses durante el año en el que se produzca el cambio, sumados los periodos con las diferentes personas empleadoras.

5.   El procedimiento, cuando haya cambio de empleador en la autorización de residencia y trabajo para actividades de temporada, deberá resolverse en el plazo de quince días. En los demás supuestos, el plazo para resolver será de un mes. Se entenderá desestimada la resolución de no resolverse en plazo la solicitud.

6.   La persona trabajadora tendrá derecho a permanecer en España, si el cambio de empleador se solicitó en tiempo y forma, hasta que finalice el plazo de que disponga la autoridad competente para resolver.

7.   El cambio de empleador a los efectos previstos en este artículo y sus consecuencias jurídicas, se entiende sin perjuicio de lo dispuesto en la normativa laboral y de Seguridad Social vigente.

111.   *Prórroga de la actividad laboral.* El periodo de actividad laboral anual podrá verse prorrogado cuando las personas titulares de la autorización finalicen su relación con el empleador que las contrató. La prórroga podrá ser con el mismo o distinto empleador, para el mismo o diferente ámbito geográfico, pero referida siempre a la misma ocupación y sector. Se admiten prórrogas sucesivas si no superan los nueve meses en el periodo de actividad laboral y hay continuidad entre la finalización de la primera y el inicio de la segunda o sucesivas.

112.   *Renovación de la autorización tras la finalización de su vigencia.* 1.   Las autorizaciones de residencia y trabajo para actividades de temporada podrán renovarse tras la finalización de su vigencia, por iguales períodos de cuatro años.

La renovación podrá ser solicitada por el mismo empresario o por otro que deberá cumplir con los requisitos establecidos en este reglamento. La renovación deberá referirse al mismo sector de actividad, pero se podrá cambiar la ocupación y el ámbito geográfico. Será autorizada por la misma autoridad que concedió la autorización inicial o por la que corresponda según el ámbito geográfico.

2.   La oficina de extranjería resolverá y notificará de forma motivada en el plazo máximo de un mes, atendiendo a los requisitos exigidos en este título, sobre la renovación de la autorización solicitada. Trascurrido dicho plazo se entenderá estimada por silencio administrativo.

3.   En el plazo máximo de un mes siguiente a la notificación de la resolución de concesión de la autorización temporal de residencia y trabajo, la persona trabajadora solicitará el correspondiente visado ante la oficina consular española competente. Se tramitará de acuerdo con el procedimiento establecido en el artículo 40.

4.   El empleador deberá proceder al alta en el régimen correspondiente de la Seguridad Social en el plazo máximo de tres días desde la entrada en España de la persona trabajadora.

5.   Si el periodo de actividad finalizara durante el procedimiento de renovación, o el de prórroga previsto en el artículo anterior, se permitirá a la persona trabajadora permanecer en España hasta que se haya adoptado una decisión sobre la solicitud, siempre que ésta se haya presentado dentro del período de validez de dicha autorización, no haya sido por causas imputables al trabajador y no haya expirado el periodo de nueve meses de actividad por año natural.

TÍTULO VI
Gestión colectiva de contrataciones en origen

CAPÍTULO I
Definición y figuras

113.   *Definición.* 1.   La gestión colectiva de contrataciones en origen es el procedimiento para la concesión de múltiples autorizaciones iniciales de residencia y trabajo o de múltiples autorizaciones de residencia y trabajo para actividades de temporada de manera simultánea respecto de aquellas personas trabajadoras extranjeras que no se hallen o residan en España a través de su tramitación colectiva en origen a partir de las ofertas presentadas por uno o varios empresarios.

2.   Las personas trabajadoras extranjeras serán seleccionadas en sus países de procedencia con la participación, en su caso, de las autoridades competentes, sin que éstas ni ningún otro intermediario

puedan exigir a aquéllas contraprestación económica por participar en el proceso de selección.

3. El procedimiento de gestión colectiva regirá los llamamientos para las entradas sucesivas de las personas trabajadoras titulares de autorizaciones de residencia y trabajo para actividades de temporada, seleccionados a través de este procedimiento.

114. *Figuras de la gestión colectiva de contrataciones en origen.* La gestión colectiva se podrá utilizar para las siguientes figuras:

a) Migración de carácter estable para la contratación de forma colectiva de personas trabajadoras extranjeras en origen mediante la gestión simultánea de sus autorizaciones iniciales de residencia y trabajo por cuenta ajena.

b) Migración circular para la contratación fijo-discontinua de forma colectiva de personas trabajadoras en su país de procedencia mediante la gestión simultánea de autorizaciones de residencia y trabajo para actividades de temporada y la gestión de los llamamientos para sus entradas posteriores durante la vigencia plurianual de la autorización.

c) Visados de búsqueda de empleo.

CAPÍTULO II
Previsión anual, requisitos, denegación, garantías, derecho de información y formación

115. *Previsión anual de la gestión colectiva de las contrataciones en origen.* 1. La persona titular del Ministerio de Inclusión, Seguridad Social y Migraciones, teniendo en cuenta la situación nacional de empleo, podrá aprobar anualmente una previsión de las ocupaciones y, en su caso, de la cifra de puestos de trabajo que se podrán cubrir a través de la gestión colectiva de contrataciones en origen. Asimismo, podrá establecer un número de visados para búsqueda de empleo en las condiciones que se determinen, dirigidos a hijos o nietos de español de origen o a determinadas ocupaciones y ámbitos territoriales.

En caso de que, transcurrido un año respecto al que se establezca la cifra, el número de contrataciones en origen sea inferior a las inicialmente previstas, el Ministerio de Inclusión, Seguridad Social y Migraciones, previa consulta a la Comisión Laboral Tripartita de Inmigración, podrá prorrogar la vigencia de la cifra que reste.

2. Corresponderá a la Secretaría de Estado de Migraciones la elaboración de la citada propuesta de previsión anual.

Para ello, deberá considerarse la información sobre la situación nacional de empleo suministrada por el Servicio Público de Empleo Estatal, así como las propuestas que, previa consulta a las organizaciones sindicales más representativas y empresariales en su ámbito, realicen las comunidades autónomas. Dichas propuestas se harán tras haber recibido las solicitudes de las organizaciones empresariales de ámbito autonómico y las consideraciones que les hubieran hecho llegar las organizaciones sindicales más representativas de idéntico ámbito.

La propuesta realizada por la Secretaría de Estado de Migraciones será adoptada previa consulta a la Comisión Laboral Tripartita de Inmigración, a la que con periodicidad trimestral le serán remitidos datos estadísticos sobre las autorizaciones solicitadas y concedidas, así como las solicitudes y concesiones de visados de búsqueda de empleo y las autorizaciones derivadas de éstos.

Elaborada la propuesta, será presentada por la Secretaría de Estado de Migraciones ante la Comisión Interministerial de Extranjería para que informe sobre la procedencia de aprobar la Orden.

3. La previsión anual se aprobará mediante orden ministerial y podrá comprender las ocupaciones y, en su caso, las cifras de puestos de trabajo que se podrán cubrir a través de la gestión colectiva de contrataciones en origen de migración de carácter estable y de temporada que podrán ser cubiertos a través de este procedimiento por personas trabajadoras extranjeras que no se hallen o residan en España.

Asimismo, podrá establecer un número de visados para búsqueda de empleo dirigidos a hijos o nietos de españoles de origen, así como un número de visados para la búsqueda de empleo limitados a determinadas ocupaciones y ámbitos territoriales.

En caso de que, a raíz de las propuestas de las comunidades autónomas y en atención a la situación nacional de empleo, se determine la no procedencia de establecer una cifra de contrataciones para una determinada anualidad, será necesario informe previo de la Comisión Laboral Tripartita de Inmigración para determinar las ocupaciones estables o de temporada que podrían ser incluidas en la citada previsión.

4. En los casos en los que no haya previsión anual o habiéndola, respecto de las ocupaciones y/o puestos de trabajo no incluidos, podrá

realizarse la gestión colectiva de las autorizaciones de residencia y trabajo para actividades de temporada y de las autorizaciones iniciales de residencia y trabajo, pero será requisito necesario para su concesión la previa comprobación de la situación nacional de empleo, conforme a lo previsto en el artículo 75.

5.   A lo largo del año se podrá revisar el número y distribución de las ofertas de empleo admisibles en el marco de la gestión colectiva de contrataciones en origen, para adaptarlo a la evolución del mercado de trabajo.

116.   *Requisitos.* 1.   En relación con las autorizaciones iniciales de residencia y trabajo para la migración estable, será necesario cumplir los requisitos específicos establecidos en el artículo 74. Se requerirá también contar con el visado correspondiente.

2.   En relación con las autorizaciones de residencia y trabajo para actividades de temporada y para los llamamientos anuales posteriores de las personas trabajadoras titulares, durante la vigencia de la autorización, será necesario cumplir respectivamente los requisitos previstos en el artículo 102 y 106 de este Reglamento, sin perjuicio de excepcionar la comprobación de la situación nacional de empleo, respecto de las ocupaciones y/o puestos de trabajo incluidos en la previsión anual.

117.   *Denegación y extinción.* 1.   Las solicitudes de autorización presentadas a través de la gestión colectiva se denegarán si el empleador ha incurrido, en los dos años anteriores a la presentación de la solicitud, en alguno de los motivos de denegación establecidos en la normativa específica referida a cada tipo de autorización incluida en este procedimiento.

2.   Si concurriera alguna de las circunstancias del apartado anterior, la Dirección General de Gestión Migratoria podrá denegar de forma motivada las solicitudes de gestión de las ofertas de empleo presentadas por el empleador, si se tuviera constancia de ellas, sin necesidad de avanzar más en su tramitación.

3.   Podrá ser causa de exclusión de las personas trabajadoras, en el procedimiento de gestión colectiva de contrataciones en origen de migración circular, que la persona trabajadora haya incurrido en alguna de las circunstancias previstas en el aparatado tres del artículo 104 en los dos años inmediatamente anteriores a la presentación de la solicitud.

Asimismo, los llamamientos de personas trabajadoras en los procedimientos de migración circular serán denegados si concurre alguno de los motivos previstos en el artículo 104.3.

4. Serán causas de extinción de las autorizaciones concedidas a través de la gestión colectiva las establecidos en la normativa específica referida a cada tipo de autorización concedida en este procedimiento.

118. *Garantías y derechos.* 1. A los efectos de ser autorizados para la contratación de personas trabajadoras extranjeras en los procedimientos de gestión colectiva, los empleadores deberán asegurarles las garantías siguientes:

En relación con las personas contratadas mediante migración circular, las establecidas en el artículo 107.

En relación con las personas contratadas mediante migración estable, además de las previstas en la regulación específica referida a las autorizaciones iniciales de residencia y trabajo, las establecidas para las personas trabajadoras titulares de autorizaciones de residencia y trabajo para actividades de temporada en las letras b), c), e) y g) del artículo 107. No obstante, el empleador sólo asumirá el coste del viaje de llegada a España desde el país de origen de la contratación y los desplazamientos entre el punto de llegada y el alojamiento.

2. Para ambas autorizaciones, se exigirá la formalización de un contrato de trabajo por escrito que deberá contener las mismas condiciones previstas en la oferta de empleo de la que la autorización trae causa.

En todo caso, los contratos deberán ser firmados por las personas trabajadoras antes de su entrada en España y deberán contener los elementos esenciales señalados en el artículo 102.1 b), e incluirá el salario que percibirá la persona trabajadora en el caso de los de temporada.

Cuando la persona que vaya a ser contratada no tenga un conocimiento suficiente del español o de la lengua oficial en que se haya redactado el contrato, la parte empleadora facilitará una copia traducida con anterioridad a su firma a un idioma que comprenda.

3. El alojamiento se ofrecerá a las personas trabajadoras sujetas a migración circular en los términos establecidos en el artículo 109.

Los empleadores podrán, en los supuestos de migración estable, poner a disposición de la persona trabajadora un alojamiento. En ese caso, deberán cumplir con lo dispuesto para las personas trabajadoras de migración circular.

4. En los supuestos de cambio de empleador, prórroga de la actividad laboral, renovación y modificación de las autorizaciones de residencia y trabajo, será aplicable la normativa específica establecida en este reglamento para cada tipo de autorización.

5. Las personas trabajadoras tendrán derecho a recibir un trato igual al de las personas trabajadoras nacionales en los términos establecidos en el título I de la Ley Orgánica 4/2000, de 11 de enero.

6. La Inspección de Trabajo y Seguridad Social vigilará y exigirá que se cumplan las garantías previstas a favor del trabajador referido en este título en ejercicio de las competencias atribuidas por su normativa específica.

119.   *Derecho de información.* 1.   Se pondrá a disposición de las personas solicitantes información en un idioma que comprendan, sobre los documentos justificativos necesarios para una solicitud, así como la información sobre entrada y estancia, incluidos los derechos y obligaciones y las garantías del procedimiento de gestión colectiva previstas para la persona trabajadora extranjera.

2. Cuando se expida la autorización en un procedimiento de gestión colectiva, se facilitará a la persona trabajadora información por escrito sobre sus derechos y obligaciones, incluidos los procedimientos de denuncia, en un idioma que comprendan.

3. El empleador deberá garantizar que la persona trabajadora seleccionada, antes de la firma de su contrato, dispone de información clara y, en un idioma que comprenda, acerca de las garantías, derechos y, en su caso, obligaciones contraídas al participar en la gestión colectiva de contrataciones en origen, sobre los términos y condiciones en los que se producirá su contratación y retribución, incluida la información contenida en la oferta de empleo de que la autorización trae causa. Además, deberá de resolver todas las dudas que puedan tener las personas trabajadoras antes de iniciar el contrato.

120.   *Formación.* Teniendo en cuenta las características del puesto de trabajo que se vaya a desempeñar, se podrán desarrollar cursos de formación, en España o en los países de procedencia, dirigidos a las personas trabajadoras que hayan sido seleccionadas o preseleccionadas. Esta formación será totalmente gratuita para los trabajadores. El desarrollo de los cursos de formación a los que se refiere este artículo se efectuará según determine la Orden de gestión colectiva. Se podrán desarrollar estos cursos de formación sin perjuicio de la aplicación de la normativa en materia de Prevención de Riesgos Laborales.

CAPÍTULO III
Procedimiento de Gestión colectiva de contrataciones en origen

121. *Sujetos legitimados para solicitar la gestión colectiva de ofertas de empleo.* 1. Las personas empleadoras, que deseen contratar personas trabajadoras extranjeras que no se hallen ni residan en España, están legitimados para solicitar la gestión colectiva de ofertas de empleo.

2. Siempre que no se trate de empresas de trabajo temporal, podrán presentar las correspondientes solicitudes directamente o a través de quien válidamente tenga su representación legal, que podrán ser organizaciones empresariales.

3. Las ofertas de empleo presentadas por los empleadores irán dirigidas a la contratación de personas trabajadoras a través de las figuras de migración de carácter estable y de migración circular, y podrán formularse de forma genérica o nominativa.

4. Las ofertas tanto genéricas como nominativas deberán contener un mínimo de diez puestos de trabajo, salvo que en la Orden Ministerial que recoge la previsión anual se fije un límite distinto. Podrán presentarse solicitudes que, acumulando ofertas de dos o más personas empleadoras, sumen dicho número.

5. Los puestos incluidos dentro de una misma oferta de empleo deberán reunir características homogéneas, de forma que permitan su tramitación acumulada. Las ofertas describirán con precisión las condiciones laborales ofrecidas, como el lugar y tipo de contrato de trabajo. En aquellos casos en que la oferta se dirija a países con un idioma oficial distinto del español, se facilitará la traducción de las condiciones de la oferta de empleo a un idioma que comprendan.

6. Los empleadores podrán atribuir a una misma organización empresarial la potestad de gestionar en su nombre las ofertas presentadas conjuntamente, cuando existan razones organizativas o de elevado número de trabajadores que lo aconsejen, para simplificar el procedimiento.

7.   Podrán tramitarse a través de una sola solicitud diversas ofertas de empleo de migración circular, que se presenten de forma planificada y conjunta por uno o varios empleadores o sus organizaciones empresariales a las que hayan atribuido su representación legal, para atender diferentes periodos de trabajo estacionales o actividades sucesivas cuyo desarrollo vaya a tener lugar de forma consecutiva y sin interrupción entre ellas, cuando se recojan en un plan de concatenación.

8.   Las ofertas se orientarán preferentemente a los países con los que España tiene suscritos acuerdos sobre regulación y ordenación de flujos migratorios.

122.   *Tramitación del procedimiento de ofertas genéricas.* 1. Las solicitudes de gestión colectiva de ofertas genéricas de empleo, tanto en la modalidad de migración circular como de migración estable, se dirigirán a las áreas o dependencias de trabajo e inmigración de las Delegaciones o Subdelegaciones del Gobierno o a las oficinas de extranjería que tengan delegada la competencia de la provincia donde vaya a realizarse la actividad laboral, que será el órgano competente para la tramitación del procedimiento.

2.   La presentación de las solicitudes se realizará por medios electrónicos, a través de aplicaciones electrónicas habilitadas, conforme a lo previsto en Ley 39/2015, de 1 de octubre y en el artículo 197.2 con una antelación mínima de tres meses al inicio de la actividad laboral prevista en ellas, salvo causa motivada.

3.   La solicitud se acompañará de la documentación exigida en este reglamento y sus normas de desarrollo, e incluirá una memoria justificativa de la oferta de empleo e indicará si se propone realizar acciones formativas previas en el país de origen de la contratación o en España.

4.   Presentada la solicitud de gestión de ofertas genéricas de empleo, el órgano competente para su tramitación verificará de oficio que se cumplen los requisitos para no ser inadmitida o denegada.

5.   Las solicitudes que el órgano competente haya informado favorablemente para su tramitación se trasladarán a la Dirección General de Gestión Migratoria, que dará curso para el inicio de las actuaciones necesarias de preselección y selección de las personas trabajadoras en el país de origen de la contratación, previa valoración del expediente. Posteriormente, fijados los términos de la selección, esa Dirección

autorizará la realización del proceso selectivo en el país de origen de la contratación.

6. Los procesos de selección en el exterior se realizarán en cooperación con las autoridades competentes del país de origen de la contratación y deberán respetar las reglas de contratación equitativa y serán gratuitos para las personas trabajadoras.

7. En los procesos de selección en origen, realizados conforme a los acuerdos de regulación de flujos, podrán participar los empleadores solicitantes, directa o indirectamente, siempre que lo soliciten. Asimismo, podrán participar representantes de la Dirección General de Gestión Migratoria. Igualmente, podrán participar, en calidad de asesores, representantes de organizaciones sindicales más representativas y empresariales españolas o del país en el que se desarrolle el proceso de selección.

Si el acuerdo de flujos y la normativa del país de procedencia de la contratación no lo prohíben, el proceso de selección podrá encargarse por el o los empleadores solicitantes a empresas dedicadas al efecto en el país de origen de la contratación. Representantes de la Dirección General de Gestión Migratoria podrán supervisar ese proceso de selección, al que podrán sumarse las autoridades locales. Igualmente, las organizaciones mencionadas en el párrafo anterior podrán asesorar en esa labor si se solicita.

Esa Dirección General presentará a la Comisión Laboral Tripartita de Inmigración, con periodicidad trimestral, un informe relativo al desarrollo de los procesos de selección de trabajadores en origen realizados durante el correspondiente periodo.

8. La Dirección General de Gestión Migratoria en cualquier momento del proceso de selección en el que tenga conocimiento de que no se están respetando las reglas de contratación equitativa de las personas extranjeras podrá acordar motivadamente su finalización.

9. La Dirección General de Gestión Migratoria trasladará a la Comisaría General de Extranjería y Fronteras el acta de la selección realizada, para que informe de la posible concurrencia de causas de denegación de la autorización, y asigne, en su caso, un número de identidad de extranjero a las personas trabajadoras en el plazo máximo de dos días.

Excepcionalmente, este plazo podrá ampliarse hasta cinco días cuando el elevado número de trabajadores lo haga imprescindible, circunstancia que será comunicada a esa Dirección General. Asimismo.

La autoridad competente, solicitará informe al Registro Central de Penados, con idéntico plazo y conforme a las anteriores previsiones.

10. Posteriormente, la persona titular de la Delegación o Subdelegación de Gobierno competente emitirá resolución en el plazo máximo de un mes, que deberá notificarse de inmediato al empleador solicitante.

11. Recibida la notificación de la resolución de concesión, el empleador, la organización empresarial o sus representantes acreditados, deberán presentar en la oficina consular competente las solicitudes de visado del artículo 40.

123. *Tramitación del procedimiento de ofertas nominativas.* 1. Podrán solicitarse la gestión colectiva de ofertas nominativas de empleo en los siguientes supuestos:

a) Cuando las personas trabajadoras hayan sido titulares de una autorización de residencia temporal y trabajo previa en España para actividades de temporada y hayan acreditado el regreso al país de origen de la contratación.

b) Cuando así se determine, en otros supuestos, en la normativa de desarrollo de este Reglamento.

2. La tramitación se realizará según lo previsto para las ofertas genéricas, excepto para el proceso de selección, que ya fue realizado.

3. En el caso de las personas trabajadoras extranjeras de temporada, el solicitante, trascurrido el primer año de la autorización, comunicará a la autoridad competente el llamamiento realizado a la persona trabajadora que repite y el periodo anual de trabajo previsto, respetando los términos contractuales establecidos para la ocupación u ocupaciones de la autorización.

En estos casos, no será necesario contar con un visado.

TÍTULO VII
Residencia temporal por circunstancias excepcionales

CAPÍTULO I
Residencia temporal por circunstancias excepcionales por arraigo, protección internacional, razones humanitarias, colaboración con autoridades, seguridad nacional o interés público

Sección 1ª
Definición

124. *Definición.* 1. De conformidad con lo previsto en el artículo 31.3 de la Ley Orgánica 4/2000, de 11 de enero, en atención a las circunstancias excepcionales que concurran, la Administración podrá conceder una autorización de residencia temporal de carácter excepcional, a las personas extranjeras que se hallen en España en los supuestos de arraigo, razones humanitarias, colaboración con las autoridades públicas o razones de seguridad nacional o interés público, previstos en los artículos siguientes.

2. El contenido de este capítulo debe interpretarse sin perjuicio de la concesión de autorizaciones de residencia temporal por circunstancias excepcionales previstas en los artículos 31bis, 59 y 59bis de la Ley Orgánica 4/2000, de 11 de enero. Igualmente, podrán concederse otras autorizaciones de residencia temporal por circunstancias excepcionales en los términos establecidos en la disposición adicional segunda.

Sección 2ª
Residencia temporal por circunstancias excepcionales por razones de arraigo

125. *Tipos de autorización de residencia temporal por razones de arraigo.* 1. Se concederá una autorización de residencia temporal por razones de arraigo a las personas extranjeras que se encuentren en España, cuando existan vínculos con el lugar en el que residen, ya sean de tipo económico, social, familiar, laboral o formativo, siempre que cumplan con los requisitos establecidos en los artículos 126 y 127.

Las autorizaciones de residencia temporal por razones de arraigo pueden ser de los siguientes tipos:

a)   Por razón de arraigo de segunda oportunidad.
b)   Por razón de arraigo sociolaboral.
c)   Por razón de arraigo social.
d)   Por razón de arraigo socioformativo.
e)   Por razón de arraigo familiar.

2.   La duración de estas autorizaciones es de un año, salvo por razón de arraigo familiar, cuya duración será de cinco años.

126.   *Requisitos generales.* Se podrá conceder una autorización de residencia temporal por las razones de arraigo establecidas en el artículo anterior cuando la persona extranjera cumpla de forma acumulativa los siguientes requisitos generales:

a)   Encontrarse en España y no tener la condición de solicitante de protección internacional en el momento de la presentación de la solicitud ni durante su tramitación. A tal efecto, se entenderá por solicitante de protección internacional a aquella persona extranjera que haya formulado una solicitud de protección internacional sobre la que no se haya adoptado una resolución firme en sede administrativa, y, en su caso, judicial.

b)   Haber permanecido en territorio nacional de forma continuada durante, al menos, los dos años anteriores a la presentación de dicha solicitud. A estos efectos, cuando la persona extranjera haya sido solicitante de protección internacional, no será computable el tiempo de permanencia en España durante la tramitación de la solicitud de protección internacional hasta su resolución firme en sede administrativa, y, en su caso, judicial.

El arraigo familiar no requerirá ninguna permanencia mínima.

c)   No representar una amenaza para el orden público, seguridad o salud pública.

d)   Carecer de antecedentes penales en España y en los países donde haya residido durante los cinco últimos años anteriores a la fecha de entrada en España, por delitos previstos en el ordenamiento jurídico español.

e)   No figurar como rechazable en el espacio territorial de países con los que España tenga firmado un convenio en tal sentido.

f)   En su caso, no encontrarse dentro del plazo de compromiso de no retorno a España.

g)   Haber abonado la tasa por la tramitación del procedimiento.

127.   *Requisitos específicos.* La persona extranjera solicitante deberá cumplir, además de los requisitos generales del artículo anterior, los siguientes requisitos específicos en función de la razón del arraigo:

a)   Para el arraigo de segunda oportunidad, haber sido titular de una autorización de residencia, que no hubiera sido otorgada por circunstancias excepcionales, en los dos años inmediatamente anteriores a la fecha de presentación de la solicitud, y cuya renovación no se hubiera producido por motivos distintos a razones de orden público, seguridad y salud pública. No obstante, será posible solicitarlo si existe sentencia denegatoria, sobreseimiento o absolución de la pena.

b)   Para el arraigo sociolaboral, la aportación de uno o varios contratos de trabajo que garantice al menos el salario mínimo interprofesional o el salario establecido, en su caso, en el convenio colectivo aplicable, en el momento de la solicitud, en proporción a la jornada trabajada, y cuya suma represente una jornada semanal no inferior a veinte horas en cómputo global. Podrá aportarse más de un contrato de trabajo en los siguientes supuestos:

1.º   En el caso de la realización de trabajos de naturaleza estacional o vinculados a actividades productivas de temporada se podrán presentar dos o más contratos, con distintos empleadores y concatenados.

2.º   En el caso de desarrollo de actividades en una misma o distinta ocupación, trabajando parcialmente y de manera simultánea para más de un empleador, se admitirá la presentación de varios contratos.

El empleador o empleadores deberá cumplir los requisitos del artículo 74 excepto lo establecido en el apartado 1.a).

c)   Para el arraigo social, siempre que existan vínculos familiares con otras personas extranjeras titulares de una autorización de residencia y que se justifique disponer de medios económicos suficientes para su mantenimiento que, en todo caso, deberán alcanzar, al menos, el 100 % del IPREM. Estos vínculos familiares se referirán al cónyuge o pareja registrada y a los familiares en primer grado en línea directa. En caso de que no se acredite la existencia de ese tipo de vínculos familiares se valorará el esfuerzo de integración de la persona extranjera. Los medios económicos deberán estar disponibles en España y procederán de los familiares mencionados en el párrafo siguiente. Si se cumplen los requisitos del artículo 84, se podrá alegar que los medios proceden de una actividad por cuenta propia.

El esfuerzo de integración se acreditará mediante la aportación de un informe favorable de los órganos competentes de la Comunidad Autónoma de su lugar de residencia que recomienden la concesión de la autorización. El informe debe ser emitido en un plazo máximo de un mes desde su solicitud.

El informe, de ser favorable, certificará la participación en actividades formativas, el conocimiento y respeto de los valores constitucionales de España, los valores estatutarios de la Comunidad Autónoma en que se resida, los valores de la Unión Europea, los derechos humanos, las libertades públicas, la democracia, la tolerancia, la igualdad entre mujeres y hombres y, en su caso, el aprendizaje de las lenguas oficiales del lugar de residencia.

d) Para el arraigo socioformativo estar matriculado o estar cursando alguna de las formaciones referidas en los artículos 52.1.b) y 52.1.e) 5.º, en este último caso incluido también el nivel uno, así como la oferta presencial correspondiente a las enseñanzas obligatorias dentro de la educación de personas adultas.

Si la matrícula tuviera un plazo oficial para su formalización, la solicitud de la autorización de arraigo socioformativo deberá presentarse en los dos meses anteriores al inicio de ese plazo. La prueba de la matriculación se deberá acreditar ante la oficina de extranjería en un plazo de tres meses desde la notificación de la resolución de concesión de la autorización. En casos debidamente justificados, se podrá presentar la matrícula para una formación distinta de la prevista inicialmente, siempre y cuando, se cumpla los requisitos de la formación referida en el párrafo anterior. La falta de acreditación de la prueba de la matrícula en plazo será causa de extinción de la autorización concedida.

Asimismo, podrán solicitar una autorización de residencia temporal por arraigo socioformativo, las personas extranjeras que se comprometan a realizar una formación promovida por los Servicios Públicos de Empleo en España y orientada al desempeño de ocupaciones incluidas en el Catálogo al que se refiere el artículo 75.1. La falta de acreditación de la realización de dicha formación será causa de extinción de la autorización concedida.

Junto a los anteriores requisitos se exigirá un informe de integración social en España en los términos previstos en el apartado c) de este artículo.

e)   Para el de arraigo familiar:

1.º   Ser padre, madre o tutor de un menor, nacional de otro Estado miembro de la Unión Europea, del Espacio Económico Europeo o de Suiza, siempre que al solicitar acredite residir en territorio nacional, tener a cargo al menor y convivir con éste o esté al corriente de sus obligaciones paternofiliales.

2.º   Ser quien preste apoyo a una persona con discapacidad, que sea nacional de otro Estado miembro de la Unión Europea, del Espacio Económico Europeo o de Suiza, para el ejercicio de su capacidad jurídica, siempre que la persona solicitante sea su familiar, tenga a cargo a la persona con discapacidad y conviva con ella.

Sección 3ª
Residencia temporal por circunstancias excepcionales por razones humanitarias, colaboración con autoridades, seguridad nacional o interés público

128.   *Autorización de residencia temporal por razones humanitarias.* Se podrá conceder una autorización por razones humanitarias en los siguientes supuestos:

1.   A las personas extranjeras a las que la persona titular del Ministerio del Interior haya autorizado la permanencia en España en alguno de los siguientes supuestos:

a)   Conforme a lo previsto en los artículos 37.b) y 46.3 de la Ley 12/2009, de 30 de octubre, reguladora del derecho de asilo y de la protección subsidiaria.

b)   A las personas extranjeras desplazadas conforme a la normativa sobre protección temporal en caso de afluencia masiva de personas desplazadas.

c)   En los casos que prevea la normativa de desarrollo de la Ley 12/2009, de 30 de octubre.

2.   A las personas extranjeras víctimas de los delitos tipificados en los artículos 311 a 318, 510, 511.1 y 512 de la Ley orgánica 10/1995, de 23 de noviembre, del Código Penal, de delitos en los que haya concurrido la circunstancia agravante de comisión por motivos racistas, antisemitas o de otra clase de discriminación tipificada en el artículo 22.4 del Código Penal, o de delitos por conductas violentas ejercidas

en el entorno familiar, siempre que haya recaído resolución judicial finalizadora y firme del procedimiento judicial en la que se establezca la condición de víctima de tales delitos.

3.   A las personas extranjeras que acrediten sufrir una enfermedad sobrevenida en España de carácter grave que requiera asistencia sanitaria especializada, no accesible en su país de origen, y que el hecho de ser interrumpida o de no recibirla suponga un grave riesgo para la salud o la vida.

A los efectos de acreditar esta necesidad, será preciso un informe clínico expedido por la autoridad sanitaria correspondiente. En caso de menores, esta autorización podrá hacerse extensiva, al progenitor o tutor del mismo que se encuentre con el menor en España en el momento en el que se presente la enfermedad sobrevenida y se responsabilice del mismo.

4.   A las personas extranjeras que acrediten que su traslado al país del que son originarios o proceden, a efectos de solicitar el visado que corresponda, implica un peligro para su seguridad o la de su familia, y que reúnen los demás requisitos para obtener una autorización temporal de residencia o de residencia y trabajo.

129.   *Autorización de residencia temporal por circunstancias excepcionales de colaboración con autoridades, razones de seguridad nacional o interés público.* 1.   Se podrá conceder una autorización a las personas extranjeras que colaboren con las autoridades administrativas, policiales, fiscales o judiciales en cuestiones ajenas a la lucha contra redes organizadas, o cuando concurran razones de interés público o seguridad nacional que justifiquen la necesidad de autorizar su residencia en España. A estos efectos, dichas autoridades podrán instar a los órganos competentes la concesión de la autorización de residencia a la persona que se encuentre en alguno de estos supuestos.

2.   La persona titular de la Delegación o Subdelegación de Gobierno podrá conceder una autorización de colaboración con la administración laboral o la autoridad judicial a aquellas personas que acrediten ante ellas, mediante cualquier medio de prueba, estar o haber estado trabajando en situación irregular durante un mínimo de seis meses en los dos años anteriores al inicio de la colaboración, y que cumplan con los requisitos del artículo 126, a excepción de los apartados a) y b). La solicitud podrá ser presentada por la persona interesada o de oficio por parte de la autoridad laboral, e incorporará la resolución judicial

o administrativa, en este último caso, relativa al acta de infracción emitida por la Inspección de Trabajo y Seguridad Social.

Sección 4ª
Procedimiento, autorización de trabajo y prórroga de la situación

130. *Procedimiento.* 1. La autorización de residencia temporal por circunstancias excepcionales, que no requerirá visado, deberá ser solicitada personalmente por la persona extranjera ante el órgano competente para su tramitación, salvo en el caso de menores o de personas con discapacidad que precisan el apoyo de otra persona para el ejercicio de su capacidad jurídica, en el que podrá presentar la solicitud su representante legal, o la persona que presta dicho apoyo, acompañada de la siguiente documentación:

a) Copia completa del pasaporte en vigor, cédula de inscripción o título de viaje en vigor, reconocido como válido en España.

b) En los casos en que se exija, contrato de trabajo firmado por la persona trabajadora y el empleador.

c) Documentación acreditativa de encontrarse en alguna de las situaciones a las que se refieren los artículos anteriores.

2. En particular, para los supuestos de arraigo, y los establecidos en los artículos 128.3 y el 129.2, cuando la persona interesada sea mayor de edad penal, se deberá aportar un certificado de antecedentes penales expedido por las autoridades del país o países en que haya residido durante los cinco años anteriores a su entrada en España, en el que no deberán constar condenas por delitos existentes en el ordenamiento jurídico español.

La oficina de extranjería recabará de oficio el informe del registro central de penados para comprobar la inexistencia de antecedentes penales en España y recabará informe policial sobre la persona solicitante. Estos informes serán emitidos en el plazo de siete días.

No será preciso acreditar la inexistencia de antecedentes en un tercer país cuando concurra alguno de los siguientes supuestos:

1.º Haber permanecido de forma continuada en España durante los últimos cinco años inmediatamente anteriores a la fecha de presentación de la solicitud.

2.º Haber acreditado esa circunstancia en otra solicitud anterior dentro de los cinco años inmediatamente anteriores a la fecha de presentación de la solicitud sin que se haya ausentado desde entonces del territorio nacional.

La existencia de antecedentes en el informe policial no supondrá, por sí misma y de forma automática, causa de denegación de la autorización. En ese caso, el órgano competente valorará de forma casuística y circunstanciada, que la persona extranjera no suponga una amenaza para el orden público, la seguridad interior, la salud pública o las relaciones internacionales de ninguno de los Estados miembros de la Unión Europea.

3.   El órgano competente para resolver comprobará si con la solicitud se acompaña la documentación exigida y, si estuviera incompleta, formulará a la persona solicitante el oportuno requerimiento a fin de que se subsanen los defectos observados en el plazo que se señale en la notificación, que no podrá ser superior quince días, advirtiéndole de que de no subsanarse en plazo se le tendrá por desistido de su solicitud y se procederá al archivo de su expediente.

4. En los supuestos a los que se refiere el artículo 129.1 la competencia para su resolución corresponderá:

a)   A la persona titular de la Secretaría de Estado de Seguridad cuando la autorización esté basada en la colaboración con las autoridades policiales, fiscales y judiciales y en los casos de seguridad nacional. A la solicitud basada en estos supuestos se acompañará el informe desde la jefatura correspondiente de las Fuerzas y Cuerpos de Seguridad, ya sean del Estado, ya sean de la Comunidad Autónoma, así como, en su caso, el de la autoridad fiscal o judicial, para acreditar las razones que la sustentan.

b)   A la persona titular de la Dirección General de Gestión Migratoria en los casos de colaboración con las demás autoridades administrativas o judiciales y por razones de interés público sin perjuicio de la previsión recogida en el apartado 2 del artículo 129.

5.   La eficacia de la autorización concedida en el supuesto de arraigo del artículo 127.b) estará condicionada a la posterior afiliación y alta del trabajador en el régimen correspondiente de la Seguridad Social en el plazo de un mes desde la notificación realizada al solicitante.

6.   En el plazo de un mes desde la notificación de la concesión de la autorización de residencia temporal por circunstancias excepcionales la persona extranjera deberá solicitar personalmente la tarjeta de identidad de extranjero.

7.   Las autorizaciones a las que se refiere el capítulo I del título IX de menores extranjeros, podrán ser solicitadas de forma simultánea a

la solicitud de la autorización por circunstancias excepcionales. En ese caso, la resolución deberá ser emitida de forma simultánea.

131. *Autorización de trabajo del titular de una autorización de residencia temporal por circunstancias excepcionales.* La concesión de una autorización de residencia temporal por circunstancias excepcionales prevista en este capítulo llevará aparejada una autorización de trabajo por cuenta propia o ajena en España sin limitación de ámbito geográfico y ocupación durante la vigencia de aquélla, con las siguientes excepciones:

a) La que se conceda a las personas que no hayan cumplido la edad mínima de admisión al trabajo.

b) La que se conceda por arraigo socioformativo que habilitará para trabajar por cuenta ajena un máximo de treinta horas a la semana en cómputo global, remuneradas como mínimo con el salario mínimo interprofesional o el salario establecido, en su caso, en el convenio colectivo aplicable, en el momento de la solicitud en proporción a la jornada trabajada.

132. *Prórroga de la autorización de residencia temporal por circunstancias excepcionales.* 1. En virtud de su carácter excepcional, las autorizaciones previstas en este capítulo, así como sus prórrogas, tendrán una vigencia de un año salvo la autorización por circunstancias excepcionales por arraigo familiar que tendrá una duración de cinco años, sin perjuicio de las especificidades establecidas en este artículo y en la normativa sobre protección internacional.

En los supuestos de autorización de residencia temporal por razones humanitarias derivadas de enfermedad grave, la autorización de residencia tendrá la vigencia de un año y se podrá prorrogar por periodos sucesivos de un año siempre que sea necesario para completar el tratamiento.

2. Requisitos específicos para la prórroga:

a) La prórroga de la autorización concedida por arraigo de segunda oportunidad, sociolaboral o social, estará condicionada al cumplimiento de sus requisitos y a la prueba de encontrarse en situación de búsqueda activa de empleo y debidamente inscrito en el servicio público de empleo.

b) La prórroga de la autorización concedida por arraigo socioformativo estará condicionada al informe del centro correspondiente que certifique la promoción al segundo curso, en el caso de los ciclos formativos de grado básico o grado medio. En el supuesto de que se hubiera terminado la formación antes de finalizar el año, la prórroga se condicionará a la prueba del título o certificado obtenido y a encontrarse en situación de búsqueda activa de empleo y debidamente inscrito en el servicio público de empleo.

c) Las personas titulares de una autorización concedida por la persona titular de la Secretaría de Estado de Seguridad, o autoridad en quien delegue, podrán prorrogar la autorización por periodos sucesivos de un año siempre que se aprecie por las autoridades competentes que persisten las razones que motivaron su concesión. Solamente en el caso de que las autoridades concluyesen que han cesado las razones que motivaron su concesión, podrán solicitar una autorización de residencia o una autorización de residencia y trabajo de acuerdo con lo previsto en el artículo 191 de este Reglamento.

3. Las personas extranjeras podrán solicitar la prórroga de la autorización por circunstancias excepcionales, durante los dos meses previos a la fecha de expiración de su autorización. La presentación de la solicitud en este plazo prorroga la validez de la autorización anterior hasta la resolución del procedimiento. También se prorrogará hasta la resolución del procedimiento en el supuesto en que la solicitud se presentase dentro de los tres meses posteriores a la fecha en que hubiera finalizado la vigencia de la anterior autorización, sin perjuicio de la incoación del correspondiente procedimiento sancionador por la infracción prevista en el artículo 52.b) de la Ley Orgánica 4/2000.

CAPÍTULO II
Residencia temporal y trabajo por circunstancias excepcionales de mujeres extranjeras víctimas de violencia de género

133. *Mujer extranjera víctima de violencia de género.* 1. La mujer extranjera víctima de violencia de género tiene derecho a la obtención de la autorización de residencia temporal y trabajo por circunstancias excepcionales en España, tanto de naturaleza provisional como definitiva, en el marco del artículo 31 bis de la Ley Orgánica 4/2000, de 11 de enero, de conformidad a lo establecido en este capítulo.

La mujer extranjera víctima de violencia de género gozará de los derechos reconocidos en la Ley Orgánica 1/2004, de 28 de diciembre, de Medidas de Protección Integral contra la Víctima de Violencia de Género, con independencia de su nacionalidad y de su situación administrativa en España.

2. Si al denunciarse o acreditarse, de acuerdo con lo previsto en el artículo 23.1 de la Ley Orgánica 1/2004, de 28 de diciembre, una situación de violencia de género contra una mujer extranjera se pusiera de manifiesto su situación irregular, el expediente administrativo sancionador incoado por infracción del artículo 53.1.a) de la Ley Orgánica 4/2000, de 11 de enero, será inmediatamente suspendido por el instructor hasta la finalización del proceso penal. En caso de que el expediente sancionador no hubiera sido iniciado en el momento de presentación de la denuncia, la decisión sobre su incoación será pospuesta hasta la finalización del proceso penal.

3. La autoridad ante la que se hubiera presentado en su caso la denuncia, o la autoridad competente para expedir la acreditación recogida en la normativa en materia de violencia de género, informará inmediatamente a la mujer extranjera de las posibilidades que le asisten en el marco de este artículo, así como de los derechos que le asisten al amparo de la Ley Orgánica 1/2004, de 28 de diciembre.

134. *Autorización de residencia temporal y trabajo por circunstancias excepcionales de la mujer extranjera víctima de violencia de género.* 1. La autorización de residencia temporal y trabajo por circunstancias excepcionales, tanto de naturaleza provisional como definitiva, habilitará a sus titulares a residir y trabajar por cuenta ajena y por cuenta propia en territorio español, en cualquier ocupación o sector de actividad.

2. La mujer víctima de violencia de género podrá también solicitar de forma simultánea o en cualquier momento a lo largo del proceso penal y posteriormente, siempre que en el momento de la denuncia se encuentren en España, una autorización de residencia temporal por circunstancias excepcionales para sus hijos e hijas menores de edad, para los hijos menores de edad tutelados, o los mayores de edad que tengan una discapacidad que requiera de apoyo o los mayores de edad que no sean objetivamente capaces de proveer a sus propias necesidades debido a su estado de salud, así como a sus ascendientes en primer grado y línea directa, a quienes se expedirá una autorización

de residencia temporal por razones humanitarias. Cuando los menores de edad tengan más de dieciséis años, la autorización de residencia temporal por circunstancias excepcionales, tanto de naturaleza provisional como definitiva, habilitará a residir y trabajar por cuenta ajena y por cuenta propia en territorio español, en cualquier ocupación o sector de actividad, atendiendo a la normativa laboral.

3.   Las autorizaciones recogidas en este capítulo se tramitarán con carácter preferente.

135.   *Procedimiento.* 1.   La mujer víctima de violencia de género, o su representante, podrá presentar ante la oficina de extranjería correspondiente a la provincia en la que resida, una solicitud de autorización temporal de residencia y trabajo por circunstancias excepcionales.

La solicitud irá acompañada de la siguiente documentación:

a)   Copia del pasaporte completo, o documento de viaje, o cédula de inscripción, en vigor, de la persona solicitante y, en su caso, de sus familiares descritos anteriormente.

b)   En caso de que la solicitante no sea quien formalice directamente la solicitud, deberá presentarse documento de otorgamiento de representación a favor de la persona que la presente.

c)   Copia de la orden de protección o del informe del Ministerio Fiscal, o del documento en el que se acredite su condición de víctima de conformidad con lo previsto en la normativa en materia de protección contra la violencia de género.

d)   Documentación acreditativa del vínculo familiar en los supuestos del artículo 134.2.

2.   Una vez presentada la solicitud de autorización junto con la documentación prevista en el párrafo anterior, la autoridad competente concederá de oficio una autorización provisional de residencia y trabajo a favor de la solicitante y, en su caso, a favor de sus hijos e hijas.

3.   La autorización provisional tendrá eficacia desde el momento de su concesión. Su vigencia estará condicionada a la concesión o denegación de la autorización definitiva.

4.   En el plazo de un mes desde su concesión, la titular de la autorización habrá de solicitar, personalmente ante la oficina de extranjería o la Comisaría de Policía correspondiente, la tarjeta de identidad de extranjero. Dicha tarjeta, que tendrá vigencia anual, hará constar que

su titular está autorizada a residir y trabajar en España, pero no su carácter provisional ni su condición de víctima de violencia de género.

Las disposiciones previstas en este apartado serán de aplicación, en su caso, a las autorizaciones concedidas a favor de los familiares recogidos en el presente capítulo.

5. En el momento de la concesión de la autorización provisional, la Delegación o Subdelegación del Gobierno informará de dicha circunstancia a la autoridad judicial que esté conociendo del proceso penal.

En el supuesto de que la autorización provisional se haya concedido como consecuencia de la presentación del documento acreditativo previsto en la normativa en materia de violencia de género, la información prevista en el párrafo anterior se transmitirá a la autoridad judicial indicada en el párrafo anterior, en el momento en el que se presente la primera solicitud de renovación de la TIE, a cuyo efecto será necesario que la solicitante adjunte copia de la denuncia.

136. *Finalización del procedimiento relativo a la residencia temporal y trabajo por circunstancias excepcionales de la mujer extranjera víctima de violencia de género.* 1. En el supuesto de que se hubiere acreditado la condición de víctima mediante sentencia condenatoria o resolución judicial, se procederá a la tramitación de una autorización de residencia temporal y trabajo por circunstancias excepcionales, así como a las autorizaciones correspondientes a favor de los hijos e hijas y ascendientes descritos en el presente capítulo. Estas autorizaciones tendrán una vigencia de cinco años.

2. Concluido el proceso penal, el Ministerio Fiscal lo pondrá en conocimiento de la oficina de extranjería y de la Comisaría de Policía correspondiente en el plazo de un mes, a los siguientes efectos:

1.º De haber concluido con sentencia condenatoria o resolución judicial de la que se deduzca que la mujer ha sido víctima de violencia de género, a los efectos de:

a) Si fuera titular de una la autorización provisional de residencia y trabajo, se concederá una autorización de residencia y trabajo por circunstancias excepcionales por el Delegado o Subdelegado del Gobierno competente y se notificará en el plazo máximo de veinte días desde que a la oficina de extranjería le conste la sentencia o resolución judicial.

b)   Si no se hubiera solicitado la autorización de residencia y trabajo, el Ministerio Fiscal informará a la mujer extranjera sobre la posibilidad que le asiste en aplicación del presente artículo de solicitar una autorización de residencia temporal y trabajo a su favor, así como autorizaciones de residencia temporal o de residencia temporal y trabajo a favor de los hijos e hijas recogidos en los artículos anteriores.

Igualmente, le informarán de que dispone de un plazo de seis meses desde la fecha en la que le haya sido notificada la sentencia, o resolución judicial para la presentación de la solicitud o solicitudes.

El procedimiento relativo a esta solicitud de autorización será tramitado en los términos previstos en el artículo 135.

c)   La concesión de una autorización de residencia y trabajo por circunstancias excepcionales de acuerdo con lo previsto en este apartado supondrá el archivo del procedimiento sancionador que pudiera existir con la mujer extranjera víctima de violencia de género.

La vigencia de la autorización será de cinco años. Ello, sin perjuicio de la posibilidad de su titular de acceder en el curso de dicha validez a la situación de residencia de larga duración, previa solicitud, a cuyo efecto se computará, en su caso, el tiempo durante el que hubiera sido titular de una autorización provisional concedida en base al artículo anterior.

En el plazo de un mes desde su concesión, la titular de la autorización solicitará personalmente y ante la Comisaría de Policía correspondiente, la tarjeta de identidad de extranjero. Dicha tarjeta hará constar que su titular está autorizada a residir y trabajar en España, pero no su condición de víctima de violencia de género.

Las disposiciones previstas en este apartado serán de aplicación, en su caso, a las autorizaciones concedidas a favor de los familiares descritos en el artículo 134.2.

2.º   De haber concluido con sentencia no condenatoria o resolución judicial de la que no se deduzca que la mujer ha sido víctima de violencia de género, a los efectos de:

a)   Si se ha solicitado una autorización provisional de residencia y trabajo en aplicación de lo dispuesto en el artículo 135, esta autorización le será denegada, así como las autorizaciones solicitadas a favor de los familiares recogidos en el artículo 134.2.

b)   La automática pérdida de eficacia de la autorización provisional que se hubiera podido conceder, cuya titularidad no podrá ser alegada de cara a la obtención de la condición de residente de larga duración o de la nacionalidad. Esta previsión será de aplicación, en su caso, a las autorizaciones provisionales de los familiares recogidos en el artículo 134.2.

c) El inicio o la continuación del procedimiento sancionador en materia de extranjería inicialmente no incoado o suspendido, y su tramitación y resolución de acuerdo con lo previsto en el título III de la Ley Orgánica 4/2000.

CAPÍTULO III
Residencia temporal y trabajo por circunstancias excepcionales de víctimas extranjeras de violencia sexual

137. *Víctima de violencia sexual.* 1. De conformidad con lo dispuesto en la Ley Orgánica 10/2022, de 6 de septiembre, de garantía integral de la libertad sexual, son víctimas de violencia sexual las mujeres, niños y niñas que acrediten haber sufrido cualquier acto de naturaleza sexual no consentido en cualquier ámbito público o privado, o que condicione el libre desarrollo de su vida sexual, y, en todo caso, se considerarán como violencias sexuales los delitos recogidos en el título VIII del libro II de la Ley Orgánica 10/1995, de 23 de noviembre, del Código Penal, artículos 178 a 194 bis, a los que se añadirá la mutilación genital femenina y el matrimonio forzado, el acoso con connotación sexual, así como las violencias sexuales cometidas en el ámbito digital.

La víctima de violencia sexual gozará de los derechos reconocidos en la citada Ley Orgánica 10/2022, de 6 de septiembre, con independencia de su nacionalidad y de su situación administrativa en España.

2. Asimismo, la víctima tiene derecho a la obtención de la autorización de residencia temporal y trabajo por circunstancias excepcionales en España, tanto de naturaleza provisional como definitiva, en el marco del artículo 31 bis de la Ley Orgánica 4/2000, de 11 de enero, de conformidad a lo establecido en este capítulo.

3. Si al denunciarse o acreditarse una situación de violencia sexual de acuerdo con lo previsto en el artículo 37.1 de Ley Orgánica 10/2022, de 6 de septiembre, se pusiera de manifiesto la situación irregular de la persona denunciante, no se incoará el expediente administrativo sancionador por infracción del artículo 53.1.a), y se suspenderá el

expediente administrativo sancionador que se hubiera incoado por la comisión de dicha infracción con anterioridad a la denuncia o, en su caso, la ejecución de las órdenes de expulsión o de devolución eventualmente acordadas. En caso de que el expediente sancionador no hubiera sido iniciado en el momento de presentación de la denuncia, la decisión sobre su incoación será pospuesta hasta la finalización del proceso penal.

4. La autoridad ante la que se hubiera presentado la denuncia o la autoridad competente para expedir la acreditación recogida en la normativa en materia de violencia sexual, informará inmediatamente a la mujer extranjera de las posibilidades que le asisten en el marco de este artículo, así como de los derechos que le asisten al amparo de la Ley Orgánica 10/2022, de 6 de septiembre.

138. *Autorización de residencia temporal y trabajo de la víctima extranjera de violencia sexual.* 1. La autorización de residencia temporal y trabajo por circunstancias excepcionales de víctimas extranjeras de violencia sexual, tanto de naturaleza provisional como definitiva, habilitará a sus titulares a residir y trabajar por cuenta ajena y por cuenta propia en territorio español, en cualquier ocupación o sector de actividad.

2. La víctima podrá también solicitar de forma simultánea o en cualquier momento a lo largo del proceso penal y posteriormente, siempre que en el momento de la denuncia se encuentren en España una autorización de residencia temporal por circunstancias excepcionales para sus hijos e hijas menores de edad, para los hijos e hijas menores de edad tutelados, los mayores de esa edad que tengan una discapacidad que requiera de apoyo o los mayores de edad que no sean objetivamente capaces de proveer a sus propias necesidades debido a su estado de salud, así como a sus ascendientes en primer grado y línea directa, a quienes se expedirá una autorización de residencia temporal por razones humanitarias.

Cuando los menores de edad tengan más dieciséis años, la autorización de residencia temporal, tanto de naturaleza provisional como definitiva, por circunstancias excepcionales habilitará a residir y trabajar por cuenta ajena y por cuenta propia en territorio español, en cualquier ocupación o sector de actividad, ateniendo a la normativa laboral.

3. Las autorizaciones recogidas en este capítulo se tramitarán con carácter preferente.

139. *Procedimiento.* 1. La víctima de violencia sexual, o su representante, podrá presentar ante la oficina de extranjería correspondiente a la provincia en la que resida, una solicitud de autorización temporal de residencia y trabajo por circunstancias excepcionales.

La solicitud irá acompañada de la siguiente documentación:

a) Copia del pasaporte completo, o documento de viaje, o cédula de inscripción, en vigor, de la persona solicitante y, en su caso, de sus hijos e hijas descritos anteriormente.

b) En caso de que la solicitante no sea quien formalice directamente la solicitud, deberá presentarse documento de otorgamiento de representación a favor de la persona que la presente.

c) Copia de la orden de protección, del informe del Ministerio Fiscal, de la resolución judicial que indique la existencia de indicios de violencia sexual, o del documento que le acredite como víctima de violencia sexual de acuerdo con las previsiones recogidas en la normativa en materia de garantía integral de la libertad sexual.

d) Documentación acreditativa del vínculo familiar en los supuestos de los familiares recogidos en el artículo 138.2.

2. Una vez presentada la solicitud de autorización junto con la documentación recogida en el párrafo anterior, la autoridad competente concederá de oficio una autorización provisional de residencia y trabajo a favor de la solicitante y, en su caso, a favor de los familiares recogidos en el artículo 138.2.

3. La autorización provisional tendrá eficacia desde el momento de su concesión. Su vigencia estará condicionada a la concesión o denegación de la autorización definitiva.

4. En el plazo de un mes desde su notificación, la titular de la autorización habrá de solicitar, personalmente ante la Comisaría de Policía correspondiente, la tarjeta de identidad de extranjero. Dicha tarjeta, que tendrá vigencia anual, hará constar que su titular está autorizada a residir y trabajar en España, pero no su carácter provisional ni su condición de víctima de violencia sexual.

Las disposiciones previstas en este apartado serán de aplicación, en su caso, a las autorizaciones concedidas a favor de los familiares descritos en el artículo 138.2.

5. En el momento de la concesión de la autorización provisional, la autoridad administrativa competente informará de dicha circunstancia a la autoridad judicial que esté conociendo del proceso penal.

En el supuesto de que la autorización provisional se haya concedido como consecuencia de la presentación del documento acreditativo previsto en la normativa en materia de violencia sexual, la información prevista en el párrafo anterior se transmitirá a la autoridad judicial indicada en el párrafo anterior, en el momento en el que se presente la primera solicitud de renovación de la TIE, a cuyo efecto será necesario que la solicitante adjunte copia de la denuncia.

140. *Finalización del procedimiento relativo a la residencia temporal y trabajo por circunstancias excepcionales a la víctima de violencia sexual.* 1. En el supuesto de que se acredite la condición de víctima mediante sentencia condenatoria o resolución judicial, se procederá a la tramitación de una autorización de residencia temporal y trabajo por circunstancias excepcionales con validez de cinco años, así como a las autorizaciones correspondientes a favor de los hijos e hijas.

2. Concluido el proceso penal, el Ministerio Fiscal lo pondrá en conocimiento de la oficina de extranjería y a la Comisaría de Policía correspondientes en el plazo de un mes, a los siguientes efectos:

1.º De haber concluido con sentencia condenatoria o resolución judicial de la que se deduzca que la persona extranjera ha sido víctima de violencia sexual, a los efectos de:

a) Si fuera titular de una la autorización provisional, el Delegado o Subdelegado del Gobierno concederá y notificará una autorización de residencia y trabajo por circunstancias excepcionales en el plazo máximo de veinte días desde que a la oficina de extranjería le conste la sentencia.

b) Si no se hubiera solicitado la autorización provisional de residencia y trabajo por circunstancias excepcionales, el Ministerio Fiscal informará a la persona extranjera sobre la posibilidad que le asiste en aplicación al presente artículo de solicitar una autorización de residencia temporal y trabajo a su favor, así como a favor de los hijos y menores y ascendientes recogidos en el artículo 138.2.

Igualmente, le informarán de que dispone de un plazo de seis meses desde la fecha en la que le haya sido notificada la sentencia, para la presentación de la solicitud o solicitudes.

El procedimiento relativo a esta solicitud de autorización será tramitado en los términos previstos en el artículo 139.

c) La concesión de una autorización de residencia y trabajo por circunstancias excepcionales de acuerdo con lo previsto en este apartado supondrá el archivo del procedimiento sancionador que pudiera existir por infracción al artículo 53.1.a) de la Ley Orgánica 4/2000, de 11 de enero, con la persona extranjera víctima de violencia sexual.

La vigencia de la autorización será de cinco años. Ello, sin perjuicio de la posibilidad de su titular de acceder en el curso de dicha validez a la situación de residencia de larga duración, previa solicitud, a cuyo efecto se computará, en su caso, el tiempo durante el que hubiera sido titular de una autorización provisional concedida en base al artículo anterior.

En el plazo de un mes desde su concesión, la titular de la autorización solicitará personalmente y ante la Comisaría de Policía correspondiente, la tarjeta de identidad de extranjero. Dicha tarjeta hará constar que su titular está autorizada a residir y trabajar en España, pero no su condición de víctima de violencia sexual.

Las disposiciones previstas en este apartado serán de aplicación, en su caso, a las autorizaciones concedidas a favor de sus familiares recogidos en el artículo 138.2.

2.º De haber concluido con sentencia no condenatoria o resolución judicial de la que no se deduzca que la persona extranjera ha sido víctima de violencia sexual, a los efectos de:

a) Si se ha solicitado una autorización de residencia y trabajo en aplicación de lo dispuesto en el artículo 137, esta autorización concluirá o será denegada, así como las autorizaciones solicitadas a favor de los familiares recogidos en el artículo138.2.

b) La automática pérdida de eficacia de la autorización provisional que se hubiera podido conceder, cuya titularidad no podrá ser alegada de cara a la obtención de la condición de residente de larga duración o de la nacionalidad. Esta previsión será de aplicación, en su caso, a las autorizaciones provisionales de los familiares recogidos en el artículo 134.2.

c) El inicio o la continuación del procedimiento sancionador en materia de extranjería inicialmente no incoado o suspendido, y su tramitación y resolución de acuerdo con lo previsto en el título III de la Ley Orgánica 4/2000.

141. *Víctimas de violencia sexual menores de edad.* 1.   En caso de que fuera determinada la minoría de edad de la víctima de violencia sexual, las actuaciones que deban realizarse en virtud de lo dispuesto en este capítulo, velarán en todo momento por la preservación del interés superior del menor.

2.   Se le expedirá una autorización de residencia temporal como víctima de violencia sexual, de acuerdo con el procedimiento previsto en artículos precedentes, y que será extensiva a los adultos responsables del menor que se encuentren en España, salvo que existan indicios de que la mencionada violencia haya sido ejercida por estos o que puedan estar involucrados en ella, la hayan consentido o no hayan mostrado la diligencia exigible para evitarla. A estos efectos, se tramitará y expedirá una autorización de residencia temporal por circunstancias excepcionales.

Las autorizaciones recogidas en este apartado se tramitarán con carácter preferente.

3.   La institución pública responsable de la tutela legal de la víctima menor de edad o el Ministerio Fiscal, podrán proponer la derivación del menor hacia recursos específicos por razones de protección o de asistencia especializada, que en cualquier caso deberán garantizar la separación entre menores y mayores de edad.

4.   Se observarán igualmente las garantías para la víctima menor de edad previstas en la Ley 10/2022, de 6 de septiembre, y en la Ley Orgánica 8/2021, de 4 de junio, de protección integral a la infancia y la adolescencia frente a la violencia.

CAPÍTULO IV
Residencia temporal y trabajo por circunstancias excepcionales por colaboración contra redes organizadas

142. *Exención de responsabilidad.* 1.   De conformidad con el artículo 59 de la Ley Orgánica 4/2000, de 11 de enero, la autoridad con la que esté colaborando una persona extranjera que se encuentre irregularmente en España y sea víctima, perjudicada o testigo de un acto de tráfico ilícito de seres humanos, inmigración ilegal, explotación laboral o de tráfico ilícito de mano de obra o de explotación sexual en la prostitución, remitirá informe sobre dicha colaboración al órgano administrativo competente para la instrucción del expediente sancionador, a los efectos de que pueda proponer al Delegado o Subdelegado competente la exención de responsabilidad de éste.

2. Será competente para determinar la exención de responsabilidad de la persona extranjera el Delegado o Subdelegado del Gobierno en la provincia en la que se hubiera incoado el procedimiento administrativo sancionador en materia de extranjería.

3. En el marco de la decisión sobre la exención de responsabilidad de la persona extranjera, el Delegado o Subdelegado del Gobierno decidirá igualmente sobre la suspensión temporal del procedimiento sancionador incoado o de la ejecución de la medida de expulsión o devolución que ya hubiera sido acordada.

4. De no determinarse la exención de responsabilidad, se decidirá la continuación del procedimiento sancionador o la ejecución de la medida de expulsión o devolución suspendida.

143. *Autorización de residencia y trabajo por colaboración con autoridades administrativas no policiales.* 1. Determinada la exención de responsabilidad, la autoridad que hubiera dictado la resolución en tal sentido informará a la persona extranjera de la posibilidad que le asiste de presentar una solicitud de autorización de residencia y trabajo por circunstancias excepcionales, dirigida a la persona titular de la Secretaría de Estado de Migraciones, si la colaboración contra redes organizadas se produce con autoridades administrativas no policiales.

2. La solicitud de autorización, que será presentada ante la Delegación o Subdelegación del Gobierno que hubiera determinado la exención de responsabilidad, podrá ser presentada por la persona extranjera personalmente o a través de representante.

La solicitud irá acompañada de la siguiente documentación:

a) Copia del pasaporte completo, o documento de viaje, en vigor, del extranjero. En su caso, este documento será sustituido por cédula de inscripción, en vigor.

b) En su caso, documento público por el que se otorgue la representación legal en favor de la persona física que formule la solicitud.

3. La Delegación o Subdelegación de Gobierno dará traslado inmediato de la solicitud a la Secretaría de Estado de Migraciones para su resolución, adjuntando informe sobre el sentido de la resolución y el informe emitido por la autoridad con la que hubiese colaborado.

4.   La remisión de la solicitud de autorización de residencia y trabajo por circunstancias excepcionales, en caso de incluir informe favorable a la concesión de ésta, supondrá la concesión de autorización provisional de residencia y trabajo por el Delegado o Subdelegado del Gobierno, para la cual no será necesario que el interesado presente una nueva solicitud.

5.   El Delegado o Subdelegado del Gobierno notificará al interesado que la propuesta de inicio de oficio del procedimiento ha sido realizada y la concesión o no de la autorización provisional de residencia y trabajo.

6.   Concedida, en su caso, la autorización provisional, ésta implicará la posibilidad de trabajar, por cuenta ajena o por cuenta propia, en cualquier ocupación, sector de actividad y ámbito territorial.

La autorización provisional tendrá eficacia desde el momento de la notificación de su concesión y hasta que se dicte resolución sobre la solicitud de autorización definitiva.

En el plazo de un mes desde su concesión, el titular de la autorización provisional habrá de solicitar, personalmente y ante la Comisaría de Policía correspondientes, la tarjeta de identidad de extranjero. Dicha tarjeta hará constar que su titular está autorizado a residir y trabajar en España, pero no su carácter provisional ni su condición de colaborador en actuaciones contra redes organizadas.

La tarjeta de identidad de extranjero será renovable con carácter anual.

7.   Resuelto favorablemente, en su caso, y debidamente notificada la resolución del procedimiento sobre la autorización definitiva, por el titular de la Secretaría de Estado de Migraciones, la autorización de residencia y trabajo tendrá vigencia de cinco años e implicará la posibilidad de trabajar, por cuenta ajena o por cuenta propia, en cualquier ocupación, sector de actividad y ámbito territorial.

Ello, sin perjuicio de la posibilidad de su titular de acceder en el curso de éstos a la situación de residencia de larga duración, previa solicitud, a cuyo efecto se computará, en su caso, el tiempo durante el que hubiera sido titular de una autorización provisional concedida en base a este artículo.

En el plazo de un mes desde su concesión, su titular habrá de solicitar, personalmente y ante la oficina de extranjería o la Comisaría de Policía correspondientes, la tarjeta de identidad de extranjero. Dicha tarjeta hará constar que su titular está autorizado a residir y trabajar en España, pero no su condición de colaborador contra redes organizadas.

8. La denegación de la autorización de residencia y trabajo, que será notificada al interesado a través de la Delegación o Subdelegación del Gobierno que hubiera declarado la exención de responsabilidad, supondrá la extinción y pérdida de vigencia de la autorización provisional que se hubiera podido conceder, sin necesidad de pronunciamiento administrativo expreso. En este caso, la titularidad de la autorización provisional no podrá ser alegada de cara a la obtención de la condición de residente de larga duración ni de la nacionalidad española.

9. El apartado anterior será entendido sin perjuicio de la posibilidad de que la persona extranjera inicie un procedimiento de solicitud de autorización de residencia por circunstancias excepcionales, alegando la concurrencia de un supuesto distinto al previsto en el artículo 59 de la Ley Orgánica 4/2000.

144. *Autorización de residencia y trabajo por colaboración con autoridades policiales, fiscales o judiciales.* 1. Determinada, en su caso, la exención de responsabilidad, la autoridad que hubiera dictado la resolución en tal sentido informará a la persona extranjera de la posibilidad que le asiste de presentar una solicitud de autorización de residencia y trabajo por circunstancias excepcionales, dirigida al titular de la Secretaría de Estado de Seguridad, si la colaboración contra redes organizadas se produce con autoridades policiales, fiscales o judiciales.

2. La solicitud de autorización se presentará por la persona extranjera ante la correspondiente unidad policial de extranjería, personalmente o a través de representante.

La solicitud irá acompañada de la siguiente documentación:

a) Copia del pasaporte completo con una vigencia mínima de cuatro meses, o documento de viaje, en vigor, de la persona extranjera. En su caso, este documento será sustituido por cédula de inscripción, en vigor.

b) En su caso, documento público por el que se otorgue la representación legal en favor de la persona física que formule la solicitud.

3. La unidad policial de extranjería dará traslado inmediato de la solicitud, junto con el informe emitido por la autoridad con la que hubiese colaborado y el informe de la propia unidad policial, a la Comisaría General de Extranjería y Fronteras, que formulará propuesta

inicial a la Secretaría de Estado de Seguridad para la resolución de una autorización provisional de residencia y trabajo.

4. La Comisaría General de Extranjería y Fronteras dará traslado a la unidad policial encargada de notificar a la persona interesada la concesión o no de la autorización provisional de residencia y trabajo.

5. Concedida, en su caso, la autorización provisional, ésta implicará la posibilidad de trabajar, por cuenta ajena o por cuenta propia, en cualquier ocupación, sector de actividad y ámbito territorial.

La autorización provisional tendrá eficacia desde el momento de la notificación de su concesión y hasta que se dicte resolución sobre la solicitud de autorización definitiva. En el plazo de un mes desde su concesión, el titular de la autorización provisional habrá de solicitar, personalmente y ante la oficina de extranjería o Comisaría de Policía correspondientes, la tarjeta de identidad de extranjero. Dicha tarjeta hará constar que su titular está autorizado a residir y trabajar en España, pero no su carácter provisional ni su condición de colaborador en actuaciones contra redes organizadas. La tarjeta de identidad de extranjero será renovable con carácter anual.

6. Resuelto favorablemente, en su caso, el procedimiento sobre la autorización definitiva, por el titular de la Secretaría de Estado de Seguridad, la autorización de residencia y trabajo tendrá vigencia de cinco años e implicará la posibilidad de trabajar, por cuenta ajena o por cuenta propia, en cualquier ocupación, sector de actividad y ámbito territorial.

Ello, sin perjuicio de la posibilidad de su titular de acceder en el curso de éstos a la situación de residencia de larga duración, previa solicitud, a cuyo efecto se computará, en su caso, el tiempo durante el que hubiera sido titular de una autorización provisional concedida en base a este artículo.

En el plazo de un mes desde su concesión, su titular habrá de solicitar, personalmente y ante la oficina de extranjería o Comisaría de Policía competentes, la tarjeta de identidad de extranjero. Dicha tarjeta hará constar que su titular está autorizado a residir y trabajar en España, pero no su condición de colaborador contra redes organizadas.

7. La denegación de la autorización de residencia y trabajo, que será notificada a la persona interesada y comunicada a la Delegación o Subdelegación del Gobierno que hubiera declarado la exención de responsabilidad, supondrá la extinción y pérdida de vigencia de la autorización provisional que se hubiera podido conceder, sin necesidad

de pronunciamiento administrativo expreso. En este caso, la titularidad de la autorización provisional no podrá ser alegada de cara a la obtención de la condición de residente de larga duración ni de la nacionalidad española.

8.   El apartado anterior será entendido sin perjuicio de la posibilidad de que la persona extranjera inicie un procedimiento de solicitud de autorización de residencia por circunstancias excepcionales, alegando la concurrencia de un supuesto distinto al previsto en el artículo 59 de la Ley Orgánica 4/2000.

145.   *Retorno asistido al país de procedencia del extranjero.* 1. Sin perjuicio de lo que las autoridades competentes en el marco de la investigación contra redes organizadas pudieran determinar sobre su necesaria permanencia en territorio español, de acuerdo con la normativa aplicable a su colaboración en dicha investigación o procedimiento, la persona extranjera, una vez declarada su exención de responsabilidad, podrá solicitar el retorno asistido a su país de procedencia.

2.   La persona extranjera podrá presentar dicha solicitud, dirigida a la Secretaría de Estado Migraciones, ante la Delegación o Subdelegación del Gobierno que hubiera determinado la exención de su responsabilidad.

La Secretaría de Estado de Migraciones facilitará la gestión y asistencia del retorno voluntario. En todo caso, el retorno asistido comprenderá la evaluación, previa a la partida, de los riesgos y la seguridad, el transporte, así como la asistencia en el punto de partida, tránsito y destino.

3.   En caso de que se hubiera determinado la necesaria permanencia de la persona extranjera en España en relación con su colaboración en la investigación contra redes organizadas, se dará trámite a la solicitud de retorno asistido tan pronto como desaparezcan las causas que determinan su obligada permanencia en territorio español.

146.   *Extranjeros menores de edad.* En la aplicación de las previsiones de este capítulo a menores de edad extranjeros las actuaciones realizadas estarán en todo momento sometidas a la consecución del interés superior del menor, estableciéndose medidas de protección específicas.

147. *Reagrupación familiar de los hijos de la víctima que no se encuentren en España.* Se facilitará la reagrupación familiar de los hijos e hijas menores, menores tutelados, o mayores con discapacidad que no sean objetivamente capaces de proveer a sus propias necesidades, de la víctima, que no se encuentren en España en el momento en que se declare la exención de responsabilidad de la víctima. Se estará a lo dispuesto en la Ley Orgánica 4/2000 en materia de reagrupación familiar, y se exonerará a la víctima de la obligación de acreditar los medios de vida suficientes, requisito de residencia previa y la disposición de vivienda adecuada.

CAPÍTULO V
Residencia temporal y trabajo por circunstancias excepcionales de extranjeros víctimas de trata de seres humanos

148. *Coordinación de las actuaciones.* Las Secretarías de Estado de Migraciones, de Justicia, de Seguridad y de Igualdad actualizarán el contenido del protocolo marco de protección de víctimas de trata de seres humanos en el que se establecen las bases de coordinación y actuación de las instituciones y administraciones con competencias relacionadas con este capítulo, adoptando las medidas necesarias de identificación previstas en el Convenio del Consejo de Europa sobre la lucha contra la trata de seres humanos y en el derecho de la Unión Europea.

En el citado protocolo se recogerá el ámbito y forma de participación de las organizaciones no gubernamentales, organizaciones sindicales y empresariales, fundaciones u otras asociaciones de carácter no lucrativo que, por su objeto, estén especializadas en la acogida y/o protección de las víctimas de trata de seres humanos y que participen en los programas desarrollados por las administraciones públicas para la asistencia y protección de las mismas.

149. *Identificación de las potenciales víctimas nacionales de terceros países de trata de seres humanos.* 1. Cualquiera que tenga noticia de la existencia de una posible víctima de trata de seres humanos informará inmediatamente de esta circunstancia a la autoridad policial competente para la investigación del delito y protección de la potencial víctima o a la Delegación o Subdelegación de Gobierno de la provincia donde la potencial víctima se encuentre o a la Inspección de Trabajo, que activarán sin dilación alguna las previsiones del presente artículo. Las referencias a víctimas de trata de seres humanos incluyen, además, a las víctimas de trata con fines de explotación sexual.

De oficio, a instancia de parte, o por orden del Delegado o Subdelegado del Gobierno, las autoridades policiales, tan pronto tengan motivos razonables para creer que una persona extranjera en situación irregular ha sido víctima de trata de seres humanos, le informarán fehacientemente y por escrito, en un idioma que le resulte comprensible, y con asistencia de intérprete si fuera necesario, de las previsiones establecidas en el artículo 59 bis de la Ley Orgánica 4/2000, de 11 de enero, y en este Reglamento. Igualmente, garantizarán que la misma conozca la posibilidad que le asiste de ser derivada a las autoridades autonómicas o municipales competentes en materia de asistencia social y sanitaria.

Cuando haya motivos razonables de la existencia de una potencial víctima de trata con fines de explotación sexual, se le informará de los derechos y servicios recogidos en la Ley Orgánica 10/2022, de 6 de septiembre, de garantía integral de la libertad sexual.

2. La identificación de la víctima se realizará por las autoridades policiales con formación y cualificación específica en la investigación de la trata de seres humanos y en la identificación y protección de sus víctimas con especial atención a casos de especial vulnerabilidad, así como cualquiera de las vías reconocidas en el presente reglamento y en la normativa sectorial.

Cuando la identificación exija la toma de declaración de la víctima potencial de trata, se hará mediante entrevista personal realizada en condiciones adecuadas a las circunstancias personales de la víctima, asegurando la ausencia de personas del entorno de los explotadores, y, en la medida en que sea posible, la prestación del debido apoyo jurídico, psicológico y asistencial.

Se recabará toda la información disponible que pueda servir para la identificación de la posible víctima y las organizaciones dedicadas a la promoción y defensa de los derechos de las personas víctimas de trata podrán aportar cuanta información consideren relevante a estos efectos. En aras de la protección de la integridad de la misma tal información tendrá carácter reservado.

Durante toda esta fase de identificación, el expediente sancionador o, en su caso, la expulsión o devolución acordada quedarán inmediatamente suspendidos y la autoridad policial competente, si fuera necesario, velará por la seguridad y protección de la potencial víctima.

150.   *Periodo de restablecimiento y reflexión.* 1.   Cuando la identificación haya sido efectuada por las unidades de extranjería, éstas elevarán, en el plazo máximo de cuarenta y ocho horas y previa conformidad de la víctima, la correspondiente propuesta sobre la concesión del periodo de restablecimiento y reflexión a la Delegación o Subdelegación del Gobierno de la provincia donde se hubiere realizado la identificación. La propuesta será favorable cuando estime que existen motivos razonables para creer que la persona extranjera es víctima potencial de trata de seres humanos y, en tal caso, incluirá la duración del periodo de reflexión, que será de al menos noventa días y, en todo caso, suficiente para que la persona extranjera pueda restablecerse y decidir si desea cooperar con las autoridades en la investigación del delito y, en su caso, en el procedimiento penal.

La propuesta irá acompañada del expediente completo, informe de la autoridad policial sobre la situación administrativa y personal de la misma, así como de otros que pudieran obrar en el procedimiento y, especialmente, los procedentes de organizaciones dedicadas a la promoción y defensa de los derechos de las personas víctimas de trata que se hubieran aportado en éste.

2.   Cuando la víctima haya sido identificada por otras autoridades policiales, éstas remitirán, con la mayor brevedad, a la unidad de extranjería del lugar donde se hubiera realizado la identificación, un informe motivado sobre la existencia de motivos razonables para creer que la persona podría ser víctima de trata de seres humanos, junto con la solicitud de establecimiento del periodo de restablecimiento y reflexión y toda la información y documentación de interés para resolver sobre su concesión.

La unidad de extranjería competente procederá conforme a lo previsto en el apartado 1 de este artículo.

3.   El Delegado o Subdelegado del Gobierno competente resolverá sobre la propuesta de concesión del periodo de restablecimiento y reflexión y sobre su duración en el plazo máximo de cinco días, transcurrido el cual el periodo se entenderá concedido por la duración reseñada en la propuesta. No obstante, si en el momento de elevarse a la Delegación o Subdelegación de Gobierno la propuesta favorable la víctima se encontrara ingresada en un Centro de Internamiento de

Extranjeros, la resolución deberá realizarse en el plazo de veinticuatro horas.

Los plazos establecidos en este apartado serán computados desde la fecha de recepción de la propuesta en la Delegación o Subdelegación del Gobierno competente.

4. La resolución sobre el periodo de restablecimiento y reflexión será notificada a la persona interesada, de manera inmediata y por el medio más rápido, por la Delegación o Subdelegación del Gobierno, directamente o a través de la autoridad policial que hubiera realizado la propuesta de concesión, a la que en cualquier caso se dará conocimiento de la resolución. Si dicha autoridad policial no fuera la misma que inició la investigación, la resolución será igualmente comunicada a esta última, así como a la que tenga a la víctima bajo su custodia.

5. La resolución, de ser favorable, hará mención expresa, entre otros extremos, a la decisión de suspender temporalmente el procedimiento sancionador que hubiera sido incoado o la ejecución de la medida de expulsión o devolución que hubiera sido acordada en relación con la infracción prevista en el artículo 53.1.a) de la Ley Orgánica 4/2000, de 11 de enero. Igualmente, supondrá la propuesta a la autoridad judicial competente de la puesta en libertad de la persona extranjera en caso de que se hubiera acordado la medida cautelar de su ingreso en un Centro de Internamiento de Extranjeros.

En caso de que el procedimiento sancionador o la medida de expulsión o devolución suspendida fuera competencia de otro Delegado o Subdelegado del Gobierno, se le dará comunicación de la resolución de concesión del periodo de restablecimiento y reflexión, a los efectos que procedan en virtud de lo establecido en el párrafo anterior.

6. La resolución por la que, en su caso, se conceda el periodo de restablecimiento y reflexión autorizará la estancia de la persona extranjera en territorio español por la duración que se haya determinado para ésta.

7. Durante el periodo de restablecimiento y reflexión, la autoridad policial competente, de acuerdo con los criterios establecidos en el Protocolo previsto en el artículo 148, velará por la seguridad y protección de la persona. Igualmente, garantizará que la misma conozca la posibilidad que le asiste de ser derivada a las autoridades autonómicas o municipales competentes en materia de asistencia social.

151. *Exención de responsabilidad por colaboración o en atención a la situación personal de la víctima.* 1. La autoridad con la que la víctima de trata de seres humanos estuviera colaborando en el marco de la investigación del delito o del procedimiento penal, podrá proponer al Delegado o Subdelegado del Gobierno competente la exención de responsabilidad de la misma en relación con la infracción del artículo 53.1.a) de la Ley Orgánica 4/2000, de 11 de enero.

Sin perjuicio de lo anterior, y en atención a la situación personal de la víctima, el Delegado o Subdelegado del Gobierno podrá determinar de oficio la exención de responsabilidad.

2.   De determinarse la no exención de responsabilidad, se levantará la suspensión del procedimiento sancionador o de la ejecución de la medida de expulsión o devolución.

En caso de que el procedimiento sancionador o la medida de expulsión o devolución suspendida fuera competencia de otro Delegado o Subdelegado del Gobierno, se le dará comunicación de lo decidido sobre la exención de responsabilidad de la persona extranjera a los efectos de archivar el procedimiento, de continuarlo o de revocar la medida de expulsión o devolución decretada.

3.   Sin perjuicio de lo previsto en el apartado anterior, la continuación del procedimiento sancionador estará igualmente condicionada a la resolución del mismo, en caso de que la persona extranjera inicie un procedimiento de solicitud de autorización de residencia por circunstancias excepcionales, alegando la concurrencia de un supuesto distinto al previsto en el artículo 59 bis de la Ley Orgánica 4/2000, de 11 de enero.

152.   *Autorización de residencia y trabajo.* 1.   Determinada, en su caso, la exención de responsabilidad, el órgano que hubiera dictado la resolución en tal sentido informará a la persona extranjera de la posibilidad que le asiste de presentar una solicitud de autorización de residencia y trabajo por circunstancias excepcionales, dirigida al titular de la Secretaría de Estado de Seguridad o de la Secretaría de Estado de Migraciones, en función de que la motivación resida, respectivamente, en la colaboración de la víctima en la investigación del delito o en su situación personal.

Las previsiones recogidas en el presente artículo y en el siguiente serán extensivas, si así lo solicitara la víctima, a sus hijos e hijas menores de edad tutelados, los mayores de esa edad que tengan una discapacidad que requiera de apoyo o los mayores de edad que no sean objetivamente capaces de proveer a sus propias necesidades debido a su estado de salud, así como a sus ascendientes en primer grado y línea directa, a quienes se expedirá una autorización de residencia temporal por razones humanitarias.

Dichos familiares han de encontrarse en España en el momento de la identificación de la víctima.

De haberse determinado la exención de responsabilidad en base a una doble concurrencia de las circunstancias citadas, se le informará de la posibilidad que le asiste de iniciar cualquiera de los dos procedimientos de solicitud de autorización de residencia y trabajo por circunstancias excepcionales.

2. La solicitud de autorización, que será presentada ante la Delegación o Subdelegación del Gobierno que hubiera determinado la exención de responsabilidad, podrá ser presentada por la persona extranjera personalmente o a través de representante.

a) Copia del pasaporte completo, o título de viaje, en vigor, del extranjero. En su caso, este documento será sustituido por cédula de inscripción en vigor.

b) En su caso, documento público por el que se otorgue la representación legal en favor de la persona física que formule la solicitud.

No obstante, la Delegación o Subdelegación del Gobierno podrá eximir de la aportación de aquellos documentos cuya obtención suponga un riesgo para la víctima.

3. La Delegación o Subdelegación del Gobierno dará traslado inmediato de la solicitud a la Secretaría de Estado competente para su resolución, adjuntado informe sobre la situación administrativa y personal de la persona extranjera y sobre el sentido de la resolución.

En caso de que, de acuerdo con lo previsto en el apartado 1 de este artículo, la persona extranjera hubiera presentado dos solicitudes de autorización de residencia por circunstancias excepcionales de acuerdo con lo previsto en este capítulo, la Delegación o Subdelegación del Gobierno, en los correspondientes traslados a las Secretarías de Estado competentes, harán constar la existencia de los dos procedimientos.

4. La remisión de la solicitud de autorización de residencia y trabajo por circunstancias excepcionales, en caso de incluir informe favorable a la concesión de ésta, supondrá la concesión de autorización provisional de residencia y trabajo por el Delegado o Subdelegado del Gobierno, para la cual no será necesario que el interesado presente una nueva solicitud.

La Delegación o Subdelegación del Gobierno comunicará a la persona interesada el traslado de la solicitud a la Secretaría de Estado competente para su resolución y le notificará la concesión o no de la autorización provisional de residencia y trabajo.

La autorización provisional implicará la posibilidad de trabajar, por cuenta ajena o por cuenta propia, en cualquier ocupación, sector de actividad y ámbito territorial, y tendrá eficacia desde el momento de la notificación de su concesión y hasta que se dicte resolución definitiva sobre la solicitud de autorización realizada.

En el plazo de un mes desde su concesión, el titular de la autorización provisional habrá de solicitar, personalmente y ante la oficina de extranjería o la Comisaría de Policía correspondientes, la tarjeta de identidad de extranjero. Dicha tarjeta hará constar que su titular está autorizado a residir y trabajar en España, pero no su carácter provisional ni su condición de víctima de trata de seres humanos.

La tarjeta de identidad de extranjero será renovable con carácter anual.

5.   Resuelto favorablemente el procedimiento sobre la autorización definitiva por el titular de la Secretaría de Estado competente, la autorización de residencia y trabajo tendrá vigencia de cinco años e implicará la posibilidad de trabajar, por cuenta ajena o por cuenta propia, en cualquier ocupación, sector de actividad y ámbito territorial. Ello, sin perjuicio de la posibilidad de su titular de acceder en el curso de éstos a la situación de residencia de larga duración, previa solicitud, a cuyo efecto se computará, en su caso, el tiempo durante el que hubiera sido titular de una autorización provisional concedida en base a este artículo.

En el plazo de un mes desde su concesión, su titular habrá de solicitar, personalmente y ante la oficina de extranjería o la Comisaría de Policía correspondientes, la tarjeta de identidad de extranjero. Dicha tarjeta hará constar que su titular está autorizado a residir y trabajar en España, pero no su condición de víctima de trata de seres humanos.

6.   La denegación de la autorización de residencia y trabajo supondrá la pérdida de vigencia de la autorización provisional que se hubiera podido conceder, sin necesidad de pronunciamiento administrativo expreso. En este caso, la titularidad de la autorización provisional no podrá ser alegada de cara a la obtención de la condición de residente de larga duración o de la nacionalidad.

7.   El apartado anterior será entendido sin perjuicio de la posibilidad de que la persona extranjera inicie un procedimiento de solicitud de autorización de residencia por circunstancias excepcionales, alegan-

do la concurrencia de un supuesto distinto al previsto en el artículo 59 bis de la Ley Orgánica 4/2000, de 11 de enero.

8. El contenido de este precepto no afectará al derecho que asiste a la persona extranjera de solicitar protección internacional.

153. *Retorno asistido al país de procedencia.* 1. La persona extranjera podrá solicitar el retorno asistido a su país de procedencia en cualquier momento desde que sean apreciados motivos razonables sobre su posible condición de víctima de trata de seres humanos, sin perjuicio de lo que las autoridades competentes en el marco de la investigación del delito o del procedimiento penal pudieran determinar sobre su necesaria permanencia en territorio español de acuerdo con la normativa aplicable a su participación en dicha investigación o procedimiento.

2. Dicha solicitud, dirigida a la Secretaría de Estado de Migraciones, podrá ser presentada ante cualquiera de las autoridades competentes en el marco de los procedimientos regulados en este capítulo.

La Secretaría de Estado de Migraciones facilitará la gestión y asistencia del retorno voluntario atendiendo a lo establecido en el artículo 16 del Convenio del Consejo de Europa sobre la lucha contra la trata de seres humanos. En todo caso, el retorno asistido comprenderá la evaluación, previa a la partida, de los riesgos y la seguridad, el transporte, así como la asistencia en los puntos de partida, tránsito y destino.

3. En caso de que se hubiera determinado la necesidad de que la persona extranjera permanezca en España en virtud de lo previsto en el apartado 1 de este artículo, la solicitud de retorno asistido será tramitada tan pronto desaparezcan las causas que determinan su obligada permanencia en territorio español.

154. *Extranjeros menores de edad víctimas de trata de seres humanos.* 1. En caso de que fuera determinada la minoría de edad de la víctima de trata de seres humanos, las actuaciones que deban realizarse en virtud de lo dispuesto en este capítulo velarán en todo momento por la preservación del interés superior del menor.

2. La institución pública responsable de la tutela legal de la víctima menor de edad o el Ministerio Fiscal podrán proponer la derivación del menor hacia recursos específicos para víctimas de trata de

seres humanos, por razones de protección o de asistencia especializada.

3. En cualquier caso, los recursos específicos para víctimas de trata de seres humanos deberán garantizar la separación entre menores y mayores de edad.

155. *Reagrupación familiar de los hijos e hijas de la víctima que no se encuentren en España.* Se facilitará la reagrupación familiar de los hijos e hijas menores, menores tutelados, o los mayores de esa edad que tengan una discapacidad que requiera de apoyo o los mayores de edad que no sean objetivamente capaces de proveer a sus propias necesidades debido a su estado de salud que no se encuentren en España en el momento en que se declare la exención de responsabilidad de la víctima. Se estará a lo dispuesto en la Ley Orgánica 4/2000, de 11 de enero, en materia de reagrupación familiar, si bien se exonerará a la víctima de trata de la obligación de acreditar los medios de vida suficientes, requisito de residencia previa y la disposición de vivienda adecuada.

TÍTULO VIII
Trabajadores transfronterizos

156. *Definición.* Se halla en situación de trabajo transfronterizo el trabajador que haya sido autorizado para desarrollar actividades lucrativas, laborales o profesionales por cuenta propia o ajena en las zonas fronterizas del territorio español, residiendo en la zona fronteriza de un Estado limítrofe al que regrese diariamente.

157. *Ámbito de aplicación, requisitos y procedimiento.* 1. En la concesión inicial de una autorización de trabajo para trabajadores transfronterizos se estará a lo dispuesto en los artículos que establecen las condiciones para la concesión de la autorización de trabajo que proceda, sin perjuicio de que el cumplimiento de los requisitos comúnmente exigibles para la obtención de un visado de residencia y trabajo será valorado por el órgano competente, en el marco de la tramitación y resolución del procedimiento relativo a la autorización de trabajo.

2. De acuerdo con lo previsto en el apartado anterior, para la obtención de una autorización de trabajo para trabajadores transfronterizos deberán cumplirse los siguientes requisitos:

a) Autorización de trabajo por cuenta ajena:

1.º Carecer de antecedentes penales en España y en sus países anteriores de residencia durante los últimos cincos años, por delitos previstos en el ordenamiento español.

2.º No figurar como rechazable en el espacio territorial de países con los que España tenga firmado un convenio en tal sentido.

3.º Residir en la zona fronteriza con territorio español de que se trate.

4.º Que la situación nacional de empleo permita la contratación de la persona trabajadora extranjera.

5.º Que el empleador presente un contrato de trabajo, con fecha de comienzo condicionada a la de la eficacia de la autorización, que garantice a la persona trabajadora una actividad continuada durante el periodo de vigencia de la autorización.

6.º Que el empleador haya formalizado su inscripción en el correspondiente régimen del sistema de Seguridad Social y se encuentre al corriente del cumplimiento de sus obligaciones tributarias y frente a la Seguridad Social.

7.º Que las condiciones fijadas en el contrato de trabajo se ajusten a las establecidas por la normativa vigente y el convenio colectivo aplicable para la misma actividad, categoría profesional y localidad.

8.º Que el empleador cuente con medios económicos, materiales o personales, suficientes para su proyecto empresarial y para hacer frente a las obligaciones asumidas en el contrato frente a la persona trabajadora.

9.º Que se tenga la capacitación y, en su caso, la cualificación profesional legalmente exigida para el ejercicio de la profesión.

b) Autorización de trabajo por cuenta propia:

1.º Carecer de antecedentes penales en España y en sus países anteriores de residencia durante los últimos cincos años, por delitos previstos en el ordenamiento español.

2.º No figurar como rechazable en el espacio territorial de países con los que España tenga firmado un convenio en tal sentido.

3.º Residir en la zona fronteriza con territorio español de que se trate.

4.º Cumplir los requisitos que la legislación vigente exige a los nacionales para la apertura y funcionamiento de la actividad proyectada.

5.º Tener la capacitación y, en su caso, la cualificación profesional legalmente exigida para el ejercicio de la profesión, así como la colegiación cuando así se requiera.

6.º Acreditar que la inversión prevista para la implantación del proyecto sea suficiente y la incidencia, en su caso, en la creación de empleo.

7.º La previsión de que el ejercicio de la actividad producirá desde el primer año recursos económicos suficientes al menos para la manutención del interesado, una vez deducidos los necesarios para el mantenimiento de la actividad.

3. Cuando la competencia ejecutiva en materia de autorización inicial de trabajo por cuenta propia y ajena corresponda a la Administración autonómica, ésta será competente para la admisión, tramitación, resolución de solicitudes y de los recursos administrativos que, en su caso, se interpongan.

4. En el plazo de un mes desde la fecha de notificación de la resolución por la que se conceda, en su caso, la autorización, el trabajador habrá de darse o ser dado de alta en el régimen correspondiente de la Seguridad Social.

En el mismo plazo, la persona extranjera deberá solicitar la correspondiente tarjeta de identidad de extranjero ante la Comisaría de Policía competente. Esta tarjeta acreditará la condición de trabajador transfronterizo y permitirá la entrada y salida de territorio nacional para la realización de la actividad a la que se refiera.

En base a lo dispuesto en el artículo 4.2 de la Ley Orgánica 4/2000, de 11 de enero la tarjeta de identidad de extranjero será solicitada y obtenida sin perjuicio de que la autorización concedida sea de duración inferior a seis meses.

5. Se denegarán las autorizaciones de trabajo por cuenta propia o ajena para trabajadores transfronterizos, además de por la concurrencia de alguna de las causas generales de denegación establecidas en este Reglamento para las autorizaciones de residencia y trabajo, por la pérdida de la condición de trabajador transfronterizo.

158. *Efectos de la autorización de trabajo para trabajadores transfronterizos.* 1. La duración de la autorización inicial coincidirá con la del contrato de trabajo en relación con la cual se conceda, con el límite mínimo de tres meses y máximo de un año. Los mismos criterios serán de aplicación en relación con la actividad proyectada, en el caso de trabajo por cuenta propia.

2. La validez de la autorización de trabajo estará limitada al ámbito territorial de la Comunidad o Ciudad Autónoma en cuya zona limítrofe resida el trabajador, así como a una ocupación en el caso de trabajo por cuenta ajena o a un sector de actividad en el de trabajo por cuenta propia.

3. La autorización de trabajo se prorrogará a su expiración, en tanto continúe la misma relación laboral o actividad por cuenta propia y subsistan las circunstancias que motivaron su concesión.

La vigencia de las sucesivas prórrogas coincidirá con la del contrato de trabajo o de la actividad por cuenta propia, con el límite máximo de un año.

4. Las autorizaciones se extinguirán cuando concurran las causas previstas para el resto de las autorizaciones reguladas en este Reglamento, cuando sean aplicables, así como por la pérdida de la condición de trabajador transfronterizo.

5. El hecho de haber sido titular de una autorización de trabajo por cuenta propia o ajena para trabajadores transfronterizos no generará derecho para la obtención de una autorización de residencia y trabajo por cuenta propia o ajena, sin perjuicio de que sea tenida en cuenta para la valoración de las solicitudes que pudieran presentarse por el titular.

TÍTULO IX
Menores extranjeros

CAPÍTULO I
Residencia del hijo o tutelado de residente

159. *Residencia temporal del menor extranjero acompañado nacido en España.* 1. Podrán adquirir la autorización de residencia temporal de menor acompañado nacido en España las personas extranjeras menores de edad nacidas en nuestro país que sean hijas solteras, biológicas o adoptadas, de progenitores extranjeros titulares de alguna de las autorizaciones de residencia previstas en este reglamento. La autorización, que no requerirá visado, tendrá una duración de 5 años desde la fecha de la resolución.

A estos efectos, el padre o la madre deberán solicitar personalmente la autorización de residencia en favor del menor en el plazo de los 6 meses siguientes a la fecha del nacimiento o desde que alguno de sus progenitores acceda a la situación de residencia si esta fuese posterior siempre y cuando el menor se encuentre en territorio nacional y no se haya ausentado del territorio nacional desde su nacimiento, en cuyo caso, resultará de aplicación lo previsto en el capítulo II del título IV.

2.   Cuando los menores se encuentren en edad de escolarización obligatoria se deberá acreditar en el procedimiento que se encuentra matriculado en un centro de enseñanza oficial autorizado.

3.   A la solicitud, que se presentará en modelo normalizado, deberá acompañarse la documentación siguiente:

a)   Copia completa del pasaporte, documento de viaje o cédula de inscripción en vigor tanto del menor como del progenitor solicitante.

b)   Copia del certificado de nacimiento en España del menor.

c)   En su caso, la documentación que acredite la escolarización del menor.

4.   El órgano competente para resolver comprobará que se presenta debidamente la documentación exigida y en caso contrario efectuará el oportuno requerimiento a fin de que se subsanen los defectos en el plazo de los diez días siguientes a su notificación, advirtiéndole de que, de no subsanarse, se le tendrá por desistido y se procederá al archivo del expediente, dictándose la correspondiente resolución. El plazo máximo para resolver y notificar será de un mes desde la recepción de la solicitud.

Sin perjuicio de la resolución que la Administración debe dictar, el vencimiento del plazo máximo sin haberse notificado resolución expresa, legitima para entenderla desestimada por silencio administrativo.

5.   En el plazo de un mes desde la notificación de la concesión de la autorización de residencia, la persona extranjera, acompañada del progenitor, deberá solicitar personalmente la tarjeta de identidad de extranjero ante los servicios policiales correspondientes.

6.   Las autorizaciones de residencia concedidas con base en lo previsto en este artículo, habilitarán para trabajar por cuenta ajena y por cuenta propia automáticamente, sin necesidad de ningún otro

trámite administrativo adicional, cuando sus titulares alcancen la edad mínima de admisión al trabajo.

7.   La solicitud de autorización de residencia de larga duración una vez transcurran los cinco años de la vigencia prevista en este artículo se tramitará conforme al procedimiento establecido en el título X.

160.   *Residencia de la persona acompañada menor de edad o con una discapacidad no nacida en España.* 1.   Los hijos, biológicos o adoptivos, no nacidos en España que sean solteros y menores de dieciocho años en el momento de la solicitud, y que se encuentren acompañados del progenitor extranjero con residencia en nuestro país o los hijos que tengan una discapacidad y no sean objetivamente capaces de proveer sus propias necesidades debido a su estado de salud y siempre que, en ambos casos, no hayan constituido su propia unidad familiar, podrán obtener una autorización de residencia temporal cuando se acredite su permanencia continuada e ininterrumpida en España durante un mínimo de dos años previos a la fecha de la solicitud y sus padres o tutores cumplan los requisitos de medios económicos y alojamiento exigidos en este reglamento para ejercer el derecho a la reagrupación familiar.

Cuando se trate de hijos de uno solo de los cónyuges o miembros de la pareja se requerirá, además, que éste ejerza en solitario la patria potestad, que se le haya otorgado la custodia con carácter exclusivo y se haya autorizado el traslado de residencia del menor a España por la autoridad judicial o bajo consentimiento del otro progenitor, o que se haya otorgado con carácter compartido, siempre que el otro titular del derecho de custodia haya dado su consentimiento para que resida en territorio nacional.

No obstante lo anterior, también se admitirá la presentación de la solicitud mientras se encuentre en trámite la autorización de residencia del progenitor.

2.   Cuando se cumplan los requisitos establecidos en el apartado anterior, también podrán acceder al mismo tipo de autorización, los que sean menores de dieciocho años en el momento de la solicitud acompañados por la persona extranjera residente en España que ejerza legalmente su tutela, siempre y cuando esta relación haya sido constituida conforme al ordenamiento jurídico español.

3.   Cuando los menores se encuentren en edad de escolarización obligatoria, se deberá acreditar en el procedimiento que se encuentra matriculado en un centro de enseñanza oficial autorizado.

4.   A la solicitud, que se presentará en modelo normalizado, deberá acompañarse la siguiente documentación:

a)   Copia completa del pasaporte, documento de viaje o cédula de inscripción en vigor tanto del menor como del progenitor o tutor solicitante.

b)   Copia del certificado de nacimiento del menor o de la documentación acreditativa de la tutela.

c)   Documentación acreditativa del abono de la tasa por tramitación del procedimiento.

d)   En su caso, documentación acreditación de la escolarización del menor.

e)   Documentación acreditativa de la permanencia continuada e ininterrumpida del menor en España en los dos años inmediatamente anteriores a la fecha de presentación de la solicitud.

f)   Documentación acreditativa de los medios económicos y alojamiento exigidos en este reglamento para ejercer el derecho a la reagrupación familiar.

5.   El órgano competente para resolver comprobará que se presenta debidamente la documentación exigida y en caso contrario efectuará el oportuno requerimiento a fin de que se subsanen los defectos en el plazo de los diez días siguientes a su notificación, advirtiéndole de que, de no subsanarse, se le tendrá por desistido y se procederá al archivo del expediente, dictándose la correspondiente resolución. El plazo máximo para resolver y notificar será de un mes desde la recepción de la solicitud. Transcurrido dicho plazo, la solicitud se entenderá desestimada.

6.   En el plazo de un mes desde la notificación de la concesión de la autorización de residencia, la persona extranjera, acompañada del progenitor, deberá solicitar personalmente la tarjeta de identidad de extranjero ante la oficina de extranjería o la Comisaría de Policía correspondientes.

7.   La autorización, que no requerirá visado, tendrá una duración de 5 años desde la fecha de la resolución.

8.   La autorización de residencia concedida con base a lo previsto en este artículo habilitará para trabajar por cuenta ajena y por cuenta

propia, sin necesidad de ningún otro trámite administrativo adicional, cuando su titular alcance la edad mínima de admisión al trabajo.

CAPÍTULO II
Desplazamiento temporal de menores extranjeros en el marco de programas de carácter humanitario

161. *Definición, requisitos y procedimiento común a los desplazamientos temporales.* 1. Se entenderá como desplazamiento temporal de menores extranjeros en el marco de programas de carácter humanitario, la estancia temporal de menores, cuya duración y requisitos sea conforme a lo previsto en este capítulo.

En general, se considerará que un programa tiene carácter humanitario cuando se den, al menos, alguna de las siguientes circunstancias:

a) cuando el país de origen se haya en situación de conflicto bélico o en dificultad social a causa de éste,

b) cuando el país de origen se encuentre afectado por catástrofes o desastres naturales o provocados por el ser humano,

c) cuando la persona menor se encuentre en campos de refugiados,

d) cuando en el país de origen no pueda desarrollarse el tratamiento médico especializado o la intervención quirúrgica.

2. La entidad o persona que promueva y financie el programa tendrá la consideración de interesada en el procedimiento y podrá tratarse de alguna de las siguientes:

a) Administraciones Públicas.

b) Asociaciones sin ánimo de lucro o fundaciones inscritas en registros públicos.

3. Para el desplazamiento temporal de la persona menor a territorio español será preciso obtener informe previo favorable del Delegado del Gobierno en las Comunidades Autónomas uniprovinciales o el Subdelegado del Gobierno en las pluriprovinciales en cuyo territorio vaya o vayan a permanecer con carácter principal siempre que conste acreditado lo siguiente:

a) Autorización expresa previa de las personas que ostenten su patria potestad, tutela o guarda y custodia, y contará con el compromiso por parte las autoridades españolas de velar por la adecuada atención de la persona extranjera menor de edad pudiendo aplicar las autoridades españolas mecanismos de supervisión y control para protegerla ante cualquier situación de desprotección que pudiera afectarle.

b)　Informe favorable emitido por el órgano autonómico competente en materia de protección de menores sobre el programa, entre los que se indique que se trata de un programa humanitario, previa solicitud del promotor, y a la que acompañará, entre otros, tanto del certificado de antecedentes penales como el certificado de delitos de naturaleza sexual emitidos por el Ministerio de la Presidencia, Justicia y Relaciones con las Cortes referidos a todas las personas mayores de 14 años que vayan a convivir con el menor.

c)　Compromiso escrito del promotor de facilitar el regreso al país de origen de las personas menores de edad y que el mencionado regreso no implica coste para el erario público, salvo que dicho coste haya sido asumido expresa y previamente por el órgano competente.

d)　En todos los casos, si los menores van a permanecer con familias o personas individuales, éstas deberán expresar por escrito su conocimiento de que el desplazamiento del menor no tiene por objeto la adopción y su compromiso de favorecer el regreso a su país de origen o procedencia.

e)　Cumplimiento por parte del programa, de los requisitos y autorizaciones exigibles en España, proporcionados para el fin de la estancia y su duración, tanto en materia sanitaria como de protección jurídica del menor en relación con la finalidad expuesta y de esa duración, en orden a garantizar la ausencia de riesgo de desprotección de éste.

f)　Que las asociaciones sin ánimo de lucro o fundaciones o la persona física o familia con la que vaya a permanecer la persona menor no hayan incumplido en alguna de las ediciones del programa su compromiso de favorecer el regreso de la persona menor a su lugar de procedencia, salvo en casos de permanencias derivadas de la necesidad de recibir asistencia sanitaria especializada en España debidamente comunicadas a la Delegación o Subdelegación del Gobierno competente y autorizadas por ellos.

4.　La solicitud del informe sobre el desplazamiento temporal se efectuará con una antelación mínima de tres meses y máxima de cuatro a la fecha programada. Sin perjuicio de la resolución que la Administración debe dictar, el vencimiento del plazo máximo de un mes sin haberse notificado resolución expresa, legitima para entenderla desestimada por silencio administrativo.

5. Los Ministerios de Asuntos Exteriores, Unión Europea y Cooperación, de Inclusión, Seguridad Social y Migraciones, de Juventud e Infancia, del Interior coordinarán el desplazamiento y estancia de estos menores, y por este último departamento se controlará su regreso al país de origen o de procedencia.

6. Para la expedición de los correspondientes visados, la Oficina Consular en el país de origen del menor deberá comprobar que existe informe previo favorable del Delegado o el Subdelegado del Gobierno, la autorización expresa de quien ejerza la patria potestad o tutela, así como todo lo relativo a los requisitos de los pasaportes individuales o colectivos, salvoconductos u otra documentación de viaje de los menores.

162. *Desplazamiento temporal de menores extranjeros con fines de tratamiento médico.* 1. Los promotores podrán solicitar el desplazamiento temporal de menores extranjeros a España para periodos no superiores a noventa días naturales para estancias temporales con fines de tratamiento médico. Podrán venir acompañados, dentro del mismo programa, por un progenitor o por un tutor legal que, de manera excepcional, podrá obtener las mismas autorizaciones previstas en este artículo para los menores a las que estarán condicionadas.

2. Excepcionalmente, será posible prorrogar la estancia de los menores, por el tiempo necesario para finalizar dicha asistencia sanitaria, atendiendo a lo establecido en los artículos 32 y 49, siempre que el promotor lo solicite, ante el órgano competente para conocer de la solicitud inicial, antes de finalizar el periodo de estancia, y acompañe informe de la autoridad sanitaria que justifique la necesidad de que el menor continue recibiendo asistencia sanitaria especializada y que sea de imposible la continuación en su lugar de procedencia. En este caso el promotor del desplazamiento deberá presentar la solicitud de prórroga antes de que finalice el periodo de estancia autorizado acompañando el informe clínico y la conformidad expresa de quien ejerza la patria potestad o tutela del menor.

3. En caso de que fuera necesario prolongar la permanencia en España una vez agotado el periodo de estancia máximo permitido y siempre que dicha permanencia sea imprescindible para la continuación del tratamiento conforme a lo establecido en el apartado anterior,

el promotor podrá solicitar una autorización de residencia temporal de carácter excepcional para menores extranjeros con fines de tratamiento médico. La duración de la autorización de residencia será por el tiempo estrictamente necesario según indique el correspondiente informe de la autoridad sanitaria, con el límite máximo de un año renovable.

El órgano competente comprobará que se presenta debidamente la documentación exigida y en caso contrario efectuará el oportuno requerimiento a fin de que se subsanen los defectos en el plazo de los diez días siguientes a su notificación, advirtiéndole de que, de no subsanarse, se le tendrá por desistido y se procederá al archivo del expediente, dictándose la correspondiente resolución. El plazo máximo para resolver será de tres meses desde la fecha de entrada de la solicitud en el registro del órgano competente para tramitarla.

Sin perjuicio de la resolución que la Administración debe dictar, el vencimiento del plazo máximo sin haberse notificado resolución expresa, legitima para entenderla desestimada por silencio administrativo.

En el plazo de un mes desde la notificación de la concesión de la autorización de residencia, la persona extranjera, acompañada del progenitor, deberá solicitar personalmente la tarjeta de identidad de extranjero ante la Comisaría de Policía correspondientes.

La renovación de este tipo de autorizaciones de residencia se vinculará al tiempo estrictamente necesario para completar el tratamiento médico, con el límite máximo de un año, siendo imprescindible, en cada una de las eventuales renovaciones, la actualización del informe de la autoridad sanitaria en el conste, expresamente, las razones sobre la necesidad de que continúe la asistencia sanitaria especializada en España.

La renovación deberá ser solicitada durante los dos meses previos a la fecha de expiración de la vigencia de su autorización. La presentación de la solicitud en este plazo prorroga la validez de la autorización anterior hasta la resolución del procedimiento. También se prorrogará hasta la resolución del procedimiento en el supuesto en que la solicitud se presentase dentro de los tres meses posteriores a la fecha en que hubiera finalizado la vigencia de la anterior autorización.

163.   *Desplazamiento   temporal   de   menores   con   fines vacacionales.* 1.   Los promotores podrán solicitar el desplazamiento temporal de menores extranjeros a España a partir de los 8 años por periodos improrrogables de noventa días naturales para estancias temporales con fines vacacionales. Se permitirá excepcionalmente el desplazamiento de menores extranjeros mayores de seis años cuando vayan acompañados de sus hermanos mayores de ocho de años.

Por cada grupo de quince niños o fracción menor correspondiente podrá venir, dentro del mismo programa, un monitor o monitora de la misma procedencia por un periodo improrrogable de noventa días naturales.

2. Una vez en territorio nacional, las personas menores autorizadas serán entregadas a las respectivas familias de acogida comunicándose por las entidades promotoras esta circunstancia a la oficina de extranjería donde se hayan tramitado las solicitudes, así como cualquier incidencia que se haya producido al respecto.

3. Al término del Programa, las entidades que en su momento iniciaron el procedimiento para la venida de las personas menores deberán comunicar a la Brigadas Provinciales de Extranjería y Fronteras de la Comisaría Provincial de Policía Nacional de la provincia en la que tenga su domicilio los términos del regreso o de la excepcional permanencia de cada persona menor y de los motivos que la ocasionan, en el plazo máximo de quince días.

La entidad promotora deberá, asimismo, en el plazo de quince días, notificar a la Brigada de Extranjería y Fronteras, de la Comisaría Provincial de Policía Nacional en donde tenga su domicilio, el retorno de los monitores y las monitoras cuya venida haya promovido, así como informar de todos aquellos que no hubieren efectuado su salida en el plazo previsto.

El incumplimiento de esta obligación se tendrá en cuenta para la valoración de su participación en programas posteriores.

4. El Ministerio del Interior, el Ministerio de Inclusión, Seguridad Social y Migraciones y el Ministerio de Asuntos Exteriores, Unión Europea y Cooperación, Ministerio de Juventud e Infancia elaborarán un informe de evaluación de cada programa.

164. *Desplazamiento temporal de menores extranjeros con fines de escolarización.* 1. La estancia derivada del desplazamiento temporal de menores, a partir de los doce años, con fines de escolarización en el marco de un programa humanitario tendrá naturaleza jurídica de estancia por estudios.

2.   En el desplazamiento temporal de menores con fines de escolarización deberá acreditarse que el menor ha sido admitido en un centro de enseñanza reconocido oficialmente en España.

3.   La estancia acabará al finalizar el curso académico, en cuyo momento, salvo que razones excepcionales lo impidan, el menor deberá regresar a su país.

En el caso de que desee continuar los estudios por más de un curso académico, se deberá incluir al menor en un nuevo programa.

CAPÍTULO III
Menores extranjeros no acompañados

165.   *Definición.* Lo previsto en el presente capítulo será de aplicación al extranjero menor de dieciocho años que llegue a territorio español sin venir acompañado de un adulto responsable de él, ya sea legalmente o con arreglo a la costumbre, apreciándose riesgo de desprotección del menor, mientras tal adulto responsable no se haya hecho cargo efectivamente del menor, así como a cualquier menor extranjero que una vez en España se encuentre en aquella situación.

El contenido de este capítulo deberá interpretarse sin perjuicio de la posibilidad de que el menor extranjero no acompañado pueda cumplir los requisitos establecidos en los artículos 59 y 59bis de la Ley Orgánica 4/2000, de 11 de enero, o en la normativa española en materia de protección internacional.

166.   *Determinación de la edad.* 1.   Cuando los Cuerpos y Fuerzas de Seguridad localicen a un extranjero no acompañado cuya minoría de edad sea indubitada por razón de su documentación o de su apariencia física, éste será puesto a disposición de los servicios de protección de menores competentes, poniéndose tal hecho en conocimiento del Ministerio Fiscal. Los datos de identificación del menor serán inscritos en el Registro de Menores Extranjeros No Acompañados.

En el caso de que la minoría de edad de un extranjero indocumentado no pueda ser establecida con seguridad, las Fuerzas y Cuerpos de Seguridad del Estado, en cuanto tengan conocimiento de esa circunstancia o localicen al supuesto menor en España, informarán a los servicios autonómicos de protección de menores para que, en su caso, le presten la atención inmediata que precise de acuerdo con lo establecido en la legislación de protección jurídica del menor.

Con carácter inmediato, se pondrá el hecho en conocimiento del Ministerio Fiscal, que dispondrá, en el plazo más breve posible, la determinación de su edad, para lo que deberán colaborar las instituciones sanitarias oportunas que, con carácter prioritario y urgente, realizarán las pruebas necesarias.

Igualmente, se dará conocimiento de la localización del menor o posible menor al Delegado o Subdelegado del Gobierno competente por razón del territorio donde éste se encuentre.

2. La Secretaría de Estado de Migraciones impulsará la adopción de un Protocolo Marco de Menores Extranjeros No Acompañados destinado a coordinar la intervención de todas las instituciones y administraciones afectadas, desde la localización del menor o supuesto menor hasta su identificación, determinación de su edad, puesta a disposición del servicio público de protección de menores y documentación [221].

3. Si durante el procedimiento de determinación de la edad el menor precisara atención inmediata, las Fuerzas y Cuerpos de Seguridad del Estado la solicitarán a los servicios autonómicos competentes en materia de protección de menores.

4. En el decreto del Ministerio Fiscal que fije la edad del menor extranjero se decidirá su puesta a disposición de los servicios competentes de protección de menores, dándose conocimiento de ello al Delegado o Subdelegado del Gobierno competente.

En caso de que la determinación de la edad se realice en base al establecimiento de una horquilla de años, se considerará que la persona extranjera es menor si la edad más baja de ésta es inferior a los dieciocho años.

El decreto del Ministerio Fiscal en el que se fije la edad del menor extranjero se inscribirá en el Registro de menores no acompañados de conformidad con lo previsto en el artículo 214 de este Reglamento.

5. Tras haber sido puesto el menor a su disposición, el servicio de protección de menores le informará, de modo fehaciente y en un idioma comprensible para éste, del contenido básico del derecho a

[221] Véase Res. de 13 octubre 2014, por la que se publica el Acuerdo para la aprobación del Protocolo Marco sobre determinadas actuaciones en relación con los Menores Extranjeros No Acompañados

la protección internacional y del procedimiento previsto para su solicitud, así como de la normativa vigente en materia de protección de menores. De dicha actuación quedará constancia escrita.

167. *Competencia sobre el procedimiento de repatriación del menor extranjero no acompañado y actuaciones previas.* 1. Las Delegaciones y Subdelegaciones del Gobierno serán los centros directivos competentes para llevar a cabo los trámites relativos a la repatriación de un menor extranjero no acompañado, previstos en el artículo 35 de la Ley Orgánica 4/2000, de 11 de enero y en los Acuerdos bilaterales suscritos por España sobre la materia.

La competencia atribuida a la Delegaciones y Subdelegaciones del Gobierno incluirá la práctica de las actuaciones informativas previas y, en su caso, la incoación, tramitación y resolución del procedimiento regulado en este artículo.

2. Se considerará Delegación o Subdelegación del Gobierno competente aquélla en cuyo territorio se halle el domicilio del menor.

El Centro directivo que inicie el procedimiento lo comunicará a la correspondiente Delegación o Subdelegación del Gobierno en la provincia donde esté ubicada la entidad que tenga atribuida la tutela legal, custodia, protección provisional o guarda, cuando su domicilio no coincida con el del menor.

3. La Delegación o Subdelegación del Gobierno solicitará, través de la Comisaría General de Extranjería y Fronteras, informe de la representación diplomática del país de origen del menor sobre las circunstancias familiares de éste. En caso de que dicho país no cuente con representación diplomática en España, el informe será solicitado a través de la Dirección General de Españoles en el Exterior y de Asuntos Consulares.

De cada solicitud y actuaciones posteriores se dará cuenta a la Secretaría de Estado de Migraciones, a la Comisaría General de Extranjería y Fronteras y, en su caso, a la Dirección General de Españoles en el Exterior y de Asuntos Consulares.

4. Sin perjuicio del informe reseñado en el apartado anterior, la Delegación o Subdelegación del Gobierno requerirá de la entidad que tenga atribuida la tutela legal, custodia, protección provisional o guarda cualquier información sobre la situación del menor. Dicha información será igualmente requerida a la Administración autonómica del territorio en el que el menor tenga su domicilio, así como a

aquélla donde está ubicada la entidad que tenga atribuida la tutela legal, custodia, protección provisional o guarda.

5. La solicitud de informe responderá a un modelo tipo, a elaborar conjuntamente por las Secretarías de Estado de Migraciones y de Seguridad. Se solicitarán, entre otros datos, los relativos a la filiación del menor y a las circunstancias sociales y familiares de su entorno en el país de origen.

En la solicitud de informe se hará constar la necesidad de que, de decidir la representación diplomática del país de origen sustituir la información sobre la familia por la relativa a sus servicios de protección del menor, la contestación refleje expresamente el compromiso por escrito de la autoridad competente del país de origen de asumir la responsabilidad sobre el menor.

168. *Inicio del procedimiento de repatriación del menor extranjero no acompañado.* 1. El Delegado o Subdelegado de Gobierno competente acordará la incoación del procedimiento de repatriación del menor cuando, según las informaciones recibidas de acuerdo con lo previsto en el artículo anterior, se considere que el interés superior del menor se satisface con la reagrupación con su familia o su puesta a disposición de los servicios de protección de su país de origen. La incoación del procedimiento deberá grabarse en la aplicación informática correspondiente.

En el acuerdo de iniciación se hará constar expresamente la identidad del menor y la existencia de informe de las autoridades competentes del país de origen.

2. El acuerdo de incoación del procedimiento será notificado inmediatamente al menor, al Ministerio Fiscal y a la entidad que ostente su tutela legal, custodia, protección provisional o guarda. Asimismo, cualquier actuación o incidencia que se produzca en el curso de procedimiento será comunicada al Ministerio Fiscal a la mayor brevedad posible.

Al mismo tiempo, el menor será informado por escrito, en una lengua que le sea comprensible y de manera fehaciente, de los antecedentes que han determinado la incoación del procedimiento y de cuantos derechos le asisten, con especial mención a la asistencia de intérprete si no comprende o habla el idioma español.

169. *Alegaciones y determinación del periodo de prueba.* 1. Comunicado el acuerdo de incoación del procedimiento se iniciará un periodo de diez días a computar desde el siguiente a la correspondiente notificación, en el que el menor extranjero, la entidad que ostente su tutela legal, custodia, protección provisional o guarda y, en su caso, el Ministerio Fiscal podrán formular cuantas alegaciones de hecho o de derecho consideren oportunas, así como proponer las pruebas pertinentes sobre los hechos alegados.

Si el menor ha alcanzado la edad de dieciséis años podrá intervenir en esta fase por sí mismo o a través de representante que designe. En caso de que no haya alcanzado dicha edad, será representado por la entidad que ostente su tutela legal, custodia, protección provisional o guarda.

No obstante, cuando el menor de dieciséis años con juicio suficiente hubiera manifestado una voluntad contraria a la de quien ostenta su tutela legal, custodia, protección provisional, guarda o representación legal, se suspenderá el curso del procedimiento hasta que le sea nombrado defensor judicial. Sin perjuicio de que pueda apreciarse dicho grado de madurez en una edad inferior, se entenderá que la persona extranjera mayor de doce años tiene juicio suficiente.

Corresponderá al Ministerio Fiscal, al propio menor o a cualquier persona con capacidad para comparecer en juicio instar de la autoridad judicial competente el nombramiento de dicho defensor.

2. Durante el trámite de alegaciones la Delegación o Subdelegación del Gobierno recabará informe del servicio público de protección de menores sobre la situación del menor en España, así como cualquier información que pueda conocer sobre la identidad del menor, su familia, su país o su domicilio cuando la misma no se hubiera presentado con anterioridad. El informe habrá de ser emitido en el plazo máximo de diez días desde su solicitud.

3. Cuando los hechos alegados por el menor, su representante legal o defensor judicial o por la entidad que ostente su tutela legal, custodia, protección provisional o guarda tuvieran relevancia decisiva para la adopción del acuerdo de repatriación, el instructor del procedimiento, de oficio o a instancia de parte, acordará la apertura de un periodo de prueba por un plazo no superior a treinta días ni inferior a diez, a fin de que puedan practicarse cuantas sean pertinentes.

En caso de apertura de un periodo de pruebas a instancia de parte, el instructor del procedimiento podrá suspender el transcurso del plazo para la resolución de éste durante el tiempo necesario para la incorporación de los resultados al expediente.

4. Asimismo, el Ministerio Fiscal emitirá informe, a la mayor brevedad posible, a cuyos efectos el instructor del procedimiento le remitirá la documentación que obre en el expediente.

170. *Trámite de audiencia y resolución del procedimiento.* 1. Tras la incorporación al expediente de los informes mencionados en los artículos 166 y 167 y, en su caso, el resultado de la prueba practicada, el Delegado o Subdelegado del Gobierno dará inicio al trámite de audiencia. En dicho trámite se garantizará la presencia del menor que tuviera juicio suficiente para que manifieste lo que considere en relación con su repatriación.

Al trámite de audiencia serán convocados el Ministerio Fiscal, el tutor y, en su caso, el defensor judicial o el representante designado por el menor.

La audiencia se documentará en acta, que será suscrita por los presentes y a la que se incorporarán como anexo cuantos documentos y justificantes se aporten.

2. Realizado el trámite de audiencia, el Delegado o Subdelegado del Gobierno resolverá, de acuerdo con el principio de interés superior del menor, sobre la repatriación del menor a su país de origen o donde se encuentren sus familiares o sobre su permanencia en España.

La resolución establecerá si la repatriación será realizada en base a la reagrupación familiar o mediante su puesta a disposición de los servicios de protección del menor de su país de origen.

La resolución pondrá fin a la vía administrativa y será grabada en la aplicación informática correspondiente para su constancia en el Registro de Menores Extranjeros No Acompañados. Será notificada, en el plazo de diez días, al menor o, en su caso, a su representante. En el mismo plazo, será comunicada al tutor del menor y al Ministerio Fiscal.

En la propia resolución o en documento aparte, se hará expresa mención a la necesidad de solicitar, de acuerdo con lo previsto en la normativa reguladora del derecho de asistencia jurídica gratuita, el reconocimiento del derecho de asistencia jurídica gratuita para el ejercicio de éste, en caso de que se decidiera impugnar la resolución en vía contencioso-administrativa.

3. El plazo máximo para la resolución y notificación del procedimiento será de seis meses desde la fecha del acuerdo de inicio del procedimiento.

171. *Ejecución de la repatriación.* 1. Sin perjuicio de las funciones del Cuerpo Nacional de Policía en la ejecución de la resolución, el menor será acompañado por personal adscrito a los servicios de protección del menor bajo cuya tutela legal, custodia, protección provisional o guarda se encuentre hasta el momento de su puesta a disposición de las autoridades competentes de su país de origen.

2. En el caso de que el menor se encontrase incurso en un proceso judicial y conste este hecho acreditado en el expediente administrativo de repatriación, la ejecución de ésta estará condicionada a la autorización judicial. En todo caso deberá constar en el expediente la comunicación al Ministerio Fiscal.

3. La repatriación se efectuará a costa de la familia del menor o de los servicios de protección de menores de su país. En caso contrario, se comunicará al representante diplomático o consular de su país a estos efectos. Subsidiariamente, la Administración General del Estado se hará cargo del coste de la repatriación, salvo en lo relativo al desplazamiento del personal adscrito a los servicios de protección del menor bajo cuya tutela legal, custodia, protección provisional o guarda se encuentre el menor.

172. *Residencia del menor extranjero no acompañado.* 1. La oficina de extranjería en la provincia en la que esté fijado el domicilio del menor iniciará, de oficio, por orden superior o a instancia de parte, el procedimiento relativo a la autorización de residencia a la que se refiere el artículo 35.7 de la Ley Orgánica 4/2000, de 11 de enero, una vez haya quedado acreditada la imposibilidad de repatriación del menor y, en todo caso, transcurridos noventa días desde que haya sido puesto a disposición de los servicios competentes de protección de menores.

En caso de inicio de oficio o por orden superior, la oficina de extranjería comunicará al menor el acuerdo de inicio del procedimiento a través del servicio de protección de menores bajo cuya tutela, custodia, protección provisional o guarda se encuentre, interesando la aportación de la siguiente documentación, que igualmente será la que deberá ser aportada junto a la solicitud en los casos de inicio a instancia de parte:

a) Copia completa del pasaporte en vigor o título de viaje, reconocido como válido en España, del menor. En su defecto, este documento podrá ser sustituido por cédula de inscripción del menor, obtenida de acuerdo con lo previsto en el artículo 210.5.

b) Documento acreditativo de que la persona física que interviene en el procedimiento tiene competencia para ello en representación del servicio de protección de menores.

c) Documento acreditativo de la relación de tutela, custodia, protección provisional o guarda entre el menor y el servicio de protección de menores.

2. La Delegación o Subdelegación del Gobierno resolverá sobre el procedimiento y notificará la resolución al menor en el plazo máximo de un mes. Transcurrido dicho plazo, la resolución podrá entenderse desestimada. La resolución será comunicada al Ministerio Fiscal en el plazo de diez días desde que se dicte.

El representante del menor deberá solicitar personalmente, en el plazo de un mes desde la fecha de notificación de la resolución, y ante la oficina de extranjería o Comisaría correspondiente, la tarjeta de identidad de extranjero.

3. De acuerdo con el artículo 35.8 de la Ley Orgánica 4/2000, de 11 de enero la concesión de esta autorización de residencia no será obstáculo para la ulterior repatriación cuando favorezca el interés superior del menor. Si la repatriación se produce, se procederá a la extinción de la autorización de residencia. En caso de que se acuerde y ejecute la repatriación, esta conllevará la extinción de la autorización de residencia.

4. La autorización de residencia que habilita para trabajar a partir de los 16 años, de conformidad con el 36.1 y el 41.1 de la Ley Orgánica 4/2000, de 11 de enero, conllevará la habilitación para trabajar por cuenta propia y ajena para aquellas actividades que, a propuesta de la entidad de protección de menores, favorezcan su integración social, y tendrá una vigencia de dos años, retrotrayéndose su eficacia a la fecha de la puesta a disposición del menor del servicio de protección de menores.

La habilitación para trabajar que conlleva de acuerdo con lo previsto en el artículo 41.1.j) de la Ley Orgánica 4/2000, de 11 de enero, no tendrá en cuenta, en caso de actividades por cuenta ajena, la situación nacional de empleo de conformidad con lo previsto en el artículo 40.1.i) de la misma ley orgánica. Esta habilitación para trabajar tendrá la misma duración que la autorización de residencia.

5. El procedimiento sobre la renovación de esta autorización de residencia que habilita para trabajar a partir de los 16 años para aquellas actividades que, a propuesta de la entidad de protección de menores, favorezcan su integración social, será iniciado de oficio por la oficina de extranjería competente durante los dos meses previos a la fecha de expiración de su vigencia. Ello sin perjuicio de que este procedimiento pueda iniciarse a instancia de parte en el mismo plazo. En ambos casos, el inicio del procedimiento de renovación prorrogará la validez de la autorización anterior hasta su resolución. También se producirá esta prórroga en el supuesto en que la renovación se tramite dentro de los tres meses posteriores a la fecha en que hubiere finalizado la vigencia de la anterior autorización.

Procederá la renovación de la autorización cuando subsistan las circunstancias que motivaron su concesión inicial.

La vigencia de la autorización renovada será de tres años salvo que corresponda una autorización de residencia de larga duración.

173.   *Acceso a la mayoría de edad del menor extranjero no acompañado que es titular de una autorización de residencia.* 1. Los menores sobre los que un servicio de protección de menores haya ejercido la tutela, custodia, protección provisional o guarda, y que alcancen la mayoría de edad siendo titulares de una autorización de residencia concedida conforme a lo previsto en el artículo anterior, podrán solicitar en la oficina de extranjería donde hayan fijado su residencia la renovación de la misma en modelo oficial, durante los dos meses previos a la fecha de expiración de su vigencia. La presentación de la solicitud en este plazo prorrogará la validez de la autorización anterior hasta la resolución del procedimiento de renovación.

También se prorrogará hasta la resolución del procedimiento en el supuesto en que la solicitud se presentase dentro de los tres meses posteriores a la fecha en que hubiera finalizado la vigencia de la anterior autorización, sin perjuicio de la incoación del correspondiente procedimiento sancionador por la infracción en la que se hubiese incurrido.

2. La autorización será renovada cuando queden acreditadas las siguientes condiciones:

a) Que el solicitante cuenta con medios económicos suficientes para su sostenimiento. La suficiencia de estos medios se entenderá cumplida cuando se acrediten unos ingresos y rentas mensuales que superen la cuantía mensual individual de la renta garantizada prevista en la Ley 19/2021, de 20 de diciembre, por la que se establece el Ingreso Mínimo Vital, o bien, que se acredite que su sostenimiento queda asegurado dentro de un programa desarrollado por una institución pública o privada.

A estos efectos serán computables los ingresos provenientes de un empleo, del sistema social, así como otras cuantías que pueda percibir.

A estos efectos el solicitante podrá presentar un contrato de trabajo que cumpla las condiciones establecidas en al artículo 127.b). En este caso, la eficacia de la autorización renovada estará condicionada a la posterior afiliación y alta de la persona extranjera en el régimen correspondiente de la Seguridad Social en el plazo de un mes.

b) De conformidad con el artículo 31.7 de la Ley Orgánica 4/2000, de 11 de enero, se habrá de valorar la existencia de antecedentes penales, considerando la concesión de indultos o la suspensión de la pena privativa de libertad y, en el caso de penas privativas de derechos o de multa, su cumplimiento. A tal efecto, la Administración comprobará de oficio los antecedentes registrados en el Registro Central de Penados del Ministerio de la Presidencia, Justicia y Relaciones con las Cortes.

c) Igualmente, deberán considerarse los informes que, en su caso y a estos efectos puedan presentar las entidades públicas competentes en materia de protección de menores, de acuerdo con lo previsto en el artículo 35.9 de la Ley Orgánica 4/2000, de 11 de enero, así como los emitidos por otras entidades o instituciones privadas relativos al cumplimiento satisfactorio de los objetivos educativos o de inclusión sociolaboral del programa, haya éste finalizado o esté en curso.

3. La vigencia de la autorización renovada será de dos años, renovables por periodos de dos años si se mantienen los requisitos, salvo que corresponda una autorización de residencia de larga duración.

La habilitación para trabajar que conlleva de acuerdo con lo previsto en el artículo 35.9 de la Ley Orgánica 4/2000, de 11 de enero, no tendrá en cuenta, en caso de actividades por cuenta ajena, la situación nacional de empleo de conformidad con lo previsto en el artículo 40.1.b) de la misma ley orgánica. Esta habilitación para trabajar tendrá la misma duración que la autorización de residencia.

4. En el plazo de un mes desde la notificación de la resolución por la que se renueva la autorización, su titular deberá solicitar ante la oficina de extranjería o Comisaría la correspondiente tarjeta de identidad de extranjero que indicará expresamente «habilita para trabajar por cuenta propia y por cuenta ajena».

5. Lo dispuesto en los apartados anteriores será sin perjuicio de que la autoridad competente facilite a los menores extranjeros no acompañados que alcancen la mayoría de edad información y acceso a la modalidad o programa de retorno voluntario asistido al que puedan decidir acogerse.

174. *Acceso a la mayoría de edad del menor extranjero no acompañado que no es titular de una autorización de residencia.* 1. Los menores extranjeros no acompañados sobre los que un servicio de protección de menores ostentara la tutela, custodia, protección provisional o guarda y alcancen la mayoría de edad sin haber obtenido la autorización de residencia prevista en el artículo 172 pero habiendo cumplido los requisitos para ello, siempre que dicha tutela, custodia, protección provisional o guarda no se ostente por motivo de una medida cautelar de protección, podrán solicitar una autorización de residencia temporal por circunstancias excepcionales. Para ello, deberán haber participado en las acciones formativas y actividades programadas por dicha entidad para favorecer su integración social, lo cual será certificado por esta, o deberá poder acreditar su integración en la sociedad española en los términos previstos en el artículo 173.2.c).

2. La solicitud de autorización será presentada durante los dos meses previos o en los tres meses posteriores a la fecha en que cumpla los dieciocho años. Excepcionalmente, la solicitud de autorización podrá ser presentada por la persona extranjera fuera de dicho plazo, y hasta el día siguiente de que el joven cumpla los 20 años de edad, cuando concurran razones ajenas a la persona extranjera que estén debidamente acreditadas. En este caso, la solicitud deberá ir acompañada de un informe de la comunidad autónoma o ayuntamiento correspondiente.

3. Igualmente, deberá acreditarse:

a) Que el solicitante cuenta con medios económicos suficientes para su sostenimiento. La suficiencia de estos medios se entenderá cumplida cuando se acrediten unos ingresos y rentas mensuales que superen la cuantía mensual individual de la renta garantizada prevista en la Ley 19/2021, de 20 de diciembre, o bien, que se acredite que su sostenimiento queda asegurado dentro de un programa desarrollado por una institución pública o privada.

A estos efectos serán computables los ingresos provenientes de un empleo, del sistema social, así como otras cuantías que pueda percibir.

A estos efectos el solicitante podrá presentar un contrato de trabajo que cumpla las condiciones establecidas en al artículo 127.b). En este caso, la eficacia de la autorización concedida estará condicionada a la posterior afiliación y alta de la persona extranjera en el régimen correspondiente de la Seguridad Social en el plazo de un mes.

b) Que carezca de antecedentes penales en España o en los países anteriores de residencia, por delitos existentes en el ordenamiento español, y no figurar como rechazable en el espacio territorial de países con los que España tenga firmado un convenio en tal sentido. A tal efecto, la Administración comprobará de oficio los antecedentes registrados en el Registro Central de Penados del Ministerio de la Presidencia, Justicia y Relaciones con las Cortes.

c) Que, hasta el momento de la solicitud, dicha persona deberá haber permanecido en territorio español, certificando dicha permanencia y acreditando su inserción e integración social a través de un informe de su Comunidad Autónoma o ayuntamiento en su caso.

4. La vigencia de la autorización concedida será de dos años, renovable por periodos de dos años si se mantienen los requisitos, salvo que corresponda una autorización de residencia de larga duración.

La habilitación para trabajar por cuenta ajena o cuenta propia que conlleva la autorización no tendrá en cuenta, en caso de actividades por cuenta ajena, la situación nacional de empleo de conformidad con lo previsto en el artículo 40.1.j) de la Ley Orgánica 4/2000, de 11 de enero. Esta habilitación para trabajar tendrá la misma duración que la autorización de residencia.

5. En el plazo de un mes desde la notificación de la resolución por la que se concede la autorización, su titular deberá solicitar ante la oficina de extranjería o Comisaría correspondiente la tarjeta de identidad de extranjero que indicará expresamente «habilita para trabajar por cuenta ajena y propia».

6. Lo dispuesto en los apartados anteriores será sin perjuicio de que la autoridad competente facilite a los menores extranjeros no acompañados que alcancen la mayoría de edad información y acceso a

la modalidad o programa de retorno voluntario asistido al que puedan decidir acogerse.

TÍTULO X
Residencia de larga duración

CAPÍTULO I
Residencia de larga duración-Unión Europea

175. *Definición.* Se halla en situación de residencia de larga duración-UE la persona extranjera que haya sido autorizada a residir y trabajar en España indefinidamente en las mismas condiciones que los españoles y que se beneficia de lo establecido sobre dicho estatuto en la Directiva 2003/109/CE del Consejo, de 25 de noviembre, relativa al estatuto de los nacionales de terceros países residentes de larga duración.

176. *Requisitos.* Tendrán derecho a obtener una autorización de residencia de larga duración-UE las personas extranjeras que reúnan todos los requisitos siguientes:

a) Haber residido legalmente y de forma continuada en el territorio español durante los cinco años anteriores a la presentación de la solicitud correspondiente.

La continuidad no quedará afectada por ausencias del territorio español de hasta seis meses continuados, siempre que la suma de éstas no supere el total de diez meses dentro del periodo de permanencia de cinco años exigible, salvo que las correspondientes salidas se hubieran efectuado de manera irregular.

En caso de ausencias por motivos laborales, la continuidad de la residencia no quedará afectada por ausencias del territorio español de hasta seis meses continuados, siempre que la suma de éstas no supere el total de dieciocho meses dentro de los cinco años requeridos.

Se computarán, a los efectos previstos en los párrafos anteriores, los periodos de permanencia en situación de estancia por estudios, movilidad de alumnos, servicios de voluntariado o actividades formativas, en el 50 % de la duración total de los mismos, siempre que en el momento de la solicitud de la autorización de residencia de larga duración-UE, la persona extranjera se encuentre en situación de residencia en España.

Igualmente, tendrán derecho a obtener dicha autorización las personas extranjeras titulares de una Tarjeta azul-UE expedida por otro Estado miembro de la Unión que hayan ejercido su derecho de movilidad en los términos del artículo 71 bis.4, párrafo segundo y siguientes, de la Ley 14/2013, de 27 de septiembre, siempre y cuando reúnan los siguientes requisitos de forma acumulativa:

1.º Haber acumulado cinco años de residencia legal e ininterrumpida en la Unión Europea en calidad de titular de una Tarjeta azul-UE, de una autorización de residencia nacional para empleos de alta cualificación, de una autorización para fines de investigación, de una autorización por razón de estudios o de formación profesional, o en calidad de beneficiario de protección internacional en el territorio de los Estados miembros. En el caso de haber sido titular de una autorización por razón de estudios o de formación profesional, los periodos de permanencia sólo se computarán el 50 % de la duración total de los mismos. En todos estos casos, la continuidad de la residencia no quedará afectada por ausencias de la Unión Europea de hasta doce meses continuados, siempre que la suma de éstas no supere el total de dieciocho meses dentro de los cinco años de residencia requeridos y,

2.º Haber residido dos años en España de forma legal e ininterrumpida como titular de una autorización de Tarjeta azul-UE durante el período inmediatamente anterior a la presentación de la solicitud de residencia de larga duración-UE;

A aquellas personas extranjeras a los que se les hubiera reconocido la condición de beneficiario de protección internacional en España se les computará asimismo el 100 % del período transcurrido desde la fecha de presentación de la solicitud de protección internacional en España, sobre cuya base se hubiere concedido la misma, hasta la fecha en la que se hubiere concedido la autorización de residencia y trabajo recogida en la normativa reguladora del derecho de asilo y de la protección subsidiaria. Igualmente, a las personas titulares de una Tarjeta azul-UE se les computará el 100 % de dicho periodo.

b) Contar con recursos fijos y regulares suficientes para su manutención y, en su caso, la de su familia. Los términos y las cuantías para valorar el cumplimiento de este requisito serán los previstos en materia de reagrupación familiar en el presente Reglamento. Los recursos podrán provenir de medios propios o de la realización de actividades laborales o profesionales.

c)   Contar con un seguro de enfermedad.

177.   *Procedimiento.* 1.   Las personas extranjeras que se encuentren en territorio español y se hallen en el supuesto previsto en el artículo anterior deberán dirigir su solicitud, en modelo oficial, a la oficina de extranjería de la provincia en la que residan.

Las personas extranjeras que no se encuentren en territorio nacional y se hallen en el supuesto previsto en el artículo anterior, deberán presentar personalmente la solicitud ante la oficina consular en cuya demarcación residan, que dará traslado a la oficina de extranjería competente para su instrucción, que se corresponderá con la de la provincia en la que vayan a fijar su domicilio en España.

2.   La solicitud de autorización de residencia de larga duración-UE deberá presentarse durante los dos meses inmediatamente anteriores a la fecha de expiración de la autorización de residencia que hubiera estado disfrutando. La presentación de la solicitud en este plazo prorrogará la validez de su autorización de residencia hasta la resolución del procedimiento. También se prorrogará hasta la resolución del procedimiento en el supuesto de que la solicitud se presentase dentro de los tres meses posteriores a la expiración de su autorización de residencia, sin perjuicio de la incoación del correspondiente procedimiento sancionador por la infracción en la que se hubiese incurrido.

Lo dispuesto en el párrafo anterior no será de aplicación para aquellas personas extranjeras que sean titulares de una autorización de residencia en vigor y ya cumplan con los requisitos establecidos en el artículo 176.

3.   A la solicitud deberá acompañarse la siguiente documentación:

a)   Copia del pasaporte completo en vigor, título de viaje o cédula de inscripción del solicitante en vigor.

b)   Impreso acreditativo del abono de la tasa por la tramitación del procedimiento.

c)   En su caso, para las personas titulares de una Tarjeta azul-UE que haya ejercido su derecho a la movilidad en los términos del artículo 71 bis.4, párrafo segundo y siguientes, de la Ley 14/2013, de 27 de septiembre, documentación acreditativa de los periodos de residencia previa en otro Estado Miembro como titular de una Tarjeta azul-UE, de una autorización de residencia nacional para empleos de alta cualificación, de una autorización para fines de investigación, de una autorización por razón de estudios o de formación profesional, o en calidad de beneficiario de protección internacional en el territorio de los Estados miembros.

d) Documentación acreditativa de que el solicitante cuenta con recursos fijos y regulares suficientes para su manutención y, en su caso, de la de su familia.

e) Documentación acreditativa de que el solicitante cuenta con seguro de enfermedad.

f) En su caso, certificado de antecedentes penales o documento equivalente expedido por las autoridades del país de origen o del país o países en que haya residido durante los últimos cinco años, previos a la presentación de la correspondiente solicitud.

4. Recibida la solicitud, la oficina de extranjería comprobará los tiempos de residencia previos en territorio español; y recabará de oficio el correspondiente certificado de antecedentes penales en España, así como el correspondiente informe policial.

5. El órgano competente podrá denegar el estatuto de residente de larga duración-UE si tras valorarlo, considera que la persona extranjera representa una amenaza por motivos de orden público o de seguridad pública.

6. El órgano competente resolverá y notificará en el plazo máximo de tres meses desde la fecha de entrada de la solicitud en el registro del órgano competente para tramitarla. Transcurrido dicho plazo, se entenderá que la solicitud ha sido estimada.

7. Concedida, en su caso, la autorización de residencia de larga duración-UE, la persona extranjera deberá solicitar personalmente, ante la Comisaría de Policía competente o la oficina de extranjería correspondiente, la tarjeta de identidad de extranjero, en el plazo de un mes desde la notificación de la resolución.

En el epígrafe «Tipo de permiso» de la tarjeta expedida, constará la mención «Residente de larga duración-UE» o «RE LARGA DU UE».

8. Cuando se conceda una autorización de residencia de larga duración-UE a una persona extranjera a la que se hubiera otorgado en España la condición de beneficiario de protección internacional, se anotará en el epígrafe «observaciones»; de la tarjeta la mención siguiente: «Residente de larga duración-UE, protección internacional concedida por España con fecha ....».

La Dirección General de Protección Internacional atenderá en el plazo de 1 mes la petición de información sobre la vigencia de la condición de beneficiario de protección internacional que les formule otro Estado Miembro de la Unión Europea que, con posterioridad, expida al extranjero otra autorización de residencia de larga duración-UE.

Cuando de conformidad con los instrumentos internacionales y demás normativa aplicable, la responsabilidad de la protección internacional de un residente de larga duración-UE haya sido transferida a otro Estado miembro de la Unión Europea, la Comisaría de Policía correspondiente modificará en consecuencia la observación en el plazo de tres meses desde la transferencia.

En el caso de que España expida como segundo Estado miembro una autorización de residente de larga duración-UE a una persona extranjera que disponga del estatuto de residente de larga duración-UE concedido en otro Estado miembro, y conste en el apartado «observaciones» que se trata de un beneficiario de protección internacional concedida por dicho Estado miembro, la Dirección General de la Policía procederá a anotar la misma observación en su tarjeta, previa solicitud de información sobre su vigencia al otro Estado Miembro. Cuando la protección internacional haya sido retirada por decisión firme en ese Estado miembro, España no anotará dicha observación.

Cuando de conformidad con los instrumentos internacionales y demás normativa aplicable, se produzca la transferencia de responsabilidad de la protección internacional a España de una persona extranjera con estatuto de residente de larga duración-UE concedido en otro Estado miembro, la Dirección General de la Policía pedirá al otro Estado miembro la modificación de la anotación reflejada en el apartado «observaciones».

Lo previsto en el párrafo anterior será igualmente de aplicación en el caso de que se conceda en España protección internacional a un residente de larga duración-UE cuyo estatuto haya sido concedido en otro Estado miembro.

La Comisaría de Policía correspondiente procederá a anotar la observación correspondiente en el plazo de tres meses desde la petición que se formule desde otro Estado miembro que hubiera concedido la protección internacional, o al que se le hubiera transferido dicha protección internacional, respecto al residente de larga duración-UE con estatuto concedido en España.

9. A las personas extranjeras que obtengan la autorización de residencia de larga duración-UE tras haber sido titulares de una auto-

rización de Tarjeta azul-UE, les será de aplicación lo dispuesto en los artículos 62.4, 76.1, 71 y en los apartados 4, 5 y 6 del artículo 71bis de la Ley 14/2013, de 27 de septiembre, de apoyo a los emprendedores y su internacionalización, así como en las disposiciones adicionales de la misma que hagan referencia a dichos artículos.

178. *Renovación de la tarjeta de identidad de extranjero de los residentes de larga duración-UE.* 1.   Las personas extranjeras que sean titulares de una autorización de residencia de larga duración-UE deberán solicitar la primera renovación de la tarjeta de identidad de extranjero a los cinco años. La segunda renovación y las sucesivas renovaciones de la tarjeta de identidad de extranjero se solicitarán cada cinco años hasta que el titular cumpla los treinta años de edad y cada diez años una vez los haya cumplido.

2.   La solicitud de renovación deberá presentarse durante los dos meses inmediatamente anteriores a la fecha de expiración de la vigencia de la tarjeta. La presentación de la solicitud en este plazo prorrogará la validez de la tarjeta anterior hasta la resolución del procedimiento. También se prorrogará hasta la resolución del procedimiento en el supuesto de que la solicitud se presentase dentro de tres meses posteriores a la fecha en que hubiera finalizado la vigencia de la anterior tarjeta.

3.   La no presentación de solicitud de renovación de la tarjeta de identidad de extranjero en los plazos establecidos en el apartado 2 no supondrá en ningún caso la extinción de la autorización de residencia de larga duración-UE. No obstante, el incumplimiento de las obligaciones relativas a la tarjeta de identidad de extranjero conllevará la aplicación del régimen sancionador previsto en la Ley Orgánica 4/2000, de 11 de enero.

4.   La solicitud de renovación de la tarjeta de identidad de extranjero se cumplimentará en modelo oficial e irá acompañada de la siguiente documentación:

a)   Pasaporte completo en vigor o título de viaje, o cédula de inscripción.

b)   Impreso acreditativo del abono de la tasa por tramitación del procedimiento.

c)   Una fotografía, de acuerdo con los requerimientos establecidos en la normativa sobre documento nacional de identidad.

CAPÍTULO II
Movilidad del residente de larga duración-UE en otro Estado
miembro

179.   *Residencia de larga duración en España del residente de larga duración-UE en otro Estado miembro de la Unión Europea.* 1. La persona extranjera titular de una autorización de residencia de larga duración-UE concedida por otro Estado miembro de la Unión Europea podrá solicitar residir en España, sin que se requiera la obtención de visado.

2.   La solicitud podrá ser presentada con anterioridad a la entrada en territorio español y, como máximo, en el plazo de tres meses desde que se efectúe dicha entrada.

Se presentará, dirigida a la oficina de extranjería de la provincia en que se vaya a residir o donde vaya a iniciarse la actividad laboral, profesional o educativa, ante la oficina consular española correspondiente al lugar previo de residencia en la Unión Europea o directamente ante la propia oficina de extranjería.

3.   A la solicitud se acompañará:

a)   Documentación acreditativa de su condición de residente de larga duración-UE en otro Estado miembro de la Unión Europea.

b)   Copia del pasaporte completo, o documento de viaje, en vigor, del extranjero.

c)   Impreso acreditativo del abono de la tasa por tramitación del procedimiento.

d)   Documentación acreditativa de cumplir los siguientes requisitos, en función de la motivación de la solicitud:

1.º   En caso de que la motivación sea residir en España sin desarrollar actividades lucrativas: documentación sobre los medios económicos exigibles para residir en España sin realizar actividades lucrativas y documentación acreditativa de que el solicitante cuenta con un seguro de enfermedad.

2.º   En caso de que la motivación sea residir en España y desarrollar actividades lucrativas: documentación en materia de trabajo que resulte exigible en función de si se desea desarrollar una actividad por cuenta ajena o por cuenta propia o, en su caso, documentación acreditativa de que concurre el supuesto de excepción de la autorización de trabajo que alegue el interesado. No resultará de aplicación el requisito relativo a que la situación nacional de empleo permita la contratación del extranjero. La citada documentación deberá acreditar el cumplimiento de dichos requisitos en los términos establecidos en los artículos de este Reglamento en materia de autorización de residencia o de residencia y trabajo, en función del motivo de la solicitud.

4. El órgano competente resolverá sobre la solicitud y notificará en el plazo máximo de dos meses. Transcurrido dicho plazo, se entenderá que la solicitud ha sido desestimada.

5. Concedida, en su caso, la autorización, la persona extranjera deberá entrar en España en el plazo máximo de tres meses desde la notificación de la resolución, de no encontrarse ya en territorio español.

6. La autorización cobrará vigencia desde la entrada de la persona extranjera en España dentro del plazo señalado en el apartado anterior o desde la fecha de notificación de la resolución, de encontrarse este en España.

En caso de que el motivo de la solicitud sea desarrollar en España actividades lucrativas, la autorización cobrará eficacia en el momento del alta de la persona extranjera en el correspondiente régimen de Seguridad Social. El alta en el régimen correspondiente de la Seguridad Social deberá producirse dentro del plazo de tres meses desde la notificación de la concesión.

7. La persona extranjera deberá solicitar personalmente la tarjeta de identidad de extranjero en el plazo de un mes desde que la autorización cobre vigencia. La vigencia de la tarjeta de identidad de extranjero será de 5 años.

La primera renovación de la tarjeta de identidad de extranjero se solicitará a los cinco años. La segunda renovación y las sucesivas renovaciones de la tarjeta de identidad de extranjero se solicitarán cada cinco años hasta que el titular cumpla los treinta años de edad y cada diez años una vez los haya cumplido.

180. *Residencia de larga duración en España de la familia del residente de larga duración-UE en otro Estado miembro de la Unión Europea.* 1. Los miembros de la familia de una persona extranjera titular de una autorización de residencia de larga duración-UE concedida por otro Estado miembro de la Unión Europea podrán solicitar residir en España, no requiriéndose la obtención de visado, en caso de que formaran parte de la unidad familiar constituida en el anterior Estado miembro de residencia.

Se entenderá por miembros de la familia a los efectos del párrafo anterior, los definidos como familiares reagrupables en el artículo 17 de la Ley Orgánica 4/2000, de 11 de enero.

2. La solicitud podrá ser presentada en cualquier momento anterior a la entrada en territorio español y, como máximo, en el plazo de tres meses desde que se efectúe la misma.

Se presentará, dirigida a la oficina de extranjería correspondiente a la provincia en que resida o vaya a residir el residente de larga duración-UE del que deriva el derecho, ante la oficina consular española correspondiente al lugar previo de residencia en la Unión Europea o directamente ante la propia oficina de extranjería.

La presentación podrá ser simultánea o posterior a la solicitud de autorización de residencia de larga duración presentada por el titular de la autorización de residencia de larga duración-UE en otro Estado miembro.

3. A la solicitud se acompañará:

a) Documentación acreditativa de su residencia en el anterior Estado miembro en calidad de miembro de la familia de titular de una autorización de residencia de larga duración-UE en éste.

b) Copia del pasaporte completo, o documento de viaje, en vigor, del familiar.

c) Impreso acreditativo del abono de la tasa por tramitación del procedimiento.

d) Documentación acreditativa de que el familiar o el titular de la autorización de residencia de larga duración-UE cuenta con medios económicos en los términos previstos en los artículos de este Reglamento relativos a la residencia por reagrupación familiar.

e) Documentación acreditativa de que el familiar o la persona titular de la autorización de residencia de larga duración-UE cuenta con un seguro de enfermedad en los supuestos del artículo 179.3.d). 1.º

4. El órgano competente resolverá la solicitud y la notificará en el plazo máximo de dos meses. Sin perjuicio de lo anterior, no podrá concederse la autorización de residencia a favor de un familiar sin que al mismo tiempo o anteriormente se haya concedido la solicitada por el titular de la autorización de residencia de larga duración-UE del que deriva el derecho. Si la solicitud fue presentada de forma simultánea a la del titular de la autorización de residencia de larga duración-UE, deberán resolverse conjuntamente.

Transcurrido dicho plazo, se entenderá que la solicitud ha sido desestimada.

5.   Concedida, en su caso, la autorización, la persona extranjera deberá entrar en España en el plazo máximo de tres meses desde la notificación de la resolución, de no encontrarse ya en territorio español.

6.   La autorización tendrá vigencia desde la entrada de la persona extranjera en España dentro del plazo señalado en el apartado anterior o desde la fecha de notificación de la resolución, de encontrarse ésta en España.

7.   Salvo en el caso de concesión de autorizaciones de vigencia inferior o igual a seis meses, la persona extranjera habrá de solicitar personalmente la tarjeta de identidad de extranjero en el plazo de un mes desde que la autorización cobre vigencia.

8.   La autorización concedida a favor del familiar tendrá la consideración de autorización de residencia por reagrupación familiar en los términos previstos en este Reglamento.

181.   *Residencia de larga duración-UE en España del residente de larga duración-UE en otro Estado miembro de la Unión Europea.* 1. La persona extranjera residente en España a partir de su anterior condición de residente de larga duración-UE en otro Estado miembro de la Unión Europea podrá acceder a la situación de residencia de larga duración-UE en España, en los términos y condiciones establecidas sobre la materia en este Reglamento.

2.   La concesión de una autorización de residencia de larga duración-UE en España supondrá la pérdida del derecho a conservar el estatuto de residente de larga duración-UE en el anterior Estado miembro de residencia. A tales efectos, la concesión de la autorización de residencia de larga duración-UE en España se comunicará al anterior Estado miembro de residencia.

3.   En el caso de que España expida como segundo Estado miembro una autorización de residente de larga duración-UE a una persona extranjera que disponga del estatuto de residente de larga duración-UE concedido en otro Estado miembro, y conste en el apartado «observaciones» que se trata de un beneficiario de protección internacional concedida por dicho Estado miembro o cuando de conformidad con los instrumentos internacionales y demás normativa aplicable, se produzca la transferencia de responsabilidad de la protección internacio-

nal a España de una persona extranjera con estatuto de residente de larga duración-UE concedido en otro Estado miembro y conste en el apartado «observaciones» que se trata de un beneficiario de protección internacional concedida por dicho Estado miembro se aplicará lo dispuesto en el apartado octavo del artículo 177.

CAPÍTULO III
Residencia de larga duración nacional

182. *Definición.* Se halla en situación de residencia de larga duración nacional la persona extranjera que haya sido autorizado a residir y trabajar en España indefinidamente en las mismas condiciones que los españoles.

183. *Supuestos.* 1. Tendrán derecho a obtener una autorización de residencia de larga duración nacional las personas extranjeras que hayan residido legalmente y de forma continuada en el territorio español durante los cinco años previos a la presentación de la solicitud.
2. La continuidad a que se refiere el apartado anterior no quedará afectada por ausencias del territorio español de hasta seis meses continuados, siempre que la suma de éstas no supere el total de diez meses dentro de los cinco años referidos en el apartado 1, salvo que las correspondientes salidas se hubieran efectuado de manera irregular.

En caso de ausencias por motivos laborales, la continuación de la residencia no quedará afectada por ausencias del territorio español de hasta seis meses continuados, siempre que la suma de éstas no supere el total de dieciocho meses dentro de los cinco años requeridos.

La continuidad a que se refiere el apartado anterior no quedará afectada por ausencias del territorio español por causas de fuerza mayor debidamente justificadas. En este caso será el órgano competente en resolver el encargado de valorar de forma individualizada si existe una situación excepcional que justifique dichas ausencias.

Tampoco se verá afectada cuando el titular de la autorización esté vinculado mediante una relación laboral a organizaciones no gubernamentales, fundaciones o asociaciones, inscritas en el registro general correspondiente y reconocidas oficialmente de utilidad pública como cooperantes, y que realicen para aquéllas proyectos de investigación, cooperación al desarrollo o acción humanitaria, llevados a cabo en el extranjero.

3. La autorización de residencia de larga duración nacional también se concederá a las personas extranjeras que acrediten que se encuentran en cualquiera de los siguientes supuestos:

a) Residentes que sean beneficiarios de una pensión de jubilación, en su modalidad contributiva, incluida dentro de la acción protectora del sistema español de la Seguridad Social.

b) Residentes que sean beneficiarios de una pensión de incapacidad permanente absoluta o de gran invalidez, en su modalidad contributiva, incluidas dentro de la acción protectora del sistema español de Seguridad Social o de prestaciones análogas a las anteriores obtenidas en España y consistentes en una renta vitalicia, no capitalizable, que sea suficiente para su sostenimiento.

c) Residentes que hayan nacido en España y que, al llegar a la mayoría de edad, hayan residido en España de forma legal y continuada durante, al menos, los tres años consecutivos inmediatamente anteriores a la solicitud.

d) Personas extranjeras que fueron españoles de origen y que hubieran perdido la nacionalidad española.

e) Residentes que, al llegar a la mayoría de edad, hayan estado bajo la tutela de una entidad pública española de forma consecutiva durante los cinco años anteriores a la solicitud.

f) Apátridas, refugiados o beneficiarios de protección subsidiaria que se encuentren en territorio español y a quienes se les haya reconocido el respectivo estatuto en España o en otro Estado miembro de la UE.

g) Personas extranjeras que hayan contribuido de forma notoria al progreso económico, científico o cultural de España, o a la proyección de España en el exterior. En estos supuestos, corresponderá a la persona titular del Ministerio de Inclusión, Seguridad Social y Migraciones la concesión de la autorización de residencia de larga duración, previo informe de la persona titular del Ministerio del Interior.

184. *Procedimiento.* 1. Las personas extranjeras que se encuentren en territorio español y se hallen en alguno de los supuestos recogidos en el artículo anterior deberán dirigir su solicitud, en modelo oficial, a la oficina de extranjería de la provincia donde residan o, en el caso de que no se requiera la condición previa de residente en España, de la provincia en la que vayan a fijar su residencia.

Las personas extranjeras que no se encuentren en territorio nacional deberán presentar personalmente la solicitud ante la oficina consular en cuya demarcación residan, que dará traslado a la oficina de extranjería competente para su instrucción, que se corresponderá con la de la provincia en la que vayan a fijar su domicilio en España.

La solicitud de autorización de residencia de larga duración nacional basada en el supuesto previsto en el apartado 3.g) del artículo anterior no será presentada por el interesado, sino instada de oficio por la Dirección General de Migraciones, previa recepción de propuesta en dicho sentido de una autoridad pública con competencias relacionadas con el mérito que fundamenta la petición, acompañada de la documentación acreditativa de dicho mérito.

2. La solicitud de autorización de residencia de larga duración nacional deberá presentarse durante los dos meses inmediatamente anteriores a la fecha de expiración de su autorización de residencia. La presentación de la solicitud en este plazo prorrogará la validez de su autorización de residencia hasta la resolución del procedimiento. También se prorrogará hasta la resolución del procedimiento en el supuesto de que la solicitud se presentase dentro de los tres meses posteriores a la expiración de su autorización de residencia, sin perjuicio de la incoación del correspondiente procedimiento sancionador por la infracción en la que se hubiese incurrido. Lo dispuesto en el párrafo anterior no será de aplicación para aquellas personas extranjeras que sean titulares de una autorización de residencia en vigor y ya cumplan con lo establecido en el artículo 183.

3. La solicitud deberá acompañarse de la siguiente documentación:

a) Copia del pasaporte completo en vigor o título de viaje o cédula de inscripción del solicitante en vigor.

b) Impreso acreditativo del abono de la tasa por tramitación del procedimiento.

c) En caso de solicitudes fundamentadas en periodos de residencia previos, informe emitido por las autoridades competentes que acredite la escolarización de los menores a su cargo, en edad de escolarización obligatoria.

d) En su caso, documentación acreditativa de encontrarse en alguno de los supuestos previstos en el artículo 183.3, apartados c) a f).

e)   En su caso, certificado de antecedentes penales o documento equivalente expedido por las autoridades del país de origen o del país o países en que haya residido durante los últimos cinco años previos a la presentación de la correspondiente solicitud, en el que no debe constar condenas por delitos previstos en el ordenamiento español, que servirá de base para valorar si representan o no una amenaza por motivos de orden público o de seguridad pública, y, en caso afirmativo, para la denegación motivada de la autorización.

4.   Recibida la solicitud, la oficina de extranjería comprobará los tiempos de residencia previos en territorio español y recabará de oficio el correspondiente certificado de antecedentes penales en España, así como el correspondiente informe policial.

También se solicitarán aquellos informes que la oficina de extranjería estime pertinentes para la tramitación y resolución del procedimiento, lo que incluirá, en su caso, recabar de oficio los informes que acrediten que la persona se encuentra incluida en los supuestos previstos en los apartados a) y b) del artículo 183.3.

Por otro lado, en caso de que a partir de la documentación presentada junto a la solicitud no quede acreditada la escolarización de los menores en edad de escolarización obligatoria que estén a cargo del solicitante, la oficina de extranjería pondrá esta circunstancia en conocimiento de las autoridades educativas competentes, y advertirá expresamente y por escrito al extranjero solicitante de que en caso de no producirse la escolarización y presentarse el correspondiente informe en el plazo de un mes, la autorización no será concedida.

5.   El órgano competente podrá denegar el estatuto de residente de larga duración nacional si tras valorarlo, considera que la persona extranjera representa una amenaza por motivos de orden público o de seguridad pública.

6.   En el plazo máximo de tres meses desde la recepción de la solicitud, el órgano competente resolverá y notificará. Transcurrido dicho plazo, se entenderá que la solicitud ha sido estimada.

7.   Concedida, en su caso, la autorización de residencia de larga duración nacional, la persona extranjera deberá solicitar personalmente la tarjeta de identidad de extranjero, en el plazo de un mes desde la notificación de la resolución.

185.   *Renovación de la tarjeta de identidad de extranjero de los residentes de larga duración nacional.* 1.   Las personas extranjeras que sean titulares de una autorización de residencia de larga duración nacional deberán solicitar la primera renovación de la tarjeta de identidad de extranjero a los cinco años. La segunda renovación y las sucesivas renovaciones de la tarjeta de identidad de extranjero se solicitarán cada cinco años hasta que el titular cumpla los treinta años de edad y cada diez años una vez los haya cumplido.

2.   La solicitud de renovación deberá presentarse durante los dos meses inmediatamente anteriores a la fecha de expiración de la vigencia de la tarjeta. La presentación de la solicitud en este plazo prorrogará la validez de la tarjeta anterior hasta la resolución del procedimiento. También se prorrogará hasta la resolución del procedimiento en el supuesto de que la solicitud se presentase dentro de los tres meses posteriores a la fecha en que hubiera finalizado la vigencia de la anterior tarjeta, sin perjuicio de la incoación del correspondiente procedimiento sancionador por la infracción en la que se hubiese incurrido.

3.   La no presentación de solicitud de renovación de la tarjeta de identidad de extranjero en los plazos establecidos en el apartado anterior no supondrá en ningún caso la extinción de la autorización de residencia de larga duración nacional, si bien la oficina de extranjería competente comprobará que se mantienen las condiciones que les dieron acceso a la autorización.

4.   La solicitud de renovación de la tarjeta de identidad de extranjero se cumplimentará en modelo oficial e irá acompañada de la siguiente documentación:

a)   Pasaporte completo en vigor o título de viaje, o cédula de inscripción.

b)   Impreso acreditativo del abono de la tasa por tramitación del procedimiento.

c)   Una fotografía, de acuerdo con los requerimientos establecidos en la normativa sobre documento nacional de identidad.

CAPÍTULO IV
Recuperación de la titularidad de una residencia de larga duración-UE
o de una residencia de larga duración nacional

Sección 1ª
Recuperación de la titularidad de una residencia de larga duración-UE

186. *Ámbito de aplicación de la recuperación de la titularidad de una residencia de larga duración-UE.* 1. El procedimiento regulado en la presente sección, de recuperación de la titularidad de una autorización de residencia de larga duración-UE en España, resultará de aplicación en los siguientes supuestos:

a) Cuando la autorización se hubiera extinguido en base a lo dispuesto en el artículo 201.1 c) y d).

b) Cuando la persona extranjera hubiera permanecido durante un periodo superior a seis años fuera de territorio español.

2. Este precepto será de aplicación al que fue titular de una residencia de larga duración-UE, pero no a sus familiares reagrupados con una autorización de reagrupación familiar. De forma que la pérdida de una residencia de larga duración como reagrupado no permitirá solicitar su recuperación, sino que habrá de ser el familiar reagrupante quien solicite una autorización de residencia por reagrupación familiar.

187. *Procedimiento.* 1. La solicitud de recuperación de la titularidad de la autorización de residencia de larga duración-UE será presentada por la persona extranjera, personalmente y en el modelo oficialmente establecido.

2. Podrá ser presentada ante la oficina de extranjería correspondiente a la provincia en la que desee fijar su residencia o, dirigida a dicha oficina de extranjería, ante la oficina consular española de su demarcación de residencia.

En caso de presentación fuera de España, la entrada de la persona extranjera en territorio español se producirá como titular de una autorización de residencia de larga duración-UE, una vez estimada, en su caso, la recuperación de dicha condición. A dichos efectos, la oficina consular competente, previa solicitud por el interesado, emitirá un visado de residencia a su favor, para cuya obtención serán requisitos los establecidos en los apartados a), b), c), d), e) y h) del artículo 38 y que al solicitante se le haya reconocido la recuperación de la titularidad de una autorización de residencia de larga duración-UE.

A los efectos de la entrada en territorio español, será de aplicación lo dispuesto en los artículos 4 a 15 de este Reglamento.

No obstante, no serán exigibles los requisitos previstos en los citados artículos para la entrada en España, cuando la persona extranjera sea titular de un permiso de residencia en otro Estado miembro de la Unión Europea, conforme a lo establecido en el derecho de la Unión Europea.

En caso de presentación dentro de España, la persona extranjera deberá encontrarse en situación regular y la oficina de extranjería comprobará el cumplimiento de los requisitos previstos en el párrafo anterior, salvo el previsto en el apartado h) del artículo 38.

3.   A la solicitud de recuperación de la condición de residente de larga duración-UE deberá acompañarse la siguiente documentación:

a)   Documentación acreditativa de que el solicitante cuenta con recursos fijos y regulares suficientes para su manutención y, en su caso, la de su familia.

b)   Documentación acreditativa de que el solicitante cuenta con un seguro de enfermedad.

c)   Impreso acreditativo del abono de la tasa por tramitación del procedimiento.

Asimismo, deberá acreditar que reúne los requisitos recuperación de la titularidad de una autorización de residencia de larga duración-UE.

4.   EL órgano competente podrá denegar la recuperación del estatuto de residente de larga duración-UE si tras valorarlo, considera que la persona extranjera representa una amenaza por motivos de orden público o de seguridad pública o de salud pública.

5.   El órgano competente, a la vista de la documentación presentada y de los informes obtenidos, resolverá de forma motivada y notificará en el plazo de tres meses desde la presentación de la solicitud, atendiendo a los requisitos previstos en este artículo.

Se entenderá que la resolución es favorable si la Administración no hubiera resuelto expresamente en dicho plazo.

6.   En el caso de que la resolución fuera favorable, la persona extranjera deberá solicitar la tarjeta de identidad de extranjero, perso-

nalmente, en el plazo de un mes desde la notificación de su concesión o desde su efectiva entrada en España. La tarjeta tendrá una validez de cinco años.

7. La extinción de la anterior autorización de residencia se podrá tramitar y resolver de forma simultánea a la solicitud de su recuperación.

Sección 2ª
Recuperación de la titularidad de una residencia de larga duración nacional

188. *Ámbito de aplicación de la recuperación de la titularidad de una residencia de larga duración nacional.* 1. El procedimiento regulado en esta sección de recuperación de la titularidad de una autorización de residencia de larga duración nacional resultará de aplicación en los siguientes supuestos:

a) Cuando la autorización se hubiera extinguido en base a lo dispuesto en los apartados c) y d) del artículo 201.1 de este Reglamento.

b) Cuando la persona extranjera regrese a España finalizado el periodo de su compromiso de no retorno asumido de acuerdo con lo previsto en el capítulo VI del título IV, siempre que en el momento de su retorno voluntario al país de origen tuviera la condición de residente de larga duración nacional en España.

2. Este precepto será de aplicación al que fue titular de una residencia de larga duración nacional, pero no a sus familiares reagrupados con una autorización de reagrupación familiar, a excepción de los familiares que sean menores de edad en el momento de solicitar la recuperación. De forma que la pérdida de una residencia de larga duración como reagrupado no permitirá solicitar su recuperación, sino que habrá de ser el familiar reagrupante quien solicite una autorización de residencia por reagrupación familiar.

189. *Procedimiento.* 1. La solicitud de recuperación de la titularidad de la autorización de residencia de larga duración nacional será presentada por la persona extranjera, personalmente y en el modelo oficialmente establecido.

2.   La solicitud, dirigida a la oficina de extranjería de la provincia en la que vaya a fijar su residencia, podrá ser presentada ante la propia oficina de extranjería o ante la oficina consular española en cuya demarcación resida.

En caso de presentación fuera de España, la entrada de la persona extranjera en territorio español se producirá como titular de una autorización de residencia de larga duración, una vez estimada, en su caso, la recuperación de dicha condición. A dichos efectos, la oficina consular competente, previa solicitud por el interesado, emitirá un visado de residencia a su favor, para cuya obtención serán requisitos los establecidos en los apartados a) b), c), d), e) y h) del artículo 38 y que al solicitante se le haya reconocido la recuperación de la titularidad de una autorización de residencia de larga duración. A los efectos de la entrada en territorio español, será de aplicación lo dispuesto en los artículos 4 a 15 de este Reglamento.

En caso de presentación dentro de España, la oficina de extranjería comprobará el cumplimiento de los requisitos previstos en el párrafo anterior, salvo el previsto en el apartado h) del artículo 38.

3.   A la solicitud de recuperación de la condición de residente de larga duración nacional deberá acompañar la documentación que acredite los requisitos a los que se refiere el apartado anterior y deberá aportar impreso acreditativo del abono de la tasa por tramitación del procedimiento.

Asimismo, deberá acreditar que reúne los requisitos recuperación de la titularidad de una autorización de residencia de larga duración nacional.

4.   Admitida a trámite la solicitud, se procederá a la instrucción del procedimiento y a su inmediata tramitación y se recabará de oficio el informe del Registro Central de Penados, así como los de los servicios policiales.

En este último informe se hará expresa mención de si la persona extranjera ha cumplido sus obligaciones en cuanto al compromiso de no regreso a España durante tres años. No se entenderá incumplido el compromiso en caso de entradas en España a efectos de estancia de duración no superior a tres meses, salvo en supuestos de permanencia irregular una vez finalizado dicho periodo o, en su caso, la vigencia de las prórrogas de estancia que se hubieran podido conceder.

5.   El órgano competente podrá denegar la recuperación del estatuto de residente de larga duración si tras valorarlo, considera que

la persona extranjera representa una amenaza por motivos de orden público o de seguridad pública.

6. El órgano competente, a la vista de la documentación presentada y de los informes obtenidos, resolverá de forma motivada y notificará en el plazo de tres meses desde la presentación de la solicitud, atendiendo a los requisitos previstos en este artículo.

Se entenderá que la resolución es favorable si la Administración no hubiera resuelto expresamente en dicho plazo.

7. En el caso de que la resolución fuera favorable, la persona extranjera deberá solicitar personalmente la tarjeta de identidad de extranjero en el plazo de un mes desde la notificación de su concesión o, en su caso, desde la fecha de su entrada legal en territorio español. La tarjeta tendrá una validez de cinco años.

8. La extinción de la autorización de residencia se podrá tramitar y resolver de forma simultánea a la solicitud de su recuperación.

TÍTULO XI
Modificación de las situaciones de las personas extranjeras en España

190. *De la situación de estancia de larga duración por estudios o actividades formativas a la situación de residencia y trabajo o de residencia con excepción de la autorización de trabajo.* 1. Las personas extranjeras que se encuentren en España con una autorización de estancia de larga duración concedida para llevar a cabo los estudios o las actividades formativas previstos en los apartados a), b) y los números 4.º y 5.º del apartado e) del artículo 52 podrán acceder a la situación de residencia y trabajo y de residencia con excepción de la autorización de trabajo sin necesidad de solicitar visado, si han obtenido la titulación o el certificado correspondiente a los estudios o formación realizados y cumplen los requisitos establecidos en los apartados siguientes. Además, será requisito que la persona extranjera no haya sido becada o subvencionada por organismos públicos o privados dentro de programas de cooperación para el desarrollo sostenible o de acción humanitaria españoles o del país de origen.

Este artículo también será de aplicación a las personas extranjeras que cursen en España estudios de formación sanitaria especializada conforme al artículo 58.

El procedimiento de tramitación de la solicitud aplicable será el establecido en función de la autorización de que se trate.

2. Para obtener una autorización de residencia y trabajo por cuenta ajena será necesario cumplir los requisitos del artículo 74, excepto lo previsto en su apartado 1.a).

La solicitud de la autorización podrá ser presentada tanto por el empleador como por el titular de la autorización por estudios. En todo caso, el empleador asumirá el pago de la correspondiente tasa.

3. Para obtener una autorización de residencia y trabajo por cuenta propia será necesario cumplir con los requisitos establecidos en el artículo 84.

4. Para obtener una autorización de residencia con excepción de autorización de trabajo será necesario cumplir con los requisitos establecidos en el apartado 2 del artículo 89.

5. La persona extranjera que se acoja a lo establecido en este artículo podrá igualmente solicitar una autorización de residencia a favor de los familiares en situación de estancia previstos en el artículo 56 que se encuentren conviviendo con ella en el momento de la solicitud, siempre y cuando se acredite suficiencia económica y disponibilidad de vivienda adecuada. La autorización, en caso de ser concedida, será de residencia por reagrupación familiar.

6. Las autorizaciones previstas en este artículo, así como, en su caso, la autorización de residencia para los familiares, podrán solicitarse en los dos meses previos o los tres meses posteriores a la extinción de la autorización de estancia por estudios o actividades formativas o a la obtención de la titulación o el certificado correspondiente a los estudios o formación realizados.

7. Una vez admitida a trámite la solicitud y hasta que se resuelva el procedimiento, la autorización de estancia y, en su caso, la de los familiares, adquirirá el carácter de autorización provisional de residencia y trabajo por cuenta ajena, por cuenta propia o de residencia con excepción de la autorización de trabajo. La denegación de la solicitud supondrá la automática pérdida de vigencia de la autorización provisional, sin necesidad de pronunciamiento administrativo expreso.

En el acuerdo de admisión a trámite se hará constar esta situación, con expresa mención a la autorización para trabajar a jornada completa.

8. La eficacia de la autorización de residencia y trabajo estará condicionada al alta de la persona trabajadora en el régimen correspondiente de la Seguridad Social.

La eficacia de la autorización de residencia concedida a favor de los familiares estará condicionada a la de la autorización principal y su vigencia estará vinculada a la de ésta.

En el plazo de un mes desde la entrada en vigor de la autorización, su titular deberá solicitar la tarjeta de identidad de extranjero, personalmente.

9. La autorización concedida tendrá una duración de un año y sus efectos serán los previstos para cada tipo de autorización cuando es renovada, o prorrogada en el caso de la autorización de residencia con excepción de la autorización de trabajo.

10. Las personas extranjeras que hayan finalizado los estudios en un centro o institución de educación superior, alcanzando como mínimo el Nivel 6 de acuerdo con el Marco Europeo de Cualificaciones, podrán acceder a la autorización de residencia al estudiante para la búsqueda de empleo o para emprender un proyecto empresarial conforme a lo dispuesto en la disposición adicional decimoséptima de la Ley 14/2013, de 27 de septiembre.

191. *De la autorización de residencia temporal a autorización de residencia y trabajo.* 1. Las personas extranjeras que se encuentren en España en situación de residencia temporal podrán solicitar otra autorización de residencia temporal y trabajo y acceder a ella, sin necesidad de visado, si cumplen los requisitos exigidos para la autorización solicitada con las especialidades que se establecen en los apartados siguientes.

2. Cuando la persona extranjera que solicita una autorización de residencia y trabajo por cuenta ajena no lleve residiendo al menos un año como titular de una autorización de residencia deberá acreditar el cumplimiento de todos los requisitos establecidos en el artículo 74.

La autorización tendrá una vigencia de un año y tendrá consideración de autorización de residencia y trabajo inicial.

3. Cuando la persona extranjera lleva en España al menos un año en situación de residencia y la autorización que se pretende modificar ya habilitaba a trabajar por cuenta ajena o propia, se deberán acreditar los requisitos previstos en el artículo 80 o, en su caso, con los requisitos previstos en el artículo 86.

En este caso, la vigencia de la nueva autorización tendrá una duración de cuatro años.

La eficacia de la nueva autorización se retrotraerá al día inmediatamente siguiente al de la caducidad de la autorización anterior si ésta ya se ha producido o, en caso contrario, producirá efectos a partir de la fecha de su concesión.

4.   Cuando la persona extranjera lleva en España al menos un año en situación de residencia y la autorización que se pretende modificar no habilitaba a trabajar se deberá cumplir con los requisitos establecidos en el artículo 74 excepto el apartado 1.a) y en su caso, el artículo 84.

En este caso, la vigencia de la nueva autorización tendrá una duración de un año y la eficacia de la nueva autorización estará condicionada al alta de la persona trabajadora en el régimen correspondiente de la Seguridad Social. Esta alta deberá efectuarse en el plazo de un mes desde la notificación de su concesión. Cumplida la condición, la vigencia de la autorización se retrotraerá al día inmediatamente siguiente al de la caducidad de la autorización anterior. No obstante, si en el momento de adquirir eficacia la nueva autorización aún no se ha producido la caducidad de la autorización anterior, la vigencia de la nueva autorización producirá efectos a partir del alta de la persona trabajadora en el régimen correspondiente de la Seguridad Social.

5.   Las solicitudes de esta modificación podrán ser presentado por el empleador o por la persona extranjera residente en España.

6.   En los supuestos de autorizaciones de residencia para actividades de temporada:

a)   Si la nueva autorización fue concedida con posterioridad a la finalización del periodo de actividad del año en curso, y la persona trabajadora ha regresado a su país de procedencia, en cumplimiento de su obligación de retorno, el titular deberá solicitar el visado del artículo 40.

b)   Las personas titulares de autorizaciones de residencia y trabajo para actividades de temporada a su finalización, tras los cuatro años, si hubiesen respetado todos los requisitos durante su vigencia, incluido el compromiso de retorno, podrán acceder a una autorización de residencia y trabajo de dos años de duración. Para ello deben cumplir los siguientes requisitos:

1.º Para obtener una autorización de residencia y trabajo por cuenta ajena, acreditar el cumplimiento de los establecidos en el artículo 74, excepto el previsto en el apartado 1.a);

2.º Para obtener una autorización de residencia y trabajo por cuenta propia, acreditar el cumplimiento de los establecidos en el artículo 84, excepto el apartado c).

La solicitud podrá realizarse en los tres meses anteriores a la finalización del periodo de vigencia de la autorización para actividades de temporada, sin necesidad de visado, o, una vez retornado al país de origen o procedencia tras haber finalizado dicho periodo, dentro de los seis meses posteriores a su finalización.

Esta autorización de residencia y trabajo tendrá la consideración de inicial.

7. No se podrá solicitar la modificación desde las siguientes autorizaciones de residencia temporal:

a) Las autorizaciones de trabajo para personas trabajadoras transfronterizas.

b) Las autorizaciones de residencia por circunstancias excepcionales establecidas en el artículo 128.1 y las reguladas en los capítulos II, III, IV y V del título VII.

c) Las autorizaciones de reagrupación familiar, que se regirán por lo establecido por su normativa específica.

8. Las personas extranjeras titulares de una tarjeta de residencia de familiar de un ciudadano de la Unión o de una autorización de residencia de familiar de persona de nacionalidad española, cuando hayan cesado en tal condición, podrán obtener, si cumplen los requisitos establecidos al efecto, a excepción del visado, una autorización de residencia no lucrativa o de residencia y trabajo por cuenta ajena, por cuenta propia o de residencia con excepción de la autorización de trabajo del tiempo que corresponda, en función de la duración de la documentación de la que fuera titular.

192. *Modificaciones de la autorización de residencia y trabajo.* 1. Durante el primer año de vigencia de las autorizaciones iniciales de residencia y trabajo, el órgano competente por razón del lugar donde se vaya a iniciar la relación laboral o la actividad por cuenta propia que motiva la solicitud, podrá modificar su alcance en cuanto a la ocupación, sector de actividad y ámbito territorial de limitación, siempre a petición de su titular.

En el caso de que se trate de una modificación del alcance de una autorización de residencia temporal y trabajo por cuenta ajena, se tendrá en cuenta la situación nacional de empleo.

Esta solicitud deberá resolverse y notificarse en el plazo máximo de un mes. Transcurrido dicho plazo sin resolución expresa se entenderá que ha sido concedida.

2.   Las personas titulares de una autorización de residencia y trabajo por cuenta ajena podrán acceder a una autorización de residencia y trabajo por cuenta propia. Para ello deberán presentar la correspondiente solicitud. La nueva autorización no ampliará la vigencia de la autorización modificada.

TÍTULO XII
Disposiciones comunes

CAPÍTULO I
Régimen competencial, concepto a cargo, presentación de solicitudes y acceso a la información

193.   *Régimen competencial.* 1.   Cuando las competencias en materia de informes, resoluciones y sanciones no estén expresamente atribuidas a un determinado órgano en este Reglamento, serán ejercidas por los Delegados o Subdelegados del Gobierno en las comunidades autónomas uniprovinciales o pluriprovinciales, respectivamente.

2.   Salvo que expresamente se establezca otra cosa, cuando se trate de procedimientos sobre solicitudes de autorizaciones previstas en este reglamento, será competente la Delegación o Subdelegación del Gobierno de la provincia en la que la persona extranjera tenga establecida o vaya a establecer su residencia efectiva.

194.   *Procedimiento en el caso de traspaso de competencias ejecutivas en materia de autorización inicial de trabajo a Comunidades Autónomas.* 1.   Todo procedimiento relativo a las autorizaciones iniciales de trabajo por cuenta propia o ajena de las personas extranjeras supondrá la presentación de una única solicitud y finalizará con una única resolución administrativa.

2. En el caso de que a la Comunidad Autónoma donde se vaya a desarrollar la actividad laboral se le hubieran traspasado competencias en materia de autorización inicial de trabajo por cuenta ajena para las personas extranjeras, la solicitud de autorización inicial de residencia temporal y trabajo por cuenta ajena se presentará ante el órgano autonómico que sea competente de acuerdo con su normativa.

El órgano autonómico ante el que se deba presentar la solicitud de autorización inicial de residencia temporal y trabajo por cuenta ajena será competente para resolver la inadmisión a trámite o para declarar el desistimiento y el archivo de las actuaciones.

Deberá resolver, en todo caso, de acuerdo con el informe preceptivo y vinculante de la Administración General del Estado sobre la concurrencia o no de las causas de inadmisión a trámite, cuando afecten a la residencia. Las resoluciones que dicte el órgano autonómico se notificarán por éste al interesado y se introducirán en la aplicación informática correspondiente, de tal manera que permita su conocimiento por parte de la Administración General del Estado en tiempo real.

Será el órgano autonómico competente el que recabará los informes de la Administración Tributaria, incluida, en su caso, el de la propia Comunidad Autónoma, y a la Tesorería General de la Seguridad Social, con el fin de comprobar que el empleador está al corriente en el pago de sus obligaciones tributarias y de Seguridad Social.

El órgano competente de la Administración General del Estado solicitará, simultáneamente, los informes de la Dirección General de la Policía y del Registro Central de Penados.

Los recursos que se pueden interponer contra las resoluciones que dicte el órgano autonómico sobre inadmisión a trámite y desistimiento y archivo de actuaciones serán resueltos por el órgano autonómico que corresponda, de acuerdo con el informe preceptivo y vinculante emitido por la Administración General del Estado sobre la concurrencia o no de las causas de inadmisión cuando afecten a la residencia. En todo caso, el citado órgano deberá introducir los recursos y las resoluciones adoptadas en la aplicación informática correspondiente.

3. Cuando a la Comunidad Autónoma respecto a la que se solicite la autorización inicial de residencia temporal y trabajo se le hubieran traspasado competencias ejecutivas en materia de autorización inicial de trabajo por cuenta propia, corresponderá al órgano autonómico competente verificar el cumplimiento de los requisitos en materia de

trabajo y, simultáneamente, al competente de la Administración General del Estado los requisitos en materia de residencia.

El órgano competente de la Administración General del Estado solicitará, simultáneamente, los informes de la Dirección General de la Policía y del Registro Central de Penados.

A la vista de la documentación aportada y de los informes obtenidos, los órganos competentes de la Administración General del Estado y de la Comunidad Autónoma correspondiente deberán dictar, de manera coordinada y concordante, una resolución conjunta denegando o concediendo la correspondiente autorización, que será firmada por los titulares de los órganos competentes de cada una de las Administraciones y notificada a los interesados por el órgano autonómico.

En todo caso, la resolución conjunta será desfavorable si concurre alguna causa de denegación referida bien a los aspectos laborales, bien a los de residencia, debiendo recogerse en la misma todas las causas específicas de denegación, así como los órganos que, en su caso, deban conocer de un eventual recurso administrativo o judicial contra la resolución.

La resolución conjunta a que se hace referencia anteriormente podrá ser impugnada ante el órgano que corresponda, si bien se resolverá de forma conjunta y concordante por los titulares de los órganos competentes de ambas Administraciones y se notificará a los interesados por el órgano competente de la Comunidad Autónoma.

195. *Particularidades en el caso de comunidades autónomas que tengan traspasadas las competencias ejecutivas en materia de autorización iniciales de trabajo.* 1.   En relación con las actuaciones consecuencia de la ejecución de la gestión colectiva de contrataciones en origen, cuando se haya traspasado a la Administración autonómica la competencia ejecutiva sobre tramitación y resolución de las autorizaciones iniciales de trabajo por cuenta ajena, la Orden ministerial establecerá su intervención en los trámites laborales, así como en la recepción de solicitudes, admisión a trámite, comprobación de los requisitos laborales, emisión de informe sobre las mismos y su remisión a la Dirección General de Gestión Migratoria para la continuación de los trámites.

El procedimiento que se establezca para resolver sobre la autorización solicitada contemplará que los órganos competentes de la comunidad autónoma y de la Administración General del Estado dicten, coordinada y concordantemente, una resolución conjunta, denegando o concediendo la correspondiente autorización inicial de residencia y trabajo por cuenta ajena, que firmarán las personas titulares de cada una de las Administraciones competentes, y será expedida y notificada al solicitante por el órgano autonómico, según lo previsto en el artículo 194.

2. En relación con las actuaciones consecuencia de la intervención de las comunidades autónomas en la modificación de autorizaciones en el caso de traspaso de competencias ejecutivas en materia de autorización inicial de trabajo, porque la relación de trabajo se inicie y se desarrolle en el territorio de la comunidad autónoma, corresponderá a los órganos competentes de ésta la recepción de solicitudes y la resolución de la autorización laboral en los siguientes supuestos:

a) La autorización de residencia y trabajo en las que se acredita ser hijo de español nacionalizado o de ciudadano comunitario con un año de residencia, prevista en el apartado 8 del artículo 191.

b) La autorización de residencia y trabajo solicitada como consecuencia de la modificación de la situación de estancia por estudios, de residencia o de residencia por circunstancias excepcionales, así como la modificación de las autorizaciones de trabajo por cuenta propia en cuenta ajena y a la inversa. No así en el caso de acceso a la situación de autorización de residencia con excepción de la autorización de trabajo en base a lo previsto en este título.

Cuando la modificación implique una nueva autorización de residencia y trabajo, se seguirá el procedimiento previsto en su regulación específica. En todos los casos, la Administración autonómica registrará las solicitudes presentadas, en trámite y resueltas, en la aplicación informática correspondiente, garantizando su conocimiento en tiempo real por la Administración General del Estado.

196. *Concepto de persona extranjera a cargo y de razones de carácter humanitario.* 1. A los efectos previstos en este reglamento, se entiende que la persona extranjera se encuentra a cargo de otra u otras cuando exista una situación de hecho por la que se garantice una ayuda o apoyo material que acredite una dependencia económica o física.

La dependencia, que será valorada de forma individual y circunstanciada, habrá de ser real y estable, sin que haya podido ser provocada con el objeto de obtener una autorización de residencia en España.

2. Se entenderá por dependencia económica, la situación de hecho en la que la persona de quien esté a cargo el dependiente le preste ayuda material o económica para satisfacer sus necesidades básicas de la vida siempre que den las siguientes condiciones:

a) Que sea real, estable y sostenida en el tiempo, sin que puedan considerarse situaciones aisladas y puntuales.

b) Que se produzca en el país de origen o de procedencia.

c) Tiene que preexistir al momento de la presentación de la solicitud.

3. A los efectos de la valoración de las condiciones indicadas en el apartado anterior, el órgano competente tendrá en cuenta lo siguiente:

a) La situación personal, familiar, económica y patrimonial del dependiente en el Estado de origen o de procedencia.

b) El hecho de que el dependiente, por razón de sus circunstancias, como la edad, la formación o la salud, tenga perspectivas de encontrar empleo, no será impedimento para que pueda considerarse que se encuentra a cargo.

c) Teniendo en cuenta las circunstancias del familiar, se presumirá que el dependiente está a cargo cuando haya recibido fondos o se hayan soportado gastos durante, al menos, el año previo a la fecha de presentación de la solicitud que representen como mínimo, por cada uno de ellos, el 51 % del producto interior bruto per cápita, en cómputo anual, del país de procedencia según los datos publicados por el Banco Mundial.

d) La persona que se hace cargo del dependiente debe disponer de un estado financiero y de una autonomía de medios económicos compatible con esa situación. Esto se entenderá que sucede cuando su unidad de convivencia, incluida la persona dependiente, no sea perceptora de la renta garantizada del ingreso mínimo vital y obtenga ingresos o tenga un patrimonio de acuerdo con lo siguiente:

1.º Ingresos, rentas o rendimientos equivalente, en euros o su equivalente legal en moneda extranjera, al 100 por ciento del importe mensual, incluida la parte proporcional de las pagas extraordinarias, de las pensiones no contributivas fijadas anualmente en la Ley de Presupuestos Generales del Estado, dividido por doce, en unidades familiares que incluyan a la persona reagrupante y a un familiar reagrupado, o del 130 por ciento en unidades familiares que incluyan a más de dos miembros.

2.º Un patrimonio estable valorado en un importe igual o superior, en euros o su equivalente legal en moneda extranjera, a tres veces la cuantía indicada en el punto 1.º precedente en cómputo anual.

4. Se entiende por dependencia física, una situación de hecho que puede venir determinada por motivos graves de salud por los que sea estrictamente necesario hacerse cargo del cuidado personal del dependiente, siempre que este carezca del apoyo familiar adecuado en el país de origen. En este supuesto, deben reunirse, acumulativamente, las siguientes condiciones:

1.º Que la situación de dependencia por razones de padecimiento de enfermedad grave exista con carácter previo a la fecha de presentación de la solicitud,

2.º que deba hacerse cargo del cuidado personal del dependiente por no ser este objetivamente capaz de proveer a sus propias necesidades debido a su estado de salud.

5. Independientemente de lo anterior, se presumirá que la persona extranjera se encuentra a cargo, en todo caso, cuando se trate de ascendientes mayores de 80 años o cuando el ascendiente padezca una enfermedad consistente en pluripatologías tendentes a la cronicidad, pérdida severa de la capacidad funcional o mental. También se presumirá una situación a cargo cuando la persona reagrupante por razones derivadas de la edad, la enfermedad o la discapacidad, tenga reconocido por los órganos competentes de las administraciones públicas alguno de los grados de dependencia contemplados en el artículo 26 de la Ley 39/2006, de 14 de diciembre, de Promoción de la Autonomía Personal y Atención a las personas en situación de dependencia.

6. Se considerará que concurren razones de carácter humanitario, a los efectos previstos en los capítulos II y VII del título IV, en los siguientes supuestos:

a) Que el país de origen o de residencia se halle en situación de conflicto bélico o en dificultad social a causa de éste,

b) que el país de origen o de residencia se encuentre afectado por catástrofes o desastres naturales o provocados por el ser humano,

c) que el familiar reagrupable sufra una enfermad consistente en pluripatologías tendentes a la cronicidad o a la pérdida severa de la capacidad funcional o mental,

d) que el reagrupante o su cónyuge, pareja registrada, hijos o personas representadas legalmente, siempre que sean residentes en España, tengan reconocido alguno de los grados de dependencia previstos en el artículo 26 de la Ley 39/2006, de 14 de diciembre, de Promoción de la Autonomía Personal y Atención a las personas en situación de dependencia,

e)   que la persona ascendiente del reagrupante, o de su cónyuge o pareja, sea cónyuge o pareja del otro ascendiente, cuando este último sea mayor de sesenta y cinco años y haya obtenido la autorización,

f)   cuando se justifique de forma motivada que la persona ascendiente vaya a proporcionar cuidados a los hijos e hijas menores de edad o mayores de edad que tengan una discapacidad que requiera apoyo o que no sean capaces de proveer a sus propias necesidades debido a su estado de salud,

g)   en otros casos distintos a los anteriores, siempre que se cuente con informe previo favorable de la Dirección General de Gestión Migratoria.

197.   *Lugares de presentación de las solicitudes, legitimación y representación cuando el sujeto legitimado se encuentra en territorio nacional.* 1.   De conformidad con lo dispuesto en la disposición adicional tercera de la Ley Orgánica 4/2000, de 11 de enero, las solicitudes relativas a las autorizaciones de residencia y trabajo previstas en este reglamento habrán de presentarse personalmente ante la oficina de extranjería competente. Cuando el sujeto legitimado se encuentre en territorio español, se entenderá cumplida la exigencia de comparecencia personal, tanto si la presentación se realiza de forma presencial, como si realiza a través de medios electrónicos. Asimismo, podrán presentarse conforme a lo dispuesto en el artículo 12.2 de la Ley 39/2015, de 1 de octubre, cuando el interesado no disponga de medios electrónicos. Las restantes solicitudes previstas en este reglamento podrán presentarse tanto presencialmente como a través de medios electrónicos conforme a lo establecido en el artículo 14 de la Ley 39/2015, de 1 de octubre.

2.   En aplicación de lo dispuesto en el artículo 14.3 de la Ley 39/2015, de 1 de octubre, tendrán obligación de relacionarse a través de los medios electrónicos habilitados las personas físicas que presenten alguno de los tipos de solicitud siguientes:

a)   Solicitudes de prórroga de autorizaciones de estancia por estudios, movilidad de alumnos, servicios de voluntariado o actividades formativas.

b) Solicitudes de renovación de autorizaciones de residencia temporal no lucrativa.

c) Solicitudes de autorización inicial de residencia temporal y trabajo por cuenta ajena.

d) Solicitudes de renovación de autorizaciones de residencia temporal y trabajo por cuenta propia.

e) Solicitudes de renovación de autorizaciones de residencia temporal y excepción de trabajo.

f) Solicitudes de autorización inicial de residencia y trabajo para actividades de temporada.

g) Solicitudes de autorización inicial de residencia y trabajo relativas a la gestión colectiva en origen.

3. Se entenderá cumplida la obligación de comparecencia personal de una persona física o jurídica o de una entidad sin personalidad jurídica, cuando se presenten solicitudes, escritos o documentos autenticados electrónicamente o, de estar así previsto, previo cotejo de los que hayan sido aportados, utilizando para ello los sistemas de firma electrónica incorporados al documento nacional de identidad u otros sistemas de firma electrónica avanzada admitidos por la Administración General del Estado de acuerdo con lo establecido en la Ley 39/2015, de 1 de octubre y en el Real Decreto 203/2021, de 30 de marzo, por el que se aprueba el Reglamento de actuación y funcionamiento del sector público por medios electrónicos.

4. Adicionalmente, cuando el sujeto legitimado se encuentre en territorio español, también se entenderá cumplida la obligación de comparecencia personal cuando las solicitudes se presenten por quienes ejerzan válidamente su representación, siempre y cuando se esté en alguno de los supuestos siguientes:

a) Con carácter general, cualquier persona física o jurídica podrá actuar en representación de otra únicamente cuando dicha representación quede acreditada mediante apoderamiento notarial o a través de apud acta en el registro electrónico de apoderamientos.

b) En el caso de sujetos conveniados, de acuerdo con lo previsto en el artículo 5 de la Ley 39/2015, de 1 de octubre, cuando la presentación electrónica de solicitudes, escritos, documentos o recursos administrativos se realice de acuerdo con lo establecido mediante Convenios de habilitación para la representación de terceros. Para el desarrollo de estos convenios, la Administración General del Estado podrá establecer que los profesionales adheridos a ellos creen los correspondientes registros electrónicos de apoderamiento o representación.

c)   Cuando se trate de sujetos incluidos en el Registro Electrónico de Colaboradores de Extranjería conforme a lo dispuesto en la Orden del Ministerio de Inclusión, Seguridad Social y Migraciones que lo desarrolle.

5.   No se requerirá la comparecencia personal en los procedimientos de contratación colectiva de trabajadores, en los supuestos previstos en un convenio o acuerdo internacional; en tal caso, se estará a lo dispuesto en él.

198.   *Acceso a la información para personas trabajadoras extranjeras y empleadores.* 1.   Estará disponible de forma fácilmente accesible para las personas trabajadoras extranjeras y los empleadores, la información adecuada sobre los procedimientos y documentos justificativos necesarios para tramitar los visados y las autorizaciones reguladas en este Reglamento y, en su caso, sobre las tasas aplicables, así como sobre los supuestos de modificación y las causas de extinción de las autorizaciones.

2.   Asimismo, se facilitará información fácilmente accesible sobre las condiciones de entrada y residencia, incluidos los derechos, las obligaciones, las vías de reclamación y denuncia disponibles contra sus empleadores y los recursos y garantías judiciales de las personas trabajadoras extranjeras y de los miembros de sus familias, así como información sobre las organizaciones de trabajadores más representativas a nivel estatal y autonómico.

CAPÍTULO II
Extinción de las autorizaciones

199.   *Obtención y mantenimiento del derecho a la autorización.*   Las autorizaciones concedidas de acuerdo con lo previsto en el presente reglamento conservarán su eficacia mientras se mantengan los requisitos y condiciones de conformidad con lo dispuesto en la Ley Orgánica 4/2000, de 11 de enero, el derecho de la Unión y el resto del ordenamiento jurídico.

200. *Causas comunes de la extinción de la autorización de estancia por estudios, movilidad de alumnos, servicios de voluntariado o actividades formativas y de residencia temporal.* 1. Las autorizaciones de estancia y de residencia temporal se extinguirán, con carácter general, por el transcurso del tiempo por el que hubieran sido concedidas. No obstante, la vigencia de dichas autorizaciones se prorrogará, si se solicita su prórroga, modificación o renovación en el plazo establecido, hasta que se resuelva el procedimiento.

2. Se declarará la extinción, mediante resolución del órgano competente, por la retirada de la autorización de estancia y de residencia temporal, en los casos siguientes:

a) Por la inclusión en alguno de los supuestos de prohibición de entrada previstos en este Reglamento o en la normativa correspondiente de la Unión Europea, bien por no haberse conocido dicha circunstancia en el momento de su entrada, bien por haberse producido durante su permanencia en España.

b) Cuando la autorización o los documentos presentados se hayan obtenido mediante fraude, falsificación o manipulación.

c) Cuando la persona titular de la autorización destine su estancia o residencia temporal a fines distintos de aquellos para los que hubiera sido autorizada.

d) Cuando dejen de cumplirse los requisitos o condiciones establecidos para cada tipo de autorización, salvo en aquellos casos en los que la propia regulación de la autorización haya dispuesto otra cosa.

e) Cuando la persona extranjera cambie o pierda su nacionalidad, sin perjuicio de que pueda adquirir otra autorización de residencia en atención a las nuevas circunstancias.

f) Cuando la persona extranjera deje de poseer pasaporte, documento análogo o, en su caso, cédula de inscripción, válidos y en vigor, salvo que justifique haber realizado los trámites necesarios para la renovación o recuperación del pasaporte o documento análogo.

g) Por motivos de orden público, seguridad pública o salud pública, en los que se tendrá en cuenta la gravedad o el tipo de infracción cometida o el peligro que implique dicha persona debiendo tener también presente la duración de la residencia y la existencia de vínculos en España.

h) Cuando la persona extranjera haya sido condenada mediante sentencia firme por la comisión de alguna de las conductas previstas en los artículos 177 bis y 318 bis de la Ley Orgánica 10/1995, de 23 de noviembre, del Código Penal.

i)   En los demás supuestos establecidos específicamente en cada tipo de autorización.

3.   Conforme a lo previsto en el artículo 57.4 de la Ley Orgánica 4/2000, de 11 de enero, la expulsión conllevará en todo caso, la extinción de cualquier autorización para permanecer legalmente en España, así como el archivo de cualquier procedimiento que tuviera por objeto la autorización para residir o trabajar en España de la persona extranjera expulsada.

201.   *Extinción de la autorización de residencia de larga duración.* 1.   Se producirá la extinción, mediante resolución del órgano competente para su concesión, por la pérdida o retirada de la autorización de residencia de larga duración, en los casos siguientes:

a)   Cuando la autorización se haya obtenido de manera fraudulenta.

b)   Cuando se dicte una orden de expulsión en los casos previstos en la Ley.

c)   Cuando se produzca la ausencia del territorio de la Unión Europea durante doce meses consecutivos.

En el caso de personas extranjeras que hubieran obtenido la autorización de residencia de larga duración-UE tras haber sido titulares de una autorización de Tarjeta azul-UE y a los miembros de su familia a los que se haya concedido el estatuto de residente de larga duración-UE, este periodo de doce meses consecutivos se ampliará hasta veinticuatro meses consecutivos.

Esta circunstancia no se aplicará a las personas titulares de una autorización de residencia temporal y trabajo vinculados mediante una relación laboral a entidades promotoras de la cooperación de acuerdo con el Estatuto de las personas cooperantes, aprobado por Real Decreto 708/2024, de 23 de julio, por el que se aprueba el Estatuto de las personas cooperantes.

d)   Cuando hubiera adquirido la residencia de larga duración-UE en otro Estado miembro.

e)   Cuando, obtenida la autorización por la persona a quien otro Estado miembro reconoció protección internacional, las autoridades de dicho Estado hubieran resuelto el cese o revocación de la citada protección, en los términos establecidos en los artículos 9.3.bis de Directiva 2003/109/CE.

f) Cuando la persona extranjera haya sido condenada mediante sentencia firme por la comisión de alguna de las conductas previstas en los artículos 177 bis y 318 bis de la Ley Orgánica 10/1995, de 23 de noviembre, del Código Penal.

2. Además, se producirá la extinción de la autorización de residencia de larga duración-UE tras una ausencia de territorio español de seis años. La Dirección General de Gestión Migratoria, previo informe de la Comisaría General de Extranjería y Fronteras podrá determinar la no extinción de una autorización por esta causa ante la concurrencia de motivos excepcionales que así lo aconsejen.

202. *Del procedimiento de extinción.* 1. La declaración de extinción, por pérdida o retirada de una autorización de las reguladas en este Reglamento, se efectuará previa incoación de oficio del procedimiento correspondiente durante su periodo de vigencia y se dará audiencia al interesado por plazo no inferior a diez días.

2. Las Delegaciones o Subdelegaciones del Gobierno deberán resolver y notificar la resolución en el plazo máximo de 6 meses, a contar desde la fecha de notificación o, en su caso, de publicación del acuerdo de incoación. El vencimiento de este plazo sin que se hubiera dictado y notificado resolución expresa producirá la caducidad del procedimiento.

3. La decisión adoptada tendrá en cuenta las circunstancias específicas del caso, incluidos, cuando proceda, los intereses de la persona trabajadora, y respetará el principio de proporcionalidad.

4. Las resoluciones que acuerden la extinción de las autorizaciones pondrán fin a la vía administrativa y podrán ser recurridas potestativamente en reposición ante el mismo órgano que las hubiera dictado o ser impugnadas directamente ante el orden jurisdiccional contencioso administrativo.

203. *Efectos.* La resolución que declare la extinción por pérdida o retirada de las autorizaciones vigentes fijará el alcance de sus efectos al momento en que se dicten.

TÍTULO XIII
Documentación de las personas extranjeras

CAPÍTULO I
Derechos y deberes relativos a la documentación

204. *Derechos y deberes.* 1.   Las personas extranjeras que se encuentren en territorio español tienen el derecho y la obligación de conservar, en vigor, la documentación con la que hubieran efectuado su entrada en España, la que acredite su identidad, expedida por las autoridades competentes del país de origen o de procedencia, así como la que acredite su situación en España.

2.   Las personas extranjeras están obligados a exhibir los documentos referidos en el apartado anterior cuando fueran requeridos por las autoridades o sus agentes, en ejercicio de sus funciones.

3.   Las personas extranjeras no podrán ser privados de su documentación, salvo en los supuestos y con los requisitos previstos en la Ley Orgánica 4/2000, de 11 de enero, y en la Ley Orgánica 4/2015, de 30 de marzo, de protección de la seguridad ciudadana.

205. *Número de identidad de extranjero.* 1.   Las personas extranjeras a cuyo favor se inicie un procedimiento para obtener un documento que les habilite para permanecer en territorio español, aquéllos a los que se les haya incoado un expediente administrativo en virtud de lo dispuesto en la normativa sobre extranjería y aquellos que por sus intereses económicos, profesionales, sociales o de cualquier otra índole, se relacionen con España serán dotados, a los efectos de identificación, de un número personal, único y exclusivo, de carácter secuencial.

2.   El número personal será el identificador del extranjero, que deberá figurar en todos los documentos que se le expidan o tramiten, así como en las diligencias que se estampen en su pasaporte o documento análogo, salvo en los visados.

3.   El número de identidad del extranjero, NIE, deberá ser concedido de oficio, por la Dirección General de la Policía, en los supuestos mencionados en el apartado 1.

En el caso de visados, la concesión de oficio sólo se aplicará en aquellos procedimientos de visados que habiliten a sus titulares a permanecer en España más de 90 días naturales en cualquier período de ciento ochenta días naturales sin necesidad de tramitar una autorización de estancia de larga duración o de residencia temporal.

La concesión de oficio no se aplicará en el caso de las personas extranjeras que se relacionen con España por razón de sus intereses económicos, profesionales o sociales, que deberán interesar de dicho órgano la asignación del indicado número, siempre que concurran los siguientes requisitos:

a) Que no se encuentren en España en situación irregular.

b) Que se comuniquen los motivos por los que solicitan la asignación de dicho número.

4. Las personas extranjeras que se relacionen con España por razón de sus intereses económicos, profesionales, sociales o de cualquier otra índole, podrán solicitar el NIE personalmente a la Dirección General de la Policía, directamente o a través de las Oficinas de Extranjería o Comisarías de policía. En el caso de que la persona extranjera no se encuentre en territorio español en el momento de la solicitud, solicitará la asignación de NIE a la Comisaría General de Extranjería y Fronteras, a través de las Oficinas Consulares de España en el exterior.

El procedimiento habrá de ser resuelto en el plazo máximo de cinco días desde la entrada de la solicitud en el registro del órgano competente para su tramitación. La resolución deberá ser notificada en dicho plazo, transcurrido el cual sin haber obtenido respuesta, se entenderá que la solicitud ha sido desestimada.

5. Lo dispuesto en el apartado 4 será también de aplicación para la solicitud de los certificados de residente y de no residente.

CAPÍTULO II
Acreditación de la situación de las personas extranjeras en España

206. *Documentos acreditativos.* Las diferentes situaciones de las personas extranjeras en España podrán acreditarse, según corresponda, mediante el pasaporte o documento de viaje que acredite su identidad, el visado, la resolución administrativa que autorice su permanencia en España la tarjeta de identidad de extranjero, o el certificado de residente y no residente. Excepcionalmente podrá acreditarse dicha situación mediante otras autorizaciones o documentos válidamente expedidos a tal fin por las autoridades españolas.

207. *El pasaporte o documento de viaje.* El pasaporte o documento de viaje en el que, en su caso, conste el sello de entrada acreditará, además de la identidad, la situación de estancia en España en aquellos supuestos de personas extranjeras que no precisen de la obtención de un visado de corta duración.

A partir de la entrada en funcionamiento del Sistema de Entrada-Salida, será la información contenida en éste la que sustituya al sellado a efectos de la aplicación del párrafo anterior.

208. *El visado.* El visado válidamente obtenido acredita la situación para la que hubiese sido concedido. La validez de dicha acreditación se extenderá desde la efectiva entrada de su titular en España, hasta la obtención de la correspondiente tarjeta de identidad de extranjero o hasta que se extinga la vigencia del visado cuando no resulte exigible la obtención de la tarjeta de identidad de extranjero.

209. *La tarjeta de identidad de extranjero.* 1.   Todas las personas extranjeras a las que se les haya expedido un visado o una autorización para permanecer en España por un periodo superior a seis meses tienen el derecho y el deber de obtener la tarjeta de identidad de extranjero, que deberán solicitar personalmente en el plazo de un mes desde su entrada en España o desde que la autorización sea concedida o cobre vigencia, en función, en su caso, del alta de aquéllas en el régimen de la Seguridad Social que corresponda, respectivamente.

2.   La tarjeta de identidad de extranjero es el documento destinado a identificar al extranjero a los efectos de acreditar su situación legal en España.

3.   La tarjeta de identidad de extranjero es personal e intransferible, y corresponde a su titular cumplimentar las actuaciones que se establezcan para su obtención y entrega, así como la custodia y conservación del documento.

4.   El incumplimiento de las obligaciones relativas a la tarjeta de identidad de extranjero conllevará la aplicación del régimen sancionador previsto en la Ley Orgánica 4/2000, de 11 de enero.

5. El titular de la tarjeta de identidad de extranjero no podrá ser privado del documento, salvo en los supuestos y con los requisitos previstos en la Ley Orgánica 4/2000, de 11 de enero, y en la Ley Orgánica 4/2015, de 30 de marzo, de protección de la seguridad ciudadana.

6. El Ministerio del Interior, en el marco de los acuerdos sobre documentación de extranjeros de carácter internacional en los que España sea parte, dictará las disposiciones necesarias para determinar las características de dicho documento, previo informe de la Comisión Interministerial de Extranjería.

7. La tarjeta de identidad de extranjero tendrá idéntico periodo de vigencia que la autorización o el reconocimiento del derecho que justifique su expedición, y perderá su validez cuando se produzca la de la citada autorización, por cualquiera de las causas reglamentariamente establecidas a este efecto o, en su caso, por la pérdida del derecho para permanecer en territorio español.

8. Cuando haya finalizado el plazo de vigencia de la tarjeta, se haya acordado la renovación de la autorización o, en su caso, del reconocimiento a permanecer en territorio español, o se haya perdido el derecho que justificó su expedición, las personas extranjeras titulares de ella están obligadas a entregar el documento en las Comisarías de policía correspondientes al lugar donde residan.

En los supuestos de asunción de un compromiso de no regreso a territorio español en el marco de un programa de retorno voluntario, por parte de titulares de una tarjeta de identidad de extranjero, éstos estarán obligados a entregar el documento en la representación diplomática o consular española en el país de origen al que retornen. Esta previsión será igualmente aplicable a las personas extranjeras que retornen voluntariamente al margen de un programa y deseen beneficiarse de las disposiciones establecidas en este Reglamento respecto al regreso de personas que hayan regresado voluntariamente a su país de origen o procedencia.

En el caso de las personas extranjeras a los que sea aplicable el régimen jurídico de protección internacional, la entrega del documento deberá realizarse en la Comisaría de Policía de la provincia donde residan, salvo en el caso de que estén domiciliados en Madrid, en el que la entrega del documento deberá realizarse en la Oficina de Asilo y Refugio.

9. El extravío, destrucción o inutilización de la tarjeta de identidad de extranjero, ya sean de carácter personal, laboral o familiar,

llevarán consigo la expedición de nueva tarjeta, a instancia del interesado, que no se considerará renovación y tendrá vigencia por el tiempo que le falte para caducar a la que sustituya.

En el caso de que la solicitud de expedición de nueva tarjeta se realice dentro del plazo de renovación de la autorización, los procedimientos se tramitarán de forma conjunta y concordante.

10.   Las modificaciones que impliquen alteración de la situación legal en España del titular de la tarjeta de identidad de extranjero, así como de su situación laboral, incluidas las renovaciones, determinarán la expedición de nueva tarjeta adaptada al cambio o alteración producido, con la vigencia que determine la resolución que conceda dichas modificaciones.

11.   Corresponderá a la Dirección General de la Policía, conforme a los criterios de coordinación marcados por la Secretaría de Estado de Seguridad, de acuerdo con la Secretaría de Estado de Migraciones, la organización y gestión de los servicios de expedición de las Tarjetas de Identidad de Extranjero en la Comisaría de Policía en las que se hubiese tramitado el expediente administrativo o practicado la notificación por la que se reconoce el derecho o se le autoriza a permanecer en España, así como su expedición y entrega al interesado, quien habrá de acreditar ante ellas ser el destinatario del documento y haber realizado el pago de las tasas legalmente establecidas.

Asimismo, en los casos en que la eficacia de la autorización concedida se encuentre condicionada al requisito del alta de la persona extranjera en el régimen correspondiente de la Seguridad Social, el cumplimiento del requisito será comprobado de oficio con carácter previo a la expedición de la tarjeta.

12.   Será aplicable a los documentos mencionados la normativa vigente sobre presentación y anotación en las oficinas públicas del documento nacional de identidad, cuya normativa tendrá carácter supletorio de las normas sobre utilización en España de los documentos de identidad de las personas extranjeras.

CAPÍTULO III
Indocumentados

210.   *Requisitos y procedimiento para la documentación.* 1.   En los supuestos de personas extranjeras indocumentadas, previstos en el artículo 34.2 de la Ley Orgánica 4/2000, de 11 de enero, se procederá en la forma prevista en este capítulo.

2. La solicitud de documentación deberá efectuarse tan pronto como se hubiera producido la indocumentación, personalmente y por escrito, ante la comisaría de Policía correspondientes.

3. El interesado exhibirá los documentos de cualquier clase, aunque estuvieren caducados, que pudieran constituir indicios o pruebas de identidad, procedencia y nacionalidad, en su caso, para que sean incorporados a las comprobaciones que se estén llevando a cabo. Asimismo, acreditará que no puede ser documentado por la oficina consular correspondiente mediante acta notarial en la que consten todos los indicios o pruebas de identidad, procedencia y nacionalidad, y que permita dejar constancia del requerimiento efectuado y no atendido, sin perjuicio de lo dispuesto en el apartado 5.

4. El interesado, igualmente, deberá aportar los documentos, declaraciones o cualquier otro medio de prueba oportuno que sirvan para acreditar la concurrencia de razones excepcionales de índole humanitaria, interés público o, en su caso, el cumplimiento de compromisos de España, que justifiquen su documentación por parte de las autoridades españolas.

5. En el caso de los solicitantes de autorización de residencia temporal por circunstancias excepcionales, se eximirá al solicitante de la presentación de acta notarial para acreditar que no puede ser documentado por la oficina consular correspondiente, en los casos en que se alegasen razones graves que impidan su comparecencia en aquéllas, a cuyos efectos podrá recabarse el informe de la Oficina de Asilo y Refugio.

También se eximirá al solicitante de la presentación de acta notarial para acreditar que no puede ser documentado por la oficina consular correspondiente, en los casos de las autorizaciones reguladas en los artículos 172 a 174, a cuyos efectos deberá presentarse el informe de la entidad pública que ostenta su tutela o medida de protección o la hubiera ostentado.

6. Realizadas las comprobaciones iniciales, si la persona extranjera desea permanecer en territorio español, el Delegado o Subdelegado del Gobierno, a propuesta de la Comisaría de policía de la provincia en que se encuentre, le concederá un documento de identificación provisional, con tres meses de validez, que le habilitará para permanecer

en España durante dicho periodo de tiempo, periodo durante el cual se procederá a completar la información sobre sus antecedentes.

El documento previsto en este apartado no será concedido si la persona extranjera está incursa en alguno de los supuestos de prohibición de entrada en España a que se refiere el artículo 26 de la Ley Orgánica 4/2000, de 11 de enero, o se ha dictado contra él una orden de expulsión del territorio español.

7. Excepcionalmente, por razones de seguridad pública, de forma individualizada, motivada y en proporción a las circunstancias que concurran en cada caso, por resolución del titular del Ministerio del Interior adoptada a propuesta de la Dirección General de la Policía, de acuerdo con las garantías jurídicas del procedimiento sancionador previsto en la Ley, se podrán establecer medidas limitativas de su derecho a la libre circulación, cuya duración no excederá del tiempo imprescindible y proporcional a la persistencia de las circunstancias que justificaron la adopción de las mismas, y que podrán consistir en la presentación periódica ante las autoridades competentes y en el alejamiento de fronteras o núcleos de población concretados singularmente.

Igualmente, podrán establecerse medidas limitativas específicas respecto a dicho derecho cuando se acuerden en la declaración de estado de excepción o de sitio, en los términos previstos en la Constitución Española.

8. Finalizada la tramitación del procedimiento, salvo que la persona extranjera se encontrase incurso en alguno de los supuestos de prohibición de entrada o se haya dictado contra él una orden de expulsión, previo abono de las tasas que legalmente correspondan, el Comisario General de Extranjería y Fronteras dispondrá su inscripción en una sección especial del Registro Central de Extranjeros y le dotará de una cédula de inscripción en un documento impreso, que deberá renovarse anualmente y cuyas características se determinarán por el Ministerio del Interior, previo informe de la Comisión Interministerial de Extranjería.

La Dirección General de la Policía expedirá certificaciones o informes sobre los extremos que figuren en dicha sección especial para su presentación ante cualquier otra autoridad española.

9. La persona extranjera al que le haya sido concedida la cédula de inscripción podrá solicitar la correspondiente autorización de residencia por circunstancias excepcionales si reúne los requisitos para ello.

Dicha solicitud podrá presentarse y resolverse de manera simultánea con la solicitud de cédula de inscripción.

10.   En caso de denegación de la solicitud, una vez notificada ésta, se procederá a su devolución al país de procedencia o a su expulsión del territorio español, en la forma prevista en la Ley Orgánica 4/2000, de 11 de enero, y en este Reglamento.

11.   La cédula de inscripción perderá vigencia, sin necesidad de resolución expresa, cuando la persona extranjera sea documentada por algún país o adquiera la nacionalidad española u otra distinta. A tal efecto, la persona extranjera estará obligada a comunicarlo en la Comisaría de policía de la provincia en la que resida, en el plazo de un mes desde la pérdida de vigencia de la misma.

12.   Como excepción a los párrafos anteriores, mediante orden ministerial se podrá autorizar, en las condiciones que en ella se determinen, la realización de los trámites administrativos previstos en el presente reglamento con documentos de identidad o de viaje caducados de determinadas nacionalidades si se comprueba la imposibilidad generalizada de sus titulares de proceder a su renovación ante las autoridades del país expedidor.

211.   *Título de viaje para salida de España.* 1.   A las personas extranjeras que se encuentren en España que acrediten una necesidad excepcional de salir del territorio español y no puedan proveerse de pasaporte propio, por encontrarse en alguno de los casos expresados en el artículo 34.2 de la Ley Orgánica 4/2000, de 11 de enero, una vez practicados los trámites regulados en el artículo anterior, la Dirección General de la Policía les podrá expedir un título de viaje con destino a los países que se especifiquen, previendo el regreso a España.

Si el objeto del título de viaje fuera exclusivamente posibilitar el retorno del solicitante a su país de nacionalidad o residencia, el documento no contendrá autorización de regreso a España.

2.   En el título de viaje constarán la vigencia máxima y las limitaciones que en cada caso concreto se determinen para su utilización.

3.   El título de viaje se expedirá con arreglo al modelo que se determine por orden de la persona titular del Ministerio del Interior.

CAPÍTULO IV
Registro Central de Extranjeros

212.   *Registro Central de Extranjeros.* 1.   Existirá, en la Dirección General de la Policía, un Registro Central de Extranjeros en el que se anotarán:

a)   Entradas.

b)   Documentos de viaje.

c)   Prórrogas de estancia.

d)   Cédulas de inscripción.

e)   Autorizaciones de entrada.

f)   Autorizaciones de estancia.

g)   Autorizaciones de residencia.

h)   Autorizaciones de trabajo.

i)   Inadmisiones a trámite, concesiones y denegaciones de protección internacional.

j)   Concesiones y denegaciones del estatuto de apátrida y de desplazado.

k)   Cambios de nacionalidad, domicilio o estado civil.

l)   Limitaciones de estancia.

m)   Medidas cautelares adoptadas, infracciones administrativas cometidas y sanciones impuestas en el marco de la Ley Orgánica 4/2000, de 11 de enero, y de este Reglamento.

n)   Denegaciones y prohibiciones de entrada en el territorio nacional y sus motivos.

ñ)   Devoluciones.

o)   Prohibiciones de salida.

p)   Expulsiones administrativas o judiciales.

q)   Salidas.

r)   Autorizaciones de regreso.

s)   Certificaciones de número de identidad de extranjero.

t)   Retorno de trabajadores de temporada.

u)   Cartas de invitación.

v)   Retornos voluntarios.

w)   Apartado relativo a menores extranjeros no acompañados.

x)   Cualquier otra resolución o actuación que pueda adoptarse en aplicación de este Reglamento.

2.   Los órganos que adopten las resoluciones y concedan los documentos a que se refiere el apartado 1 deberán dar cuenta de ello, a efectos de su anotación en este registro.

213.   *Comunicación al Registro Central de Extranjeros de los cambios y alteraciones de situación.* Las personas extranjeras autorizadas a permanecer en España estarán obligadas a poner en conocimiento de la Comisaría de Policía correspondientes al lugar donde residan o permanezcan los cambios de nacionalidad, de domicilio habitual y de estado civil. Dicha comunicación deberá realizarse en el plazo máximo de un mes desde que se produjese el cambio o modificación y deberá ir acompañada de los documentos que acrediten dichos cambios.

CAPÍTULO V
Registro de Menores Extranjeros No Acompañados

214.   *Registro de Menores Extranjeros No Acompañados.* 1.   En la Dirección General de la Policía existirá un Registro de Menores No Acompañados, con efectos exclusivos de identificación, localización y protección que estará coordinado por la Fiscalía General del Estado, para el cumplimiento de las competencias que tiene atribuidas el Ministerio Fiscal por el artículo 35 de la Ley Orgánica 4/2000, de 11 de enero, en el ámbito de su función de garantía y protección del interés superior del menor.

El Registro contendrá en asientos personales, individualizados y numerados, los siguientes datos referentes a la identificación de los menores extranjeros no acompañados, documentados e indocumentados, cuya minoría de edad resulte indubitada desde el momento de su localización o haya sido determinada por Decreto del Ministerio Fiscal:

a)   Nombre y apellidos del menor, nombre y apellidos de los padres, lugar de nacimiento, nacionalidad y última residencia en el país de procedencia.

b)   Tipo y numeración de la documentación identificativa del menor.

c)   Su impresión decadactilar, datos fisonómicos y otros datos biométricos.

d)   Fotografía.

e)   Datos relativos a la edad indubitada del menor o de la edad establecida por Decreto inicial del Ministerio Fiscal. En su caso, datos modificados por posterior Decreto.

f)   Centro de acogida o lugar de residencia.

g)   Organismo público u organización no gubernamental, fundación o entidad dedicada a la protección de menores bajo cuya tutela se halle.

h)   Traslados del menor entre Comunidades Autónomas.

i)   Reconocimiento de su condición de asilado, protegido o víctima de trata.

j)   Fecha de solicitud de la autorización de residencia.

k)   Fecha de concesión o denegación de la autorización de residencia.

l)   Cualesquiera otros datos de relevancia que, a los citados efectos de identificación, estimen necesarios el Ministerio Fiscal o la Dirección General de la Policía.

2.   Los servicios competentes de protección de menores a los que se refiere el artículo 35 de la Ley Orgánica 4/2000, de 11 de enero, cuando tengan conocimiento de que un menor se halle en situación de desamparo, deberán comunicar, con la mayor brevedad, a la Dirección General de la Policía y a la Secretaría de Estado de Migraciones, a través de las Oficinas de Extranjería, los datos que conozcan relativos a la identidad del menor conforme lo dispuesto en el apartado anterior.

3.   Para garantizar la exactitud e integridad del Registro, el Ministerio Fiscal podrá requerir a los Servicios Públicos de Protección de Menores, Fuerzas y Cuerpos de Seguridad del Estado, Policías autonómicas, Policías locales, Instituciones Sanitarias y a cualquier otra entidad pública o privada, la remisión de cuantos datos obren en su poder sobre menores extranjeros no acompañados. Dichos datos serán remitidos a la Dirección General de la Policía para la actualización del Registro.

TÍTULO XIV
Infracciones en materia de extranjería y su régimen sancionador

CAPÍTULO I
Normas comunes del procedimiento sancionador

215. *Normativa aplicable.* 1. El ejercicio de la potestad sancionadora por la comisión de las infracciones administrativas previstas en la Ley Orgánica 4/2000, de 11 de enero, se ajustará a lo dispuesto en ella y en la Ley 39/2015, de 1 de octubre, del Procedimiento Administrativo Común de las Administraciones Públicas.

2. No se impondrá sanción alguna por infracciones a los preceptos establecidos en la Ley Orgánica 4/2000, de 11 de enero, sino en virtud de procedimiento instruido al efecto.

3. Cuando se trate de los supuestos calificados como infracción leve del artículo 52.c), d) y e) grave del artículo 53.1.b) y 53.2.a) y muy grave del artículo 54.1.d) y f) de la Ley Orgánica 4/2000, de 11 de enero, el procedimiento aplicable será el previsto el capítulo IV de este título.

216. *Modalidades del procedimiento sancionador.* El ejercicio de la potestad sancionadora por la comisión de las infracciones administrativas previstas en la Ley Orgánica 4/2000, de 11 de enero, se tramitará por los procedimientos ordinario, preferente y simplificado, según proceda conforme a lo dispuesto en dicha ley orgánica y en este Reglamento.

217. *Actuaciones previas.* Con anterioridad a la iniciación del procedimiento se podrán realizar actuaciones previas para determinar con carácter preliminar si concurren circunstancias que justifiquen tal iniciación. Estas actuaciones se orientarán especialmente a determinar con la mayor precisión posible los hechos susceptibles de motivar la incoación del procedimiento, la identificación de la persona o personas que pudieran resultar responsables y las circunstancias relevantes que concurran en unos y otros.

218. *Iniciación del procedimiento sancionador. Competencia.* 1. El procedimiento se iniciará de oficio por acuerdo del órgano competente por propia iniciativa, como consecuencia de orden superior, a petición razonada de otros órganos o por denuncia.

2. Serán competentes para ordenar la incoación del procedimiento sancionador los Delegados del Gobierno en las Comunidades Autónomas uniprovinciales, los Subdelegados del Gobierno, los Jefes de Oficinas de Extranjería, el Comisario General de Extranjería y Fronteras, el Jefe Superior de Policía, los Comisarios Provinciales y las personas titulares de las comisarías locales y puestos fronterizos.

219. *Instructor y secretario.* En el acuerdo de incoación del procedimiento se nombrarán instructor y secretario, que deberán ser funcionarios del Cuerpo Nacional de Policía, sin perjuicio de que tales nombramientos puedan recaer en otros funcionarios de las Oficinas de Extranjería cuando se trate de procedimientos sancionadores que se tramiten por las infracciones leves e infracciones graves de las letras e) y h) del artículo 53.1 de la Ley Orgánica 4/2000, de 11 de enero.

220. *El decomiso.* 1. De conformidad con lo dispuesto en el artículo 55.5 de la Ley Orgánica 4/2000, de 11 de enero, en los supuestos de infracción de la letra b) del artículo 54.1 de dicha Ley serán objeto de decomiso los vehículos, embarcaciones, aeronaves y cuantos bienes muebles o inmuebles de cualquier naturaleza hayan servido como instrumento para la comisión de la citada infracción.

2. Para garantizar la efectividad del comiso, los agentes de la autoridad podrán proceder desde las primeras investigaciones practicadas a la aprehensión y puesta a disposición de la autoridad competente de los bienes, efectos e instrumentos a que se refiere el apartado anterior y quedará a expensas del expediente sancionador en el que se resolverá lo pertinente sobre ellos.

3. Los bienes, efectos e instrumentos definitivamente decomisados por resolución administrativa o judicial firme se adjudicarán al Estado en los términos fijados por la Ley 33/2003, de 4 de noviembre, del Patrimonio de las Administraciones Públicas.

4. La autoridad judicial podrá acordar que, con las debidas garantías para su conservación y mientras se sustancie el procedimiento, los bienes, objetos o instrumentos de lícito comercio puedan ser utilizados

provisionalmente por las unidades de extranjería en la lucha contra la inmigración ilegal.

221. *Resolución.* 1. Los Delegados del Gobierno en las Comunidades Autónomas uniprovinciales y los Subdelegados del Gobierno dictarán resolución motivada que confirme, modifique o deje sin efecto la propuesta de sanción y decida todas las cuestiones planteadas por los interesados y aquéllas otras derivadas del procedimiento.

2. La resolución no podrá tener en cuenta hechos distintos de los determinados en la fase de instrucción del procedimiento, sin perjuicio de su diferente valoración jurídica.

3. Para la determinación de la sanción que se imponga, además de los criterios de graduación a que se refieren los apartados 3 y 4 del artículo 55 de la Ley Orgánica 4/2000, de 11 de enero, se valorarán también, a tenor de su artículo 57, las circunstancias de la situación personal y familiar del infractor.

222. *Manifestación de la voluntad de recurrir.* A los efectos previstos en el apartado 3 del artículo 22 de la Ley Orgánica 4/2000, de 11 de enero, la persona extranjera manifestará su voluntad expresa de recurrir, cuya constancia se acreditará por medio del apoderamiento regulado en el artículo 24 de la Ley 1/2000, de 7 de enero, de Enjuiciamiento Civil. En el caso de que la persona extranjera se hallase privada de libertad, podrá manifestar su voluntad de interponer recurso contencioso-administrativo o ejercitar la acción correspondiente contra la resolución de expulsión ante el Delegado o Subdelegado del Gobierno competente o el Director del Centro de Internamiento de Extranjeros bajo cuyo control se encuentre, que lo harán constar en el acta que se incorporará al expediente.

223. *Ejecución de las resoluciones sancionadoras.* 1. La ejecución de las resoluciones sancionadoras se efectuará de conformidad con lo dispuesto en el capítulo III de este título, sin perjuicio de las particularidades establecidas para el procedimiento preferente.

2. En la resolución se adoptarán, en su caso, las disposiciones cautelares precisas para garantizar su eficacia, en tanto no sea ejecutiva. Las mencionadas disposiciones podrán consistir en el mantenimiento de las medidas provisionales que, en su caso, se hubieran adoptado de

conformidad con el artículo 61 de la Ley Orgánica 4/2000, de 11 de enero.

No obstante lo anterior y de acuerdo con lo previsto en el artículo 63 bis de la Ley Orgánica 4/2000, de 11 de enero, no podrá adoptarse la medida cautelar de internamiento preventivo durante el plazo de cumplimiento voluntario que se hubiera fijado en la resolución de expulsión.

3.   Las resoluciones administrativas sancionadoras serán recurribles con arreglo a lo dispuesto en las leyes. Su régimen de ejecutividad será el previsto con carácter general.

4.   En todo caso, cuando la persona extranjera no se encuentre en España, podrá cursar los recursos procedentes, tanto en vía administrativa como jurisdiccional, a través de las representaciones diplomáticas o consulares correspondientes, que los remitirán al organismo competente.

224.   *Caducidad y prescripción.* 1.   El plazo máximo en que debe dictarse y notificarse la resolución que resuelva el procedimiento será de seis meses desde que se acordó su iniciación, sin perjuicio de lo dispuesto para el procedimiento simplificado en el artículo 237.

Transcurrido dicho plazo sin haberse resuelto y notificado la expresada resolución se producirá la caducidad del procedimiento y se procederá al archivo de las actuaciones a solicitud de cualquier interesado o de oficio por el órgano competente para dictar la resolución, excepto en los casos en que el procedimiento se hubiera paralizado por causa imputable a los interesados o en aquellos supuestos en que se hubiese acordado su suspensión.

2.   La acción para sancionar las infracciones previstas en la Ley Orgánica 4/2000, de 11 de enero, prescribe a los tres años si la infracción es muy grave; a los dos años si es grave, y a los seis meses si es leve, contados a partir del día en que los hechos se hubiesen cometido.

La prescripción se interrumpirá por cualquier actuación de la Administración de la que tenga conocimiento el denunciado.

El plazo de prescripción se reanudará si el procedimiento estuviera paralizado durante más de un mes por causa no imputable al expedientado.

3.   El plazo de prescripción de la sanción será de cinco años si la sanción impuesta lo fuera por infracción muy grave; de dos años si lo

fuera por infracción grave, y de un año si lo fuera por infracción de carácter leve.

Si la sanción impuesta fuera la expulsión del territorio nacional, la prescripción no empezará a contar hasta que haya transcurrido el periodo de prohibición de entrada fijado en la resolución, que será establecido de acuerdo con lo dispuesto en el apartado 2 del artículo 244.

El plazo de prescripción de la sanción comenzará a contarse desde el día siguiente a aquél en que adquiera firmeza la resolución por la que se imponga la sanción.

4. La prescripción, tanto de la infracción como de la sanción, se aplicará de oficio por los órganos competentes en las diversas fases de tramitación del expediente.

5. Tanto la prescripción como la caducidad exigirán resolución en la que se mencione tal circunstancia como causa de terminación del procedimiento, con indicación de los hechos producidos y las normas aplicables, según lo establecido en el artículo 21.1 de la Ley 39/2015, de 1 de octubre.

CAPÍTULO II
Modalidades de tramitación del procedimiento sancionador

Sección 1ª
El procedimiento ordinario

225. *Supuestos en que procede el procedimiento ordinario.* El procedimiento seguido será el ordinario salvo en los supuestos especificados en el artículo 233, que se tramitarán por el procedimiento preferente.

226. *Iniciación del procedimiento ordinario.* 1. Excepto en los supuestos calificados como infracción grave del artículo 53.1. b) y 53.2.a) o muy grave del artículo 54.1.d) y f) de la Ley Orgánica 4/2000, de 11 de enero, en los que se estará a lo dispuesto en su artículo 55.2, el acuerdo de iniciación del procedimiento se formalizará con el contenido mínimo siguiente:

a)   Identificación de la persona o personas presuntamente responsables.

b)   Hechos que motivan la incoación del procedimiento sucintamente expuestos, su posible calificación y las sanciones que pudieran corresponder, sin perjuicio de lo que resulte de la instrucción.

c)   Instructor y, en su caso, secretario del procedimiento, con expresa indicación del régimen de recusación de éstos.

d)   Órgano competente para la resolución del expediente y norma que le atribuye tal competencia.

e)   Indicación de la posibilidad de que el presunto responsable pueda reconocer voluntariamente su responsabilidad.

f)   Medidas de carácter provisional que se hayan acordado por el órgano competente para iniciar el procedimiento sancionador, sin perjuicio de las que se puedan adoptar durante éste de conformidad con los artículos 55 y 61 de la Ley Orgánica 4/2000, de 11 de enero.

g)   Indicación del derecho a formular alegaciones y a la audiencia en el procedimiento y de los plazos para su ejercicio.

2.   El acuerdo de iniciación se comunicará al instructor con traslado de cuantas actuaciones existan al respecto y se notificará a los interesados, entendiéndose en todo caso por tal al expedientado.

En la notificación se advertirá a los interesados que, de no efectuar alegaciones sobre el contenido de la iniciación del procedimiento en el plazo previsto en el artículo siguiente, no realizarse propuesta de prueba o no ser admitidas, por improcedentes o innecesarias, las pruebas propuestas, la iniciación podrá ser considerada propuesta de resolución cuando contenga un pronunciamiento preciso acerca de la responsabilidad imputada, con los efectos previstos en los artículos 228 y 229.

3.   En los procedimientos en los que pueda proponerse la sanción de expulsión de territorio español la persona extranjera tendrá derecho a la asistencia letrada que se le proporcionará de oficio, en su caso, y a ser asistido por intérprete si no comprende o no habla castellano, de forma gratuita en el caso de que careciese de medios económicos de acuerdo con lo previsto en la normativa reguladora del derecho de asistencia jurídica gratuita.

227.   *Actuaciones y alegaciones en el procedimiento ordinario.* 1. Sin perjuicio de lo dispuesto en el artículo anterior, los interesados dispondrán de un plazo de quince días para aportar cuantas alegaciones, documentos o informaciones estimen convenientes y, en su caso, proponer las pruebas y concretar los medios de que pretendan valerse.

2.   Cursada la notificación a la que se refiere el apartado anterior, el instructor del procedimiento realizará de oficio cuantas actuaciones resulten necesarias para el examen de los hechos, y recabará los datos e informaciones que sean relevantes para determinar, en su caso, la existencia de responsabilidades susceptibles de sanción.

3.   Si como consecuencia de la instrucción del procedimiento resultase modificada la determinación inicial de los hechos, de su posible calificación, de las sanciones imponibles o de las responsabilidades susceptibles de sanción, se notificará todo ello al expedientado en la propuesta de resolución conforme a la Ley 39/2015, de 1 de octubre.

228.   *Prueba en el procedimiento ordinario.* 1.   Recibidas las alegaciones o transcurrido el plazo señalado en el artículo anterior, el órgano instructor podrá acordar la apertura de un periodo de prueba por un plazo no superior a treinta días ni inferior a 10 días.

2.   En el acuerdo, que se notificará a los interesados, se podrá rechazar de forma motivada la práctica de aquellas pruebas que, en su caso, hubiesen propuesto aquéllos cuando por su relación con los hechos se consideren improcedentes.

3.   La práctica de las pruebas que el órgano instructor estime pertinentes, entendiéndose por tales aquellas distintas de los documentos que los interesados puedan aportar en cualquier momento de la tramitación del procedimiento, se realizará de conformidad con lo establecido en el artículo 78 de la Ley 39/2015, de 1 de octubre. Cuando la prueba consista en la emisión de un informe de un órgano administrativo, organismo o entidad pública y sea admitida a trámite, éste tendrá los efectos previstos en el artículo 80 de la citada Ley 39/2015, de 1 de octubre. Cuando la valoración de las pruebas practicadas pueda constituir el fundamento básico de la decisión que se adopte en el procedimiento por ser pieza imprescindible para la evaluación de los hechos, deberá incluirse en la propuesta de resolución.

229.   *Colaboración de otras administraciones públicas en el procedimiento ordinario.* El órgano instructor recabará de los órganos y dependencias administrativas órganos, organismos y entidades pertenecientes a cualquiera de las administraciones públicas la información que fuera necesaria para el eficaz ejercicio de sus propias competencias, incluyendo la petición de la información necesaria al Registro Central de Penados.

230. *Propuesta de resolución en el procedimiento ordinario.* Concluida en su caso la prueba, el órgano instructor del procedimiento formulará la propuesta de resolución en la que se fijarán de forma motivada los hechos y se especificarán los que se consideren probados y su exacta calificación jurídica, se determinará la infracción que, en su caso, aquéllos constituyan y la persona o personas que resulten responsables, así como la valoración de las pruebas practicadas, en especial aquellas que constituyan los fundamentos básicos de la decisión, y se fijará la sanción que propone que se imponga y las medidas provisionales que se hubieran adoptado, en su caso, por el órgano competente para iniciar el procedimiento o por su instructor, o bien se propondrá la declaración de inexistencia de infracción o responsabilidad.

En todo caso, la determinación de la propuesta de sanción será realizada en base a criterios de proporcionalidad, debiendo tenerse en consideración el grado de culpabilidad de la persona infractora, así como el daño o riesgo producido con la comisión de la infracción.

231. *Trámite de audiencia en el procedimiento ordinario.* 1.   La propuesta de resolución se notificará a los interesados. A la notificación se acompañará una relación de los documentos que obren en el procedimiento para que los interesados puedan obtener las copias de los que estimen convenientes y se les concederá un plazo de quince días para formular alegaciones y presentar los documentos e informaciones que estimen pertinentes ante el instructor del procedimiento.

2.   La propuesta de resolución se cursará inmediatamente al órgano competente para resolver el procedimiento, junto a todos los documentos, alegaciones e informaciones que obren en aquél.

232. *Resolución del procedimiento ordinario.* 1.   Antes de dictar la resolución, el órgano competente para resolver podrá decidir mediante acuerdo motivado la realización de las actuaciones complementarias indispensables para resolver el procedimiento.

El acuerdo de realización de actuaciones complementarias se notificará a los interesados, a quienes se concederá un plazo de siete días para formular las alegaciones que tengan por pertinentes. Las actuaciones complementarias deberán practicarse en un plazo no superior a quince días. El plazo para resolver el procedimiento quedará suspendido hasta la terminación de las actuaciones complementarias. No tendrán la consideración de actuaciones complementarias los informes que preceden inmediatamente a la resolución final del procedimiento.

2. El órgano competente dictará resolución motivada, que decidirá todas las cuestiones planteadas por los interesados y aquellas otras derivadas del procedimiento.

La resolución se adoptará en el plazo de 10 días desde la recepción de la propuesta de resolución y los documentos, alegaciones e informaciones que obren en el procedimiento, salvo lo dispuesto en los apartados 1 y 3.

3. En la resolución no se podrán aceptar hechos distintos de los determinados en la fase de instrucción del procedimiento, salvo los que resulten, en su caso, de la aplicación de lo previsto en el apartado 1, con independencia de su diferente valoración jurídica. No obstante, cuando el órgano competente para resolver considere que la infracción o la sanción reviste mayor gravedad que la determinada en la propuesta de resolución, se notificará al interesado para que aporte cuantas alegaciones estime convenientes, a cuyos efectos se le concederá un plazo de quince días.

4. Las resoluciones de los procedimientos sancionadores, además de contener los elementos previstos en el artículo 230 y en la Ley 39/2015, de 1 de octubre, incluirán la valoración de las pruebas practicadas y, especialmente, de aquéllas que constituyan los fundamentos básicos de la decisión, fijarán los hechos y, en su caso, la persona o personas responsables, la infracción o infracciones cometidas y la sanción o sanciones que se imponen o bien la declaración de inexistencia de infracción o responsabilidad. La sanción se determinará en base a criterios de proporcionalidad, debiendo tenerse en consideración el grado de culpabilidad de la persona infractora, así como el daño o riesgo producido con la comisión de la infracción.

5. Las resoluciones se notificarán al interesado y cuando el procedimiento se hubiese iniciado como consecuencia de orden superior

se dará traslado de la resolución al órgano administrativo autor de aquélla.

Sección 2ª
El procedimiento preferente

233. *Supuestos en que procede el procedimiento preferente.* La tramitación de los expedientes en los que pueda proponerse la expulsión se realizará por el procedimiento preferente cuando la infracción imputada sea alguna de las previstas en las letras a) y b) del artículo 54.1, así como en las letras d) y f) del artículo 53.1 y en el artículo 57.2 de la Ley Orgánica 4/2000, de 11 de enero.

Asimismo, se tramitarán por el procedimiento preferente aquellas infracciones previstas en la letra a) del artículo 53.1 de la Ley Orgánica 4/2000, de 11 de enero, cuando concurra alguna de las siguientes circunstancias:

a) Riesgo de incomparecencia. Para ello se valorará, especialmente, en otras circunstancias, la ausencia de domicilio o de documentación identificativa, no hallarse prueba de que la persona extranjera haya entrado en el espacio Schengen de forma legal o el incumplimiento de una salida obligatoria.

b) Que la persona extranjera evite o dificulte la expulsión, sin perjuicio de las actuaciones en ejercicio de sus derechos.

c) Que la persona extranjera represente un riesgo para el orden público, la seguridad pública o la seguridad nacional.

234. *Iniciación y tramitación del procedimiento preferente.* 1. Cuando de las investigaciones se deduzca la oportunidad de decidir la expulsión, se dará traslado del acuerdo de iniciación motivado por escrito al interesado para que alegue en el plazo de cuarenta y ocho horas lo que considere adecuado.

2. En todo caso la persona extranjera tendrá derecho a la asistencia letrada que se le proporcionará de oficio, en su caso, y a ser asistido por intérprete si no comprende o no habla castellano, de forma gratuita en el caso de que careciese de medios económicos de acuerdo con lo previsto en la normativa reguladora del derecho de asistencia jurídica gratuita.

3. En la notificación del acuerdo de iniciación se advertirá al interesado que el acuerdo de iniciación del expediente será considerado como propuesta de resolución con remisión del expediente a la autoridad competente para resolver en el caso de que no efectúe alegaciones por sí mismo o por su representante sobre el contenido de la propuesta, no realice propuesta de prueba, o no sean admitidas de forma motivada, por improcedentes o innecesarias, las pruebas propuestas.

4. Si el interesado o su representante formulasen alegaciones y realizaran proposición de prueba dentro del plazo establecido, el órgano instructor valorará la pertinencia o no de ésta.

Si no se admitiesen las pruebas propuestas por improcedentes o innecesarias, se le notificará al interesado de forma motivada y se le dará trámite de audiencia conforme a lo previsto en el párrafo siguiente. En este supuesto, el acuerdo de iniciación del expediente, sin cambiar la calificación de los hechos, será considerado como propuesta de resolución con remisión a la autoridad competente para resolver.

De estimarse por el instructor la pertinencia de la realización de prueba propuesta, ésta se realizará en el plazo máximo de tres días.

Practicada en su caso la prueba, el instructor formulará propuesta de resolución que se notificará al interesado y le dará trámite de audiencia en el que se le concederá un plazo de cuarenta y ocho horas para formular alegaciones y presentar los documentos que estime pertinentes. Transcurrido dicho plazo se procederá a elevar la propuesta de resolución, junto con el expediente administrativo, a la autoridad competente para resolver.

5. En tanto se realiza la tramitación del expediente, el instructor podrá solicitar al juez de instrucción competente que disponga el ingreso de la persona extranjera expedientada en un Centro de Internamiento de Extranjeros. La solicitud de internamiento deberá ser motivada.

El periodo de internamiento se mantendrá por el tiempo imprescindible para los fines del expediente y no podrá exceder en ningún caso de sesenta días.

La decisión judicial que lo autorice, atendiendo a las circunstancias concurrentes en cada caso, podrá establecer un periodo máximo de duración del internamiento inferior al citado.

No podrá acordarse un nuevo internamiento por cualquiera de las causas previstas en el mismo expediente.

6.   Cuando el instructor solicite el internamiento y la autoridad judicial lo deniegue, el instructor, con el fin de asegurar la eficacia de la resolución final que pudiera recaer, podrá adoptar alguna o algunas de las siguientes medidas cautelares:

a)   Retirada del pasaporte o documento acreditativo de su nacionalidad, previa entrega al interesado de recibo acreditativo de tal medida.

b)   Presentación periódica ante el instructor del expediente o ante otra autoridad que éste determine en los días que, en atención a las circunstancias personales, familiares o sociales del expedientado, se considere aconsejable.

c)   Residencia obligatoria en lugar determinado.

d)   Cualquier otra medida cautelar que el juez estime adecuada y suficiente.

235.   *La resolución en el procedimiento preferente. Ejecutividad.*   1.   La resolución, en atención a la naturaleza preferente y sumaria del procedimiento, se dictará de forma inmediata. Deberá ser motivada y resolverá todas las cuestiones planteadas en el expediente; no podrá aceptar hechos distintos de los determinados en el curso del procedimiento, con independencia de su diferente valoración jurídica; y será notificada al interesado.

2.   La ejecución de la orden de expulsión recaída en estos procedimientos, una vez notificada al interesado, se efectuará de forma inmediata.

De no haber sido puesto en libertad la persona extranjera por la autoridad judicial dentro del plazo de sesenta días a que se refiere el apartado 5 del artículo 234, deberá interesarse de la propia autoridad judicial el cese del internamiento para poder llevar a cabo la conducción al puesto de salida.

3.   La excepción de la aplicación del régimen general de ejecutividad de los actos administrativos en el caso de la resolución que ponga fin al procedimiento de expulsión con carácter preferente, establecida en el artículo 21.2 de la Ley Orgánica 4/2000, de 11 de enero, no excluirá el derecho de recurso por los legitimados para ejercerlo, sin perjuicio de la inmediatez de la expulsión y de la improcedencia de declarar administrativamente efecto suspensivo alguno en contra de ella. En la resolución, además de la motivación que la fundamente, se

harán constar los recursos que frente a ella procedan, el órgano ante el que hubieran de presentarse y plazo para interponerlos.

236. *Comunicaciones en el procedimiento preferente.* La incoación del expediente, las medidas cautelares de detención y de internamiento y la resolución de expulsión serán comunicadas a la embajada o consulado del país de la persona extranjera y se procederá a su anotación en el Registro Central de Extranjeros de la Dirección General de la Policía. Esta comunicación se dirigirá a Ministerio de Asuntos Exteriores, Unión Europea y Cooperación cuando no se haya podido notificar al consulado o éste no radique en España.

Sección 3ª
El procedimiento simplificado

237. *Supuestos de iniciación del procedimiento simplificado.* Este procedimiento se tramitará cuando los hechos denunciados se califiquen como infracción de carácter leve prevista en alguno de los supuestos contemplados en el artículo 52 de la Ley Orgánica 4/2000, de 11 de enero, salvo cuando se trate de infracciones tipificadas en los apartados c), d) y e) del mismo, en cuyo caso, conforme a lo dispuesto en el artículo 55.2 de la Ley Orgánica 4/2000, de 11 de enero, se aplicará el procedimiento previsto en los artículos 253 y 254.

Este procedimiento se iniciará de oficio por acuerdo dictado al efecto por alguno de los órganos competentes establecidos en el artículo 218.2 o por denuncia formulada por los agentes del Cuerpo Nacional de Policía.

Este procedimiento simplificado deberá resolverse en el plazo máximo de dos meses desde que se inició.

238. *Procedimiento simplificado.* 1. El órgano competente, al dictar el acuerdo de iniciación, especificará en éste el carácter simplificado del procedimiento. Dicho acuerdo se comunicará al órgano instructor y simultáneamente será notificado a los interesados.

En el plazo de diez días a partir de la comunicación y notificación del acuerdo de iniciación, el órgano instructor y los interesados efectuarán, respectivamente, las actuaciones pertinentes, la aportación de cuantas alegaciones, documentos o informaciones estimen convenientes y, en su caso, la proposición y práctica de prueba.

Transcurrido dicho plazo el instructor formulará una propuesta de resolución en la que se fijarán de forma motivada los hechos. Ésta especificará los hechos que se consideren probados y su exacta calificación jurídica, con determinación de la infracción, de la persona o personas responsables, y la sanción que propone, así como de las medidas provisionales que se hubieren adoptado, o bien propondrá la declaración de inexistencia de infracción o responsabilidad.

Si el órgano instructor apreciara que los hechos pueden ser constitutivos de infracción grave o muy grave, acordará que continúe el expediente por los trámites del procedimiento ordinario de este Reglamento y lo notificará a los interesados para que, en el plazo de cinco días, formulen alegaciones si lo estiman conveniente.

2. La iniciación por denuncia formulada por funcionarios del Cuerpo Nacional de Policía se atendrá a las siguientes normas:

a) Las denuncias formuladas por funcionarios del Cuerpo Nacional de Policía se extenderán por ejemplar duplicado. Uno de ellos se entregará al denunciado, si fuera posible, y el otro se remitirá al órgano correspondiente con competencia para acordar la iniciación del procedimiento. Dichas denuncias serán firmadas por el funcionario y por el denunciado, sin que la firma de este último implique conformidad con los hechos que motivan la denuncia sino únicamente la recepción del ejemplar a él destinado. En el caso de que el denunciado se negase a firmar o no supiera hacerlo, el funcionario lo hará constar así.

b) Las denuncias se notificarán en el acto a los denunciados haciendo constar los datos a que hace referencia este artículo. En el escrito de denuncia se hará constar que con ella queda incoado el correspondiente expediente y que el denunciado dispone de un plazo de 10 días para alegar cuanto considere conveniente para su defensa y proponer las pruebas que estime oportunas ante los órganos de instrucción ubicados en la dependencia policial del lugar en que se haya cometido la infracción.

c) Recibida la denuncia en la dependencia policial de la Dirección General de la Policía, se procederá a la calificación de los hechos y graduación de la multa, se impulsará la ulterior tramitación o se propondrá por el órgano instructor a la autoridad competente la correspondiente resolución que declare la inexistencia de infracción en los casos de que los hechos denunciados no fuesen constitutivos de aquélla.

239.   *Resolución del procedimiento simplificado.* En el plazo de tres días desde que se reciba el expediente, el órgano competente para resolver dictará resolución en la forma y con los efectos procedentes que para las resoluciones de sanción de multa se prevén en el procedimiento ordinario de este Reglamento.

Sección 4ª
Concurrencia de procedimientos

240.   *Concurrencia de procedimientos.* 1.   Si durante la tramitación del expediente seguido por el procedimiento preferente y por la causa prevista en la letra a) del artículo 53.1 de la Ley Orgánica 4/2000, de 11 de enero, la persona extranjera expedientada acreditase haber solicitado con anterioridad a su iniciación una autorización de residencia temporal por circunstancias excepcionales de conformidad con lo dispuesto en los artículos 31.3 de la citada Ley Orgánica y concordantes de este Reglamento, el instructor recabará informe del órgano competente sobre el estado de tramitación de dicha solicitud. En caso de que el interesado no reuniera, de acuerdo con la resolución que se dicte sobre la solicitud de autorización, los requisitos previstos para la obtención de la autorización de residencia, el instructor decidirá la continuación del expediente de expulsión y, en caso contrario, procederá a su archivo. De entender procedente la prosecución del expediente y previo acuerdo dictado al efecto, continuará por los trámites del procedimiento ordinario regulado en este Reglamento.
2.   Cuando en el marco de un procedimiento relativo a autorizaciones de residencia por circunstancias excepcionales de las previstas en los artículos 31bis, 59, 59bis o 68.3 de la Ley Orgánica 4/2000, de 11 de enero, se comprobase que consta contra el solicitante una medida de expulsión no ejecutada por concurrencia de una infracción de las previstas en las letras a) y b) del artículo 53.1 de la Ley Orgánica 4/2000, de 11 de enero, ésta será revocada siempre que del análisis de la solicitud derive la procedencia de la concesión de la autorización de residencia por circunstancias excepcionales.

En caso de que el órgano competente para resolver sobre la solicitud de autorización no fuera el mismo que dictó la sanción a revocar, instará de oficio la revocación de la sanción al órgano competente para ello. En el escrito por el que se inste la revocación se hará constar el tipo de autorización solicitada y se realizará mención expresa a la procedencia de la concesión de la misma por el cumplimiento de los requisitos exigibles para ello, salvo el relativo a la existencia de la medida de expulsión no ejecutada.

3.   Los criterios establecidos en el apartado anterior serán igualmente de aplicación, en caso de que, no obstante la inadmisión a trámite de la solicitud de autorización de residencia por circunstancias excepcionales distintas a las previstas los artículos 31bis, 59, 59bis o 68.3 de la Ley Orgánica 4/2000, de 11 de enero, en aplicación de lo establecido en su disposición adicional cuarta, el análisis inicial de la solicitud concluyese en la existencia de indicios claros de la procedencia de concesión de la autorización.

CAPÍTULO III
Aspectos específicos en los procedimientos sancionadores para la imposición de las infracciones de expulsión y multa

Sección 1ª
Normas procedimentales para la imposición de la expulsión

241.   *Supuestos en que procede el procedimiento de expulsión.* 1. Sin perjuicio de lo dispuesto en el artículo 57.5 y 6 de la Ley Orgánica 4/2000, de 11 de enero, cuando el infractor sea extranjero y realice alguna o algunas de las conductas tipificadas como muy graves o conductas graves de las previstas en las letras a), b), c), d) y f) del apartado 1 del artículo 53 de esta Ley Orgánica, podrá aplicarse en lugar de la sanción de multa la expulsión del territorio español. Asimismo, constituirá causa de expulsión la condena, dentro o fuera de España, por una conducta dolosa que constituya en nuestro país un delito sancionado con pena privativa de libertad superior a un año, salvo que los antecedentes penales hubieran sido cancelados.

2. En caso de concurrencia de la infracción prevista en el artículo 53.1.a) y b) de la Ley Orgánica 4/2000, de 11 de enero, cuando el infractor sea titular de un permiso de residencia válido u otra autorización que otorgue un derecho de estancia expedido por otro Estado miembro de la Unión Europea, se le advertirá mediante diligencia en el pasaporte de la obligación de dirigirse de inmediato al territorio de dicho Estado. En caso de que la persona extranjera no cumpla esta exigencia, o si fuera necesaria su salida inmediata por motivos de orden público o de seguridad nacional, se incoará procedimiento sancionador en base a lo previsto en este Reglamento.

242. *Contenido del acuerdo de iniciación del procedimiento de expulsión.* Además del contenido mínimo que ha de incluir el acuerdo de iniciación conforme lo dispuesto en el artículo 226.1 en él se indicarán expresamente los siguientes particulares:

a) El derecho del interesado a la asistencia jurídica gratuita en el caso de que carezca de recursos económicos suficientes de acuerdo con lo previsto en la normativa reguladora del derecho de asistencia jurídica gratuita.

b) El derecho del interesado a la asistencia de intérprete si no comprende o habla las lenguas oficiales que se utilicen.

c) Que el acuerdo de expulsión que pueda dictarse conllevará la prohibición de entrada en España, cuya duración se establecerá de acuerdo con lo dispuesto en el artículo 244.2 de este Reglamento y que será extensiva a los territorios de los Estados con los que España haya suscrito acuerdo en ese sentido.

243. *Medidas cautelares en el procedimiento de expulsión.* 1. De conformidad con lo previsto en los artículos 55 y 61 de la Ley Orgánica 4/2000, de 11 de enero, el instructor podrá adoptar en cualquier momento mediante acuerdo motivado las medidas de carácter provisional que resulten necesarias para asegurar la eficacia de la resolución que pudiera recaer.

En caso de que el procedimiento tramitado fuera de carácter ordinario no podrá adoptarse la medida cautelar de internamiento.

2. En iguales términos que los establecidos en el artículo 220 de este Reglamento, el instructor podrá mantener la aprehensión de los bienes, efectos o instrumentos que hayan servido para la comisión de

la infracción prevista en el artículo 54.1.b) de la Ley Orgánica 4/2000, de 11 de enero.

244.   *Contenido y efectos de la resolución del procedimiento de expulsión.*   1.   La resolución que ponga fin al procedimiento habrá de ser motivada, con indicación de los recursos que contra ella puedan interponerse, órgano ante el que hubiera de presentarse y plazo para su presentación, de conformidad con lo establecido en el artículo 221.

2.   La resolución que acuerde la expulsión llevará consigo la prohibición de entrada al territorio español. Dicha prohibición de entrada se hará extensiva a los territorios de los Estados con los que España haya suscrito acuerdo en ese sentido.

La duración de la prohibición se determinará en consideración a las circunstancias que concurran en cada caso y su vigencia no excederá de cinco años.

Excepcionalmente, cuando la persona extranjera suponga una amenaza grave para el orden público, la seguridad pública, la seguridad nacional o para la salud pública, podrá imponerse un periodo de prohibición de entrada de hasta diez años, previo informe de la Comisaría General de Extranjería y Fronteras.

Sin perjuicio de lo anterior, el órgano competente no impondrá prohibición de entrada en caso de que la persona extranjera abandone el territorio nacional durante la tramitación del expediente o revocará la prohibición de entrada impuesta si la persona extranjera lo abandona en el plazo de cumplimiento voluntario previsto en la orden de expulsión.

La salida del territorio deberá ser oportunamente comunicada al órgano competente para la no imposición o revocación de la prohibición de entrada, siempre que el expediente sancionador haya sido tramitado por alguno de los supuestos contemplados en las letras a) y b) del artículo 53.1 de la Ley Orgánica 4/2000, de 11 de enero.

Se entenderá que la salida ha sido debidamente comunicada:

a)   Mediante cumplimentación en los servicios policiales responsables del control fronterizo del impreso previsto para dejar constancia de la salida de la persona extranjera de territorio español.

b)   Mediante personación en la oficina consular española en el país de origen o de residencia en la que conste documentación acreditativa de que la salida de territorio español se produjo antes de la resolución del procedimiento sancionador o durante el plazo dado para el cumplimiento voluntario de la sanción impuesta.

La autoridad fronteriza o consular a la que se haya comunicado la salida de territorio español de acuerdo con lo establecido en este apartado dará traslado, a través de la Comisaría General de Extranjería y Fronteras, de dicha información al órgano que haya impuesto la sanción de expulsión o que sea competente para su imposición, a los efectos, respectivamente, de la revocación o no imposición de la prohibición de entrada.

3. La resolución conllevará, en todo caso, la extinción de cualquier autorización para permanecer en España de la que fuese titular la persona extranjera expulsada, así como el archivo de cualquier procedimiento que tuviera por objeto la autorización para residir o trabajar en España.

4. Si la resolución se adoptase en aplicación de la infracción prevista en el artículo 54.1.b) de la Ley Orgánica 4/2000, de 11 de enero, y se hubiese procedido a la aprehensión de bienes, efectos o instrumentos que hubiesen sido utilizados para la comisión de la citada infracción, aquélla conllevará el decomiso de dichos bienes o efectos salvo cuando haya quedado acreditado que los bienes pertenecen a un tercero de buena fe no responsable de la infracción que los haya adquirido legalmente.

Los bienes, efectos e instrumentos definitivamente decomisados por resolución administrativa o judicial firme se adjudicarán al Estado en los términos fijados por la Ley 33/2003, de 3 de noviembre, del Patrimonio de las Administraciones Públicas.

5. Si la resolución se adoptase en aplicación de la infracción prevista en el artículo 54.1.d) de la Ley Orgánica 4/2000, de 11 de enero, y sin perjuicio de la expulsión acordada, podrá contener pronunciamiento por el que se adopte la clausura del establecimiento o local desde seis meses a cinco años.

245. *Ejecución de la resolución en el procedimiento de expulsión.* 1. Las resoluciones de expulsión del territorio nacional que se dicten en procedimientos de tramitación preferente se ejecutarán de forma inmediata de acuerdo con las normas específicas previstas en este Reglamento y en el artículo 63 la Ley Orgánica 4/2000, de 11 de enero.

2. Las resoluciones de expulsión del territorio nacional que se dicten en procedimientos de tramitación ordinaria contendrán el plazo de cumplimiento voluntario para que la persona extranjera abandone el territorio nacional.

La duración de dicho plazo oscilará entre siete y treinta días y comenzará a transcurrir desde el momento de la notificación de la citada resolución. La imposición de un plazo inferior a quince días tendrá carácter excepcional y habrá de estar debidamente motivada en el escrito por el que se comunique su duración.

Con carácter previo a su finalización, el plazo de cumplimiento voluntario de la orden de expulsión podrá prorrogarse en atención a las circunstancias que concurran en cada caso concreto, tales como la duración de la estancia, tener a cargo menores escolarizados o la existencia de otros vínculos familiares y sociales.

En el caso de que la persona extranjera tenga a cargo menores escolarizados, no procederá la ejecución de la sanción de expulsión hasta la finalización del curso académico salvo que el otro progenitor sea residente en España y pueda hacerse cargo de ellos.

3. Transcurrido dicho plazo sin que la persona extranjera haya abandonado el territorio nacional, los funcionarios policiales competentes en materia de extranjería procederán a su detención y conducción hasta el puesto de salida por el que haya de hacerse efectiva la expulsión.

Si la expulsión no se pudiera ejecutar en el plazo de setenta y dos horas desde el momento de la detención, el instructor o el responsable de la unidad de extranjería del Cuerpo Nacional de Policía ante la que se presente el detenido podrá solicitar de la autoridad judicial el ingreso de la persona extranjera en los centros de internamiento establecidos al efecto.

El periodo de internamiento se mantendrá por el tiempo imprescindible para ejecutar la expulsión, que no podrá prolongarse en ningún caso más allá de sesenta días, o hasta que se constate la imposibilidad de ejecutarla en dicho plazo. No podrá acordarse un nuevo internamiento sobre la base del mismo expediente de expulsión.

4. Con carácter preferente, la ejecución de la resolución de expulsión se efectuará a costa del empleador que haya sido sancionado como consecuencia de la comisión de la infracción grave prevista en el artículo 53.2.a) y muy grave del artículo 54.1.d) de la Ley Orgánica 4/2000, de 11 de enero, sin perjuicio y de forma compatible con la

sanción económica que corresponda de conformidad con el procedimiento establecido para la imposición de sanciones por infracciones del orden social.

5. La ejecución de la resolución de expulsión se efectuará a costa de la persona extranjera si éste dispusiera de medios económicos. En caso contrario, se comunicará dicha circunstancia al representante diplomático o consular de su país, a los efectos oportunos.

Salvo en supuestos en que se hubiera impuesto un periodo de cumplimiento voluntario de la sanción y éste hubiera sido inatendido por el extranjero, en caso de que éste dispusiera de medios económicos y asumiera el coste de la repatriación de manera voluntaria, el Delegado o Subdelegado del Gobierno que hubiera dictado dicha resolución podrá acordar, de oficio o a instancia de parte, su sustitución por la salida obligatoria si se cumplen las siguientes condiciones:

a) Que la infracción que haya motivado la resolución de expulsión sea la contenida en el artículo 53.1.a) y b) de la Ley Orgánica 4/2000, de 11 de enero;

b) Que existan garantías suficientes o pueda comprobarse la realización de la oportuna salida obligatoria prevista en el artículo 28.3.c) de la Ley Orgánica 4/2000; y

c) Que la persona extranjera esté por su nacionalidad sometida a la obligación de visado para cruzar las fronteras exteriores en aplicación de un acuerdo de régimen común de visados, de carácter internacional, en el que España sea parte.

6. La salida del territorio nacional podrá acreditarse mediante certificado emitido por funcionario del paso fronterizo, en el que conste la identidad del extranjero, su número de pasaporte, datos del medio de transporte y fecha en que abandonó el territorio nacional.

7. Si la persona extranjera formulase petición de protección internacional, se suspenderá la ejecución de la resolución de expulsión hasta que se haya inadmitido a trámite o resuelto, de conformidad con lo establecido en la normativa de protección internacional.

Igualmente, se suspenderá la ejecución de la expulsión en los casos de mujeres embarazadas cuando suponga un riesgo para la gestación o para la vida o la integridad física de la madre o cuando se trate de personas enfermas y la medida pueda suponer un riesgo para su salud.

246. *Reconocimiento de resoluciones de expulsión de otros Estados miembros de la Unión Europea y Estados asociados Schengen.* 1.

Cuando un extranjero sea detenido en territorio español y se constate que contra él se ha dictado una resolución de expulsión por un Estado miembro de la Unión Europea o un Estado asociado Schengen, se procederá a ejecutar inmediatamente la resolución, sin necesidad de incoar nuevo expediente de expulsión. Para ello, el Delegado o Subdelegado del Gobierno procederá a dictar un acuerdo expreso de reconocimiento de dicha resolución de expulsión, así como de la prohibición de entrada a ella asociada.

2.   En caso de que la resolución de expulsión del Estado miembro emisor conceda un plazo de salida voluntario, se respetará dicho plazo y no se dictará ningún acuerdo de reconocimiento en España mientras aquél esté vigente. Finalizado este plazo, sólo se dictará acuerdo de reconocimiento de la decisión original si ésta dispone su ejecutividad forzosa automática por incumplimiento del plazo de salida voluntario.

3.   Se podrá solicitar la autorización del Juez de instrucción para el ingreso en un centro de internamiento, con el fin de asegurar la ejecución de la sanción de expulsión, de acuerdo con lo previsto en la Ley Orgánica 4/2000, de 11 de enero.

247.   *Extranjeros procesados o imputados en procedimientos por delitos.* De conformidad con lo dispuesto en el artículo 57.7 de la Ley Orgánica 4/2000, de 11 de enero, cuando la persona extranjera se encuentre procesada o imputada en un procedimiento judicial por delito o falta para el que la ley prevea una pena privativa de libertad inferior a seis años o una pena de distinta naturaleza y conste este hecho acreditado en el expediente administrativo de expulsión, la autoridad gubernativa someterá al juez que, previa audiencia del Ministerio Fiscal y oído el interesado y las partes personadas, autorice en el plazo más breve posible y en todo caso no superior a tres días su expulsión, salvo que de forma motivada aprecie la existencia de circunstancias excepcionales que justifiquen su denegación.

En el caso de que la persona extranjera se encuentre sujeta a varios procesos penales tramitados en diversos juzgados y consten estos hechos acreditados en el expediente administrativo de expulsión, la autoridad gubernativa instará de todos ellos la autorización a que se refiere el párrafo anterior.

A los efectos de lo dispuesto en este artículo, se considerará que consta acreditado en el expediente administrativo de expulsión la existencia de procesos penales en contra del expedientado, cuando sea el propio interesado quien lo haya acreditado documentalmente en cualquier momento de la tramitación, o cuando haya existido comunicación de la autoridad judicial o del Ministerio Fiscal al órgano competente para la instrucción o resolución del procedimiento sancionador, en cualquier forma o a través de cualquier tipo de requisitoria.

248. *Comunicaciones en el procedimiento de expulsión.* La resolución de expulsión será comunicada a la embajada o consulado del país de la persona extranjera y a la Secretaría de Estado de Migraciones, así como anotada en el Registro Central de Extranjeros. Esta comunicación se dirigirá al Ministerio de Asuntos Exteriores, Unión Europea y Cooperación cuando no se haya podido notificar al consulado del país de la persona extranjera o este no radique en España.

Sección 2ª
Normas procedimentales para la imposición de multas

249. *Supuestos de aplicación del procedimiento para la imposición de multas.* Las normas procedimentales recogidas en esta sección serán de aplicación cuando el infractor, cualquiera que sea su nacionalidad, realice alguna de las conductas tipificadas como graves o muy graves de las previstas en los artículos 53 y 54 de la Ley Orgánica 4/2000, de 11 de enero, sin perjuicio de los supuestos en que se pueda imponer la expulsión según lo dispuesto en este título.

En el supuesto de comisión de conductas tipificadas como leves se aplicará lo dispuesto para el procedimiento simplificado.

Para la determinación de la cuantía de la sanción se tendrá especialmente en cuenta la capacidad económica del infractor.

250. *Contenido del acuerdo de iniciación del procedimiento para la imposición de multas.* El contenido mínimo del acuerdo de iniciación del procedimiento para la imposición de sanción de multa será conforme a lo dispuesto en el artículo 226.

Los demás trámites procedimentales, salvo lo dispuesto en los artículos siguientes, serán los establecidos para el procedimiento ordinario contenidos en la sección 1.ª del capítulo II de este título.

251.   *Medidas cautelares en el procedimiento para la imposición de multas.* 1.   En iguales términos que los establecidos en el artículo 220 de este Reglamento se podrá proceder a la aprehensión de los bienes, efectos o instrumentos que hayan sido utilizados para la comisión de la infracción prevista en el artículo 54.1.b) de la Ley Orgánica 4/2000, de 11 de enero.

2.   Cuando se siga expediente sancionador por alguna de las infracciones previstas en el artículo 54.2.b) y c) de la Ley Orgánica 4/2000, de 11 de enero, y los transportistas infrinjan la obligación de tomar a cargo al extranjero transportado ilegalmente, la autoridad gubernativa podrá acordar alguna de las siguientes medidas:

a)   Suspensión temporal de sus actividades, que no podrá exceder de un periodo de seis meses.

b)   Prestación de fianza o avales, en atención al número de afectados y el perjuicio ocasionado.

c)   Inmovilización del medio de transporte utilizado hasta el cumplimiento de la referida obligación.

252.   *Resolución del procedimiento para la imposición de multas. Efectos y ejecutividad.* 1.   La resolución que ponga fin al procedimiento habrá de ser motivada, con indicación de los recursos que contra ella puedan interponerse, el órgano ante el que hubiera de presentarse y el plazo para su presentación, y ajustarse a lo dispuesto en el artículo 221.

2.   Si la resolución se adoptase en aplicación de la infracción prevista en el artículo 54.1.b) de la Ley Orgánica 4/2000, de 11 de enero, y se hubiese procedido a la aprehensión de bienes, efectos o instrumentos que hubiesen sido utilizados para la comisión de la citada infracción, aquélla conllevará el decomiso de dichos bienes o efectos salvo cuando haya quedado acreditado que los bienes pertenecen a un tercero de buena fe no responsable de la infracción que los haya adquirido legalmente.

Los bienes, efectos e instrumentos definitivamente decomisados por resolución se adjudicarán al Estado en los términos fijados por la Ley 33/2003, de 3 de noviembre, del Patrimonio de las Administraciones Públicas.

3.   Si la resolución se adoptase en aplicación de la infracción prevista en el artículo 54.1.d) de la Ley Orgánica 4/2000, de 11 de

enero, y sin perjuicio de la sanción de multa acordada, podrá contener pronunciamiento por el que se adopte la clausura del establecimiento o local desde seis meses a cinco años.

4. Las resoluciones administrativas de imposición de sanción de multa dictadas en aplicación de la Ley Orgánica 4/2000, de 11 de enero, serán inmediatamente ejecutivas una vez que hayan adquirido firmeza en vía administrativa, salvo que el órgano competente acuerde su suspensión.

5. Las multas deberán hacerse efectivas a los órganos de recaudación de la Administración gestora, directamente o a través de entidades de crédito, dentro de los quince días siguientes a la fecha de su firmeza en vía administrativa.

Vencido el plazo de ingreso establecido en el párrafo anterior sin que se hubiese satisfecho la multa, la exacción se llevará a cabo por el procedimiento de apremio. A tal efecto será título ejecutivo la certificación de descubierto expedida por el órgano competente de la Administración gestora.

Los órganos y procedimientos de la recaudación ejecutiva serán los establecidos en el Real Decreto 939/2005, de 29 de julio, por el que se aprueba el Reglamento General de Recaudación y demás normas de aplicación.

Los actos de gestión recaudatoria en vía de apremio dictados por los órganos de la Administración General del Estado respecto de las multas impuestas en aplicación de la Ley Orgánica 4/2000, de 11 de enero, serán impugnables en la vía económico-administrativa.

CAPÍTULO IV
Infracciones y sanciones en el orden social y vigilancia laboral

253. *Vigilancia laboral.* La inspección en materia de trabajo de extranjeros se ejercerá a través de la Inspección de Trabajo y Seguridad Social en desarrollo de las funciones y competencias que tiene atribuidas en su normativa específica de conformidad con lo dispuesto en la Ley 23/2015, de 21 de julio, Ordenadora del Sistema de Inspección de Trabajo y Seguridad Social, y sus normas de aplicación.

En aquellas Comunidades Autónomas a las que se les haya traspasado la competencia ejecutiva en materia de inspección, sin perjuicio de la unidad del sistema y de los acuerdos que puedan alcanzarse entre la Administración General del Estado y la de la Comunidad, la planificación y organización de las labores de inspección a las que se refiere este artículo corresponderán a la administración autonómica en aquellos supuestos en los que le haya sido traspasada también la competencia en materia de autorizaciones iniciales de trabajo por cuenta propia o ajena de las personas extranjeras cuya relación laboral se desarrolle en el ámbito de la Comunidad Autónoma.

254. *Infracciones y sanciones en el orden social.* 1. Las infracciones leves tipificadas en los artículos 52.c), d) y e); graves del artículo 53.1.b) y 53.2.a); y muy graves del artículo 54.1.d) y f) de la Ley Orgánica 4/2000, de 11 de enero, serán sancionadas de conformidad con el procedimiento para la imposición de sanciones por infracciones de orden social, y por lo dispuesto en este artículo.

2. Las sanciones por las infracciones a las que se refiere el apartado anterior podrán imponerse en los grados de mínimo, medio y máximo, atendiendo a los criterios expresados a continuación y aplicando el principio de proporcionalidad.

3. Calificadas las infracciones en la forma y conforme a los tipos previstos en la Ley Orgánica 4/2000, de 11 de enero, las sanciones se graduarán en atención al grado de culpabilidad del sujeto infractor, al daño producido o al riesgo derivado de la infracción y la trascendencia de ésta.

Igualmente, se tendrá en especial consideración, en caso de proceder la imposición de la sanción de multa y para la determinación de su cuantía, la capacidad económica del infractor.

4. Las infracciones se sancionarán:

a) Las leves, en su grado mínimo, con multa de 50 a 100 euros; en su grado medio, de 101 a 250 euros; y en su grado máximo, de 251 a 500 euros.

b) Las graves, en su grado mínimo, con multa de 501 a 2.000 euros; en su grado medio, de 2.001 a 5.000 euros; y en su grado máximo, de 5.001 a 10.000 euros.

c) Las muy graves, en su grado mínimo, con multa de 10.001 a 20.000 euros; en su grado medio, de 20.001 a 50.000 euros; y en su grado máximo de 50.001 hasta 100.000 euros.

5. La ordenación de la tramitación de los expedientes sancionadores corresponderá a las Jefaturas de la Inspección de Trabajo y

Seguridad Social competentes por razón del territorio o, en el caso de Comunidades Autónomas a las que se les haya traspasado la competencia en materia de inspección, al órgano competente de acuerdo con la normativa autonómica de aplicación.

La iniciación, el contenido de las actas, la notificación y las alegaciones se ajustarán a lo dispuesto en el Reglamento general sobre procedimientos para la imposición de sanciones por infracciones de orden social y para los expedientes liquidatorios de cuotas de la Seguridad Social, aprobado por el Real Decreto 928/1998, de 14 de mayo.

En los casos de infracción prevista en el artículo 53.1. b), cuando se trate de trabajadores por cuenta propia, y en el artículo 54.1.d) y f), cuando el empresario infractor sea extranjero, de la Ley Orgánica 4/2000, de 11 de enero, en el acta de infracción se hará constar expresamente que en virtud de lo establecido en el artículo 57.1 de la referida Ley Orgánica el órgano competente para resolver podrá aplicar la expulsión de territorio español en lugar de la sanción de multa.

6. Las actas de infracción de extranjeros serán notificadas por las Jefaturas de Inspección de Trabajo y Seguridad Social, o en su caso por los órganos autonómicos competentes, al sujeto o sujetos responsables. En las actas se hará constar que se podrán formular alegaciones contra ellas en el plazo de quince días.

7. Si no se formulase escrito de alegaciones continuará la tramitación del procedimiento hasta dictar la resolución.

8. Si se formulasen alegaciones, la Jefatura de la Inspección de Trabajo y Seguridad Social, o en su caso el órgano autonómico, podrá solicitar, a la vista de las mismas, el informe ampliatorio al inspector o subinspector que practicó el acta. Dicho informe se emitirá en el plazo de quince días. El citado informe será preceptivo si en las alegaciones se invocan hechos o circunstancias distintos a los consignados en el acta, insuficiencia del relato fáctico de esta o indefensión por cualquier causa.

9. Instruido el expediente, el Jefe de la Inspección de Trabajo y Seguridad Social, o en su caso el órgano autonómico competente, lo elevará con la propuesta de resolución al Delegado o Subdelegado del Gobierno, o en su caso al órgano autonómico competente para resolver, de conformidad con lo establecido en el artículo 55.2 de la Ley Orgánica 4/2000, de 11 de enero.

En la propuesta de resolución se fijarán de forma motivada los hechos probados, su calificación jurídica y la cuantía de la sanción que se propone imponer y, en el caso de que el acta de infracción incluyese la sanción accesoria a que se refiere el artículo 55.6 de la Ley Orgánica 4/2000, de 11 de enero, también se efectuará propuesta de resolución sobre aquélla.

10.   El órgano competente para resolver, previas las diligencias que estime necesarias, dictará la resolución en el plazo de diez días desde la finalización de la tramitación del expediente de conformidad con lo establecido para las resoluciones sancionadoras por el Real Decreto 928/1998, de 14 de mayo.

En el caso de que el órgano competente para resolver decida aplicar la sanción de expulsión del territorio español en lugar de la sanción de multa, dictará resolución de expulsión con los requisitos y efectos establecidos en el artículo 241.

11.   Las resoluciones sancionadoras que dicten los Subdelegados del Gobierno o los Delegados del Gobierno en las Comunidades Autónomas uniprovinciales, o en su caso el órgano autonómico competente, en relación con este tipo de infracciones quedarán sometidas al régimen común de recursos previsto en la disposición adicional novena de este Reglamento.

12.   En lo no previsto por el procedimiento especial, regulado por el Real Decreto 928/1998, de 14 de mayo, regirá el procedimiento común de conformidad con lo establecido en el apartado 2 de la disposición adicional primera de la Ley 39/2015, de 1 de octubre.

CAPÍTULO V
Infracciones, sanciones y obligación de su comunicación interorgánica

255.   *Otras infracciones y sanciones.* Las personas extranjeras que incumplan los deberes, obligaciones y cargas impuestos por el ordenamiento jurídico general serán sancionadas con arreglo a la legislación específicamente aplicable en cada caso.

256.   *Comunicación interorgánica de infracciones.* 1.   La Dirección General de Gestión Migratoria y la Inspección de Trabajo y Seguridad Social, o en su caso el órgano autonómico con competencia sobre la materia, darán cuenta a la oficina de extranjería y a los servicios policiales correspondientes de los supuestos de infracciones relativas a la entrada y permanencia de extranjeros en España de que tuvieran conocimiento en el ejercicio de sus competencias.

2. Igualmente, las Oficinas de Extranjería y los servicios policiales comunicarán a la Dirección General de Gestión Migratoria y a la Inspección de Trabajo y Seguridad Social, o en su caso el órgano autonómico con competencia sobre la materia, los hechos que conozcan y que pudieran constituir infracciones laborales contra lo dispuesto en este Reglamento.

Cuando la expulsión hubiera sido autorizada judicialmente, las Oficinas de Extranjería y los servicios policiales comunicarán de modo inmediato la salida en el plazo de cumplimiento voluntario, la práctica de la expulsión o las razones que en su caso imposibilitan su realización a la autoridad judicial que la hubiese autorizado y al Ministerio Fiscal.

3. Cuando el Ministerio Fiscal conozca que un extranjero se encuentra investigado en un procedimiento por delito menos grave y pudiera estar incurso en alguna de las causas de expulsión previstas en la Ley Orgánica 4/2000, de 11 de enero, sin que hubiera sido incoado el correspondiente expediente administrativo sancionador, informará sobre tal imputación a la Delegación o Subdelegación del Gobierno competente para que ésta compruebe si procede o no la incoación de expediente de expulsión. A los mismos efectos, el Ministerio Fiscal comunicará a la autoridad gubernativa las condenas impuestas a extranjeros por delito doloso castigado con pena privativa de libertad superior a un año.

4. Los directores de los establecimientos penitenciarios notificarán a la oficina de extranjería y a la comisaría provincial de policía correspondientes a su demarcación, con tres meses de anticipación, la excarcelación de extranjeros que hubieran sido condenados en virtud de sentencia judicial por delito, a los efectos de que en su caso se proceda a la expulsión de conformidad con lo establecido en la Ley Orgánica 4/2000, de 11 de enero. A estos efectos, en los expedientes personales de las personas extranjeras condenadas se hará constar si les ha sido incoado expediente de expulsión, así como en su caso el estado de tramitación en que se halle.

5. El Registro Central de Penados comunicará, de oficio o a instancia de la oficina de extranjería o de la Comisaría de Policía correspondientes, los antecedentes penales de las personas extranjeras que hayan sido condenados por delito doloso que tenga señalada pena

superior a un año de prisión, a los efectos de la incoación del correspondiente expediente de expulsión, a cuyo fin remitirá un certificado de aquéllos.

257. *Comunicaciones de los órganos judiciales a la Delegación o Subdelegación del Gobierno en relación con extranjeros.* 1. De conformidad con lo establecido en la disposición adicional decimoséptima de la Ley Orgánica 19/2003, de 23 de diciembre, de modificación de la Ley Orgánica 6/1985, de 1 de julio, del Poder Judicial, los órganos judiciales comunicarán a la Delegación o Subdelegación del Gobierno competente la finalización de los procesos judiciales en los que concurra la comisión de infracciones administrativas a las normas sobre extranjería, a los efectos de que pueda reanudarse, iniciarse o archivarse, si procede, según los casos, el procedimiento administrativo sancionador. Del mismo modo, comunicarán aquellas condenas impuestas a extranjeros por delito doloso castigado con pena privativa de libertad superior a un año a los efectos de la incoación del correspondiente expediente sancionador.

2. Igualmente, comunicarán las sentencias en las que acuerden la sustitución de las penas privativas de libertad impuestas o de las medidas de seguridad que sean aplicables a las personas extranjeras no residentes legalmente en España por su expulsión del territorio nacional. En estos casos, la sentencia que acuerde la sustitución dispondrá la ejecución de la pena privativa de libertad o medida de seguridad originariamente impuesta hasta tanto la autoridad gubernativa proceda a materializar la expulsión. A estos efectos la autoridad gubernativa deberá hacer efectiva la expulsión en el plazo más breve posible y, en todo caso, dentro de los treinta días siguientes, salvo causa justificada que lo impida, que deberá ser comunicada a la autoridad judicial.

TÍTULO XV
Oficinas de Extranjería y centros de migraciones

CAPÍTULO I
Las Oficinas de Extranjería

258. *Creación.* 1. Las Oficinas de Extranjería son las unidades que integran los diferentes servicios de la Administración General del Estado competentes en materia de extranjería e inmigración en el ámbito provincial, al objeto de garantizar la eficacia y coordinación en la actuación administrativa.

2. La Secretaría de Estado de Migraciones, previa consulta a los Ministerios del Interior y de Política Territorial y Memoria Democrática, impulsará la creación, supresión y modificación de Oficinas de Extranjería, por orden ministerial conjunta de los Ministerios de Inclusión, Seguridad Social y Migraciones, del Interior, de Política Territorial y Memoria Democrática y del Ministerio para la Transformación Digital y de la Función Pública.

3. Las Oficinas de Extranjería estarán ubicadas en la capital de las provincias en las que se constituyan.

Por razones relacionadas con la configuración geográfica, administrativa, económica y de población de una provincia, el Ministerio de Política Territorial y Memoria Democrática, con acuerdo de las Secretarías de Estado de Migraciones y de Seguridad, podrá excepcionalmente determinar la ubicación de una oficina de extranjería en una población distinta a la capital de la provincia en la que se constituya.

4. Las Oficinas de Extranjería podrán disponer de oficinas delegadas ubicadas en los distritos de la capital y en los municipios de la provincia para facilitar las gestiones administrativas de los interesados. Dichas oficinas delegadas serán creadas por resolución del titular de la Delegación o Subdelegación del Gobierno a la que se adscriba la oficina de extranjería correspondiente.

Las personas titulares de las Secretarías de Estado de Seguridad y de Migraciones podrán dictar Instrucciones conjuntas para coordinar las unidades policiales con las correspondientes Oficinas de Extranjería.

259. *Dependencia.* 1. Las Oficinas de Extranjería dependerán orgánicamente de la correspondiente Delegación o Subdelegación del Gobierno, se encuadrarán en las Áreas funcionales de Trabajo e Inmigración, y dependerán funcionalmente del Ministerio de Inclusión, Seguridad Social y Migraciones, a través de la Secretaría de Estado de Migraciones, y del Ministerio del Interior, ambos en el ámbito de sus respectivas competencias.

2. Las Oficinas de Extranjería se regirán por lo dispuesto en este Reglamento, así como por su normativa de creación y funcionamiento.

260.   *Funciones.* Las Oficinas de Extranjería ejercerán, en el ámbito provincial, las siguientes funciones, previstas en la normativa vigente en materia de extranjería y en el derecho de la Unión Europea:

1.   La recepción de la declaración de entrada. La tramitación de las prórrogas de estancia, de la tarjeta de identidad de extranjero, autorizaciones de residencia, autorizaciones de trabajo y excepciones a la obligación de obtener autorización de trabajo, autorizaciones de regreso, así como la expedición y entrega de aquéllas.

2.   La recepción de la solicitud de cédula de inscripción y de título de viaje para la salida de España, así como su expedición y entrega.

3.   La tramitación de los procedimientos sancionadores por infracciones previstas en la normativa en materia de extranjería y en el derecho de la Unión Europea. No obstante, las devoluciones, y los expedientes sancionadores que lleven a la expulsión del infractor extranjero, o a su detención e ingreso en un Centro de Internamiento de Extranjeros, serán ejecutados por las Brigadas y Unidades de Extranjería y Fronteras de las Comisarías de Policía.

4.   La tramitación de los recursos administrativos que procedan.

5.   La elevación a los órganos y autoridades competentes de las oportunas propuestas de resolución relativas a los expedientes a que se ha hecho referencia en los párrafos anteriores.

6.   La asignación y comunicación del número de identidad de extranjero, por los servicios policiales de las propias Oficinas.

7.   La información, recepción y tramitación de la solicitud de protección internacional y de las solicitudes del estatuto de apátrida.

8.   La obtención y elaboración del conjunto de información estadística de carácter administrativo y demográfico sobre la población extranjera y en régimen comunitario de la provincia.

9.   El control del mantenimiento de las condiciones que determinaron la concesión de la autorización.

261.   *Organización funcional de las Oficinas de Extranjería.* 1. El Jefe de la oficina de extranjería establecerá los criterios de realización de las funciones referidas en el artículo anterior, que se ejercerán bajo la dirección, a través del respectivo Director del Área funcional o Jefe de la Dependencia provincial de Trabajo e Inmigración, de los Delegados y Subdelegados del Gobierno correspondientes, y sin perjuicio de las competencias que en materia de resolución de expedientes correspondan a otros órganos.

2. Las oficinas delegadas colaborarán en el desarrollo de las funciones de la correspondiente Oficina de Extranjería, en especial, las referidas a la atención al ciudadano, recepción de solicitudes y escritos, notificación y entrega de resoluciones y documentos, y podrán ejercer las competencias que les sean delegadas.

3. Sin perjuicio de la competencia atribuida al Jefe de la oficina de extranjería en el apartado 1 de este artículo, corresponderá a los servicios policiales adscritos a ella:

a) La asignación y comunicación del número de identidad de extranjero y la emisión de certificados de residente y no residente.

b) La expedición y entrega de la documentación correspondiente a la normativa sobre protección internacional y el estatuto de apátrida.

c) La expedición y entrega del título de viaje o documento análogo para la salida de España, así como de la tarjeta de identidad de extranjero y de los documentos de identificación provisionales.

d) La expedición de las etiquetas de visado en las que se materialicen las prórrogas de estancias de corta duración.

e) La materialización de la anulación o retirada de los visados de estancia de corta duración.

f) La tramitación de las autorizaciones de regreso.

g) La grabación en el Registro Central de Extranjeros de los cambios y alteraciones de la situación de las personas extranjeras previstos en el artículo 213.

262. *Personal.* 1. Los diferentes servicios encargados de la tramitación de los expedientes en materia de extranjería se integrarán en la Oficina de Extranjería, que actuará como un único centro de gestión, bajo la dirección del respectivo Director del Área funcional o Jefe de la Dependencia provincial de Trabajo e Inmigración.

2. Las Oficinas de Extranjería contarán con una relación de puestos de trabajo y, en su caso, un catálogo del personal laboral para la respectiva integración del personal procedente de los servicios a que se hace referencia en el apartado 1 y sus correspondientes puestos de trabajo.

3. Las Oficinas de Extranjería contarán con la adscripción de personal de la Dirección General de la Policía para la realización de las funciones que ésta tiene asignadas en materia de extranjería.

4. El Jefe de la oficina de extranjería será nombrado y cesado por el Delegado del Gobierno, previo informe favorable de la Secretaría de

Estado de Migraciones, ya se provea el puesto de forma provisional o definitivamente.

Su nombramiento se realizará por el sistema de libre designación entre funcionarios de carrera del Subgrupo A1 o del Subgrupo A2 de la Administración General del Estado, dentro de los límites establecidos en el Reglamento general de ingreso del personal al Servicio de la Administración General del Estado y de provisión de puestos de trabajo y promoción profesional de los funcionarios civiles de la Administración General del Estado, aprobado por el Real Decreto 364/1995, de 10 de marzo.

CAPÍTULO II
Los centros de migraciones

263.   *La red pública de centros de migraciones.* 1.   Para el cumplimiento de los fines de integración social que tiene encomendados, el Ministerio de Inclusión, Seguridad Social y Migraciones dispondrá de una red pública de centros de migraciones, que desempeñarán tareas de información, atención, acogida, intervención social, formación, detección de situaciones de trata de seres humanos y, en su caso, derivación, dirigidas a la población extranjera. Igualmente podrán desarrollar o impulsar actuaciones de sensibilización relacionadas con la inmigración.

2.   En particular, la red de centros de migraciones podrá desarrollar programas específicos dirigidos a extranjeros que tengan la condición de solicitantes de asilo o del estatuto de apátrida, refugiados, apátridas, beneficiarios de la protección dispensada por el artículo 37.b) de la Ley 12/2009, de 30 de octubre, inmigrantes que lleguen a España de acuerdo con las normas reguladoras de la gestión colectiva de contrataciones en origen, así como a extranjeros que se hallen en situación de vulnerabilidad o riesgo de exclusión social. Corresponderá a la Dirección General de Atención Humanitaria y del Sistema de Acogida de Protección Internacional determinar los programas que vayan a desarrollar por los centros de migraciones, así como sus destinatarios.

3.   La red de centros de migraciones estará integrada por los centros de acogida a refugiados regulados por el Real Decreto 220/2022,

de 29 de marzo, los centros de estancia temporal de inmigrantes en Ceuta y Melilla, así como, en su caso, por los centros de nueva creación. Los centros integrados en la red de centros de migraciones se regirán por un estatuto común, sin perjuicio de la posibilidad de que los distintos centros desarrollen programas destinados a colectivos determinados, de acuerdo con lo dispuesto en el apartado anterior.

264. *Régimen jurídico de los centros de migraciones.* Mediante orden de la persona titular del Ministerio de la Presidencia, a propuesta conjunta de las personas titulares de los Ministerios de Política Territorial y Memoria Democrática y de Inclusión, Seguridad Social y Migraciones, instada por el titular de la Secretaria de Estado de Migraciones, se podrá:

a) Acordar el establecimiento de nuevos centros de migraciones, la ampliación de los ya existentes o su clausura.

b) Aprobar los estatutos y normas de funcionamiento interno de los centros de migraciones.

c) Determinar las prestaciones que se dispensarán en ellos, así como el régimen jurídico al que se hallan sujetas.

265. *Ingreso en centros de migraciones.* 1. Las normas de funcionamiento interno de los centros determinarán los requisitos y el procedimiento que se deba seguir para el ingreso de un extranjero en un centro de migraciones.

2. Cuando la persona extranjera carezca de un título que autorice su permanencia en España, el ingreso en un centro de migraciones llevará aparejada la expedición de un volante personal e intransferible que le autorice a permanecer en el centro, en el que junto a la fotografía de la persona extranjera se harán constar sus datos de filiación, nacionalidad, número de identidad de extranjero, si lo tuviera asignado, así como la fecha de caducidad del tiempo en que habitará en el centro.

3. Esta autorización de permanencia se entiende sin perjuicio de las ulteriores decisiones que las autoridades competentes adopten en relación con la situación administrativa de la persona extranjera en España.

DISPOSICIONES ADICIONALES

Disposición Adicional Primera.   *Desarrollo normativo.* El título V de las autorizaciones de residencia y trabajo para actividades de temporada y el título VI del procedimiento de gestión colectiva de contratación en origen podrán ser desarrollados mediante Orden Ministerial de la persona titular del Ministerio de Inclusión, Seguridad Social y Migraciones, que deberá ser aprobada en el plazo máximo de un año desde la entrada en vigor de este Reglamento.

Disposición Adicional Segunda.   *Atribución de competencias únicas.* 1.   Cuando circunstancias de naturaleza económica, social o laboral lo aconsejen y en supuestos no regulados de especial relevancia, a propuesta de la persona titular de la Secretaría de Estado de Migraciones, previo informe de la persona titular de la Secretaría de Estado de Seguridad y, en su caso, de las personas titulares de las Subsecretarías de Asuntos Exteriores, Unión Europea y Cooperación y de Política Territorial y Memoria Democrática, el Consejo de Ministros podrá dictar, previa información y consulta a la Comisión Laboral Tripartita de Inmigración, instrucciones que determinen la concesión de autorizaciones de residencia temporal y/o trabajo, que podrán quedar vinculadas temporal, por ocupación laboral o territorialmente en los términos que se fijen en aquéllas, o de autorizaciones de estancia. Las instrucciones establecerán la forma, los requisitos y los plazos para la concesión de dichas autorizaciones. Asimismo, la persona titular de la Secretaría de Estado de Migraciones, previo informe de la persona titular de la Secretaría de Estado de Seguridad podrá otorgar autorizaciones individuales de residencia temporal cuando concurran circunstancias excepcionales no previstas en este Reglamento.
2.   En el ejercicio de las competencias de coordinación que tiene atribuidas, la persona titular de la Secretaría de Estado de Migraciones podrá proponer al Consejo de Ministros la aprobación de las instrucciones a las que haya de ajustarse la actuación de los diferentes departamentos ministeriales en cuanto ejerciten funciones relacionadas con los ámbitos de la extranjería y la inmigración.

Disposición Adicional Tercera.   *Normativa aplicable a los procedimientos.* En lo no previsto en materia de procedimientos en este Reglamento se estará a lo dispuesto en la Ley 39/2015, de 1 de octubre, del Procedimiento Administrativo Común de las Administraciones Públicas y su normativa de desarrollo.

Disposición Adicional Cuarta. *Sistema de información migratoria.* 1. Conforme a lo dispuesto en la disposición adicional quinta de la Ley Orgánica 4/2000, de 11 de enero, se desarrollará un sistema de información que incluya una aplicación informática común que permitirá la tramitación de todos los procedimientos de extranjería regulados en este reglamento y que registre la información y datos relativos a las personas extranjeras y ciudadanos de la Unión Europea residentes en España, sus autorizaciones y visados de larga duración.

Su implantación y coordinación con los restantes Departamentos implicados corresponderá al Ministerio de Inclusión, Seguridad Social y Migraciones. Ese mismo departamento será el responsable de su administración.

2. Los distintos órganos de la Administración General del Estado que participan en la tramitación de las distintas fases de los procedimientos en materia de extranjería e inmigración realizarán las modificaciones en su estado electrónico conforme a las competencias que tengan atribuidas.

El sistema de información común garantizará que los órganos administrativos competentes en las distintas fases del procedimiento tienen conocimiento en tiempo real del inicio de cualquier fase sobre la que les corresponde actuar, cuando éste derive de la actuación previa de otro órgano.

Este Sistema será interoperable con los de la Agencia Estatal de Administración Tributaria, la Administración de la Seguridad Social y el Instituto Nacional de Estadística, este último en lo relativo al Padrón Municipal de Habitantes, y se permitirá el acceso directo a los datos que consten en sus ficheros con la exclusiva finalidad de cumplimentar las actuaciones que los órganos de la Administración General del Estado competentes en los procedimientos regulados en este Reglamento.

En el caso de las solicitudes iniciales de permiso de trabajo, la acreditación de que el empleador está al corriente en el pago de sus obligaciones tributarias y frente a la Seguridad Social requerirá siempre la autorización previa del empleador solicitante.

3. La aplicación del Sistema de Información migratoria será interoperable con el Registro central de extranjeros del Ministerio del Interior para acceder a la información que tenga registrada, que pueda repercutir en la situación administrativa de las personas extranjeras en España, y que sirva para la tramitación de los procedimientos previstos en este Reglamento.

4. Cuando la Misión diplomática u Oficina consular competente no disponga de los medios técnicos necesarios para la conexión en tiempo real a la aplicación informática común, se realizarán volcados de información entre dichos órganos y la aplicación, con periodicidad diaria.

5. Se garantizará que el Sistema de Información Migratoria sea interoperable con los sistemas de información previstos en el derecho de la Unión Europea en los ámbitos de fronteras, visados, cooperación judicial, el asilo y la migración, para que los datos contenidos relativos a autorizaciones de trabajo y visados de larga duración puedan ser intercambiados en el marco de las obligaciones establecidas por las disposiciones de la Unión Europea.

6. El Ministerio de Inclusión, Seguridad Social y Migraciones en colaboración con el resto de los órganos de la Administración del Estado con competencias en los procedimientos previstos en este reglamento, elaborará y aprobará las normas de carácter técnico y metodológico del sistema de información en el plazo de un año desde la entrada en vigor del reglamento.

Disposición Adicional Quinta. *Gestión informática en los procedimientos con intervención de las Comunidades Autónomas.* A los efectos de asegurar la necesaria coordinación de los órganos competentes de la Administración General del Estado con los de las Comunidades Autónomas, la gestión electrónica de los procedimientos de autorizaciones iniciales de trabajo por cuenta propia o ajena de las personas extranjeras, se realizará por dichas Administraciones mediante aplicaciones informáticas que respondan a formatos y estándares que se determinarán de acuerdo con lo establecido en el Real Decreto 4/2010, de 8 de enero, por el que se regula el Esquema Nacional de Interoperabilidad en el ámbito de la Administración electrónica, así como a condiciones de seguridad de acuerdo con lo establecido en el Real Decreto 311/2022, de 3 de mayo, por el que se regula el Esquema Nacional de Seguridad.

A tales efectos, la gestión electrónica de procedimientos debe permitir:

a) La actualización en tiempo real de la base de datos de la Administración General del Estado en cada fase de tramitación de los expedientes que supongan la introducción y modificación de datos e informes por cada administración competente.

b) El acceso y la consulta de las administraciones competentes, incluidas las Oficinas consulares, del estado de tramitación de los expedientes. Según sus necesidades organizativas y de acuerdo con la legislación vigente en materia de protección de datos de carácter personal, las Administraciones competentes podrán establecer diferentes niveles de acceso para la consulta de los datos e informes recogidos en la tramitación electrónica de los procedimientos.

c) La intercomunicación y el intercambio de datos e informes entre las Administraciones competentes cuando sean necesarios para la tramitación y resolución de los expedientes de autorización inicial de trabajo por cuenta propia o ajena. Las condiciones y garantías de las comunicaciones y el intercambio de datos e informes entre la Administración General del Estado y las Comunidades Autónomas se fijarán en un convenio.

d) La obtención de datos actualizados para el cumplimiento de las funciones de observación permanente de las magnitudes y características más significativas del fenómeno inmigratorio, para analizar su impacto en la sociedad española y facilitar información objetiva y contrastada, de conformidad con lo dispuesto por el artículo 67 de la Ley Orgánica 4/2000, de 11 de enero, sobre derechos y libertades de los extranjeros en España y su integración social, y el Real Decreto 345/2001, de 4 de abril, por el que se regula el Observatorio Permanente de la Inmigración.

e) La notificación electrónica a los ciudadanos, cuando proceda, así como un único acceso a los distintos Tablones Edictales de Extranjería que le puedan afectar.

Disposición Adicional Sexta. *Exigencia, normativa y convenios en materia sanitaria.* 1. Lo establecido en este Reglamento no excluye la vigencia y cumplimiento de lo dispuesto en los reglamentos y acuerdos sanitarios internacionales, así como en los artículos 38 y 39 y en la disposición final octava de la Ley 14/1986, de 25 de abril, General de Sanidad, en el Real Decreto 1418/1986, de 13 de junio, sobre funciones del Ministerio de Sanidad, Política Social e Igualdad en materia de sanidad exterior, y en las demás disposiciones dictadas para su aplicación y desarrollo.

2. La Administración General del Estado, a los efectos de la realización de cuantas actuaciones y pruebas sanitarias pudieran derivarse de la aplicación de este Reglamento, suscribirá, a través de los departamentos ministeriales en cada caso competentes, los oportunos convenios con los correspondientes servicios de salud o instituciones sanitarias.

Disposición Adicional Séptima. *Plazos de resolución de los procedimientos.* 1. Sin perjuicio de los plazos específicamente establecidos en relación con determinados procedimientos, el plazo general máximo para notificar las resoluciones sobre las solicitudes que se formulen por los interesados en los procedimientos regulados en este Reglamento será de tres meses contados a partir del día siguiente al de la fecha en que hayan tenido entrada en el registro del órgano competente para tramitarlas.

2. En los procedimientos en materia de visados, el plazo máximo, y no prorrogable, para notificar las resoluciones sobre las solicitudes será de un mes, contado a partir del día siguiente al de la fecha en que la solicitud haya sido presentada en forma en la oficina consular competente para su tramitación o ésta haya recibido la correspondiente resolución favorable de autorización, salvo en el caso de que se establezcan otros plazos en relación con el procedimiento de determinados visados.

3. El contenido de los apartados 1 y 2 de esta disposición adicional se entenderá sin perjuicio de los plazos establecidos por el derecho de la Unión Europea como directamente aplicables en materia de visados de tránsito aeroportuario, visados uniformes o visados de validez territorial limitada.

4. La obligación formal de informar al solicitante de visado sobre el plazo máximo para la notificación de la resolución del procedimiento, los supuestos de suspensión del cómputo de dicho plazo y los efectos del silencio administrativo se entenderá cumplida mediante la inserción de una nota informativa sobre tales extremos en los impresos de solicitud.

Disposición Adicional Octava. *Silencio administrativo.* Transcurrido el plazo para notificar las solicitudes, estas podrán entenderse desestimadas de acuerdo con lo dispuesto en la disposición adicional primera de la Ley Orgánica 4/2000, de 11 de enero, y con las excepciones contenidas en dicha disposición adicional.

Disposición Adicional Novena.   *Recursos.* Las resoluciones que dicten los órganos competentes de los Ministerios de Asuntos Exteriores, Unión Europea y Cooperación, del Interior, y de Inclusión, Seguridad Social y Migraciones, los Delegados del Gobierno y Subdelegados del Gobierno, bajo la dependencia funcional de estos dos últimos Ministerios, con base en lo dispuesto en este Reglamento, sobre concesión o denegación de visados, prórrogas de estancia o autorizaciones de residencia y de trabajo, cédulas de inscripción, así como sobre sanciones gubernativas y expulsiones de extranjeros, pondrán fin a la vía administrativa, y contra éstas podrán interponerse los recursos administrativos o jurisdiccionales legalmente previstos. Se exceptúan las resoluciones sobre denegación de entrada y devolución, las cuales no agotan la vía administrativa.

Asimismo, pondrán fin a la vía administrativa las resoluciones adoptadas por el órgano competente del Ministerio del Interior de denegación, anulación o revocación de la autorización de viaje prevista en el Reglamento (UE) 2018/1240 del Parlamento Europeo y del Consejo de 12 de septiembre de 2018 por el que se establece un Sistema Europeo de Información y Autorización de Viajes (SEIAV).

Disposición Adicional Décima.   *Cotización por la contingencia de desempleo.* En las contrataciones de las personas extranjeras titulares de las autorizaciones de residencia y trabajo para actividades de temporada y titulares de estancia por estudios autorizadas para ejercer una actividad retribuida no se cotizará por la contingencia de desempleo.

Disposición Adicional Undécima.   *Informes policiales.* Los informes policiales en materia de seguridad y orden público a emitir en el marco de los procedimientos regulados en este Reglamento contendrán en todo caso el conjunto de la información obrante en las Fuerzas y Cuerpos de Seguridad del Estado adscritos a la Dirección General de la Policía.

Igualmente, los emitidos respecto al ámbito territorial de Comunidades Autónomas a las que se les haya traspasado competencias en materia de seguridad ciudadana y orden público, contendrán el informe sobre afectación del orden público aportado por la autoridad autonómica competente.

Disposición Adicional Duodécima.   *Tasas por tramitación de procedimientos.* 1.   Los órganos competentes para la tramitación de los procedimientos regulados en este Reglamento, salvo los relativos a visados, realizarán, una vez presentada a trámite la correspondiente solicitud, las actuaciones tendentes a la comprobación de oficio de que se ha efectuado el abono de las tasas exigibles de acuerdo con el artículo 44.2 de la Ley Orgánica 4/2000, de 11 de enero.

2.   El periodo de pago voluntario para el abono de dichas tasas será, salvo en los procedimientos relativos a visados, de diez días, según los casos:

a)   Desde el momento de presentación de la solicitud.

b)   Desde el alta del trabajador extranjero en el régimen correspondiente a la Seguridad Social, en el caso de autorizaciones de residencia y trabajo por cuenta ajena, o de su renovación, a favor de trabajadores de servicio doméstico de carácter parcial o discontinuo, o de renovaciones de dichas autorizaciones en ausencia de empleador.

3.   En aquellos casos en los que las personas extranjeras tengan asignado un número de identidad de extranjero y se dispongan a presentar una solicitud de autorización de residencia o de trabajo a través de los medios electrónicos habilitados al efecto, el abono de las tasas se realizará, en todo caso, en el acto de presentación electrónica de la solicitud desde el momento en que la administración haya implementado el sistema.

4.   Las tasas por tramitación de autorizaciones de residencia, autorizaciones de trabajo o expedición de Tarjetas de Identidad de Extranjero tendrán carácter autoliquidable.

Disposición Adicional Decimotercera.   *Desconcentración de la competencia de cierre de pasos fronterizos.* 1.   Se desconcentra a favor del titular de la Secretaría de Estado de Seguridad la competencia para acordar, en los supuestos en los que lo requiera la seguridad del Estado o de los ciudadanos, el cierre temporal de los puestos fronterizos habilitados para el paso de personas a que se refiere el artículo 3 de este Reglamento.

2. El titular de la Secretaría de Estado de Seguridad comunicará las medidas que vayan a adoptarse a la Secretaría de Estado de Migraciones, a los departamentos afectados y, a través del Ministerio de Asuntos Exteriores, Unión Europea y Cooperación, a aquellos países e instituciones con los que España esté obligada a ello como consecuencia de los compromisos internacionales suscritos.

Disposición Adicional Decimocuarta. *Autorización de trabajo de las personas extranjeras solicitantes de protección internacional.* Los solicitantes de protección internacional estarán autorizados para trabajar en España una vez transcurridos seis meses desde la fecha de la solicitud, siempre que ésta hubiera sido admitida a trámite y no estuviera resuelta por causa no imputable al interesado. La autorización para trabajar se acreditará mediante la inscripción «autoriza a trabajar» en el documento de solicitante de protección internacional y, si procede, en sus sucesivas renovaciones, y estará condicionada a su validez. En caso de que no proceda esta inscripción porque no se cumplan los citados requisitos, la Oficina de Asilo y Refugio hará constar tal hecho en resolución motivada y se lo notificará al interesado.

Disposición Adicional Decimoquinta. *Representantes de las organizaciones empresariales en el extranjero.* 1. A los efectos de las previsiones contenidas en el artículo 39 de la Ley Orgánica 4/2000, de 11 de enero, y el Título VI de este Reglamento, en los correspondientes procesos de selección en origen de las personas trabajadoras extranjeros podrán participar representantes de las organizaciones empresariales españolas. A tal efecto, los representantes de dichas organizaciones podrán quedar acreditados por la Secretaría de Estado de Migraciones ante las oficinas consulares de España en los países que hayan firmado acuerdos sobre regulación de flujos migratorios.

2. Sin perjuicio de lo anterior, el Ministerio de Asuntos Exteriores, Unión Europea y Cooperación y la Secretaria de Estado de Migraciones promoverán conjuntamente la firma de Convenios con las Comunidades Autónomas con competencias ejecutivas en materia de autorizaciones de trabajo y que hayan establecido servicios para facilitar la tramitación de los correspondientes visados, de cara a ordenar la actuación de éstas en el marco de procedimientos de gestión colectiva de contrataciones en origen.

Disposición Adicional Decimosexta. *Legislación en materia de protección internacional.* Los preceptos relativos a la protección internacional contenidos en el presente Reglamento se interpretarán de conformidad con lo dispuesto en la Ley Orgánica 4/2000, de 11 de enero, sobre derechos y libertades de los extranjeros en España y su integración social, la Ley 12/2009, de 30 de octubre, reguladora del derecho de asilo y de la protección subsidiaria, y en el Reglamento por el que se regula el sistema de acogida en materia de protección internacional, aprobado por Real Decreto 220/2022, de 29 de marzo.

Disposición Adicional Decimoséptima. *Personas extranjeras no comunitarias empleadas por las Fuerzas Armadas.* La normativa que se dicte en desarrollo de este Reglamento, así como las actuaciones de los órganos competentes para su aplicación tendrán en consideración las especificidades propias de las personas extranjeras no comunitarios relacionados con las Fuerzas Armadas a través de una relación de servicios de carácter temporal.

Disposición Adicional Decimoctava. *Identificación y protección de la víctima de trata de seres humanos.* Las previsiones establecidas en el artículo 148 del reglamento aprobado por este real decreto serán igualmente de aplicación a las víctimas potenciales de trata de seres humanos nacionales de un Estado miembro de la Unión Europea o incluidas en el ámbito subjetivo de aplicación del derecho de la Unión Europea relativo a extranjería.

Disposición Adicional Decimonovena. *Personas extranjeras beneficiarias de protección temporal.* Las condiciones y el procedimiento por las que se regula la modificación de la autorización de residencia de las personas extranjeras desplazadas conforme a la normativa sobre protección temporal en caso de afluencia masiva de personas desplazadas, serán establecidas por Orden de la persona titular del Ministerio de la Presidencia, Justicia y Relaciones con las Cortes, a propuesta de las personas titulares de los Ministerios de Inclusión, Seguridad Social y Migraciones y Ministerio de Interior.

DISPOSICIÓN TRANSITORIA

Disposición Transitoria Única. *Registro de Instituciones y Centros de Enseñanza Superior.* Por real decreto se creará el Registro de Instituciones y Centros de Enseñanza Superior. Hasta su entrada en vigor, y a efectos de los apartados 6 y 7 del artículo 54, además de las instituciones y centros inscritas en los registros previstos en el artículo 52.1.a), se entenderá por Instituciones y Centros de Enseñanza Superior aquellos que tengan reconocimiento oficial de una administración pública.

III. Real Decreto 557/2011, de 20 de abril, por el que se aprueba el Reglamento de la Ley Orgánica 4/2000, sobre derechos y libertades de los extranjeros en España y su integración social, tras su reforma por Ley Orgánica 2/2009.

Téngase en cuenta que esta norma fue derogada el 20-5-2025 por el RD 1155/2024 de 19 noviembre.

La Ley Orgánica 2/2009, de 11 de diciembre, en su Disposición Final Tercera, habilita al Gobierno a dictar las disposiciones que resulten necesarias para la aplicación y desarrollo de la reforma de la Ley Orgánica 4/2000, de 11 de enero, sobre derechos y libertades de los extranjeros en España y su integración social. El presente Real Decreto viene a aprobar el nuevo Reglamento de Extranjería, derogando el Reglamento aprobado por Real Decreto 2393/2004, de 30 de diciembre.

La decisión de aprobar un nuevo Reglamento de Extranjería que desarrolle al máximo la adaptación reglamentaria de la última reforma de la Ley Orgánica 4/2000, y, por lo tanto, de ejercer en sentido amplio la potestad reglamentaria que el art. 97 de la Constitución Española atribuye al Gobierno, obedece a diversas causas.

Por un lado, a la evolución del fenómeno migratorio, que ha sido una causa constante de las sucesivas reformas de la Ley Orgánica. Dicha evolución, que en los últimos años ha dado lugar, entre otras cosas, a un descenso del número de solicitudes de entrada por motivos laborales y a un aumento del número de procedimientos instados por personas extranjeras que se encuentran en España y que pretenden renovar o prorrogar sus autorizaciones o ejercer las facultades que la Ley Orgánica les otorga, debe ser tenida en cuenta al desarrollar reglamentariamente las previsiones de la Ley de Extranjería. El nuevo Reglamento pretende optimizar en este nuevo contexto los principios de la política migratoria reconocidos por primera vez a través de la Ley Orgánica 2/2009, de 11 de diciembre, principios entre los que se encuentran la ordenación de los flujos migratorios laborales de acuerdo con la situación nacional de empleo, la integración social de las personas inmigrantes, la lucha contra la inmigración irregular y las relaciones con terceros países en materia de inmigración.

Por otro lado, la reforma del Reglamento de Extranjería también ofrece la oportunidad de clarificar, simplificar y ordenar procedimientos complejos, cuya tramitación puede ser mejorada desde la perspectiva de la agilidad y seguridad jurídica. La ubicación y reordenación sistemática de algunos procedimientos, la distinción entre requisitos y documentos acreditativos de los mismos, la mayor concreción de unos y otros, su simplificación, así como una regulación más clara de la relación entre autorizaciones y visados que evite dobles comprobaciones contribuirán, sin duda, a mejorar la gestión y la seguridad jurídica de los procedimientos de extranjería. Mención aparte, en este mismo sentido, merece la introducción de las nuevas tecnologías en un ámbito con un volumen de gestión elevado y, concretamente, la utilización de una aplicación informática común que permitirá la integración de las diversas fases procedimentales y su gestión por parte de las diversas Administraciones con competencia en la materia, así como una mejor relación con la ciudadanía en consonancia con la normativa de acceso electrónico a los servicios públicos.

Finalmente, más allá de mejorar su naturaleza de norma procedimental, la aprobación de un nuevo Reglamento de Extranjería también permite introducir modificaciones materiales que no sólo responden a cambios legales y al creciente protagonismo de la normativa comunitaria en este ámbito, sino que pretenden tener en cuenta la ya dilatada experiencia de las Oficinas de Extranjería.

El alcance de la reforma ha reforzado, por otro lado, la voluntad de implicar al mayor número de fuerzas políticas, agentes sociales y organizaciones no gubernamentales en la misma. Más allá de los canales institucionales de participación, se ha hecho un esfuerzo notable para conseguir un acuerdo global con los agentes sociales en el ámbito de la Mesa de Diálogo Social, así como para tener en cuenta las aportaciones presentadas por las organizaciones con mayor implantación en el ámbito de la extranjería. Este proceso de diálogo y consenso ha supuesto un grado de participación importante que tiene su reflejo en el propio texto.

Desde una perspectiva material, las novedades del Reglamento responden sobre todo a la voluntad de consolidar un modelo basado en la regularidad y vinculado al mercado de trabajo. Ello se ha traducido, entre otras cuestiones, en una regulación más completa del Catálogo de Ocupaciones de Difícil Cobertura y de los certificados que emiten los servicios públicos de empleo en relación con la insuficiencia de demandantes de empleo para cubrir las ofertas existentes. En ambos casos lo que se pretende es mejorar la información que los sustenta, así como tener en cuenta las posibilidades de cubrir las ofertas de empleo con trabajadores que ya se encuentran en el mercado de trabajo nacional y que podrían satisfacerlas con actuaciones formativas promovidas por los servicios públicos de empleo. La consideración de la situación nacional de empleo también se ha tenido en cuenta en la regulación de las autorizaciones de trabajo por cuenta ajena de duración determinada y en la gestión colectiva de contrataciones en origen, donde se han introducido mecanismos que pretenden evitar la sustitución de mano de obra que ya existe en el mercado laboral.

Junto a la ordenación de los flujos migratorios laborales y la promoción de la cultura de la regularidad, el nuevo Reglamento también pretende fomentar la integración y la igualdad de derechos y deberes, fortaleciendo la integración y la cohesión social en un contexto de diversidad cultural, desde la lógica de la igualdad de derechos y deberes.

En coherencia con la última reforma de la Ley de Extranjería, que fortaleció a través de diversas medidas el papel de las Administraciones autonómicas y locales, el Reglamento que ahora se aprueba también refuerza la colaboración con tales Administraciones en múltiples ámbitos. Uno de los más importantes, pero no el único, es el de los informes previstos en la Ley Orgánica a través de los cuales las Administraciones locales y autonómicas pueden participar, en ejercicio de sus competencias, en los procedimientos que corresponde resolver a la Administración General del Estado. La regulación de los informes de esfuerzo de integración en el ámbito de las renovaciones, de la adecuación de la vivienda a los efectos de la reagrupación familiar y de integración social en el ámbito del arraigo constituyen, en efecto, ejemplos claros de dicha colaboración, que también se ha extendido a la comunicación de datos estadísticos en el ámbito de la reagrupación o a la determinación de la situación nacional de empleo.

Adaptándose al nuevo ciclo migratorio, el Reglamento también apuesta por fomentar y garantizar la movilidad y el retorno voluntario de los inmigrantes. La atracción de investigadores y personal altamente cualificado, así como la regulación en sede reglamentaria de los flujos laborales que afectan a actividades en que concurren razones de interés económico, social o laboral, o a actividades docentes, de investigación o artísticas constituyen medidas que favorecerán indudablemente la competitividad de la economía española y la internacionalización de las empresas. Al mismo tiempo, y dando respuesta al fenómeno creciente de la movilidad, se introducen previsiones sobre el retorno voluntario que hacen posible el regreso en un futuro recuperando los periodos de residencia previos siempre que se cumplan los requisitos para ello y el compromiso de no retorno.

En este sentido, de acuerdo con el mandato legal y con la política europea de inmigración, se ha efectuado el desarrollo reglamentario de determinadas Directivas europeas, cuya transposición se efectuaba en la propia reforma de la Ley Orgánica. Estas Directivas, en algún caso ya incorporadas a nuestro ordenamiento jurídico, configuran un marco normativo europeo común en materia de inmigración en el que España participa plenamente.

Finalmente, el Reglamento apuesta claramente por proporcionar rigor, transparencia y objetividad a los procedimientos de extranjería. La mejora, en definitiva, de la seguridad jurídica mediante unas previsiones más detalladas y concretas que disminuyen el reenvío a otras normas, y la introducción de las nuevas tecnologías en los procedimientos regulados constituyen novedades que contribuirán sin duda a mejorar la gestión y, con ello, las necesidades de todos los diversos agentes que actúan en el ámbito de la extranjería.

Las modificaciones que se introducen afectan de manera generalizada a todas las situaciones de las personas extranjeras en España. De aquí que se vea conveniente hacer un somero repaso de cada título que compone el nuevo Reglamento.

En el título I se introduce una regulación más detallada de la autorización de regreso, se concretan las circunstancias de la custodia en puestos fronterizos, se reordenan las cuestiones relativas a salidas obligatorias y devoluciones, estableciendo un plazo de prescripción para estas últimas.

En el título II, relativo al tránsito aeroportuario, se incorporan las modificaciones frutos de la aplicación del Derecho de la Unión Europea, y en particular, del Código Comunitario de Visados.

En el título III, dedicado a la estancia, se introducen reformas derivadas de la normativa comunitaria, así como se lleva a cabo la transposición de la Directiva relativa a estancias por estudios, investigación o formación, intercambio de alumnos, prácticas no laborales o servicios de voluntariado. Asimismo, se simplifican las normas de procedimiento y se establece la figura de la prórroga de estancia por estudios, así como la posibilidad de realizar actividades por cuenta propia.

El título IV recoge profundas novedades al referirse a la situación de residencia temporal en sus diferentes modalidades. Por una parte, se fijan con precisión los requisitos y medios económicos a acreditar por la persona extranjera en los supuestos de residencia no lucrativa y que con otras magnitudes también se fija para la reagrupación familiar. En la reagrupación familiar se desarrolla el mandato legal de inclusión de la pareja de hecho, regulando con más detalle la residencia independiente de los familiares reagrupados. Por otra parte, en el ámbito laboral se regulan los medios económicos, materiales y personales a acreditar por el empleador, así como se reglamenta la eficacia de la autorización al alta en la Seguridad Social. Asimismo, se introducen sendos capítulos destinados a la transposición de la Directiva de investigadores, así como la Directiva de profesionales altamente cualificados o Tarjeta azul. Finalmente, se incluye un capítulo dedicado a regular los efectos del retorno voluntario de la persona extranjera en el supuesto de que decidiera volver a España.

En este título se despliega con plena visualización el papel de las Comunidades Autónomas de cara a la gestión colaborativa de la inmigración, dedicándose una consideración central a la elaboración y efectos del informe de esfuerzo de integración y al informe sobre la vivienda para la reagrupación familiar. Esta consideración, derivada de la reforma legal, contempla igualmente el papel de los Ayuntamientos en el supuesto de que la Comunidad Autónoma delegue sobre ellos sus competencias.

El título V, referido a la residencia por circunstancias excepcionales, mantiene inalterada la configuración del arraigo, con dos importantes matizaciones. Por una parte, se reduce el periodo de relación laboral a acreditar en el denominado arraigo laboral; por otra parte, en consonancia con la doctrina de nuestros Tribunales y del Tribunal de Justicia de la Unión Europea, se introduce la figura del arraigo familiar para progenitores de menores españoles. Sí se introduce, como novedad, un capítulo destinado a regular la figura de la víctima de violencia de género, en el que opera con profusión la figura de la autorización provisional de residencia y trabajo. También se incorpora como situación especialmente regulada la figura de la víctima de trata de seres humanos, tanto en su vertiente de trata con fines de explotación sexual como en su vertiente de fines de explotación laboral.

En el título VI se recoge la residencia de larga duración en sus dos modalidades: larga duración y larga duración UE, facilitando la movilidad del residente en otros Estados miembros.

En el título VII, al hacerse referencia a las extinciones de las autorizaciones de residencia y trabajo, se incorpora la posible extinción de las nuevas figuras incorporadas al Reglamento (investigación, profesionales altamente cualificados, víctimas de trata y residencia de larga duración).

El título VIII da acogida a la regulación de la gestión colectiva de contrataciones en origen, que sustituye a la tradicional denominación del contingente, previendo una continua relevancia de la Comisión Laboral Tripartita de Inmigración.

El título IX introduce por primera vez las autorizaciones de residencia y trabajo en cuya actividad profesional concurran razones de interés económico, social o laboral, o relativas a la realización de trabajos o desarrollo o docentes, que requieran alta cualificación, o de actividades artísticas de especial interés cultural, y que está vinculada a la denominada Unidad de Grandes Empresas, dando cabida a pequeñas y medianas empresas en razón de sectores estratégicos de la economía.

El título X mejora la actual redacción de los trabajadores transfronterizos, detallando los requisitos que deberán cumplirse para la obtención de la pertinente autorización.

El título XI introduce diferentes mejoras en relación con los menores extranjeros, tanto acompañados como no acompañados. En este sentido, configura un régimen jurídico integral, de especial interés en el caso de estos últimos. Por primera vez, se regula en detalle el procedimiento de repatriación del menor, con intervención intensa del Ministerio Fiscal, así como el tránsito de la minoría a la mayoría de edad.

El título XII se refiere a la modificación de las situaciones de las personas extranjeras en España, teniendo en cuenta la introducción de las nuevas figuras que se añaden (investigadores y altamente cualificados).

En cuanto a la documentación de los extranjeros, regulada en el título XIII, en consonancia con la inclusión del retorno voluntario, se prevé la forma de entrega de la Tarjeta de Identidad de Extranjero. Igualmente, se incluye una nueva regulación del Registro de Menores Extranjeros No Acompañados, que también será coordinado por la Fiscalía.

El título XIV se destina a las infracciones en materia de extranjería y su régimen sancionador, derivadas de la reforma legal.

El título XV contempla las Oficinas de Extranjería y los Centros de Migraciones, reiterando la dependencia orgánica y funcional que aquéllas poseen.

Por otra parte, el Reglamento contiene veinticinco disposiciones adicionales, de las que destaca la aplicación de las nuevas tecnologías tanto por parte de la Administración como por parte de la ciudadanía, así como la gestión en los procedimientos con intervención de las Comunidades Autónomas.

En coherencia con lo expuesto, se considera que este Reglamento permitirá continuar desarrollando en España una política migratoria integral, integrada y sostenible, de acuerdo con las necesidades de este país, contribuyendo a la cohesión social.

En su virtud, a propuesta de los titulares de los Ministerios de Asuntos Exteriores y de Cooperación, del Interior, de Trabajo e Inmigración y de Política Territorial y Administración Pública, de acuerdo con el Consejo de Estado y previa deliberación del Consejo de Ministros en su reunión del día 15 de abril de 2011,

DISPONGO:

Único. *Aprobación y ámbito de aplicación del Reglamento.* 1. Se aprueba el Reglamento de la Ley Orgánica 4/2000, de 11 de enero, sobre derechos y libertades de los extranjeros en España y su integración social, cuyo texto se inserta a continuación.

2. Las normas del Reglamento de la Ley Orgánica 4/2000, de 11 de enero, sobre derechos y libertades de los extranjeros en España y su integración social, se aplicarán con carácter supletorio, o a los efectos que pudieran ser más favorables, a los nacionales de los Estados miembros de la Unión Europea y a las demás personas incluidas en el ámbito del Real Decreto 240/2007, de 16 de febrero, sobre entrada, libre circulación y residencia en España de ciudadanos de los Estados miembros de la Unión Europea y de otros Estados parte en el Acuerdo sobre el Espacio Económico Europeo. Asimismo, las normas del Reglamento de la Ley Orgánica 4/2000, de 11 de enero, se aplicarán con carácter supletorio a quienes sea de aplicación la Ley 12/2009, de 30 de octubre, reguladora del derecho de asilo y de la protección subsidiaria.

DISPOSICIÓN ADICIONAL

Disposición Adicional Única . *Identificación y protección de la víctima de trata de seres humanos.* Las previsiones establecidas en el art. 140 del Reglamento aprobado por este Real Decreto serán igualmente de aplicación a las víctimas potenciales de trata de seres humanos nacionales de un Estado miembro de la Unión Europea o incluidas en el ámbito subjetivo de aplicación del régimen comunitario de extranjería.

DISPOSICIONES TRANSITORIAS

Disposición Transitoria Primera . *Validez de las autorizaciones o tarjetas en vigor.* Las distintas autorizaciones o tarjetas que habilitan para entrar, residir y trabajar en España, concedidas a las personas incluidas en el ámbito de aplicación del Reglamento que se aprueba mediante este Real Decreto y que tengan validez a la fecha de su entrada en vigor, conservarán dicha validez durante el tiempo para el que hubieren sido expedidas.

Disposición Transitoria Segunda . *Solicitudes presentadas con anterioridad a la entrada en vigor del Reglamento.* Las solicitudes presentadas con anterioridad a la entrada en vigor de este Real Decreto y del Reglamento que por él se aprueba se tramitarán y resolverán conforme a la normativa vigente en la fecha de su presentación, salvo que el interesado solicite la aplicación de lo dispuesto en este Real Decreto y en el Reglamento que por él se aprueba y siempre que se acredite el cumplimiento de los requisitos exigidos para cada tipo de solicitud.

DISPOSICIÓN DEROGATORIA

Disposición Derogatoria Única . *Derogación normativa.* Quedan derogados el Reglamento de la Ley Orgánica 4/2000, de 11 de enero, sobre derechos y libertades de los extranjeros en España y su integración social, aprobado por el Real Decreto 2393/2004, de 30 de diciembre; la Resolución de la Secretaría de Estado de Inmigración y Emigración, de 28 de febrero de 2007, relativa al acuerdo por el que se aprueban las instrucciones por las que se determina el procedimiento para autorizar la entrada, residencia y trabajo en España, de extranjeros en cuya actividad profesional concurran razones de interés económico, social o laboral, o relativas a la realización de trabajos de investigación o desarrollo o docentes, que requieran alta cualificación, o de actuaciones artísticas de especial interés cultural; y cuantas otras disposiciones, de igual o inferior rango, se opongan a lo dispuesto en este Real Decreto y en el Reglamento que por él se aprueba.

No obstante, las previsiones del Reglamento de la Ley Orgánica 4/2000, de 11 de enero, aprobado por Real Decreto 2393/2004, de 30 de diciembre, relativas al régimen de internamiento de los extranjeros permanecerán vigentes hasta la fecha de entrada en vigor del Reglamento previsto en la disposición adicional tercera de la Ley Orgánica 2/2009.

DISPOSICIONES FINALES

Disposición Final Primera . *Títulos competenciales.* El presente Real Decreto se dicta al amparo de lo dispuesto en el art. 149.1.2ª de la Constitución, que atribuye al Estado la competencia exclusiva en materia de nacionalidad, inmigración, extranjería y derecho de asilo.

Se exceptúan de lo anterior las referencias al procedimiento sobre autorizaciones iniciales de trabajo por cuenta propia o ajena de los extranjeros en aquellas Comunidades Autónomas a las que haya sido traspasada esta competencia, que se dictan al amparo del art. 149.1.7ª de la Constitución, que otorga al Estado la competencia exclusiva sobre legislación laboral sin perjuicio de su ejecución por los órganos de las Comunidades Autónomas.

Disposición Final Segunda . *Desarrollo normativo.* Se autoriza a los titulares de los Ministerios de Asuntos Exteriores y de Cooperación, del Interior, de Trabajo e Inmigración, y de Política Territorial y Administración Pública para dictar, en el ámbito de sus respectivas competencias y, en su caso, previo informe de la Comisión Interministerial de Extranjería, las normas que sean necesarias para la ejecución y desarrollo de lo dispuesto en este Real Decreto y en el Reglamento que por él se aprueba. En el supuesto de que las materias no sean objeto de la exclusiva competencia de cada uno de ellos, la ejecución y desarrollo de lo dispuesto en este Real Decreto y en el Reglamento que por él se aprueba se llevará a cabo mediante Orden del titular del Ministerio de la Presidencia, a propuesta conjunta de los Ministerios afectados, previo informe de la Comisión Interministerial de Extranjería.

Disposición Final Tercera . *Entrada en vigor.* El presente Real Decreto y el Reglamento que por él se aprueba entrarán en vigor a los dos meses de su publicación en el «Boletín Oficial del Estado».

REGLAMENTO DE LA LEY ORGÁNICA 4/2000, DE 11 DE ENERO, SOBRE DERECHOS Y LIBERTADES DE LOS EXTRANJEROS EN ESPAÑA Y SU INTEGRACIÓN SOCIAL

TÍTULO PRIMERO
RÉGIMEN DE ENTRADA Y SALIDA DE TERRITORIO ESPAÑOL

CAPÍTULO PRIMERO
PUESTOS DE ENTRADA Y SALIDA

1. *Entrada por puestos habilitados.* 1. Sin perjuicio de lo dispuesto por los convenios internacionales suscritos por España, el extranjero que pretenda entrar en territorio español deberá hacerlo por los puestos habilitados al efecto, hallarse provisto del pasaporte o documento de viaje en vigor que acredite su identidad y que se considere válido para tal fin, estar en posesión de un visado válido cuando éste sea exigible, y no estar sujeto a prohibiciones expresas de entrada. Asimismo, deberá presentar los documentos determinados en este Reglamento que justifiquen el objeto y condiciones de entrada y estancia, y acreditar la posesión de los medios económicos suficientes para el tiempo que pretenda permanecer en España o, en su caso, estar en condiciones de obtener legalmente dichos medios.

2. Excepcionalmente, las autoridades o los funcionarios responsables del control fronterizo podrán autorizar el cruce de fronteras, fuera de los puestos habilitados o de los días y horas señalados, en los siguientes casos:

a) Las personas a las que les haya sido expedida una autorización extraordinaria para cruzar la frontera ante una necesidad concreta.

b) Los beneficiarios de acuerdos internacionales en tal sentido con países limítrofes.

3. Los marinos que estén en posesión de un documento de identidad de la gente del mar en vigor podrán circular mientras dure la escala del buque por el recinto del puerto o por las localidades próximas, en un entorno de 10 kilómetros, sin la obligación de presentarse en el puesto fronterizo, siempre que los interesados figuren en la lista de tripulantes del buque al que pertenezcan, sometida previamente a control y verificación de la identidad de los marinos por los funcionarios mencionados en el apartado 2. Podrá denegarse el derecho a desembarcar al marino que represente una amenaza para el orden público, la salud pública o la seguridad nacional, o a aquel en el que concurran circunstancias objetivas de las que pueda deducirse su incomparecencia en el buque antes de su partida.

2. *Habilitación de puestos.* 1. De conformidad con el interés nacional y lo dispuesto en los convenios internacionales en los que España sea parte, la habilitación de un puesto en frontera terrestre se adoptará, previo acuerdo con las autoridades del país limítrofe correspondiente, mediante Orden del titular del Ministerio de la Presidencia, a propuesta conjunta de los titulares de los Ministerios de Asuntos Exteriores y de Cooperación, de Economía y Hacienda y del Interior.

2. Cuando se trate de la habilitación de puestos en puertos o aeropuertos, la Orden del titular del Ministerio de la Presidencia se adoptará a propuesta conjunta de los titulares de los Ministerios de Asuntos Exteriores y de Cooperación, de Economía y Hacienda y del Interior, previo informe favorable del departamento ministerial u órgano autonómico del que dependan el puerto o el aeropuerto.

3. *Cierre de puestos habilitados.* 1. El cierre, con carácter temporal o indefinido, de los puestos habilitados para la entrada y la salida de España se podrá acordar por Orden del titular del Ministerio de la Presidencia, a propuesta de los titulares de los Ministerios competentes, cuando así resulte bien de las disposiciones que deban regir a consecuencia de los estados de alarma, excepción o sitio, bien en aplicación de leyes especiales, en supuestos en que lo requieran los intereses de la defensa nacional, la seguridad del Estado y la protección de la salud y seguridad de los ciudadanos, así como en supuestos de elevada presión migratoria irregular, sin perjuicio de la posibilidad de desconcentrar dicha competencia.

2. Podrá procederse, a través de los trámites previstos normativamente, al cierre o traslado de los puestos habilitados en supuestos distintos de los previstos en el apartado anterior, siempre y cuando su ubicación resultara innecesaria o inconveniente.

3. El cierre de los puestos habilitados deberá comunicarse a aquellos países con los que España tenga obligación de hacerlo como consecuencia de los compromisos internacionales suscritos con ellos.

CAPÍTULO II
ENTRADA: REQUISITOS Y PROHIBICIONES

4. *Requisitos.* 1. La entrada de un extranjero en territorio español estará condicionada al cumplimiento de los siguientes requisitos:

a) Titularidad del pasaporte o documentos de viaje a los que se refiere el artículo siguiente.

b) Titularidad del correspondiente visado en los términos establecidos en el art. 7.

c) Justificación del objeto y las condiciones de la entrada y estancia en los términos establecidos en el art. 8.

d) Acreditación, en su caso, de los medios económicos suficientes para su sostenimiento durante el periodo de permanencia en España, o de estar en condiciones de obtenerlos, así como para el traslado a otro país o el retorno al de procedencia, en los términos establecidos en el art. 9.

e) Presentación, en su caso, de los certificados sanitarios a los que se refiere el art. 10.

f) No estar sujeto a una prohibición de entrada, en los términos del art. 11.

g) No suponer un peligro para la salud pública, el orden público, la seguridad nacional o las relaciones internacionales de España o de otros Estados con los que España tenga un convenio en tal sentido.

2. La Comisaría General de Extranjería y Fronteras podrá autorizar la entrada en España de los extranjeros que no reúnan los requisitos establecidos en el apartado anterior cuando existan razones excepcionales de índole humanitaria, interés público o cumplimiento de com-

promisos adquiridos por España. En estos casos, se procederá a hacer entrega al extranjero de la resolución acreditativa de la autorización de entrada por cualquiera de estas causas.

Sin perjuicio de la posible consideración de las causas que motivaron su concesión en el marco del procedimiento relativo a la residencia por circunstancias excepcionales, la autorización de la entrada en España en base a lo dispuesto en el párrafo anterior no supondrá, por sí misma y de forma aislada a otras circunstancias que pudieran ser alegadas, el cumplimiento de los requisitos a acreditar de cara a la obtención de una autorización de residencia por circunstancias excepcionales.

5. *Autorización de regreso.* 1. No obstante lo dispuesto en el artículo anterior, al extranjero cuya autorización de residencia o de estancia se encuentre en periodo de renovación o prórroga se le expedirá una autorización de regreso que le permita una salida de España y el posterior retorno al territorio nacional, siempre que el solicitante acredite que ha iniciado los trámites de renovación o prórroga del título que le habilita para permanecer en España dentro del plazo legal fijado al efecto.

Igualmente, el titular de una Tarjeta de Identidad de Extranjero en vigor podrá solicitar una autorización de regreso en caso de robo, extravío, destrucción o inutilización de aquélla, siempre que acredite haber presentado solicitud de duplicado de la tarjeta.

2. La autorización de regreso tendrá una vigencia no superior a noventa días desde la caducidad de la autorización de residencia o de estancia, si se solicita con anterioridad a dicha caducidad.

En caso de que se solicite en un momento posterior a la caducidad de la autorización de residencia o de estancia, la autorización de regreso tendrá una vigencia no superior a noventa días desde que sea concedida.

Cuando el viaje responda a una situación de necesidad, la autorización de regreso se tramitará con carácter preferente.

3. Cuando el extranjero acredite que el viaje responde a una situación de necesidad y concurran razones excepcionales, podrá expedirse la autorización de regreso referida en el apartado anterior, con una vigencia no superior a noventa días desde que se conceda la autorización de regreso, si se ha resuelto favorablemente la solicitud inicial

de autorización de residencia o de autorización de estancia y está en trámite la expedición de la Tarjeta de Identidad de Extranjero.

4. La autorización de regreso será concedida por el Delegado o Subdelegado del Gobierno competente, por el Comisario General de Extranjería y Fronteras o por los titulares de las comisarías y puestos fronterizos del Cuerpo Nacional de Policía.

La concesión por el Delegado o Subdelegado del Gobierno se realizará tras la tramitación del expediente por la Oficina de Extranjería correspondiente.

6. *Documentación para la entrada.* 1. Para acreditar su identidad, el extranjero que pretenda entrar en España deberá hallarse provisto de uno de los siguientes documentos:

a) Pasaporte, individual, familiar o colectivo, válidamente expedido y en vigor. Los menores de 16 años podrán figurar incluidos en el pasaporte de su padre, madre o tutor cuando tengan la misma nacionalidad del titular del pasaporte y viajen con éste.

b) Título de viaje, válidamente expedido y en vigor.

c) Documento nacional de identidad, cédula de identificación o cualquier otro documento en vigor que acredite su identidad, que hayan sido considerados válidos para la entrada en territorio español, en virtud de compromisos internacionales asumidos por España.

2. Tanto los pasaportes como los títulos de viaje y demás documentos que se consideren válidos deberán estar expedidos por las autoridades competentes del país de origen o de procedencia de sus titulares o por las organizaciones internacionales habilitadas para ello por el Derecho Internacional y contener, en todo caso, datos suficientes para la determinación de la identidad y la nacionalidad de los titulares. Los pasaportes deberán permitir el retorno al país que los haya expedido.

3. Las misiones diplomáticas u oficinas consulares españolas, previa autorización expresa de la Dirección General de Asuntos Consulares y Migratorios del Ministerio de Asuntos Exteriores y de Cooperación, podrán expedir documentos de viaje y salvoconductos a extranjeros cuya protección internacional haya sido determinada por España en aplicación de la legislación española sobre protección internacional o para proceder a su evacuación hacia países con los que existan acuerdos de cooperación a tal efecto.

4. La admisión de pasaportes colectivos se ajustará a los convenios internacionales que sobre ellos existan o se concierten por España. En

ambos casos será preciso contar con el informe previo del Ministerio del Interior.

7. *Exigencia de visado.* 1. Los extranjeros que se propongan entrar en territorio español deberán ir provistos del correspondiente visado, válidamente expedido y en vigor, extendido en sus pasaportes o documentos de viaje o, en su caso, en documento aparte, salvo lo dispuesto en el apartado siguiente.

2. Para estancias de hasta tres meses en un periodo de seis no necesitarán visado:

a) Los nacionales de países exentos de dicho requisito en virtud de lo establecido en la normativa de la Unión Europea.

b) Los titulares de pasaportes diplomáticos, de servicio u otros pasaportes oficiales expedidos por países con los que se haya acordado su supresión, en la forma y condiciones establecidas en el acuerdo correspondiente.

c) Los titulares de salvoconductos expedidos por determinadas organizaciones internacionales intergubernamentales a sus funcionarios, cuando España haya acordado la supresión de dicho requisito.

d) Los extranjeros que tengan la condición de refugiados y estén documentados como tales por un país signatario del Acuerdo Europeo número 31, de 20 de abril de 1959, relativo a la exención de los visados para refugiados.

e) Los miembros de las tripulaciones de barcos de pasaje y comerciales extranjeros, cuando se hallen documentados con un documento de identidad de la gente del mar en vigor y sólo durante la escala del barco o cuando se encuentren en tránsito para embarcar hacia otro país.

f) Los miembros de las tripulaciones de aviones comerciales extranjeros que estén documentados como tales mediante la tarjeta de miembro de la tripulación durante la escala de su aeronave o entre dos escalas de vuelos regulares consecutivos de la misma compañía aérea a que pertenezca la aeronave.

g) Los extranjeros titulares de una autorización de residencia, una autorización provisional de residencia, un visado de larga duración o una tarjeta de acreditación diplomática, expedidos por las autoridades de otro Estado con el que España haya suscrito un acuerdo internacional que contemple esta posibilidad. Estas autorizaciones habrán de tener una vigencia mínima igual al plazo de estancia, o de la duración del tránsito, previsto en el momento de solicitar la entrada.

3. No precisarán visado para entrar en territorio español los extranjeros titulares de una Tarjeta de Identidad de Extranjero, de una tarjeta de acreditación diplomática, o de la autorización de regreso prevista en el art. 5 ni los titulares de una Tarjeta de Identidad de Extranjero de trabajador transfronterizo respecto a la entrada en el territorio español que forma frontera con el país del trabajador, siempre que las autorizaciones que acreditan dichos documentos hayan sido expedidas por los órganos españoles y estén vigentes en el momento de solicitar la entrada.

8. *Justificación del motivo y condiciones de la entrada y estancia.* 1. Los extranjeros deberán, si así se les requiere, especificar el motivo de su solicitud de entrada y estancia en España.

Los funcionarios responsables del control de entrada en función, entre otras circunstancias, del motivo y duración del viaje podrán exigirles la presentación de documentos que justifiquen o establezcan la verosimilitud de la razón de entrada invocada.

Los extranjeros que soliciten la entrada, para justificar la verosimilitud del motivo invocado, podrán presentar cualquier documento o medio de prueba que, a su juicio, justifique los motivos de entrada manifestados.

2. A estos efectos, podrá exigirse la presentación, entre otros, de los siguientes documentos:

En relación con cualquiera de los motivos de solicitud de entrada y estancia previstos en este apartado, billete de vuelta o de circuito turístico.

a) Además, para los viajes de carácter profesional, alternativamente:

1º La invitación de una empresa o de una autoridad expedida, en los términos fijados mediante Orden del titular del Ministerio de la Presidencia, a propuesta conjunta de los titulares de los Ministerios de Asuntos Exteriores y de Cooperación, del Interior y de Trabajo e Inmigración, para participar en reuniones de carácter comercial, industrial o vinculadas a la actividad.

2º Documentos de los que se desprenda que existen relaciones comerciales o vinculadas a la actividad.

3º Tarjetas de acceso a ferias y congresos.

b) Además, para los viajes de carácter turístico o privado, alternativamente:

1º Documento justificativo de la existencia de lugar de hospedaje a disposición del extranjero: bien emitido por el establecimiento de hospedaje o bien consistente en carta de invitación de un particular, expedida en los términos fijados mediante Orden del titular del Ministerio de la Presidencia, a propuesta conjunta de los titulares de los Ministerios de Asuntos Exteriores y de Cooperación, del Interior y de Trabajo e Inmigración, cuyo contenido habrá de responder exclusivamente a que quede constancia de la existencia de hospedaje cierto a disposición del extranjero.

En ningún caso, la carta de invitación suplirá la acreditación por el extranjero de los demás requisitos exigidos para la entrada.

Sin perjuicio de lo establecido en el párrafo anterior, el documento justificativo de la existencia de lugar de hospedaje a disposición del extranjero contendrá la información relativa a si el alojamiento supone o no la cobertura de toda o parte de su manutención.

2º Confirmación de la reserva de un viaje organizado.

c) Además, para los viajes por motivos de estudios o formación: matrícula o la documentación acreditativa de la admisión en un centro de enseñanza.

d) Además, para los viajes por otros motivos, alternativamente:

1º Invitaciones, reservas o programas.

2º Certificados de partipación en eventos relacionados con el viaje, tarjetas de entrada o recibos.

9. *Acreditación de medios económicos.* El extranjero deberá acreditar, en el momento de la entrada, que dispone de recursos o medios económicos suficientes para su sostenimiento y el de las personas a su cargo que viajen con él, durante el periodo de permanencia en España, o que está en condiciones de obtener legalmente dichos medios, así como para cubrir el traslado a otro país o el retorno al país de procedencia. Mediante Orden del titular del Ministerio de la Presidencia, a propuesta de los titulares de los Ministerios de Asuntos Exteriores y de Cooperación, del Interior y de Trabajo e Inmigración, se determinará la cuantía de los medios económicos exigibles a estos efectos, así como el modo de acreditar su posesión.

Dicha regulación tendrá en consideración, en cuanto a las cuantías exigibles, las circunstancias de que de la documentación del establecimiento de hospedaje o la carta de invitación de un particular, aportada por el extranjero en el marco del art. 8, pueda derivarse que el alojamiento comprende toda o parte de su manutención.

10. *Requisitos sanitarios.* Cuando así lo determine el Ministerio del Interior, de acuerdo con los Ministerios de Sanidad, Política Social e Igualdad y de Trabajo e Inmigración, las personas que pretendan entrar en territorio español deberán presentar en los puestos fronterizos un certificado sanitario expedido en el país de procedencia por los servicios médicos que designe la misión diplomática u oficina consular española, o someterse a su llegada, en la frontera, a un reconocimiento médico por parte de los servicios sanitarios españoles competentes, para acreditar que no padecen ninguna de las enfermedades que pueden tener repercusiones de salud pública graves de conformidad con lo dispuesto en el Reglamento Sanitario Internacional de 2005, así como en los compromisos internacionales sobre la materia suscritos por España, sin perjuicio de lo que se disponga, al efecto, por la normativa de la Unión Europea.

Los reconocimientos médicos se realizarán en todo caso de acuerdo con lo establecido en el Reglamento Sanitario Internacional de 2005.

11. *Prohibición de entrada.* Se considerará prohibida la entrada de los extranjeros, y se les impedirá el acceso al territorio español, aunque reúnan los requisitos exigidos en los artículos precedentes, cuando:

a) Hayan sido previamente expulsados de España y se encuentren dentro del plazo de prohibición de entrada que se hubiera determinado en la resolución de expulsión, o cuando haya recaído sobre ellos una resolución de expulsión, salvo caducidad del procedimiento o prescripción de la infracción o de la sanción.

b) Hayan sido objeto de una medida de devolución y se encuentren dentro del plazo de prohibición de entrada que se hubiera determinado en el correspondiente acuerdo de devolución.

c) Se tenga conocimiento, por conductos diplomáticos, a través de Interpol o por cualquier otra vía de cooperación internacional, judicial o policial, de que se encuentran reclamados, en relación con causas criminales derivadas de delitos comunes graves, por las autoridades judiciales o policiales de otros países, siempre que los hechos por los que figuran reclamados constituyan delito en España y sin perjuicio de su detención, en los casos en que ésta proceda.

d) Hayan sido objeto de prohibición expresa de entrada, en virtud de resolución del titular del Ministerio del Interior, por sus actividades contrarias a los intereses españoles o a los derechos humanos o por sus notorias conexiones con organizaciones delictivas, nacionales o internacionales, u otras razones judiciales o administrativas que justifiquen la adopción de esta medida, sin perjuicio de su detención, en los casos en que ésta proceda.

e) Tengan prohibida la entrada en virtud de convenios internacionales en los que España sea parte o de acuerdo con lo establecido en la normativa comunitaria, salvo que se considere necesario establecer una excepción por motivos humanitarios o de interés nacional.

12. *Forma de efectuar la entrada.* 1. A su llegada al puesto habilitado para la entrada en España, los extranjeros acreditarán con carácter prioritario ante los funcionarios responsables del control que reúnen los requisitos previstos en los artículos de este capítulo para la obligada comprobación de éstos.

2. Si la documentación presentada fuera hallada conforme y no existe ninguna prohibición o impedimento para la entrada del titular, se estampará en el pasaporte o título de viaje el sello, signo o marca de control establecido, salvo que las leyes internas o los tratados internacionales en que España sea parte prevean la no estampación, con lo que, previa devolución de la documentación, quedará franco el paso al interior del país.

3. Si el acceso se efectúa con documento de identidad o de otra clase en los que no se pueda estampar el sello de entrada, el interesado deberá cumplimentar el impreso previsto para dejar constancia de la entrada, que deberá conservar en su poder y presentar junto a la documentación identificativa, si le fuese requerida.

13. *Declaración de entrada.* 1. Tendrán la obligación de declarar la entrada personalmente ante las autoridades policiales españolas los extranjeros que accedan a territorio español procedentes de un Estado con el que España haya firmado un acuerdo de supresión de controles fronterizos.

2. Si no se hubiese efectuado en el momento de la entrada, dicha declaración deberá efectuarse en el plazo de tres días hábiles a partir

de aquélla, en cualquier comisaría del Cuerpo Nacional de Policía u Oficina de Extranjería.

14. *Registro de entrada en territorio español.* 1. Las entradas realizadas en territorio español, de acuerdo con lo previsto en los arts. 12 y 13, por extranjeros a los que no les sea de aplicación el régimen comunitario de extranjería, podrán ser registradas por las autoridades competentes en el Registro Central de Extranjeros, a los efectos de control de su periodo de permanencia legal en España, de conformidad con la Ley Orgánica 15/1999, de 13 de diciembre, de protección de datos de carácter personal.

2. El sistema de registro de entradas en España será regulado mediante Orden del titular del Ministerio de la Presidencia dictada a propuesta de los titulares de los Ministerios del Interior y de Trabajo e Inmigración.

15. *Denegación de entrada.* 1. Los funcionarios responsables del control denegarán la entrada en el territorio español a los extranjeros que no reúnan los requisitos establecidos en este capítulo. Dicha denegación se realizará mediante resolución motivada y notificada, con información acerca de los recursos que puedan interponerse contra ella, el plazo para hacerlo y el órgano ante el que deban formalizarse, así como de su derecho a la asistencia letrada, que podrá ser de oficio en el caso de que el interesado carezca de recursos económicos suficientes y, en su caso, de intérprete, que comenzará en el momento de efectuarse el control en el puesto fronterizo.

La resolución contendrá, entre otros contenidos, el siguiente:

a) La determinación expresa de la causa por la que se deniega la entrada.

b) La información al interesado de que el efecto que conlleva la denegación de entrada es el regreso a su punto de origen.

c) La información al interesado de su derecho a la asistencia jurídica, así como a la asistencia de intérprete, si no comprende o habla las lenguas oficiales que se utilicen, a partir del momento en que se dicte el acuerdo de iniciación del procedimiento. Ambas asistencias serán gratuitas en el caso de que el interesado carezca de recursos económicos suficientes, de acuerdo con lo previsto en la normativa reguladora del derecho de asistencia jurídica gratuita.

La información, que igualmente se habrá proporcionado tan pronto se inicie el procedimiento administrativo, hará expresa mención a la necesidad de presentar la oportuna solicitud en los términos previstos en las normas que regulan la asistencia jurídica gratuita para el ejercicio de éste en caso de que se decidiera impugnar la resolución en vía jurisdiccional contencioso-administrativa, de conformidad con el art. 22.3 de la Ley Orgánica 4/2000, de 11 de enero.

Cuando existiesen acuerdos que regulen la readmisión de las personas en situación irregular suscritos por España, los funcionarios responsables del control, tras facilitar la información a la que se refiere el art. 26.2 de la Ley Orgánica 4/2000, de 11 de enero, denegarán, en los términos previstos en los citados acuerdos, la entrada de las personas a las que les sean de aplicación, siempre que la denegación se produzca dentro del plazo previsto en los mismos.

2. La resolución de denegación de entrada conllevará los efectos previstos en el art. 60 de la Ley 4/2000 y será recurrible con arreglo a lo dispuesto en las leyes. Si el extranjero no se hallase en España, podrá interponer los recursos que correspondan, tanto en vía administrativa como jurisdiccional, a través de las representaciones diplomáticas u oficinas consulares correspondientes, que los remitirán al órgano competente.

A los efectos previstos en el apartado 3 del art. 22 de la Ley Orgánica 4/2000, de 11 de enero, el extranjero que se hallase privado de libertad podrá manifestar su voluntad de interponer recurso contencioso-administrativo o de ejercitar la acción correspondiente contra la resolución que ponga fin a la vía administrativa, ante el Delegado o Subdelegado del Gobierno competente o el Director del Centro de Internamiento de Extranjeros o el responsable del puesto fronterizo bajo cuyo control se encuentre, que lo harán constar en acta que se incorporará al expediente.

3. El regreso se ejecutará de forma inmediata y, en todo caso, dentro del plazo de 72 horas desde que se hubiese acordado. Si no pudiera ejecutarse dentro de dicho plazo, la autoridad gubernativa o, por delegación de ésta, el responsable del puesto fronterizo habilitado se dirigirá al juez de instrucción para que determine, en su caso, el lugar donde haya de ser internado el extranjero, hasta que llegue el momento del regreso, de conformidad con lo establecido en la Ley Orgánica 4/2000, de 11 de enero.

4. Al extranjero al que le sea denegada la entrada en el territorio nacional por los funcionarios responsables del control, de conformidad

con lo dispuesto en los acuerdos internacionales suscritos por España, se le estampará en el pasaporte un sello de entrada tachado con una cruz de tinta indeleble negra, y deberá permanecer en las instalaciones destinadas al efecto en el puesto fronterizo hasta que, con la mayor brevedad posible, retorne al lugar de procedencia o continúe viaje hacia otro país donde sea admitido.

La permanencia del extranjero en estas instalaciones tendrá como única finalidad garantizar, en su caso, su regreso al lugar de procedencia o la continuación de su viaje hacia otro país donde sea admitido. La limitación de la libertad ambulatoria del extranjero responderá exclusivamente a esta finalidad en su duración y ámbito de extensión.

Las instalaciones estarán dotadas de servicios adecuados y, especialmente, de servicios sociales, jurídicos y sanitarios acordes con su cifra media de ocupación.

5. Durante el tiempo en que el extranjero permanezca en las instalaciones del puesto fronterizo o en el lugar en que se haya acordado su internamiento, todos los gastos de mantenimiento que se ocasionen serán a cargo de la compañía o transportista que lo hubiese transportado, siempre que no concurra el supuesto previsto en el apartado 3 del art. 54 de la Ley Orgánica 4/2000, de 11 de enero, y sin perjuicio de la sanción que pueda llegar a imponerse.

Igualmente, la compañía o transportista se hará cargo inmediatamente del extranjero al que se le haya denegado la entrada y serán a cuenta de ella todos los gastos que se deriven del transporte para su regreso al Estado a partir del cual haya sido transportado, al que haya expedido el documento de viaje con el que ha viajado el extranjero o a cualquier otro donde esté garantizada su admisión. Lo anterior será de aplicación sin perjuicio de que el regreso pueda ser realizado por la misma compañía o por otra empresa de transporte.

6. La limitación de la libertad ambulatoria de un extranjero a efectos de proceder al regreso a consecuencia de la denegación de entrada será comunicada a la embajada o consulado de su país. No obstante, en caso de que dicha comunicación no haya podido realizarse o la embajada o consulado del país de origen del extranjero no radique en España, dicha situación será comunicada al Ministerio de Asuntos Exteriores y de Cooperación.

7. La resolución no agota la vía administrativa y será recurrible con arreglo a lo dispuesto en las leyes. Si el extranjero no se hallase en España, podrá interponer los recursos que correspondan, tanto

administrativos como jurisdiccionales, a través de las representaciones diplomáticas o consulares correspondientes, las cuales los remitirán al organismo competente.

16. *Obligaciones de los transportistas de control de documentos.* 1. La persona o personas que designe la empresa de transportes deberán requerir a los extranjeros que presenten sus pasaportes, títulos de viaje o documentos de identidad pertinentes, así como, en su caso, visado, cuando embarquen fuera del territorio de los países en los que esté en vigor el Convenio de aplicación del Acuerdo de Schengen, de 14 de junio de 1985, con destino o en tránsito al territorio español. El requerimiento tendrá por objeto comprobar la validez y vigencia de los documentos.

2. Los transportistas de viajeros por vía terrestre deberán adoptar las medidas que estimen oportunas para que se compruebe la documentación de todos los extranjeros que embarquen fuera del territorio de los países en los que esté en vigor el Convenio de aplicación del Acuerdo de Schengen, de 14 de junio de 1985. Tales comprobaciones podrán realizarse en las instalaciones de la estación o parada en la que se vaya a producir el embarque, a bordo del vehículo antes de iniciarse la marcha o, una vez iniciada, siempre que sea posible el posterior desembarque en una estación o parada situada fuera del territorio de los países en los que esté en vigor el Convenio de aplicación del Acuerdo de Schengen.

Cuando se constate que un extranjero no dispone de la documentación necesaria, no deberá ser admitido a bordo del vehículo y, si hubiera iniciado la marcha, deberá abandonarlo en la parada o lugar adecuado más próximos en el sentido de la marcha fuera del territorio de los países en los que esté en vigor el Convenio de aplicación del Acuerdo de Schengen.

En el caso de que el extranjero con documentación aparentemente deficiente decidiese embarcar o no abandonar el vehículo, el conductor o el acompañante, al llegar a la frontera exterior, deberán comunicar a los agentes encargados del control las deficiencias detectadas a fin de que adopten la decisión que resulte procedente.

17. *Obligaciones de los transportistas de remisión de información.* 1. En los términos establecidos en el art. 66.1 y 2 de la Ley Orgánica 4/2000, de11 de enero, toda compañía, empresa de transporte o transportista deberá remitir a las autoridades españolas encargadas del control de la entrada la información sobre los pasajeros que vayan a ser trasladados, ya sea por vía aérea, marítima o terrestre, con independencia de que el transporte sea en tránsito o tenga como destino final al territorio español. Asimismo, las empresas de transporte deberán suministrar la información comprensiva del número de billetes de vuelta no utilizados por los pasajeros a los que previamente hubieran transportado a España.

2. Por resolución conjunta del Ministerio de Trabajo e Inmigración y del Ministerio del Interior, se determinarán las rutas procedentes de fuera del Espacio Schengen respecto de las cuales sea necesario remitir a las autoridades españolas encargadas del control de entrada, con la antelación suficiente, la información a la que se refiere el art. 66.1 y 2 de la Ley Orgánica 4/2000, de 11 de enero. La resolución indicará, entre otros aspectos, el plazo y la forma en la que dicha información deba remitirse.

18. *Obligaciones de los transportistas en caso de denegación de entrada.* 1. Si se negara la entrada en el territorio español a un extranjero por deficiencias en la documentación necesaria para el cruce de fronteras, el transportista que lo hubiera traído a la frontera por vía aérea, marítima o terrestre estará obligado a hacerse cargo de él inmediatamente. A petición de las autoridades encargadas del control de entrada, deberá llevar al extranjero al tercer Estado a partir del cual le hubiera transportado, al Estado que hubiese expedido el documento de viaje con el que hubiera viajado, o a cualquier otro tercer Estado donde se garantice su admisión y un trato compatible con los derechos humanos. Esta misma obligación deberá asumir el transportista que haya trasladado a un extranjero en tránsito hasta una frontera del territorio español si el transportista que deba llevarlo a su país de destino se negara a embarcarlo, o si las autoridades de este último país le hubieran denegado la entrada y lo hubieran devuelto a la frontera española por la que ha transitado.

En los supuestos de transporte aéreo, se entenderá por sujeto responsable del transporte la compañía aérea o explotador u operador de la aeronave. La responsabilidad será solidaria en el caso de que se utilice un régimen de código compartido entre transportistas aéreos. En los casos en que se realicen viajes sucesivos mediante escalas, el responsable será el transportista aéreo que efectúe el último tramo de viaje hasta territorio español.

2. Las obligaciones de los transportistas en caso de denegación de entrada a las que se refiere este artículo, así como las de control de documentos y remisión de información a las que se refieren los dos artículos anteriores, serán igualmente aplicables a los supuestos de transporte aéreo o marítimo que se realice desde Ceuta o Melilla hasta cualquier otro punto del territorio español.

CAPÍTULO III
SALIDAS: REQUISITOS Y PROHIBICIONES

19. *Requisitos.* 1. En ejercicio de su libertad de circulación, los extranjeros podrán efectuar libremente su salida del territorio español, salvo en los casos previstos en el art. 28.3 de la Ley Orgánica 4/2000, de 11 de enero, en los que la salida será obligatoria, y salvo en los supuestos previstos en el art. 57.7 de dicha Ley Orgánica, en los que la salida requiere autorización judicial. Excepcionalmente, la salida podrá ser prohibida por el titular del Ministerio del Interior, de conformidad con el art. 28.2 de dicha Ley Orgánica.

2. Las salidas mediante autorización judicial podrán ser instadas por los órganos legalmente competentes, sin perjuicio del derecho de los extranjeros afectados a instar la salida por sí mismos.

3. A los efectos previstos en el apartado anterior y salvo en los casos en que lo impida el carácter secreto, total o parcial, del sumario, las unidades o servicios de policía judicial informarán a la Dirección General de la Policía y de la Guardia Civil y al Delegado o Subdelegado del Gobierno de aquellos supuestos en los que hubiera extranjeros incursos en procesos penales por delitos cometidos en España.

20. *Documentación y plazos.* 1. Todas las salidas voluntarias del territorio nacional deberán realizarse, cualquiera que sea la frontera que se utilice para tal fin, por los puestos habilitados y previa exhibición del pasaporte, título de viaje o documento válido para la entrada en el país.

2. También podrán realizarse las salidas, con documentación defectuosa o incluso sin ella, si no existiese prohibición ni impedimento alguno a juicio de los servicios policiales de control.

3. Los extranjeros en tránsito que hayan entrado en España con pasaporte o con cualquier otro documento al que se atribuyan análogos efectos habrán de abandonar el territorio español con tal documentación, y deberán hacerlo dentro del plazo para el que hubiese sido autorizado el tránsito, del establecido por los acuerdos internacionales o del plazo de validez de la estancia fijada en el visado.

4. Los que se encuentren en situación de estancia o de prórroga de estancia habrán de salir del territorio español dentro del tiempo de vigencia de dicha situación. Su ulterior entrada y permanencia en España habrán de someterse a los trámites establecidos.

5. Quienes disfruten de una autorización de residencia pueden salir y volver a entrar en territorio español cuantas veces lo precisen, mientras la autorización y el pasaporte o documento análogo se encuentren en vigor.

21. *Forma de efectuar la salida.* 1. A su salida del territorio español, los extranjeros presentarán a los funcionarios responsables del control en los puestos habilitados para ello la documentación señalada para su obligada comprobación.

2. Si la documentación fuera hallada conforme y no existiese ninguna prohibición o impedimento para la salida del titular o de los titulares, se estampará en el pasaporte o título de viaje el sello de salida, salvo que las leyes internas o acuerdos internacionales en que España sea parte prevean la no estampación. Previa devolución de la documentación, quedará franco el paso al exterior del país.

3. Si la salida se hiciera con documentación defectuosa, sin documentación o con documento de identidad en el que no se pueda estampar el sello de salida, el extranjero cumplimentará, en los servicios policiales de control, el impreso previsto para dejar constancia de la salida.

4. Las salidas de territorio español de los extranjeros a los que no les sea de aplicación el régimen comunitario de extranjería podrán ser registradas por las autoridades competentes en el Registro Central de Extranjeros, a los efectos de control de su periodo de permanencia legal en España, de conformidad con la Ley Orgánica 15/1999, de 13 de diciembre, de protección de datos de carácter personal.

El sistema de registro de salidas de España será regulado en la Orden prevista en el art. 14.2 de este Reglamento.

22. *Prohibiciones de salida.* 1. De conformidad con lo previsto en el art. 28.2 de la Ley Orgánica 4/2000, de11 de enero, el titular del Ministerio del Interior podrá acordar la prohibición de salida de extranjeros del territorio nacional, en los casos siguientes:

a) Los de extranjeros incursos en un procedimiento judicial por la comisión de delitos en España, salvo los supuestos del art. 57.7 de la Ley Orgánica 4/2000, de 11 de enero, cuando la autoridad judicial autorizase su salida o expulsión.

b) Los de extranjeros condenados por la comisión de delitos en España a pena de privación de libertad y reclamados, cualquiera que fuera el grado de ejecución de la condena, salvo los supuestos del art. 57.7, de la Ley Orgánica 4/2000, de 11 de enero, y los de aplicación de convenios sobre cumplimiento de penas en el país de origen de los que España sea parte.

c) Los de extranjeros reclamados y, en su caso, detenidos para extradición por los respectivos países, hasta que se dicte la resolución procedente.

d) Los supuestos de padecimiento de enfermedad contagiosa que, con arreglo a la legislación española o a los convenios internacionales, impongan la inmovilización o el internamiento obligatorio en establecimiento adecuado.

2. Las prohibiciones de salida se adoptarán con carácter individual por el titular del Ministerio del Interior, según los casos, a iniciativa propia, a propuesta del titular de la Secretaría de Estado de Inmigración y Emigración, del titular de la Secretaría de Estado de Seguridad, del Delegado o Subdelegado del Gobierno, de las autoridades sanitarias o a instancias de los ciudadanos españoles y de los extranjeros residentes legales en España que pudieran resultar perjudicados, en sus derechos y libertades, por la salida de los extranjeros del territorio español. Las prohibiciones de salida deberán notificarse formalmente al interesado.

CAPÍTULO IV
DEVOLUCIÓN Y SALIDAS OBLIGATORIAS

23. *Devoluciones.* 1. De conformidad con lo establecido en el art. 58.3 de la Ley Orgánica 4/2000, de 11 de enero, no será necesario un expediente de expulsión para la devolución, en virtud de resolución del Subdelegado del Gobierno, o del Delegado del Gobierno en las Comunidades Autónomas uniprovinciales, de los extranjeros que se hallaran en alguno de los siguientes supuestos:

a) Los extranjeros que habiendo sido expulsados contravengan la prohibición de entrada en España.

A estos efectos, se considerará contravenida la prohibición de entrada en España cuando así conste, independientemente de si fue adoptada por las autoridades españolas o por las de alguno de los Estados con los que España tenga suscrito convenio en ese sentido.

b) Los extranjeros que pretendan entrar irregularmente en el país. Se considerarán incluidos, a estos efectos, a los extranjeros que sean interceptados en la frontera o en sus inmediaciones.

2. En el supuesto del párrafo b) del apartado anterior, las Fuerzas y Cuerpos de Seguridad del Estado encargadas de la custodia de costas y fronteras que hayan interceptado a los extranjeros que pretenden entrar irregularmente en España los conducirán con la mayor brevedad posible a la correspondiente comisaría del Cuerpo Nacional de Policía, para que pueda procederse a su identificación y, en su caso, a su devolución.

3. En cualquiera de los supuestos del apartado 1, el extranjero respecto del cual se sigan trámites para adoptar una resolución de devolución tendrá derecho a la asistencia jurídica, así como a la asistencia de intérprete, si no comprende o habla las lenguas oficiales que se utilicen. Ambas asistencias serán gratuitas en el caso de que el interesado carezca de recursos económicos suficientes, de acuerdo con lo previsto en la normativa reguladora del derecho de asistencia jurídica gratuita.

4. Cuando la devolución no se pudiera ejecutar en el plazo de 72 horas, se solicitará de la autoridad judicial la medida de internamiento prevista para los expedientes de expulsión.

A los efectos previstos en el apartado 3 del art. 22 de la Ley Orgánica 4/2000, si durante la situación de privación de libertad el extranjero manifestase su voluntad de interponer recurso contencioso-administrativo o ejercitar la acción correspondiente contra la resolución de devolución una vez agotada la vía administrativa ante el Delegado o Subdelegado del Gobierno o el Director del Centro de Internamiento de Extranjeros bajo cuyo control se encuentre, éste lo hará constar en acta que se incorporará al expediente.

5. La ejecución de la devolución conllevará el nuevo inicio del cómputo del plazo de prohibición de entrada contravenida, cuando se hubiese adoptado en virtud de una resolución de expulsión dictada por las autoridades españolas.

Asimismo, toda devolución acordada en aplicación del párrafo b) del art. 58.3 de la Ley Orgánica 4/2000, de 11 de enero, llevará consigo la prohibición de entrada en territorio español por un plazo máximo de tres años.

6. Aun cuando se haya adoptado una resolución de devolución, ésta no podrá llevarse a cabo y quedará en suspenso su ejecución cuando:

a) Se trate de mujeres embarazadas y la medida pueda suponer un riesgo para la gestación o para la salud de la madre; o se trate de personas enfermas y la medida pueda suponer un riesgo para su salud.

b) Se formalice una solicitud de protección internacional, hasta que se resuelva sobre la solicitud o ésta no sea admitida conforme con lo dispuesto en el art. 19.1 de la Ley 12/2009, de 30 de octubre, reguladora del derecho de asilo y de la protección subsidiaria.

La admisión a trámite de la solicitud de protección internacional llevará aparejada la autorización de entrada y la permanencia provisional del solicitante.

7. El plazo de prescripción de la resolución de devolución será de cinco años si se hubiera acordado en aplicación del apartado a) del art. 58.3 de la Ley Orgánica 4/2000, de 11 de enero; y de dos años si se hubiera acordado en aplicación del apartado b) del art. 58.3 de la Ley Orgánica 4/2000, de 11 de enero. La prescripción se aplicará de oficio por los órganos competentes.

El plazo de prescripción de la resolución de devolución acordada en aplicación del apartado a) del art. 58.3 de la Ley Orgánica 4/2000, de 11 de enero, no empezará a contar hasta que haya transcurrido el periodo de prohibición de entrada reiniciado.

El plazo de prescripción de la resolución de devolución acordada en aplicación del apartado b) del art. 58.3 de la Ley Orgánica 4/2000, de 11 de enero, no empezará a contar hasta que haya transcurrido el periodo de prohibición de entrada determinado en la resolución de devolución.

8. Cuando en el marco de un procedimiento relativo a autorizaciones de residencia por circunstancias excepcionales, se comprobase que consta contra el solicitante una resolución de devolución no ejecutada, ésta será revocada, siempre que del análisis de la solicitud derive la

procedencia de la concesión de la autorización de residencia por circunstancias excepcionales.

En caso de que el órgano competente para resolver sobre la solicitud de autorización no fuera el mismo que dictó la resolución de devolución a revocar, instará de oficio su revocación al órgano competente para ello. En el escrito por el que se inste la revocación se hará constar el tipo de autorización solicitada y expresa mención a la procedencia de la concesión de la misma, por cumplimiento de los requisitos exigibles para ello, salvo el relativo a la existencia de la resolución de devolución no ejecutada.

24. *Salidas obligatorias.* 1. En los supuestos de falta de autorización para encontrarse en España, en especial por no cumplir o haber dejado de cumplir los requisitos de entrada o de estancia, o en los de denegación administrativa de solicitudes de prórrogas de estancia, de autorizaciones de residencia o de cualquier otro documento necesario para la permanencia de extranjeros en territorio español, así como de las renovaciones de las propias autorizaciones o documentos, la resolución administrativa dictada al efecto contendrá la advertencia al interesado de la obligatoriedad de su salida del país, sin perjuicio de que, igualmente, se materialice dicha advertencia mediante diligencia en el pasaporte o documento análogo o en documento aparte, si se encontrase en España amparado en documento de identidad en el que no se pueda estampar dicha diligencia.

No contendrán orden de salida obligatoria las resoluciones de inadmisión a trámite de solicitudes dictadas de conformidad con lo dispuesto en la disposición adicional cuarta de la Ley Orgánica 4/2000, de 11 de enero.

2. La salida obligatoria habrá de realizarse dentro del plazo establecido en la resolución denegatoria de la solicitud formulada, o, en su caso, en el plazo máximo de quince días contado desde el momento en que se notifique la resolución denegatoria, salvo que concurran circunstancias excepcionales y se justifique que se cuenta con medios económicos suficientes; en tal caso, se podrá prorrogar el plazo hasta un máximo de noventa días. Una vez transcurrido el plazo indicado sin que se haya efectuado la salida, se aplicará lo previsto en este Reglamento para los supuestos a que se refiere el art. 53.1.a) de la Ley Orgánica 4/2000, de 11 de enero.

477 1. LEGISLACIÓN DE EXTRANJEROS **Art. 26**

3. Si los extranjeros a que se refiere este artículo realizasen efectivamente su salida del territorio español conforme a lo dispuesto en los apartados anteriores, no serán objeto de prohibición de entrada en el país y eventualmente podrán volver a España, con arreglo a las normas que regulan el acceso al territorio español.

4. Se exceptúan del régimen de salidas obligatorias los casos de los solicitantes de protección internacional que hayan visto rechazado el examen de su solicitud por no corresponder a España su estudio a tenor de lo dispuesto en el Reglamento (CE) Nº 343/2003 del Consejo, de 18 de febrero de 2003, por el que se establecen los criterios y mecanismos de determinación del Estado miembro responsable del examen de una solicitud de asilo presentada en uno de los Estados miembros por un nacional de un tercer país. Una vez notificada la resolución de inadmisión a trámite o de denegación, se deberá proceder a su traslado, escoltado por funcionarios, al territorio del Estado responsable del examen de su solicitud de asilo, sin necesidad de incoar expediente de expulsión, siempre y cuando dicho traslado se produzca dentro de los plazos en los que el Estado responsable tiene la obligación de proceder al examen de dicha solicitud, sin perjuicio de lo dispuesto en el art. 16.1.e) del citado Reglamento comunitario.

TÍTULO II
TRÁNSITO AEROPORTUARIO

25. *Definición.* Se encuentran en tránsito aeroportuario aquellos extranjeros habilitados para permanecer en la zona de tránsito internacional de un aeropuerto español, sin acceder al territorio nacional, durante las escalas o enlaces de vuelos.

26. *Exigencia de visado de tránsito.* 1. El régimen de exigencia de visado de tránsito aeroportuario será el establecido por el Derecho de la Unión Europea.

2. El visado de tránsito aeroportuario podrá permitir transitar una, dos o, excepcionalmente, varias veces, y habilita al extranjero específicamente sometido a esta exigencia a permanecer en la zona de tránsito

internacional de un aeropuerto español, sin acceder al territorio nacional, durante escalas o enlaces del vuelo.

27. *Procedimiento.* 1. El procedimiento y condiciones para la expedición del visado de tránsito aeroportuario se regulará por lo establecido en el Derecho de la Unión Europea.

2. En la tramitación del procedimiento, la misión diplomática u oficina consular podrá requerir la comparecencia del solicitante y, cuando lo estime necesario, mantener una entrevista personal para comprobar su identidad, la validez de su documentación personal o de la documentación aportada, el motivo, el itinerario, la duración del viaje, la prueba de su continuidad hasta el destino final, las garantías de retorno al país de residencia o de procedencia, así como que no tiene intención de entrar en el territorio de los Estados Schengen. En todo caso, si transcurridos quince días desde el requerimiento el solicitante no comparece personalmente, se le tendrá por desistido de su solicitud y se producirá el archivo del procedimiento.

3. Presentada en forma o subsanada la solicitud de visado y una vez instruido el procedimiento, la misión diplomática u oficina consular ante la que se presente la solicitud resolverá motivadamente y expedirá, en su caso, el visado.

4. En el supuesto de resolución denegatoria por incumplimiento de algunos de los requisitos de tránsito aeroportuario, incluido el de figurar como persona no admisible, ésta se notificará mediante el impreso normalizado previsto por la normativa de la Unión Europea y expresará el recurso que contra ella proceda, así como el órgano ante el que hubiese de plantearse y el plazo de interposición.

5. En el supuesto de concesión del visado, el extranjero deberá recogerlo en el plazo de un mes desde su notificación, personalmente o mediante representante debidamente acreditado. De no efectuarse la recogida en el plazo mencionado, se entenderá que el interesado ha renunciado al visado concedido y se producirá el archivo del expediente.

TÍTULO III
LA ESTANCIA EN ESPAÑA

CAPÍTULO PRIMERO
ESTANCIA DE CORTA DURACIÓN

28. *Definición.* 1. Se halla en situación de estancia de corta duración el extranjero que no sea titular de una autorización de residencia y se encuentre autorizado para permanecer en España por un periodo ininterrumpido o suma de periodos sucesivos cuya duración total no exceda de noventa días por semestre a partir de la fecha de la primera entrada, sin perjuicio de lo dispuesto en el capítulo II de este título para la admisión a efectos de estudios, movilidad de alumnos, prácticas no laborales o servicios de voluntariado.

Si se trata de una estancia con fines de tránsito, la duración de la estancia autorizada corresponderá al tiempo necesario para efectuar el tránsito.

2. El régimen de exigencia de visado de estancia será el establecido por el Derecho de la Unión Europea o, para los titulares de pasaportes diplomáticos, oficiales o de servicio, el que dispongan los acuerdos internacionales suscritos por España.

3. En los supuestos en que la situación de estancia exija visado, ésta deberá realizarse dentro de su periodo de validez.

SECCIÓN PRIMERA
Requisitos y procedimiento

29. *Visados de estancia de corta duración. Clases.* Los visados de estancia de corta duración pueden ser:

a) Visado uniforme: válido para el tránsito por el Espacio Schengen durante un periodo no superior al tiempo necesario para realizar dicho tránsito o para la estancia en dicho Espacio Schengen hasta un máximo de noventa días por semestre. Podrá permitir uno, dos o múltiples tránsitos o estancias cuya duración total no podrá exceder de noventa días por semestre.

Únicamente en los supuestos previstos en el art. 39 de la Ley Orgánica 4/2000, de11 de enero, el visado de estancia autorizará al titular para buscar empleo y solicitar la autorización de residencia y trabajo en España durante su vigencia en los términos y condiciones establecidos en este Reglamento, que el Ministerio de Trabajo e Inmigración completará mediante Orden al respecto.

b) Visado de validez territorial limitada: válido para el tránsito o la estancia en el territorio de uno o más de los Estados que integran el Espacio Schengen, pero no para todos ellos. La duración total del tránsito o de la estancia no podrá exceder de noventa días por semestre.

30. *Solicitud de visados de estancia de corta duración.* 1. El procedimiento y condiciones para la expedición de visados uniformes y de validez territorial limitada se regulan por lo establecido en el Derecho de la Unión Europea.

2. En la tramitación del procedimiento, la misión diplomática u oficina consular podrá requerir la comparecencia del solicitante y, cuando lo estime necesario, mantener una entrevista personal para comprobar su identidad, la validez de su documentación personal o de la documentación aportada, la regularidad de la estancia o residencia en el país de solicitud, el motivo, itinerario, duración del viaje y las garantías de que el solicitante tiene intención de abandonar el territorio de los Estados miembros antes de la expiración del visado solicitado. En todo caso, si transcurridos quince días desde el requerimiento el solicitante no comparece personalmente, se le tendrá por desistido de su solicitud y se producirá el archivo del procedimiento.

3. Presentada en forma o subsanada la solicitud de visado y una vez instruido el procedimiento, la misión diplomática u oficina consular ante la que se presente la solicitud resolverá motivadamente y expedirá, en su caso, el visado.

4. En el supuesto de resolución denegatoria por incumplimiento de algunos de los requisitos, ésta se notificará mediante el impreso normalizado previsto por la normativa de la Unión Europea y expresará el recurso que contra ella proceda, el órgano ante el que hubiese de plantearse y el plazo para la interposición.

5. En el supuesto de concesión del visado, el extranjero deberá recogerlo en el plazo de un mes desde su notificación, personalmente o mediante representante debidamente acreditado. De no efectuarse la

recogida en el plazo mencionado, se entenderá que el interesado ha renunciado al visado concedido y se producirá el archivo del expediente.

31. *Visados expedidos en las fronteras exteriores.* 1. En supuestos excepcionales debidamente acreditados o por encomienda del Ministerio de Asuntos Exteriores y de Cooperación, los responsables de los servicios policiales del Ministerio del Interior a cargo del control de entrada de personas en territorio español podrán expedir en frontera visados uniformes o de validez territorial limitada.

2. Asimismo se podrá expedir un visado uniforme o de validez territorial limitada con fines de tránsito al marino que pretenda embarcar o desembarcar en un buque en el que vaya a trabajar o haya trabajo como marino.

3. Los visados mencionados en los dos apartados anteriores se tramitarán según lo establecido en el Derecho de la Unión Europea.

SECCIÓN SEGUNDA
Prórroga y extinción de la estancia de corta duración

32. *Prórroga de estancia sin visado. Procedimiento.* 1. El extranjero que haya entrado en España para fines que no sean de trabajo o residencia, salvo en los casos de ser titular de un visado para búsqueda de empleo, y se encuentre en el periodo de estancia que señala el art. 30 de la Ley Orgánica 4/2000, de 11 de enero, podrá solicitar una prórroga de estancia de corta duración, con el límite temporal previsto en dicho artículo.

2. La solicitud se formalizará en los modelos oficiales, determinados por la Secretaría de Estado de Inmigración y Emigración, y a ella se acompañarán los siguientes documentos:

a) Pasaporte ordinario o documento de viaje, con vigencia superior a la de la prórroga de estancia que se solicite, que se anotará en el expediente y se devolverá al interesado.

b) Acreditación de las razones alegadas para la solicitud, que deberán ser excepcionales, en el supuesto de nacionales de Estados a los que no se exige visado para su entrada en España.

c) Prueba suficiente de que dispone de medios económicos adecuados para el tiempo de prórroga que solicita, en los términos que establece el título I.

d) Un seguro de asistencia en viaje con la misma cobertura que el necesario para la solicitud del visado de estancia de corta duración, y con una vigencia igual o superior a la prórroga solicitada.

e) Las garantías de retorno al país de procedencia o, en su caso, de admisión en el Estado tercero de destino, con anterioridad a la fecha de finalización de la prórroga que se solicita. Podrá servir como medio para acreditar dicha circunstancia la aportación de un billete adquirido a nombre del solicitante con fecha de retorno cerrada anterior a la finalización del periodo de prórroga de estancia solicitada.

3. El solicitante deberá identificarse personalmente ante la Oficina de Extranjería, jefatura superior o Comisaría de Policía de la localidad donde se encuentre, al hacer la presentación de la solicitud o en el momento de la tramitación en que a tal efecto fuera requerido por el órgano competente.

4. La prórroga de estancia podrá ser concedida por los Subdelegados del Gobierno, por los Delegados del Gobierno en las Comunidades Autónomas uniprovinciales, y por el Comisario General de Extranjería y Fronteras de la Dirección General de la Policía y de la Guardia Civil, previo informe de la jefatura superior o Comisaría de Policía, si concurren las siguientes circunstancias:

a) Que la documentación se adapte a lo preceptuado en este artículo.

b) Que el solicitante no esté incurso en ninguna de las causas:

1ª De prohibición de entrada determinadas en el título I, porque no se hubieran conocido en el momento de su entrada o porque hubieran acontecido durante su estancia en España.

2ª De expulsión o devolución.

5. La prórroga de estancia se hará constar en el pasaporte o título de viaje, o en documento aparte si el interesado hubiera entrado en España con otro tipo de documentación, y amparará a su titular y a los familiares que, en su caso, figuren en dichos documentos y se encuentren en España.

6. Las resoluciones denegatorias sobre la prórroga de estancia habrán de ser motivadas, deberán notificarse formalmente al interesado y dispondrán su salida del mismo del territorio nacional, que deberá realizarse antes de que finalice el periodo de estancia inicial o, de haber

transcurrido éste, en el plazo fijado en la resolución denegatoria, que no podrá ser superior a setenta y dos horas, en la forma regulada en este Reglamento. El plazo de salida se hará constar, conforme a lo dispuesto en este Reglamento, en el pasaporte o título de viaje o en el impreso correspondiente previsto para dejar constancia de la salida del territorio nacional.

33. *Extinción de la prórroga de estancia.* La vigencia de la prórroga de estancia se extinguirá por las siguientes causas:
a) El transcurso del plazo para el que hubiera sido concedida.
b) Hallarse el extranjero incurso en alguna de las causas de prohibición de entrada previstas en el título I.

34. *Prórroga del visado de estancia de corta duración.* 1. La prórroga de un visado expedido se llevará a cabo según lo establecido en el Derecho de la Unión Europea.
2. Será competente para la tramitación del procedimiento de prórroga del visado la Oficina de Extranjería o la Comisaría de Policía de la provincia donde vaya a permanecer el extranjero. La prórroga concedida se plasmará en una etiqueta de visado que se expedirá en las unidades policiales que determine la Dirección General de la Policía y de la Guardia Civil.
3. La prórroga del visado podrá ser concedida por los Subdelegados del Gobierno, los Delegados del Gobierno en Comunidades Autónomas uniprovinciales y por el Comisario General de Extranjería y Fronteras de la Dirección General de la Policía y de la Guardia Civil.
4. La Dirección General de Asuntos Consulares y Migratorios será competente para prorrogar los visados de estancia de corta duración expedidos a los titulares de pasaportes diplomáticos, oficiales o de servicio por razones de cortesía internacional.

35. *Anulación y retirada del visado de estancia de corta duración.* 1. La anulación y retirada del visado uniforme o de validez territorial limitada se llevará a cabo según lo establecido en la normativa de la Unión Europea.
2. La competencia para la anulación y retirada del visado de estancia de corta duración corresponderá a los Subdelegados del Gobierno,

a los Delegados del Gobierno en las Comunidades Autónomas unipro-vinciales y al Comisario General de Extranjería y Fronteras.

Tramitado el correspondiente procedimiento por la Oficina de Extranjería de la Delegación o Subdelegación del Gobierno competente, dicha unidad notificará la resolución al interesado en el impreso normalizado establecido por la normativa de la Unión Europea.

SECCIÓN TERCERA
Supuestos excepcionales de estancia de corta duración

36. *Estancia en supuestos de entrada o documentación irregulares.* Excepcionalmente, y siempre que existan motivos humanitarios, de interés público u obligaciones internacionales, el titular del Ministerio del Interior o el titular del Ministerio de Trabajo e Inmigración podrán autorizar la estancia en territorio español, por un máximo de tres meses en un periodo de seis, a los extranjeros que hubieran entrado en él con documentación defectuosa o incluso sin ella o por lugares no habilitados al efecto.

CAPÍTULO II
AUTORIZACIÓN DE ESTANCIA POR ESTUDIOS, MOVILIDAD DE ALUMNOS, PRÁCTICAS NO LABORALES O SERVICIOS DE VOLUNTARIADO

37. *Definición.* 1. Será titular de una autorización de estancia el extranjero que haya sido habilitado a permanecer en España por un periodo superior a noventa días con el fin único o principal de llevar a cabo alguna de las siguientes actividades de carácter no laboral:

a) Realización o ampliación de estudios en un centro de enseñanza autorizado en España, en un programa de tiempo completo, que conduzca a la obtención de un título o certificado de estudios.

b) Realización de actividades de investigación o formación, sin perjuicio del régimen especial de investigadores.

c) Participación en un programa de movilidad de alumnos, para seguir un programa de enseñanza secundaria y/o bachillerato en un centro docente o científico oficialmente reconocido.

d) Realización de prácticas no laborales en un organismo o entidad pública o privada.

e) Prestación de un servicio de voluntariado dentro de un programa que persiga objetivos de interés general.

2. El visado de estudios incorporará la autorización de estancia y habilitará al extranjero a permanecer en España en situación de estancia para la realización de la actividad respecto a la que se haya concedido.

3. Sin perjuicio de lo establecido en el artículo 40, la duración de la estancia será igual a la de la actividad respecto a la que se concedió la autorización, con el límite máximo de un año; o de dos años, cuando el programa de estudios se desarrolle en una institución de enseñanza superior autorizada y conduzca a la obtención de un título de educación superior reconocido, lo que puede incluir un curso preparatorio a dicha educación superior o unas prácticas de formación obligatoria. [222]

38. *Requisitos para obtener el visado y/o autorización de estancia.* [223] Se deberá acreditar el cumplimiento de los siguientes requisitos generales para la obtención del visado y/o autorización de estancia previstos en este Capítulo:

1. Con carácter general y para todos los supuestos previstos en el artículo anterior:

a) Requisitos a valorar por la Misión diplomática u Oficina consular en el caso de solicitudes de visado, y por la Oficina de Extranjería en el caso de autorizaciones de estancia solicitadas a favor de extranjeros que ya se encuentran regularmente en España:

1.º Si el extranjero fuera menor de edad, y cuando no venga acompañado de sus padres o tutores y no se encuentre bajo el supuesto del artículo 189, estar autorizado por éstos para el desplazamiento a España a efectos de realizar la actividad de que se trate, con constancia del centro, organización, entidad y organismo responsable de la actividad y del periodo de estancia previsto.

---

[222] Dada nueva redacción apartado 3 por art. 4 apartado 1 de Real Decreto-Ley 11/2018 de 31 de agosto de 2018, con vigencia desde 04/09/2018

[223] Dada nueva redacción por art. 4 apartado 2 de Real Decreto-Ley 11/2018 de 31 de agosto de 2018, con vigencia desde 04/09/2018

2.º Tener garantizados los medios económicos necesarios para sufragar los gastos de estancia y regreso a su país, y, en su caso, los de sus familiares, de acuerdo con las siguientes cuantías:

Para su sostenimiento, una cantidad que represente mensualmente el 100% del IPREM, salvo que se acredite debidamente tener abonado de antemano el alojamiento por todo el tiempo que haya de durar la estancia.

En el supuesto de participación en un programa de movilidad de alumnos, para seguir un programa de enseñanza secundaria y/o bachillerato en un centro docente o científico oficialmente reconocido, la acreditación de la cuantía prevista en el párrafo anterior será sustituida por el hecho de que el programa de movilidad contenga previsiones que garanticen que el sostenimiento del extranjero queda asegurado dentro del mismo.

Para el sostenimiento de los familiares que estén a su cargo, durante su estancia en España: una cantidad que represente mensualmente el 75% del IPREM, para el primer familiar, y el 50% del IPREM para cada una de las restantes personas que vayan a integrar la unidad familiar en España, salvo que se acredite debidamente tener abonado de antemano el alojamiento por todo el tiempo que haya de durar la estancia.

No se computarán, a los efectos de garantizar ese sostenimiento, las cuantías utilizadas o a utilizar para sufragar, en su caso, el coste de los estudios, del programa de movilidad o de las prácticas no laborales.

3.º Haber abonado la tasa por tramitación del procedimiento.

4.º Contar con un seguro público o un seguro privado de enfermedad concertado con una Entidad aseguradora autorizada para operar en España.

5.º Cuando la duración de la estancia supere los seis meses, se requerirá, además:

No padecer ninguna de las enfermedades que pueden tener repercusiones de salud pública graves de conformidad con lo dispuesto en el Reglamento Sanitario Internacional de 2005.

Cuando se trate de solicitantes mayores de edad penal, carecer de antecedentes penales en los países de residencia durante los últimos cinco años, por delitos previstos en el ordenamiento español.

b) Requisito a valorar por la Oficina de Extranjería: cuando se trate de solicitantes mayores de edad penal y para estancias superiores a seis meses, que carecen de antecedentes penales en España, durante los últimos cinco años.

2. Además de los requisitos de carácter general establecidos en el apartado anterior, será necesario cumplir, para cada uno de los supuestos de estancia previstos, los siguientes requisitos específicos, a valorar por la Oficina de Extranjería:

a) Realización o ampliación de estudios: haber sido admitido en un centro de enseñanza autorizado en España, para la realización de un programa de tiempo completo, que conduzca a la obtención de un título o certificado de estudios.

b) Realización de actividades de investigación o formación: haber sido admitido en un centro reconocido oficialmente en España para la realización de dichas actividades. En el caso de actividades de investigación, dicho centro será una Universidad, un centro del Consejo Superior de Investigaciones Científicas u otra institución pública o privada de I+D.

c) Participación en un programa de movilidad de alumnos, para seguir un programa de enseñanza secundaria y/o bachillerato en un centro docente o científico oficialmente reconocido:

1.º Haber sido admitido en un centro de enseñanza secundaria y/o bachillerato o científico oficialmente reconocido.

2.º Haber sido admitido como participante en un programa de movilidad de alumnos, llevado a cabo por una organización oficialmente reconocida para ello.

3.º Que la organización de movilidad de alumnos se haga responsable del alumno durante su estancia, en particular en cuanto al coste de sus estudios, así como los gastos de estancia y regreso a su país.

4.º Ser acogido por una familia o institución durante su estancia, en las condiciones normativamente establecidas, y que habrá sido seleccionada por la organización responsable del programa de movilidad de alumnos en que participa.

d) Realización de prácticas no laborales, en el marco de un convenio firmado con un organismo o entidad pública o privada: haber sido admitido para la realización de prácticas no remuneradas, en base a la firma de un convenio, en una empresa pública o privada o en un centro de formación profesional reconocido oficialmente.

e) Prestación de un servicio de voluntariado:

1.º Presentar un convenio firmado con la organización encargada del programa de voluntariado, que incluya una descripción de las actividades y de las condiciones para realizarlas, del horario a cumplir, así como de los recursos disponibles para cubrir su viaje, manutención y alojamiento durante su estancia.

2.º Que la organización haya suscrito un seguro de responsabilidad civil por sus actividades. Este requisito no se exigirá a los voluntarios que participen en el Servicio Voluntario Europeo.

39. *Procedimiento.* [224] 1. La solicitud del visado deberá presentarse personalmente o mediante representación en la misión diplomática u oficina consular española en cuya demarcación resida el extranjero, en modelo oficial.

2. A dicha solicitud se acompañarán los siguientes documentos:

a) Pasaporte en vigor o título de viaje, reconocido como válido en España, con una vigencia mínima del periodo para el que se solicita la estancia.

b) La documentación que acredite el cumplimiento de todos los requisitos previstos en el artículo anterior, en función del supuesto concreto en que se fundamente la solicitud.

Sin perjuicio de ello, la inexistencia de antecedentes penales en España será comprobada de oficio por la Administración.

3. La oficina consular requerirá, por medios electrónicos, resolución de la Delegación o Subdelegación del Gobierno competente sobre la autorización de estancia.

Será competente la Delegación o Subdelegación del Gobierno en la provincia en la que vaya a iniciarse la actividad.

Con carácter previo a dictar resolución sobre la autorización de estancia, la Delegación o Subdelegación del Gobierno requerirá informe policial, cuyo contenido valorará en el marco de su decisión.

El plazo máximo para resolver sobre la autorización será de siete días desde la recepción de la solicitud, transcurridos los cuales sin haber obtenido respuesta se entenderá que su sentido es favorable.

4. Si la resolución sobre la autorización de estancia es desfavorable, la misión diplomática u oficina consular notificará al interesado el sentido de la resolución, informándole por escrito en el mismo documento de los recursos administrativos y judiciales que procedan contra la misma, los órganos ante los que deban interponerse y los

[224] Dada nueva redacción por art. 4 apartado 3 de Real Decreto-Ley 11/2018 de 31 de agosto de 2018, con vigencia desde 04/09/2018

plazos previstos para ello. Igualmente, la misión diplomática u oficina consular resolverá el archivo del procedimiento relativo al visado.

5. Concedida, en su caso, la autorización de estancia, la misión diplomática u oficina consular resolverá y expedirá, en su caso, el visado. La duración del visado será igual al periodo de estancia autorizado, salvo en los supuestos en los que proceda la emisión de Tarjeta de Identidad de Extranjero.

6. En el supuesto de concesión del visado, el extranjero deberá recogerlo personalmente en el plazo de dos meses desde su notificación. De no efectuarse en el plazo mencionado la recogida, se entenderá que el interesado ha renunciado al visado concedido y se producirá el archivo del procedimiento.

7. En el supuesto del artículo 37.1.a), la solicitud de la autorización de estancia por estudios podrá presentarse por el extranjero, personalmente, mediante representación o a través de los medios telemáticos habilitados para ello, en el modelo oficial, en la Delegación o Subdelegación del Gobierno en la provincia en la que vaya a iniciarse la actividad siempre y cuando se halle regularmente en territorio español y presente la solicitud con una antelación mínima de un mes a la fecha de expiración de su situación. En estos casos, será la Delegación o Subdelegación del Gobierno la encargada de valorar los documentos que acompañen a la solicitud y de resolver y notificar al interesado el sentido de la resolución en un plazo máximo de un mes.

8. Sin perjuicio de lo anterior, la solicitud de autorizaciones de estancia para la realización de programas de enseñanza superior, podrán presentarse por la institución en la que va a cursar los estudios el extranjero, debiendo acompañar a la solicitud los documentos requeridos que serán valorados por la Delegación o Subdelegación del Gobierno correspondiente. El plazo máximo para resolver y notificar será de un mes. Una vez obtenida la autorización, el estudiante deberá obtener el correspondiente visado si se encontrase fuera del territorio español.

Las instituciones de enseñanza superior que suscriban un código de buenas prácticas podrán solicitar la tramitación colectiva de estas autorizaciones, que estará basada en la gestión planificada de un cupo temporal de autorizaciones presentadas por tales instituciones de educación superior. En estos casos, el plazo máximo para resolver y notificar será de 15 días.

9. El visado o autorización de estancia serán denegados:

a) En su caso, cuando consten antecedentes penales del solicitante en los países de residencia durante los últimos cinco años por delitos previstos en el ordenamiento español.

b) Cuando, para fundamentar la petición, se hayan presentado documentos falsos o formulado alegaciones inexactas, o medie mala fe.

c) Cuando concurra una causa prevista legalmente de inadmisión a trámite que no hubiera sido apreciada en el momento de la recepción de la solicitud.

10. Si la estancia tuviera una duración superior a seis meses, el extranjero deberá solicitar la correspondiente Tarjeta de Identidad de Extranjero en el plazo de un mes desde la entrada efectiva en España.

40. *Prórroga.* 1. La autorización de estancia podrá prorrogarse anualmente cuando el interesado acredite que sigue reuniendo los requisitos previstos en el art. 38, tanto de carácter general como específicos respecto a la actividad para cuya realización fue autorizado a permanecer en España.

En su caso, habrá de acreditar igualmente que ha superado las pruebas o requisitos pertinentes para la continuidad de sus estudios o que la investigación desarrollada por el extranjero progresa. Este requisito podrá acreditarse a través de la realización de estudios o investigaciones en el territorio de otro Estado miembro de la Unión Europea, en el marco de programas temporales promovidos por la propia Unión.

2. La prórroga deberá solicitarse, en modelo oficial, durante los sesenta días naturales previos a la fecha de expiración de la vigencia de su autorización, dirigida a la Delegación o Subdelegación del Gobierno en la provincia de desarrollo de la actividad. La presentación de la solicitud en este plazo prorrogará la validez de la autorización anterior hasta la resolución del procedimiento. También se prorrogará hasta la resolución del procedimiento en el supuesto en que la solicitud se presentase dentro de los noventa días naturales posteriores a la fecha en que hubiera finalizado la vigencia de la anterior autorización, sin perjuicio de la incoación del correspondiente procedimiento sancionador por la infracción en la que se hubiese incurrido.

La solicitud podrá presentarse en los lugares previstos en el art. 38.4 de la Ley 30/1992, de 26 de noviembre, de Régimen Jurídico de las Administraciones Públicas y Procedimiento Administrativo Común, o de acuerdo con lo establecido en la Ley 11/2007, de 22 de junio, de acceso electrónico de los ciudadanos a los servicios públicos.

41. *Familiares del titular de una autorización de estancia.* 1. Los familiares de extranjeros que hayan solicitado un visado de estudios o se encuentren en España de acuerdo con lo regulado en este capítulo podrán solicitar los correspondientes visados de estancia para entrar y permanecer legalmente en España durante la vigencia de su estancia, sin que se exija un periodo previo de estancia al extranjero titular del visado de estudios.

2. El término familiar se entenderá referido, a estos efectos, al cónyuge, pareja de hecho, e hijos menores de dieciocho años o que tengan una discapacidad y no sean objetivamente capaces de proveer a sus propias necesidades debido a su estado de salud.

Los requisitos a acreditar para la concesión del visado a favor del familiar serán los siguientes:

1º Que el extranjero se encuentre en situación de estancia en vigor de acuerdo con lo previsto en este capítulo.

2º Que dicho extranjero cuente con medios económicos suficientes para el sostenimiento de la unidad familiar.

3º Que se acredite el vínculo familiar o de parentesco entre ambos.

3. Los familiares dotados del visado referido podrán permanecer legalmente en territorio español durante el mismo periodo y con idéntica situación que el titular de la autorización principal. Su permanencia estará en todo caso vinculada a la situación de estancia del titular de la autorización principal.

Si su estancia fuera superior a seis meses, deberán solicitar la correspondiente Tarjeta de Identidad de Extranjero en el plazo de un mes desde su entrada en España.

4. Los familiares no podrán obtener la autorización para la realización de actividades lucrativas a la que se refiere el artículo siguiente.

42. *Trabajo de titulares de una autorización de estancia.* [225] 1. Los extranjeros que dispongan de la correspondiente autorización de estancia por estudios, formación, prácticas no laborales o servicios de

---

[225] Dada nueva redacción por art. único apartado 1 de Real Decreto 629/2022 de 26 de julio de 2022, con vigencia desde 16/08/2022

voluntariado podrán ser autorizados a realizar actividades laborales en instituciones públicas o entidades privadas cuando el empleador, como sujeto legitimado, presente la solicitud de autorización de trabajo y los requisitos previstos en el artículo 64, excepto el apartado 2.b) y el apartado 3.a).

Asimismo, podrán ser autorizados a realizar actividades por cuenta propia, siempre y cuando se cumplan los requisitos previstos en el artículo 105, excepto el apartado 2.b) y 3.d).

Dichas actividades deberán ser compatibles con la realización de aquéllas para las que, con carácter principal, se concedió la autorización de estancia.

En su caso, no será preciso solicitar autorización para aquellas prácticas no laborales en entidades públicas o privadas que formen parte del plan de estudios para el que se otorgó la autorización de estancia y que se produzcan en el marco de los correspondientes convenios de colaboración entre dichas entidades y el centro docente o científico de que se trate.

La autorización de estancia por estudios obtenida en virtud del artículo 37.1.a) autorizará a trabajar por cuenta propia y ajena, siempre que esta actividad laboral sea compatible con la realización de esos estudios, y se trate de estudios superiores, de una formación reglada para el empleo o destinada a la obtención de un certificado de profesionalidad, o una formación conducente a la obtención de la certificación de aptitud técnica o habilitación profesional necesaria para el ejercicio de una ocupación específica.

2. La actividad laboral no podrá ser superior a las treinta horas semanales.

3. La autorización que se conceda no tendrá limitaciones geográficas, salvo que la actividad lucrativa coincida con períodos en que se realicen los estudios, la investigación, las prácticas no laborales, o el servicio de voluntariado.

No tendrá tampoco limitaciones geográficas la autorización cuando, pese a su coincidencia con el periodo de realización de la actividad principal, se acredite que la forma de organización de la actividad laboral permitirá su compatibilidad con la consecución de aquélla por no requerir desplazamientos continuos.

La limitación del ámbito geográfico de la autorización para trabajar, de ser establecida, coincidirá con carácter general con el ámbito territorial de estancia de su titular.

Podrá excepcionarse la coincidencia de ámbito geográfico de las autorizaciones siempre que la localización del centro de trabajo o del centro en que se desarrolle la actividad por cuenta propia no implique desplazamientos continuos que supongan la ruptura del requisito de compatibilidad con la finalidad principal para la que se concedió la autorización de estancia.

Cuando la relación laboral se inicie y desarrolle en el ámbito territorial de una sola Comunidad Autónoma y a ésta se le haya traspasado la competencia ejecutiva de tramitación y resolución de las autorizaciones iniciales de trabajo por cuenta propia y ajena, corresponderá a los órganos competentes de la Comunidad Autónoma la admisión, tramitación, resolución de solicitudes y, eventualmente, de los recursos administrativos.

4. La vigencia de la autorización para trabajar coincidirá con la duración de la autorización de estancia. La pérdida de vigencia de la autorización de estancia será causa de extinción de la autorización para trabajar.

Las autorizaciones para trabajar se prorrogarán si subsisten las circunstancias que motivaron la concesión anterior, siempre y cuando se haya obtenido la prórroga de la autorización de estancia.

43. *Régimen especial de los estudios de especialización en el ámbito sanitario.* Los extranjeros que ostenten un título español de licenciado o graduado en medicina, farmacia, enfermería u otros títulos universitarios que habiliten para participar en las convocatorias anuales de pruebas selectivas para el acceso a plazas de formación sanitaria especializada, podrán realizar, si obtienen plaza, las actividades laborales derivadas de lo previsto en el Real Decreto 1146/2006, de 6 de octubre, por el que se regula la relación laboral especial de residencia para la formación de especialistas en Ciencias de la Salud, sin que sea necesario que dispongan de la correspondiente autorización de trabajo.

Lo previsto en el párrafo anterior se entenderá sin perjuicio de la necesidad de comunicación de esta circunstancia a la Oficina de Extranjería competente.

Igual posibilidad se establece en relación con los extranjeros que ostenten un título extranjero debidamente reconocido u homologado a los previstos en el párrafo primero de este artículo, así como los requisitos mencionados.

La Oficina Consular de su lugar de residencia podrá expedir el visado de estudios tras la verificación de que han sido adjudicatarios de plaza en los estudios de especialización mencionados en el párrafo primero.

44. *Movilidad dentro de la Unión Europea.* [226] 1. Los estudiantes que posean una autorización de estancia válida para la realización de programas de enseñanza superior, expedida por España, y que participen en un programa de la Unión o multilateral que incluya medidas de movilidad o que estén cubiertos por un acuerdo entre dos o más instituciones de enseñanza superior, tendrán derecho a entrar y permanecer en uno o varios Estados Miembros a fin de realizar parte de sus estudios en una institución de enseñanza superior previa comunicación a las autoridades de dichos Estados de acuerdo con su normativa en aplicación de la Directiva (UE) 2016/801 [--L2016/63146--] , durante un período de hasta 360 días por Estado miembro.

2. Los estudiantes que posean una autorización válida expedida por otro Estado miembro de conformidad con la Directiva (UE) 2016/801 [--L2016/63146--] y que participen en un programa de la Unión o multilateral que incluya medidas de movilidad o que estén cubiertos por un acuerdo entre dos o más instituciones de enseñanza superior, tendrán derecho a entrar y permanecer en España, durante un período de hasta 360 días, a fin de realizar parte de sus estudios en una institución de educación superior española, previa comunicación a la Delegación del Gobierno o Subdelegación en la provincia en la que vaya a iniciarse la actividad.

La comunicación se realizará en cualquier momento anterior a la entrada en territorio español y, a más tardar, en el plazo de un mes desde que se efectúe la misma por la institución de educación superior española, con indicación de la duración prevista y las fechas de la movilidad.

En la comunicación se incluirá el documento de viaje válido y la autorización válida expedida por el primer Estado miembro que abarcará el período total de movilidad. Además la comunicación incluirá la prueba de que el estudiante está realizando parte de sus estudios en el marco de un programa de la Unión o multilateral que incluye medi-

---

[226] Dada nueva redacción por art. 4 apartado 4 de Real Decreto-Ley 11/2018 de 31 de agosto de 2018, con vigencia desde 04/09/2018

das de movilidad o de un acuerdo entre dos o más instituciones de enseñanza superior y la prueba de que el estudiante ha sido aceptado por una institución de educación superior española.

La correspondiente Delegación o Subdelegación del Gobierno podrá presentar objeciones a la movilidad del estudiante, dentro de un plazo de 30 días a partir de la fecha de recepción de la comunicación completa, cuando:

a) No se cumplan las condiciones establecidas en este apartado.

b) Los documentos presentados se hayan adquirido fraudulentamente o hayan sido falsificados o manipulados o sea aplicable alguno de los motivos de denegación de una solicitud de autorización.

c) Haya transcurrido la duración máxima de estancia a la que se refiere este apartado.

En caso de oposición a la movilidad no se permitirá al estudiante realizar parte de sus estudios en la institución de enseñanza superior española y el primer Estado permitirá la reentrada sin más trámites del extranjero desplazado. Si no se hubiera producido todavía el desplazamiento a España, la resolución denegatoria impedirá el mismo.

3. Los estudiantes extranjeros que hayan sido admitidos para la realización o ampliación de estudios en otro Estado miembro de la Unión Europea, pero que no estén cubiertos por un programa de la Unión o multilateral que incluya medidas de movilidad o por un acuerdo entre dos o más instituciones de enseñanza superior, podrán presentar una solicitud de autorización para entrar y permanecer en España a fin de cursar o completar parte de sus estudios en una institución de enseñanza superior española no siendo exigible la obtención de visado.

La solicitud podrá ser presentada en cualquier momento anterior a la entrada en territorio español y, a más tardar, en el plazo de un mes desde que se efectúe la misma.

Se presentará, dirigida a la Oficina de Extranjería correspondiente a la provincia en que esté situado el centro de enseñanza, ante la oficina consular española correspondiente al lugar previo de residencia en la Unión Europea o ante la propia Oficina de Extranjería.

A la solicitud se acompañará la siguiente documentación.

a) Documentación acreditativa de su condición de admitido como estudiante en otro Estado miembro de la Unión Europea.

b) Documentación acreditativa del cumplimiento de los requisitos establecidos en el artículo 38, apartados 1 y 2.a).

La Oficina de Extranjería tramitará la solicitud y notificará la resolución en el plazo máximo de un mes.

Concedida, en su caso, la autorización, el extranjero deberá entrar en España en el plazo máximo de tres meses desde la notificación de la resolución, de no encontrarse ya en territorio español.

En caso de autorizaciones de estancia de duración superior a seis meses, el extranjero habrá de solicitar personalmente la Tarjeta de Identidad de Extranjero, ante la Oficina de Extranjería o la Comisaría de Policía correspondientes, en el plazo de un mes desde la notificación de la resolución o, en su caso, de la entrada en España.

TÍTULO IV
RESIDENCIA TEMPORAL

45. *Definición y supuestos de residencia temporal.* 1. Se halla en la situación de residencia temporal el extranjero que se encuentre autorizado a permanecer en España por un periodo superior a noventa días e inferior a cinco años, sin perjuicio de lo establecido en materia de estancia por estudios, movilidad de alumnos, prácticas no laborales o servicios de voluntariado.

2. Los extranjeros en situación de residencia temporal serán titulares de uno de los siguientes tipos de autorización:

a) Autorización de residencia temporal no lucrativa.

b) Autorización de residencia temporal por reagrupación familiar.

c) Autorización de residencia temporal y trabajo por cuenta ajena.

d) Autorización de residencia temporal y trabajo para investigación.

e) Autorización de residencia temporal y trabajo de profesionales altamente cualificados titulares de una Tarjeta azul-UE.

f) Autorización de residencia temporal y trabajo por cuenta ajena de duración determinada.

g) Autorización de residencia temporal y trabajo por cuenta propia.

h) Autorización de residencia temporal y trabajo en el marco de prestaciones transnacionales de servicios.

i) Autorización de residencia temporal con excepción de la autorización de trabajo.

CAPÍTULO PRIMERO
RESIDENCIA TEMPORAL NO LUCRATIVA

46. *Requisitos.* Para la concesión de una autorización inicial de residencia temporal sin realizar actividades laborales o profesionales, así como del correspondiente visado, el extranjero solicitante deberá cumplir los siguientes requisitos:

a) No encontrarse irregularmente en territorio español.

b) En el caso de que el solicitante sea mayor de edad penal, carecer de antecedentes penales en España y en los países anteriores donde haya residido durante los últimos cinco años, por delitos previstos en el ordenamiento español.

c) No figurar como rechazable en el espacio territorial de países con los que España tenga firmado un convenio en tal sentido.

d) Contar con medios económicos suficientes para atender sus gastos de manutención y estancia, incluyendo, en su caso, los de su familia, durante el periodo de tiempo por el que se desee residir en España, y sin necesidad de desarrollar ninguna actividad laboral o profesional, de conformidad con lo dispuesto en esta sección.

e) Contar con un seguro público o un seguro privado de enfermedad concertado con una Entidad aseguradora autorizada para operar en España.

f) No encontrarse, en su caso, dentro del plazo de compromiso de no retorno a España que el extranjero haya asumido al retornar voluntariamente a su país de origen.

g) No padecer ninguna de las enfermedades que pueden tener repercusiones de salud pública graves de conformidad con lo dispuesto en el Reglamento Sanitario Internacional de 2005.

h) Haber abonado la tasa por tramitación de los procedimientos.

47. *Medios económicos a acreditar para la obtención de una autorización de residencia temporal.* 1. Los extranjeros que deseen residir en España sin realizar una actividad laboral o lucrativa deberán contar con medios económicos suficientes para el periodo de residencia que solicitan, o acreditar una fuente de percepción periódica de ingresos, para sí mismo y, en su caso, su familia, en las siguientes cuantías, que se establecen con carácter de mínimas y referidas al momento de solicitud del visado o de renovación de la autorización:

a) Para su sostenimiento, durante su residencia en España, una cantidad que represente mensualmente en euros el 400% del IPREM, o su equivalente legal en moneda extranjera.

b) Para el sostenimiento de cada uno de los familiares a su cargo, durante su residencia en España, una cantidad que represente mensualmente en euros el 100% del IPREM, o su equivalente legal en moneda extranjera, cantidad a acreditar de forma adicional a la referida en el apartado a) anterior.

2. En ambos casos, la cuantía global de medios económicos habrá de suponer la disposición de la cuantía mensual calculada con base a lo establecido en el apartado anterior, en relación con el tiempo de vigencia de la autorización solicitada.

3. La disponibilidad de medios económicos suficientes se acreditará mediante la presentación de la documentación que permita verificar la percepción de ingresos periódicos y suficientes o la tenencia de un patrimonio que garantice dicha percepción de ingresos.

La disponibilidad se podrá acreditar por cualquier medio de prueba admitido en Derecho, incluyendo la aportación de títulos de propiedad, cheques certificados o tarjetas de crédito, que deberán ir acompañados de una certificación bancaria que acredite la cantidad disponible como crédito de la citada tarjeta.

Si los medios económicos proceden de acciones o participaciones en empresas españolas, mixtas o extranjeras radicadas en España, el interesado acreditará, mediante certificación de las mismas, que no ejerce actividad laboral alguna en dichas empresas, y presentará declaración jurada en tal sentido.

48. *Procedimiento.* 1. El extranjero que desee residir temporalmente en España sin realizar actividades laborales o profesionales deberá solicitar, personalmente, el correspondiente visado, según el modelo oficial, en la misión diplomática u oficina consular española de su demarcación de residencia. El Ministerio de Asuntos Exteriores y de Cooperación, si media causa que lo justifique, podrá determinar otra misión diplomática u oficina consular en la que corresponda presentar la solicitud.

La solicitud del visado conllevará la de la autorización de residencia temporal no lucrativa.

2. A la solicitud deberá acompañar:

a) Pasaporte en vigor o título de viaje, reconocido como válido en España, con una vigencia mínima de un año.

b) Certificado de antecedentes penales, o documento equivalente, en el caso de solicitante mayor de edad penal, expedido por las autoridades del país de origen o del país o países en que haya residido durante los últimos cinco años, y que acredite el cumplimiento del requisito previsto en el apartado b) del art. 46.

c) Los documentos que acrediten el cumplimiento de los requisitos previstos en los apartados d) y e) del art. 46.

d) Certificado médico que acredite el cumplimiento del requisito previsto en el apartado g) del art. 46.

3. Presentada la solicitud, será grabada en el sistema de visados de la aplicación correspondiente, de forma que la Delegación o Subdelegación del Gobierno en cuya demarcación solicite la residencia el extranjero tenga constancia de la solicitud presentada, así como de la documentación que la acompaña en lo relativo a los requisitos que le corresponde valorar.

4. La Delegación o Subdelegación del Gobierno, en el plazo máximo de un mes desde la recepción de la solicitud, resolverá la concesión o denegación de la autorización de residencia, previa valoración del cumplimiento del requisito previsto en el apartado f) del art. 46, así como del previsto en su apartado b) en lo que respecta a la carencia de antecedentes penales en España.

A dichos efectos, recabará de oficio el informe de los servicios competentes de la Dirección General de la Policía y la Guardia Civil en materia de seguridad y orden público, así como el del Registro Central de Penados.

La Delegación o Subdelegación del Gobierno grabará la resolución en la aplicación correspondiente, para su conocimiento por el Ministerio de Asuntos Exteriores y de Cooperación y por la oficina consular o misión diplomática correspondiente. La eficacia de la autorización quedará supeditada a la expedición, en su caso, del visado y a la efectiva entrada del extranjero en territorio nacional.

5. Si la resolución es desfavorable, y así se entenderá si en el plazo de un mes no se comunica, la misión diplomática u oficina consular notificará al interesado la resolución. Igualmente, la misión diplomática u oficina consular resolverá el archivo del procedimiento relativo al visado.

6. Concedida, en su caso, la autorización, la misión diplomática u oficina consular resolverá y expedirá el visado, previa valoración del

cumplimiento de los requisitos previstos en los apartados a), c), d), e) y g) del art. 46, así como del previsto en su apartado b) en lo que respecta a la carencia de antecedentes penales en anteriores países de residencia del extranjero y el contemplado en el apartado h) respecto a la tasas por tramitación del procedimiento sobre la autorización.

El visado será denegado:

a) Cuando no se acredite el cumplimiento de los requisitos previstos en el art. 46 cuya valoración corresponda a la misión diplomática u oficina consular.

b) Cuando, para fundamentar la petición de visado, se hayan presentado documentos falsos o formulado alegaciones inexactas, o medie mala fe.

c) Cuando concurra una causa prevista legalmente de inadmisión a trámite que no hubiera sido apreciada en el momento de la recepción de la solicitud.

7. Notificada, en su caso, la concesión del visado, el solicitante deberá recogerlo personalmente en el plazo de un mes. En caso de no hacerlo así, se entenderá que el interesado ha renunciado al visado concedido, y se producirá el archivo del procedimiento.

8. Asimismo, una vez recogido el visado, el solicitante deberá entrar en el territorio español, de conformidad con lo establecido en el título I, en el plazo de vigencia del visado, que en ningún caso será superior a tres meses.

Una vez efectuada la entrada, deberá solicitar personalmente, en el plazo de un mes, ante la Oficina de Extranjería o Comisaría de Policía correspondientes, la Tarjeta de Identidad de Extranjero. Dicha tarjeta será expedida por el plazo de validez de la autorización de residencia temporal y será retirada por el extranjero.

49. *Efectos del visado y duración de la autorización inicial de residencia.* 1. El visado que se expida incorporará la autorización inicial de residencia, y la vigencia de ésta comenzará desde la fecha en que se efectúe la entrada en España, la cual deberá hacerse constar obligatoriamente en el pasaporte o título de viaje.

2. La autorización inicial de residencia temporal tendrá la duración de un año.

50. *Visados y autorizaciones de residencia de carácter extraordinario.* 1. El Ministerio de Asuntos Exteriores y de Cooperación, para atender circunstancias extraordinarias y en atención al cumplimiento de los fines de la política exterior del Reino de España y de otras políticas públicas españolas o de la Unión Europea, en especial la política de inmigración, la política económica y la de seguridad nacional, la salud pública o las relaciones internacionales de España, podrá ordenar a una misión diplomática u oficina consular la expedición de un visado de residencia.

2. La Dirección General de Asuntos Consulares y Migratorios informará de dicha expedición a la Secretaría de Estado de Inmigración y Emigración y remitirá copia de los documentos mencionados en los apartados a), b) y d) del art. 48.2 de este Reglamento, a los efectos de concesión al interesado, previo informe del titular de la Secretaría de Estado de Seguridad, de una autorización extraordinaria de residencia.

51. *Renovación de la autorización de residencia temporal no lucrativa.* 1. El extranjero que desee renovar su autorización de residencia temporal deberá solicitarlo a la Oficina de Extranjería competente para su tramitación durante los sesenta días naturales previos a la fecha de expiración de la vigencia de su autorización. La presentación de la solicitud en este plazo prorroga la validez de la autorización anterior hasta la resolución del procedimiento. También se prorrogará hasta la resolución del procedimiento en el supuesto en que la solicitud se presentase dentro de los noventa días naturales posteriores a la fecha en que hubiera finalizado la vigencia de la anterior autorización, sin perjuicio de la incoación del correspondiente procedimiento sancionador por la infracción en que se hubiese incurrido.

2. Para la renovación de una autorización de residencia temporal no lucrativa, el extranjero solicitante deberá cumplir los siguientes requisitos:

a) Ser titular de una autorización de residencia temporal no lucrativa en vigor o hallarse dentro del plazo de los noventa días naturales posteriores a la caducidad de ésta.

b) Contar con medios económicos suficientes para atender sus gastos de manutención y estancia, incluyendo, en su caso, los de su familia, durante el periodo de tiempo por el que corresponda la renovación, sin necesidad de desarrollar ninguna actividad laboral o profesional, en los términos establecidos en el art. 47.

c) Contar con un seguro público o un seguro privado de enfermedad concertado con una Entidad aseguradora autorizada para operar en España.

d) Tener escolarizados a los menores a su cargo en edad de escolarización obligatoria durante la permanencia de éstos en España.

e) Haber abonado la tasa por tramitación del procedimiento.

3. A la solicitud, en modelo oficial, deberá acompañar la documentación que acredite que se reúnen los requisitos señalados en el apartado anterior, entre otros:

a) Copia del pasaporte completo en vigor o título de viaje, reconocido como válido en España.

b) Los documentos que acrediten los recursos económicos o los medios económicos suficientes para atender sus gastos de manutención y estancia, así como el seguro de enfermedad, durante el periodo de tiempo por el que se pretenda renovar la residencia en España sin necesidad de desarrollar ninguna actividad laboral o profesional.

c) En su caso, informe emitido por las autoridades autonómicas competentes que acredite la escolarización de los menores en edad de escolarización obligatoria que estén a su cargo.

4. En caso de que a partir de la documentación presentada junto a la solicitud no quede acreditada la escolarización de los menores en edad de escolarización obligatoria que estén a cargo del solicitante, la Oficina de Extranjería pondrá esta circunstancia en conocimiento de las autoridades educativas competentes, y advertirá expresamente y por escrito al extranjero solicitante de que en caso de no producirse la escolarización y presentarse el correspondiente informe en el plazo de treinta días, la autorización no será renovada.

5. Para la renovación de la autorización se valorará, en su caso, previa solicitud de oficio de los correspondientes informes:

a) La posibilidad de renovar la autorización de residencia a los extranjeros que hubieren sido condenados por la comisión de un delito y hayan cumplido la condena, los que hubieran sido indultados o se hallasen en situación de remisión condicional de la pena o de suspensión de la pena.

b) El incumplimiento de las obligaciones del extranjero en materia tributaria y de Seguridad Social.

6. Igualmente se valorará el esfuerzo de integración del extranjero acreditado mediante el informe positivo de la Comunidad Autónoma de su lugar de residencia.

Dicho esfuerzo de integración podrá ser alegado por el extranjero como información a valorar en caso de no acreditar el cumplimiento de alguno de los requisitos previstos para la renovación de la autorización.

El informe tendrá como contenido mínimo la certificación, en su caso, de la participación activa del extranjero en acciones formativas destinadas al conocimiento y respeto de los valores constitucionales de España, los valores estatutarios de la Comunidad Autónoma en que se resida, los valores de la Unión Europea, los derechos humanos, las libertades públicas, la democracia, la tolerancia y la igualdad entre mujeres y hombres, así como el aprendizaje de las lenguas oficiales del lugar de residencia. En este sentido, la certificación hará expresa mención al tiempo de formación dedicado a los ámbitos señalados.

El informe tendrá en consideración las acciones formativas desarrolladas por entidades privadas debidamente acreditadas o por entidades públicas.

7. La autorización de residencia temporal renovada tendrá una vigencia de dos años, salvo que corresponda obtener una autorización de residencia de larga duración o de larga duración-UE.

8. La resolución se notificará al interesado. En el supuesto de que la administración no resuelva expresamente en el plazo de tres meses desde la presentación de la solicitud, se entenderá que la resolución es favorable.

9. En el plazo de un mes desde la notificación de la resolución por la que se renueva la autorización, su titular deberá solicitar la renovación de la Tarjeta de Identidad de Extranjero.

CAPÍTULO II
RESIDENCIA TEMPORAL POR REAGRUPACIÓN FAMILIAR

52. *Definición.* Se halla en situación de residencia temporal por razón de reagrupación familiar el extranjero que haya sido autorizado a permanecer en España en virtud del derecho a la reagrupación familiar ejercido por un extranjero residente.

53. *Familiares reagrupables.* El extranjero podrá reagrupar con él en España a los siguientes familiares:

a) Su cónyuge, siempre que no se encuentre separado de hecho o de derecho y que el matrimonio no se haya celebrado en fraude de ley.

En ningún caso podrá reagruparse a más de un cónyuge, aunque la ley personal del extranjero admita esta modalidad matrimonial.

El extranjero residente que se encuentre casado en segundas o posteriores nupcias sólo podrá reagrupar con él al nuevo cónyuge y sus familiares si acredita que la disolución de sus anteriores matrimonios ha tenido lugar tras un procedimiento jurídico que fije la situación del cónyuge anterior y sus familiares en cuanto a la vivienda común, la pensión al cónyuge y los alimentos para los hijos menores o mayores dependientes.

b) La persona que mantenga con el reagrupante una relación de afectividad análoga a la conyugal. A los efectos previstos en este capítulo, se considerará que existe relación de análoga afectividad a la conyugal cuando:

1º Dicha relación se encuentre inscrita en un registro público establecido a esos efectos, y no se haya cancelado dicha inscripción; o

2º Se acredite la vigencia de una relación no registrada, constituida con carácter previo al inicio de la residencia del reagrupante en España. A dichos efectos, sin perjuicio de la posible utilización de cualquier medio de prueba admitido en Derecho, tendrán prevalencia los documentos emitidos por una autoridad pública.

Resultará de aplicación a este supuesto lo previsto, en relación con el cónyuge, en los párrafos segundo y tercero de la letra a) del apartado anterior. Serán incompatibles a efectos de lo previsto en este capítulo las situaciones de matrimonio y de análoga relación de afectividad.

c) Sus hijos o los de su cónyuge o pareja, incluidos los adoptados, siempre que sean menores de dieciocho años en el momento de la solicitud de la autorización de residencia a su favor o tengan una discapacidad y no sean objetivamente capaces de proveer a sus propias necesidades debido a su estado de salud.

Cuando se trate de hijos de uno solo de los cónyuges o miembros de la pareja se requerirá, además, que éste ejerza en solitario la patria potestad o que se le haya otorgado la custodia y estén efectivamente a su cargo.

En el supuesto de hijos adoptivos deberá acreditarse que la resolución por la que se acordó la adopción reúne los elementos necesarios para producir efectos en España.

d) Los representados legalmente por el reagrupante, cuando sean menores de dieciocho años en el momento de la solicitud de la autorización de residencia a su favor o tengan una discapacidad y no sean objetivamente capaces de proveer a sus propias necesidades debido a su estado de salud, cuando el acto jurídico del que surgen las facultades representativas no sea contrario a los principios del ordenamiento español.

e) Sus ascendientes en primer grado, o los de su cónyuge o pareja, cuando estén a su cargo, sean mayores de sesenta y cinco años y existan razones que justifiquen la necesidad de autorizar su residencia en España.

Excepcionalmente, cuando concurran razones de carácter humanitario, se podrá reagrupar a los ascendientes menores de sesenta y cinco años que reúnan los restantes requisitos establecidos en el párrafo anterior.

Se considerará que concurren razones humanitarias, entre otros casos, cuando el ascendiente conviviera con el reagrupante en el país de origen en el momento en que este último obtuvo su autorización; cuando el ascendiente sea incapaz y su tutela esté otorgada por la autoridad competente en el país de origen al extranjero residente o a su cónyuge o pareja reagrupada; o cuando el ascendiente no sea objetivamente capaz de proveer a sus propias necesidades.

Igualmente, se considerará que concurren razones humanitarias cuando el ascendiente del reagrupante, o de su cónyuge o pareja, sea cónyuge o pareja del otro ascendiente, siendo este último mayor de sesenta y cinco años. En este caso, las solicitudes de autorización de residencia por reagrupación familiar podrán ser presentadas de forma conjunta, si bien la aplicación de la excepción del requisito de la edad respecto al ascendiente menor de sesenta y cinco años estará condicionada a que la autorización del otro ascendiente sea concedida.

Cuando el órgano competente para resolver el procedimiento tuviera dudas sobre la concurrencia de otra razón de excepción del requisito elevará consulta previa a la Dirección General de Inmigración.

Se entenderá que los familiares están a cargo del reagrupante cuando acredite que, al menos durante el último año de su residencia en España, ha transferido fondos o soportado gastos de su familiar, que representen al menos el 51% del producto interior bruto per cápita, en cómputo anual, del país de residencia de éste, según lo establecido, en materia de Indicadores sobre renta y actividad económica por país y tipo de indicador, por el Instituto Nacional de Estadística.

54. *Medios económicos a acreditar por un extranjero para la obtención de una autorización de residencia por reagrupación a favor de sus familiares.* 1. El extranjero que solicite autorización de residencia para la reagrupación de sus familiares deberá adjuntar en el momento de presentar la solicitud de dicha autorización la documentación que acredite que se cuenta con medios económicos suficientes para atender las necesidades de la familia, incluyendo la asistencia sanitaria en el supuesto de no estar cubierta por la Seguridad Social en la cuantía que, con carácter de mínima y referida al momento de solicitud de la autorización, se expresa a continuación, en euros, o su equivalente legal en moneda extranjera, según el número de personas que solicite reagrupar, y teniendo en cuenta además el número de familiares que ya conviven con él en España a su cargo:

a) En caso de unidades familiares que incluyan, computando al reagrupante y al llegar a España la persona reagrupada, dos miembros: se exigirá una cantidad que represente mensualmente el 150% del IPREM.

b) En caso de unidades familiares que incluyan, al llegar a España la persona reagrupada, a más de dos personas: una cantidad que represente mensualmente el 50% del IPREM por cada miembro adicional.

2. Las autorizaciones no serán concedidas si se determina indubitadamente que no existe una perspectiva de mantenimiento de los medios económicos durante el año posterior a la fecha de presentación de la solicitud. En dicha determinación, la previsión de mantenimiento de una fuente de ingresos durante el citado año será valorada teniendo en cuenta la evolución de los medios del reagrupante en los seis meses previos a la fecha de presentación de la solicitud.

En caso de que la solicitud de autorización de residencia por reagrupación familiar se presente de forma simultánea a la de renovación de la autorización de la que sea titular el reagrupante, la comprobación de la evolución de los medios de éste en los seis meses previos a la fecha de presentación de la solicitud será realizada de oficio por la Oficina de Extranjería.

3. La exigencia de dicha cuantía podrá ser minorada en los supuestos del artículo 53.c) y d) de este real decreto, cuando concurran circunstancias acreditadas que aconsejen dicha minoración de acuerdo con el principio del interés superior del menor, según lo establecido en la Ley Orgánica 1/1996, de 15 de enero, de Protección Jurídica del Menor, y en atención a las circunstancias del caso concreto, valorando la

edad, desarrollo físico y emocional del familiar reagrupado, la relación con su reagrupante, y el número de miembros de la unidad familiar, haciendo una interpretación favorable a la vida familiar, y además se reúnan los restantes requisitos legales y reglamentarios para la concesión de la autorización de residencia por reagrupación familiar.

Igualmente, la cuantía podrá ser minorada en relación con la reagrupación de otros familiares por razones humanitarias apreciadas en relación con supuestos individualizados previo informe de la Dirección General de Migraciones.

La flexibilización se referirá a la cuantía mínima exigida en el momento en el que se efectúa la solicitud de la autorización, y a la perspectiva de mantenimiento de los medios económicos durante el año posterior a la fecha de presentación de la solicitud.

En atención a estos criterios, la cuantía a justificar será la siguiente:

a) En caso de que se alcance la cuantía resultante de aplicar los umbrales previstos en el artículo 54.1 del este reglamento, la autorización será concedida.

b) En caso de que no se alcance esa cuantía, se concederá la reagrupación familiar de los menores si el reagrupante acredita medios económicos provenientes de una fuente estable de ingresos igual o superior al salario mínimo interprofesional.

c) Para aquellos casos en los que no se alcance dicha cuantía y en atención a la situación del reagrupado, para una unidad familiar de dos miembros, siendo uno de ellos un menor de edad se exigirá el 110% de la cuantía de la renta garantizada del Ingreso Mínimo Vital con carácter anual y, por cada menor de edad adicional, se exigirá un 10% adicional con el tope máximo del 150% de dicho ingreso. [227]

4. No serán computables a estos efectos los ingresos provenientes del sistema de asistencia social, pero sí los aportados por el cónyuge o pareja del extranjero reagrupante, así como por otro familiar en línea directa en primer grado, con condición de residente en España y que conviva con éste.

5. Sin perjuicio de la presentación de cualquier documento o medio de prueba que, a juicio del solicitante, justifique la disposición de los medios, podrá aportar la siguiente documentación:

a) En caso de realizar actividad lucrativa por cuenta ajena:

---

[227] Dada nueva redacción apartado 3 por art. único apartado 2 de Real Decreto 629/2022 de 26 de julio de 2022, con vigencia desde 16/08/2022

1º Copia del contrato de trabajo.

2º Declaración, en su caso, del Impuesto sobre la Renta de las Personas Físicas correspondiente al año anterior. Dicha declaración será la correspondiente al penúltimo año en el caso de que no haya expirado el plazo para presentar la correspondiente a la última anualidad.

b) En caso de realizar actividad lucrativa por cuenta propia:

1º Acreditación de la actividad que desarrolla.

2º Declaración, en su caso, del Impuesto sobre la Renta de las Personas Físicas correspondiente al año anterior. Dicha declaración será la correspondiente al penúltimo año en el caso de que no haya expirado el plazo para presentar la correspondiente a la última anualidad.

c) En caso de no realizarse ninguna actividad lucrativa en España: cheques certificados, cheques de viaje o cartas de pago o tarjetas de crédito, acompañadas de una certificación bancaria de la cantidad disponible como crédito de la citada tarjeta o certificación bancaria.

6. De alegarse la realización de una actividad por cuenta ajena o por cuenta propia, la Oficina de Extranjería competente comprobará de oficio la información relativa a la afiliación y alta en el régimen correspondiente de la Seguridad Social del solicitante, y, en su caso, las bases de datos de cotización.

55. *Requisito sobre vivienda adecuada a acreditar por un extranjero para la obtención de una autorización de residencia por reagrupación a favor de sus familiares.* 1. El extranjero que solicite autorización de residencia para la reagrupación de sus familiares, deberá adjuntar en el momento de presentar la solicitud informe expedido por los órganos competentes de la Comunidad Autónoma del lugar de residencia del reagrupante a los efectos de acreditar que cuenta con una vivienda adecuada para atender sus necesidades y las de su familia.

2. La Comunidad Autónoma deberá emitir el informe y notificarlo al interesado en el plazo máximo de treinta días desde que le sea solicitado. Simultáneamente y por medios electrónicos, deberá dar traslado del informe a la Oficina de Extranjería competente.

A dichos efectos podrá realizar consulta al Ayuntamiento donde el extranjero reagrupante tenga su domicilio habitual sobre la información que pueda constar al mismo en relación con la adecuación de la vivienda.

3. El informe anterior podrá ser emitido por la Corporación local en la que el extranjero tenga su lugar de residencia cuando así haya si-

do establecido por la Comunidad Autónoma competente, siempre que ello haya sido previamente puesto en conocimiento de la Secretaría de Estado de Inmigración y Emigración.

En su caso, el informe de la Corporación local habrá de ser emitido y notificado al interesado en el plazo de treinta días desde la fecha de la solicitud. Simultáneamente y por medios electrónicos, deberá dar traslado del informe a la Oficina de Extranjería competente.

4. En caso de que el informe no haya sido emitido en plazo, circunstancia que habrá de ser debidamente acreditada por el interesado, podrá justificarse este requisito por cualquier medio de prueba admitido en Derecho.

5. En todo caso, el informe o la documentación que se presente en su sustitución debe hacer referencia, al menos, a los siguientes extremos: título que habilite para la ocupación de la vivienda, número de habitaciones, uso al que se destina cada una de las dependencias de la vivienda, número de personas que la habitan y condiciones de habitabilidad y equipamiento.

El título que habilite para la ocupación de la vivienda se entenderá referido al extranjero reagrupante o a cualquier otra persona que forme parte de la unidad familiar en base a un parentesco de los enunciados en el art. 17 de la Ley Orgánica 4/2000, de 11 de enero.

56. *Procedimiento para la autorización de residencia por reagrupación familiar.* 1. La solicitud de reagrupación familiar se podrá presentar cuando el extranjero reagrupante tenga autorización para residir en España durante un año como mínimo y solicitado la autorización para residir por, al menos, otro año, con las siguientes excepciones:

a) El reagrupante tendrá que ser titular de una autorización de residencia de larga duración o de larga duración-UE concedida en España para la reagrupación de sus ascendientes o de los ascendientes de su cónyuge o pareja de hecho.

La solicitud podrá presentarse cuando se haya solicitado la autorización de residencia de larga duración o de residencia de larga duración-UE.

b) Los extranjeros residentes en España en base a su previa condición de residentes de larga duración-UE en otro Estado miembro de la Unión Europea, titulares de una Tarjeta azul-UE o beneficiarios del régimen especial de investigadores podrán presentar la solicitud de autorización a favor de sus familiares sin estar sometidos al requisito de haber residido legalmente en España, con carácter previo, durante un año.

En todo caso, no podrá concederse la autorización de residencia al familiar reagrupable hasta que, en función de la situación que deba ostentar el reagrupante para el ejercicio del derecho, no se haya producido la efectiva renovación de la autorización del reagrupante, concedido su autorización de residencia de larga duración o de residencia de larga duración-UE o concedido su autorización inicial de residencia en España.

2. El extranjero que desee ejercer el derecho de reagrupación familiar deberá solicitar, personalmente ante la Oficina de Extranjería competente para su tramitación, una autorización de residencia temporal a favor de los miembros de su familia que desee reagrupar.

La reagrupación de los familiares de extranjeros residentes larga duración-UE en otro Estado miembro de la Unión Europea, podrá ser presentada por los propios familiares, aportando prueba de residencia como miembro de la familia del residente de larga duración-UE en el primer Estado miembro.

3. La solicitud, que deberá cumplimentarse en modelo oficial, deberá acompañarse de la siguiente documentación:

a) Relativos al reagrupante:

1º Copia del pasaporte, documento de viaje o cédula de inscripción del solicitante en vigor, previa exhibición del documento original.

2º Copia compulsada de documentación que acredite que cuenta con empleo y/o recursos económicos suficientes para atender las necesidades de la familia, incluyendo la asistencia sanitaria, en el supuesto de no estar cubierta por la Seguridad Social, de acuerdo con lo establecido en el art. 54 de este Reglamento.

3º Documentación original que acredite la disponibilidad, por parte del reagrupante, de una vivienda adecuada para atender las necesidades del reagrupante y la familia, y que habrá de ser su vivienda habitual, de acuerdo con lo establecido en el art. 55 de este Reglamento.

4º En los casos de reagrupación de cónyuge o pareja, declaración jurada del reagrupante de que no reside con él en España otro cónyuge o pareja.

b) Relativos al familiar a reagrupar:

1º Copia completa del pasaporte o título de viaje, en vigor.

2º Copia de la documentación acreditativa de los vínculos familiares o de parentesco o de la existencia de la unión de hecho y, en su caso, de la dependencia legal y económica.

4. Presentada la solicitud en forma o subsanados los defectos, el órgano competente la tramitará y resolverá lo que proceda. A dichos efectos, recabará de oficio el informe de los servicios competentes de la Dirección General de la Policía y la Guardia Civil en materia de seguridad y orden público, así como el del Registro Central de Penados.

5. En el supuesto de que se cumpla con los requisitos establecidos para la reagrupación familiar, el órgano competente resolverá la concesión de la autorización de residencia por reagrupación, y se suspenderá la eficacia de la autorización hasta:

a) Con carácter general, la expedición del visado, y la efectiva entrada del extranjero en territorio nacional durante el tiempo de vigencia de éste. En este caso, la resolución de concesión hará mención expresa a que la autorización no desplegará sus efectos hasta que no se produzca la obtención del visado y la posterior entrada en España de su titular.

b) En el supuesto de familiares de residentes de larga duración-UE, titulares de una Tarjeta azul-UE o beneficiarios del régimen especial de investigadores en otro Estado miembro de la Unión Europea en el que la familia ya esté constituida, la eficacia de la autorización estará condicionada a la efectiva entrada del familiar en territorio nacional, si dicha entrada se produjera tras la concesión de la autorización. En este caso, la entrada deberá producirse en el plazo máximo de un mes desde la notificación de la concesión de la autorización, lo que habrá de constar en la resolución.

6. La resolución se grabará en la aplicación correspondiente, de forma que tenga acceso a ella la misión diplomática u oficina consular en cuya demarcación resida el extranjero.

7. Los procedimientos regulados en este artículo, así como los relativos al correspondiente visado y a la renovación de autorizaciones de residencia por reagrupación familiar serán objeto de tramitación preferente.

8. La Secretaría de Estado de Inmigración y Emigración remitirá información estadística sobre las solicitudes y concesiones de autorizaciones iniciales de residencia por reagrupación familiar a los órganos competentes en la correspondiente Comunidad Autónoma, así como

a la Federación Española de Municipios y Provincias a los efectos de su traslado a los Ayuntamientos correspondientes. La información será remitida con periodicidad trimestral y desglosada por nacionalidad, sexo y edad del reagrupado, y municipio en el que el reagrupante haya declarado tener su vivienda habitual.

57. *Tramitación del visado en el procedimiento de reagrupación familiar.* 1. En el plazo de dos meses desde la notificación al reagrupante de la concesión de la autorización, el familiar que vaya a ser reagrupado deberá, en su caso, solicitar personalmente el visado en la misión diplomática u oficina consular en cuya demarcación resida. El Ministerio de Asuntos Exteriores y de Cooperación, si media causa que lo justifique, podrá determinar la misión diplomática u oficina consular diferente a la anterior en la que corresponda presentar la solicitud de visado.

Excepcionalmente, en aplicación de lo dispuesto en el primer párrafo del apartado 2 de la disposición adicional tercera de la Ley Orgánica 4/2000, de 11 de enero, la misión diplomática u oficina consular aceptará la presentación por representante legalmente acreditado cuando existan motivos fundados que obstaculicen el desplazamiento del solicitante, como la lejanía de la misión u oficina, dificultades de transporte que hagan el viaje especialmente gravoso o razones acreditadas de enfermedad o condición física que dificulten sensiblemente su movilidad. En el caso de tratarse de un menor podrá solicitarlo un representante debidamente acreditado. Constituirá causa de inadmisión a trámite de la solicitud de visado y, en su caso, de denegación, el hecho de que el extranjero se hallase en España en situación irregular, evidenciado por el poder de representación o por datos que consten en la Administración.

2. Sin perjuicio de que el interesado añada otros documentos que considere oportunos, la solicitud de visado deberá ir acompañada de:

a) Pasaporte ordinario o título de viaje, reconocido como válido en España, con una vigencia mínima de cuatro meses.

b) Certificado de antecedentes penales o documento equivalente, en el caso de solicitante mayor de edad penal, que debe ser expedido por las autoridades del país de origen o del país o países en que haya residido durante los últimos cinco años y en el que no deben constar condenas por delitos previstos en el ordenamiento español.

c) Documentación original que acredite los vínculos familiares o de parentesco o de la existencia de la unión de hecho y, en su caso, la edad y la dependencia legal.

d) Certificado médico con el fin de acreditar que no padece ninguna de las enfermedades que pueden tener repercusiones de salud pública graves de conformidad con lo dispuesto en el Reglamento Sanitario Internacional de 2005.

3. La misión diplomática u oficina consular denegará el visado en los siguientes supuestos:

a) Cuando no se acredite el cumplimiento de los requisitos previstos para su obtención, tras la valoración de la documentación acreditativa de éstos, prevista en el apartado anterior.

b) Cuando, para fundamentar la petición, se hayan presentado documentos falsos o formulado alegaciones inexactas, o medie mala fe.

c) Cuando concurra una causa prevista legalmente de inadmisión a trámite que no hubiera sido apreciada en el momento de la recepción de la solicitud.

4. La misión diplomática u oficina consular, en atención al cumplimiento de los requisitos exigidos, notificará la concesión del visado, en su caso, en el plazo máximo de dos meses. Éste deberá ser recogido por el solicitante, personalmente, salvo en el caso de menores, en que podrá ser recogido por su representante. De no efectuarse en el plazo mencionado la recogida, se entenderá que el interesado ha renunciado al visado concedido, y se producirá el archivo del procedimiento.

58. *Entrada en territorio español.* 1. Recogido el visado, el solicitante deberá entrar en el territorio español durante el plazo de vigencia de aquél, que en ningún caso será superior a tres meses, de conformidad con lo establecido en el título I de este Reglamento.

2. En el plazo de un mes desde la entrada en España o, en su caso, desde la notificación de la concesión de la autorización, el extranjero deberá solicitar personalmente la Tarjeta de Identidad de Extranjero, salvo en el caso de menores, en que será solicitada por su representante.

3. Cuando el reagrupante sea titular de una autorización de residencia temporal, la vigencia de la autorización de residencia de los familiares reagrupados se extenderá hasta la misma fecha que la autorización de que sea titular el reagrupante en el momento de la entrada del familiar en España.

Cuando el reagrupante tenga la condición de residente de larga duración o de residencia de larga duración-UE en España, la vigencia de la primera autorización de residencia de los familiares reagrupados se extenderá hasta la fecha de validez de la Tarjeta de Identidad de Extranjero de que sea titular el reagrupante en el momento de la entrada del familiar en España. La posterior autorización de residencia del reagrupado será de larga duración.

4. La autorización de residencia por reagrupación familiar del cónyuge, la pareja de hecho o el hijo reagrupado habilitará a su titular a trabajar, siempre que sea mayor de edad laboral, sin necesidad de realizar ningún trámite administrativo. Dicha autorización les habilita para trabajar por cuenta ajena o por cuenta propia, en cualquier parte del territorio español, ocupación o sector de actividad.

59. *Residencia de los familiares reagrupados, independiente de la del reagrupante.* 1. El cónyuge o pareja reagrupado podrá obtener una autorización de residencia y trabajo independiente, cuando reúna alguno de los siguientes requisitos y no tenga deudas con la Administración tributaria o de Seguridad Social:

a) Contar con medios económicos suficientes para la concesión de una autorización de residencia temporal de carácter no lucrativo.

b) Contar con uno o varios contratos de trabajo, desde el momento de la solicitud, de los que se derive una retribución no inferior al salario mínimo interprofesional mensual referido a la jornada legal de trabajo o el que derive del convenio colectivo aplicable. [228]

c) Cumplir los requisitos exigibles de cara a la concesión de una autorización de residencia temporal y trabajo por cuenta propia.

En los supuestos de los apartados b) y c) anteriores, la eficacia de la autorización de residencia y trabajo independiente estará condicionada a que se produzca, en caso de que no se hubiera producido con anterioridad, el alta del trabajador en el régimen correspondiente de la Seguridad Social, en el plazo de un mes desde la fecha de notificación de la resolución por la que se concede aquélla. Cumplida la condición, la vigencia de la autorización se retrotraerá al día inmediatamente siguiente al de la caducidad de la autorización anterior.

---

[228] Dada nueva redacción apartado 1 letra b por art. único apartado 3 de Real Decreto 629/2022 de 26 de julio de 2022, con vigencia desde 16/08/2022

2. Asimismo, el cónyuge o pareja reagrupado podrá obtener una autorización de residencia y trabajo independiente, cuando se dé alguno de los siguientes supuestos:

a) Cuando se rompa el vínculo conyugal que dio origen a la situación de residencia, por separación de derecho, divorcio o por cancelación de la inscripción, o finalización de la vida en pareja, siempre y cuando acredite la convivencia en España con el cónyuge o pareja reagrupante durante al menos dos años.

b) Cuando fuera víctima de violencia de género, una vez dictada a su favor una orden judicial de protección o, en su defecto, exista un informe del Ministerio Fiscal que indique la existencia de indicios de violencia de género. Este supuesto será igualmente de aplicación cuando fuera víctima de un delito por conductas violentas ejercidas en el entorno familiar, una vez que exista una orden judicial de protección a favor de la víctima o, en su defecto, un informe del Ministerio Fiscal que indique la existencia de conducta violenta ejercida en el entorno familiar.

La tramitación de las solicitudes presentadas al amparo de este apartado tendrá carácter preferente y la duración de la autorización de residencia y trabajo independiente será de cinco años.

c) Por causa de muerte del reagrupante.

3. En los casos previstos en el apartado anterior, cuando, además del cónyuge o pareja, se haya reagrupado a otros familiares, éstos conservarán la autorización de residencia concedida y dependerán, a efectos de la renovación de la autorización de residencia por reagrupación familiar, del miembro de la familia con el que convivan.

4. Los hijos y menores sobre los que el reagrupante ostente la representación legal obtendrán una autorización de residencia independiente cuando alcancen la mayoría de edad y acrediten encontrarse en alguna de las situaciones descritas en el apartado 1 de este artículo, o bien cuando hayan alcanzado la mayoría de edad y residido en España durante cinco años.

5. Los ascendientes reagrupados podrán obtener una autorización de residencia independiente del reagrupante cuando hayan obtenido una autorización para trabajar, sin perjuicio de que los efectos de dicha autorización de residencia independiente, para el ejercicio de la reagrupación familiar, queden supeditados a lo dispuesto en el art. 17.3 de la Ley Orgánica 4/2000, de 11 de enero.

6. La autorización independiente tendrá la duración que corresponda, en función del tiempo previo de vigencia de la situación de

residencia por reagrupación familiar. En todo caso, la autorización independiente tendrá una vigencia mínima de un año.

60. *Reagrupación familiar por residentes reagrupados.* 1. Los extranjeros que hubieran adquirido la residencia temporal en virtud de una previa reagrupación familiar podrán, a su vez, ejercer el derecho de reagrupación respecto de sus propios familiares, siempre que cuenten con una autorización de residencia y trabajo obtenidos independientemente de la autorización del reagrupante y reúnan los requisitos establecidos para el ejercicio del derecho a la reagrupación familiar.

2. En el supuesto de los ascendientes, éstos sólo podrán ejercitar, a su vez, el derecho de reagrupación familiar tras haber obtenido la condición de residente de larga duración y acrediten solvencia económica para atender las necesidades de los miembros de su familia que pretendan reagrupar.

3. Excepcionalmente, el ascendiente reagrupado que tenga a su cargo uno o más hijos menores de edad o que tengan una discapacidad y no sean objetivamente capaces de proveer a sus propias necesidades debido a su estado de salud, podrá ejercer el derecho de reagrupación en los términos dispuestos en el apartado 1 de este artículo.

61. *Renovación de las autorizaciones de residencia en virtud de reagrupación familiar.* 1. La renovación de las autorizaciones de residencia por reagrupación deberá solicitarse en modelo oficial en el plazo de sesenta días naturales antes de su expiración. La presentación de la solicitud en este plazo prorrogará la validez de la autorización anterior hasta la resolución del procedimiento. También se prorrogará hasta la resolución del procedimiento en el supuesto en que la solicitud se presentase dentro de los noventa días naturales posteriores a la fecha en que hubiera finalizado la vigencia de la anterior autorización, sin perjuicio de la incoación del correspondiente procedimiento sancionador por la infracción en la que se hubiese incurrido.

2. La renovación de la autorización de residencia por reagrupación familiar de descendientes, menores tutelados o ascendientes podrá ser solicitada por el cónyuge o pareja del reagrupante, siempre que dicho cónyuge o pareja sea residente en España, forme parte de la misma unidad familiar, y el reagrupante original no reúna los requisitos exigibles para la renovación de la autorización por reagrupación familiar.

Ello será igualmente de aplicación, en el caso de descendientes o menores tutelados, respecto a su otro progenitor o tutor, siempre que éste tenga la condición de residente en España y sin perjuicio de que forme parte o no de la unidad familiar.

En este caso, la naturaleza y duración de la autorización renovada se vinculará a la del cónyuge o pareja, que asumirán la condición de reagrupante.

3. Para la renovación de una autorización de residencia por reagrupación familiar se deberán cumplir los siguientes requisitos:

a) Relativos al reagrupado:

1º Que sea titular de una autorización de residencia por reagrupación familiar en vigor o se halle dentro del plazo de los noventa días naturales posteriores a la caducidad de ésta.

2º Que se mantenga el vínculo familiar o de parentesco o la existencia de la unión de hecho en que se fundamentó la concesión de la autorización a renovar.

3º Tener escolarizados a los menores a su cargo en edad de escolarización obligatoria durante la permanencia de éstos en España.

4º Haber abonado la tasa por tramitación del procedimiento.

b) Relativos al reagrupante:

1º Que sea titular de una autorización de residencia en vigor o se halle dentro del plazo de los noventa días naturales posteriores a la caducidad de ésta.

2º Que cuente con empleo y/o recursos económicos suficientes para atender las necesidades de la familia, incluyendo la asistencia sanitaria de no estar cubierta por la Seguridad Social, en una cantidad que represente mensualmente el 100% del IPREM.

A dichos efectos serán computables los ingresos provenientes del sistema de asistencia social y resultará de aplicación lo previsto en el art. 54.3 de este Reglamento.

3º Que disponga de una vivienda adecuada para atender sus necesidades y las de su familia, y que habrá de ser su vivienda habitual.

Dicha circunstancia será acreditada: de no existir cambio de domicilio en relación con el acreditado para la obtención de la autorización inicial de residencia temporal por reagrupación familiar, con la presentación de documento que acredite la vigencia del título de ocupación; en caso de existir cambio de domicilio, de acuerdo con lo establecido en el art. 55 de este Reglamento.

En ambos casos, el título que habilite para la ocupación de la vivienda se entenderá referido al extranjero reagrupante o a cualquier otra persona que forme parte de la unidad familiar en base a un parentesco de los enunciados en el art. 17 de la Ley Orgánica 4/2000, de 11 de enero.

4. A la solicitud, en modelo oficial, deberá acompañar la documentación que acredite que se reúnen los requisitos señalados en el apartado anterior, entre otros:

a) Copia del pasaporte completo en vigor o título de viaje, reconocido como válido en España, del reagrupado y del reagrupante.

b) En su caso, documentación acreditativa de la vigencia del matrimonio o de la relación de análoga afectividad a la conyugal.

c) Los documentos que acrediten que el reagrupante cumple los requisitos establecidos en los puntos 2º y 3º del anterior apartado 3.b).

d) En su caso, informe emitido por las autoridades autonómicas competentes que acredite la escolarización de los menores en edad de escolarización obligatoria que estén a su cargo.

5. En caso de que a partir de la documentación presentada junto a la solicitud no quede acreditada la escolarización de los menores en edad de escolarización obligatoria que estén a cargo del solicitante, la Oficina de Extranjería pondrá esta circunstancia en conocimiento de las autoridades educativas competentes, y advertirá expresamente y por escrito al extranjero solicitante de que en caso de no producirse la escolarización y presentarse el correspondiente informe en el plazo de treinta días, la autorización no será renovada.

6. Para la renovación de la autorización, se valorará, en su caso, previa solicitud de oficio de los correspondientes informes:

a) La posibilidad de renovar la autorización de residencia a los extranjeros que hubieren sido condenados por la comisión de un delito y hayan cumplido la condena, los que hubieran sido indultados o se hallasen en situación de remisión condicional de la pena o de suspensión de la pena

b) El incumplimiento de las obligaciones del solicitante en materia tributaria y de Seguridad Social.

7. Igualmente se valorará el esfuerzo de integración del extranjero acreditado mediante el informe positivo de la Comunidad Autónoma de su lugar de residencia.

Dicho esfuerzo de integración podrá ser alegado por el extranjero como información a valorar en caso de no acreditar el cumplimiento de alguno de los requisitos previstos para la renovación de la autorización.

El informe tendrá como contenido mínimo la certificación, en su caso, de la participación activa del extranjero en acciones formativas destinadas al conocimiento y respeto de los valores constitucionales de España, los valores estatutarios de la Comunidad Autónoma en que se resida, los valores de la Unión Europea, los derechos humanos, las libertades públicas, la democracia, la tolerancia y la igualdad entre mujeres y hombres, así como el aprendizaje de las lenguas oficiales del lugar de residencia. En este sentido, la certificación hará expresa mención al tiempo de formación dedicado a los ámbitos señalados.

El informe tendrá en consideración las acciones formativas desarrolladas por entidades privadas debidamente acreditadas o por entidades públicas.

8. Las solicitudes de renovación de los familiares reagrupados se presentarán y se tramitarán conjuntamente con la del reagrupante, salvo causa que lo justifique.

9. Se entenderá que la resolución es favorable en el supuesto de que la Administración no resuelva expresamente en el plazo de tres meses desde la presentación de la solicitud.

10. La resolución favorable se notificará al interesado.

11. La autorización de residencia por reagrupación familiar renovada se extenderá hasta la misma fecha que la autorización de que sea titular el reagrupante en el momento de la renovación. Esta autorización habilitará para trabajar por cuenta ajena y por cuenta propia. [229]

CAPÍTULO III
RESIDENCIA TEMPORAL Y TRABAJO POR CUENTA AJENA

62. *Definición.* Se halla en situación de residencia temporal y trabajo por cuenta ajena el extranjero mayor de 16 años autorizado a permanecer en España por un periodo superior a noventa días e inferior a cinco años, y a ejercer una actividad laboral por cuenta ajena.

63. *Autorización inicial de residencia temporal y trabajo por cuenta ajena.* 1. La autorización inicial de residencia temporal y trabajo por

---

[229] Dada nueva redacción apartado 11 por art. único apartado 4 de Real Decreto 629/2022 de 26 de julio de 2022, con vigencia desde 16/08/2022

cuenta ajena habilitará a los extranjeros que residen fuera de España, siempre que hayan obtenido el correspondiente visado y hayan sido dados de alta en el régimen correspondiente de la Seguridad Social dentro del plazo de tres meses desde su entrada legal en España, a residir y trabajar por cuenta ajena en España.

Salvo en los casos en los que no resulte aplicable el requisito de que la situación nacional de empleo permita la contratación del trabajador, la autorización inicial se limitará a un ámbito geográfico provincial y a una ocupación.

No obstante lo dispuesto en el párrafo anterior, en caso de no aplicación del requisito de que la situación nacional de empleo permita la contratación del trabajador en base a los apartados a), b) y d) del art. 40.2 de la Ley Orgánica 4/2000, la autorización inicial se limitará al tipo de relación laboral para la cual se haya concedido.

2. En los supuestos previstos en el título XII de este Reglamento no será exigible el visado para la obtención de este tipo de autorizaciones.

3. El acceso a la autorización inicial de residencia temporal y trabajo por cuenta ajena de quienes sean titulares de un visado de búsqueda de empleo se regirá por las disposiciones específicas de este Reglamento y por la Orden ministerial de gestión colectiva de contrataciones en origen.

4. Los extranjeros que obtengan una autorización deberán solicitar la Tarjeta de Identidad de Extranjero correspondiente en el plazo de un mes desde su alta en el régimen correspondiente de la Seguridad Social, de acuerdo con lo previsto en el presente capítulo.

5. La autorización inicial de residencia temporal y trabajo por cuenta ajena tendrá una duración de un año y se limitará, en lo relativo al ejercicio de la actividad laboral y salvo en los casos previstos por la Ley y los Convenios Internacionales firmados por España, a un ámbito geográfico y a una ocupación determinada.

Cuando la Comunidad Autónoma tuviera reconocidas competencias en materia de autorización inicial de trabajo podrá fijar el ámbito geográfico de la autorización dentro de su territorio.

64. *Requisitos.* 1. Para la concesión de una autorización inicial de residencia temporal y trabajo por cuenta ajena será necesario cumplir los requisitos que se establecen en este artículo relativos a la residencia y al trabajo, respectivamente.

2. En relación con la residencia de los extranjeros que se pretende contratar, será necesario que:

a) No se encuentren irregularmente en territorio español.

b) Carezcan de antecedentes penales, tanto en España como en sus países anteriores de residencia durante los últimos cinco años, por delitos previstos en el ordenamiento español.

c) No figuren como rechazables en el espacio territorial de países con los que España tenga firmado un convenio en tal sentido.

d) Haya transcurrido el plazo de compromiso de no regreso a España del extranjero, asumido por éste en el marco de su retorno voluntario al país de origen.

e) Se haya abonado la tasa por tramitación de la autorización de residencia temporal.

3. En relación con la actividad laboral a desarrollar por los extranjeros que se pretende contratar, será necesario que:

a) La situación nacional de empleo permita la contratación del trabajador extranjero en los términos previstos en el art. 65 de este Reglamento.

b) El empleador presente un contrato de trabajo firmado por el trabajador y por él mismo y que garantice al trabajador una actividad continuada durante el periodo de vigencia de la autorización inicial de residencia temporal y trabajo por cuenta ajena.

La fecha de comienzo del contrato deberá estar condicionada al momento de eficacia de la autorización de residencia temporal y trabajo por cuenta ajena.

c) Las condiciones fijadas en el contrato de trabajo se ajusten a las establecidas por la normativa vigente y el convenio colectivo aplicable para la misma actividad, categoría profesional y localidad.

En el caso de que la contratación fuera a tiempo parcial, la retribución deberá ser igual o superior al salario mínimo interprofesional para jornada completa y en cómputo anual.

d) Que el empleador solicitante haya formalizado su inscripción en el correspondiente régimen del sistema de Seguridad Social y se encuentre al corriente del cumplimiento de sus obligaciones tributarias y frente a la Seguridad Social.

e) El empleador cuente con medios económicos, materiales o personales, suficientes para su proyecto empresarial y para hacer frente a las obligaciones asumidas en el contrato frente al trabajador en los términos establecidos en el art. 66 de este Reglamento.

f) El trabajador tenga la capacitación y, en su caso, la cualificación profesional legalmente exigida para el ejercicio de la profesión.

g) Se haya abonado la tasa relativa a la autorización de trabajo por cuenta ajena.

4. Sin perjuicio de lo previsto en el apartado anterior, no se tendrá en cuenta la situación nacional de empleo en los supuestos establecidos en el art. 40 de la Ley Orgánica 4/2000 o por Convenio internacional.

Igualmente, se autorizará a trabajar sin atender a la situación nacional de empleo a los nacionales de Estados con los que se hayan suscrito convenios internacionales a tal efecto, así como a los nacionales de Estados no pertenecientes a la Unión Europea ni al Espacio Económico Europeo enrolados en buques españoles en virtud de acuerdos internacionales de pesca marítima. En este caso, se concederá validez de autorización para trabajar al duplicado de la notificación de embarque o renovación del contrato de tripulantes extranjeros en buques españoles.

65. *Determinación de la situación nacional de empleo.* [230] 1. A los efectos de determinar dicha situación nacional de empleo, el Servicio Público de Empleo Estatal elaborará, con periodicidad trimestral, de acuerdo con la información suministrada por los servicios públicos de empleo autonómicos y previa consulta de la Comisión Laboral Tripartita de Inmigración, un Catálogo de ocupaciones de difícil cobertura para cada provincia o demarcación territorial que, en su caso, establezca la correspondiente Administración autonómica, así como para Ceuta y Melilla. En las provincias insulares, el Catálogo podrá establecerse para cada isla o agrupación de ellas.

El procedimiento de elaboración del Catálogo de ocupaciones de difícil cobertura será establecido por Orden del titular del Ministerio de la Presidencia, Relaciones con las Cortes y Memoria Democrática, a propuesta de los titulares de los Ministerios de Inclusión, Seguridad Social y Migraciones y de Trabajo y Economía Social, previo informe de la Comisión Laboral Tripartita de Inmigración.

Este Catálogo estará basado en la información disponible sobre la gestión de las ofertas presentadas por los empleadores en los Servicios públicos de Empleo. También tendrá en consideración las estadísticas

[230] Dada nueva redacción por art. único apartado 5 de Real Decreto 629/2022 de 26 de julio de 2022, con vigencia desde 16/08/2022

elaboradas por las administraciones públicas y, especialmente, la relativa a personas inscritas como demandantes de empleo en los Servicios públicos de empleo. Asimismo, en él se incorporarán automáticamente aquellas ocupaciones pertenecientes a los sectores económicos que se determinen por Acuerdo de la Comisión Delegada del Gobierno para Asuntos Económicos, a propuesta del Ministerio de Inclusión, Seguridad Social y Migraciones.

Se considerarán como ocupaciones las consignadas en la Clasificación Nacional de Ocupaciones que esté en vigor.

La concreción del detalle con que una ocupación se debe incluir en el Catálogo de ocupaciones de difícil cobertura se realizará teniendo en cuenta el grado de especialización requerido para el desempeño de la actividad.

La calificación de una ocupación como de difícil cobertura implica la posibilidad de tramitar la autorización inicial de residencia temporal y trabajo por cuenta ajena dirigida al extranjero.

2. Asimismo, se considerará que la situación nacional de empleo permite la contratación en las ocupaciones no calificadas como de difícil cobertura cuando el empleador acredite ante la Oficina de Extranjería la dificultad de cubrir los puestos de trabajo vacantes con trabajadores ya incorporados en el mercado laboral interno. A estos efectos, la Oficina de Extranjería tendrá en consideración el informe presentado por los Servicios Públicos de Empleo así como la urgencia de la contratación acreditada por la empresa.

Para ello se deberá presentar una oferta de empleo en el portal Empléate y los Servicios Públicos de Empleo, que estará formulada de forma precisa y ajustada a los requerimientos del puesto de trabajo, sin contener requisitos que no tengan relación directa con su desempeño.

El Servicio Público de Empleo en el que se haya presentado la oferta de empleo, en el marco de sus competencias en materia de intermediación laboral, la gestionará promoviendo el contacto entre el empleador y los demandantes de empleo que se adecuen a los requerimientos de la misma. Asimismo, durante un periodo de tiempo de ocho días, dará publicidad a la oferta de empleo en cualquiera de los espacios públicos destinados a la difusión de ofertas de que disponga el Servicio Público de Empleo, a fin de que los trabajadores que residen en cualquier parte del territorio español puedan concurrir a su cobertura.

Transcurridos ocho días desde la presentación de la oferta por el empleador, éste deberá comunicar al Servicio Público de Empleo el resultado de la selección de candidatos que se han presentado para cubrir los puestos de trabajo vacantes, indicando los candidatos que han sido admitidos y los que han sido rechazados, así como la causa del rechazo.

El Servicio Público de Empleo emitirá la certificación de insuficiencia de demandantes en un plazo máximo de tres días contados a partir de la comunicación por parte del empleador del resultado de la selección.

El certificado emitido por el Servicio Público de Empleo competente deberá contener información que identifique al empleador y la oferta y sobre el número de puestos de trabajo ofertados y de trabajadores puestos a disposición del empleador.

La Comisión Laboral Tripartita de Inmigración realizará un seguimiento de la aplicación de lo dispuesto en este Reglamento sobre la determinación de la Situación Nacional de Empleo.

En la valoración del certificado, la Oficina de Extranjería competente para la tramitación de la solicitud de autorización inicial de residencia temporal y trabajo por cuenta ajena tendrá en consideración, especialmente, la relación entre el número de trabajadores puestos a disposición del empleador y el de puestos de trabajo ofertados por éste.

66. *Medios económicos, materiales y personales a acreditar por el empleador para hacer frente a las obligaciones dimanantes del contrato de trabajo.* 1. El empleador deberá acreditar que cuenta con medios en cuantía suficiente para hacer frente a su proyecto empresarial y a las obligaciones derivadas del contrato firmado con el trabajador extranjero. Dicha cuantía deberá incluir el pago del salario reflejado en el contrato que obre en el procedimiento.

2. Cuando el empleador requerido sea una persona física, deberá además acreditar que cuenta con medios económicos suficientes para atender sus necesidades y las de su familia. La cuantía mínima exigible se basará en porcentajes del IPREM según el número de personas a su cargo, descontado el pago del salario reflejado en el contrato de trabajo que obre en el procedimiento:

a) En caso de no existir familiares a cargo del empleador: una cantidad que represente mensualmente el 100% del IPREM.

b) En caso de unidades familiares que incluyan dos miembros, contando al empleador solicitante: una cantidad que represente mensualmente el 200% del IPREM.

c) En caso de unidades familiares que incluyan más de dos personas, contando al empleador solicitante: una cantidad que represente mensualmente el 50% del IPREM por cada miembro adicional.

En los casos de unidades familiares que incluyan dos o más miembros, los medios económicos a acreditar resultarán de la suma de aquéllos con los que cuente cada una de las personas que integren la unidad familiar.

67. *Procedimiento.* 1. El empleador deberá presentar personalmente, o a través de quien válidamente tenga atribuida la representación legal empresarial, la correspondiente solicitud de autorización inicial de residencia temporal y trabajo por cuenta ajena ante el órgano competente para su tramitación, de la provincia donde se vaya a ejercer la actividad laboral.

2. Con la solicitud de autorización inicial de residencia temporal y trabajo por cuenta ajena en modelo oficial deberá acompañarse la siguiente documentación:

a) El NIF y, en el caso de que la empresa esté constituida como persona jurídica, documento público que otorgue su representación legal en favor de la persona física que formule la solicitud.

Si el empleador fuera persona física, no se le exigirá la presentación del NIF si accede a la verificación de sus datos a través del Sistema de Verificación de Datos de Identidad.

b) Original y copia del contrato de trabajo, en el modelo oficial establecido.

La Oficina de Extranjería sellará la copia del contrato a los efectos de su posterior presentación por el extranjero junto a la correspondiente solicitud de visado de residencia y trabajo.

c) En su caso, certificado del Servicio Público de Empleo competente sobre la insuficiencia de demandantes de empleo para cubrir el puesto de trabajo.

d) Los documentos acreditativos de los medios económicos, materiales o personales de los que dispone para su proyecto empresarial y para hacer frente a dichas obligaciones, de acuerdo con lo establecido en el art. 66.

La disponibilidad de medios no podrá acreditarse mediante la referencia a ingresos procedentes de subvenciones, subsidios y ayudas de carácter no contributivo o asistencial otorgadas por administraciones públicas españolas, salvo en el ámbito de la asistencia domiciliaria y el cuidado de menores.

Cuando el empleador tenga la condición de empresa, podrá acreditar el cumplimiento de este requisito a través de, entre otros medios de prueba admitidos en Derecho, la presentación o la comprobación de la información relativa a su cifra de negocios, con el límite de los últimos tres años, y al promedio anual de personal contratado, teniendo en consideración las contrataciones realizadas, así como los despidos o bajas que se hayan producido. También podrá presentar, sin perjuicio de la utilización de otros medios de prueba admitidos en Derecho, una declaración relativa a los servicios o trabajos realizados anteriormente, con el límite de los tres últimos años y/o un extracto de las cuentas anuales referido a balance.

e) Copia del pasaporte completo, o documento de viaje, en vigor, del trabajador extranjero.

f) La acreditativa de que se tiene la capacitación y, en su caso, la cualificación profesional legalmente exigida para el ejercicio de la profesión.

g) Aquellos documentos que acrediten, de ser alegada por el interesado, la concurrencia de un supuesto específico de no consideración de la situación nacional de empleo, establecido en el art. 40 de la Ley Orgánica 4/2000 o por Convenio internacional.

3. Recibida la solicitud, el órgano competente la registrará, dejando constancia inmediata de su presentación, y la grabará en la aplicación informática correspondiente, de tal manera que permita que los órganos competentes para resolver puedan tener conocimiento de la solicitud en tiempo real.

4. El órgano competente para resolver comprobará si concurre o no alguna de las causas de inadmisión a tramite que se recogen en la Ley Orgánica 4/2000, y si apreciara su concurrencia resolverá de forma motivada declarando la inadmisión a trámite de la solicitud.

5. Admitida a trámite la solicitud, se procederá a la instrucción del procedimiento y a su inmediata tramitación y se comprobará de oficio la información de la Agencia Estatal de la Administración Tributaria y de la Tesorería General de la Seguridad Social respecto al cumplimiento de las obligaciones en materia tributaria y de Seguridad Social, así como los informes de los servicios competentes de la Dirección General de la Policía y la Guardia Civil y del Registro Central de

Penados. En el caso de que sea necesario solicitar informes en el marco de este apartado, éstos serán emitidos en el plazo máximo de diez días.

Asimismo, el órgano competente para resolver comprobará si con la solicitud se acompaña la documentación exigida, y si estuviera incompleta, formulará al solicitante el oportuno requerimiento a fin de que se subsanen los defectos observados en el plazo de diez días, advirtiéndole que de no subsanarse los mismos en el indicado plazo se le tendrá por desistido de su solicitud y se procederá al archivo de su expediente, dictándose al efecto la oportuna resolución.

La solicitud y emisión de los informes a que se refiere este apartado se realizarán por medios electrónicos.

6. El órgano competente, a la vista de la documentación presentada y de los informes obtenidos, resolverá de forma motivada en el plazo máximo de tres meses, atendiendo a los requisitos previstos en esta sección, sobre la autorización solicitada.

El órgano competente grabará de inmediato la resolución en la aplicación informática correspondiente, de manera que las autoridades de los organismos afectados, incluido el Ministerio de Asuntos Exteriores y de Cooperación y la Misión diplomática u Oficina consular española correspondiente al lugar de residencia del trabajador, tengan conocimiento de la misma en tiempo real.

Cuando la Misión diplomática u Oficina consular competente no disponga, por razón de su ubicación geográfica, de los medios técnicos necesarios para el acceso en tiempo real a la resolución mencionada en el párrafo anterior, los servicios centrales del Ministerio de Asuntos Exteriores y de Cooperación le darán traslado de la misma en el plazo de veinticuatro horas desde su recepción.

7. Concedida la autorización, su eficacia quedará suspendida hasta la obtención del visado y posterior alta del trabajador en el régimen correspondiente de Seguridad Social, en el plazo de tres meses desde su entrada legal en España y por el empleador que solicitó la autorización. Estas circunstancias constarán en la resolución por la que se conceda la autorización.

8. En caso de fallecimiento del empleador o de desaparición del empleador que tenga la condición de empresa, el trabajador podrá ser dado de alta por otro empleador, previa realización de las actuaciones previstas en este apartado y siempre que ésta se produzca dentro de los tres meses desde su entrada legal en España.

A dichos efectos, el nuevo empleador deberá acreditar que cumple los requisitos previstos en los apartados b), c), d) y e) del art. 64.3 de este Reglamento. El alta en el régimen correspondiente de la Seguridad Social deberá realizarse en el ámbito territorial y la ocupación a los que esté limitada, en su caso, la autorización. De no estar limitada la autorización y producirse un cambio de ocupación, el nuevo empleador deberá acreditar, además, que se cumple el requisito previsto en el apartado f) de dicho precepto.

El trabajador extranjero comunicará a la Oficina de Extranjería competente el fallecimiento o desaparición del empleador, a los efectos de que el citado órgano administrativo compruebe dicha circunstancia y emita un documento para constancia de la misma y de la titularidad de la autorización por el trabajador y el ámbito de limitación de ésta. Dicho documento será entregado, en el plazo máximo de cinco días, al trabajador extranjero a los efectos de que éste pueda dirigirse al Servicio Público de Empleo competente y solicitar sus servicios de intermediación laboral.

La solicitud de autorización del alta por un segundo empleador deberá ser presentada por éste ante la Oficina de Extranjería competente dentro del plazo de sesenta días desde la fecha de entrada del trabajador en territorio español.

El procedimiento relativo a la solicitud del segundo empleador será resuelto en el plazo máximo de quince días, debiendo entenderse que la solicitud es desestimada si no se dicta resolución expresa en plazo.

9. En caso de que el empleador que solicitó la autorización inicial comunique a la Oficina de Extranjería, en el plazo de quince días desde que el extranjero entró en territorio español, la no posibilidad de inicio de la relación laboral, dicha comunicación supondrá la apertura de un plazo de cuarenta cinco días en el cual un segundo empleador interesado en iniciar una relación laboral con el trabajador extranjero podrá dirigirse a dicha Oficina de Extranjería.

A dichos efectos, el nuevo empleador deberá acreditar que cumple los requisitos previstos en los apartados b), c), d) y e) del art. 64.3 de este Reglamento.

Igualmente, una vez que el empleador que solicitó la autorización inicial haya comunicado la no posibilidad de inicio de la relación laboral, el trabajador extranjero podrá dirigirse a la Oficina de Extranjería a los efectos de solicitar la emisión de un documento para constancia de dicha comunicación y de su titularidad de la autorización y el ámbito de limitación de ésta. Dicho documento será entregado, en el plazo máximo de cinco días, al trabajador extranjero a los efectos de que éste pueda dirigirse al Servicio Público de Empleo competente y solicitar sus servicios de intermediación laboral.

El procedimiento relativo a la solicitud del segundo empleador será resuelto en el plazo máximo de quince días, debiendo entenderse que la solicitud es desestimada si no se dicta resolución expresa en plazo.

El alta en el régimen correspondiente de la Seguridad Social deberá realizarse en el ámbito territorial y la ocupación a los que esté limitada, en su caso, la autorización. De no estar limitada la autorización y producirse un cambio de ocupación, el nuevo empleador deberá acreditar, además, que se cumple el requisito previsto en el apartado f) de dicho precepto.

Lo previsto en este apartado se entenderá sin perjuicio de lo establecido en el art. 53.2.a) de la Ley Orgánica 4/2000, de 11 de enero en relación con el primer empleador.

68. *Procedimiento en el caso de traspaso de competencias ejecutivas en materia de autorización inicial de trabajo por cuenta ajena a Comunidades Autónomas.* 1. Todo procedimiento relativo a una autorización inicial de residencia temporal y trabajo por cuenta ajena supondrá la presentación de una única solicitud y finalizará con una única resolución administrativa.

2. En el caso de que a la Comunidad Autónoma donde se vaya a desarrollar la actividad laboral se le hubieran traspasado competencias en materia de autorización inicial de trabajo por cuenta ajena para extranjeros, la solicitud de autorización inicial de residencia temporal y trabajo por cuenta ajena se presentará ante el órgano autonómico que sea competente de acuerdo con la normativa autonómica.

3. El órgano autonómico ante el que se deba presentar la solicitud de autorización inicial de residencia temporal y trabajo por cuenta ajena será competente para resolver la inadmisión a trámite o para declarar el desistimiento y el archivo de las actuaciones.

Deberá resolver, en todo caso, de acuerdo con el informe preceptivo y vinculante de la Administración General del Estado sobre la concurrencia o no de las indicadas causas de inadmisión a trámite, cuando afecten a la residencia.

Las resoluciones que dicte el órgano autonómico en base al párrafo anterior se notificarán por éste al interesado y se introducirán en la aplicación informática correspondiente, de tal manera que permita el conocimiento de las mismas por parte de la Administración General del Estado en tiempo real.

Los recursos que se pueden interponer contra las resoluciones que dicte el órgano autonómico sobre inadmisión a trámite y desistimiento y archivo de actuaciones serán resueltos por éste, de acuerdo con el informe preceptivo y vinculante emitido por la Administración General del Estado sobre la concurrencia o no de las causas de inadmisión cuando afecten a la residencia. En todo caso, el citado órgano deberá introducir los recursos y las resoluciones adoptadas en la aplicación informática correspondiente.

4. Será el órgano autonómico competente el que comprobará el abono de las tasas correspondientes, y recabará los informes de la Administración Tributaria, incluida, en su caso, el de la propia Comunidad Autónoma, y el de la Seguridad Social, con el fin de comprobar que el empleador está al corriente en el pago de sus obligaciones tributarias y de Seguridad Social.

El órgano competente de la Administración General del Estado solicitará, simultáneamente, los informes de la Dirección General de la Policía y de la Guardia Civil y del Registro Central de Penados.

5. A la vista de la documentación aportada y de los informes obtenidos, los órganos competentes de la Administración General del Estado y de la Comunidad Autónoma correspondiente deberán dictar, de manera coordinada y concordante, una resolución conjunta denegando o concediendo la correspondiente autorización inicial de residencia temporal y trabajo por cuenta ajena, que será firmada por los titulares de los órganos competentes de cada una de las Administraciones y expedida y notificada a los interesados por el órgano autonómico.

En todo caso, la resolución conjunta será desfavorable si concurre alguna causa de denegación referida bien a los aspectos laborales, bien a los de residencia, debiendo recogerse en la misma todas las causas específicas de denegación, así como los órganos que, en su caso, deban conocer de un eventual recurso administrativo o judicial contra la resolución.

6. La resolución conjunta a que se hace referencia anteriormente podrá ser impugnada ante cualquiera de los órganos que la firmen, si bien se resolverá de forma conjunta y concordante por los titulares de los órganos competentes de ambas Administraciones y se notificará a los interesados por el órgano competente de la Comunidad Autónoma.

69. *Denegación de las autorizaciones iniciales de residencia temporal y trabajo por cuenta ajena.* 1. El órgano u órganos competentes denegarán las autorizaciones iniciales de residencia temporal y trabajo por cuenta ajena en los supuestos siguientes:

a) Cuando no se acredite cumplir alguno de los requisitos establecidos en el art. 64.

b) Cuando en los 12 meses inmediatamente anteriores a la fecha de solicitud el empleador haya amortizado los puestos de trabajo que pretende cubrir por despido improcedente o nulo, declarado por sentencia o reconocido como tal en acto de conciliación, o por las causas previstas en los arts. 50, 51 y 52.c) del Estatuto de los Trabajadores, excepto en los supuestos de fuerza mayor.

c) Cuando el empleador solicitante haya sido sancionado mediante resolución firme en los últimos 12 meses por infracciones calificadas como graves o muy graves en la Ley Orgánica 4/2000, o por infracciones en materia de extranjería calificadas como graves o muy graves en el Texto Refundido de la Ley sobre Infracciones y Sanciones en el Orden Social, aprobada por el Real Decreto Legislativo 5/2000.

d) Cuando, para fundamentar la petición, se hayan presentado documentos falsos o formulado alegaciones inexactas, o medie mala fe.

e) De así valorarlo el órgano competente para resolver, cuando conste un informe policial desfavorable.

f) Cuando concurra una causa prevista legalmente de inadmisión a trámite que no hubiera sido apreciada en el momento de la recepción de la solicitud.

g) Cuando el empleador solicitante haya sido condenado mediante sentencia firme por delitos contra los derechos de los trabajadores o contra los extranjeros, así como contra la Hacienda Pública o la Seguridad Social, salvo que los antecedentes penales hubieran sido cancelados.

h) De así entenderlo oportuno el órgano competente para la resolución del procedimiento a la vista de las circunstancias concurrentes, cuando en los doce meses inmediatamente anteriores a la fecha de presentación de la solicitud el empleador solicitante haya decidido la extinción del contrato que motivó la concesión de una autorización inicial de residencia temporal y trabajo por cuenta ajena con carácter previo a la finalización de la vigencia de la autorización.

De así entenderlo oportuno el órgano competente para la resolución del procedimiento, será igualmente causa de denegación de una autorización que en los tres años inmediatamente anteriores a la fecha de presentación de la solicitud el empleador solicitante haya sido sancionado por comisión de la infracción prevista en el art. 53.2.a) de la Ley Orgánica 4/2000.

i) Cuando en la fecha de solicitud de la autorización el empleador mantenga vigentes medidas de suspensión de contratos, de acuerdo con lo previsto en el art. 47 del Estatuto de los Trabajadores, en relación con los puestos de trabajo que pretende cubrir.

2. La denegación habrá de ser motivada y expresará los recursos que contra ella procedan, el órgano administrativo o judicial ante el que hubieran de presentarlo y el plazo para interponerlos.

70. *Visado de residencia y trabajo y entrada en España.* 1. Serán requisitos para la concesión del visado:

a) Que el extranjero sea titular de una autorización inicial de residencia temporal y trabajo por cuenta ajena.

b) En el caso de que el solicitante sea mayor de edad penal, que carezca de antecedentes penales en su país de origen o en sus países anteriores de residencia durante los últimos cinco años, por delitos previstos en el ordenamiento español.

c) Que el extranjero no padezca ninguna de las enfermedades que pueden tener repercusiones de salud pública graves de conformidad con lo dispuesto en el Reglamento Sanitario Internacional de 2005.

d) Que el extranjero haya abonado la tasa por tramitación del procedimiento.

2. En el plazo de un mes desde la notificación de la concesión de la autorización al empleador interesado, el trabajador deberá solicitar personalmente el visado en la Misión diplomática u Oficina consular en cuya demarcación resida. El Ministerio de Asuntos Exteriores y de Cooperación, si media causa que lo justifique, podrá determinar la misión diplomática u oficina consular diferente a la anterior en la que corresponda presentar la solicitud de visado.

De acuerdo con lo previsto por la disposición adicional tercera de la Ley Orgánica 4/2000, podrá realizarse la presentación por un representante legalmente acreditado cuando existan motivos fundados que obstaculicen el desplazamiento del solicitante, como la lejanía de la misión u oficina, dificultades de transporte que hagan el viaje especialmente gravoso o razones acreditadas de enfermedad o condición física que dificulten sensiblemente su movilidad, o cuando se trate de un menor.

Sin perjuicio de lo anterior, cuando a través del poder de representación, de otros documentos aportados en la solicitud o de datos que consten en la Administración, se evidenciase que el extranjero para el que se solicita el visado se hallaba en España en situación irregular en la fecha en que se presentó a su favor la solicitud de autorización inicial de residencia temporal y trabajo por cuenta ajena, se inadmitirá a trámite o, si tal circunstancia se advirtiera en un momento posterior, se denegará la solicitud de visado.

3. La solicitud de visado deberá ir acompañada de la siguiente documentación:

a) Pasaporte ordinario o título de viaje, reconocido como válido en España, con una vigencia mínima de cuatro meses.

b) Certificado de antecedentes penales, que debe ser expedido por las autoridades del país de origen o del país o países en que haya residido durante los últimos cinco años, en el que no deben constar condenas por delitos previstos en el ordenamiento español.

c) Certificado médico con el fin de acreditar que no padece ninguna de las enfermedades que pueden tener repercusiones de salud pública graves de conformidad con lo dispuesto en el Reglamento Sanitario Internacional de 2005.

d) Copia del contrato en relación con el cual se ha concedido la autorización inicial de residencia temporal y trabajo por cuenta ajena, sellada por la Oficina de Extranjería.

De oficio, la misión diplomática u oficina consular verificará, en la aplicación informática correspondiente, que se ha concedido la autorización inicial de residencia temporal y trabajo por cuenta ajena condicionada.

4. La misión diplomática u oficina consular denegará el visado en los siguientes supuestos:

a) Cuando el extranjero se encontrara en situación irregular en España en la fecha en que se presentó a su favor la solicitud de autorización inicial de residencia temporal y trabajo por cuenta ajena.

b) Cuando no se acredite el cumplimiento de los requisitos previstos en este artículo.

c) Cuando, para fundamentar la petición de visado, se hayan presentado documentos falsos o formulado alegaciones inexactas, o medie mala fe.

e) Cuando concurra una causa prevista legalmente de inadmisión a trámite que no hubiera sido apreciada en el momento de la recepción de la solicitud.

f) Cuando la copia del contrato presentada no coincida con la información proporcionada por la Oficina de Extranjería o por el órgano autonómico competente sobre el contrato original.

5. La misión diplomática u oficina consular resolverá sobre la solicitud y expedirá, en su caso, el visado de residencia y trabajo en el plazo máximo de un mes.

Notificada la concesión del visado, el trabajador deberá recogerlo personalmente en el plazo de un mes desde la fecha de notificación. De no efectuarse la recogida en el plazo mencionado, se entenderá que el interesado ha renunciado al visado concedido, y se producirá el archivo del expediente.

6. Una vez recogido el visado, el trabajador deberá entrar en el territorio español, de conformidad con lo establecido en el título I, durante la vigencia de éste, que será de tres meses. El visado le habilitará para la entrada y la permanencia en situación de estancia en España.

7. En el plazo de tres meses desde la entrada del trabajador extranjero en territorio español, deberá producirse su afiliación, alta y posterior cotización, en los términos establecidos por la normativa sobre el régimen de Seguridad Social que resulte de aplicación; el trabajador podrá comenzar su actividad laboral; y el empleador quedará obligado a comunicar el contenido del contrato de trabajo a los Servicios Públicos de Empleo. El alta en el régimen correspondiente de la Seguridad Social dotará de eficacia a la autorización inicial de residencia temporal y trabajo por cuenta ajena.

8. En el plazo de un mes desde el alta del trabajador en la Seguridad Social, éste deberá solicitar la Tarjeta de Identidad de Extranjero, personalmente y ante la Oficina de Extranjería o Comisaría de Policía correspondientes. Dicha tarjeta será expedida por el plazo de validez de la autorización y será retirada por el extranjero.

9. Si finalizada la vigencia de la autorización de estancia no existiera constancia de que el trabajador ha sido dado de alta en el régimen correspondiente de la Seguridad Social, éste quedará obligado a salir del territorio nacional, incurriendo en caso contrario en infracción grave por encontrarse irregularmente en España.

Asimismo, el órgano competente requerirá al empleador que solicitó la autorización para que alegue las razones por las que no se ha iniciado la relación laboral y por las que no se ha cumplido la obligación de comunicación sobre dicha incidencia a las autoridades competentes, prevista en el art. 38.4 de la Ley Orgánica 4/2000.

En dicho requerimiento, se hará constar que, de no recibirse contestación al mismo en el plazo de diez días o de considerarse insuficientes las razones alegadas por el empleador, el órgano competente dará traslado del expediente a la Inspección de Trabajo y Seguridad Social, por posible concurrencia de una infracción grave de las previstas en el art. 53.2.a) de la Ley Orgánica 4/2000.

Igualmente, le advertirá que, de finalizar el posible procedimiento sancionador con determinación de la concurrencia de la infracción señalada en el párrafo anterior, podrán denegarse ulteriores solicitudes de autorización que presente por considerar que no se garantiza la actividad continuada de los trabajadores.

71. *Renovación de las autorizaciones de residencia temporal y trabajo por cuenta ajena.* 1. La renovación de las autorizaciones de residencia temporal y trabajo por cuenta ajena deberá solicitarse, en modelo oficial, durante los sesenta días naturales previos a la fecha de expiración de la vigencia de su autorización. La presentación de la solicitud en este plazo prorrogará la validez de la autorización anterior hasta la resolución del procedimiento. También se prorrogará hasta la resolución del procedimiento en el supuesto en que la solicitud se presentase dentro de los noventa días naturales posteriores a la fecha en que hubiera finalizado la vigencia de la anterior autorización, sin perjuicio de la incoación del correspondiente procedimiento sancionador por la infracción en la que se hubiese incurrido.

2. La autorización de residencia y trabajo por cuenta ajena se renovará a su expiración en los siguientes supuestos:

a) Cuando se acredite la continuidad en la relación laboral que dio lugar a la concesión de la autorización cuya renovación se pretende.

b) Cuando el trabajador haya tenido un periodo de actividad laboral de al menos tres meses por año, y el trabajador se encuentre en alguna de las siguientes circunstancias:

1.º Haya suscrito un contrato de trabajo con un nuevo empleador acorde con las características de su autorización para trabajar, y figure en situación de alta o asimilada al alta en el momento de solicitar la renovación.

2.º Disponga de un nuevo contrato que reúna los requisitos establecidos en el artículo 64 y con inicio de vigencia condicionado a la concesión de renovación.

3.º Que la relación laboral que dio lugar a la autorización cuya renovación se pretende se interrumpió por causas ajenas a su voluntad, y que ha buscado activamente empleo, mediante su inscripción en el Servicio Público de Empleo competente como demandante de empleo.

c) Cuando el trabajador se encuentre en alguna de las situaciones previstas en el artículo 38.6 b) y c) de la Ley Orgánica 4/2000, de 11 de enero.

d) De acuerdo con el artículo 38.6.d) de la Ley Orgánica 4/2000, de 11 de enero, cuando:

1.º El trabajador acredite que se ha encontrado trabajando y en alta en el régimen correspondiente de la Seguridad Social durante un mínimo de nueve meses en un periodo de doce, o de dieciocho meses en un periodo de veinticuatro, siempre que su última relación laboral se hubiese interrumpido por causas ajenas a su voluntad y haya buscado activamente empleo.

2.º El cónyuge cumpliera con los requisitos económicos para reagrupar al trabajador. Se procederá igualmente a la renovación, cuando el requisito sea cumplido por la persona con la que el extranjero mantenga una relación de análoga afectividad a la conyugal en los términos previstos en materia de reagrupación familiar.

3.º En los supuestos de extinción del contrato de trabajo o suspensión de la relación laboral como consecuencia de que la trabajadora sea víctima de violencia de género. [231]

3. Junto con la solicitud de renovación deberán presentarse los documentos acreditativos de que se reúnen las condiciones para su concesión, de acuerdo con lo establecido en el apartado anterior, así como informe emitido por la autoridades autonómicas competentes que acredite la escolarización de los menores a su cargo en edad de escolarización obligatoria.

4. En caso de que a partir de la documentación presentada junto a la solicitud no quede acreditada la escolarización de los menores en edad de escolarización obligatoria que estén a cargo del solicitante, la Oficina de Extranjería pondrá esta circunstancia en conocimiento

[231] Dada nueva redacción apartado 2 por art. único apartado 6 de Real Decreto 629/2022 de 26 de julio de 2022, con vigencia desde 16/08/2022

de las autoridades educativas competentes, y advertirá expresamente y por escrito al extranjero solicitante de que en caso de no producirse la escolarización y presentarse el correspondiente informe en el plazo de treinta días, la autorización no será renovada.

5. Para la renovación de la autorización se valorará, en su caso, previa solicitud de oficio de los respectivos informes:

a) Que el extranjero haya cumplido la condena, haya sido indultado o se halle en situación de remisión condicional de la pena o de suspensión de la pena.

b) Que el extranjero haya incumplido sus obligaciones en materia tributaria y de Seguridad Social.

6. Igualmente se valorará el esfuerzo de integración del extranjero acreditado mediante el informe positivo de la Comunidad Autónoma de su lugar de residencia.

Dicho esfuerzo de integración podrá ser alegado por el extranjero como información a valorar en caso de no acreditar el cumplimiento de alguno de los requisitos previstos para la renovación de la autorización.

El informe tendrá como contenido mínimo la certificación, en su caso, de la participación activa del extranjero en acciones formativas destinadas al conocimiento y respeto de los valores constitucionales de España, los valores estatutarios de la Comunidad Autónoma en que se resida, los valores de la Unión Europea, los derechos humanos, las libertades públicas, la democracia, la tolerancia y la igualdad entre mujeres y hombres, así como el aprendizaje de las lenguas oficiales del lugar de residencia. En este sentido, la certificación hará expresa mención al tiempo de formación dedicado a los ámbitos señalados.

El informe tendrá en consideración las acciones formativas desarrolladas por entidades privadas debidamente acreditadas o por entidades públicas.

7. Los descubiertos en la cotización a la Seguridad Social no impedirán la renovación de la autorización, siempre que se acredite la realización habitual de la actividad. El órgano competente pondrá en conocimiento de la Inspección de Trabajo y Seguridad Social la situación de descubierto de cotización, a los efectos de que se lleven a cabo las actuaciones que procedan.

8. Será causa de denegación de las solicitudes de renovación, además del incumplimiento de algunos de los requisitos previstos en este artículo, la concurrencia de alguno de los supuestos de denegación

previstos en el art. 69 de este Reglamento, excepto el relativo a que la situación nacional de empleo permita la contratación.

9. Transcurrido el plazo de tres meses para resolver sobre una solicitud de renovación de autorización de residencia y trabajo por cuenta ajena, ésta se entenderá estimada. El órgano competente para conceder la autorización vendrá obligada, previa solicitud por parte del interesado, a expedir el certificado que acredite la renovación por este motivo y, en el plazo de un mes desde la notificación del mismo, su titular deberá solicitar la expedición de la Tarjeta de Identidad de Extranjero.

72. *Efectos de la renovación de la autorización de residencia temporal y trabajo por cuenta ajena.* 1. La renovación de la autorización de residencia y trabajo por cuenta ajena se hará por un periodo de cuatro años, salvo que corresponda una autorización de residencia de larga duración, y permitirá el ejercicio de cualquier actividad en cualquier parte del territorio nacional, por cuenta ajena y por cuenta propia. Los efectos de la autorización renovada se retrotraerán al día inmediatamente siguiente al de la caducidad de la autorización anterior. [232]

2. Notificada la resolución favorable, el extranjero deberá solicitar en el plazo de un mes la Tarjeta de Identidad de Extranjero.

CAPÍTULO IV
RESIDENCIA TEMPORAL Y TRABAJO PARA INVESTIGACIÓN
(Derogado) [233]

73 a 84. [234] *(Derogados)*

---

[232] Dada nueva redacción apartado 1 por art. único apartado 7 de Real Decreto 629/2022 de 26 de julio de 2022, con vigencia desde 16/08/2022

[233] Derogado por disposición derogatoria única de Real Decreto-Ley 11/2018 de 31 de agosto de 2018, con vigencia desde 04/09/2018

[234] Derogado por disposición derogatoria única de Real Decreto-Ley 11/2018 de 31 de agosto de 2018, con vigencia desde 04/09/2018

CAPÍTULO V
RESIDENCIA TEMPORAL Y TRABAJO DE PROFESIONALES
ALTAMENTE CUALIFICADOS TITULARES DE UNA TARJETA
AZUL-UE (Derogado) [235]

85 a 96. [236] *(Derogados)*

CAPÍTULO VI
RESIDENCIA TEMPORAL Y TRABAJO POR CUENTA AJENA DE
DURACIÓN DETERMINADA (Derogado) [237]

97 a 102. [238] *(Derogados)*

CAPÍTULO VII
RESIDENCIA TEMPORAL Y TRABAJO POR CUENTA PROPIA

103. *Definición, duración y ámbito.* Se halla en situación de residencia temporal y trabajo por cuenta propia el extranjero mayor de 18 años autorizado a permanecer en España por un periodo superior a noventa días e inferior a cinco años, y a ejercer una actividad lucrativa por cuenta propia.

104. *Autorización inicial de residencia temporal y trabajo por cuenta propia.* La autorización inicial de residencia temporal y trabajo por cuenta propia tendrá una duración de un año y se limitará a un ámbito geográfico autonómico y a un sector de actividad.

---

[235] Derogado por disposición derogatoria única letra b de Ley 11/2023 de 8 de mayo de 2023, con vigencia desde 10/05/2023

[236] Derogado por disposición derogatoria única letra b de Ley 11/2023 de 8 de mayo de 2023, con vigencia desde 10/05/2023

[237] Derogado por art. único apartado 8 de Real Decreto 629/2022 de 26 de julio de 2022, con vigencia desde 27/07/2023

[238] Derogado por art. único apartado 8 de Real Decreto 629/2022 de 26 de julio de 2022, con vigencia desde 27/07/2023

Cuando la Comunidad Autónoma tuviera reconocidas competencias en materia de autorización inicial de trabajo por cuenta propia podrá fijar el ámbito geográfico de la autorización dentro de su territorio.

105. *Requisitos.* 1. Para la concesión de una autorización inicial de residencia temporal y de trabajo por cuenta propia será necesario acreditar, en cada caso, los requisitos que se establecen en este artículo relativos al ámbito de la residencia y laboral, respectivamente.

2. Será necesario cumplir las siguientes condiciones, en materia de residencia:

a) Que el trabajador no se encuentre irregularmente en territorio español.

b) Que el trabajador carezca de antecedentes penales, tanto en España como en sus países anteriores de residencia durante los últimos cinco años, por delitos previstos en el ordenamiento español.

c) Que el trabajador no figure como rechazable en el espacio territorial de países con los que España tenga firmado un convenio en tal sentido.

d) Que haya transcurrido el plazo de compromiso de no regreso a España del extranjero, asumido por éste en el marco de su retorno voluntario al país de origen.

e) Que se haya abonado la tasa por tramitación de la autorización de residencia temporal.

3. Por otra parte será necesario cumplir, con carácter previo, las siguientes condiciones en materia de trabajo:

a) Cumplir los requisitos que la legislación vigente exige a los nacionales para la apertura y funcionamiento de la actividad proyectada.

b) Poseer la cualificación profesional legalmente exigida o experiencia acreditada suficiente en el ejercicio de la actividad profesional, así como en su caso la colegiación cuando así se requiera.

c) Acreditar la suficiencia de la inversión prevista para la implantación del proyecto y sobre la incidencia, en su caso, en la creación de empleo, incluyendo como tal el auto empleo.

d) Haber abonado la tasa relativa a la autorización de trabajo por cuenta propia. [239]

106. *Procedimiento.* 1. El trabajador extranjero no residente que pretenda trabajar por cuenta propia en España deberá presentar, personalmente, en modelo oficial, la solicitud de autorización de residencia temporal y trabajo por cuenta propia ante la oficina consular española correspondiente a su lugar de residencia.

2. La solicitud de autorización de residencia temporal y trabajo por cuenta propia deberá acompañarse de la documentación acreditativa del cumplimiento de los requisitos previstos en el artículo anterior, y en particular de:

a) Copia del pasaporte completo, o documento de viaje, en vigor, del solicitante.

b) Relación de las autorizaciones o licencias que se exijan para la instalación, apertura o funcionamiento de la actividad proyectada o para el ejercicio profesional, que indique la situación en la que se encuentren los trámites para su consecución, incluyendo, en su caso, las certificaciones de solicitud ante los organismos correspondientes.

c) La acreditativa de la capacitación y, en su caso, la cualificación profesional legalmente exigida para el ejercicio de la profesión.

d) Proyecto de establecimiento o actividad a realizar, con indicación de la inversión prevista, su rentabilidad esperada y, en su caso, puestos de trabajo cuya creación se prevea; así como documentación acreditativa de que cuenta con la inversión económica necesaria para la implantación del proyecto, o bien con compromiso de apoyo suficiente por parte de instituciones financieras u otras.

3. La Misión diplomática u Oficina consular registrará la solicitud y entregará al interesado la comunicación de inicio de procedimiento previa verificación del abono de las tasas por tramitación del procedimiento. [240]

En el supuesto de que no se presenten los documentos recogidos en el apartado 2 de este artículo, la misión diplomática u oficina

---

[239] Dada nueva redacción apartado 3 por art. único apartado 9 de Real Decreto 629/2022 de 26 de julio de 2022, con vigencia desde 16/08/2022

[240] Dada nueva redacción apartado 3 párrafo 1 por apartado 2 letra c de Sentencia de 12 de marzo de 2013, anulando el inciso «o en su caso resolverá la inadmisión a trámite», con vigencia desde 24/04/2013

consular requerirá al interesado y le advertirá expresamente que, de no aportarlos en el plazo de diez días o no proceder al pago de las tasas por tramitación del procedimiento, se le tendrá por desistido de la petición y se procederá al archivo del expediente.

4. Presentada en forma o subsanada la solicitud de autorización de residencia temporal y trabajo por cuenta propia, la Misión diplomática u Oficina consular o, cuando ésta no disponga de los medios técnicos necesarios, los servicios centrales del Ministerio de Asuntos Exteriores y de Cooperación grabarán la solicitud en el plazo de veinticuatro horas desde su recepción en la aplicación informática correspondiente, de manera que los órganos de la Administración o Administraciones competentes tengan conocimiento de la misma en tiempo real y puedan impulsar su tramitación.

En el caso de que el traslado de la solicitud y de la documentación correspondiente no se pudiera realizar por medios electrónicos, la misión diplomática u oficina consular dará traslado físico de la misma, a través de la Dirección General de Asuntos Consulares y Migratorios, al órgano competente de la Administración General del Estado o al de la Comunidad Autónoma en cuyo territorio solicite la residencia el extranjero, si a ésta se le hubieran traspasado competencias ejecutivas en materia de autorización inicial de trabajo por cuenta propia.

5. El órgano competente de la Administración General del Estado resolverá la concesión o denegación de la autorización. A dichos efectos, recabará de oficio el informe de los servicios competentes de la Dirección General de la Policía y la Guardia Civil en materia de seguridad y orden público, así como el del Registro Central de Penados. Estos informes serán emitidos en el plazo de siete días.

La autorización inicial de residencia temporal y trabajo por cuenta propia será denegada cuando no se cumplan los requisitos establecidos para su concesión en los apartados 2 y 3 del art. 105, salvo el previsto en el art. 105.2.b) en lo que respecta a la carencia de antecedentes penales fuera de España, que será valorado por la Oficina consular en relación con el visado de residencia y trabajo.

La autorización será igualmente denegada en caso de concurrencia de algún supuesto de los previstos en el art. 69.1, párrafos d), e) o f).

6. Al resolver sobre la autorización inicial de residencia temporal y trabajo por cuenta propia el órgano competente, que será el autonómico cuando tenga competencias en materia de autorización inicial de trabajo por cuenta propia, deberá grabar de inmediato la resolución

favorable en la aplicación informática correspondiente, de manera que los órganos de la Administración o Administraciones afectadas tengan conocimiento en tiempo real de la misma, y condicionará su vigencia a la solicitud y, en su caso, a la expedición del visado, y posterior alta del trabajador, durante los tres meses posteriores a su entrada legal en España, en el régimen correspondiente de la Seguridad Social.

Cuando la Misión diplomática u Oficina consular competente no disponga, por razón de su ubicación geográfica, de los medios técnicos necesarios para el acceso en tiempo real a la resolución mencionada en el párrafo anterior, los servicios centrales del Ministerio de Asuntos Exteriores y de Cooperación le darán traslado electrónico de la misma en el plazo de veinticuatro horas desde su recepción.

La Misión diplomática u Oficina consular notificará al interesado la resolución sobre la solicitud de autorización de residencia temporal y trabajo por cuenta propia.

107. *Procedimiento en el caso de traspaso de competencias ejecutivas en materia de autorización inicial de trabajo por cuenta propia a Comunidades Autónomas.* Todo procedimiento relativo a una autorización inicial de residencia temporal y trabajo por cuenta propia supondrá la presentación de una única solicitud y finalizará con una única resolución administrativa.

Cuando a la Comunidad Autónoma respecto a la que se solicite la autorización inicial de residencia temporal y trabajo se le hubieran traspasado competencias ejecutivas en materia de autorización inicial de trabajo por cuenta propia, corresponderá al órgano autonómico competente verificar el cumplimiento de los requisitos en materia de trabajo y, simultáneamente, al competente de la Administración General del Estado los requisitos en materia de residencia.

Los órganos competentes de la misma y de la Administración General del Estado, a la vista de la documentación presentada y de los informes obtenidos, dictarán de manera coordinada y concordante resolución conjunta denegando o concediendo la correspondiente autorización inicial de residencia temporal y trabajo por cuenta propia, que será firmada por los titulares de los indicados órganos competentes.

En todo caso, la resolución conjunta será desfavorable si concurre alguna causa de denegación en materia de trabajo o bien en materia de residencia, debiendo recogerse en la misma las causas específicas de denegación, así como el órgano que, en su caso, deba conocer de un eventual recurso administrativo contra la resolución.

La resolución conjunta podrá ser impugnada ante cualquiera de los órganos que la firmen si bien se resolverá de forma conjunta y concordante por los titulares de los órganos competentes de ambas Administraciones y se notificará a los interesados por la misión diplomática u oficina consular.

108. *Visado de residencia y trabajo y entrada en España.* 1. El interesado presentará, personalmente, la solicitud de visado en modelo oficial, en el plazo de un mes desde la fecha de la notificación de la concesión de la autorización de residencia temporal y trabajo por cuenta propia ante la misión diplomática u oficina consular española correspondiente a su lugar de residencia.

Junto a la solicitud de visado, el extranjero habrá de presentar la siguiente documentación:

a) Pasaporte ordinario o título de viaje, reconocido como válido en España, con una vigencia mínima de cuatro meses.

b) Certificado de antecedentes penales, que debe ser expedido por las autoridades del país de origen o del país o países en que haya residido durante los últimos cinco años, en el que no debe constar condenas por delitos previstos en el ordenamiento español.

c) Certificado médico con el fin de acreditar que no padece ninguna de las enfermedades que pueden tener repercusiones de salud pública graves de conformidad con lo dispuesto en el Reglamento Sanitario Internacional de 2005.

De oficio, la misión diplomática u oficina consular comprobará que han sido abonadas las tasas por tramitación del procedimiento y verificará, en la aplicación informática correspondiente, que se ha concedido la autorización inicial de residencia temporal y trabajo por cuenta propia condicionada.

2. La Misión diplomática u Oficina consular, en atención al cumplimiento de los requisitos acreditados o verificados de acuerdo con el apartado anterior, resolverá sobre la solicitud y expedirá, en su caso, el visado de residencia y trabajo, en el plazo máximo de un mes.

3. Notificada, en su caso, la concesión del visado, el solicitante deberá recogerlo personalmente en el plazo de un mes desde la notificación. De no efectuarse la recogida en el plazo mencionado, se

entenderá que el interesado ha renunciado al visado concedido, y se producirá el archivo del expediente.

4. Una vez recogido el visado, el trabajador deberá entrar en el territorio español, de conformidad con lo establecido en el título I, durante la vigencia de éste, que será de tres meses. El visado le habilitará para la entrada y la permanencia en situación de estancia en España.

5. En el plazo de los tres meses posteriores a la entrada legal del trabajador en España deberá producirse su afiliación, alta y posterior cotización, en los términos establecidos por la normativa de Seguridad Social que resulte de aplicación. El alta en el régimen correspondiente de la Seguridad Social en el mencionado plazo dotará de eficacia a la autorización inicial de residencia temporal y trabajo por cuenta propia.

6. En el plazo de un mes desde el alta del trabajador en el régimen correspondiente de la Seguridad Social, éste deberá solicitar la Tarjeta de Identidad de Extranjero, personalmente y ante la Oficina de Extranjería o la Comisaría de Policía correspondientes. Dicha tarjeta será expedida por el plazo de validez de la autorización y será retirada por el extranjero.

7. Si finalizado el plazo de tres meses de estancia no existiera constancia de que el trabajador se ha dado de alta en el régimen correspondiente de la Seguridad Social, éste quedará obligado a salir del territorio nacional, incurriendo en caso contrario en infracción grave por encontrarse irregularmente en España.

109. *Renovación de la autorización de residencia y trabajo por cuenta propia.* 1. La autorización de residencia y trabajo por cuenta propia podrá ser renovada, a su expiración:

a) Cuando se acredite la continuidad en la actividad que dio lugar a la autorización que se renueva, previa comprobación de oficio del cumplimiento de sus obligaciones tributarias y de Seguridad Social.

Los descubiertos en la cotización a la Seguridad Social no impedirán la renovación de la autorización, siempre que se acredite la realización habitual de la actividad. El órgano competente pondrá en conocimiento de la Inspección de Trabajo y Seguridad Social la situación de descubierto de cotización, a los efectos de que se lleven a cabo las actuaciones que procedan.

b) Cuando el cónyuge cumpliera con los requisitos económicos para reagrupar al trabajador. Se procederá igualmente a la renovación cuando el requisito sea cumplido por la persona con la que el extranjero mantenga una relación de análoga afectividad a la conyugal en los términos previstos en materia de reagrupación familiar.

c) Cuando por el órgano gestor competente, conforme a la normativa sobre la materia, se hubiera reconocido al extranjero trabajador autónomo la protección por cese de actividad.

2. El extranjero que desee renovar su autorización de residencia y trabajo por cuenta propia deberá dirigir su solicitud al órgano competente para su tramitación, durante los sesenta días naturales previos a la fecha de expiración de la vigencia de su autorización. La presentación de la solicitud en este plazo prorroga la validez de la autorización anterior hasta la resolución del procedimiento. También se prorrogará hasta la resolución del procedimiento en el supuesto de que la solicitud se presentase dentro de los noventa días naturales posteriores a la fecha en que hubiera finalizado la vigencia de la anterior autorización, sin perjuicio de la incoación del correspondiente procedimiento sancionador por la infracción en la que se hubiese incurrido.

3. A la solicitud, en modelo oficial, deberá acompañar la documentación que acredite que sigue cumpliendo los requisitos que se exigen para la concesión inicial o, en su caso, de que concurre alguno de los supuestos previstos en los puntos b) y c) del apartado 1 de este artículo. En todo caso, la solicitud irá acompañada de informe emitido por las autoridades autonómicas competentes que acredite la escolarización de los menores a su cargo en edad de escolarización obligatoria.

4. En caso de que a partir de la documentación presentada junto a la solicitud no quede acreditada la escolarización de los menores en edad de escolarización obligatoria que estén a cargo del solicitante, la Oficina de Extranjería pondrá esta circunstancia en conocimiento de las autoridades educativas competentes, y advertirá expresamente y por escrito al extranjero solicitante de que en caso de no producirse la escolarización y presentarse el correspondiente informe en el plazo de treinta días, la autorización no será renovada.

5. La oficina competente para la tramitación del procedimiento comprobará de oficio la información sobre que el interesado está al corriente en el cumplimiento de sus obligaciones tributarias y de Seguridad Social, así como recabará el certificado de antecedentes penales y resolverá.

Se valorará, en función de las circunstancias de cada supuesto, la posibilidad de renovar la autorización de residencia y trabajo a los extranjeros que hubieran sido condenados por la comisión de un delito y hayan cumplido la condena, los que han sido indultados o que se encuentren en la situación de remisión condicional de la pena.

6. Igualmente se valorará el esfuerzo de integración del extranjero acreditado mediante el informe positivo de la Comunidad Autónoma de su lugar de residencia.

Dicho esfuerzo de integración podrá ser alegado por el extranjero como información a valorar en caso de no acreditar el cumplimiento de alguno de los requisitos previstos para la renovación de la autorización.

El informe tendrá como contenido mínimo la certificación, en su caso, de la participación activa del extranjero en acciones formativas destinadas al conocimiento y respeto de los valores constitucionales de España, los valores estatutarios de la Comunidad Autónoma en que se resida, los valores de la Unión Europea, los derechos humanos, las libertades públicas, la democracia, la tolerancia y la igualdad entre mujeres y hombres, así como el aprendizaje de las lenguas oficiales del lugar de residencia. En este sentido, la certificación hará expresa mención al tiempo de formación dedicado a los ámbitos señalados.

El informe tendrá en consideración las acciones formativas desarrolladas por entidades privadas debidamente acreditadas o por entidades públicas.

7. La autorización de residencia y trabajo por cuenta propia renovada tendrá una vigencia de cuatro años, salvo que corresponda una autorización de residencia de larga duración, y habilitará a trabajar por cuenta ajena y por cuenta propia. Los efectos de la autorización renovada se retrotraerán al día inmediatamente siguiente al de la caducidad de la autorización anterior. [241]

8. Se entenderá que la resolución es favorable en el supuesto de que la Administración no resuelva expresamente en el plazo de tres meses desde la presentación de la solicitud. El órgano competente para conceder la autorización vendrá obligado a expedir el certificado que acredite la renovación por este motivo y, en el plazo de un mes desde su notificación, su titular deberá solicitar la renovación de la Tarjeta de Identidad de Extranjero.

---

[241] Dada nueva redacción apartado 7 por art. único apartado 10 de Real Decreto 629/2022 de 26 de julio de 2022, con vigencia desde 16/08/2022

CAPÍTULO VIII
RESIDENCIA TEMPORAL Y TRABAJO EN EL MARCO DE PRESTACIONES TRANSNACIONALES DE SERVICIOS

110. *Definición.* 1. Se halla en situación de residencia temporal y trabajo en el marco de una prestación transnacional de servicios el trabajador extranjero que se desplace a un centro de trabajo en España y dependa, mediante expresa relación laboral, de una empresa establecida en un Estado no perteneciente a la Unión Europea ni al Espacio Económico Europeo, en los siguientes supuestos:

a) Cuando dicho desplazamiento temporal se produzca por cuenta y bajo la dirección de la empresa extranjera en ejecución de un contrato celebrado entre ésta y el destinatario de la prestación de servicios que esté establecido o que ejerza su actividad en España, en el supuesto establecido en la disposición adicional cuarta de la Ley 45/1999, de 29 de noviembre, sobre desplazamiento de trabajadores en el marco de una prestación de servicios transnacional.

b) Cuando dicho desplazamiento temporal se produzca a centros de trabajo en España de la misma empresa o de otra empresa del grupo de que ésta forme parte.

c) Cuando dicho desplazamiento temporal afecte a trabajadores altamente cualificados y tenga por objeto la supervisión o asesoramiento de obras o servicios que empresas radicadas en España vayan a realizar en el exterior.

2. Quedan expresamente excluidos de este tipo de autorización los desplazamientos realizados con motivo del desarrollo de actividades formativas en los supuestos previstos en los párrafos a) y c) del apartado anterior y del personal navegante respecto de las empresas de la marina mercante.

3. Esta autorización de residencia y trabajo se limitará a una ocupación y ámbito territorial concretos. Su duración coincidirá con el tiempo del desplazamiento del trabajador con el límite de un año.

111. *Requisitos.* 1. Para la concesión de esta autorización será necesario cumplir los siguientes requisitos:

a) En relación con la residencia de los extranjeros que se pretende desplazar, será necesario que:

1º No se encuentren irregularmente en territorio español.

2º Carezcan de antecedentes penales, tanto en España como en sus países anteriores de residencia durante los últimos cinco años, por delitos previstos en el ordenamiento español.

3º No figuren como rechazables en el espacio territorial de países con los que España tenga firmado un convenio en tal sentido.

4º Haya transcurrido el plazo de compromiso de no regreso a España del extranjero, asumido por éste en el marco de su retorno voluntario al país de origen.

5º Que la residencia del trabajador extranjero en el país o países donde está establecida la empresa que le desplaza es estable y regular.

6º Se haya abonado la tasa por tramitación de la autorización de residencia temporal.

b) En relación con la actividad laboral a desarrollar por los extranjeros que se pretende desplazar, será necesario:

1º Que la situación nacional de empleo permita el desplazamiento.

En caso de que el empleador acredite que la actividad a desempeñar por el trabajador requiere un conocimiento directo y fehaciente de la empresa no resultará de aplicación este requisito a los supuestos que se encuadren en el art. 110.1.b), de conformidad con el art. 40.2.c) de la Ley Orgánica 4/2000, de 11 de enero.

2º Que la actividad profesional del trabajador extranjero en el país o países en los que está establecida la empresa que le desplaza tenga carácter habitual, y que se haya dedicado a dicha actividad como mínimo durante un año y haya estado al servicio de tal empresa, al menos, nueve meses.

3º Que la empresa a la que se desplaza se encuentre al corriente del cumplimiento de sus obligaciones tributarias y frente a la Seguridad Social.

4º Que la empresa que le desplaza garantice a sus trabajadores desplazados temporalmente a España los requisitos y condiciones de trabajo aplicables, de acuerdo con lo establecido en la Ley 45/1999, de 29 de noviembre.

5º Se haya abonado la tasa por tramitación de la autorización de trabajo.

112. *Procedimiento.* El procedimiento de tramitación de la autorización de residencia temporal y trabajo en el marco de prestaciones transnacionales de servicios será el establecido en el capítulo III de este título, con las siguientes especialidades:

1. El empleador que pretenda desplazar a un trabajador extranjero a España deberá presentar, personalmente o a través de quien válidamente tenga atribuida la representación legal empresarial, la correspondiente solicitud de autorización de residencia y trabajo en el marco de prestaciones transnacionales de servicios ante:

a) La Oficina de Extranjería del lugar en donde se vayan a prestar los servicios; o

b) Ante la misión diplomática u oficina consular correspondiente a su lugar de residencia, supuesto en el cual serán de aplicación las reglas de ordenación del procedimiento establecidas para las autorizaciones iniciales de residencia temporal y trabajo por cuenta propia.

2. A la solicitud de autorización de residencia temporal y trabajo en el marco de prestaciones transnacionales de servicios deberá acompañarse la siguiente documentación:

a) Copia del pasaporte completo o documento de viaje en vigor del trabajador extranjero.

b) Los documentos necesarios para acreditar que concurre uno de los supuestos previstos en el art. 110 de este Reglamento. Ello incluirá en todo caso:

En el supuesto previsto en el art. 110.1.a), copia del contrato de prestación de servicios.

En el supuesto previsto en el art. 110.1.b), escritura o documento público que acredite que las empresas pertenecen al mismo grupo.

c) Los documentos que acrediten que la residencia del trabajador extranjero en el país o países donde está establecida la empresa que le desplaza es estable y regular.

d) En su caso, certificado del Servicio Público de Empleo competente sobre la insuficiencia de demandantes de empleo para cubrir el puesto de trabajo.

e) Aquellos documentos que justifiquen la concurrencia, si son alegados por el interesado, de alguno o algunos de los supuestos específicos de no consideración de la situación nacional de empleo establecidos en el art. 40 de la Ley Orgánica 4/2000 o por Convenio internacional.

f) La documentación acreditativa que identifica a la empresa que desplaza al trabajador extranjero y su domicilio fiscal.

g) La acreditativa de la capacitación y, en su caso, la cualificación profesional legalmente exigida para el ejercicio de la profesión.

h) El contrato de trabajo del trabajador extranjero con la empresa que le desplaza y una memoria de las actividades que el trabajador va a desarrollar en el marco de su desplazamiento.

i) El certificado de desplazamiento de la autoridad o institución competente del país de origen que acredite que el trabajador continúa sujeto a su legislación en materia de Seguridad Social si existe instrumento internacional de Seguridad Social aplicable.

En el caso de inexistencia de instrumento internacional de Seguridad Social aplicable al respecto, un documento público sobre nombramiento de representante legal de la empresa que desplaza al trabajador, a los efectos del cumplimiento de las obligaciones de Seguridad Social.

113. *Denegación de las autorizaciones de residencia y trabajo en el marco de prestaciones transnacionales de servicios.* Será causa de denegación de esta autorización, además del incumplimiento de alguno de los requisitos previstos en este capítulo, la concurrencia de alguna circunstancia prevista en el art. 69.1.

114. *Visado de residencia y trabajo en el marco de prestaciones transnacionales de servicios y entrada en España.* 1. El visado de residencia y trabajo que se expida en los supuestos a los que se refiere este capítulo habilita para la entrada y estancia por un periodo máximo de tres meses y para el comienzo, durante los tres meses posteriores a la fecha de entrada legal en España, de la actividad laboral en relación con la cual hubiera sido autorizado el extranjero.

Durante dicho plazo de tres meses deberá producirse el alta del trabajador en el régimen correspondiente de la Seguridad Social, que dotará de eficacia a la autorización de residencia y trabajo.

2. En caso de que en base a un instrumento internacional de Seguridad Social aplicable el trabajador continúe sujeto a la legislación de su país de origen sobre la materia, la eficacia de la autorización de residencia temporal y trabajo en el marco de una prestación transnacional de servicios se producirá en el momento de la entrada legal del trabajador en España durante la vigencia del visado.

3. En el plazo de un mes desde la fecha de eficacia de la autorización, el trabajador cuya autorización tenga una vigencia superior a seis meses deberá solicitar la Tarjeta de Identidad de Extranjero, personalmente y ante la Oficina de Extranjería o la Comisaría de Policía

correspondientes. Dicha tarjeta será expedida por el plazo de validez de la autorización y será retirada por el extranjero.

115. *Prórroga de la autorización de residencia temporal y trabajo en el marco de prestaciones transnacionales de servicios.* 1. Las autorizaciones reguladas en este capítulo serán prorrogables por el periodo previsto de continuidad de la actividad que motivó el desplazamiento temporal, con el límite máximo de un año o el previsto en Convenios Internacionales firmados por España, si se acreditan idénticas condiciones a las exigidas para la concesión de la autorización inicial.

2. La prórroga de la autorización deberá solicitarse, en modelo oficial, durante los sesenta días naturales previos a la fecha de expiración de su vigencia. La presentación de la solicitud en este plazo prorrogará la validez de la autorización anterior hasta la resolución del procedimiento.

116. *Autorización para trabajos de temporada o campaña en el marco de prestaciones transnacionales de servicios.* A los trabajadores de temporada o campaña les será de aplicación lo dispuesto en el capítulo VI de este título en relación con desplazamientos de aquéllos que estén en plantilla de una empresa que desarrolle su actividad en un Estado no perteneciente a la Unión Europea ni al Espacio Económico Europeo, de cara a trabajar temporalmente en España para la misma empresa o grupo, siempre que se reúnan las siguientes condiciones:

a) Que la residencia del trabajador extranjero en el país donde radica la empresa que le desplaza es estable y regular.

b) Que la actividad profesional del trabajador extranjero en el país en el que radica la empresa que le desplaza tiene carácter habitual, y que se ha dedicado a dicha actividad como mínimo durante un año y ha estado al servicio de tal empresa, al menos, nueve meses.

c) Que la empresa que le desplaza garantiza a sus trabajadores desplazados temporalmente a España los requisitos y condiciones de trabajo aplicables, de acuerdo con lo establecido en la Ley 45/1999, de 29 de noviembre.

d) Que la situación nacional de empleo permite la contratación, salvo en el supuesto de que el empleador acredite que la actividad a desempeñar por el trabajador requiere un conocimiento directo y fehaciente de la empresa.

CAPÍTULO IX
RESIDENCIA TEMPORAL CON EXCEPCIÓN DE LA AUTORIZACIÓN DE TRABAJO

117. *Excepciones a la autorización de trabajo.* Están exceptuados de la obligación de obtener autorización de trabajo para el ejercicio de una actividad lucrativa, laboral o profesional los extranjeros que estén incluidos en el art. 41 de la Ley Orgánica 4/2000, de 11 de enero, y cumplan las siguientes condiciones:

a) Técnicos, investigadores y científicos invitados o contratados por la Administración General del Estado, las Comunidades Autónomas, las universidades, los entes locales o los organismos que tengan por objeto la promoción y el desarrollo de la investigación promovidos o participados mayoritariamente por las anteriores.

Tendrán esta consideración los profesionales que por sus conocimientos, especialización, experiencia o prácticas científicas sean invitados o contratados por una de las Administraciones citadas para el desarrollo de una actividad o programa técnico, científico o de interés general.

Esta circunstancia quedará acreditada con la presentación de la invitación o contrato de trabajo, suscritos por quien tenga atribuida la representación legal del órgano correspondiente, donde conste la descripción del proyecto y el perfil profesional que se requiere para su desarrollo.

b) Profesores, técnicos, investigadores y científicos invitados o contratados por una universidad española. Se considera como tales a los docentes que sean invitados o contratados por una universidad española para desarrollar tareas docentes, de investigación o académicas.

Esta circunstancia quedará acreditada con la presentación de la invitación o contrato de trabajo para el ejercicio de dichas actividades, suscritos por quien tenga atribuida la representación legal de la universidad española correspondiente.

c) Personal directivo o profesorado de instituciones culturales o docentes dependientes de otros Estados, o privadas, de acreditado prestigio, oficialmente reconocidas por España, que desarrollen en nuestro país programas culturales y docentes de sus países respectivos, en tanto limiten su actividad a la ejecución de tales programas. Podrán beneficiarse de la excepción los extranjeros en quienes concurran las circunstancias siguientes:

1ª Ocupar puestos de dirección, de docencia o de investigación y limitar su ocupación al ejercicio de la indicada actividad en instituciones culturales o docentes extranjeras radicadas en España.

2ª Cuando se trate de instituciones culturales o docentes dependientes de otros Estados, deberán desarrollar en España su actividad de forma que los estudios cursados, programas desarrollados y los títulos o diplomas expedidos tengan validez y sean reconocidos por los países de los que dependan.

3ª Si se trata de instituciones privadas extranjeras, se considerará acreditado el prestigio cuando la entidad y las actividades realizadas hayan sido oficialmente reconocidas y autorizadas por las autoridades competentes, y los títulos o diplomas que expidan tengan validez y reconocimiento por los países de los que dependan.

Estas circunstancias quedarán acreditadas con la presentación de la documentación que justifique la validez en el país de origen de los títulos o diplomas expedidos en España, del contrato de trabajo, o designación para el ejercicio de actividades de dirección o docencia. Y, en el caso de las entidades privadas, también de la documentación que justifique su reconocimiento oficial en España.

d) Los funcionarios civiles o militares de las Administraciones estatales extranjeras que vengan a España para desarrollar actividades en virtud de acuerdos de cooperación con una Administración española.

Esta situación quedará acreditada con la presentación del certificado emitido por la Administración estatal extranjera competente y la justificación de tales aspectos.

e) Corresponsales de medios de comunicación extranjeros. Tendrán esta consideración los profesionales de la información al servicio de medios de comunicación extranjeros que desarrollen su actividad informativa en España, debidamente acreditados por las autoridades españolas como corresponsales o como enviados especiales.

f) Miembros de misiones científicas internacionales que realicen trabajos e investigaciones en España, autorizados por la Administración, estatal o autonómica, competente.

Tendrán esta consideración los extranjeros que formen parte de una misión científica internacional que se desplace a España para realizar actividades de estudio o investigación programadas por un organismo o agencia internacional, y autorizadas por las autoridades competentes.

g) Los artistas que vengan a España a realizar actuaciones concretas que no supongan una actividad continuada. Estarán incluidas en este supuesto las personas que, de forma individual o colectiva, se desplacen a España para realizar una actividad artística, directamente ante el público o destinada a la grabación de cualquier tipo para su difusión, en cualquier medio o local destinado habitual o accidentalmente a espectáculos públicos o actuaciones de tipo artístico. Las actividades que se realicen no podrán superar cinco días continuados de actuación o veinte días de actuación en un periodo inferior a seis meses.

Esta situación quedará acreditada con la presentación del contrato para el desarrollo de las actividades artísticas y de una relación de las autorizaciones o licencias que se exijan para el desarrollo de las mismas que indique la situación en la que se encuentran los trámites para su consecución, incluyendo, en su caso, las certificaciones de solicitud ante los organismos correspondientes.

h) Ministros religiosos y miembros de la jerarquía de las diferentes iglesias, confesiones y comunidades religiosas, así como religiosos profesos de órdenes religiosas. Tendrán esta consideración las personas en quienes concurran los siguientes requisitos:

1º Que pertenezcan a una iglesia, confesión, comunidad religiosa u orden religiosa que figure inscrita en el Registro de Entidades Religiosas del Ministerio de Justicia.

2º Que tengan, efectiva y actualmente, la condición de ministro de culto, miembro de la jerarquía o religioso profeso por cumplir los requisitos establecidos en sus normas estatutarias.

3º Que las actividades que vayan a desarrollar en España sean estrictamente religiosas o, en el caso de religiosos profesos, sean meramente contemplativas o respondan a los fines estatutarios propios de la orden; quedan expresamente excluidas las actividades laborales que no se realicen en este ámbito.

4º Que la entidad de la que dependan se comprometa a hacerse cargo de los gastos ocasionados por su manutención y alojamiento, así como a cumplir los requisitos exigibles de acuerdo con la normativa sobre Seguridad Social.

El extremo indicado en el párrafo 1º se acreditará mediante certificación del Ministerio de Justicia; los expresados en los párrafos 2º a 4º se acreditarán mediante certificación expedida por la entidad, con la conformidad del Ministerio de Justicia y la presentación de copia de los Estatutos de la orden.

Quedan expresamente excluidos de este artículo los seminaristas y personas en preparación para el ministerio religioso, aunque temporalmente realicen actividades de carácter pastoral, así como las personas vinculadas con una orden religiosa en la que aún no hayan profesado, aunque realicen una actividad temporal en cumplimiento de sus estatutos religiosos.

i) Los extranjeros que formen parte de los órganos de representación, gobierno y administración de los sindicatos y organizaciones empresariales reconocidos internacionalmente, siempre que su actividad se limite estrictamente al desempeño de las funciones inherentes a dicha condición.

j) Los menores extranjeros en edad laboral tutelados por un servicio de protección de menores competente, para aquellas actividades que, a propuesta de la mencionada entidad, mientras permanezcan en esa situación, favorezcan su integración social.

Esta situación quedará probada con la acreditación de que el servicio citado ejerce la tutela del menor y la presentación por parte de ésta de la propuesta de actividad que favorezca la integración social del menor.

118. *Procedimiento.* 1. En el caso de que no sea residente en España y siempre que la duración prevista de la actividad sea superior a noventa días, el extranjero deberá solicitar el correspondiente visado de residencia ante la oficina consular española correspondiente a su lugar de residencia, acompañando a la solicitud la documentación que proceda para cada uno de los supuestos de excepción a la autorización de trabajo previstos en el art. 117.

La oficina consular verificará la excepción y tramitará el visado de residencia conforme a lo dispuesto en el art. 48, si bien se reducirá el plazo previsto en el apartado 4 de dicho artículo a siete días. La ausencia de respuesta deberá considerarse como resolución favorable.

Cuando el extranjero no sea residente en España y la duración prevista de la actividad no sea superior a noventa días, deberá solicitar, cualquiera que sea su nacionalidad, el correspondiente visado de estancia ante la Misión diplomática u Oficina consular española en cuya demarcación resida. En estos casos, el procedimiento aplicable a la solicitud de visado será el previsto para la tramitación de visados de estancia de corta duración, debiendo acreditar el extranjero que reúne las condiciones para su inclusión en uno de los supuestos descritos en el artículo anterior.

La expedición del visado de estancia previsto en el párrafo anterior será comunicada, a través de la aplicación informática correspondiente, a la Oficina de Extranjería de la provincia donde se vaya a desarrollar la actividad. Las solicitudes de prórroga de estancia se regirán por lo previsto en el art. 34 de este Reglamento. La duración total de la estancia y sus posibles prórrogas no podrá ser en ningún caso superior a noventa días.

2. En el caso de que sea residente en España, el extranjero deberá solicitar el reconocimiento de la excepción, y alegar que reúne estas condiciones, ante la Oficina de Extranjería correspondiente a la provincia donde se inicie la actividad, aportando la documentación que lo justifique. Lo previsto en este apartado no será de aplicación a los menores extranjeros no acompañados que obtuviesen la autorización a que se refiere el artículo196 de este Reglamento.

Esta solicitud se entenderá denegada si en el plazo de tres meses la Subdelegación o Delegación del Gobierno no se pronuncia sobre la misma. La Oficina de Extranjería podrá solicitar la presentación de la documentación adicional que se estime pertinente para acreditar que el extranjero se encuentra en alguno de los supuestos previstos en el artículo 117, así como los informes que sean precisos a otros órganos administrativos. [242]

3. La vigencia del reconocimiento de la excepción se adaptará a la duración de la actividad o programa que se desarrolle, con el límite máximo de un año en el reconocimiento inicial, de dos en la primera prórroga y de otros dos años en la siguiente prórroga, si subsisten las circunstancias que motivaron la excepción.

4. El hecho de haber sido titular de una excepción de autorización de trabajo no generará derechos para la obtención de una autorización de trabajo por cuenta propia o ajena.

119. *Efectos del visado.* 1. Una vez recogido, en su caso, el visado, el trabajador deberá entrar en el territorio español, de conformidad con lo establecido en el título I, durante la vigencia de éste, no superior a tres meses.

2. El visado incorporará la autorización inicial de residencia con la excepción a la autorización de trabajo, cuya vigencia comenzará desde

[242] Dada nueva redacción apartado 2 por art. único apartado 1 de Real Decreto 903/2021 de 19 de octubre de 2021, con vigencia desde 09/11/2021

la fecha en que se efectúe la entrada, y así se haga constar en el visado, pasaporte o título de viaje.

En caso que el extranjero ya tuviera la condición de residente en España, la vigencia de la exceptuación de autorización de trabajo comenzará en la fecha de la resolución por la que haya sido concedida.

3. En caso de concesión de autorizaciones de vigencia superior a seis meses, el trabajador deberá solicitar personalmente, en el plazo de un mes desde su entrada legal en territorio español ante la Oficina de Extranjería o la Comisaría de Policía correspondientes, la Tarjeta de Identidad de Extranjero. En caso que el extranjero ya tuviera la condición de residente en España, dicho plazo será computado desde la fecha de notificación de la resolución de concesión de la exceptuación de la autorización de trabajo.

CAPÍTULO X
RESIDENCIA TEMPORAL DEL EXTRANJERO QUE HA RETORNADO VOLUNTARIAMENTE A SU PAÍS

120. *Ámbito de aplicación.* 1. Lo previsto en el presente capítulo será de aplicación al extranjero que, siendo titular de una autorización de residencia temporal:

a) Se acoja a un programa de retorno voluntario impulsado, financiado o reconocido por la Administración General del Estado; o

b) Retorne voluntariamente a su país de origen al margen de programa alguno.

2. En cualquier caso, lo previsto en este capítulo se entenderá sin perjuicio del derecho de los extranjeros residentes en España a salir de territorio español y regresar a éste durante la vigencia de su autorización de residencia, sin más limitaciones que las establecidas de conformidad con el art. 28 de la Ley Orgánica 4/2000, de 11 de enero, y las derivadas de la posible extinción de su autorización tras un determinado periodo de ausencia de territorio español, de acuerdo con lo previsto en este Reglamento.

121. *Compromiso de no regreso a territorio español.* 1. Finalizada la vigencia de su compromiso de no regreso a territorio español, el extranjero podrá solicitar, o podrá solicitarse a su favor, una autorización de residencia temporal o de residencia temporal y trabajo, de acuerdo con lo previsto en este Reglamento en función del tipo autorización que desee obtener.

En caso de que el programa de retorno voluntario no establezca un periodo de compromiso de no regreso a España o si el extranjero retorna a su país de origen al margen de programa alguno, la solicitud de autorización de residencia temporal o residencia temporal y trabajo de acuerdo con lo establecido en este capítulo podrá ser presentada transcurridos tres años desde la fecha del retorno a su país de origen. Este plazo podrá ser modificado por Orden del titular del Ministerio de Trabajo e Inmigración.

2. A efectos de control de la fecha del retorno, el extranjero, cualquiera que sea el programa de retorno voluntario al que se haya acogido o de no haberse acogido a ninguno, deberá comparecer personalmente en la representación diplomática o consular española en el país de origen, entregando su Tarjeta de Identidad de Extranjero en vigor.

3. En caso de que haya regresado a su país de origen en base a un programa de retorno voluntario que no implique su renuncia a la situación de residencia de que fuera titular, o de no haberse acogido a ningún programa, el extranjero, a efectos de que le resulte de aplicación lo previsto en este capítulo, habrá de renunciar expresamente y por escrito a su autorización de residencia, en el momento en que comparezca en la representación diplomática o consular española en su país de origen para acreditar su retorno.

4. La representación diplomática o consular española ante la que el extranjero entregue su tarjeta y renuncie a su autorización de residencia entregará a éste un documento en el que consten ambas actuaciones y la fecha en la que se han producido.

122. *Autorizaciones de residencia temporal o de residencia temporal y trabajo.* 1. No resultará de aplicación el requisito relativo a la consideración de la situación nacional de empleo en los procedimientos sobre autorizaciones en los cuales éste fuera generalmente exigible, cuando el extranjero a cuyo favor se soliciten éstas se encuentre incluido en el supuesto previsto en el art. 120.1.a).

2. En el marco de la gestión colectiva de trabajadores en origen, podrán ser presentadas ofertas de carácter nominativo a favor de los extranjeros que se hubieran acogido al programa de retorno voluntario

o hubieran regresado a su país al margen de un programa en los términos previstos en este capítulo, siempre que con ello hubieran renunciado a la titularidad de una autorización de residencia temporal y trabajo.

Igualmente, los órganos españoles competentes realizarán las actuaciones necesarias para que dichos extranjeros sean preseleccionados en los procedimientos desarrollados en su país de origen a los que concurran, siempre que reúnan los requisitos de capacitación y, en su caso, cualificación profesional legalmente exigida para el ejercicio de la profesión.

3. Los procedimientos de solicitud de una autorización de residencia temporal o de residencia temporal y trabajo derivados de lo previsto en este capítulo serán objeto de tramitación preferente. El plazo máximo para la resolución y notificación será de cuarenta y cinco días desde la fecha de entrada de la solicitud en el registro del órgano competente para su resolución.

4. La situación de residencia temporal del extranjero se entenderá continuada, a los efectos de acceso a la situación de residencia de larga duración, si bien dicho cómputo no incluirá el tiempo transcurrido desde el retorno voluntario del extranjero a su país de origen o país de anterior residencia, hasta la concesión de la nueva autorización de residencia temporal o de residencia temporal y trabajo.

5. Lo previsto en este artículo resultará de aplicación una vez transcurrido el plazo de compromiso de no regreso a España, asumido por el extranjero al retornar voluntariamente a su país de origen.

TÍTULO V
RESIDENCIA TEMPORAL POR CIRCUNSTANCIAS
EXCEPCIONALES

CAPÍTULO PRIMERO
RESIDENCIA TEMPORAL POR CIRCUNSTANCIAS
EXCEPCIONALES POR ARRAIGO, PROTECCIÓN
INTERNACIONAL, RAZONES HUMANITARIAS,
COLABORACIÓN CON AUTORIDADES, SEGURIDAD
NACIONAL O INTERÉS PÚBLICO

123. *Autorizaciones de residencia temporal por circunstancias excepcionales.* 1. De conformidad con el art. 31.3 de la Ley Orgánica

4/2000, de 11 de enero, en atención a las circunstancias excepcionales que concurran, se podrá conceder una autorización de residencia temporal a los extranjeros que se hallen en España en los supuestos de arraigo, protección internacional, razones humanitarias, colaboración con autoridades públicas o razones de seguridad nacional o interés público, previstos en los artículos siguientes.

2. El contenido de este capítulo debe ser interpretado sin perjuicio de la posible concesión de autorizaciones de residencia por circunstancias excepcionales en base a lo previsto en los arts. 31.bis, 59 y 59.bis de la Ley Orgánica 4/2000, de 11 de enero. Igualmente, podrán concederse otras autorizaciones de residencia por circunstancias excepcionales en los términos establecidos en la Disposición adicional primera.4 de este Reglamento.

124. *Autorización de residencia temporal por razones de arraigo.* [243] Se podrá conceder una autorización de residencia por razones de arraigo laboral, social, familiar o para la formación cuando se cumplan los siguientes requisitos:

1. Por arraigo laboral, podrán obtener una autorización los extranjeros que acrediten la permanencia continuada en España durante un periodo mínimo de dos años, siempre que carezcan de antecedentes penales en España y en su país de origen o en el país o países en que haya residido durante los últimos cinco años, que demuestren la existencia de relaciones laborales cuya duración no sea inferior a seis meses, y que se encuentren en situación de irregularidad en el momento de la solicitud.

A los efectos de acreditar la relación laboral y su duración, el interesado deberá presentar cualquier medio de prueba que acredite la existencia de una relación laboral previa realizada en situación legal de estancia o residencia. A estos efectos se acreditará la realización, en los últimos 2 años, de una actividad laboral que suponga, en el caso de actividad por cuenta ajena, como mínimo una jornada de 30 horas semanales en el periodo de 6 meses o de 15 horas semanales en un periodo de 12 meses, y en el caso del trabajo por cuenta propia, una actividad continuada de, al menos, seis meses.

---

[243] Dada nueva redacción por art. único apartado 11 de Real Decreto 629/2022 de 26 de julio de 2022, con vigencia desde 16/08/2022

2. Por arraigo social, podrán obtener una autorización los extranjeros que acrediten la permanencia continuada en España durante un periodo mínimo de tres años.

Además, deberá cumplir, de forma acumulativa, los siguientes requisitos:

a) Carecer de antecedentes penales en España y en su país de origen o en el país o países en que haya residido durante los últimos cinco años.

b) Contar con un contrato de trabajo firmado por el trabajador y el empresario que garantice al menos el salario mínimo interprofesional o el salario establecido, en su caso, en el convenio colectivo aplicable, en el momento de la solicitud, y cuya suma debe representar una jornada semanal no inferior a treinta horas en el cómputo global y garantizar al menos el salario mínimo interprofesional. El contrato podrá tener una duración de mínimo 20 horas en los casos que se acredite tener a cargo menores o personas que precisen medidas de apoyo para el ejercicio de su capacidad jurídica. Podrá presentarse más de un contrato de trabajo en los siguientes supuestos:

1.º En el caso del sector agrario, cabrá la presentación de dos o más contratos, con distintos empleadores y concatenados, cada uno de ellos.

2.º En el caso de desarrollo de actividades en una misma o distinta ocupación, trabajando parcialmente y de manera simultánea para más de un empleador, se admitirá la presentación de varios contratos.

c) Tener vínculos familiares con otros extranjeros residentes o presentar un informe de arraigo que acredite su integración social, emitido por la Comunidad Autónoma en cuyo territorio tengan su domicilio habitual.

A estos efectos, los vínculos familiares se entenderán referidos exclusivamente a los cónyuges o parejas de hecho registradas, ascendientes y descendientes en primer grado y línea directa.

El informe de arraigo social, que deberá ser emitido y notificado al interesado en el plazo máximo de treinta días desde su solicitud, hará constar, entre otros factores de arraigo que puedan acreditarse por las diferentes Administraciones competentes, el tiempo de permanencia del interesado en su domicilio habitual, en el que deberá estar empadronado, los medios económicos con los que cuente, los vínculos con familiares residentes en España, y los esfuerzos de integración a través del seguimiento de programas de inserción sociolaborales y culturales.

Simultáneamente y por medios electrónicos, la Comunidad Autónoma deberá dar traslado del informe a la Oficina de Extranjería competente.

A dichos efectos, el órgano autonómico competente podrá realizar consulta al Ayuntamiento donde el extranjero tenga su domicilio habitual sobre la información que pueda constar al mismo.

El informe de arraigo referido anteriormente podrá ser emitido por la Corporación local en la que el extranjero tenga su domicilio habitual, cuando así haya sido establecido por la Comunidad Autónoma competente, siempre que ello haya sido previamente puesto en conocimiento de la Secretaría de Estado de Migraciones.

El informe de la Corporación local habrá de ser emitido y notificado al interesado en el plazo de treinta días desde la fecha de la solicitud. Simultáneamente y por medios electrónicos, la Corporación local deberá dar traslado del informe a la Oficina de Extranjería competente.

El órgano que emita el informe podrá recomendar que se exima al extranjero de la necesidad de contar con un contrato de trabajo, siempre y cuando acredite que cuenta con medios económicos suficientes que supongan, al menos, el 100% de la cuantía de la renta garantizada del Ingreso Mínimo Vital con carácter anual. En caso de cumplirse los requisitos previstos en el artículo 105.3 de este Reglamento, se podrá alegar que los medios económicos derivan de una actividad desarrollada por cuenta propia.

En caso de que el informe no haya sido emitido en plazo, circunstancia que habrá de ser debidamente acreditada por el interesado, podrá justificarse este requisito por cualquier medio de prueba.

3. Por arraigo familiar:

a) Cuando se trate de padre o madre, o tutor, de un menor de nacionalidad española, siempre que la persona progenitora o tutora solicitante tenga a cargo al menor y conviva con éste o esté al corriente de las obligaciones paternofiliales respecto al mismo. Asimismo, cuando se trate de persona que preste apoyo a la persona con discapacidad de nacionalidad española para el ejercicio de su capacidad jurídica, siempre que la persona solicitante que presta dicho apoyo tenga a cargo a la persona con discapacidad y conviva con ella. En este supuesto se concederá una autorización por cinco años que habilita a trabajar por cuenta ajena y por cuenta propia.

b) Cuando se trate del cónyuge o pareja de hecho acreditada de ciudadano o ciudadana de nacionalidad española. También cuando se trate de ascendientes mayores de 65 años, o menores de 65 años a cargo, descendientes menores de 21 años, o mayores de 21 años a cargo, de ciudadano o ciudadana de nacionalidad española, o de su cónyuge o pareja de hecho. Se concederá una autorización por cinco años que habilita a trabajar por cuenta ajena y propia.

c) Cuando se trate de hijos de padre o madre que hubieran sido originariamente españoles.

4. Por arraigo para la formación, podrán obtener una autorización de residencia, por un periodo de doce meses, los extranjeros que acrediten la permanencia continuada en España durante un periodo mínimo de dos años. Además, deberán cumplir, de forma acumulativa, los siguientes requisitos:

a) Carecer de antecedentes penales en España y en su país de origen o en el país o países en que haya residido durante los últimos cinco años.

b) Comprometerse a realizar una formación reglada para el empleo o a obtener un certificado de profesionalidad, o una formación conducente a la obtención de la certificación de aptitud técnica o habilitación profesional necesaria para el ejercicio de una ocupación específica o una promovida por los Servicios Públicos de Empleo y orientada al desempeño de ocupaciones incluidas en el Catálogo al que se refiere el artículo 65.1, o bien, en el ámbito de la formación permanente de las universidades, comprometerse a la realización de cursos de ampliación o actualización de competencias y habilidades formativas o profesionales así como de otras enseñanzas propias de formación permanente. A estos efectos, la matriculación deberá haberse realizado en un plazo de tres meses desde la notificación de la resolución de concesión de la autorización de residencia.

El solicitante deberá aportar acreditación de dicha matriculación en un plazo de tres meses desde la notificación de la resolución de concesión de la autorización. En caso contrario, la Oficina de Extranjería podrá extinguir dicha autorización. En los casos que la matriculación esté supeditada a periodos concretos de matriculación, deberá remitir a la Oficina de Extranjería prueba de la matrícula en un periodo máximo de tres meses desde la finalización de dicho plazo.

Esta autorización de residencia podrá ser prorrogada una única vez por otro período de doce meses en los casos que la formación tenga una duración superior a doce meses o su duración exceda la vigencia de la primera autorización concedida.

Una vez superada la formación, y durante la vigencia de la autorización de residencia, el interesado presentará la solicitud de autorización de residencia y trabajo ante la Oficina de Extranjería junto con un contrato de trabajo firmado por el trabajador y el empresario que garantice al menos el salario mínimo interprofesional, o el establecido por el convenio colectivo de aplicación, en el momento de la solicitud, y prueba de haber superado la formación prevista en la solicitud de residencia. La Oficina de Extranjería concederá en estos casos una autorización de dos años que habilitará a trabajar.

5. Por Orden del titular del Ministerio de la Presidencia, Relaciones con las Cortes y Memoria Democrática, a propuesta de los titulares de los Ministerios del Interior, de Inclusión Seguridad Social y Migraciones, y de Trabajo y Economía Social y previo informe de la Comisión Laboral Tripartita de Inmigración, se podrá determinar la aplicación de la situación nacional de empleo a las solicitudes de autorización de residencia temporal por razones de arraigo social.

125. *Autorización de residencia temporal por razones de protección internacional.* Se podrá conceder una autorización por razones de protección internacional a las personas a las que el Ministro del Interior, a propuesta de la Comisión Interministerial de Asilo y Refugio, haya autorizado la permanencia en España conforme a lo previsto en los arts. 37.b) y 46.3 de la Ley 12/2009, de 30 de octubre, reguladora del derecho de asilo y de la protección subsidiaria, así como a los extranjeros desplazados en el sentido regulado en la normativa sobre protección temporal en caso de afluencia masiva de personas desplazadas.

Asimismo, se podrá conceder una autorización de residencia temporal en los casos que prevea la norma de desarrollo de la Ley 12/2009, de 30 de octubre.

126. *Autorización de residencia temporal por razones humanitarias.* Se podrá conceder una autorización por razones humanitarias en los siguientes supuestos:

1. A los extranjeros víctimas de los delitos tipificados en los arts. 311 a 315, 511.1 y 512 del Código Penal, de delitos en los que haya concurrido la circunstancia agravante de comisión por motivos racistas, antisemitas o de otra clase de discriminación tipificada en el art. 22.4 del Código Penal, o de delitos por conductas violentas ejercidas en el entorno familiar, siempre que haya recaído resolución

judicial finalizadora del procedimiento judicial en la que se establezca la condición de víctima de tales delitos.

2. A los extranjeros que acrediten sufrir una enfermedad sobrevenida de carácter grave que requiera asistencia sanitaria especializada, no accesible en su país de origen, y que el hecho de ser interrumpida o de no recibirla suponga un grave riesgo para la salud o la vida. A los efectos de acreditar la necesidad, será preciso un informe clínico expedido por la autoridad sanitaria correspondiente.

Excepcionalmente, no se requerirá que la enfermedad sea sobrevenida en el caso de necesidad de prolongar la permanencia de un menor extranjero que se haya desplazado temporalmente a España a efectos de tratamiento médico en base a lo previsto en el art. 187 de este Reglamento, una vez agotada la posibilidad de prorrogar la situación de estancia y siempre que dicha permanencia sea imprescindible para la continuación del tratamiento. La renovación de este tipo de autorizaciones se vinculará al tiempo mínimo necesario para completar el tratamiento.

3. A los extranjeros que acrediten que su traslado al país del que son originarios o proceden, a efectos de solicitar el visado que corresponda, implica un peligro para su seguridad o la de su familia, y que reúnen los demás requisitos para obtener una autorización temporal de residencia o de residencia y trabajo.

127. *Autorización de residencia temporal por circunstancias excepcionales de colaboración con autoridades, razones de seguridad nacional o interés público.* [244] 1. Se podrá conceder una autorización a las personas que colaboren con las autoridades administrativas, policiales, fiscales o judiciales en cuestiones ajenas a la lucha contra redes organizadas, o cuando concurran razones de interés público o seguridad nacional que justifiquen la necesidad de autorizar su residencia en España. A estos efectos, dichas autoridades podrán instar a los órganos competentes la concesión de la autorización de residencia a la persona que se encuentre en alguno de estos supuestos.

2. La Dirección General de Migraciones podrá conceder una autorización de colaboración con la administración laboral competente a aquellas personas que acrediten ante la Inspección de Trabajo y Segu-

---

[244] Dada nueva redacción por art. único apartado 12 de Real Decreto 629/2022 de 26 de julio de 2022, con vigencia desde 16/08/2022

ridad Social, mediante cualquier medio de prueba, estar trabajando en situación irregular durante un periodo mínimo de seis meses en el último año, y que cumplan con los requisitos del artículo 64.2. de este reglamento, a excepción del apartado a). Esta autorización tendrá un año de duración y habilitará a trabajar por cuenta ajena y por cuenta propia. La solicitud podrá ser presentada por la persona interesada o de oficio por parte de la autoridad laboral, e incorporará la resolución judicial o administrativa relativa al acta de infracción emitida por la Inspección de Trabajo y Seguridad Social.

128. *Procedimiento.* 1. La autorización de residencia temporal por circunstancias excepcionales, que no requerirá visado, deberá ser solicitada personalmente por el extranjero ante el órgano competente para su tramitación, salvo en el caso de menores o incapaces, en el que podrá presentar la solicitud su representante legal, acompañada de la siguiente documentación:

a) Copia del pasaporte en vigor o título de viaje, reconocido como válido en España, con una vigencia mínima de cuatro meses, previa exhibición del documento original. En los términos fijados en la resolución del Ministro del Interior por la que se autorice la permanencia del interesado en España en los casos previstos en los arts. 37.b) y 46.3 de la Ley 12/2009, de 30 de octubre, se podrá eximir de este requisito.

b) En los casos en que se exija, contrato de trabajo firmado por el trabajador y el empresario, cuyos efectos estarán condicionados a la entrada en vigor de la autorización solicitada.

c) Documentación acreditativa de encontrarse en alguna de las situaciones a las que se refieren los artículos anteriores.

2. En particular, para acreditar que se reúnen las condiciones establecidas para los supuestos de arraigo, la documentación aportada deberá ajustarse a las siguientes exigencias:

a) En caso de que el interesado fuera mayor de edad penal, deberá aportar certificado de antecedentes penales o documento equivalente expedido por las autoridades del país o países en que haya residido durante los cinco años anteriores a su entrada en España, en el que no deberán constar condenas por delitos existentes en el ordenamiento español.

b) En los supuestos de arraigo social, se deberá presentar documentación acreditativa del grado de parentesco alegado o, en su caso, el correspondiente informe de arraigo. Igualmente, en caso de solicitarse la exención de la necesidad de contar con un contrato de trabajo, se deberá presentar documentación acreditativa de contar con medios económicos suficientes o, en su caso, del cumplimiento de los requisitos previstos en relación con la actividad por cuenta propia.

3. El órgano competente para resolver comprobará si con la solicitud se acompaña la documentación exigida y, si estuviera incompleta, formulará al solicitante el oportuno requerimiento a fin de que se subsanen los defectos observados en el plazo que se señale en la notificación, que no podrá ser superior a un mes, advirtiéndole que de no subsanarse los mismos en el indicado plazo se le tendrá por desistido de su solicitud y se procederá al archivo de su expediente, dictándose al efecto la oportuna resolución.

Apartado 4 (Derogado) [245]

5. En los supuestos a los que se refiere el art. 127, la competencia para su resolución corresponderá:

a) Al titular de la Secretaría de Estado de Seguridad cuando la autorización esté basada en la colaboración con las autoridades policiales, fiscales y judiciales y en los casos de seguridad nacional. A la solicitud basada en estos supuestos se acompañará el informe desde la jefatura correspondiente de las Fuerzas y Cuerpos de Seguridad, ya sean del Estado, ya sean de la Comunidad Autónoma, así como, en su caso, el de la autoridad fiscal o judicial, para acreditar las razones que la sustentan.

b) Al titular de la Secretaría de Estado de Inmigración y Emigración en los casos de colaboración con las demás autoridades administrativas y por razones de interés público.

6. La eficacia de la autorización concedida en el supuesto de arraigo del art. 124.2 de este Reglamento estará condicionada a la posterior afiliación y alta del trabajador en la Seguridad Social en el plazo de un mes desde la notificación realizada al solicitante, salvo en el caso de que se haya eximido al interesado de la presentación de contrato de trabajo y siempre que los medios económicos no deriven de la realización de una actividad por cuenta propia. Cumplida la condición, la autorización comenzará su periodo de vigencia.

7. En el plazo de un mes desde la notificación de la concesión de la autorización de residencia temporal por circunstancias excepcionales

---

[245] Anulado apartado 4 por apartado 2 letra b de Sentencia de 12 de marzo de 2013, con vigencia desde 24/04/2013

o, en su caso, desde su entrada en vigor, el extranjero deberá solicitar personalmente la Tarjeta de Identidad de Extranjero ante la Oficina de Extranjería o la Comisaría de Policía correspondientes.

129. *Autorización de trabajo del titular de una autorización de residencia temporal por circunstancias excepcionales.* 1. La concesión de la autorización de residencia temporal por circunstancias excepcionales por razones de arraigo llevará aparejada una autorización de trabajo en España durante la vigencia de aquélla, con excepción de la que se conceda a los menores de edad laboral, o en casos de exención del requisito de contar con contrato por contar con medios económicos que no deriven de la realización de una actividad por cuenta propia

En la misma situación se hallarán las personas a las que se refiere el art. 125 de este Reglamento.

2. En los demás supuestos, el extranjero podrá solicitar, personalmente, la correspondiente autorización de trabajo ante el órgano competente para su tramitación. Dicha solicitud podrá presentarse de manera simultánea con la solicitud de autorización de residencia por circunstancias excepcionales o bien durante el periodo de vigencia de aquélla, y para su concesión será preciso cumplir:

a) De solicitarse una autorización de trabajo por cuenta ajena, los requisitos establecidos en los párrafos b), c), d), e) y f) del art. 64.3.

b) De solicitarse una autorización de trabajo por cuenta propia, los requisitos previstos en el art. 105.3.

130. *Prórroga y cese de la situación de residencia temporal por circunstancias excepcionales.* 1. En virtud de su carácter excepcional, las autorizaciones concedidas con base en los artículos precedentes, así como sus prórrogas, tendrán una vigencia de un año, sin perjuicio de lo establecido en este artículo y en la normativa sobre protección internacional.

2. Los titulares de una autorización concedida por el titular de la Secretaría de Estado de Seguridad, o autoridad en quien delegue, podrán prorrogar la autorización siempre que se aprecie por las autoridades competentes que persisten las razones que motivaron su concesión. Solamente en el caso de que las autoridades concluyesen que han cesado las razones que motivaron su concesión, podrán solicitar una autorización de residencia o una autorización de residencia y trabajo de acuerdo con lo previsto en el art. 202 de este Reglamento.

3. Los supuestos de autorizaciones por circunstancias excepcionales concedidas por los motivos recogidos en el art. 125 se regirán para su renovación por la normativa sobre protección internacional aplicable.

4. En las autorizaciones concedidas por los demás supuestos, de conformidad con lo dispuesto por el art. 202, los titulares de la autorización podrán solicitar una autorización de residencia o una autorización de residencia y trabajo, siempre y cuando cumplan los requisitos establecidos para su obtención, incluida la titularidad de las licencias o permisos administrativos imprescindibles para el puesto que se pretende ocupar.

5. Los extranjeros podrán solicitar la autorización de residencia temporal o de residencia temporal y trabajo o, cuando se haya previsto, la prórroga de la autorización por circunstancias excepcionales, durante los sesenta días naturales previos a la fecha de expiración de su autorización. La presentación de la solicitud en este plazo prorroga la validez de la autorización anterior hasta la resolución del procedimiento. También se prorrogará hasta la resolución del procedimiento en el supuesto en que la solicitud se presentase dentro de los noventa días naturales posteriores a la fecha en que hubiera finalizado la vigencia de la anterior autorización, sin perjuicio de la incoación del correspondiente procedimiento sancionador por la infracción en la que se hubiese incurrido.

CAPÍTULO II
RESIDENCIA TEMPORAL Y TRABAJO POR CIRCUNSTANCIAS EXCEPCIONALES DE MUJERES EXTRANJERAS VÍCTIMAS DE VIOLENCIA DE GÉNERO

131. *Denuncia a favor de una mujer extranjera víctima de violencia de género.* Si al denunciarse una situación de violencia de género contra una mujer extranjera se pusiera de manifiesto su situación irregular, el expediente administrativo sancionador incoado por infracción del art. 53.1.a) de la Ley Orgánica 4/2000, de 11 de enero, será inmediatamente suspendido por el instructor hasta la finalización del proceso penal. En caso de que el expediente sancionador no hubiera sido iniciado en el momento de presentación de la denuncia, la decisión sobre su incoación será pospuesta hasta la finalización del proceso penal.

La autoridad ante la que se hubiera presentado la denuncia informará inmediatamente a la mujer extranjera de las posibilidades que le asisten en el marco de este artículo, así como de los derechos que le asisten al amparo de la Ley Orgánica 1/2004, de 28 de diciembre, de Medidas de Protección Integral contra la Víctima de Violencia de Género.

132. *Inicio del procedimiento relativo a la residencia temporal y trabajo de la mujer extranjera víctima de violencia de género.* 1. La mujer extranjera que se encuentre en la situación descrita en el artículo anterior podrá solicitar, ante la Oficina de Extranjería correspondiente, una autorización de residencia y trabajo por circunstancias excepcionales, por sí misma o a través de representante, desde el momento en que se haya dictado una orden de protección a su favor o emitido informe del Ministerio Fiscal en el que se aprecie la existencia de indicios de violencia de género.

2. En el momento de presentación de la solicitud, o en cualquier otro posterior a lo largo del proceso penal, la mujer extranjera, por sí misma o a través de representante, podrá solicitar una autorización de residencia por circunstancias excepcionales a favor de sus hijos menores de edad, o de residencia y trabajo por circunstancias excepcionales en caso de mayores de dieciséis años, que se encuentren en España en el momento de la denuncia.

3. La solicitud irá acompañada de la siguiente documentación:

a) Copia del pasaporte completo, o documento de viaje, en vigor, de la mujer extranjera y/o, en su caso, de sus hijos menores de edad. En su caso, este documento será sustituido por cédula de inscripción, en vigor.

b) En su caso, documento por el que se otorgue la representación legal en favor de la persona física que formule la solicitud.

c) Copia de la orden de protección o del informe del Ministerio Fiscal.

La tramitación de las solicitudes presentadas al amparo de este artículo tendrá carácter preferente.

133. *Autorización provisional de residencia temporal y trabajo de la mujer extranjera víctima de violencia de género.* 1. Presentada la solicitud de autorización de residencia temporal y trabajo de la mujer víctima de violencia de género, el Delegado o Subdelegado del Gobierno competente concederá de oficio una autorización provisional de residencia y trabajo a favor de la mujer extranjera y, en su caso, autorizaciones de residencia o de residencia y trabajo provisionales a favor de sus hijos menores de edad o que tengan una discapacidad y no sean objetivamente capaces de proveer sus necesidades, siempre que exista una orden de protección a favor de la mujer extranjera o un informe del Ministerio Fiscal que aprecie la existencia de indicios de violencia de género.

2. Concedida la autorización provisional a favor de la mujer extranjera, ésta implicará la posibilidad de trabajar, por cuenta ajena o por cuenta propia, en cualquier ocupación, sector de actividad y ámbito territorial. La autorización provisional a favor de hijos mayores de dieciséis años tendrá el mismo alcance.

3. La autorización provisional tendrá eficacia desde el momento de su concesión. Su vigencia estará condicionada a la concesión o denegación de la autorización definitiva.

4. En el plazo de un mes desde su concesión, la titular de la autorización habrá de solicitar, personalmente y ante la Oficina de Extranjería o la Comisaría de Policía correspondientes, la Tarjeta de Identidad de Extranjero. Dicha tarjeta, que tendrá vigencia anual, hará constar que su titular está autorizada a residir y trabajar en España, pero no su carácter provisional ni su condición de víctima de violencia de género.

Las disposiciones previstas en este apartado serán de aplicación, en su caso, a las autorizaciones concedidas a favor de los hijos menores de edad o que tengan una discapacidad y no sean objetivamente capaces de proveer sus necesidades.

5. La Delegación o Subdelegación del Gobierno que haya concedido las autorizaciones provisionales informará de esta circunstancia a la autoridad judicial que esté conociendo del proceso penal.

134. *Finalización del procedimiento relativo a la residencia temporal y trabajo de la mujer extranjera víctima de violencia de género.* Concluido el proceso penal, el Ministerio Fiscal lo pondrá en conocimiento de la Oficina de Extranjería y a la Comisaría de Policía correspondientes, a los siguientes efectos:

1. De haber concluido con sentencia condenatoria o resolución judicial de la que se deduzca que la mujer ha sido víctima de violencia de género, a los efectos de:

a) Si se hubiera solicitado la autorización de residencia y trabajo, la concesión de ésta por el Delegado o Subdelegado del Gobierno competente y su notificación, en el plazo máximo de veinte días desde que a la Oficina de Extranjería le conste la sentencia.

La duración de la autorización será de cinco años. Ello, sin perjuicio de la posibilidad de su titular de acceder en el curso de éstos a la situación de residencia de larga duración, previa solicitud, a cuyo efecto se computará, en su caso, el tiempo durante el que hubiera sido titular de una autorización provisional concedida en base al artículo anterior.

En el plazo de un mes desde su concesión, la titular de la autorización habrá de solicitar, personalmente y ante la Oficina de Extranjería o la Comisaría de Policía correspondientes, la Tarjeta de Identidad de Extranjero. Dicha tarjeta hará constar que su titular está autorizada a residir y trabajar en España, pero no su condición de víctima de violencia de género.

Las disposiciones previstas en este apartado serán de aplicación, en su caso, a las autorizaciones solicitadas a favor de los hijos menores de edad o que tengan una discapacidad y no sean objetivamente capaces de proveer sus necesidades.

b) Si no se hubiera solicitado la autorización de residencia y trabajo, el Ministerio Fiscal informará a la mujer extranjera sobre la posibilidad que le asiste en base al presente artículo de solicitar una autorización de residencia temporal y trabajo a su favor, así como autorizaciones de residencia temporal o de residencia temporal y trabajo a favor de sus hijos menores de edad o que tengan una discapacidad y no sean objetivamente capaces de proveer sus necesidades.

Igualmente, le informarán de que dispone de un plazo de seis meses desde la fecha en la que le haya sido notificada la sentencia, para la presentación de la solicitud o solicitudes.

El procedimiento relativo a la solicitud de autorización será tramitado en los términos previstos en el art. 132. La autorización que, en su caso, se conceda, tendrá los efectos y vigencia previstos en la letra anterior. Ello también será de aplicación a solicitudes presentadas a favor de los hijos menores de edad o que tengan una discapacidad y no sean objetivamente capaces de proveer sus necesidades.

c) La concesión de una autorización de residencia y trabajo por circunstancias excepcionales de acuerdo con lo previsto en este apartado supondrá el archivo del procedimiento sancionador que pudiera existir con la mujer extranjera víctima de violencia de género.

2. De haber concluido con sentencia no condenatoria o resolución judicial de la que no se deduzca que la mujer ha sido víctima de violencia de género, a los efectos de:

a) Si se hubiera solicitado la autorización de residencia y trabajo en base a lo dispuesto en el art. 132, la denegación de la autorización. En su caso, la denegación de las solicitudes presentadas a favor de los hijos menores de edad o que tengan una discapacidad y no sean objetivamente capaces de proveer sus necesidades.

b) La automática pérdida de eficacia de la autorización provisional que se hubiera podido conceder, cuya titularidad no podrá ser alegada de cara a la obtención de la condición de residente de larga duración. Esta previsión será de aplicación, en su caso, a las autorizaciones provisionales de los hijos menores de edad o que tengan una discapacidad y no sean objetivamente capaces de proveer sus necesidades.

c) El inicio o la continuación del procedimiento sancionador en materia de extranjería inicialmente no incoado o suspendido, y su tramitación y resolución de acuerdo con lo previsto en el título III de la Ley Orgánica 4/2000.

CAPÍTULO III
RESIDENCIA TEMPORAL Y TRABAJO POR CIRCUNSTANCIAS EXCEPCIONALES POR COLABORACIÓN CONTRA REDES ORGANIZADAS

135. *Exención de responsabilidad.* 1. De conformidad con el art. 59 de la Ley Orgánica 4/2000, de 11 de enero, la autoridad con la que esté colaborando un extranjero que se encuentre irregularmente en España y sea víctima, perjudicado o testigo de un acto de tráfico ilícito de seres humanos, inmigración ilegal, explotación laboral o de tráfico ilícito de mano de obra o de explotación en la prostitución abusando de su situación de necesidad, remitirá informe sobre dicha colaboración al órgano administrativo competente para la instrucción del expediente sancionador, a los efectos de que pueda proponer al Delegado o Subdelegado competente la exención de responsabilidad de éste en relación con la infracción del art. 53.1.a) de la Ley Orgánica 4/2000, de 11 de enero.

2. Será competente para determinar la exención de responsabilidad del extranjero el Delegado o Subdelegado del Gobierno en la provincia en la que se hubiera incoado el procedimiento administrativo sancionador en materia de extranjería.

3. En el marco de la decisión sobre la exención de responsabilidad del extranjero, el Delegado o Subdelegado del Gobierno decidirá igualmente sobre la suspensión temporal del procedimiento sancionador incoado o de la ejecución de la medida de expulsión o devolución que ya hubiera sido acordada.

4. De no determinarse la exención de responsabilidad, se decidirá la continuación del procedimiento sancionador o la ejecución de la medida de expulsión o devolución suspendida.

136. *Autorización de residencia y trabajo por colaboración con autoridades administrativas no policiales.* 1. Determinada, en su caso, la exención de responsabilidad, la autoridad que hubiera dictado la resolución en tal sentido informará al extranjero de la posibilidad que le asiste de presentar una solicitud de autorización de residencia y trabajo por circunstancias excepcionales, dirigida al titular de la Secretaría de Estado de Inmigración y Emigración, si la colaboración contra redes organizadas se produce con autoridades administrativas no policiales.

2. La solicitud de autorización, que será presentada ante la Delegación o Subdelegación del Gobierno que hubiera determinado la exención de responsabilidad, podrá ser presentada por el extranjero personalmente o a través de representante.

La solicitud irá acompañada de la siguiente documentación:

a) Copia del pasaporte completo, o documento de viaje, en vigor, del extranjero. En su caso, este documento será sustituido por cédula de inscripción, en vigor.

b) En su caso, documento público por el que se otorgue la representación legal en favor de la persona física que formule la solicitud.

3. La Delegación o Subdelegación del Gobierno dará traslado inmediato de la solicitud a la Secretaría de Estado de Inmigración y Emigración para su resolución, adjuntado informe sobre el sentido de la resolución y el informe emitido por la autoridad con la que hubiese colaborado.

4. La remisión de la solicitud de autorización de residencia y trabajo por circunstancias excepcionales, en caso de incluir informe favorable a la concesión de ésta, supondrá la concesión de autorización provisio-

nal de residencia y trabajo por el Delegado o Subdelegado del Gobierno, para la cual no será necesario que el interesado presente una nueva solicitud.

5. El Delegado o Subdelegado del Gobierno notificará al interesado que la propuesta de inicio de oficio del procedimiento ha sido realizada y la concesión o no de la autorización provisional de residencia y trabajo.

6. Concedida, en su caso, la autorización provisional, ésta implicará la posibilidad de trabajar, por cuenta ajena o por cuenta propia, en cualquier ocupación, sector de actividad y ámbito territorial.

La autorización provisional tendrá eficacia desde el momento de la notificación de su concesión y hasta que se dicte resolución sobre la solicitud de autorización definitiva.

En el plazo de un mes desde su concesión, el titular de la autorización provisional habrá de solicitar, personalmente y ante la Oficina de Extranjería o Comisaría de Policía correspondientes, la Tarjeta de Identidad de Extranjero. Dicha tarjeta hará constar que su titular está autorizado a residir y trabajar en España, pero no su carácter provisional ni su condición de colaborador en actuaciones contra redes organizadas.

La Tarjeta de Identidad de Extranjero será renovable con carácter anual.

7. Resuelto favorablemente, en su caso, el procedimiento sobre la autorización definitiva, por el titular de la Secretaría de Estado de Inmigración y Emigración, la autorización de residencia y trabajo tendrá vigencia de cinco años e implicará la posibilidad de trabajar, por cuenta ajena o por cuenta propia, en cualquier ocupación, sector de actividad y ámbito territorial.

Ello, sin perjuicio de la posibilidad de su titular de acceder en el curso de éstos a la situación de residencia de larga duración, previa solicitud, a cuyo efecto se computará, en su caso, el tiempo durante el que hubiera sido titular de una autorización provisional concedida en base a este artículo.

En el plazo de un mes desde su concesión, su titular habrá de solicitar, personalmente y ante la Oficina de Extranjería o la Comisaría de Policía correspondientes, la Tarjeta de Identidad de Extranjero. Dicha tarjeta hará constar que su titular está autorizado a residir y trabajar en España, pero no su condición de colaborador contra redes organizadas.

8. La denegación de la autorización de residencia y trabajo, que será notificada al interesado a través de la Delegación o Subdelegación del Gobierno que hubiera declarado la exención de responsabilidad, supondrá la pérdida de vigencia de la autorización provisional que se hubiera podido conceder, sin necesidad de pronunciamiento administrativo expreso. En este caso, la titularidad de la autorización provisional no podrá ser alegada de cara a la obtención de la condición de residente de larga duración.

9. El apartado anterior será entendido sin perjuicio de la posibilidad de que el extranjero inicie un procedimiento de solicitud de autorización de residencia por circunstancias excepcionales, alegando la concurrencia de un supuesto distinto al previsto en el art. 59 de la Ley Orgánica 4/2000.

137. *Autorización de residencia y trabajo por colaboración con autoridades administrativas policiales, fiscales o judiciales.* 1. Determinada, en su caso, la exención de responsabilidad, la autoridad que hubiera dictado la resolución en tal sentido informará al extranjero de la posibilidad que le asiste de presentar una solicitud de autorización de residencia y trabajo por circunstancias excepcionales, dirigida al titular de la Secretaría de Estado de Seguridad, si la colaboración contra redes organizadas se produce con autoridades policiales, fiscales o judiciales.

2. La solicitud de autorización se presentará por el extranjero ante la correspondiente unidad policial de extranjería, personalmente o a través de representante.

La solicitud irá acompañada de la siguiente documentación:

a) Copia del pasaporte completo, o documento de viaje, en vigor, del extranjero. En su caso, este documento será sustituido por cédula de inscripción, en vigor.

b) En su caso, documento público por el que se otorgue la representación legal en favor de la persona física que formule la solicitud.

3. La unidad policial de extranjería dará traslado inmediato de la solicitud, junto con el informe emitido por la autoridad con la que hubiese colaborado y el informe de la propia unidad policial sobre el sentido de la resolución, a la Comisaría General de Extranjería y Fronteras, que formulará propuesta a la Secretaría de Estado de Seguridad para su resolución.

La unidad policial notificará al interesado que la propuesta de inicio de oficio del procedimiento ha sido realizada.

4. En caso de que el informe de la unidad policial de extranjería fuese favorable a la concesión de la autorización, la remisión de la solicitud a la Comisaría General de Extranjería y Fronteras, conforme a lo dispuesto en el apartado anterior, supondrá la concesión de autorización provisional de residencia y trabajo.

5. La unidad policial de extranjería notificará al interesado la concesión o no de la autorización provisional de residencia y trabajo.

6. Concedida, en su caso, la autorización provisional, ésta implicará la posibilidad de trabajar, por cuenta ajena o por cuenta propia, en cualquier ocupación, sector de actividad y ámbito territorial.

La autorización provisional tendrá eficacia desde el momento de la notificación de su concesión y hasta que se dicte resolución sobre la solicitud de autorización definitiva. En el plazo de un mes desde su concesión, el titular de la autorización provisional habrá de solicitar, personalmente y ante la Oficina de Extranjería o Comisaría de Policía correspondientes, la Tarjeta de Identidad de Extranjero. Dicha tarjeta hará constar que su titular está autorizado a residir y trabajar en España, pero no su carácter provisional ni su condición de colaborador en actuaciones contra redes organizadas. La Tarjeta de Identidad de Extranjero será renovable con carácter anual.

7. Resuelto favorablemente, en su caso, el procedimiento sobre la autorización definitiva, por el titular de la Secretaría de Estado de Seguridad, la autorización de residencia y trabajo tendrá vigencia de cinco años e implicará la posibilidad de trabajar, por cuenta ajena o por cuenta propia, en cualquier ocupación, sector de actividad y ámbito territorial.

Ello, sin perjuicio de la posibilidad de su titular de acceder en el curso de éstos a la situación de residencia de larga duración, previa solicitud, a cuyo efecto se computará, en su caso, el tiempo durante el que hubiera sido titular de una autorización provisional concedida en base a este artículo.

En el plazo de un mes desde su concesión, su titular habrá de solicitar, personalmente y ante la Oficina de Extranjería o Comisaría de Policía competentes, la Tarjeta de Identidad de Extranjero. Dicha tarjeta hará constar que su titular está autorizado a residir y trabajar en España, pero no su condición de colaborador contra redes organizadas.

8. La denegación de la autorización de residencia y trabajo, que será notificada al interesado y comunicada a la Delegación o Subdelegación del Gobierno que hubiera declarado la exención de responsabilidad, supondrá la pérdida de vigencia de la autorización provisional que se hubiera podido conceder, sin necesidad de pronunciamiento administrativo expreso. En este caso, la titularidad de la autorización provisional no podrá ser alegada de cara a la obtención de la condición de residente de larga duración.

9. El apartado anterior será entendido sin perjuicio de la posibilidad de que el extranjero inicie un procedimiento de solicitud de autorización de residencia por circunstancias excepcionales, alegando la concurrencia de un supuesto distinto al previsto en el art. 59 de la Ley Orgánica 4/2000.

138. *Retorno asistido al país de procedencia del extranjero.* 1. Sin perjuicio de lo que las autoridades competentes en el marco de la investigación contra redes organizadas pudieran determinar sobre su necesaria permanencia en territorio español, de acuerdo con la normativa aplicable a su colaboración en dicha investigación o procedimiento, el extranjero, una vez declarada su exención de responsabilidad, podrá solicitar el retorno asistido a su país de procedencia.

2. El extranjero podrá presentar dicha solicitud, dirigida a la Secretaría de Estado de Inmigración y Emigración, ante la Delegación o Subdelegación del Gobierno que hubiera determinado la exención de su responsabilidad.

La Secretaría de Estado de Inmigración y Emigración facilitará la gestión y asistencia del retorno voluntario. En todo caso, el retorno asistido comprenderá la evaluación, previa a la partida, de los riesgos y la seguridad, el transporte, así como la asistencia en el punto de partida, tránsito y destino.

3. En caso de que se hubiera determinado la necesaria permanencia del extranjero en España en relación con su colaboración en la investigación contra redes organizadas, se dará trámite a la solicitud de retorno asistido tan pronto como desaparezcan las causas que determinan su obligada permanencia en territorio español.

139. *Extranjeros menores de edad.* En la aplicación de las previsiones de este capítulo a extranjeros menores de edad las actuaciones realizadas estarán en todo momento sometidas a la consecución del interés superior del menor, estableciéndose medidas de protección específicas.

CAPÍTULO IV
RESIDENCIA TEMPORAL Y TRABAJO POR CIRCUNSTANCIAS EXCEPCIONALES DE EXTRANJEROS VÍCTIMAS DE TRATA DE SERES HUMANOS

140. *Coordinación de las actuaciones.* Las Secretarías de Estado de Inmigración y Emigración, de Justicia, de Seguridad y de Igualdad impulsarán la adopción de un protocolo marco de protección de víctimas de trata de seres humanos en el que se establezcan las bases de coordinación y actuación de las instituciones y administraciones con competencias relacionadas con este capítulo.

En el citado protocolo se recogerá el ámbito y forma de participación de las organizaciones no gubernamentales, fundaciones u otras asociaciones de carácter no lucrativo que, por su objeto, estén especializadas en la acogida y/o protección de las víctimas de trata de seres humanos y que participen en los programas desarrollados por las administraciones públicas para la asistencia y protección de las mismas.

141. *Identificación de las potenciales víctimas no comunitarias de trata de seres humanos.* 1. Cualquiera que tenga noticia de la existencia de una posible víctima de trata de seres humanos informará inmediatamente de esta circunstancia a la autoridad policial competente para la investigación del delito o a la Delegación o Subdelegación de Gobierno de la provincia donde la potencial victima se encuentre, que activarán sin dilación alguna las previsiones del presente artículo.

De oficio, a instancia de parte, o por orden del Delegado o Subdelegado del Gobierno, las autoridades policiales, tan pronto tengan indicios razonables de la existencia de una potencial victima de trata de seres humanos extranjera en situación irregular, le informarán fehacientemente y por escrito, en un idioma que le resulte comprensible, de las previsiones establecidas en el art. 59.bis de la Ley Orgánica 4/2000, de 11 de enero, y en este Reglamento. Igualmente, garantizarán que la misma conozca la posibilidad que le asiste de ser derivada a las autoridades autonómicas o municipales competentes en materia de asistencia social y sanitaria.

2. La identificación de la víctima se realizará por las autoridades policiales con formación específica en la investigación de la trata de seres humanos y en la identificación de sus víctimas.

Cuando la identificación exija la toma de declaración de la víctima potencial de trata, se hará mediante entrevista personal realizada en condiciones adecuadas a las circunstancias personales de la víctima, asegurando la ausencia de personas del entorno de los explotadores, y, en la medida en que sea posible, la prestación del debido apoyo jurídico, psicológico y asistencial.

Se recabará toda la información disponible que pueda servir para la identificación de la posible víctima y las organizaciones dedicadas a la promoción y defensa de los derechos de las personas víctimas de trata podrán aportar cuanta información consideren relevante a estos efectos. En aras de la protección de la integridad de la misma tal información tendrá carácter reservado

Durante toda esta fase de identificación, el expediente sancionador o, en su caso, la expulsión o devolución acordada quedarán inmediatamente suspendidos y la autoridad policial competente, si fuera necesario, velará por la seguridad y protección de la potencial víctima.

142. *Periodo de restablecimiento y reflexión.* 1. Cuando la identificación haya sido efectuada por las unidades de extranjería, éstas elevarán, en el plazo máximo de cuarenta y ocho horas y previa conformidad de la víctima, la correspondiente propuesta sobre la concesión del periodo de restablecimiento y reflexión a la Delegación o Subdelegación del Gobierno de la provincia donde se hubiere realizado la identificación. La propuesta será favorable cuando estime que existen motivos razonables para creer que el extranjero es víctima potencial de trata de seres humanos y, en tal caso, incluirá la duración del periodo de reflexión, que será de al menos treinta días y, en todo caso, suficiente para que el extranjero pueda restablecerse y decidir si desea cooperar con las autoridades en la investigación del delito y, en su caso, en el procedimiento penal.

La propuesta irá acompañada del expediente completo, informe de la autoridad policial sobre la situación administrativa y personal de la misma, así como de otros que pudieran obrar en el procedimiento y, especialmente, los procedentes de organizaciones dedicadas a la promoción y defensa de los derechos de las personas víctimas de trata que se hubieran aportado en éste.

2. Cuando la víctima haya sido identificada por otras autoridades policiales, éstas remitirán, con la mayor brevedad, a la unidad de extranjería del lugar donde se hubiera realizado la identificación, un informe motivado sobre la existencia de indicios razonables de que la persona podría ser víctima de trata de seres humanos, junto con la solicitud de establecimiento del periodo de reflexión y toda la información y documentación de interés para resolver sobre su concesión.

La unidad de extranjería competente procederá conforme a lo previsto en el apartado1 de este artículo.

3. El Delegado o Subdelegado competente resolverá sobre la propuesta de concesión del periodo de restablecimiento y reflexión y sobre su duración en el plazo máximo de cinco días, transcurrido el cual el periodo se entenderá concedido por la duración reseñada en la propuesta. No obstante, si en el momento de elevarse a la Delegación o Subdelegación de Gobierno la propuesta favorable la víctima se encontrara ingresada en un Centro de Internamiento de Extranjeros, la resolución deberá realizarse en el plazo de veinticuatro horas.

Los plazos establecidos en este apartado serán computados desde la fecha de recepción de la propuesta en la Delegación o Subdelegación del Gobierno competente.

4. La resolución sobre el periodo de restablecimiento y reflexión será notificada a la persona interesada, de manera inmediata y por el medio más rápido, por la Delegación o Subdelegación del Gobierno, directamente o a través de la autoridad policial que hubiera realizado la propuesta de concesión, a la que en cualquier caso se dará conocimiento de la resolución. Si dicha autoridad policial no fuera la misma que inició la investigación, la resolución será igualmente comunicada a esta última, así como a la que tenga a la víctima bajo su custodia.

5. La resolución, de ser favorable, hará mención expresa, entre otros extremos, a la decisión de suspender temporalmente el procedimiento sancionador que hubiera sido incoado o la ejecución de la medida de expulsión o devolución que hubiera sido acordada en relación con la infracción prevista en el art. 53.1.a) de la Ley Orgánica 4/2000, de 11 de enero. Igualmente, supondrá la propuesta a la autoridad judicial competente de la puesta en libertad del extranjero en caso de que se hubiera acordado la medida cautelar de su ingreso en un Centro de Internamiento de Extranjeros.

En caso de que el procedimiento sancionador o la medida de expulsión o devolución suspendida fuera competencia de otro Delegado o Subdelegado del Gobierno, se le dará comunicación de la resolución de concesión del periodo de restablecimiento y reflexión, a los efectos que procedan en virtud de lo establecido en el párrafo anterior.

6. La resolución por la que, en su caso, se conceda el periodo de restablecimiento y reflexión autorizará la estancia del extranjero en territorio español por la duración que se haya determinado para éste.

7. Durante el periodo de restablecimiento y reflexión, la autoridad policial competente, de acuerdo con los criterios establecidos en el Protocolo previsto en el art. 140, velará por la seguridad y protección de la persona. Igualmente, garantizará que la misma conozca la posibilidad que le asiste de ser derivada a las autoridades autonómicas o municipales competentes en materia de asistencia social.

143. *Exención de responsabilidad.* 1. La autoridad con la que la víctima de trata de seres humanos estuviera colaborando en el marco de la investigación del delito o del procedimiento penal, podrá proponer al Delegado o Subdelegado competente la exención de responsabilidad de la misma en relación con la infracción del art. 53.1.a) de la Ley Orgánica 4/2000, de 11 de enero.

Sin perjuicio de lo anterior, y en atención a la situación personal de la víctima, el Delegado o Subdelegado del Gobierno podrá determinar de oficio la exención de responsabilidad.

2. De determinarse la no exención de responsabilidad, se levantará la suspensión del procedimiento sancionador o de la ejecución de la medida de expulsión o devolución.

En caso de que el procedimiento sancionador o la medida expulsión o devolución suspendida fuera competencia de otro Delegado o Subdelegado del Gobierno, se le dará comunicación de lo decidido sobre la exención de responsabilidad del extranjero a los efectos de archivar el procedimiento, de continuarlo o de revocar la medida de expulsión o devolución decretada.

3. Sin perjuicio de lo previsto en el apartado anterior, la continuación del procedimiento sancionador estará igualmente condicionada, en caso de que el extranjero inicie un procedimiento de solicitud de autorización de residencia por circunstancias excepcionales, alegando

la concurrencia de un supuesto distinto al previsto en el art. 59.bis de la Ley Orgánica 4/2000, a la resolución del mismo.

144. *Autorización de residencia y trabajo.* 1. Determinada, en su caso, la exención de responsabilidad, el órgano que hubiera dictado la resolución en tal sentido informará al extranjero de la posibilidad que le asiste de presentar una solicitud de autorización de residencia y trabajo por circunstancias excepcionales, dirigida al titular de la Secretaría de Estado de Seguridad o de la Secretaría de Estado de Inmigración y Emigración, en función de que la motivación resida, respectivamente, en la colaboración de la víctima en la investigación del delito o en su situación personal.

De haberse determinado la exención de responsabilidad en base a una doble concurrencia de las circunstancias citadas, se le informará de la posibilidad que le asiste de iniciar sendos procedimientos de solicitud de autorización de residencia y trabajo por circunstancias excepcionales.

2. La solicitud de autorización, que será presentada ante la Delegación o Subdelegación del Gobierno que hubiera determinado la exención de responsabilidad, podrá ser presentada por el extranjero personalmente o a través de representante.

Salvo concurrencia de lo previsto en el párrafo segundo del art. 59.bis.4 de la Ley Orgánica 4/2000, de 11 de enero, la solicitud irá acompañada de la siguiente documentación:

a) Copia del pasaporte completo, o título de viaje, en vigor, del extranjero. En su caso, este documento será sustituido por cédula de inscripción, en vigor.

b) En su caso, documento público por el que se otorgue la representación legal en favor de la persona física que formule la solicitud.

3. La Delegación o Subdelegación del Gobierno dará traslado inmediato de la solicitud a la Secretaría de Estado competente para su resolución, adjuntado informe sobre la situación administrativa y personal del extranjero y sobre el sentido de la resolución.

En caso de que, de acuerdo con lo previsto en el apartado 1 de este artículo, el extranjero hubiera presentado dos solicitudes de autorización de residencia por circunstancias excepcionales de acuerdo con lo previsto en este capítulo, la Delegación o Subdelegación del Gobierno, en los correspondientes traslados a las Secretarías de Estado competentes, harán constar la existencia de los dos procedimientos.

4. La remisión de la solicitud de autorización de residencia y trabajo por circunstancias excepcionales, en caso de incluir informe favorable a la concesión de ésta, supondrá la concesión de autorización provisional de residencia y trabajo por el Delegado o Subdelegado del Gobierno, para la cual no será necesario que el interesado presente una nueva solicitud.

La Delegación o Subdelegación del Gobierno comunicará al interesado el traslado de la solicitud a la Secretaría de Estado competente para su resolución y le notificará la concesión o no de la autorización provisional de residencia y trabajo.

La autorización provisional implicará la posibilidad de trabajar, por cuenta ajena o por cuenta propia, en cualquier ocupación, sector de actividad y ámbito territorial, y tendrá eficacia desde el momento de la notificación de su concesión y hasta que se dicte resolución sobre la solicitud de autorización realizada.

En el plazo de un mes desde su concesión, el titular de la autorización provisional habrá de solicitar, personalmente y ante la Oficina de Extranjería o la Comisaría de Policía correspondientes, la Tarjeta de Identidad de Extranjero. Dicha tarjeta hará constar que su titular está autorizado a residir y trabajar en España, pero no su carácter provisional ni su condición de víctima de trata de seres humanos.

La Tarjeta de Identidad de Extranjero será renovable con carácter anual.

5. Resuelto favorablemente el procedimiento sobre la autorización definitiva por el titular de la Secretaría de Estado competente, la autorización de residencia y trabajo tendrá vigencia de cinco años e implicará la posibilidad de trabajar, por cuenta ajena o por cuenta propia, en cualquier ocupación, sector de actividad y ámbito territorial. Ello, sin perjuicio de la posibilidad de su titular de acceder en el curso de éstos a la situación de residencia de larga duración, previa solicitud, a cuyo efecto se computará, en su caso, el tiempo durante el que hubiera sido titular de una autorización provisional concedida en base a este artículo.

En el plazo de un mes desde su concesión, su titular habrá de solicitar, personalmente y ante la Oficina de Extranjería o la Comisaría de Policía correspondientes, la Tarjeta de Identidad de Extranjero. Dicha tarjeta hará constar que su titular está autorizado a residir y trabajar en España, pero no su condición de víctima de trata de seres humanos.

6. La denegación de la autorización de residencia y trabajo supondrá la pérdida de vigencia de la autorización provisional que se hubiera

podido conceder, sin necesidad de pronunciamiento administrativo expreso. En este caso, la titularidad de la autorización provisional no podrá ser alegada de cara a la obtención de la condición de residente de larga duración.

7. El apartado anterior será entendido sin perjuicio de la posibilidad de que el extranjero inicie un procedimiento de solicitud de autorización de residencia por circunstancias excepcionales, alegando la concurrencia de un supuesto distinto al previsto en el art. 59.bis de la Ley Orgánica 4/2000.

8. El contenido de este precepto no afectará al derecho que asiste al extranjero de solicitar y disfrutar de protección internacional.

145. *Retorno asistido al país de procedencia.* 1. El extranjero podrá solicitar el retorno asistido a su país de procedencia en cualquier momento desde que sean apreciados motivos razonables sobre su posible condición de víctima de trata de seres humanos, sin perjuicio de lo que las autoridades competentes en el marco de la investigación del delito o del procedimiento penal pudieran determinar sobre su necesaria permanencia en territorio español de acuerdo con la normativa aplicable a su participación en dicha investigación o procedimiento,

2. Dicha solicitud, dirigida a la Secretaría de Estado de Inmigración y Emigración, podrá ser presentada ante cualquiera de las autoridades competentes en el marco de los procedimientos regulados en este capítulo.

La Secretaría de Estado de Inmigración y Emigración facilitará la gestión y asistencia del retorno voluntario atendiendo a lo establecido en el art. 16 del Convenio del Consejo de Europa sobre la lucha contra la trata de seres humanos. En todo caso, el retorno asistido comprenderá la evaluación, previa a la partida, de los riesgos y la seguridad, el transporte, así como la asistencia en los puntos de partida, tránsito y destino.

3. En caso de que se hubiera determinado la necesidad de que el extranjero permanezca en España en virtud de lo previsto en el apartado 1 de este artículo, la solicitud de retorno asistido será tramitada tan pronto desaparezcan las causas que determinan su obligada permanencia en territorio español.

146. *Extranjeros menores de edad víctimas de trata de seres humanos.* 1. En caso de que fuera determinada la minoría de edad de la víctima de trata de seres humanos, las actuaciones que deban realizarse en virtud de lo dispuesto en este capítulo velarán en todo momento por la preservación del interés superior del menor.

2. La institución pública responsable de la tutela legal de la víctima menor de edad o el Ministerio Fiscal podrán proponer la derivación del menor hacia recursos específicos para víctimas de trata de seres humanos, por razones de protección o de asistencia especializada.

3. En cualquier caso, los recursos específicos para víctimas de trata de seres humanos deberán garantizar la separación entre menores y mayores de edad.

TÍTULO VI
RESIDENCIA DE LARGA DURACIÓN

CAPÍTULO PRIMERO
RESIDENCIA DE LARGA DURACIÓN

147. *Definición.* Se halla en situación de residencia de larga duración el extranjero que haya sido autorizado a residir y trabajar en España indefinidamente en las mismas condiciones que los españoles.

148. *Supuestos.* 1. Tendrán derecho a obtener una autorización de residencia de larga duración los extranjeros que hayan residido legalmente y de forma continuada en el territorio español durante cinco años.

Igualmente, tendrán derecho a obtener dicha autorización los extranjeros que acrediten haber residido durante ese periodo de forma continuada en la Unión Europea, en calidad de titulares de una Tarjeta azul-UE, siempre que en los dos años inmediatamente anteriores a la solicitud dicha residencia se haya producido en territorio español.

2. La continuidad a que se refiere el apartado anterior no quedará afectada por ausencias del territorio español de hasta seis meses continuados, siempre que la suma de éstas no supere el total de diez meses dentro de los cinco años referidos en el apartado 1, salvo que las correspondientes salidas se hubieran efectuado de manera irregular.

En caso de ausencias por motivos laborales, la continuación de la residencia no quedará afectada por ausencias del territorio español de hasta seis meses continuados, siempre que la suma de éstas no supere el total de un año dentro de los cinco años requeridos.

En el caso de solicitud de una autorización de residencia de larga duración en base a lo previsto en el segundo párrafo del apartado anterior, la continuidad de la residencia como titular de una Tarjeta azul-UE no quedará afectada por ausencias de la Unión Europea de hasta doce meses continuados, siempre que la suma de éstas no supere el total de dieciocho meses dentro de los cinco años de residencia requeridos.

3. La autorización de residencia de larga duración también se concederá a los extranjeros que acrediten que se encuentran en cualquiera de los siguientes supuestos:

a) Residentes que sean beneficiarios de una pensión de jubilación, en su modalidad contributiva, incluida dentro de la acción protectora del sistema español de la Seguridad Social.

b) Residentes que sean beneficiarios de una pensión de incapacidad permanente absoluta o de gran invalidez, en su modalidad contributiva, incluida dentro de la acción protectora del sistema español de la Seguridad Social o de prestaciones análogas a las anteriores obtenidas en España y consistentes en una renta vitalicia, no capitalizable, suficiente para su sostenimiento.

c) Residentes que hayan nacido en España y, al llegar a la mayoría de edad, hayan residido en España de forma legal y continuada durante, al menos, los tres años consecutivos inmediatamente anteriores a la solicitud.

d) Extranjeros que hayan sido españoles de origen y hayan perdido la nacionalidad española.

e) Residentes que al llegar a la mayoría de edad hayan estado bajo la tutela de una entidad pública española durante los cinco años inmediatamente anteriores de forma consecutiva.

f) Apátridas, refugiados o beneficiarios de protección subsidiaria que se encuentren en territorio español y a quienes se les haya reconocido el respectivo estatuto en España.

g) Extranjeros que hayan contribuido de forma notoria al progreso económico, científico o cultural de España, o a la proyección de España en el exterior. En estos supuestos, corresponderá al titular del Ministerio de Trabajo e Inmigración la concesión de la autorización de residencia de larga duración, previo informe del titular del Ministerio del Interior.

149. *Procedimiento.* 1. Los extranjeros que se encuentren en territorio español y se hallen en alguno de los supuestos recogidos en el artículo anterior deberán dirigir su solicitud, en modelo oficial, a la Oficina de Extranjería de la provincia donde residan o, en el caso de que no se requiera la condición previa de residente en España, donde deseen fijar su residencia.

Los extranjeros que no se encuentren en territorio nacional deberán presentar personalmente la solicitud ante la oficina diplomática o consular en cuya demarcación residan, que dará traslado a la Oficina de Extranjería competente para su resolución.

La solicitud de autorización de residencia de larga duración basada en el supuesto previsto en el apartado 3.g) del artículo anterior no será presentada por el interesado, sino instada de oficio por la Dirección General de Inmigración, previa recepción de propuesta en dicho sentido de una autoridad pública con competencias relacionadas con el mérito que fundamenta la petición, acompañada de la documentación acreditativa de dicho mérito.

2. La solicitud deberá acompañarse de la siguiente documentación:

a) Copia del pasaporte completo en vigor o título de viaje, reconocido como válido en España, previa exhibición del documento original.

b) Impreso acreditativo del abono de la tasa por tramitación del procedimiento.

c) En caso de solicitudes fundamentadas en periodos de residencia previos, informe emitido por las autoridades competentes que acredite la escolarización de los menores a su cargo, en edad de escolarización obligatoria.

d) En su caso, documentación acreditativa de los periodos de residencia previa, como titular de una Tarjeta azul-UE, en otros Estados miembros de la Unión Europea.

e) En su caso, documentación acreditativa de encontrarse en alguno de los supuestos previstos en el art. 148.3, apartados c) a f).

f) En su caso, certificado de antecedentes penales o documento equivalente expedido por las autoridades del país de origen o del país o países en que haya residido durante los últimos cinco años, en el que no debe constar condenas por delitos previstos en el ordenamiento español.

3. Recibida la solicitud, la Oficina de Extranjería comprobará los tiempos de residencia previos en territorio español y recabará de oficio el correspondiente certificado de antecedentes penales en España, así como aquellos informes que estime pertinentes para la tramitación y resolución del procedimiento, lo que incluirá, en su caso, recabar de oficio los informes que acrediten que la persona se encuentra incluida en los supuestos previstos en los apartados a) y b) del art. 148.3.

Por otro lado, en caso de que a partir de la documentación presentada junto a la solicitud no quede acreditada la escolarización de los menores en edad de escolarización obligatoria que estén a cargo del solicitante, la Oficina de Extranjería pondrá esta circunstancia en conocimiento de las autoridades educativas competentes, y advertirá expresamente y por escrito al extranjero solicitante de que en caso de no producirse la escolarización y presentarse el correspondiente informe en el plazo de treinta días, la autorización no será concedida.

4. En el plazo máximo de tres meses desde la recepción de la solicitud, el órgano competente resolverá.

5. Concedida, en su caso, la autorización de residencia de larga duración, el extranjero deberá solicitar personalmente la Tarjeta de Identidad de Extranjero, en el plazo de un mes desde la notificación de la resolución.

150. *Renovación de la Tarjeta de Identidad de Extranjero de los residentes de larga duración.* 1. Los extranjeros que sean titulares de una autorización de residencia de larga duración deberán solicitar la renovación de la Tarjeta de Identidad de Extranjero cada cinco años.

2. La solicitud de renovación deberá presentarse durante los sesenta días naturales inmediatamente anteriores a la fecha de expiración de la vigencia de la tarjeta. La presentación de la solicitud en este plazo prorrogará la validez de la tarjeta anterior hasta la resolución del procedimiento. También se prorrogará hasta la resolución del procedimiento en el supuesto de que la solicitud se presentase dentro de los noventa días naturales posteriores a la fecha en que hubiera finalizado la vigencia de la anterior tarjeta, sin perjuicio de la incoación del correspondiente procedimiento sancionador por la infracción en la que se hubiese incurrido.

3. La no presentación de solicitud de renovación de la Tarjeta de Identidad de Extranjero en los plazos establecidos en el apartado 2 no

supondrá en ningún caso la extinción de la autorización de residencia de larga duración.

4. La solicitud de renovación de la Tarjeta de Identidad de Extranjero irá acompañada de la siguiente documentación:

a) Pasaporte completo en vigor o título de viaje, reconocido como válido en España, previa exhibición del documento original.

b) Impreso acreditativo del abono de la tasa por tramitación del procedimiento.

c) Una fotografía, de acuerdo con los requerimientos establecidos en la normativa sobre documento nacional de identidad.

CAPÍTULO II
RESIDENCIA DE LARGA DURACIÓN-UE

151. *Definición.* Se halla en situación de residencia de larga duración-UE el extranjero que haya sido autorizado a residir y trabajar en España indefinidamente en las mismas condiciones que los españoles y que se beneficia de lo establecido sobre dicho estatuto en la Directiva 2003/109/CE del Consejo, de 25 de noviembre, relativa al estatuto de los nacionales de terceros países residentes de larga duración.

152. *Requisitos.* [246] Tendrán derecho a obtener una autorización de residencia de larga duración-UE los extranjeros que reúnan los siguientes requisitos:

a) Haber residido legalmente y de forma continuada en el territorio español durante cinco años.

La continuidad no quedará afectada por ausencias del territorio español de hasta seis meses continuados, siempre que la suma de éstas no supere el total de diez meses dentro del periodo de permanencia de cinco años exigible, salvo que las correspondientes salidas se hubieran efectuado de manera irregular.

En caso de ausencias por motivos laborales, la continuación de la residencia no quedará afectada por ausencias del territorio español de hasta seis meses continuados, siempre que la suma de éstas no supere el total de un año dentro de los cinco años requeridos.

---

[246] Dada nueva redacción por art. único apartado 1 de Real Decreto 844/2013 de 31 de octubre de 2013, con vigencia desde 02/11/2013

Se computarán, a los efectos previstos en los párrafos anteriores, los periodos de permanencia en situación de estancia por estudios, movilidad de alumnos o prácticas no laborales, en el 50% de la duración total de los mismos, siempre que en el momento de la solicitud de la autorización de residencia de larga duración-UE, el extranjero se encuentre en situación de residencia en España.

Igualmente, tendrán derecho a obtener dicha autorización los extranjeros que acrediten haber residido de forma continuada en la Unión Europea, en calidad de titulares de una Tarjeta azul-UE, siempre que en los dos años inmediatamente anteriores a la solicitud dicha residencia se haya producido en territorio español. En este caso, la continuidad de la residencia como titular de una Tarjeta azul-UE no quedará afectada por ausencias de la Unión Europea de hasta doce meses continuados, siempre que la suma de éstas no supere el total de dieciocho meses dentro de los cinco años de residencia requeridos.

A aquellos extranjeros a los que se les hubiera reconocido la condición de beneficiario de protección internacional en España, se les computará asimismo el 50% del período transcurrido desde la fecha de presentación de la solicitud de protección internacional en España, sobre cuya base se hubiere concedido la misma, hasta la fecha en la que se hubiere concedido la autorización de residencia y trabajo recogida en la normativa reguladora del derecho de asilo y de la protección subsidiaria.

Si dicho período excediere de 18 meses, se computará la totalidad del mismo.

b) Contar con recursos fijos y regulares suficientes para su manutención y, en su caso, la de su familia. Los términos y las cuantías para valorar el cumplimiento de este requisito serán los previstos en materia de reagrupación familiar. Los recursos podrán provenir de medios propios o de la realización de actividades laborales o profesionales.

c) Contar con un seguro público o un seguro privado de enfermedad concertado con una Entidad aseguradora autorizada para operar en España.

153. *Procedimiento.* 1. Los extranjeros que se encuentren en territorio español y se hallen en el supuesto previsto en el artículo anterior deberán dirigir su solicitud, en modelo oficial, a la Oficina de Extranjería donde residan.

Los extranjeros que no se encuentren en territorio nacional deberán presentar personalmente la solicitud ante la oficina diplomática o consular en cuya demarcación residan, que dará traslado a la Oficina de Extranjería competente para su resolución.

2. A la solicitud deberá acompañarse la siguiente documentación:

a) Copia del pasaporte completo en vigor o título de viaje, reconocido como válido en España, previa exhibición del documento original.

b) Impreso acreditativo del abono de la tasa por tramitación del procedimiento.

c) En su caso, documentación acreditativa de los periodos de residencia previa, como titular de una Tarjeta azul-UE, en otros Estados miembros de la Unión Europea.

d) Documentación acreditativa de que el solicitante cuenta con recursos fijos y regulares suficientes para su manutención y, en su caso, la de su familia.

e) Documentación acreditativa de que el solicitante cuenta con un seguro público o un seguro privado de enfermedad concertado con una Entidad aseguradora autorizada para operar en España.

f) En su caso, certificado de antecedentes penales o documento equivalente expedido por las autoridades del país de origen o del país o países en que haya residido durante los últimos cinco años, en el que no debe constar condenas por delitos previstos en el ordenamiento español.

3. Recibida la solicitud, la Oficina de Extranjería comprobará los tiempos de residencia previos en territorio español; y recabará de oficio el correspondiente certificado de antecedentes penales en España.

4. En el plazo máximo de tres meses desde la recepción de la solicitud, el órgano competente resolverá.

5. Concedida, en su caso, la autorización de residencia de larga duración-UE, el extranjero deberá solicitar personalmente la Tarjeta de Identidad de Extranjero, en el plazo de un mes desde la notificación de la resolución.

En el epígrafe «Tipo de permiso» de la tarjeta expedida, constará la mención «Residente de larga duración-UE».

6. Cuando la Delegación o Subdelegación de Gobierno conceda una autorización de residencia de larga duración-UE a un extranjero al que se hubiera concedido en España la condición de beneficiario de protección internacional, se anotará en el epígrafe «observaciones»

de la tarjeta la mención siguiente: «Residente de larga duración-UE, protección internacional concedida por España con fecha........».

La Dirección General de la Policía atenderá en el plazo de 1 mes la petición de información sobre la vigencia de la condición de beneficiario de protección internacional que les formule otro Estado Miembro de la Unión Europea que, con posterioridad, expida al extranjero otra autorización de residencia de larga duración-UE.

Cuando de conformidad con los instrumentos internacionales y demás normativa aplicable, la responsabilidad de la protección internacional de un residente de larga duración-UE haya sido transferida a otro Estado miembro de la Unión Europea, la Comisaría de Policía correspondiente modificará en consecuencia la observación en el plazo de tres meses desde la transferencia.

En el caso de que España expida como segundo Estado miembro una autorización de residente de larga duración-UE a un extranjero que disponga del estatuto de residente de larga duración-UE concedido en otro Estado miembro, y conste en el apartado «observaciones» que se trata de un beneficiario de protección internacional concedida por dicho Estado miembro, la Dirección General de la Policía procederá a anotar la misma observación en su tarjeta, previa solicitud de información sobre su vigencia al otro Estado Miembro. Cuando la protección internacional haya sido retirada por decisión firme en ese Estado miembro, España no anotará dicha observación.

Cuando de conformidad con los instrumentos internacionales y demás normativa aplicable, se produzca la transferencia de responsabilidad de la protección internacional a España de un extranjero con estatuto de residente de larga duración-UE concedido en otro Estado miembro, la Dirección General de la Policía pedirá al otro Estado miembro la modificación de la anotación reflejada en el apartado «observaciones».

Lo previsto en el párrafo anterior será igualmente de aplicación en el caso de que se conceda en España protección internacional a un residente de larga duración-UE cuyo estatuto haya sido concedido en otro Estado miembro.

La Comisaría de Policía correspondiente procederá a anotar la observación correspondiente en el plazo de tres meses desde la petición que se formule desde otro Estado miembro que hubiera concedido la protección internacional, o al que se le hubiera transferido dicha protección internacional, respecto al residente de larga duración-UE con estatuto concedido en España. [247]

154. *Renovación de la Tarjeta de Identidad de Extranjero de los residentes de larga duración-UE.* 1. Los extranjeros que sean titulares de una autorización de residencia de larga duración-UE deberán solicitar la renovación de la Tarjeta de Identidad de Extranjero cada cinco años.

2. La solicitud de renovación deberá presentarse durante los sesenta días naturales inmediatamente anteriores a la fecha de expiración de la vigencia de la tarjeta. La presentación de la solicitud en este plazo prorrogará la validez de la tarjeta anterior hasta la resolución del procedimiento. También se prorrogará hasta la resolución del procedimiento en el supuesto de que la solicitud se presentase dentro de los noventa días naturales posteriores a la fecha en que hubiera finalizado la vigencia de la anterior tarjeta.

3. La no presentación de solicitud de renovación de la Tarjeta de Identidad de Extranjero en los plazos establecidos en el apartado 2 no supondrá en ningún caso la extinción de la autorización de residencia de larga duración-UE.

4. La solicitud de renovación de la Tarjeta de Identidad de Extranjero irá acompañada de la siguiente documentación:

a) Copia del pasaporte completo en vigor o título de viaje, reconocido como válido en España, previa exhibición del documento original.

b) Impreso acreditativo del abono de la tasa por tramitación del procedimiento.

CAPÍTULO III
MOVILIDAD DEL RESIDENTE DE LARGA DURACIÓN-UE EN OTRO ESTADO MIEMBRO

155. *Residencia de larga duración en España del residente de larga duración-UE en otro Estado miembro de la Unión Europea.* 1. Todo extranjero titular de una autorización de residencia de larga duración-

[247] Añadido apartado 6 por art. único apartado 2 de Real Decreto 844/2013 de 31 de octubre de 2013, con vigencia desde 02/11/2013

UE concedida por otro Estado miembro de la Unión Europea podrá solicitar residir en España, sin que se requiera la obtención de visado.

2. La solicitud podrá ser presentada en cualquier momento anterior a la entrada en territorio español y, a más tardar, en el plazo de tres meses desde que se efectúe dicha entrada.

Se presentará, dirigida a la Oficina de Extranjería de la provincia en que desee residir o donde vaya a iniciarse la actividad laboral o profesional, ante la oficina consular española correspondiente al lugar previo de residencia en la Unión Europea o ante la propia Oficina de Extranjería.

3. A la solicitud se acompañará:

a) Documentación acreditativa de su condición de residente de larga duración-UE en otro Estado miembro de la Unión Europea.

b) Copia del pasaporte completo, o documento de viaje, en vigor, del extranjero.

c) Impreso acreditativo del abono de la tasa por tramitación del procedimiento.

d) Documentación acreditativa de cumplir los siguientes requisitos, en función de la motivación de la solicitud:

1º En caso de que la motivación sea residir en España sin desarrollar actividades lucrativas: documentación sobre medios económicos y alojamiento, exigibles para residir en España sin realizar actividades lucrativas.

2º En caso de que la motivación sea residir en España y desarrollar actividades lucrativas: documentación en materia de trabajo que resulte exigible en función de si se desea desarrollar una actividad por cuenta ajena o por cuenta propia o, en su caso, documentación acreditativa de que concurre el supuesto de excepción de la autorización de trabajo que alegue el interesado. No resultará de aplicación el requisito relativo a que la situación nacional de empleo permita la contratación del extranjero.

La citada documentación deberá acreditar el cumplimiento de dichos requisitos en los términos establecidos en los artículos de este Reglamento en materia de autorización de residencia o de residencia y trabajo, en función del motivo de la solicitud.

4. La Delegación o Subdelegación del Gobierno resolverá sobre la solicitud y notificará la resolución en el plazo máximo de cuarenta y cinco días.

5. Concedida, en su caso, la autorización, el extranjero deberá entrar en España en el plazo máximo de tres meses desde la notificación de la resolución, de no encontrarse ya en territorio español.

6. La autorización cobrará vigencia desde la entrada del extranjero en España dentro del plazo señalado en el apartado anterior o desde la fecha de notificación de la resolución, de encontrarse éste en España.

En caso de que el motivo de la solicitud sea desarrollar en España una actividad por cuenta ajena o por cuenta propia, la autorización cobrará eficacia en el momento del alta del extranjero en el correspondiente régimen de Seguridad Social. El alta en el régimen correspondiente de la Seguridad Social deberá producirse dentro del plazo de tres meses desde la notificación de la concesión.

7. El extranjero deberá solicitar personalmente la Tarjeta de Identidad de Extranjero, ante la Oficina de Extranjería o la Comisaría de Policía correspondientes, en el plazo de un mes desde que la autorización cobre vigencia. La Tarjeta de Identidad de Extranjero deberá ser renovada cada cinco años.

156. *Residencia de larga duración en España de la familia del residente de larga duración-UE en otro Estado miembro de la Unión Europea.* 1. Los miembros de la familia de un extranjero titular de una autorización de residencia de larga duración-UE concedida por otro Estado miembro de la Unión Europea podrá solicitar residir en España, no requiriéndose la obtención de visado, en caso de que formaran parte de la unidad familiar constituida en el anterior Estado miembro de residencia.

Se entenderá por miembros de la familia a los efectos del párrafo anterior, los definidos como familiares reagrupables en el art. 17 de la Ley Orgánica 4/2000, de 11 de enero.

2. La solicitud podrá ser presentada en cualquier momento anterior a la entrada en territorio español y, a más tardar, en el plazo de tres meses desde que se efectúe la misma.

Se presentará, dirigida a la Oficina de Extranjería correspondiente a la provincia en que resida o vaya a residir el residente de larga duración-UE del que deriva el derecho, ante la oficina consular española correspondiente al lugar previo de residencia en la Unión Europea o ante la propia Oficina de Extranjería.

La presentación podrá ser simultánea o posterior a la solicitud de autorización de residencia de larga duración presentada por el titular de la autorización de residencia de larga duración-UE en otro Estado miembro.

3. A la solicitud se acompañará:

a) Documentación acreditativa de su residencia en el anterior Estado miembro en calidad de miembro de la familia de titular de una autorización de residencia de larga duración-UE en éste.

b) Copia del pasaporte completo, o documento de viaje, en vigor, del familiar.

c) Impreso acreditativo del abono de la tasa por tramitación del procedimiento.

d) Documentación acredita de que el familiar o el titular de la autorización de residencia de larga duración-UE cuenta con medios económicos y vivienda en los términos previstos en los artículos de este Reglamento relativos a la residencia por reagrupación familiar.

4. La Delegación o Subdelegación del Gobierno resolverá sobre la solicitud y notificará la resolución en el plazo máximo de cuarenta y cinco días. Sin perjuicio de lo anterior, no podrá concederse la autorización de residencia a favor de un familiar sin que al mismo tiempo o anteriormente se haya concedido la solicitada por el titular de la autorización de residencia de larga duración-UE del que deriva el derecho.

5. Concedida, en su caso, la autorización, el extranjero deberá entrar en España en el plazo máximo de tres meses desde la notificación de la resolución, de no encontrarse ya en territorio español.

6. La autorización cobrará vigencia desde la entrada del extranjero en España dentro del plazo señalado en el apartado anterior o desde la fecha de notificación de la resolución, de encontrarse éste en España.

7. Salvo en el caso de concesión de autorizaciones de vigencia inferior o igual a seis meses, el extranjero habrá de solicitar personalmente la Tarjeta de Identidad de Extranjero, ante la Oficina de Extranjería o la Comisaría de Policía correspondientes, en el plazo de un mes desde que la autorización cobre vigencia.

8. La autorización concedida a favor del familiar tendrá la consideración de autorización de residencia por reagrupación familiar.

157. *Residencia de larga duración-UE en España del residente de larga duración-UE en otro Estado miembro de la Unión Europea.* 1. El extranjero residente en España a partir de su anterior condición de residente de larga duración-UE en otro Estado miembro de la

Unión Europea podrá acceder a la situación de residencia de larga duración-UE en España, en los términos y condiciones establecidas sobre la materia en este Reglamento.

2. La concesión de una autorización de residencia de larga duración-UE en España supondrá la pérdida del derecho a conservar el estatuto de residente de larga duración-UE en el anterior Estado miembro de residencia.

CAPÍTULO IV
RECUPERACIÓN DE LA TITULARIDAD DE UNA RESIDENCIA DE LARGA DURACIÓN O DE UNA RESIDENCIA DE LARGA DURACIÓN-UE

SECCIÓN PRIMERA
Recuperación de la titularidad de una residencia de larga duración

158. *Ámbito de aplicación de la recuperación de la titularidad de una residencia de larga duración.* El procedimiento regulado en esta sección de recuperación de la titularidad de una autorización de residencia de larga duración resultará de aplicación en los siguientes supuestos:

a) Cuando la autorización se hubiera extinguido en base a lo dispuesto en los apartados c) y d) del art. 166.1 de este Reglamento.

b) Cuando el extranjero regrese a España finalizado el periodo de su compromiso de no retorno asumido de acuerdo con lo previsto en el capítulo X del título IV, siempre que en el momento de su retorno voluntario al país de origen tuviera la condición de residente de larga duración en España.

159. *Procedimiento.* 1. La solicitud de recuperación de la titularidad de la autorización de residencia de larga duración será presentada por el extranjero, personalmente y en el modelo oficialmente establecido.

2. La solicitud, dirigida a la Oficina de Extranjería de la provincia en la que desee fijar su residencia, podrá ser presentada ante la propia

Oficina de Extranjería o ante la Misión diplomática u Oficina consular española en cuya demarcación resida.

En caso de presentación dentro de España, y a los efectos de la entrada en territorio español, será de aplicación lo dispuesto en los arts. 4 a 14 de este Reglamento.

En caso de presentación fuera de España, la entrada del extranjero en territorio español se producirá como titular de una autorización de residencia de larga duración, una vez estimada, en su caso, la recuperación de dicha condición. A dichos efectos, la misión diplomática u oficina consular competente, previa solicitud del mismo por el interesado, emitirá un visado de residencia a su favor, para cuya obtención serán exclusivos requisitos que al solicitante se le haya reconocido la recuperación de la titularidad de una autorización de residencia de larga duración y el abono de la tasa por tramitación del procedimiento de visado.

3. A la solicitud de recuperación de la condición de residente de larga duración deberá acompañarse la siguiente documentación:

a) Pasaporte ordinario o título de viaje, reconocido como válido en España, con una vigencia mínima de cuatro meses.

b) Certificado de antecedentes penales expedido por las autoridades del país de origen o del país o países en que haya residido durante los últimos cinco años, en el que no debe constar condenas por delitos previstos en el ordenamiento español.

c) Certificado médico con el fin de acreditar que no padece ninguna de las enfermedades susceptibles de cuarentena previstas en el Reglamento sanitario internacional.

4. Recibida la solicitud, el órgano competente la registrará, dejando constancia inmediata de su presentación, y la introducirá en la aplicación correspondiente, de tal manera que permita que los órganos competentes para resolver puedan tener conocimiento de la solicitud en tiempo real.

5. Admitida a trámite la solicitud, se procederá a la instrucción del procedimiento y a su inmediata tramitación y se recabará de oficio el informe del Registro Central de Penados, así como los de los servicios competentes de la Dirección General de la Policía y la Guardia Civil.

Este último informe hará expresa mención a si el extranjero ha cumplido sus obligaciones en cuanto al compromiso de no regreso a España durante tres años. No se entenderá incumplido el compromiso en caso de entradas en España a efectos de estancia de duración no superior a noventa días, salvo en supuestos de permanencia irregular una vez finalizado dicho periodo o, en su caso, la vigencia de las prórrogas de estancia que se hubieran podido conceder.

6. El órgano competente, a la vista de la documentación presentada y de los informes obtenidos, resolverá de forma motivada en el plazo de tres meses desde la presentación de la solicitud, atendiendo a los requisitos previstos en este artículo.

Se entenderá que la resolución es favorable si la Administración no hubiera resuelto expresamente en plazo.

7. En el caso de que la resolución fuera favorable, el extranjero deberá solicitar la Tarjeta de Identidad de Extranjero, personalmente y ante la Oficina de Extranjería o la Comisaría de Policía correspondientes, en el plazo de un mes desde la notificación de su concesión o, en su caso, desde la fecha de su entrada legal en territorio español. La tarjeta tendrá una validez de cinco años.

SECCIÓN SEGUNDA
Recuperación de la titularidad de una residencia de larga duración-UE

160. *Ámbito de aplicación de la recuperación de la titularidad de una residencia de larga duración-UE.* El procedimiento regulado en el presente capítulo, de recuperación de la titularidad de una autorización de residencia de larga duración-UE en España, resultará de aplicación en los siguientes supuestos:

a) Cuando la autorización se hubiera extinguido en base a lo dispuesto en los apartados c) y d) del art. 166.1 de este Reglamento.

b) Cuando el extranjero hubiera permanecido durante un periodo superior a seis años fuera de territorio español.

161. *Procedimiento.* 1. La solicitud de recuperación de la titularidad de la autorización de residencia de larga duración-UE será presentada por el extranjero, personalmente y en el modelo oficialmente establecido.

2. Podrá ser presentada ante la Oficina de Extranjería correspondiente a la provincia en la que desee fijar su residencia o, dirigida a dicha Oficina de Extranjería, ante la misión diplomática u oficina consular española de su demarcación de residencia.

En caso de presentación dentro de España, y a los efectos de la entrada en territorio español, será de aplicación lo dispuesto en los arts. 4 a 14 de este Reglamento.

En caso de presentación fuera de España, la entrada del extranjero en territorio español se producirá como titular de una autorización de residencia de larga duración-UE, una vez estimada, en su caso, la recuperación de dicha condición. A dichos efectos, la misión diplomática u oficina consular competente, previa solicitud del mismo por el interesado, emitirá un visado de residencia a su favor, para cuya obtención serán exclusivos requisitos que al solicitante se le haya reconocido la recuperación de la titularidad de una autorización de residencia de larga duración-UE y el abono de la tasa por tramitación del procedimiento de visado.

No obstante, no serán exigibles los requisitos previstos en los citados artículos para la entrada en España, cuando el extranjero sea titular de un permiso de residencia en otro Estado miembro de la Unión Europea, conforme a lo establecido en el Derecho de la Unión Europea.

3. A la solicitud de recuperación de la condición de residente de larga duración-UE deberá acompañarse la siguiente documentación:

a) Pasaporte completo en vigor o título de viaje, reconocido como válido en España.

b) Certificado de antecedentes penales expedido por las autoridades del país de origen o del país o países en que haya residido durante los últimos cinco años, en el que no debe constar condenas por delitos previstos en el ordenamiento español.

c) Documentación acreditativa de que el solicitante cuenta con recursos fijos y regulares suficientes para su manutención y, en su caso, la de su familia.

d) Documentación acreditativa de que el solicitante cuenta con un seguro público o un seguro privado de enfermedad concertado con una Entidad aseguradora autorizada para operar en España.

e) Impreso acreditativo del abono de la tasa por tramitación del procedimiento.

4. Recibida la solicitud, el órgano competente la registrará, dejando constancia inmediata de su presentación, y la introducirá en la aplicación correspondiente, de tal manera que permita que los órganos competentes para resolver puedan tener conocimiento de la solicitud en tiempo real.

5. Admitida a trámite la solicitud, se procederá a la instrucción del procedimiento y a su inmediata tramitación y se recabará de oficio el informe del Registro Central de Penados.

6. El órgano competente, a la vista de la documentación presentada y de los informes obtenidos, resolverá de forma motivada en el plazo de tres meses desde la presentación de la solicitud, atendiendo a los requisitos previstos en este artículo.

Se entenderá que la resolución es favorable si la Administración no hubiera resuelto expresamente en plazo.

7. En el caso de que la resolución fuera favorable, el extranjero deberá solicitar la Tarjeta de Identidad de Extranjero, personalmente y ante la Oficina de Extranjería o la Comisaría de Policía correspondientes, en el plazo de un mes desde la notificación de su concesión. La tarjeta tendrá una validez de cinco años.

TÍTULO VII
EXTINCIÓN DE LAS AUTORIZACIONES DE RESIDENCIA O DE RESIDENCIA Y TRABAJO

162. *Extinción de la autorización de residencia temporal.* La extinción de la autorización de residencia temporal, salvo en los supuestos específicamente regulados en otros artículos de este capítulo, se producirá de acuerdo con lo dispuesto en este artículo.

1. La vigencia de las autorizaciones de residencia temporal se extinguirá sin necesidad de pronunciamiento administrativo:

a) Por el transcurso del plazo para el que se hayan expedido. No obstante, de acuerdo con lo previsto en este Reglamento, la vigencia de la autorización se entenderá prorrogada en caso de que se solicite su renovación en plazo y hasta que se resuelva el procedimiento de renovación.

b) Por venir obligado el residente extranjero a la renovación extraordinaria de la autorización, en virtud de lo dispuesto por las autoridades competentes en estados de excepción o de sitio, de acuerdo con lo dispuesto en el art. 24 de la Ley Orgánica 4/1981, de 1 de junio, reguladora de los estados de alarma, excepción y sitio.

c) Por la inclusión en alguno de los supuestos de prohibición de entrada previstos en este Reglamento, bien por no haberse conocido dicha circunstancia en el momento de su entrada, bien por haberse producido durante su permanencia en España.

2. La autorización de residencia temporal se extinguirá por resolución del órgano competente para su concesión, conforme a los trámites previstos en la normativa vigente para los procedimientos de otorgamiento, modificación y extinción de autorizaciones, cuando se constate la concurrencia de alguna de las siguientes circunstancias:

a) Cuando el extranjero cambie o pierda su nacionalidad, sin perjuicio de que pueda adquirir otra autorización de residencia en atención a las nuevas circunstancias.

b) Cuando desaparezcan las circunstancias que sirvieron de base para su concesión.

c) Cuando se compruebe la inexactitud grave de las alegaciones formuladas o de la documentación aportada por el titular para obtener dicha autorización de residencia.

d) Cuando deje de poseer pasaporte, documento análogo o, en su caso, cédula de inscripción, válidos y en vigor, salvo que pueda justificar que ha realizado los trámites necesarios para la renovación o recuperación del pasaporte o documento análogo.

Apartado 2 letra e (Derogada) [248]

f) Cuando el extranjero haya sido condenado mediante sentencia firme por la comisión de alguna de las conductas previstas en los artículos 177 bis y 318 bis de la Ley Orgánica 10/1995, de 23 de noviembre, del Código Penal. [249]

163. *Extinción de la autorización de residencia temporal y trabajo para investigación.* 1. La vigencia de las autorizaciones de residencia temporal y trabajo para investigación se extinguirá sin necesidad de pronunciamiento administrativo:

a) Por el transcurso del plazo para el que se hayan expedido.

b) Por venir obligado el residente extranjero a la renovación extraordinaria de la autorización, en virtud de lo dispuesto por las autoridades competentes en estados de excepción o de sitio, de acuerdo con

---

[248] Anulada apartado 2 letra e por sentencia 731/2023 del Tribunal Supremo de 5 de junio de 2023, con vigencia desde 04/03/2024

[249] Añadida apartado 2 letra f por art. único apartado 13 de Real Decreto 629/2022 de 26 de julio de 2022, con vigencia desde 16/08/2022

lo dispuesto en el art. 24 de la Ley Orgánica 4/1981, de 1 de junio, reguladora de los estados de alarma, excepción y sitio.

2. La autorización de residencia temporal y trabajo para investigación se extinguirá por resolución del órgano competente para su concesión, conforme a los trámites previstos en la normativa vigente para los procedimientos de otorgamiento, modificación y extinción de autorizaciones, cuando se constate la concurrencia de alguna de las siguientes circunstancias:

a) Cuando la autorización se haya obtenido de manera fraudulenta.

b) Cuando desaparezcan las circunstancias que sirvieron de base para su concesión o en caso de comprobación de que éstas no existían.

c) Cuando su titular resida en España con fines distintos a aquéllos para los que se le autorizó.

164. *Extinción de la autorización de residencia temporal de profesionales altamente cualificados.* 1. La vigencia de las autorizaciones de residencia temporal y trabajo de profesionales altamente cualificados se extinguirá sin necesidad de pronunciamiento administrativo:

a) Por el transcurso del plazo para el que se hayan expedido.

b) Por venir obligado el residente extranjero a la renovación extraordinaria de la autorización, en virtud de lo dispuesto por las autoridades competentes en estados de excepción o de sitio, de acuerdo con lo dispuesto en el art. 24 de la Ley Orgánica 4/1981, de 1 de junio, reguladora de los estados de alarma, excepción y sitio.

2. La autorización de residencia temporal y trabajo de profesionales altamente cualificados se extinguirá por resolución del órgano competente para su concesión, conforme a los trámites previstos en la normativa vigente para los procedimientos de otorgamiento, modificación y extinción de autorizaciones, cuando se constate la concurrencia de alguna de las siguientes circunstancias:

a) Cuando la autorización se haya obtenido de manera fraudulenta.

b) Cuando desaparezcan las circunstancias que sirvieron de base para su concesión o en caso de comprobación de que éstas no existían.

c) Cuando su titular resida en España con fines distintos a aquéllos para los que se le autorizó.

165. *Extinción de la autorización de residencia temporal y trabajo de víctimas de trata de seres humanos.* 1. La vigencia de las autorizaciones de residencia temporal y trabajo de víctimas de trata de seres humanos se extinguirá sin necesidad de pronunciamiento administrativo:

a) Por el transcurso del plazo para el que se hayan expedido.

b) Por venir obligado el residente extranjero a la renovación extraordinaria de la autorización, en virtud de lo dispuesto por las autoridades competentes en estados de excepción o de sitio, de acuerdo con lo dispuesto en el art. 24 de la Ley Orgánica 4/1981, de 1 de junio, reguladora de los estados de alarma, excepción y sitio.

2. La autorización de residencia temporal y trabajo de víctimas de trata de seres humanos que sea concedida en base a la colaboración de la víctima en la investigación del delito se extinguirá por resolución del órgano competente para su concesión, conforme a los trámites previstos en la normativa vigente para los procedimientos de otorgamiento, modificación y extinción de autorizaciones, cuando se constate la concurrencia de alguna de las siguientes circunstancias:

a) Cuando una resolución judicial determine que la denuncia es fraudulenta o infundada, o en caso de fraude en la cooperación.

b) Cuando desaparezcan las circunstancias que sirvieron de base para su concesión.

c) Cuando su titular reanude de forma activa, voluntaria y por iniciativa propia, las relaciones con los presuntos autores del delito.

d) Cuando su titular deje de cooperar.

166. *Extinción de la autorización de residencia de larga duración.* 1. La extinción de la autorización de residencia de larga duración y de la autorización de residencia de larga duración-UE se producirá en los casos siguientes:

a) Cuando la autorización se haya obtenido de manera fraudulenta.

b) Cuando se dicte una orden de expulsión en los casos previstos en la Ley.

c) Cuando se produzca la ausencia del territorio de la Unión Europea durante doce meses consecutivos.

Esta circunstancia no será de aplicación a los titulares de una autorización de residencia temporal y trabajo vinculados mediante una relación laboral a organizaciones no gubernamentales, fundaciones o asociaciones, inscritas en el registro general correspondiente y reconocidas oficialmente de utilidad pública como cooperantes, y que realicen para aquéllas proyectos de investigación, cooperación al desarrollo o ayuda humanitaria, llevados a cabo en el extranjero.

d) Cuando hubiera adquirido la residencia de larga duración-UE en otro Estado miembro.

e) Cuando, obtenida la autorización por la persona a quien otro Estado miembro reconoció protección internacional, las autoridades de dicho Estado hubieran resuelto el cese, finalización, denegación de la renovación o la revocación de la citada protección. [250]

f) Cuando el extranjero haya sido condenado mediante sentencia firme por la comisión de alguna de las conductas previstas en los artículos 177 bis y 318 bis de la Ley Orgánica 10/1995, de 23 de noviembre, del Código Penal. En la aplicación de esta causa de extinción se atenderá al principio de proporcionalidad. [251]

2. Además, se producirá la extinción de la autorización de residencia de larga duración-UE tras una ausencia de territorio español de seis años. La Dirección General de Inmigración, previo informe de la Comisaría General de Extranjería y Fronteras, podrá determinar la no extinción de una autorización por esta causa ante la concurrencia de motivos excepcionales que así lo aconsejen.

TÍTULO VIII
GESTIÓN COLECTIVA DE CONTRATACIONES EN ORIGEN

167. *Gestión colectiva de contrataciones en origen.* [252] 1. El Ministerio de Inclusión, Seguridad Social y Migraciones, teniendo en cuenta la situación nacional de empleo, podrá aprobar anualmente una previsión de las ocupaciones y, en su caso, de la cifra de puestos de trabajo que se podrán cubrir a través de la gestión colectiva de contrataciones en origen.

En caso de que, transcurrido un año respecto al que se establezca la cifra, el número de contrataciones en origen sea inferior a las

---

[250] Añadida apartado 1 letra e por art. único apartado 3 de Real Decreto 844/2013 de 31 de octubre de 2013, con vigencia desde 02/11/2013

[251] Añadida apartado 1 letra f por art. único apartado 14 de Real Decreto 629/2022 de 26 de julio de 2022, con vigencia desde 16/08/2022

[252] Dada nueva redacción por art. único apartado 15 de Real Decreto 629/2022 de 26 de julio de 2022, con vigencia desde 16/08/2022

inicialmente previstas, el Ministerio de Inclusión, Seguridad Social y Migraciones, previa consulta a la Comisión Laboral Tripartita de Inmigración, podrá prorrogar la vigencia de la cifra que reste.

2. La gestión colectiva permitirá la contratación programada de trabajadores que no se hallen o residan en España, para ocupar empleos estables y que serán seleccionados en sus países de origen a partir de las ofertas presentadas por los empresarios.

La orden anual por la que se establece la contratación en origen podrá prever las siguientes figuras:

a) Migración de carácter estable.

b) Migración circular.

c) Visados de búsqueda de empleo.

3. Las autorizaciones de trabajo previstas en la contratación colectiva en origen para la migración circular tendrán una duración de cuatro años y habilitarán a trabajar por un periodo máximo de nueve meses en un año en un único sector laboral. La vigencia de estas autorizaciones estará supeditada al compromiso de retorno del trabajador al país de origen, y al mantenimiento de las condiciones que justificaron la concesión de la autorización.

Estas autorizaciones se concederán para un único empleador, sin perjuicio de las especificidades que pueda establecer la orden anual que regula la gestión colectiva de contrataciones en origen en relación con los requisitos de las concatenaciones entre provincias y cambios de empleador.

4. Las autorizaciones de trabajo para la migración circular podrán prorrogarse tras la finalización de su vigencia, por iguales períodos.

Los trabajadores que acrediten haber cumplido con el compromiso de retorno durante la vigencia de la autorización de trabajo podrán solicitar, en el periodo de seis meses desde la finalización de esta autorización, una autorización de residencia y trabajo que tendrá una duración de dos años, prorrogables por otros dos, que autorizará a trabajar por cuenta ajena y por cuenta propia.

168. *Elaboración de la previsión anual de la gestión colectiva de contrataciones en origen.* [253] 1. Corresponderá a la Secretaría de Estado de Migraciones la elaboración de la propuesta de previsión anual de

---

[253] Dada nueva redacción por art. único apartado 16 de Real Decreto 629/2022 de 26 de julio de 2022, con vigencia desde 16/08/2022

puestos de trabajo, por ocupación laboral, que podrán ser cubiertos a través de la gestión colectiva de contrataciones en origen.

Para ello, deberá tenerse en cuenta la información sobre la situación nacional de empleo suministrada por el Servicio Público de Empleo Estatal, así como las propuestas que, previa consulta a las organizaciones sindicales más representativas y empresariales en su ámbito correspondiente, sean realizadas por las Comunidades Autónomas. Dichas propuestas se realizarán tras haber recibido las solicitudes de las organizaciones empresariales de ámbito provincial y las consideraciones que les hubieran hecho llegar las organizaciones sindicales más representativas de idéntico ámbito.

2. La propuesta realizada por la Secretaría de Estado de Migraciones será adoptada previa consulta a la Comisión Laboral Tripartita de Inmigración, a la que con periodicidad trimestral le serán remitidos datos estadísticos sobre las autorizaciones solicitadas y concedidas, así como las solicitudes y concesiones de visados de búsqueda de empleo y las autorizaciones derivadas de éstos, de acuerdo con la Orden ministerial de gestión colectiva de contrataciones en origen.

Elaborada la propuesta, será presentada por la Secretaría de Estado de Migraciones ante la Comisión Interministerial de Extranjería para que informe sobre la procedencia de aprobar la Orden.

169. *Contenido de la norma sobre la gestión colectiva.* [254] 1. La Orden ministerial por la que se apruebe la gestión colectiva de contrataciones en origen comprenderá la cifra provisional de los puestos de trabajo de migración de carácter estable que pueden ser cubiertos a través de este procedimiento por trabajadores extranjeros que no se hallen o residan en España.

2. Asimismo, podrá establecer un número de visados para búsqueda de empleo dirigidos a hijos o nietos de españoles de origen, así como un número de visados para la búsqueda de empleo limitados a determinadas ocupaciones en un ámbito territorial concreto.

3. La Orden ministerial que apruebe la gestión colectiva de contrataciones en origen podrá regular de manera diferenciada las previsiones sobre migración de carácter estable y, sin establecer una cifra de puestos a trabajo a cubrir ni una delimitación de ocupaciones

---

[254] Dada nueva redacción por art. único apartado 17 de Real Decreto 629/2022 de 26 de julio de 2022, con vigencia desde 16/08/2022

laborales, particularidades en el procedimiento de contratación de trabajadores para un determinado sector.

Sin perjuicio de lo anterior, dichas particularidades podrán ser establecidas, previo informe de la Comisión Laboral Tripartita de Inmigración, por Orden del titular del Ministerio de Inclusión, Seguridad Social y Migraciones específicamente aprobada a dichos efectos, en caso de que, a raíz de las propuestas de las Comunidades Autónomas y en atención a la situación nacional de empleo, se determine la no procedencia de establecer una cifra de contrataciones de carácter estable para una determinada anualidad.

4. A lo largo del año se podrá revisar el número y distribución de las ofertas de empleo admisibles en el marco de la gestión colectiva de contrataciones en origen, para adaptarlo a la evolución del mercado de trabajo.

5. Las ofertas de empleo presentadas de acuerdo con la norma sobre gestión colectiva de contrataciones en origen se orientarán preferentemente hacía los países con los que España haya firmado acuerdos sobre regulación y ordenación de flujos migratorios.

170. *Especialidades de los procedimientos relativos a autorizaciones en el marco de la gestión colectiva de contrataciones en origen.* [255] 1. Las diferentes actuaciones de gestión, selección e intervención social y concesión de autorizaciones de trabajo, o de residencia y trabajo, entre otras, que sean consecuencia de la ejecución de la gestión colectiva de contrataciones en origen, se desarrollarán en los términos que el Ministerio de Inclusión, Seguridad Social y Migraciones establezca en la correspondiente Orden.

En todo caso, será necesario cumplir los siguientes requisitos:

1.º Los establecidos en el artículo 64 de este Reglamento y el artículo 16 del texto refundido de la Ley del Estatuto de los Trabajadores, aprobado por el Real Decreto Legislativo 2/2015, de 23 de octubre.

2.º El retorno del trabajador extranjero a su país de origen, en los términos previstos por el contrato fijo-discontinuo y en la vigencia de su visado, y la notificación de dicho retorno en los términos previstos en la Orden anual.

---

[255] Dada nueva redacción por art. único apartado 18 de Real Decreto 629/2022 de 26 de julio de 2022, con vigencia desde 16/08/2022

3.º La puesta a disposición del trabajador por parte del empleador de un alojamiento adecuado que reúna las condiciones previstas en la normativa en vigor y siempre que quede garantizada, en todo caso, la dignidad e higiene adecuadas del alojamiento, en los términos previstos en la Orden anual.

4.º La organización por el empleador de los viajes de llegada a España y de regreso al país de origen, y la asunción, como mínimo, del coste del primero de tales viajes y los gastos de traslado de ida y vuelta entre el puesto de entrada a España y el lugar del alojamiento, así como las actuaciones diligentes para garantizar el regreso de los trabajadores a su país de origen.

2. La Orden ministerial por la que se apruebe la gestión colectiva de contrataciones en origen establecerá el procedimiento para la contratación de los trabajadores extranjeros, y los requisitos que deban cumplir las empresas para la obtención de estas autorizaciones.

En todo caso, los contratos de trabajo deberán ser firmados por extranjeros que no se hallen ni sean residentes en territorio español, y deberán contener, al menos, los aspectos previstos en el texto refundido de la Ley del Estatuto de los Trabajadores, aprobado por Real Decreto Legislativo 2/2015, de 23 de octubre, en materia de información al trabajador sobre los elementos esenciales del contrato de trabajo, así como una previsión del salario neto que percibirá el trabajador.

3. Los empresarios que pretendan contratar a través del procedimiento de gestión colectiva de contrataciones en origen deberán presentar las solicitudes personalmente, o a través de quien válidamente tenga atribuida la representación legal empresarial que, para estos supuestos, podrán ser organizaciones empresariales.

La orden anual de contratación en origen podrá determinar los requisitos y procedimiento de autorización de cambios de empleador y de provincia. Estas modificaciones no podrán suponer una ampliación del número de meses trabajados por año, ni alterar el sector para el que se concedió.

4. En los procesos de selección en origen de los trabajadores realizados, en su caso, conforme a los procedimientos previstos en los acuerdos de regulación de flujos migratorios, podrán participar los empresarios, directa o indirectamente, siempre que lo soliciten, así como los representantes de la Dirección General de Migraciones encargados específicamente de estas tareas. Igualmente, podrán participar, en calidad de asesores y cuando las Administraciones de ambos países

se lo soliciten, representantes de organizaciones sindicales más representativas y empresariales españolas o del país en el que se desarrolle el proceso de selección.

La Dirección General de Migraciones presentará a la Comisión Laboral Tripartita de Inmigración, con periodicidad trimestral, un informe relativo al desarrollo de los procesos de selección de trabajadores en origen realizados durante el correspondiente periodo.

5. La Dirección General de Migraciones trasladará a la Comisaría General de Extranjería y Fronteras el acta de la selección realizada, para que informe de la posible concurrencia de causas de denegación de la autorización, y asigne, en su caso, número de identidad de extranjero a los trabajadores en el plazo máximo de dos días hábiles.

Excepcionalmente, este plazo podrá ampliarse hasta cinco días hábiles cuando el elevado número de trabajadores lo haga imprescindible, circunstancia que será comunicada a la Dirección General de Migraciones.

Asimismo, el Área de Trabajo e Inmigración de la Delegación del Gobierno o, en el caso de Subdelegaciones del Gobierno, la Dependencia provincial del Área de Trabajo e Inmigración, solicitará informe al Registro Central de Penados, con idéntico plazo y conforme a las anteriores previsiones.

6. Teniendo en cuenta las características del puesto de trabajo que se vaya a desempeñar, se podrán desarrollar cursos de formación, en España o en los países de origen, dirigidos a los trabajadores que hayan sido seleccionados o preseleccionados. A través del medio más adecuado, se procurará el suministro de la información suficiente al trabajador sobre sus derechos y deberes como tal.

Para aquellas ocupaciones que requieran una certificación de aptitud profesional o habilitación específica para el desempeño del trabajo, la autorización de trabajo estará supeditada a la obtención de este requisito. En estos supuestos podrá concederse una autorización de residencia de seis meses para la formación, que no habilitará para trabajar, con el objetivo de obtener dicha certificación. Durante la vigencia de la autorización de residencia deberá presentar la acreditación de haber completado la formación ante el Área de Trabajo e Inmigración de la Delegación del Gobierno o, en el caso de Subdelegaciones del Gobierno, la Dependencia provincial del Área de Trabajo e Inmigración, que concederá la autorización de trabajo en las condiciones previstas en este Título.

En los casos que no se supere dicha formación, el trabajador estará obligado a retornar a su país de origen.

171. *Procedimiento en el caso de traspaso de competencias ejecutivas en materia de autorización inicial de trabajo por cuenta ajena a Comunidades Autónomas.* Cuando se haya traspasado a la Administración autonómica la competencia ejecutiva sobre tramitación y resolución de las autorizaciones iniciales de trabajo por cuenta ajena, la Orden ministerial establecerá su intervención en los trámites de carácter laboral, así como en la recepción de solicitudes, admisión a trámite, comprobación de los requisitos laborales, emisión de informe sobre las mismos y su remisión a la Dirección General de Inmigración para la continuación de los trámites.

El procedimiento que se establezca para resolver sobre la autorización solicitada contemplará que los órganos competentes de la Comunidad Autónoma y de la Administración General del Estado dicten, de manera coordinada y concordante, una resolución conjunta, denegando o concediendo la correspondiente autorización inicial de residencia y trabajo por cuenta ajena, que será firmada por los titulares de cada una de las Administraciones competentes, y expedida y notificada al solicitante por el órgano autonómico, según lo previsto en el art. 68 del presente Reglamento.

172. *Visados de residencia y trabajo.* 1. En el plazo máximo de los dos meses siguientes a la notificación de la resolución de concesión de la autorización de residencia temporal y trabajo por cuenta ajena o de la autorización de residencia temporal y trabajo por cuenta ajena de duración determinada para obra o servicio, y a los efectos de la solicitud de visado, se presentará, en la oficina consular, de forma agrupada, la siguiente documentación:

a) Pasaporte ordinario o título de viaje, reconocido como válido en España, con una vigencia mínima de cuatro meses.

b) Certificado de antecedentes penales, que debe ser expedido por las autoridades del país de origen o del país o países en que haya residido durante los últimos cinco años, en el que no deben constar condenas por delitos previstos en el ordenamiento español.

c) Certificado médico con el fin de acreditar que no padece ninguna de las enfermedades que pueden tener repercusiones de salud pública graves de conformidad con lo dispuesto en el Reglamento Sanitario Internacional de 2005.

d) Los contratos de los trabajadores incluidos en la resolución, firmados previamente por ambas partes.

e) Los compromisos de retorno firmados por los trabajadores, en caso de autorizaciones de residencia temporal y trabajo por cuenta ajena de duración determinada para obra o servicio.

La presentación agrupada se efectuará por la empresa, la organización empresarial o sus representantes acreditados.

En atención a la celeridad del procedimiento, se podrá admitir que la presentación de solicitud de visado se realice a través del organismo de selección, de manera conjunta, para todos los trabajadores cuya contratación se pretende para un mismo periodo.

2. La acreditación del representante para solicitar el visado, cuando sea distinto del representante legal de la empresa u organización empresarial, se efectuará por designación de éste en la Oficina de Extranjería, en la Dirección General de Inmigración o, en su caso, en el órgano competente de la Comunidad Autónoma, así como en la Consejería o Sección de Trabajo e Inmigración de la Misión Diplomática de que se trate o, en su defecto, en la Oficina Consular.

El órgano ante el que se efectúe el trámite certificará con su sello el documento de designación de representante.

3. El visado será emitido por la autoridad consular en un plazo máximo de cinco días.

Excepcionalmente, este plazo podrá ampliarse hasta un máximo de quince días, cuando el elevado número de solicitudes presentadas lo haga imprescindible. La Dirección General de Asuntos Consulares y Migratorios comunicará esta circunstancia a la Dirección General de Inmigración.

4. Los visados tendrán una vigencia máxima de seis meses, y habilitarán para la entrada en España.

173. *Entrada en España y eficacia de la autorización inicial de residencia temporal y trabajo.* 1. En el plazo de tres meses desde la entrada del trabajador extranjero en territorio español, deberá producirse su afiliación, alta y posterior cotización, en los términos establecidos por la normativa sobre el régimen de Seguridad Social que resulte de aplicación; el trabajador podrá comenzar su actividad laboral; y el empleador quedará obligado a comunicar el contenido del contrato de trabajo a los Servicios Públicos de Empleo.

El alta en el régimen correspondiente de la Seguridad Social dotará de eficacia a la autorización inicial de residencia temporal y trabajo por cuenta ajena.

2. En el plazo de un mes desde el alta del trabajador en el régimen correspondiente de la Seguridad Social, éste deberá solicitar la Tarjeta de Identidad de Extranjero, personalmente y ante la Oficina de Extranjería o la Comisaría de Policía correspondientes. Dicha tarjeta será expedida por el plazo de validez de la autorización y será retirada por el extranjero.

En el caso de autorizaciones de residencia temporal y trabajo por cuenta ajena de duración determinada para obra o servicio cuya vigencia sea igual o inferior a seis meses, los trabajadores estarán exceptuados de la obligación de obtener la Tarjeta de Identidad de Extranjero.

3. Si finalizada la vigencia de la autorización de estancia no existiera constancia de que el trabajador ha sido dado de alta en el régimen correspondiente de la Seguridad Social, éste quedará obligado a salir del territorio nacional, incurriendo en caso contrario en infracción grave por encontrarse irregularmente en España.

Asimismo, el órgano competente requerirá al empleador que solicitó la autorización para que alegue las razones por las que no se ha iniciado la relación laboral, y por las que no se ha cumplido la obligación de comunicación sobre dicha incidencia a los órganos competentes, prevista en el art. 38.4 de la Ley Orgánica 4/2000.

En dicho requerimiento, se hará constar que, de no recibirse contestación al mismo en el plazo de diez días o de considerarse insuficientes las razones alegadas por el empleador, el órgano competente dará traslado del expediente a la Inspección de Trabajo y Seguridad Social, por posible concurrencia de una infracción grave de las previstas en el art. 53.2.a) de la Ley Orgánica 4/2000.

Igualmente, le advertirá que, de finalizar el posible procedimiento sancionador con determinación de la concurrencia de la infracción señalada en el párrafo anterior, podrán denegarse ulteriores solicitudes de autorización que presente por considerar que no se garantiza la actividad continuada de los trabajadores.

174. *Visados de residencia y trabajo de temporada.* 1. En el plazo máximo de los dos meses siguientes a la notificación de la resolución de concesión de la autorización de residencia temporal y trabajo por cuenta ajena de duración determinada, para actividades de campaña o temporada, y a los efectos de la solicitud de visado, se presentará, en la oficina consular, de forma agrupada, la siguiente documentación:

a) Pasaporte ordinario o título de viaje, reconocido como válido en España, con una vigencia mínima de cuatro meses.

b) Certificado de antecedentes penales, que debe ser expedido por las autoridades del país de origen o del país o países en que haya residido durante los últimos cinco años, en el que no deben constar condenas por delitos previstos en el ordenamiento español.

c) Certificado médico con el fin de acreditar que no padece ninguna de las enfermedades que pueden tener repercusiones de salud pública graves de conformidad con lo dispuesto en el Reglamento Sanitario Internacional de 2005.

d) Los contratos de los trabajadores incluidos en la resolución, firmados previamente por ambas partes.

e) Los compromisos de retorno firmados por los trabajadores.

La presentación agrupada se efectuará por la empresa, la organización empresarial o sus representantes acreditados.

En atención a la celeridad del procedimiento, se podrá admitir que la presentación de solicitud de visado se realice a través del organismo de selección, de manera conjunta, para todos los trabajadores cuya contratación se pretende para un mismo periodo.

2. La acreditación del representante para solicitar el visado, cuando sea distinto del representante legal de la empresa u organización empresarial, se efectuará por designación de éste en la Oficina de Extranjería, en la Dirección General de Inmigración o, en su caso, en el órgano competente de la Comunidad Autónoma, así como en la Consejería o Sección de Trabajo e Inmigración de la Misión Diplomática de que se trate o, en su defecto, en la Oficina Consular.

El órgano ante el que se efectúe el trámite certificará con su sello el documento de designación de representante.

3. El visado será emitido por la autoridad consular en un plazo máximo de cinco días.

Excepcionalmente, este plazo podrá ampliarse hasta un máximo de quince días, cuando el elevado número de solicitudes presentadas lo haga imprescindible. La Dirección General de Asuntos Consulares y Migratorios comunicará esta circunstancia a la Dirección General de Inmigración.

4. Los visados tendrán una vigencia será igual al periodo autorizado para residir y trabajar, con un máximo de nueve meses.

En caso de que en el plazo de un mes desde su entrada en España no exista constancia de que el trabajador ha sido dado de alta en el régimen correspondiente de la Seguridad Social, el órgano competente podrá resolver la extinción de la autorización.

Asimismo, el órgano competente requerirá al empleador para que alegue las razones por las que no se ha iniciado la relación laboral, con la advertencia de que, si no alegase ninguna justificación o si las razones aducidas se considerasen insuficientes, podrán denegarse ulteriores solicitudes de autorización que presente por considerar que no se garantiza la actividad continuada de los trabajadores, así como de la posible concurrencia de una infracción grave de las previstas en el art. 53.2.a) de la Ley Orgánica 4/2000.

5. Los trabajadores estarán exceptuados de la obtención de la Tarjeta de Identidad de Extranjero.

175. *Visados para la búsqueda de empleo.* 1. Los visados para búsqueda de empleo autorizarán a desplazarse al territorio español, para buscar trabajo durante el periodo de estancia de tres meses. Si, transcurrido dicho plazo, no hubiera obtenido un contrato, el extranjero quedará obligado a salir del territorio nacional, en caso contrario, incurrirá, en la infracción prevista en el art. 53.1.a) de la Ley Orgánica 4/2000.

2. A los efectos de verificar la salida del territorio nacional, el extranjero deberá presentarse ante los responsables del control fronterizo por el que se efectuase la salida, para que se estampe sobre su pasaporte un sello de salida. Esta circunstancia será anotada en el Registro Central de Extranjeros y comunicada, por medios electrónicos cuando sea posible, al Ministerio de Asuntos Exteriores y de Cooperación.

3. Cuando corresponda a la Administración autonómica la competencia ejecutiva sobre tramitación y resolución de las autorizaciones iniciales de trabajo por cuenta ajena, la Orden ministerial por la que se apruebe la gestión colectiva de contrataciones en origen establecerá la intervención de las autoridades de la Comunidad Autónoma referidas a la recepción de solicitudes de autorización de residencia y trabajo, admisión a trámite y verificación de los requisitos laborales.

Asimismo, el procedimiento que se establezca en la citada Orden ministerial contemplará que la resolución de la solicitud de autorización inicial de residencia y trabajo tramitada a través de dicho procedimiento, que deberá ser concordante, sea dictada de manera conjunta por los órganos competentes de la Comunidad Autónoma y de la Administración General del Estado, concediendo o denegando la correspondiente autorización, que será firmada por los titulares de los órganos competentes de cada una de las Administraciones, y expedida y notificada al solicitante por el órgano autonómico según lo previsto en el art. 68 del presente Reglamento.

176. *Visados para la búsqueda de empleo dirigidos a hijos o nietos de español de origen.* El número de visados de búsqueda de empleo dirigido a los hijos y nietos de español de origen, que, de acuerdo con lo dispuesto por el art. 40 de la Ley Orgánica 4/2000, se encuentran exentos de la valoración de la situación nacional de empleo. El sistema de selección de los destinatarios y las fórmulas de presentación de las solicitudes, se regularán en la Orden ministerial por la que se apruebe la gestión colectiva de contrataciones en origen.

177. *Visados para la búsqueda de empleo en determinadas ocupaciones y ámbitos territoriales.* 1. La Orden ministerial por la que se apruebe la gestión colectiva de contrataciones en origen podrá aprobar un número de visados de búsqueda de empleo limitados a un ámbito territorial y a una ocupación, donde existan puestos de trabajo de difícil cobertura y las circunstancias específicas del mercado laboral concernido determinen que los puestos puedan cubrirse de manera más adecuada a través de este sistema.

2. En su concesión inicial y sucesivas renovaciones se estará a lo dispuesto en los artículos que establecen las condiciones para la concesión de la autorización de residencia y trabajo que proceda y su renovación.

3. El visado para búsqueda de empleo autorizará a su titular a permanecer legalmente en España durante tres meses. El trabajador deberá buscar un empleo en la ocupación y en el ámbito territorial para el que se haya previsto la concesión de la autorización. Las Oficinas de Extranjería inadmitirán a trámite o denegarán, en su caso, las solicitudes que se presenten para ocupación o ámbito territorial distintos.

Excepcionalmente, cuando se produzcan circunstancias imprevistas en el mercado laboral, la Dirección General de Inmigración podrá disponer que la autorización de residencia y trabajo sea concedida en otro ámbito territorial u ocupación.

4. El empleador que pretenda la contratación del extranjero en estas condiciones presentará un contrato de trabajo-solicitud de autorización, firmado por ambas partes, así como aquellos documentos reflejados en el art. 67.2, en la Oficina de Extranjería de la Delegación o Subdelegación del Gobierno.

5. El órgano competente deberá pronunciarse en el plazo máximo de diez días sobre la concesión de la autorización de residencia y trabajo, y notificará al solicitante la resolución de manera inmediata.

6. Cuando la competencia ejecutiva en materia de autorización inicial de trabajo corresponda a la Administración autonómica, ésta será competente para la admisión, tramitación, resolución de solicitudes y, eventualmente, de los recursos administrativos. La resolución de solicitudes y recursos se realizará, de forma concordante y conjunta con la decisión de la Administración General del Estado en materia de residencia, de acuerdo con lo previsto en este Reglamento para cada tipo de autorización.

7. La eficacia de la autorización concedida estará condicionada a la posterior afiliación y/o alta del trabajador en la Seguridad Social, en el plazo de un mes desde la notificación realizada al solicitante. Cumplida la condición, la autorización adquirirá vigencia y tendrá la consideración de autorización inicial de residencia y trabajo por cuenta ajena.

8. En el plazo de un mes desde la entrada en vigor de la autorización, los trabajadores vendrán obligados a solicitar personalmente la correspondiente Tarjeta de Identidad de Extranjero. Dicha tarjeta será expedida por el plazo de validez de la autorización de residencia temporal y será retirada, salvo que concurran circunstancias excepcionales que lo impidan, personalmente por el extranjero.

TÍTULO IX
PROCEDIMIENTO PARA AUTORIZAR LA ENTRADA, RESIDENCIA Y TRABAJO EN ESPAÑA, DE EXTRANJEROS EN CUYA ACTIVIDAD PROFESIONAL CONCURRAN RAZONES DE INTERÉS ECONÓMICO, SOCIAL O LABORAL, O CUYO OBJETO SEA LA REALIZACIÓN DE TRABAJOS DE INVESTIGACIÓN O DESARROLLO O DOCENTES, QUE REQUIERAN ALTA CUALIFICACIÓN, O DE ACTUACIONES ARTÍSTICAS DE ESPECIAL INTERÉS CULTURAL (Derogado) [256]

178 a 181. [257] *(Derogados)*

TÍTULO X
TRABAJADORES TRANSFRONTERIZOS

182. *Definición.* Se halla en situación de trabajo transfronterizo el trabajador que haya sido autorizado para desarrollar actividades lucrativas, laborales o profesionales por cuenta propia o ajena en las zonas fronterizas del territorio español, residiendo en la zona fronteriza de un Estado limítrofe al que regrese diariamente.

183. *Ámbito de aplicación, requisitos y procedimiento.* 1. En la concesión inicial de una autorización de trabajo para trabajadores transfronterizos se estará a lo dispuesto en los artículos que establecen las condiciones para la concesión de la autorización de trabajo que proceda, sin perjuicio de que el cumplimiento de los requisitos comúnmente exigibles para la obtención de un visado de residencia y trabajo será valorado por el órgano competente, en el marco de la tramitación y resolución del procedimiento relativo a la autorización de trabajo.

2. De acuerdo con lo previsto en el apartado anterior, para la obtención de una autorización de trabajo para trabajadores transfronterizos deberán cumplirse los siguientes requisitos:

---

[256] Derogado por disposición derogatoria única letra b de Ley 11/2023 de 8 de mayo de 2023, con vigencia desde 10/05/2023

[257] Derogado por disposición derogatoria única letra b de Ley 11/2023 de 8 de mayo de 2023, con vigencia desde 10/05/2023

a) Autorización de trabajo por cuenta ajena:

1º Carecer de antecedentes penales en España y en sus países anteriores de residencia durante los últimos cincos años, por delitos previstos en el ordenamiento español.

2º No figurar como rechazable en el espacio territorial de países con los que España tenga firmado un convenio en tal sentido.

3º Residir en la zona fronteriza con territorio español de que se trate.

4º Que la situación nacional de empleo permita la contratación del trabajador extranjero.

5º Que el empleador presente un contrato de trabajo, con fecha de comienzo condicionada a la de la eficacia de la autorización, que garantice al trabajador una actividad continuada durante el periodo de vigencia de la autorización.

6º Que el empleador haya formalizado su inscripción en el correspondiente régimen del sistema de Seguridad Social y se encuentre al corriente del cumplimiento de sus obligaciones tributarias y frente a la Seguridad Social.

7º Que las condiciones fijadas en el contrato de trabajo se ajusten a las establecidas por la normativa vigente y el convenio colectivo aplicable para la misma actividad, categoría profesional y localidad.

8º Que el empleador cuente con medios económicos, materiales o personales, suficientes para su proyecto empresarial y para hacer frente a las obligaciones asumidas en el contrato frente al trabajador.

9º Que se tenga la capacitación y, en su caso, la cualificación profesional legalmente exigida para el ejercicio de la profesión.

b) Autorización de trabajo por cuenta propia:

1º Carecer de antecedentes penales en España y en sus países anteriores de residencia durante los últimos cincos años, por delitos previstos en el ordenamiento español.

2º No figurar como rechazable en el espacio territorial de países con los que España tenga firmado un convenio en tal sentido.

3º Residir en la zona fronteriza con territorio español de que se trate.

4º Cumplir los requisitos que la legislación vigente exige a los nacionales para la apertura y funcionamiento de la actividad proyectada.

5º Tener la capacitación y, en su caso, la cualificación profesional legalmente exigida para el ejercicio de la profesión, así como la colegiación cuando así se requiera.

6º Acreditar que la inversión prevista para la implantación del proyecto sea suficiente y la incidencia, en su caso, en la creación de empleo.

7º La previsión de que el ejercicio de la actividad producirá desde el primer año recursos económicos suficientes al menos para la manutención del interesado, una vez deducidos los necesarios para el mantenimiento de la actividad.

3. Cuando la competencia ejecutiva en materia de autorización inicial de trabajo por cuenta propia y ajena corresponda a la Administración autonómica, ésta será competente para la admisión, tramitación, resolución de solicitudes y, eventualmente, de los recursos administrativos, de acuerdo con lo previsto en este Reglamento para cada tipo de autorización.

4. En el plazo de un mes desde la fecha de notificación de la resolución por la que se conceda, en su caso, la autorización, el trabajador habrá de darse o ser dado de alta en el régimen correspondiente de la Seguridad Social.

En el mismo plazo, el extranjero deberá solicitar y obtener la correspondiente Tarjeta de Identidad de Extranjero. Esta tarjeta acreditará la condición de trabajador transfronterizo y permitirá la entrada y salida de territorio nacional para la realización de la actividad a la que se refiera.

En base a lo dispuesto en el art. 4.2 de la Ley Orgánica 4/2000, la Tarjeta de Identidad de Extranjero será solicitada y obtenida sin perjuicio de que la autorización concedida sea de duración menor a seis meses.

5. Se denegarán las autorizaciones de trabajo por cuenta propia o ajena para trabajadores transfronterizos, además de por la concurrencia de alguna de las causas generales de denegación establecidas en este Reglamento para las autorizaciones de residencia y trabajo, por la pérdida de la condición de trabajador transfronterizo.

184. *Efectos de la autorización de trabajo para trabajadores transfronterizos.* 1. La duración de la autorización inicial coincidirá con la del contrato de trabajo en relación con la cual se conceda, con el límite mínimo de tres meses y máximo de un año. Los mismos criterios serán de aplicación en relación con la actividad proyectada, en el caso de trabajo por cuenta propia.

2. La validez de la autorización de trabajo estará limitada al ámbito territorial de la Comunidad o Ciudad Autónoma en cuya zona limítrofe resida el trabajador, así como a una ocupación en el caso de trabajo por cuenta ajena o a un sector de actividad en el de trabajo por cuenta propia.

3. La autorización de trabajo se prorrogará a su expiración, en tanto continúe la misma relación laboral o actividad por cuenta propia y subsistan las circunstancias que motivaron su concesión.

La vigencia de las sucesivas prórrogas coincidirá con la del contrato de trabajo o de la actividad por cuenta propia, con el límite máximo de un año.

4. Las autorizaciones se extinguirán cuando concurran las causas previstas para el resto de autorizaciones reguladas en este Reglamento, cuando sean aplicables, así como por la pérdida de la condición de trabajador transfronterizo.

5. El hecho de haber sido titular de una autorización de trabajo por cuenta propia o ajena para trabajadores transfronterizos no generará derecho para la obtención de una autorización de residencia y trabajo por cuenta propia o ajena, sin perjuicio de que sea tenida en cuenta para la valoración de las solicitudes que pudieran presentarse por el titular.

TÍTULO XI
MENORES EXTRANJEROS

CAPÍTULO PRIMERO
RESIDENCIA DEL HIJO DE RESIDENTE

185. *Residencia del hijo nacido en España de residente.* 1. Los hijos nacidos en España de extranjero que se encuentre residiendo en España adquirirán automáticamente la misma autorización de residencia de la que sea titular cualquiera de sus progenitores.

A estos efectos, el padre o la madre deberán solicitar personalmente la autorización de residencia para el hijo desde que tuviera lugar el nacimiento o desde que alguno de sus progenitores acceda a la situación de residencia, acompañando original y copia del certificado de nacimiento.

2. Si el hijo nacido en España es de padre o madre reconocidos como refugiados o beneficiarios de protección subsidiaria, éstos podrán optar entre solicitar para él la extensión familiar del derecho de protección internacional o una autorización de residencia, en función del interés superior del menor.

3. En el caso de hijo nacido en España de un extranjero titular de una autorización de residencia por reagrupación familiar en condición de descendiente de otro residente, aquél adquirirá una autorización de residencia por reagrupación familiar dependiente de su progenitor.

En la renovación de la citada autorización de residencia serán valorados, en cuanto a la acreditación de la disposición de vivienda adecuada y de medios económicos suficientes para cubrir las necesidades de la familia, junto a los del progenitor del menor, los del primer reagrupante, siempre que el progenitor del menor siga siendo titular de una autorización de residencia por reagrupación familiar.

4. Para las renovaciones de las autorizaciones de residencia reguladas en este artículo se seguirán los trámites y el procedimiento establecido para las autorizaciones de residencia de los familiares reagrupados.

5. Las autorizaciones de residencia concedidas en base a lo previsto en los apartados anteriores, cuando sus titulares alcancen la edad laboral, habilitarán para trabajar sin necesidad de ningún otro trámite administrativo.

186. *Residencia del hijo no nacido en España de residente.* 1. Los menores no nacidos en España, hijos de extranjeros con residencia en España, así como los menores sujetos legalmente a la tutela de un ciudadano o institución españoles o de un extranjero residente legal en España, podrán obtener autorización de residencia cuando se acredite su permanencia continuada en España durante un mínimo de dos años y sus padres o tutores cumplan los requisitos de medios económicos y alojamiento exigidos en este Reglamento para ejercer el derecho a la reagrupación familiar.

2. Cuando los menores se encuentren en edad de escolarización obligatoria, se deberá presentar certificado que acredite su escolarización durante su permanencia en España.

3. La vigencia de las autorizaciones concedidas por este motivo estará vinculada, en su caso, a la de la autorización de residencia del padre, la madre o el tutor del interesado. En caso de que la autorización derive de su tutela por un ciudadano comunitario, su duración será de cinco años.

4. Para las renovaciones de las autorizaciones de residencia reguladas en este artículo se seguirán los trámites y el procedimiento establecido para las autorizaciones de residencia de los familiares reagrupados.

5. Las autorizaciones de residencia concedidas en base a lo previsto en los apartados anteriores, cuando sus titulares alcancen la edad laboral, habilitarán para trabajar sin necesidad de ningún otro trámite administrativo.

CAPÍTULO II
DESPLAZAMIENTO TEMPORAL DE MENORES EXTRANJEROS

187. *Desplazamiento temporal de menores extranjeros.* 1. El desplazamiento de menores extranjeros a España para periodos no superiores a noventa días, en programas de carácter humanitario promovidos y financiados por las administraciones públicas, asociaciones sin ánimo de lucro o fundaciones u otras entidades ajenas a quienes ejercen su patria potestad o tutela, para estancias temporales con fines de tratamiento médico o disfrute de vacaciones, necesitará la autorización expresa de quien ejerza la patria potestad o tutela, así como el informe previo favorable del Subdelegado del Gobierno o Delegado del Gobierno en las Comunidades Autónomas uniprovinciales, en cuyo territorio vayan a permanecer.

Con carácter previo a la emisión del informe de la Delegación o Subdelegación del Gobierno, la entidad o persona que promueva el programa habrá de presentar ante ésta informe emitido por el órgano autonómico competente en materia de protección de menores sobre el programa.

2. Los requisitos y exigencias de este artículo se entenderán cumplidos, a los efectos de la concesión del visado, a través del informe favorable del Subdelegado del Gobierno o Delegado del Gobierno a que se refiere el apartado 1.

El informe se referirá al cumplimiento, por parte del programa, de los requisitos y autorizaciones exigibles en España, proporcionados para el fin de la estancia y su duración, tanto en materia sanitaria como de protección jurídica del menor en relación con la finalidad expuesta y de esa duración, en orden a garantizar la ausencia de riesgo de desprotección de éste.

Asimismo, se habrá de verificar la existencia de compromiso escrito de facilitar el regreso al país de origen de los menores, y el conocimiento de que el desplazamiento del menor no tiene por objeto la adopción, según lo referido en el apartado 4, y que el mencionado regreso no implica coste para el erario público, salvo que dicho coste haya sido asumido expresa y previamente por el órgano competente.

La Oficina Consular en el país de origen del menor deberá, no obstante, comprobar la autorización expresa de quien ejerza la patria potestad o tutela, así como todo lo relativo a los requisitos de los pasaportes individuales o colectivos, salvoconductos u otra documentación de viaje de los menores.

3. Los Ministerios de Asuntos Exteriores y de Cooperación, de Trabajo e Inmigración y del Interior coordinarán el desplazamiento y estancia de estos menores, y por este último departamento se controlará su regreso al país de origen o de procedencia.

4. En todos los casos, si los menores van a permanecer con familias o personas individuales, éstas deberán expresar por escrito su conocimiento de que el desplazamiento del menor no tiene por objeto la adopción y su compromiso de favorecer el regreso a su país de origen o procedencia.

188. *Desplazamiento temporal de menores extranjeros con fines de escolarización.* 1. La estancia derivada del desplazamiento temporal de menores con fines de escolarización tendrá naturaleza jurídica de estancia por estudios.

2. Al desplazamiento temporal de menores con fines de escolarización en programas promovidos y financiados por las administraciones públicas, asociaciones sin ánimo de lucro o fundaciones u otras entidades o personas ajenas a quienes ejercen su patria potestad o tutela, le resultará de aplicación el procedimiento establecido en el artículo anterior, debiendo acreditarse que el menor ha sido admitido en un centro de enseñanza reconocido oficialmente en España.

3. La estancia acabará al finalizar el curso académico, en cuyo momento, salvo que razones excepcionales lo impidan, el menor deberá regresar a su país.

En el caso de que desee continuar los estudios por más de un curso académico, se deberá incluir al menor en un nuevo programa.

CAPÍTULO III
MENORES EXTRANJEROS NO ACOMPAÑADOS

189. *Definición.* Lo previsto en el presente capítulo será de aplicación al extranjero menor de dieciocho años que llegue a territorio español sin venir acompañado de un adulto responsable de él, ya sea legalmente o con arreglo a la costumbre, apreciándose riesgo de desprotección del menor, mientras tal adulto responsable no se haya hecho cargo efectivamente del menor, así como a cualquier menor extranjero que una vez en España se encuentre en aquella situación.

El contenido de este capítulo deberá interpretarse sin perjuicio de la posibilidad de que el menor extranjero no acompañado pueda cumplir los requisitos establecidos en los arts. 59 y 59.bis de la Ley Orgánica 4/2000, de 11 de enero, o en la normativa española en materia de protección internacional.

190. *Determinación de la edad.* 1. Cuando los Cuerpos y Fuerzas de Seguridad localicen a un extranjero no acompañado cuya minoría de edad sea indubitada por razón de su documentación o de su apariencia física, éste será puesto a disposición de los servicios de protección de menores competentes, poniéndose tal hecho en conocimiento del Ministerio Fiscal. Los datos de identificación del menor serán inscritos en el Registro de Menores Extranjeros No Acompañados.

En el caso de que la minoría de edad de un extranjero indocumentado no pueda ser establecida con seguridad, las Fuerzas y Cuerpos de Seguridad del Estado, en cuanto tengan conocimiento de esa circunstancia o localicen al supuesto menor en España, informarán a los servicios autonómicos de protección de menores para que, en su caso, le presten la atención inmediata que precise de acuerdo con lo establecido en la legislación de protección jurídica del menor.

Con carácter inmediato, se pondrá el hecho en conocimiento del Ministerio Fiscal, que dispondrá, en el plazo más breve posible, la determinación de su edad, para lo que deberán colaborar las instituciones sanitarias oportunas que, con carácter prioritario y urgente, realizarán las pruebas necesarias.

Igualmente, se dará conocimiento de la localización del menor o posible menor al Delegado o Subdelegado del Gobierno competente por razón del territorio donde éste se encuentre.

2. La Secretaría de Estado de Inmigración y Emigración impulsará la adopción de un Protocolo Marco de Menores Extranjeros No Acompañados destinado a coordinar la intervención de todas las instituciones y administraciones afectadas, desde la localización del menor o supuesto menor hasta su identificación, determinación de su edad, puesta a disposición del servicio público de protección de menores y documentación [258].

3. Si durante el procedimiento de determinación de la edad el menor precisara atención inmediata, las Fuerzas y Cuerpos de Seguridad del Estado la solicitarán a los servicios autonómicos competentes en materia de protección de menores.

4. En el decreto del Ministerio Fiscal que fije la edad del menor extranjero se decidirá su puesta a disposición de los servicios competentes de protección de menores, dándose conocimiento de ello al Delegado o Subdelegado del Gobierno competente.

En caso de que la determinación de la edad se realice en base al establecimiento de una horquilla de años, se considerará que el extranjero es menor si la edad más baja de ésta es inferior a los dieciocho años.

El decreto del Ministerio Fiscal en el que se fije la edad del menor extranjero se inscribirá en el Registro de menores no acompañados de conformidad con lo previsto en el art. 215 de este Reglamento.

5. Tras haber sido puesto el menor a su disposición, el servicio de protección de menores le informará, de modo fehaciente y en un idioma comprensible para éste, del contenido básico del derecho a la protección internacional y del procedimiento previsto para su solici-

---

[258] Véase Res. de 13 octubre 2014, por la que se publica el Acuerdo para la aprobación del Protocolo Marco sobre determinadas actuaciones en relación con los Menores Extranjeros No Acompañados

tud, así como de la normativa vigente en materia de protección de menores. De dicha actuación quedará constancia escrita.

191. *Competencia sobre el procedimiento de repatriación del menor extranjero no acompañado y actuaciones previas.* 1. Las Delegaciones y Subdelegaciones del Gobierno serán los Centros directivos competentes para llevar a cabo los trámites relativos a la repatriación de un menor extranjero no acompañado, previstos en el art. 35 de la Ley Orgánica 4/2000, de 11 de enero y en los Acuerdos bilaterales suscritos por España sobre la materia.

La competencia atribuida a la Delegaciones y Subdelegaciones del Gobierno incluirá la práctica de las actuaciones informativas previas y, en su caso, la incoación, tramitación y resolución del procedimiento regulado en este artículo.

2. Se considerará Delegación o Subdelegación del Gobierno competente aquélla en cuyo territorio se halle el domicilio del menor.

El Centro directivo que inicie el procedimiento lo comunicará a la correspondiente Delegación o Subdelegación del Gobierno en la provincia donde esté ubicada la entidad que tenga atribuida la tutela legal, custodia, protección provisional o guarda, cuando su domicilio no coincida con el del menor.

3. La Delegación o Subdelegación del Gobierno solicitará, través de la Comisaría General de Extranjería y Fronteras, informe de la representación diplomática del país de origen del menor sobre las circunstancias familiares de éste. En caso de que dicho país no cuente con representación diplomática en España, el informe será solicitado a través de la Dirección General de Asuntos Consulares y Migratorios.

De cada solicitud y actuaciones posteriores se dará cuenta a la Secretaría de Estado de Inmigración y Emigración, a la Comisaría General de Extranjería y Fronteras y, en su caso, a la Dirección General de Asuntos Consulares y Migratorios.

4. Sin perjuicio del informe reseñado en el apartado anterior, la Delegación o Subdelegación del Gobierno requerirá de la entidad que tenga atribuida la tutela legal, custodia, protección provisional o guarda cualquier información sobre la situación del menor. Dicha información será igualmente requerida a la Administración autonómica del territorio en el que el menor tenga su domicilio, así como a aquélla donde está ubicada la entidad que tenga atribuida la tutela legal, custodia, protección provisional o guarda.

5. La solicitud de informe responderá a un modelo tipo, a elaborar conjuntamente por las Secretarías de Estado de Inmigración y Emigración y de Seguridad. Se solicitarán, entre otros datos, los relativos a la filiación del menor y a las circunstancias sociales y familiares de su entorno en el país de origen.

En la solicitud de informe se hará constar la necesidad de que, de decidir la representación diplomática del país de origen sustituir la información sobre la familia por la relativa a sus servicios de protección del menor, la contestación refleje expresamente el compromiso por escrito de la autoridad competente del país de origen de asumir la responsabilidad sobre el menor.

192. *Inicio del procedimiento de repatriación del menor extranjero no acompañado.* 1. El Delegado o Subdelegado de Gobierno competente acordará la incoación del procedimiento de repatriación del menor cuando, según las informaciones recibidas de acuerdo con lo previsto en el artículo anterior, se considere que el interés superior del menor se satisface con la reagrupación con su familia o su puesta a disposición de los servicios de protección de su país de origen. La incoación del procedimiento deberá grabarse en la aplicación informática correspondiente.

En el acuerdo de iniciación se hará constar expresamente la identidad del menor y la existencia de informe de las autoridades competentes del país de origen.

2. El acuerdo de incoación del procedimiento será notificado inmediatamente al menor, al Ministerio Fiscal y a la entidad que ostente su tutela legal, custodia, protección provisional o guarda. Asimismo, cualquier actuación o incidencia que se produzca en el curso de procedimiento será comunicada al Ministerio Fiscal a la mayor brevedad posible.

Al mismo tiempo, el menor será informado por escrito, en una lengua que le sea comprensible y de manera fehaciente, de los antecedentes que han determinado la incoación del procedimiento y de cuantos derechos le asisten, con especial mención a la asistencia de intérprete si no comprende o habla el idioma español.

193. *Alegaciones y determinación del periodo de prueba.* 1. Comunicado el acuerdo de incoación del procedimiento se iniciará un periodo de diez días hábiles a computar desde el siguiente a la correspondiente notificación, en el que el menor extranjero, la entidad que ostente su tutela legal, custodia, protección provisional o guarda y, en su caso, el Ministerio Fiscal podrán formular cuantas alegaciones de hecho o de derecho consideren oportunas, así como proponer las pruebas pertinentes sobre los hechos alegados.

Si el menor ha alcanzado la edad de dieciséis años podrá intervenir en esta fase por sí mismo o a través de representante que designe. En caso de que no haya alcanzado dicha edad, será representado por la entidad que ostente su tutela legal, custodia, protección provisional o guarda.

No obstante, cuando el menor de dieciséis años con juicio suficiente hubiera manifestado una voluntad contraria a la de quien ostenta su tutela legal, custodia, protección provisional, guarda o representación legal, se suspenderá el curso del procedimiento hasta que le sea nombrado defensor judicial. Sin perjuicio de que pueda apreciarse dicho grado de madurez en una edad inferior, se entenderá que el extranjero mayor de doce años tiene juicio suficiente.

Corresponderá al Ministerio Fiscal, al propio menor o a cualquier persona con capacidad para comparecer en juicio instar de la autoridad judicial competente el nombramiento de dicho defensor.

2. Durante el trámite de alegaciones la Delegación o Subdelegación del Gobierno recabará informe del servicio público de protección de menores sobre la situación del menor en España, así como cualquier información que pueda conocer sobre la identidad del menor, su familia, su país o su domicilio cuando la misma no se hubiera presentado con anterioridad. El informe habrá de ser emitido en el plazo máximo de diez días desde su solicitud.

3. Cuando los hechos alegados por el menor, su representante legal o defensor judicial o por la entidad que ostente su tutela legal, custodia, protección provisional o guarda tuvieran relevancia decisiva para la adopción del acuerdo de repatriación, el instructor del procedimiento, de oficio o a instancia de parte, acordará la apertura de un periodo de prueba por un plazo no superior a treinta días ni inferior a diez, a fin de que puedan practicarse cuantas sean pertinentes.

En caso de apertura de un periodo de pruebas a instancia de parte, el instructor del procedimiento podrá suspender el transcurso del plazo para la resolución de éste durante el tiempo necesario para la incorporación de los resultados al expediente.

4. Asimismo, el Ministerio Fiscal emitirá informe, a la mayor brevedad posible, a cuyos efectos el instructor del procedimiento le remitirá la documentación que obre en el expediente.

194. *Trámite de audiencia y resolución del procedimiento.* 1. Tras la incorporación al expediente de los informes mencionados en los arts. 190 y 191 y, en su caso, el resultado de la prueba practicada, el Delegado o Subdelegado del Gobierno dará inicio al trámite de audiencia. En dicho trámite se garantizará la presencia del menor que tuviera juicio suficiente para que manifieste lo que considere en relación con su repatriación.

Al trámite de audiencia serán convocados el Ministerio Fiscal, el tutor y, en su caso, el defensor judicial o el representante designado por el menor.

La audiencia se documentará en acta, que será suscrita por los presentes y a la que se incorporarán como anexo cuantos documentos y justificantes se aporten.

2. Realizado el trámite de audiencia, el Delegado o Subdelegado del Gobierno resolverá, de acuerdo con el principio de interés superior del menor, sobre la repatriación del menor a su país de origen o donde se encuentren sus familiares o sobre su permanencia en España.

La resolución establecerá si la repatriación será realizada en base a la reagrupación familiar o mediante su puesta a disposición de los servicios de protección del menor de su país de origen.

La resolución pondrá fin a la vía administrativa y será grabada en la aplicación informática correspondiente para su constancia en el Registro de Menores Extranjeros No Acompañados. Será notificada, en el plazo de diez días, al menor o, en su caso, a su representante. En el mismo plazo, será comunicada al tutor del menor y al Ministerio Fiscal.

En la propia resolución o en documento aparte, se hará expresa mención a la necesidad de solicitar, de acuerdo con lo previstos en la normativa reguladora del derecho de asistencia jurídica gratuita, el reconocimiento del derecho de asistencia jurídica gratuita para el ejercicio de éste, en caso de que se decidiera impugnar la resolución en vía contencioso-administrativa.

3. El plazo máximo para la resolución y notificación del procedimiento será de seis meses desde la fecha del acuerdo de inicio del procedimiento.

195. *Ejecución de la repatriación.* 1. Sin perjuicio de las funciones del Cuerpo Nacional de Policía en la ejecución de la resolución, el menor será acompañado por personal adscrito a los servicios de protección del menor bajo cuya tutela legal, custodia, protección provisional o guarda se encuentre hasta el momento de su puesta a disposición de las autoridades competentes de su país de origen.

2. En el caso de que el menor se encontrase incurso en un proceso judicial y conste este hecho acreditado en el expediente administrativo de repatriación, la ejecución de ésta estará condicionada a la autorización judicial. En todo caso deberá constar en el expediente la comunicación al Ministerio Fiscal.

3. La repatriación se efectuará a costa de la familia del menor o de los servicios de protección de menores de su país. En caso contrario, se comunicará al representante diplomático o consular de su país a estos efectos. Subsidiariamente, la Administración General del Estado se hará cargo del coste de la repatriación, salvo en lo relativo al desplazamiento del personal adscrito a los servicios de protección del menor bajo cuya tutela legal, custodia, protección provisional o guarda se encuentre el menor.

196. *Residencia del menor extranjero no acompañado.* [259] 1. La Oficina de Extranjería en la provincia en la que esté fijado el domicilio del menor iniciará, de oficio, por orden superior o a instancia de parte, el procedimiento relativo a la autorización de residencia a la que se refiere el artículo 35.7 de la Ley Orgánica 4/2000, de 11 de enero, una vez haya quedado acreditada la imposibilidad de repatriación del menor y, en todo caso, transcurridos noventa días desde que haya sido puesto a disposición de los servicios competentes de protección de menores.

En caso de inicio de oficio o por orden superior, la Oficina de Extranjería comunicará al menor el acuerdo de inicio del procedimien-

[259] Dada nueva redacción por art. único apartado 2 de Real Decreto 903/2021 de 19 de octubre de 2021, con vigencia desde 09/11/2021

to a través del servicio de protección de menores bajo cuya tutela, custodia, protección provisional o guarda se encuentre, interesando la aportación de la siguiente documentación, que igualmente será la que deberá ser aportada junto a la solicitud en los casos de inicio a instancia de parte:

a) Copia completa del pasaporte en vigor o título de viaje, reconocido como válido en España, del menor. En su defecto, este documento podrá ser sustituido por cédula de inscripción del menor, obtenida de acuerdo a lo previsto en el artículo 211.5.

b) Documento acreditativo de que la persona física que interviene en el procedimiento tiene competencia para ello en representación del servicio de protección de menores.

c) Documento acreditativo de la relación de tutela, custodia, protección provisional o guarda entre el menor y el servicio de protección de menores.

2. La Delegación o Subdelegación del Gobierno resolverá sobre el procedimiento y notificará la resolución al menor en el plazo máximo de un mes. La resolución será comunicada al Ministerio Fiscal en el plazo de diez días desde que se dicte.

El representante del menor deberá solicitar personalmente, en el plazo de un mes desde la fecha de notificación de la resolución, y ante la Oficina de Extranjería o Comisaría correspondiente, la Tarjeta de Identidad de Extranjero que indicará expresamente "habilita para trabajar de conformidad con el 36.1 y el 41.1 de la Ley Orgánica 4/2000.

3. De acuerdo con el artículo 35.8 de la Ley Orgánica 4/2000, de 11 de enero la concesión de esta autorización de residencia no será obstáculo para la ulterior repatriación cuando favorezca el interés superior del menor. Si la repatriación se produce, se procederá a la extinción de la autorización de residencia. En caso de que se acuerde y ejecute la repatriación, esta conllevará la extinción de la autorización de residencia.

4. La autorización de residencia que habilita para trabajar a partir de los 16 años para aquellas actividades que, a propuesta de la entidad de protección de menores, favorezcan su integración social, tendrá una vigencia de dos años, retrotrayéndose su eficacia a la fecha de la puesta a disposición del menor del servicio de protección de menores.

La habilitación para trabajar que conlleva de acuerdo con lo previsto en el artículo 41.1.j) de la Ley Orgánica 4/2000, de 11 de enero, no tendrá en cuenta, en caso de actividades por cuenta ajena, la situación nacional de empleo de conformidad con lo previsto en el artículo 40.1.i) de la misma ley orgánica. Esta habilitación para trabajar tendrá la misma duración que la autorización de residencia.

5. El procedimiento sobre la renovación de esta autorización de residencia que habilita para trabajar a partir de los 16 años para aquellas actividades que, a propuesta de la entidad de protección de menores, favorezcan su integración social, será iniciado de oficio por la Oficina de Extranjería competente durante los sesenta días naturales previos a la fecha de expiración de su vigencia. Ello sin perjuicio de que este procedimiento pueda iniciarse a instancia de parte en el mismo plazo. En ambos casos, el inicio del procedimiento de renovación prorrogará la validez de la autorización anterior hasta su resolución. También se producirá esta prórroga en el supuesto en que la renovación se tramite dentro de los noventa días naturales posteriores a la fecha en que hubiere finalizado la vigencia de la anterior autorización.

Procederá la renovación de la autorización cuando subsistan las circunstancias que motivaron su concesión inicial.

La vigencia de la autorización renovada será de tres años salvo que corresponda una autorización de residencia de larga duración.

197. *Acceso a la mayoría de edad del menor extranjero no acompañado que es titular de una autorización de residencia.* [260] 1. Los menores sobre los que un servicio de protección de menores haya ejercido la tutela, custodia, protección provisional o guarda, y que alcancen la mayoría de edad siendo titulares de una autorización de residencia concedida conforme a lo previsto en el artículo anterior, podrán solicitar en la Oficina de Extranjería donde haya fijado su residencia la renovación de la misma en modelo oficial, durante los sesenta días naturales previos a la fecha de expiración de su vigencia. La presentación de la solicitud en este plazo prorrogará la validez de la autorización anterior hasta la resolución del procedimiento de renovación.

También se prorrogará hasta la resolución del procedimiento en el supuesto en que la solicitud se presentase dentro de los noventa días naturales posteriores a la fecha en que hubiera finalizado la vigencia

[260] Dada nueva redacción por art. único apartado 3 de Real Decreto 903/2021 de 19 de octubre de 2021, con vigencia desde 09/11/2021

de la anterior autorización, sin perjuicio de la incoación del correspondiente procedimiento sancionador por la infracción en la que se hubiese incurrido.

2. La autorización será renovada cuando queden acreditadas las siguientes condiciones:

a) Que el solicitante cuenta con medios económicos suficientes para su sostenimiento. La suficiencia de estos medios se entenderá cumplida cuando se acrediten unos ingresos y rentas mensuales que superen la cuantía mensual individual de la renta garantizada prevista en el Real Decreto Ley 20/2020, de 29 de mayo, por el que se establece el Ingreso Mínimo Vital, o bien, que se acredite que su sostenimiento queda asegurado dentro de un programa desarrollado por una institución pública o privada.

A estos efectos serán computables los ingresos provenientes de un empleo, del sistema social, así como otras cuantías que pueda percibir.

b) De conformidad con el artículo 31.7 de la Ley Orgánica 4/2000, de 11 de enero, se habrá de valorar la existencia de antecedentes penales, considerando la concesión de indultos o la suspensión de la pena privativa de libertad y, en el caso de penas privativas de derechos o de multa, el cumplimiento de las mismas. A tal efecto, la Administración comprobará de oficio los antecedentes registrados en el Registro Central de Penados del Ministerio de Justicia.

c) Igualmente, deberán considerarse los informes que, en su caso y a estos efectos puedan presentar las entidades públicas competentes en materia de protección de menores, de acuerdo con lo previsto en el artículo 35.9 de la Ley Orgánica 4/2000, de 11 de enero, así como los emitidos por otras entidades o instituciones privadas relativos al cumplimiento satisfactorio de los objetivos educativos o de inclusión sociolaboral del programa, haya éste finalizado o esté en curso.

3. La vigencia de la autorización renovada será de dos años, renovables por periodos de dos años si se mantienen los requisitos, salvo que corresponda una autorización de residencia de larga duración.

La habilitación para trabajar que conlleva de acuerdo con lo previsto en el artículo 35.9 de la Ley Orgánica 4/2000, de 11 de enero, no tendrá en cuenta, en caso de actividades por cuenta ajena, la situación nacional de empleo de conformidad con lo previsto en el artículo 40.1.b) de la misma ley orgánica. Esta habilitación para trabajar tendrá la misma duración que la autorización de residencia.

4. En el plazo de un mes desde la notificación de la resolución por la que se renueva la autorización, su titular deberá solicitar ante la Ofici-

na de Extranjería o Comisaría la correspondiente Tarjeta de Identidad de Extranjero que indicará expresamente "habilita para trabajar".

5. Lo dispuesto en los apartados anteriores será sin perjuicio de que la autoridad competente facilite a los menores extranjeros no acompañados que alcancen la mayoría de edad información y acceso a la modalidad o programa de retorno voluntario asistido al que puedan decidir acogerse.

198. *Acceso a la mayoría de edad del menor extranjero no acompañado que no es titular de una autorización de residencia.* [261]

1. Los menores sobre los que un servicio de protección de menores ostentara la tutela, custodia, protección provisional o guarda y alcancen la mayoría de edad sin haber obtenido la autorización de residencia prevista en el artículo 196 de este reglamento pero habiendo cumplido los requisitos para ello, podrán solicitar una autorización de residencia temporal por circunstancias excepcionales. Para ello, deberán haber participado en las acciones formativas y actividades programadas por dicha entidad para favorecer su integración social, lo cual será certificado por esta, o deberá poder acreditar su integración en la sociedad española en los términos previstos en la letra c) del apartado segundo del artículo anterior.

2. La solicitud de autorización será presentada durante los sesenta días naturales previos o en los noventa días naturales posteriores a la fecha en que cumpla los dieciocho años. El plazo se suspenderá cuando quede acreditado que no se ha presentado la solicitud por causas ajenas a la voluntad del solicitante y se reanudará una vez estas hayan cesado.

3. Igualmente, deberá acreditarse:

a) Que el solicitante cuenta con medios económicos suficientes para su sostenimiento. La suficiencia de estos medios se entenderá cumplida cuando se acrediten unos ingresos y rentas mensuales que superen la cuantía mensual individual de la renta garantizada prevista el Real Decreto Ley 20/2020, de 29 de mayo, por el que se establece el Ingreso Mínimo Vital, o bien, que se acredite que su sostenimiento queda asegurado dentro de un programa desarrollado por una institución pública o privada.

---

[261] Dada nueva redacción por art. único apartado 4 de Real Decreto 903/2021 de 19 de octubre de 2021, con vigencia desde 09/11/2021

A estos efectos serán computables los ingresos provenientes de un empleo, del sistema social, así como otras cuantías que pueda percibir.

b) Que carezca de antecedentes penales en España o en los países anteriores de residencia, por delitos existentes en el ordenamiento español, y no figurar como rechazable en el espacio territorial de países con los que España tenga firmado un convenio en tal sentido. A tal efecto, la Administración comprobará de oficio los antecedentes registrados en el Registro Central de Penados del Ministerio de Justicia.

4. La vigencia de la autorización concedida será de dos años, renovable por periodos de dos años si se mantienen los requisitos, salvo que corresponda una autorización de residencia de larga duración.

La habilitación para trabajar por cuenta ajena o cuanta propia que conlleva la autorización no tendrá en cuenta, en caso de actividades por cuenta ajena, la situación nacional de empleo de conformidad con lo previsto en el artículo 40.1.j) de la Ley Orgánica 4/2000, de 11 de enero. Esta habilitación para trabajar tendrá la misma duración que la autorización de residencia.

5. En el plazo de un mes desde la notificación de la resolución por la que se concede la autorización, su titular deberá solicitar ante la Oficina de Extranjería o Comisaría correspondiente la Tarjeta de Identidad de Extranjero que indicará expresamente "habilita para trabajar por cuenta ajena y propia".

6. Lo dispuesto en los apartados anteriores será sin perjuicio de que la autoridad competente facilite a los menores extranjeros no acompañados que alcancen la mayoría de edad información y acceso a la modalidad o programa de retorno voluntario asistido al que puedan decidir acogerse.

TÍTULO XII
MODIFICACIÓN DE LAS SITUACIONES DE LOS EXTRANJEROS EN ESPAÑA

199. *De las situaciones de estancia por estudios, formación, o prácticas a la situación de residencia y trabajo o de residencia con* *exceptuación de la autorización de trabajo.* [262] 1. Los extranjeros que se encuentren en España en situación de estancia de acuerdo con lo previsto en el artículo 37.1, letras a), b) y d), podrán acceder a la situación de residencia y trabajo sin necesidad de solicitar visado cuando el empleador, como sujeto legitimado, presente la solicitud de autorización y se cumplan los requisitos laborales exigidos en el artículo 64, excepto el apartado 3.a), y haya superado los estudios, la formación o las prácticas, con aprovechamiento.

El extranjero que se acoja a esta posibilidad podrá igualmente solicitar una autorización de residencia a favor de los familiares en situación de estancia previstos en el artículo 41 que se encuentren conviviendo con él en el momento de la solicitud, siempre y cuando acredite suficiencia económica y disponibilidad de vivienda adecuada. La autorización en su caso concedida será de residencia por reagrupación familiar.

2. Las previsiones establecidas en este artículo serán igualmente de aplicación para el acceso a una autorización de residencia y trabajo por cuenta propia, de residencia con excepción de la autorización de trabajo, de residencia y trabajo para investigación, o de residencia y trabajo de profesionales altamente cualificados.

A dichos efectos, el titular de la autorización de estancia deberá cumplir los requisitos laborales para la obtención del correspondiente tipo de autorización o los relativos al supuesto de excepción de trabajo que se alegue, de acuerdo con lo previsto en este Reglamento, resultando aplicable el procedimiento establecido en función de la autorización de que se trate.

3. La autorización concedida tendrá la consideración de autorización inicial.

La eficacia de la autorización de residencia y trabajo estará condicionada al posterior alta del trabajador en el régimen correspondiente de la Seguridad Social en el plazo de un mes desde la notificación de su concesión. La eficacia de la autorización de residencia concedida a favor de los familiares estará condicionada a la de la autorización principal y su vigencia estará vinculada a la de ésta.

En el plazo de un mes desde la entrada en vigor de la autorización su titular deberá solicitar la Tarjeta de Identidad de Extranjero, per-

---

[262] Dada nueva redacción por art. único apartado 19 de Real Decreto 629/2022 de 26 de julio de 2022, con vigencia desde 16/08/2022

sonalmente, ante la Oficina de Extranjería o la Comisaría de Policía correspondientes.

4. En los supuestos de los extranjeros que hayan obtenido la resolución favorable para el reconocimiento del título de especialista en Ciencias de la Salud, regulado en el Real Decreto 459/2010, de 16 de abril, por el que se regulan las condiciones para el reconocimiento de efectos profesionales a títulos extranjeros de especialista en Ciencias de la Salud, obtenidos en Estados no miembros de la Unión Europea, la autorización de estancia adquirirá el carácter de autorización provisional de residencia y trabajo por cuenta ajena, una vez admitida a trámite la solicitud de modificación, y hasta que se resuelva el procedimiento. La denegación de la modificación supondrá la automática pérdida de vigencia de la autorización provisional, sin necesidad de pronunciamiento administrativo expreso.

5. La autorización de residencia y trabajo, así como, en su caso, la autorización de residencia para los familiares deberá solicitarse durante los sesenta días previos o los noventa posteriores a la vigencia de la autorización de estancia principal. La solicitud realizada en plazo prorrogará, en caso de caducidad, la vigencia de la autorización de estancia hasta que recaiga resolución sobre ella.

6. Cuando en el marco del procedimiento se establezca que el extranjero no reúne los requisitos exigibles de acuerdo con este precepto, pero sí los relativos a la concesión de la autorización inicial de residencia de que se trate, el órgano competente dictará resolución en relación con ésta, en los términos generalmente aplicables a la autorización en cuestión.

200. *De la situación de residencia a la situación de residencia y trabajo o de residencia con exceptuación de la autorización de trabajo.* 1. Los extranjeros que se encuentren en España durante al menos un año en situación de residencia podrán acceder a la situación de residencia y trabajo por cuenta ajena cuando el empleador, como sujeto legitimado, presente la solicitud de autorización y se cumplan los requisitos laborales exigidos en el art. 64, excepto el previsto en el apartado 3.a).

Excepcionalmente podrá acceder a la situación de residencia y trabajo, sin necesidad de que haya transcurrido el plazo de un año, el extranjero que acredite una necesidad de trabajar por circunstancias sobrevenidas para garantizar su subsistencia.

2. La eficacia de la autorización de trabajo estará condicionada al posterior alta del trabajador en el régimen correspondiente de la Seguridad Social en el plazo de un mes desde la notificación su concesión. Cumplida la condición, la vigencia de la autorización se retrotraerá al día inmediatamente siguiente al de la caducidad de la autorización anterior.

3. Los extranjeros titulares de un certificado de registro como ciudadano comunitario o de una Tarjeta de residencia de familiar de un ciudadano de la Unión, cuando hayan cesado en tal condición, podrán obtener, si cumplen los requisitos establecidos al efecto, a excepción del visado, una autorización de residencia no lucrativa o de residencia y trabajo por cuenta ajena, del tiempo que corresponda, en función de la duración de la documentación de la que fuera titular.

4. Las previsiones establecidas en este artículo serán igualmente de aplicación para el acceso a una autorización de residencia y trabajo por cuenta propia, de residencia con exceptuación de la autorización de trabajo, de residencia y trabajo para investigación, o de residencia y trabajo de profesionales altamente cualificados.

A dichos efectos, el titular de la autorización de residencia o la persona documentada en régimen comunitario deberá cumplir los requisitos laborales para la obtención del correspondiente tipo de autorización, de acuerdo con lo previsto en este Reglamento.

201. *Compatibilidad de la situación de residencia y trabajo por cuenta ajena y la de residencia y trabajo por cuenta propia, o de autorizaciones de trabajo por cuenta propia de ámbito geográfico distinto.* 1. Los extranjeros que deseen realizar simultáneamente actividades lucrativas por cuenta propia y ajena habrán de obtener las correspondientes autorizaciones de trabajo, de conformidad con los requisitos generales establecidos para la obtención de cada una de ellas en este Reglamento. [263]

2. La autorización administrativa mediante la que se conceda la compatibilidad del ejercicio de actividades laborales y profesionales tendrá una duración equivalente al periodo de vigencia de la autorización de trabajo de la que fuera titular el extranjero, excepto en el caso

---

[263] Dada nueva redacción apartado 1 por art. único apartado 20 de Real Decreto 629/2022 de 26 de julio de 2022, con vigencia desde 16/08/2022

de que se conceda sobre la base de un contrato o actividad de duración inferior.

3. Los extranjeros que deseen desarrollar actividades por cuenta propia de forma simultánea en varias Comunidades Autónomas, y siempre en relación con el mismo sector de actividad, habrán de obtener las correspondientes autorizaciones de trabajo por cuenta propia, de conformidad con los requisitos relativos a la actividad generalmente exigidos para la obtención de las mismas.

202. *De la situación de residencia por circunstancias excepcionales a la situación de residencia, residencia y trabajo o residencia con exceptuación de la autorización de trabajo.* 1. Los extranjeros que se encuentren en España durante, al menos, un año en situación de residencia por circunstancias excepcionales, en los supuestos que determina el art. 130, podrán acceder a la situación de residencia o de residencia y trabajo sin necesidad de visado.

2. Cuando el extranjero autorizado a residir por circunstancias excepcionales estuviera habilitado para trabajar, presentará por sí mismo la solicitud de autorización de residencia y trabajo, que será concedida si cumple los requisitos previstos por el art.71. Sin perjuicio de ello, y de su vigencia, que será de dos años, la autorización de residencia temporal y trabajo concedida en base a este precepto tendrá la consideración de inicial.

3. En los demás casos, el empleador será el sujeto legitimado para presentar la solicitud de autorización y se exigirán los requisitos laborales previstos en el art. 64, excepto el apartado 3.a).

La eficacia de la autorización de residencia y trabajo estará condicionada al posterior alta del trabajador en el régimen correspondiente de la Seguridad Social en el plazo de un mes desde la notificación de su concesión. Cumplida la condición, la vigencia de la autorización se retrotraerá al día inmediatamente siguiente al de la caducidad de la autorización anterior. Su vigencia será de dos años, sin perjuicio de que la autorización de residencia temporal y trabajo tendrá la consideración de inicial.

4. Las previsiones establecidas en este artículo serán igualmente de aplicación para el acceso a una autorización de residencia y trabajo por cuenta propia, de residencia con exceptuación de la autorización de trabajo, de residencia y trabajo para investigación, o de residencia y trabajo de profesionales altamente cualificados.

A dichos efectos, el titular de la autorización de residencia deberá cumplir los requisitos laborales para la obtención del correspondiente tipo de autorización, de acuerdo con lo previsto en este Reglamento.

203. *Modificaciones de la autorización de residencia y trabajo.* 1. Durante la vigencia de las autorizaciones iniciales de residencia y trabajo, el órgano competente por razón del lugar donde se vaya a iniciar la relación laboral o la actividad por cuenta propia que motiva la solicitud, podrá modificar su alcance en cuanto a la ocupación, sector de actividad y/o ámbito territorial de limitación, siempre a petición de su titular.

En el caso de que se trate de una modificación del alcance de una autorización de residencia temporal y trabajo por cuenta ajena, se tendrá en cuenta lo previsto en el art. 64.3.a).

2. Las autorizaciones de residencia y trabajo por cuenta propia y por cuenta ajena podrán modificarse, respectivamente, en autorizaciones de residencia y trabajo por cuenta ajena y por cuenta propia, a solicitud del interesado, siempre que se le haya renovado ya su autorización inicial o que presente la solicitud en el momento en el que corresponda solicitar su renovación y reúna las condiciones siguientes:

a) En el caso de las modificaciones de cuenta ajena a cuenta propia, se autorizarán si se reúnen los requisitos establecidos en el art. 105 y se tiene constancia de la realización habitual de actividad laboral durante el periodo de vigencia de la autorización por un periodo igual al que correspondería si pretendiera su renovación.

b) En el caso de las modificaciones de cuenta propia a cuenta ajena, se autorizarán si se ha suscrito un contrato de trabajo que justifique la nueva actividad laboral del trabajador, siempre que se tenga constancia del cumplimiento de las obligaciones tributarias y de Seguridad Social de su anterior actividad profesional.

Excepcionalmente, podrá acceder a la modificación de la autorización inicial de residencia temporal y trabajo, sin necesidad de que haya llegado el momento de renovación de la misma, el extranjero que acredite una necesidad por circunstancias sobrevenidas para garantizar su subsistencia, como el hecho de que, por causas ajenas a su voluntad, hubiera cesado la actividad por cuenta propia o se hubiera interrumpido la relación laboral por cuenta ajena.

3. Las autorizaciones de residencia y trabajo por cuenta propia o por cuenta ajena podrán modificarse en autorizaciones de residencia

temporal no lucrativa, residencia temporal con excepción de la autorización de trabajo, residencia temporal y trabajo para investigación, o residencia temporal y trabajo de profesionales altamente cualificados, a solicitud del interesado, siempre que se le haya renovado ya su autorización inicial o que presente la solicitud en el momento en el que corresponda solicitar su renovación.

A dichos efectos, deberá cumplir los requisitos previstos en el apartado anterior en cuanto al desarrollo de su actividad como titular de la autorización de residencia y trabajo por cuenta propia o por cuenta ajena, así como los propios del tipo de autorización que solicite.

Excepcionalmente, podrá acceder a la modificación de la autorización inicial de residencia temporal y trabajo, sin necesidad de que haya llegado el momento de renovación de la misma, el extranjero que acredite una necesidad por circunstancias sobrevenidas para garantizar su subsistencia, como el hecho de que, por causas ajenas a su voluntad, hubiera cesado la actividad por cuenta propia o se hubiera interrumpido la relación laboral por cuenta ajena.

4. La nueva autorización no ampliará la vigencia de la autorización modificada.

Cuando se trate de modificaciones solicitadas en el momento de la renovación de la autorización del que es titular, su vigencia será la que correspondería a su renovación.

204. *Intervención de las Comunidades Autónomas en la modificación de autorizaciones en el caso de traspaso de competencias ejecutivas en materia de autorización inicial de trabajo.* 1. Cuando la Administración autonómica tenga atribuida la competencia ejecutiva sobre tramitación y resolución de las autorizaciones iniciales de trabajo, porque la relación de trabajo se inicie y se desarrolle en el territorio de la Comunidad Autónoma, corresponderá a los órganos competentes de ésta la recepción de solicitudes y la resolución de la autorización laboral en los siguientes supuestos:

a) La autorización de residencia y trabajo en las que se acredita ser hijo de español nacionalizado o de ciudadano comunitario con un año de residencia, prevista en los apartados 3 y 4 del art. 200 del presente Reglamento.

b) La autorización de residencia y trabajo solicitada como consecuencia de la modificación de la situación de estancia por estudios, de residencia o de residencia por circunstancias excepcionales, así como la concesión de la compatibilidad de las autorizaciones de trabajo por cuenta propia y por cuenta ajena o de la mutación de una en otra o en residencia y trabajo para investigación o de profesionales altamente cualificados. No así en el caso de acceso a la situación de autorización de residencia con exceptuación de la autorización de trabajo en base a lo previsto en este título.

2. Cuando la modificación implique una nueva autorización de residencia y trabajo, se seguirá el procedimiento previsto por el art. 68 del presente Reglamento. En todos los casos, la Administración autonómica registrará las solicitudes presentadas, en trámite y resueltas, en la aplicación informática correspondiente, garantizando su conocimiento en tiempo real por la Administración General del Estado.

TÍTULO XIII
DOCUMENTACIÓN DE LOS EXTRANJEROS

CAPÍTULO PRIMERO
DERECHOS Y DEBERES RELATIVOS A LA DOCUMENTACIÓN

205. *Derechos y deberes.* 1. Los extranjeros que se encuentren en territorio español tienen el derecho y la obligación de conservar, en vigor, la documentación con la que hubieran efectuado su entrada en España, la que acredite su identidad, expedida por las autoridades competentes del país de origen o de procedencia, así como la que acredite su situación en España.

2. Los extranjeros están obligados a exhibir los documentos referidos en el apartado anterior cuando fueran requeridos por las autoridades o sus agentes, en ejercicio de sus funciones.

3. Los extranjeros no podrán ser privados de su documentación, salvo en los supuestos y con los requisitos previstos en la Ley Orgánica 4/2000, de 11 de enero, y en la Ley Orgánica 1/1992, de 21 de febrero, sobre Protección de la Seguridad Ciudadana.

206. *Número de identidad de extranjero.* 1. Los extranjeros a cuyo favor se inicie un procedimiento para obtener un documento que les habilite para permanecer en territorio español que no sea un visado, aquéllos a los que se les haya incoado un expediente administrativo en virtud de lo dispuesto en la normativa sobre extranjería y aquellos que por sus intereses económicos, profesionales o sociales se relacionen con España serán dotados, a los efectos de identificación, de un número personal, único y exclusivo, de carácter secuencial.

2. El número personal será el identificador del extranjero, que deberá figurar en todos los documentos que se le expidan o tramiten, así como en las diligencias que se estampen en su pasaporte o documento análogo, salvo en los visados.

3. El número de identidad del extranjero, NIE, deberá ser concedido de oficio, por la Dirección General de la Policía y de la Guardia Civil, en los supuestos mencionados en el apartado 1, salvo en el caso de los extranjeros que se relacionen con España por razón de sus intereses económicos, profesionales o sociales, que deberán interesar de dicho órgano la asignación del indicado número, siempre que concurran los siguientes requisitos:

a) Que no se encuentren en España en situación irregular.

b) Que se comuniquen los motivos por los que solicitan la asignación de dicho número.

Los extranjeros que se relacionen con España por razón de sus intereses económicos, profesionales o sociales podrán solicitar personalmente el NIE a la Dirección General de la Policía y de la Guardia Civil, directamente o a través de las Oficinas de Extranjería o Comisarías de policía. En el caso de que el extranjero no se encuentre en territorio español en el momento de la solicitud, solicitará la asignación de NIE a la Comisaría General de Extranjería y Fronteras, a través de las Oficinas Consulares de España en el exterior.

El procedimiento habrá de ser resuelto en el plazo máximo de cinco días desde la entrada de la solicitud en el registro del órgano competente para su tramitación.

4. Lo dispuesto en el apartado anterior será también de aplicación para la solicitud de los certificados de residente y de no residente.

CAPÍTULO II
ACREDITACIÓN DE LA SITUACIÓN DE LOS EXTRANJEROS EN ESPAÑA

207. *Documentos acreditativos.* Las diferentes situaciones de los extranjeros en España podrán acreditarse, según corresponda, mediante el pasaporte o documento de viaje que acredite su identidad, el visado o la Tarjeta de Identidad de Extranjero. Excepcionalmente podrá acreditarse dicha situación mediante otras autorizaciones o documentos válidamente expedidos a tal fin por las autoridades españolas.

208. *El pasaporte o documento de viaje.* El pasaporte o documento de viaje en el que conste el sello de entrada acreditará, además de la identidad, la situación de estancia en España en aquellos supuestos de extranjeros que no precisen de la obtención de un visado de corta duración.

209. *El visado.* El visado válidamente obtenido acredita la situación para la que hubiese sido concedido. La validez de dicha acreditación se extenderá desde la efectiva entrada de su titular en España, hasta la obtención de la correspondiente Tarjeta de Identidad de Extranjero o hasta que se extinga la vigencia del visado.

La vigencia del visado será igual a la de la autorización de estancia o residencia que incorpora, cuando no resulte exigible la obtención de Tarjeta de Identidad de Extranjero.

210. *La Tarjeta de Identidad de Extranjero.* 1. Todos los extranjeros a los que se les haya expedido un visado o una autorización para permanecer en España por un periodo superior a seis meses tienen el derecho y el deber de obtener la Tarjeta de Identidad de Extranjero, que deberán solicitar personalmente en el plazo de un mes desde su entrada en España o desde que la autorización sea concedida o cobre vigencia, respectivamente. Estarán exceptuados de dicha obligación los titulares de una autorización de residencia y trabajo de temporada.

2. La Tarjeta de Identidad de Extranjero es el documento destinado a identificar al extranjero a los efectos de acreditar su situación legal en España.

3. La Tarjeta de Identidad de Extranjero es personal e intransferible, y corresponde a su titular cumplimentar las actuaciones que se establezcan para su obtención y entrega, así como la custodia y conservación del documento.

4. El incumplimiento de las obligaciones relativas a la Tarjeta de Identidad de Extranjero conllevará la aplicación del régimen sancionador previsto en la Ley Orgánica 4/2000, de 11 de enero.

5. El titular de la Tarjeta de Identidad de Extranjero no podrá ser privado del documento, salvo en los supuestos y con los requisitos previstos en la Ley Orgánica 4/2000, de 11 de enero, y en la Ley Orgánica 1/1992, de 21 de febrero, sobre Protección de la Seguridad Ciudadana.

6. El Ministerio del Interior, en el marco de los acuerdos sobre documentación de extranjeros de carácter internacional en los que España sea parte, dictará las disposiciones necesarias para determinar las características de dicho documento, previo informe de la Comisión Interministerial de Extranjería.

7. La Tarjeta de Identidad de Extranjero tendrá idéntico periodo de vigencia que la autorización o el reconocimiento del derecho que justifique su expedición, y perderá su validez cuando se produzca la de la citada autorización, por cualquiera de las causas reglamentariamente establecidas a este efecto o, en su caso, por la pérdida del derecho para permanecer en territorio español.

8. Cuando haya finalizado el plazo de vigencia de la tarjeta, se haya acordado la renovación de la autorización o, en su caso, del reconocimiento a permanecer en territorio español, o se haya perdido el derecho que justificó su expedición, los extranjeros titulares de ella están obligados a entregar el documento en las Oficinas de Extranjería o Comisarías de policía correspondientes al lugar donde residan.

En los supuestos de asunción de un compromiso de no regreso a territorio español en el marco de un programa de retorno voluntario, por parte de titulares de una Tarjeta de Identidad de Extranjero, éstos estarán obligados a entregar el documento en la representación diplomática o consular española en el país de origen al que retornen. Esta previsión será igualmente aplicable a los extranjeros que retornen voluntariamente al margen de un programa y deseen beneficiarse de las disposiciones establecidas en este Reglamento respecto al regreso de personas que hayan regresado voluntariamente a su país de origen o procedencia.

En el caso de los extranjeros a los que sea aplicable el régimen de asilo, la entrega del documento deberá realizarse en la Oficina de Extranjería o la Comisaría de Policía de la provincia donde residan, salvo en el caso de que estén domiciliados en Madrid, en el que la entrega del documento deberá realizarse en la Oficina de Asilo y Refugio.

9. El extravío, destrucción o inutilización de la Tarjeta de Identidad de Extranjero, ya sean de carácter personal, laboral o familiar, llevarán

consigo la expedición de nueva tarjeta, a instancia del interesado, que no se considerará renovación y tendrá vigencia por el tiempo que le falte por caducar a la que sustituya.

En el caso de que la solicitud de expedición de nueva tarjeta se realice dentro del plazo de renovación de la autorización, los procedimientos se tramitarán de forma conjunta y coherente.

10. Las modificaciones que impliquen alteración de la situación legal en España del titular de la Tarjeta de Identidad de Extranjero, así como de su situación laboral, incluidas las renovaciones, determinarán la expedición de nueva tarjeta adaptada al cambio o alteración producido, con la vigencia que determine la resolución que conceda dichas modificaciones.

11. Corresponderá a la Dirección General de la Policía y de la Guardia Civil, conforme a los criterios de coordinación marcados por la Secretaría de Estado de Seguridad, de acuerdo con la Secretaría de Estado de Inmigración y Emigración, la organización y gestión de los servicios de expedición de las Tarjetas de Identidad de Extranjero en las Oficinas de Extranjería o la Comisaría de Policía en las que se hubiese tramitado el expediente administrativo o practicado la notificación por la que se reconoce el derecho o se le autoriza a permanecer en España, así como su expedición y entrega al interesado, quien habrá de acreditar ante ellas ser el destinatario del documento y haber realizado el pago de las tasas legalmente establecidas.

Asimismo, en los casos en que la eficacia de la autorización concedida se encuentre condicionada al requisito del alta del extranjero en el régimen correspondiente de la Seguridad Social, el cumplimiento del requisito será comprobado de oficio con carácter previo a la expedición de la tarjeta.

12. Será aplicable a los documentos mencionados la normativa vigente sobre presentación y anotación en las oficinas públicas del documento nacional de identidad, cuya normativa tendrá carácter supletorio de las normas sobre utilización en España de los documentos de identidad de los extranjeros.

CAPÍTULO III
INDOCUMENTADOS

211. *Requisitos y procedimiento para la documentación.* 1. En los supuestos de extranjeros indocumentados, previstos en el art. 34.2 de la Ley Orgánica 4/2000, de 11 de enero, se procederá en la forma prevista en este capítulo.

2. La solicitud de documentación deberá efectuarse tan pronto como se hubiera producido la indocumentación, personalmente y por escrito, en las Oficinas de Extranjería o la Comisaría de Policía correspondientes.

3. El interesado exhibirá los documentos de cualquier clase, aunque estuvieren caducados, que pudieran constituir indicios o pruebas de identidad, procedencia y nacionalidad, en su caso, para que sean incorporados a las comprobaciones que se estén llevando a cabo. Asimismo, acreditará que no puede ser documentado por la misión diplomática u oficina consular correspondiente mediante acta notarial que permita dejar constancia del requerimiento efectuado y no atendido, sin perjuicio de lo dispuesto en el apartado 5.

4. El interesado, igualmente, deberá aportar los documentos, declaraciones o cualquier otro medio de prueba oportuno que sirvan para acreditar la concurrencia de razones excepcionales de índole humanitaria, interés público o, en su caso, el cumplimiento de compromisos de España, que justifiquen su documentación por parte de las autoridades españolas.

5. En el caso de los solicitantes de autorización de residencia temporal por circunstancias excepcionales, se eximirá al solicitante de la presentación de acta notarial para acreditar que no puede ser documentado por la misión diplomática u oficina consular correspondiente, en los casos en que se alegasen razones graves que impidan su comparecencia en aquéllas, a cuyos efectos podrá recabarse el informe de la Oficina de Asilo y Refugio.

También se eximirá al solicitante de la presentación de acta notarial para acreditar que no puede ser documentado por la misión diplomática u oficina consular correspondiente, en los casos de las autorizaciones reguladas en los artículos 196 a 198 de este reglamento, a cuyos efectos deberá presentar el informe de la entidad pública que ostenta su tutela o medida de protección o la hubiera ostentado. [264]

6. Realizadas las comprobaciones iniciales, si el extranjero desea permanecer en territorio español, el Delegado o Subdelegado del Gobierno en la provincia en que se encuentre, le concederá un documen-

---

[264] Dada nueva redacción apartado 5 por art. único apartado 5 de Real Decreto 903/2021 de 19 de octubre de 2021, con vigencia desde 09/11/2021

to de identificación provisional, que le habilitará para permanecer en España durante tres meses, periodo durante el cual se procederá a completar la información sobre sus antecedentes.

El documento previsto en este apartado no será concedido si el extranjero está incurso en alguno de los supuestos de prohibición de entrada en España a que se refiere el art. 26 de la Ley Orgánica 4/2000, de 11 de enero, o se ha dictado contra él una orden de expulsión del territorio español.

7. Excepcionalmente, por razones de seguridad pública, de forma individualizada, motivada y en proporción a las circunstancias que concurran en cada caso, por resolución del titular del Ministerio del Interior adoptada a propuesta de la Dirección General de la Policía y de la Guardia Civil, de acuerdo con las garantías jurídicas del procedimiento sancionador previsto en la Ley, se podrán establecer medidas limitativas de su derecho a la libre circulación, cuya duración no excederá del tiempo imprescindible y proporcional a la persistencia de las circunstancias que justificaron la adopción de las mismas, y que podrán consistir en la presentación periódica ante las autoridades competentes y en el alejamiento de fronteras o núcleos de población concretados singularmente.

Igualmente, podrán establecerse medidas limitativas específicas respecto a dicho derecho cuando se acuerden en la declaración de estado de excepción o de sitio, en los términos previstos en la Constitución.

8. Finalizada la tramitación del procedimiento, salvo que el extranjero se encontrase incurso en alguno de los supuestos de prohibición de entrada o se haya dictado contra él una orden de expulsión, previo abono de las tasas que legalmente correspondan, el Delegado o Subdelegado del Gobierno o el Comisario General de Extranjería y Fronteras dispondrá su inscripción en una sección especial del Registro Central de Extranjeros y le dotará de una cédula de inscripción en un documento impreso, que deberá renovarse anualmente y cuyas características se determinarán por el Ministerio del Interior, previo informe de la Comisión Interministerial de Extranjería.

La Dirección General de la Policía y de la Guardia Civil expedirá certificaciones o informes sobre los extremos que figuren en dicha sección especial para su presentación ante cualquier otra autoridad española.

9. El extranjero al que le haya sido concedida la cédula de inscripción podrá solicitar la correspondiente autorización de residencia por

circunstancias excepcionales si reúne los requisitos para ello. Dicha solicitud podrá presentarse y resolverse de manera simultánea con la solicitud de cédula de inscripción.

10. En caso de denegación de la solicitud, una vez notificada ésta, se procederá a su devolución al país de procedencia o a su expulsión del territorio español, en la forma prevista en la Ley Orgánica 4/2000, de 11 de enero, y en este Reglamento.

11. La cédula de inscripción perderá vigencia, sin necesidad de resolución expresa, cuando el extranjero sea documentado por algún país o adquiera la nacionalidad española u otra distinta.

212. *Título de viaje para salida de España.* 1. A los extranjeros que se encuentren en España que acrediten una necesidad excepcional de salir del territorio español y no puedan proveerse de pasaporte propio, por encontrarse en alguno de los casos expresados en el art. 34.2 de la Ley Orgánica 4/2000, de 11 de enero, una vez practicados los trámites regulados en el artículo anterior, la Dirección General de la Policía y de la Guardia Civil les podrá expedir un título de viaje con destino a los países que se especifiquen, previendo el regreso a España.

Si el objeto del título de viaje fuera exclusivamente posibilitar el retorno del solicitante a su país de nacionalidad o residencia, el documento no contendrá autorización de regreso a España.

2. En el título de viaje constarán la vigencia máxima y las limitaciones que en cada caso concreto se determinen para su utilización.

3. El título de viaje se expedirá con arreglo al modelo que se determine por Orden del titular del Ministerio del Interior [265].

CAPÍTULO IV
REGISTRO CENTRAL DE EXTRANJEROS

213. *Registro Central de Extranjeros.* 1. Existirá, en la Dirección General de la Policía y de la Guardia Civil, un Registro Central de Extranjeros en el que se anotarán:

a) Entradas.

---

[265] Véase O INT/3321/2011 de 21 noviembre, sobre expedición de título de viaje a extranjeros

b) Documentos de viaje.

c) Prórrogas de estancia.

d) Cédulas de inscripción.

e) Autorizaciones de entrada.

f) Autorizaciones de estancia.

g) Autorizaciones de residencia.

h) Autorizaciones de trabajo.

i) Inadmisiones a trámite, concesiones y denegaciones de protección internacional.

j) Concesiones y denegaciones del estatuto de apátrida y de desplazado.

k) Cambios de nacionalidad, domicilio o estado civil.

l) Limitaciones de estancia.

m) Medidas cautelares adoptadas, infracciones administrativas cometidas y sanciones impuestas en el marco de la Ley Orgánica 4/2000, de 11 de enero, y de este Reglamento.

n) Denegaciones y prohibiciones de entrada en el territorio nacional y sus motivos.

ñ) Devoluciones.

o) Prohibiciones de salida.

p) Expulsiones administrativas o judiciales.

q) Salidas.

r) Autorizaciones de regreso.

s) Certificaciones de número de identidad de extranjero.

t) Retorno de trabajadores de temporada.

u) Cartas de invitación.

v) Retornos voluntarios.

w) Cualquier otra resolución o actuación que pueda adoptarse en aplicación de este Reglamento.

2. Los órganos que adopten las resoluciones y concedan los documentos a que se refiere el apartado 1 deberán dar cuenta de ello, a efectos de su anotación en este registro.

214. *Comunicación al Registro Central de Extranjeros de los cambios y alteraciones de situación.* Los extranjeros autorizados a permanecer en España estarán obligados a poner en conocimiento de la Oficina de Extranjería o de la Comisaría de Policía correspondientes al lugar donde residan o permanezcan los cambios de nacionalidad, de domicilio habitual y de estado civil. Dicha comunicación deberá realizarse en el plazo máximo de un mes desde que se produjese el cambio o modificación y deberá ir acompañada de los documentos que acrediten dichos cambios.

CAPÍTULO V
REGISTRO DE MENORES EXTRANJEROS NO ACOMPAÑADOS

215. *Registro de Menores Extranjeros No Acompañados.* 1. En la Dirección General de la Policía y de la Guardia Civil existirá un Registro de Menores No Acompañados, con efectos exclusivos de identificación, que estará coordinado por la Fiscalía General del Estado, para el cumplimiento de las competencias que tiene atribuidas el Ministerio Fiscal por el art. 35 de la Ley Orgánica 4/2000, en el ámbito de su función de garantía y protección del interés superior del menor.

El Registro contendrá en asientos personales, individualizados y numerados, los siguientes datos referentes a la identificación de los menores extranjeros no acompañados, documentados e indocumentados, cuya minoría de edad resulte indubitada desde el momento de su localización o haya sido determinada por Decreto del Ministerio Fiscal:

a) Nombre y apellidos del menor, nombre y apellidos de los padres, lugar de nacimiento, nacionalidad y última residencia en el país de procedencia.

b) Tipo y numeración de la documentación identificativa del menor.

c) Su impresión decadactilar, datos fisonómicos y otros datos biométricos.

d) Fotografía.

e) Datos relativos a la edad indubitada del menor o de la edad establecida por Decreto inicial del Ministerio Fiscal. En su caso, datos modificados por posterior Decreto.

f) Centro de acogida o lugar de residencia.

g) Organismo público u organización no gubernamental, fundación o entidad dedicada a la protección de menores bajo cuya tutela se halle.

h) Traslados del menor entre Comunidades Autónomas.

i) Reconocimiento de su condición de asilado, protegido o víctima de trata.

j) Fecha de solicitud de la autorización de residencia.

k) Fecha de concesión o denegación de la autorización de residencia.

l) Cualesquiera otros datos de relevancia que, a los citados efectos de identificación, estimen necesarios el Ministerio Fiscal o la Dirección General de la Policía y de la Guardia Civil.

2. Los servicios competentes de protección de menores a los que se refiere el art.35 de la Ley Orgánica 4/2000, de 11 de enero, cuando tengan conocimiento de que un menor se halle en situación de desamparo, deberán comunicar, con la mayor brevedad, a la Dirección General de la Policía y de la Guardia Civil y a la Secretaría de Estado de Inmigración y Emigración, a través de las Oficinas de Extranjería, los datos que conozcan relativos a la identidad del menor conforme lo dispuesto en el apartado anterior.

3. Para garantizar la exactitud e integridad del Registro, el Ministerio Fiscal podrá requerir a los Servicios Públicos de Protección de Menores, Fuerzas y Cuerpos de Seguridad del Estado, Policías autonómicas, Policías locales, Instituciones Sanitarias y a cualquier otra entidad pública o privada, la remisión de cuantos datos obren en su poder sobre menores extranjeros no acompañados. Dichos datos serán remitidos a la Dirección General de la Policía y de la Guardia Civil para la actualización del Registro.

TÍTULO XIV
INFRACCIONES EN MATERIA DE EXTRANJERÍA Y SU RÉGIMEN SANCIONADOR

CAPÍTULO PRIMERO
NORMAS COMUNES DEL PROCEDIMIENTO SANCIONADOR

216. *Normativa aplicable.* 1. El ejercicio de la potestad sancionadora por la comisión de las infracciones administrativas previstas en la Ley Orgánica 4/2000, de 11 de enero, se ajustará a lo dispuesto en ella y en la Ley 30/1992, de 26 de noviembre.

2. No se impondrá sanción alguna por infracciones a los preceptos establecidos en la Ley Orgánica 4/2000, de 11 de enero, sino en virtud de procedimiento instruido al efecto.

3. Cuando se trate de los supuestos calificados como infracción leve del art. 52.c), d) y e) grave del art. 53.1.b) y 53.2.a) y muy grave del art. 54.1.d) y f) de la Ley Orgánica 4/2000, de 11 de enero, el procedimiento aplicable será el previsto el capítuloIV de este título.

4. En todo aquello no previsto en este Reglamento será de aplicación supletoria el procedimiento regulado en el Reglamento de procedimiento para el ejercicio de la potestad sancionadora, aprobado por el Real Decreto 1398/1993, de 4 de agosto.

217. *Modalidades del procedimiento sancionador.* El ejercicio de la potestad sancionadora por la comisión de las infracciones administrativas previstas en la Ley Orgánica 4/2000, de 11 de enero, se tramitará por los procedimientos ordinario, preferente y simplificado, según proceda conforme a lo dispuesto en dicha Ley Orgánica y en este Reglamento.

218. *Actuaciones previas.* Con anterioridad a la iniciación del procedimiento se podrán realizar actuaciones previas para determinar con carácter preliminar si concurren circunstancias que justifiquen tal iniciación. Estas actuaciones se orientarán especialmente a determinar con la mayor precisión posible los hechos susceptibles de motivar la incoación del procedimiento, la identificación de la persona o personas que pudieran resultar responsables y las circunstancias relevantes que concurran en unos y otros.

219. *Iniciación del procedimiento sancionador. Competencia.* 1. El procedimiento se iniciará de oficio por acuerdo del órgano competente por propia iniciativa, como consecuencia de orden superior, a petición razonada de otros órganos o por denuncia.

2. Serán competentes para ordenar la incoación del procedimiento sancionador los Delegados del Gobierno en las Comunidades Autónomas uniprovinciales, los Subdelegados del Gobierno, los Jefes de Oficinas de Extranjería, el Comisario General de Extranjería y Fronteras, el

Jefe Superior de Policía, los Comisarios Provinciales y los titulares de las comisarías locales y puestos fronterizos.

220. *Instructor y secretario.* En el acuerdo de incoación del procedimiento se nombrarán instructor y secretario, que deberán ser funcionarios del Cuerpo Nacional de Policía, sin perjuicio de que tales nombramientos puedan recaer en otros funcionarios de las Oficinas de Extranjería cuando se trate de procedimientos sancionadores que se tramiten por las infracciones leves e infracciones graves de las letras e) y h) del art. 53.1 de la Ley Orgánica 4/2000, de 11 de enero.

221. *El decomiso.* 1. De conformidad con lo dispuesto en el art. 55.5 de la Ley Orgánica 4/2000, de 11 de enero, en los supuestos de infracción de la letra b) del art. 54.1 de dicha Ley serán objeto de decomiso los vehículos, embarcaciones, aeronaves y cuantos bienes muebles o inmuebles de cualquier naturaleza hayan servido como instrumento para la comisión de la citada infracción.

2. Para garantizar la efectividad del comiso, los agentes de la autoridad podrán proceder desde las primeras investigaciones practicadas a la aprehensión y puesta a disposición de la autoridad competente de los bienes, efectos e instrumentos a que se refiere el apartado anterior y quedará a expensas del expediente sancionador en el que se resolverá lo pertinente sobre ellos.

3. Los bienes, efectos e instrumentos definitivamente decomisados por resolución administrativa o judicial firme se adjudicarán al Estado en los términos fijados por la Ley 33/2003, de 4 de noviembre, del Patrimonio de las Administraciones Públicas.

4. La autoridad judicial podrá acordar que, con las debidas garantías para su conservación y mientras se sustancie el procedimiento, los bienes, objetos o instrumentos de lícito comercio puedan ser utilizados provisionalmente por las unidades de extranjería en la lucha contra la inmigración ilegal.

222. *Resolución.* 1. Los Delegados del Gobierno en las Comunidades Autónomas uniprovinciales y los Subdelegados del Gobierno dictarán resolución motivada que confirme, modifique o deje sin efecto la propuesta de sanción y decida todas las cuestiones planteadas por los interesados y aquéllas otras derivadas del procedimiento.

2. La resolución no podrá tener en cuenta hechos distintos de los determinados en la fase de instrucción del procedimiento, sin perjuicio de su diferente valoración jurídica.

3. Para la determinación de la sanción que se imponga, además de los criterios de graduación a que se refieren los apartados 3 y 4 del art. 55 de la Ley Orgánica 4/2000, de 11 de enero, se valorarán también, a tenor de su art. 57, las circunstancias de la situación personal y familiar del infractor.

223. *Manifestación de la voluntad de recurrir.* A los efectos previstos en el apartado 3 del art. 22 de la Ley Orgánica 4/2000, de 11 de enero, el extranjero manifestará su voluntad expresa de recurrir, cuya constancia se acreditará por medio del apoderamiento regulado en el art. 24 de la Ley 1/2000, de 7 de enero, de Enjuiciamiento Civil. En el caso de que el extranjero se hallase privado de libertad podrá manifestar su voluntad de interponer recurso contencioso-administrativo o ejercitar la acción correspondiente contra la resolución de expulsión ante el Delegado o Subdelegado del Gobierno competente o el Director del Centro de Internamiento de Extranjeros bajo cuyo control se encuentre, que lo harán constar en acta que se incorporará al expediente.

224. *Ejecución de las resoluciones sancionadoras.* 1. La ejecución de las resoluciones sancionadoras se efectuará de conformidad con lo dispuesto en el capítulo III de este título, sin perjuicio de las particularidades establecidas para el procedimiento preferente.

2. En la resolución se adoptarán, en su caso, las disposiciones cautelares precisas para garantizar su eficacia en tanto no sea ejecutiva. Las mencionadas disposiciones podrán consistir en el mantenimiento de las medidas provisionales que, en su caso, se hubieran adoptado de conformidad con el art. 61 de la Ley Orgánica 4/2000, de 11 de enero.

No obstante lo anterior y de acuerdo con lo previsto en el art. 63.bis de la Ley Orgánica 4/2000, de 11 de enero, no podrá adoptarse la medida cautelar de internamiento preventivo durante el plazo de cumplimiento voluntario que se hubiera fijado en la resolución de expulsión.

3. Las resoluciones administrativas sancionadoras serán recurribles con arreglo a lo dispuesto en las leyes. Su régimen de ejecutividad será el previsto con carácter general.

4. En todo caso, cuando el extranjero no se encuentre en España, podrá cursar los recursos procedentes, tanto en vía administrativa

como jurisdiccional, a través de las representaciones diplomáticas o consulares correspondientes, que los remitirán al organismo competente.

225. *Caducidad y prescripción.* 1. El plazo máximo en que debe dictarse y notificarse la resolución que resuelva el procedimiento será de seis meses desde que se acordó su iniciación, sin perjuicio de lo dispuesto para el procedimiento simplificado en el art. 238.

Transcurrido dicho plazo sin haberse resuelto y notificado la expresada resolución se producirá la caducidad del procedimiento y se procederá al archivo de las actuaciones a solicitud de cualquier interesado o de oficio por el órgano competente para dictar la resolución, excepto en los casos en que el procedimiento se hubiera paralizado por causa imputable a los interesados o en aquellos supuestos en que se hubiese acordado su suspensión.

2. La acción para sancionar las infracciones previstas en la Ley Orgánica 4/2000, de 11 de enero, prescribe a los tres años si la infracción es muy grave; a los dos años si es grave, y a los seis meses si es leve, contados a partir del día en que los hechos se hubiesen cometido.

La prescripción se interrumpirá por cualquier actuación de la Administración de la que tenga conocimiento el denunciado.

El plazo de prescripción se reanudará si el procedimiento estuviera paralizado durante más de un mes por causa no imputable al expedientado.

3. El plazo de prescripción de la sanción será de cinco años si la sanción impuesta lo fuera por infracción muy grave; de dos años si lo fuera por infracción grave, y de un año si lo fuera por infracción de carácter leve.

Si la sanción impuesta fuera la expulsión del territorio nacional, la prescripción no empezará a contar hasta que haya transcurrido el periodo de prohibición de entrada fijado en la resolución, que será establecido de acuerdo con lo dispuesto en el apartado 2 del art. 245 del presente Reglamento.

El plazo de prescripción de la sanción comenzará a contarse desde el día siguiente a aquél en que adquiera firmeza la resolución por la que se imponga la sanción.

4. La prescripción, tanto de la infracción como de la sanción, se aplicará de oficio por los órganos competentes en las diversas fases de tramitación del expediente.

5. Tanto la prescripción como la caducidad exigirán resolución en la que se mencione tal circunstancia como causa de terminación del procedimiento, con indicación de los hechos producidos y las normas aplicables, según lo establecido en el art. 42.1 de la Ley 30/1992, de 26 de noviembre.

CAPÍTULO II
MODALIDADES DE TRAMITACIÓN DEL PROCEDIMIENTO SANCIONADOR

SECCIÓN PRIMERA
El procedimiento ordinario

226. *Supuestos en que procede el procedimiento ordinario.* El procedimiento seguido será el ordinario salvo en los supuestos especificados en el art. 234 del presente Reglamento, que se tramitarán por el procedimiento preferente.

227. *Iniciación del procedimiento ordinario.* 1. Excepto en los supuestos calificados como infracción grave del art. 53.1.b) y 53.2.a) o muy grave del art. 54.1.d) y f) de la Ley Orgánica 4/2000, de 11 de enero, en los que se estará a lo dispuesto en su art. 55.2, el acuerdo de iniciación del procedimiento se formalizará con el contenido mínimo siguiente:

a) Identificación de la persona o personas presuntamente responsables.

b) Hechos que motivan la incoación del procedimiento sucintamente expuestos, su posible calificación y las sanciones que pudieran corresponder, sin perjuicio de lo que resulte de la instrucción.

c) Instructor y, en su caso, secretario del procedimiento, con expresa indicación del régimen de recusación de éstos.

d) Órgano competente para la resolución del expediente y norma que le atribuye tal competencia.

e) Indicación de la posibilidad de que el presunto responsable pueda reconocer voluntariamente su responsabilidad.

f) Medidas de carácter provisional que se hayan acordado por el órgano competente para iniciar el procedimiento sancionador, sin perjuicio de las que se puedan adoptar durante éste de conformidad con los arts. 55 y 61 de la Ley Orgánica 4/2000, de 11 de enero.

g) Indicación del derecho a formular alegaciones y a la audiencia en el procedimiento y de los plazos para su ejercicio.

2. El acuerdo de iniciación se comunicará al instructor con traslado de cuantas actuaciones existan al respecto y se notificará a los interesados, entendiéndose en todo caso por tal al expedientado.

En la notificación se advertirá a los interesados que, de no efectuar alegaciones sobre el contenido de la iniciación del procedimiento en el plazo previsto en el artículo siguiente, no realizarse propuesta de prueba o no ser admitidas, por improcedentes o innecesarias, las pruebas propuestas, la iniciación podrá ser considerada propuesta de resolución cuando contenga un pronunciamiento preciso acerca de la responsabilidad imputada, con los efectos previstos en los arts. 229 y 230.

3. En los procedimientos en los que pueda proponerse la sanción de expulsión de territorio español el extranjero tendrá derecho a la asistencia letrada que se le proporcionará de oficio, en su caso, y a ser asistido por intérprete si no comprende o no habla castellano, de forma gratuita en el caso de que careciese de medios económicos de acuerdo con lo previsto en la normativa reguladora del derecho de asistencia jurídica gratuita.

228. *Actuaciones y alegaciones en el procedimiento ordinario.* 1. Sin perjuicio de lo dispuesto en el artículo anterior, los interesados dispondrán de un plazo de quince días para aportar cuantas alegaciones, documentos o informaciones estimen convenientes y, en su caso, proponer las pruebas y concretar los medios de que pretendan valerse.

2. Cursada la notificación a que se refiere el apartado anterior, el instructor del procedimiento realizará de oficio cuantas actuaciones resulten necesarias para el examen de los hechos, y recabará los datos e informaciones que sean relevantes para determinar, en su caso, la existencia de responsabilidades susceptibles de sanción.

3. Si como consecuencia de la instrucción del procedimiento resultase modificada la determinación inicial de los hechos, de su posible calificación, de las sanciones imponibles o de las responsabilidades

susceptibles de sanción, se notificará todo ello al expedientado en la propuesta de resolución.

229. *Prueba en el procedimiento ordinario.* 1. Recibidas las alegaciones o transcurrido el plazo señalado en el artículo anterior, el órgano instructor podrá acordar la apertura de un periodo de prueba por un plazo no superior a treinta días ni inferior a 10 días.

2. En el acuerdo, que se notificará a los interesados, se podrá rechazar de forma motivada la práctica de aquellas pruebas que, en su caso, hubiesen propuesto aquéllos cuando por su relación con los hechos se consideren improcedentes.

3. La práctica de las pruebas que el órgano instructor estime pertinentes, entendiéndose por tales aquellas distintas de los documentos que los interesados puedan aportar en cualquier momento de la tramitación del procedimiento, se realizará de conformidad con lo establecido en el art. 81 de la Ley 30/1992, de 26 de noviembre.

4. Cuando la prueba consista en la emisión de un informe de un órgano administrativo o entidad pública y sea admitida a trámite, éste tendrá los efectos previstos en el art.83 de la citada Ley 30/1992, de 26 de noviembre.

5. Cuando la valoración de las pruebas practicadas pueda constituir el fundamento básico de la decisión que se adopte en el procedimiento por ser pieza imprescindible para la evaluación de los hechos, deberá incluirse en la propuesta de resolución.

230. *Colaboración de otras administraciones públicas en el procedimiento ordinario.* El órgano instructor recabará de los órganos y dependencias administrativas pertenecientes a cualquiera de las administraciones públicas la información que fuera necesaria para el eficaz ejercicio de sus propias competencias, incluyendo la petición de la información necesaria al Registro Central de Penados.

231. *Propuesta de resolución en el procedimiento ordinario.* Concluida en su caso la prueba, el órgano instructor del procedimiento formulará la propuesta de resolución en la que se fijarán de forma motivada los hechos y se especificarán los que se consideren probados y su exacta calificación jurídica, se determinará la infracción que, en su caso, aquéllos constituyan y la persona o personas que resulten responsables y se fijará la sanción que propone que se imponga y las medidas provisionales que se hubieran adoptado, en su caso, por el órgano competente para iniciar el procedimiento o por su instructor, o bien se propondrá la declaración de inexistencia de infracción o responsabilidad.

En todo caso, la determinación de la propuesta de sanción será realizada en base a criterios de proporcionalidad, debiendo tenerse en consideración el grado de culpabilidad de la persona infractora, así como el daño o riesgo producido con la comisión de la infracción.

232. *Trámite de audiencia en el procedimiento ordinario.* 1. La propuesta de resolución se notificará a los interesados. A la notificación se acompañará una relación de los documentos que obren en el procedimiento para que los interesados puedan obtener las copias de los que estimen convenientes y se les concederá un plazo de quince días para formular alegaciones y presentar los documentos e informaciones que estimen pertinentes ante el instructor del procedimiento.

2. Salvo en el supuesto previsto por el párrafo final del art. 227.2, se podrá prescindir del trámite de audiencia cuando no figuren en el procedimiento ni sean tenidos en cuenta otros hechos ni otras alegaciones y pruebas que las aducidas, en su caso, por el interesado, de conformidad con lo previsto en el art. 228.1.

3. La propuesta de resolución se cursará inmediatamente al órgano competente para resolver el procedimiento, junto a todos los documentos, alegaciones e informaciones que obren en aquél.

233. *Resolución del procedimiento ordinario.* 1. Antes de dictar la resolución, el órgano competente para resolver podrá decidir mediante acuerdo motivado la realización de las actuaciones complementarias indispensables para resolver el procedimiento.

El acuerdo de realización de actuaciones complementarias se notificará a los interesados, a quienes se concederá un plazo de siete días para formular las alegaciones que tengan por pertinentes. Las actuaciones complementarias deberán practicarse en un plazo no superior a quince días. El plazo para resolver el procedimiento quedará suspendido hasta la terminación de las actuaciones complementarias. No tendrán la consideración de actuaciones complementarias los informes que preceden inmediatamente a la resolución final del procedimiento.

2. El órgano competente dictará resolución motivada, que decidirá todas las cuestiones planteadas por los interesados y aquellas otras derivadas del procedimiento.

La resolución se adoptará en el plazo de 10 días desde la recepción de la propuesta de resolución y los documentos, alegaciones e informaciones que obren en el procedimiento, salvo lo dispuesto en los apartados 1 y 3.

3. En la resolución no se podrán aceptar hechos distintos de los determinados en la fase de instrucción del procedimiento, salvo los que resulten, en su caso, de la aplicación de lo previsto en el apartado 1, con independencia de su diferente valoración jurídica. No obstante, cuando el órgano competente para resolver considere que la infracción reviste mayor gravedad que la determinada en la propuesta de resolución, se notificará al interesado para que aporte cuantas alegaciones estime convenientes, a cuyos efectos se le concederá un plazo de quince días.

4. Las resoluciones de los procedimientos sancionadores, además de contener los elementos previstos en el art. 89.3 de la Ley 30/1992, de 26 de noviembre, incluirán la valoración de las pruebas practicadas y, especialmente, de aquéllas que constituyan los fundamentos básicos de la decisión, fijarán los hechos y, en su caso, la persona o personas responsables, la infracción o infracciones cometidas y la sanción o sanciones que se imponen o bien la declaración de inexistencia de infracción o responsabilidad. La sanción se determinará en base a criterios de proporcionalidad, debiendo tenerse en consideración el grado de culpabilidad de la persona infractora, así como el daño o riesgo producido con la comisión de la infracción.

5. Las resoluciones se notificarán al interesado y cuando el procedimiento se hubiese iniciado como consecuencia de orden superior se dará traslado de la resolución al órgano administrativo autor de aquélla.

SECCIÓN SEGUNDA
El procedimiento preferente

234. *Supuestos en que procede el procedimiento preferente.* La tramitación de los expedientes en los que pueda proponerse la expulsión se realizará por el procedimiento preferente cuando la infracción imputada sea alguna de las previstas en las letras a) y b) del art. 54.1, así como en las letras d) y f) del art. 53.1 y en el art. 57.2 de la Ley Orgánica 4/2000, de 11 de enero.

Asimismo, se tramitarán por el procedimiento preferente aquellas infracciones previstas en la letra a) del art. 53.1 de la Ley Orgánica 4/2000, de 11 de enero, cuando concurra alguna de las siguientes circunstancias:

a) Riesgo de incomparecencia.

b) Que el extranjero evite o dificulte la expulsión, sin perjuicio de las actuaciones en ejercicio de sus derechos.

c) Que el extranjero represente un riesgo para el orden público, la seguridad pública o la seguridad nacional.

235. *Iniciación y tramitación del procedimiento preferente.* 1. Cuando de las investigaciones se deduzca la oportunidad de decidir la expulsión, se dará traslado del acuerdo de iniciación motivado por escrito al interesado para que alegue en el plazo de cuarenta y ocho horas lo que considere adecuado y se le advertirá que de no efectuar alegaciones por sí mismo o por su representante sobre el contenido de la propuesta, no realizar propuesta de prueba o si no ser admitidas de forma motivada, por improcedentes o innecesarias, las pruebas propuestas, el acuerdo de iniciación del expediente será considerado como propuesta de resolución.

2. En todo caso el extranjero tendrá derecho a la asistencia letrada que se le proporcionará de oficio, en su caso, y a ser asistido por intérprete si no comprende o no habla castellano, de forma gratuita en el caso de que careciese de medios económicos de acuerdo con lo previsto en la normativa reguladora del derecho de asistencia jurídica gratuita.

3. En la notificación del acuerdo de iniciación se advertirá al interesado que, de no efectuar alegaciones sobre el contenido del acuerdo en el plazo previsto en el apartado 1, dicho acuerdo será considerado como propuesta de resolución con remisión del expediente a la autoridad competente para resolver.

4. Si el interesado o su representante formulasen alegaciones y realizaran proposición de prueba dentro del plazo establecido, el órgano instructor valorará la pertinencia o no de ésta.

Si no se admitiesen las pruebas propuestas por improcedentes o innecesarias, se le notificará al interesado de forma motivada y se le dará trámite de audiencia conforme a lo previsto en el párrafo siguiente. En este supuesto, el acuerdo de iniciación del expediente, sin cambiar la calificación de los hechos, será considerado como propuesta de resolución con remisión a la autoridad competente para resolver.

De estimarse por el instructor la pertinencia de la realización de prueba propuesta, ésta se realizará en el plazo máximo de tres días.

Practicada en su caso la prueba, el instructor formulará propuesta de resolución que se notificará al interesado y le dará trámite de audiencia en el que se le concederá un plazo de cuarenta y ocho horas para formular alegaciones y presentar los documentos que estime pertinentes. Transcurrido dicho plazo se procederá a elevar la propuesta de resolución, junto con el expediente administrativo, a la autoridad competente para resolver.

5. En tanto se realiza la tramitación del expediente, el instructor podrá solicitar al juez de instrucción competente que disponga el ingreso del extranjero expedientado en un Centro de Internamiento de Extranjeros. La solicitud de internamiento deberá ser motivada.

El periodo de internamiento se mantendrá por el tiempo imprescindible para los fines del expediente y no podrá exceder en ningún caso de sesenta días.

La decisión judicial que lo autorice, atendiendo a las circunstancias concurrentes en cada caso, podrá establecer un periodo máximo de duración del internamiento inferior al citado.

No podrá acordarse un nuevo internamiento por cualquiera de las causas previstas en el mismo expediente.

6. Cuando el instructor solicite el internamiento y la autoridad judicial lo deniegue, el instructor, con el fin de asegurar la eficacia de la resolución final que pudiera recaer, podrá adoptar alguna o algunas de las siguientes medidas cautelares:

a) Retirada del pasaporte o documento acreditativo de su nacionalidad, previa entrega al interesado de recibo acreditativo de tal medida.

b) Presentación periódica ante el instructor del expediente o ante otra autoridad que éste determine en los días que, en atención a las circunstancias personales, familiares o sociales del expedientado, se considere aconsejable.

c) Residencia obligatoria en lugar determinado.

d) Cualquier otra medida cautelar que el juez estime adecuada y suficiente.

236. *La resolución en el procedimiento preferente. Ejecutividad.* 1. La resolución, en atención a la naturaleza preferente y sumaria del procedimiento, se dictará de forma inmediata. Deberá ser motivada y resolverá todas las cuestiones planteadas en el expediente; no podrá aceptar hechos distintos de los determinados en el curso del procedimiento, con independencia de su diferente valoración jurídica; y será notificada al interesado.

2. La ejecución de la orden de expulsión recaída en estos procedimientos, una vez notificada al interesado, se efectuará de forma inmediata.

De no haber sido puesto en libertad el extranjero por la autoridad judicial dentro del plazo de sesenta días a que se refiere el apartado 5 del art. 235, deberá interesarse de la propia autoridad judicial el cese del internamiento para poder llevar a cabo la conducción al puesto de salida.

3. La excepción de la aplicación del régimen general de ejecutividad de los actos administrativos en el caso de la resolución que ponga fin al procedimiento de expulsión con carácter preferente, establecida en el art. 21.2 de la Ley Orgánica 4/2000, de 11 de enero, no excluirá el derecho de recurso por los legitimados para ejercerlo, sin perjuicio de la inmediatez de la expulsión y de la improcedencia de declarar administrativamente efecto suspensivo alguno en contra de ella. En la resolución, además de la motivación que la fundamente, se harán constar los recursos que frente a ella procedan, el órgano ante el que hubieran de presentarse y plazo para interponerlos.

237. *Comunicaciones en el procedimiento preferente.* La incoación del expediente, las medidas cautelares de detención y de internamiento y la resolución de expulsión serán comunicadas a la embajada o consulado del país del extranjero y se procederá a su anotación en el Registro Central de Extranjeros de la Dirección General de la Policía y de la Guardia Civil. Esta comunicación se dirigirá a Ministerio de Asuntos Exteriores y de Cooperación cuando no se haya podido notificar al consulado o éste no radique en España.

SECCIÓN TERCERA
El procedimiento simplificado

238. *Supuestos de iniciación del procedimiento simplificado.* Este procedimiento se tramitará cuando los hechos denunciados se califiquen como infracción de carácter leve prevista en alguno de los supuestos contemplados en el art.52 de la Ley Orgánica 4/2000, de 11 de enero.

Este procedimiento se iniciará de oficio por acuerdo dictado al efecto por alguno de los órganos competentes establecidos en el art. 219.2 de este Reglamento o por denuncia formulada por los agentes del Cuerpo Nacional de Policía, excepto cuando la infracción imputada sea alguna de las establecidas en las letras c), d) y e) del citado art. 52, caso en el cual se estará a lo dispuesto en el art. 55.2 de la Ley Orgánica 4/2000, de 11 de enero.

Este procedimiento simplificado deberá resolverse en el plazo máximo de dos meses desde que se inició.

239. *Procedimiento simplificado.* 1. El órgano competente, al dictar el acuerdo de iniciación, especificará en éste el carácter simplificado del procedimiento. Dicho acuerdo se comunicará al órgano instructor y simultáneamente será notificado a los interesados.

En el plazo de diez días a partir de la comunicación y notificación del acuerdo de iniciación, el órgano instructor y los interesados efectuarán, respectivamente, las actuaciones pertinentes, la aportación de cuantas alegaciones, documentos o informaciones estimen convenientes y, en su caso, la proposición y práctica de prueba.

Transcurrido dicho plazo el instructor formulará una propuesta de resolución en la que se fijarán de forma motivada los hechos. Ésta especificará los hechos que se consideren probados y su exacta calificación jurídica, con determinación de la infracción, de la persona o personas responsables, y la sanción que propone, así como de las medidas provisionales que se hubieren adoptado, o bien propondrá la declaración de inexistencia de infracción o responsabilidad.

Si el órgano instructor apreciara que los hechos pueden ser constitutivos de infracción grave o muy grave, acordará que continúe el expediente por los trámites del procedimiento ordinario de este Reglamento y lo notificará a los interesados para que, en el plazo de cinco días, formulen alegaciones si lo estiman conveniente.

2. La iniciación por denuncia formulada por funcionarios del Cuerpo Nacional de Policía se atendrá a las siguientes normas:

a) Las denuncias formuladas por funcionarios del Cuerpo Nacional de Policía se extenderán por ejemplar duplicado. Uno de ellos se entregará al denunciado, si fuera posible, y el otro se remitirá al órgano correspondiente con competencia para acordar la iniciación del procedimiento. Dichas denuncias serán firmadas por el funcionario y por el denunciado, sin que la firma de este último implique conformidad con los hechos que motivan la denuncia sino únicamente la recepción del ejemplar a él destinado. En el caso de que el denunciado se negase a firmar o no supiera hacerlo, el funcionario lo hará constar así.

b) Las denuncias se notificarán en el acto a los denunciados haciendo constar los datos a que hace referencia este artículo. En el escrito de denuncia se hará constar que con ella queda incoado el correspondiente expediente y que el denunciado dispone de un plazo de 10 días para alegar cuanto considere conveniente para su defensa y proponer las pruebas que estime oportunas ante los órganos de instrucción ubicados en la dependencia policial del lugar en que se haya cometido la infracción.

c) Recibida la denuncia en la dependencia policial de la Dirección General de la Policía y de la Guardia Civil, se procederá a la calificación de los hechos y graduación de la multa, se impulsará la ulterior tramitación o se propondrá por el órgano instructor a la autoridad competente la correspondiente resolución que declare la inexistencia de infracción en los casos de que los hechos denunciados no fuesen constitutivos de aquélla.

240. *Resolución del procedimiento simplificado.* En el plazo de tres días desde que se reciba el expediente, el órgano competente para resolver dictará resolución en la forma y con los efectos procedentes que para las resoluciones de sanción de multa se prevén en el procedimiento ordinario de este Reglamento.

SECCIÓN CUARTA
Concurrencia de procedimientos

241. *Concurrencia de procedimientos.* 1. Si durante la tramitación del expediente seguido por el procedimiento preferente y por la causa prevista en la letra a) del art. 53.1 de la Ley Orgánica 4/2000, de 11 de enero, el extranjero expedientado acreditase haber solicitado con anterioridad a su iniciación una autorización de residencia temporal por circunstancias excepcionales de conformidad con lo dispuesto en los arts. 31.3 de la citada Ley Orgánica y concordantes de este Reglamento, el instructor recabará informe del órgano competente sobre el estado de tramitación de dicha solicitud. En caso de que el interesado no reuniera, de acuerdo con la resolución que se dicte sobre la solicitud de autorización, los requisitos previstos para la obtención de la autorización de residencia, el instructor decidirá la continuación del expediente de expulsión y, en caso contrario, procederá a su archivo. De entender procedente la prosecución del expediente y previo acuerdo dictado al efecto, continuará por los trámites del procedimiento ordinario regulado en este Reglamento.

2. Cuando en el marco de un procedimiento relativo a autorizaciones de residencia por circunstancias excepcionales de las previstas en los arts. 31.bis, 59, 59.bis o 68.3 de la Ley Orgánica 4/2000, de 11 de enero, se comprobase que consta contra el solicitante una medida de expulsión no ejecutada por concurrencia de una infracción de las previstas en las letras a) y b) del art. 53.1 de la Ley Orgánica 4/2000, de 11 de enero, ésta será revocada siempre que del análisis de la solicitud derive la procedencia de la concesión de la autorización de residencia por circunstancias excepcionales.

En caso de que el órgano competente para resolver sobre la solicitud de autorización no fuera el mismo que dictó la sanción a revocar, instará de oficio la revocación de la sanción al órgano competente para ello. En el escrito por el que se inste la revocación se hará constar el tipo de autorización solicitada y se realizará mención expresa a la procedencia de la concesión de la misma por el cumplimiento de los requisitos exigibles para ello, salvo el relativo a la existencia de la medida de expulsión no ejecutada.

3. Los criterios establecidos en el apartado anterior serán igualmente de aplicación, en caso de que, no obstante la inadmisión a trámite de la solicitud de autorización de residencia por circunstancias excepcionales distintas a las previstas los arts. 31.bis, 59, 59.bis o 68.3 de la Ley Orgánica 4/2000, de 11 de enero, en aplicación de lo establecido en su disposición adicional cuarta, el análisis inicial de la solicitud

concluyese en la existencia de indicios claros de la procedencia de concesión de la autorización.

CAPÍTULO III
ASPECTOS ESPECÍFICOS EN LOS PROCEDIMIENTOS SANCIONADORES PARA LA IMPOSICIÓN DE LAS INFRACCIONES DE EXPULSIÓN Y MULTA

SECCIÓN PRIMERA
Normas procedimentales para la imposición de la expulsión

242. *Supuestos en que procede el procedimiento de expulsión.* 1. Sin perjuicio de lo dispuesto en el art. 57.5 y 6 de la Ley Orgánica 4/2000, de 11 de enero, cuando el infractor sea extranjero y realice alguna o algunas de las conductas tipificadas como muy graves o conductas graves de las previstas en las letras a), b), c), d) y f) del apartado 1 del art. 53 de esta Ley Orgánica, podrá aplicarse en lugar de la sanción de multa la expulsión del territorio español. Asimismo, constituirá causa de expulsión la condena, dentro o fuera de España, por una conducta dolosa que constituya en nuestro país un delito sancionado con pena privativa de libertad superior a un año, salvo que los antecedentes penales hubieran sido cancelados.

2. En caso de concurrencia de la infracción prevista en el art. 53.1.a) y b) de la Ley Orgánica 4/2000, de 11 de enero, cuando el infractor sea titular de un permiso de residencia válido u otra autorización que otorgue un derecho de estancia expedido por otro Estado miembro de la Unión Europea, se le advertirá mediante diligencia en el pasaporte de la obligación de dirigirse de inmediato al territorio de dicho Estado. En caso de que el extranjero no cumpla esta exigencia, o si fuera necesaria su salida inmediata por motivos de orden público o de seguridad nacional, se incoará procedimiento sancionador en base a lo previsto en este Reglamento.

243. *Contenido del acuerdo de iniciación del procedimiento de expulsión.* Además del contenido mínimo que ha de incluir el acuerdo de iniciación conforme lo dispuesto en el art. 227.1 en él se indicarán expresamente los siguientes particulares:

a) El derecho del interesado a la asistencia jurídica gratuita en el caso de que carezca de recursos económicos suficientes de acuerdo con lo previsto en la normativa reguladora del derecho de asistencia jurídica gratuita.

b) El derecho del interesado a la asistencia de intérprete si no comprende o habla las lenguas oficiales que se utilicen.

c) Que el acuerdo de expulsión que pueda dictarse conllevará la prohibición de entrada en España, cuya duración se establecerá de acuerdo con lo dispuesto en el art. 245.2 de este Reglamento y que será extensiva a los territorios de los Estados con los que España haya suscrito acuerdo en ese sentido.

244. *Medidas cautelares en el procedimiento de expulsión.* 1. De conformidad con lo previsto en los arts. 55 y 61 de la Ley Orgánica 4/2000, de 11 de enero, el instructor podrá adoptar en cualquier momento mediante acuerdo motivado las medidas de carácter provisional que resulten necesarias para asegurar la eficacia de la resolución que pudiera recaer.

En caso de que el procedimiento tramitado fuera de carácter ordinario no podrá adoptarse la medida cautelar de internamiento.

2. En iguales términos que los establecidos en el art. 221 de este Reglamento, el instructor podrá mantener la aprehensión de los bienes, efectos o instrumentos que hayan servido para la comisión de la infracción prevista en el art. 54.1.b) de la Ley Orgánica 4/2000, de 11 de enero.

245. *Contenido y efectos de la resolución del procedimiento de expulsión.* 1. La resolución que ponga fin al procedimiento habrá de ser motivada, con indicación de los recursos que contra ella puedan interponerse, órgano ante el que hubiera de presentarse y plazo para su presentación, de conformidad con lo establecido en el art. 222.

2. La resolución que acuerde la expulsión llevará consigo la prohibición de entrada al territorio español. Dicha prohibición de entrada se hará extensiva a los territorios de los Estados con los que España haya suscrito acuerdo en ese sentido.

La duración de la prohibición se determinará en consideración a las circunstancias que concurran en cada caso y su vigencia no excederá de cinco años.

Excepcionalmente, cuando el extranjero suponga una amenaza grave para el orden público, la seguridad pública, la seguridad nacional o para la salud pública, podrá imponerse un periodo de prohibición de entrada de hasta diez años, previo informe de la Comisaría General de Extranjería y Fronteras.

Sin perjuicio de lo anterior, el órgano competente no impondrá prohibición de entrada en caso de que el extranjero abandone el territorio nacional durante la tramitación del expediente o revocará la prohibición de entrada impuesta si el extranjero lo abandona en el plazo de cumplimiento voluntario previsto en la orden de expulsión.

La salida del territorio deberá ser oportunamente comunicada al órgano competente para la no imposición o revocación de la prohibición de entrada, siempre que el expediente sancionador haya sido tramitado por alguno de los supuestos contemplados en las letras a) y b) del art. 53.1 de la Ley Orgánica 4/2000, de 11 de enero.

Se entenderá que la salida ha sido debidamente comunicada:

a) Mediante cumplimentación en los servicios policiales responsables del control fronterizo del impreso previsto para dejar constancia de la salida del extranjero de territorio español.

b) Mediante personación en la misión diplomática u oficina consular española en el país de origen o de residencia en la que conste documentación acreditativa de que la salida de territorio español se produjo antes de la resolución del procedimiento sancionador o durante el plazo dado para el cumplimiento voluntario de la sanción impuesta.

La autoridad fronteriza o consular a la que se haya comunicado la salida de territorio español de acuerdo con lo establecido en este apartado dará traslado, a través de la Comisaría General de Extranjería y Fronteras, de dicha información al órgano que haya impuesto la sanción de expulsión o que sea competente para su imposición, a los efectos, respectivamente, de la revocación o no imposición de la prohibición de entrada.

3. La resolución conllevará, en todo caso, la extinción de cualquier autorización para permanecer en España de la que fuese titular el extranjero expulsado, así como el archivo de cualquier procedimiento que tuviera por objeto la autorización para residir o trabajar en España.

4. Si la resolución se adoptase en aplicación de la infracción prevista en el art. 54.1.b) de la Ley Orgánica 4/2000, de 11 de enero, y se hubiese procedido a la aprehensión de bienes, efectos o instrumentos que hubiesen sido utilizados para la comisión de la citada infracción, aquélla conllevará el decomiso de dichos bienes o efectos salvo cuando haya quedado acreditado que los bienes pertenecen a un tercero de buena fe no responsable de la infracción que los haya adquirido legalmente.

Los bienes, efectos e instrumentos definitivamente decomisados por resolución administrativa o judicial firme se adjudicarán al Estado en los términos fijados por la Ley 33/2003, de 3 de noviembre, del Patrimonio de las Administraciones Públicas.

5. Si la resolución se adoptase en aplicación de la infracción prevista en el art. 54.1.d) de la Ley Orgánica 4/2000, de 11 de enero, y sin perjuicio de la expulsión acordada, podrá contener pronunciamiento por el que se adopte la clausura del establecimiento o local desde seis meses a cinco años.

246. *Ejecución de la resolución en el procedimiento de expulsión.* 1. Las resoluciones de expulsión del territorio nacional que se dicten en procedimientos de tramitación preferente se ejecutarán de forma inmediata de acuerdo con las normas específicas previstas en este Reglamento y en el art. 63 la Ley Orgánica 4/2000, de 11 de enero.

2. Las resoluciones de expulsión del territorio nacional que se dicten en procedimientos de tramitación ordinaria contendrán el plazo de cumplimiento voluntario para que el extranjero abandone el territorio nacional.

La duración de dicho plazo oscilará entre siete y treinta días y comenzará a transcurrir desde el momento de la notificación de la citada resolución. La imposición de un plazo inferior a quince días tendrá carácter excepcional y habrá de estar debidamente motivada en el escrito por el que se comunique su duración.

Con carácter previo a su finalización, el plazo de cumplimiento voluntario de la orden de expulsión podrá prorrogarse en atención a las circunstancias que concurran en cada caso concreto, tales como la duración de la estancia, tener a cargo menores escolarizados o la existencia de otros vínculos familiares y sociales.

En el caso de que el extranjero tenga a cargo menores escolarizados, no procederá la ejecución de la sanción de expulsión hasta la finalización del curso académico salvo que el otro progenitor sea residente en España y pueda hacerse cargo de ellos.

3. Transcurrido dicho plazo sin que el extranjero haya abandonado el territorio nacional, los funcionarios policiales competentes en materia de extranjería procederán a su detención y conducción hasta el puesto de salida por el que haya de hacerse efectiva la expulsión.

Si la expulsión no se pudiera ejecutar en el plazo de setenta y dos horas desde el momento de la detención, el instructor o el responsable de la unidad de extranjería del Cuerpo Nacional de Policía ante la que se presente el detenido podrá solicitar de la autoridad judicial el ingreso del extranjero en los centros de internamiento establecidos al efecto.

El periodo de internamiento se mantendrá por el tiempo imprescindible para ejecutar la expulsión, que no podrá prolongarse en ningún caso más allá de sesenta días, o hasta que se constate la imposibilidad de ejecutarla en dicho plazo. No podrá acordarse un nuevo internamiento sobre la base del mismo expediente de expulsión.

4. Con carácter preferente, la ejecución de la resolución de expulsión se efectuará a costa del empleador que haya sido sancionado como consecuencia de la comisión de la infracción grave prevista en el art. 53.2.a) y muy grave del art. 54.1.d) de la Ley Orgánica 4/2000, de 11 de enero, sin perjuicio y de forma compatible con la sanción económica que corresponda de conformidad con el procedimiento establecido para la imposición de sanciones por infracciones del orden social.

5. La ejecución de la resolución de expulsión se efectuará a costa del extranjero si éste dispusiera de medios económicos. En caso contrario, se comunicará dicha circunstancia al representante diplomático o consular de su país, a los efectos oportunos.

Salvo en supuestos en que se hubiera impuesto un periodo de cumplimiento voluntario de la sanción y éste hubiera sido inatendido por el extranjero, en caso de que éste dispusiera de medios económicos y asumiera el coste de la repatriación de manera voluntaria, el Delegado o Subdelegado del Gobierno que hubiera dictado dicha resolución podrá acordar, de oficio o a instancia de parte, su sustitución por la salida obligatoria si se cumplen las siguientes condiciones:

a) Que la infracción que haya motivado la resolución de expulsión sea la contenida en el art. 53.1.a) y b) de la Ley Orgánica 4/2000, de 11 de enero;

b) Que existan garantías suficientes o pueda comprobarse la realización de la oportuna salida obligatoria prevista en el art. 28.3.c) de la Ley Orgánica 4/2000; y

c) Que el extranjero esté por su nacionalidad sometido a la obligación de visado para cruzar las fronteras exteriores en aplicación de un acuerdo de régimen común de visados, de carácter internacional, en el que España sea parte.

6. La salida del territorio nacional podrá acreditarse mediante certificado emitido por funcionario del puesto fronterizo, en el que conste la identidad del extranjero, su número de pasaporte, datos del medio de transporte y fecha en que abandonó el territorio nacional.

7. Si el extranjero formulase petición de protección internacional, se suspenderá la ejecución de la resolución de expulsión hasta que se haya inadmitido a trámite o resuelto, de conformidad con lo establecido en la normativa de protección internacional.

Igualmente, se suspenderá la ejecución de la expulsión en los casos de mujeres embarazadas cuando suponga un riesgo para la gestación o para la vida o la integridad física de la madre o cuando se trate de personas enfermas y la medida pueda suponer un riesgo para su salud.

247. *Extranjeros procesados o imputados en procedimientos por delitos o faltas.* De conformidad con lo dispuesto en el art. 57.7 de la Ley Orgánica 4/2000, de 11 de enero, cuando el extranjero se encuentre procesado o imputado en un procedimiento judicial por delito o falta para el que la Ley prevea una pena privativa de libertad inferior a seis años o una pena de distinta naturaleza y conste este hecho acreditado en el expediente administrativo de expulsión, la autoridad gubernativa someterá al juez que, previa audiencia del Ministerio Fiscal y oído el interesado y las partes personadas, autorice en el plazo más breve posible y en todo caso no superior a tres días su expulsión, salvo que de forma motivada aprecie la existencia de circunstancias excepcionales que justifiquen su denegación.

En el caso de que el extranjero se encuentre sujeto a varios procesos penales tramitados en diversos juzgados y consten estos hechos acreditados en el expediente administrativo de expulsión, la autoridad gubernativa instará de todos ellos la autorización a que se refiere el párrafo anterior.

A los efectos de lo dispuesto en este artículo, se considerará que consta acreditado en el expediente administrativo de expulsión la existencia de procesos penales en contra del expedientado, cuando sea el propio interesado quien lo haya acreditado documentalmente en cualquier momento de la tramitación, o cuando haya existido comunicación de la autoridad judicial o del Ministerio Fiscal al órgano competente para la instrucción o resolución del procedimiento sancionador, en cualquier forma o a través de cualquier tipo de requisitoria.

248. *Comunicaciones en el procedimiento de expulsión.* La resolución de expulsión será comunicada a la embajada o consulado del país del extranjero y a la Secretaría de Estado de Inmigración y Emigración, así como anotada en el Registro Central de Extranjeros. Esta comunicación se dirigirá al Ministerio de Asuntos Exteriores y de Cooperación cuando no se haya podido notificar al consulado del país del extranjero o éste no radique en España.

SECCIÓN SEGUNDA
Normas procedimentales para la imposición de multas

249. *Supuestos de aplicación del procedimiento para la imposición de multas.* Las normas procedimentales recogidas en esta sección serán de aplicación cuando el infractor, cualquiera que sea su nacionalidad, realice alguna de las conductas tipificadas como graves o muy graves de las previstas en los arts. 53 y 54 de la Ley Orgánica 4/2000, de 11 de enero, sin perjuicio de los supuestos en que se pueda imponer la expulsión según lo dispuesto en este título.

En el supuesto de comisión de conductas tipificadas como leves se aplicará lo dispuesto para el procedimiento simplificado.

Para la determinación de la cuantía de la sanción se tendrá especialmente en cuenta la capacidad económica del infractor.

250. *Contenido del acuerdo de iniciación del procedimiento para la imposición de multas.* El contenido mínimo del acuerdo de iniciación del procedimiento para la imposición de sanción de multa será conforme a lo dispuesto en el art. 227.

Los demás trámites procedimentales, salvo lo dispuesto en los artículos siguientes, serán los establecidos para el procedimiento ordinario contenidos en la sección 1ª del capítulo II de este título.

251. *Medidas cautelares en el procedimiento para la imposición de multas.* 1. En iguales términos que los establecidos en el art. 221 de este Reglamento se podrá proceder a la aprehensión de los bienes, efectos o instrumentos que hayan sido utilizados para la comisión de la infracción prevista en el art. 54.1.b) de la Ley Orgánica 4/2000, de 11 de enero.

2. Cuando se siga expediente sancionador por alguna de las infracciones previstas en el art. 54.2.b) y c) de la Ley Orgánica 4/2000, de 11 de enero, y los transportistas infrinjan la obligación de tomar a cargo al extranjero transportado ilegalmente, la autoridad gubernativa podrá acordar alguna de las siguientes medidas:

a) Suspensión temporal de sus actividades, que no podrá exceder de un periodo de seis meses.

b) Prestación de fianza o avales, en atención al número de afectados y el perjuicio ocasionado.

c) Inmovilización del medio de transporte utilizado hasta el cumplimiento de la referida obligación.

252. *Resolución del procedimiento para la imposición de multas. Efectos y ejecutividad.* 1. La resolución que ponga fin al procedimiento habrá de ser motivada, con indicación de los recursos que contra ella puedan interponerse, el órgano ante el que hubiera de presentarse y el plazo para su presentación, y ajustarse a lo dispuesto en el art. 222.

2. Si la resolución se adoptase en aplicación de la infracción prevista en el art. 54.1.b) de la Ley Orgánica 4/2000, de 11 de enero, y se hubiese procedido a la aprehensión de bienes, efectos o instrumentos que hubiesen sido utilizados para la comisión de la citada infracción, aquélla conllevará el decomiso de dichos bienes o efectos salvo cuando haya quedado acreditado que los bienes pertenecen a un tercero de buena fe no responsable de la infracción que los haya adquirido legalmente.

Los bienes, efectos e instrumentos definitivamente decomisados por resolución se adjudicarán al Estado en los términos fijados por la Ley 33/2003, de 3 de noviembre, del Patrimonio de las Administraciones Públicas.

3. Si la resolución se adoptase en aplicación de la infracción prevista en el art. 54.1.d) de la Ley Orgánica 4/2000, de 11 de enero, y sin perjuicio de la sanción de multa acordada, podrá contener pronunciamiento por el que se adopte la clausura del establecimiento o local desde seis meses a cinco años.

4. Las resoluciones administrativas de imposición de sanción de multa dictadas en aplicación de la Ley Orgánica 4/2000, de 11 de enero, serán inmediatamente ejecutivas una vez que hayan adquirido firmeza en vía administrativa, salvo que el órgano competente acuerde su suspensión.

5. Las multas deberán hacerse efectivas a los órganos de recaudación de la Administración gestora, directamente o a través de entidades de depósitos, dentro de los quince días hábiles siguientes a la fecha de su firmeza en vía administrativa.

Vencido el plazo de ingreso establecido en el párrafo anterior sin que se hubiese satisfecho la multa, la exacción se llevará a cabo por el procedimiento de apremio. A tal efecto será título ejecutivo la certificación de descubierto expedida por el órgano competente de la Administración gestora.

Los órganos y procedimientos de la recaudación ejecutiva serán los establecidos en el Reglamento General de Recaudación y demás normas de aplicación.

Los actos de gestión recaudatoria en vía de apremio dictados por los órganos de la Administración General del Estado respecto de las multas impuestas en aplicación de la Ley Orgánica 4/2000, de 11 de enero, serán impugnables en la vía económico-administrativa.

CAPÍTULO IV
INFRACCIONES Y SANCIONES EN EL ORDEN SOCIAL Y VIGILANCIA LABORAL

253. *Vigilancia laboral.* La inspección en materia de trabajo de extranjeros se ejercerá a través de la Inspección de Trabajo y Seguridad Social en desarrollo de las funciones y competencias que tiene atribuidas en su normativa específica de conformidad con lo dispuesto en la Ley 42/1997, de 14 de noviembre, Ordenadora de la Inspección de Trabajo y Seguridad Social, y sus normas de aplicación.

En aquellas Comunidades Autónomas a las que se les haya traspasado la competencia ejecutiva en materia de inspección, sin perjuicio de la unidad del sistema y de los acuerdos que puedan alcanzarse entre la Administración General del Estado y la de la Comunidad, la planificación y organización de las labores de inspección a las que se refiere este artículo corresponderán a la administración autonómica en aquellos supuestos en los que le haya sido traspasada también la competencia en materia de autorizaciones iniciales de trabajo por cuenta propia o ajena de los extranjeros cuya relación laboral se desarrolle en el ámbito de la Comunidad Autónoma.

254. *Infracciones y sanciones en el orden social.* 1. Las infracciones leves tipificadas en los arts. 52.c), d) y e); graves del art. 53.1.b) y 53.2.a); y muy graves del art. 54.1.d) y f) de la Ley Orgánica 4/2000, de 11 de enero, serán sancionadas de conformidad con el procedimiento para la imposición de sanciones por infracciones de orden social, y por lo dispuesto en este artículo.

2. Las sanciones por las infracciones a las que se refiere el apartado anterior podrán imponerse en los grados de mínimo, medio y máximo, atendiendo a los criterios expresados a continuación y aplicando el principio de proporcionalidad.

3. Calificadas las infracciones en la forma y conforme a los tipos previstos en la Ley Orgánica 4/2000, de 11 de enero, las sanciones se graduarán en atención al grado de culpabilidad del sujeto infractor, al daño producido o al riesgo derivado de la infracción y la trascendencia de ésta.

Igualmente, se tendrá en especial consideración, en caso de proceder la imposición de la sanción de multa y para la determinación de su cuantía, la capacidad económica del infractor.

4. Las infracciones se sancionarán:

a) Las leves, en su grado mínimo, con multa de 50 a 100 euros; en su grado medio, de 101 a 250 euros; y en su grado máximo, de 251 a 500 euros.

b) Las graves, en su grado mínimo, con multa de 501 a 2.000 euros; en su grado medio, de 2.001 a 5.000 euros; y en su grado máximo, de 5.001 a 10.000 euros.

c) Las muy graves, en su grado mínimo, con multa de 10.001 a 20.000 euros; en su grado medio, de 20.001 a 50.000 euros; y en su grado máximo de 50.001 hasta 100.000 euros.

5. La ordenación de la tramitación de los expedientes sancionadores corresponderá a las Jefaturas de la Inspección de Trabajo y Seguridad Social competentes por razón del territorio o, en el caso de Comunidades Autónomas a las que se les haya traspasado la competencia en materia de inspección, al órgano competente de acuerdo con la normativa autonómica de aplicación.

La iniciación, el contenido de las actas, la notificación y las alegaciones se ajustarán a lo dispuesto en el Reglamento general sobre procedimientos para la imposición de sanciones por infracciones de orden social y para los expedientes liquidatorios de cuotas de la Seguridad Social, aprobado por el Real Decreto 928/1998, de 14 de mayo.

En los casos de infracción prevista en los art. 53.1.b), cuando se trate de trabajadores por cuenta propia, y del art. 54.1.d) y f), cuando el empresario infractor sea extranjero, de la Ley Orgánica 4/2000, de 11 de enero, en el acta de infracción se hará constar expresamente que en virtud de lo establecido en el art. 57.1 de la referida Ley Orgánica el órgano competente para resolver podrá aplicar la expulsión de territorio español en lugar de la sanción de multa.

6. Las actas de infracción de extranjeros serán notificadas por las Jefaturas de Inspección de Trabajo y Seguridad Social, o en su caso por los órganos autonómicos competentes, al sujeto o sujetos responsables. En las actas se hará constar que se podrán formular alegaciones contra ellas en el plazo de quince días.

7. Si no se formulase escrito de alegaciones continuará la tramitación del procedimiento hasta dictar la resolución.

8. Si se formulasen alegaciones, la Jefatura de la Inspección de Trabajo y Seguridad Social, o en su caso el órgano autonómico, podrá solicitar, a la vista de las mismas, el informe ampliatorio al inspector o subinspector que practicó el acta. Dicho informe se emitirá en el plazo de quince días. El citado informe será preceptivo si en las alegaciones se invocan hechos o circunstancias distintos a los consignados en el acta, insuficiencia del relato fáctico de ésta o indefensión por cualquier causa.

9. Instruido el expediente, el Jefe de la Inspección de Trabajo y Seguridad Social, o en su caso el órgano autonómico competente, lo elevará con la propuesta de resolución al Delegado o Subdelegado del Gobierno, o en su caso al órgano autonómico competente para resolver, de conformidad con lo establecido en el art. 55.2 de la Ley Orgánica 4/2000, de 11 de enero.

En la propuesta de resolución se fijarán de forma motivada los hechos probados, su calificación jurídica y la cuantía de la sanción que se propone imponer y, en el caso de que el acta de infracción incluyese la sanción accesoria a que se refiere el art. 55.6 de la Ley Orgánica 4/2000, de 11 de enero, también se efectuará propuesta de resolución sobre aquélla.

10. El órgano competente para resolver, previas las diligencias que estime necesarias, dictará la resolución en el plazo de diez días desde la finalización de la tramitación del expediente de conformidad con lo establecido para las resoluciones sancionadoras por el Reglamento regulador del procedimiento para la imposición de sanciones por infracciones de orden social, y para los expedientes liquidatorios de cuotas de la Seguridad Social, aprobado por el Real Decreto 928/1998, de 14 de mayo.

En el caso de que el órgano competente para resolver decida aplicar la sanción de expulsión del territorio español en lugar de la sanción de multa, dictará resolución de expulsión con los requisitos y efectos establecidos en el art. 242.

11. Las resoluciones sancionadoras que dicten los Subdelegados del Gobierno o los Delegados del Gobierno en las Comunidades Autónomas uniprovinciales, o en su caso el órgano autonómico competente, en relación con este tipo de infracciones quedarán sometidas al régimen común de recursos previsto en este Reglamento.

12. En lo no previsto por el procedimiento especial, regulado por el Real Decreto 928/1998, de 14 de mayo, regirá el procedimiento común de conformidad con lo establecido en la disposición adicional séptima de la Ley 30/1992, de 26 de noviembre.

CAPÍTULO V
INFRACCIONES, SANCIONES Y OBLIGACIÓN DE SU COMUNICACIÓN INTERORGÁNICA

255. *Otras infracciones y sanciones.* Los extranjeros que incumplan los deberes, obligaciones y cargas impuestos por el ordenamiento jurídico general serán sancionados con arreglo a la legislación específicamente aplicable en cada caso.

256. *Comunicación interorgánica de infracciones.* 1. La Dirección General de Inmigración y la Inspección de Trabajo y Seguridad Social, o en su caso el órgano autonómico con competencia sobre la materia, darán cuenta a la Oficina de Extranjería y a los servicios policiales correspondientes de los supuestos de infracciones relativas a la entrada y permanencia de extranjeros en España de que tuvieran conocimiento en el ejercicio de sus competencias.

2. Igualmente, las Oficinas de Extranjería y los servicios policiales comunicarán a la Dirección General de Inmigración y a la Inspección de Trabajo y Seguridad Social, o en su caso el órgano autonómico con competencia sobre la materia, los hechos que conozcan y que pudieran constituir infracciones laborales contra lo dispuesto en este Reglamento.

Cuando la expulsión hubiera sido autorizada judicialmente, las Oficinas de Extranjería y los servicios policiales comunicarán de modo inmediato la salida en el plazo de cumplimiento voluntario, la práctica de la expulsión o las razones que en su caso imposibilitan su realización a la autoridad judicial que la hubiese autorizado y al Ministerio Fiscal.

3. Cuando el Ministerio Fiscal conozca que un extranjero se encuentra imputado en un procedimiento por delito menos grave y pudiera estar incurso en alguna de las causas de expulsión previstas en la Ley Orgánica 4/2000, de 11 de enero, sin que hubiera sido incoado el correspondiente expediente administrativo sancionador, informará sobre tal imputación a la Delegación o Subdelegación del Gobierno competente para que ésta compruebe si procede o no la incoación de expediente de expulsión. A los mismos efectos, el Ministerio Fiscal comunicará a la autoridad gubernativa las condenas impuestas a extranjeros por delito doloso castigado con pena privativa de libertad superior a un año.

4. Los directores de los establecimientos penitenciarios notificarán a la Oficina de Extranjería y a la comisaría provincial de policía correspondientes a su demarcación, con tres meses de anticipación, la excarcelación de extranjeros que hubieran sido condenados en virtud de sentencia judicial por delito, a los efectos de que en su caso se proceda a la expulsión de conformidad con lo establecido en la Ley Orgánica 4/2000, de 11 de enero. A estos efectos, en los expedientes personales de los extranjeros condenados se hará constar si les ha sido

incoado expediente de expulsión, así como en su caso el estado de tramitación en que se halle.

5. El Registro Central de Penados comunicará, de oficio o a instancia de la Oficina de Extranjería o de la Comisaría de Policía correspondientes, los antecedentes penales de los extranjeros que hayan sido condenados por delito doloso que tenga señalada pena superior a un año de prisión, a los efectos de la incoación del correspondiente expediente de expulsión, a cuyo fin remitirá un certificado de aquéllos.

257. *Comunicaciones de los órganos judiciales a la Delegación o Subdelegación del Gobierno en relación con extranjeros.* 1. De conformidad con lo establecido en la disposición adicional decimoséptima de la Ley Orgánica 19/2003, de 23 de diciembre, de modificación de la Ley Orgánica 6/1985, de 1 de julio, del Poder Judicial, los órganos judiciales comunicarán a la Delegación o Subdelegación del Gobierno competente la finalización de los procesos judiciales en los que concurra la comisión de infracciones administrativas a las normas sobre extranjería, a los efectos de que pueda reanudarse, iniciarse o archivarse, si procede, según los casos, el procedimiento administrativo sancionador. Del mismo modo, comunicarán aquellas condenas impuestas a extranjeros por delito doloso castigado con pena privativa de libertad superior a un año a los efectos de la incoación del correspondiente expediente sancionador.

2. Igualmente, comunicarán las sentencias en las que acuerden la sustitución de las penas privativas de libertad impuestas o de las medidas de seguridad que sean aplicables a los extranjeros no residentes legalmente en España por su expulsión del territorio nacional. En estos casos, la sentencia que acuerde la sustitución dispondrá la ejecución de la pena privativa de libertad o medida de seguridad originariamente impuesta hasta tanto la autoridad gubernativa proceda a materializar la expulsión. A estos efectos la autoridad gubernativa deberá hacer efectiva la expulsión en el plazo más breve posible y, en todo caso, dentro de los treinta días siguientes, salvo causa justificada que lo impida, que deberá ser comunicada a la autoridad judicial.

CAPÍTULO VI
INGRESO EN CENTROS DE INTERNAMIENTO DE EXTRANJEROS (Derogado) [266]

258. *Ingreso en Centros de internamiento de extranjeros.* [267] *(Derogado)*

TÍTULO XV
OFICINAS DE EXTRANJERÍA Y CENTROS DE MIGRACIONES

CAPÍTULO PRIMERO
LAS OFICINAS DE EXTRANJERÍA

259. *Creación.* 1. Las Oficinas de Extranjería son las unidades que integran los diferentes servicios de la Administración General del Estado competentes en materia de extranjería e inmigración en el ámbito provincial, al objeto de garantizar la eficacia y coordinación en la actuación administrativa.

2. La Secretaría de Estado de Inmigración y Emigración impulsará la creación, supresión y modificación de Oficinas de Extranjería, basándose en la especial incidencia de la inmigración en la provincia y previa consulta a los Ministerios del Interior y de Política Territorial y Administración Pública.

A partir de dicho impulso, la creación, la supresión o la modificación de Oficinas de Extranjería se llevará a cabo mediante Orden del titular del Ministerio de la Presidencia dictada a propuesta de los titulares de los Ministerios del Interior, de Política Territorial y Administración Pública y de Trabajo e Inmigración.

3. Las Oficinas de Extranjería estarán ubicadas en la capital de las provincias en las que se constituyan.

---

[266] Derogado por disposición derogatoria única de Real Decreto 162/2014 de 14 de marzo de 2014, con vigencia desde 16/03/2014

[267] Derogado por disposición derogatoria única de Real Decreto 162/2014 de 14 de marzo de 2014, con vigencia desde 16/03/2014

Por razones relacionadas con la configuración geográfica, administrativa, económica y de población de una provincia, el Ministerio de Política Territorial y Administración Pública, con acuerdo de las Secretarías de Estado de Inmigración y Emigración y de Seguridad, podrá excepcionalmente determinar la ubicación de una Oficina de Extranjería en una población distinta a la capital de la provincia en la que se constituya.

4. Las Oficinas de Extranjería podrán disponer de oficinas delegadas ubicadas en los distritos de la capital y en los municipios de la provincia para facilitar las gestiones administrativas de los interesados. Dichas oficinas delegadas serán creadas por resolución del titular de la Delegación o Subdelegación del Gobierno a la que se adscriba la Oficina de Extranjería correspondiente.

Los titulares de las Secretarías de Estado de Seguridad y de Inmigración y Emigración podrán dictar Instrucciones conjuntas para coordinar las unidades policiales con las correspondientes Oficinas de Extranjería.

260. *Dependencia.* 1. Las Oficinas de Extranjería dependerán orgánicamente de la correspondiente Delegación o Subdelegación del Gobierno, se encuadrarán en las Áreas funcionales de Trabajo e Inmigración, y dependerán funcionalmente del Ministerio de Trabajo e Inmigración, a través de la Secretaría de Estado de Inmigración y Emigración, y del Ministerio del Interior, ambos en el ámbito de sus respectivas competencias.

2. Las Oficinas de Extranjería se regirán por lo dispuesto en este Reglamento, así como por su normativa de creación y funcionamiento.

261. *Funciones.* Las Oficinas de Extranjería ejercerán, en el ámbito provincial, las siguientes funciones, previstas en la normativa vigente en materia de extranjería y régimen comunitario:

1. La recepción de la declaración de entrada. La tramitación de las prórrogas de estancia, de la Tarjeta de Identidad de Extranjero, autorizaciones de residencia, autorizaciones de trabajo y exceptuaciones a la obligación de obtener autorización de trabajo, autorizaciones de regreso, así como la expedición y entrega de aquéllas.

2. La recepción de la solicitud de cédula de inscripción y de título de viaje para la salida de España, así como su expedición y entrega.

3. La tramitación de los procedimientos sancionadores por infracciones a la normativa en materia de extranjería y en régimen comunitario. No obstante, las devoluciones, y los expedientes sancionadores que lleven a la expulsión del infractor extranjero, o a su detención e ingreso en un Centro de Internamiento de Extranjeros, serán ejecutados por las Brigadas y Unidades de Extranjería y Documentación de las Comisarías de Policía.

4. La tramitación de los recursos administrativos que procedan.

5. La elevación a los órganos y autoridades competentes de las oportunas propuestas de resolución relativas a los expedientes a que se ha hecho referencia en los párrafos anteriores.

6. La asignación y comunicación del número de identidad de extranjero, por los servicios policiales de las propias Oficinas.

7. La información, recepción y tramitación de la solicitud de protección internacional y de las solicitudes del estatuto de apátrida.

8. La obtención y elaboración del conjunto de información estadística de carácter administrativo y demográfico sobre la población extranjera y en régimen comunitario de la provincia.

9. El control del mantenimiento de las condiciones que determinaron la concesión de la autorización.

262. *Organización funcional de las Oficinas de Extranjería.* 1. El Jefe de la Oficina de Extranjería establecerá los criterios de realización de las funciones referidas en el artículo anterior, que se ejercerán bajo la dirección, a través del respectivo Director del Área funcional o Jefe de la Dependencia provincial de Trabajo e Inmigración, de los Delegados y Subdelegados del Gobierno correspondientes, y sin perjuicio de las competencias que en materia de resolución de expedientes correspondan a otros órganos.

2. Las oficinas delegadas colaborarán en el desarrollo de las funciones de la correspondiente Oficina de Extranjería, en especial, las referidas a la atención al ciudadano, recepción de solicitudes y escritos, notificación y entrega de resoluciones y documentos, y podrán ejercer las competencias que les sean delegadas.

3. Sin perjuicio de la competencia atribuida al Jefe de la Oficina de Extranjería en el apartado 1 de este artículo, corresponderá a los servicios policiales adscritos a ella:

a) La asignación y comunicación del número de identidad de extranjero y la emisión de certificados de residente y no residente.

b) La expedición y entrega de la documentación correspondiente a la normativa sobre protección internacional y el estatuto de apátrida.

c) La expedición y entrega del título de viaje o documento análogo para la salida de España, así como de la Tarjeta de Identidad de Extranjero y de los documentos de identificación provisionales.

d) La expedición de las etiquetas de visado en las que se materialicen las prórrogas de estancias de corta duración.

e) La materialización de la anulación o retirada de los visados de estancia de corta duración.

f) La tramitación de las autorizaciones de regreso.

g) La grabación en el Registro Central de Extranjeros de los cambios y alteraciones de la situación de los extranjeros previstos en el art. 214 de este Reglamento.

263. *Personal.* 1. Los diferentes servicios encargados de la tramitación de los expedientes en materia de extranjería se integrarán en la Oficina de Extranjería, que actuará como un único centro de gestión, bajo la dirección del respectivo Director del Área funcional o Jefe de la Dependencia provincial de Trabajo e Inmigración.

2. El personal procedente de los servicios a que se hace referencia en el apartado 1 que no esté integrado orgánicamente en las Delegaciones del Gobierno, conforme a lo dispuesto por la Ley 6/1997, de 14 de abril, de Organización y Funcionamiento de la Administración General del Estado, y su normativa de desarrollo, se integrará en la Delegación del Gobierno o Subdelegación del Gobierno correspondiente.

3. Las Oficinas de Extranjería contarán con una relación de puestos de trabajo y, en su caso, un catálogo del personal laboral para la respectiva integración del personal procedente de los servicios a que se hace referencia en el apartado 1 y sus correspondientes puestos de trabajo.

4. Las Oficinas de Extranjería contarán con la adscripción de personal de la Dirección General de la Policía y de la Guardia Civil para la realización de las funciones que ésta tiene asignadas en materia de extranjería.

5. El Jefe de la Oficina de Extranjería será nombrado y cesado por el Delegado del Gobierno, previo informe favorable de la Secretaría de Estado de Inmigración y Emigración, ya se provea el puesto de forma provisional o definitivamente.

Su nombramiento se realizará por el sistema de libre designación entre funcionarios de carrera del Subgrupo A1 o del Subgrupo A2 de la Administración General del Estado, dentro de los límites establecidos en el Reglamento general de ingreso del personal al Servicio de la Administración General del Estado y de provisión de puestos de trabajo y promoción profesional de los funcionarios civiles de la Administración General del Estado, aprobado por el Real Decreto 364/1995, de 10 de marzo.

CAPÍTULO II
LOS CENTROS DE MIGRACIONES

264. *La red pública de centros de migraciones.* 1. Para el cumplimiento de los fines de integración social que tiene encomendados, el Ministerio de Trabajo e Inmigración dispondrá de una red pública de centros de migraciones, que desempeñarán tareas de información, atención, acogida, intervención social, formación, detección de situaciones de trata de seres humanos y, en su caso, derivación, dirigidas a la población extranjera. Igualmente podrán desarrollar o impulsar actuaciones de sensibilización relacionadas con la inmigración.

2. En particular, la red de centros de migraciones podrá desarrollar programas específicos dirigidos a extranjeros que tengan la condición de solicitantes de asilo o del estatuto de apátrida, refugiados, apátridas, beneficiarios de la protección dispensada por el art. 37.b) de la Ley 12/2009, de 30 de octubre, inmigrantes que lleguen a España de acuerdo con las normas reguladoras de la gestión colectiva de contrataciones en origen, así como a extranjeros que se hallen en situación de vulnerabilidad o riesgo de exclusión social. Corresponderá a la Dirección General de Integración de los Inmigrantes determinar los programas que vayan a desarrollar por los centros de migraciones, así como sus destinatarios.

3. La red de centros de migraciones estará integrada por los centros de acogida a refugiados regulados en la Orden Ministerial de 13 de enero de 1989, los centros de estancia temporal de inmigrantes en Ceuta y Melilla, así como, en su caso, por los centros de nueva creación. Los centros integrados en la red de centros de migraciones se regirán por un estatuto común, sin perjuicio de la posibilidad de

que los distintos centros desarrollen programas destinados a colectivos determinados, de acuerdo con lo dispuesto en el apartado anterior.

265. *Régimen jurídico de los centros de migraciones.* Mediante Orden del titular del Ministerio de la Presidencia, a propuesta conjunta de los titulares de los Ministerios de Política Territorial y Administración Pública y de Trabajo e Inmigración, instada por el titular de la Secretaría de Estado de Inmigración y Emigración, se podrá:

a) Acordar el establecimiento de nuevos centros de migraciones, la ampliación de los ya existentes o su clausura.

b) Aprobar los estatutos y normas de funcionamiento interno de los centros de migraciones.

c) Determinar las prestaciones que se dispensarán en ellos, así como el régimen jurídico al que se hallan sujetas.

266. *Ingreso en centros de migraciones.* 1. Las normas de funcionamiento interno de los centros determinarán los requisitos y el procedimiento que se deba seguir para el ingreso de un extranjero en un centro de migraciones.

2. Cuando el extranjero carezca de un título que autorice su permanencia en España, el ingreso en un centro de migraciones llevará aparejada la expedición de un volante personal e intransferible que le autorice a permanecer en el centro, en el que junto a la fotografía del extranjero se harán constar sus datos de filiación, nacionalidad, número de identidad de extranjero, si lo tuviera asignado, así como la fecha de caducidad del tiempo en que habitará en el centro.

3. Esta autorización de permanencia se entiende sin perjuicio de las ulteriores decisiones que las autoridades competentes adopten en relación con la situación administrativa del extranjero en España.

DISPOSICIONES ADICIONALES

Disposición Adicional Primera . *Atribución de competencias en materia de informes, resoluciones y sanciones.* 1. Cuando las competencias en materia de informes, resoluciones y sanciones no estén expresamente atribuidas a un determinado órgano en este Reglamento, serán ejercidas por los Delegados del Gobierno en las Comunidades

Autónomas uniprovinciales y por los Subdelegados del Gobierno en las provincias.

Sin perjuicio de lo anterior, la competencia en materia de admisión a trámite de procedimientos iniciados en el extranjero corresponderá a la Misión diplomática u Oficina consular española en el exterior ante la que se presente la correspondiente solicitud de acuerdo con lo establecido en este Reglamento, no obstante la competencia para resolver sobre el fondo del procedimiento esté atribuida a otro órgano administrativo [268].

2. Cuando se trate de supuestos en los que se vaya a realizar una actividad laboral en distintas provincias, la competencia para la concesión de las autorizaciones para residir y trabajar corresponderá a la autoridad competente de acuerdo con el apartado anterior de la provincia en la que se vaya a iniciar la actividad laboral.

3. [269]

Igualmente, el titular de la Dirección General de Inmigración será el competente para resolver sobre las autorizaciones de residencia temporal y trabajo por cuenta ajena de duración determinada en los supuestos previstos en el art. 98.2.a) y b) cuando el número de puestos de trabajo ofertado en su conjunto supere una cifra que se determinará mediante Orden del titular del Ministerio de Trabajo e Inmigración.

Asimismo, el titular de la Dirección de Inmigración será el competente para autorizar la tramitación de autorizaciones de residencia temporal y trabajo por cuenta ajena de duración determinada en los supuestos previstos en el art. 98.2.a) y b), cuando la oferta de empleo se encuadre dentro de un proyecto de cooperación al desarrollo financiado con fondos públicos.

En los supuestos previstos en este apartado, las solicitudes serán presentadas por el empleador, personalmente o a través de quien ejerza

---

[268] Párrafo anulado, desde el 24 abril 2013, conforme al apartado 2º C) Sent. de 12 marzo 2013, de la Sala Tercera del Tribunal Supremo, en la medida en que atribuye una competencia respecto a determinados procedimientos de autorización sobre los que las misiones diplomáticas u oficinas consulares españolas en el exterior no tienen competencia para resolver el fondo:
- estancia por estudios, movilidad de alumnos, prácticas no laborales y servicios de voluntariado; - residencia temporal no lucrativa; - residencia temporal y trabajo por cuenta propia; y - residencia temporal con excepción de la autorización de trabajo cuando la persona extranjera no sea residente en España y siempre que la duración prevista de la actividad sea superior a 90 días
[269] Derogado apartado 3 párrafo 1 por disposición derogatoria única letra b de Ley 11/2023 de 8 de mayo de 2023, con vigencia desde 10/05/2023

válidamente la representación empresarial, ante el registro del órgano competente para su tramitación o ante la Oficina de Extranjería correspondiente a la provincia donde se vaya a desarrollar la actividad laboral. En su caso, la Oficina de Extranjería dará traslado inmediato de la solicitud a la Dirección General de Inmigración, para su tramitación y resolución.

En estos casos, la Dirección General de Inmigración decidirá sobre la concesión de las autorizaciones oída la Comisión Laboral Tripartita de Inmigración. En las autorizaciones vinculadas a proyectos de cooperación al desarrollo, el informe favorable de la Comisión Laboral Tripartita de Inmigración sustituirá la valoración de si la situación nacional de empleo permite la contratación.

4. Cuando circunstancias de naturaleza económica, social o laboral lo aconsejen y en supuestos no regulados de especial relevancia, a propuesta del titular de la Secretaría de Estado de Inmigración y Emigración, previo informe del titular de la Secretaría de Estado de Seguridad y, en su caso, de los titulares de las Subsecretarías de Asuntos Exteriores y de Cooperación y de Política Territorial y Administración Pública, el Consejo de Ministros podrá dictar, previa información y consulta a la Comisión Laboral Tripartita de Inmigración, instrucciones que determinen la concesión de autorizaciones de residencia temporal y/o trabajo, que podrán quedar vinculadas temporal, por ocupación laboral o territorialmente en los términos que se fijen en aquéllas, o de autorizaciones de estancia. Las instrucciones establecerán la forma, los requisitos y los plazos para la concesión de dichas autorizaciones. Asimismo, el titular de la Secretaría de Estado de Inmigración y Emigración, previo informe del titular de la Secretaría de Estado de Seguridad, podrá otorgar autorizaciones individuales de residencia temporal cuando concurran circunstancias excepcionales no previstas en este Reglamento.

5. En el ejercicio de las competencias de coordinación que tiene atribuidas, el titular de la Secretaría de Estado de Inmigración y Emigración podrá proponer al Consejo de Ministros la aprobación de las instrucciones a las que haya de ajustarse la actuación de los diferentes departamentos ministeriales en cuanto ejerciten funciones relacionadas con los ámbitos de la extranjería y la inmigración.

Disposición Adicional Segunda . *Normativa aplicable a los procedimientos.* 1. En lo no previsto en materia de procedimientos en este Reglamento se estará a lo dispuesto en la Ley 30/1992, de 26 de noviembre, y en su normativa de desarrollo, particularmente, en lo referido a la necesidad de motivación de las resoluciones denegatorias de las autorizaciones.

2. De conformidad con lo establecido en la disposición adicional undécima de la referida Ley 30/1992, de 26 de noviembre, el procedimiento de visado se regirá por la normativa específica prevista en el art. 27 de la Ley Orgánica 4/2000, de 11 de enero, desarrollada en este Reglamento, en la normativa de la Unión Europea y en las demás disposiciones que se dicten en cumplimiento de los compromisos internacionales asumidos por España, y se aplicará supletoriamente la Ley 30/1992, de 26 de noviembre.

Disposición Adicional Tercera . *Lugares de presentación de las solicitudes.* [270] 1. De conformidad con la disposición adicional tercera de la Ley Orgánica 4/2000, de 11 de enero, cuando el sujeto legitimado se encuentre en territorio español las solicitudes relativas a las autorizaciones iniciales de residencia y de trabajo deberán presentarse por el interesado presencialmente ante los órganos competentes para su tramitación o electrónicamente mediante las aplicaciones específicas de tramitación que existan.

2. Cuando el sujeto legitimado se encuentre en territorio extranjero, la presentación de solicitudes de visado y su recogida se realizará ante la misión diplomática u oficina consular en cuya demarcación resida, salvo lo dispuesto de conformidad con la disposición adicional tercera de la Ley Orgánica 4/2000, de 11 de enero, en los procedimientos de solicitud de visado descritos en este Reglamento. Las solicitudes relativas a los visados deberán presentarse ante los órganos competentes para su tramitación o electrónicamente mediante las aplicaciones específicas de tramitación que existan. Asimismo, se podrán presentar en los locales de un proveedor de servicios externo con el que el Ministerio de Asuntos Exteriores, Unión Europea y Cooperación mantenga un contrato de concesión de servicios, con sujeción a las condiciones previstas en la normativa comunitaria sobre visados.

---

[270] Dada nueva redacción por art. único apartado 6 de Real Decreto 903/2021 de 19 de octubre de 2021, con vigencia desde 09/11/2021

Sin perjuicio de lo anterior, el Ministerio de Asuntos Exteriores, Unión Europea y Cooperación, si media causa que lo justifique podrá determinar otra misión diplomática u oficina consular en la que corresponda presentar la solicitud de visado. [271]

3. Las solicitudes de modificación, prórroga o renovación de las autorizaciones de residencia y de trabajo se presentarán presencialmente ante los órganos competentes para su tramitación o electrónicamente mediante las aplicaciones específicas de tramitación que existan. Sin perjuicio de lo anterior, se podrán presentar en cualquier otro registro de conformidad con el artículo 16.4 de la Ley 39/2015, de1 de octubre, cuando estas aplicaciones específicas no se hayan habilitado para el trámite concreto.

Disposición Adicional Cuarta . *Práctica de la notificación por medios electrónicos.* 1. Para la notificación de las resoluciones y comunicación en relación con los procedimientos previstos en este Reglamento, se habilitará un sistema de notificación electrónica, que será el de notificación mediante comparecencia electrónica en la sede, en la forma regulada en la Ley 11/2007, de 22 de junio de acceso electrónico de los ciudadanos a los servicios públicos y en el Real Decreto 1671/2009, de 6 de noviembre, sin perjuicio de que por los órganos competentes se pueda establecer otro sistema de notificación electrónica de acuerdo con lo previsto en la letra d) del art. 35.2 del referido Real Decreto.

2. Para que la notificación se practique mediante el sistema de comparecencia electrónica en la sede se requerirá que el interesado haya señalado dicho medio como preferente o haya consentido su utilización. No obstante, al amparo de lo dispuesto en el art. 27.6 de la Ley 11/2007, de 22 de junio, y en el art. 36.4 del Real Decreto 1671/2009, de 6 de noviembre, la admisión de la notificación mediante comparecencia electrónica en la sede será obligatoria para todos los solicitantes personas jurídicas y para aquellos colectivos de personas físicas que, por razón de su capacidad económica o técnica, dedicación profesional u otros motivos acreditados tengan garantizado el acceso y disponibilidad de los medios tecnológicos precisos.

---

[271] Dada nueva redacción apartado 2 por art. único apartado 21 de Real Decreto 629/2022 de 26 de julio de 2022, con vigencia desde 16/08/2022

3. El sistema de notificación electrónica permitirá acreditar la fecha y hora en que se produzca la puesta a disposición del interesado del acto objeto de notificación, así como la de acceso a su contenido, momento a partir del cual la notificación se entenderá practicada a todos los efectos legales.

4. Cuando existiendo constancia de la puesta a disposición del interesado del acto objeto de notificación, transcurrieran diez días naturales sin que se acceda a su contenido, se entenderá que la notificación ha sido rechazada, salvo que de oficio o a instancia del destinatario se compruebe la imposibilidad técnica o material del acceso. El rechazo se hará constar en el expediente, especificándose las circunstancias del intento de notificación, y se tendrá por efectuado el trámite, continuándose el procedimiento, o iniciándose, en su caso, el plazo para interponer el recurso que proceda, de conformidad con lo dispuesto en el art. 59.4 de la Ley 30/1992, de 26 de noviembre.

5. Producirá los efectos propios de la notificación por comparecencia el acceso electrónico por los interesados al contenido de las actuaciones administrativas correspondientes, siempre que quede constancia de dicho acceso.

6. Los órganos de la Administración General del Estado competentes para la tramitación de los procedimientos regulados en el presente Reglamento vendrán obligados a utilizar el sistema de notificación mediante comparecencia electrónica en la sede una vez que en la Aplicación informática de extranjería se realicen las oportunas adaptaciones técnicas que lo posibiliten.

Las Comunidades Autónomas con competencias ejecutivas en materia de autorizaciones de trabajo podrán sustituir la notificación mediante comparecencia electrónica en la sede del órgano correspondiente de la Administración General del Estado por notificaciones a través de otras formas de practicar la notificación en el marco de lo previsto en el art. 28 de la Ley 11/2007, de 22 de junio, para aquellos ciudadanos que opten por las mismas.

Disposición Adicional Quinta . *El Tablón Edictal de Resoluciones de Extranjería.* 1. Cuando no se hubiese podido practicar la notificación de las resoluciones en los procedimientos regulados en el presente Reglamento, la notificación se hará por medio de anuncio en el Tablón Edictal de Resoluciones de Extranjería. Transcurrido el periodo de veinte días naturales desde que la notificación se hubiese publicado en el Tablón Edictal de Resoluciones de Extranjería se entenderá que ésta ha sido practicada, dándose por cumplido dicho trámite y continuándose con el procedimiento, o iniciándose, en su caso, el plazo para interponer el recurso que proceda.

2. La práctica de la notificación en el Tablón Edictal de Resoluciones de Extranjería se efectuará en los términos que se determinen por Orden del titular del Ministerio de Trabajo e Inmigración [272].

3. El funcionamiento, la gestión y la publicación en el Tablón Edictal de Resoluciones de Extranjería se hará con pleno sometimiento a lo dispuesto en la Ley Orgánica 15/1999, de 13 de diciembre, de protección de datos de carácter personal, y conforme a los requisitos exigidos por la Ley 11/2007, de 22 de junio, de acceso electrónico de los ciudadanos a los Servicios Públicos.

4. Cuando a las Comunidades Autónomas se les hayan traspasado competencias en materia de notificación de resoluciones, podrán efectuar la publicación de las resoluciones cuya notificación les corresponda a través de sus propios Tablones Edictales.

La Administración General del Estado impulsará el establecimiento de fórmulas de colaboración para que los distintos tablones existentes interoperen entre sí, permitiendo al ciudadano, a través de un único acceso, el conocimiento y la comunicación de cualesquiera notificaciones que sobre él existan.

Disposición Adicional Sexta . *Aplicación informática para la tramitación de procedimientos.* 1. Una vez implantada la aplicación común de extranjería en cumplimiento de lo previsto en la Disposición adicional quinta de la Ley Orgánica 4/2000, de 11 de enero, las referencias realizadas en este Reglamento a la grabación de actuaciones administrativas en la aplicación informática correspondiente se entenderán hechas a aquélla cuando el actuante sea un órgano de la Administración General del Estado competente en materia de extranjería.

Igualmente, las menciones sobre intercambios de información entre órganos de la Administración General del Estado para la tramitación de las distintas fases de los procedimientos en materia de extranjería e inmigración se entenderán hechas a cambios en el órgano administrativo competente para la continuación de la tramitación del proce-

---

[272] Véase O TIN/3126/2011 de 15 noviembre

dimiento y, en consecuencia, para determinar modificaciones en su estado electrónico.

La aplicación informática común garantizará que los órganos administrativos competentes en las distintas fases del procedimiento tienen conocimiento en tiempo real del inicio de cualquier fase sobre la que les corresponde actuar, cuando éste derive de la actuación previa de otro órgano.

2. Cuando la Misión diplomática u Oficina consular competente no disponga, por razón de su ubicación geográfica, de los medios técnicos necesarios para la conexión en tiempo real a la aplicación informática común, se realizarán volcados de información entre dichos órganos y la aplicación, con periodicidad diaria.

3. La administración de la aplicación común de extranjería dependerá del Ministerio de Trabajo e Inmigración. Su implantación se llevará a cabo en coordinación y colaboración con el Ministerio de Política Territorial y Administración Pública.

Los órganos competentes de la Administración General del Estado realizarán las actuaciones tendentes a la adecuada dotación de medios humanos, económicos y materiales de las tareas destinadas a su implantación, desarrollo y mantenimiento. Para ello, se establecerán las partidas presupuestarias que se consideren necesarias.

Por Acuerdo entre la Secretaría de Estado de Inmigración y Emigración y la Subsecretaría de Política Territorial y Administración Pública, que deberá ser suscrito en el plazo de seis meses desde la entrada en vigor de este Reglamento, se fijará la fecha de puesta en funcionamiento de la aplicación informática común.

Disposición Adicional Séptima . *Gestión informática en los procedimientos con intervención de las Comunidades Autónomas.* A los efectos de asegurar la necesaria coordinación de los órganos competentes de la Administración General del Estado con los de las de las Comunidades Autónomas, la gestión electrónica de los procedimientos de autorizaciones iniciales de trabajo por cuenta propia o ajena de los extranjeros, se realizará por dichas Administraciones mediante aplicaciones informáticas que respondan a formatos y estándares que se determinarán de acuerdo con lo establecido en el Real Decreto 4/2010, de 8 de enero, por el que se regula el Esquema Nacional de Interoperabilidad en el ámbito de la Administración electrónica, así como a condiciones de seguridad de acuerdo con lo establecido en el

Real Decreto 3/2010, de 8 de enero, por el que se regula el Esquema Nacional de Seguridad en el ámbito de la Administración electrónica.

A tales efectos, la gestión electrónica de procedimientos debe permitir:

a) La actualización en tiempo real de la base de datos de la Administración General del Estado en cada fase de tramitación de los expedientes que supongan la introducción y modificación de datos e informes por cada administración competente.

b) El acceso y la consulta de las administraciones competentes, incluidas las Misiones diplomáticas u Oficinas consulares, del estado de tramitación de los expedientes.

Según sus necesidades organizativas y de acuerdo con la legislación vigente en materia de protección de datos de carácter personal, las Administraciones competentes podrán establecer diferentes niveles de acceso para la consulta de los datos e informes recogidos en la tramitación electrónica de los procedimientos.

c) La intercomunicación y el intercambio de datos e informes entre las Administraciones competentes cuando sean necesarios para la tramitación y resolución de los expedientes de autorización inicial de trabajo por cuenta propia o ajena.

Las condiciones y garantías de las comunicaciones y el intercambio de datos e informes entre la Administración General del Estado y las Comunidades Autónomas se fijarán en un convenio de colaboración.

d) La obtención de datos actualizados para el cumplimiento de las funciones de observación permanente de las magnitudes y características más significativas del fenómeno inmigratorio, para analizar su impacto en la sociedad española y facilitar información objetiva y contrastada, de conformidad con lo dispuesto por el art. 67 de la Ley Orgánica 4/2000, de 11 de enero, sobre derechos y libertades de los extranjeros en España y su integración social, y el Real Decreto 345/2001, de 4 de abril, por el que se regula el Observatorio Permanente de la Inmigración.

e) La notificación electrónica a los ciudadanos que así lo hayan solicitado o consentido expresamente, en los términos previstos en este Reglamento, con la excepción prevista en el art. 27.6 de la Ley 11/2007, de 22 de junio, así como un único acceso a los distintos Tablones Edictales de Extranjería que le puedan afectar.

Disposición   Adicional   Octava.   *Legitimación   y*
representación. [273] 1. De conformidad con la disposición adicional
tercera de la Ley Orgánica 4/2000, de 11 de enero, cuando el sujeto legitimado se encuentre en territorio español habrá de presentar
personalmente las solicitudes iniciales relativas a las autorizaciones
de residencia y de trabajo o a prórrogas de estancia. En aquellos
procedimientos en los que el sujeto legitimado fuese un empleador,
las solicitudes iniciales podrán ser presentadas por este o por quien
válidamente ejerza la representación legal empresarial. Además, cualquier persona física o jurídica podrá actuar en representación de otra
siempre y cuando dicha representación quede acreditada mediante
apoderamiento notarial o apud acta.

2. Cuando el sujeto legitimado se encuentre en territorio extranjero,
la presentación de solicitudes de visado y su recogida se realizarán
personalmente. Cuando el interesado no resida en la población en que
tenga su sede la misión diplomática u oficina consular y se acrediten
razones que obstaculicen el desplazamiento, como la lejanía de la
misión u oficina, dificultades de transporte que hagan el viaje especialmente gravoso o razones acreditadas de enfermedad o condición física
que dificulten sensiblemente su movilidad, podrá acordarse que la
solicitud de visado pueda presentarse por representante debidamente
acreditado.

3. Sin perjuicio de lo dispuesto en el apartado anterior, en los supuestos de presentación de solicitudes y recogida de visado de estancia,
tránsito y de residencia por reagrupación familiar de menores, ambos
trámites podrán realizarse mediante un representante debidamente
acreditado.

4. Asimismo, no se requerirá la comparecencia personal en los procedimientos de contratación colectiva de trabajadores, en los supuestos
previstos en un convenio o acuerdo internacional; en tal caso, se estará
a lo dispuesto en él.

5. Se entenderá cumplida la obligación de comparecencia personal
de una persona física o jurídica o de una entidad sin personalidad
jurídica, cuando se presenten solicitudes, escritos o documentos autenticados electrónicamente o, de estar así previsto, previo cotejo de
los que hayan sido aportados, utilizando para ello los sistemas de

---

[273] Dada nueva redacción por art. único apartado 7 de Real Decreto 903/2021 de
19 de octubre de 2021, con vigencia desde 09/11/2021

firma electrónica incorporados al Documento Nacional de Identidad u otros sistemas de firma electrónica avanzada admitidos por la Administración General del Estado de acuerdo con lo establecido en la Ley 39/2015, de 1 de octubre, del Procedimiento Administrativo Común de las Administraciones Públicas y el Real Decreto 203/2021, de 30 de marzo, por el que se aprueba el Reglamento de actuación y funcionamiento del sector público por medios electrónicos.

6. Igualmente, de acuerdo con lo previsto en el artículo 5 de la Ley 39/2015, del de octubre, se entenderá cumplida la obligación de comparecencia personal cuando la presentación electrónica de documentos se realice de acuerdo con lo establecido mediante Convenios de habilitación para la representación de terceros.

Para el desarrollo de los Convenios previstos en este apartado, la Administración General del Estado podrá establecer que los profesionales adheridos a ellos creen los correspondientes registros electrónicos de apoderamiento o representación.

7. Las solicitudes de modificación, prórroga o renovación de las autorizaciones de residencia y de trabajo o de estancia por estudios, movilidad de alumnos, prácticas no laborales o servicios de voluntariado se podrán presentar personalmente, sin perjuicio de la existencia de fórmulas de representación voluntaria a través de actos jurídicos u otorgamientos específicos.

Disposición Adicional Novena . *Normas comunes para la resolución de visados.* 1. La resolución de los visados corresponde a las misiones diplomáticas y oficinas consulares.

2. En la resolución del visado se atenderá al interés del Estado y a la aplicación de los compromisos internacionales asumidos por el Reino de España en la materia. El visado se utilizará como instrumento orientado al cumplimiento de los fines de la política exterior del Reino de España y de otras políticas públicas españolas o de la Unión Europea, en especial la política de inmigración, la política económica y la de seguridad nacional, la salud pública o las relaciones internacionales de España.

Disposición Adicional Décima . *Procedimiento en materia de visados.* 1. La Misión diplomática u Oficina consular receptora de la solicitud de visado devolverá una copia sellada de ella con indicación de la fecha y el lugar de recepción o remitirá el acuse de recibo al domicilio fijado a efectos de notificación en el ámbito de la demarcación consular.

2. La Oficina consular y el solicitante, a tenor de las posibilidades técnicas existentes en el territorio, pueden convenir, dejando mención sucinta de ello en el expediente y en la copia de la solicitud que se devuelve como recibo, el domicilio -que ha de estar en todo caso dentro de la demarcación consular- y el medio para efectuar los requerimientos de subsanación o de aportación de documentos o certificaciones exigidos, así como para efectuar las citaciones de comparecencia y las notificaciones de resolución.

Las citaciones y requerimientos se realizarán a través del teléfono o del telefax de contacto proporcionado por el interesado o su representante legal, y se dejará constancia fehaciente de su realización en el expediente de visado.

Si la citación o requerimiento efectuado a través de llamada al teléfono de contacto convenido hubiera sido desatendido, se cursarán por escrito las citaciones, requerimientos o notificaciones al domicilio fijado a este efecto en la solicitud, el cual deberá encontrarse situado en el ámbito de la misma demarcación consular.

Sin perjuicio de lo establecido para los supuestos de comparecencia personal y entrevista de los solicitantes de visado, las citaciones o requerimientos cursados deberán atenderse en un plazo máximo de diez días.

Agotadas todas las posibilidades de notificación que se prevén en esta disposición adicional sin que aquélla se pueda practicar, cualquiera que fuese la causa, la notificación se hará mediante anuncio publicado durante diez días en el correspondiente tablón de la oficina consular, extremo del que será informado el solicitante en el momento de presentar la solicitud de visado.

De resultar desatendidos en su plazo los requerimientos o citaciones, se tendrá al solicitante por desistido, y se le notificará la resolución por la que se declara el desistimiento por el mismo procedimiento del párrafo anterior. La resolución consistirá en la declaración de la circunstancia que concurra en cada caso, con indicación de los hechos producidos y las normas aplicables.

Un extracto del procedimiento que se contempla en esta disposición adicional se recogerá en el impreso de solicitud para conocimiento del interesado.

3. La misión diplomática u oficina consular ante la que se presente la solicitud de visado, si mediara una causa que lo justifique, además de

la documentación que sea preceptiva, podrá requerir los informes que resulten necesarios para resolver dicha solicitud.

4. Durante la sustanciación del trámite del visado, la misión diplomática u oficina consular podrá requerir la comparecencia del solicitante y, cuando se estime necesario, mantener una entrevista personal para comprobar su identidad, la validez de la documentación aportada y la veracidad del motivo de solicitud del visado. La incomparecencia, salvo causa fundada debidamente acreditada ante el órgano competente, en el plazo fijado, que no podrá exceder de quince días, producirá el efecto de considerar al interesado desistido en el procedimiento.

Cuando se determine la celebración de la entrevista dentro de procedimientos regulados en el título IV de este Reglamento, en ella deberán estar presentes, al menos, dos representantes de la Administración española, además del intérprete, en caso necesario, y deberá quedar constancia de su contenido mediante un acta firmada por los presentes, de la que se entregará copia al interesado.

Si los representantes de la Administración llegaran al convencimiento de que no se acredita indubitadamente la identidad de las personas, la validez de los documentos, o la veracidad de los motivos alegados para solicitar el visado, se denegará su concesión. En caso de haberse celebrado una entrevista, se remitirá una copia del acta al órgano administrativo que, en su caso, hubiera otorgado inicialmente la autorización.

5. Si el solicitante, en el momento de resolver, no figura en la lista de personas no admisibles, la misión diplomática u oficina consular valorará la documentación e informes incorporados al efecto junto en, su caso, con la autorización o autorizaciones concedidas, y resolverá la solicitud del visado.

Notificada la concesión del visado, el solicitante deberá recogerlo en el plazo de un mes desde la notificación salvo en los procedimientos en que expresamente se determine otro plazo por este Reglamento. En caso de no hacerlo así, se entenderá que el interesado ha renunciado al visado concedido y se producirá el archivo del procedimiento.

6. La resolución denegatoria de un visado se notificará al solicitante de forma que le garantice la información sobre su contenido las normas que en Derecho la fundamenten, el recurso que contra ella proceda, el órgano ante el que hubiera de presentarse y el plazo para interponerlo.

7. La denegación de un visado de residencia para reagrupación familiar o de residencia y trabajo por cuenta ajena, así como en el caso

de visados de estancia o de tránsito, deberá ser motivada, e informará al interesado de los hechos y circunstancias constatadas y, en su caso, de los testimonios recibidos y de los documentos e informes, preceptivos o no, incorporados, que, conforme a las normas aplicables, hayan conducido a la resolución denegatoria.

8. Sin perjuicio de la eficacia de la resolución denegatoria, y con independencia de que el interesado haya o no presentado recurso contra ella, el extranjero conocedor de una prohibición de entrada por su inclusión en la lista de personas no admisibles podrá encauzar a través de la oficina consular una solicitud escrita dirigida al titular de la Secretaría de Estado de Seguridad del Ministerio del Interior si quisiera ejercer su derecho de acceso a sus datos o a solicitar su rectificación o supresión de los mismos en el sistema de información de Schengen.

9. Las misiones diplomáticas u oficinas consulares, en el plazo máximo de quince días desde su expedición, deberán comunicar a la Dirección General de Inmigración, a través de los órganos centrales del Ministerio de Asuntos Exteriores y de Cooperación, las resoluciones sobre visados que hubiesen realizado, salvo los de tránsito y estancia de corta duración.

10. El contenido de esta disposición adicional se entenderá sin perjuicio de lo establecido por el Derecho de la Unión Europea en materia de visados de tránsito aeroportuario, visados uniformes o visados de validez territorial limitada.

Disposición Adicional Undécima . *Exigencia, normativa y convenios en materia sanitaria.* 1. Lo establecido en este Reglamento no excluye la vigencia y cumplimiento de lo dispuesto en los reglamentos y acuerdos sanitarios internacionales, así como en los arts. 38 y 39 y en la disposición final octava de la Ley 14/1986, de 25 de abril, General de Sanidad, en el Real Decreto 1418/1986, de 13 de junio, sobre funciones del Ministerio de Sanidad, Política Social e Igualdad en materia de sanidad exterior, y en las demás disposiciones dictadas para su aplicación y desarrollo.

2. La Administración General del Estado, a los efectos de la realización de cuantas actuaciones y pruebas sanitarias pudieran derivarse de la aplicación de este Reglamento, suscribirá, a través de los departamentos ministeriales en cada caso competentes, los oportunos

convenios con los correspondientes servicios de salud o instituciones sanitarias.

Disposición Adicional Duodécima . *Plazos de resolución de los procedimientos.* 1. Sin perjuicio de los plazos específicamente establecidos en relación con determinados procedimientos, el plazo general máximo para notificar las resoluciones sobre las solicitudes que se formulen por los interesados en los procedimientos regulados en este Reglamento será de tres meses contados a partir del día siguiente al de la fecha en que hayan tenido entrada en el registro del órgano competente para tramitarlas. Se exceptúan las peticiones de autorización de residencia por reagrupación familiar, de autorización de trabajo de temporada y las realizadas al amparo de los arts. 185 y 186 de este Reglamento, cuyas resoluciones se notificarán en la mitad del plazo señalado.

2. En los demás procedimientos en materia de visados, el plazo máximo, y no prorrogable, para notificar las resoluciones sobre las solicitudes será de un mes, contado a partir del día siguiente al de la fecha en que la solicitud haya sido presentada en forma en la oficina consular competente para su tramitación, salvo en el caso de los visados de residencia no lucrativa, en los que el plazo máximo será de tres meses. En el caso del visado de residencia no lucrativa, la solicitud de la pertinente autorización de residencia por parte de la Delegación o Subdelegación del Gobierno que corresponda interrumpirá el cómputo del plazo, hasta que se comunique la resolución.

3. El contenido de los apartados 1 y 2 de esta disposición adicional se entenderá sin perjuicio de los plazos establecidos por el Derecho de la Unión Europea como directamente aplicables en materia de visados de tránsito aeroportuario, visados uniformes o visados de validez territorial limitada.

4. La obligación formal de informar al solicitante de visado sobre el plazo máximo para la notificación de la resolución del procedimiento, los supuestos de suspensión del cómputo de dicho plazo y los efectos del silencio administrativo se entenderá cumplida mediante la inserción de una nota informativa sobre tales extremos en los impresos de solicitud.

Disposición Adicional Decimotercera . *Silencio administrativo.* Transcurrido el plazo para resolver las solicitudes, de conformidad con lo establecido en la disposición adicional anterior, éstas podrán entenderse desestimadas, de acuerdo con lo dispuesto en la disposición adicional primera de la propia Ley Orgánica 4/2000, de 11 de enero, y con las excepciones contenidas en dicha disposición adicional.

Disposición Adicional Decimocuarta. *Recursos.* [274] Las resoluciones que dicten los órganos competentes de los Ministerios de Asuntos Exteriores, Unión Europea y Cooperación, del Interior, y de Inclusión, Seguridad Social y Migraciones, los Delegados del Gobierno y Subdelegados del Gobierno, bajo la dependencia funcional de estos dos últimos Ministerios, con base en lo dispuesto en este Reglamento, sobre concesión o denegación de visados, prórrogas de estancia o autorizaciones de residencia y de trabajo, cédulas de inscripción, así como sobre sanciones gubernativas y expulsiones de extranjeros, pondrán fin a la vía administrativa, y contra éstas podrán interponerse los recursos administrativos o jurisdiccionales legalmente previstos. Se exceptúan las resoluciones sobre denegación de entrada y devolución, las cuales no agotan la vía administrativa.

Asimismo, pondrán fin a la vía administrativa las resoluciones adoptadas por el órgano competente del Ministerio del Interior de denegación, anulación o revocación de la autorización de viaje prevista en el Reglamento (UE) 2018/1240 del Parlamento Europeo y del Consejo de 12 de septiembre de 2018 por el que se establece un Sistema Europeo de Información y Autorización de Viajes (SEIAV).

Disposición Adicional Decimoquinta . *Cobertura de puestos de confianza.* A los efectos del art. 40.2.a) de la Ley Orgánica 4/2000, de 11 de enero, se considera que ocupan puestos de confianza aquellos trabajadores que desempeñen únicamente actividades propias de alta dirección por cuenta de la empresa que los contrate, basadas en la recíproca confianza y que ejerzan legalmente la representación de la empresa o tengan extendido a su favor un poder general.

Asimismo, tendrán la misma consideración los trabajadores altamente cualificados que tengan conocimiento esencial para la realización de la inversión y sean especialistas o desempeñen funciones rela-

---

[274] Dada nueva redacción por art. único apartado 22 de Real Decreto 629/2022 de 26 de julio de 2022, con vigencia desde 16/08/2022

cionadas con la dirección, gestión y administración necesarias para el establecimiento, desarrollo o liquidación de la citada inversión. Estos trabajadores deben poseer acreditada experiencia en la realización de dichas funciones o haber realizado trabajos en puestos similares en la empresa inversora o en el grupo de empresas en el que puede estar integrada esta última.

Disposición Adicional Decimosexta . *Cotización por la contingencia de desempleo.* En las contrataciones de los extranjeros titulares de las autorizaciones de trabajo para actividades de duración determinada y para estudiantes no se cotizará por la contingencia de desempleo.

Disposición Adicional Decimoséptima . *Informes policiales.* Los informes policiales en materia de seguridad y orden público a emitir en el marco de los procedimientos regulados en este Reglamento contendrán en todo caso el conjunto de la información obrante en las Fuerzas y Cuerpos de Seguridad del Estado adscritos a la Dirección General de la Policía y de la Guardia Civil.

Igualmente, los emitidos respecto al ámbito territorial de Comunidades Autónomas a las que se les haya traspasado competencias en materia de seguridad ciudadana y orden público, contendrán el informe sobre afectación del orden público aportado por la autoridad autonómica competente.

Disposición Adicional Decimoctava . *Tasas por tramitación de procedimientos.* 1. Los órganos competentes para la tramitación de los procedimientos regulados en este Reglamento, salvo los relativos a visados, realizarán, una vez admitida a trámite la correspondiente solicitud, las actuaciones tendentes a la comprobación de oficio de que se ha efectuado el abono de las tasas exigibles de acuerdo con el art. 44.2 de la Ley Orgánica 4/2000, de 11 de enero.

2. El periodo de pago voluntario para el abono de dichas tasas será, salvo en los procedimientos relativos a visados, de diez días hábiles, según los casos:

a) Desde el momento de admisión a trámite de la solicitud.

b) Desde el alta del trabajador extranjero en la Seguridad Social, en el caso de autorizaciones de residencia y trabajo por cuenta ajena, o de su renovación, a favor de trabajadores de servicio doméstico de carácter parcial o discontinuo, o de renovaciones de dichas autorizaciones en ausencia de empleador.

3. Las tasas por tramitación de autorizaciones de residencia, autorizaciones de trabajo o expedición de Tarjetas de Identidad de Extranjero tendrán carácter autoliquidable.

Disposición Adicional Decimonovena . *Entidades acreditadas para impartir formación a reconocer en los informes sobre esfuerzo de integración.* La Secretaría de Estado de Inmigración y Emigración impulsará la adopción de mecanismos de colaboración y cooperación relativos a las condiciones de solvencia técnica, material y financiera a acreditar por entidades privadas que desarrollen actuaciones de formación, en orden a su reconocimiento en informes sobre el esfuerzo de integración del extranjero a emitir por las Comunidades Autónomas y que podrán ser presentados en los procedimientos relativos a la renovación de autorizaciones de residencia temporal o de residencia temporal y trabajo.

Disposición Adicional Vigésima . *Desconcentración de la competencia de cierre de puestos habilitados.* 1. Se desconcentra a favor del titular de la Secretaría de Estado de Seguridad la competencia para acordar, en los supuestos en los que lo requiera la seguridad del Estado o de los ciudadanos, el cierre temporal de los puestos fronterizos habilitados para el paso de personas a que se refiere el art. 3 de este Reglamento.

2. El titular de la Secretaría de Estado de Seguridad comunicará las medidas que vayan a adoptarse a la Secretaría de Estado de Inmigración y Emigración, a los departamentos afectados y, a través del Ministerio de Asuntos Exteriores y Cooperación, a aquellos países e instituciones con los que España esté obligada a ello como consecuencia de los compromisos internacionales suscritos.

Disposición Adicional Vigésima Primera . *Autorización de trabajo de los extranjeros solicitantes de protección internacional.* Los solicitantes de protección internacional estarán autorizados para trabajar en España una vez transcurridos seis meses desde la presentación de la solicitud, siempre que ésta hubiera sido admitida a trámite y no estuviera resuelta por causa no imputable al interesado. La autorización para trabajar se acreditará mediante la inscripción «autoriza a trabajar» en el documento de solicitante de protección internacional y, si procede, en sus sucesivas renovaciones, y estará condicionada a su validez. En caso de que no proceda esta inscripción porque no se cumplan los citados requisitos, la Oficina de Asilo y Refugio hará constar tal hecho en resolución motivada y se lo notificará al interesado.

Disposición Adicional Vigésima Segunda . *Representantes de las organizaciones empresariales en el extranjero.* 1. A los efectos de las previsiones contenidas en el art. 39 de la Ley Orgánica 4/2000, de 11 de enero, y el título VIII de este Reglamento, en los correspondientes procesos de selección en origen de los trabajadores extranjeros podrán participar representantes de las organizaciones empresariales españolas.

A tal efecto, representantes de dichas organizaciones podrán quedar acreditados por la Secretaría de Estado de Inmigración y Emigración ante las misiones diplomáticas u oficinas consulares de España en los países que hayan firmado acuerdos sobre regulación de flujos migratorios.

2. Sin perjuicio de lo anterior, el Ministerio de Asuntos Exteriores y de Cooperación y la Secretaría de Estado de Inmigración y Emigración promoverán conjuntamente la firma de Convenios de colaboración con las Comunidades Autónomas con competencias ejecutivas en materia de autorizaciones de trabajo y que hayan establecido servicios para facilitar la tramitación de los correspondientes visados, de cara a ordenar la actuación de éstas en el marco de procedimientos de gestión colectiva de contrataciones en origen.

Disposición Adicional Vigésima Tercera . *Facilitación de la entrada y residencia de los familiares de ciudadano de un Estado miembro de la Unión Europea o de otro Estado parte en el Acuerdo sobre el Espacio Económico Europeo, no incluidos en el ámbito de aplicación del Real Decreto 240/2007, de 16 de febrero, sobre entrada, libre circulación y residencia en España de ciudadanos de los Estados* *miembros de la Unión Europea y de otros Estados parte en el Acuerdo sobre el Espacio Económico Europeo.* [275] *(Derogada)*

Disposición Adicional Vigésima Cuarta . *Legislación en materia de protección internacional.* Los preceptos relativos a la protección internacional contenidos en el presente Reglamento se interpretarán de conformidad con lo dispuesto en la Ley Orgánica 4/2000, de 11 de enero, sobre derechos y libertades de los extranjeros en España y su integración social, la Ley 12/2009, de 30 de octubre, reguladora del derecho de asilo y de la protección subsidiaria, y en el Reglamento de desarrollo de esta última.

Disposición Adicional Vigésima Quinta . *Extranjeros no comunitarios empleados por las Fuerzas Armadas.* La normativa que se dicte en desarrollo de este Reglamento, así como las actuaciones de los órganos competentes para su aplicación tendrán en consideración las especificidades propias de los extranjeros no comunitarios relacionados con las Fuerzas Armadas a través de una relación de servicios de carácter temporal.

---

[275] Derogada por disposición derogatoria única de Real Decreto 987/2015 de 30 de octubre de 2015, con vigencia desde 09/12/2015

IV. Real Decreto 658/2025, de 22 de julio, por el que se regulan las medidas a adoptar en situaciones de contingencia migratoria extraordinaria para la protección del interés superior de la infancia y la adolescencia migrante no acompañada.

En los últimos años se ha producido una intensificación de la inmigración procedente del continente africano a la Unión Europea, con especial afectación a las fronteras del sur de la Unión Europea y, por consiguiente, a las españolas. En este contexto, resulta especialmente preocupante la situación de las personas menores de edad extranjeras no acompañadas, cuyo número ha crecido en España en un 221,4 por ciento en los últimos ocho años, haciendo necesario el establecimiento de diversos mecanismos para asegurar su adecuada atención desde las perspectivas social, sanitaria, educativa y de vivienda, entre otras.

Con esa finalidad se aprobó el Real Decreto-ley 2/2025, de 18 de marzo, por el que se aprueban medidas urgentes para la garantía del interés superior de la infancia y la adolescencia ante situaciones de contingencias migratorias extraordinarias, que modifica la Ley Orgánica 4/2000, de 11 de enero, sobre derechos y libertades de los extranjeros en España y su integración social, que prevé diferentes actuaciones aplicables en el caso de adoptarse una declaración de situación de contingencia migratoria extraordinaria para la protección del interés superior de la infancia y la adolescencia migrante no acompañada, entre las que se incluyen medidas para la redistribución de personas menores de edad extranjeras no acompañadas de los territorios más saturados hacia otras comunidades y ciudades con Estatuto de Autonomía, aplicando una fórmula de solidaridad equitativa.

En concreto, el artículo 35 quáter de la Ley Orgánica 4/2000, de 11 de enero, regula el contenido del Plan de respuesta solidaria ante una situación de contingencia migratoria extraordinaria, que recoge el conjunto de actuaciones a desarrollar ante la declaración de una situación de esta naturaleza. Así, se formulará por el órgano competente de la Administración General del Estado la propuesta de traslado a otra comunidad o ciudad autónoma, determinándose mediante resolución el traslado, una vez que la persona afectada y la comunidad o ciudad autónoma de destino hayan sido oídas y con conocimiento del Ministerio Fiscal, en garantía del interés superior del menor y de los derechos que le confiere el ordenamiento jurídico, garantizándose asimismo la intervención del Ministerio Fiscal de oficio en cualesquiera de las actuaciones previstas en dicho artículo. Esta resolución será objeto de inscripción en el Registro de Menores Extranjeros No Acompañados. El traslado a la comunidad o ciudad autónoma de destino habrá de producirse en el plazo de quince días naturales a contar desde la inscripción de la persona afectada en el citado registro.

Por su parte, la disposición final segunda del citado Real Decreto-ley 2/2025, de 18 de marzo, prevé que, mediante real decreto, se establecerán las actuaciones que deberán realizar las comunidades y ciudades con Estatuto de Autonomía de origen y destino para dar cumplimiento a las previsiones del citado Plan de respuesta solidaria para la determinación de la ubicación de personas menores de edad extranjeras no acompañadas en los plazos establecidos, de modo que se protocolicen dichas actuaciones por real decreto en todo lo necesario para su realización con las necesarias garantías, de manera coordinada y ágil.

El objeto de este real decreto es desarrollar y concretar las actuaciones que deberán realizar la Administración General del Estado y las comunidades y ciudades con Estatuto de Autonomía en caso de situación de contingencia migratoria extraordinaria. En particular, determina la competencia para la declaración de situación de contingencia migratoria extraordinaria en el supuesto previsto en el artículo 35 bis.2 de la Ley Orgánica 4/2000, de 11 de enero, así como la competencia para dictar la resolución de reubicación y traslado de personas menores de edad extranjeras no acompañadas y regula el procedimiento para la reubicación y el traslado de dichas personas menores en caso de situación de contingencia migratoria extraordinaria, en cumplimiento de la disposición final segunda del Real Decreto-ley 2/2025, de 18 de marzo y de la disposición final sexta de la Ley Orgánica 4/2000, de 11 de enero.

Este real decreto se ajusta a los principios de buena regulación contenidos en la Ley 39/2015, de 1 de octubre, del Procedimiento Administrativo Común de las Administraciones Públicas. Así, en lo que concierne a su adecuación a los principios de necesidad y eficacia, la norma se justifica por la razón de interés general de dar cumplimiento al Real Decreto-ley 2/2025, de 18 de marzo, al fin de establecer el procedimiento para la reubicación y el traslado de personas menores de edad extranjeras no acompañadas en caso de declaración de una situación de contingencia migratoria extraordinaria garantizando la coordinación necesaria.

La norma respeta, asimismo, el principio de proporcionalidad, puesto que la norma contiene la regulación imprescindible para atender la necesidad a cubrir, sin que existan otras medidas menos restrictivas de derechos o que impongan menos obligaciones a los destinatarios. Igualmente, es respetuosa con el principio de eficiencia, ya que evita cargas administrativas innecesarias o accesorias y establece un procedimiento ágil. También es respetuosa la norma con el principio de seguridad jurídica, puesto que es coherente con el resto del ordenamiento jurídico y, particularmente, con el marco constitucional, legal y reglamentario antes expuesto. Finalmente, cumple el principio de transparencia en tanto que, de conformidad con lo previsto en el artículo 26.6 de la Ley 50/1997, de 27 de noviembre, del Gobierno, este real decreto se ha sometido a los trámites de audiencia e información pública. Asimismo, los objetivos perseguidos por esta norma han quedado claramente identificados en esta parte expositiva.

Desde el punto de vista de su procedimiento de elaboración, el real decreto ha sido informado por la Conferencia Sectorial de Infancia y Adolescencia.

Este real decreto se dicta al amparo de lo previsto en el artículo 149.1, reglas 1.ª y 2.ª, de la Constitución Española, que atribuyen al Estado la competencia exclusiva sobre la regulación de las condiciones básicas que garanticen la igualdad de todos los españoles en el ejercicio de los derechos y en el cumplimiento de los deberes constitucionales, y en las materias de inmigración y extranjería, respectivamente.

En su virtud, a propuesta de la Ministra de Juventud e Infancia, del Ministro del Interior, del Ministro de Política Territorial y Memoria Democrática, y de la Ministra de Inclusión, Seguridad Social y Migraciones, con la aprobación previa del Ministro para la Transformación Digital y de la Función Pública, de acuerdo con el Consejo de Estado, y previa deliberación del Consejo de Ministros en su reunión del día 22 de julio de 2025,

DISPONGO:

1. *Objeto.* 1. El objeto de este real decreto es desarrollar lo dispuesto en el Real Decreto-ley 2/2025, de 18 de marzo, por el que se aprueban medidas urgentes para la garantía del interés superior de la infancia y la adolescencia ante situaciones de contingencias migratorias extraordinarias para la protección del interés superior de la infancia y la adolescencia migrante no acompañada.

2.   En particular, mediante este real decreto:

a)   Se determinan los órganos competentes en el ámbito de la Administración General del Estado para adoptar, en el supuesto previsto en el artículo 35 bis.2 de la Ley Orgánica 4/2000, de 11 de enero, sobre derechos y libertades de los extranjeros en España y su integración social, la declaración de una situación de contingencia migratoria extraordinaria para la protección del interés superior de la infancia y la adolescencia migrante no acompañada (situación de contingencia migratoria extraordinaria), así como la resolución de ubicación y traslado de las personas menores de edad en el marco de una situación de contingencia migratoria extraordinaria.

b)   Se desarrolla el procedimiento para la reubicación y el traslado de las personas menores de edad cuando se haya declarado una situación de contingencia migratoria extraordinaria.

c)   Se regulan las actuaciones que deberán realizar las comunidades autónomas de origen y destino para dar cumplimiento a las previsiones del Plan de respuesta solidaria ante una situación de contingencia migratoria extraordinaria para la protección del interés superior de la infancia y la adolescencia migrante no acompañada (Plan de respuesta solidaria).

2.   *Régimen jurídico y principios generales de aplicación.* 1.   Los procedimientos regulados en este real decreto se regirán por lo previsto en el Real Decreto-ley 2/2025, de 18 de marzo, y en el Protocolo Marco de menores extranjeros no acompañados previsto en el Reglamento de desarrollo de la Ley Orgánica 4/2000, de 11 de enero, aprobado por Real Decreto 1155/2024, de 19 de noviembre, y la demás normativa de aplicación.

2.   Asimismo, resultarán de aplicación los principios del interés superior del menor, igualdad, no discriminación y atención integral y adecuada a las necesidades de las personas menores de edad.

3.   En aplicación del principio de atención integral y adecuada, las administraciones públicas, en el ámbito de sus competencias, deberán, al menos:

a)   Asignar a la persona menor de edad los recursos de protección más adecuados en cada caso.

b)   Prestar una atención especializada a la infancia y adolescencia migrante no acompañada solicitante de protección internacional, a las niñas, niños y adolescentes víctimas de trata, a los niñas y niños con discapacidad, con alguna situación de vulnerabilidad o con necesidades de cuidados específicos.

c) Realizar las comunicaciones con las personas menores de edad en una lengua que comprendan y de manera adaptada a sus circunstancias.

d) Garantizar la atención inmediata en casos de urgencia, de acuerdo con lo previsto en la legislación y marco institucional del sistema de protección del menor.

3. *Órgano competente para la declaración de la situación de contingencia migratoria extraordinaria para la protección del interés superior de la infancia y adolescencia migrante no acompañada.* 1. La declaración de situación de contingencia migratoria extraordinaria, así como su cese, será aprobada por resolución de la persona titular de la Presidencia de la Conferencia Sectorial de Infancia y Adolescencia.

2. La comunidad autónoma que se considere afectada por la situación de contingencia migratoria extraordinaria comunicará tal circunstancia a la persona titular de la Presidencia de la Conferencia Sectorial de Infancia y Adolescencia. La comunicación deberá incluir el número de personas menores de edad extranjeras no acompañadas atendidas por su sistema de protección y tutela en el momento de la comunicación.

4. *Mecanismos de coordinación.* 1. Podrán existir mecanismos bilaterales de cooperación entre las administraciones autonómicas de origen y de destino, al fin de garantizar la ejecución de las actuaciones previstas en este real decreto.

Sin perjuicio de lo anterior, la Administración General del Estado podrá adoptar las medidas de coordinación necesarias de acuerdo con el artículo 140.1.e) de la Ley 40/2015, de 1 de octubre, de Régimen Jurídico del Sector Público.

2. Cuando hayan sido declaradas, simultáneamente, dos o más situaciones de contingencia migratoria extraordinaria en distintas comunidades autónomas, la persona titular del Ministerio de Juventud e Infancia instará la convocatoria de la Comisión Interministerial de Inmigración que establecerá los mecanismos de coordinación necesarios entre los órganos territoriales de la Administración General del Estado afectados para asegurar la correcta ejecución de lo dispuesto en este real decreto.

3. Las comunidades autónomas deberán remitir a la persona titular de la Presidencia de la Conferencia Sectorial de Infancia y Adolescencia, cuando les sean solicitados, y en todo caso antes del 15 de enero de cada año, los siguientes datos sobre la atención a las personas menores de edad extranjeras no acompañadas en su territorio a que se refiere La Ley Orgánica 4/2000, de 11 de enero, en cumplimiento de lo establecido en los artículos 141 y 142 de la Ley 40/2015, de 1 de octubre:

a) Certificación de la persona titular de la Consejería competente relativa al número máximo de personas menores de edad extranjeras no acompañadas atendidas por el sistema de protección de la comunidad autónoma en el año natural anterior, especificando la fecha exacta en que se produjo tal número máximo de personas atendidas y la identidad de las personas menores de edad extranjeras no acompañadas, previa exclusión del cómputo de las personas menores de edad que hayan sido efectivamente trasladadas a otra comunidad autónoma dentro del año considerado en razón a la declaración de una situación de contingencia migratoria extraordinaria en la comunidad autónoma de origen, a los efectos de la disposición adicional undécima, apartado 3, de la Ley Orgánica 4/2000, de 11 de enero. Este número corresponderá al valor máximo de personas atendidas en una fecha concreta y en ningún caso hará referencia al total acumulado.

b) El número de plazas de acogida destinadas a personas menores de edad extranjeras no acompañadas de que disponen en su sistema de protección, desglosando las de acogimiento residencial y las de acogimiento familiar, a los efectos de la disposición adicional undécima, apartado 4, de la Ley Orgánica 4/2000, de 11 de enero, a 31 de diciembre del año anterior o, en su caso, a la fecha de la solicitud.

c) El número de plazas de acogida destinadas a personas menores de edad, extranjeras o no, de que disponen en su sistema de protección, desglosando las de acogimiento residencial y las de acogimiento familiar, a los efectos de la disposición adicional duodécima de la Ley Orgánica 4/2000, de 11 de enero, a 31 de diciembre del año anterior o, en su caso, a la fecha de la solicitud.

d) El número de personas menores de edad extranjeras no acompañadas que están siendo atendidas por su sistema de protección, a los efectos de la disposición adicional undécima, apartado 4, de la Ley

Orgánica 4/2000, de 11 de enero, a 31 de diciembre del año anterior o, en su caso, a la fecha de la solicitud.

5.   *Procedimiento para la reubicación y el traslado de personas menores de edad en el marco de una situación de contingencia migratoria extraordinaria.* 1.   En la comunidad autónoma declarada en situación de contingencia migratoria extraordinaria, el órgano competente para instruir el procedimiento para la reubicación y el traslado de personas menores de edad es la persona titular de la Subdelegación del Gobierno en la provincia en la que se encuentre la persona menor de edad.

Dicho procedimiento comenzará con la propuesta de ubicación, que deberá ser adoptada por el órgano instructor de forma simultánea a la inscripción de la persona menor de edad en el Registro de Menores Extranjeros No Acompañados, regulado en el artículo 214 del Reglamento de la Ley Orgánica 4/2000, de 11 de enero, sobre derechos y libertades de los extranjeros en España y su integración social. La propuesta de ubicación indicará la comunidad autónoma de destino a la que se trasladará a la persona menor de edad.

2.   Para la determinación de la comunidad autónoma a la que la propuesta de ubicación considere que debe ser trasladada la persona menor de edad, se estará a los criterios que, de conformidad con el artículo 35 bis de la Ley Orgánica 4/2000, de 11 de enero, puede adoptar la Conferencia Sectorial de Infancia y Adolescencia. En defecto de dicho acuerdo, la propuesta tendrá en cuenta los criterios objetivos que establece el artículo 35 ter.2 de la citada ley. En todo caso, la distribución deberá comenzar por las comunidades autónomas a las que corresponda un mayor porcentaje de traslados, garantizando en todo caso una distribución equilibrada entre todas las comunidades autónomas.

En particular, el criterio del esfuerzo en atención a personas menores de edad previsto en el artículo 35 ter.2.d) de la Ley Orgánica 4/2000, de 11 de enero, se calculará de acuerdo con los datos del Registro de Menores Extranjeros No Acompañados.

3.   La persona titular de la Subdelegación del Gobierno en la provincia en cuyo territorio se encuentre la persona menor de edad solicitará a la comunidad autónoma declarada en situación de contingencia migratoria extraordinaria, el mismo día en que se dicte la propuesta de ubicación, un informe sobre la situación de la persona menor de edad

que recogerá, en todo caso, si se ha tomado alguna medida provisional de protección acorde a la situación de la persona menor de edad o si existe información acerca de familiares en España. Este informe, junto con la copia de la documentación sobre la persona menor de edad que obre en posesión de la administración autonómica, deberá ser remitido por la comunidad autónoma declarada en situación de contingencia migratoria extraordinaria en el plazo máximo de tres días naturales desde que reciba la petición. Para la elaboración de dicho informe, la comunidad autónoma declarada en situación de contingencia migratoria extraordinaria deberá realizar una entrevista personal a la persona menor de edad. Las preguntas formuladas en esta entrevista personal se ajustarán a las instrucciones que a tal efecto dicte el Ministerio de Juventud e Infancia.

4. Antes de la propuesta de resolución de ubicación y traslado, se comunicará el expediente a la persona menor de edad interesada y a la comunidad autónoma de destino, para que aleguen lo que estimen oportuno en un plazo de tres días naturales.

5. El expediente se remitirá al Ministerio Fiscal, que podrá pronunciarse en un plazo de dos días naturales y, en todo caso, si la persona menor de edad manifiesta su oposición al traslado.

6. La persona titular de la Subdelegación del Gobierno en la provincia en la que se encuentre la persona menor de edad, a la vista del informe señalado en el apartado 3 y del resto de documentación que obre en el expediente, elevará una propuesta de resolución de ubicación y traslado a la persona titular de la Delegación del Gobierno en la comunidad autónoma declarada en situación de contingencia migratoria extraordinaria en cuyo territorio se encuentre la persona menor de edad.

7. La persona titular de la Delegación del Gobierno en la comunidad autónoma declarada en situación de contingencia migratoria en cuyo territorio se encuentra la persona menor de edad será la competente para resolver el procedimiento para la reubicación y el traslado de las personas menores de edad de acuerdo con lo señalado en el artículo 35 quáter.4 de la Ley Orgánica 4/2000, de 11 de enero.

La resolución de ubicación y traslado será notificada a la persona menor de edad, en el plazo de diez días naturales desde la adopción de la propuesta de ubicación, si su grado de madurez lo permite, o a sus representantes legales en otro caso, a la comunidad autónoma declarada en situación de contingencia migratoria extraordinaria y a la comunidad autónoma de destino, y se comunicará a la Dirección General de Derechos de la Infancia y de la Adolescencia del Ministerio de Juventud e Infancia y al Ministerio Fiscal. La resolución irá acompañada de los informes sobre la persona menor de edad.

8.   La resolución emitida pondrá fin a la vía administrativa y será inscrita en el Registro de Menores Extranjeros No Acompañados, indicando la comunidad autónoma de destino en la que será ubicada la persona menor de edad.

Contra la resolución se podrá interponer el recurso potestativo de reposición ante el órgano que la haya dictado, en el plazo de un mes a contar desde el día siguiente al de su notificación. Alternativamente, la resolución podrá ser impugnada directamente ante el orden jurisdiccional contencioso-administrativo en la forma y plazo previstos en el artículo 46 de la Ley 29/1998, de 13 de julio, reguladora de la Jurisdicción Contencioso-administrativa.

9.   La resolución de ubicación y traslado a la que se refiere el apartado 7 implicará la asunción de la tutela y custodia de las personas menores de edad por parte de los servicios de protección de las comunidades autónomas en las que hayan sido reubicadas, de acuerdo con lo dispuesto en la legislación civil.

10.   Desde la notificación de la resolución de ubicación y traslado, la comunidad autónoma de destino deberá adoptar las medidas necesarias al fin de garantizar la adecuada atención integral de las personas menores de edad y su acogimiento, determinando el recurso de protección que se considere más adecuado para su atención. En particular, adoptará itinerarios y recursos de intervención específicos para dar respuesta a las necesidades concretas de algunos perfiles, como pueda ser el caso de las niñas, niños y adolescentes víctimas de trata de seres humanos, de las personas menores que presenten problemas de salud física o mental, o que se encuentren más cerca de la mayoría de edad y necesiten un apoyo centrado en el fomento de la autonomía de cara a su emancipación, así como un trabajo específico de integración sociolaboral.

6.   *Actuaciones a realizar para dar cumplimiento a las previsiones del Plan de respuesta solidaria.* 1.   La comunidad autónoma declarada en situación de contingencia migratoria extraordinaria será la responsable del traslado de las personas menores de edad. Dicho traslado será financiado por la Administración General del Estado mediante el

Fondo al que se refiere la disposición adicional undécima, apartado 4, de la Ley Orgánica 4/2000, de 11 de enero.

Asimismo, la Administración General del Estado podrá prestar los apoyos necesarios, en cumplimiento de lo previsto en el artículo 141 de la Ley 40/2015, de 1 de octubre.

2. En particular, la comunidad autónoma declarada en situación de contingencia migratoria extraordinaria deberá:

a) Notificar a la comunidad autónoma de destino, a la Delegación del Gobierno en la comunidad autónoma de destino y a la Jefatura Superior de Policía de destino, con una antelación mínima de 48 horas a la realización del traslado, la fecha, hora y lugar de llegada de las personas menores de edad.

b) Informar a la persona menor de edad, si su grado de madurez lo permite, o a sus representantes legales en otro caso, en el plazo de 48 horas desde la notificación de la resolución de ubicación y traslado, acerca de la fecha y hora en la que se realizará el traslado, medio de transporte, acompañamiento y características del traslado.

c) Ejecutar el traslado, que deberá realizarse en un plazo máximo de cinco días naturales desde la notificación de la resolución de ubicación y traslado. Dicho traslado se realizará con pleno respeto de los derechos de la persona menor de edad. Excepcionalmente, por motivos de salud determinantes para el traslado de la persona menor de edad o por cualquier otra circunstancia sobrevenida, podrá retrasarse la ejecución del traslado hasta la finalización de la asistencia sanitaria que sea necesaria o hasta que se produzca el cambio de las circunstancias sobrevenidas, debiendo quedar acreditada dicha circunstancia en el expediente.

3. La persona menor de edad será trasladada desde el centro de protección de menores donde hubiera permanecido acompañada por profesionales referentes de la entidad pública de origen y se procederá al intercambio de información entre estos y los profesionales de destino sobre la situación y características de cada persona menor.

4. La comunidad autónoma de destino deberá recibir a la persona menor de edad en la fecha, hora y lugar notificados conforme a lo señalado en el apartado 2.a). Asimismo, en todo caso desde la entrada de esta en su territorio, deberá hacerse cargo de la efectiva realización de las actuaciones de su competencia en relación con la persona menor de edad, así como garantizar que reciba atención integral y acogimiento adecuado, con las peculiaridades que requiera en función de sus cir-

cunstancias personales, principalmente en materia de documentación, asistencia sanitaria e integración social, y ello sin perjuicio de que se difiera la efectividad de su guarda hasta el momento de su puesta a disposición por los servicios de la comunidad autónoma declarada en situación de contingencia migratoria extraordinaria a los servicios de la comunidad autónoma de destino de conformidad con lo dispuesto en este real decreto y en los términos previamente notificados.

En el caso de que la comunidad autónoma de destino se negara a hacerse cargo de la persona menor de edad en la fecha, hora y lugar notificados conforme a lo señalado en el apartado 2.a), los profesionales referentes de la entidad pública de origen que hubieran acompañado a la persona menor de edad durante el traslado podrán recabar la ayuda de los Cuerpos y Fuerzas de Seguridad, quienes pondrán este hecho en conocimiento del Ministerio Fiscal y entregarán a la persona menor de edad a la Entidad pública de protección de menores de la comunidad autónoma de destino de acuerdo con lo previsto en el artículo 35 de la Ley Orgánica 4/2000, de 11 de enero, en el artículo 166 del Reglamento de la Ley Orgánica 4/2000, de 11 de enero, así como en el artículo 14 de la Ley Orgánica 1/1996, de 15 de enero, de Protección Jurídica del Menor, de modificación parcial del Código Civil y de la Ley de Enjuiciamiento Civil. Todo ello, sin perjuicio de las posibles responsabilidades que pudieran deducirse.

De lo dispuesto en este apartado se dejará constancia en el informe de los profesionales referentes de la entidad pública de la comunidad autónoma declarada en situación migratoria extraordinaria, que se incorporará al expediente.

5.   El plazo máximo para la realización de los traslados de la persona menor de edad será de quince días naturales a contar desde la fecha de su inscripción en el Registro de Menores Extranjeros No Acompañados, sin perjuicio de lo previsto en el apartado 2.c).

6.   Una vez ejecutado el traslado, la comunidad autónoma de destino deberá notificarlo a la Dirección General de Derechos de la Infancia y de la Adolescencia del Ministerio de Juventud e Infancia a efectos del seguimiento de la situación de contingencia migratoria extraordinaria.

7.   *Seguimiento e incumplimientos.* 1.   El seguimiento se realizará conforme a los mecanismos recogidos en el Protocolo Marco de menores extranjeros no acompañados previsto en el Reglamento de desarrollo de la Ley Orgánica 4/2000, de 11 de enero. Los datos relativos a personas físicas estarán desagregados por sexo.

2. En caso de producirse incumplimientos del régimen de protección de las personas menores de edad se estará a lo dispuesto en la legislación civil, penal y en materia de menores.

DISPOSICIONES ADICIONALES

Disposición Adicional Primera. *Procedimiento para la reubicación y el traslado de las personas menores de edad que se encontraban en los sistemas de protección de las comunidades autónomas antes de la declaración de la situación de contingencia migratoria extraordinaria.* 1. La comunidad autónoma declarada en situación de contingencia migratoria extraordinaria remitirá a la Subdelegación del Gobierno en la provincia en cuyo territorio se encuentre la persona menor de edad la documentación a la que se refiere el artículo 5.3 relativa a las personas menores de edad extranjeras no acompañadas que se encontraban en su sistema de protección antes de la declaración de la situación de contingencia migratoria extraordinaria al fin de iniciar el procedimiento para la reubicación y el traslado de las personas menores de edad.

Asimismo, en el caso de que la persona menor de edad carezca de autorización de residencia, la comunidad autónoma declarada en situación de contingencia migratoria extraordinaria remitirá la documentación preceptiva recogida en el artículo 172 del Reglamento de la Ley Orgánica 4/2000, de 11 de enero, para que la Delegación o Subdelegación del Gobierno resuelva la concesión de la autorización de residencia de la persona menor de edad antes de su traslado. Esta documentación incluirá la copia completa del pasaporte en vigor o título de viaje, reconocido como válido en España, de la persona menor de edad o, en su defecto, la cédula de inscripción de esta, obtenida de acuerdo con lo previsto en el artículo 210.5 de dicho reglamento.

2. El procedimiento, que tendrá tramitación preferente, se iniciará por acuerdo de la persona titular de la Subdelegación del Gobierno en la provincia en la que se encuentre la persona menor de edad de la comunidad autónoma declarada en situación de contingencia migratoria extraordinaria.

Para la tramitación de los expedientes se priorizarán por grupos de edad las personas menores de edad que se encuentren en los dispositivos de emergencia de la comunidad autónoma en la que haya sido declarada la situación de contingencia migratoria extraordinaria, así como a las personas menores de edad en situación de especial vulnerabilidad, permitiendo que los traslados puedan realizarse de manera ordenada y escalonada.

En estos casos, se procederá en los mismos términos de los artículos 5 y 6, aplicando los plazos del procedimiento previstos en la Ley 39/2015, de 1 de octubre, del Procedimiento Administrativo Común de las Administraciones Públicas.

El plazo máximo para la resolución y notificación será de cuatro meses desde que la Subdelegación del Gobierno realice la propuesta de ubicación referida en el artículo 5.3.

3.   Todas las reubicaciones y traslados de las personas menores de edad a las que se refiere esta disposición deberán haberse llevado a cabo en el plazo máximo de un año desde la entrada en vigor del Real Decreto-ley 2/2025, de 18 de marzo.

Disposición Adicional Segunda.   *No incremento del gasto público.*   La aprobación de este real decreto no implicará aumento del gasto público, ni supondrá incremento de los gastos de personal.

Disposición Adicional Tercera.   *Referencias.*   A los efectos de lo dispuesto en este real decreto:

a)   Las referencias hechas a personas menores de edad se entenderán realizadas a personas menores de edad, o cuya minoría de edad no pueda ser establecida con seguridad, extranjeras no acompañadas.

b)   Las referencias hechas a las comunidades autónomas deben entenderse también realizadas a las ciudades con Estatuto de Autonomía.

c)   Las referencias hechas a la Subdelegación del Gobierno y a la persona titular de la Subdelegación del Gobierno deben entenderse hechas, respectivamente, a la Secretaría General de la Delegación del Gobierno y a la persona titular de la Secretaría General de la Delegación del Gobierno, en caso de que no exista Subdelegación del Gobierno.

DISPOSICIONES FINALES

Disposición Final Primera. *Título competencial.* Este real decreto se dicta al amparo de lo previsto en el artículo 149.1.1.ª y 2.ª de la Constitución Española, que atribuyen al Estado la competencia exclusiva sobre la regulación de las condiciones básicas que garanticen la igualdad de todos los españoles en el ejercicio de los derechos y en el cumplimiento de los deberes constitucionales, y en las materias de inmigración y extranjería, respectivamente.

Disposición Final Segunda. *Desarrollo normativo.* Se autoriza a las personas titulares de los Ministerios del Interior, de Inclusión, Seguridad Social y Migraciones, de Política Territorial y Memoria Democrática y de Juventud e Infancia para dictar, en el ámbito de sus respectivas competencias, las normas que sean necesarias para la ejecución y desarrollo de lo dispuesto en este real decreto.

Disposición Final Tercera. *Entrada en vigor.* Este real decreto entrará en vigor el día siguiente al de su publicación en el «Boletín Oficial del Estado».

Dado en Madrid, el 22 de julio de 2025.
FELIPE R.
El Ministro de la Presidencia, Justicia y Relaciones con las Cortes,
FÉLIX BOLAÑOS GARCÍA

V. Ley 14/2013, de 27 de septiembre, de apoyo a los emprendedores y su internacionalización. (Fragmento)

TÍTULO V
INTERNACIONALIZACIÓN DE LA ECONOMÍA ESPAÑOLA

SECCIÓN SEGUNDA
Movilidad internacional [276]

CAPÍTULO PRIMERO
FACILITACIÓN DE ENTRADA Y PERMANENCIA

61. *Entrada y permanencia en España por razones de interés económico.* 1. Los extranjeros que se propongan entrar o residir, o que ya residan, en España verán facilitada su entrada y permanencia en territorio español por razones de interés económico de acuerdo con lo establecido en esta sección, en aquellos supuestos en los que acrediten ser:

a) Inversores.
b) Emprendedores.
c) Profesionales altamente cualificados.
d) Investigadores.
e) Trabajadores que efectúen movimientos intraempresariales.
f) Teletrabajadores de carácter internacional. [277]

2. Lo dispuesto en esta sección no será de aplicación a los ciudadanos de la Unión Europea y a aquellos extranjeros que disfruten de derechos de libre circulación equivalentes a los de los ciudadanos de

---

[276] Véanse las disposiciones adicionales 4 a 7 de la presente ley

[277] Dada nueva redacción apartado 1 por disposición final 5 apartado 1 de Ley 28/2022 de 21 de diciembre de 2022, con vigencia desde 23/12/2022

la Unión con base en acuerdos entre la Unión Europea y los Estados miembros, por una parte, y terceros países, por otra. [278]

62. *Requisitos generales para la estancia o residencia.* 1. Sin perjuicio de la acreditación de los requisitos específicos previstos para cada visado o autorización, los extranjeros a los que se refiere la presente sección deberán reunir, para estancias no superiores a tres meses, las condiciones de entrada previstas en el Reglamento (CE) 562/2006, de 15 de marzo, por el que se establece un Código comunitario de normas para el cruce de personas por las fronteras (Código de Fronteras Schengen).

2. En los supuestos de visados de estancia, deberán acreditar además los requisitos previstos en el Reglamento (CE) 810/2009, de 13 de julio, por el que se establece un Código comunitario sobre visados (Código de visados).

3. En los supuestos de visados de residencia previstos en el Reglamento (UE) 265/2010, por el que se modifica el Convenio de aplicación del Acuerdo de Schengen y el Reglamento (CE) 562/2006, de 15 de marzo, por lo que se refiere a la circulación de personas con visados de larga duración, así como para las autorizaciones de residencia, el solicitante deberá acreditar el cumplimiento de los siguientes requisitos:

a) No encontrarse irregularmente en territorio español.

b) Ser mayor de 18 años.

c) Carecer de antecedentes penales en España y en los países donde haya residido durante los dos últimos años, por delitos previstos en el ordenamiento jurídico español. Adicionalmente, se presentará una declaración responsable de la inexistencia de antecedentes penales de los últimos cinco años. [279]

d) No figurar como rechazable en el espacio territorial de países con los que España tenga firmado un convenio en tal sentido.

e) Contar con un seguro público o un seguro privado de enfermedad concertado con una Entidad aseguradora autorizada para operar en España.

[278] Dada nueva redacción apartado 2 por art. 32 apartado 2 de Ley 11/2023 de 8 de mayo de 2023, con vigencia desde 10/05/2023

[279] Dada nueva redacción apartado 3 letra c por disposición final 5 apartado 2 de Ley 28/2022 de 21 de diciembre de 2022, con vigencia desde 23/12/2022

f) Contar con recursos económicos suficientes para sí y para los miembros de su familia durante su periodo de residencia en España.

g) Abonar la tasa por tramitación de la autorización o visado.

4. El cónyuge o persona con análoga relación de afectividad, los hijos menores de edad o mayores que, dependiendo económicamente del titular, no hayan constituido por sí mismos una unidad familiar y los ascendientes a cargo, que se reúnan o acompañen a los extranjeros enumerados en el artículo 61.1, podrán solicitar, conjunta y simultánea o sucesivamente, la autorización y, en su caso, el visado. Para ello deberá quedar acreditado el cumplimiento de los requisitos previstos en el apartado anterior. En el caso de que las solicitudes de los familiares se presenten simultáneamente con la del titular, la autorización y, en su caso, el visado, se resolverán también de forma simultánea. [280]

5. Lo dispuesto en la presente Ley se entenderá sin perjuicio del cumplimiento, por los sujetos obligados, de las obligaciones establecidas en la Ley 10/2010, de 28 de abril, de prevención del blanqueo de capitales y de la financiación del terrorismo y las obligaciones tributarias o de Seguridad Social correspondientes.

6. Las Misiones diplomáticas y Oficinas Consulares, al recibir las solicitudes de visados de residencia, efectuarán a la Dirección General de la Policía las consultas pertinentes destinadas a comprobar si el solicitante representa un riesgo en materia de seguridad.

La Dirección General de la Policía deberá responder en el plazo máximo de siete días desde la recepción de la consulta, transcurridos los cuales sin haber obtenido respuesta se entenderá que su sentido es favorable.

7. Se revocarán, denegarán o no renovarán las autorizaciones de residencia y los visados previstos en esta sección cuando la persona extranjera interesada pueda representar una amenaza para el orden público, la seguridad pública, la salud pública o la seguridad nacional, de así valorarlo el órgano competente para resolver, con base en un informe policial, del Centro Nacional de Inteligencia o del Departamento de Seguridad Nacional que así lo acrediten. [281]

---

[280] Dada nueva redacción apartado 4 por art. 32 apartado 3 de Ley 11/2023 de 8 de mayo de 2023, con vigencia desde 10/05/2023

[281] Añadido apartado 7 por art. 32 apartado 4 de Ley 11/2023 de 8 de mayo de 2023, con vigencia desde 10/05/2023

CAPÍTULO II
INVERSORES [282]

63. *Visado de residencia para inversores.* [283] *1. Los extranjeros no residentes que se propongan entrar en territorio español con el fin de realizar una inversión significativa de capital podrán solicitar el visado de estancia, o en su caso, de residencia para inversores que tendrá una duración de un año.*

2. Se entenderá como inversión significativa de capital aquella que cumpla con alguno de los siguientes supuestos:

a) Una inversión inicial por un valor igual o superior a:

1º Dos millones de euros en títulos de deuda pública española, o

2º Un millón de euros en acciones o participaciones sociales de sociedades de capital españolas con una actividad real de negocio, o

3º Un millón de euros en fondos de inversión, fondos de inversión de carácter cerrado o fondos de capital riesgo constituidos en España, incluidos dentro del ámbito de aplicación de la Ley 35/2003, de 4 de noviembre, de Instituciones de Inversión Colectiva, o de la Ley 22/2014, de 12 de noviembre, por la que se regulan las entidades de capital-riesgo, otras entidades de inversión colectiva de tipo cerrado y las sociedades gestoras de entidades de inversión colectiva de tipo cerrado, y por la que se modifica la Ley 35/2003, de 4 de noviembre, o

4º Un millón de euros en depósitos bancarios en entidades financieras españolas.

b) La adquisición de bienes inmuebles en España con una inversión de valor igual o superior a 500.000 euros por cada solicitante.

c) Un proyecto empresarial que vaya a ser desarrollado en España y que sea considerado y acreditado como de interés general, para lo cual se valorará el cumplimiento de al menos una de las siguientes condiciones:

1º Creación de puestos de trabajo.

2º Realización de una inversión con impacto socioeconómico de relevancia en el ámbito geográfico en el que se vaya a desarrollar la actividad.

3º Aportación relevante a la innovación científica y/o tecnológica.

---

[282] Derogado por disposición final 21 apartado 1 de Ley Orgánica 1/2025 de 2 de enero de 2025, con vigencia desde 03/04/2025

[283] Derogado por disposición final 21 apartado 1 de Ley Orgánica 1/2025 de 2 de enero de 2025, con vigencia desde 03/04/2025

Podrá obtener el visado de residencia para inversores un representante, designado por el inversor y debidamente acreditado, para la gestión de un proyecto de interés general siempre y cuando el proyecto cumpla alguna de las condiciones enumeradas en la letra c).

3. Se entenderá igualmente que el extranjero solicitante del visado ha realizado una inversión significativa de capital cuando la inversión la lleve a cabo una persona jurídica, domiciliada en un territorio que no tenga la consideración de paraíso fiscal conforme a la normativa española, y el extranjero posea, directa o indirectamente, la mayoría de sus derechos de voto y tenga la facultad de nombrar o destituir a la mayoría de los miembros de su órgano de administración.

4. Si la inversión se lleva a cabo por un matrimonio en régimen de gananciales o análogo y la cuantía no asciende, al menos, al doble de los umbrales previstos en las letras a) y b) del apartado 2 se considerará que ha sido efectuada por uno de los cónyuges, pudiendo el otro cónyuge solicitar un visado de residencia como familiar en los términos establecidos en el art. 62.4.

64. *Forma de acreditación de la inversión.* [284] *Para la concesión del visado de residencia para inversores será necesario cumplir los siguientes requisitos:*

a) En el caso previsto en la letra a) del apartado 2 del art. 63, el solicitante deberá acreditar haber realizado la inversión en la cantidad mínima requerida, en un periodo no superior a un año a la presentación de la solicitud, de la siguiente manera:

1º En el supuesto de inversión en acciones no cotizadas o participaciones sociales, se presentará el ejemplar de la declaración de inversión realizada en el Registro de Inversiones Exteriores del Ministerio de Economía y Competitividad.

2º En el supuesto de inversión en acciones cotizadas, se presentará un certificado del intermediario financiero, debidamente registrado en la Comisión Nacional del Mercado de Valores o en el Banco de España, en el que conste que el interesado ha efectuado la inversión a efectos de esta norma.

3º En el supuesto de inversión en deuda pública, se presentará un certificado de la entidad financiera o del Banco de España en el que

---

[284] Derogado por disposición final 21 apartado 1 de Ley Orgánica 1/2025 de 2 de enero de 2025, con vigencia desde 03/04/2025

se indique que el solicitante es el titular único de la inversión para un periodo igual o superior a 5 años.

4º En el supuesto de inversión en fondos de inversión, fondos de inversión de carácter cerrado o fondos de capital riesgo constituidos en España, se presentará un certificado de la sociedad gestora del fondo, constituida en España, debidamente registrada en la Comisión Nacional del Mercado de Valores, en el que conste que el interesado ha efectuado una inversión de, al menos, un millón de euros en un fondo o fondos bajo su gestión.

5º En el supuesto de inversión en depósito bancario, se presentará un certificado de la entidad financiera en el que se constate que el solicitante es el titular único del depósito bancario.

b) En el supuesto previsto en la letra b) del apartado 2 del art. 63 el solicitante deberá acreditar haber adquirido la propiedad de los bienes inmuebles mediante certificación de dominio y cargas del Registro de la Propiedad que corresponda al inmueble o inmuebles. La certificación podrá incorporar un código electrónico de verificación para su consulta en línea. Esta certificación incluirá el importe de la adquisición; en otro caso, se deberá acreditar mediante la aportación de la escritura pública correspondiente.

Si en el momento de la solicitud del visado, la adquisición de los inmuebles se encontrara en trámite de inscripción en el Registro de la Propiedad, será suficiente la presentación de la citada certificación en la que conste vigente el asiento de presentación del documento de adquisición, acompañada de documentación acreditativa del pago de los tributos correspondientes.

El solicitante deberá acreditar disponer de una inversión en bienes inmuebles de 500.000 euros libre de toda carga o gravamen. La parte de la inversión que exceda del importe exigido podrá estar sometida a carga o gravamen.

Si el extranjero no ha formalizado la compra del inmueble o inmuebles pero existe un precontrato con garantía en su cumplimiento por medio de arras u otro medio admitido en derecho formalizado en escritura pública, deberá presentar junto con el cumplimiento de los requisitos indicados en el art. 62.3, el precontrato con garantía junto con un certificado de una entidad financiera establecida en España en el que se constate que el solicitante dispone de un depósito bancario indisponible con la cantidad necesaria para la adquisición, cumpliendo el contrato comprometido, del inmueble o inmuebles indicados, incluyendo cargas *e impuestos. El importe del depósito sólo podrá ser utilizado para la compra final del inmueble o inmuebles indicados en el precontrato con garantía. En este supuesto, el interesado recibirá un visado de residencia para inversores de duración máxima de 6 meses.*

Si se acredita la compra efectiva del inmueble o inmuebles indicados, el interesado podrá solicitar un visado de residencia para inversores de un año de duración o una autorización de residencia para inversores conforme al art. 66.

c) En el supuesto previsto en la letra c) del apartado 2 del art. 63, se deberá presentar un informe favorable para constatar que en el proyecto empresarial presentado concurren razones de interés general. El informe procederá de la Oficina Económica y Comercial del ámbito de demarcación geográfica donde el inversor presente la solicitud del visado.

Si el inversor designara un representante para la gestión del proyecto empresarial y con el fin de que el mismo obtenga el visado de residencia para inversor, en el informe de la Oficina Económica y Comercial se valorará junto con los requisitos establecidos en el art. 63.2.c) la necesidad de que intervenga dicho representante para la adecuada gestión del proyecto empresarial.

El representante deberá acreditar ante la Oficina Consular que reúne los requisitos establecidos en el art. 62.3 de la presente Ley.

d) En el supuesto previsto en el apartado 3 del art. 63, se deberá presentar un informe favorable procedente de la Oficina Económica y Comercial del ámbito de demarcación geográfica donde el inversor presente la solicitud del visado.

65. *Efectos del visado de residencia para inversores.* [285] *La concesión del visado de residencia para inversores constituirá título suficiente para residir y trabajar en España durante su vigencia.*

66. *Autorización de residencia para inversores.* [286] *1. Los inversores extranjeros que realicen una inversión significativa de capital podrán solicitar una autorización de residencia para inversores, que tendrá validez en todo el territorio nacional. La concesión corresponderá a la*

---

[285] Derogado por disposición final 21 apartado 1 de Ley Orgánica 1/2025 de 2 de enero de 2025, con vigencia desde 03/04/2025

[286] Derogado por disposición final 21 apartado 1 de Ley Orgánica 1/2025 de 2 de enero de 2025, con vigencia desde 03/04/2025

Dirección General de Migraciones y su tramitación se efectuará por la Unidad de Grandes Empresas y Colectivos Estratégicos.

Podrá obtener la autorización de residencia para inversores un representante designado por el inversor, y debidamente acreditado, para la gestión de un proyecto siempre y cuando el proyecto cumpla alguna de las condiciones enumeradas el art. 63.2.c).

2. Si el solicitante de la autorización de residencia es titular de un visado de residencia para inversores en vigor o se encuentra dentro del plazo de los noventa días naturales posteriores a la caducidad del visado, deberá acreditar, además del cumplimiento de los requisitos generales previstos en el art. 62, los siguientes requisitos:

a) En el supuesto previsto en la letra a) del apartado 2 del art. 63 el inversor deberá demostrar que ha mantenido la inversión de un valor igual o superior a la cantidad mínima requerida:

1º En el supuesto de acciones no cotizadas o participaciones sociales, se deberá presentar un certificado notarial que demuestre que el inversor ha mantenido durante el período de referencia anterior la propiedad de las acciones no cotizadas o participaciones sociales que le facultaron para obtener el visado de inversores. El certificado deberá estar fechado dentro de los 30 días anteriores a la presentación de la solicitud.

2º En el supuesto de inversión en acciones cotizadas, se deberá presentar un certificado de una entidad financiera, en el que conste que el interesado ha mantenido, al menos, en valor promedio un millón de euros invertidos en acciones desde la fecha de obtención del visado de residencia para inversores. El certificado deberá estar fechado dentro de los 30 días anteriores a la presentación de la solicitud.

3º En el supuesto de inversión en títulos de deuda pública, se deberá presentar un certificado de una entidad financiera o del Banco de España en el que se verifique el mantenimiento, o ampliación, desde la fecha de obtención del visado de residencia para inversores, del número de títulos de deuda pública que adquirió el inversor en el momento en que realizó la inversión inicial. El certificado deberá estar fechado dentro de los 30 días anteriores a la presentación de la solicitud.

4º En el supuesto de inversión en fondos de inversión, fondos de inversión de carácter cerrado o fondos de capital riesgo constituidos en España se deberá presentar un certificado de la sociedad gestora del fondo, constituida en España, debidamente registrada en la Comisión Nacional del Mercado de Valores, en el que conste que el interesado ha mantenido, desde la fecha de obtención del visado de residencia para inversores, al menos, en valor promedio, un millón de euros invertido en un fondo o fondos bajo su gestión. El certificado deberá estar fechado dentro de los 30 días anteriores a la presentación de la solicitud.

5º En el supuesto de inversión en depósito bancario, se deberá presentar un certificado de la entidad financiera que verifique que el inversor ha mantenido, o ampliado, su depósito desde la fecha de obtención del visado de residencia para inversores. El certificado deberá estar fechado dentro de los 30 días anteriores a la presentación de la solicitud.

b) En el supuesto previsto en la letra b) del apartado 2 del art. 63, el solicitante deberá demostrar que el inversor es propietario del bien o bienes inmuebles por la cantidad mínima exigida en dicho artículo. Para ello deberá aportar el certificado o certificados de dominio y cargas del Registro de la Propiedad que corresponda al inmueble o inmuebles y debe estar fechado dentro de los 90 días anteriores a la presentación de la solicitud.

Si el solicitante está en posesión de un visado de residencia para inversores de 6 meses, deberá demostrar que ha adquirido de forma efectiva el inmueble o inmuebles indicados mediante la documentación correspondiente.

c) En el supuesto previsto en la letra c) del apartado 2 del art. 63, se deberá presentar un informe favorable de la Dirección General de Comercio Internacional e Inversiones del Ministerio de Economía y Competitividad para constatar que las razones de interés general acreditadas inicialmente se mantienen.

d) En el supuesto previsto en el apartado 3 del art. 63, se deberá presentar un informe favorable de la Dirección General de Comercio Internacional e Inversiones del Ministerio de Economía y Competitividad para constatar que los elementos verificados en el momento de la concesión del visado se mantienen.

e) El cumplimiento de las obligaciones en materia tributaria y de Seguridad Social.

3. Si el solicitante de la autorización de residencia para inversores se encuentra legalmente en España y no es titular del visado de residencia para inversores deberá acreditar, además del cumplimiento de los requisitos generales previstos en el art. 62, la realización de una inversión significativa de capital conforme al art. 64.

Si la inversión se lleva a cabo por un matrimonio en régimen de gananciales o análogo y la cuantía no asciende, al menos, al doble de los umbrales previstos en el art. 63.2 a) y b) se considerará que ha sido efec-

tuada por uno de los cónyuges, pudiendo el otro cónyuge solicitar una autorización de residencia como familiar en los términos establecidos en el art. 62.4.

En el supuesto de inversiones del art. 63.2.c), el informe de proyecto de interés general procederá de la Dirección General de Comercio Internacional e Inversiones.

En el supuesto de inversiones del art. 63.3 el informe procederá de la Dirección General de Comercio Internacional e Inversiones.

Si el extranjero no ha formalizado la compra del inmueble o inmuebles pero existe un precontrato con garantía en su cumplimiento por medio de arras u otro medio admitido en derecho formalizado en escritura pública, deberá presentar junto con el cumplimiento de los requisitos indicados en el art. 62.3, el precontrato con garantía junto con un certificado de una entidad financiera establecida en España en el que se constate que el solicitante dispone de un depósito bancario indisponible con la cantidad necesaria para la adquisición, cumpliendo el contrato comprometido, del inmueble o inmuebles indicados, incluyendo cargas e impuestos. El importe del depósito sólo podrá ser utilizado para la compra final del inmueble o inmuebles indicados en el precontrato con garantía. En este supuesto, el interesado recibirá una autorización de residencia para inversores de duración máxima de 6 meses.

Si se acredita la compra efectiva del inmueble o inmuebles indicados, el interesado podrá solicitar una autorización de residencia para inversores.

67. *Duración de la autorización de residencia para inversores.* [287]
1. La autorización inicial de residencia para inversores tendrá una duración de tres años sin perjuicio de lo establecido en el artículo 66.3 para compras de inmuebles no formalizadas.

2. Una vez cumplido dicho plazo, aquellos inversores extranjeros que estén interesados en residir en España por una duración superior podrán solicitar la renovación de la autorización de residencia por periodos sucesivos de cinco años, siempre y cuando se mantengan las condiciones que generaron el derecho.

3. Si durante el periodo de residencia autorizado se modifica la inversión deberá, en todo caso, mantenerse el cumplimiento de alguno de los

[287] Derogado por disposición final 21 apartado 1 de Ley Orgánica 1/2025 de 2 de enero de 2025, con vigencia desde 03/04/2025

supuestos previstos en el art. 63. No será de aplicación esta previsión en el caso de que la variación del valor se deba a fluctuaciones del mercado.

CAPÍTULO III
EMPRENDEDORES Y ACTIVIDAD EMPRESARIAL

68. *Entrada y estancia para inicio de actividad empresarial.* [288] *(Derogado)*

69. *Residencia para emprendedores.* [289] 1. Aquellos extranjeros que soliciten entrar en España o que siendo titulares de una autorización de estancia o residencia o visado pretendan iniciar, desarrollar o dirigir una actividad económica como emprendedor, podrán ser provistos de una autorización de residencia para actividad empresarial, que tendrá validez en todo el territorio nacional y una vigencia de tres años. Una vez cumplido dicho plazo, podrán solicitar la renovación de la autorización de residencia por dos años, pudiendo obtener la residencia permanente a los cinco años.

La solicitud de autorización de residencia de emprendedor se realizará por el propio interesado o a través de un representante legal y de forma electrónica ante la Unidad de Grandes Empresas y Colectivos Estratégicos.

En el supuesto de que el extranjero se encuentre fuera de España, la solicitud de autorización y visado se realizará simultáneamente a través de una única instancia que iniciará la tramitación de autorización y visado de forma consecutiva.

2. Los solicitantes deberán cumplir los requisitos generales previstos en el artículo 62 y los requisitos legales necesarios para el inicio de la actividad, que serán los establecidos en la normativa sectorial correspondiente.

---

[288] Derogado por disposición final 5 apartado 4 número 1 de Ley 28/2022 de 21 de diciembre de 2022, con vigencia desde 23/12/2022

[289] Dada nueva redacción por disposición final 5 apartado 4 número 2 de Ley 28/2022 de 21 de diciembre de 2022, con vigencia desde 23/12/2022

70. *Definición de actividad emprendedora y empresarial.* [290] 1. Se entenderá como actividad emprendedora aquella que sea innovadora y/o tenga especial interés económico para España y a tal efecto cuente con un informe favorable emitido por ENISA.

La solicitud se dirigirá a la Unidad de Grandes Empresas y Colectivos Estratégicos que de oficio solicitará informe sobre la actividad emprendedora y empresarial a ENISA. Este informe, de carácter preceptivo, será evacuado en el plazo de diez días hábiles.

En el caso de que el extranjero se encuentre fuera de España, una vez que tenga la autorización concedida, solicitará el visado de residencia correspondiente.

2. Para la valoración de la actividad emprendedora y empresarial, se tendrá en cuenta:

a) El perfil profesional del solicitante y su implicación en el proyecto. En caso de que existan varios socios, se evaluará la participación de cada uno de ellos, tanto de los que solicitan un visado o autorización como de los que no requieran el mismo.

b) El plan de negocio, que englobará una descripción del proyecto, del producto o servicio que desarrolla, y su financiación, incluyendo la inversión requerida y las posibles fuentes de financiación.

c) Los elementos que generen el valor añadido para la economía española, la innovación u oportunidades de inversión.

CAPÍTULO IV
PROFESIONALES ALTAMENTE CUALIFICADOS

71. *Autorización de residencia para profesionales altamente cualificados.* [291] 1. Se podrá solicitar una autorización de residencia para profesionales altamente cualificados, que tendrá validez en todo el territorio nacional, cuando una empresa requiera la incorporación en territorio español de un profesional extranjero para el desarrollo de una relación laboral o profesional de alta cualificación, en los términos establecidos en este artículo.

---

[290] Dada nueva redacción por disposición final 5 apartado 4 número 3 de Ley 28/2022 de 21 de diciembre de 2022, con vigencia desde 23/12/2022

[291] Dada nueva redacción por art. 32 apartado 5 de Ley 11/2023 de 8 de mayo de 2023, con vigencia desde 10/05/2023

La solicitud a que se refiere el párrafo anterior podrá ser presentada por la empresa o por el profesional extranjero cuya incorporación se requiera, en cuyo caso la Unidad de Grandes Empresas y Colectivos Estratégicos comunicará a la empresa la recepción de la solicitud.

2. La autorización de residencia para profesionales altamente cualificados tendrá dos modalidades:

a) Autorización de residencia para profesionales altamente cualificados titulares de una Tarjeta azul-UE. Procederá esta autorización en el supuesto de trabajadores extranjeros que vayan a desempeñar una actividad laboral para la que se requiera contar con una cualificación derivada de una formación de enseñanza superior de duración mínima de tres años y equivalente al menos al Nivel 2 del Marco Español de Cualificaciones para la Educación Superior, correspondiente con el nivel 6 del Marco Español de Cualificaciones para el Aprendizaje Permanente y mismo nivel del Marco Europeo de Cualificaciones (EQF), o acrediten un mínimo de cinco años de conocimientos, capacidades y competencias avalados por una experiencia profesional que pueda considerarse equiparable a dicha cualificación y que sea pertinente para la profesión o sector especificado en el contrato de trabajo o en la oferta firme de empleo.

En el caso de profesionales y directores de tecnología de la información y las comunicaciones, la duración mínima de la experiencia profesional equiparable y pertinente para el sector o profesión exigida será de tres años comprendidos en los siete años anteriores a la solicitud de la Tarjeta azul-UE.

b) Autorización de residencia nacional para profesionales altamente cualificados. Procederá esta autorización en el supuesto de trabajadores extranjeros que vayan a desempeñar una actividad laboral o profesional para la que se requiera contar con una titulación equiparable al menos al nivel 1 del Marco Español de Cualificaciones para la Educación Superior, correspondiente con el nivel 5A del Marco Español de Cualificaciones para el Aprendizaje Permanente, o conocimientos, capacidades y competencias avaladas por una experiencia profesional de al menos tres años que pueda considerarse equiparable a dicha cualificación, en los términos que se establezcan en las instrucciones a las que se refiere la disposición adicional vigésima de esta ley.

3. La validez de la autorización de residencia será de tres años, o igual a la duración del contrato más un periodo adicional de tres meses en el caso de que la duración del contrato sea inferior a tres

años, no pudiendo superar la validez de la autorización más de tres años. Durante los sesenta días anteriores al fin de la vigencia de la autorización de residencia se podrá solicitar su renovación por dos años si se mantienen los requisitos que generaron el derecho, pudiendo obtener la residencia de larga duración a los cinco años cuando se cumplan los requisitos previstos para ello.

71 bis. *Profesionales altamente cualificados titulares de una Tarjeta azul-UE.* [292] 1. Para la concesión de una Tarjeta azul-UE, será necesario cumplir los siguientes requisitos:

a) El extranjero deberá acreditar la posesión de la cualificación establecida en el artículo 71.2 a) y, en el caso del ejercicio de profesiones reguladas, acreditar su homologación conforme a la normativa sectorial relativa al ejercicio de profesiones reguladas.

b) El solicitante deberá presentar un contrato de trabajo válido o una oferta firme de empleo de alta cualificación para un período de al menos seis meses que garantice al trabajador una actividad continuada durante el periodo de vigencia de la Tarjeta azul-UE.

c) Las condiciones fijadas en el contrato de trabajo deberán ajustarse a las establecidas por la normativa vigente y el convenio colectivo aplicable. El salario bruto anual especificado en el contrato de trabajo no deberá ser inferior a un umbral salarial de referencia que se definirá reglamentariamente, previa consulta con los interlocutores sociales de acuerdo con la normativa vigente, y que será como mínimo de 1,0 veces y como máximo de 1,6 veces el salario bruto anual medio.

No obstante, siempre que el contrato se ajuste a la normativa vigente y al convenio colectivo aplicable, el umbral salarial inferior será un 80 % del umbral establecido en el párrafo anterior, siempre que no sea inferior a 1,0 veces el salario bruto medio, en cualquiera de los siguientes casos:

1.º Para aquellas profesiones en las que haya una necesidad particular de trabajadores nacionales de terceros países y que pertenezcan a los grupos 1 y 2 de la Clasificación Internacional Uniforme de Ocupaciones.

---

[292] Añadido por art. 32 apartado 6 de Ley 11/2023 de 8 de mayo de 2023, con vigencia desde 10/05/2023

2.º Para los nacionales de terceros países que hayan obtenido la cualificación establecida en el artículo 71.2 a) como máximo tres años antes de la presentación de la solicitud de Tarjeta azul-UE.

Si la Tarjeta azul-UE expedida durante este periodo se renueva, el umbral salarial seguirá siendo de aplicación en caso de que el período inicial de tres años no haya concluido aún, o no hayan transcurrido aún veinticuatro meses desde la expedición de la primera Tarjeta azul-UE.

Se denegará la autorización de Tarjeta azul-UE cuando no se cumpla con los requisitos establecidos en este artículo, o cuando los documentos presentados hayan sido obtenidos de manera fraudulenta, falsificados o adulterados.

2. En el caso de que la persona a la que se haya concedido una Tarjeta azul-UE requiera un visado para su entrada en España, las autoridades consulares del país donde se encuentre concederán el visado correspondiente sin que se exija ningún requisito adicional a los previstos en esta ley y en la normativa vigente en materia de visados.

3. Se revocará o se denegará la renovación de la Tarjeta azul-UE, tras analizar las circunstancias específicas y de acuerdo con el principio de proporcionalidad, cuando el extranjero ya no esté en posesión de un contrato de trabajo válido para un empleo de alta cualificación, y acumule un periodo de desempleo superior a tres meses habiendo sido titular de la Tarjeta azul-UE durante menos de dos años, o acumule un periodo de desempleo superior a seis meses habiendo sido titular de la Tarjeta azul-UE durante al menos dos años. También se revocará la Tarjeta azul-UE cuando su titular se haya desplazado a un Estado miembro de la Unión Europea distinto de España y haya obtenido una Tarjeta azul-UE en este Estado miembro.

Cuando concurran las circunstancias previstas en el párrafo anterior para la retirada o no renovación de la Tarjeta azul-UE se concederá al interesado un plazo de tres meses para la búsqueda de un nuevo empleo, o seis meses en el caso de que el interesado haya sido titular de una Tarjeta azul-UE durante al menos dos años.

4. Cuando el titular de una Tarjeta azul-UE expedida por un Estado miembro de la Unión Europea se desplace a España con el fin de desarrollar una actividad profesional durante un periodo de noventa días en cualquier periodo de 180 días, no se le requerirá ninguna autorización distinta a la Tarjeta azul-UE expedida por el Estado miembro de la Unión Europea para ejercer dicha actividad.

La persona que haya residido al menos doce meses en un Estado miembro de la Unión Europea diferente de España como titular de una Tarjeta azul-UE, o seis meses en el caso de que haya residido en más de un Estado miembro como titular de una Tarjeta azul-UE, tendrá derecho a entrar, residir y trabajar en España, para lo cual deberá solicitar una Tarjeta azul-UE en España. La solicitud podrá presentarse por el empleador o el empleado a las autoridades competentes mientras el titular de la Tarjeta azul-UE está residiendo en el territorio del primer Estado miembro. En el caso de que el titular de la Tarjeta azul-UE expedida por un Estado miembro de la Unión Europea diferente de España se encuentre ya en territorio español, la solicitud deberá presentarse ante el órgano competente para su tramitación antes de transcurrir el plazo máximo de un mes desde su entrada en España.

La presentación de la solicitud deberá acompañarse de la Tarjeta azul-UE expedida en el primer Estado miembro, un documento de viaje válido, un contrato de trabajo u oferta firme de empleo de alta cualificación por un periodo de al menos seis meses, pruebas de que cumple el umbral salarial al que se refiere el apartado 2 de este artículo y, en caso de profesión regulada, la acreditación del reconocimiento de las cualificaciones que corresponda de acuerdo con la normativa sectorial de aplicación.

El titular de una Tarjeta azul-UE expedida por un Estado miembro de la Unión Europea estará autorizado para comenzar a trabajar en España desde el momento de la solicitud completa de la Tarjeta azul-UE en España, sin perjuicio del sentido de la resolución que se realizará, tras analizar las circunstancias específicas y de acuerdo con el principio de proporcionalidad, en los términos del artículo 76.

5. Lo dispuesto en el apartado anterior será aplicable, en lo que a ellos se refiera, a los miembros de la familia previstos en el artículo 62.4 que acompañen al titular de la Tarjeta azul-UE o se reúnan con él. En el caso de que las solicitudes de los miembros de la familia no se presenten de forma simultánea a la del titular de la Tarjeta azul-UE, éstas deberán presentarse en el plazo máximo de un mes desde la entrada de los familiares en España.

6. En el caso de que la persona solicitante o titular de una Tarjeta azul-UE sea a su vez beneficiaria de protección internacional concedida por España u otro Estado miembro de la Unión Europea, serán de aplicación las siguientes especialidades:

a) Los familiares de un solicitante de Tarjeta azul-UE que sea beneficiario de protección internacional concedida por otro Estado miembro de la Unión Europea, podrán ser reagrupados en los términos previstos en esta ley.

b) La reagrupación de los familiares del solicitante de Tarjeta azul-UE, que a su vez ha obtenido protección internacional en España, se regirá por lo dispuesto en la normativa vigente en materia de protección internacional.

c) En el caso de que España tramite la concesión, retirada o no renovación de una Tarjeta azul-UE de una persona beneficiaria de protección internacional concedida por otro Estado miembro de la Unión, se solicitará al Estado miembro que concedió ésta que confirmen que la persona afectada sigue siendo beneficiaria de protección internacional en dicho Estado miembro antes de proceder, en su caso, a su expulsión del territorio español. En caso de que fuera así, en todo caso se preservará el principio de no devolución al país de origen.

En el caso de que un Estado miembro de la Unión realice a España una solicitud de confirmación sobre la condición de beneficiario de protección internacional concedida por España, esta se responderá en el plazo máximo de un mes.

72. *Formación, Investigación, desarrollo e innovación.* [293] 1. Los extranjeros que pretendan entrar en España, o que siendo titulares de una autorización de estancia y residencia, deseen realizar actividades de formación, investigación, desarrollo e innovación en entidades públicas o privadas, deberán estar provistos del correspondiente visado o de una autorización de residencia para formación o investigación que tendrá validez en todo el territorio nacional, en los siguientes casos:

a) El personal investigador al que se refieren el artículo 13 y la disposición adicional primera de la Ley 14/2011, de 1 de junio, de la Ciencia, la Tecnología y la Innovación.

b) El personal científico y técnico que lleve a cabo trabajos de investigación científica, desarrollo e innovación tecnológica, en entidades empresariales o centros de I+D+i establecidos en España.

c) Los investigadores acogidos en el marco de un convenio por organismos de investigación públicos o privados.

---

[293] Dada nueva redacción por art. 3 apartado 1 de Real Decreto-Ley 11/2018 de 31 de agosto de 2018, con vigencia desde 04/09/2018

d) Los profesores contratados por universidades, órganos o centros de educación superior e investigación, o escuelas de negocios establecidos en España.

2. La autorización de residencia para investigación tendrá dos modalidades:

a) Autorización de residencia para investigación UE. Procederá esta autorización en el supuesto de extranjeros incluidos en el primer apartado de este artículo que sean titulares de un doctorado o de una cualificación de educación superior adecuada que le permita acceder a programas de doctorado, y hayan sido seleccionados por la entidad de investigación con el fin de realizar una actividad investigadora.

Además de los requisitos generales del artículo 62, el solicitante de una autorización de residencia para investigación UE deberá presentar un convenio de acogida o contrato de trabajo, que, sin perjuicio de los requisitos propios de la modalidad contractual de que se trate, incluirá los siguientes elementos:

1.º El título o propósito de la actividad de investigación o el ámbito de investigación.

2.º El compromiso, por parte del extranjero, de tratar de completar la actividad de investigación.

3.º El compromiso, por parte de la entidad de investigación, de acoger al extranjero con el fin de completar la actividad de investigación.

4.º La fecha inicial y final de la actividad de investigación o su duración estimada.

5.º Información, en su caso, sobre la movilidad prevista en otros Estados miembros.

A los efectos de solicitar esta autorización, las cartas de invitación expresamente aceptadas por el investigador podrán ser consideradas como convenios cuando cumplan dicho contenido mínimo.

b) Autorización de residencia para investigación nacional. Procederá esta autorización en el supuesto de extranjeros incluidos en el primer apartado de este artículo no contemplados en el apartado 2.a).

3. El período de validez de una autorización de residencia para investigación será de tres años o igual a la duración del convenio de acogida o contrato, en caso de ser esta inferior. Una vez cumplido dicho plazo podrá solicitar la renovación de la autorización de residencia

por dos años, pudiendo obtener la residencia permanente a los cinco años, de acuerdo con lo previsto en el artículo 75.2. [294]

4. La autorización de residencia para investigación UE habilitará a impartir clases relacionadas con la actividad investigadora, además de la actividad investigadora, sin perjuicio de la necesidad de cumplir requisitos específicos de acuerdo con la normativa sectorial correspondiente.

5. Los titulares de una autorización de residencia para investigación UE, expedida por España, podrán entrar, residir y desarrollar una investigación en uno o varios Estados miembros y ser acompañados por los familiares definidos en el artículo 62.4, previa comunicación o solicitud de autorización, en su caso, a las autoridades de dichos Estados de acuerdo con su normativa en aplicación de la Directiva (UE) 2016/801 del Parlamento Europeo y del Consejo, de 11 de mayo de 2016, relativa a los requisitos de entrada y residencia de los nacionales de países terceros con fines de investigación, estudios, prácticas, voluntariado, programas de intercambio de alumnos o proyectos educativos y colocación au pair.

6. Las entidades establecidas en otros Estados miembros de la Unión podrán desplazar a España, previa comunicación a la Unidad de Grandes Empresas y Colectivos Estratégicos, a los extranjeros titulares de una autorización de residencia para investigación UE expedida en dicho Estado, durante la validez de dicha autorización, a los que podrán acompañar los miembros de su familia. Esta comunicación deberá efectuarse cuando se presente la solicitud de autorización en el primer Estado o, una vez admitido el investigador en ese primer Estado, tan pronto se tenga conocimiento del proyecto de movilidad.

En la comunicación se incluirá el documento de viaje válido y la autorización válida expedida por el primer Estado miembro, que abarcará el período de movilidad. Además, la comunicación incluirá:

a) El convenio de acogida o contrato suscrito en el primer Estado miembro así como la duración prevista y las fechas estimadas de la movilidad.

b) La prueba de que el investigador dispone de un seguro médico y recursos económicos suficientes, para sí y los miembros de la familia, en su caso, de acuerdo con lo previsto en el artículo 62.3 de esta ley.

---

[294] Dada nueva redacción apartado 3 por disposición final 5 apartado 6 de Ley 28/2022 de 21 de diciembre de 2022, con vigencia desde 23/12/2022

7. La Dirección General de Migraciones podrá oponerse, de manera motivada, a la movilidad del investigador en el plazo de 30 días a partir de la fecha de recepción de la comunicación completa en los siguientes supuestos:

a) Cuando no se cumplan las condiciones previstas en el apartado anterior.

b) Cuando los documentos presentados se hayan adquirido fraudulentamente o hayan sido falsificados o manipulados.

c) Cuando haya transcurrido el período de validez de la autorización en el otro Estado Miembro.

En caso de oposición por parte de la Dirección General de Migraciones, el primer Estado permitirá la reentrada sin más trámites del extranjero desplazado y de su familia. Si no se hubiera producido todavía el desplazamiento a España, la resolución denegatoria impedirá el mismo.

8. Las entidades dedicadas a la investigación a las que se refiere el capítulo I del título II de la Ley 14/2011, podrán solicitar su inscripción en la Unidad de Grandes Empresas y Colectivos Estratégicos. Igualmente podrán solicitar esta inscripción otras entidades de investigación previa acreditación de los requisitos previstos en una Orden Ministerial del Ministerio de la Presidencia, Relaciones con las Cortes e Igualdad a iniciativa conjunta de los Ministerios de Trabajo, Migraciones y Seguridad Social y de Economía y Empresa.

La inscripción tendrá una validez de 5 años renovables si se mantienen los requisitos. Cualquier modificación de las condiciones deberá ser comunicada a la Unidad de Grandes Empresas y Colectivos Estratégicos en el plazo de 30 días. En caso de no comunicar dicha modificación, la entidad dejará de estar inscrita en la Unidad.

La entidad inscrita estará exenta de acreditar, en el momento de la solicitud, los requisitos previstos en el artículo 62.3, letras f) y g). No obstante, la Administración podrá efectuar de oficio comprobaciones del cumplimiento de estos requisitos para lo cual la entidad deberá disponer de la documentación acreditativa.

No obstante su inscripción en la Unidad de Grandes Empresas y Colectivos Estratégicos, no se beneficiarán de la exención recién citada las entidades dedicadas a la investigación que en los tres años anteriores a la solicitud de inscripción hayan sido sancionadas por infracción grave o muy grave en materia de extranjería e inmigración o no hayan acreditado el cumplimiento de los requisitos en las comprobaciones de oficio efectuadas por la Administración.

Se podrá retirar la inscripción o denegar su renovación cuando concurra cualquiera de las siguientes circunstancias:

a) La entidad dedicada a la investigación haya dejado de cumplir los requisitos.

b) La inscripción se haya obtenido fraudulentamente.

c) Una entidad dedicada a la investigación haya firmado de forma fraudulenta o con negligencia un convenio de acogida o un contrato con un nacional de un país tercero.

Cuando se deniegue una solicitud de renovación o se retire la inscripción, podrá prohibirse a la entidad en cuestión volver a solicitarla antes de que haya transcurrido un período de cinco años a partir de la fecha de publicación de la decisión de no renovación o retirada.

9. Una vez finalizada la actividad investigadora, los extranjeros podrán permanecer en España durante un periodo máximo de doce meses con el fin de buscar un empleo adecuado en relación con el campo de la investigación realizada o para emprender un proyecto empresarial.

A tal efecto, durante los sesenta días naturales previos a la fecha de expiración de la vigencia de su autorización de residencia y durante los noventa días naturales posteriores a la fecha en que hubiera finalizado la vigencia de dicha autorización de residencia, el investigador deberá comunicar por medios electrónicos a la Unidad de Grandes Empresas y Colectivos Estratégicos el deseo de permanecer con el fin antes descrito.

La Unidad de Grandes Empresas y Colectivos Estratégicos comprobará con la entidad dedicada a la investigación, antes de prorrogar la autorización, que se ha producido la finalización de la actividad investigadora, que dispone de un seguro de enfermedad y el mantenimiento de recursos suficientes. Para acreditar esta última circunstancia, el solicitante presentará una declaración responsable en la que detallará los medios con los que acredite la suficiencia de recursos.

El plazo para resolver esta prórroga será de 20 días, transcurridos los cuales se entenderá concedida por silencio administrativo. La comunicación a la UGE prorrogará la validez de la autorización anterior hasta la resolución del procedimiento.

Una vez concedida la prórroga y durante la vigencia de la misma, en caso de encontrar un empleo adecuado en relación con el campo de la investigación realizada o de haber emprendido un proyecto empresarial, se deberá solicitar la autorización correspondiente de entre las reguladas en la Ley Orgánica 4/2000, de 11 de enero, o en la Ley 14/2013, de 27 de septiembre.

CAPÍTULO V
TRASLADO INTRAEMPRESARIAL

73. *Autorización de residencia por traslado intraempresarial.* [295]
1. Aquellos extranjeros que se desplacen a España en el marco de una relación laboral, profesional o por motivos de formación profesional, con una empresa o grupo de empresas establecida en España o en otro país deberán estar provistos del correspondiente visado de acuerdo con la duración del traslado y de una autorización de residencia por traslado intraempresarial, que tendrá validez en todo el territorio nacional.

2. Deberán quedar acreditados, además de los requisitos generales del art. 62, los siguientes requisitos:

a) La existencia de una actividad empresarial real y, en su caso, la del grupo empresarial.

b) Titulación superior equiparable al menos al nivel 1 del Marco Español de Cualificaciones para la Educación Superior, correspondiente al nivel 5A del Marco Español de Cualificaciones para el Aprendizaje Permanente, o conocimientos, capacidades y competencias avaladas por una experiencia profesional de al menos 3 años que pueda considerarse equiparable a dicha cualificación. [296]

c) La existencia de una relación laboral o profesional, previa y continuada, de 3 meses con una o varias de las empresas del grupo.

d) Documentación de la empresa que acredite el traslado.

3. La autorización de residencia por traslado intraempresarial tendrá dos modalidades:

a) Autorización de residencia por traslado intraempresarial ICT UE: Procederá esta autorización en el supuesto de desplazamientos temporales para trabajar como directivo, especialista o para formación, desde

---

[295] Dada nueva redacción por disposición final 11 apartado 9 de Ley 25/2015 de 28 de julio de 2015, con vigencia desde 30/07/2015

[296] Dada nueva redacción apartado 2 letra b por art. 32 apartado 7 de Ley 11/2023 de 8 de mayo de 2023, con vigencia desde 10/05/2023

una empresa establecida fuera de la Unión Europea a una entidad perteneciente a la misma empresa o grupo de empresas establecida en España.

A estos efectos se entenderá por:

1º Directivo, aquel que tenga entre sus funciones la dirección de la empresa o de un departamento o subdivisión de la misma.

2º Especialista, quien posea conocimientos especializados relacionados con las actividades, técnicas o la gestión de la entidad.

3º Trabajador en formación, aquel titulado universitario que es desplazado con el fin de que obtenga una formación en las técnicas o métodos de la entidad y que perciba una retribución por ello.

La duración máxima del traslado será de 3 años en el caso de directivos o especialistas y de uno en el caso de trabajadores en formación.

Los titulares de una autorización de residencia por traslado intraempresarial ICT UE válida, expedida por España, podrán entrar, residir y trabajar en uno o varios Estados miembros previa comunicación o solicitud de autorización, en su caso, a las autoridades de dichos Estados de acuerdo con su normativa en aplicación de la Directiva 2014/66/UE del Parlamento Europeo y del Consejo, de 15 de mayo de 2014, relativa a las condiciones de entrada y residencia de nacionales de terceros países en el marco de traslados intraempresariales.

Las entidades establecidas en otros Estados miembros de la Unión, podrán desplazar a España, previa comunicación a la Unidad de Grandes Empresas y Colectivos Estratégicos, a los extranjeros titulares de una autorización de traslado intraempresarial ICT UE durante la validez de dicha autorización. La Dirección General de Migraciones podrá oponerse, de manera motivada, a la movilidad en el plazo de 20 días en los siguientes supuestos:

i) Cuando no se cumplan las condiciones previstas en este artículo.

ii) Cuando los documentos presentados se hayan adquirido fraudulentamente, o hayan sido falsificados o manipulados.

iii) Cuando haya transcurrido la duración máxima del traslado.

En caso de oposición por parte de la Dirección General de Migraciones, el primer Estado permitirá la reentrada sin más trámites del extranjero desplazado y de su familia. Si no se hubiera producido todavía el desplazamiento a España, la resolución denegatoria impedirá el mismo.

b) Autorización nacional de residencia por traslado intraempresarial: procederá esta autorización en los supuestos no contemplados en la letra a) o una vez haya transcurrido la duración máxima del traslado prevista en el apartado anterior. El período de validez de la autorización de residencia será de tres años o igual a la duración del traslado. [297]

74. *Traslados intraempresariales de grupos de profesionales y procedimiento simplificado.* [298] 1. Las empresas o grupos de empresas podrán solicitar la tramitación colectiva de autorizaciones, que estará basada en la gestión planificada de un cupo temporal de autorizaciones presentadas por la empresa o grupos de empresas.

A tal efecto, podrán solicitar su inscripción en la Unidad de Grandes Empresas y Colectivos Estratégicos. La inscripción tendrá una validez de 3 años renovables.

Las empresas inscritas estarán exentas de acreditar, en el momento de la solicitud, los requisitos previstos en el artículo 73.2.a), b) y c). No obstante, la Administración podrá efectuar de oficio comprobaciones del cumplimiento de estos requisitos para lo cual la entidad deberá disponer de la documentación acreditativa.

2. Este artículo no será de aplicación a las empresas o grupos de empresas que en los tres años inmediatamente anteriores a la solicitud de autorización:

a) Hayan sido sancionadas por infracción grave o muy grave en materia de extranjería e inmigración.

b) No hayan acreditado el cumplimiento de los requisitos en las comprobaciones de oficio efectuadas por la Administración.

---

[297] Dada nueva redacción apartado 3 letra b por disposición final 5 apartado 7 de Ley 28/2022 de 21 de diciembre de 2022, con vigencia desde 23/12/2022

[298] Dada nueva redacción por art. 32 apartado 8 de Ley 11/2023 de 8 de mayo de 2023, con vigencia desde 10/05/2023

CAPÍTULO V BIS
TELETRABAJADORES DE CARÁCTER INTERNACIONAL [299]

74 bis. *Definición.* [300] 1. Se halla en situación de residencia por teletrabajo de carácter internacional el nacional de un tercer Estado, autorizado a permanecer en España para ejercer una actividad laboral o profesional a distancia para empresas radicadas fuera del territorio nacional, mediante el uso exclusivo de medios y sistemas informáticos, telemáticos y de telecomunicación. En el caso de ejercicio de una actividad laboral, el titular de la autorización por teletrabajo de carácter internacional solo podrá trabajar para empresas radicadas fuera del territorio nacional. En el supuesto de ejercicio de una actividad profesional, se permitirá al titular de la autorización por teletrabajo de carácter internacional trabajar para una empresa ubicada en España, siempre y cuando el porcentaje de dicho trabajo no sea superior al 20 % del total de su actividad profesional.

2. Podrán solicitar el visado o la autorización de teletrabajo los profesionales cualificados que acrediten ser graduados o postgraduados de universidades de reconocido prestigio, formación profesional y escuelas de negocios de reconocido prestigio o bien con una experiencia profesional mínima de tres años.

74 ter. *Requisitos.* [301] Deberán quedar acreditados, además de los requisitos generales del artículo 62, los siguientes:

a) La existencia de una actividad real y continuada durante al menos un año de la empresa o grupo de empresas con la que el trabajador mantiene relación laboral o profesional.

b) Documentación acreditativa de que la relación laboral o profesional se puede realizar en remoto.

c) En el supuesto de una relación laboral, se deberá acreditar la existencia de la misma entre el trabajador y la empresa no localizada en España durante al menos, los últimos tres meses anteriores a la

---

[299] Añadido por disposición final 5 apartado 9 de Ley 28/2022 de 21 de diciembre de 2022, con vigencia desde 23/12/2022

[300] Añadido por disposición final 5 apartado 9 de Ley 28/2022 de 21 de diciembre de 2022, con vigencia desde 23/12/2022

[301] Añadido por disposición final 5 apartado 9 de Ley 28/2022 de 21 de diciembre de 2022, con vigencia desde 23/12/2022

presentación de la solicitud, así como documentación que acredite que dicha empresa permite al trabajador realizar la actividad laboral a distancia.

d) En el supuesto de la existencia de una relación profesional, se deberá acreditar que el trabajador tiene relación mercantil con una o varias empresas no localizadas en España durante, al menos, los tres últimos meses, así como documentación que acredite los términos y condiciones en los que va a ejercer la actividad profesional a distancia.

74 quater. *Visado para teletrabajo de carácter internacional.* [302] 1. Los extranjeros no residentes en España, que se propongan residir en territorio español con el fin de teletrabajar a distancia para una empresa no ubicada en España, solicitarán el visado para teletrabajo de carácter internacional que tendrá una vigencia máxima de un año, salvo que el período de trabajo sea inferior, en cuyo caso el visado tendrá la misma vigencia que este.

2. El visado para teletrabajo de carácter internacional constituirá título suficiente para residir y trabajar a distancia en España durante su vigencia.

3. En el plazo de sesenta días naturales antes de la expiración del visado, los teletrabajadores de carácter internacional que estén interesados en continuar residiendo en España podrán solicitar la autorización de residencia para trabajador a distancia internacional, siempre y cuando se mantengan las condiciones que generaron el derecho.

74 quinquies. *Residencia para teletrabajo de carácter internacional.* [303] 1. Aquellos extranjeros que se hallen en España de forma regular o que hayan accedido mediante el visado previsto en el artículo anterior, podrán solicitar una autorización de residencia con el fin de teletrabajar a distancia para una empresa localizada en el extranjero, que tendrá validez en todo el territorio nacional.

2. La validez de esta autorización tendrá una vigencia máxima de tres años salvo que se solicite por un período de trabajo inferior.

---

[302] Añadido por disposición final 5 apartado 9 de Ley 28/2022 de 21 de diciembre de 2022, con vigencia desde 23/12/2022

[303] Añadido por disposición final 5 apartado 9 de Ley 28/2022 de 21 de diciembre de 2022, con vigencia desde 23/12/2022

3. Los titulares de esta autorización podrán solicitar su renovación por períodos de dos años siempre y cuando se mantengan las condiciones que generaron el derecho.

CAPÍTULO VI
NORMAS GENERALES DEL PROCEDIMIENTO DE CONCESIÓN DE AUTORIZACIONES

75. *Visados de estancia y residencia.* 1. Los visados de estancia y residencia a los que se refiere la presente Sección Segunda de Movilidad Internacional serán expedidos por las Misiones Diplomáticas y Oficinas Consulares de España de conformidad con lo previsto en el Reglamento (CE) 810/2009 del Parlamento Europeo y del Consejo de 13 de julio de 2009 (Código de Visados), y en el Reglamento (UE) 265/2010 del Parlamento Europeo y del Consejo de 25 de marzo de 2010, por el que se modifica el Convenio de aplicación del Acuerdo de Schengen y el Reglamento (CE) 562/2006 por lo que se refiere a la circulación de personas con visados de larga duración.

2. El visado uniforme podrá expedirse para una, dos o múltiples entradas. El periodo de validez no será superior a cinco años. El período de validez de este visado y la duración de la estancia autorizada se decidirán sobre la base del examen realizado de conformidad con el art. 21 del Reglamento (CE) 810/2009 del Parlamento Europeo y del Consejo de 13 de julio de 2009.

3. El visado de validez territorial limitada se concederá cuando concurran circunstancias de interés nacional, de acuerdo con lo previsto en el art. 25 del Código de Visados (Reglamento (CE) 810/2009 del Parlamento Europeo y del Consejo de 13 de julio de 2009).

4. Los visados de residencia previstos en esta sección se expedirán conforme a lo dispuesto en el Reglamento (UE) 265/2010 del Parlamento Europeo y del Consejo, de 25 de marzo de 2010, por el que se modifica el Convenio de aplicación del Acuerdo de Schengen y el Reglamento (CE) 562/2006 por lo que se refiere a la circulación de personas con visados de larga duración. Estos visados tendrán validez de un año o igual a la duración de la autorización de residencia, en caso

de ser esta inferior, y autorizarán la residencia de su titular en España sin necesidad de tramitar la tarjeta de identidad de extranjero. [304]

5. Las solicitudes de visado se resolverán y notificarán en el plazo de 10 días hábiles, salvo en los casos de solicitantes sometidos a la consulta prevista en el artículo 22 del Código de Visados, en cuyo caso el plazo de resolución será el previsto con carácter general en dicho Código.

76. *Procedimiento de autorización.* [305] 1. La tramitación de las autorizaciones de residencia previstas en esta sección se efectuará por la Unidad de Grandes Empresas y Colectivos Estratégicos, a través de medios telemáticos y su concesión corresponderá a la Dirección General de Migraciones.

El plazo máximo de resolución será de veinte días desde la presentación electrónica de la solicitud en el órgano competente para su tramitación. Si no se resuelve en dicho plazo, la autorización se entenderá estimada por silencio administrativo. Las resoluciones serán motivadas y podrán ser objeto de recurso de alzada, de acuerdo con lo previsto en los artículos 121 y 122 de la Ley 39/2015, de 1 de octubre, del Procedimiento Administrativo Común de las Administraciones Públicas.

La solicitud de autorizaciones de residencia previstas en esta sección prorrogará la vigencia de la situación de residencia o de estancia de la que fuera titular el solicitante hasta la resolución del procedimiento.

2. Una vez concedida la autorización, si la misma tuviera una vigencia superior a seis meses, se deberá solicitar la tramitación de la tarjeta de identidad de extranjero.

3. Los titulares de una autorización regulada en esta sección podrán solicitar su renovación por periodos de dos años siempre y cuando mantengan las condiciones que generaron el derecho, sin perjuicio de lo establecido en el artículo 67.2. Las renovaciones se tramitarán utilizando medios electrónicos. La Dirección General de Migraciones

---

[304] Dada nueva redacción apartado 4 por art. 3 apartado 2 de Real Decreto-Ley 11/2018 de 31 de agosto de 2018, con vigencia desde 04/09/2018

[305] Dada nueva redacción por art. 3 apartado 3 de Real Decreto-Ley 11/2018 de 31 de agosto de 2018, con vigencia desde 04/09/2018

podrá recabar los informes necesarios para pronunciarse sobre el mantenimiento de las condiciones que generaron el derecho.

La presentación de la solicitud de renovación prorrogará la validez de la autorización hasta la resolución del procedimiento. También se prorrogará en el supuesto en que la solicitud se presentara en los noventa días posteriores a la finalización de la anterior autorización, sin perjuicio de la incoación, en su caso, del correspondiente expediente sancionador.

4. La acreditación del cumplimiento de los requisitos por la empresa en la tramitación de las autorizaciones previstas en los capítulos IV y V de esta sección se efectuará una única vez, quedando la empresa inscrita en la Unidad de Grandes Empresas y Colectivos Estratégicos. Dicha inscripción tendrá una validez de 3 años renovables si se mantienen los requisitos. Cualquier modificación de las condiciones deberá ser comunicada a la Unidad de Grandes Empresas y Colectivos Estratégicos en el plazo de 30 días. En caso de no comunicar dicha modificación, la empresa dejará de estar inscrita en la Unidad. [306]

5. El pasaporte será documento acreditativo suficiente para darse de alta en la Seguridad Social durante los primeros seis meses de residencia o estancia en las categorías reguladas por esta sección y en aquellos supuestos en que el extranjero no esté en posesión del número de identificación de extranjero (NIE), sin perjuicio de que posteriormente se solicite el NIE. [307]

DISPOSICIONES ADICIONALES
...

Disposición Adicional Cuarta . *Permiso único.* 1. Las autorizaciones de residencia previstas en la presente norma se tramitarán conforme a lo dispuesto en la Directiva 2011/98/UE, de 13 de diciembre de 2011, por la que se establece un procedimiento único de solicitud de un permiso único que autoriza a los nacionales de terceros países a residir y trabajar en el territorio de un Estado miembro y por la que

---

[306] Añadido apartado 4 por art. 32 apartado 9 de Ley 11/2023 de 8 de mayo de 2023, con vigencia desde 10/05/2023

[307] Renumerado apartado 4 por art. 32 apartado 9 de Ley 11/2023 de 8 de mayo de 2023 como apartado 5, dando nueva redacción, con vigencia desde 10/05/2023

se establece un conjunto común de derechos para los trabajadores de terceros países que residen legalmente en un Estado miembro.

2. Las solicitudes de expedición, modificación o renovación de estos permisos únicos se presentarán mediante un procedimiento único de solicitud.

3. Las decisiones de expedición, modificación o renovación de estos permisos únicos constituirá un único acto administrativo, sin perjuicio del procedimiento de expedición del visado que corresponda.

Disposición Adicional Quinta . *Sectores estratégicos.* 1. No se tendrá en cuenta la situación nacional de empleo en las autorizaciones reguladas en la sección 2ª del Título V.

2. Asimismo, por Orden Ministerial del Ministerio de la Presidencia a iniciativa conjunta de los Ministerios de Empleo y Seguridad Social y de Economía y Competitividad se podrá establecer la no aplicación de la Situación Nacional de Empleo para la contratación de extranjeros en sectores considerados estratégicos. En dicha Orden se podrá acordar un cupo anual de contrataciones.

Disposición Adicional Sexta . *Residencia en España con periodos de ausencia del territorio español.* Sin perjuicio de la necesidad de acreditar, conforme a la legislación vigente, la continuidad de la residencia en España para la adquisición de la residencia de larga duración o la nacionalidad española, la renovación de la residencia podrá efectuarse aún existiendo ausencias superiores a seis meses al año en el caso de visados de residencia y autorizaciones para inversores extranjeros o trabajadores extranjeros de empresas que realizando sus actividades en el extranjero tengan fijada su base de operaciones en España.

Disposición Adicional Séptima . *Mantenimiento de los requisitos.* [308] 1. Los extranjeros deberán mantener durante la vigencia de los visados o autorizaciones las condiciones que les dieron acceso a los mismos.

2. Cualquier modificación durante la residencia que afecte a las condiciones de admisión deberá ser comunicada por el interesado a la

---

[308] Dada nueva redacción por disposición final 11 apartado 12 de Ley 25/2015 de 28 de julio de 2015, con vigencia desde 30/07/2015

Unidad de Grandes Empresas y Colectivos Estratégicos en el plazo de 30 días.

3. Los órganos competentes de la Administración General del Estado podrán llevar a cabo las comprobaciones que consideren oportunas para verificar el cumplimiento de la legislación vigente.

4. Si, de acuerdo con lo previsto en esta disposición, se verifica que no se cumplen las condiciones legalmente establecidas el órgano competente podrá extinguir, de manera motivada, previo trámite de audiencia el visado o la autorización.

Disposición Adicional Octava . *Coste Económico.* La aplicación de las previsiones contenidas en la presente Ley, que pudieran tener una incidencia sobre el gasto público, se desarrollará con los recursos humanos y los medios materiales existentes. En particular, la aplicación de las previsiones contenidas en los arts. 13, 19, 22, 38, 39, 40 en la Sección 2ª del Título V y en la disposición adicional segunda no suponen aumento del gasto público, toda vez que el funcionamiento de los Órganos e instrumentos que se crean se desarrollará con los recursos humanos y los medios materiales existentes.

...

Disposición Adicional Decimoséptima . *Autorización de residencia al estudiante para la búsqueda de empleo o para emprender un proyecto empresarial.* [309] 1. Una vez finalizados los estudios en una institución de educación superior, los extranjeros que hayan alcanzado como mínimo el Nivel 6 de acuerdo con el Marco Europeo de Cualificaciones, correspondiente a la acreditación de grado, podrán permanecer en España durante un período máximo improrrogable de veinticuatro meses con el fin de buscar un empleo adecuado en relación con el nivel de los estudios finalizados o para emprender un proyecto empresarial. [310]

2. A tal efecto, durante los sesenta días naturales previos a la fecha de expiración de la vigencia de su autorización de estancia por estudios y durante los noventa días naturales posteriores a la fecha en que

---

[309] Añadida por art. 3 apartado 4 de Real Decreto-Ley 11/2018 de 31 de agosto de 2018, con vigencia desde 04/09/2018

[310] Dada nueva redacción apartado 1 por disposición final 5 apartado 1 de Ley Orgánica 2/2023 de 22 de marzo de 2023, con vigencia desde 12/04/2023

hubiera finalizado la vigencia de dicha autorización de estancia, el estudiante solicitará mediante medios electrónicos una autorización de residencia para la búsqueda de empleo o para emprender un proyecto empresarial a la Delegación o Subdelegación del Gobierno de la provincia en la que vaya a residir, que únicamente comprobará que se ha obtenido el título o certificado de educación superior u otra prueba de cualificación oficial, que cuenta con seguro médico y el mantenimiento de recursos suficientes. Para acreditar esta última circunstancia, el solicitante presentará una declaración responsable en la que detallará los medios con los que acredite la suficiencia de recursos.

3. La solicitud en el plazo indicado en el apartado anterior prorroga la validez de la autorización anterior hasta la resolución del procedimiento. Todo ello, sin perjuicio de la posible incoación del correspondiente procedimiento sancionador por la infracción en que se hubiese incurrido de haber caducado la autorización.

4. El plazo para resolver esta autorización será de 20 días, transcurridos los cuales se entenderá concedida por silencio administrativo.

5. Durante la vigencia de la autorización de residencia para la búsqueda de empleo o para emprender un proyecto empresarial, podrá estar acompañado por sus familiares en caso de que estos ya le hubiesen acompañado durante su estancia por estudios. Su permanencia estará en todo caso vinculada a la situación del titular de la autorización principal.

6. Durante la vigencia de la autorización de residencia para la búsqueda de empleo o para emprender un proyecto empresarial, en caso de encontrar un empleo adecuado en relación con el nivel de los estudios finalizados o de haber emprendido un proyecto empresarial, se deberá solicitar la autorización correspondiente de entre las reguladas en la Ley Orgánica 4/2000, de 11 de enero, o en la Ley 14/2013, de 27 de septiembre.

Disposición Adicional Decimoctava . *Autorización de residencia para prácticas.* [311] 1. Los extranjeros que hayan obtenido un título de educación superior en los dos años anteriores a la fecha de solicitud o que estén realizando estudios que conducen a la obtención de un título de educación superior en España o en el extranjero, podrán participar

---

[311] Añadida por art. 3 apartado 5 de Real Decreto-Ley 11/2018 de 31 de agosto de 2018, con vigencia desde 04/09/2018

en un programa de prácticas mediante la firma de un convenio de prácticas o contrato de trabajo en prácticas con el fin de mejorar sus conocimientos, su práctica y su experiencia en un entorno profesional.

2. Para ello deberán estar provistos de una previa autorización de residencia para prácticas y, en caso de que no se hallen o residan en territorio español, del correspondiente visado que será emitido de conformidad con los procedimientos descritos en esta ley.

3. La autorización de residencia para prácticas será solicitada por la entidad de acogida mediante medios electrónicos y tendrá validez en todo el territorio nacional. La solicitud se dirigirá a la Delegación o Subdelegación del Gobierno en la provincia en la que vaya a desarrollarse la actividad que resolverá en el plazo de 30 días. Si no se resuelve en dicho plazo, la autorización se entenderá estimada por silencio administrativo.

4. El solicitante deberá acreditar los siguientes requisitos para solicitar la autorización de residencia para prácticas:

a) Que el extranjero ha sido admitido para la realización de prácticas en base a la firma de un convenio de prácticas con una entidad de acogida, que contemple una formación teórica y práctica. El convenio de prácticas contendrá, al menos:

1.º Una descripción del programa de prácticas, incluido el objetivo educativo o los componentes de las prácticas.

2.º La duración de las prácticas.

3.º Las condiciones de las prácticas y de su supervisión.

4.º Las horas de prácticas.

5.º La relación jurídica entre la persona en prácticas y la entidad de acogida.

b) Que el extranjero ha obtenido un título de educación superior en los dos años anteriores a la fecha de solicitud o que está realizando estudios que conducen a la obtención de un título de educación superior.

c) Que las prácticas se efectúan en el mismo campo académico y al mismo nivel de cualificación que el título de educación superior o el programa de estudios referido.

d) Que el extranjero dispondrá durante su residencia de seguro de enfermedad y de recursos suficientes.

e) Que el extranjero carece de antecedentes penales en sus países anteriores de residencia durante los últimos cinco años por delitos previstos en el ordenamiento español y no figura como rechazable en el espacio territorial de los países con los que España tenga firmado un convenio en tal sentido.

f) Que, en su caso, el extranjero se encuentra regularmente en territorio español.

5. En aquellos supuestos en los que el extranjero queda vinculado con la entidad de acogida mediante un contrato de trabajo en prácticas, no se aplicará la situación nacional de empleo. Sin perjuicio de someterse a la regulación propia del trabajo en prácticas, este contrato deberá contener, al menos, el contenido previsto en este artículo para el convenio.

6. El período de validez de esta autorización de residencia para prácticas será de doce meses o igual a la duración del convenio de prácticas, de ser inferior. Esta autorización podrá ser renovada, por una sola vez, no pudiendo exceder de dos años el período total de la autorización inicial y de su prórroga. En el caso de que se trate de un contrato de trabajo en prácticas, la duración será la prevista en el mismo regida por la legislación laboral aplicable en cada momento. [312]

7. Los extranjeros que hubieran obtenido una autorización de residencia de conformidad con la presente disposición, podrán solicitar la tarjeta de identidad de extranjero.

Disposición Adicional Decimonovena . *Tasa por autorizaciones de residencia y tramitación de comunicaciones.* [313] 1. La presente tasa se regirá por las fuentes normativas establecidas en la Ley 8/1989, de 13 de abril, de Tasas y Precios Públicos.

2. Constituye el hecho imponible de la tasa la tramitación y expedición de las autorizaciones de residencia, sus prórrogas, renovaciones y visados, así como la tramitación de las comunicaciones que se prevén en esta ley.

3. La tasa se devengará con la solicitud de la autorización, prórroga, renovación o visado o, en el caso de comunicaciones, cuando estas se efectúen.

---

[312] Dada nueva redacción apartado 6 por disposición final 5 apartado 2 de Ley Orgánica 2/2023 de 22 de marzo de 2023, con vigencia desde 12/04/2023

[313] Añadida por art. 3 apartado 6 de Real Decreto-Ley 11/2018 de 31 de agosto de 2018, con vigencia desde 04/09/2018

4. Serán sujetos pasivos los solicitantes de las autorizaciones y demás actuaciones referidas a las mismas y quienes resulten legitimados para efectuar las comunicaciones.

5. El importe de la tasa se establecerá por orden ministerial, atendiendo al coste de los servicios prestados. La gestión y liquidación de la tasa se ajustará a las normas que se establezcan en dicha orden ministerial.

Disposición Adicional Vigésima . *Instrucciones con los requisitos para los visados y autorizaciones de residencia.* [314] 1. Se habilita a los órganos competentes para dictar unas instrucciones con los requisitos específicos que deberán cumplir los solicitantes de los visados y de las autorizaciones de residencia regulados en la sección 2.ª del título V.

2. Para la elaboración de estas instrucciones técnicas, el Gobierno constituirá un grupo de trabajo en el que participarán representantes de los ministerios y de las comunidades autónomas con competencias en la materia.

3. Los umbrales de los importes económicos utilizados para evaluar los recursos económicos de los solicitantes se referenciarán al salario mínimo interprofesional.

Disposición Adicional Vigésima Primera . *Números y Tarjetas de Identidad de Extranjero.* [315] Se facilitará la expedición del Número de Identidad de Extranjero para los solicitantes de autorizaciones de residencia otorgadas al amparo de esta ley y las personas que pretendan realizar actividades relacionadas con los objetivos de esta ley. Para ello, se habilitará una página web específica para este colectivo para solicitar citas en línea y se podrá contar con diversas administraciones y organismos para la expedición presencial de los Números de Identificación de Extranjero.

---

[314] Dada nueva redacción por art. 32 apartado 10 de Ley 11/2023 de 8 de mayo de 2023, con vigencia desde 10/05/2023

[315] Añadida por disposición final 5 apartado 13 de Ley 28/2022 de 21 de diciembre de 2022, con vigencia desde 23/12/2022

DISPOSICIONES TRANSITORIAS [316]

Disposición Transitoria Primera . *Solicitudes presentadas con anterioridad a la entrada en vigor de la Ley Orgánica de medidas en materia de eficiencia del Servicio Público de Justicia.* [317] Aquellos inversores o familiares de inversores que, con anterioridad a la fecha de entrada en vigor de esta disposición transitoria, hubieran presentado la correspondiente solicitud, podrán recibir el visado o autorización correspondiente conforme a la normativa vigente en la fecha de presentación de la solicitud.

Disposición Transitoria Segunda . *Renovaciones de visados y autorizaciones para inversores por adquisición de bienes inmuebles.* [318] Los visados y autorizaciones para inversores que tengan validez a la fecha de la entrada en vigor de esta disposición transitoria, conservarán dicha validez durante el tiempo para el que hubieran sido expedidos.

En el caso de presentarse solicitudes de renovación, se tramitarán y resolverán conforme a la normativa vigente en la fecha de concesión de la autorización inicial.

...

DISPOSICIONES FINALES

...

Disposición Final Decimotercera . *Aplicación de la Ley Orgánica 4/2000, de 11 de enero, sobre Derechos y Libertades de los Extranjeros en España y su integración social.* [319] En lo no previsto en esta Ley,

---

[316] Añadido por disposición final 21 apartado 2 de Ley Orgánica 1/2025 de 2 de enero de 2025, con vigencia desde 03/04/2025

[317] Añadida por disposición final 21 apartado 2 de Ley Orgánica 1/2025 de 2 de enero de 2025, con vigencia desde 03/04/2025

[318] Añadida por disposición final 21 apartado 3 de Ley Orgánica 1/2025 de 2 de enero de 2025, con vigencia desde 03/04/2025

[319] Añadida por art. 3 apartado 8 de Real Decreto-Ley 11/2018 de 31 de agosto de 2018, con vigencia desde 04/09/2018

en relación con la movilidad internacional, será de aplicación la Ley Orgánica 4/2000, de 11 de enero, sobre Derechos y Libertades de los Extranjeros en España y su integración social.

...

VI. Orden PCM/1238/2021, de 12 de noviembre, por la que se publica el Acuerdo del Consejo de Ministros de 2 de noviembre de 2021, por el que se aprueban las instrucciones por las que se determina el procedimiento de entrada y permanencia de nacionales de terceros países que ejercen actividad en el sector audiovisual.

El Consejo de Ministros, en su reunión del día 2 de noviembre de 2021, a propuesta conjunta de los Ministerios de Inclusión, Seguridad Social y Migraciones, de Asuntos Exteriores, Unión Europea y Cooperación, del Interior, de Industria, Comercio y Turismo y de Asuntos Económicos y Transformación Digital, ha adoptado el Acuerdo por el que se aprueban las instrucciones por las que se determina el procedimiento de entrada y permanencia de nacionales de terceros países que ejercen actividad en el sector audiovisual.

Para general conocimiento, se dispone su publicación como anexo a la presente Orden.

Madrid, 12 de noviembre de 2021.–El Ministro de la Presidencia, Relaciones con las Cortes y Memoria Democrática, Félix Bolaños García.

ANEXO

Acuerdo por el que se aprueban las instrucciones por las que se determina el procedimiento de entrada y permanencia de nacionales de terceros países que ejercen actividad en el sector audiovisual

El sector audiovisual ha experimentado en los últimos años una revolución a nivel global. La transformación digital, la aparición de nuevos modelos de negocio y las nuevas tecnologías han cambiado drásticamente la forma de producción de contenidos audiovisuales y las fronteras de los mercados nacionales de consumo audiovisual se han difuminado. A nivel global, según el informe de Olsberg-SPI5, la suma de las inversiones efectuadas en 2019 por compañías como Netflix, Amazon, Disney, HBOMax, Peacock, Quibi y Apple, alcanzó los 177.000 millones de dólares y se generaron 14 millones de empleos en todo el mundo. Este crecimiento se mantendrá e intensificará en los próximos años, y, de acuerdo con el informe de PwC «Entertainment and Media Outlook 2020-2024», el índice de crecimiento de este sector en España será superior al índice de crecimiento global esperado. De manera progresiva, este sector ha ido ganando peso en nuestra economía y así es recogido en la estrategia «España Digital 2025» (ED2015), donde se plantea como uno de sus ejes para mejorar el atractivo de España como plataforma audiovisual europea para generar negocio y puestos de trabajo, con una meta de incremento del 30% de la producción audiovisual en nuestro país para el año 2025.

Para dar respuesta a dicho objetivo, el 23 de marzo de 2021, el Consejo de Ministros informó favorablemente sobre el denominado plan «España Hub Audiovisual de Europa», cuyos objetivos son mejorar el atractivo de nuestro país para su consolidación en los próximos años como: (1) Plataforma de inversión a nivel mundial y entorno global de negocio en el ámbito audiovisual; (2) País exportador de productos audiovisuales, (3) Polo de atracción de talento en el ámbito audiovisual.

Este Plan contempla al sector audiovisual como un concepto amplio de contenidos englobando no sólo los contenidos audiovisuales tradicionales (ficción, producción de contenidos televisivos, etc.), sino también el entorno digital multimedia e interactivo, como son el desarrollo de software, los videojuegos (como los eSports) y los contenidos transmedia o los que incorporan experiencias inmersivas. Asimismo, cada vez están alcanzando más importancia las actividades artísticas realizadas ante el público y difundidas a través de medios de comunicación masivos.

España parte de una buena posición de partida, ya que se encuentra entre los primeros puestos europeos en cuanto a despliegue de redes de última generación de banda ancha y 5G, cuenta con una gran preparación de sus empresas para incorporar las mejoras tecnológicas digitales a las actividades de producción, realización y post producción audiovisual y tiene importantes bolsas de talento en todas las profesiones relacionadas con el sector audiovisual.

No obstante, existe una gran competencia de otros Estados miembros de la Unión Europea que también están tratando de atraer actividad de producción audiovisual ya sea proveniente de otros países comunitarios como de países terceros. Estos Estados miembros están desarrollando propuestas ambiciosas, tanto a través de facilidades regulatorias como de ayudas públicas, para atraer proyectos e inversiones de un sector de alto valor añadido y con gran proyección, como las que el Plan «España, Hub Audiovisual de Europa» busca atraer.

Por ello, es necesario desarrollar una serie de políticas públicas enmarcadas en el citado Plan con el fin de potenciar dichas ventajas incrementando así la competitividad de la industria de la producción audiovisual en España, así como su internacionalización. Ello se traducirá en un incremento del número de contenidos audiovisuales producidos en España, la creación de nuevas vías de distribución y comercialización de los mismos, el desarrollo de una actividad industrial económicamente sostenible y financieramente rentable, el aumento de la diversidad cultural y en una mejora de la monetización de los contenidos audiovisuales por parte de los creadores españoles.

En concreto la medida 13 del citado plan dispone que el Ministerio de Inclusión, Seguridad Social y Migraciones, el Ministerio del Interior y el Ministerio de Asuntos Exteriores, Unión Europea y Cooperación aprobarán las modificaciones regulatorias necesarias que simplifiquen el procedimiento administrativo de concesión de autorizaciones y visados a profesionales del sector audiovisual, sector que se considera estratégico por su impacto en la economía nacional.

El plan identifica la necesidad de configurar un sistema ágil, flexible, sencillo que facilite la contratación de artistas, técnicos y otros profesionales en el sector audiovisual respondiendo a las necesidades de un sector con mucha competencia y sometido a unos plazos muy cortos para la contratación y traslado de profesionales extranjeros desde el exterior a España. Este nuevo sistema debe reforzar la colaboración entre los distintos departamentos ministeriales con el fin de arbitrar procedimientos en los que el conocimiento del proyecto concreto agilice la tramitación de los permisos necesarios.

Es decir, la política migratoria se concibe como un elemento más de competitividad de la economía española que permita avanzar en la transformación digital de la economía española, eliminando los obstáculos administrativos a la atracción del talento que necesita nuestra economía. En este sentido, la política migratoria debe acompañar las iniciativas que se estén lanzando o desarrollando en otros ámbitos como por ejemplo el sector audiovisual.

La Disposición final undécima de la Ley 14/2013, de 27 de septiembre, de apoyo a los emprendedores y su internacionalización (en adelante, Ley 14/2013) afirma que «anualmente, el Ministerio de Empleo y

Seguridad Social, a propuesta conjunta con los Ministerios de Asuntos Exteriores y Cooperación, de Interior, de Economía y Competitividad presentará un informe en el Consejo de Ministros sobre la aplicación de la sección 2.ª del título V de esta Ley».

En cumplimiento de esta obligación, el Ministerio de Inclusión, Seguridad Social y Migraciones, de Asuntos Exteriores, Unión Europea y Cooperación, de Interior, de Industria, Comercio y Turismo y de Asuntos Económicos y Transformación Digital han elaborado un informe cuyo objetivo es analizar la normativa que regula los procedimientos de entrada y permanencia de los profesionales del sector audiovisual, detectar los problemas y proponer soluciones. Este informe, y debido a la urgencia, sólo se ha centrado en las actividades enmarcadas en el sector audiovisual, precediendo así a otro que se está elaborando y que realiza una evaluación completa de todas las autorizaciones y visados reguladas en la sección 2.ª del capítulo de la ley 14/2013 de apoyo a los emprendedores y su internacionalización tras ocho años de su aprobación.

En dicho informe se concluye que los procedimientos de entrada y permanencia de los profesionales del sector audiovisual son burocráticos, dispersos y requieren requisitos diferentes generando por tanto cierta inseguridad jurídica a las empresas y a los propios profesionales del sector audiovisual. Por ello, es necesario homogeneizar los criterios, agilizar y simplificar los procedimientos en un mismo instrumento jurídico y eliminar aquellos requisitos innecesarios y burocráticos en aras de fomentar que España se convierta en un «Hub del Sector Audiovisual». Para ello, el informe propone que este nuevo procedimiento se regule a través de Instrucciones aprobadas por Acuerdo del Consejo de Ministros en aplicación de la disposición final undécima de la Ley 14/2013 de apoyo a los emprendedores y su internacionalización.

La disposición final undécima de la Ley 14/2013 de apoyo a los emprendedores y su internacionalización, establece que, de acuerdo con la evaluación del informe sobre la aplicación de la sección 2.ª del título V de dicha ley, el Consejo de Ministros podrá aprobar Instrucciones por las que se establezca el procedimiento de entrada y permanencia por motivos económicos de interés nacional en supuestos no previstos específicamente en dicha Ley.

En desarrollo de esta disposición, el Ministerio de Inclusión, Seguridad Social y Migraciones, de forma conjunta con el Ministerio de

Asuntos Exteriores, Unión Europea y Cooperación, el Ministerio del Interior, el Ministerio de Industria, Comercio y Turismo y el Ministerio de Asuntos Económicos y Transformación Digital, debido a los motivos económicos de interés nacional más arriba mencionados, han elaborado las presentes Instrucciones con el fin de regular el procedimiento de entrada y permanencia en España de extranjeros, nacionales de terceros países que ejerzan alguna actividad en el sector audiovisual.

Por su parte, el artículo 41 de la Ley Orgánica 4/2000, sobre derechos y libertades de los extranjeros en España y su integración social, tras su reforma por Ley Orgánica 2/2009, regula como supuesto de excepciones al permiso de trabajo la actividad que desarrollan los artistas que vengan a España a realizar actuaciones concretas que no supongan una actividad continuada.

Estas instrucciones articulan tres vías en función del periodo de permanencia del profesional en España. Una primera vía para los profesionales del sector audiovisual que van a permanecer en España hasta 90 días en cualquier período de 180 días, que estarán exceptuados de la obligación de obtener una autorización de trabajo. Una segunda vía para para aquellos profesionales del sector audiovisual que van a permanecer en España por un período superior a 90 días, hasta un máximo de 180 días. En estos casos, los extranjeros podrán obtener un visado que constituirá título suficiente para permanecer y trabajar en España durante su vigencia. Además, se prevé que aquellos extranjeros que inicialmente hubieran venido a España por un periodo de 90 días de estancia en cualquier período de 180 días puedan, excepcionalmente, solicitar una autorización de estancia para el sector audiovisual por un plazo máximo de 180 días. Por último, se desarrolla una autorización de residencia configurada como un permiso único para aquellos extranjeros que van a residir y trabajar en el sector audiovisual más de 180 días.

En dichos supuestos es necesario habilitar la posibilidad de que los artistas o profesionales puedan permanecer en España con sus cónyuges o parejas con análoga relación de afectividad, hijos menores de edad, así como hijos mayores de edad o ascendentes a cargo dependientes. También, se debe tener en cuenta que, si el artista o profesional es menor de edad, pueda entrar y permanecer en España con sus padres o quienes ejerzan la tutela en aras de preservar el interés del menor.

En su virtud, a propuesta conjunta del Ministerio de Inclusión, Seguridad Social y Migraciones, del Ministerio de Asuntos Exteriores,

Unión Europea y Cooperación, del Ministerio del Interior, del Ministerio de Industria, Comercio y Turismo y del Ministerio de Asuntos Económicos y Transformación Digital, el Consejo de Ministros, en su reunión del día dos de noviembre de 2021 ha adoptado el siguiente acuerdo:

Aprobar las instrucciones por las que se determina el procedimiento de entrada y permanencia de nacionales de terceros países que ejercen actividad en el sector audiovisual.

INSTRUCCIONES POR LAS QUE SE DETERMINA EL PROCEDIMIENTO DE ENTRADA Y PERMANENCIA DE NACIONALES DE TERCEROS PAÍSES QUE EJERCEN ACTIVIDAD EN EL SECTOR AUDIOVISUAL

CAPÍTULO I
DISPOSICIONES COMUNES

Primera
Objeto.

1. Las presentes instrucciones tienen por objeto establecer la forma, requisitos y plazos para autorizar la estancia y residencia de los extranjeros que cumplan los requisitos establecidos en estas instrucciones y que realicen actividades en el sector audiovisual o actividad artística ante el público o destinada a la grabación de cualquier tipo para su difusión por diferentes medios masivos.

2. Lo dispuesto en estas instrucciones no será de aplicación a los ciudadanos de la Unión Europea y a aquellos extranjeros a los que les sea de aplicación el derecho de la Unión Europea por ser beneficiarios de los derechos de libre circulación y residencia.

3. Lo dispuesto en estas instrucciones no será de aplicación a los extranjeros cuyo desplazamiento a España esté amparado por la libre prestación de servicios en la Unión Europea.

Segunda
Ámbito de aplicación subjetivo.

1. Podrán acogerse a las presentes instrucciones los artistas, técnicos y profesionales extranjeros que vayan a ejercer actividades enmarcadas en el sector audiovisual, actividades artísticas ante el público o destinadas a la grabación de cualquier tipo para su difusión por diferentes medios masivos.

2. El cónyuge o persona con análoga relación de afectividad acreditada, los hijos menores de edad o mayores que, dependiendo económicamente del titular, no hayan constituido por sí mismos una unidad familiar y los ascendientes a cargo que dependan económicamente del titular, que se reúnan o acompañen a las personas definidas en el apartado 1 de la instrucción segunda, podrán solicitar, conjunta y simultánea o sucesivamente, una de las autorizaciones comprendidas en estas instrucciones. También podrán solicitarlo los progenitores o tutores del menor de edad que ejerza una actividad en el sector audiovisual. Para ello, deberán acreditar el cumplimiento de los requisitos generales previstos en el apartado primero de la instrucción tercera.

3. Los menores de edad que participen en las producciones audiovisuales, deberán cumplir lo establecido en el Real Decreto Legislativo 2/2015, de 23 de octubre, por el que se aprueba el texto refundido de la Ley del Estatuto de los Trabajadores, en aquellos casos en que los menores tengan entre 16 y 18 años, presentando consentimiento expreso de los progenitores o de quien ejerza la tutela, y, en el caso de menores de 16 años, una autorización expresa de la autoridad laboral correspondiente. En estos supuestos, solicitarán el visado y/o autorización de estancia y/o residencia los progenitores del menor o quién ejerza su tutela.

Tercera
Requisitos generales para la estancia o residencia.

1. El solicitante deberá acreditar el cumplimiento de los siguientes requisitos:

a) No encontrarse irregularmente en territorio español.

b) No figurar como rechazables en el espacio territorial de países con los que España tenga firmado un Convenio en tal sentido.

c) Abonar la tasa del visado o de la autorización correspondiente. La cuantía de esta última será la determinada por la Orden ESS/1571/2014, de 29 de agosto, por la que se establece el importe de las tasas por tramitación de autorizaciones administrativas en relación con la movilidad internacional.

d) Tener una relación laboral o profesional con la empresa que traslada o contrata al profesional en España en el ámbito de aplicación del apartado uno y dos de la instrucción segunda.

e) En el caso de las estancias de hasta 90 días, cumplir las condiciones de entrada en el espacio Schengen, previstas en el Reglamento (UE) 2016/399 por el que se establece un Código de normas de la Unión para el cruce de personas por las fronteras (Código de fronteras Schengen), y contar con un seguro médico de viaje.

f) Para la estancia regulada en el capítulo II y en el capítulo III de estas instrucciones, y contar con un seguro médico que cubra durante todo el periodo de la estancia regulada en el capítulo II o residencia, con coberturas similares a las que ofrece el Sistema Público de Salud, salvo que se vaya a desarrollar una actividad por la que se vaya a tener la condición de asegurado en el Sistema Nacional de Salud.

g) Disponer de recursos económicos suficientes para sí y para los miembros de su familia que le acompañen, en su caso, durante su periodo de estancia o residencia en España, lo que puede justificarse, en su caso, a través del contrato de trabajo o de la documentación acreditativa de una relación profesional.

2. La empresa que contrata o traslada a un artista, técnico o profesional extranjero incluido dentro del ámbito de aplicación de la instrucción segunda deberá acreditar el cumplimiento de los siguientes requisitos:

a) Ser parte del proyecto de producción en el sector audiovisual o actividad artística ante el público o destinada a la grabación de cualquier tipo para su difusión por diferentes medios masivos.

b) Estar inscrita en el régimen del sistema de la Seguridad Social y encontrarse al corriente del cumplimiento de sus obligaciones frente

771	1. LEGISLACIÓN DE EXTRANJEROS

a la Seguridad Social y frente a la Agencia Estatal de Administración Tributaria.

CAPÍTULO II
ESTANCIA DE HASTA 90 DÍAS PARA EJERCER UNA ACTIVIDAD EN EL SECTOR AUDIOVISUAL

Cuarta
Estancia de hasta 90 días en cualquier período de 180 días para ejercer una actividad en el sector audiovisual.

1. Los extranjeros incluidos en el ámbito de aplicación de estas instrucciones podrán entrar y permanecer en España por un periodo máximo de 90 días en cualquier período de 180 días para el desarrollo de actividades definidas en la instrucción segunda.

2. Cuando los extranjeros procedan de un país cuyos nacionales estén exentos de la obligación de obtener un visado para cruzar las fronteras exteriores atendiendo a lo establecido en el Reglamento (UE) 2018/1806 del Parlamento Europeo y del Consejo de 14 de noviembre de 2018, no necesitarán visado para entrar y permanecer en España para ejercer dicha actividad. Al entrar en España deberán solicitar la asignación de un Número de Identificación de Extranjero (NIE), si no dispusieran del mismo, y la empresa contratante deberá efectuar el alta correspondiente en la Seguridad Social en aquellos supuestos que no vengan cubiertos por un convenio en materia de seguridad social.

3. Por su parte, cuando los extranjeros procedan de un país cuyos nacionales estén sometidos a la obligación de obtener un visado para cruzar las fronteras exteriores atendiendo a lo establecido en el Reglamento (UE) 2018/1806 del Parlamento Europeo y del Consejo de 14 de noviembre de 2018, solicitarán dicho visado el cual será tramitado como visado uniforme, de acuerdo con las disposiciones del Reglamento (CE) 810/2009 por el que se establece un Código comunitario sobre visados (Código de visados). Al entrar en España, deberán solicitar la asignación de un Número de Identificación de Extranjero (NIE), si no dispusieran del mismo, y la empresa ubicada en España deberá efectuar el alta correspondiente en la Seguridad Social en aquellos

supuestos que no vengan cubiertos por un convenio en materia de seguridad social.

Quinta
Exceptuación de autorización de trabajo.

Las actividades descritas en este capítulo estarán exceptuadas de la solicitud de una autorización de trabajo.

CAPÍTULO III
VISADO DE ESTANCIA PARA EL SECTOR AUDIOVISUAL

Sexta
Visado de estancia para el sector audiovisual.

Los extranjeros incluidos en el ámbito de aplicación de estas instrucciones podrán entrar y permanecer en España por un periodo superior a 90 días y hasta un máximo de 180 días para el desarrollo de las actividades definidas en la instrucción segunda previa solicitud de un visado de estancia para el sector audiovisual.

Séptima
Tramitación de la solicitud.

1. Podrán presentar la solicitud de visado de estancia para el sector audiovisual ante la Misión Diplomática u Oficina Consular correspondiente:

a) El propio extranjero, o su representante legal, si fuera menor de edad.

b) Un representante de la empresa que contrata o traslada al profesional, autorizado por éste.

2. Junto con la solicitud de visado, se deberá presentar la siguiente documentación:

a) Documento de viaje válido y en vigor

b) Documento que pruebe la residencia en la demarcación consular

c) Documento que pruebe la relación laboral o profesional con la empresa que contrata o traslada al extranjero.

d) Documentación que acredite que el extranjero forma parte de un proyecto de producción en el sector audiovisual o actividad artística ante el público o destinada a la grabación de cualquier tipo para su difusión por diferentes medios masivos.

e) En el caso de los familiares que acompañen al trabajador, documentos que prueben la relación de parentesco y, en su caso, la condición a cargo del trabajador o profesional.

f) En el caso de que el extranjero que va a ejercer una actividad en el sector audiovisual, o alguno de los familiares que le acompañen, no vaya a estar cubierto por el Sistema Nacional de Salud ni esté cubierto por certificado de cobertura de seguridad social de un país que incluya estas contingencias, documento que pruebe una cobertura equivalente mediante un seguro médico público o privado.

g) Una declaración responsable de la empresa española que contrata o traslada a los profesionales en la que se manifieste que está inscrita en el régimen del sistema de la Seguridad Social y que se encuentra al corriente del cumplimiento de sus obligaciones frente a la Seguridad Social y frente a la Agencia Tributaria, sin perjuicio de que posteriormente la Administración pueda comprobar de oficio dicho cumplimiento.

4. Las solicitudes de visado se resolverán y notificarán en el plazo de diez días hábiles.

5. Será competente para resolver la solicitud de visado de estancia la Misión Diplomática y Oficina Consular ante la que se ha presentado la solicitud.

Octava
Efectos del visado de estancia para el sector audiovisual.

1. La concesión del visado de estancia para el sector audiovisual constituirá título suficiente para permanecer y desarrollar la actividad prevista durante su vigencia en España.

2. Al entrar en España el titular del visado deberá solicitar la asignación de un Número de Identificación de Extranjero (NIE), si no dispusieran del mismo, y la empresa contratante deberá efectuar el alta

correspondiente en la Seguridad Social en aquellos supuestos que no vengan cubiertos por un convenio en materia de seguridad social.

Novena
Autorización de estancia para el sector audiovisual.

En aquellos supuestos en los que el solicitante se encuentre en España en el ámbito de aplicación de la instrucción cuarta y la actividad artística o audiovisual requiera continuar la permanencia de un extranjero hasta un máximo de 180 días por causas que no estaban planificadas inicialmente, la empresa solicitante deberá solicitar la autorización de estancia para el sector audiovisual ante la Unidad de Grandes Empresas según lo establecido en la instrucción duodécima. Esta solicitud debe efectuarse, al menos, 30 días antes de que se cumpla el plazo de 90 días desde la fecha de entrada en el espacio Schenghen.

CAPÍTULO IV
AUTORIZACIÓN DE RESIDENCIA PARA EL SECTOR AUDIOVISUAL

Décima
Solicitud de autorización de residencia.

Los extranjeros incluidos en el ámbito de aplicación de estas instrucciones podrán entrar y/o permanecer en España para el desarrollo de las actividades definidas en la instrucción segunda por un periodo superior a 180 días previa solicitud de una autorización de residencia para el sector audiovisual.

Undécima
Requisitos para obtener la autorización de residencia.

Además de cumplir los requisitos previstos en la instrucción tercera el extranjero deberá acreditar carecer de antecedentes penales, tanto en

España como en sus países anteriores de residencia durante los últimos 5 años, por delitos previstos en el ordenamiento jurídico español.

Duodécima
Procedimiento de autorización.

1. La empresa española o quien tenga válidamente atribuida su representación legal podrán presentar la solicitud junto con la documentación acreditativa del cumplimiento de los requisitos establecidos en la instrucción tercera por medios electrónicos ante la sede electrónica del Ministerio de Inclusión, Seguridad Social y Migraciones.

2. La tramitación de las autorizaciones de residencia previstas en estas instrucciones se efectuará por la Unidad de Grandes Empresas y Colectivos Estratégicos, a través de medios telemáticos y su concesión corresponderá a la Dirección General de Migraciones.

3. El plazo máximo de resolución será de veinte días desde la presentación electrónica de la solicitud en el órgano competente para su tramitación. Si no se resuelve en dicho plazo, la autorización se entenderá estimada por silencio administrativo.

4. Cuando el extranjero se encuentre fuera del territorio de España, una vez obtenida la resolución deberá obtener el correspondiente visado.

Decimotercera
Vigencia de la autorización de residencia.

La autorización de residencia prevista en estas instrucciones tendrá una vigencia igual a la duración del contrato o del traslado a España, siendo su duración máxima de dos años, prorrogable por periodos de dos años siempre y cuando se mantengan las condiciones que generaron el derecho.

Decimocuarta
No aplicación de la situación nacional de empleo.
Para la concesión de las autorizaciones de residencia al amparo de estas instrucciones no se tendrá en cuenta la situación nacional de empleo.

Decimoquinta
Permiso único.
La autorización de residencia para profesionales del sector audiovisual conforme a estas instrucciones se tramitará y emitirá conforme a lo dispuesto en la Directiva 2011/98/UE del Parlamento Europeo y del Consejo, de 13 de diciembre de 2011, por la que se establece un procedimiento único de solicitud de un permiso único que autoriza a los nacionales de terceros países a residir y trabajar en el territorio de un Estado miembro y por la que se establece un conjunto común de derechos para los trabajadores de terceros países que residen legalmente en un Estado miembro.

Decimosexta
Aplicación subsidiaria y supletoria.
1. En todo lo no previsto en estas instrucciones será de aplicación la Ley 14/2013, de 27 de septiembre, de apoyo a los emprendedores y su internacionalización.
2. En materia de visados, en todo lo no previsto en estas instrucciones, será de aplicación lo dispuesto en la disposición adicional décima del Reglamento de la Ley Orgánica 4/2000, de 11 de enero, aprobado por Real Decreto 557/2011, de 20 de abril sobre procedimiento en materia de visados. Asimismo, la tramitación de los visados de estancia de corta duración se ajustará a lo previsto en el Reglamento (CE) 810/2009, del Parlamento Europeo y del Consejo, de 13 de julio de 2009, por el que se establece un Código comunitario sobre visados (Código de visados).

3.   En materia procedimental, en todo lo no previsto en estas instrucciones y en las normas citadas en el apartado anterior, será de aplicación la Ley 39/2015, de 1 de octubre, del Procedimiento Administrativo Común de las Administraciones Públicas.

Decimoséptima
Habilitación a órganos competentes.
Se habilita a los órganos competentes para dictar las instrucciones necesarias para el desarrollo y ejecución de lo dispuesto en estas instrucciones.

Decimoctava
Efectividad de las instrucciones.
Las presentes instrucciones surtirán efectos desde el día siguiente al de su publicación en el «Boletín Oficial del Estado».

VII. Real Decreto 162/2014, de 14 de marzo, por el que se aprueba el reglamento de funcionamiento y régimen interior de los centros de internamiento de extranjeros.

I

Los centros de internamiento de extranjeros aparecen por vez primera en nuestro ordenamiento jurídico en el art. 26 de la Ley Orgánica 7/1985, de 1 de julio, sobre derechos y libertades de los extranjeros en España, que contempla la posibilidad de que el juez de instrucción acuerde, como medida cautelar vinculada a la sustanciación o ejecución de un expediente de expulsión, el internamiento, a disposición judicial, de extranjeros en locales que no tengan carácter penitenciario.

El funcionamiento de estos espacios de internamiento fue objeto de la correspondiente regulación en el Reglamento de ejecución de la Ley Orgánica 7/1985, de 1 de julio, aprobado por el Real Decreto 155/1996, de 2 de febrero, y en la Orden del Ministerio de Presidencia de 22 de febrero de 1999, dictada en cumplimiento de la habilitación contenida en el referido real decreto. Esa orden ministerial se ha venido aplicando hasta el momento actual, con las únicas salvedades derivadas de los efectos de la Sentencia del Tribunal Supremo de 11 de mayo de 2005, que declaró la nulidad de diversos apartados de los arts. 30, 33 y 34, apartado 5.

La necesaria regulación, mediante norma con rango de ley orgánica, de los aspectos más trascendentes del funcionamiento de los centros de internamiento de extranjeros tiene lugar con la aprobación de reforma de la Ley Orgánica 4/2000, de 11 de enero, sobre derechos y libertades de los extranjeros en España y su integración social, llevada a cabo por la Ley Orgánica 14/2003, de 20 de noviembre. En los arts. 62 bis a 62 sexies, introducidos por dicho texto legal, se abordan aspectos esenciales del funcionamiento de estos centros como son los derechos y obligaciones de los internos, la información que debe serles suministrada a su ingreso, la formulación de peticiones y quejas, la adopción de medidas de seguridad y la figura del director como responsable último del funcionamiento del centro, aspectos desarrollados posteriormente en los arts. 153 a 155 del Reglamento de dicha ley orgánica, aprobado por el Real Decreto 2393/2004, de 30 de diciembre, derogado después por el Reglamento de la misma actualmente en vigor, aprobado por el Real Decreto 557/2011, de 20 de abril.

Los centros, tal como se recoge en los arts. 60.2 y 62 bis de la Ley Orgánica 4/2000, de 11 de enero, no tienen carácter penitenciario y los extranjeros en ellos internados estarán privados únicamente del derecho deambulatorio, limitación que será conforme al contenido y finalidad de la medida judicial de ingreso acordada.

La reforma de la Ley Orgánica 4/2000, de 11 de enero, operada por la Ley Orgánica 2/2009, de 11 de diciembre, viene a perfeccionar el régimen de garantías y control judicial de los centros de internamiento de extranjeros. Para ello, se crea la figura del juez competente para el control de la estancia (art. 62.6), se reconoce el derecho de los internos a entrar en contacto con organizaciones no gubernamentales, nacionales e internacionales de protección de inmigrantes y el derecho de éstas a visitar los centros (art. 62 bis) y se contempla, como garantía adicional, la inmediata puesta en libertad del extranjero por la autoridad administrativa que lo tiene a su cargo, en el momento en que cesen las circunstancias que motivaron la medida cautelar de internamiento (art. 62.3).

Con posterioridad a esta última reforma de la Ley Orgánica 4/2000, de 11 de enero, se ha producido otra novedad legislativa que afecta al régimen de internamiento de extranjeros. La nueva redacción del art. 89 del Código Penal, dada por la Ley Orgánica 5/2010, de 22 de junio, contempla el ingreso en un centro de internamiento de extranjeros como medida judicial tendente a asegurar, en determinados casos, la salida del territorio español de aquellos extranjeros a los que los jueces y tribunales hubieran sustituido penas de prisión, o parte de las mismas, por la medida de expulsión.

Por último, en el marco normativo, es obligado hacer referencia a la figura del Ministerio Fiscal, dadas las funciones que al mismo le atribuye su Estatuto Orgánico, aprobado por la Ley 50/1981, de 30 de diciembre, al que para llevarlas a cabo le confiere, entre otras, las de poder girar visita a los centros o establecimientos de detención, penitenciarios o de internamiento de cualquier clase, pudiendo examinar los expedientes de los internos y recabar cuanta información estime conveniente.

El presente reglamento viene a satisfacer no solo la necesidad legal de desarrollar reglamentariamente todos estas novedades en el ejercicio del mandato expreso que la disposición adicional tercera de la Ley Orgánica 2/2009, de 11 de diciembre, dirige al Gobierno, sino también la material de dar concreción a aspectos del funcionamiento de los centros, regulando el régimen de internamiento de extranjeros de forma específica y completa mediante una norma con rango de real decreto que venga a sustituir definitivamente a la Orden del Ministerio de la Presidencia de 22 de febrero de 1999, hasta ahora en vigor, procediéndose, asimismo, a incorporar al derecho nacional diversos aspectos regulados por la Directiva 2008/115/CE del Parlamento Europeo y del Consejo, de 16 de diciembre de 2008, relativa a normas y procedimientos comunes en los Estados miembros para el retorno de los nacionales de terceros países en situación irregular.

En este sentido, se ha considerado oportuno dedicar un reglamento específico a la regulación de estos centros, desvinculando tal desarrollo normativo del reglamento general de la Ley Orgánica 4/2000, de 11 de enero, cuyo art. 258 regula el ingreso en los mismos, por considerar que la relevancia de la materia y la importancia de los derechos afectados exige un tratamiento detallado de los diferentes aspectos de las condiciones en las que debe producirse el internamiento, que redunde en el incremento de las garantías de los extranjeros objeto de esta medida.

A la hora de abordar la regulación completa del régimen de internamiento de los extranjeros, resulta además imprescindible tener en cuenta las transformaciones sociales sufridas en los catorce años transcurridos desde la aprobación de la Orden del Ministerio de la Presidencia de 22 de febrero de 1999, cambios que han afectado no sólo al fenómeno migratorio en nuestro país, sino también a la propia actividad administrativa del internamiento de extranjeros.

Precisamente, la experiencia adquirida desde la implantación de los centros de internamiento, tanto desde el ámbito del Ministerio del Interior como desde el enfoque aportado por diversos organismos ajenos a dicho departamento y movimientos y colectivos sociales de distinta índole, aconsejan que los centros en los que se hallan los extranjeros deban sufrir una profunda reforma que traslade esos cambios demandados a la propia estructura y funcionamiento de los mismos.

Así, en la organización y actividad diaria de los centros deben diferenciarse dos ámbitos bien distintos y que, a su vez, responden a finalidades diferentes.

Por un lado, la seguridad de los centros y de las personas que en ellos se encuentran se atribuye al Cuerpo Nacional de Policía que deberá garantizar, como personal especializado en la seguridad, el normal desarrollo de la actividad en las instalaciones, evitando perturbaciones o restableciendo el orden que pudiera verse alterado. Igualmente, el Cuerpo Nacional de Policía gestiona todo lo relativo a la tramitación del expediente de expulsión y a la permanencia del extranjero en el centro, que se encuentran íntima y estrechamente unidas, sin perjuicio de las competencias reconocidas a la autoridad judicial.

Por otro, la faceta asistencial que debe ser asumida por personal especializado ajeno a la policía, concretamente empleados públicos dependientes de la Administración General del Estado, que desempeñarán las funciones de organización, gestión y control de la prestación de los servicios asistenciales, tanto de carácter social como de otro orden.

Dada la naturaleza de estos servicios, la normativa vigente ofrece diversos cauces para que los diferentes órganos del Ministerio del Interior, como departamento responsable de los centros, puedan llegar a suscribir acuerdos o convenios con entidades, instituciones u organizaciones, de carácter público o privado, mediante los cuales la prestación de los mismos pueda llegar a externalizarse, sin que ello suponga merma alguna de las competencias, responsabilidad y demás funciones que, como titular de los centros, corresponde a los citados órganos administrativos.

II

El presente reglamento regula, en su título I, las disposiciones generales a que habrán de adecuarse estos centros, perfilando en ellas la definición, naturaleza y finalidad de estos establecimientos. Contiene asimismo las disposiciones que permiten incardinar los centros en el Ministerio del Interior y prevé mecanismos de colaboración con las organizaciones no gubernamentales comprometidas en la asistencia de los extranjeros.

En particular, el capítulo III del título I concreta los medios personales y materiales con que habrán de estar provistos estos centros, estableciendo su naturaleza y finalidad así como su organización interna, como establecimientos públicos de carácter no penitenciario dependientes del Ministerio del Interior; y el capítulo IV la estructura organizativa, en la que destaca la figura del director como garante de los derechos de los internos y responsable último de su seguridad y funcionamiento, con la participación activa de los responsables de los distintos servicios -seguridad, sanitario, asistencial- del centro mediante su presencia en la junta de coordinación.

El título II regula con amplitud los derechos y deberes que la Ley Orgánica 4/2000, de 11 de enero, atribuye a los internos, dedicando artículos específicos a la presentación de reclamaciones y quejas y a la necesaria llevanza en cada centro de un libro de peticiones y quejas a disposición de los internos.

Los principales procedimientos de actuación -ingresos, salidas y conducciones de los internos- son objeto de una detallada descripción en el título III del reglamento que, entre otros aspectos, hace especial incidencia en los relativos a la información de derechos al interno, así como en los requisitos y garantías necesarios para la realización de estos trámites.

El título IV detalla el régimen de funcionamiento de los centros, los horarios y actividades generales de los mismos, atribuyendo el art. 39 capacidades al director para aprobar, previa consulta con la junta de coordinación, el horario y medidas de régimen interior. Asimismo, se dedican artículos específicos a la regulación del régimen de visitas de familiares y entrevistas con abogados y autoridades diplomáticas y consulares.

La formación del personal, las reglas de conducta exigibles al mismo y los mecanismos de control e inspección son objeto del título V, destacando la regulación de la figura del juez competente para el control de la estancia en el centro y la de los órganos administrativos encargados de la supervisión interna de los mismos.

Por su parte, el título VI está dedicado a la descripción de las medidas de vigilancia y seguridad, contemplando la posibilidad excepcional de adoptar medidas de contención física y de separación preventiva del interno que, con pleno respeto al principio de proporcionalidad, podrán ser tomadas para evitar actos de violencia o lesiones propias o ajenas, impedir actos de fuga, daños en la instalaciones o de resistencia frente al personal del centro en el ejercicio legítimo de su cargo, y que habrán de ser comunicadas en el plazo más breve posible a la autoridad judicial, la cual deberá acordar su mantenimiento, modificación o revocación, sin que en ningún caso puedan llegar a constituir una sanción encubierta.

Excepcionalmente, para garantizar la seguridad del centro se podrá practicar el registro personal del interno, que sólo cuando fuera indispensable se realizará con desnudo integral. Esta medida se ampara en el art. 62 quinquies de la Ley Orgánica 4/2000, de 11 de enero, y se regula con las garantías exigidas por la jurisprudencia del Tribunal

Constitucional (sentencia 17/2013, de 31 de enero), que ha declarado que puede ser un medio necesario para garantizar la defensa del interés público, expresado en el mantenimiento del orden y la seguridad en el centro de internamiento, debiéndose justificar en cada caso la intromisión en la intimidad del interno que su adopción constituye. Así, en todo caso, el registro personal se efectuará por funcionarios del mismo sexo que el interno, en lugar cerrado, sin la presencia de otros internos y preservando su dignidad e intimidad. Para ello será necesaria la autorización previa del director del centro, o al menos del jefe de la unidad de seguridad, cuando razones de urgente necesidad impidieran recabar aquélla, comunicándolo de forma inmediata al director. Se prevé que del examen practicado se deje constancia escrita, con indicación de los motivos y de sus resultados, así como la remisión del escrito al Juez competente para el control de la estancia en el centro.

Finalmente, el título VII regula, en desarrollo de lo establecido en el apartado 3 del art. 62.bis de la Ley Orgánica 4/2000, de 11 de enero, el régimen de visitas de las organizaciones no gubernamentales para la defensa de los inmigrantes.

III

En cuanto a su tramitación este real decreto ha sido informado por la Agencia Española de Protección de Datos.

La disposición adicional tercera de la Ley Orgánica 2/2009, de 11 de diciembre, de reforma de la Ley Orgánica 4/2000, de 11 de enero, contiene un mandato dirigido al Gobierno para la elaboración de un reglamento que desarrolle el régimen de internamiento de extranjeros.

En su virtud, a propuesta del Ministro del Interior, con la aprobación previa del Ministro de Hacienda y Administraciones Públicas, de acuerdo con el Consejo de Estado, y previa deliberación del Consejo de Ministros en su reunión del día 14 de marzo de 2014,

DISPONGO:

Único. *Aprobación del reglamento de funcionamiento y régimen interior de los centros de internamiento de extranjeros.* Se aprueba el reglamento de funcionamiento y régimen interior de los centros de internamiento de extranjeros, cuyo texto se inserta a continuación.

DISPOSICIÓN DEROGATORIA

Disposición Derogatoria Única . *Derogación normativa.* Queda derogado el art. 258 del Reglamento de la Ley Orgánica 4/2000, de 11 de enero, sobre derechos y libertades de los extranjeros en España y su integración social, aprobado por el Real Decreto 557/2011, de 20 de abril, y la Orden del Ministerio de la Presidencia de 22 de febrero de 1999, sobre normas de funcionamiento y régimen interior de los centros de internamiento de extranjeros, y cuantas disposiciones, de igual o inferior rango, se opongan a lo dispuesto en este real decreto.

DISPOSICIONES FINALES

Disposición Final Primera . *Título competencial.* Este real decreto se dicta al amparo de lo dispuesto en el art. 149.1.2ª de la Constitución, que atribuye al Estado la competencia exclusiva sobre el régimen de inmigración.

Disposición Final Segunda . *Incorporación de derecho de la Unión Europea.* Mediante este real decreto se incorpora parcialmente al derecho español diversos aspectos regulados por la Directiva 2008/115/CE del Parlamento Europeo y del Consejo, de 16 de diciembre de 2008, relativa a normas y procedimientos comunes en los Estados miembros para el retorno de los nacionales de terceros países en situación irregular.

Disposición Final Tercera . *Desarrollo normativo.* Se autoriza al Ministro del Interior para dictar las normas que sean necesarias para la ejecución y desarrollo de lo dispuesto en este real decreto.

Disposición Final Cuarta . *Entrada en vigor.* Este real decreto entrará en vigor el día siguiente al de su publicación en el «Boletín Oficial del Estado».

REGLAMENTO DE FUNCIONAMIENTO Y RÉGIMEN INTERIOR DE LOS CENTROS DE INTERNAMIENTO DE EXTRANJEROS

TÍTULO PRIMERO
DISPOSICIONES GENERALES, CARACTERÍSTICAS Y ESTRUCTURA ORGÁNICA DE LOS CENTROS

CAPÍTULO PRIMERO
DISPOSICIONES GENERALES

1. *Naturaleza jurídica.* 1. Los centros de internamiento cuyo régimen interior y funcionamiento se regula en este reglamento, tendrán la denominación de centros de internamiento de extranjeros (en adelante, centros).

2. Los centros son establecimientos públicos de carácter no penitenciario, dependientes del Ministerio del Interior, destinados a la custodia preventiva y cautelar de extranjeros para garantizar su expulsión, devolución o regreso por las causas y en los términos previstos en la legislación de extranjería, y de los extranjeros que, habiéndoseles sustituido la pena privativa de libertad por la medida de expulsión, el juez o tribunal competente así lo acuerde en aplicación de lo dispuesto por el art. 89.6 del Código Penal.

3. El ingreso y estancia en los centros tendrá únicamente finalidad preventiva y cautelar, y estará orientado a garantizar la presencia del extranjero durante la sustanciación del expediente administrativo y la ejecución de la medida de expulsión, devolución o regreso.

4. El principio de proporcionalidad en los medios utilizados y objetivos perseguidos, el de intervención menos restrictiva y el de atención especializada a personas vulnerables regirán, entre otros, la gestión de los centros.

A estos efectos se entenderán por personas vulnerables menores, personas discapacitadas, ancianos, mujeres embarazadas, padres solos con hijos menores y personas que hayan padecido tortura, violación u otras formas graves de violencia psicológica, física o sexual.

2. *Autorización y control judicial.* 1. Nadie podrá ser internado en un centro sin que medie resolución dictada por la autoridad judicial competente que expresamente así lo autorice u ordene.

2. En todo caso el extranjero internado queda a disposición del juez o tribunal que autorizó u ordenó el internamiento.

3. Además, al Juez competente para el control de la estancia de los extranjeros en el centro le corresponde conocer, sin ulterior recurso, de las peticiones y quejas que planteen los internos en cuanto afecten a sus derechos fundamentales y visitar los centros cuando conozca algún incumplimiento grave o lo considere conveniente.

CAPÍTULO II
ORGANIZACIÓN GENERAL Y COMPETENCIAS

3. *Competencias.* 1. Las competencias de dirección, coordinación, gestión e inspección de los centros corresponden al Ministerio del Interior y serán ejercidas a través de la Dirección General de la Policía, que también será responsable de su seguridad y vigilancia, sin perjuicio de las facultades judiciales concernientes a la autorización de ingreso y al control de la permanencia de los extranjeros.

2. Corresponde a la Comisaría General de Extranjería y Fronteras coordinar los ingresos y salidas en los centros con el objeto de optimizar su ocupación.

3. Los centros se hallan bajo la dependencia orgánica y funcional de la plantilla policial donde radiquen, sin perjuicio de la superior competencia de la Comisaría General de Extranjería y Fronteras en su gestión y coordinación.

4. *Participación y colaboración de órganos de la Administración General del Estado y organizaciones no gubernamentales.* 1. Será competencia del Ministerio del Interior la prestación de servicios de asistencia sanitaria y sociales en los centros, sin perjuicio de que tales prestaciones puedan concertarse con otros ministerios o con entidades públicas o privadas, con cargo a los programas de ayuda legalmente establecidos en las correspondientes partidas presupuestarias. Se procurará que las condiciones sanitarias y sociales sean similares en todos los centros.

2. El Ministerio del Interior promoverá especialmente, de acuerdo con lo previsto en la disposición adicional cuarta, la colaboración de las instituciones y asociaciones dedicadas a la ayuda de los extranjeros, que deberán respetar en todo caso las normas de régimen interior del centro. Dicha colaboración se promoverá sin perjuicio de las funciones específicas que tienen encomendadas en el art. 62 bis.1.j) y 3 de la Ley Orgánica 4/2000, de 11 de enero, de derechos y libertades de los extranjeros en España y su integración social, y se efectuará previa suscripción de los correspondientes conciertos, contratos o convenios y reconocimiento de su condición de entidades colaboradoras por el procedimiento previsto en el art. 15.

5. *Creación.* 1. Los centros se crean, modifican o suprimen mediante orden del Ministro del Interior.

2. Cuando concurran situaciones de emergencia que desborden la capacidad de los centros, podrán habilitarse otros centros de ingreso temporal o provisional procurando que sus instalaciones y servicios sean similares a los de los centros, gozando los internos de los mismos derechos y garantías.

CAPÍTULO III
ORGANIZACIÓN INTERIOR DE LOS CENTROS

6. *Departamentos y servicios.* Para la cobertura de los servicios, cada centro dispondrá, además de los medios personales y materiales necesarios, de las siguientes instalaciones:

a) Dirección y administración.
b) Control de entrada y salida.
c) Servicio de vigilancia.
d) Asistencia sanitaria.
e) Asistencia social, jurídica y cultural.
f) Comedor.
g) Alojamiento de los internos.
h) Aseos y duchas.
i) Locutorio para abogados y sala de visitas.
j) Espacios adecuados para el esparcimiento y recreo.

7. *Instalaciones y medios básicos.* 1. Todas las instalaciones y dependencias deberán satisfacer las condiciones de accesibilidad e higiene y estar acondicionadas de manera que el volumen de espacio, ventilación, agua, alumbrado y calefacción se ajusten a las normas de habitabilidad y a las condiciones climáticas de la localidad donde se halle ubicado el centro. Asimismo, deberán estar equipadas del mobiliario suficiente para hacerlas aptas para el uso a que se destinan.

2. Los elementos de construcción de las instalaciones y servicios deberán ser los adecuados, respecto a su resistencia, duración y seguridad, para un uso colectivo.

3. Los centros dispondrán de módulos independientes para permitir la separación por sexos de los internos.

Se procurará que los internos que formen una unidad familiar estén juntos y tengan en su compañía a sus hijos menores, facilitándoles, en la medida de lo posible, alojamiento separado que garantice un adecuado grado de intimidad. [320]

Igualmente, se procurará que las instalaciones permitan la separación de los condenados, internados en virtud del art. 89.6 del Código Penal, o que tengan antecedentes penales, de aquellos otros que se encuentren internos por la mera estancia irregular en España.

4. En los centros existirá un servicio de asistencia sanitaria con disponibilidad de personal, instrumental y equipamiento necesario para la atención permanente y de urgencia de los internos.

Existirán las dependencias necesarias para la permanencia de los extranjeros internados que, según el informe emitido por el facultativo, aun no requiriendo atención hospitalaria en razón de la enfermedad física o psíquica o toxicomanía apreciada en su reconocimiento, aconseje su separación del resto de los internados, medida que será comunicada inmediatamente al Juez competente para el control de la estancia de los extranjeros en el centro.

5. Deberán existir instalaciones adecuadas para la realización de actividades de ocio, entretenimiento y deportivas, así como un patio para el paseo de los internos.

6. Los centros deberán contar con espacio y medios suficientes para el almacenaje seguro de los equipajes y efectos personales de los

---

[320] Téngase en cuenta la anulación del inciso "en la medida de lo posible", conforme a la Sent. de 10 febrero 2015

internos, incluyendo la custodia de dinero en efectivo y objetos de valor.

7. Los centros deberán contar con un número suficiente de teléfonos públicos para su uso por los internos en los horarios y condiciones que se determinen.

CAPÍTULO IV
ESTRUCTURA

8. *Estructura.* 1. En cada centro existirán las siguientes unidades y servicios:

a) Dirección.
b) Unidad de seguridad.
c) Administración.
d) Junta de coordinación.
e) Secretaría.
f) Servicio de asistencia sanitaria.
g) Servicio de asistencia social, jurídica y cultural.

2. Los puestos de trabajo de las unidades y servicios que integran los centros que impliquen funciones de dirección y seguridad serán desempeñados por funcionarios del Cuerpo Nacional de Policía. Corresponderá a empleados de las administraciones públicas el de los demás servicios de carácter asistencial, logístico y administrativo, sin perjuicio de lo establecido en los arts. 14 y 15.

9. *Dirección.* 1. Al frente de cada centro existirá un director, nombrado por el Director General de la Policía entre funcionarios de carrera del subgrupo A1 del Cuerpo Nacional de Policía, a propuesta del Comisario General de Extranjería y Fronteras. Dependerá funcionalmente de la Comisaría General de Extranjería y Fronteras y de las unidades de extranjería correspondientes a nivel provincial o local, y, orgánicamente, de la plantilla policial de la provincia donde esté ubicado el centro.

2. El director será responsable de garantizar el ejercicio de los derechos de los internos, del correcto funcionamiento del centro, de su seguridad, tanto exterior como interior, así como del mantenimiento

del orden y de la correcta convivencia entre los extranjeros internados y demás personal del centro.

3. Le corresponden las siguientes funciones:

a) Representar al centro en sus relaciones con autoridades, centros, entidades o personas.

b) Impartir las directrices de organización de los distintos servicios y coordinar y supervisar su ejecución, inspeccionando y corrigiendo cualquier deficiencia que observe o le sea oportunamente comunicada por el administrador o la autoridad judicial competente. En concreto, le corresponderá aprobar las normas de régimen interior, previa consulta con la junta de coordinación

c) Impulsar, organizar y coordinar las actividades, adoptando las resoluciones que sean procedentes.

d) Desempeñar la jefatura de personal.

e) Velar por la integridad física del personal que se encuentre prestando servicios y de las personas internas.

f) Adoptar, dentro de sus competencias, las medidas necesarias para asegurar el orden y la convivencia entre los extranjeros, así como el cumplimiento de sus derechos, imponiendo medidas a los internos que no respeten las normas de correcta convivencia o de régimen interior.

g) Convocar y presidir la junta de coordinación.

h) Ejecutar las resoluciones de la autoridad judicial por las que se acuerde la entrada, salida y traslado de los extranjeros, así como las dictadas por los jueces competentes para el control de la estancia en los centros.

i) Dar respuesta a los escritos, peticiones y quejas que pudieran formular los internos conforme a lo previsto en el presente reglamento, y, de exceder su ámbito de atribuciones, trasladar los mismos a la autoridad competente para su resolución.

j) Ordenar el sometimiento a reconocimiento médico de los internos, cuando existan causas de salud colectiva apreciadas por el servicio médico y a solicitud de éste. La decisión adoptada será comunicada sin dilación al Juez competente para el control de la estancia de los extranjeros en el centro.

k) Autorizar, cuando la urgencia del caso lo justifique, y se fueran a desarrollar fuera del horario general las visitas de familiares o terceras personas

l) Aceptar o denegar las solicitudes de reserva de plaza formuladas por las brigadas o grupos de extranjería, siguiendo las directrices impartidas por la Comisaría General de Extranjería y Fronteras. Asimismo, será el órgano de interconexión y comunicación con la correspondiente unidad policial que tramite el expediente de expulsión, devolución o regreso, a la que dará curso de las incidencias que puedan surgir y que directa o indirectamente afecten, en alguna forma, a dicho procedimiento.

m) Velar por la custodia de los libros-registro y por el cumplimiento de lo que en ellos se anote.

n) Trasladar a sus superiores las iniciativas que considere necesarias para mejorar el funcionamiento del centro y someter a su aprobación aquellas iniciativas que no le corresponda adoptar, tanto las que pueda apreciar directamente como las que así considere a propuesta del administrador.

ñ) Aquellas otras que le atribuya el ordenamiento jurídico vigente

4. En supuestos de ausencia, vacante o enfermedad del director, será sustituido por el jefe de la unidad de seguridad.

10. *Junta de coordinación.* 1. En cada centro se constituirá una junta de coordinación como órgano colegiado, integrada por el director, que la presidirá, y por el administrador y los responsables de la unidad de seguridad y de los servicios de asistencia sanitaria y social, así como por el secretario de dirección, que actuará como secretario.

2. Dicha junta desempeñará funciones consultivas en relación con las siguientes materias:

a) Normas de régimen interior del centro.

b) Directrices e instrucciones de organización de los distintos servicios y programación de actividades.

c) Criterios de actuación establecidos para supuestos de alteración del orden o cuando no se respeten las normas de convivencia y régimen interior.

d) Elaboración de los informes que sean necesarios para resolver sobre las peticiones y quejas que formulen los internos.

3. La junta de coordinación se reunirá en sesión ordinaria una vez al mes y en sesión extraordinaria cuantas veces lo considere necesario su presidente. Su funcionamiento se ajustará a lo dispuesto en el capítulo II del título II de la Ley 30/1992, de 26 de noviembre, de Régimen Jurídico de las Administraciones Públicas y del Procedimiento Administrativo Común.

11. *Unidad de seguridad.* 1. La unidad de seguridad estará integrada por los efectivos del Cuerpo Nacional de Policía que se consideren idóneos para la custodia y vigilancia del centro, con dependencia funcional de la Comisaría General de Extranjería y Fronteras y orgánica de la plantilla policial de la provincia en la que se encuentre ubicado el centro.

2. Al frente de la unidad se hallará un jefe nombrado por el Director General de la Policía entre funcionarios de carrera del subgrupo A1 del Cuerpo Nacional de Policía, a propuesta del Comisario General de Extranjería y Fronteras.

3. El jefe de la unidad de seguridad, además de sustituir al director en los supuestos mencionados en el art. 9.4, desarrollará las siguientes funciones:

a) Desempeñar la jefatura directa del personal que integra la unidad, sin perjuicio de las competencias que correspondan al director.

b) Impartir las directrices de organización necesarias para un correcto funcionamiento de la vigilancia y la custodia de los extranjeros, para lo que podrá recabar cuantos datos sean precisos de los distintos servicios.

c) Adoptar, en primera instancia, por razones de urgencia, las medidas necesarias para restablecer y asegurar el orden y la convivencia entre los extranjeros internados, sin perjuicio del superior criterio del director.

d) Verificar el cumplimiento de las normas de régimen interior, dando cuenta al director de las disfunciones e irregularidades detectadas.

e) Comprobar el estricto cumplimiento de los requisitos previstos en este reglamento para la entrada, salida, o traslado de extranjeros de los centros, así como para las inspecciones, registros y exámenes personales que pudieran practicarse tanto de los internos como de los visitantes.

f) Ordenar la incoación de los atestados policiales que sean precisos sobre la base de conductas que pudieran ser constitutivas de delito o falta.

4. La unidad de seguridad asumirá la protección, custodia y mantenimiento del orden, tanto del interior como del exterior de las instalaciones. En aquellas zonas o espacios en las que razones de seguridad así lo aconsejen, se podrá prestar servicio sin armas de fuego. Dicha

medida será propuesta por el director del centro y autorizada por la Comisaría General de Extranjería y Fronteras.

12. *Administración.* 1. Bajo la dependencia del director, cada centro contará con un administrador, designado entre funcionarios de carrera de las administraciones públicas pertenecientes al subgrupo A1 o al subgrupo A2. Al administrador le corresponderá dirigir los servicios asistenciales, administrativos y logísticos, cuidando los niveles de calidad y coste de los bienes y servicios, sin perjuicio de las competencias reconocidas en este reglamento al director.

2. En concreto, le corresponden las siguientes funciones:

a) Coordinar la actuación del personal que preste sus servicios en el centro, excluido el personal de seguridad y el secretario.

b) Velar por que los diferentes servicios se lleven a cabo dentro del horario establecido.

c) Recibir las quejas y sugerencias que presenten tanto el personal del centro como los internos conforme a lo dispuesto en este reglamento.

d) Dar traslado al director de las deficiencias que aprecie o que le sean comunicadas por el personal o los internos.

e) Proponer al director del centro la eventual alteración o variación en el horario de la prestación de determinados servicios cuando existan circunstancias que así lo aconsejen.

f) Velar por el cumplimiento de las instrucciones dadas por el personal del servicio sanitario en materia de alimentación, aseo y limpieza, o de las medidas aconsejadas por las creencias religiosas de los internos.

g) Asegurar que los diferentes servicios que integran la asistencia social a los internos se lleven a cabo garantizando la libertad, dignidad e intimidad de los mismos y del resto de personal del centro.

h) Velar por el cumplimiento de las instrucciones o directrices adoptadas por el director del centro sobre cualesquiera servicios de índole asistencial, logística y administrativo.

13. *Secretaría.* 1. En cada centro existirá una secretaría de la que será responsable el secretario, que a la vez lo será del centro, y cuyo nombramiento recaerá entre funcionarios de carrera del subgrupo A2 o del subgrupo C1 del Cuerpo Nacional de Policía.

2. Dependerá del director, a quién dará cuenta de las irregularidades o deficiencias que aprecie, velando por el cumplimiento de las instrucciones recibidas de aquel. Será el responsable de que los ingresos se efectúen con la documentación establecida, así como de que los diferentes asientos y anotaciones se realicen en los libros-registro del centro, los cuales quedarán bajo su custodia y conservación.

3. Igualmente, será el que reciba, transmita y cumplimente los diferentes trámites documentales con la unidad policial que gestione el correspondiente expediente en virtud del cual se haya autorizado y permanezca el extranjero internado, así como aquellas que hayan de comunicarse directamente al juez de instrucción que hubiere autorizado el ingreso, o al Juez competente para el control de la estancia de los extranjeros en el centro.

14. *Servicio de asistencia sanitaria.* 1. En cada centro existirá un servicio de asistencia sanitaria bajo la responsabilidad de un médico perteneciente a la Administración General del Estado, que estará auxiliado en sus cometidos por, al menos, un ayudante técnico sanitario o diplomado o graduado universitario en enfermería. La Dirección General de la Policía dispondrá lo necesario para garantizar la adaptación de dicho servicio a las necesidades existentes en cada momento en el centro, en función del nivel de ocupación.

2. Corresponde al servicio de asistencia sanitaria, además de la atención sanitaria, médica y farmacéutica de los extranjeros internados, la inspección de los servicios de higiene, informando y proponiendo a la dirección, para su aprobación y previo examen de la junta de coordinación, las medidas necesarias y suficientes, en relación con:

a) El estado, preparación y distribución de los alimentos, que serán los adecuados para el mantenimiento de una dieta normal de los extranjeros internados, teniendo en consideración las adaptaciones necesarias en caso de enfermedad o creencia religiosa, o de aquella especial que, a juicio del facultativo, requieran determinados extranjeros.

b) El aseo e higiene de los extranjeros internados, así como de sus ropas y pertenencias.

c) La higiene, calefacción, iluminación y ventilación de las dependencias.

d) Los servicios de control periódico de la salubridad.

e) La prevención de epidemias y adopción de medidas de aislamiento de pacientes infecto-contagiosos.

3. A fin de cubrir la necesidad eventual de hospitalización de los extranjeros internados, así como de asistencia médica especializada, la Dirección General de la Policía podrá celebrar acuerdos, convenios o contratos con otros ministerios, administraciones públicas y entidades públicas o privadas, conforme a la normativa vigente en materia de contratación del sector público, y con cargo a los programas establecidos en las correspondientes partidas presupuestarias.

15. *Servicios de asistencia social, jurídica y cultural.* 1. Los centros dispondrán de los correspondientes servicios de asistencia social y cultural a los extranjeros internados, atendidos por trabajadores sociales, bajo la dependencia directa del director, a quien se someterán, para su aprobación, los oportunos planes o proyectos de actuación, previo análisis de los mismos por la junta de coordinación.

2. La prestación de servicios de asistencia social que se faciliten en los centros podrá ser concertada por la Dirección General de la Policía con órganos de otros ministerios o pertenecientes a otras administraciones públicas o mediante la suscripción de acuerdos, convenios o contratos, conforme a la normativa vigente en materia de contratación del sector público, con entidades públicas o privadas y con organizaciones no gubernamentales u otras sin ánimo de lucro, con experiencia en la colaboración en la prestación de estos servicios.

En todo caso, el personal integrante de los servicios de asistencia social deberá contar con formación o conocimientos adecuados en materia de derechos humanos, extranjería, protección internacional, mediación intercultural, así como de enfoque de género y violencia contra las mujeres.

3. La asistencia social y cultural se orientará fundamentalmente a la resolución de los problemas surgidos a los extranjeros internados y, en su caso, a sus familias, como consecuencia de la situación de ingreso, en especial los relacionados con interpretación de lenguas, relaciones familiares con el exterior o tramitación de documentos.

4. Los centros dispondrán de dependencias que aseguren la confidencialidad de la orientación jurídica que preste al interno su abogado.

Se suscribirán acuerdos de colaboración con los colegios de abogados en orden a establecer las condiciones de funcionamiento del servicio de asistencia jurídica, encargado de asistir jurídicamente a los internos que lo soliciten.

TÍTULO II
ESTATUTO JURÍDICO DE LOS EXTRANJEROS INTERNADOS

16. *Derechos de los internos.* 1. Todas las actividades desarrolladas en los centros se llevarán a cabo salvaguardando los derechos y libertades reconocidos a los extranjeros por el ordenamiento jurídico, sin más limitaciones que las que fueran necesarias, conforme al contenido y finalidad de la medida judicial de internamiento acordada.

2. En particular y en atención a su situación, se garantizan a los extranjeros internados, desde su ingreso y durante el tiempo de permanencia en el centro, los siguientes derechos:

a) A ser informado en un idioma que le sea inteligible de su situación, así como de las resoluciones judiciales y administrativas que le afecten.

b) A que se vele por el respeto a su vida, integridad física y salud, sin que pueda en ningún caso ser sometido a tratos degradantes o vejatorios, y a que sea preservada su dignidad y su intimidad. Las personas internadas se designarán por su nombre, salvo manifestación expresa en contrario del interesado.

c) A facilitarle el ejercicio de los derechos reconocidos por el ordenamiento jurídico, sin más limitaciones que las derivadas de su situación de internamiento, y en especial cuando se solicite protección internacional o cuando sea víctima de violencia de género, de trata de seres humanos o de violencia sexual.

d) A no ser objeto de discriminación por razón de origen, incluido el racial o étnico, sexo, orientación o identidad sexual, ideología, religión o creencias, enfermedad, discapacidad o cualquier otra circunstancia personal o social.

e) A recibir asistencia médica y sanitaria adecuada y ser atendido por los servicios de asistencia social del centro.

f) A recibir un seguimiento médico especial, para las mujeres de las que se tenga constancia que se hallan embarazadas.

g) A que se comunique inmediatamente su ingreso o su traslado a la persona que designe en España y a su abogado, así como a la oficina consular del país del que es nacional.

h) A ser asistido de abogado, que se le proporcionará de oficio en su caso, y a comunicarse reservadamente con el mismo, incluso fuera del horario general del centro, cuando la urgencia del caso lo justifique.

i) A comunicarse en el horario establecido en el centro, con sus familiares, funcionarios consulares de su país u otras personas, derecho que sólo podrá restringirse en virtud de resolución judicial.

j) A ser asistido de intérprete si no comprende o no habla castellano, de forma gratuita si careciese de medios económicos.

k) A tener en su compañía a sus hijos menores, siempre que el Ministerio Fiscal informe favorablemente tal medida y existan en el centro módulos que garanticen la unidad e intimidad familiar. [321]

l) A entrar en contacto con organizaciones no gubernamentales y organismos nacionales, internacionales y no gubernamentales de protección de inmigrantes.

m) A realizar, en el momento de su ingreso, dos comunicaciones telefónicas gratuitas: con su abogado y con un familiar o persona de confianza residente en España.

n) A presentar quejas y peticiones en defensa de sus derechos e intereses legítimos, conforme a lo previsto en este reglamento, que serán remitidas, preservando su secreto, de forma inmediata a su destinatario.

17. *Protección de datos de carácter personal.* 1. Los datos de carácter personal incluidos en el expediente personal del extranjero y en los libros-registro a los que se refiere el art. 51 no serán tratados ni cedidos para ninguna finalidad distinta que la de gestionar la situación del sometido a internamiento y las funciones de vigilancia y control, así como las de seguridad, salubridad y convivencia de todo el personal del centro y de la actividad de los mismos.

2. El tratamiento de los datos de salud se llevará a cabo únicamente por el personal que preste las funciones de asistencia sanitaria establecidas en el art. 14. La dirección, no obstante, podrá acceder a los datos que resulten estrictamente imprescindibles para, en su caso, ordenar los traslados a los que se refieren los arts. 30.2 y 35.1, así como para adoptar todas las medidas precisas en garantía de la seguridad, salubridad y convivencia de todo el personal del centro y de la actividad de los mismos.

---

[321] Téngase en cuenta de la anulación del inciso" y existan en el centro módulos que garanticen la unidad e intimidad familiar", conforme a la Sent. de 10 febrero 2015

3. Cuando la prestación de los servicios de asistencia sanitaria y social sean objeto de concertación en los términos previstos en los arts. 14 y 15, las entidades que lleven a cabo la prestación de los servicios tendrán condición de encargado del tratamiento, quedando sometidas a lo dispuesto en la normativa de protección de datos de carácter personal.

18. *Deberes de los internos.* 1. Mientras dure su internamiento en el centro, los extranjeros deberán cumplir los siguientes deberes:

a) Permanecer en el centro a disposición del órgano judicial que hubiera autorizado u ordenado su internamiento.

b) Observar las normas por las que se rige el centro y cumplir las instrucciones generales impartidas por la dirección y las particulares que reciban de los funcionarios y empleados en el ejercicio legítimo de sus funciones, encaminadas al mantenimiento del orden y la seguridad, así como las relativas a su propio aseo e higiene y la limpieza del centro.

c) Mantener una actividad cívicamente correcta y de respeto con los funcionarios y empleados, con los visitantes y con los otros extranjeros internados, absteniéndose de proferir insultos o amenazas contra los mismos, o de promover o intervenir en agresiones, peleas, desórdenes y demás actos individuales o colectivos que alteren la convivencia.

d) Conservar en buen estado las instalaciones materiales, mobiliario y demás efectos, evitando el deterioro o inutilización deliberada, tanto de éstos como de los bienes o pertenencias de los demás extranjeros internados o funcionarios.

e) Someterse a reconocimiento médico a la entrada y salida del centro, así como en aquellos casos en que, por razones de salud colectiva, apreciadas por el servicio de asistencia sanitaria y a instancia del mismo, lo disponga el director. En caso de negativa del interno, será preciso recabar autorización judicial previa del Juez competente para el control de la estancia en el centro.

2. Asimismo, el interno deberá ser reconocido por el servicio de asistencia sanitaria si se produce un hecho excepcional que lo aconseje o se dan determinadas eventualidades en el centro que indiquen la conveniencia de ser reconocido. En caso de negativa se actuará conforme a lo establecido en el apartado anterior.

19. *Peticiones, quejas y recursos.* 1. Los extranjeros internados podrán formular las peticiones o quejas, o interponer los recursos que correspondan, ante los órganos administrativos o judiciales competentes o ante el Ministerio Fiscal. Asimismo, los extranjeros internados podrán dirigir peticiones y quejas al Defensor del Pueblo y a los organismos e instituciones que consideren oportuno. En ambos casos también podrán presentarlas al propio director.

2. Las peticiones, quejas y recursos a las que se refiere el apartado anterior podrán presentarse en el propio registro del centro, de conformidad con las previsiones del art. 38.4 de la Ley 30/1992, de 26 de noviembre, y con los efectos contemplados en la citada norma. En estos casos, se facilitará al interesado copia sellada de la primera página y se remitirá a la mayor urgencia a su destinatario, dejando constancia en el registro de la fecha y hora de su presentación, identificación del interesado y destinatario al que se envía; ello sin perjuicio del derecho de los interesados a obtener copia sellada de los documentos que presenten, si los aportan y lo solicitan.

A tal efecto, todos los centros dispondrán de un libro-registro de peticiones y quejas, compuesto por impresos normalizados y debidamente numerados a disposición de los internos.

3. Las resoluciones que se adopten al respecto serán motivadas y se notificarán a los interesados, con expresión, en su caso, de los recursos que procedan, plazos para interponerlos y órganos ante los que se han de presentar.

20. *Entrevista personal con el director.* Todo extranjero internado tendrá derecho a solicitar una entrevista personal con el director a fin de formular peticiones y quejas sobre aspectos relativos al funcionamiento del centro, pudiendo presentarlas por escrito y, si así lo desea, en sobre cerrado, expidiéndosele en este caso el correspondiente recibo.

TÍTULO III
PROCEDIMIENTOS DE ACTUACIÓN: INGRESOS, SALIDAS, TRASLADOS Y CONDUCCIONES

CAPÍTULO PRIMERO
DEL INGRESO EN LOS CENTROS

21. *Requisitos legales del ingreso y plazo máximo de estancia.* 1. El ingreso en los centros solamente se podrá realizar en virtud de resolución de la autoridad judicial competente, en los supuestos y con los efectos previstos en la Ley Orgánica 4/2000, de 11 de enero, y en el art. 89.6 del Código Penal.

2. El período de internamiento se mantendrá por el tiempo imprescindible para los fines del expediente y no podrá exceder en ningún caso de sesenta días.

La decisión judicial que lo autorice, atendiendo a las circunstancias concurrentes en cada caso, podrá establecer un periodo máximo de duración del internamiento inferior al citado.

3. Podrá solicitarse un nuevo internamiento del extranjero, por las mismas causas que determinaron el internamiento anterior, cuando habiendo ingresado con anterioridad no hubiera cumplido el plazo máximo de sesenta días, por el periodo que resta hasta cumplir éste. Igualmente se podrán solicitar nuevos ingresos del extranjero si obedecen a causas diferentes, en este caso por la totalidad del tiempo legalmente establecido. [322]

22. *Reserva de plaza.* Con carácter previo a la solicitud del internamiento ante la autoridad judicial, el instructor del expediente administrativo habrá de tramitar la reserva de plaza en un centro, de

---

[322] Téngase en cuenta la anulación de los siguientes incisos , "podrá solicitarse un nuevo internamiento del extranjero, por las mismas causas que determinaron el internamiento anterior, cuando habiendo ingresado con anterioridad no hubiera cumplido y el plazo máximo de sesenta días, por el período que resta hasta cumplir este" y por conexión, los terminos " igualmente" y " en este caso" ,del segundo inciso del mismo apartado que quedará redactado de la siguiente manera: "Se podrán solicitar nuevos ingresos del extranjero si obedecen a causas diferentes, por la totalidad del tiempo legalmente establecido", conforme a la Sent. de 10 febrero 2015

acuerdo con el procedimiento establecido por la Comisaría General de Extranjería y Fronteras.

23. *Solicitud de internamiento derivada de un expediente administrativo de expulsión, devolución o denegación de entrada.* 1. La solicitud de ingreso se formalizará de manera motivada ante la autoridad judicial, según lo establecido en la Ley Orgánica 4/2000, de 11 de enero, por el instructor del expediente administrativo.

2. El instructor que solicite la autorización de internamiento de un extranjero dispondrá su presentación ante el juez de instrucción competente, junto con aquellos documentos que formen parte del expediente o resolución de expulsión, devolución o denegación de entrada.

3. Asimismo, el instructor aportará al juez certificado de todos los periodos de internamiento en centro o centros por dicho extranjero de los que se tenga constancia, con indicación de los expedientes administrativos de los que derivaron tales medidas cautelares y los juzgados que las acordaron, así como de su resolución.

24. *Internamiento en aplicación del artículo 89.6 del Código Penal.* El juez o tribunal que acuerde la expulsión de un extranjero en los supuestos previstos en el art. 89.6 del Código Penal será el competente para ordenar su ingreso en un centro con el fin de asegurar la ejecución de la resolución.

25. *Presentación del extranjero para su ingreso en el centro.* 1. Acordado el internamiento por la autoridad judicial, los funcionarios de la correspondiente brigada o grupo policial de extranjería dispondrán de los medios precisos para realizar el traslado del extranjero al centro que se le hubiese asignado.

2. El ingreso de un extranjero en un centro se llevará a cabo mediante su presentación ante los funcionarios de la unidad de seguridad en el control de entrada, a cualquier hora del día o de la noche, los cuales, una vez acordada la recepción del detenido, expedirán recibo acreditativo de la entrega a los funcionarios policiales comisionados para su traslado y presentación para su unión al expediente de expulsión.

zará para la realización de los trámites necesarios en la instrucción de los expedientes de expulsión, devolución o denegación de entrada. Se dejará constancia de tales desplazamientos en su expediente personal, con expresión de la fecha y hora de salida y regreso.

2. Los desplazamientos deberán ser comunicados al juez o tribunal a cuya disposición se encuentre el extranjero, cuando no sea la autoridad que los hubiera interesado.

35. *Desplazamientos para consulta médica o ingreso hospitalario.* 1. Cuando a juicio del facultativo del centro, recogido en el correspondiente informe y adjuntado a su expediente, sea necesaria la hospitalización o la asistencia médica especializada del interno fuera del centro, lo pondrá en conocimiento del director para que disponga lo conveniente para su traslado al correspondiente centro hospitalario o asistencial. Cualquier desplazamiento para hospitalización o consulta externa será comunicado inmediatamente al juez o tribunal a cuya disposición se halle el extranjero.

2. En ausencia del facultativo médico, y cuando concurran razones de especial urgencia que lo hagan aconsejable, podrá actuarse conforme al apartado anterior a iniciativa del director o de la persona que lo sustituya.

3. Acordada la conducción, el director solicitará de la comisaría de policía de la localidad donde esté ubicado el centro la adopción de las medidas necesarias para garantizar la custodia del interno.

36. *Libro-registro de traslados y desplazamientos.* Todos los traslados y desplazamientos deberán ser debidamente diligenciados en el libro- registro de traslados y desplazamientos.

CAPÍTULO III
SALIDA DEL CENTRO

37. *Cese del ingreso.* 1. El cese del ingreso será adoptado por el director en los siguientes casos:

a) Cuando lo acuerde la autoridad judicial competente.

b) Cuando lo acuerde la Comisaría General de Extranjería y Fronteras, conforme a lo previsto en el art. 62.3 de la Ley Orgánica 4/2000, de 11 de enero.

c) Cuando se tenga constancia de que la expulsión, devolución o regreso no podrá llevarse a efecto.

d) Cuando se cumpla el plazo establecido en el auto judicial de ingreso o en su prórroga o venza el plazo máximo de sesenta días.

e) Cuando se vaya a proceder a la inmediata ejecución de la orden de expulsión, devolución o regreso.

f) Cuando existan razones médicas, debidamente fundadas y justificadas por el facultativo del centro, que se consideren necesarias para la salud del interno.

2. La salida del centro se pondrá en conocimiento de la autoridad judicial que acordó el internamiento.

3. Cuando el internamiento se hubiera realizado en aplicación del art. 89.6 del Código Penal y la expulsión no pueda llevarse a efecto o venza el plazo máximo de internamiento, el director lo comunicará a la respectiva brigada o unidad de extranjería, la cual lo pondrá en conocimiento, con antelación suficiente, de la autoridad judicial que acordó su ingreso, cinco días antes del cumplimiento de dicho plazo máximo, a efectos de que ésta acuerde lo que estime procedente.

4. En el momento de la salida se devolverán al interno todas las pertenencias previamente depositadas, previa firma del correspondiente recibí. Asimismo, se le entregará un certificado del periodo de internamiento y si debiera proseguir algún tratamiento médico, informe facultativo sobre su situación sanitaria y propuesta terapéutica.

5. Se dejará constancia de la salida en el libro-registro de entradas y salidas mediante la inclusión, en el expediente del interno, de los siguientes documentos:

a) Diligencia de salida del centro.

b) Copia del auto judicial o resolución administrativa por la que se acuerda el cese del internamiento o copia de la orden de expulsión, devolución o regreso.

6. Si la salida fuera para hacer efectiva la orden de expulsión, devolución o regreso, se hará entrega del interno a los funcionarios policiales encargados de su traslado a la frontera, formalizando, al efecto, la oportuna diligencia. En los demás casos, la salida se producirá, previa firma por el interno de la oportuna diligencia o, en su caso y

de acuerdo con lo dispuesto en el apartado 3, su traslado al centro penitenciario.

38. *Reingreso del interno en el centro por imposibilidad de practicar la expulsión, devolución o regreso.* 1. Cuando se hubiera producido la salida del interno para la ejecución de la expulsión, devolución o regreso y finalmente la medida, por cualquier causa, no hubiera podido llevarse a efecto, se procederá a su reingreso en el centro por el plazo que reste hasta el máximo autorizado legal o judicialmente en el auto de internamiento, siempre que no exista constancia de la imposibilidad de llevar a cabo su repatriación, en cuyo caso se actuará conforme a lo previsto para los supuestos contemplados en el art. 37.1.c) y 2.

2. El reingreso estará sujeto a las disposiciones relativas al ingreso. En todo caso, junto con el extranjero, se hará entrega a los responsables del centro del informe policial detallado de las circunstancias que hubieran impedido la ejecución de la expulsión, devolución o regreso y, en caso de que el extranjero presentase lesiones, el preceptivo parte médico. De todo ello se dará cuenta inmediatamente a la autoridad judicial que acordó el internamiento.

3. Se hará constar en el libro-registro de entradas y salidas la causa que motiva el reingreso, así como su comunicación a la autoridad judicial.

TÍTULO IV
NORMAS DE CONVIVENCIA Y RÉGIMEN INTERIOR

39. *Aprobación del horario y de las medidas de régimen interior del centro.* El director, previa consulta con la junta de coordinación, determinará el horario y las medidas de régimen interior que sean adecuadas para garantizar en todo momento la seguridad y orden del centro y una pacífica convivencia entre los extranjeros internados, y organizará las actividades que se desarrollarán, fomentando la participación de aquéllos. Procurará atender sus sugerencias en la organización de las actividades, así como en el desenvolvimiento de los servicios alimentarios.

40. *Horario.* 1. El horario determinará el régimen de actividades diarias a desarrollar por los extranjeros internados durante la jornada diurna, teniendo en cuenta las estaciones del año y la climatología propia del lugar donde se halle ubicado, sin que, en ningún caso, tal jornada pueda comenzar antes de las ocho horas ni terminar después de las veinticuatro horas de cada día.

2. El horario de actividades deberá hacer especial referencia a los actos de aseo e higiene personal, visita médica, comidas, visitas externas, comunicaciones telefónicas, paseo al aire libre, ocio y descanso. Salvo por razones especiales o de urgencia debidamente justificadas, el horario establecido deberá ser cumplido puntualmente por todos.

3. El tiempo se distribuirá de manera que se garanticen ocho horas diarias para el descanso nocturno, así como, al menos, cuatro horas de paseo diurno.

41. *Régimen de las comunicaciones.* 1. Los extranjeros internados podrán comunicar libremente con su abogado, y con los representantes diplomáticos y consulares de su país, quienes deberán presentar la documentación que les acredite como tales.

2. Las entrevistas darán lugar a la oportuna anotación en el libro-registro de visitas.

42. *Visitas de familiares y otras personas.* 1. Las visitas de familiares y otras personas se desarrollarán sin más limitaciones que las derivadas de la custodia de las personas internadas, de su seguridad y salud, de la capacidad de las instalaciones y del régimen y gobierno del centro.

2. La dirección garantizará que internos y visitantes tengan conocimiento de forma previa del horario de visita, debiendo figurar en lugar visible en el exterior del centro.

3. Los extranjeros internados tendrán libertad de comunicación dentro del horario fijado. No obstante cuando las solicitudes de comunicación excediesen de la capacidad de las instalaciones podrán limitarse los días de cada semana o la duración de las visitas, sin que puedan ser inferiores a treinta minutos para visitantes salvo que se trate de familiares, abogados, representantes diplomáticos o consulares.

4. El número de personas que podrá simultanear la comunicación con un mismo extranjero se determinará en las normas de régimen interior, dependiendo de las características y posibilidades de cada centro.

5. Se garantizará el derecho a la intimidad en el desarrollo de estas comunicaciones que, salvo resolución judicial en contrario, se realizarán con vigilancia meramente visual.

6. Para el adecuado desarrollo de las entrevistas, los centros contarán con el correspondiente locutorio de abogados y sala de visitas, evitando la formación en los mismos de grupos numerosos que dificulten el entendimiento entre los comunicantes o no permitan la necesaria intimidad de las comunicaciones.

7. La entrega durante la visita de cualquier efecto al interno deberá hacerse en presencia del personal de seguridad conforme al procedimiento establecido en el art. 47.

8. Durante las entrevistas, tanto los extranjeros internados como los visitantes deberán ajustarse a la normativa de régimen interior, que será de público conocimiento. Cuando no se observen las referidas normas, la comunicación podrá ser suspendida por los funcionarios encargados de la vigilancia, dando inmediata cuenta a la dirección, a fin de que adopte la resolución que proceda.

9. Los visitantes podrán ser sometidos, con carácter previo a la comunicación con el interno, a un examen personal de seguridad, siéndoles retirados los objetos susceptibles de constituir una amenaza para la seguridad del centro o de las personas que en él se encuentran o que, en alguna forma, pueda afectar a su derecho a la intimidad y a la imagen. Los objetos prohibidos serán intervenidos y remitidos a la autoridad que corresponda. Cualesquiera otros efectos que pudieran ser intervenidos serán retirados por los funcionarios policiales temporalmente y entregados a la salida del visitante del centro. De esta custodia temporal se levantará un acta en que conste tanto la entrega como la posterior devolución y la firma del visitante y el funcionario policial.

No obstante lo dispuesto en el párrafo anterior, adoptadas las medidas que garanticen la seguridad del centro, así como las que aseguren el derecho a la intimidad y a la imagen de todas las personas presentes en el mismo, podrá autorizarse, en el espacio en que se desarrolle la visita y siempre que conste el consentimiento previo del interno, el uso de medios o dispositivos que contengan o capturen imágenes que, en estos casos, únicamente podrán dirigirse hacia el interno y el visitante.

En el supuesto de que el uso de esos medios afectara a la intimidad, la imagen de terceras personas o a la seguridad del centro, se requerirá al interesado para que borre las imágenes grabadas. En caso de negarse, se procederá a su incautación, remitiéndose al Juez competente para el control de la estancia en el centro, acompañado de un informe debidamente motivado.

43. *Comunicaciones telefónicas.* 1. El horario del centro determinará los tiempos en los que los internos podrán utilizar los teléfonos de uso público instalados en las zonas comunes, que deberán permitir tanto la realización como la recepción de llamadas.

2. Las comunicaciones telefónicas de los extranjeros internados, salvo resolución judicial en contrario, no estarán sometidas a intervención alguna. A tal efecto, en las zonas de uso común del centro que se determinen por la dirección, se habilitarán teléfonos de uso público, sometidos a la tarifa vigente que correrá a cargo de los interesados, que podrán ser usados por éstos todos los días, dentro del horario fijado por la dirección.

44. *Actividades recreativas.* Fuera de los horarios específicamente establecidos para cada actividad, los extranjeros internados podrán permanecer en la sala de estar, que estará equipada con el necesario mobiliario para el descanso, así como con un receptor de televisión, y también con prensa diaria, biblioteca, juegos de mesa u otros elementos recreativos.

45. *Práctica religiosa.* La dirección garantizará y respetará la libertad religiosa de los extranjeros internados, facilitando los medios para su práctica. Asimismo, facilitará que los extranjeros puedan respetar la alimentación, los ritos y los días de fiesta de su respectiva confesión, siempre que lo permita la seguridad y las actividades del centro y los derechos fundamentales de los restantes extranjeros internados.

46. *Envío y recepción de correspondencia.* Los centros facilitarán el envío y recepción de correspondencia, que podrá ser sometida a control externo en el propio centro o en dependencias policiales próximas, por razones de seguridad. En ningún caso se podrá proceder al registro de la correspondencia, salvo autorización del juez correspondiente.

47. *Recepción de entregas y paquetes.* 1. Los internos podrán recibir los efectos y paquetes que les traigan al centro sus familiares o terceras personas y aquellos otros que les envíen a través del servicio de correos o mensajería.

2. Los paquetes deberán ser sometidos a los oportunos controles externos, así como a su apertura en presencia del portador o, en su defecto, del destinatario, para lo que se recabará su autorización. Se devolverán en caso de no concederse.

3. En todos los supuestos, se dejará constancia escrita de lo actuado en el libro-registro correspondiente.

4. No se admitirá la entrega de efectos, productos o instrumentos que puedan poner en peligro la salud e higiene de los extranjeros internados o la seguridad de éstos o del centro. Tales efectos, productos o instrumentos podrán ser intervenidos cuando se hallaren en poder de los mismos, dándoles el destino que corresponda.

TÍTULO V
FORMACIÓN DEL PERSONAL DEL CENTRO Y MECANISMOS DE CONTROL E INSPECCIÓN

CAPÍTULO PRIMERO
FORMACIÓN Y REGLAS DE CONDUCTA DEL PERSONAL DE LOS CENTROS

48. *Formación del personal del centro.* 1. La Dirección General de la Policía promoverá la celebración periódica y continuada de actividades formativas dirigidas a los funcionarios del Cuerpo Nacional de Policía y demás funcionarios y empleados públicos al servicio de los centros, en las materias de derechos humanos, régimen de extranjería, seguridad y prevención, así como de enfoque de género y violencia contra las mujeres.

2. El resto del personal deberá recibir una adecuada formación por parte de la entidad privada en la que se encuentre integrado. Dicha formación será tenida en cuenta a la hora de suscribir convenios o contratos con entidades u organizaciones y para el ejercicio por parte de aquéllas de los derechos y obligaciones que se prevén en este reglamento.

49. *Reglas de conducta del personal del centro.* 1. La labor de los funcionarios policiales al servicio del centro se ajustará a los principios y a las normas de conducta establecidos en la Ley Orgánica 2/1986, de 13 de marzo, de Fuerzas y Cuerpos de Seguridad, y en su normativa de desarrollo.

2. Especialmente, observarán un trato correcto en sus relaciones con los internos, garantizarán la integridad, dignidad e imparcialidad en sus actuaciones y evitarán realizar o que se realicen por terceros cualquier práctica abusiva, arbitraria o discriminatoria.

3. Todas las personas que presten servicios en los centros deberán ir identificadas de forma visible.

CAPÍTULO II
MECANISMOS DE CONTROL E INSPECCIÓN

50. *Inspección y control.* 1. Con independencia de las competencias que la legislación atribuye a la autoridad judicial, el Cuerpo Nacional de Policía, a través de sus unidades propias, podrá efectuar las inspecciones de los centros y de su personal que considere necesarias para garantizar el eficaz cumplimiento de sus funciones. Sin perjuicio de lo anterior, la Inspección de Personal y Servicios de Seguridad de la Secretaría de Estado de Seguridad adoptará asimismo los planes oportunos para la inspección sistemática de los centros.

2. En todo caso, se facilitará la labor encomendada a los organismos nacionales e internacionales de protección de los derechos humanos con competencias propias para la visita e inspección de los centros.

51. *Libros-registro.* Para el adecuado control e inspección de la actividad de los centros, se llevarán, preferiblemente informatizados, al menos, los siguientes libros-registro:
a) Libro-registro de entradas y salidas de internos.
b) Libro-registro de traslados y desplazamientos.
c) Libro-registro de visitas.
d) Libro-registro de correspondencia.
e) Libro-registro de peticiones y quejas.

CAPÍTULO III
SEGUIMIENTO DE LA PRESTACIÓN DE LOS SERVICIOS SANITARIOS, ASISTENCIALES Y SOCIALES

52. *Reuniones de seguimiento de la prestación de los servicios sanitarios, asistenciales y sociales.* 1. Con el fin de efectuar el seguimiento y contribuir a la coordinación y mejora de los servicios sanitarios, asistenciales y sociales que se presten en todos o alguno de los centros, se celebrarán reuniones periódicas entre miembros de la Comisaría General de Extranjería y Fronteras y representantes de las instituciones, entidades u organizaciones con las que se hayan suscrito convenios para la prestación de dichos servicios.

2. Las reuniones de seguimiento a las que se refiere el apartado anterior estarán presididas por el Comisario General de Extranjería y Fronteras o por el funcionario que le sustituya, y asistirán a ellas los funcionarios de la Comisaría General a los que aquél convoque, los directores de los centros en los que se presten los servicios mencionados y un representante de cada una de las instituciones, entidades u organizaciones citadas, designado por ellas. Un funcionario de la Comisaría General actuará como secretario de la reunión.

3. Las reuniones de seguimiento serán convocadas por el Comisario General. Se celebrarán con carácter ordinario una vez al semestre, y con carácter extraordinario, cuando lo estime oportuno el Comisario General o a solicitud, al menos, de una de las instituciones, entidades u organizaciones.

4. En las reuniones de seguimiento podrán abordarse cuantos asuntos estén relacionados con la prestación de los servicios sanitarios, asistenciales y sociales, tales como las incidencias registradas, las quejas y sugerencias de los internos o las propuestas de mejora elaboradas por los directores de los centros o por las instituciones, entidades u organizaciones que presten estos servicios.

TÍTULO VI
MEDIDAS DE SEGURIDAD

CAPÍTULO PRIMERO
VIGILANCIA Y SEGURIDAD DE LOS CENTROS

53. *Medidas de vigilancia y seguridad y competencia para su ejecución.* 1. Corresponde a la unidad de seguridad la ejecución de las instrucciones adoptadas por el director, en orden al cumplimiento del deber de custodia y retención de los internos, así como al mantenimiento de la convivencia ordenada y pacífica en el centro.

2. La ejecución de las medidas de seguridad se regirá por los principios de proporcionalidad, oportunidad y congruencia, y se llevará siempre a cabo con absoluto respeto al honor, dignidad y demás derechos fundamentales de las personas.

54. *Vigilancia del centro y control de accesos.* 1. En función de sus características, cada centro adoptará las medidas que resulten precisas, incluyendo, en su caso, la instalación de aparatos y medios técnicos tanto en el exterior como en el interior, para garantizar la seguridad del mismo, así como para controlar el acceso de personas y vehículos y evitar la introducción de objetos prohibidos.

2. La vigilancia del interior podrá incluir la visualización y control por circuito cerrado de televisión de todas las dependencias, salvo dormitorios y baños, así como de los demás espacios que se consideren reservados o íntimos. El tratamiento de las imágenes se someterá a lo dispuesto en la normativa en materia de protección de datos de carácter personal.

3. Las actuaciones de vigilancia y seguridad interior podrán incluir, en la forma y con la periodicidad que establezca el director, la realización de inspecciones en las instalaciones, incluyendo el registro de las dependencias de uso común.

4. Cuando sea necesario para garantizar la seguridad, el director podrá acordar la inspección de los dormitorios de los internos, así como de sus ropas y enseres.

55. *Vigilancia y control de los internos.* 1. Los funcionarios policiales realizarán la vigilancia de los internos con el fin de garantizar su seguridad personal y custodia y evitar posibles alteraciones del orden y de la convivencia en el centro.

2. En situaciones excepcionales, y cuando sea necesario para garantizar la seguridad del centro o existan motivos racionalmente fundados para creer que el interno pudiera esconder objetos o sustancias prohibidas o no autorizadas, se podrá realizar el registro personal del mismo, incluso con desnudo integral si fuera indispensable, el cual se practicará por funcionarios del mismo sexo que el interno, en lugar cerrado y sin la presencia de otros internos, preservando en todo momento su dignidad e intimidad. Para ello será necesaria la autorización previa del director, salvo que concurran razones urgentes o de extraordinaria necesidad, en cuyo caso será precisa la autorización del jefe de la unidad de seguridad, comunicándolo de forma inmediata al director. [323]

En estos supuestos se dejará constancia documental del examen mediante documento suscrito por los funcionarios actuantes en el que se hará constar los motivos que justificaron la medida y su resultado. Una copia de dicho escrito se remitirá al Juez competente para el control de la estancia en el centro.

56. *Objetos prohibidos y no autorizados.* 1. Tendrán la consideración de artículos u objetos prohibidos a efectos de este reglamento, los que lo sean conforme a la legislación vigente y en especial:

a) Las armas u otros objetos susceptibles de ser utilizados como tales.

b) Las drogas, estupefacientes, sustancias psicotrópicas y medicamentosas, salvo que medie prescripción facultativa.

2. Se considerarán artículos u objetos no autorizados todos aquellos que puedan suponer, en cualquier forma, un peligro para la integridad física, la seguridad, la ordenada convivencia o la salud de cualquier persona que se halle en el centro o una intromisión en su derecho a la intimidad o a la propia imagen.

3. Los artículos u objetos prohibidos y los no autorizados serán retirados de inmediato, procediéndose con ellos de la siguiente forma:

---

[323] Téngase en cuenta la anulación de este apartado, debiendo aplicarse las medidas de registro personal contempladas en el art.62.quinquies.apartado 1 de la L.O. 4/2000, de conformidad con los criterios expresados en el fundamento de derecho septimo, conforme Sent. de 10 febrero 2015

a) Los prohibidos serán incautados y, en su caso, remitidos a la autoridad competente en unión del informe respectivo.

b) Los no autorizados serán devueltos al interno cuando abandone el centro.

CAPÍTULO II
MEDIDAS COERCITIVAS CON INTERNOS

57. *Contención o separación preventiva de internos.* 1. El director podrá acordar el empleo de medios de contención física personal, así como la separación preventiva del interno en habitación individual, con el fin de evitar actos de violencia o lesiones propias o ajenas, impedir posibles actos de fuga, o daños en las instalaciones del centro, así como ante la resistencia al personal del mismo en el ejercicio legítimo de su cargo o función.

2. Los medios contemplados en el apartado anterior se aplicarán cuando no exista otra manera menos gravosa de actuar durante el tiempo estrictamente necesario, y, en todo caso, de manera proporcional a la finalidad perseguida, sin que puedan suponer una sanción encubierta.

3. La adopción de estas medidas excepcionales será acordada por el director mediante resolución motivada, en la que se harán constar los hechos o conductas que determinan la adopción de la medida, que será notificada previamente por escrito al interesado en un idioma que comprenda y remitida copia a la autoridad judicial que autorizó u ordenó el internamiento.

4. Cuando concurran razones de urgencia que no permitan su notificación previa por escrito, las medidas descritas en el apartado 1 podrán adoptarse de forma inmediata, informando verbalmente al interno afectado de la causa y medida concreta y procediendo a dictar la correspondiente resolución, que hará referencia a las previsiones indicadas en el apartado anterior.

5. Las habitaciones destinadas al aislamiento provisional de los internos habrán de ser de análogas características a las ordinarias y, diariamente, mientras permanezcan internados en las mismas, deberán ser objeto de examen médico, emitiendo el correspondiente informe.

6. No podrá adoptarse la medida de separación temporal salvo que pueda derivarse un peligro inminente para su integridad o la de otras personas, cuando se trate de:

a) Las mujeres gestantes.

b) Las mujeres que hubiesen terminado el embarazo durante los nueve meses siguientes.

c) Las madres lactantes.

d) Las mujeres que tuvieran hijos consigo.

e) Los enfermos convalecientes de enfermedad grave.

7. El director deberá comunicar de forma inmediata al juez competente para el control de la estancia la adopción de cualquiera de las medidas coercitivas que se establezcan, con expresión detallada de los hechos que hubieren dado lugar a la misma y de las circunstancias que pudiesen aconsejar su mantenimiento. El juez, en el plazo más breve posible deberá acordar su mantenimiento, modificación o revocación. Así mismo, se comunicará inmediatamente el cese de las medidas adoptadas.

TÍTULO VII
PARTICIPACIÓN Y COLABORACIÓN DE LAS ORGANIZACIONES NO GUBERNAMENTALES

58. *Participación en los servicios de asistencia social.* Las entidades colaboradoras reconocidas como tales por cumplir con los requisitos establecidos en la correspondiente orden ministerial, a las que se hace referencia en la disposición adicional cuarta, podrán participar en la prestación de servicios de asistencia social a los internos, encaminados a atender las necesidades de esa naturaleza, de acuerdo con las previsiones que se fijen en el marco de los convenios, contratos u otros instrumentos jurídicos que a tal efecto se establezcan.

59. *Visitas a los centros de las organizaciones para la defensa de los inmigrantes.* 1. Los miembros de las organizaciones constituidas legalmente en España para la defensa de los inmigrantes o dedicadas al asesoramiento y ayuda a solicitantes de protección internacional y los organismos internacionales de semejante naturaleza podrán ser autorizados por el director para visitar los centros de internamiento y entrevistarse con los internos, en los horarios y condiciones establecidos en las normas de régimen interior.

2. A tal efecto, cada organización deberá solicitar una acreditación previa mediante escrito dirigido al director al que se acompañará:

a) Copia de sus estatutos.

b) Certificado de pertenencia a la organización de los miembros de la misma que soliciten acceder al centro.

c) Objeto de la visita.

3. Las acreditaciones concedidas serán personales e intransferibles, quedando su titular obligado a su correcta conservación y utilización. La acreditación contendrá los datos personales y las medidas de seguridad que se estimen pertinentes por la Comisaría General de Extranjería y Fronteras para asegurar su correcta utilización.

No se permitirá el acceso al centro a aquellas personas que presenten una acreditación deteriorada o con signos de manipulación, debiendo en estos casos dirigir los titulares nueva solicitud al director.

4. En el plazo máximo de 72 horas, y una vez comprobado el cumplimiento de todos los requisitos, el director facilitará a la organización las acreditaciones correspondientes que, en lo sucesivo, permitirán a sus miembros el acceso al centro, en los términos establecidos en el apartado 1. De faltar algún documento, el director solicitará, en el mismo plazo de 72 horas, su subsanación a la organización.

5. Cuando los internos soliciten del director la entrevista con una determinada organización, el centro lo comunicará de inmediato a la misma, que podrá realizar la visita de conformidad con el procedimiento y requisitos establecidos en los apartados anteriores.

Los integrantes acreditados podrán ser sometidos a un examen personal de seguridad si se aprecian por los funcionarios policiales indicios de que pudieran portar objetos o efectos no autorizados o prohibidos, conforme lo indicado en el art. 56, actuándose en este caso según lo establecido en este reglamento.

6. De cada visita se dejará constancia en el correspondiente libro-registro.

DISPOSICIONES ADICIONALES

Disposición Adicional Primera . *Sala de inadmisión.* Las salas de inadmisión en que permanezcan los extranjeros en espera del regreso a su punto de origen por haberles sido denegada la entrada en España, se regirán por lo dispuesto en la Ley Orgánica 4/2000, de 11 de enero, sin que les sean de aplicación las previsiones de este reglamento.

Disposición Adicional Segunda . *No incremento de gasto público.* La aplicación de este reglamento no conllevará incremento del gasto público ni supondrá incremento de dotaciones, de retribuciones, o de otros gastos de personal al servicio del sector público.

Disposición Adicional Tercera . *Publicación de datos.* Anualmente la Comisaría General de Extranjería y Fronteras publicará los datos relativos a la estancia y la ocupación de cada centro.

Disposición Adicional Cuarta . *Suscripción de convenios.* Para la suscripción de convenios, contratos u otro tipo de instrumentos legales con entidades colaboradoras u organizaciones no gubernamentales o de otro tipo, será preciso que las mismas cumplan con los requisitos que a tal efecto se determinen en la correspondiente orden ministerial.

Las entidades que cumplan con lo establecido en la misma, serán catalogadas como «entidad colaboradora» por la Dirección General de la Policía. Dicha catalogación se referirá a un determinado campo o materia de prestación (sanitaria, social o de otro tipo) sobre la cual centrarán, exclusivamente, su labor.

DISPOSICIÓN TRANSITORIA

Disposición Transitoria Única . *Provisión de medios materiales y humanos.* En el plazo de un año desde la entrada en vigor de esta norma, la Dirección General de la Policía adoptará las medidas oportunas y facilitará los medios materiales y humanos necesarios para dar cumplimiento a lo establecido en este reglamento.

VIII. Orden PRE/1283/2007, de 10 de mayo, por la que se establecen los términos y requisitos para la expedición de la carta de invitación de particulares a favor de extranjeros que pretendan acceder al territorio nacional por motivos de carácter turístico o privado.

Entre los diversos requisitos que la normativa de extranjería establece para autorizar la entrada en el territorio español de los extranjeros nacionales de países que no formen parte de la Unión Europea o de aquellos otros a los que no sea de aplicación el régimen comunitario de extranjería, se encuentra el de presentar los documentos que justifiquen el objeto y condiciones de estancia en nuestro país.

La Ley Orgánica 4/2000, de 11 de enero, sobre derechos y libertades de los extranjeros en España y su integración social, reformada por las Leyes Orgánicas 8/2000, de 22 de diciembre, 11/2003, de 29 de septiembre, y 14/2003, de 20 de noviembre, en el art. 25, apartado 1, aborda, de forma genérica, el cumplimiento de ese requisito, dejando su determinación al desarrollo reglamentario.

El Real Decreto 2393/2004, de 30 de diciembre, por el que se aprueba el Reglamento de la Ley Orgánica 4/2000, desarrolla la citada previsión legal en el art. 7 de dicho Reglamento, que relaciona algunos de los documentos que pueden servir para justificar o establecer la verosimilitud del motivo de entrada invocado.

Entre estos documentos se encuentra la carta de invitación de un particular para los viajes que tengan carácter turístico o privado, cuya presentación puede ser exigida por los funcionarios responsables del control de entrada, en el puesto fronterizo por el que pretenda efectuar la entrada cuando se trate de nacionales de terceros países no sujetos a la obligación de portar visado de estancia (art. 7, apartado 2, letra b, del Reglamento de la Ley Orgánica 4/2000).

En aquellos supuestos en los que se exija a los nacionales de terceros países la obligación de proveerse previamente de visado de estancia, la carta de invitación mencionada en el párrafo anterior, se podrá aportar por éstos como documento en apoyo de la solicitud del mismo, ante los Consulados españoles (art. 28, apartado 3, del Reglamento de la Ley Orgánica 4/2000).

El propio Reglamento de la Ley Orgánica 4/2000 difiere a una Orden del Ministro de la Presidencia, a propuesta de los Ministros de Asuntos Exteriores y Cooperación, del Interior, y de Trabajo y

Asuntos Sociales, la regulación del procedimiento de expedición y los requisitos del documento en el que habrá de reflejarse la invitación de un particular.

La normativa nacional citada es consecuente con lo que, a estos efectos, se contiene en la normativa de la Unión Europea, en particular en el Reglamento (CE) nº 562/2006, del Parlamento Europeo y del Consejo de la Unión Europea, de 15 de marzo de 2006, por el que se establece un Código comunitario de normas para el cruce de personas por las fronteras (Código de fronteras Schengen), al regular en su art. 5 y anexo I, entre las condiciones de entrada para los nacionales de terceros países, la relativa a estar en posesión de documentos que justifiquen el objeto y las condiciones de la estancia prevista.

España, como Estado miembro de la Unión Europea y como signatario del Convenio de aplicación del Acuerdo de Schengen, de 14 de junio de 1985, y del citado Código de fronteras Schengen ejerce determinadas competencias en aplicación de la normativa comunitaria asumiendo, también, las obligaciones de control contenidas en la misma frente a los demás Estados firmantes.

La enumeración de los presupuestos que se contienen en las normas citadas ha de entenderse como de mínimos, de tal forma que, si concurrieran todos y cada uno de esos condicionantes, no se generaría un derecho automático para que la entrada quedara franqueada, pues, en última instancia, corresponde a cada Estado miembro la responsabilidad de admitir o no a extranjeros para viajes de presumible corta duración, lo que implica o conlleva que, en defensa del principio de solidaridad con los demás Estados miembros de la Unión Europea y sin merma alguna de la soberanía nacional, se cuiden con esmero las condiciones para el acceso al Espacio común europeo.

El cumplimiento de ese compromiso asumido por nuestro país requiere la adopción de los medios precisos para que, la cada vez mayor proliferación de invitaciones realizadas por particulares, tanto las que efectúan los nacionales españoles como los extranjeros residentes en España, sea objeto de un control efectivo, no sólo respecto de la declaración del particular invitante, en donde se contengan datos relativos a su identidad, relación o vínculo que mantiene con el extranjero, disponibilidad de medios económicos para sufragar los gastos de alojamiento derivados de esa invitación y de las responsabilidades en que pudiera llegar a incurrir ante el eventual incumplimiento de sus obligaciones, sino también, de la propia carta de invitación, mediante la confección de un documento específico, establecido al efecto, que reúna determinadas medidas de seguridad que impidan su falsificación o el uso fraudulento del mismo, en formato similar al que determinados Estados miembros de la Unión Europea ya tienen implantado.

El desarrollo que, mediante la presente norma, se realiza de las previsiones contenidas en los arts. 7.2.b).1º y 28.3 del Reglamento aprobado por el Real Decreto 2393/2004, de 30 de diciembre, se circunscribe, por una parte, al procedimiento que habrá de seguirse para la expedición de la carta de invitación y, por otra, a la forma que ha de revestir el propio documento de la carta de invitación.

La extensión de los efectos de esta carta de invitación queda limitada a justificar el requisito relativo al hospedaje, por lo que, cuando se trate de viajes de carácter turístico o privado, el hecho de que el extranjero invitado disponga de este documento no implica que no pueda serle exigido el cumplimiento de las demás condiciones establecidas para autorizarle la entrada.

En su virtud, en uso de la facultad de desarrollo normativo conferida en el referido art. 7.2.b).1º del Reglamento de la Ley Orgánica 4/2000, de 11 de enero, sobre derechos y libertades de los extranjeros en España y su integración social, aprobado por Real Decreto 2393/2004, de 30 de diciembre, y en la Disposición Final Primera de dicho Real Decreto, a propuesta de los Ministros de Asuntos Exteriores y de Cooperación, del Interior y de Trabajo y Asuntos Sociales, dispongo:

Primero. *Objeto* La presente Orden tiene por objeto:

1. Regular los términos y requisitos que ha de cumplir el particular, ya sea ciudadano español, nacional de un Estado miembro de la Unión Europea o beneficiario del régimen comunitario o extranjero residente legal en España, para realizar una invitación a favor de un extranjero asumiendo el compromiso de costear, durante el período de estancia del beneficiario, todos los gastos relativos a su alojamiento.

2. Establecer el modelo oficial de carta de invitación, que podrá ser exigida en el puesto fronterizo español al extranjero que pretenda entrar en España y podrá ser aportada por éste ante el Consulado español, cuando se trate de nacionales de países sujetos al visado de estancia, al objeto de apoyar su solicitud.

En ningún caso, la carta de invitación suplirá la acreditación por el extranjero de los demás requisitos exigidos para la entrada, ya que únicamente justifica el requisito relativo al hospedaje.

Segundo. *Requisitos de la solicitud* El particular que pretenda obtener una carta de invitación a favor de un extranjero deberá dirigir su solicitud a la Comisaría de Policía de su lugar de residencia, que será la competente para su tramitación y expedición.

La solicitud deberá contener los siguientes extremos:

1. Nombre, apellidos, lugar y fecha de nacimiento, nacionalidad, número del documento de identidad o pasaporte, cuando se trate de español, o pasaporte, tarjeta de identidad de extranjero o número de identidad de extranjero, cuando no ostente la nacionalidad española, y domicilio o lugar completo de residencia.

2. Manifestación expresa de su voluntad de invitar y de acoger a la persona invitada, bien en su domicilio principal, que será el arriba indicado, bien en una segunda vivienda, en cuyo caso, determinará el lugar concreto.

El invitante aportará documentación acreditativa de la disponibilidad de la vivienda (título de propiedad, contrato de arrendamiento u otros, de acuerdo con la legislación civil vigente).

3. Relación o vínculo que mantiene con el invitado.

4. Nombre, apellidos, lugar y fecha de nacimiento, nacionalidad, lugar concreto de su residencia o domicilio y número de pasaporte del invitado.

Excepcionalmente, en los casos en los que la gestión lo aconseje, la invitación podrá referirse a varias personas, debiendo indicarse en la solicitud los datos antes mencionados respecto de cada una de ellas, así como la disponibilidad de domicilio para todas.

5. Período durante el cual está prevista la estancia del invitado, especificando, de manera aproximada, el primer y el último día de la misma.

6. Antes de la firma, deberá constar que el invitante declara que la información expuesta es verídica.

7. En la solicitud, el invitante deberá hacer constar que está informado de que:

a) El Código Penal, aprobado por Ley Orgánica 10/1995, de 23 de noviembre de 1995, tipifica como delito, en el art. 318. bis: «el que directa o indirectamente, promueva, favorezca o facilite el tráfico ilegal o la inmigración clandestina de personas desde, en tránsito o con destino a España, será castigado con la pena de cuatro a ocho años de prisión».

b) La Ley Orgánica 4/2000, de 11 de enero, sobre derechos y libertades de los extranjeros en España y su integración social, considera infracción muy grave: «inducir, promover, favorecer o facilitar con ánimo de lucro, individualmente o formando parte de una organización, la inmigración clandestina de personas en tránsito o con destino al territorio español o su permanencia en el mismo, siempre que no constituya delito», pudiendo imponerse sanción de multa desde 6.001 hasta 60.000 euros o expulsión del territorio nacional, con prohibición de entrada por un período de tres a diez años, tal como disponen sus arts. 54.1.b), 55.1.c) y 57.1. de la citada Ley Orgánica 4/2000, de 11 de enero.

c) Los datos relativos a la identidad, número de pasaporte, nacionalidad y residencia, tanto del invitado como del invitante, serán incorporados a un fichero de la Dirección General de la Policía y de la Guardia Civil, pudiendo ejercitar los derechos de acceso, rectificación y cancelación ante la Comisaría General de Extranjería y Documentación, de conformidad con lo establecido en la Ley Orgánica 15/1999, de 13 de diciembre, de protección de datos de carácter personal.

Tercero. *Tramitación* 1. Una vez recibida la solicitud por la dependencia competente para su tramitación, ésta iniciará su tramitación, nombrándose instructor del procedimiento, de cara a resolver en el sentido que proceda en relación con la misma con la mayor brevedad posible.

2. Cuando por el instructor del procedimiento se juzgue pertinente, se podrá emplazar al solicitante para mantener una entrevista personal con el objeto de comprobar su identidad, la validez de la documentación aportada y la veracidad de la información contenida en la solicitud. La incomparecencia, salvo fuerza mayor, en el plazo fijado, que no podrá exceder de quince días, producirá el efecto de considerar al solicitante desistido en el procedimiento.

Cuarto. *Resolución. Contenido y formato de la Carta de Invitación* Una vez resuelta la solicitud, la autoridad competente notificará al interesado la resolución adoptada que, en el caso de ser estimatoria, contendrá el aviso para recoger la Carta de Invitación, de acuerdo con el modelo establecido en el anexo de la presente Orden ministerial.

La notificación de la resolución favorable de la solicitud de Carta de invitación surtirá efectos para que se proceda al abono de la tasa correspondiente, en los términos previstos en los arts. 44 a 49 de la Ley Orgánica 4/2000, de 11 de enero, y en la Orden ministerial por la que se establezca el importe de las tasas por concesión de autorizaciones administrativas y expedición de documentos en materia de inmigración y extranjería. El abono de la tasa habrá de realizarse en el plazo de un mes desde la referida notificación, y el justificante de dicho abono deberá aportarse para recoger la Carta de invitación.

La denegación, en su caso, de la solicitud de Carta de invitación habrá de ser motivada y expresará los recursos que contra ella procedan, el órgano administrativo o judicial ante el que hubiera de presentarlos y el plazo para interponerlos.

Quinto. *Motivos de denegación* Serán motivos de denegación de la Carta de invitación:

a) La no aportación o la falta de veracidad de los datos previstos en la presente Orden ministerial.

b) El incumplimiento de los requisitos previstos en el art. 28.3 del Reglamento de la Ley Orgánica 4/2000, aprobado por Real Decreto 2393/2004.

Sexto. *Medidas de seguridad de la Carta de Invitación* Por la Dirección General de la Policía y de la Guardia Civil, a través de la Comisaría General de Extranjería y Documentación, y previo informe de la Dirección General de Inmigración, se elaborará y confeccionará el modelo oficial de la Carta de invitación, incorporando a la misma las medidas de seguridad que impidan o dificulten su manipulación, falsificación o uso fraudulento.

DISPOSICIONES FINALES

Disposición Final Primera. *Tasa aplicable a partir de la entrada en vigor de la Orden ministerial por la que se establezca el importe de las tasas por concesión de autorizaciones administrativas y expedición de* *documentos en materia de inmigración y extranjería.* Según lo previsto en el art. 48 de la Ley Orgánica 4/2000, sobre derechos y libertades de los extranjeros en España y su integración social, y teniendo en cuenta el coste de la actividad llevada a cabo por la Administración General del Estado, producido por la tramitación de la solicitud del interesado, del certificado o informe que constituye la Carta de invitación objeto de la presente norma, serán aplicables a dicha tramitación las previsiones de la Orden ministerial por la que se establezca el importe de las tasas por concesión de autorizaciones administrativas y expedición de documentos en materia de inmigración y extranjería.

La tasa se devengará, según lo previsto en el apartado Cuarto de la presente Orden, cuando se expida el documento.

Disposición Final Segunda. *Entrada en vigor.* La presente Orden entrará en vigor a los treinta días de su publicación en el Boletín Oficial del Estado.

ANEXO. *Modelo de carta de invitación* En el modelo oficial de carta de invitación constarán las siguientes leyendas:

1. La palabra ESPAÑA, en la parte superior, centrada.

2. Al margen izquierdo, y por el siguiente orden descendente:

a) Reino de España.

b) Escudo de España.

c) La leyenda: «Este documento se expide en aplicación de los arts. 7 y 28 del Reglamento de la Ley Orgánica 4/2000, aprobado por el Real Decreto 2393/2004, de 30 de diciembre, relativo a las condiciones de entrada de los extranjeros en España».

d) Dependencia que lo expide.

3. Centrado, y a la altura del texto de la letra a) del punto anterior, en mayúscula, CARTA DE INVITACIÓN, en texto colocado inmediatamente inferior a la misma.

4. Al margen derecho, un número, de carácter secuencial, correspondiente a cada carta de invitación.

5. Seguidamente, colocado a continuación del margen izquierdo, respetándolo, los siguientes textos fijos:

a) Yo, el/la solicitante.

b) Nombre.

c) Apellidos.

d) Lugar y fecha de nacimiento.

e) Nacionalidad.

f) Documento de Identidad-Pasaporte, tarjeta de identidad o número de identidad de extranjero.

g) Domicilio completo.

6. A la altura del texto de la letra d) del punto 2, la siguiente lectura, «Me comprometo ante los Servicios policiales/la Representación diplomática al alojamiento de

7. A continuación los siguientes textos fijos:

a) Nombre.

b) Apellidos.

c) Lugar y fecha de nacimiento.

d) Nacionalidad.

e) Pasaporte nº

f) Domicilio completo.

8. Vínculo o relación con el solicitante.

9. Acompañado/a de otras personas, en cuyo caso se consignará: nombre, apellidos, lugar y fecha de nacimiento, nacionalidad, nº de pasaporte y domicilio completo de cada una de ellas.

10. Duración de la invitación (a partir del primer día de la validez del visado, por los días de estancia autorizados en el mismo o, a partir del primer día de entrada en territorio nacional, hasta que finalice la estancia o se conceda prórroga de estancia en ambos supuestos).

11. Caducidad de la carta de invitación: la validez de la presente carta de invitación se extenderá durante los nueve meses siguientes a la notificación de la resolución.

12. Seguidamente el texto: «declara que la información expuesta es verídica».

13. El invitador, fecha y firma.

14. A la misma altura del texto del punto 13, constará la Dependencia policial/Oficina de Extranjeros que expide la carta de invitación, fecha, firma del funcionario y sello.

15. La autoridad consular, fecha y sello/Puesto fronterizo por donde efectúe la entrada el extranjero al territorio nacional, fecha y sello.

16. A pie de página constarán las advertencias legales indicadas en el apartado Segundo.7 de la presente Orden.

Los datos a los que se hace mención anteriormente, los incluidos del 2 al 16, se redactarán, además de en castellano y en las demás lenguas cooficiales -en los casos legalmente previstos-, en inglés y en francés.

IX. Orden PJC/617/2025, de 13 de junio, por la que se establece el importe de las tasas por tramitación de autorizaciones administrativas y documentos de identidad en materia de inmigración y extranjería.

El artículo 48.1 de la Ley Orgánica 4/2000, de 11 de enero, sobre derechos y libertades de los extranjeros en España y su integración social, dispone que el importe de las tasas que se prevén en la misma se establecerá por orden ministerial de los departamentos competentes, enumerando el artículo 44.2 de la misma Ley Orgánica algunos de los hechos que, en particular, están sujetos a la imposición de dichas tasas.

Por su parte, el apartado 3 del mencionado artículo 48, en línea con lo dispuesto en el artículo 44.2, considera elementos y criterios esenciales de cuantificación, los siguientes: en la tramitación de autorizaciones para la prórroga de estancia en España, la duración de la prórroga; en la tramitación de autorizaciones de residencia, la duración de la autorización, así como su carácter definitivo o temporal, y, dentro de estas últimas, el hecho de que se trate de la primera o ulteriores concesiones o sus renovaciones; en la tramitación de autorizaciones de trabajo, la duración de la misma, su extensión y ámbito, el carácter y las modalidades de la relación por cuenta ajena, así como, en su caso, el importe del salario pactado; en la tramitación de tarjetas de identidad de extranjeros, la duración de la autorización y el hecho de que se trate de la primera o ulteriores concesiones o sus renovaciones; y en todo caso, será criterio cuantitativo de las tasas el carácter individual o colectivo de las autorizaciones, prórrogas, modificaciones o renovaciones.

En desarrollo de la normativa anteriormente relacionada se dictó la , por la que se establece el importe de las tasas por tramitación de autorizaciones administrativas, solicitudes de visados en frontera y documentos de identidad en materia de inmigración y extranjería.

La aprobación del Real Decreto 1155/2024, de 19 de noviembre, por el que se aprueba el Reglamento de la Ley Orgánica 4/2000, de 11 de enero, conlleva la necesidad de adaptación de la normativa sobre tasas a la nueva regulación, fijando la cuantía de las nuevas autorizaciones previstas y tratando de simplificar su liquidación, gestión y recaudación dentro del marco fijado por la citada Ley Orgánica.

Respecto a las cuantías, se parte de las previstas en la toda vez que la cuantificación realizada del coste del servicio en el momento citado continúa resultando válido en relación con los procedimientos ya existentes. Dichos procedimientos, por otro lado, tienen una notoria similitud en términos de tramitación con los procedimientos de nueva creación.

La presente orden ministerial deberá entenderse sin perjuicio de lo establecido en materia de tasas por tramitación de visados de tránsito o para estancias previstas en el territorio de los Estados miembros no superiores a tres meses en un período de seis meses, cuya regulación corresponde al ámbito comunitario; y, a nivel nacional, a la , por la que se establecen las cuantías de las tasas por la tramitación de visados.

En todo caso, sigue en vigor el Real Decreto 240/2007, de 16 de febrero, sobre entrada, libre circulación y residencia en España de ciudadanos de los Estados miembros de la Unión Europea y de otros Estados parte en el Acuerdo sobre el Espacio Económico Europeo; por lo que la presente orden ministerial deberá seguir regulando las tasas correspondientes a los certificados de registro de residentes comunitarios y a las tarjetas de residencia de familiar de ciudadano comunitario.

Asimismo, la presente orden ministerial establece el importe de las tasas por la tramitación de las autorizaciones de residencia al estudiante para la búsqueda de empleo o para emprender un proyecto empresarial y de residencia para prácticas reguladas, respectivamente, en las disposiciones adicionales decimoséptima y decimoctava de la Ley 14/2013, de 27 de septiembre, de apoyo a los emprendedores y su internacionalización. Respecto a lo anterior, de acuerdo con lo previsto en la disposición final decimotercera de la citada ley, y en relación con la movilidad internacional, en lo no previsto en la misma será de aplicación lo previsto en la Ley Orgánica 4/2000, de 11 de enero.

La orden ministerial cumple con los principios de buena regulación contenidos en el artículo 129 de la Ley 39/2015, de 1 de octubre: principios de necesidad, eficacia, proporcionalidad, seguridad jurídica, transparencia y eficiencia.

En este sentido, en virtud de los principios de necesidad y eficacia, la norma se justifica por una razón de interés general, como es el reflejo de la normativa sobre tasas a la nueva regulación, tratando de simplificar su liquidación, gestión y recaudación dentro del marco fijado por la Ley Orgánica 4/2000, de 11 de enero. La orden ministerial se configura como el instrumento más adecuado para la consecución de los fines que se persiguen.

Respecto al principio de proporcionalidad, la orden ministerial contiene la regulación imprescindible para cumplir sus objetivos, ajustando el incremento de la tasa a la nueva regulación en materia de extranjería.

Igualmente, la orden ministerial es coherente con el resto del ordenamiento jurídico, con lo que se garantiza el principio de seguridad jurídica.

Asimismo, el principio de transparencia se garantiza mediante los trámites de consulta pública y de audiencia e información pública establecidos en los artículos 26.2 y 26.6 de la Ley 50/1997, de 27 de noviembre, del Gobierno, a los que se somete el proyecto de orden ministerial. En relación con el principio de eficiencia, la iniciativa normativa no impone cargas administrativas innecesarias o accesorias.

En el procedimiento de elaboración de la presente orden han emitido informe favorable a su aprobación la Comisión Interministerial de Extranjería, la Comisión Laboral Tripartita de Inmigración y el Foro para la Integración Social de los Inmigrantes.

Esta orden se dicta al amparo de la habilitación prevista en el artículo 48.1 de Ley Orgánica 4/2000, de 11 de enero.

En su virtud, a propuesta de la Ministra de Inclusión, Seguridad Social y Migraciones y de los Ministros de Asuntos Exteriores, Unión Europea y Cooperación, del Interior, y de Política Territorial y Memoria Democrática, dispongo:

1. *Objeto.* 1.   De acuerdo con lo previsto en los artículos 44 y 48 de la Ley Orgánica 4/2000, de 11 de enero, sobre derechos y libertades de los extranjeros en España y su integración social, esta orden tiene por objeto establecer la cuantía de las tasas por tramitación de las autorizaciones administrativas y de los documentos a que se refiere dicha ley orgánica, salvo las relativas a visados, que figuran en el anexo.

2.   Dichas cuantías experimentarán al comienzo de cada ejercicio los incrementos que al respecto se establezcan en las correspondientes leyes anuales de presupuestos generales del Estado.

3.   Las tasas correspondientes al Certificado de registro de residente comunitario, de tarjeta de residencia de familiar de un ciudadano de la Unión, de tarjeta de identidad de extranjero, o de residencia temporal de familiares de personas con nacionalidad española, serán en todo caso, equivalentes a la que se exige a los ciudadanos españoles para la obtención y renovación del documento nacional de identidad.

2. *Gestión y recaudación.* 1. La gestión y recaudación de las tasas corresponde a los órganos competentes para la tramitación de las autorizaciones, modificaciones, renovaciones y prórrogas y procedimientos relativos a la documentación referida en el artículo 44, en los términos establecidos en la disposición adicional duodécima del Reglamento de la Ley Orgánica 4/2000, de 11 enero, sobre derechos y libertades de los extranjeros en España y su integración social aprobado por Real Decreto 1155/2024, de 19 de noviembre.

2. Las tasas por tramitación de autorizaciones de residencia, autorizaciones de trabajo o expedición de tarjetas de identidad de extranjero tendrán carácter autoliquidable. Sin perjuicio de lo anterior, a efectos de facilitar la correspondiente liquidación, el centro gestor competente para la tramitación del procedimiento relativo a la autorización o el documento facilitará al sujeto legitimado en dicho procedimiento el correspondiente modelo oficial autoliquidable, en el que, en todo caso, deberá hacer constar:

a) Los datos del centro gestor y departamento ministerial al que esté adscrito.

b) El código de la tasa.

c) Los datos de identificación del sujeto pasivo: NIF, NIE; apellidos y nombre o razón social; nacionalidad, en el caso de ser una persona física; dirección postal completa; y número de expediente al que se refiere la liquidación.

d) En su caso, los datos de la persona trabajadora extranjera: apellidos, nombre, nacionalidad, y dirección postal completa en España.

e) El hecho imponible al que se refiere la liquidación, según lo previsto por el artículo 44.2 de la Ley Orgánica 4/2000, de 11 de enero, y en el anexo de esta orden ministerial.

f) El importe de la tasa, según lo previsto en el anexo y en el artículo 1.

g) El lugar, fecha y firma del órgano liquidador, importe ingresado, y forma de pago, incluyendo el número de código cuenta cliente o número internacional de cuenta bancaria (IBAN) si el pago se realiza mediante adeudo en cuenta.

Una vez efectuado el pago, la entidad colaboradora hará entrega al sujeto legitimado en el procedimiento, de una copia de dicho modelo oficial de liquidación tributaria en la que se hará constar el Número de Referencia Completo «NRC», y que servirá como medio de acreditación del pago, debiendo ser remitido al órgano administrativo competente para la tramitación del procedimiento correspondiente en el plazo de quince días a contar desde la fecha de realización del pago.

3.   Cuando la presentación de la solicitud de autorización de residencia o de trabajo se realice a través de los medios electrónicos habilitados al efecto, el abono de las tasas se realizará, en todo caso, en el acto de presentación electrónica de la solicitud.

4.   Por resolución de la persona titular de la Subsecretaría del departamento ministerial competente, podrá establecerse que el pago de las tasas gestionadas por este pueda efectuarse a través de las condiciones previstas en la , por la que se establecen los supuestos y las condiciones generales para el pago por vía telemática de las tasas que constituyen recursos de la Administración General del Estado y sus Organismos Públicos.

5.   De conformidad con lo establecido en la disposición adicional duodécima del Reglamento de la Ley Orgánica 4/2000, de 11 de enero, el periodo de pago voluntario para el abono de las tasas será de diez días hábiles computables, según los casos:

a)   Desde el momento de presentación de la solicitud.

b)   Desde el alta de la persona trabajadora extranjera en la Seguridad Social, en el caso de autorizaciones de residencia y trabajo por cuenta ajena o de su renovación, a favor de trabajadores de servicio doméstico de carácter parcial o discontinuo, o de renovaciones de dichas autorizaciones.

6.   A las comunidades autónomas que tengan traspasadas competencias en materia de autorización inicial de trabajo, les corresponderá el devengo de su rendimiento, así como la gestión y recaudación de estas.

3.   *Sujetos pasivos y exención de las tasas.* 1.   Según lo establecido en el artículo 46.1 de la Ley Orgánica 4/2000, de 11 de enero, serán sujetos pasivos de las tasas previstas en la presente orden las personas a cuyo favor se tramiten las autorizaciones o los documentos previstos en el artículo 44 de dicha Ley Orgánica, salvo en lo relativo a autorizaciones de trabajo por cuenta ajena, en cuyo caso será sujeto pasivo el empleador o empresario.

2.   Atendiendo a lo establecido en el artículo 46 la Ley Orgánica 4/2000, de 11 de enero, y en el artículo 10 de la Directiva (UE) 2024/1233, del Parlamento Europeo y del Consejo, de 24 de abril de 2024, por la que se establece un procedimiento único de solicitud de

un permiso único que autoriza a los nacionales de terceros países a residir y trabajar en el territorio de un Estado miembro y por la que se establece un conjunto común de derechos para los trabajadores de terceros países que residen legalmente en un Estado miembro (refundición), cuando sea el empleador el que abone las tasas correspondientes a la tramitación de las solicitudes, no tendrá derecho a exigir el importe de dichas tasas a la persona extranjera.

3.   Según lo establecido en el artículo 47 de la Ley Orgánica 4/2000, de 11 de enero, no vendrán obligados al pago de las tasas relativas a procedimientos sobre autorizaciones de trabajo los nacionales iberoamericanos, filipinos, andorranos, ecuatoguineanos, los sefardíes, los hijos y nietos de español o española de origen, y las personas extranjeras nacidas en España cuando pretendan realizar una actividad lucrativa, laboral o profesional por cuenta propia inicial.

4.   Las entidades públicas de protección de menores estarán exentas del pago de las tasas derivadas de las autorizaciones que están obligadas a solicitar para estos en ejercicio de la representación legal que de ellos ostentan.

DISPOSICIÓN DEROGATORIA

Disposición Derogatoria Única.   *Derogación normativa.* Quedan derogadas todas las normas de igual o inferior rango en lo que contradigan o se opongan a la presente orden y en particular la Orden PRE/1803/2011, de 30 de junio, por la que se establece el importe de las tasas por tramitación de autorizaciones administrativas, solicitudes de visados en frontera y documentos de identidad en materia de inmigración y extranjería.

DISPOSICIONES FINALES

Disposición Final Primera.   *Título competencial.* Esta norma se dicta al amparo del artículo 149.1, apartados 2.ª y 7.ª, de la Constitución Española, que atribuyen al Estado las competencias sobre nacionalidad, inmigración, extranjería y derecho de asilo y legislación laboral.

Disposición Final Segunda. *Regulación.* Lo dispuesto en la presente orden, se entenderá sin perjuicio de lo establecido en la Ley 8/1989, de 13 de abril, de Tasas y Precios Públicos y sus modificaciones posteriores, en la Ley 58/2003, de 17 de diciembre, General Tributaria, y en el Derecho comunitario.

Disposición Final Tercera. *Ejecución y desarrollo.* Se faculta a las personas titulares del Ministerio de Asuntos Exteriores, Unión Europea y Cooperación, del Ministerio del Interior, del Ministerio de Política Territorial y Memoria Democrática y del Ministerio de Inclusión, Seguridad Social y Migraciones, para adoptar las medidas necesarias en relación con la ejecución y desarrollo de la presente orden.

Disposición Final Cuarta. *Entrada en vigor.* La presente orden entrará en vigor el día de su publicación en el «Boletín Oficial del Estado».

Madrid, 13 de junio de 2025.–El Ministro de la Presidencia, Justicia y Relaciones con las Cortes, Félix Bolaños García.

ANEXO. *Cuantías de las tasas por tramitación de autorizaciones administrativas y documentos a que se refiere la Ley Orgánica 4/2000, de 11 de enero, y su Reglamento de desarrollo, aprobado por Real Decreto 1155/2024, de 19 de noviembre*

N.º tasa	Hecho imponible	Tasas (€)
1. TRAMITACIÓN DE AUTORIZACIONES DE ESTANCIA EN ESPAÑA		
1.1	Autorización de estancia de larga duración por estudios, movilidad de alumnos, prácticas no laborales o servicios de voluntariado en España.	

N.º tasa	Hecho imponible	Tasas (€)
1.1.1	Autorización inicial de estancia de larga duración por estudios, movilidad de alumnos, servicios de voluntariado o actividades formativas (titular principal y sus familiares).	10,94
1.1.2	Prórroga de la autorización de estancia de larga duración por estudios, movilidad de alumnos, prácticas no laborales o servicios de voluntariado (titular principal y sus familiares).	17,49
1.2	Prórroga de autorización de estancia de corta duración en España.	
1.2.1	Prórroga de estancia de corta duración sin visado (importe base que se incrementará en 1,09 € más por cada día que se prorrogue la estancia).	17,49
1.2.2	Prórroga de estancia de corta duración con visado (art. 32 RD 1155/2024).	32,17
1.3	Prórroga de desplazamiento temporal de menores extranjeros con fines de tratamiento médico.	17,49
2. TRAMITACIÓN DE AUTORIZACIONES PARA RESIDIR EN ESPAÑA		
2.1	Autorización inicial de residencia temporal (excepto por circunstancias excepcionales).	
2.1.1	Residencia temporal no lucrativa (titular principal y sus familiares).	10,94
2.1.2	Residencia temporal por reagrupación familiar.	10,94
2.1.3	Residencia temporal y trabajo por cuenta ajena y/o propia (incluidas actividades de temporada).	10,94
2.1.4	Residencia temporal con excepción de la autorización de trabajo.	10,94

N.º tasa	Hecho imponible	Tasas (€)
2.1.5	Residencia temporal de menores extranjeros acompañados.	10,94
2.1.6	Autorización de residencia para estudiante para la búsqueda de empleo o para emprender un proyecto empresarial (DA 17.ª L. 14/2013) (titular principal y sus familiares).	10,94
2.1.7	Autorización de residencia para prácticas (DA 18.ª L. 14/2013).	10,94
2.1.8	Autorización de residencia temporal de carácter excepcional para menores extranjeros con fines de tratamiento médico.	10,94
2.2	Renovación o prórroga de residencia temporal (excepto por circunstancias excepcionales).	
2.2.1	Residencia temporal no lucrativa (titular principal y sus familiares).	16,40
2.2.2	Residencia temporal por reagrupación familiar.	16,40
2.2.3	Residencia temporal y trabajo por cuenta ajena y propia.	16,40
2.2.4	Residencia temporal con excepción de la autorización de trabajo.	16,40
2.2.5	Residencia y trabajo independiente del reagrupante (art. 69 RD 1155/2024).	16,40
2.2.6	Residencia temporal de menores extranjeros no acompañados que acceden a la mayoría de edad siendo titulares de una autorización de residencia.	16,40
2.2.7	Residencia temporal para prácticas (DA 18.ª L. 14/2013).	16,40
2.3	Autorización de residencia temporal por circunstancias excepcionales.	

N.º tasa	Hecho imponible	Tasas (€)
2.3.1	Autorización de residencia temporal por circunstancias excepcionales por arraigo (segunda oportunidad, sociolaboral, social, socioformativo o familiar).	38,28
2.3.2	Autorización de residencia temporal por circunstancias excepcionales excepto por arraigo.	
2.3.2.a)	Autorización inicial por circunstancias excepcionales por razones humanitarias (excepto víctimas de delitos del art. 128.2 RD 1155/2024), colaboración con autoridades, seguridad nacional o interés público, o tramitada en base a la DA 2.ª RD 1155/2024.	38,28
2.3.2.b)	Autorización inicial de mujeres extranjeras víctimas de violencia de género, víctimas extranjeras de violencia sexual, por colaboración contra redes organizadas y extranjeros víctimas de trata de seres humanos, así como de las víctimas de los delitos recogidos en el art. 128.2 RD 1155/2024.	10,94
2.3.2.c)	Autorización inicial por circunstancias excepcionales por el acceso a la mayoría de edad del menor extranjero no acompañado que no es titular de una autorización de residencia (art. 174 RD 1155/2024).	10,94
2.4	Prórroga o renovación de autorización de residencia temporal por circunstancias excepcionales.	16,40
2.5	Modificación de las situaciones de las personas extranjeras en España.	

N.º tasa	Hecho imponible	Tasas (€)
2.5.1	De la situación de estancia de larga duración por estudios o actividades formativas a la situación de residencia y trabajo o de residencia con excepción de la autorización de trabajo.	10,94
2.5.2	De la autorización de residencia temporal a autorización de residencia y trabajo.	10,94
2.5.3	Modificaciones de la autorización de residencia y trabajo conforme a lo dispuesto en el art. 192 RD 1155/2024.	10,94
2.6	Autorización de residencia de larga duración–UE y autorización de residencia de larga duración nacional.	21,87
2.7	Recuperación de la titularidad de una residencia de larga duración-UE y recuperación de la titularidad de una residencia de larga duración nacional.	21,87
3. AUTORIZACIONES DE TRABAJO PARA UN PERIODO IGUAL O SUPERIOR A SEIS MESES		
3.1	Tramitación de autorizaciones de trabajo para transfronterizos.	
3.1.1	Autorización inicial de trabajo para trabajadores transfronterizos por cuenta ajena.	
3.1.1.a)	Retribución inferior a 2 veces SMI.	203,84
3.1.1.b)	Retribución igual o superior a 2 veces SMI.	407,71
3.1.2	Autorización inicial de trabajo para trabajadores transfronterizos por cuenta propia.	203.84
3.1.3	Prórroga autorización de trabajo, por cuenta ajena o propia, de la autorización para trabajadores transfronterizos.	81,54

N.º tasa	Hecho imponible	Tasas (€)
3.2	Tramitación de autorizaciones de trabajo por cuenta ajena.	
3.2.1	Autorización de trabajo para autorizaciones iniciales de residencia temporal de trabajo por cuenta ajena.	
3.2.1.a)	Retribución inferior a 2 veces SMI.	203,84
3.2.1.b)	Retribución igual o superior a 2 veces SMI.	407,71
3.2.2	Autorización de trabajo para autorizaciones renovadas de residencia temporal de trabajo por cuenta ajena.	81,54
3.3	Tramitación de autorizaciones de trabajo por cuenta propia.	
3.3.1	Autorización de trabajo para autorizaciones iniciales de residencia temporal de trabajo por cuenta propia.	203,84
3.3.2	Autorización de trabajo para autorizaciones renovadas de residencia temporal de trabajo por cuenta propia.	81,54
3.4	Tramitación de autorizaciones de trabajo para actividades de temporada.	
3.4.1	Autorización de trabajo inicial trabajo para actividades de temporada.	
3.4.1.a)	Autorización de trabajo para actividades de temporada (individuales).	10,94
3.4.1.b)	Autorización de trabajo en el marco de Gestión Colectiva de Contratación en Origen.	10,94
3.4.2	Renovación autorización trabajo para actividades de temporada.	
3.4.2.a)	Autorización trabajo renovada para actividades de temporada (individuales).	16,40

N.º tasa	Hecho imponible	Tasas (€)
3.4.2.b)	Autorización de trabajo renovada en el marco Gestión Colectiva de Contratación en Origen.	16,40
3.5	Tramitación de autorización inicial de trabajo para las personas titulares de autorización de estancia de larga duración por estudios, movilidad de alumnos, servicios de voluntariado o actividades formativas [art. 52, apartados b), c), d) y e)].	122,30
4. TARJETAS DE IDENTIDAD DE EXTRANJEROS Y CERTIFICADOS DE REGISTRO DE RESIDENTES COMUNITARIOS		
4.1	TIE de residencia temporal de familiares de personas con nacionalidad española.	12
4.2	TIE que documenta la primera concesión de la autorización de residencia temporal, de estancia o para trabajadores transfronterizos.	16,08
4.3	TIE que documenta la renovación de la autorización de residencia temporal o la prórroga de la estancia o de la autorización para trabajadores transfronterizos.	19,30
4.4	TIE que documenta la autorización de residencia y trabajo de mujeres víctimas de la violencia de género, víctimas de la violencia sexual y víctimas de la trata de seres humanos.	16,08
4.5	TIE que documenta la autorización de residencia de larga duración o de residencia de larga duración-UE.	21,87

N.º tasa	Hecho imponible	Tasas (€)
4.6	Certificado de registro de residente comunitario o Tarjeta de residencia de familiar de un ciudadano de la Unión y TIE asociada al Acuerdo de Retirada de ciudadanos británicos y sus familiares (BREXIT).	12
4.7	TIE que documenta la residencia de menores tutelados por entidad pública.	0
5. DOCUMENTOS DE IDENTIDAD, TÍTULOS Y DOCUMENTOS DE VIAJE A EXTRANJEROS INDOCUMENTADOS Y OTROS DOCUMENTOS		
5.1	Autorización de inscripción de indocumentados.	21,87
5.2	Cédula de inscripción.	3,27
5.3	Documento de identidad de refugiado.	11,04
5.4	Documento de identidad de apátrida.	11,04
5.5	Documento de identidad de protección subsidiaria.	11,04
5.6	Título de viaje.	27,08
5.7	Documento de viaje de la Convención de Ginebra.	27,08
5.8	Documento de viaje de protección subsidiaria.	27,08
5.9	Documento de viaje de los apátridas.	27,08
5.10	Autorización de regreso.	10,72
5.11	Autorización excepcional de entrada o estancia.	17,49
5.12	Asignación de Número de Identidad de Extranjero (NIE) a instancia del interesado.	9,84
5.13	Certificados o informes emitidos a instancia del interesado.	7,31

N.º tasa	Hecho imponible	Tasas (€)
5.14	Autorización de expedición de Carta de invitación.	75,05
5.15	Expedición de Carta de invitación.	6,54
5.16	Compulsa y desglose por cada documento relativo a la Carta de Invitación.	1,05

X. Orden AUC/891/2024, de 13 de agosto, por la que se establecen las cuantías de las tasas por la tramitación de visados.

La Ley Orgánica 4/2000, de 11 de enero, sobre derechos y libertades de los extranjeros en España y su integración social, dedica el capítulo IV de su título II a la regulación de lo relativo a las tasas por autorizaciones administrativas y por tramitación de las solicitudes de visado. En concreto, su artículo 48.1 señala que el importe de las tasas se establecerá por Orden ministerial de los Departamentos competentes, sin perjuicio de lo dispuesto por la normativa de la Unión Europea en relación con procedimientos de solicitud de visados de tránsito o estancia. Además, en su punto 4, establece dicho artículo que los importes de las tasas por tramitación de la solicitud de visado se adecuarán a la revisión que proceda por aplicación del derecho de la Unión Europea.

De acuerdo con ello, mediante la (publicada en el «Boletín Oficial del Estado» de 22 de octubre), se establecieron las cuantías de las tasas por la tramitación de visados, recogiendo las previsiones contenidas en el Reglamento (UE) 2019/1155 del Parlamento Europeo y del Consejo de 20 de junio de 2019 por el que se modifica el Reglamento (CE) 810/2009 por el que se establece un Código comunitario sobre visados (Código de visados), en el que se fijó la nueva tasa a percibir por los gastos administrativos de tramitación de las solicitudes de visados uniformes (visados tipo A y C).

Tras la publicación el 22 de mayo de 2024 del Reglamento delegado (UE) 2024/1415 de la Comisión de 14 de marzo de 2024 por el que se modifica el Reglamento (CE) 810/2009 en lo que respecta al importe de las tasas de visado, en el que se fijan la nuevas tasas a percibir por los gastos administrativos de tramitación de las solicitudes de visados uniformes (visados tipo A y C), siendo las nuevas tasas ordinarias de 90 euros, procede modificar en el mismo sentido la normativa española, a efectos de evitar incongruencias y de garantizar la plena adecuación de nuestra normativa a las exigencias derivadas de la regulación de la Unión Europea. La nueva cuantía para visados A y C tiene carácter obligatorio a partir del 11 de junio de 2024.

En la normativa de la Unión Europea no se fijan las cuantías aplicables a la tramitación de los visados nacionales de larga duración (visados tipo D), cuya determinación es objeto de legislación nacional. A la vista de ello, se ha considerado necesario igualar su cuantía a la exigida por la normativa de la Unión Europea para los visados uniformes dado que los gastos que se soportan para la expedición de los visados nacionales son similares a los soportados para la expedición de los visados uniformes.

En su virtud, con el informe del Ministerio de Hacienda,
DISPONGO:

1. *Tasas a percibir y cuantía de las mismas.* Los derechos a percibir, correspondientes a los gastos administrativos de tramitación de la solicitud de visado, son:

Tipo de visado	Tasas ordinarias (expresadas en euros)
Visado de tránsito aeroportuario (tipo A).	90 euros
Visado de corta duración (tipo C).	90 euros
Visado expedido en frontera (tipo C).	90 euros
Visado nacional de larga duración (tipo D).	90 euros

2. *Divisa de pago.* Los derechos se percibirán en euros, en divisa de situación o en la moneda nacional del país en que se presente la solicitud de visado, según sea el caso. Los tipos de cambio aplicables entre el euro y el resto de monedas de cobro serán los establecidos en el artículo 6.4 de la Ley 9/2011, de 10 de mayo, de tasas consulares.

3. *Exenciones y reducciones.* Se aplicarán las exenciones o reducciones de las tasas establecidas en los acuerdos internacionales y en la normativa correspondiente y, siempre que sea posible de acuerdo con esta, podrán reducirse los derechos o incluso dejar de aplicarse, cuando esta medida sirva para salvaguardar intereses culturales, en materia de política exterior, política de desarrollo u otros ámbitos de interés público esenciales. En estos casos, se estará a lo previsto en esa normativa específica.

4. *Revisión y reciprocidad.* Los importes de las tasas por tramitación de la solicitud de visado se adecuarán a la revisión que proceda por aplicación de la normativa de la Unión Europea y se acomodarán al importe que pueda establecerse por aplicación del principio de reciprocidad.

DISPOSICIÓN DEROGATORIA

Disposición Derogatoria Única. Con la entrada en vigor de esta orden, queda derogada la Orden AUC/1139/2021, de 6 de octubre, y cualquier otra disposición de igual o inferior rango que se oponga a lo ahora dispuesto.

DISPOSICIÓN FINAL

Disposición Final Única. Las cuantías establecidas, aplicables desde el 11 de junio de 2024 en relación con los visados tipo A y C de conformidad con la normativa de la Unión Europea, serán de aplicación a todas las solicitudes de visado un mes después de la publicación de esta orden en el «Boletín Oficial de Estado».

Madrid, 13 de agosto de 2024.–El Ministro de Asuntos Exteriores, Unión Europea y Cooperación, José Manuel Albares Bueno.

2. DERECHO DE ASILO, REFUGIADOS, APÁTRIDAS Y DESPLAZADOS

I. Ley 12/2009, de 30 de octubre, reguladora del derecho de asilo y de la protección subsidiaria.

Última reforma de la presente disposición realizada por Ley 4/2023, de 28 de febrero, para la igualdad real y efectiva de las personas trans y para la garantía de los derechos de las personas LGTBI

PREÁMBULO

La vigente regulación del derecho de asilo en España, al margen de antecedentes históricos de limitada trascendencia práctica que se remontan al siglo XIX, data de 1984, año en que la Ley 5/1984, de 26 de marzo, reguladora del derecho de asilo y de la condición de refugiado, vino a desarrollar el mandato contenido en el apartado cuatro del art. 13 de la Constitución.

Esta norma, primera que abordaba la institución del asilo en un marco democrático y de libertades, sufrió una profunda revisión en 1994, al objeto de adecuar el ordenamiento español a la rápida evolución en la cantidad y en las características de las solicitudes de asilo que se produjo en el contexto de la Unión Europea en la segunda mitad de los años 80 del pasado siglo. Contribuyó, además, a corregir las deficiencias detectadas en su aplicación y a avanzar en el régimen de protección a los refugiados, a los que, a partir de entonces, se concede el derecho de asilo en un contexto europeo de progresiva armonización de las legislaciones nacionales de asilo.

Transcurridos más de catorce años desde esta primera modificación, se ha desarrollado una política europea de asilo, que arranca con el Tratado de Ámsterdam de 1997 y que ha producido un extenso elenco de normas comunitarias que deben ser incorporadas al ordenamiento jurídico interno mediante los oportunos cambios legislativos que, en algunos casos, son de gran entidad.

De entre estas normas destacan, por afectar al núcleo de todo sistema de asilo, la Directiva 2004/83/CE, del Consejo, de 29 de abril, por la que se establecen normas mínimas relativas a los requisitos para el reconocimiento y el estatuto de nacionales de terceros países o apátridas como refugiados o personas que necesitan otro tipo de protección internacional y al contenido de la protección concedida; la Directiva 2005/85/CE, del Consejo, de 1 de diciembre, sobre normas mínimas para los procedimientos que deben aplicar los Estados miembros para conceder o retirar la condición de refugiado; y el Capítulo V de la Directiva 2003/86/CE, del Consejo, de 22 de septiembre, sobre el derecho de reagrupación familiar relativo a los refugiados.

De la naturaleza misma de las normas mínimas se desprende que los Estados miembros tienen competencia para introducir o mantener disposiciones más favorables para las personas de terceros países o apátridas que pidan protección internacional a un Estado miembro, siempre que tales normas sean compatibles con lo dispuesto en las Directivas comunitarias que con la presente Ley se transponen.

La transposición de esta legislación de la Unión Europea supone la total acogida en nuestro ordenamiento de la denominada Primera Fase del Sistema Europeo Común de Asilo, tal y como se recoge en las Conclusiones de Tampere de 1999 y se ratifica en el Programa de La Haya de 2004, pues contiene las bases para la constitución de un completo régimen de protección internacional garante de los derechos fundamentales, partiendo de la Convención de Ginebra de 1951 y el Protocolo de Nueva York de 1967, sobre el estatuto de los refugiados como piedra angular del régimen jurídico internacional de protección de las personas refugiadas.

A su vez, desde una perspectiva de ámbito nacional, la Ley introduce una serie de disposiciones, dentro del margen que comporta la normativa europea, que responden a su voluntad de servir de instrumento eficaz para garantizar la protección internacional de las personas a quienes les es de aplicación y de reforzar sus instituciones: el derecho de asilo y la protección subsidiaria, en un marco de transparencia de las decisiones que se adoptan.

Una de ellas es el lugar destacado que se concede a la intervención del Alto Comisionado de las Naciones Unidas para los Refugiados (ACNUR). Otra es la introducción de un marco legal para la adopción de programas de reasentamiento, en solidaridad con la Comunidad

Internacional en la búsqueda de soluciones duraderas para los refugiados.

Por otro lado, la vigente Ley 5/1984, de 26 de marzo, a pesar de la indiscutible utilidad que ha mostrado como instrumento regulador de los mecanismos de reconocimiento de la condición de refugiado, contiene disposiciones que, con el transcurso del tiempo, han perdido eficacia, a la vez que, por su relativa antigüedad, no contempla cuestiones que en la actualidad son esenciales e insoslayables en el ámbito de la protección internacional.

Consecuentemente, y ante el alcance de las modificaciones impuestas por estos condicionantes, se ha considerado necesario, por razones de técnica legislativa, adoptar una nueva Ley que desarrolle lo dispuesto en el apartado cuarto del art. 13 de la Constitución, en lugar de proceder a realizar en la Ley 5/1984, de 26 de marzo, modificaciones parciales. Esta opción ha de permitir tanto satisfacer adecuadamente las necesidades derivadas de la incorporación del amplio elenco de actos normativos de la Unión Europea, como reflejar de modo adecuado las nuevas interpretaciones y criterios surgidos en la doctrina internacional y en la jurisprudencia de órganos supranacionales como el Tribunal de Justicia de las Comunidades Europeas o el Tribunal Europeo de Derechos Humanos, con el objeto de mejorar las garantías de las personas solicitantes y beneficiarias de protección internacional.

La nueva Ley debe además adaptarse a los criterios que se desprenden de la doctrina y de la jurisprudencia de los tribunales en materia de asilo.

Expuesta la finalidad y la pertinencia de este nuevo texto legal, conviene justificar su estructura y contenido. Desde este punto de vista, la Ley consta de seis Títulos, completados con ocho Disposiciones Adicionales, dos Transitorias, una Derogatoria y cuatro Finales.

En el Título Preliminar se establece la finalidad de la Ley y el objeto material de regulación, determinando el contenido de la protección internacional integrada por el derecho de asilo y el derecho a la protección subsidiaria. Este segundo tipo de protección internacional se introduce por primera vez en nuestro ordenamiento de forma explícita, mejorando significativamente la actual situación, en que esta protección se ha venido aplicando sobre la base de unas genéricas previsiones de protección humanitaria contenidas en la Ley.

El Título I se dedica a los requisitos que deben cumplirse para dar lugar a la concesión del derecho de asilo derivado del reconocimiento de la condición de persona refugiada o beneficiaria de protección subsidiaria. Se detallan y delimitan, también por vez primera, todos los elementos que integran la clásica definición de refugiado: persecución, motivo de persecución y agente perseguidor. Es en este Título en el que encuentran cabida algunos de los aspectos más innovadores de la Ley, con especiales referencias a la dimensión de género en relación con los motivos que, en caso de existir persecución, pueden conducir a la concesión del estatuto de refugiado. Se incluyen igualmente, y con un detalle sin precedentes en nuestra legislación, las correlativas causas que determinan el cese o la exclusión del disfrute del derecho de asilo.

Además, el Título I dedica todo un Capítulo, de manera paralela y con arreglo a parámetros análogos, a la novedosa figura de la protección subsidiaria, que hasta ahora aparecía configurada como una institución carente de entidad propia y, por ende, desprovista de una regulación detallada de sus elementos constitutivos.

En esta línea, debe destacarse que la Ley regula la protección subsidiaria siguiendo las mismas pautas utilizadas con el derecho de asilo. Ello es consecuencia lógica de la voluntad de unificar en su práctica totalidad ambos regímenes de protección, atendiendo a que, más allá de las diferencias que puedan existir entre las causas que justifican uno y otro, el propósito común de ambos es que las personas beneficiarias reciban una protección, frente a riesgos para su vida, integridad física o libertad, que no pueden encontrar en sus países de origen.

El Título II se dedica en su totalidad al procedimiento a seguir para determinar las necesidades de protección de los solicitantes. Sobre este particular, cabe subrayar que el nuevo texto mejora la regulación vigente al establecer un procedimiento completo para evaluar la procedencia del estatuto de refugiado o de protección subsidiaria.

El procedimiento es único para los dos tipos de protección, lo que, además de resultar coherente con la identificación que la Ley hace de los dos regímenes de protección, permitirá que, al examinar de manera simultánea -y, eventualmente, de oficio- ambas posibilidades, se eviten dilaciones innecesarias o prácticas abusivas.

En todo caso, se introducen previsiones normativas que mejoran significativamente las garantías procedimentales en el examen de las correspondientes solicitudes. Es el caso de la generalización de garantías contencioso-administrativas de carácter judicial, como son las medidas cautelares previstas en el art. 135 de la Ley 29/1998, de 13 de julio, reguladora de la Jurisdicción Contencioso-Administrativa, cuya utilización en la práctica es actualmente incipiente y casuística, y la intervención del ACNUR, a la que se dedica el Capítulo IV, y que supone una garantía del justo funcionamiento del sistema.

El Título contiene también un Capítulo que innova nuestro sistema de protección de derechos y libertades, al dotar de respaldo legal formal a las condiciones materiales de acogida de las personas solicitantes o beneficiarias de protección internacional. De este modo, la Ley sanciona al máximo nivel jurídico la obligación de proporcionar servicios sociales y de acogida a las personas solicitantes en estado de necesidad.

El Título III de la Ley se destina al mantenimiento o recomposición de la unidad familiar de las personas solicitantes o beneficiarias de protección internacional. La Ley ha mantenido la extensión familiar de la protección internacional para los integrantes de la unidad familiar de las personas solicitantes o protegidas, al tiempo que amplía el ámbito de posibles beneficiarias, tomando en consideración que la realidad ofrece configuraciones familiares que rebasan el concepto de familia nuclear, más propio de nuestro ordenamiento en el terreno de la inmigración.

Junto a ello, la Ley incorpora un procedimiento especial y preferente de reagrupación familiar que garantiza el derecho a la vida en familia de las personas refugiadas o beneficiarias de protección subsidiaria amparado en las previsiones de la Directiva 2003/86/CE, del Consejo, de 22 de septiembre, sobre el derecho a la reagrupación familiar. El procedimiento se configura como una alternativa a la extensión familiar de derecho de asilo, hasta ahora la única opción para los refugiados, y pretende dar una respuesta más eficaz a los casos en que las personas integrantes de la unidad familiar de la persona protegida no requieren ellas mismas de protección, pero sí de un régimen de residencia y prestaciones que permitan el mantenimiento de la unidad familiar en condiciones óptimas.

El Título IV, por su parte, regula las figuras de la revocación y el cese de la protección internacional. En este sentido, se regulan las causas que motivan cada una de dichas decisiones administrativas respecto a las personas beneficiarias del estatuto de refugiado o de la protección subsidiaria. El Título da respuesta, así, a las nuevas exigencias derivadas de los más recientes actos jurídicos de la Unión Europea e introduce medidas adecuadas para evitar que quienes puedan suponer un peligro para la seguridad del Estado, el orden público o que desarrollen actuaciones incompatibles con el estatuto de protección internacional puedan beneficiarse de ésta.

Asimismo, se introduce un procedimiento común para la adopción de tales figuras jurídicas, y se da un paso más en la construcción del Espacio de Libertad, Seguridad y Justicia.

A continuación, se ha considerado oportuno dedicar un título, el Título V, a los menores y a otras personas vulnerables necesitadas de cualquiera de las dos modalidades de protección internacional que regula la Ley. La inclusión de este Título y el tratamiento que en él se otorga a las personas a que se refiere constituyen otra novedad, que viene a subsanar la falta de referencias explícitas a ellas, en especial a los menores, y más en concreto a los no acompañados, en nuestra legislación de asilo.

Con ello, se profundiza en la mencionada línea garantista derivada del interés superior del menor y de la voluntad de evitar discriminaciones por razón de género o que afecten a personas con discapacidad, personas mayores y otras en situación de precariedad, pues alcanza a todos los ámbitos del sistema de asilo.

Por último, en la parte final de la Ley, reservada a las disposiciones que prevén regímenes especiales, situaciones transitorias, derogaciones normativas o desarrollos reglamentarios, así como la previsión de su entrada en vigor, se destaca como otra novedad en el ordenamiento español la habilitación al Gobierno de España para que lleve a cabo programas de reasentamiento en colaboración con el ACNUR y, en su caso, con otras Organizaciones Internacionales relevantes, con la finalidad de hacer efectivo el principio de solidaridad y de dar cumplimiento al designio constitucional de cooperar con el resto de pueblos de la tierra.

La formación de todos los agentes que intervienen en el sistema de asilo, indispensable para su correcto funcionamiento, así como la colaboración con las Organizaciones No Gubernamentales también se recogen en las Disposiciones Adicionales.

Con semejante enfoque, es evidente que el título competencial habilitante que sirve de base a la presente Ley -art. 149.1.2ª de la Constitución- contiene un reclamo implícito a la mencionada internacionalización, que, por lo demás, viene impuesta por nuestro texto constitucional no sólo en virtud del art. 93 en lo atinente a la Unión Europea, sino de forma más amplia en los mandatos interpretativo y aplicativo establecidos, respectivamente, en el apartado uno del art. 10

y el mismo apartado del 96. La propia normativa de la Unión Europea que es objeto de incorporación se ha hecho eco de estas nuevas tendencias: el bloque actual ya comunitarizado del «acervo de Schengen» ha superado unas normas de alcance más limitado adoptadas en el marco de la anterior cooperación intergubernamental, lo que comporta una ostensible coherencia entre las acciones emprendidas por la Unión Europea y por el Consejo de Europa.

Tal correlación es apreciable, precisamente, en las normas de la Unión Europea que ahora se incorporan, entre ellas en la Directiva 2003/86/CE, del Consejo, de 22 de septiembre, del derecho de reagrupación familiar, en donde se declara expresamente que «la presente Directiva respeta los derechos fundamentales y observa los principios reconocidos en particular por el art. 8 del Convenio Europeo para la Protección de los Derechos Humanos y de las Libertades Fundamentales y por la Carta de los Derechos Fundamentales de la Unión Europea». Con parecida «ratio», la Directiva 2004/83/CE, del Consejo, de 29 de abril, por la que se establecen normas mínimas relativas a los requisitos para el reconocimiento y el estatuto de nacionales de terceros países o apátridas como refugiados o personas que necesitan otro tipo de protección internacional y al contenido de la protección concedida, señala que «el Consejo Europeo, en su reunión especial de Tampere de los días 15 y 16 de octubre de 1999, acordó trabajar con vistas a la creación de un sistema europeo común de asilo, basado en la plena y total aplicación de la Convención de Ginebra sobre el Estatuto del Refugiado de 28 de julio de 1951, completada por el Protocolo de Nueva York de 31 de enero de 1967, afirmando de esta manera el principio de no devolución y garantizando que ninguna persona sea repatriada a un país en el que sufra persecución» añadiendo, a renglón seguido, que «la presente Directiva respeta los derechos fundamentales y observa los principios reconocidos en particular, por la Carta de los Derechos Fundamentales de la Unión Europea. En especial, la presente Directiva tiene por fin garantizar el pleno respeto de la dignidad humana y el derecho de asilo de los solicitantes de asilo y los miembros de su familia acompañantes».

Por último, en la elaboración de la presente Ley se han tenido en cuenta las contribuciones de aquellos agentes de la sociedad civil que se encuentran implicados en la defensa de las personas necesitadas de protección internacional.

Mención específica debe hacerse en este punto al Alto Comisionado de las Naciones Unidas para los Refugiados (ACNUR), a quien se le reconoce el importante papel que desempeña en la tramitación de las solicitudes de asilo en España, reforzando así las garantías del procedimiento.

Igualmente, han sido objeto de consideración las aportaciones de otros actores u organismos cualificados en la materia regulada por la presente Ley, lo que, sin duda, contribuye a que la nueva regulación se vea impregnada por las tendencias más favorables del Derecho internacional de los derechos humanos.

TÍTULO PRELIMINAR
DISPOSICIONES GENERALES

1. *Objeto de la ley.* La presente Ley, de acuerdo con lo previsto en el apartado cuatro del art. 13 de la Constitución, tiene por objeto establecer los términos en que las personas nacionales de países no comunitarios y las apátridas podrán gozar en España de la protección internacional constituida por el derecho de asilo y la protección subsidiaria, así como el contenido de dicha protección internacional.

2. *El derecho de asilo.* El derecho de asilo es la protección dispensada a los nacionales no comunitarios o a los apátridas a quienes se reconozca la condición de refugiado en los términos definidos en el art. 3 de esta Ley y en la Convención sobre el Estatuto de los Refugiados, hecha en Ginebra el 28 de julio de 1951, y su Protocolo, suscrito en Nueva York el 31 de enero de 1967.

3. *La condición de refugiado.* [324] La condición de refugiado se reconoce a toda persona que, debido a fundados temores de ser perseguida por motivos de raza, religión, nacionalidad, opiniones políticas, pertenencia a determinado grupo social, de género, orientación sexual o de identidad sexual, se encuentra fuera del país de su nacionalidad y no puede o, a causa de dichos temores, no quiere acogerse a la protección de tal país, o al apátrida que, careciendo de nacionalidad y hallándose fuera del país donde antes tuviera su residencia habitual,

---

[324] Dada nueva redacción por disposición final 10 de Ley 4/2023 de 28 de febrero de 2023, con vigencia desde 02/03/2023

por los mismos motivos no puede o, a causa de dichos temores, no quiere regresar a él, y no esté incurso en alguna de las causas de exclusión del artículo 8 o de las causas de denegación o revocación del artículo 9.

4. *La protección subsidiaria.* El derecho a la protección subsidiaria es el dispensado a las personas de otros países y a los apátridas que, sin reunir los requisitos para obtener el asilo o ser reconocidas como refugiadas, pero respecto de las cuales se den motivos fundados para creer que si regresasen a su país de origen en el caso de los nacionales o, al de su anterior residencia habitual en el caso de los apátridas, se enfrentarían a un riesgo real de sufrir alguno de los daños graves previstos en el art. 10 de esta Ley, y que no pueden o, a causa de dicho riesgo, no quieren, acogerse a la protección del país de que se trate, siempre que no concurra alguno de los supuestos mencionados en los arts. 11 y 12 de esta Ley.

5. *Derechos garantizados con el asilo y la protección subsidiaria.* La protección concedida con el derecho de asilo y la protección subsidiaria consiste en la no devolución ni expulsión de las personas a quienes se les haya reconocido, así como en la adopción de las medidas contempladas en el art. 36 de esta Ley y en las normas que lo desarrollen, en la normativa de la Unión Europea y en los Convenios internacionales ratificados por España.

TÍTULO PRIMERO
DE LA PROTECCIÓN INTERNACIONAL

CAPÍTULO PRIMERO
DE LAS CONDICIONES PARA EL RECONOCIMIENTO DEL DERECHO DE ASILO

6. *Actos de persecución.* 1. Los actos en que se basen los fundados temores a ser objeto de persecución en el sentido previsto en el art. 3 de esta Ley, deberán:

a) ser suficientemente graves por su naturaleza o carácter reiterado como para constituir una violación grave de los derechos fundamentales, en particular los derechos que no puedan ser objeto de excepciones al amparo del apartado segundo del art. 15 del Convenio Europeo para la Protección de los Derechos Humanos y de las Libertades Fundamentales, o bien

b) ser una acumulación lo suficientemente grave de varias medidas, incluidas las violaciones de derechos humanos, como para afectar a una persona de manera similar a la mencionada en la letra a).

2. Los actos de persecución definidos en el apartado primero podrán revestir, entre otras, las siguientes formas:

a) actos de violencia física o psíquica, incluidos los actos de violencia sexual;

b) medidas legislativas, administrativas, policiales o judiciales que sean discriminatorias en sí mismas o que se apliquen de manera discriminatoria;

c) procesamientos o penas que sean desproporcionados o discriminatorios;

d) denegación de tutela judicial de la que se deriven penas desproporcionadas o discriminatorias;

e) procesamientos o penas por la negativa a prestar servicio militar en un conflicto en el que el cumplimiento de dicho servicio conllevaría delitos o actos comprendidos en las cláusulas de exclusión establecidas en el apartado segundo del art. 8 de esta Ley;

f) actos de naturaleza sexual que afecten a adultos o a niños.

3. Los actos de persecución definidos en el presente artículo deberán estar relacionados con los motivos mencionados en el artículo siguiente.

7. *Motivos de persecución.* 1. Al valorar los motivos de persecución se tendrán en cuenta los siguientes elementos:

a) el concepto de raza comprenderá, en particular, el color, el origen o la pertenencia a un determinado grupo étnico;

b) el concepto de religión comprenderá, en particular, la profesión de creencias teístas, no teístas y ateas, la participación o la abstención de hacerlo, en cultos formales en privado o en público, ya sea individualmente o en comunidad, así como otros actos o expresiones que comporten una opinión de carácter religioso, o formas de conducta

personal o comunitaria basadas en cualquier creencia religiosa u orde-
nadas por ésta;

c) el concepto de nacionalidad no se limitará a poseer o no la
ciudadanía, sino que comprenderá, en particular, la pertenencia a un
grupo determinado por su identidad cultural, étnica o lingüística, sus
orígenes geográficos o políticos comunes o su relación con la población de otro Estado;

d) el concepto de opiniones políticas comprenderá, en particular, la
profesión de opiniones, ideas o creencias sobre un asunto relacionado
con los agentes potenciales de persecución y con sus políticas o métodos, independientemente de que el solicitante haya o no obrado de
acuerdo con tales opiniones, ideas o creencias;

e) se considerará que un grupo constituye un grupo social determinado, si, en particular:

- las personas integrantes de dicho grupo comparten una característica innata o unos antecedentes comunes que no pueden cambiarse,
o bien comparten una característica o creencia que resulta tan fundamental para su identidad o conciencia que no se les puede exigir que
renuncien a ella, y

- dicho grupo posee una identidad diferenciada en el país de que se
trate por ser percibido como diferente por la sociedad que lo rodea o
por el agente o agentes perseguidores.

En función de las circunstancias imperantes en el país de origen, se
incluye en el concepto de grupo social determinado un grupo basado
en una característica común de orientación sexual o identidad sexual,
y, o, edad, sin que estos aspectos por sí solos puedan dar lugar a
la aplicación del presente artículo. En ningún caso podrá entenderse
como orientación sexual, la realización de conductas tipificadas como
delito en el ordenamiento jurídico español.

Asimismo, en función de las circunstancias imperantes en el país
de origen, se incluye a las personas que huyen de sus países de origen
debido a fundados temores de sufrir persecución por motivos de género y, o, edad, sin que estos aspectos por sí solos puedan dar lugar a la
aplicación del presente artículo.

2. En la valoración acerca de si la persona solicitante tiene fundados
temores a ser perseguida será indiferente el hecho de que posea real-
mente la característica racial, religiosa, nacional, social o política que

suscita la persecución, a condición de que el agente de persecución se la atribuya.

8. *Causas de exclusión.* 1. Quedarán excluidas de la condición de refugiados:

a) las personas que estén comprendidas en el ámbito de aplicación de la sección D del art. 1 de la Convención de Ginebra en lo relativo a la protección o asistencia de un órgano u organismo de las Naciones Unidas distinto del Alto Comisionado de las Naciones Unidas para los Refugiados. Cuando esta protección o asistencia haya cesado por cualquier motivo, sin que la suerte de tales personas se haya solucionado definitivamente con arreglo a las Resoluciones aprobadas sobre el particular por la Asamblea General de las Naciones Unidas, aquéllas tendrán, «ipso facto», derecho a los beneficios del asilo regulado en la presente Ley;

b) las personas a quienes las autoridades competentes del país donde hayan fijado su residencia les hayan reconocido los derechos y obligaciones que son inherentes a la posesión de la nacionalidad de tal país, o derechos y obligaciones equivalentes a ellos.

2. También quedarán excluidas las personas extranjeras sobre las que existan motivos fundados para considerar que:

a) han cometido un delito contra la paz, un delito de guerra o un delito contra la humanidad, de los definidos en los instrumentos internacionales que establecen disposiciones relativas a tales delitos;

b) han cometido fuera del país de refugio antes de ser admitidas como refugiadas, es decir, antes de la expedición de una autorización de residencia basada en el reconocimiento de la condición de refugiado, un delito grave, entendiéndose por tal los que lo sean conforme al Código Penal español y que afecten a la vida, la libertad, la indemnidad o la libertad sexual, la integridad de las personas o el patrimonio, siempre que fuesen realizados con fuerza en las cosas, o violencia o intimidación en las personas, así como en los casos de la delincuencia organizada, debiendo entenderse incluida, en todo caso, en el término delincuencia organizada la recogida en el apartado cuarto del art. 282 bis de la Ley de Enjuiciamiento Criminal, en relación con los delitos enumerados;

c) son culpables de actos contrarios a las finalidades y a los principios de las Naciones Unidas establecidos en el Preámbulo y en los arts. 1 y 2 de la Carta de las Naciones Unidas.

3. El apartado segundo se aplicará a las personas que inciten a la comisión de los delitos o actos mencionados en él, o bien participen en su comisión.

9. *Causas de denegación.* En todo caso, el derecho de asilo se denegará a:

a) las personas que constituyan, por razones fundadas, un peligro para la seguridad de España;

b) las personas que, habiendo sido objeto de una condena firme por delito grave constituyan una amenaza para la comunidad.

CAPÍTULO II
DE LAS CONDICIONES PARA LA CONCESIÓN DEL DERECHO A LA PROTECCIÓN SUBSIDIARIA

10. *Daños graves.* Constituyen los daños graves que dan lugar a la protección subsidiaria prevista en el art. 4 de esta Ley:

a) la condena a pena de muerte o el riesgo de su ejecución material;

b) la tortura y los tratos inhumanos o degradantes en el país de origen del solicitante;

c) las amenazas graves contra la vida o la integridad de los civiles motivadas por una violencia indiscriminada en situaciones de conflicto internacional o interno.

11. *Causas de exclusión.* 1. Quedarán excluidas de la condición de beneficiarias de la protección subsidiaria aquellas personas respecto de las que existan fundados motivos para considerar que:

a) han cometido un delito contra la paz, un delito de guerra o un delito contra la humanidad, de los definidos en los instrumentos internacionales que establecen disposiciones relativas a tales delitos;

b) han cometido fuera del país de protección antes de ser admitidas como beneficiarias de la protección subsidiaria, es decir, antes de la expedición de la autorización de residencia basada en el reconocimiento de la condición de beneficiario de protección subsidiaria, un delito grave, entendiéndose por tal los que lo sean conforme al Código Penal español y que afecten a la vida, la libertad, la indemnidad o la libertad sexual, la integridad de las personas o el patrimonio, siempre que fuesen realizados con fuerza en las cosas, o violencia o intimidación en las personas, así como en los casos de la delincuencia organizada, debiendo entenderse incluida, en todo caso, en el término delincuencia organizada la recogida en el apartado cuarto del art. 282 bis de la Ley de Enjuiciamiento Criminal, en relación con los delitos enumerados;

c) son culpables de actos contrarios a las finalidades y a los principios de las Naciones Unidas establecidos en el Preámbulo y en los arts. 1 y 2 de la Carta de las Naciones Unidas;

d) constituyen un peligro para la seguridad interior o exterior de España o para el orden público.

2. Lo dispuesto en los apartados anteriores se aplicará a quienes inciten a la comisión de los delitos o actos mencionados en los mismos, o bien participen en su comisión.

12. *Causas de denegación.* En todo caso, la protección subsidiaria se denegará a:

a) las personas que constituyan, por razones fundadas, un peligro para la seguridad de España;

b) las personas que, habiendo sido objeto de una condena firme por delito grave constituyan una amenaza para la comunidad.

CAPÍTULO III
DISPOSICIONES COMUNES

13. *Agentes de persecución o causantes de daños graves.* Los agentes de persecución o causantes de daños graves podrán ser, entre otros:

a) el Estado;

b) los partidos u organizaciones que controlen el Estado o una parte considerable de su territorio;

c) agentes no estatales, cuando los agentes mencionados en los puntos anteriores, incluidas las organizaciones internacionales, no puedan o no quieran proporcionar protección efectiva contra la persecución o los daños graves.

14. *Agentes de protección.* 1. Podrán proporcionar protección:

a) el Estado, o

b) los partidos u organizaciones, incluidas las organizaciones internacionales, que controlen el Estado o una parte considerable de su territorio.

2. En general, se entenderá que existe protección cuando los agentes mencionados en el apartado primero adopten medidas razonables y efectivas para impedir la persecución o el padecimiento de daños graves, tales como el establecimiento de un sistema jurídico eficaz para la investigación, el procesamiento y la sanción de acciones constitutivas de persecución o de daños graves, y siempre que el solicitante tenga acceso efectivo a dicha protección.

3. Se tendrá en cuenta la orientación que pueda desprenderse de los actos pertinentes de las instituciones de la Unión Europea o de organizaciones internacionales relevantes, al efecto de valorar si una organización internacional controla un Estado o una parte considerable de su territorio y proporciona la protección descrita en el apartado anterior.

15. *Necesidades de protección internacional surgidas «in situ».* 1. Los fundados temores de ser perseguido o el riesgo real de sufrir daños graves a que se refieren, respectivamente, los arts. 6 y 10 de esta Ley, pueden asimismo basarse en acontecimientos sucedidos o actividades en que haya participado la persona solicitante con posterioridad al abandono del país de origen o, en el caso de apátridas, el de residencia habitual, en especial si se demuestra que dichos acontecimientos o actividades constituyen la expresión de convicciones u orientaciones mantenidas en el país de origen o de residencia habitual.

2. En estos supuestos, se ponderará, a efectos de no reconocer la condición de refugiado, el hecho de que el riesgo de persecución esté basado en circunstancias expresamente creadas por la persona solicitante tras abandonar su país de origen o, en el caso de apátridas, el de su residencia habitual.

TÍTULO II
DE LAS REGLAS PROCEDIMENTALES PARA EL
RECONOCIMIENTO DE LA PROTECCIÓN INTERNACIONAL

CAPÍTULO PRIMERO
DE LA PRESENTACIÓN DE LA SOLICITUD

16. *Derecho a solicitar protección internacional.* 1. Las personas nacionales no comunitarias y las apátridas presentes en territorio español tienen derecho a solicitar protección internacional en España.

2. Para su ejercicio, los solicitantes de protección internacional tendrán derecho a asistencia sanitaria y a asistencia jurídica gratuita, que se extenderá a la formalización de la solicitud y a toda la tramitación del procedimiento, y que se prestará en los términos previstos en la legislación española en esta materia, así como derecho a intérprete en los términos del art. 22 de la Ley Orgánica 4/2000.

La asistencia jurídica referida en el párrafo anterior será preceptiva cuando las solicitudes se formalicen de acuerdo al procedimiento señalado en el art. 21 de la presente Ley.

3. La presentación de la solicitud conllevará la valoración de las circunstancias determinantes del reconocimiento de la condición de refugiado, así como de la concesión de la protección subsidiaria. De este extremo se informará en debida forma al solicitante.

4. Toda información relativa al procedimiento, incluido el hecho de la presentación de la solicitud, tendrá carácter confidencial.

17. *Presentación de la solicitud.* 1. El procedimiento se inicia con la presentación de la solicitud, que deberá efectuarse mediante comparecencia personal de los interesados que soliciten protección en los lugares que reglamentariamente se establezcan, o en caso de imposibilidad física o legal, mediante persona que lo represente. En este último caso, el solicitante deberá ratificar la petición una vez desaparezca el impedimento.

2. La comparecencia deberá realizarse sin demora y en todo caso en el plazo máximo de un mes desde la entrada en el territorio español o, en todo caso, desde que se produzcan los acontecimientos que justifiquen el temor fundado de persecución o daños graves. A estos

efectos, la entrada ilegal en territorio español no podrá ser sancionada cuando haya sido realizada por persona que reúna los requisitos para ser beneficiaria de la protección internacional prevista en esta Ley.

3. En el momento de efectuar la solicitud, la persona extranjera será informada, en una lengua que pueda comprender, acerca de:

a) el procedimiento que debe seguirse;

b) sus derechos y obligaciones durante la tramitación, en especial en materia de plazos y medios de que dispone para cumplir éstas;

c) la posibilidad de contactar con el Alto Comisionado de las Naciones Unidas para los Refugiados y con las Organizaciones no Gubernamentales legalmente reconocidas entre cuyos objetivos figure el asesoramiento y ayuda a las personas necesitadas de protección internacional;

d) las posibles consecuencias del incumplimiento de sus obligaciones o de su falta de colaboración con las autoridades; y

e) los derechos y prestaciones sociales a los que tiene acceso en su condición de solicitante de protección internacional.

4. La solicitud se formalizará mediante entrevista personal que se realizará siempre individualmente. De forma excepcional, podrá requerirse la presencia de otros miembros de la familia de los solicitantes, si ello se considerase imprescindible para la adecuada formalización de la solicitud.

5. La Administración adoptará las medidas necesarias para que, cuando sea preciso, en la entrevista se preste un tratamiento diferenciado por razón del sexo de la persona solicitante o demás circunstancias previstas en el art. 46 de esta Ley. De este trámite se dejará debida constancia en el expediente administrativo.

6. Las personas encargadas de efectuar la entrevista informarán a los solicitantes sobre cómo efectuar la solicitud, y les ayudarán a cumplimentarla, facilitándoles la información básica en relación con aquélla. Asimismo, colaborarán con los interesados para establecer los hechos relevantes de su solicitud.

7. Cuando razones de seguridad lo aconsejen, se podrá registrar a la persona solicitante y sus pertenencias, siempre y cuando se garantice el pleno respeto a su dignidad e integridad.

8. En los términos que se establezcan reglamentariamente, se planteará la posibilidad de una nueva audiencia personal sobre su solicitud

de asilo. La ponderación sobre la necesidad o no de efectuar nuevas entrevistas será motivada.

18. *Derechos y obligaciones de los solicitantes.* 1. El solicitante de asilo, presentada la solicitud, tiene en los términos recogidos en la presente Ley, en los arts. 16, 17, 19, 33 y 34, los siguientes derechos:

a) a ser documentado como solicitante de protección internacional;

b) a asistencia jurídica gratuita e intérprete;

c) a que se comunique su solicitud al ACNUR;

d) a la suspensión de cualquier proceso de devolución, expulsión o extradición que pudiera afectar al solicitante;

e) a conocer el contenido del expediente en cualquier momento;

f) a la atención sanitaria en las condiciones expuestas;

g) a recibir prestaciones sociales específicas en los términos que se recogen en esta Ley.

2. Serán obligaciones de los solicitantes de protección internacional las siguientes:

a) cooperar con las autoridades españolas en el procedimiento para la concesión de protección internacional;

b) presentar, lo antes posible, todos aquellos elementos que, junto a su propia declaración, contribuyan a fundamentar su solicitud. Entre otros, podrán presentar la documentación de que dispongan sobre su edad, pasado -incluido el de parientes relacionados-, identidad, nacionalidad o nacionalidades, lugares de anterior residencia, solicitudes de protección internacional previas, itinerarios de viaje, documentos de viaje y motivos por los que solicita la protección;

c) proporcionar sus impresiones dactilares, permitir ser fotografiados y, en su caso, consentir que sean grabadas sus declaraciones, siempre que hayan sido previamente informados sobre este último extremo;

d) informar sobre su domicilio en España y cualquier cambio que se produzca en él;

e) informar, asimismo, a la autoridad competente o comparecer ante ella, cuando así se les requiera con relación a cualquier circunstancia de su solicitud.

19. *Efectos de la presentación de la solicitud.* 1. Solicitada la protección, la persona extranjera no podrá ser objeto de retorno, devolución o expulsión hasta que se resuelva sobre su solicitud o ésta no sea admitida. No obstante, por motivos de salud o seguridad públicas, la autoridad competente podrá adoptar medidas cautelares en aplicación de la normativa vigente en materia de extranjería e inmigración.

2. Asimismo, la solicitud de protección suspenderá, hasta la decisión definitiva, la ejecución del fallo de cualquier proceso de extradición de la persona interesada que se halle pendiente. A tal fin, la solicitud será comunicada inmediatamente al órgano judicial o al órgano gubernativo ante el que en ese momento tuviera lugar el correspondiente proceso.

3. No obstante lo previsto en los apartados anteriores, podrá entregarse o extraditarse a una persona solicitante, según proceda, a otro Estado miembro de la Unión Europea en virtud de las obligaciones dimanantes de una orden europea de detención y entrega, o a un país tercero ante órganos judiciales penales internacionales.

4. Las personas solicitantes de asilo tienen derecho a entrevistarse con un abogado en las dependencias de los puestos fronterizos y centros de internamiento de extranjeros. Reglamentariamente, y sin perjuicio de las normas de funcionamiento establecidas para las citadas dependencias y centros, podrán establecerse condiciones para el ejercicio de este derecho derivadas de razones de seguridad, orden público o de su gestión administrativa.

5. La solicitud de protección dará lugar al inicio del cómputo de los plazos previstos para su tramitación.

6. La resolución que admita a trámite una solicitud de asilo determinará el procedimiento correspondiente.

7. En caso de que la tramitación de una solicitud pudiese exceder de seis meses, ampliables de acuerdo con lo previsto en el art. 49 de la Ley 30/1992, de 26 de noviembre, de Régimen Jurídico de las Administraciones Públicas y del Procedimiento Administrativo Común, para su resolución y notificación, se informará a la persona interesada del motivo de la demora.

20. *No admisión de solicitudes presentadas dentro del territorio español.* 1. El Ministro del Interior, a propuesta de la Oficina de Asilo y Refugio, podrá, mediante resolución motivada, no admitir a trámite las solicitudes cuando concurra alguna de las circunstancias siguientes:

- Por falta de competencia para el examen de las solicitudes:

a) cuando no corresponda a España su examen con arreglo al Reglamento (CE) 343/2003, del Consejo, de 18 de febrero, por el que se establecen los criterios y mecanismos de determinación del Estado miembro responsable del examen de una solicitud de asilo presentada en uno de los Estados miembros por un nacional de un tercer país;

b) cuando no corresponda a España su examen de conformidad con los Convenios Internacionales en que sea Parte. En la resolución por la que se acuerde la no admisión a trámite se indicará a la persona solicitante el Estado responsable de examinarla. En este caso, dicho Estado habrá aceptado explícitamente su responsabilidad y se obtendrán garantías suficientes de protección para la vida, libertad e integridad física de los interesados, así como del respeto a los demás principios indicados en la Convención de Ginebra, en el territorio de dicho Estado.

- Por falta de requisitos:

c) cuando, de conformidad con lo establecido en el art. 25.2.b) y en el art. 26 de la Directiva 2005/85/CE del Consejo, la persona solicitante se halle reconocida como refugiada y tenga derecho a residir o a obtener protección internacional efectiva en un tercer Estado, siempre que sea readmitida en ese país, no exista peligro para su vida o su libertad, ni esté expuesta a tortura o a trato inhumano o degradante y tenga protección efectiva contra la devolución al país perseguidor, con arreglo a la Convención de Ginebra;

d) cuando la persona solicitante proceda de un tercer país seguro, de conformidad con lo establecido en el art. 27 de la Directiva 2005/85/CE del Consejo y, en su caso con la lista que sea elaborada por la Unión Europea, donde, atendiendo a sus circunstancias particulares, reciba un trato en el que su vida, su integridad y su libertad no estén amenazadas por razón de raza, religión, nacionalidad, pertenencia a grupo social u opinión política, se respete el principio de no devolución, así como la prohibición de expulsión en caso de violación del derecho a no ser sometido a torturas ni a tratos crueles, inhumanos o degradantes, exista la posibilidad de solicitar el estatuto de refugiado y, en caso de ser refugiado, a recibir protección con arreglo a la Convención de Ginebra; siempre que el solicitante sea readmitido en ese país y existan vínculos por los cuales sería razonable que el solicitante fuera a ese país. Para la aplicación del concepto de tercer país seguro, también podrá requerirse la existencia de una relación entre el solicitante de asilo y el tercer país de que se trate por la que sería razonable que el solicitante fuera a ese país;

e) cuando la persona solicitante hubiese reiterado una solicitud ya denegada en España o presentado una nueva solicitud con otros datos personales, siempre que no se planteen nuevas circunstancias relevantes en cuanto a las condiciones particulares o a la situación del país de origen o de residencia habitual de la persona interesada;

f) cuando la persona solicitante sea nacional de un Estado miembro de la Unión Europea, de conformidad con lo dispuesto en el Protocolo al Tratado Constitutivo de la Comunidad Europea sobre el derecho de asilo a nacionales de Estados miembros de la Unión Europea.

2. La no admisión a trámite prevista en este artículo deberá notificarse en el plazo máximo de un mes contado a partir de la presentación de la solicitud. El transcurso de dicho plazo sin que se haya notificado la resolución a la persona interesada determinará la admisión a trámite de la solicitud y su permanencia provisional en territorio español, sin perjuicio de lo que pueda acordarse en la resolución definitiva del procedimiento. La no admisión a trámite conllevará los mismos efectos que la denegación de la solicitud.

3. La constatación, con posterioridad a la admisión a trámite de la solicitud de protección internacional, de alguna de las circunstancias que hubiesen justificado su no admisión será causa de denegación de aquélla.

21. *Solicitudes presentadas en puestos fronterizos.* 1. Cuando una persona extranjera que no reúna los requisitos necesarios para entrar en territorio español presente una solicitud de protección internacional en un puesto fronterizo, el Ministro del Interior podrá no admitir a trámite la solicitud mediante resolución motivada cuando en dicha solicitud concurra alguno de los supuestos previstos en el apartado primero del art. 20. En todo caso, la resolución deberá ser notificada a la persona interesada en el plazo máximo de cuatro días desde su presentación.

2. Asimismo, el Ministro del Interior podrá denegar la solicitud mediante resolución motivada, que deberá notificarse a la persona interesada en el plazo máximo de cuatro días desde su presentación, cuando en dicha solicitud concurra alguno de los siguientes supuestos:

a) los previstos en las letras c), d) y f) del apartado primero del art. 25;

b) cuando la persona solicitante hubiese formulado alegaciones incoherentes, contradictorias, inverosímiles, insuficientes, o que contradigan información suficientemente contrastada sobre su país de origen, o de residencia habitual si fuere apátrida, de manera que pongan claramente de manifiesto que su solicitud es infundada por lo que respecta al hecho de albergar un fundado temor a ser perseguida o a sufrir un daño grave.

3. El plazo previsto en el apartado anterior se ampliará hasta un máximo de diez días por resolución del Ministro del Interior, en los casos en los que, por concurrir alguna de las circunstancias previstas en la letra f) del apartado primero del art. 25, el ACNUR, de manera razonada, así lo solicite.

4. Contra la resolución de inadmisión a trámite o de denegación de la solicitud se podrá, en el plazo de dos días contados desde su notificación, presentar una petición de reexamen que suspenderá los efectos de aquélla. La resolución de dicha petición, que corresponderá al Ministro del Interior, deberá notificarse a la persona interesada en el plazo de dos días desde el momento en que aquélla hubiese sido presentada.

5. El transcurso del plazo fijado para acordar la inadmisión a trámite, o la denegación de la solicitud en frontera, la petición de reexamen, o del previsto para resolver el recurso de reposición sin que se haya notificado la resolución de forma expresa, determinará su tramitación por el procedimiento ordinario, así como la autorización de entrada y permanencia provisional de la persona solicitante, sin perjuicio de lo que pueda acordarse en la resolución definitiva del expediente.

22. *Permanencia del solicitante de asilo durante la tramitación de la solicitud.* En todo caso, durante la tramitación de la petición de reexamen y del recurso de reposición previstos en los apartados cuarto y quinto del art. 21 de la presente Ley, así como en los supuestos en los que se solicite la adopción de las medidas a las que se refiere el apartado segundo de su art. 29, la persona solicitante de asilo permanecerá en las dependencias habilitadas a tal efecto.

CAPÍTULO II
DE LA TRAMITACIÓN DE LAS SOLICITUDES

23. *Órganos competentes para la instrucción.* 1. La Oficina de Asilo y Refugio, dependiente del Ministerio del Interior, es el órgano competente para la tramitación de las solicitudes de protección internacional, sin perjuicio de las demás funciones que reglamentariamente se le atribuyan.

2. La Comisión Interministerial de Asilo y Refugio es un órgano colegiado adscrito al Ministerio del Interior, que está compuesto por un representante de cada uno de los departamentos con competencia en política exterior e interior, justicia, inmigración, acogida de los solicitantes de asilo e igualdad.

3. Serán funciones de la Comisión las previstas en esta Ley y aquellas otras que, junto con su régimen de funcionamiento, se establezcan reglamentariamente.

24. *Procedimiento ordinario.* 1. Toda solicitud de protección internacional admitida a trámite dará lugar al inicio, por parte del Ministerio del Interior, del correspondiente procedimiento, al que se incorporarán las diligencias de instrucción del expediente. Si fuera procedente la realización de nuevas entrevistas a las personas solicitantes, aquéllas deberán reunir los requisitos previstos en el art. 17.

2. Finalizada la instrucción de los expedientes, se elevarán a estudio de la Comisión Interministerial de Asilo y Refugio, que formulará propuesta al Ministro del Interior, quien será el competente para dictar la correspondiente resolución por la que se conceda o deniegue, según proceda, el derecho de asilo o la protección subsidiaria.

3. Transcurridos seis meses desde la presentación de la solicitud sin que se haya notificado la correspondiente resolución, la misma podrá entenderse desestimada, sin perjuicio de la obligación de la Administración de resolver expresamente y de lo dispuesto en el apartado séptimo del art. 19 de la presente Ley.

25. *Tramitación de urgencia.* 1. El Ministerio del Interior, de oficio o a petición del interesado, acordará la aplicación de la tramitación de urgencia, previa notificación al interesado, en las solicitudes en las que concurra alguna de las siguientes circunstancias:

a) que parezcan manifiestamente fundadas;

b) que hayan sido formuladas por solicitantes que presenten necesidades específicas, especialmente, por menores no acompañados;

c) que planteen exclusivamente cuestiones que no guarden relación con el examen de los requisitos para el reconocimiento de la condición de refugiado o la concesión de la protección subsidiaria;

d) que la persona solicitante proceda de un país de origen considerado seguro, en los términos de lo dispuesto en el art. 20.1.d), y del que posea la nacionalidad, o si fuere apátrida, en el que tuviera su residencia habitual;

e) que la persona solicitante, sin motivo justificado, presente su solicitud transcurrido el plazo de un mes previsto en el apartado segundo del art. 17;

f) que la persona solicitante incurra en alguno de los supuestos de exclusión o de denegación previstos en los arts. 8, 9, 11 y 12 de la presente Ley.

2. Cuando la solicitud de protección internacional se hubiera presentado en un Centro de Internamiento para Extranjeros, su tramitación deberá adecuarse a lo dispuesto en el art. 21 de esta Ley para las solicitudes en frontera. En todo caso, presentadas las solicitudes en estos términos, aquéllas que fuesen admitidas a trámite se ajustarán a la tramitación de urgencia prevista en el presente artículo.

3. La Comisión Interministerial de Asilo y Refugio será informada de los expedientes que vayan a ser tramitados con carácter de urgencia.

4. Será de aplicación al presente procedimiento lo dispuesto en el art. 24 de la Ley, salvo en materia de plazos que se verán reducidos a la mitad.

26. *Evaluación de las solicitudes.* 1. La Administración General del Estado velará por que la información necesaria para la evaluación de las solicitudes de protección no se obtenga de los responsables de la persecución o de los daños graves, de modo tal que dé lugar a que dichos responsables sean informados de que la persona interesada es solicitante de protección internacional cuya solicitud está siendo considerada, ni se ponga en peligro la integridad de la persona interesada y de las personas a su cargo, ni la libertad y la seguridad de sus familiares que aún vivan en el país de origen.

2. Para que se resuelva favorablemente la solicitud bastará que aparezcan indicios suficientes de persecución o de daños graves.

27. *Archivo de la solicitud.* Se pondrá fin al procedimiento mediante el archivo de la solicitud cuando la persona solicitante la retire o desista de ella, en los casos y en los términos de la Ley 30/1992, de 26 de noviembre, reguladora del Régimen Jurídico de las Administraciones Públicas y del Procedimiento Administrativo Común. En todo caso, se podrá presumir que dicha retirada o desistimiento se ha producido cuando en el plazo de treinta días el solicitante no hubiese respondido a las peticiones de facilitar información esencial para su solicitud, no se hubiese presentado a una audiencia personal a la que hubiera sido convocado, o no compareciera para la renovación de la documentación de la que se le hubiera provisto, salvo que demuestre que estos comportamientos fueron debidos a circunstancias ajenas a su voluntad.

28. *Notificación.* A efectos de comunicaciones y notificaciones, se tendrá en cuenta el último domicilio o residencia que conste en el expediente. Cuando no prospere este procedimiento de notificación, el trámite se realizará a través del Portal del Ciudadano, del portal electrónico de la Oficina de Asilo y Refugio y de los tablones de anuncios, accesibles al público, de la Comisaría de Policía correspondiente o de la Oficina de Extranjeros de la provincia en que conste el último lugar de residencia de la persona solicitante y, en todo caso, de la Oficina de Asilo y Refugio. De estos extremos se informará a los solicitantes al formalizar su solicitud, que podrán exigir que se cumpla la garantía del apartado 4 del art. 16.

29. *Recursos.* 1. Las resoluciones previstas en la presente Ley pondrán fin a la vía administrativa, salvo en el caso de que se haya presentado la petición de reexamen prevista en el apartado cuarto del art. 21, en que se entenderá que pone fin a la vía administrativa la resolución que decida dicha petición, y serán susceptibles de recurso de reposición con carácter potestativo y de recurso ante la jurisdicción contencioso-administrativa.

2. Cuando se interponga un recurso contencioso-administrativo y se solicite la suspensión del acto recurrido, dicha solicitud tendrá la consideración de especial urgencia contemplada en el art. 135 de la Ley 29/1998, de 13 de julio, Reguladora de la Jurisdicción Contencioso-Administrativa.

3. La persona a quien le haya sido denegada la solicitud podrá solicitar su revisión cuando aparezcan nuevos elementos probatorios, conforme a lo establecido en la Ley 30/1992, de 26 de noviembre, de

Régimen Jurídico de las Administraciones Públicas y del Procedimiento Administrativo Común.

CAPÍTULO III
DE LAS CONDICIONES DE ACOGIDA DE LOS SOLICITANTES DE PROTECCIÓN INTERNACIONAL

30. *Derechos sociales generales.* 1. Se proporcionará a las personas solicitantes de protección internacional, siempre que carezcan de recursos económicos, los servicios sociales y de acogida necesarios con la finalidad de asegurar la satisfacción de sus necesidades básicas en condiciones de dignidad, sin perjuicio, en tanto que extranjeros, de lo establecido en la Ley Orgánica 4/2000, de 11 de enero, sobre derechos y libertades de los extranjeros en España y su integración social, y en su normativa de desarrollo.

2. Los servicios sociales y de acogida específicamente destinados a las personas solicitantes de protección internacional se determinarán reglamentariamente por el Ministerio competente.

3. Si se comprobara que la persona solicitante dispone de suficientes medios de acuerdo con la normativa vigente, para cubrir los costes inherentes a los servicios y prestaciones reservados a personas que carezcan de recursos económicos, se procederá a la reclamación de su reembolso.

31. *Acogida de los solicitantes de protección internacional.* 1. Los servicios de acogida, su definición, disponibilidad, programas y servicios, específicamente destinados a aquellas personas que soliciten protección internacional, se determinarán reglamentariamente por el Ministerio competente para atender las necesidades básicas de estas personas.

Este Ministerio podrá prestar por sí mismo esos servicios de acogida de forma directa, de forma indirecta por fórmulas contractuales, o bien, mediante la correspondiente autorización de acción concertada a entidades cuando no sea necesario celebrar contratos públicos, tal y como establece el artículo 11.6 de la Ley 9/2017, de 8 de noviembre, de contratos del sector público.

Asimismo, también será posible prestar los servicios de acogida a través de los centros subvencionados a organizaciones no gubernamentales. En ningún caso podrá duplicarse la financiación pública de los servicios prestados por estas organizaciones, concurriendo la financiación obtenida por la autorización de acción concertada y por las subvenciones.

A los efectos de esta ley se entiende por acción concertada el instrumento por el que se concede la autorización a aquellas entidades que cumplan las condiciones previamente fijadas de forma reglamentaria para la prestación de servicios de acogida de responsabilidad pública, debiendo el sistema que se establezca, en todo caso, cumplir todos los requisitos que contempla el artículo 11.6 de la Ley 9/2017, de 8 de noviembre, incluidos los principios de publicidad, transparencia y no discriminación.

La financiación de la acción concertada, el cumplimiento de los requisitos de acceso y el control de la prestación de los servicios se realizará por el Ministerio competente para prestar los servicios de acogida, según se establezca de forma reglamentaria.

Estas entidades habrán de acreditar la disposición de medios y recursos necesarios para la prestación de los servicios de acción concertada. En todo caso, se acreditará la propiedad de los centros en que se vaya a desarrollar la acción concertada, o, en su defecto, el derecho al uso, con este fin, de los bienes inmuebles, ya sean de propiedad privada o pública, por un periodo no inferior al de vigencia de la autorización de acción concertada, que podrá alcanzar cuatro años prorrogables de mutuo acuerdo, por igual periodo, sin perjuicio de poder solicitar una nueva autorización una vez expirada la anterior. Excepcionalmente, en situaciones de necesidad y siempre que concurran razones de interés público, dicho derecho al uso podrá ser por un periodo inferior al de vigencia de la autorización de la acción concertada.

Con carácter general, la Administración anticipará hasta el 50 % de la retribución máxima acordada por las prestaciones y servicios asignados que supondrán entregas de fondos con carácter previo a la justificación, como financiación necesaria para poder llevar a cabo las actuaciones inherentes a la acción concertada.

Los pagos anticipados se deberán asegurar mediante la prestación de garantía. Las entidades no lucrativas autorizadas quedan exoneradas de la constitución de garantía de los fondos entregados.

La falta de constitución y acreditación de la garantía ante el órgano competente implicará la retención del pago de la retribución, hasta el momento en que se acredite, pudiendo dar lugar a la pérdida del derecho al pago de forma definitiva cuando, habiéndose realizado requerimiento previo del órgano concedente para que se acredite la constitución de la garantía, éste no fuera atendido en el plazo de 15 días.

Reglamentariamente se desarrollarán, entre otras materias, los aspectos y criterios de la organización de los servicios de acogida a través de la acción concertada, las condiciones que deben cumplir las entidades para obtener la correspondiente autorización, los supuestos de pérdida de autorización para el caso de incumplimiento de obligaciones, así como el cálculo de su retribución. Este cálculo tendrá en consideración que, la retribución se limitará a los costes necesarios para prestar los servicios establecidos. [325]

2. Se adoptarán, con el acuerdo de los interesados, las medidas necesarias para mantener la unidad de la familia, integrada por los miembros enumerados en el art. 40 de esta Ley, tal y como se encuentre presente en el territorio español, siempre que se reúnan los requisitos que se señalan en la presente Ley.

32. *Autorización de trabajo a los solicitantes de protección internacional.* Las personas solicitantes de protección internacional serán autorizadas para trabajar en España en los términos que reglamentariamente se establezcan.

33. *Reducción o retirada de las condiciones de acogida.* 1. El Ministerio competente en el ejercicio de las competencias sobre servicios, ayudas y prestaciones de los diferentes programas de acogida, podrá reducir o retirar alguno o la totalidad de los servicios de acogida en los siguientes casos:

a) cuando la persona solicitante abandone el lugar de residencia asignado sin informar a la autoridad competente o, en caso de haberlo solicitado, sin permiso;

b) cuando la persona solicitante accediese a recursos económicos y pudiese hacer frente a la totalidad o parte de los costes de las condiciones de acogida o cuando hubiere ocultado sus recursos económicos, y,

---

[325] Dada nueva redacción apartado 1 por disposición final 7 de Real Decreto-Ley 10/2022 de 13 de mayo de 2022, con vigencia desde 15/05/2022

por tanto, se beneficie indebidamente de las prestaciones de acogida establecidas;

c) cuando se haya dictado resolución de la solicitud de protección internacional, y se haya notificado al interesado, salvo lo dispuesto en el apartado tercero del art. 36 de esta Ley;

d) cuando por acción u omisión se vulneren los derechos de otros residentes o del personal encargado de los centros donde estén acogidos o se dificulte gravemente la convivencia en ellos, de conformidad con lo establecido en las normas internas de los mismos;

e) cuando haya finalizado el periodo del programa o prestación autorizado.

2. Las personas solicitantes de protección internacional podrán ver reducidos o retirados los programas de ayudas del servicio de acogida, como consecuencia de las sanciones que se deriven de la comisión de alguna de las faltas enunciadas en el apartado primero de este artículo.

3. A los efectos del apartado anterior, el sistema de faltas y sanciones a aplicar en los centros de acogida será el que de forma reglamentaria establezca el Ministerio competente.

CAPÍTULO IV
INTERVENCIÓN DEL ALTO COMISIONADO DE LAS NACIONES UNIDAS PARA LOS REFUGIADOS (ACNUR)

34. *Intervención en el procedimiento de solicitud.* La presentación de las solicitudes de protección internacional se comunicará al AC-NUR, quien podrá informarse de la situación de los expedientes, estar presente en las audiencias a la persona solicitante y presentar informes para su inclusión en el expediente.

A estos efectos, tendrá acceso a las personas solicitantes, incluidas las que se encuentren en dependencias fronterizas o en centros de internamiento de extranjeros o penitenciarios.

35. *Intervención en la tramitación de protección internacional.* 1. El representante en España del ACNUR será convocado a las sesiones de la Comisión Interministerial de Asilo y Refugio.

2. Asimismo será informado inmediatamente de la presentación de las solicitudes en frontera y podrá entrevistarse, si lo desea, con los

solicitantes. Con carácter previo a dictarse las resoluciones que sobre estas solicitudes prevén los apartados primero, segundo y tercero del art. 21 de la presente Ley, se dará audiencia al ACNUR.

3. En los casos que se tramiten las solicitudes mediante el procedimiento de urgencia, y en los casos de admisión a trámite del art. 20, si la propuesta de resolución de la Oficina de Asilo y Refugio fuese desfavorable se dará un plazo de diez días al ACNUR para que, en su caso, informe.

CAPÍTULO V
DE LOS EFECTOS DE LA RESOLUCIÓN

36. *Efectos de la concesión del derecho de asilo o de protección subsidiaria.* 1. La concesión del derecho de asilo o de la protección subsidiaria implicará el reconocimiento de los derechos establecidos en la Convención de Ginebra sobre el Estatuto de los Refugiados, en la normativa vigente en materia de extranjería e inmigración, así como en la normativa de la Unión Europea, y, en todo caso:

a) la protección contra la devolución en los términos establecidos en los tratados internacionales firmados por España;

b) el acceso a la información sobre los derechos y obligaciones relacionados con el contenido de la protección internacional concedida, en una lengua que le sea comprensible a la persona beneficiaria de dicha protección;

c) la autorización de residencia y trabajo permanente, en los términos que establece la Ley Orgánica 4/2000, de 11 de enero, sobre derechos y libertades de los extranjeros en España y su integración social;

d) la expedición de documentos de identidad y viaje a quienes les sea reconocida la condición de refugiado, y, cuando sea necesario, para quienes se beneficien de la protección subsidiaria;

e) el acceso a los servicios públicos de empleo;

f) el acceso a la educación, a la asistencia sanitaria, a la vivienda, a la asistencia social y servicios sociales, a los derechos reconocidos por la legislación aplicable a las personas víctimas de violencia de género, en su caso, a la seguridad social y a los programas de integración, en las mismas condiciones que los españoles;

g) el acceso, en las mismas condiciones que los españoles, a la formación continua u ocupacional y al trabajo en prácticas, así como a los procedimientos de reconocimiento de diplomas y certificados académicos y profesionales y otras pruebas de calificaciones oficiales expedidas en el extranjero;

h) la libertad de circulación;

i) el acceso a los programas de integración con carácter general o específico que se establezcan;

j) el acceso a los programas de ayuda al retorno voluntario que puedan establecerse;

k) el mantenimiento de la unidad familiar en los términos previstos en la presente Ley y acceso a los programas de apoyo que a tal efecto puedan establecerse.

2. Con el fin de facilitar la integración de las personas con estatuto de protección internacional, se establecerán los programas necesarios, procurando la igualdad de oportunidades y la no discriminación en su acceso a los servicios generales.

3. Las personas con estatuto de protección internacional podrán seguir beneficiándose de todos o algunos de los programas o prestaciones de que hubieran disfrutado con anterioridad a la concesión del estatuto en aquellos casos en que circunstancias especiales así lo requieran, con sometimiento al régimen previsto para tales programas y prestaciones por el Ministerio de Trabajo e Inmigración.

4. En casos específicos, debido a dificultades sociales o económicas, las Administraciones Públicas podrán poner en marcha servicios complementarios a los sistemas públicos de acceso al empleo, a la vivienda y a los servicios educativos generales, así como servicios especializados de interpretación y traducción de documentos, ayudas permanentes para ancianos y personas con discapacidad y ayudas económicas de emergencia.

37. *Efectos de las resoluciones denegatorias.* La no admisión a trámite o la denegación de las solicitudes de protección internacional determinarán, según corresponda, el retorno, la devolución, la expulsión, la salida obligatoria del territorio español o el traslado al territorio del Estado responsable del examen de la solicitud de asilo de las personas que lo solicitaron, salvo que, de acuerdo con la Ley Orgánica 4/2000, de 11 de enero, y su normativa de desarrollo, se dé alguno de los siguientes supuestos:

a) que la persona interesada reúna los requisitos para permanecer en España en situación de estancia o residencia;

b) que se autorice su estancia o residencia en España por razones humanitarias determinadas en la normativa vigente.

CAPÍTULO VI
SOLICITUDES DE PROTECCIÓN INTERNACIONAL EN EMBAJADAS Y CONSULADOS

38. *Solicitudes de protección internacional en Embajadas y Consulados.* Con el fin de atender casos que se presenten fuera del territorio nacional, siempre y cuando el solicitante no sea nacional del país en que se encuentre la Representación diplomática y corra peligro su integridad física, los Embajadores de España podrán promover el traslado del o de los solicitantes de asilo a España para hacer posible la presentación de la solicitud conforme al procedimiento previsto en esta Ley.

El Reglamento de desarrollo de esta Ley determinará expresamente las condiciones de acceso a las Embajadas y Consulados de los solicitantes, así como el procedimiento para evaluar las necesidades de traslado a España de los mismos.

TÍTULO III
DE LA UNIDAD FAMILIAR DE LAS PERSONAS BENEFICIARIAS DE PROTECCIÓN INTERNACIONAL

39. *Mantenimiento de la unidad familiar.* 1. Se garantizará el mantenimiento de la familia de las personas refugiadas y beneficiarias de protección subsidiaria en los términos previstos los arts. 40 y 41 de la presente Ley.

2. Cuando, durante la tramitación de una solicitud de protección internacional, los miembros de la familia de la persona interesada a los que se hace referencia en el art. 40 se encontrasen también en España, y no hubiesen presentado una solicitud independiente de protección internacional, se les autorizará la residencia en España con

carácter provisional, condicionada a la resolución de la solicitud de protección internacional y en los términos que reglamentariamente se determinen.

40. *Extensión familiar del derecho de asilo o de la protección subsidiaria.* [326] 1. El restablecimiento de la unidad familiar de las personas refugiadas y beneficiarias de protección subsidiaria podrá garantizarse mediante la concesión, respectivamente, del derecho de asilo o de la protección subsidiaria por extensión familiar, en los siguientes supuestos:

a) Los ascendientes en primer grado que acreditasen la dependencia y sus descendientes en primer grado que fueran menores de edad, quedando exceptuado el derecho a la extensión familiar en los supuestos de distinta nacionalidad.

Las relaciones familiares de los ascendientes y descendientes deberán establecerse mediante las pruebas científicas que sean necesarias, en los casos donde no pueda determinarse sin dudas esa relación de parentesco.

b) El cónyuge o persona ligada por análoga relación de afectividad y convivencia, salvo los supuestos de divorcio, separación legal, separación de hecho, distinta nacionalidad o concesión del estatuto de refugiado por razón de género, cuando en el expediente de la solicitud quede acreditado que la persona ha sufrido o tenido fundados temores de sufrir persecución singularizada por violencia de género por parte de su cónyuge o conviviente.

c) Otro adulto que sea responsable del beneficiario de protección internacional, de acuerdo con la legislación española vigente, cuando dicho beneficiario sea un menor no casado.

d) Podrá también concederse asilo o protección subsidiaria por extensión familiar a otros miembros de la familia de la persona refugiada o beneficiaria de protección subsidiaria siempre que resulte suficientemente establecida la dependencia respecto de aquellas y la existencia de convivencia previa en el país de origen.

2. La Oficina de Asilo y Refugio tramitará las solicitudes de extensión familiar presentadas. Una vez instruidas se procederá, previo

[326] Dada nueva redacción por disposición final 3 de Ley 2/2014 de 25 de marzo de 2014, con vigencia desde 27/03/2014

estudio en la Comisión interministerial de Asilo y Refugio, a elevar la propuesta de resolución al Ministro del Interior, quien resolverá.

3. La resolución por la que se acuerde la concesión del derecho de asilo o de la protección subsidiaria por extensión familiar conllevará para los beneficiarios los efectos previstos en el art. 36.

4. En ningún caso se concederá protección internacional por extensión familiar a las personas incursas en los supuestos previstos en los apartados 2 y 3 del art. 8 y en los arts. 9, 11 y 12 de la presente ley.

41. *Reagrupación familiar.* 1. Las personas refugiadas y beneficiarias de protección subsidiaria podrán optar por reagrupar a las enumeradas en el artículo anterior, aun cuando ya se encontrasen en España, sin solicitar la extensión del estatuto de que disfruten. Esta reagrupación será siempre aplicable cuando los beneficiarios sean de nacionalidad distinta a la persona refugiada o beneficiaria de protección subsidiaria.

2. En este supuesto, que se desarrollará reglamentariamente, no se exigirá a los refugiados o beneficiarios de la protección subsidiaria, ni tampoco a los beneficiarios de la reagrupación familiar, los requisitos establecidos en la normativa vigente de extranjería e inmigración.

3. La resolución por la que se acuerde la reagrupación familiar implicará la concesión de autorización de residencia y, en su caso, de trabajo, de análoga validez a la de la persona reagrupante.

4. La reagrupación familiar será ejercitable una sola vez, sin que las personas que hubiesen sido reagrupadas y obtenido autorización para residir en España en virtud de lo dispuesto en el apartado anterior puedan solicitar reagrupaciones sucesivas de sus familiares.

5. En ningún caso se concederá protección internacional por extensión familiar a las personas incursas en los supuestos previstos en los apartados 2 y 3 del art. 8 y en los arts. 9, 11 y 12 de la presente Ley.

TÍTULO IV
DEL CESE Y LA REVOCACIÓN DE LA PROTECCIÓN INTERNACIONAL

42. *Cese del estatuto de refugiado.* 1. Cesarán en la condición de refugiados quienes:

a) expresamente así lo soliciten;

b) se hayan acogido de nuevo, voluntariamente, a la protección del país de su nacionalidad;

c) habiendo perdido su nacionalidad, la hayan recobrado voluntariamente;

d) hayan adquirido una nueva nacionalidad y disfruten de la protección del país de su nueva nacionalidad;

e) se hayan establecido, de nuevo, voluntariamente, en el país que habían abandonado, o fuera del cual habían permanecido, por temor a ser perseguidos;

f) hayan abandonado el territorio español y fijado su residencia en otro país;

g) no puedan continuar negándose a la protección del país de su nacionalidad por haber desaparecido las circunstancias en virtud de las cuales fueron reconocidos como refugiados; el Estado español tendrá en cuenta si el cambio de circunstancias es lo suficientemente significativo, sin ser de carácter temporal, como para dejar de considerar fundados los temores del refugiado a ser perseguido;

h) no teniendo nacionalidad, puedan regresar al país de su anterior residencia habitual por haber desaparecido las circunstancias en virtud de las cuales fueron reconocidos como refugiados.

2. El cese en la condición de refugiado no impedirá la continuación de la residencia en España conforme a la normativa vigente en materia de extranjería e inmigración. A estos efectos se tendrá en cuenta el período de tiempo que los interesados hayan residido legalmente en nuestro país.

43. *Cese de la protección subsidiaria.* 1. La protección subsidiaria cesará cuando:

a) se solicite expresamente por la persona beneficiaria;

b) la persona beneficiaria haya abandonado el territorio español y fijado su residencia en otro país;

c) las circunstancias que condujeron a su concesión dejen de existir o cambien de tal forma que dicha protección ya no sea necesaria. El Estado español tendrá en cuenta si el cambio de circunstancias es lo suficientemente significativo, sin ser de carácter temporal, como para que la persona con derecho a protección subsidiaria ya no corra un riesgo real de sufrir daños graves.

2. El cese en la protección subsidiaria no impedirá la continuación de la residencia en España conforme a la normativa vigente en materia de extranjería e inmigración. A estos efectos se tendrá en cuenta el período que los interesados hayan residido legalmente en nuestro país.

44. *Revocación.* 1. Procederá la revocación del estatuto de refugiado o del estatuto de protección subsidiaria cuando:

a) concurra alguno de los supuestos de exclusión previstos en los arts. 8, 9, 11 y 12 de esta Ley;

b) la persona beneficiaria haya tergiversado u omitido hechos, incluido el uso de documentos falsos, que fueron decisivos para la concesión del estatuto de refugiado o de protección subsidiaria;

c) la persona beneficiaria constituya, por razones fundadas, un peligro para la seguridad de España, o que, habiendo sido condenada por sentencia firme por delito grave, constituya una amenaza para la comunidad.

2. La revocación de la protección internacional conllevará la inmediata aplicación de la normativa vigente en materia de extranjería e inmigración, y, cuando así procediera, la tramitación del correspondiente expediente administrativo sancionador para la expulsión del territorio nacional de la persona interesada, de conformidad con lo previsto en el art. 57 de la Ley Orgánica 4/2000, de 11 de enero, y en su normativa de desarrollo.

3. A los efectos previstos en el apartado anterior, la Oficina de Asilo y Refugio dará traslado inmediato de la revocación al órgano competente para incoar el correspondiente expediente sancionador.

4. No obstante lo dispuesto en los anteriores apartados, ninguna revocación ni eventual expulsión posterior podrá determinar el envío de los interesados a un país en el que exista peligro para su vida o su libertad o en el que estén expuestos a tortura o a tratos inhumanos o degradantes o, en su caso, en el que carezca de protección efectiva contra la devolución al país perseguidor o de riesgo.

45. *Procedimientos para el cese y la revocación.* 1. La Oficina de Asilo y Refugio iniciará, de oficio o a instancia de parte, cuando concurra causa legal suficiente, los procedimientos de cese y revocación de la protección internacional concedida, haciéndoselo saber a los interesados.

2. En los supuestos de cese y revocación del estatuto de refugiado y de la protección subsidiaria, la persona afectada disfrutará, además de las previstas en el art. 17, de las siguientes garantías:

a) que sea informada por escrito de que se está reconsiderando su derecho de asilo o de protección subsidiaria, así como de los motivos de dicha reconsideración;

b) que le sea otorgado trámite de audiencia para la formulación de alegaciones.

c) que la autoridad competente pueda obtener información precisa y actualizada de diversas fuentes, como por ejemplo, cuando proceda, del Alto Comisionado de las Naciones Unidas para los Refugiados (ACNUR), sobre la situación general existente en los países de origen de las personas afectadas, y

d) que cuando se recopile información sobre el caso concreto con objeto de reconsiderar el estatuto de refugiado, dicha información no se obtenga de los responsables de la persecución de modo tal que dé lugar a que dichos responsables sean informados directamente de que la persona interesada es un refugiado cuyo estatuto está siendo reconsiderado, ni se ponga en peligro la integridad física de la persona interesada y de las personas a su cargo, ni la libertad y la seguridad de sus familiares que aún vivan en el país de origen.

3. A la vista de las actuaciones practicadas en la tramitación del expediente, la Oficina de Asilo y Refugio podrá archivar el expediente, si no fuesen fundadas las causas de cese o revocación inicialmente advertidas.

4. Completado el expediente de cese o revocación, el mismo será remitido por la Oficina de Asilo y Refugio a la Comisión Interministerial de Asilo y Refugio. Si ésta entendiese que no concurren causas suficientes para proceder a la declaración de cese o revocación, ordenará el archivo del expediente.

5. Si, por el contrario, a criterio de la Comisión Interministerial de Asilo y Refugio procediese el cese o la revocación, aquélla elevará la propuesta de resolución al Ministro del Interior, que será quien resuelva.

6. Los ceses y revocaciones conllevarán el cese en el disfrute de todos los derechos inherentes a la condición de refugiado o persona beneficiaria de protección subsidiaria.

7. El plazo para la notificación de las resoluciones recaídas en estos procedimientos será de seis meses a partir de la presentación de la

solicitud por la persona interesada o de la notificación del acuerdo de incoación del procedimiento de cese o revocación. Concluido dicho plazo, y habida cuenta de las suspensiones o ampliaciones que fuesen aplicables, se tendrá por caducado el expediente, procediéndose de oficio a su archivo.

8. Las resoluciones previstas en este Título pondrán fin a la vía administrativa y serán susceptibles de recurso de reposición con carácter potestativo ante el Ministro del Interior y de recurso contencioso-administrativo.

TÍTULO V
DE LOS MENORES Y OTRAS PERSONAS VULNERABLES

46. *Régimen general de protección.* 1. En el marco de la presente Ley, y en los términos en que se desarrolle reglamentariamente, se tendrá en cuenta la situación específica de las personas solicitantes o beneficiarias de protección internacional en situación de vulnerabilidad, tales como menores, menores no acompañados, personas con discapacidad, personas de edad avanzada, mujeres embarazadas, familias monoparentales con menores de edad, personas que hayan padecido torturas, violaciones u otras formas graves de violencia psicológica o física o sexual y víctimas de trata de seres humanos.

2. Dada su situación de especial vulnerabilidad, se adoptarán las medidas necesarias para dar un tratamiento diferenciado, cuando sea preciso, a las solicitudes de protección internacional que efectúen las personas a las que se refiere el apartado anterior. Asimismo, se dará un tratamiento específico a aquéllas que, por sus características personales, puedan haber sido objeto de persecución por varios de los motivos previstos en la presente Ley.

3. Por razones humanitarias distintas de las señaladas en el estatuto de protección subsidiaria, se podrá autorizar la permanencia de la persona solicitante de protección internacional en España en los términos previstos por la normativa vigente en materia de extranjería e inmigración.

47. *Menores.* Los menores solicitantes de protección internacional que hayan sido víctimas de cualquier forma de abuso, negligencia, explotación, tortura, trato cruel, inhumano, o degradante, o que hayan sido víctimas de conflictos armados recibirán la asistencia sanitaria y psicológica adecuada y la asistencia cualificada que precisen.

48. *Menores no acompañados.* 1. Los menores no acompañados solicitantes de protección internacional serán remitidos a los servicios competentes en materia de protección de menores y el hecho se pondrá en conocimiento del Ministerio Fiscal.

2. En los supuestos en los que la minoría de edad no pueda ser establecida con seguridad, se pondrá el hecho en conocimiento inmediato del Ministerio Fiscal, que dispondrá lo necesario para la determinación de la edad del presunto menor, para lo que colaborarán las instituciones sanitarias oportunas que, con carácter prioritario y urgente, realizarán las pruebas científicas necesarias. La negativa a someterse a tal reconocimiento médico no impedirá que se dicte resolución sobre la solicitud de protección internacional. Determinada la edad, si se tratase de una persona menor de edad, el Ministerio Fiscal lo pondrá a disposición de los servicios competentes de protección de menores.

3. De forma inmediata se adoptarán medidas para asegurar que el representante de la persona menor de edad, nombrado de acuerdo con la legislación vigente en materia de protección de menores, actúe en nombre del menor de edad no acompañado y le asista con respecto al examen de la solicitud de protección internacional.

DISPOSICIONES ADICIONALES

Disposición Adicional Primera. *Reasentamiento.* El marco de protección previsto en la presente Ley será de aplicación a las personas acogidas en España en virtud de programas de Reasentamiento elaborados por el Gobierno de la Nación, en colaboración con el Alto Comisionado de las Naciones Unidas para los Refugiados, y, en su caso, otras Organizaciones Internacionales relevantes. El Consejo de Ministros, a propuesta de los Ministros del Interior y de Trabajo e Inmigración, oída la Comisión Interministerial de Asilo y Refugio, acordará anualmente el número de personas que podrán ser objeto de reasentamiento en España en virtud de estos programas.

Los refugiados reasentados en España tendrán el mismo estatuto que los refugiados reconocidos en virtud de las disposiciones de la presente Ley.

Disposición Adicional Segunda. *Desplazados.* La protección temporal en caso de afluencia masiva de personas desplazadas será la prevista en el Reglamento sobre régimen de protección temporal en caso de afluencia masiva de personas desplazadas, aprobado por el Real Decreto 1325/2003, de 24 de octubre.

Disposición Adicional Tercera. *Formación.* La Administración General del Estado velará por que los empleados públicos y demás personas que se ocupen de los solicitantes de protección internacional, refugiados y personas beneficiarias de protección subsidiaria, dispongan de la formación adecuada. A estos efectos, los Ministerios competentes elaborarán programas formativos que les permitan adquirir las capacidades necesarias para el desempeño de los puestos de trabajo.

Disposición Adicional Cuarta. *Cooperación con otras Administraciones Públicas.* Las Comunidades Autónomas, de acuerdo con sus respectivas competencias en los ámbitos sanitario, educativo y social gestionarán los servicios y programas específicamente destinados a las personas solicitantes de asilo, en coordinación y cooperación con la Administración General del Estado.

Asimismo, facilitarán el acceso a la información respecto de los recursos sociales específicos para este colectivo, así como sobre las diferentes organizaciones de atención especializada a personas solicitantes de asilo.

Disposición Adicional Quinta. *Cooperación en el marco de la Unión Europea.* Las autoridades españolas, en el marco de la presente Ley, adoptarán todas las medidas necesarias, con objeto de reforzar el sistema europeo común de asilo y de protección internacional.

Disposición Adicional Sexta. *Colaboración con las Organizaciones No Gubernamentales.* Los poderes públicos promoverán la actividad de las asociaciones no lucrativas legalmente reconocidas entre cuyos objetivos figuren el asesoramiento y ayuda a las personas necesitadas de protección internacional. Sus informes se incorporarán a los oportunos expedientes de solicitudes de protección internacional incoados por el Ministerio del Interior.

Disposición Adicional Séptima. *Normativa supletoria en materia de procedimiento.* En lo no previsto en materia de procedimiento en la presente Ley, será de aplicación con carácter supletorio la Ley 30/1992, de 26 de noviembre.

Disposición Adicional Octava. *Informe Anual.* El Gobierno remitirá a las Cortes Generales un informe anual sobre el número de personas que han solicitado asilo o protección subsidiaria, el número de personas a las que les ha sido concedido o denegado tal estatuto, así como del número de reasentamientos que se hayan efectuado y número de personas beneficiarias de la reagrupación familiar; ceses y revocaciones y situación específica de menores u otras personas vulnerables.

DISPOSICIONES TRANSITORIAS

Disposición Transitoria Primera. *Normativa aplicable a los procedimientos en curso.* Los procedimientos administrativos en tramitación a la entrada en vigor de esta Ley se instruirán y resolverán de acuerdo con lo previsto en ella, salvo que los interesados soliciten expresamente la aplicación de la normativa vigente en el momento de presentación de la solicitud, por considerarlo más favorable a sus intereses.

Disposición Transitoria Segunda. *Normativa aplicable a las personas autorizadas a residir en España por razones humanitarias.* Las personas que hubieran obtenido una autorización para permanecer en España por razones humanitarias conforme a lo previsto en el art. 17.2 de la Ley 5/1984, de 26 de marzo, reguladora del derecho de asilo y de la condición de refugiado, y en los términos de lo dispuesto en el apartado tercero del art. 31 de su Reglamento de aplicación, aprobado por el Real Decreto 203/1995, de 10 de febrero, podrán beneficiarse del derecho a la protección subsidiaria previsto en esta Ley.

DISPOSICIÓN DEROGATORIA

Disposición Derogatoria Única. *Derogación normativa.* Queda derogada la Ley 5/1984, de 26 de marzo, reguladora del derecho de asilo y de la condición de refugiado, y cuantas disposiciones de igual o inferior rango se opongan a lo establecido en esta Ley.

DISPOSICIONES FINALES

Disposición Final Primera. *Título competencial.* Esta Ley se dicta al amparo de lo dispuesto en el art. 149.1.2ª de la Constitución, que atribuye al Estado la competencia exclusiva sobre el derecho de asilo.

Disposición Final Segunda. *Incorporación del Derecho de la Unión Europea.* Mediante esta Ley se incorporan al Derecho español la Directiva 2003/86/CE, del Consejo, de 22 de septiembre, sobre el derecho a la reagrupación familiar; la Directiva 2004/83/CE, del Consejo, de 29 de abril, por la que se establecen normas mínimas relativas a los requisitos para el reconocimiento y el estatuto de nacionales de terceros países o apátridas como refugiados o personas que necesitan otro tipo de protección internacional, y al contenido de la protección concedida; y la Directiva 2005/85/CE, del Consejo, de 1 de diciembre, sobre normas mínimas para los procedimientos que deben aplicar los Estados miembros para conceder o retirar la condición de refugiado.

Disposición Final Tercera. *Desarrollo reglamentario.* Se autoriza al Gobierno para dictar, en el plazo de seis meses, cuantas disposiciones de carácter reglamentario exija el desarrollo de la presente Ley.

Disposición Final Cuarta. *Entrada en vigor.* La presente Ley entrará en vigor a los veinte días de su publicación en el Boletín Oficial del Estado.

II. Real Decreto 203/1995, de 10 de febrero, por el que se aprueba el Reglamento de Aplicación de la Ley 5/1984, de 26 de marzo, reguladora del derecho de Asilo y de la condición de Refugiado, modificada por la Ley 9/1994, de 19 de mayo.

La Ley 5/1984, de 26 de marzo, reguladora del derecho de asilo y de la condición de refugiado, modificada por la Ley 9/1994, de 19 de mayo, establece los principios básicos que han de regir dicha materia en nuestro ordenamiento jurídico.

En tal sentido, la nueva Ley remite de forma reiterada los preceptos de la Convención de Ginebra de 1951 y el Protocolo de 1967 sobre el Estatuto de los Refugiados, y se limita, en el ámbito procedimental, a configurar el marco general al que ha de ajustarse la tramitación de las solicitudes de asilo introduciendo un procedimiento de inadmisión a trámite para impedir la utilización fraudulenta con fines de inmigración económica del sistema de protección a los refugiados.

Para completar la nueva Ley, se dicta el Reglamento adjunto, cuyo contenido se centra en el procedimiento para determinar el reconocimiento de la condición de refugiado y las normas y garantías que deben regir los procedimientos de inadmisión a trámite, tanto en frontera como en el interior del territorio. Trata, asimismo, de los efectos de las resoluciones favorables o desfavorables a las solicitudes de asilo, y los recursos que pueden interponerse frente a una resolución desfavorable, tanto en vía administrativa como jurisdiccional, regulando en especial el contenido y efectos del informe favorable del Alto Comisionado de las Naciones Unidas para los Refugiados en el procedimiento de inadmisión a trámite en fronteras.

Se contempla, finalmente, la situación especial que plantean los desplazados a consecuencia de conflictos o disturbios graves de carácter político, étnico o religioso, para los que se crea una cobertura legal específica que incluye su acceso a las estructuras asistenciales previstas para los solicitantes de asilo y refugiados.

En su virtud, a propuesta de los Ministros de Asuntos Exteriores, de Justicia e Interior y de Asuntos Sociales; con el informe favorable de la Comisión Interministerial de Extranjería; con la aprobación del Ministro para las Administraciones Públicas; de acuerdo con el Consejo de Estado, y previa deliberación del Consejo de Ministros en su reunión del día 10 de febrero de 1995,

DISPONGO:

Único. Se aprueba el Reglamento para la aplicación de la Ley 5/1984, de 26 de marzo, reguladora del derecho de asilo y de la condición de refugiado, modificada por la Ley 9/1994, cuyo texto se inserta a continuación.

DISPOSICION ADICIONAL

Disposición Adicional Unica. Se crea, en la Dirección General de Procesos Electorales, Extranjería y Asilo del Ministerio de Justicia e Interior, la Oficina de Asilo y Refugio, que será dirigida por el Subdirector general de Asilo. Su estructura será la que se establezca en las correspondientes relaciones de puestos de trabajo.

DISPOSICION DEROGATORIA

Disposición Derogatoria Unica. Queda derogado el Real Decreto 511/1985, de 20 de febrero, que aprueba el Reglamento para la aplicación de la Ley reguladora del derecho de asilo y de la condición de refugiado y cuantas normas de igual o inferior rango se opongan al presente Real Decreto.

DISPOSICIONES FINALES

Disposición Final Primera. Se autoriza a los Ministros de Asuntos Exteriores, de Justicia e Interior y de Asuntos Sociales para dictar conjunta o separadamente, en el ámbito de sus compentencias, las disposiciones que sean necesarias para la aplicación de lo dispuesto en el presente Real Decreto.

Disposición Final Segunda. El presente Real Decreto entrará en vigor el día siguiente al de su publicación en el «Boletín Oficial del Estado».

REGLAMENTO DE APLICACION DE LA LEY 5/1984, DE 26 DE MARZO, REGULADORA DEL DERECHO DE ASILO Y DE LA CONDICION DE REFUGIADO, MODIFICADA POR LEY 9/1994, DE 16 DE MAYO

CAPITULO PRELIMINAR
DISPOSICIONES GENERALES

1. *Regulación aplicable.* El reconocimiento de la condición de refugiado, así como el régimen jurídico que corresponda a los solicitantes de asilo, se regularán por lo establecido en la Convención de Ginebra de 28 de julio de 1951 y el Protocolo de Nueva York de 31 de enero de 1967 sobre el Estatuto de los Refugiados; por los Tratados Internacionales y Convenios sobre la materia suscritos por España o que suscriba en el futuro, en especial en el seno de la Unión Europea; por la Ley 5/1984, de 26 de marzo, reguladora del derecho de asilo y de la condición de refugiado, y por el presente Reglamento.

2. *Comisión Interministerial de Asilo y Refugio (CIAR).* 1. La Comisión Interministerial prevista en el artílo 6 de la Ley 5/1984, reguladora del derecho de asilo y de la condición de refugiado, modificada por Ley 9/1994, de 19 de mayo, estará compuesta por representantes de los Ministerios de Asuntos Exteriores, Justicia e Interior y Asuntos Sociales. Será presidida por el Director general de Procesos Electorales, Extranjería y Asilo y, en su defecto, el Subdirector general de Asilo. Desempeñará las funciones de Secretario de la Comisión Interministerial de Asilo y Refugio, con voz pero sin voto, el Subdirector general de Asilo y, en su defecto, cualquier otro funcionario de la Oficina de Asilo y Refugio que designe el Presidente. A sus sesiones será convocado el representante en España del Alto Comisionado de las Naciones Unidas para los Refugiados (ACNUR), que asistirá con voz pero sin voto.

2. A la Comisión Interministerial le serán aplicables las previsiones sobre funcionamiento de los órganos colegiados contenidos en el capítulo II del título II de la Ley de Régimen Jurídico de las Administraciones Públicas y Procedimiento Administrativo Común.

3. Corresponde a la Comisión Interministerial de Asilo y Refugio:

a) Examinar los expedientes de asilo y elevar propuestas de resolución al Ministro de Justicia e Interior.

b) Establecer y revisar periódicamente los criterios generales en que se basarán las propuestas de inadmisión a trámite que se eleven al Ministro de Justicia e Interior sobre la base del apartado 6 del art. 5 de la Ley 5/1984, reguladora del derecho de asilo y de la condición de refugiado, por parte de la Oficina de Asilo y Refugio con arreglo al párrafo e) del art. 3 del presente Reglamento.

c) Elevar al Ministro del Interior las propuestas de autorización de permanencia en España acordadas en el ámbito del art. 17.2 de la Ley 5/1984, de 26 de marzo, reguladora del derecho de asilo y de la condición de refugiado, de conformidad con lo previsto en los apartados 3 y 4 del art. 31 de este Reglamento. [327]

d) Proponer la documentación que se expedirá a los solicitantes de asilo, a los refugiados reconocidos, a quienes se autorice a permanecer en España en aplicación del apartado anterior y a aquellos a los que es de aplicación el Reglamento sobre régimen de protección temporal en caso de afluencia masiva de personas desplazadas, aprobado por el Real Decreto 1325/2003, de 24 de octubre. [328]

e) Conocer de las iniciativas y criterios en que se base la política social y de integración dirigida a los colectivos que se benefician de la aplicación de la Ley 5/1984, reguladora del derecho de asilo y de la condición de refugiado.

f) Recabar información sobre países o regiones de origen de los solicitantes de asilo o refugiados en España y comunicarla a los órganos competentes de la Administración para la cooperación internacional.

g) Examinar los expedientes de revocación y cesación del estatuto de refugiado y proponer al Ministro de Justicia e Interior la resolución que estime oportuna.

---

[327] Dada nueva redacción apartado 3 letra c por disposición final 3 apartado 1 de Real Decreto 2393/2004 de 30 de diciembre de 2004 , con vigencia desde 07/02/2005

[328] Dada nueva redacción apartado 3 letra d por disposición final 2 apartado 2 de Real Decreto 1325/2003 de 24 de octubre de 2003, con vigencia desde 26/10/2003

h) Elevar al Ministro del Interior las propuestas de resolución previstas en el Reglamento sobre régimen de protección temporal en caso de afluencia masiva de personas desplazadas, aprobado por el Real Decreto 1325/2003, de 24 de octubre. [329]

4. La Comisión Interministerial de Asilo y Refugio podrá, en los casos que considere necesarios, recabar información complementaria de cualquier organismo, público o privado, o del propio interesado.

3. *Oficina de Asilo y Refugio.* Las funciones de la Oficina de Asilo y Refugio, creada por la disposición adicional única del Real Decreto de aprobación del presente Reglamento, son las siguientes:

a) Instruir el procedimiento para la concesión de asilo.

b) Constituir el soporte material de la Secretaría de la Comisión Interministerial de Asilo y Refugio.

c) Notificar a los interesados las resoluciones de las solicitudes, sin perjuicio de lo dispuesto en el Real Decreto 1521/1991, de 11 de octubre, sobre creación, competencias y funcionamiento de las Oficinas de Extranjeros.

d) Informar y orientar a los solicitantes de asilo sobre los servicios sociales existentes.

e) Proponer al Ministro de Justicia e Interior, a través del Director general de Procesos Electorales, Extranjería y Asilo, las inadmisiones a trámite de solicitudes de asilo conforme a lo previsto en el art. 5, apartados 6 y 7, de la Ley 5/1984, reguladora del derecho de asilo y de la condición de refugiado.

f) Dar cuenta periódicamente a la Comisión Interministerial de Asilo y Refugio de las inadmisiones acordadas y de los criterios aplicados.

g) Someter a dicha comisión las propuestas de autorización de permanencia en España acordadas en el ámbito del art. 17.2 de la Ley 5/1984, de 26 de marzo, reguladora del derecho de asilo y de la condición de refugiado, de conformidad con lo previsto en los apartados 3 y 4 del art. 31 de este Reglamento. [330]

---

[329] Dada nueva redacción apartado 3 letra h por disposición final 2 apartado 2 de Real Decreto 1325/2003 de 24 de octubre de 2003, con vigencia desde 26/10/2003

[330] Dada nueva redacción letra g por disposición final 3 apartado 2 de Real Decreto 2393/2004 de 30 de diciembre de 2004, con vigencia desde 07/02/2005

h) Proporcionar al representante del ACNUR en España los datos estadísticos y cualesquiera otros relacionados con solicitantes de asilo y refugiados en España, de conformidad con lo establecido en el art. 35 de la Convención de Ginebra de 1951 sobre el Estatuto de los Refugiados.

i) Examinar los expedientes de apatridia y elevar propuestas de resolución al Ministro del Interior a través de la Dirección General de Extranjería e Inmigración. [331]

j) Instruir los expedientes para reconocer el estatuto de apátrida, así como aquellas otras funciones señaladas en los apartados anteriores de aplicación a dichos expedientes. [332]

k) Instruir los expedientes para la concesión de los beneficios de la protección temporal de conformidad con lo previsto en el Reglamento sobre régimen de protección temporal en caso de afluencia masiva de personas desplazadas, aprobado por el Real Decreto 1325/2003, de 24 de octubre, así como aquellas otras funciones señaladas en los apartados anteriores de aplicación a dichos expedientes. [333]

CAPITULO PRIMERO
SOLICITUD DE ASILO Y SUS EFECTOS

SECCION PRIMERA
Presentación de la solicitud de asilo

4. *Lugar de presentación de la solicitud.* 1. El extranjero que desee obtener el asilo en España presentará su solicitud ante cualquiera de las siguientes dependencias:

a) Oficina de Asilo y Refugio.

b) Puestos fronterizos de entrada al territorio español.

---

[331] Añadida letra i por disposición final 1 apartado 1 de Real Decreto 865/2001 de 20 de julio de 2001, con vigencia desde 01/08/2001

[332] Añadida letra j por disposición final 1 apartado 2 de Real Decreto 865/2001 de 20 de julio de 2001, con vigencia desde 01/08/2001

[333] Añadida letra k por disposición final 2 apartado 4 de Real Decreto 1325/2003 de 24 de octubre de 2003, con vigencia desde 26/10/2003

c) Oficinas de Extranjeros.

d) Comisarías Provinciales de Policía o Comisarías de distrito que se señalen mediante Orden del Ministro de Justicia e Interior.

e) Misiones Diplomáticas y Oficinas Consulares españolas en el extranjero.

2. Cuando el representante en España del ACNUR solicite al Gobierno español la admisión urgente de un refugiado o refugiados reconocidos bajo su mandato, y que se hallen en situación de alto riesgo en un tercer país, el Ministerio de Asuntos Exteriores, a través de la Misión Diplomática u Oficina Consular española o de otro país en régimen de cooperación, dispondrá lo necesario para la oportuna comprobación de la situación, entrevista del interesado e informar a la CIAR. Dicho Ministerio dispondrá la expedición, en su caso, de visados, títulos de viaje o salvoconductos y cuantas otras gestiones resulten procedentes, según instrucciones de la Dirección General de Asuntos Consulares del Ministerio de Asuntos Exteriores, para facilitar el traslado a España en los términos de los arts. 16 y 29.4 del presente Reglamento.

5. *Información al solicitante de sus derechos.* 1. La Administración, en colaboración con el ACNUR y las organizaciones no gubernamentales que tengan entre sus objetivos la ayuda a refugiados, elaborará un folleto con toda la información útil para los solicitantes de asilo en varios idiomas. Este documento estará disponible en las dependencias citadas en el artículo anterior y será entregado a los solicitantes en el momento de formular la solicitud con el fin de que entren en contacto con las organizaciones que estimen oportunas.

2. Los solicitantes de asilo que se encuentren en territorio nacional serán informados por la autoridad a la que se dirijan de la necesidad de aportar las pruebas o indicios en que base su solicitud, así como de los derechos que le corresponden de conformidad con la Ley 5/1984, reguladora del derecho de asilo y de la condición de refugiado, en particular del derecho a intérprete y a la asistencia letrada. Asimismo, la autoridad ante quien se hubiese presentado la solicitud facilitará al solicitante atención médica cuando fuese preciso y le orientará acerca de los servicios sociales existentes para la cobertura de sus necesidades humanas inmediatas.

6. *Remisión de la solicitud a la Oficina de Asilo y Refugio y comunicación a los organismos y entidades interesadas.* 1. La remisión y comunicación de solicitudes de asilo e informes sobre las mismas a los órganos competentes y entre los organismos y entidades interesadas, se realizará utilizando las técnicas y medios electrónicos, informáticos y telemáticos más avanzados de que se disponga.

2. Las solicitudes de asilo presentadas en el extranjero serán cursadas a la Oficina de Asilo y Refugio a través del Ministerio de Asuntos Exteriores, acompañadas del correspondiente informe de la Misión Diplomática u Oficina Consular.

3. En los demás casos, las solicitudes de asilo, acompañadas de la documentación correspondiente, se remitirán por las dependencias mencionadas en el art. 4 a la Oficina de Asilo y Refugio de forma directa e inmediata.

4. La Oficina de Asilo y Refugio comunicará la presentación de toda solicitud de asilo al representante en España del ACNUR. Esta comunicación se realizará dentro del plazo máximo de veinticuatro horas, a partir de su recepción por parte de la Oficina de Asilo y Refugio.

7. *Tiempo de presentación de la solicitud.* 1. La solicitud de asilo en el interior del territorio español habrá de presentarse en un plazo de un mes a contar desde la entrada del mismo, salvo en los supuestos en que el extranjero disfrute de un período de estancia legal superior al citado, en cuyo caso podrá presentarse antes de la expiración del mismo. Cuando las circunstancias que justifiquen una solicitud de asilo se deban a una causa sobrevenida en el país de origen, se computará el plazo de un mes a partir del momento en que hayan acontecido los hechos que justifiquen su temor de persecución.

2. Cuando se trate de un solicitante que haya permanecido en situación de ilegalidad durante más de un mes, o haya presentado una solicitud de asilo teniendo incoada una orden de expulsión, la solicitud se presumirá incursa en el párrafo d) del apartado 6 del art. 5 de la Ley 5/1984, reguladora del derecho de asilo y de la condición de refugiado, y se examinará por el procedimiento ordinario de inadmisión a trámite.

8. *Forma de presentación de la solicitud.* 1. Los extranjeros que pretendan solicitar asilo encontrándose ya en territorio español deberán presentar su solicitud mediante una comparecencia personal ante la dependencia que corresponda, según lo previsto en el art. 4. En caso de imposibilidad física o legal del interesado, podrá presentar su solicitud a través de representante acreditado por cualquier medio válido en derecho que deje constancia fidedigna.

2. Las dependencias mencionadas en el apartado 1 del art. 4 dispondrán de un formulario específico para solicitantes de asilo, en castellano y otras lenguas.

3. La solicitud se formalizará mediante la cumplimentación y firma del correspondiente formulario por el solicitante, que deberá exponer de forma detallada los hechos, datos o alegaciones en que fundamente su pretensión. Junto con su solicitud deberá aportar fotocopia de su pasaporte o título de viaje, del que hará entrega si su solicitud es admitida a trámite, así como cuantos documentos de identidad personal o de otra índole estime pertinentes en apoyo de la misma. Si el solicitante no aportase ningún tipo de documentación personal deberá justificar la causa de dicha omisión.

4. Los solicitantes de asilo que se encuentren en territorio nacional tendrán derecho a intérprete y asistencia letrada para la formalización de su solicitud y durante todo el procedimiento.

5. El solicitante designará, en su caso, las personas que dependen de él o formen su núcleo familiar, indicando si solicita para ellas asilo por extensión, en virtud de lo dispuesto en el art. 10 de la Ley 5/1984, reguladora del derecho de asilo y de la condición de refugiado. Cuando dichas personas se encuentren en territorio español, deberán comparecer personalmente junto con el solicitante, aportando su documentación personal si solicitan la extensión del asilo. Si no se solicita la extensión familiar del asilo, se anotarán los nombres y datos documentales de las personas que el solicitante declare como dependientes.

9. *Obligaciones del solicitante.* 1. El solicitante de asilo deberá acreditar su identidad y proporcionar un relato verosímil de la persecución sufrida, mediante la prueba pertinente o indicios suficientes de las circunstancias que justificarían el otorgamiento de asilo. Con fundamento en el relato del solicitante, la Administración investigará las circunstancias objetivas alegadas y valorará su transcendencia a los efectos del asilo.

2. También deberá indicar un domicilio e informar a la autoridad competente, a la mayor brevedad, sobre cualquier cambio que en el mismo se produzca, así como el de quienes, en su caso, formen el

núcleo familiar. El domicilio que conste en la solicitud será considerado domicilio oficial a efecto de notificaciones, salvo que el solicitante haga constar fehacientemente otro distinto durante la tramitación del expediente.

10. *Deber de colaboración entre Administraciones públicas.* Las Administraciones públicas competentes notificarán a la Oficina de Asilo y Refugio de cualquier procedimiento que afecte a solicitantes de asilo o, en su caso, refugiados, en los términos previstos en el art. 4 de la Ley 30/1992, de 26 de noviembre, de Régimen Jurídico de las Administraciones Públicas y del Procedimiento Administrativo Común.

SECCION SEGUNDA
Efectos de la presentación de la solicitud

11. *Permanencia provisional del solicitante de asilo.* 1. Toda la solicitud de asilo presentada en territorio español supondrá la autorización de permanencia provisional en España, cualquiera que sea la situación jurídica del solicitante según la legislación de extranjería o la documentación de que disponga, sin perjuicio de lo dispuesto en el art. 14 del presente Reglamento y de los supuestos de inadmisión a trámite previstos en el capítulo II.

2. La admisión a trámite de una solicitud de asilo presentada en frontera tendrá los efectos previstos en el párrafo anterior.

12. *Garantías de no expulsión del solicitante.* Solicitado el asilo en territorio español en los términos y plazos establecidos en el art. 7, y de conformidad con lo dispuesto en el art. 5.1 de la Ley 5/1984, reguladora del derecho de asilo y de la condición de refugiado, el extranjero no podrá ser expulsado hasta tanto se haya analizado y resuelto su petición, sin perjuicio de las medidas cautelares que puedan adoptarse por la autoridad competente.

13. *Documentación provisional del solicitante.* 1. Al solicitante de asilo se le proveerá de un comprobante de su solicitud debidamente sellado que se unirá a su pasaporte y le habilitará para permanecer en España por un período máximo de sesenta días. Deberá notificar a la dependencia que corresponda cualquier cambio de domicilio.

2. Admitida a trámite la solicitud de asilo, la autorización de permanencia se acreditará mediante la expedición al interesado de un documento de solicitante de asilo que le habilitará para permanecer en el territorio español durante la tramitación del expediente.

3. En el momento de la entrega del citado documento, el interesado depositará, de no haberlo hecho anteriormente, sus documentos personales y de viaje, los cuales se mantendrán en depósito en el supuesto de resolución favorable a la solicitud de asilo.

4. Durante la tramitación del expediente, el solicitante deberá notificar a la Oficina de Asilo y Refugio, de forma inmediata y a través de la dependencia que corresponda en función de su lugar de residencia, cualquier cambio de domicilio.

14. *Medidas cautelares.* Si el solicitante careciere de la documentación exigida para residir en España, el Ministerio de Justicia e Interior podrá acordar la fijación de residencia obligatoria al interesado hasta la resolución definitiva del expediente, siéndole notificado dicho acuerdo por el Gobernador civil de la provincia en que se encuentre. Asimismo, por razones de seguridad pública, el Ministro de Justicia e Interior podrá adoptar cualquiera de las medidas previstas en el art. 6 de la Ley Orgánica 7/1985, de 1 de julio, sobre Derechos y Libertades de los Extranjeros en España.

15. *Prestaciones sociales y trabajo de los solicitantes.* 1. Los solicitantes de asilo, siempre que carezcan de medios económicos, podrán beneficiarse de servicios sociales, educativos y sanitarios que presten las Administraciones públicas competentes, dentro de sus medios y disponibilidades presupuestarias, para asegurar un nivel de vida adecuado que les permita subsistir. Las prestaciones otorgadas podrán modularse cuando la solicitud de asilo se encuentre pendiente de admisión a trámite, y se garantizará, en todo caso, la cobertura de las necesidades básicas de los solicitantes de asilo. Con carácter general, el acceso a la educación, a la atención sanitaria, a la Seguridad Social y a los servicios sociales se regirán por lo dispuesto, respectivamente, en los arts. 9, 12 y 14 de la Ley Orgánica 4/2000, de 11 de enero, sobre derechos y libertades de los extranjeros en España y su integración social. [334]

2. El solicitante de asilo podrá ser autorizado a trabajar por la autoridad competente, de acuerdo con lo previsto en la normativa vigente de extranjería, en función de las circunstancias del expediente y la situación del interesado.

3. En la prestación de los servicios a los que se refiere el apartado 1 de este artículo se tendrá en cuenta la situación específica de las personas en las que concurra una especial vulnerabilidad, tales como menores, menores no acompañados, personas de edad avanzada, mujeres embarazadas, familias monoparentales con hijos menores y personas que hayan padecido torturas, violaciones u otras formas graves de violencia psicológica, física o sexual, conforme a las directrices contenidas en las recomendaciones internacionales que se ocupan de homologar el tratamiento a estos grupos de población desplazada o refugiada. [335]

4. Los solicitantes menores de dieciocho años en situación de desamparo serán remitidos a los servicios competentes en materia de protección de menores, poniéndolo en conocimiento, asimismo, del Ministerio Fiscal. El tutor que legalmente se asigne al menor, le representará durante la tramitación del expediente. Las solicitudes de asilo se tramitarán conforme a los criterios contenidos en los convenios y recomendaciones internacionales aplicables al menor solicitante de asilo.

16. *Traslado a España del solicitante.* 1. Cuando el interesado se encontrase en una situación de riesgo y hubiese presentado su solicitud desde un tercer país a través de una Misión Diplomática u Oficina Consular, o en el supuesto previsto en el apartado 2 del art. 4, la Oficina de Asilo y Refugio podrá someter el caso a la Comisión Interministerial de Asilo y Refugio, para autorizar su traslado a España durante la instrucción del expediente, previa obtención del correspondiente visado, salvoconducto o autorización de entrada, que se tramitarán con carácter urgente.

[334] Dada nueva redacción apartado 1 por disposición final 3 apartado 3 de Real Decreto 2393/2004 de 30 de diciembre de 2004 , con vigencia desde 07/02/2005

[335] Dada nueva redacción apartado 3 por disposición final 3 apartado 4 de Real Decreto 2393/2004 de 30 de diciembre de 2004, con vigencia desde 07/02/2005

2. La Oficina de Asilo y Refugio comunicará el acuerdo de la Comisión Interministerial al Ministerio de Asuntos Exteriores y a la Dirección General de la Policía, que dará traslado de dicha comunicación al puesto fronterizo que corresponda.

3. El solicitante de asilo cuyo traslado a España haya sido autorizado en razón de su situación de riesgo, será informado de los derechos que le asisten conforme a la sección 2 del capítulo I del presente Reglamento, y que podrá ejercitar en el plazo máximo de un mes a partir de su entrada en territorio español.

4. El órgano competente del Ministerio de Asuntos Sociales adoptará la medidas oportunas para la recepción del solicitante por parte de la institución pública o privada que se le asigne.

CAPITULO II
INADMISION A TRAMITE

SECCION PRIMERA
Procedimiento ordinario de inadmisión a trámite

17. *Valoración de las causas de inadmisión a trámite.* 1. La Oficina de Asilo y Refugio, cuando al valorar el contenido de una solicitud de asilo estime que en la misma concurre de modo manifiesto alguna de las circunstancias previstas en el apartado 6 del art. 5 de la Ley 5/1984, reguladora del derecho de asilo y de la condición de refugiado, propondrá al Ministro de Justicia e Interior, a través del Director general de Procesos Electorales, Extranjería y Asilo, su inadmisión a trámite. La correspondiente propuesta motivada e individualizada deberá ir acompañada de la copia de la notificación dirigida al representante en España del ACNUR e informe del mismo, en su caso, que deberá emitirse en el plazo máximo de diez días desde la recepción de dicha comunicación.

2. La propuesta motivada de inadmisión a trámite deberá elevarse al Ministro de Justicia e Interior, en el plazo máximo de treinta días, desde la presentación de la solicitud. El transcurso del plazo de sesenta días desde la presentación de la solicitud sin que ésta se hubiera elevado al Ministro de Justicia e Interior, o sin que este órgano hubiere

resuelto la misma, determinará la admisión a trámite de la solicitud. En este supuesto la dependencia que corresponda proveerá al solicitante de la autorización de permanencia a que se refiere el apartado 2 del art. 13 del presente Reglamento.

SECCION SEGUNDA
Inadmisión en frontera

18. *Criterios de aplicación.* El procedimiento de inadmisión a trámite en frontera se aplicará exclusivamente cuando, además de concurrir de forma manifiesta y terminante alguna de las circunstancias de inadmisión previstas en el apartado 6 del art. 5 de la Ley 5/1984, reguladora del derecho de asilo y de la condición de refugiado, el extranjero carezca de los requisitos necesarios para entrar en España conforme a la legislación general de extranjería vigente.

19. *Presentación y formalización de solicitudes de asilo en frontera.* 1. Se entenderá presentada una solicitud de asilo en frontera a partir del momento en que ésta se formalice en los términos del art. 8.3.

2. El funcionario del Cuerpo Nacional de Policía responsable o, en su caso, de la Oficina de Asilo y Refugio, ante quien se formulara una petición de asilo, informará al interesado de sus derechos en los términos establecidos en el art. 5 del presente Reglamento, y facilitará al interesado un formulario para solicitar asilo con arreglo al art. 8.2, así como asistencia letrada e intérprete en los términos del art. 8.4.

3. El formulario de solicitud de asilo deberá cumplimentarse y ser firmado por el solicitante conforme al art. 8.3. A continuación se remitirá, junto con copia de la documentación aportada por el solicitante, de forma directa e inmediata, a la Oficina de Asilo y Refugio, que procederá a su traslado al ACNUR y se decidirá, a la vista del contenido de la solicitud, su admisión, o bien se propondrá al Ministro de Justicia e Interior la inadmisión a trámite de la misma.

4. En ambos supuestos, la decisión se comunicará al puesto fronterizo en el plazo máximo de setenta y dos horas. En el supuesto de que se autorice la entrada en España del solicitante, se le documentará en los términos del art. 13.2. En este caso, la tramitación del expediente

continuará rigiéndose por lo previsto en el capítulo III del presente Reglamento.

20. *Procedimiento de inadmisión.* 1. Cuando la Oficina de Asilo y Refugio considere que concurre alguna de las causas de inadmisión a trámite previstas en la Ley 5/1984, reguladora del derecho de asilo y de la condición de refugiado, se actuará de acuerdo con el siguiente procedimiento:

a) La Oficina de Asilo y Refugio lo comunicará de inmediato al representante en España del ACNUR, al que enviará una copia de la documentación recibida, pudiendo emitir un informe en el plazo máximo de veinticuatro horas y entrevistarse, si lo desea, con el solicitante, por sí o mediante delegación expresa a través de un letrado competente. El informe del ACNUR que solicite la admisión a trámite deberá ser motivado.

b) El solicitante permanecerá en las dependencias fronterizas, exclusivamente al efecto de que se le notifique la resolución recaída sobre su solicitud, hasta un plazo máximo de setenta y dos horas desde la presentación de la misma.

c) La resolución de inadmisión deberá ser motivada e individualizada, informando al interesado sobre la posibilidad de formular un reexamen de la solicitud o abandonar el territorio nacional al objeto de regresar si lo desea a su país de origen o a un tercer Estado, informándosele, además, de la posibilidad de continuar la tramitación del expediente a través de la Embajada española en el país que corresponda. En este caso, el solicitante deberá expresar su voluntad de abandonar España por escrito, que deberá firmar asistido por letrado y, si fuera necesario, por intérprete. Esta posibilidad se le concederá también en el supuesto de denegarle en el reexamen su petición de asilo.

2. El transcurso de cuatro días sin que se notifique la inadmisión a trámite al interesado implicará la admisión a trámite de su solicitud y la consiguiente autorización de entrada al territorio español.

21. *Procedimiento de reexamen.* 1. Si el interesado a quien se hubiera inadmitido a trámite la solicitud pide el reexamen en el plazo de veinticuatro horas desde la notificación de la resolución, se procederá con arreglo a las siguientes actuaciones:

a) El funcionario responsable en frontera le facilitará un formulario al efecto, en el que podrá oponerse a las causas de inadmisión y formular las alegaciones que estime oportunas.

b) Dicha petición será resuelta por el Ministro de Justicia e Interior, debiendo notificarse la resolución al interesado en el plazo de dos días desde la presentación de la misma. En este caso, con carácter previo a la resolución de la petición de reexamen y en el plazo de veinticuatro horas desde la misma, deberá ser oído el representante en España del ACNUR.

c) El informe del ACNUR favorable a la admisión a trámite de una solicitud a la vista del reexamen, deberá ser motivada. En este supuesto, si el interesado expresa su intención de interponer recurso contencioso-administrativo, se procederá conforme a lo previsto en los arts. 39.2 y 40.

d) El transcurso del plazo previsto sin que se notifique la resolución recaída sobre la petición de reexamen, implicará la admisión a trámite de la solicitud y la consiguiente autorización de entrada en territorio español, continuándose la tramitación del expediente conforme al capítulo III del presente Reglamento.

2. El período previsto para la resolución sobre la inadmisión a trámite de la solicitud presentada en frontera, y sobre la eventual petición de reexamen, no podrá exceder de siete días conforme a lo previsto en el art. 5.7 de la Ley 5/1984, reguladora del derecho de asilo y de la condición de refugiado.

SECCION TERCERA
Efectos de la inadmisión a trámite

22. *Efectos de la inadmisión a trámite en frontera.* 1. La inadmisión a trámite de la solicitud de asilo presentada en frontera, conforme al art. 5.6, a), b) c) y d), de la Ley 5/1984, reguladora del derecho de asilo y de la condición de refugiado, determinará el rechazo del extranjero en frontera, conforme a lo previsto en el art. 17.1 de la Ley 5/1984, reguladora del derecho de asilo, y la condición de refugiado.

2. No obstante lo previsto en el apartado anterior, al inadmitir a trámite una solicitud de asilo en frontera, el Ministro del Interior, en aplicación del art. 17.2 de la Ley 5/1984, de 26 de marzo, reguladora

del derecho de asilo y de la condición de refugiado, podrá autorizar la entrada del extranjero y su permanencia en España en los términos previstos en los apartados 3 y 4 del art. 31 de este Reglamento. [336]

3. Notificada la inadmisión a trámite y transcurridos los plazos previstos en el art. 5.7 de la Ley 5/1984, reguladora del derecho de asilo y de la condición de refugiado, cuando por carencia de documentación adecuada o demora en las posibilidades de transporte no fuera posible la devolución inmediata del extranjero, el Ministerio de Justicia e Interior autorizará su entrada en España conforme al art. 12.4 de la Ley Orgánica 7/1985, de Derechos y Libertades de los Extranjeros en España, decisión que, según las circunstancias, podrá ir acompañada de las medidas cautelares que se estimen oportunas conforme a la legislación de extranjería vigente, dando cuenta, en su caso, a la autoridad judicial.

4. En el supuesto de que la inadmisión a trámite se deba a que corresponda a otro Estado el examen de la solicitud, en virtud de los párrafos e) y f) del art. 5.6 de la Ley 5/1984, reguladora del derecho de asilo y de la condición de refugiado, el Ministerio de Justicia e Interior autorizará la entrada del interesado en territorio español si, en el plazo máximo de setenta y dos horas desde la presentación de la solicitud, no se han resuelto las gestiones oportunas con los estados correspondientes, quedando en suspenso el procedimiento hasta la obtención de respuesta por el Estado en cuestión. Si esta respuesta fuese negativa, quedará sin efecto la propuesta de inadmisión, continuándose la tramitación de la solicitud por el procedimiento ordinario.

23. *Efectos de la inadmisión a trámite en el procedimiento ordinario.* 1. La notificación de la inadmisión a trámite de la solicitud de asilo presentada en el territorio español irá acompañada de la orden de salida obligatoria del extranjero, en el plazo que se le indique, o de su expulsión del territorio nacional, según las circunstancias del caso, de acuerdo con lo dispuesto en los arts. 17.1 y 17.3 de la Ley 5/1984, reguladora del derecho de asilo y de la condición de refugiado, y en las normas de extranjería vigentes.

2. No obstante lo dispuesto en el apartado anterior, si el solicitante de asilo inadmitido reuniera los requisitos necesarios para permanecer

[336] Dada nueva redacción apartado 2 por disposición final 3 apartado 5 de Real Decreto 2393/2004 de 30 de diciembre de 2004 , con vigencia desde 07/02/2005

en España con arreglo a la normativa de extranjería, o si se considerara que existen razones humanitarias conforme al art. 17.2 de la Ley 5/1984, de 26 de marzo, reguladora del derecho de asilo y de la condición de refugiado, el Ministro del Interior, a propuesta de la Comisión Interministerial de Asilo y Refugio, podrá autorizar su permanencia en España en los términos previstos en los apartados 3 y 4 del art. 31 de este Reglamento. [337]

CAPITULO III
TRAMITACION DE LA SOLICITUD DE ASILO

SECCION PRIMERA
Instrucción del expediente

24. *Normas generales de tramitación.* 1. El interesado podrá presentar la documentación e información complementaria que considere conveniente, así como formular las alegaciones que estime necesarias en apoyo de su petición en cualquier momento, durante la tramitación del expediente por la Oficina de Asilo y Refugio. Dichas actuaciones habrán de verificarse antes del trámite de audiencia previo a la remisión del expediente a la Comisión Interministerial de Asilo y Refugio prevista en el art. 6 de la Ley 5/1984, reguladora del derecho de asilo y de la condición de refugiado.

2. La Oficina de Asilo y Refugio podrá recabar, tanto de los órganos de la Administración del Estado como de cualesquiera otras entidades públicas, cuantos informes estime convenientes.

3. Asimismo, se incorporarán al expediente, en su caso, los informes del ACNUR y de las asociaciones legalmente reconocidas que, entre sus objetivos, tengan el asesoramiento y ayuda del refugiado.

4. El plazo máximo de tramitación del expediente será de seis meses. Transcurrido dicho plazo sin que recaiga resolución expresa sobre la solicitud de asilo formulada, ésta podrá entenderse desestimada, sin perjuicio de la obligación de la Administración de resolver

[337] Dada nueva redacción apartado 2 por disposición final 3 apartado 6 de Real Decreto 2393/2004 de 30 de diciembre de 2004 , con vigencia desde 07/02/2005

expresamente. En los supuestos de tramitación a través de Misiones Diplomáticas u Oficinas Consulares, el plazo de seis meses comenzará a contar desde la recepción de la solicitud en la Oficina de Asilo y Refugio.

5. Cuando se paralice el procedimiento por causa imputable al solicitante, la Oficina de Asilo y Refugio le advertirá que, transcurridos tres meses, se producirá la caducidad del mismo. Transcurrido este plazo sin que el particular requerido realice las actividades necesarias para reanudar la tramitación, se acordará el archivo de las actuaciones, notificándoselo al interesado en el último domicilio conocido.

25. *Audiencia a los interesados.* 1. Una vez instruido el expediente e inmediatamente antes de redactar la propuesta de resolución, se pondrá de manifiesto a los interesados para que, en el plazo de diez días, puedan alegar y presentar los documentos y justificaciones que estimen pertinentes.

2. Se podrá prescindir del trámite de audiencia cuando no figure en el procedimiento ni sean tenidos en cuenta en la resolución otros hechos ni otras alegaciones y pruebas que las aducidas por el interesado.

SECCION SEGUNDA
Resolución del expediente

26. *Propuesta de la Comisión Interministerial.* 1. Una vez concluida la instrucción y verificado, en su caso, el trámite de audiencia, el expediente se elevará a la Comisión Interministerial de Asilo y Refugio, que lo examinará, pudiendo, en el caso de considerarlo incompleto, recabar del órgano instructor la subsanación de los defectos observados o la incorporación al mismo de datos o documentos complementarios. En este caso se abrirá un nuevo trámite de audiencia para dar a conocer al interesado dichas actuaciones, pudiendo realizar las alegaciones que estime oportunas.

2. Cuando considere que el expediente está completo, la Comisión Interministerial elevará la correspondiente propuesta de resolución motivada e individualizada al Ministro de Justicia e Interior.

27. *Competencia para resolver el expediente.* 1. En el caso de compartir el criterio de la propuesta de la Comisión, la competencia para la resolución del expediente corresponderá al Ministro de Justicia e Interior.

2. Si el Ministro de Justicia e Interior discrepase de la propuesta de concesión o denegación de asilo formulada por la Comisión Interministerial de Asilo y Refugio, elevará el expediente al Consejo de Ministros para que adopte la resolución pertinente.

3. La resolución del Ministro de Justicia e Interior deberá ser motivada e individualizada y contemplará, si así se hubiera solicitado, la extensión del estatuto de refugiado concedida a los familiares señalados en el art. 10.1 de la Ley 5/1984, reguladora del derecho de asilo y de la condición de refugiado, sin perjuicio de que tal extensión familiar pueda requerirse con posterioridad si no se hubiera solicitado en el momento de la petición inicial o hubieran sobrevenido circunstancias nuevas.

4. Si los familiares o dependientes del refugiado hubiesen elegido permanecer en España al amparo de la legislación general de extranjería, se notificará tal extremo a las autoridades competentes con el fin de que se conceda a estas personas el trato más favorable según dicha legislación.

28. *Notificación de la resolución.* 1. La resolución del expediente de solicitud de asilo será notificada al interesado, en los términos previstos en el art. 58 de la Ley 30/1992, de 26 de noviembre, de Régimen Jurídico de las Administraciones Públicas y del Procedimiento Administrativo Común.

2. La notificación se remitirá al lugar señalado al efecto por el interesado, y en su defecto al último domicilio que conste oficialmente en su expediente. Asimismo, se comunicará la resolución a la dependencia competente conforme al art. 4 y se informará a la organización no gubernamental que tutele al interesado cuando resulte procedente.

3. Cuando se trate de una solicitud formulada desde el extranjero, o que haya sido recurrida encontrándose el solicitante en otro país, la notificación se realizará a través de la Misión Diplomática u Oficina Consular que corresponda.

SECCION TERCERA
Efectos de la resolución

29. *Efectos de la concesión de asilo.* 1. La resolución favorable sobre la petición de asilo en España supondrá el reconocimiento de la condición de refugiado, conforme a la Convención de Ginebra sobre el Estatuto de los Refugiados de 1951, del solicitante y sus dependientes o familiares, en los términos establecidos en el apartado 3 del art. 27 y salvo lo dispuesto en el apartado 4 del mismo artículo del presente Reglamento.

2. La autoridad competente expedirá un documento de identidad que habilitará al refugiado y a los dependientes o familiares a quienes se haya reconocido la extensión familiar para residir en España y desarrollar actividades laborales, profesionales y mercantiles de conformidad con la legislación vigente en tanto persista su condición de refugiado en España.

3. Asimismo, se le expedirá el documento de viaje previsto en el art. 28 de la citada Convención.

4. Cuando el solicitante hubiese presentado su solicitud en una Misión Diplomática u Oficina Consular española, estas dependencias expedirán al interesado el visado o la autorización de entrada necesarios para viajar a España, así como documento de viaje si fuera necesario, en los términos previstos en el art. 16.

30. *Prestaciones sociales y económicas.* [338] Si el refugiado careciese de trabajo o medios económicos para atender a sus necesidades y a las de su familia, podrá beneficiarse de lo previsto en el art. 15 de este Reglamento y de los programas generales o especiales que se establezcan con la finalidad de facilitar su integración. A ellos podrán acogerse igualmente las personas cuya autorización de permanencia de España se haya acordado en virtud de lo dispuesto por el art. 17.2 de la Ley 5/1984, de 26 de marzo, reguladora del derecho de asilo y de la condición de refugiado, en los términos previstos en el art. 31.3 de este Reglamento.

---

[338] Dada nueva redacción por disposición final 3 apartado 7 de Real Decreto 2393/2004 de 30 de diciembre de 2004, con vigencia desde 07/02/2005

31. *Efectos de la denegación.* 1. La notificación de la denegación de la solicitud de asilo irá acompañada de la orden de salida obligatoria del extranjero, en el plazo que se indique, de acuerdo con lo dispuesto en la normativa de extranjería vigente. Una vez finalizado este plazo, no se podrá beneficiar de las prestaciones contempladas en el art. 15 del presente Reglamento, y quedará sujeto a la incoación de un expediente de expulsión del territorio nacional.

2. No obstante, el extranjero cuya solicitud de asilo hubiese sido denegada, podrá permanecer en España si reúne los requisitos necesarios con arreglo a la legislación general de extranjería. Si se hubiese suspendido la tramitación o ejecución de una orden de expulsión en virtud de la solicitud de asilo, la denegación supondrá la continuación de las actuaciones.

3. El Ministro del Interior, a propuesta de la Comisión Interministerial de Asilo y Refugio, podrá autorizar la permanencia en España, conforme a lo previsto en el art. 17.2 de la Ley 5/1984, de 26 de marzo, reguladora del derecho de asilo y de la condición de refugiado, siempre que se aprecien motivos serios y fundados para determinar que el retorno al país de origen supondría un riesgo real para la vida o la integridad física del interesado.

Dicha autorización revestirá la forma de autorización de estancia. En el plazo de un mes, contado desde la notificación de la resolución, salvo retrasos por causa justificada, el interesado deberá solicitar la autorización de residencia temporal prevista en el apartado 3 del art. 45 del Reglamento de la Ley Orgánica 4/2000, de 11 de enero, sobre derechos y libertades de los extranjeros en España y su integración social. Una vez solicitada esta autorización, la resolución del Ministro del Interior por la que se autoriza la permanencia del interesado en España surtirá efectos de autorización de trabajo y permitirá, en su caso, el alta del interesado en la Seguridad Social, hasta que recaiga resolución expresa sobre la solicitud formulada. Estas circunstancias se harán constar expresamente en la propia resolución del Ministro del Interior. [339]

4. Por razones humanitarias distintas de las señaladas en el apartado anterior, el Ministro del Interior, a propuesta de la Comisión

---

[339] Dada nueva redacción apartado 3 por disposición final 3 apartado 8 de Real Decreto 2393/2004 de 30 de diciembre de 2004 , con vigencia desde 07/02/2005

Interministerial de Asilo y Refugio, podrá autorizar la permanencia del interesado en España y, en su caso, recomendar la concesión de una autorización de residencia conforme a lo previsto en el apartado 3 del art. 45 del Reglamento de la Ley Orgánica 4/2000, de 11 de enero, sobre derechos y libertades de los extranjeros en España y su integración social, siempre y cuando la concurrencia de dichas razones humanitarias quede acreditada en el expediente de solicitud de asilo. Dicha autorización de permanencia revestirá la forma de autorización de estancia. [340]

5. Si a la finalización de la autorización de estancia o residencia concedida mantuvieran su vigencia los motivos que la justificaron, el interesado podrá instar, según proceda, la renovación de la autorización de estancia o de residencia temporal. Cuando proceda y, en todo caso, en los supuestos del apartado 3 de este artículo, la autoridad competente para ello solicitará informe a la Comisión Interministerial de Asilo y Refugio sobre dicha vigencia. Transcurridos tres meses desde la fecha de solicitud de renovación sin que haya recaído resolución expresa, se entenderá concedida la renovación por silencio positivo.

Alternativamente, y siempre que cumpla los requisitos establecidos a este efecto, a excepción del visado, el interesado podrá obtener una autorización de residencia y trabajo, de la duración que corresponda en función del tiempo que haya residido y, en su caso, trabajado legalmente en España. [341]

---

[340] Dada nueva redacción apartado 4 por disposición final 3 apartado 9 de Real Decreto 2393/2004 de 30 de diciembre de 2004 , con vigencia desde 07/02/2005

[341] Añadido apartado 5 por disposición final 3 apartado 10 de Real Decreto 2393/2004 de 30 de diciembre de 2004, con vigencia desde 07/02/2005

CAPITULO IV
SITUACION DE LOS REFUGIADOS RECONOCIDOS

SECCION PRIMERA
Derechos y deberes

32. *Obligación general.* Todo refugiado tendrá el deber de acatar la Constitución y el ordenamiento jurídico español.

33. *Derecho de residencia y trabajo.* 1. Todo refugiado reconocido tendrá derecho a residir en España y a desarrollar actividades laborales, profesionales y mercantiles de conformidad con la legislación vigente.

2. Se adoptarán, en los términos previstos en el art. 25 de la Convención de Ginebra de 1951 sobre el Estatuto de los Refugiados, las medidas necesarias para facilitar a los refugiados aquellos documentos o certificados necesarios para el ejercicio de un derecho, en especial aquellos que puedan facilitar su integración en España y que impliquen intervención de las autoridades extranjeras a las que no pueda recurrir.

34. *Excepciones a la extensión familiar del asilo.* 1. Cuando el matrimonio o convivencia estable se constituyan con posterioridad al reconocimiento de la condición de refugiado, el interesado no podrá solicitar la extensión del asilo para sus dependientes, sino el trato más favorable con arreglo a la normativa vigente de extranjería.

2. Lo dispuesto en el apartado anterior no obsta para que los familiares a los que el mismo se refiere soliciten asilo en otro procedimiento por entender que reúnen los requisitos exigidos para su obtención.

35. *Nacionalidad.* Los refugiados reconocidos podrán solicitar la nacionalidad española, de acuerdo con lo establecido en el art. 22.1 del Código Civil.

SECCION SEGUNDA
Sanciones y cesación del Estatuto

36. *Expulsión de los refugiados y revocación del asilo.* La expulsión de los refugiados y la revocación del asilo se regirán, respectivamente, por lo previsto en los arts. 19 y 20 de la Ley 5/1984, reguladora del derecho de asilo y de la condición de refugiado.

37. *Cesación del estatuto de refugiado.* 1. Los beneficios de la Convención de Ginebra de 1951; de la Ley 5/1984, reguladora del derecho de asilo y de la condición de refugiado, y del presente Reglamento cesarán de forma automática en los siguientes casos:

a) Cuando el refugiado haya obtenido la nacionalidad española.

b) Cuando el refugiado se acoja, de nuevo, voluntariamente, a la protección del país de su nacionalidad.

c) Cuando se haya establecido voluntariamente en otro país y se haya producido la transferencia de responsabilidad.

2. Cuando, en virtud de un cambio fundamental de circunstancias en un determinado país, se considere que han desaparecido las causas que justificaran el reconocimiento de la condición de refugiado de sus nacionales, o de un grupo determinado de los mismos, la Comisión Interministerial de Asilo y Refugio, oído el ACNUR, podrá acordar la cesación del estatuto de refugiado. Dicho acuerdo se comunicará a los interesados en el momento de renovar sus documentos, y se les dará un plazo para formular las alegaciones que estimen oportunas.

3. En el supuesto previsto en el apartado anterior, se permitirá la continuación de residencia al amparo de la legislación general de extranjería cuando el interesado alegue justificación razonable para permanecer en España.

CAPITULO V
REEXAMEN DEL EXPEDIENTE Y RECURSOS

38. *Reexamen del expediente.* 1. Las personas a quienes se haya denegado el asilo podrán solicitar de la Oficina de Asilo y Refugio un reexamen de su expediente si concurren las circunstancias previstas en el art. 9 de la Ley 5/1984, reguladora del derecho de asilo y de la condición de refugiado.

2. La Oficina de Asilo y Refugio comunicará al ACNUR la solicitud de reexamen, y valorará si la información aportada lo justifica, en cuyo caso el expediente se tramitará de la misma forma que la solicitud inicial, con omisión de aquellos trámites ya realizados en la primera petición.

3. En caso de estimarse que no concurre ninguna de las circunstancias previstas en el art. 9 de la Ley 5/1984, reguladora del derecho de asilo y de la condición de refugiado, y en el plazo de un mes, el Director general de Procesos Electorales, Extranjería y Asilo, a propuesta de la Oficina de Asilo y Refugio, archivará la petición de revisión, notificándolo al interesado. Contra esta decisión podrá interponerse recurso ordinario en el plazo de un mes ante la Secretaría de Estado de Interior.

39. *Recurso judicial.* 1. Las resoluciones previstas en el art. 21 de la Ley 5/1984, reguladora del derecho de asilo y de la condición de refugiado, pondrán fin a la vía administrativa y serán recurribles ante la jurisdicción contencioso-administrativa, salvo en el caso de que haya sido presentada la petición de reexamen en frontera a que se refiere el art. 5.7 de la citada Ley, en que se entenderá que pone fin a la vía administrativa la resolución que decida dicha petición. Los recursos tendrán tramitación preferente.

2. Cuando el ACNUR hubiera informado favorablemente la admisión a trámite de una solicitud de asilo en frontera y el solicitante manifestase su intención de interponer recurso contencioso-administrativo contra la inadmisión, deberá expresarlo por escrito en documento que se adjuntará al expediente. En este supuesto, se autorizará la entrada del solicitante en el territorio y su permanencia hasta tanto el órgano jurisdiccional competente resuelva sobre la suspensión del acto administrativo. Transcurrido el plazo de dos meses sin que se hubiera interpuesto el recurso contencioso-administrativo contra la inadmisión a trámite por parte del interesado, se aplicarán los efectos de la misma previstos en el art. 23.

40. *Documentación provisional durante el procedimiento judicial.* La admisión de una solicitud de reexamen del expediente y la interposición de recurso contencioso-administrativo con suspensión judicial del acto administrativo implicarán la renovación o, en su caso, expedición de la documentación provisional de solicitante de asilo hasta tanto recaiga resolución firme sobre la concesión o denegación del estatuto del refugiado.

DISPOSICIONES ADICIONALES

Disposición Adicional Primera . *Especial consideración de los desplazados.* [342] *(Derogada)*

Disposición Adicional Segunda . *Situaciones de emergencia.* [343] *(Derogada)*

Disposición Adicional Tercera . *Términos para la designación de letrados colaboradores del ACNUR en el procedimiento.* 1. Para desempeñar de forma efectiva la función prevista en la Ley 5/1984, reguladora del derecho de asilo y de la condición de refugiado, en especial en el procedimiento de inadmisión en fronteras, el ACNUR podrá celebrar convenios de colaboración con organizaciones no gubernamentales que tengan entre sus cometidos el asesoramiento a refugiados y solicitantes de asilo, así como nombrar abogados colaboradores independientes especializados en la materia, con arreglo a criterios de profesionalidad e independencia. Los letrados designados recibirán por parte del ACNUR la formación que este organismo estime adecuada, actuarán bajo su responsabilidad estando sometidos a las incompatibilidades legalmente establecidas.

2. El ACNUR pondrá en conocimiento de la Comisión Interministerial de Asilo y Refugio los nombramientos de abogados colaboradores, acompañados de un breve currículum con la indicación, en su caso, de la organización no gubernamental que los avala. Igualmente se comunicará a la Comisión la baja de aquellos letrados que hayan dejado de colaborar con el ACNUR.

---

[342] Derogada por disposición derogatoria única de Real Decreto 1325/2003 de 24 de octubre de 2003, con vigencia desde 26/10/2003

[343] Derogada por disposición derogatoria única de Real Decreto 1325/2003 de 24 de octubre de 2003, con vigencia desde 26/10/2003

3. Los nombramientos de abogados colaboradores serán comunicados oficialmente a las autoridades competentes en cada provincia y, en especial, a los puestos fronterizos por la Oficina de Asilo y Refugio.

4. En las provincias donde no haya abogado colaborador del ACNUR podrán celebrarse acuerdos con los Colegios de Abogados para establecer un turno de oficio al efecto.

DISPOSICIONES TRANSITORIAS

Disposición Transitoria Primera . *Personas con tarjeta de permanencia temporal.* Las personas a quienes se haya expedido tarjeta de permanencia temporal antes de la entrada en vigor del presente Reglamento y que se hallen comprendidas en las categorías definidas en la Ley 5/1984, reguladora del derecho de asilo y de la condición de refugiado, y en este Reglamento, podrán beneficiarse de las previsiones contenidas en el mismo, en especial la disposición adicional primera, a partir de su entrada en vigor.

Disposición Transitoria Segunda . *Personas con solicitud previa de asilo.* No se aplicarán los artículos sobre procedimiento, competencia y efectos de la denegación de asilo e inadmisión a trámite de este Real Decreto a quienes solicitaran asilo antes de la entrada en vigor del presente Reglamento. Dichas solicitudes continuarán rigiéndose por el del Real Decreto 551/1985, de 20 de febrero, en lo no derogado por la Ley 9/1994, de 19 de mayo.

Disposición Transitoria Tercera . *Personas con estatuto de asilado.* Las personas a quienes se haya concedido estatuto de asilado antes de la entrada en vigor de la Ley 9/1994, de 19 de mayo, que modifica la Ley 5/1984, reguladora del derecho de asilo y de la condición de refugiado, mantendrán dicho estatuto hasta el momento de la renovación de sus documentos de identidad, en que se les expedirá el documento único de refugiado. Estas personas podrán, no obstante, solicitar el documento de viaje de la Convención de Ginebra de 1951, a partir de la entrada en vigor del presente Reglamento. Asimismo, a quienes se haya reconocido la condición de refugiado con anterioridad, podrán solicitar la documentación prevista en el art. 29.2 del presente Reglamento.

III. Real Decreto 220/2022, de 29 de marzo, por el que se aprueba el Reglamento por el que se regula el sistema de acogida en materia de protección internacional.

Desde que, en 1978, España se adhiere a la Convención sobre el Estatuto de los Refugiados, hecha en Ginebra el 28 de julio de 1951, y al Protocolo sobre el Estatuto de los Refugiados, hecho en Nueva York el 31 de enero de 1967, nuestro país manifiesta un importante compromiso con el reconocimiento y ejercicio del derecho a la protección internacional.

Como Estado miembro de la Unión Europea, el avance en la creación de un Sistema europeo común de asilo (SECA) ha ido definiendo el desarrollo de esta política en el plano nacional. El SECA pretende, según fija el artículo 78 del Tratado de Funcionamiento de la Unión Europea, un estatuto uniforme de asilo y de protección subsidiaria para los nacionales de terceros países y un sistema común para la protección temporal de las personas desplazadas, en caso de afluencia masiva.

En este marco se incluye la Directiva 2013/33/UE del Parlamento Europeo y del Consejo, de 26 de junio de 2013, por la que se aprueban normas para la acogida de los solicitantes de protección internacional que busca garantizar unas condiciones un nivel de vida dignas de los solicitantes y unas condiciones comparables en todos los Estados miembros.

En el ámbito nacional, la Ley 12/2009, de 30 de octubre, reguladora del derecho de asilo y de la protección subsidiaria, refiere la necesidad de proporcionar servicios sociales y de acogida a las personas solicitantes en estado de necesidad. Por ello, el capítulo III del título II se refiere a las condiciones de acogida de los solicitantes de protección internacional.

Sobre esta base, desde la década de los ochenta se ha desarrollado y consolidado el Sistema Nacional de Acogida de Protección Internacional que, en la actualidad está compuesto por centros propios de carácter estatal, titularidad del Ministerio de Inclusión, Seguridad Social y Migraciones, que realiza una gestión directa e indirecta de los mismos y, fundamentalmente, por los centros cuya gestión se realiza por entidades sin ánimo de lucro financiados a través de subvenciones públicas.

Este sistema, pensado para la atención a un número limitado de personas, se ha visto desbordado por el aumento exponencial de las solicitudes de protección internacional, configurándose a través de una serie de protocolos, manuales e instrucciones, así como de las distintas normas reguladoras de las subvenciones, lo que ha generado la necesidad de armonizar la regulación mediante esta norma de rango reglamentario con la finalidad de establecer las condiciones generales básicas del sistema de acogida, recoger las características de los centros y recursos de acogida y regular un sistema de financiación y gestión de los recursos de acogida que garantice su estabilidad en el tiempo y una mejor previsión de las necesidades y recursos, fomentando el abordaje plurianual e incentivando la innovación y la reducción de costes.

En este sentido, la Ley 22/2021, de 28 de diciembre, de Presupuestos Generales del Estado para 2022, disposición final decimoséptima, modificó el artículo 31.1 de la Ley 12/2009, de 30 de octubre, al objeto de adaptar el sistema de atención y acogida de personas migrantes y solicitantes de protección internacional a los retos actuales, y establecer un nuevo modelo de colaboración con entidades.

En consecuencia, se plantea una reforma del sistema que incremente su eficiencia en la provisión de los servicios de acogida, mediante un nuevo modelo de colaboración con entidades, a través de un sistema de acción concertada, que se suma a los servicios de acogida gestionados por el Ministerio de Inclusión, Seguridad Social y Migraciones, tanto de forma directa, como indirecta a través de fórmulas contractuales, así como a aquellos otros que con carácter excepcional se dispongan para la atención a situaciones de urgente necesidad y a circunstancias de vulnerabilidad.

A este respecto, cabe señalar que, hasta la fecha, el sistema de acogida de protección internacional se ha financiado, principalmente, a través de un sistema de subvenciones a las entidades que prestan los servicios de acogida, proporcionando una solución coyuntural a un factor que se ha revelado como estructural. En efecto, el carácter eminentemente anual de las mencionadas subvenciones dificulta la visión a largo plazo del sistema, generándose incertidumbre e ineficiencias en la planificación y la gestión de las entidades colaboradoras, especialmente en lo que a recursos humanos y materiales se refiere. Además, el sistema de subvenciones implica elevados costes de tramitación para la Administración General del Estado y dificulta una efectiva evaluación de resultados. Por último, no se generan suficientes incentivos a la innovación o al control de costes.

El nuevo modelo de acción concertada permite superar algunas de las limitaciones del actual sistema de subvenciones. Así, la previa planificación de las necesidades del sistema permite conceder una autorización a toda entidad que cumpla los requisitos establecidos para la prestación de servicios de acogida durante un periodo de hasta cuatro años. De esta manera, se promueve una visión plurianual del sistema, incrementando su estabilidad y previsibilidad y permitiendo, al mismo tiempo, un vínculo más estrecho con las entidades. En este contexto, el nuevo modelo contempla el establecimiento de sistemas interoperables de información, que permitirá su intercambio en tiempo real y el lograr una mayor transparencia, reduciendo la carga administrativa y facilitando la evaluación efectiva.

Entre las inversiones y reformas contempladas en el Plan de Recuperación, Transformación y Resiliencia, el componente 22 recoge la reforma del sistema de atención humanitaria y acogida para solicitantes y beneficiarios de protección internacional, mediante el incremento de la capacidad y flexibilidad del sistema de acogida para ajustarla al tamaño actual de la demanda, así como reforzar la eficiencia del sistema adaptando las prestaciones e itinerarios de acompañamiento que se ofrecen a los diferentes perfiles.

Asimismo, el artículo 7 bis.1 del Real Decreto 497/2020, de 28 de abril, por el que se desarrolla la estructura orgánica básica del Ministerio de Inclusión, Seguridad Social y Migraciones atribuye a la Secretaría de Estado de Migraciones, a través de la Dirección General de Gestión del Sistema de Acogida de Protección Internacional y Temporal, la planificación, desarrollo, y seguimiento del sistema de acogida en materia de protección internacional y temporal así como la planificación, gestión y seguimiento de centros de titularidad pública estatal del sistema de acogida de protección internacional, entre otras funciones.

El real decreto se estructura en un artículo que aprueba el reglamento, tres disposiciones adicionales, una disposición transitoria, una disposición derogatoria y cuatro disposiciones finales.

Por su parte, el reglamento que aprueba este real decreto se compone de cincuenta y tres artículos, divididos en cinco títulos.

El título I regula el objeto del sistema de acogida de protección internacional y su ámbito subjetivo y territorial de aplicación, así como el órgano encargado de la gestión del sistema de acogida de protección internacional, que corresponde a la Secretaría de Estado de Migraciones en el ámbito de sus competencias.

El título II desarrolla los contenidos del itinerario del sistema de acogida de protección internacional. Primero se establecen los principios generales de actuación y las características del sistema de protección internacional, incluyendo la necesaria cooperación interinstitucional para el cumplimiento de los objetivos del sistema. Después se desarrollan los requisitos de acceso y de permanencia en el sistema de protección internacional, con especial mención a las personas en situación de vulnerabilidad. Posteriormente se describen las características del itinerario de acogida de las personas destinatarias del sistema, incluyendo sus derechos y deberes. Este itinerario se realiza en tres fases, la de valoración inicial y derivación, la de acogida y una final de autonomía.

El título III describe la tipología de recursos que forman parte del sistema de acogida de protección internacional y los criterios para la asignación de las personas a dichos recursos. Se definen dos tipos de centros: los de valoración y derivación y los de acogida de protección internacional.

El título IV regula los distintos supuestos en los que va a producirse una reducción o una retirada de las condiciones de acogida sobre la base del artículo 33 de la Ley 12/2009, de 30 de octubre y del artículo 20 de la Directiva 2013/33/UE, del Parlamento Europeo y del Consejo, de 26 de junio de 2013. Aquellos hechos de naturaleza sancionadora serán desarrollados en la normativa que desarrolle el régimen disciplinario correspondiente.

El título V regula la gestión del sistema de acogida de protección internacional mediante la acción concertada. En primer lugar, recoge las disposiciones generales, ámbito de aplicación, definiciones, principios rectores y duración de la autorización. En segundo lugar, se regulan los requisitos de autorización, que deberán cumplir las entidades para poder acceder al sistema. En tercer lugar, se determina el procedimiento de acción concertada y sus distintas fases. En cuarto lugar, se regula la supervisión, el pago y la financiación de la acción concertada. En quinto lugar, se recogen cuestiones relativas a la suspensión y revocación de la autorización de acción concertada. Por último, se establecen provisiones generales para el establecimiento de sistemas de intercambio de información.

Este real decreto se adecúa a los principios de buena regulación establecidos en el artículo 129 de la Ley 39/2015, de 1 de octubre, del Procedimiento Administrativo Común de las Administraciones Públicas. Así, es respetuosa con los principios de necesidad y eficacia en tanto que identifica claramente el fin que pretende, que no es otro que regular el sistema de acogida de protección internacional, mediante una norma en la que se definan las condiciones de acogida en el sistema de protección internacional, los recursos destinados para ello y se regule su financiación mediante el sistema de acción concertada, todo ello, utilizando el rango normativo adecuado.

La norma es proporcional en la medida en que contiene la regulación imprescindible del sistema de acogida de protección internacional.

En cumplimiento del principio de seguridad jurídica, la regulación de este real decreto resulta coherente con el resto del ordenamiento jurídico, nacional y de la Unión Europea, generando un marco normativo estable, predecible, integrado, claro y de certidumbre, que facilite su conocimiento y comprensión.

En cumplimiento del principio de eficiencia, la norma simplifica las cargas para el adecuado reconocimiento de los derechos sociales generales a los que se refieren los artículos 30 y 31 de la Ley 12/2009, de 30 de octubre, configurando el sistema de acogida de protección internacional.

En aplicación del principio de transparencia, el alcance y objetivo se han definido claramente en esta parte expositiva.

Las actuaciones que se lleven a cabo en cumplimiento del presente real decreto respetarán el principio de no causar un perjuicio significativo al medioambiente, en cumplimiento con lo dispuesto en el Plan de Recuperación, Transformación y Resiliencia, en el reglamento (UE) 2021/241 del Parlamento Europeo y del Consejo, de 12 de febrero de 2021, por el que se establece el Mecanismo de Recuperación y Resiliencia, y su normativa de desarrollo, en particular la Comunicación de la Comisión Guía técnica (2021/C 58/01) sobre la aplicación del principio de «no causar un perjuicio significativo», así como con lo requerido en la Decisión de Ejecución del Consejo relativa a la aprobación de la evaluación del Plan de Recuperación, Transformación y Resiliencia de España (CID) y su documento anexo.

El proyecto se ha sometido a trámite de audiencia e información pública, y se ha solicitado informe a las comunidades autónomas y a la Federación Española de Municipios y Provincias. También ha sido informado por los Ministerios del Interior, Hacienda y Función Pública, Política Territorial, Asuntos Económicos y Transformación Digital, Derechos Sociales y Agenda 2030 e Igualdad. Se ha sometido a consulta de la Comisión Interministerial de Extranjería y al Foro para la Integración Social de los Inmigrantes. Por último, se ha solicitado, con carácter de urgencia, el dictamen del Consejo de Estado.

El real decreto se dicta en ejercicio de la habilitación normativa contenida en los artículos 30.2, 31.1 y 33.3 de la Ley 12/2009, de 30 de octubre, y al amparo de lo dispuesto en el artículo 149.1.2.ª de la Constitución, que atribuye al Estado la competencia exclusiva en materia de extranjería y derecho de asilo.

En su virtud, a propuesta del Ministro de Inclusión, Seguridad Social y Migraciones, con la aprobación previa de la Ministra de Hacienda y Función Pública, de acuerdo con el Consejo de Estado, y previa deliberación del Consejo de Ministros en su reunión del día 29 de marzo de 2022,

DISPONGO:

Único. *Aprobación del reglamento por el que se regula el sistema de acogida en materia de protección internacional.* Se aprueba el reglamento por el que se regula el sistema de acogida en materia de protección internacional, cuyo texto se inserta a continuación.

DISPOSICIONES ADICIONALES

Disposición adicional primera. *Régimen en Ceuta y Melilla.* Lo dispuesto en el reglamento también resultará de aplicación a aquellas personas que se encuentren en su ámbito de aplicación en los centros de estancia temporal de inmigrantes en las ciudades de Ceuta y Melilla regulados en el artículo 264.3 del reglamento de la Ley Orgánica 4/2000, sobre derechos y libertades de los extranjeros en España y su integración social, tras su reforma por Ley Orgánica 2/2009, aprobado por el Real Decreto 557/2011, de 20 de abril.

Disposición adicional segunda. *Fórmulas de gestión.* Sin perjuicio de los mecanismos de colaboración a los que se refiere el artículo 24 del reglamento que se aprueba mediante este real decreto, el Gobierno llevará a cabo las actuaciones necesarias para la celebración de convenios con comunidades autónomas que contemplen fórmulas de gestión de los servicios de acogida e inclusión en el ámbito de la protección internacional.

Disposición adicional tercera.   *Acción concertada para la gestión de programas de atención humanitaria del Ministerio de Inclusión, Seguridad social y Migraciones.* Lo dispuesto en el título V del reglamento será aplicable para la gestión de programas de atención humanitaria a personas migrantes en el ámbito de competencias del Ministerio de Inclusión, Seguridad Social y Migraciones, respetando las disposiciones del artículo 11.6 de la Ley 9/2017, de 8 de noviembre, de Contratos del Sector Público.

DISPOSICIÓN TRANSITORIA

Disposición transitoria única.   *Régimen transitorio sobre el intercambio de información para la acción concertada.* Hasta tanto se pongan en marcha y resulten plenamente operativos los sistemas de intercambio de información a los que se refiere el capítulo VI del título V del reglamento, los intercambios de información se realizarán a través de los sistemas de información del Ministerio de Inclusión, Seguridad Social y Migraciones existentes.

DISPOSICIÓN DEROGATORIA

Disposición derogatoria única.   *Derogación normativa.* Queda derogada la Orden de 13 de enero de 1989, sobre Centros de Acogida a Refugiados, y la Resolución de 6 de julio de 1998, de la Dirección General del Instituto de Migraciones y Servicios Sociales (IMSERSO), por la que se aprueba el Estatuto Básico de los Centros de Acogida a Refugiados del IMSERSO y se desarrolla la Orden de 13 de enero de 1989, sobre Centros de Acogida a Refugiados, y cuantas otras disposiciones, de igual o inferior rango, se opongan a lo dispuesto en este real decreto y en el reglamento que por él se aprueba.

DISPOSICIONES FINALES

Disposición final primera.   *Título competencial.* Este real decreto se dicta al amparo de lo dispuesto en el artículo 149.1.2.ª de la Constitución, que atribuye al Estado la competencia exclusiva en materia de extranjería y derecho de asilo.

Disposición final segunda.   *Incorporación de derecho de la Unión Europea.* Mediante este real decreto se incorpora parcialmente al derecho español la Directiva 2013/33/CE del Parlamento Europeo y del Consejo, de 26 de junio de 2013, por la que se aprueban normas para la acogida de los solicitantes de protección internacional.

Disposición final tercera.   *Desarrollo normativo.* 1.   Se faculta a la persona titular del Ministerio de Inclusión, Seguridad Social y Migraciones, en el ámbito de sus competencias, para dictar las disposiciones y adoptar las medidas necesarias para el desarrollo y ejecución de este real decreto y del reglamento que aprueba.

2.   En particular, el título V del reglamento será objeto de desarrollo por orden ministerial, mediante la cual se determinarán los requisitos exigidos a las entidades interesadas, así como las condiciones administrativas, técnicas, temporales y económicas en las que se desarrollará el proceso de acción concertada.

Disposición final cuarta.   *Entrada en vigor.* Este real decreto entrará en vigor el día siguiente al de su publicación en el «Boletín Oficial del Estado».

Dado en Madrid, el 29 de marzo de 2022.
FELIPE R.
El Ministro de Inclusión, Seguridad Social y Migraciones,
JOSÉ LUIS ESCRIVÁ BELMONTE

REGLAMENTO POR EL QUE SE REGULA EL SISTEMA DE ACOGIDA DE PROTECCIÓN INTERNACIONAL

TÍTULO I
Sistema de acogida

CAPÍTULO I
Disposiciones generales

1. *Objeto.* El objeto de este reglamento es desarrollar lo dispuesto en el capítulo III del título II de la Ley 12/2009, de 30 de octubre, reguladora del derecho de asilo y de la protección subsidiaria, configurando el sistema de acogida en materia de protección internacional.

2. *Definiciones.* A los efectos de este reglamento, se entiende por:

a) Sistema de acogida de protección internacional: conjunto de recursos, actuaciones y servicios que se proporcionan a través del correspondiente itinerario a las personas incluidas en el ámbito subjetivo de aplicación del artículo 3 con la finalidad de asegurar la satisfacción de sus necesidades básicas en condiciones de dignidad.

b) Carencia de medios económicos: cuando la persona destinataria dispone de unos ingresos y rentas mensuales que no superan la cuantía mensual individual de la renta garantizada prevista en la Ley 19/2021, de 20 de diciembre, por la que se establece el Ingreso Mínimo Vital. A estos efectos serán computables los bienes patrimoniales propios, ingresos provenientes de un empleo, así como cualquier tipo de ayuda social.

c) Situación de vulnerabilidad: es la convergencia de circunstancias que aumentan la probabilidad de la persona de sufrir contingencias que disminuyan su más elemental bienestar. Entre otras, se incluyen personas menores de edad, personas de edad avanzada, personas con discapacidad, personas con enfermedades graves, mujeres embarazadas, madres o padres solos con hijos o hijas menores de edad, víctimas de trata de seres humanos, víctimas de cualquier manifestación de violencia contra las mujeres, personas pertenecientes a grupos étnicos o nacionales objeto de discriminación, personas con problemas de salud mental, personas LGTBI+ u otras personas que hayan sufrido torturas, violaciones o cualquier forma grave de violencia psicológica, física o sexual, que son distintas de las torturas.

d) Itinerario de acogida: proceso dirigido a favorecer la adquisición gradual de autonomía de las personas destinatarias, a través del acceso a las prestaciones y recursos del sistema, de acuerdo con el momento del procedimiento de protección internacional en el que se encuentren (en tramitación, solicitud admitida o finalizado), con sus características personales y familiares, así como sus eventuales necesidades específicas en materia de acogida e inclusión sociolaboral.

e) Centro de acogida: cualquier lugar de los recogidos en el título III de este reglamento en el que se proporcione alojamiento o cualquier otra de las condiciones materiales de acogida a las personas incluidas en el ámbito subjetivo de aplicación del artículo 3.

f) Condiciones de acogida: conjunto de actuaciones y servicios que deben prestarse a las personas destinatarias que se determinen por las administraciones competentes de conformidad con lo establecido en este reglamento.

g) Condiciones materiales de acogida: las condiciones de acogida que incluyen alojamiento, alimentación y vestuario, proporcionadas en especie o en forma de asignaciones financieras o de vales, y una asignación para gastos diarios.

h) Personas destinatarias: las personas incluidas en el ámbito subjetivo de aplicación por reunir las condiciones del artículo 3.

i) Personas reasentadas: aquellas personas que se encuentran incluidas en el marco del Programa Nacional de Reasentamiento de Refugiados.

3. *Ámbito subjetivo de aplicación.* 1. Podrán acceder al sistema de acogida de protección internacional las personas que presenten una solicitud de protección internacional en los términos descritos en el artículo 17. 1 de la Ley 12/2009, de 30 de octubre, las que fueren beneficiarias de protección internacional en España, así como los solicitantes y beneficiarios del estatuto de apátrida o de protección temporal, siempre que carezcan de recursos económicos suficientes y cumplan los requisitos de acceso y permanencia en el sistema de acogida establecidos en el presente reglamento.

2.   Las personas solicitantes de protección internacional a que hace mención el apartado 1, cuando su solicitud haya sido inadmitida a trámite en España por haber aceptado otro Estado miembro de la Unión Europea la responsabilidad de examinar su solicitud de asilo, en virtud del reglamento (UE) 604/2013 del Parlamento Europeo y del Consejo, de 26 de junio de 2013, podrán ser destinatarias del sistema de acogida durante un periodo no superior a un mes a partir de la notificación de la inadmisión por toma a cargo del interesado por el otro Estado, prorrogable por causas excepcionales, previa autorización por resolución de la Dirección General de Gestión del Sistema de Acogida de Protección Internacional y Temporal.

4.   *Ámbito territorial de aplicación.* Lo dispuesto en el presente reglamento se aplicará a todas las personas que se encuentren en el sistema de acogida de protección internacional, sea cual sea la tipología o ubicación del recurso en el territorio español.

5.   *Gestión del sistema de acogida de protección internacional.* La Secretaría de Estado de Migraciones, en el ámbito de sus competencias, será el órgano responsable de planificar, establecer las prestaciones, actuaciones y servicios incluidos en el sistema de acogida de protección internacional y efectuar el seguimiento y evaluación de todas ellas.

TÍTULO II
Itinerario del sistema de acogida

CAPÍTULO I
Disposiciones comunes

6.   *Principios generales de actuación.* La Secretaría de Estado de Migraciones, a través de la Dirección General de Gestión del Sistema de Acogida de Protección Internacional y Temporal, velará por el respeto a los siguientes principios:

a) Garantizar unas condiciones materiales de acogida durante todo el periodo de permanencia en el sistema de acogida de protección internacional y en cualquiera de las instalaciones o recursos.

b) Asegurar la atención especializada a las necesidades específicas de las personas en situación de vulnerabilidad, de la manera más ágil posible, así como las condiciones adecuadas a la edad, sexo y circunstancias personales, familiares o sociales de las personas destinatarias, con especial atención al tratamiento específico e individualizado de la infancia y la adolescencia.

Para garantizar su puesta en práctica, se desarrollará un sistema de indicadores basados en las circunstancias individuales de las personas destinatarias, así como el país de procedencia, para la planificación del itinerario de acogida y, en su caso, el establecimiento de condiciones básicas o reforzadas de acogida, tal y como se define en el anexo a la Decisión de Ejecución del Consejo, de 13 de junio, relativa a la aprobación de la evaluación del plan de recuperación y resiliencia de España (componente 22, reforma 4).

c) Incorporar el enfoque de derechos humanos, de género y de interseccionalidad en todos los programas, medidas y actuaciones que se lleven a cabo, lo que incluye el reconocimiento de la discriminación y la violencia que afecta específicamente a las mujeres y la prevención y atención a las violaciones de los derechos humanos de las personas LGTBI+ y de las personas por su origen nacional o étnico.

d) Promover y supervisar la armonización de las condiciones del sistema de acogida de protección internacional, garantizando la igualdad de trato a las personas destinatarias y unos estándares mínimos relativos a la prestación de los servicios, la formación de los/las profesionales y las ratios de personas atendidas.

e) Fomentar el proceso de integración gradual y autonomía de las personas destinatarias en el ámbito territorial donde se ubique el recurso de acogida, mediante el diseño de un itinerario individualizado y promoviendo la participación de las personas destinatarias en su elaboración.

f) El mantenimiento de la unidad familiar de las personas incorporadas al sistema de acogida de protección internacional, cualesquiera que sean los recursos a los que se les asigne.

g) Garantizar el interés superior del menor.

h) Garantizar que los solicitantes tengan la posibilidad de comunicarse con sus parientes, con sus asesores jurídicos o consejeros, con personal del Alto Comisionado de Naciones Unidas para los Refugiados en España y de organizaciones y órganos competentes nacionales, internacionales y no gubernamentales, en cualquiera de los recursos de acogida previstos en este reglamento.

i)   Proteger la privacidad y confidencialidad de las personas destinatarias.

j)   Promover la colaboración y complementariedad con los recursos autonómicos y locales destinados a solicitantes y beneficiarios de protección internacional.

7.   *Características del sistema de acogida de protección internacional.* 1.   La acogida de las personas a las que se refiere el artículo 3 podrá prestarse en recursos o servicios gestionados de forma directa o indirecta, por distintos agentes, de acuerdo con lo dispuesto en el artículo 31 de la Ley 12/2009, de 30 de octubre. En concreto, se podrá prestar:

a)   De forma directa, en los centros establecidos para ello por la Secretaría de Estado de Migraciones del Ministerio de Inclusión, Seguridad Social y Migraciones, a través de la Dirección General de Gestión del Sistema de Acogida de Protección Internacional y Temporal.

b)   De forma indirecta, mediante fórmulas contractuales, o bien mediante la correspondiente autorización de acción concertada a entidades de acuerdo con lo recogido en el título V, cuando no sea necesario celebrar contratos públicos, de conformidad con el artículo 11.6 de la Ley 9/2017, de 8 de noviembre, de Contratos del Sector Público, por la que se transponen al ordenamiento jurídico español las Directivas del Parlamento Europeo y del Consejo 2014/23/UE y 2014/24/UE, de 26 de febrero de 2014, o a través de centros subvencionados, siempre que no se duplique la financiación pública de los servicios prestados por estas organizaciones.

2.   Corresponde a la Secretaría de Estado de Migraciones, a través de la Dirección General de Gestión del Sistema de Acogida de Protección Internacional y Temporal, realizar la planificación, coordinación y gestión de los recursos del apartado 1, así como llevar a cabo las labores de seguimiento, control y comprobación necesarias. Esta planificación tendrá en cuenta el sistema de indicadores, establecido mediante resolución de la Secretaría de Estado de Migraciones, para la identificación de circunstancias que den lugar a una fórmula pondera-

da que permitirá a la autoridad responsable de la acogida dirigir a los solicitantes hacia una vía de acogida básica o reforzada.

8. *Cooperación interinstitucional.* 1. Para el cumplimiento de los fines y objetivos inherentes al sistema de acogida de protección internacional, la Secretaría de Estado de Migraciones promoverá la cooperación interinstitucional en el ámbito de la Administración General del Estado, especialmente con aquellos departamentos ministeriales que ejercen competencias en materia de protección internacional y de protección a la infancia, incluido el intercambio de información con fines de seguimiento y evaluación del funcionamiento del sistema de acogida.

2. Asimismo, promoverá la colaboración y cooperación con las administraciones autonómicas y locales, con la finalidad de garantizar la coherencia, complementariedad y eficacia en la aplicación de las políticas de acogida e inclusión a personas destinatarias.

CAPÍTULO II
Acceso y permanencia en el sistema de acogida de protección internacional

9. *Requisitos de acceso al sistema de acogida de protección internacional.* 1. Las personas solicitantes de protección internacional que carezcan de recursos económicos tal y como dispone el artículo 2.b) tendrán derecho a acceder y permanecer en el sistema de acogida de protección internacional en los términos que establece la Ley 12/2009, de 30 de octubre, sin perjuicio de la apreciación, en su caso, de alguna de las causas de inadmisión del artículo 20 de dicha ley, con los efectos legalmente previstos.

2. Si el solicitante ya contaba con recursos económicos cuando presentó la solicitud o si accediera con posterioridad a recursos, se estará a lo dispuesto en el artículo 32.

3. La carencia de medios económicos se acreditará mediante declaración responsable, siendo potestad de la Administración la de requerir, en cualquier momento, la aportación de la documentación acreditativa del cumplimiento de los requisitos, pudiendo asimismo llevar a cabo las comprobaciones que resulten oportunas. Las actuacio-

nes de comprobación se realizarán en el marco de la colaboración de la Secretaría de Estado de Migraciones con las administraciones autonómica y local.

10. *Valoración de las necesidades de las personas en situación de vulnerabilidad durante su permanencia en el sistema de acogida de protección internacional.* 1.   La permanencia en el sistema de personas en situación de vulnerabilidad debe ir unida a una valoración específica de sus necesidades. Esta valoración se realizará de acuerdo con los criterios establecidos por la Secretaría de Estado de Migraciones y su gradación correspondiente, mediante la aplicación, por profesionales con capacitación específica, de indicadores relativos a la edad, el sexo, la discapacidad, la identidad de género, la orientación sexual, la situación familiar, el origen étnico, la nacionalidad, las condiciones en el país de origen u otros indicadores psicosociales y de relación con el entorno, y aquellos otros que determinen la existencia de una situación de excepcional vulnerabilidad y, en consecuencia, unas condiciones reforzadas de acogida.
2.   La valoración de estos indicadores, basados en el seguimiento realizado durante la permanencia de la persona, que hayan puesto de manifiesto la existencia de una situación de vulnerabilidad, deberá registrarse tan pronto como se detecten, y esta información deberá comunicarse al responsable del recurso o centro, a fin de ofrecer las garantías y la ayuda necesaria o bien proponer la derivación a un centro en el que se atiendan las necesidades particulares.

CAPÍTULO III
Itinerario del sistema de acogida de protección internacional

11.   *Itinerario de acogida.* 1.   La intervención a las personas destinatarias se lleva a cabo a través de un itinerario de acogida que se desarrolla en tres fases: valoración inicial y derivación, acogida y autonomía.
2.   El itinerario se inicia con un proceso de evaluación individualizado de las circunstancias de la persona destinataria al acceder al sistema o, en el caso de las personas reasentadas, desde la llegada al territorio. En la definición del itinerario se garantizará la participación

de la persona destinataria en la planificación, desarrollo y evaluación de las acciones que integra, conforme al principio de participación recogido en el artículo 6.

3. Para la determinación de las condiciones materiales de acogida a las que tendrán acceso las personas destinatarias, se tendrán en cuenta, entre otros aspectos, las necesidades particulares que puedan presentar las personas en situación de vulnerabilidad a las que se refiere el artículo 2.c).

4. Para el acceso a las plazas específicas o recursos adaptados a las circunstancias particulares de las personas en situación de vulnerabilidad, se deberá aportar un informe de propuesta de ingreso en una plaza para personas en situación de vulnerabilidad o con necesidades específicas de atención. En dicho informe deberá quedar justificada la necesidad de acogida para una atención específica y especializada, señalando el tipo de recurso al que se propone la derivación y adjuntando toda la documentación que apoye la propuesta, así como cualquier otro aspecto a tener en cuenta para el diseño del itinerario. La derivación se realizará en el plazo más breve posible. En el caso de las personas menores de edad, se realizará una evaluación de su interés superior y necesidades específicas, motivando cada decisión que les afecte.

5. Durante el tiempo de permanencia en el sistema de acogida de protección internacional, se realizará un seguimiento regular de las necesidades particulares de la persona destinataria, para garantizar el abordaje de cualquier cambio que se pueda producir. El seguimiento se realizará de acuerdo con las instrucciones dictadas por la Dirección General de Gestión del Sistema de Acogida de Protección Internacional y Temporal.

6. La propuesta de derivación a plazas para personas en situación de vulnerabilidad podrá señalar la conveniencia de derivar a la persona destinataria a otros recursos o centros no incluidos en el sistema de acogida. Esto se efectuará cuando se haya valorado, de acuerdo con las necesidades específicas de atención y protección, la conveniencia de esta derivación, se haya informado a la persona destinataria en un idioma que comprenda y se cuente con su consentimiento.

Con la finalidad de garantizar la efectiva atención y protección en los supuestos arriba indicados y, en particular, en los casos de personas víctimas de trata de seres humanos, de cualquier manifestación de violencia contra las mujeres, o que hayan padecido torturas, violaciones u otras formas graves de violencia psicológica, física o sexual, serán de aplicación los protocolos y mecanismos de coordinación interinstitucional y derivación que al efecto se establezcan.

7.   La duración total del itinerario no debe superar los dieciocho meses, con la salvedad de aquellos casos de vulnerabilidad, que excepcionalmente se autoricen por la administración competente.

12.   *Derechos y deberes de las personas destinatarias del sistema de acogida de protección internacional.* 1.   Junto a los derechos reconocidos a los solicitantes de protección internacional en el artículo 18 de la Ley 12/2009, de 30 de octubre, las personas destinatarias tendrán, desde que accedan al sistema de acogida de protección internacional y durante el tiempo en que permanezcan en él, los siguientes derechos:

a)   Ser informadas, en un idioma que comprendan, sobre las condiciones del sistema de acogida de protección internacional y del recurso de acogida, de sus derechos y deberes como personas usuarias, así como de las causas para la reducción o retirada de las condiciones de acogida. Cuando las personas destinatarias sean personas menores de edad, se establecerá un procedimiento que asegure el acceso a información adaptada a su edad y madurez y el derecho a ser oídos.

b)   Conocer los derechos y deberes relativos a su situación administrativa, así como los requisitos para su permanencia en el recurso del sistema de acogida de protección internacional que le haya sido asignado. En el caso de las personas en situación de vulnerabilidad o con necesidades específicas de atención, esta información comprenderá la relativa a los derechos y recursos especializados a los que puedan tener acceso.

c)   Recibir una atención integral para la recuperación de la violencia que, en su caso, hubiera sufrido con anterioridad o en el contexto del desplazamiento.

d)   Hacer uso de los servicios y actividades prestados en el recurso de acogida, con respeto a las normas de convivencia y funcionamiento establecidas, así como al acceso a las actividades previstas en este reglamento, con independencia de su situación habitacional y siempre que no hayan sido dados de baja del sistema por haber incurrido en alguna de las causas previstas en el artículo 32.

e)   Ser informadas de cualquier modificación del régimen de funcionamiento del recurso, así como de los posibles traslados a otros recursos con la debida antelación.

f) Dirigirse al personal responsable del recurso asignado y utilizar las vías establecidas para formular las peticiones y reclamaciones relativas a su tratamiento o al sistema que eventualmente formulen.

g) Derecho a la confidencialidad de los datos de carácter personal, según legislación vigente.

h) Derecho a comunicarse con sus parientes, con sus asesores jurídicos o consejeros, con personas que representen a ACNUR y a otras organizaciones y órganos competentes nacionales, internacionales y no gubernamentales.

2. Junto a las obligaciones impuestas a los solicitantes de protección internacional en el artículo 18 de la Ley 12/2009, de 30 de octubre, las personas destinatarias deberán observar las normas de funcionamiento básico de los centros y evitar las conductas que, de conformidad con lo dispuesto en el título IV de este reglamento, pueden derivar en una reducción o retirada de las condiciones de acogida.

Asimismo, estarán obligadas a cooperar con las autoridades competentes y entidades autorizadas en el marco del sistema de acogida, cuando así se le requiera en relación a cualquier circunstancia de participación en el mismo, salvo razones excepcionales debidamente justificadas.

3. Se facilitará a las personas destinatarias la información sobre sus derechos y deberes en el primer idioma que indiquen. Si no fuera posible, se les proporcionará en un idioma que razonablemente comprendan.

13. *Información.* 1. Las personas destinatarias del sistema de acogida de protección internacional serán informadas de los derechos y obligaciones que comporta su participación en el itinerario de acogida. La información deberá proporcionarse en el primer idioma que indique el destinatario o, si no fuera posible, en un idioma que razonablemente comprendan.

2. En el momento de ingresar en el sistema de acogida de protección internacional, las personas destinatarias deberán suscribir el compromiso escrito de participación en dicho sistema y de respeto a las obligaciones que les correspondan mientras permanezcan en él.

14. *Finalización del itinerario de acogida.* 1. El itinerario en el sistema de acogida de protección internacional finalizará por cualquiera de las causas establecidas en el artículo 32.2.

2.   La notificación al interesado de la resolución desfavorable determinará la finalización del itinerario.

3.   Dictada resolución, si ésta fuera favorable a la concesión de la protección internacional o del estatuto de apatridia, las administraciones competentes velarán por facilitar la plena inclusión de la persona en la sociedad española. Para ello, la Secretaría de Estado de Migraciones promoverá la cooperación con otras administraciones competentes mediante la formalización de acuerdos o protocolos de actuación.

CAPÍTULO IV
Fase de valoración inicial y derivación

15.   *Objetivo.* 1.   El objetivo de esta fase es realizar una primera valoración del perfil y necesidades de la persona destinataria, para su derivación, en el plazo más breve posible, a los recursos disponibles más adaptados a su perfil. Se realizará un proceso de evaluación del interés superior del menor en todos aquellos casos de familias con hijos menores de edad a cargo.

2.   Al objeto de garantizar la cobertura de las necesidades básicas y urgentes, incluido el alojamiento provisional, se podrá proceder a su derivación, con carácter provisional, a alguno de los centros o recursos de alojamiento descritos en el título III.

3.   La fase de valoración inicial y derivación incluirá una evaluación de posibles factores de vulnerabilidad, de acuerdo con el artículo 11, con el fin de identificar eventuales necesidades específicas de acogida y de proceder a su derivación a los recursos del sistema adecuados a las necesidades particulares de atención detectadas.

16.   *Actuaciones.* Las actuaciones que se realizarán en la fase de valoración inicial y derivación serán las siguientes:

a)   Valorar las necesidades particulares de acogida o intervención, si las hubiera, de las personas destinatarias atendiendo a factores de vulnerabilidad que puedan requerir una atención especial, de conformidad con el artículo 46 de la Ley 12/2009, de 30 de octubre.

b)   Ofrecer orientación básica sobre el sistema de acogida de protección internacional.

c) Recabar la información que acredite el cumplimiento de los requisitos establecidos en el artículo 9 para acceder al sistema de acogida y otros datos básicos.

d) Atender, si fuera necesario, las necesidades básicas y urgentes de las personas destinatarias, consistentes, como mínimo, en la entrega de kits básicos de higiene personal y vestuario, alojamiento provisional y manutención, incluida alimentación infantil y asistencia sanitaria y de control epidemiológico.

e) Realizar las gestiones necesarias para el acceso al sistema de acogida de las personas destinatarias que reúnan las condiciones establecidas en el artículo 3.

f) Prestar atención psicológica en caso necesario y asistencia jurídica específica en materia de protección internacional y del estatuto de apatridia.

g) Ofrecer traducción e interpretación cuando se requiera, garantizando la accesibilidad universal.

h) Cualesquiera otras actuaciones que pueda determinar de la Dirección General de Gestión del Sistema de Acogida de Protección Internacional y Temporal de la Secretaría de Estado de Migraciones y que sirvan a los fines del itinerario de acogida.

17. *Duración.* La permanencia en recursos de alojamiento provisional será del tiempo imprescindible para la valoración y derivación a un recurso adecuado de la fase de acogida, no pudiendo exceder, con carácter general, de un mes desde el ingreso en ellos. La Dirección General de Gestión del Sistema de Acogida de Protección Internacional y Temporal podrá ampliar este plazo por razones debidamente justificadas y en supuestos excepcionales.

CAPÍTULO V
Fase de acogida

18. *Objetivo.* 1. El objetivo de esta fase es apoyar la inclusión de las personas destinatarias y proporcionar las habilidades necesarias para desarrollar una vida independiente a la salida de los recursos de acogida.

2.   Esta fase se inicia con la asignación de un recurso de acogida a la persona destinataria, adecuado a su perfil y necesidades. Durante esta fase, además de garantizar las condiciones materiales de acogida de alojamiento y manutención de las personas destinatarias, se procederá a diseñar, con su participación, un itinerario individualizado que facilite su inclusión y adquisición de autonomía. En el caso de las personas menores de edad, su itinerario tendrá el objetivo de facilitar y acompañar el cumplimiento de su interés superior, con especial atención a su derecho a la educación, al esparcimiento, a la vida familiar, al desarrollo, a la protección, y a los servicios de salud mental y atención psicosocial.

3.   Los dispositivos adscritos a la fase de acogida contarán con equipos multidisciplinares a fin de proporcionar a las personas residentes las condiciones materiales de acogida, así como otras actuaciones que les garanticen una atención integral.

Asimismo, garantizarán la atención a las necesidades particulares de las personas en situación de vulnerabilidad a través de los recursos específicos cuyas características se encuentran descritas en el título III. Si se detectan necesidades particulares que no hubieran emergido en la fase de valoración inicial se derivará a las personas a estos recursos específicos.

19.   *Actuaciones.* Durante la fase de acogida se podrán llevar a cabo las siguientes actuaciones:

a)   Cubrir las necesidades materiales de acogida.

b)   Prestar apoyo, intervención y acompañamiento social, psicológico, jurídico y cultural.

c)   Proporcionar enseñanza del idioma y actuaciones de alfabetización y lectoescritura para el desenvolvimiento de las personas destinatarias en el territorio de acogida, en caso necesario.

d)   Facilitar asesoramiento sociolaboral y apoyo en el acceso a programas de formación.

e)   Facilitar servicios de traducción e interpretación, garantizando la accesibilidad universal.

f)   Promover el acceso al sistema educativo de las personas menores de edad en el plazo máximo de tres meses desde la fecha de presentación de la solicitud de protección internacional o del estatuto de apatridia.

g)   Apoyar la conciliación de las actividades que tenga que desarrollar la persona destinataria con su vida personal y familiar.

h)   Cualesquiera otras actuaciones que pueda determinar la Dirección General de Gestión del Sistema de Acogida de Protección Internacional y Temporal de la Secretaría de Estado de Migraciones y que sirvan a los fines del itinerario de acogida.

20.   *Duración.* 1.   La duración de esta fase se extenderá hasta la resolución del procedimiento de solicitud de apatridia o de protección internacional, en los términos establecidos en el artículo 24 de la Ley 12/2009, de 30 de octubre, que fija un plazo máximo de seis meses, pudiendo excepcionalmente dicho plazo ser superior en los términos establecidos en el artículo 19 de la misma ley.

2.   En el supuesto de beneficiarios de protección internacional que se encuentren en situación de vulnerabilidad, su permanencia podrá extenderse por una duración adicional de un máximo de seis meses.

3.   En el supuesto de personas reasentadas, su permanencia en esta fase tendrá una duración máxima de seis meses.

CAPÍTULO VI
Fase de autonomía

21.   *Objetivo.* 1.   El objetivo de esta fase es apoyar la adquisición de autonomía de las personas beneficiarias de protección internacional o del estatuto de apatridia, así como la consolidación de conocimientos y habilidades que hagan efectiva su plena inclusión en la sociedad.

2.   El inicio de la fase de autonomía se produce con la salida del recurso de acogida e implica la continuación del itinerario individualizado diseñado en la fase de acogida.

22.   *Actuaciones.* Durante la fase de autonomía se podrán llevar a cabo las siguientes actuaciones:

a)   Apoyar la autonomía mediante la asignación de ayudas económicas destinadas a cubrir las necesidades básicas. La concesión de estas ayudas vendrá determinada en función de las necesidades individualizadas de cada persona.

b)   Prestar apoyo social, psicológico, jurídico y cultural.
c)   Proporcionar enseñanza del idioma y actuaciones de alfabetización y lectoescritura en caso necesario.
d)   Facilitar asesoramiento sociolaboral y apoyo en el acceso a programas de formación.
e)   Facilitar servicios de traducción e interpretación.
f)   Apoyar la conciliación de las actividades que tenga que desarrollar la persona destinataria con su vida personal y familiar.
g)   Cualesquiera otras actuaciones que pueda determinar la Dirección General de Gestión del Sistema de Acogida de Protección Internacional y Temporal de la Secretaría de Estado de Migraciones y que sirvan a los fines del itinerario de inclusión.

23.   *Duración.* 1.   La fase de autonomía tendrá una duración máxima de seis meses.
2.   Sin perjuicio de lo dispuesto en el apartado anterior, la fase de autonomía podrá tener una duración máxima adicional de seis meses en el caso de personas reasentadas y de personas en situación de vulnerabilidad.

24.   *Cooperación para la inclusión social de las personas beneficiarias de protección internacional.* El Ministerio de Inclusión, Seguridad Social y Migraciones promoverá, a través de la Secretaría de Estado de Migraciones, en el ámbito de sus competencias, estrategias de inclusión de las personas beneficiarias de protección internacional mediante la cooperación y colaboración con las comunidades autónomas. Para ello, se podrán celebrar los oportunos convenios, acuerdos o cualquier otro instrumento de colaboración.

TÍTULO III
Recursos del sistema de acogida de protección internacional

CAPÍTULO I
Disposiciones generales

25.   *Tipología de recursos del sistema de acogida de protección internacional.* 1.   El sistema de acogida de protección internacional se compone de una red de recursos de acogida residencial de titularidad pública y privada, bajo dependencia funcional de la Secretaría de Estado de Migraciones, a la que corresponde la coordinación y evaluación, y que serán gestionados de acuerdo con lo dispuesto en el artículo 31 de la Ley 12/2009, de 30 de octubre. En concreto, la acogida de las personas destinatarias incluidas en el ámbito subjetivo del artículo 3 se llevará a cabo en los siguientes recursos:

a) Centros de titularidad pública estatal, gestionados por la Secretaría de Estado de Migraciones, mediante la prestación directa de los servicios por personal de la administración, o bien indirecta a través de fórmulas contractuales o subvenciones.

b) Dispositivos de acogida gestionados mediante autorización de acción concertada que sea otorgada por la Secretaría de Estado de Migraciones a entidades de carácter privado, de conformidad con lo dispuesto en el título V.

c) Otros dispositivos de acogida de titularidad privada, subvencionados a organizaciones no gubernamentales, que se pongan a disposición del sistema de acogida de protección internacional, cuando sea necesario por razones de urgente necesidad e interés general, o para garantizar la atención especializada a personas destinatarias que se encuentren en situación de vulnerabilidad.

2. Todos los recursos que integran el sistema de acogida deberán cumplir con las disposiciones de este reglamento y aplicarán las instrucciones y protocolos que, en su desarrollo, se dicten por la Secretaría de Estado de Migraciones y sus órganos administrativos, en relación con las condiciones de acogida, garantizando la armonización en la intervención con las personas destinatarias, sin perjuicio de las actuaciones dirigidas a la atención de necesidades específicas de las personas en situación de vulnerabilidad.

3. Con independencia de la titularidad y tipología del recurso en el que se encuentren las personas destinatarias del sistema de acogida y de la fase del itinerario, la Secretaría de Estado de Migraciones, a través de la Dirección General de Gestión del Sistema de Acogida de Protección Internacional y Temporal, velará en todo momento por garantizar el cumplimiento de los principios generales recogidos en el artículo 6 de este reglamento.

4. Los centros que integran el sistema de acogida de protección internacional se regirán por las normas de funcionamiento básico que se determinen por la Dirección General de Gestión del Sistema de

Acogida de Protección Internacional y Temporal en la correspondiente instrucción, de acuerdo con los principios de necesidad, proporcionalidad, no discriminación, igualdad de trato, publicidad y vinculación de los requisitos y normas de funcionamiento con los servicios que se presten.

Los recursos del sistema de acogida de protección internacional deberán contar con una reglamentación interna fijada con arreglo a los criterios comunes que para ello se establezcan, que cuente con la conformidad de la Dirección General de Gestión del Sistema de Acogida de Protección Internacional y Temporal, de acuerdo con los principios de necesidad, proporcionalidad y no discriminación.

26.   *Principios rectores.* Constituyen principios rectores de la gestión de los recursos, cualquiera que sea su tipología y unidad responsable de su gestión, los siguientes principios:

a)   Igualdad de trato entre todas las personas destinatarias del sistema de acogida de protección internacional.

b)   Perspectiva de género e interseccionalidad.

c)   Prevención, detección, actuación y derivación ante posibles casos de trata de seres humanos.

d)   Proporcionalidad en la adopción y ejecución de las decisiones de reducción o de retirada de las condiciones de acogida.

e)   Inspección y control materiales y financieros de la gestión.

f)   La prevención del acoso y de los actos de violencia de género, incluida la violencia y el acoso sexuales.

27.   *Asignación de recursos.* 1.   Las personas destinatarias serán derivadas al recurso de alojamiento que se considere más adecuado atendiendo a los criterios siguientes:

a)   La edad, el sexo, la discapacidad y la situación familiar, así como, en la medida de lo posible, otras características asociadas a su posible vulnerabilidad y a las eventuales necesidades específicas de acogida que se detecten, previa evaluación de la persona destinataria, incluido el perfil sociolaboral.

b)   La promoción de una distribución territorial equilibrada.

c)   El lugar de presentación de su solicitud de protección internacional y el estado de su tramitación.

2.   Excepcionalmente, y salvo en los casos en los que concurra fuerza mayor o citación de las autoridades o de los tribunales, la perso-

na que desee abandonar temporalmente la provincia en que se sitúa el recurso de acogida al que fue asignada, podrá solicitar la autorización del órgano administrativo correspondiente de la Secretaría de Estado de Migraciones cuando concurran circunstancias tales como motivos laborales, razones médicas o situaciones relacionadas con familiares de hasta el primer grado, siempre que se aporte documentación justificativa.

CAPÍTULO II
Características de los recursos del sistema de acogida de protección internacional

28. *Centros de valoración inicial y derivación.* 1. Los centros de valoración inicial y derivación son establecimientos de alojamiento colectivo y estancia provisional, en los que se proporciona a las personas destinatarias las actuaciones señaladas en el capítulo IV del título II.

2. La ubicación, dimensiones y capacidad de los centros atenderá a razones de proximidad geográfica con las zonas del territorio que reciban mayores flujos migratorios.

29. *Centros de acogida de protección internacional.* 1. Los centros de acogida de protección internacional son centros abiertos, de alojamiento colectivo, destinados a proporcionar, en los términos de lo dispuesto en el capítulo V del título II de este reglamento, acogida a las personas destinatarias en atención a la valoración realizada sobre sus necesidades de acogida una vez que su solicitud haya sido admitida a trámite.

2. Estos centros tendrán las siguientes características:

a) Estarán dirigidos a proporcionar a las personas destinatarias, en tanto se resuelve su solicitud de protección internacional, un itinerario individualizado dentro del sistema de acogida de protección internacional conforme a lo previsto en su compromiso de participación en dicho sistema. Asimismo, en ellos se proporcionará acompañamiento para el acceso a los servicios y prestaciones puestos a disposición de la ciudadanía por las administraciones públicas competentes, a través de los instrumentos de colaboración orientados a favorecer la interacción social con la comunidad de acogida.

b)   Contarán con dotación material y personal precisa para garantizar la atención a las personas destinatarias, proporcionándoles unas condiciones de acogida dignas y adaptadas a sus necesidades. Asimismo, se podrá prever la dedicación específica de centros, instalaciones y plazas a la atención de necesidades particulares de personas en situación de vulnerabilidad.

c)   Contarán con protocolos de prevención del acoso y los actos de violencia de género, incluida la violencia y el acoso sexuales. Estos protocolos incluirán el establecimiento en cada centro de un punto focal que sirva de referencia para la prevención, detección y coordinación de actuaciones en casos de violencia contra las mujeres.

30.   *Personal al servicio de los recursos del sistema de acogida de protección internacional.* 1.   Las personas que trabajen o presten servicios en los recursos de acogida deberán tener una formación adecuada, incluida formación específica en materia de igualdad de oportunidades y violencia contra las mujeres, y estarán sometidas a las normas de confidencialidad en relación con la información a que tengan acceso por razón de su trabajo.

2.   La Dirección General de Gestión del Sistema de Acogida de Protección Internacional y Temporal promoverá la realización de cursos y actividades concretas de formación de obligado cumplimiento, en especial, en el ámbito de las actuaciones a realizar respecto de las situaciones que acontecen en lo regulado en el título IV.

31.   *Normas de funcionamiento básico de los recursos.* Corresponderá a la Dirección General de Gestión del Sistema de Acogida de Protección Internacional y Temporal la aprobación de las normas básicas de funcionamiento aplicables y exigibles en todos los recursos del sistema de acogida de protección internacional.

TÍTULO IV
Reducción o retirada de las condiciones de acogida

32. *Reducción o retirada de las condiciones del sistema de acogida de protección internacional.* 1. Los siguientes supuestos darán lugar a la reducción de las actuaciones de acogida:

a) El acceso a recursos económicos que suponga la superación del umbral establecido en el artículo 2.b) de este reglamento, siempre que no se supere la cuantía prevista en el apartado segundo de este artículo, en cuyo caso se producirá la retirada de las condiciones de acogida.

b) El abandono del centro o dispositivo de acogida asignado sin informar a los responsables, cuando, de conformidad con el régimen disciplinario aplicable, no deba dar lugar a la retirada de las condiciones de acogida.

c) La vulneración de las normas de funcionamiento básico del centro o de los derechos de otros residentes o del personal, así como la perturbación de la convivencia, cuando, de conformidad con el régimen disciplinario aplicable, estas conductas no den lugar a la retirada de las condiciones de acogida.

2. Los siguientes supuestos darán lugar a la retirada de las condiciones de acogida:

a) La falta de formalización, inadmisión, denegación o desistimiento de la solicitud de protección internacional de protección temporal o de apatridia.

b) El cese o la revocación del estatuto de refugiado o de la protección subsidiaria concedida conforme a lo establecido en el título IV de la Ley 12/2009, de 30 de octubre.

c) El acceso a recursos económicos cuando estos superen el importe de las prestaciones que se reciben. La determinación de estos costes se hará conforme a lo establecido en el artículo 42 de este reglamento.

d) Haber finalizado el periodo del programa o prestación concretamente autorizado.

e) El abandono del centro o dispositivo de acogida asignado sin informar a los responsables, cuando así lo prevea el régimen disciplinario aplicable.

f) La vulneración de las normas de funcionamiento básico del centro o de los derechos de otros residentes o del personal, así como la perturbación de la convivencia, cuando así lo prevean el régimen disciplinario aplicable.

TÍTULO V
Gestión del sistema de acogida mediante acción concertada

CAPÍTULO I
Disposiciones generales

33.   *Objeto y finalidad de la acción concertada.* 1.   El objeto de la acción concertada es la prestación de los servicios del sistema de acogida, en las condiciones establecidas en este reglamento.

2.   Los servicios de acogida destinados a las personas incluidas en el ámbito subjetivo de aplicación del artículo 3, se podrán prestar por medio de la acción concertada regulada en el presente título, de conformidad con lo establecido en el artículo 31.1 de la Ley 12/2009, de 30 de octubre.

34.   *Ámbito material de aplicación de la acción concertada.* Este título será de aplicación a la acción concertada del Ministerio de Inclusión, Seguridad Social y Migraciones, para la atención de las personas destinatarias del reglamento, con las entidades que cumplan los requisitos establecidos en el artículo 38.

35.   *Definiciones.* A los efectos de este título V, se entiende por:

a)   Acción concertada: Instrumento por el que se concede la autorización a aquellas entidades que cumplan las condiciones establecidas en este reglamento y sus normas de desarrollo para la prestación de servicios de acogida que sean competencia del Ministerio de Inclusión, Seguridad Social y Migraciones.

b)   Autorización de acción concertada: Acto administrativo por el que se reconoce a las entidades que cumplen las condiciones y requisitos establecidos a realizar las actuaciones objeto del concierto.

c)   Entidades autorizadas: Aquellas entidades que, por cumplir los requisitos legalmente establecidos para ser titulares de una autorización de acción concertada, asumirán los derechos y obligaciones previstos en el presente reglamento y en sus normas de desarrollo.

d) Mesa de acción concertada: Órgano colegiado de asistencia técnica especializada al que corresponde asistir al órgano de concertación.

e) Órgano de concertación: Dirección General de Gestión del Sistema de Acogida de Protección Internacional y Temporal, dependiente de la Secretaría de Estado de Migraciones, como órgano administrativo competente para instruir los procedimientos previstos en el presente reglamento.

36. *Principios rectores de la acción concertada.* La acción concertada se ajustará a los siguientes principios rectores:

a) Libertad de acceso de las entidades interesadas.

b) Publicidad y transparencia en los procedimientos de acción concertada.

c) Proporcionalidad, no discriminación e igualdad de trato.

d) Eficacia y eficiencia en el uso de los fondos públicos.

e) No duplicidad en la financiación de los servicios y prestaciones objeto de autorización de acción concertada.

37. *Duración.* 1. La autorización a las entidades podrá alcanzar una duración de entre dos y cuatro años, a contar desde la fecha de publicación en el «Boletín Oficial del Estado» de la resolución de autorización o en la sede electrónica del Ministerio de Inclusión, Seguridad Social y Migraciones, cualquiera que se produzca con anterioridad, pudiendo ser prorrogada por mutuo acuerdo de las partes por el mismo periodo del acuerdo inicial.

2. Cuando se produzca demora en las prestaciones o servicios por parte de la entidad autorizada, el órgano de concertación podrá conceder una ampliación del plazo de duración de la autorización, sin perjuicio de las penalidades que en su caso procedan, previstas en las normas de desarrollo del presente reglamento, siempre que sean imputables a la responsabilidad de la entidad.

3. La duración total de la autorización, incluida la posible prórroga, no podrá ser superior a ocho años, sin perjuicio de que la entidad concertada tenga la posibilidad de ser autorizada nuevamente para la prestación de los servicios.

4.   Para la prórroga se requerirá, además del mutuo acuerdo de las partes, la evaluación positiva de la actividad realizada, según se establece en el artículo 47 de este reglamento.

CAPÍTULO II
Requisitos para la obtención de la autorización de acción concertada

38.   *Requisitos exigibles.* 1.   Podrán ser titulares de autorizaciones de acción concertada las entidades que lo soliciten y cumplan los requisitos establecidos en este título y en las normas de desarrollo.

2.   En todo caso, deberán reunir los siguientes requisitos, en los términos que se desarrollen por orden ministerial, de acuerdo con los principios de necesidad, proporcionalidad, no discriminación, transparencia, publicidad y ausencia de cuotas o límites:

a)   Disponer de la oportuna autorización, acreditación o habilitación administrativa para la prestación de servicios del sistema de acogida, cuando sea exigible.

b)   Disponer de los medios y recursos necesarios, especializados en protección internacional e inmigración cuando su naturaleza lo requiera, para la prestación de la acción concertada, cuya acreditación se realizará mediante la presentación de la documentación que, en su caso, se exija en la orden ministerial de acción concertada.

c)   Acreditar la titularidad de los centros de alojamiento colectivo o, en su defecto, la disponibilidad por cualquier título jurídico válido en derecho, incluyendo el arrendamiento o cesión, por un período no inferior al de vigencia de la acción concertada. A estos efectos será válido un documento que demuestre a la Administración que la entidad va a disponer de dicho título jurídico en caso de resultar autorizada. En dicho documento deberá constar por escrito el compromiso de otra entidad o entidades de poner a disposición de la entidad solicitante de la autorización el centro o centros de alojamiento en caso de que se conceda la autorización.

d)   Contar con experiencia y trayectoria acreditada, cualificación y formación del equipo humano directamente relacionado con la prestación del objeto de la acción concertada y con el colectivo al que esta se dirige, y respecto a las acciones previstas en el sistema de acogida en los términos que se establezcan en la orden ministerial de acción concertada. La trayectoria acreditada, cualificación, formación y/o experiencia del personal que prestará los servicios objeto de autorización podrá ser tenida en cuenta como requisito únicamente cuando la calidad de dicho personal pueda afectar de manera significativa a su mejor ejecución. Cuando se dé esta circunstancia, se dejará constancia en el expediente de la motivación y necesidad de exigir este requisito.

e)   Contar con un documento de planificación para llevar a cabo los servicios y prestaciones para cada persona acogida, con el detalle que se indique por orden ministerial.

f)   Contar con los medios informáticos suficientes para atender las obligaciones de intercambio de información previstas en el artículo 52.

g)   No estar incurso en ninguna de las causas de prohibición para obtener la condición de beneficiario de subvenciones o entidad colaboradora previstas en el artículo 13 de la Ley 28/2003, de 17 noviembre, General de Subvenciones. El cumplimiento de este requisito podrá acreditarse mediante declaración responsable.

h)   No estar incurso en ninguna prohibición de contratar del artículo 71 de la Ley 9/2017, de 8 de noviembre. El cumplimiento de este requisito podrá acreditarse mediante declaración responsable.

i)   No haber sido titular de una previa autorización de acción concertada revocada en los cinco años anteriores, contados desde la fecha de la solicitud de la nueva autorización.

CAPÍTULO III
Procedimiento de acción concertada

39.   *Autorización para concertar.* 1.   Mediante resolución de la Dirección General de Gestión del Sistema de Acogida de Protección Internacional y Temporal, a propuesta de la mesa de acción concertada, se determinarán las entidades a las que se autoriza a concertar.

2.   Serán autorizadas todas las entidades que cumplan los requisitos establecidos en el presente reglamento y en las normas de desarrollo, respetando las disposiciones del artículo 11.6 de la Ley 9/2017, de 8 de noviembre, de Contratos del Sector Público. Dichas autorizaciones se podrán solicitar y conceder en cualquier momento.

40.   *Planificación de necesidades.* 1.   La Dirección General de Gestión del Sistema de Acogida de Protección Internacional y Temporal, planificará y seleccionará las prestaciones, actuaciones y/o servicios que es necesario atender mediante acción concertada, de acuerdo con lo establecido por orden ministerial.

2.   En el expediente se incorporarán:

a)   La planificación y selección de las actuaciones, prestaciones y/o servicios que es necesario atender mediante acción concertada, el estudio de costes y el importe del precio de referencia por plaza de acogida que permitirá determinar la retribución máxima, los criterios según los cuales se ha fijado dicho precio de referencia y el catálogo de gastos elegibles que determinarán los costes a cubrir a la entidad autorizada, obtenido todo ello según lo establecido en el artículo 42 de este reglamento.

b)   La descripción de la necesidad que se pretende dar satisfacción mediante la acción concertada y su relación con el objeto de esta acción concertada, que deberá ser directa, específica y proporcional.

c)   Los márgenes de variación de necesidades de actuaciones, prestaciones y/o servicios que, conforme a la previsible variabilidad de la demanda, se pueden prever en el momento de la planificación. Dichos márgenes de variación deberán quedar formulados en el expediente de manera clara, precisa e inequívoca, sin que puedan alterar la naturaleza global de las actuaciones, prestaciones y/o servicios.

d)   El certificado de existencia de crédito, y, en su caso, el certificado de cumplimiento de límites de ejercicios posteriores

3.   En el caso de que, por circunstancias sobrevenidas que no pudieron preverse al adoptarse la planificación correspondiente, surjan nuevas necesidades sobre las inicialmente planificadas, o se modifiquen las existentes, la Dirección General de Gestión del Sistema de Acogida de Protección Internacional y Temporal, dictará una nueva resolución, que se publicará en el «Boletín Oficial del Estado» y en la sede electrónica del Ministerio de Inclusión, Seguridad Social y Migraciones.

41.   *Comunicaciones de asignación a las entidades autorizadas.* 1.   Las entidades autorizadas informarán de los recursos disponibles en todo momento a través de sistemas interoperables de información contemplados en el artículo 52.

2.   En función de las necesidades existentes en cada momento y de los recursos disponibles de las entidades autorizadas, la Dirección General de Gestión del Sistema de Acogida de Protección Internacio-

nal y Temporal comunicará a estas la asignación de la prestación de los servicios de acogida que proceda de acuerdo con los criterios objetivos establecidos en los artículos 11, 15 y 27. Las comunicaciones de asignación deberán estar debidamente motivadas y documentadas en el expediente referido en el artículo 40.2.

42. *Cálculo de la retribución.* 1. Las entidades autorizadas serán retribuidas según los costes efectivos en los que incurran. No obstante, se determinará ex ante una retribución máxima para las entidades en base a los precios de referencia que se determinen por la Secretaría de Estado de Migraciones y que se publiquen en su sede electrónica.

El precio de referencia se definirá por plaza ocupada, y unidad temporal, preferiblemente por día. Vendrá determinado a partir del coste unitario estimado necesario para la cobertura de las actuaciones y servicios objeto de la acción concertada. Cuando no sea posible hacer referencia a plaza ocupada, el precio de referencia se establecerá por persona atendida y unidad temporal.

La cuantía del mencionado coste unitario estimado que, a su vez, determinará el precio de referencia, se obtendrá a través de módulos económicos, tarifas máximas o mínimas, u otras formas de cálculo que se consideren más adecuadas, de forma justificada, de acuerdo con la naturaleza de la actuación, prestación o servicio objeto de la acción concertada.

En todo caso, se establecerán precios de referencia por plaza de acogida diferenciados en función de criterios a determinar por la Secretaría de Estado de Migraciones, entre los cuales podrán considerarse: si la plaza está disponible con carácter inmediato o no, si está destinada a un perfil vulnerable, la fase del sistema de acogida en la que se produzca la atención, o la tipología del recurso del sistema de acogida donde se produzca dicha atención.

2. La retribución máxima a percibir por la entidad autorizada será el resultado de multiplicar el precio de referencia por plaza que corresponda, por el número de plazas según lo que se establezca en las comunicaciones de asignación a las que se refiere el artículo 41.

3. La retribución efectiva a percibir por la entidad autorizada consistirá en los costes incurridos por estas, fijos o variables, siempre que estén debidamente justificados y formen parte del catálogo de gastos elegibles que se establezcan por orden ministerial, aplicándose

a dicha retribución las normas tributarias que en su caso procedan y, en ningún caso, procediendo la existencia de beneficio industrial. El pago se ejecutará en los términos establecidos en el artículo 49 de este reglamento.

4.   La Secretaría de Estado de Migraciones especificará los criterios aplicables para la revisión del precio de referencia, en el supuesto de que se considere necesario en atención a la evolución de los costes específicos de la actividad a concertar y, en su caso, de los incrementos salariales del convenio de referencia de las entidades autorizadas. La revisión, en su caso, será aprobada mediante resolución de la Secretaría de Estado de Migraciones y será publicada en su sede electrónica.

43.   *Iniciación e instrucción del procedimiento.* 1.   El procedimiento de acción concertada se iniciará a instancia de la entidad interesada, mediante la presentación de la correspondiente solicitud, cuyos requisitos se especificarán en la orden ministerial de acción concertada.

2.   El órgano competente para la iniciación e instrucción del procedimiento es la Dirección General de Programas de Protección Internacional y Atención Humanitaria, dependiente de la Secretaría de Estado de Migraciones.

3.   El órgano de concertación estará asistido por una mesa de acción concertada, cuya composición se especificará en la orden ministerial de acción concertada.

4.   Como órgano colegiado de asistencia técnica especializada, las actuaciones de la mesa de acción concertada se regirán por lo establecido en la sección 3.ª del capítulo II del título preliminar de la Ley 40/2015, de 1 de octubre, y ejercerá las siguientes funciones:

a)   La calificación de la documentación acreditativa del cumplimiento de los requisitos previstos en el artículo 38 de este reglamento, y, en su caso, acordar la exclusión de las entidades interesadas que no acrediten dicho cumplimiento, previo trámite de subsanación según lo establecido en la orden ministerial de acción concertada.

b)   La comunicación al órgano de concertación de las entidades que cumplen los requisitos establecidos y que, por tanto, pueden ser autorizadas.

5.   Recibida la comunicación de la mesa de acción concertada, el órgano de concertación podrá decidir la realización de actuaciones

complementarias de comprobación indispensables para resolver el procedimiento.

44.   *Terminación del procedimiento.* 1.   El procedimiento de acción concertada concluirá mediante resolución de autorización dictada por la Dirección General de Gestión del Sistema de Acogida de Protección Internacional y Temporal en los términos del artículo 39, y cuyo contenido se especificará en la orden ministerial de acción concertada.

2.   La resolución de autorización se dictará y notificará a la entidad solicitante en el plazo máximo de seis meses, contados desde la fecha de presentación de la solicitud que dé inicio al procedimiento. Excepcionalmente, podrá acordarse una ampliación del plazo máximo de resolución y notificación en los términos y con las limitaciones establecidas en el artículo 23 de la Ley 39/2015, de 1 de octubre.

3.   Las resoluciones de autorización se publicarán en el «Boletín Oficial del Estado» y en la sede electrónica del Ministerio de Inclusión, Seguridad Social y Migraciones. Dicha publicación tendrá los efectos de la notificación, conforme al artículo 45 de la Ley 39/2015, de 1 de octubre, sin perjuicio de la posibilidad de notificar individualmente a las entidades por medios electrónicos.

4.   Si en el plazo de seis meses a contar desde la solicitud de autorización no se hubiese dictado y notificado resolución expresa, las entidades solicitantes podrán entender desestimadas sus pretensiones por silencio administrativo.

5.   Estas resoluciones pondrán fin a la vía administrativa, pudiéndose interponer contra las mismas recurso potestativo de reposición en el plazo de un mes, o bien ser impugnadas directamente ante el orden jurisdiccional contencioso-administrativo en la forma y plazo previstos en la Ley reguladora de dicha jurisdicción.

45.   *Tramitación de urgencia.* 1.   El órgano de concertación podrá acordar la tramitación de urgencia, cuando razones de interés público lo aconsejen, de conformidad con el artículo 33 de la Ley 39/2015, de 1 de octubre, reduciéndose a la mitad los plazos establecidos para el procedimiento ordinario, salvo los relativos a la presentación de solicitudes y recursos.

2. A tales efectos, el expediente deberá contener la declaración de urgencia realizada por el órgano de concertación, debidamente motivada.

46. *Tramitación anticipada de los expedientes de gasto.* De conformidad con lo dispuesto en Ley 47/2003, de 26 de noviembre, General Presupuestaria, la asignación de recursos a las entidades autorizadas podrá ultimarse incluso con la comunicación de asignación aun cuando su ejecución, ya se realice en una o en varias anualidades, deba iniciarse en el ejercicio siguiente. A estos efectos podrán comprometerse créditos con las limitaciones que se determinen en las normas presupuestarias.

CAPÍTULO IV
Supervisión de la acción concertada

47. *Supervisión.* 1. Las entidades autorizadas estarán sometidas, en todo momento, a las actuaciones de seguimiento y control que determine la Secretaría de Estado de Migraciones respecto del cumplimiento de los requisitos exigidos. El régimen de seguimiento y control se concretará mediante orden ministerial, en función de las prestaciones y servicios a concertar.

2. Las actuaciones de seguimiento incluirán las inspecciones y controles necesarios para comprobar que los fondos públicos han sido aplicados a la realización de la actividad para la que fueron concedidos y que su aplicación ha sido gestionada técnica y económicamente de forma correcta, garantizando la calidad exigida.

3. El seguimiento y control se llevará a cabo sin perjuicio de las actuaciones que correspondan realizar al Tribunal de Cuentas, de conformidad con lo establecido en la Ley 47/2003, de 26 de noviembre, y a los organismos nacionales y europeos competentes, cuando proceda.

4. Al finalizar el plazo de duración de la autorización se realizará una evaluación final sobre el grado de cumplimiento de los objetivos, que servirá para determinar si procede la prórroga de la autorización.

48. *Cumplimiento defectuoso, incumplimiento o demora.* 1. Las entidades autorizadas estarán obligadas a prestar los servicios en los términos y con las condiciones establecidas en este reglamento y sus normas de desarrollo.

2. Cuando la entidad autorizada, por causas imputables a la misma, hubiere incumplido parcialmente los términos y condiciones para la prestación de los servicios, o de cumplimiento defectuoso, la Administración podrá optar, atendidas las circunstancias del caso, por la revocación de la autorización o por la imposición de penalidades que para estos supuestos se determinen en la orden ministerial y que deberán ser proporcionadas a la gravedad del incumplimiento.

3. En los supuestos contemplados en el apartado anterior, se producirá la pérdida del derecho a cobro de las cantidades no percibidas por parte de la entidad autorizada, así como la obligación de reintegro total o parcial de las cantidades percibidas, en los términos que se determinen en la orden ministerial.

4. Lo establecido en anteriores apartados se entenderá sin las responsabilidades civiles, penales o administrativas que procedan.

5. Las penalidades mencionadas en este artículo se impondrán mediante resolución del titular de la Secretaría de Estado de Migraciones, a propuesta de la Dirección General de Gestión del Sistema de Acogida de Protección Internacional y Temporal. Las penalidades económicas se podrán hacer efectivas mediante deducción de la retribución de la acción concertada.

49. *Pago de la retribución.* 1. La entidad autorizada tendrá derecho al abono de la retribución por los servicios realizados, en los términos fijados en la orden ministerial de desarrollo y la comunicación de asignación, según lo dispuesto en este artículo.

2. El pago de la retribución se llevará a cabo previa presentación por la entidad de un documento justificativo de las prestaciones y/o servicios realizados, junto con la información complementaria necesaria para identificar el número de usuarios del objeto de la acción concertada y el periodo durante el cual se han realizado las actuaciones y/o servicios, calculado en días, con la extensión que se determine, así como el coste efectivamente incurrido.

3. La Administración tendrá la obligación de abonar el pago de la retribución dentro de los treinta días siguientes a la fecha de aprobación de los documentos que acrediten la conformidad de las actuaciones y servicios realizados, según lo dispuesto en la orden ministerial de desarrollo.

4. El pago de la retribución podrá hacerse de manera total o parcial, mediante abonos a cuenta o pagos en firme, según se determine en la orden ministerial de desarrollo.

5. La Administración podrá acordar el anticipo de hasta el 50 % de la retribución máxima acordada por las prestaciones y servicios a realizar, en los casos y con los requisitos y límites que se establezcan en la Ley 12/2009, de 30 de octubre.

6. En ningún caso la suma de los pagos totales y, en su caso, el anticipo acordado, podrán superar la retribución máxima a percibir fijada según lo dispuesto en este reglamento.

7. El órgano competente para aprobar y comprometer los gastos de la acción concertada es la persona titular de la Secretaría de Estado de Migraciones.

8. El órgano competente para reconocer las obligaciones económicas correspondientes, y ordenar su pago, es la persona titular de la Dirección General de Programas de Protección Internacional y de Atención Humanitaria.

50. *Financiación.* 1. La financiación de las actuaciones y servicios objeto de la acción concertada se realizará con el presupuesto disponible en la Secretaría de Estado de Migraciones.

La financiación con cargo a fondos de la Unión Europea se regirá por las normas comunitarias aplicables a cada caso y por las normas nacionales de desarrollo o transposición.

2. En ningún caso podrá duplicarse la financiación pública para la realización de idénticas prestaciones actuaciones y/o servicios en el ámbito temporal y material.

Se entenderá que se duplica la financiación cuando una entidad de carácter privado autorizada para concertar obtenga fondos públicos a través de la acción concertada y por subvenciones, para la realización de actuaciones y/o servicios con características idénticas prestados a las mismas personas destinatarias.

En el caso de detectarse tal duplicidad en la financiación, esta será causa de revocación de la autorización de acción concertada, y la entidad deberá reintegrar el importe total percibido en concepto de retribución, más los intereses de demora correspondientes, desde la fecha en que percibió las cantidades hasta la fecha en que se acuerde la procedencia del reintegro, o en la fecha en la que el deudor entregue las cantidades si es anterior a la del acuerdo de reintegro.

CAPÍTULO V
Revocación de la autorización

51. *Revocación de la autorización.* 1. La Dirección General de Gestión del Sistema de Acogida de Protección Internacional y Temporal podrá dictar resolución motivada revocando la autorización, previa tramitación del oportuno procedimiento en que se dará audiencia a la entidad.

2. Acordada la revocación de la autorización, la Administración abonará a la entidad concertada los daños y perjuicios que efectivamente haya sufrido, y que se encuentran consignados en el acta mencionada en el apartado anterior, siempre y cuando se cumplan los requisitos del artículo 32 de la Ley 40/2015, de 1 de octubre, de Régimen Jurídico del Sector Público.

3. Las autorizaciones de acción concertada se podrán revocar por las siguientes causas:

a) El incumplimiento grave de las obligaciones derivadas de la acción concertada por las entidades autorizadas, de conformidad con lo dispuesto en la orden ministerial de desarrollo.

b) La reiteración o reincidencia de incumplimientos leves, de conformidad con lo dispuesto en la orden ministerial de desarrollo.

c) La extinción de la entidad autorizada, excepto en caso de cesión, fusión o absorción.

d) La negativa injustificada a la atención a las personas derivadas para la prestación del servicio.

e) La imposibilidad de prestar los servicios establecidos en la comunicación de asignación.

f) El incumplimiento de las condiciones laborales del personal de la entidad afecto a la prestación del servicio.

g) No encontrarse al corriente de pago en sus obligaciones tributarias o en materia de Seguridad Social, o no estar al corriente en el pago de obligaciones por reintegro de subvenciones según lo establecido en la Ley 38/2003, de 17 de noviembre, General de Subvenciones, en su caso.

h)   El incumplimiento de las obligaciones de información contempladas en el artículo 52.

CAPÍTULO VI
Sistemas de intercambio de información

52.   *Obligaciones de intercambio de información.* 1.   Las entidades autorizadas estarán obligadas a intercambiar en tiempo real con el Ministerio de Inclusión, Seguridad Social y Migraciones, a través de sistemas interoperables, toda la información derivada de sus actuaciones que se precise en la orden ministerial de acción concertada, así como para dar cumplimiento a las obligaciones de información y transparencia en el marco de lo dispuesto en la Ley Orgánica 3/2018, de 5 de diciembre, de Protección de Datos Personales y garantía de los derechos digitales, debiendo disponer de los medios necesarios al efecto.

2.   En todo caso, las entidades autorizadas deberán reportar al órgano de concertación, en los términos y la periodicidad que se determinen en la orden ministerial de acción concertada, los gastos incurridos en la prestación de las actuaciones, prestaciones y servicios.

53.   *Central de información.* El Ministerio de Inclusión, Seguridad Social y Migraciones mantendrá una central de información, de carácter público, que provea de información sobre el conjunto de los servicios sociales de acogida e inclusión, su tipología, prestador, beneficiarios y costes. A estos efectos, tanto las entidades autorizadas como las distintas administraciones públicas remitirán los datos necesarios, en la forma que se determine reglamentariamente.

IV. Real Decreto 865/2001, de 20 de julio, por el que se aprueba el Reglamento de reconocimiento del estatuto de apátrida.

El art. 13.4 de la Constitución señala que la ley establecerá los términos en los que los ciudadanos de otros países y los apátridas podrán gozar del derecho de asilo.

El mandato constitucional se cumplió con la promulgación de la Ley reguladora del derecho de asilo y de la condición de refugiado, Ley 5/1984, de 26 de marzo, actualmente modificada por la Ley 9/1994, de 19 de mayo, aun cuando España, con anterioridad a la promulgación de la Constitución, ya se había adherido mediante Instrumento de 22 de julio de 1978 («Boletín Oficial del Estado» de 21 de octubre de 1978), a la Convención de Ginebra de 28 de julio de 1951 y al Protocolo de Nueva York de 31 de enero de 1967, sobre el Estatuto de los Refugiados.

En dicha Ley se regula el derecho de asilo que se concede a quien se reconoce la condición de refugiado, la cual puede hacerse valer no sólo por nacionales de otros países, sino también por apátridas, como se recoge en el art. 1 de la Convención de Ginebra, en concordancia con lo establecido en el 13.4 de la Constitución.

Sin embargo, estos últimos, los apátridas, no siempre reúnen los requisitos para ser reconocidos como refugiados y, por tanto, no pueden gozar del derecho de asilo. Si bien, ello no supone la privación del ejercicio de los derechos y libertades fundamentales, pues se trata de personas a las que la Comunidad Internacional ha prestado su atención por entender que es deseable regularizar y mejorar su condición.

Esa fue la consideración que llevó a la adopción de la Convención sobre el Estatuto de los Apátridas, hecha en Nueva York el 28 de septiembre de 1954, a la que España se ha adherido por Instrumento de 24 de abril de 1997 («Boletín Oficial del Estado» de 4 de julio de 1997).

La Ley Orgánica 4/2000, de 11 de enero, sobre derechos y libertades de los extranjeros en España y su integración social, reformada por la Ley Orgánica 8/2000, de 22 de diciembre, dispone, en su art. 34, el reconocimiento de la condición de apátrida por el Ministro del Interior al extranjero que careciendo de nacionalidad reúna los requisitos previstos en la Convención sobre Estatuto de Apátridas de 1954 y la expedición de la documentación prevista en el art. 27 de la citada Convención. La ejecución de esa previsión normativa, así como la adhesión de España a la citada Convención, exige el establecimiento de un procedimiento para la determinación del citado Estatuto que prevea las peculiaridades derivadas de la singularidad de la condición de apátrida y las dificultades indagatorias y documentales en la instrucción del expediente, sin perjuicio de lo dispuesto en el citado Tratado internacional, tal y como señala el art. 1.2 de la Ley 4/2000.

En su virtud, previo informe favorable de la Comisión Interministerial de Extranjería, a propuesta del Vicepresidente Primero del Gobierno y Ministro del Interior y de los Ministros de Asuntos Exteriores, de Justicia y de Trabajo y Asuntos Sociales, con la aprobación del Ministro de Administraciones Públicas, de acuerdo con el Consejo de Estado y previa deliberación del Consejo de Ministros en su reunión del día 20 de julio de 2001,
DISPONGO:

Único. *Aprobación.* Se aprueba el Reglamento de reconocimiento del estatuto de apátrida, cuyo texto se inserta a continuación.

Disposición Final primera . *Modificación del Reglamento de aplicación de la Ley 5/1984, de 26 de marzo, reguladora del derecho de asilo y de la condición de refugiado, modificada por la Ley 9/1994, de 19 de mayo, aprobado por Real Decreto 203/1995, de 10 de febrero.* Se modifica el Reglamento de aplicación de la Ley 5/1984, de 26 de marzo, reguladora del derecho de asilo y de la condición de refugiado, modificada por la Ley 9/1994, de 19 de mayo, aprobado por el Real Decreto 203/1995, de 10 de febrero, en los siguientes términos:

1. Se añade al art.3 un nuevo párrafo, «i», con la siguiente redacción:

«i) **Examinar los expedientes de apatridia y elevar propuestas de resolución al Ministro del Interior a través de la Dirección General de Extranjería e Inmigración.**»

2. Se añade al art. 3, un nuevo párrafo, «j», con la siguiente redacción:

«j) **Instruir los expedientes para reconocer el estatuto de apátrida, así como aquellas otras funciones señaladas en los apartados anteriores de aplicación a dichos expedientes.**»

Disposición Final segunda . *Facultad de desarrollo.* Se autoriza al Ministro del Interior a dictar cuantas disposiciones exija el desarrollo y ejecución del presente Real Decreto.

Disposición Final tercera . *Entrada en vigor.* El presente Real Decreto entrará en vigor el día 1 de agosto del presente año.

REGLAMENTO DE RECONOCIMIENTO DEL ESTATUTO DE APATRIDA

CAPITULO PRELIMINAR

1. *Reconocimiento del estatuto de apátrida.* 1. Se reconocerá el estatuto de apátrida conforme a lo dispuesto en la Convención sobre el Estatuto de los Apátridas, hecha en Nueva York el 28 de septiembre de 1954, a toda persona que no sea considerada como nacional suyo por ningún Estado, conforme a su legislación, y manifieste carecer de nacionalidad. Para hacer efectivo dicho reconocimiento, deberá cumplir los requisitos y procedimiento previstos en el presente Reglamento.

2. En ningún caso se concederá dicho estatuto a quienes se encuentren comprendidos en alguno de los supuestos previstos en el art. 1.2 de la citada Convención.

CAPITULO PRIMERO
SOLICITUD Y SUS EFECTOS

2. *Iniciación del procedimiento.* 1. El procedimiento se iniciará de oficio o a instancia del interesado. En todo caso será necesario que el interesado manifieste carecer de nacionalidad.

2. Se iniciará de oficio cuando la Oficina de Asilo y Refugio tenga conocimiento de hechos, datos o información que indiquen la posible concurrencia de las circunstancias determinantes del estatuto de apátrida. En este caso la Oficina de Asilo y Refugio informará debidamen-

te al solicitante para que éste tenga la oportunidad de presentar sus alegaciones.

3. Cuando se inicie a solicitud del interesado, ésta se dirigirá a la Oficina de Asilo y Refugio y se presentará, sin perjuicio de lo dispuesto en el art. 38.4 de la Ley 30/1992, de 26 de noviembre, de Régimen Jurídico de las Administraciones Públicas y del Procedimiento Administrativo Común, modificada por Ley 4/1999, de 13 de enero, ante cualquiera de las siguientes dependencias:

a) Oficinas de Extranjeros.
b) Comisarías de Policía.
c) Oficina de Asilo y Refugio.

3. *Requisitos de la solicitud.* 1. La solicitud deberá contener los requisitos especificados en el art. 70 de la Ley 30/1992, de 26 de noviembre, de Régimen Jurídico de las Administraciones Públicas y del Procedimiento Administrativo Común. Asimismo, se le acompañarán los documentos de identidad y de viaje que se posean o se justificará la carencia de los mismos.

2. En la solicitud se deberá hacer una exposición clara y detallada de los hechos, datos y alegaciones que se estimen pertinentes en apoyo de la misma, y en particular la mención del lugar de nacimiento, de la relación de parentesco con otras personas que en su caso tengan atribuida nacionalidad de algún Estado, y del lugar de residencia habitual en otro Estado y tiempo que se haya mantenido.

3. El domicilio que conste en la solicitud será considerado domicilio habitual a efectos de la práctica de las notificaciones. El interesado deberá comunicar, con la mayor brevedad posible, a la Oficina de Asilo y Refugio, los cambios de domicilio durante la tramitación de su solicitud.

4. *Tiempo de presentación de la solicitud.* 1. La solicitud habrá de presentarse en el plazo de un mes desde la entrada en el territorio nacional, salvo en los supuestos en que el extranjero disfrute de un periodo de estancia legal superior al citado, en cuyo caso podrá presentarse antes de la expiración del mismo. Cuando las causas que justifiquen la solicitud se deban a circunstancias sobrevenidas, se computará el plazo de un mes a partir del momento en que hayan acontecido dichas circunstancias.

2. Cuando el interesado haya permanecido en situación de ilegalidad durante más de un mes, o haya presentado su petición de reconocimiento del estatuto de apátrida teniendo incoada una orden de expulsión, la solicitud se presumirá manifiestamente infundada. Este hecho se tendrá en cuenta a la hora de redactar la propuesta de resolución.

5. *Autorización de permanencia provisional.* Durante la tramitación del procedimiento se podrá autorizar la permanencia provisional del solicitante que se halle en territorio nacional y que no se encuentre incurso en un procedimiento de expulsión o devolución, para lo que se expedirá la correspondiente documentación.

6. *Menores.* 1. Cuando se trate de solicitantes menores de edad en situación de desamparo según la legislación civil, éstos serán encomendados a los servicios de protección de menores de la Comunidad Autónoma correspondiente, poniéndolo asimismo en conocimiento del Ministerio Fiscal.

2. La entidad pública que ejerza su tutela los representará en el procedimiento de reconocimiento del estatuto de apátrida.

3. En todo caso, sin perjuicio de la aplicación de las normas especiales de protección de menores, se entenderá autorizada su permanencia en territorio nacional durante la tramitación del procedimiento.

CAPITULO II
TRAMITACION DE LA SOLICITUD

7. *Instrucción.* 1. La instrucción del procedimiento se llevará a cabo por la Oficina de Asilo y Refugio, sin que durante la tramitación del mismo se interrumpa el pleno disfrute de los derechos y autorizaciones que con arreglo a la legislación general de extranjería tenga reconocido el interesado.

2. El interesado deberá colaborar plenamente durante la instrucción para la acreditación, comprobación y verificación de todos aquellos extremos relevantes para la determinación del estatuto de apátrida.

3. Aquellos solicitantes que lo necesiten podrán ser asistidos por un intérprete durante la tramitación del procedimiento, que será de forma gratuita en los casos en que carezcan de medios económicos.

4. Durante la Instrucción del procedimiento se podrá requerir la presencia del interesado para la realización de una entrevista.

5. Las Administraciones públicas competentes informarán a la Oficina de Asilo y Refugio sobre cualquier procedimiento o hecho que afecte a solicitantes del estatuto de apátrida.

8. *Pruebas, alegaciones e informes.* 1. Durante la tramitación del procedimiento, el interesado podrá presentar cuantas pruebas e información complementaria estime pertinentes, así como formular las alegaciones que tenga por conveniente en apoyo de su petición.

2. Al procedimiento se incorporarán, en su caso, los informes de las Asociaciones legalmente reconocidas que, entre sus objetivos, cuenten con el asesoramiento y ayuda al apátrida.

3. En su actividad instructora, la Oficina de Asilo y Refugio podrá recabar, tanto de los órganos de la Administración del Estado como de cualesquiera otras entidades nacionales o internacionales, cuantos informes estime necesarios.

9. *Trámite de audiencia.* 1. Instruido el procedimiento se pondrá de manifiesto al interesado para que, en el plazo de quince días, pueda alegar y presentar los documentos y justificaciones que estime pertinentes.

2. Se podrá prescindir del trámite de audiencia cuando ni figuren en el procedimiento ni sean tenidos en cuenta en la resolución otros hechos ni otras alegaciones y pruebas que las aducidas por el interesado.

10. *Propuesta de resolución.* Concluida la instrucción por la Oficina de Asilo y Refugio, ésta elevará la correspondiente propuesta de resolución debidamente motivada e individualizada al Ministro del Interior, a través de la Dirección General de Extranjería e Inmigración.

11. *Resolución.* 1. El Ministro del Interior resolverá en un plazo no superior a tres meses. Transcurrido dicho plazo sin que haya recaído resolución expresa sobre la petición de reconocimiento del estatuto de apátrida formulada, ésta podrá entenderse desestimada de conformidad con lo dispuesto en la disposición adicional primera de la Ley Orgánica 4/2000, de 11 de enero, sobre Derechos y Deberes de los Extranjeros en España y su Integración Social, modificada por la Ley Orgánica 8/2000, de 22 de diciembre.

2. La resolución se notificará dentro del plazo fijado en el apartado anterior, al interesado en los términos previstos en la Ley de Régimen Jurídico de las Administraciones Públicas y del Procedimiento Administrativo Común.

3. La resolución favorable supondrá el reconocimiento de la condición de apátrida en los términos previstos en la Convención sobre el Estatuto de Apátridas de 1954.

4. La denegación de la solicitud determinará la aplicación del régimen general de extranjería.

CAPITULO III
SITUACION DE LOS APATRIDAS RECONOCIDOS

12. *Obligación general.* Todo apátrida tendrá el deber de acatar la Constitución española y el ordenamiento jurídico español.

13. *Residencia y trabajo.* 1. Los apátridas reconocidos tendrán derecho a residir en España y a desarrollar actividades laborales, profesionales y mercantiles de conformidad con lo dispuesto en la normativa de extranjería.

2. La autoridad competente expedirá, en su caso, la tarjeta acreditativa del reconocimiento de apátrida, que habilitará para residir en España y para desarrollar actividades laborales, profesionales y mercantiles, así como el documento de viaje previsto en el art. 28 de la Convención sobre el Estatuto de los Apátridas de 28 de septiembre de 1954. La validez del documento de viaje será de dos años.

3. La Oficina de Asilo y Refugio adoptará las medidas necesarias para vigilar y controlar que, en los términos previstos en el art. 25 de la Convención sobre el Estatuto de los Apátridas, se expida por el órgano competente a los apátridas aquellos documentos o certificaciones que

normalmente serían expedidos a los extranjeros por sus autoridades nacionales o por conducto de éstas.

14. *Reagrupación familiar.* El apátrida reconocido tendrá derecho a reagrupar a los familiares a los que se refiere el art. 17.1 de la Ley Orgánica 4/2000, de 11 de enero, sobre Derechos y Libertades de los Extranjeros en España y su Integración Social, modificada por la Ley Orgánica 8/2000, de 22 de diciembre, conforme a los requisitos previstos en su Reglamento de ejecución.

15. *Revocación.* 1. La Oficina de Asilo y Refugio iniciará los trámites para revocar la resolución por la que se concede el estatuto de apátrida cuando éste se haya obtenido mediante datos, documentos o declaraciones cuya falta de veracidad se ponga de manifiesto por otros a los que se tenga acceso posteriormente y que resulten esenciales y determinantes para la resolución final.

2. También se acordará la revocación cuando con posterioridad al reconocimiento se tengan razones fundadas para considerar que los beneficiarios se encuentran comprendidos en alguna de las causas recogidas en los párrafos i), ii) e iii) del art. 1.2 de la Convención sobre el Estatuto de los Apátridas de 28 de septiembre de 1954.

3. Una vez instruido el procedimiento de revocación, el Consejo de Ministros decidirá, previa propuesta motivada del Ministro del Interior.

16. *Cese del estatuto.* 1. El estatuto de apátrida cesará de forma automática cuando se produzca alguno de los siguientes hechos:

a) Que el apátrida haya obtenido la nacionalidad española.

b) Que el apátrida haya sido considerado nacional por otro Estado o el Estado donde haya fijado su residencia le reconozca derechos y obligaciones análogos a la posesión de la nacionalidad de dicho Estado.

c) Que sea reconocida su estancia y permanencia en el territorio de otro Estado que le haya documentado como apátrida.

2. Constatada la concurrencia de cualquiera de estas causas, el Ministro del Interior declarará cesados los beneficios de la Convención

sobre el Estatuto de los Apátridas, a propuesta de la Oficina de Asilo y Refugio.

17. *Registro Central de Extranjeros.* 1. La solicitud, concesión o denegación del estatuto de apátrida se inscribirá en el Registro Central de Extranjeros.

2. La solicitud se inscribirá en el momento en el que se provea al solicitante de la documentación prevista en este Real Decreto.

18. *Expulsión.* 1. Los apátridas podrán ser expulsados del territorio español en los términos previstos en el art. 31 de la Convención sobre el Estatuto de los Apátridas y con arreglo al procedimiento establecido en la legislación de extranjería.

2. En todo caso, se concederá al expulsado el plazo máximo que establece la legislación de extranjería, en los casos de expulsión, para buscar su admisión legal en otro país.

V. Real Decreto 1325/2003, de 24 de octubre, por el que se aprueba el Reglamento sobre régimen de protección temporal en caso de afluencia masiva de personas desplazadas.

La situación de la población civil víctima de la guerra y la obligación de protección dispensada por los Estados que no participan en el conflicto arranca, en el derecho internacional humanitario, de las Convenciones de Ginebra de 1949 y, especialmente, de la IV convención.

Sucesivas declaraciones regionales, como la de la Organización de la Unidad Africana, de 10 de septiembre de 1969, o la de Cartagena de Indias, de 22 de noviembre de 1984, han configurado en el derecho internacional el principio de no devolución al país de origen a la población civil que huye de su país cuando éste está sumido en un conflicto armado.

La proliferación de conflictos armados internos en la década de los años 90, en los que sectores de población civil se convirtieron en uno de los principales objetivos militares, ha colocado el problema de la protección de estas poblaciones amenazadas en un lugar preferente en los debates de la Comunidad Internacional.

Haciéndose eco de estas preocupaciones, el Tratado Constitutivo de la Comunidad Europea en su art. 63.2 establece que el Consejo de Ministros deberá adoptar unas normas mínimas para conceder protección temporal a las personas desplazadas procedentes de terceros países que no pueden volver a su país de origen.

En cumplimiento de este mandato, el Consejo de Ministros de la Unión Europea adoptó la Directiva 2001/55/CE del Consejo, de 20 de julio de 2001, relativa a las normas mínimas para la concesión de protección temporal en caso de afluencia masiva de personas desplazadas y a medidas de fomento de un esfuerzo equitativo entre los Estados miembros para acoger a dichas personas y asumir las consecuencias de su acogida.

El ordenamiento jurídico español, sin embargo, no era ajeno a estas preocupaciones. Así, la Ley 5/1984, de 26 de marzo, reguladora del derecho de asilo y de la condición de refugiado, modificada por la Ley 9/1994, de 19 de mayo, establece en su art. 17.2 que al extranjero cuya solicitud de asilo le haya sido inadmitida a trámite o denegada se le podrá autorizar por razones humanitarias o de interés público, en el marco de la legislación general de extranjería, la permanencia en España, en particular cuando se trate de personas que, como consecuencia de conflictos o disturbios graves de carácter político, étnico o religioso, se hayan visto obligadas a abandonar su país. Este precepto ha sido desarrollado en el art. 31.3 y en la disposición adicional primera del Reglamento de aplicación de la Ley 5/1984, de 26 de marzo, reguladora del derecho de asilo y de la condición de refugiado, modificada por la Ley 9/1994, de 19 de mayo, aprobado por el Real Decreto 203/1995, de 10 de febrero.

Este desarrollo reglamentario ha dado lugar a dos situaciones jurídicas diferentes: una, para atender razones humanitarias vinculadas al principio de no devolución y a la situación del país de origen; y la segunda, dirigida a los desplazados, bien cuando el Consejo de Ministros decide acoger en España a personas necesitadas de protección, bien cuando de forma individual y por las mismas circunstancias accedan al territorio español, recogidas en el art. 31.3 y en la disposición adicional primera del Reglamento de aplicación de la Ley reguladora del derecho de asilo y de la condición de refugiado, respectivamente.

Al mismo tiempo, la disposición adicional segunda del citado reglamento recoge unas mínimas normas de actuación para el caso de que flujos de desplazados lleguen de forma masiva a las fronteras españolas.

Estas disposiciones adicionales del Reglamento de aplicación de la Ley reguladora del derecho de asilo y de la condición de refugiado, referidas a los desplazados, se ven directamente afectadas por la Directiva 2001/55/CE del Consejo, de 20 de julio de 2001, relativa a las normas mínimas para la concesión de protección temporal en caso de afluencia masiva de personas desplazadas y a medidas de fomento de un esfuerzo equitativo entre los Estados miembros para acoger a dichas personas y asumir las consecuencias de su acogida, cuya adopción y cumplimiento conlleva la necesidad de elaborar un nuevo reglamento que, por una parte, proceda a su transposición y, por otra, desarrolle de forma más explícita los procedimientos que deban seguirse cuando se actúa en el ámbito de las competencias nacionales, y regule el régimen de protección temporal, ya sea declarado por el Consejo de la Unión Europea o por el Gobierno español; mientras, el estatuto de refugiado y la protección por razones humanitarias se continuarán rigiendo por la vigente normativa de asilo.

No obstante, debe destacarse que, para el correcto funcionamiento del sistema que se establece con este reglamento, se hace preciso modificar en lo indispensable el Reglamento de aplicación de la Ley 5/1984, de 26 de marzo, reguladora del derecho de asilo y de la condición de refugiado, modificada por la Ley 9/1994, de 19 de mayo, aprobado por el Real Decreto 203/1995, a fin de, por una parte, ajustar el juego de la protección que España dispensa a las distintas categorías de personas necesitadas de ella, y, por otra, corregir las deficiencias que se han puesto de manifiesto en la aplicación práctica del régimen de protección por razones humanitarias, sin que ello suponga el abandono de la doctrina que en materia de protección internacional había establecido el Consejo de Estado y que inspira todo nuestro sistema, modificación que se recoge en la disposición final segunda de este real decreto.

La consecución del objetivo del correcto funcionamiento del sistema también obliga, por último, a modificar el Reglamento de ejecución de la Ley Orgánica 4/2000, de 11 de enero, sobre derechos y libertades de los extranjeros en España y su integración social, reformada por la Ley Orgánica 8/2000, de 22 de diciembre, aprobado por el Real Decreto 864/2001, de 20 de julio, lo que se lleva a cabo por la disposición final tercera de este real decreto, para adaptar sus referencias a la nueva norma y a la modificación de determinados preceptos del Reglamento de aplicación de la Ley reguladora del derecho de asilo y de la condición de refugiado, y evitar lagunas jurídicas que se producirían con la derogación de las disposiciones adicionales primera y segunda del citado reglamento.

En su virtud, a propuesta del Ministro del Interior, con la aprobación previa de la Ministra de Administraciones Públicas, de acuerdo con el Consejo de Estado y previa deliberación del Consejo de Ministro en su reunión del día 24 de octubre de 2003,

DISPONGO:

Único. *Aprobación del Reglamento sobre régimen de protección temporal en caso de afluencia masiva de personas desplazadas.* Se aprueba el Reglamento sobre régimen de protección temporal en caso de afluencia masiva de personas desplazadas, cuyo texto se inserta a continuación.

DISPOSICIÓN DEROGATORIA

Disposición Derogatoria Única. *Derogación normativa.* Quedan derogadas las disposiciones adicionales primera y segunda del Reglamento de aplicación de la Ley 5/1984, de 26 de marzo, reguladora del derecho de asilo y de la condición de refugiado, modificada por la Ley 9/1994, de 19 de mayo, aprobado por el Real Decreto 203/1995, de 10 de febrero, y cuantas normas de igual o inferior rango se opongan a lo dispuesto en este real decreto.

DISPOSICIONES FINALES

Disposición Final Primera. *Habilitación de desarrollo.* 1. Se autoriza a los Ministros de Asuntos Exteriores, del Interior, de Trabajo y Asuntos Sociales y de Administraciones Públicas para dictar, en el ámbito de sus respectivas competencias y, en su caso, previo informe de la Comisión Interministerial de Extranjería, las normas que sean necesarias para la ejecución y desarrollo de lo dispuesto en este real decreto.

2. En el supuesto de que las materias no sean objeto de la exclusiva competencia de cada uno de ellos, la ejecución y desarrollo de lo dispuesto en este real decreto se llevará a cabo mediante orden del Ministro de la Presidencia, a propuesta conjunta de los ministros afectados.

Disposición Final Segunda. *Modificación del Reglamento de aplicación de la Ley 5/1984, de 26 de marzo, reguladora del derecho de asilo y de la condición de refugiado, modificada por la Ley 9/1994, de 19 de mayo, aprobado por el Real Decreto 203/1995, de 10 de febrero.* El Reglamento de aplicación de la Ley 5/1984, de 26 de marzo, reguladora del derecho de asilo y de la condición de refugiado, modificada por la Ley 9/1994, de 19 de mayo, aprobado por el Real Decreto 203/1995, de 10 de febrero, queda modificado en los siguientes términos:

Uno. Se modifica el párrafo c) del art. 2.3, que queda redactado como sigue:

«c) **Elevar al Ministro del Interior las propuestas de autorización de permanencia en España acordadas en el ámbito del art. 17.2 de la Ley 5/1984, de 26 de marzo, reguladora del derecho de asilo y de la condición de refugiado, de conformidad con lo previsto en el art. 31.3 de este reglamento.**»

Dos. Se modifican los párrafos d) y h) del art. 2.3, que quedan redactados como sigue:

«d) Proponer la documentación que se expedirá a los solicitantes de asilo, a los refugiados reconocidos, a quienes se autorice a permanecer en España en aplicación del apartado anterior y a aquellos a los que es de aplicación el Reglamento sobre régimen de protección temporal en caso de afluencia masiva de personas desplazadas, aprobado por el Real Decreto 1325/2003, de 24 de octubre.

h) Elevar al Ministro del Interior las propuestas de resolución previstas en el Reglamento sobre régimen de protección temporal en caso de afluencia masiva de personas desplazadas, aprobado por el Real Decreto 1325/2003, de 24 de octubre.»

Tres. Se modifica el párrafo g) del art. 3, que queda redactado como sigue:

«g) Someter a dicha comisión las propuestas de autorización de permanencia en España acordadas en el ámbito del art. 17.2 de la Ley 5/1984, de 26 de marzo, reguladora del derecho de asilo y de la condición de refugiado, en los términos previstos en el art. 31.3 de este reglamento.»

Cuatro. Se añade un párrafo k) al art. 3, con la siguiente redacción:

«k) Instruir los expedientes para la concesión de los beneficios de la protección temporal de conformidad con lo previsto en el Reglamento sobre régimen de protección temporal en caso de afluencia masiva de personas desplazadas, aprobado por el Real Decreto 1325/2003, de 24 de octubre, así como aquellas otras funciones señaladas en los apartados anteriores de aplicación a dichos expedientes.»

Cinco. Se modifica el apartado 2 del art. 22, que queda redactado como sigue:

«2. No obstante lo previsto en el apartado anterior, al inadmitir a trámite una solicitud de asilo en frontera el Ministro del Interior, en aplicación del art. 17.2 de la Ley 5/1984, de 26 de marzo, reguladora del derecho de asilo y de la condición de refugiado, podrá autorizar la entrada del extranjero y su permanencia en España en los términos previstos en el art. 31.3 de este reglamento.»

Seis. Se modifica el apartado 2 del art. 23, que queda redactado como sigue:

«2. No obstante lo dispuesto en el apartado anterior, si el solicitante de asilo inadmitido reuniera los requisitos necesarios para permanecer en España con arreglo a la normativa de extranjería, o si se considerara que existen razones humanitarias conforme al art. 17.2 de la Ley 5/1984, de 26 de marzo, reguladora del derecho de asilo y de la condición de refugiado, el Ministro del Interior, a propuesta de la Comisión Interministerial de Asilo y Refugio, podrá autorizar su permanencia en España en los términos previstos en el art. 31.3 de este reglamento.»

Siete. Se modifica el apartado 3 del art. 31, que queda redactado como sigue:

«3. El Ministro del Interior, a propuesta de la Comisión Interministerial de Asilo y Refugio, podrá autorizar la permanencia en España conforme a lo previsto en el art. 17.2 de la Ley 5/1984, de 26 de marzo, reguladora del derecho de asilo y de la condición de refugiado, siempre que se aprecien motivos serios y fundados para determinar que el retorno al país de origen supondría un riesgo real para la vida o la integridad física del interesado. La resolución denegatoria deberá contener la justificación y especificar el régimen jurídico de la situación de permanencia y su duración de conformidad con la normativa de extranjería vigente.

Si a la finalización de la estancia o residencia concedida como consecuencia de la autorización de permanencia mantuvieran su vigencia los motivos que la justificaron, el interesado, según proceda, podrá instar la concesión o renovación del permiso de residencia temporal. La autoridad competente para ello solicitará informe a la Comisión Interministerial de Asilo y Refugio sobre dicha vigencia.»

Ocho. Se añade un apartado 4 al art. 31, con la siguiente redacción:

«4. Por razones humanitarias distintas de las señaladas en el apartado anterior el interesado podrá solicitar la autorización de permanencia en España al amparo de lo dispuesto en la Ley Orgánica 4/2000, de 11 de enero, sobre derechos y libertades de los extranjeros en España y su integración social, reformada por la Ley Orgánica 8/2000, de 22 de diciembre.»

Disposición Final Tercera. *Modificación del Reglamento de ejecución de la Ley Orgánica 4/2000, de 11 de enero, sobre derechos y libertades de los extranjeros en España y su integración social, reformada por Ley Orgánica 8/2000, de 22 de diciembre, aprobado por el Real Decreto 864/2001, de 20 de julio.* El Reglamento de ejecución de la Ley Orgánica 4/2000, de 11 de enero, sobre derechos y libertades de los extranjeros en España y su integración social, reformada por la Ley

Orgánica 8/2000, de 22 de diciembre, aprobado por el Real Decreto 864/2001, de 20 de julio, se modifica en los siguientes términos:

Uno. Los párrafos a) y b) del art. 41.3 quedan redactados como sigue:

«a) **A las personas beneficiarias de la protección temporal prevista en el Reglamento sobre régimen de protección temporal en caso de afluencia masiva de personas desplazadas, aprobado por el Real Decreto 1325/2003, de 24 de octubre.**

b) **A aquellas personas a las que, habiéndoles sido denegada o indamitida a trámite su solicitud de asilo, se ha autorizado la permanencia en España al amparo del art. 17.2 de la Ley 5/1984, de 26 de marzo, reguladora del derecho de asilo y de la condición de refugiado, en los términos previstos en el art. 31.3 de su Reglamento de aplicación, aprobado por el Real Decreto 203/1995, de 10 de febrero.»**

Dos. El último párrafo del apartado 8 del art. 41 queda redactado como sigue:

«**En el caso de que hayan sido concedidos al amparo de lo establecido en los párrafos a) y b) del apartado 3 de este artículo, los permisos se renovarán anualmente en los términos establecidos en el art. 16 del Reglamento sobre régimen de protección temporal en caso de afluencia masiva de personas desplazadas, aprobado por el Real Decreto 1325/2003, de 24 de octubre, y 31.3 del Reglamento de aplicación de la Ley reguladora del derecho de asilo y de la condición de refugiado, aprobado por el Real Decreto 203/1995, de 10 de febrero.»**

Disposición Final Cuarta. *Entrada en vigor.* El presente real decreto entrará en vigor el día siguiente al de su publicación en el «Boletín Oficial del Estado».

REGLAMENTO SOBRE RÉGIMEN DE PROTECCIÓN TEMPORAL EN CASO DE AFLUENCIA MASIVA DE PERSONAS DESPLAZADAS

CAPÍTULO PRIMERO
DISPOSICIONES DE CARÁCTER GENERAL

1. *Objeto.* Este reglamento tiene por objeto regular el régimen de protección temporal en caso de afluencia masiva de personas desplazadas procedentes de terceros países no miembros de la Unión Europea que no puedan regresar en condiciones seguras y duraderas debido a la situación existente en ese país, y que puedan eventualmente caer dentro del ámbito de aplicación del art. 1.A de la Convención de Ginebra sobre el Estatuto de los Refugiados, de 28 de julio de 1951, u otros instrumentos internacionales o nacionales de protección internacional.

2. *Definición de desplazado.* Se consideran desplazados a los nacionales de un tercer país no miembro de la Unión Europea o apátridas que hayan debido abandonar su país o región de origen, o que hayan sido evacuados, en particular:

a) Las personas que hayan huido de zonas de conflicto armado o de violencia permanente.

b) Las personas que hayan estado o estén en peligro grave de verse expuestas a una violación sistemática o generalizada de los derechos humanos.

3. *Ámbito de aplicación.* Podrán acogerse al régimen previsto en este reglamento los colectivos de personas desplazadas que se encuentren amparados por una declaración general de protección temporal adoptada conforme a lo previsto en el capítulo II.

CAPÍTULO II
DECLARACIÓN GENERAL DE PROTECCIÓN COLECTIVA

4. *Declaración general de protección.* El régimen de protección temporal regulado en este reglamento se declarará por:

a) El Consejo de la Unión Europea, mediante decisión, a propuesta de la Comisión Europea.

b) El Gobierno español, mediante acuerdo del Consejo de Ministros, a propuesta del Ministro de Asuntos Exteriores en los supuestos de evacuación, o del Ministro del Interior en los de emergencia.

5. *Declaración general del Consejo de la Unión Europea.* 1. El Consejo de Ministros podrá solicitar a la Comisión Europea que eleve al Consejo de la Unión Europea una propuesta para que declare la protección temporal, que incluya una descripción de los grupos concretos de personas a los que se aplicaría y de las necesidades del Gobierno español para hacer frente a la situación creada.

2. La información sobre la capacidad de recepción del Estado español, así como, en su caso, la disponibilidad suplementaria de acogida con posterioridad a que haya sido declarada la protección temporal será comunicada por el Ministro del Interior, previo informe de la Comisión Interministerial de Extranjería.

3. El Delegado del Gobierno para la Extranjería y la Inmigración designará la autoridad nacional encargada de cooperar con las designadas por los otros Estados miembros en la gestión de la protección temporal. La designación se comunicará a los Estados miembros y a la Comisión Europea.

6. *Declaración general del Gobierno español.* La declaración general del Gobierno español se realizará mediante acuerdo motivado del Consejo de Ministros que deberá contener, como mínimo, las siguientes menciones:

a) Una descripción de los grupos concretos de personas a las que se aplicará la protección temporal.

b) La fecha en que surtirá efecto la protección temporal.

c) Una estimación de la magnitud de los movimientos de personas desplazadas.

7. *Duración.* 1. Cuando el Consejo de Ministros declare la protección temporal, ésta tendrá una duración de un año, automáticamente prorrogable por otro periodo anual. Una vez agotada dicha prórroga, y si persistieran los motivos que dieron lugar a su adopción, el Consejo de Ministros, a propuesta del Ministro del Interior, oída la Comisión Interministerial de Extranjería, podrá prorrogar dicha protección temporal durante un año más como máximo.

2. En cualquier momento el Consejo de Ministros, a propuesta del Ministro del Interior, oída la Comisión Interministerial de Extranjería, podrá dar por finalizada la protección temporal cuando se resuelva el conflicto que la motivó y existan condiciones favorables al retorno.

8. *Actuaciones previas en situaciones de emergencia.* 1. Cuando, a consecuencia de un conflicto o disturbio grave de carácter político, étnico o religioso, se acerquen a las fronteras españolas o entren en territorio español un número importante de personas, y resulten insuficientes las previsiones de la Ley 5/1984, de 26 de marzo, reguladora del derecho de asilo y de la condición de refugiado, y las de su Reglamento de aplicación, aprobado por el Real Decreto 203/1995, de 10 de febrero, el Delegado del Gobierno para la Extranjería y la Inmigración, con la colaboración de las unidades administrativas responsables en la materia, ordenará las actuaciones necesarias para atender sus necesidades humanas inmediatas, en especial alimentación, alojamiento y atención médica, y convocará a la Comisión Interministerial de Extranjería para dar cuenta de la situación.

2. La Oficina de Asilo y Refugio y la Comisaría General de Extranjería y Documentación, en cooperación con la Dirección General de Protección Civil y las instituciones públicas y privadas que estimen pertinentes, efectuarán la inscripción de los afectados y hará una evaluación de la situación del colectivo en función de las circunstancias personales de sus componentes.

3. El informe que resulte de esta valoración irá acompañado de una descripción de las necesidades de protección del colectivo. El Director General de Extranjería e Inmigración presentará el informe a la Comisión Interministerial de Asilo y Refugio para su análisis y remisión a la Comisión Interministerial de Extranjería. A la sesión de la Comisión Interministerial de Asilo y Refugio se convocará al Alto Comisionado de las Naciones Unidas para los Refugiados.

9. *Procedimiento de emergencia.* El Ministro del Interior, oída a la Comisión Interministerial de Extranjería, elevará al Consejo de Ministros una propuesta para acordar el régimen de protección temporal si procede, o la recomendación, en su caso, de solicitar a la Comisión Europea la presentación de una propuesta al Consejo de la Unión Europea para que tome la decisión sobre la existencia de una afluencia masiva de personas desplazadas; el Consejo de Ministros adoptará el acuerdo que estime oportuno.

10. *Procedimiento de evacuación.* 1. El Consejo de Ministros, a propuesta del Ministro de Asuntos Exteriores, oída la Comisión Interministerial de Extranjería, podrá dispensar protección temporal a las personas desplazadas a consecuencia de conflictos o disturbios graves de carácter político, étnico o religioso, en el marco de programas de evacuación humanitarios.

2. La operación de acogida se coordinará por el Delegado del Gobierno para la Extranjería y la Inmigración con la colaboración de la Dirección General de Asuntos Consulares y Protección de los Españoles en el Extranjero, la Dirección General de Extranjería e Inmigración, la Comisaría General de Extranjería y Documentación y el Instituto de Migraciones y Servicios Sociales, y podrá solicitar la colaboración de otras unidades administrativas responsables en la materia, así como del Alto Comisionado de las Naciones Unidas para los Refugiados y de otras organizaciones internacionales y no gubernamentales interesadas.

3. Los visados, salvoconductos o autorizaciones de entrada que se expidan en aplicación de este artículo se tramitarán con carácter preferente.

CAPÍTULO III
PROCEDIMIENTO DE RECONOCIMIENTO INDIVIDUAL

11. *Resolución del Ministro del Interior.* 1. Una vez adoptada la declaración general de protección temporal por el Consejo de la Unión Europea o por el Gobierno español, el Ministro del Interior, previa solicitud de los interesados que será tramitada por la Oficina de Asilo y Refugio, y a propuesta de la Comisión Interministerial de Asilo y Refugio, resolverá motivada e individualmente sobre la concesión de los beneficios del régimen de protección temporal en los términos y plazos establecidos en la Ley Orgánica 4/2000, de 11 de enero, reformada por la Ley Orgánica 8/2000, de 22 de diciembre.

2. El Ministro del Interior podrá extender el disfrute del régimen de protección temporal a otras personas desplazadas por las mismas razones y que procedan del mismo país o región de origen que las cubiertas por la declaración general de protección de conformidad con lo dispuesto en el apartado anterior.

12. *Denegación.* 1. No se concederán los beneficios del régimen de protección temporal a las personas comprendidas en los siguientes supuestos:

a) Cuando existan motivos justificados para considerar que la persona en cuestión:

1º Ha cometido un delito contra la paz, un crimen de guerra o un crimen contra la humanidad, según se definen en los instrumentos internacionales elaborados para responder a tales crímenes.

2º Ha cometido un grave delito común fuera del Estado español antes de su admisión en éste como beneficiaria de protección temporal. La gravedad de la persecución que cabe esperar debe considerarse en relación con la naturaleza del delito presuntamente cometido por el interesado. Las acciones especialmente crueles, incluso si se han cometido con un objetivo pretendidamente político, podrán ser calificadas como delitos comunes graves. Esto es válido tanto para los participantes en el delito como para los instigadores de éste.

3º Se ha hecho culpable de actos contrarios a las finalidades y a los principios de las Naciones Unidas.

b) Cuando existan razones fundadas para considerar que la persona en cuestión representa un peligro para la seguridad nacional o cuando, por haber sido objeto de una condena definitiva por un delito particularmente grave, constituya una amenaza al orden público.

2. La apreciación de los motivos contemplados en el apartado anterior se basarán únicamente en el comportamiento de la persona en cuestión y respetarán el principio de proporcionalidad.

13. *Registro.* 1. Existirá en la Oficina de Asilo y Refugio un registro donde consten al menos los datos de las personas que se beneficien

987 2. DERECHO DE ASILO, REFUGIADOS, ... **Art. 15**

del régimen de protección temporal en territorio español que se mencionan a continuación:

a) Datos personales de filiación y aquellos otros que ayuden a determinar la condición de desplazado.

b) Documentos de identidad y de viaje.

c) Documentos probatorios de los vínculos familiares (acta de matrimonio, partida de nacimiento, certificado de adopción).

d) Otra información esencial para determinar la identidad o el vínculo familiar de la persona.

e) Permisos de residencia, visados o decisiones de denegación de permiso de residencia expedidos a la persona en cuestión, así como los documentos en que se basen dichas decisiones.

f) Solicitudes de permiso de residencia o de visado presentadas por la persona en cuestión y estado de su tramitación.

2. El tratamiento de estos datos se sujetará a lo dispuesto en la Ley Orgánica 15/1999, de 13 de diciembre, de Protección de Datos de Carácter Personal.

3. A petición de otro Estado miembro, se facilitará la información existente en el registro, para la realización de las diligencias previstas en este reglamento.

CAPÍTULO IV
CONTENIDO DE LA PROTECCIÓN TEMPORAL

14. *Libertad de circulación y residencia. Medidas cautelares.* 1. La persona a la que por resolución del Ministro del Interior se le conceda el régimen de protección temporal tendrá derecho a circular libremente por el territorio español y a residir libremente en él.

2. No obstante, por razones de seguridad pública, el Ministro del Interior podrá adoptar cualquiera de las medidas cautelares previstas en el art. 5 de la Ley Orgánica 4/2000, de 11 de enero, reformada por la Ley Orgánica 8/2000, de 22 de diciembre, y en el art. 18 de la Ley 5/1984, de 26 de marzo, reguladora del derecho de asilo y de la condición de refugiado.

15. *Información.* Se informará por escrito a las personas beneficiarias de la protección temporal, en una lengua que puedan éstas comprender, de los derechos y obligaciones del estatuto de desplazado. Este documento será entregado a los solicitantes en el momento de formular la solicitud.

16. *Permiso de residencia.* 1. A los beneficiarios de la protección temporal se les concederá un permiso de residencia al amparo de lo dispuesto en el art. 41.3.a) del Reglamento de ejecución de la Ley Orgánica 4/2000, de 11 de enero, reformada por la Ley Orgánica 8/2000, de 22 de diciembre, aprobado por el Real Decreto 864/2001, de 20 de julio, y sus renovaciones serán anuales previo informe de la Comisión Interministerial de Asilo y Refugio sobre la vigencia del régimen de protección temporal.

2. A fin de obtener el permiso de residencia regulado en el apartado anterior, así como cualquiera de sus renovaciones, los interesados deberán solicitarlo mediante comparecencia personal ante las oficinas de extranjeros o, en su defecto, la comisaría de policía de la localidad donde pretenda fijar o tenga fijada su residencia.

17. *Título de viaje.* A los beneficiarios de la protección temporal que justifiquen la necesidad de salir del territorio nacional y no tengan pasaporte ni título de viaje, o que, teniéndolos, no sean válidos, se les proveerá de un título de viaje de acuerdo con el art. 57 del Reglamento de ejecución de la Ley Orgánica 4/2000, de 11 de enero, reformada por la Ley Orgánica 8/2000, de 22 de diciembre, aprobado por el Real Decreto 864/2001, de 20 de julio.

18. *Acogida en territorio nacional.* Cuando una persona beneficiaria de la protección temporal en territorio español en virtud de una decisión del Consejo de la Unión Europea permanezca o pretenda entrar sin autorización en el territorio de otro Estado miembro de la Unión Europea durante el periodo cubierto por dicha decisión, se volverá a acoger en territorio nacional, salvo que se establezca lo contrario en un acuerdo bilateral.

19. *Autorización para trabajar.* Se otorgará la autorización administrativa para trabajar a los beneficiarios de la protección temporal de acuerdo con el art. 79.1.b) del Reglamento de ejecución de la Ley

Orgánica 4/2000, de 11 de enero, modificada por la Ley Orgánica 8/2000, de 22 de diciembre, aprobado por el Real Decreto 864/2001, de 20 de julio.

20. *Ayudas sociales.* 1. Los beneficiarios de la protección temporal que no dispongan de recursos suficientes podrán beneficiarse de servicios sociales y sanitarios de acuerdo con la normativa de asilo, en particular los que presenten necesidades especiales, de conformidad con lo que se establece en el art. 15 del Reglamento de aplicación de la Ley 5/1984, de 26 de marzo, reguladora del derecho de asilo y de la condición de refugiado, aprobado por el Real Decreto 203/1995, de 10 de febrero.

2. A los beneficiarios de la protección temporal menores de 18 años en situación de desamparo les será de aplicación lo dispuesto en el art. 15.4 del Reglamento de aplicación de la Ley 5/1984, de 26 de marzo, reguladora del derecho de asilo y de la condición de refugiado, aprobado por el Real Decreto 203/1995, de 10 de febrero. Su régimen de tutela, representación y alojamiento será el vigente en la comunidad autónoma donde se encuentre el menor.

21. *Reagrupación familiar.* 1. Se concederán los beneficios de la protección temporal, previa solicitud del beneficiario de ésta en España tramitada por la Oficina de Asilo y Refugio, a los miembros de su familia, siempre que ésta estuviese ya constituida en el país de origen y que, debido a las circunstancias que dieron lugar a la declaración de la protección temporal, se hayan separado.

2. A estos efectos, se considerarán miembros de la familia:

a) Al cónyuge del beneficiario o la persona que se halle ligada por análoga relación de afectividad y convivencia, salvo casos de separación legal, separación de hecho o divorcio.

b) Los hijos menores solteros del beneficiario o de las personas mencionadas en el párrafo anterior.

c) Los ascendientes en primer grado del beneficiario que conviviesen juntos y formasen parte de la unidad familiar en el momento de producirse los acontecimientos que dieron lugar a la declaración de protección temporal, y que fueran total o parcialmente dependientes del beneficiario en dicho momento.

3. En su caso, los visados, salvoconductos o autorizaciones de entrada que se expidan en aplicación de lo dispuesto en este artículo se tramitarán con carácter preferente.

4. Si, debido a las circunstancias que dieron lugar a la declaración del régimen de protección temporal por el Consejo de la Unión Europea, los distintos miembros de una familia disfrutasen de aquélla en España y en otro u otros Estados miembros de la Unión Europea, se procederá a su reagrupación. La Oficina de Asilo y Refugio será competente para llevar a cabo las actuaciones necesarias con las instituciones de los otros Estados miembros designadas al efecto y, en su caso, en cooperación con las organizaciones internacionales pertinentes. Para el traslado de estos beneficiarios se utilizará el modelo de salvoconducto establecido en el anexo.

22. *Solicitud del estatuto de refugiado.* Las personas beneficiarias de protección temporal podrán, en su calidad de extranjeros, solicitar el reconocimiento de la condición de refugiado conforme a la Ley 5/1984, de 26 de marzo, reguladora del derecho de asilo y de la condición de refugiado, y su Reglamento de aplicación, aprobado por el Real Decreto 203/1995, de 10 de febrero. No se acumulará el beneficio de la protección temporal con los beneficios del solicitante de asilo cuando se esté tramitando la solicitud.

CAPÍTULO V
EXTINCIÓN DE LA PROTECCIÓN TEMPORAL

23. *Finalización de protección temporal.* 1. El acuerdo de finalización del régimen de protección temporal conforme a lo dispuesto en el art. 7.2 se comunicará a los interesados en el momento de renovar el permiso de residencia, y se les dará un plazo para formular las alegaciones que estimen oportunas.

2. Si, finalizado el régimen de protección temporal por el transcurso del tiempo, se mantuvieran vigentes las circunstancias que dieron lugar a su declaración, los beneficiarios podrán optar a la protección prevista en el art. 17.2 de la Ley 5/1984, de 26 de marzo, reguladora del derecho y de la condición de refugiado. Los interesados deberán presentar personalmente su solicitud en cualquiera de los lugares señalados en

los párrafos a), b), c) y d) del art. 4.1 del Reglamento de aplicación de la citada ley, aprobado por el Real Decreto 203/1995, de 10 de febrero.

3. Así mismo, se permitirá la continuación de la residencia al amparo de lo dispuesto en la normativa vigente de extranjería, siempre que se cumplan los requisitos que en ella se recogen, cuando el interesado alegue justificación razonable para permanecer en España.

24. *Cese de los beneficios de la protección temporal.* 1. Los beneficios de la protección temporal cesarán de forma automática en los siguientes casos:

a) Por el transcurso del plazo establecido en el art. 7.1.

b) Cuando el beneficiario de protección temporal haya obtenido la nacionalidad española.

c) Cuando voluntariamente decida el beneficiario de la protección temporal regresar a su lugar de procedencia y así lo manifieste de forma expresa ante la autoridad gubernativa competente.

d) Por renuncia expresa del beneficiario.

e) Cuando se efectúe el traslado del beneficiario al territorio de otro Estado miembro de la Unión Europea con arreglo a lo dispuesto en el art. 21.4.

2. El Ministro del Interior, a propuesta de la Comisión Interministerial de Asilo y Refugio, declarará cesados los beneficios de la protección temporal por renuncia tácita del beneficiario. Se entenderá que se ha producido una renuncia tácita cuando el interesado, tras haber sido requerida su comparecencia ante la autoridad competente para la realización de un trámite indispensable, no se persone en el plazo de 45 días desde que se practicó el requerimiento, salvo que se acredite que la incomparecencia fue debida a causa justificada.

25. *Revocación del beneficio de protección temporal.* 1. La Oficina de Asilo y Refugio iniciará los trámites para revocar la resolución por la que se concede la protección temporal cuando ésta se haya obtenido mediante datos, documentos o declaraciones cuya falta de veracidad se ponga de manifiesto por otros a los que se tenga acceso posteriormente y que resulten esenciales y determinantes para la resolución final.

2. También se acordará la revocación cuando con posterioridad a la concesión de los beneficios de la protección temporal se tengan razones fundadas para considerar que los beneficiarios se encuentran comprendidos en alguna de las causas recogidas en el art. 12.

3. Una vez instruido el procedimiento de revocación, el Ministro del Interior decidirá, previa propuesta de la Comisión Interministerial de Asilo y Refugio.

26. *Regreso al país de origen.* Los Ministerios del Interior, de Asuntos Exteriores y de Trabajo y Asuntos Sociales coordinarán sus actuaciones para posibilitar el regreso voluntario de las personas beneficiarias de la protección temporal o de aquéllas cuya protección temporal haya llegado a su fin.

ANEXO. *Modelo de salvoconducto para el traslado de personas en régimen de protección temporal*

SALVOCONDUCTO

Nombre del Estado miembro que expide el salvoconducto:

N.º de referencia (*):

Expedido en aplicación del Reglamento sobre régimen de protección temporal en caso de afluencia masiva de personas desplazadas, aprobado por el Real Decreto 1325/2003, de 24 de octubre.

Válido solamente para el traslado desde . . . . (1) a . . . . (2);

La persona deberá presentarse en . . . . (3) antes del . . . . (4).

Expedido en: . . . .

NOMBRE(S): . . . .

APELLIDO(S): . . . .

LUGAR Y FECHA DE NACIMIEN-TO: . . . .

Si se trata de un menor, identidad de la persona adulta responsable de éste: . . . .

SEXO: . . . .

NACIONALIDAD: . . . .

Fecha de expedición: . . . .

```
FOTOGRAFÍA
```

SELLO

Firma de la persona beneficiaria: . . . . Por las autoridades competentes: . . . .

El portador de este salvoconducto ha sido identificado por las autoridades (5)(6).

La identidad del portador de este salvoconducto no ha sido establecida . . . .

Este documento no constituye, en ningún caso, un documento asimilable a un título de viaje por el que se autorice el cruce de la frontera exterior o a un documento por el que se pruebe la identidad del individuo.

(*) El número de referencia será asignado por el país a partir del cual se efectúe el traslado a otro Estado miembro de la Unión Europea.

(1) Estado miembro a partir del que se efectúa el traslado a otro Estado miembro.

(2) Estado miembro al que se efectúa el traslado.

(3) Lugar en el que la persona deberá presentarse a su llegada al segundo Estado miembro.

(4) Fecha límite en la que la persona deberá presentarse a su llegada al segundo Estado miembro.

(5) A partir de los siguientes documentos de viaje o identidad presentados a las autoridades.

(6) A partir de documentos distintos del de viaje o de identidad.

VI. Real Decreto 116/2013, de 15 de febrero, por el que se regula la expedición del pasaporte provisional y del salvoconducto.

El Real Decreto 896/2003, de 11 de julio, por el que se regula la expedición del pasaporte ordinario y se determinan sus características, establece que la competencia para la expedición del pasaporte ordinario en el extranjero corresponde a las Misiones Diplomáticas y Oficinas Consulares españolas, debiendo comunicar el Ministerio de Asuntos Exteriores y de Cooperación al Ministerio del Interior las relaciones de pasaportes expedidos.

El Reglamento (CE) nº 2252/2004 del Consejo, de 13 de diciembre de 2004, sobre normas para las medidas de seguridad y datos biométricos en los pasaportes y documentos de viaje expedidos por los Estados miembros, modificado por el Reglamento (CE) nº 444/2009 del Parlamento Europeo y del Consejo, de 28 de mayo de 2009, estableció la obligación de que los pasaportes con una validez superior a doce meses contengan un soporte de almacenamiento de alta seguridad que contenga la imagen facial y dos impresiones dactilares de su titular.

La complejidad técnica que supone la expedición del nuevo modelo de pasaporte ordinario ha impedido dotar a las Misiones Diplomáticas y Oficinas Consulares españolas de los medios técnicos necesarios para la expedición local del mismo, que se lleva a cabo de forma centralizada en el Ministerio de Asuntos Exteriores y de Cooperación.

No obstante lo anterior, existen situaciones en las cuales se acredita la necesidad urgente de expedir pasaporte ordinario a un ciudadano español que se encuentra en el extranjero y no tiene previsto regresar a España, lo que se soluciona en la actualidad mediante el modelo antiguo de libreta de pasaporte, que carece de las normas mínimas de seguridad exigibles por la normativa de la Unión Europea.

Para solucionar estas situaciones, el Ministerio de Asuntos Exteriores y de Cooperación ha encomendado a la Fábrica Nacional de Moneda y Timbre la elaboración de un nuevo modelo de pasaporte que, bajo la denominación de provisional, permita su expedición inmediata por parte de las Misiones Diplomáticas y Oficinas Consulares españolas en casos de urgencia debidamente acreditada.

Asimismo resulta necesario regular el salvoconducto, documento de viaje que se expide a los ciudadanos españoles, que careciendo de documentación precisan regresar a España de modo urgente, y a los extranjeros cuya protección internacional haya sido asumida por nuestro país o sean autorizados a trasladarse a España para solicitar protección internacional.

En su virtud, a propuesta de los titulares de los Ministerios de Asuntos Exteriores y de Cooperación y del Interior, con la aprobación previa del Ministro de Hacienda y Administraciones Públicas, de acuerdo con el Consejo de Estado y previa deliberación del Consejo de Ministros, en su reunión del día 15 de febrero de 2013,

DISPONGO:

1. *Naturaleza del pasaporte provisional y funciones.* 1. El pasaporte provisional es una modalidad de pasaporte ordinario que se podrá expedir a los ciudadanos españoles en las Misiones Diplomáticas u Oficinas Consulares españolas cuando no sea posible expedir el modelo que incorpora el soporte de almacenamiento de los identificadores biométricos.

2. Acreditará fuera de España la identidad y la nacionalidad de los ciudadanos españoles salvo prueba en contrario y, dentro del territorio nacional, las mismas circunstancias de aquellos españoles no residentes.

3. El derecho a su obtención, el procedimiento de expedición, su sustitución, anulación, retirada y obligaciones de sus titulares se regirá por lo establecido en la normativa reguladora de la expedición del pasaporte ordinario.

2. *Órganos competentes para la gestión y expedición del pasaporte provisional.* Corresponde la tramitación y la expedición de los pasaportes provisionales a las Misiones Diplomáticas y Oficinas Consulares de carrera españolas.

El Ministerio de Asuntos Exteriores y de Cooperación comunicará al Ministerio del Interior (Dirección General de la Policía), con una periodicidad máxima de dos meses, por el procedimiento informático y telemático que se fije por ambos departamentos, las relaciones de pasaportes provisionales expedidos por las distintas representaciones diplomáticas y consulares.

3. *Procedimiento de expedición.* El pasaporte provisional será expedido a los españoles que lo soliciten ante las Misiones Diplomáticas u Oficinas Consulares de carrera españolas y acrediten la necesidad urgente de su obtención, por no tener previsto regresar a España y no poder esperar a que les sea expedido un pasaporte ordinario.

Los requisitos y el plazo de expedición serán los mismos que los establecidos en la normativa reguladora del pasaporte ordinario.

4. *Validez del pasaporte provisional.* El pasaporte provisional tendrá como máximo una validez improrrogable de doce meses, siéndole de aplicación las demás prescripciones que, sobre la validez, establece la normativa reguladora del pasaporte ordinario.

5. *Características y descripción del pasaporte provisional.* 1. El pasaporte provisional estará constituido por una libreta que, además de las cubiertas, tendrá 16 páginas numeradas correlativamente. El número de páginas del pasaporte irá indicado al pie de la última de ellas en castellano, francés e inglés.

2. Sus dimensiones serán de 88 × 125 milímetros, con un margen de tolerancia de 0,75 milímetros para cada uno de los lados.

3. La cubierta será de color verde figurando, en el orden que a continuación se detalla, las siguientes inscripciones:

a) «ESPAÑA».
b) La figura impresa del escudo de España.
c) «PASAPORTE PROVISIONAL».

4. Cada pasaporte provisional contará con un número de serie que se repetirá en todas sus páginas, excepto en la primera y en la segunda, mediante perforación, aplicándose además en su confección cuantas medidas de seguridad se estimen necesarias.

6. *Contenido.* 1. En la primera página del pasaporte provisional figurarán, en el orden que se señala a continuación, las siguientes menciones:

a) «ESPAÑA».
b) La figura impresa del escudo de España.
c) «PASAPORTE PROVISIONAL».
d) «EMERGENCY PASSPORT».
e) «PASSEPORT PROVISOIRE».

2. La segunda página estará plastificada con una lámina de seguridad, que incorporará medidas gráficas y ópticas, así como una imagen

fantasma para evitar su manipulación, y contendrá las siguientes menciones:

a) El número del pasaporte, que coincidirá con el de serie de la libreta.

b) Un número identificador personal, que será el de la inscripción de su titular en el Registro de Matrícula Consular.

c) La Misión Diplomática u Oficina Consular expedidora.

d) Los apellidos, nombre, nacionalidad, fecha y lugar de nacimiento y sexo, así como las fechas de expedición y caducidad del pasaporte. Contendrá, igualmente, la firma digitalizada del titular, a cuyo efecto, para prestarla, deberá acudir a las unidades expedidoras. Estas menciones se redactarán en castellano, inglés y francés.

e) La fotografía digitalizada del titular.

f) Dos líneas de caracteres OCR en la parte inferior de la página para la lectura mecánica de los datos.

3. La tercera página se reservará a las autoridades competentes para expedir este documento, a fin de que en la misma se puedan recoger las observaciones que en cada caso procedan. La mención que figurará en la cabeza de esta página se redactará en castellano, inglés y francés.

4. La cuarta página contendrá la traducción en francés e inglés de los datos que figuran en la página segunda.

5. También se destinará otra de sus páginas a la reproducción parcial de las disposiciones que regulan los pasaportes y una reproducción del art. 23 del Tratado de Funcionamiento de la Unión Europea, reservándose el resto de las páginas para visados.

7. *Naturaleza del salvoconducto y funciones.* El salvoconducto es un documento público, personal, individual e intransferible, expedido por las Misiones Diplomáticas u Oficinas Consulares españolas en los supuestos recogidos en el artículo siguiente, con el único fin de permitir a su titular desplazarse a España desde el lugar de expedición.

8. *Derecho a la obtención del salvoconducto por parte de los ciudadanos españoles y posibilidad de su expedición a ciudadanos extranjeros.* 1. Todos los ciudadanos españoles tienen derecho a que se les expida un salvoconducto si precisan desplazarse a España y carecen de pasaporte ordinario o provisional.

La obtención de salvoconducto por ciudadanos españoles sujetos a patria potestad o tutela estará condicionada al consentimiento expreso de la persona u órgano que tenga asignado su ejercicio o, en defecto de esta, del órgano judicial competente.

2. Las Misiones Diplomáticas u Oficinas Consulares españolas, previa autorización expresa de la Dirección General de Españoles en el Exterior y de Asuntos Consulares y Migratorios del Ministerio de Asuntos Exteriores y de Cooperación, podrán expedir salvoconductos a extranjeros cuya protección internacional haya sido asumida por España en aplicación de la legislación española.

Asimismo, previa la autorización expresa mencionada en el párrafo anterior, podrán expedir salvoconductos para promover el traslado del o de los solicitantes de protección internacional a España para hacer posible la presentación de la solicitud, conforme a lo previsto en el art. 38 de la Ley 12/2009, de 30 de octubre, reguladora del derecho de asilo y de la protección subsidiaria.

3. La autorización para la expedición del salvoconducto a un extranjero, en los casos que se mencionan en el apartado anterior, estará sometida a informe previo favorable de la Oficina de Asilo y Refugio del Ministerio del Interior.

9. *Validez del salvoconducto.* El salvoconducto tendrá una vigencia limitada al tiempo estrictamente necesario para el regreso a España de su titular, sin que pueda tener una validez temporal superior a la fecha prevista para la entrada efectiva de su titular en territorio español.

10. *Obligaciones de los titulares de un salvoconducto.* Los titulares de un salvoconducto deberán entregarlo a los funcionarios del Cuerpo Nacional de Policía encargados del control de entrada en España o, en su caso, en una Comisaría del Cuerpo Nacional de Policía en el plazo máximo de tres días hábiles desde su entrada en España.

En el caso de extranjeros cuya protección internacional haya sido asumida por España o cuando el salvoconducto haya sido expedido para el traslado de un solicitante de protección internacional a nuestro país, su titular deberá entregarlo en la Oficina de Asilo y Refugio del Ministerio del Interior en el plazo máximo de tres días hábiles desde su entrada en España.

11. *Características y descripción del salvoconducto.* 1. El salvoconducto se expedirá en una hoja de papel con el membrete de la Misión

Diplomática u Oficina Consular, según el modelo que figura en el Anexo.

2. En el extremo superior derecho se fijará una fotografía del rostro del solicitante tamaño carné, en color y con fondo claro, liso y uniforme, tomada de frente, y sin gafas de cristales oscuros o cualquier otra prenda que impida la identificación de la persona.

3. El texto del salvoconducto, en caso necesario, podrá ser traducido a otros idiomas por la Misión Diplomática u Oficina Consular que lo expida.

4. El salvoconducto irá firmado por el funcionario español que lo expide, debiendo estamparse en el mismo el sello de la Misión Diplomática u Oficina Consular.

5. El salvoconducto se expedirá gratuitamente e incorporará la fecha de validez del mismo.

DISPOSICIÓN TRANSITORIA

Disposición Transitoria . *Validez de los pasaportes expedidos.* El nuevo modelo de pasaporte provisional se irá implantando progresivamente en la medida en que las circunstancias de orden técnico lo permitan. Los pasaportes que hayan sido expedidos o sigan expidiéndose con el modelo de libreta anterior, conservarán su validez hasta que expire el período por el que fueron expedidos.

DISPOSICIONES FINALES

Disposición Final Primera . *Modificación del Real Decreto 896/2003, de 11 de julio, por el que se regula el pasaporte ordinario y se determinan sus características.* El art. 5.7 del Real Decreto 896/2003, de 11 de julio, por el que se regula el pasaporte ordinario y se determinan sus características, queda redactado en los siguientes términos:

«7. Cuando se trate de un solicitante de pasaporte que se encuentre en el extranjero y carezca del pasaporte que se le hubiera expedido, bien por pérdida o sustracción, o por hallarse en un país al que se puede viajar sin pasaporte, la Misión Diplomática u

Oficina Consular podrá expedirle un pasaporte provisional, con las características y validez determinadas reglamentariamente.»

Disposición Final Segunda . *No incremento de gasto.* Las medidas incluidas en este real decreto no podrán suponer incremento ni de dotaciones ni de retribuciones ni de otros gastos de personal.

Disposición Final Tercera . *Habilitaciones.* Se habilita al titular del Ministerio de Asuntos Exteriores y de Cooperación para que, previo informe favorable del Ministerio del Interior, dicte las disposiciones de desarrollo necesarias para la ejecución de este real decreto.

Disposición Final Cuarta . *Entrada en vigor.* El presente real decreto entrará en vigor el día siguiente al de su publicación en el «Boletín Oficial del Estado».

ANEXO.

	ESPAÑA / SPAIN / ESPAGNE SALVOCONDUCTO / SAFE CONDUCT / LAISSEZ-PASSER	Fotografía

Se expide el presente salvoconducto, válido únicamente para viajar a España, a quien dice ser y llamarse / has issued this safe conduct, which is only valid for travel to Spain, to the person identifying him / herself as / délivre le présent laissez-passer, valable uniquement pour se rendre en Espagne, à la personne se présentant comme:

....
....
Nacionalidad   /   nationality   /   nacionalité...
Documento de Identidad / Identity Document / Document d'identité................................,
Sexo / sex / sexe.............................. M / F

Nombre de los padres / parents' name / prénom des parents . . . .

Nacido en / born in / né à . . . .

El / on / le . . . .

Domiciliado en / resident in / domicilié à . . . .

Calle / address / adresse . . . .

Que tiene previsto viajar con la compañía, fecha / who intends to travel with, date / ayant prévu voyager avec la compagnie, date

. . . .

Observaciones / observations / observations

. . . .
. . . .
. . . .

En / In / Fait à . . . . a / on / le . . . .

EL FUNCIONARIO HABILITADO,

.

Fdo.: . . . .

CADUCA EL / EXPIRES ON / VALABLE JUSQU'À . . . .

VII. Real Decreto 1154/2024, de 19 de noviembre, por el que se regula la expedición del pasaporte provisional y del salvoconducto.

Téngase en cuenta que esta norma tiene «vacatio legis» hasta 09/12/2025.

La Ley Orgánica 4/2015, de 30 de marzo, de protección de la seguridad ciudadana, y el Real Decreto 896/2003, de 11 de julio, por el que se regula la expedición del pasaporte ordinario y se determinan sus características, otorgan la competencia para la expedición del pasaporte ordinario en el extranjero a las Misiones Diplomáticas y Oficinas Consulares españolas, debiendo comunicar el Ministerio de Asuntos Exteriores, Unión Europea y Cooperación al Ministerio del Interior las relaciones de pasaportes expedidos.

El Reglamento (CE) n.º 2252/2004 del Consejo, de 13 de diciembre de 2004, sobre normas para las medidas de seguridad y datos biométricos en los pasaportes y documentos de viaje expedidos por los Estados miembros, modificado por el Reglamento (CE) n.º 444/2009 del Parlamento Europeo y del Consejo, de 6 de mayo de 2009, estableció la obligación de que los pasaportes con una validez superior a doce meses contengan un soporte de almacenamiento de alta seguridad que contenga la imagen facial y dos impresiones dactilares de su titular. Desde entonces, los pasaportes ordinarios solicitados en las Misiones Diplomáticas y Oficinas Consulares españolas se personalizan de forma centralizada en el Ministerio de Asuntos Exteriores, Unión Europea y Cooperación debido a la complejidad técnica del procedimiento.

No obstante lo anterior, existen situaciones en las cuales se acredita la necesidad urgente de expedir pasaporte ordinario a una persona de nacionalidad española que se encuentra en el extranjero y no tiene previsto regresar a España, o que no puede comparecer personalmente ante una Misión Diplomática u Oficina Consular española por razones justificadas de enfermedad, discapacidad, riesgo, lejanía u otras análogas y debidamente acreditadas que impidan o dificulten gravemente la comparecencia. Para estas situaciones, se hace necesario un pasaporte provisional que permita su expedición inmediata por parte de las Misiones Diplomáticas y Oficinas Consulares españolas.

Asimismo, resulta necesario regular el salvoconducto, documento de viaje que se expide a los ciudadanos españoles que, careciendo de documentación, precisan regresar a España de modo urgente; a personas extranjeras en aplicación de la legislación en materia de protección internacional y con el único objetivo de desplazarse a España; así como a los ciudadanos de otros Estados miembros de la Unión Europea y otras personas extranjeras según los requisitos de este real decreto.

Para regular este pasaporte provisional y el salvoconducto, se aprobó el Real Decreto 116/2013, de 15 de febrero, por el que se regula la expedición del pasaporte provisional y del salvoconducto. Sin embargo, la aprobación de la Directiva (UE) 2019/997 del Consejo, de 18 de junio de 2019, por la que se establece un documento provisional de viaje de la UE y se deroga la Decisión 96/409/PESC, y de la Directiva Delegada (UE) 2024/1986 de la Comisión, de 6 de mayo de 2024, que modifica la anterior en lo que respecta a la zona de lectura mecánica del documento provisional de viaje de la UE, que deben ser transpuestas al ordenamiento jurídico español, y la conveniencia de introducir cambios en la libreta del pasaporte provisional y en el modelo ordinario de salvoconducto hacen necesaria la aprobación de un nuevo real decreto y la derogación del anterior.

Por un lado, la Directiva (UE) 2019/997 del Consejo, de 18 de junio de 2019, y la Directiva Delegada (UE) 2024/1986 de la Comisión, de 6 de mayo de 2024, establecen un nuevo formato de documento provisional de viaje que incorpora medidas de seguridad adicionales y permite ampliar los supuestos de expedición del documento a los propios nacionales. La fecha límite para que los Estados miembros adopten las disposiciones internas necesarias para acomodarse a sus disposiciones es el 9 de diciembre de 2024 y la fecha a partir de la cual deben aplicarlas efectivamente es el 9 de diciembre de 2025. Mediante la adopción de la presente norma se cumple la obligación de transposición de estas directivas, al tiempo que este documento provisional de viaje de la UE, que cumple normas técnicas muy desarrolladas para evitar imitaciones y falsificaciones y posee elementos de seguridad reconocibles universalmente, se convierte en el modelo ordinario de salvoconducto para personas con nacionalidad española o de otros Estados miembros de la Unión Europea, así como para sus familiares.

Para otros supuestos en que la citada directiva no permite emplear el documento provisional de viaje de la UE, el salvoconducto tomará la forma del modelo contenido en el anexo de este real decreto.

Por otro lado, con esta norma se actualiza el formato del pasaporte provisional, mediante la incorporación de una referencia a la «Unión Europea» en la cubierta y en la primera página del documento.

Este real decreto cumple con los principios de buena regulación contenidos en el artículo 129 de la Ley 39/2015, de 1 de octubre, del Procedimiento Administrativo Común de las Administraciones Públicas: principios de necesidad, eficacia, proporcionalidad, seguridad jurídica, transparencia y eficiencia. En este sentido, en virtud de los principios de necesidad y eficacia, la norma se justifica por una razón de interés general, como es la necesidad de regular el pasaporte provisional y el salvoconducto que pueden solicitar y obtener en determinadas situaciones las personas de nacionalidad española que se encuentran en el extranjero, y también con el fin de transponer la Directiva (UE) 2019/997 del Consejo, de 18 de junio de 2019, y la Directiva Delegada (UE) 2024/1986 de la Comisión, de 6 de mayo de 2024. El presente real decreto se configura como el instrumento más adecuado para la consecución de los fines que se persiguen. Respecto al principio de proporcionalidad, este real decreto contiene la regulación imprescindible para cumplir sus objetivos, en la medida en que no introduce nuevas cargas sobre los administrados. Igualmente, el real decreto es coherente con el resto del ordenamiento jurídico, con lo que se garantiza el principio de seguridad jurídica. Asimismo, el principio de transparencia se ha garantizado mediante la publicación del proyecto de real decreto, así como de su Memoria del Análisis de Impacto Normativo, en el portal web del Ministerio de Asuntos Exteriores, Unión Europea y Cooperación, a efectos de que pudieran ser conocidos dichos textos en el trámite de audiencia e información pública por toda la ciudadanía. En relación con el principio de eficiencia, la iniciativa normativa no impone cargas administrativas innecesarias o accesorias y racionaliza la gestión de recursos públicos pues la personalización de las etiquetas de salvoconductos se podrá realizar con los recursos actualmente disponibles.

Esta norma se encuentra prevista en el Plan Anual Normativo de la Administración General del Estado para el año 2024, aprobado por Acuerdo del Consejo de Ministros de 26 de marzo de 2024.

La norma encuentra su título competencial habilitante en el artículo 149.1.1.ª y 29.ª de la Constitución Española, que respectivamente atribuyen al Estado competencia exclusiva sobre la regulación de las condiciones básicas que garanticen la igualdad de todas las personas españolas en el ejercicio de los derechos y en el cumplimiento de los deberes constitucionales así como en materia de seguridad pública.

En su virtud, a propuesta de los Ministros de Asuntos Exteriores, Unión Europea y Cooperación y del Interior, con la aprobación previa

del Ministro para la Transformación Digital y de la Función Pública, de acuerdo con el Consejo de Estado, y previa deliberación del Consejo de Ministros en su reunión del día 19 de noviembre de 2024,
DISPONGO:

CAPÍTULO I
Pasaporte provisional

1. *Naturaleza del pasaporte provisional y funciones.* 1. El pasaporte provisional es una modalidad de pasaporte ordinario que se podrá expedir a las personas de nacionalidad española en las Oficinas Consulares de carrera españolas, cuando no sea posible expedir el modelo que incorpora el soporte de almacenamiento de los identificadores biométricos. Se entenderán por Oficinas Consulares de carrera los Consulados Generales, los Consulados y las Secciones Consulares de las Misiones Diplomáticas.
2. Acreditará fuera de España la identidad y la nacionalidad de sus titulares salvo prueba en contrario y, dentro del territorio nacional, las mismas circunstancias de aquellas personas de nacionalidad española no residentes.

2. *Derecho a la obtención del pasaporte provisional.* El pasaporte provisional será expedido a las personas de nacionalidad española que lo soliciten ante las Oficinas Consulares de carrera españolas y acrediten la necesidad urgente de su obtención, por no tener previsto regresar a España y no poder esperar a que les sea expedido un pasaporte ordinario.
Asimismo, en circunstancias excepcionales, se expedirá a las personas de nacionalidad española que no puedan comparecer personalmente ante la Oficina Consular de carrera por razones justificadas de enfermedad, discapacidad, riesgo, lejanía u otras análogas y debidamente acreditadas que impidan o dificulten gravemente la comparecencia. En estos casos excepcionales, la solicitud y entrega del pasaporte provisional se realizará a través de la Oficina Consular honoraria más cercana, de conformidad con lo establecido en el artículo 14 del Reglamento de los Agentes Consulares Honorarios de España en el extranjero, aprobado por Real Decreto 1390/2007, de 29 de octubre, o,

en su defecto, de otra autoridad española, que verificará la identidad de la persona solicitante.

3.   *Órganos competentes para la gestión y expedición del pasaporte provisional.* Corresponde la tramitación y la expedición de los pasaportes provisionales a las Oficinas Consulares de carrera españolas.

El Ministerio de Asuntos Exteriores, Unión Europea y Cooperación comunicará al Ministerio del Interior (Dirección General de la Policía), con una periodicidad máxima de dos meses, mediante el procedimiento informático y telemático que se fije por ambos departamentos, las relaciones de pasaportes provisionales expedidos por las Oficinas Consulares de carrera.

4.   *Procedimiento de expedición.* El procedimiento de expedición, su sustitución, anulación, retirada y obligaciones de sus titulares se regirá por lo establecido en la normativa reguladora de la expedición del pasaporte ordinario.

5.   *Validez del pasaporte provisional.* El pasaporte provisional tendrá como máximo una validez improrrogable de doce meses, siéndole de aplicación las demás prescripciones que, sobre la validez, establece la normativa reguladora del pasaporte ordinario.

6.   *Características y descripción del pasaporte provisional.* 1.   El pasaporte provisional estará constituido por una libreta que, además de las cubiertas, tendrá 16 páginas numeradas correlativamente. El número de páginas del pasaporte irá indicado al pie de la última de ellas en castellano, francés e inglés.

2.   Sus dimensiones serán de 88 × 125 milímetros, con un margen de tolerancia de 0,75 milímetros para cada uno de los lados.

3.   La cubierta será de color verde figurando, en el orden que a continuación se detalla, las siguientes inscripciones:

a)   «UNIÓN EUROPEA».
b)   «ESPAÑA».
c)   La figura impresa del escudo de España.
d)   «PASAPORTE PROVISIONAL».

4.   Cada pasaporte provisional contará con un número de serie que se repetirá en todas sus páginas, excepto en la primera y en la

segunda, mediante perforación, aplicándose además en su confección cuantas medidas de seguridad se estimen necesarias.

7.   *Contenido.* 1.   En la primera página del pasaporte provisional figurarán, en el orden que se señala a continuación, las siguientes menciones:

a) «UNIÓN EUROPEA».

b) «ESPAÑA».

c) La figura impresa del escudo de España.

d) «PASAPORTE PROVISIONAL».

e) «EMERGENCY PASSPORT».

f) «PASSEPORT PROVISOIRE».

2.   La segunda página estará plastificada con una lámina de seguridad, que incorporará medidas gráficas y ópticas, así como una imagen fantasma para evitar su manipulación, y contendrá las siguientes menciones:

a) El número del pasaporte, que coincidirá con el de serie de la libreta.

b) Un número identificador personal, que será el número de documento nacional de identidad o, en caso de personas que no estén obligadas a su obtención, el número de identificación consular que proceda.

c) La Oficina Consular de carrera expedidora.

d) Los apellidos, nombre, nacionalidad, fecha y lugar de nacimiento y sexo, así como las fechas de expedición y caducidad del pasaporte. Contendrá, igualmente, la firma digitalizada del titular.

Estas menciones se redactarán en castellano, inglés y francés.

e) La fotografía digitalizada del titular.

f) Dos líneas de caracteres OCR en la parte inferior de la página para la lectura mecánica de los datos, en la forma a que se refieren los acuerdos y disposiciones internacionales aplicables al pasaporte.

3.   La tercera página se reservará a las autoridades competentes para expedir este documento, a fin de que en la misma se puedan recoger las observaciones que en cada caso procedan. La mención que figurará en la cabeza de esta página se redactará en castellano, inglés y francés.

4.   La cuarta página contendrá la traducción en francés e inglés de los datos que figuran en la página segunda.

5.   También se destinará otra de sus páginas a la reproducción parcial de las disposiciones que regulan los pasaportes y una reproducción del artículo 23 del Tratado de Funcionamiento de la Unión Europea, reservándose el resto de las páginas para visados.

CAPÍTULO II
Salvoconducto

8.   *Definiciones.* A los efectos de los capítulos II y III, se entenderá por:

a)   «Ciudadano no representado»: todo ciudadano que tenga la nacionalidad de un Estado miembro de la Unión Europea que no esté representado en un tercer país según lo definido en el artículo 2 del Real Decreto 561/2019, de 9 de octubre, por el que se completa la transposición de la Directiva (UE) 2015/637 del Consejo, de 20 de abril de 2015, sobre las medidas de coordinación y cooperación para facilitar la protección consular de ciudadanos de la Unión no representados en terceros países y por la que se deroga la Decisión 95/553/CE.

b)   «Solicitante»: persona que solicite un salvoconducto;

c)   «Beneficiario»: persona a la que se expide un salvoconducto;

d)   «Estado miembro que preste asistencia»: Estado miembro que reciba una solicitud de salvoconducto;

e)   «Estado miembro de nacionalidad»: Estado miembro del que el solicitante afirme ser nacional;

f)   «Días hábiles»: todas las jornadas, excepto los días festivos o fines de semana, en las que ejerza su actividad la autoridad que esté obligada a actuar.

9.   *Naturaleza del salvoconducto y funciones.* El salvoconducto es un documento público, personal, individual e intransferible, expedido por las Oficinas Consulares de carrera españolas en los supuestos recogidos en los artículos siguientes, con el único fin de permitir a su beneficiario desplazarse desde el lugar de expedición a España, a otro Estado miembro de la Unión Europea, o, excepcionalmente, a un tercer país.

El salvoconducto se expedirá cuando el pasaporte o documento de viaje del solicitante hayan sido extraviados, sustraídos o destruidos o no puedan obtenerse en un plazo razonable.

10. *Derecho a la obtención del salvoconducto por parte de las personas de nacionalidad española y procedimiento de expedición.* 1. Todas las personas de nacionalidad española tienen derecho a que se les expida un salvoconducto si precisan desplazarse a España y carecen de pasaporte ordinario o provisional.

2. La obtención de salvoconducto por personas de nacionalidad española sujetas a patria potestad o tutela estará condicionada al consentimiento expreso de la persona u órgano que tenga asignado su ejercicio o, en defecto de esta, del órgano judicial competente.

No obstante lo anterior, excepcionalmente y en casos acreditados de urgencia, dado que el salvoconducto se expide con el único fin de permitir a su beneficiario el regreso a España y tiene una validez máxima de quince días naturales y limitada a un único viaje de conformidad con el artículo 12, podrá emitirse con la autorización de uno solo de los progenitores o tutores en el caso de que la patria potestad o tutela sea compartida, de acuerdo con lo previsto en el artículo 156 del Código Civil, siempre y cuando no conste oposición expresa del otro progenitor.

3. Con carácter previo a la expedición del salvoconducto, para los casos contemplados en el presente artículo, se informará, y, en su caso, se verificará, la identidad y nacionalidad de la persona solicitante mediante una comunicación a la División de Documentación de la Dirección General de la Policía.

11. *Expedición de salvoconducto a nacionales de Estados miembros de la Unión Europea y sus familiares.* 1. Las Oficinas Consulares de carrera españolas expedirán salvoconducto a las siguientes personas:

a) Ciudadanos de otros Estados miembros de la Unión Europea que no estén representados en el país de solicitud del salvoconducto, para un único viaje al Estado miembro de nacionalidad o residencia de dichos ciudadanos, según lo solicitado por el mismo, o, excepcionalmente, a otro destino.

b) Ciudadanos de otros Estados miembros de la Unión Europea que estén representados en el país en el que dichos ciudadanos deseen obtener el salvoconducto y en el que existan acuerdos entre España y el país de origen a tal efecto.

c)   Familiares, que no sean ciudadanos de otros Estados miembros de la Unión Europea, que acompañen a personas de nacionalidad española, o a ciudadanos de Estados miembros de la Unión Europea mencionados en los apartados a) y b) del presente artículo, cuando dichos familiares sean residentes legales en un Estado miembro, sin perjuicio de los requisitos aplicables que existan en materia de visados.

2.   Cuando una Oficina Consular de carrera reciba una solicitud de salvoconducto por parte de un ciudadano de un Estado miembro de la Unión Europea deberá remitirla a la División de Documentación de la Dirección General de la Policía y consultará sin demora a la Dirección General de Españoles en el Exterior y de Asuntos Consulares del Ministerio de Asuntos Exteriores, Unión Europea y Cooperación, quien la transmitirá al Ministerio de Asuntos Exteriores del Estado miembro del que la persona se declara nacional o, en su caso, a la Misión Diplomática u Oficina Consular competente de dicho Estado miembro, en un plazo máximo de dos días hábiles a partir de la recepción de la solicitud, para verificar la nacionalidad e identidad del solicitante. Se deberá facilitar al Estado miembro de nacionalidad la siguiente información:

a)   apellido(s) y nombre(s) del solicitante, su nacionalidad, fecha de nacimiento y sexo;

b)   una imagen facial del solicitante tomada en el momento de la solicitud por las autoridades del Estado miembro que preste asistencia o, cuando no sea posible, una fotografía escaneada o digital del solicitante, sobre la base de las normas establecidas en la parte 3 del Documento 9303 de la Organización de Aviación Civil Internacional (OACI) titulado «Documentos de viaje de lectura mecánica» («documento 9303 de la OACI»);

c)   una copia o imagen de escáner de cualquier medio de identificación, como un documento de identidad o un permiso de conducción y, cuando esté disponible, el tipo y número del documento que se haya sustituido y el número de registro nacional o de seguridad social.

En el caso de las solicitudes por parte de familiares de ciudadanos de un Estado miembro, la consulta se realizará al Estado miembro de nacionalidad del ciudadano de la Unión y, en su caso, al Estado miembro de residencia del familiar.

3.   Tras recibir la confirmación del Estado miembro de nacionalidad, el salvoconducto deberá ser emitido a la mayor brevedad y a más

tardar en un plazo máximo de dos días hábiles a partir de la recepción de la confirmación.

4. En casos justificados, por circunstancias excepcionales, los plazos recogidos en los apartados 2 y 3 de este artículo podrán ampliarse.

5. En casos de extrema urgencia, la Oficina Consular de carrera española podrá expedir un salvoconducto sin consulta previa al Estado miembro de nacionalidad. Antes de hacerlo, se deberán haber agotado los medios de comunicación disponibles con el Estado miembro de nacionalidad. La Dirección General de Españoles en el Exterior y de Asuntos Consulares notificará al Estado miembro de nacionalidad, tan pronto como sea posible, la expedición del salvoconducto y la identidad de la persona a la que se le haya expedido. La notificación deberá incluir todos los datos que se hayan incluido en el salvoconducto.

6. Asimismo, la Oficina Consular de carrera que haya expedido el salvoconducto conservará una copia o una imagen escaneada de cada documento expedido y enviará otra a la Dirección General de Españoles en el Exterior y de Asuntos Consulares para su remisión al Estado miembro de nacionalidad del solicitante.

7. En caso de que el Estado miembro de nacionalidad se oponga a la expedición del salvoconducto, no podrá emitirse el documento, debiendo informar la Oficina Consular de carrera al solicitante de que su protección será asumida por su Estado miembro de nacionalidad.

12. *Expedición de salvoconducto a nacionales de terceros Estados no miembros de la Unión Europea.* 1. Las Oficinas Consulares de carrera españolas, previa autorización expresa de la Dirección General de Españoles en el Exterior y de Asuntos Consulares del Ministerio de Asuntos Exteriores, Unión Europea y Cooperación, podrán expedir salvoconductos a personas extranjeras, sean o no residentes en España, en aplicación de la legislación en materia de protección internacional, y con el único objetivo de desplazarse a España.

La autorización para la expedición del salvoconducto a una persona extranjera, en los casos que se mencionan en el párrafo anterior estará sometida a informe previo favorable de la Oficina de Asilo y Refugio del Ministerio del Interior.

2. Para atender circunstancias excepcionales y previa autorización expresa de la Dirección General de Españoles en el Exterior y de Asuntos Consulares del Ministerio de Asuntos Exteriores, Unión Europea y Cooperación, las Oficinas Consulares de carrera podrán expedir sal-

voconducto a personas extranjeras en supuestos no comprendidos en el apartado 1 de este artículo, siempre que tengan vínculos familiares con personas de nacionalidad española y con el único objetivo de desplazarse a España.

13.   *Validez del salvoconducto.* El salvoconducto tendrá una vigencia limitada al tiempo estrictamente necesario para efectuar el viaje para el que se expida, incluyendo el tiempo suficiente para las paradas nocturnas necesarias y las conexiones de transporte que pudieran ser necesarias. Salvo circunstancias excepcionales, no podrá tener una validez superior a quince días naturales, con un periodo de gracia adicional de dos días naturales.

14.   *Características y descripción de salvoconducto.* 1.   Para los supuestos comprendidos en los artículos 10 y 11, el salvoconducto revestirá la forma del documento provisional de viaje de la Unión Europea (en adelante «DPV UE»). Este documento constará de un impreso uniforme y una etiqueta uniforme, cuyas características técnicas se encuentran contenidas en la Directiva (UE) 2019/997 del Consejo, de 18 de julio de 2019, por la que se establece un documento provisional de viaje de la UE y se deroga la Decisión 96/409/PESC, y en la Directiva Delegada (UE) 2024/1986 de la Comisión, de 6 de mayo de 2024, por la que se modifica la Directiva (UE) 2019/997 del Consejo en lo que respecta a la zona de lectura mecánica del documento provisional de viaje de la UE.

Al rellenar la etiqueta uniforme del DPV UE, se cumplimentarán las secciones que figuran en el anexo II de la Directiva (UE) 2019/997 del Consejo, de 18 de junio de 2019, y se rellenará la zona de lectura mecanizada, en consonancia con el Documento 9303 de la OACI sobre documentos de viaje de lectura mecánica. Se podrán añadir cualesquiera anotaciones necesarias en la sección de «observaciones» de la etiqueta uniforme del DPV UE conforme a lo mencionado en el apartado 9 del anexo II de la mencionada directiva. Dichas anotaciones no duplicarán las secciones que figuran en el anexo II.

Se imprimirán todas las anotaciones de la etiqueta uniforme del DPV UE, incluida la imagen facial. No podrán realizarse modificaciones manuscritas en las etiquetas uniformes impresas del DPV UE. De manera excepcional, en casos de fuerza mayor de carácter técnico, podrán rellenarse manualmente las etiquetas uniformes del DPV UE y colocarse una fotografía. En tales casos, la fotografía dispondrá de protección adicional contra el cambio de fotografía. No podrán introducirse modificaciones en una etiqueta del DPV UE que se haya rellenado a mano.

Si se detectase un error en una etiqueta uniforme del DPV UE que todavía no haya sido colocada en el impreso uniforme del DPV UE, dicha etiqueta uniforme será invalidada y destruida. Si se detectase un error después de que la etiqueta uniforme del DPV UE haya sido colocada en el impreso uniforme del DPV UE, ambos serán invalidados y destruidos y se elaborará una nueva etiqueta uniforme del DPV UE.

La etiqueta uniforme del DPV UE impresa con las secciones completadas se colocará en el impreso uniforme del DPV UE de conformidad con lo dispuesto en el anexo I de la Directiva (UE) 2019/997 del Consejo, de 18 de junio de 2019.

El Ministerio de Asuntos Exteriores, Unión Europea y Cooperación y las Oficinas Consulares de carrera velarán por que los impresos y las etiquetas uniformes del DPV UE en blanco se almacenen de forma que sea imposible su sustracción.

2. Para los supuestos comprendidos en el artículo 12 y, excepcionalmente, cuando por razones técnicas no sea posible la expedición del DPV UE en los supuestos contemplados en el artículo 10, el salvoconducto consistirá en el documento contenido en el anexo, con las siguientes características:

a) El salvoconducto se expedirá en una hoja de papel con el membrete de la Oficina Consular de carrera, según el modelo que figura en el anexo.

b) En el extremo superior derecho se fijará una fotografía del rostro del solicitante tamaño carné, en color y con fondo claro, liso y uniforme, tomada de frente, y sin gafas de cristales oscuros o cualquier otra prenda que impida la identificación de la persona.

c) El texto del salvoconducto, en caso necesario, podrá ser traducido a otros idiomas por la Oficina Consular de carrera que lo expida.

d) El salvoconducto irá firmado electrónicamente por el funcionario español que lo expide. Excepcionalmente, si no se pudiera firmar de forma electrónica por problemas técnicos, será firmado de forma manuscrita por el funcionario español que lo expide, debiendo estamparse en el mismo el sello de la Oficina Consular de carrera.

15.   *Devolución del salvoconducto.* 1.   Las personas beneficiarias de un salvoconducto con destino en España deberán entregarlo a los policías nacionales encargados del control de entrada en España o, en su caso, en una Comisaría de Policía Nacional en el plazo máximo de siete días hábiles desde su entrada en España.

2.   En caso de que el destino final de las personas beneficiarias de un salvoconducto sea otro Estado miembro de la UE, el portador del salvoconducto deberá entregarlo a la autoridad competente a su llegada a su destino final.

3.   En el caso de expedición de salvoconducto a personas extranjeras de conformidad con lo dispuesto en el artículo 12.1, la persona beneficiaria deberá entregarlo, en el plazo máximo de siete días hábiles desde su entrada en España, en la Oficina de Asilo y Refugio del Ministerio del Interior.

4.   Las obligaciones contenidas en los apartados anteriores se aplicarán con independencia de si el salvoconducto ha caducado o no.

CAPÍTULO III
Tasas consulares y protección de datos

16.   *Tasas consulares.* La tasa aplicable para la expedición de los documentos que se regulan en este real decreto será la que disponga la Ley 9/2011, de 10 de mayo, de tasas consulares. En relación con el salvoconducto se aplicarán las mismas disposiciones a todos los solicitantes con independencia de su nacionalidad.

En los casos en que España sea el Estado miembro que preste asistencia, cuando los solicitantes no puedan pagar la tasa en su caso aplicable en el momento de presentar su solicitud, se aplicará el sistema de reembolso contemplado en los artículos 14, apartado 2, y 15, de la Directiva (UE) 2015/637 del Consejo, de 20 de abril de 2015, y se empleará el formulario normalizado establecido en el anexo I de dicha directiva.

17.   *Protección de datos.* 1.   En los supuestos de expedición de pasaporte provisional y de salvoconducto, en lo relativo a la protección de datos de carácter personal se estará a lo dispuesto en el Reglamento (UE) 2016/679 del Parlamento Europeo y del Consejo, de 27 de abril de 2016, relativo a la protección de las personas físicas en lo que respecta al tratamiento de datos personales y a la libre circulación de estos datos y por el que se deroga la Directiva 95/46/CE, y en la Ley Orgánica 3/2018, de 5 de diciembre, de Protección de Datos personales y garantía de los derechos digitales.

Igualmente, se estará a lo dispuesto en el artículo 7.1 y 7.2 de la Ley Orgánica 7/2021, de 26 de mayo, de protección de datos personales tratados para fines de prevención, detección, investigación y enjuiciamiento de infracciones penales y de ejecución de sanciones penales, en lo referente al deber de colaboración con la Policía Judicial y las autoridades competentes, respectivamente, en relación con los datos personales reflejados en los documentos expedidos.

2. En el caso de los DPV UE, los datos personales tratados a efectos del presente real decreto, incluida la imagen facial o fotografía del solicitante, se utilizarán únicamente para verificar la identidad del solicitante de conformidad con el procedimiento descrito, para imprimir la etiqueta uniforme del DPV UE y para facilitar el viaje del solicitante. Las autoridades españolas garantizarán la adecuada seguridad de los datos personales.

Sin perjuicio del Reglamento (UE) 2016/679 del Parlamento Europeo y del Consejo, de 27 de abril de 2016, el solicitante al que se expida un DPV UE tendrá derecho a comprobar los datos personales contenidos en dicho documento y, en su caso, a pedir que se hagan las correcciones oportunas mediante la emisión de un nuevo documento.

En los DPV UE no se incluirán datos de lectura mecánica, salvo que figuren también en las secciones a que se refiere el punto 6 del anexo II de la Directiva 2019/997 del Consejo, de 18 de junio de 2019.

Las autoridades españolas solo conservarán los datos personales de un solicitante mientras sea necesario. En el caso de asistencia prestada a nacionales de otros Estados miembros de la Unión Europea o sus familiares, en ningún caso se conservarán dichos datos personales más de 180 días; ni, en el caso de personas españolas que han solicitado asistencia ante representaciones de otros Estados miembros de la Unión Europea, más de dos años. Al expirar el periodo de conservación, los datos personales de los solicitantes serán suprimidos.

No obstante lo dispuesto en el párrafo anterior, las autoridades españolas se asegurarán de que todos los DPV UE devueltos, así como todas las copias relacionadas, se destruyan de forma segura tan pronto como sea posible.

DISPOSICIONES ADICIONALES

Disposición Adicional Primera. *Procedimiento aplicable a solicitudes de documento provisional de viaje de la Unión Europea (DPV UE) por parte de personas con nacionalidad española ante autoridades competentes de otros Estados miembros de la Unión Europea.* En el caso de solicitudes de DPV UE por parte de personas de nacionalidad española ante una Representación del Estado miembro que preste asistencia, las consultas que, de conformidad con lo dispuesto en el artículo 4 de la Directiva (UE) 2019/997 del Consejo, de 18 de junio de 2019, y en el artículo 10 de la Directiva (UE) 2015/637 del Consejo, de 20 de abril de 2015, realice dicha Representación con el fin de verificar la nacionalidad española e identidad del solicitante se dirigirán a la Oficina Consular de carrera de España que sea competente, que las remitirá directamente por los medios electrónicos que se determinen a la División de Documentación de la Dirección General de la Policía, a la que corresponde la organización y gestión de los servicios de documentación de españoles y extranjeros, de los archivos policiales y de la Sección del Archivo General en la citada Dirección General.

La División de Documentación de la Dirección General de la Policía responderá por ese mismo medio a la Oficina Consular de carrera de España competente a la mayor brevedad posible. La Oficina Consular de carrera de España hará llegar esta respuesta a la Representación del Estado miembro que preste asistencia y que realizó la consulta, a la mayor brevedad posible. En total la respuesta deberá remitirse en el plazo máximo de tres días hábiles desde la recepción de la consulta, salvo que esto no resulte posible dentro del mencionado plazo en cuyo caso se deberá comunicar a la Representación del Estado miembro que preste asistencia una estimación de fecha de respuesta.

Este mismo procedimiento se seguirá para los casos de solicitudes de DPV UE realizadas ante una Representación de un Estado miembro que preste asistencia por familiares, que no sean ciudadanos de otros Estados miembros de la Unión Europea, que acompañen a personas de nacionalidad española, o a ciudadanos de Estados miembros de la

Unión Europea mencionados en los apartados a), b) y c) del artículo 11.1, cuando dichos familiares sean residentes legales en España.

Si las autoridades españolas se opusieran a la expedición del DPV UE por parte de un Estado miembro que preste asistencia a una persona de nacionalidad española, se comunicará la decisión a dicho Estado miembro y España asumirá la responsabilidad de prestar protección consular al solicitante.

Disposición Adicional Segunda. *Producción, supervisión y evaluación de los documentos provisionales de viaje de la Unión Europea (DPV UE).* El Ministerio de Asuntos Exteriores, Unión Europea y Cooperación designará un organismo encargado de producir los impresos y las etiquetas uniformes de los DPV UE y lo comunicará a la Comisión Europea, a través de la Dirección General de Españoles en el Exterior y de Asuntos Consulares.

El Ministerio de Asuntos Exteriores, Unión Europea y Cooperación, a través de la citada Dirección General de, supervisará periódicamente la aplicación del presente real decreto, sobre la base de los siguientes indicadores:

a) Número de DPV UE expedidos a ciudadanos de Estados miembros no representados y nacionalidad de las personas beneficiarias.

b) Número de DPV UE expedidos en el resto de supuestos contemplados en el presente real decreto y nacionalidad de las personas beneficiarias.

c) Número de casos de fraude y falsificación de DPV UE.

El Ministerio de Asuntos Exteriores, Unión Europea y Cooperación, a través de la Dirección General de Españoles en el Exterior y de Asuntos Consulares, organizará la producción y la recopilación de los datos necesarios para medir la variación de los indicadores mencionados en el apartado anterior, y facilitará anualmente dicha información a la Comisión Europea.

A los efectos de contribuir al informe de evaluación de la Directiva 2019/997 del Consejo, de 18 de junio de 2019, llevada a cabo por la Comisión en un plazo como mínimo de cinco años desde la fecha de transposición, el Ministerio de Asuntos Exteriores, Unión Europea y Cooperación, a través de la citada Dirección General, proporcionará a la Comisión la información necesaria para la preparación de dicho informe.

DISPOSICIÓN TRANSITORIA

Disposición Transitoria Única. *Validez de los pasaportes provisionales expedidos.* Los pasaportes provisionales que hayan sido expedidos o sigan expidiéndose con el modelo de libreta anterior conservarán su validez hasta que expire el periodo por el que fueron expedidos.

DISPOSICIÓN DEROGATORIA

Disposición Derogatoria Única. *Derogación normativa.* Quedan derogadas las disposiciones de igual o inferior rango que se opongan a lo establecido en este real decreto y, en particular, el Real Decreto 116/2013, de 15 de febrero, por el que se regula la expedición del pasaporte provisional y del salvoconducto.

DISPOSICIONES FINALES

Disposición Final Primera. *Incorporación de Derecho de la Unión Europea.* Mediante este real decreto se transpone la Directiva (UE) 2019/997 del Consejo, de 18 de junio de 2019, por la que se establece un documento provisional de viaje de la UE y se deroga la Decisión 96/409/PESC, así como la Directiva Delegada (UE) 2024/1986 de la Comisión, de 6 de mayo de 2024, por la que se modifica la Directiva (UE) 2019/997 del Consejo en lo que respecta a la zona de lectura mecánica del documento provisional de viaje de la UE.

Disposición Final Segunda. *Título competencial habilitante.* La presente norma encuentra su título competencial habilitante en el artículo 149.1.1.ª y 29.ª de la Constitución Española, que atribuyen al Estado la competencia exclusiva, respectivamente, sobre la regulación de las condiciones básicas que garanticen la igualdad de todos los españoles en el ejercicio de los derechos y en el cumplimiento de los deberes constitucionales, y la seguridad pública.

Disposición Final Tercera.   *Habilitaciones.* Se habilita a las personas titulares de los Ministerios de Asuntos Exteriores, Unión Europea y Cooperación y del Interior para que, en el ámbito de sus respectivas competencias, dicten las disposiciones necesarias para el desarrollo de este real decreto.

Disposición Final Cuarta.   *Entrada en vigor.* El presente real decreto entrará en vigor el 9 de diciembre de 2025.

Dado en Madrid, el 19 de noviembre de 2024.
FELIPE R.
El Ministro de la Presidencia, Justicia y Relaciones con las Cortes,
FÉLIX BOLAÑOS GARCÍA

ANEXO.

Fotografía

ESPAÑA/ SPAIN/ ESPAGNE

SALVOCONDUCTO/ SAFE CONDUCT/ LAISSEZ-PASSER

Se expide el presente salvoconducto, válido únicamente para viajar a España, a quien dice ser y llamarse/ *has issued this safe conduct, which is only valid for travel to Spain, to the person identifying him/herself as/ délivre le présent laissez-passer, valable uniquement pour se rendre en Espagne, à la personne se présentant comme:*

....

Nacionalidad / *nationality/ nacionalité*..

Documento de Identidad/ *Identity Document/ Document d'identité* ....,

Sexo/ *sex / sexe*................ M/ F

Nombre de los padres/ *parents' name/* prénom des parents ....

Nacido en/ *born in / né à* ....

El / *on / le* ....

Domiciliado en/ *resident in / domicilié à* ....

Calle/ *address / adresse*...............

Que tiene previsto viajar con la compañía , fecha/ *who intends to travel with, date / ayant prévu voyager avec la compagnie, date* ....

Observaciones / *observations/ observations*..
....

En/ *In /* Fait à.. **a/** *on /* le ....

EL FUNCIONARIO HABILITADO,

Fdo...................................

CADUCA EL/ *EXPIRES ON* / VALABLE JUSQU'À....................

VIII. Orden ISM/810/2023, de 14 de julio, por la que se establecen las bases reguladoras para la concesión de subvenciones, por el procedimiento de concurrencia competitiva, para la realización de proyectos en colaboración con entidades públicas y privadas en materia de defensa de los derechos humanos del colectivo de personas extranjeras.

La Ley Orgánica 4/2000, de 11 de enero, sobre derechos y libertades de los extranjeros en España y su integración social, dispone, en su artículo 2 bis, que «corresponde al Gobierno, de conformidad con lo previsto en el artículo 149.1.2.ª de la Constitución, la definición, planificación, regulación y desarrollo de la política de inmigración, sin perjuicio de las competencias que puedan ser asumidas por las Comunidades Autónomas y por las Entidades Locales», añadiendo que «todas las Administraciones públicas basarán el ejercicio de sus competencias vinculadas con la inmigración en el respeto, entre otros, a los siguientes principios:

c) La integración social de los inmigrantes mediante políticas transversales dirigidas a toda la ciudadanía;

d) la igualdad efectiva entre mujeres y hombres;

e) la efectividad del principio de no discriminación y, consecuentemente, el reconocimiento de iguales derechos y obligaciones para todos aquellos que vivan o trabajen legalmente en España, en los términos previstos en la Ley;

h) la persecución de la trata de seres humanos».

En su artículo 2 ter se establece que «los poderes públicos promoverán la plena integración de los extranjeros en la sociedad española, en un marco de convivencia de identidades y culturas diversas sin más límite que el respeto a la Constitución y la ley y las Administraciones públicas incorporarán el objetivo de la integración entre inmigrantes y sociedad receptora, con carácter transversal a todas las políticas y servicios públicos, promoviendo la participación económica, social, cultural y política de las personas inmigrantes, en los términos previstos en la Constitución, en los Estatutos de Autonomía y en las demás leyes, en condiciones de igualdad de trato».

En el Real Decreto 497/2020, de 28 de abril, por el que se desarrolla la estructura orgánica básica del Ministerio de Inclusión, Seguridad Social y Migraciones, se preceptúa, en su artículo 5, que a la Secretaría de Estado de Migraciones le corresponde elaborar y desarrollar la política del Gobierno en materia de extranjería, inmigración y emigración.

Para el desarrollo de esta política, el artículo 7 del citado Real Decreto asigna a la Dirección General de Atención Humanitaria e Inclusión Social de la Inmigración, de la referida Secretaría de Estado de Migraciones: «la gestión de subvenciones y otros instrumentos de financiación y gestión para la colaboración con entidades públicas y privadas en materia de atención humanitaria y defensa de los derechos humanos de las personas migrantes, y la colaboración con entidades públicas y privadas cuyas actividades se relacionen con dicha materia, así como el desarrollo y gestión de programas vinculados al retorno voluntario de personas migrantes, la reagrupación familiar, personas migrantes con visado de búsqueda de empleo, en coordinación con la Secretaría General de Objetivos y Políticas de Inclusión y Previsión Social».

Para el logro de estos fines, en los Presupuestos Generales del Estado se consignan los créditos correspondientes.

La sentencia de la Audiencia Nacional de 10 de marzo de 2021 (recurso 256/2017) declaró nula la Orden ESS/109/2017, de 10 de febrero, que modifica la Orden ESS/1423/2012, de 29 de junio, por la que se establecen las bases reguladoras para la concesión de subvenciones en el área de integración de los inmigrantes, solicitantes y beneficiarios de protección internacional, apatridia y protección temporal, siendo confirmada por la sentencia del Tribunal Supremo número 1760/2022, de 23 de diciembre de 2022 (RC 3587/2021).

La doctrina del Tribunal Constitucional, expresada entre otras, en la STC 87/2017, de 4 de julio de 2017 señala que «… comprendería la atribución al Estado de la competencia sobre extranjería *ex* artículo 149.1.2.ª CE la capacidad del Estado de determinar aquellos derechos que corresponden a los extranjeros en su condición de tales. Esto es, aquellos derechos que les corresponderían, no como consecuencia de su potencial situación de necesidad social y que les puede convertir en beneficiarios de determinadas políticas sectoriales asistenciales (políticas de vivienda, de asistencial social etc.), sino como consecuencia de la específica y particular posición en la que se encuentra el ciudadano extranjero de cara a su integración en la sociedad española».

En esta línea, a través de las campañas de prevención y sensibilización contra la xenofobia, el racismo y la intolerancia, como contra la violencia de género, la trata de seres humanos, la explotación sexual y los discursos y los delitos de odio, así como de los servicios de orientación y asesoramiento personalizados y los proyectos estatales de investigación a nivel teórico, dirigidos a la especial situación del extranjero para su integración en la sociedad española, la presente orden regula las condiciones básicas para articular los referidos proyectos en el marco de la capacidad del Estado para determinar aquellos derechos que corresponden a los ciudadanos extranjeros, en su condición de tales.

En cumplimiento del artículo 8 de la Ley 38/2003, de 17 de noviembre, General de Subvenciones, con fecha 13 de agosto de 2021 se aprobó el Plan Estratégico de Subvenciones (PES) del Ministerio de Inclusión, Seguridad Social y Migraciones para los ejercicios 2021 a 2023. Las subvenciones que se regulan en la presente orden se corresponden con la Línea de subvención 11 del citado Plan, cuyo objetivo estratégico es promover la convivencia y la cohesión social de las personas migrantes en la sociedad de acogida y la lucha contra el racismo, la xenofobia y otras formas conexas de intolerancia.

La presente orden cumple con los principios de buena regulación previstos en el artículo 129 de la Ley 39/2015, de 1 de octubre, del Procedimiento Administrativo Común de las Administraciones Públicas.

Así, se atiende a los principios de necesidad y eficacia, ya que la norma persigue una cuestión de interés general como es la defensa de los derechos humanos de las personas extranjeras, identifica de forma clara los fines perseguidos y es el instrumento más adecuado para garantizar su consecución. De la misma manera, en cumplimiento del principio de proporcionalidad, la norma se limita a la regulación imprescindible para el establecimiento de las bases reguladoras.

Por otra parte, en virtud del principio de seguridad jurídica, la presente orden es coherente con el conjunto del ordenamiento normativo en su ámbito de aplicación, y se han recabado cuantos informes son preceptivos; incluidos los informes previos de la Abogacía del Estado y de la Intervención Delegada de la Intervención General de la Administración General del Estado en el departamento. Igualmente, se ha tenido en cuenta el principio de transparencia, definiéndose el objeto y ámbito de aplicación. Además, se han realizado los trámites de consulta pública previa, y de audiencia pública, conforme a lo establecido en el artículo 26.2 y 6 de la Ley 50/1997, de 27 de noviembre, del Gobierno.

Finalmente, en aplicación del principio de eficiencia, la presente orden no supone nuevas cargas administrativas.

De conformidad con lo dispuesto en el artículo 17.1 de la Ley 38/2003, de 17 de noviembre, esta orden ha sido informada por la Abogacía del Estado y la Intervención Delegada de la Intervención General de la Administración del Estado en el Departamento.

En su virtud, con la aprobación previa de la Ministra de Hacienda y Función Pública, dispongo:

1. *Ámbito de aplicación y objeto.* 1. La presente orden establece las bases reguladoras para la concesión de las subvenciones que, por el procedimiento de concurrencia competitiva, convoque la Secretaría de Estado de Migraciones, del Ministerio de Inclusión, Seguridad Social y Migraciones para la realización de proyectos en materia de defensa de los derechos humanos de las personas extranjeras, en colaboración con entidades públicas y privadas.

2. El objeto de estas subvenciones es la realización de actividades que promuevan la defensa de los derechos de las personas extranjeras en la sociedad española, en un marco de convivencia de identidades y culturas diversas.

3. Los proyectos subvencionables estarán comprendidos en alguna de las siguientes líneas de actuación:

a) Desarrollo e implementación de proyectos de prevención y de sensibilización contra el racismo, xenofobia, delitos de odio y otras formas de intolerancia asociadas. Estos proyectos comprenderán actividades de diagnóstico, detección, implementación, seguimiento y evaluación de las actividades de sensibilización y de prevención que tienen por objeto la lucha contra el racismo, la xenofobia y delitos de odio.

b) Desarrollo e implementación de proyectos destinados a la prevención y a la sensibilización en materia de trata de seres humanos, explotación sexual, violencia de género. Estos proyectos incluirán actividades de diagnóstico, implementación y seguimiento de actividades de sensibilización y prevención destinados a colectivos específicos implicados en esta temática, incluyendo potenciales víctimas.

c) Servicios de orientación y asesoramiento personalizados a grupos específicos (operadores jurídicos, fuerzas y cuerpos de seguridad del estado y otros profesionales que por razón de su actividad profesional tengan contacto con personas de origen extranjero), destinados a sensibilizar en la lucha contra el racismo y la xenofobia, delitos de odio, la trata de seres humanos y la violencia de género.

d) Proyectos de generación de conocimiento y buenas prácticas, proyectos piloto transferibles y evaluables, procesos de obtención de evidencias y buenas prácticas, orientados al diseño, ejecución y evaluación de soluciones innovadoras para la mejora de los sistemas de intervención contra el racismo, la xenofobia y la intolerancia asociada; así como la discriminación de las personas inmigrantes, en distintos ámbitos, y las problemáticas que afectan a las personas de origen extranjero.

e) Proyectos de equipamiento y adaptación de inmuebles. El objetivo de estos proyectos es apoyar la adquisición de recursos materiales adecuados para el funcionamiento de entidades cuyos proyectos vayan destinados a personas extranjeras. En el marco de esta actuación se podrán financiar la adquisición de equipos informáticos, mobiliario y otros materiales inventariables y la realización de obras para el acondicionamiento y adaptación de inmuebles

2. *Procedimiento de concesión.* 1. El procedimiento de concesión de las subvenciones reguladas en esta orden se tramitará en régimen de concurrencia competitiva, y se iniciará de oficio, mediante convocatoria pública aprobada por el órgano competente.

2. Las convocatorias que se realicen de conformidad con la presente orden serán objeto de publicidad en la Base de Datos Nacional de Subvenciones. y un extracto de las mismas. en el «Boletín Oficial del Estado», de acuerdo con lo establecido en el artículo 20 de la Ley 38/2023, de 17 de noviembre, y en el Real Decreto 130/2019, de 8 de marzo, por el que se regula la Base de Datos Nacional de Subvenciones y la publicidad de las subvenciones y demás ayudas públicas.

3. *Convocatorias.* 1. Las correspondientes convocatorias de subvención se realizarán de acuerdo con los principios de publicidad, transparencia, objetividad, igualdad y no discriminación.

2. Las convocatorias determinarán los créditos presupuestarios a los que deben imputarse las correspondientes subvenciones, haciendo mención expresa de aquellas que puedan ser cofinanciadas por Fondos de la Unión Europea, y su contenido se ajustará a lo dispuesto en el artículo 23 de la Ley 38/2003, de 17 de noviembre.

3. Las sucesivas convocatorias anuales de subvenciones establecerán, para cada una de las líneas de actuación previstas en el artículo 1.3, las prioridades específicas y requisitos de los proyectos que podrán concurrir a las mismas.

4. Las convocatorias podrán fijar, además de la cuantía total máxima, dentro de los créditos disponibles, una cuantía adicional, que no requerirá de nuevas convocatorias, pudiendo realizarse mediante generaciones o incorporaciones de crédito, siempre y cuando esa financiación adicional se obtenga antes de la resolución de concesión.

5. Si, una vez adjudicadas las subvenciones, resultaran remanentes de crédito, podrán efectuarse nuevas convocatorias.

6. Las resoluciones en las que se formalicen las correspondientes convocatorias contendrán la descripción del logotipo del órgano convocante y, en su caso, de los Fondos de la Unión Europea.

4. *Beneficiarios.* 1. Podrán acceder a la condición de beneficiario de las subvenciones reguladas en esta orden:

Las entidades u organizaciones no gubernamentales que reúnan los siguientes requisitos:

1.º Tener como fines institucionales primordiales, conforme a su título constitutivo, la realización de actividades a favor de los colectivos citados en el artículo 1.

2.º Carecer de fines de lucro. A estos efectos, se considerarán también entidades sin fines de lucro a aquellas que desarrollen actividades de carácter comercial, siempre que los beneficios resultantes de las mismas se inviertan en su totalidad en el cumplimiento de sus fines institucionales, no comerciales.

3.º Tener ámbito de actuación estatal, según título constitutivo, excepto aquellas organizaciones cuyo ámbito territorial de actuación sea Ceuta y Melilla.

4.º Deberán estar legalmente constituidas y debidamente inscritas en el correspondiente registro administrativo estatal.

5.º Disponer de solvencia económica y financiera suficiente para garantizar la ejecución de las actuaciones previstas en la solicitud. Para demostrar dicha solvencia, el volumen global de los ingresos percibidos por la entidad el año inmediatamente anterior a la convocatoria, independientemente de su origen y tipología, deberá ser igual o superior a la cuantía total solicitada para la ejecución del conjunto de los proyectos presentados para su financiación con cargo a la convocatoria de subvenciones por parte de la entidad solicitante

6.º   Haber justificado suficientemente, de acuerdo con el procedimiento establecido en los artículos 18, 19 y 20, en su caso, las subvenciones recibidas con anterioridad de la Dirección General de Atención Humanitaria e Inclusión Social de la Inmigración.

7.º   No haber reintegrado más del 40 por ciento de las ayudas y subvenciones recibidas en cualquiera de las últimas cinco convocatorias como resultado de un procedimiento de reintegro, con cargo al presupuesto de la Secretaría de Estado de Migraciones.

8.º   Salvo que en las resoluciones de convocatoria se establezcan otros criterios, deberán estar constituidas al menos con dos años de antelación a la fecha de publicación de la convocatoria, a excepción de las confederaciones y federaciones recién constituidas, que deberán estar compuestas mayoritariamente por federaciones o asociaciones cuya antigüedad sea superior a dos años.

2.   A efectos de lo dispuesto en la presente orden, no tendrán la consideración de beneficiarios:

a)   Las entidades de derecho público, los partidos políticos, las sociedades civiles, los colegios profesionales y otras entidades con análogos fines específicos y naturaleza de los citados anteriormente, salvo que las resoluciones de convocatoria establezcan lo contrario, en función de tipo de proyectos de que se trate.

b)   Las entidades en las que concurra alguna de las circunstancias contenidas en los apartados 2 y 3 del artículo 13 de la Ley 38/2003, de 17 de noviembre.

5.   *Órganos competentes para la ordenación, instrucción y resolución del procedimiento.* 1.   Órgano instructor: El órgano competente para la ordenación e instrucción del procedimiento es la Subdirección General de Emergencias y Centros de Migraciones, de la Dirección General de Atención Humanitaria e Inclusión Social de la Inmigración, u órgano que la sustituya, a la cual corresponde realizar de oficio cuantas actuaciones estime necesarias para la determinación, conocimiento y comprobación de los datos en virtud de los cuales debe pronunciarse la propuesta de resolución.

Conforme a lo establecido en el artículo 24 de la Ley 38/2003, de 17 de noviembre, la Subdirección General de Emergencias y Centros de Migraciones tendrá las siguientes atribuciones:

a) Solicitar cuantos informes estime necesarios para resolver y aquéllos que sean exigidos por las normas que regulan la subvención.

b) Verificar el cumplimiento de las condiciones impuestas para adquirir la condición de beneficiario y evaluar las solicitudes conforme a los criterios objetivos de valoración establecidos en el artículo 9.

c) Remitir las actuaciones practicadas a la Comisión de Evaluación.

d) Formular propuesta de resolución provisional y, en su caso, definitiva, una vez recibido el informe de la Comisión de Evaluación.

2. Órgano colegiado: La Comisión de evaluación estará compuesta por:

a) Presidencia: Una persona funcionaria perteneciente al subgrupo A1 de la Dirección General de Atención Humanitaria e Inclusión Social de la Inmigración u órgano que la sustituya, que en ningún caso pertenezca al órgano instructor.

b) Secretaría, con voz pero sin voto: Una persona funcionaria de la Dirección General de Atención Humanitaria e Inclusión Social de la Inmigración u órgano que la sustituya, que en ningún caso pertenezca al órgano instructor.

c) Vocales: Tres personas funcionarias pertenecientes al subgrupo A2 de la Dirección General de Atención Humanitaria e Inclusión Social de la Inmigración u órgano que la sustituya, que en ningún caso pertenezca al órgano instructor.

d) Cuando la presidencia lo estime necesario, podrán incorporarse a la Comisión, con voz, pero sin voto, funcionarios de los órganos directivos del Departamento con competencia en las áreas a que afecte la evaluación efectuada.

Una vez evaluadas las solicitudes de subvención, la Comisión de evaluación emitirá un informe dirigido a la persona titular de la Subdirección General de Emergencias y Centros de Migraciones, como órgano instructor, en el que se concrete el resultado de la evaluación efectuada.

En lo no previsto en esta orden, el funcionamiento del órgano colegiado se ajustará al régimen establecido para los órganos colegiados en la sección 3.ª del capítulo II del título preliminar de la Ley 40/2015, de 1 de octubre, de Régimen Jurídico del Sector Público.

3.   Órgano competente para la resolución: El órgano competente para la resolución será la persona titular de la Secretaría de Estado de Migraciones, en virtud de lo previsto en la normativa aplicable.

6.   *Solicitud, memorias, documentación y subsanación de errores.* 1.   Solicitud:

a)   Modelo y presentación de solicitudes: Las solicitudes de subvención se formalizarán en el modelo normalizado de solicitud que figurará como anexo a las resoluciones de convocatoria, debiendo relacionarse en el mismo todos los proyectos para los que una misma entidad solicita subvención, así como la cuantía solicitada para cada uno de ellos. Dicha solicitud deberá suscribirla quien ostente la representación legal de la entidad y acredite poder suficiente para ello.

Las solicitudes y demás documentación que se determine se presentarán exclusivamente por medios electrónicos en el registro electrónico disponible en la sede electrónica asociada del Ministerio de Inclusión, Seguridad Social y Migraciones, y se dirigirán a la Dirección General de Atención Humanitaria e Inclusión Social de la Inmigración.

b)   Plazo de presentación: El plazo de presentación de las solicitudes se determinará en las convocatorias, no pudiendo ser inferior a diez ni superior a treinta días hábiles, contados a partir del día siguiente al de la publicación del extracto de la correspondiente convocatoria en el «Boletín Oficial del Estado».

2.   Memorias:

a)   A la solicitud deberá acompañarse una memoria explicativa de las características sustanciales de la entidad solicitante, así como otra memoria explicativa por cada uno de los proyectos para los que se solicita subvención. Dichas memorias se formalizarán en los modelos que figurarán como anexos a las resoluciones de convocatoria.

b)   En el supuesto de que la entidad solicitante sea una confederación o federación, y el proyecto para el que solicite subvención sea el resultado de la suma de varios subproyectos diferenciados, habrán de formalizarse los anexos correspondientes que, igualmente, acompañarán a las resoluciones de convocatoria., salvo que los objetivos y actividades coincidan sustancialmente en todos los subproyectos, en cuyo caso bastará con que su contenido se detalle debidamente en la memoria explicativa del proyecto y queden claramente diferenciados unos de otros.

c)   En la memoria explicativa de cada uno de los proyectos presentados deberá reflejarse, entre otros aspectos, el contenido y actividades que incluye el proyecto y el presupuesto estimado para el mismo, desglosado por origen de financiación y por concepto de gasto.

3.   Documentación. Junto con la solicitud y las memorias explicativas deberá adjuntarse la siguiente documentación:

a)   Documento acreditativo de la identidad del representante. Cuando proceda, el consentimiento del interesado para que tales datos puedan ser consultados mediante un Sistema de verificación de Datos de Identidad.

b)   Poder bastante en derecho para actuar en nombre y representación de la persona jurídica solicitante.

c)   Tarjeta de identificación fiscal debidamente actualizada.

d)   Estatutos de la entidad debidamente legalizados.

e)   Documento acreditativo de la inscripción de la entidad en el registro administrativo correspondiente.

f)   Certificación en la que conste la identificación de los directivos de la entidad, miembros de su patronato u órgano directivo, así como la fecha de su nombramiento y modo de elección. En esta certificación deberá acreditarse la presentación de dichos datos en el registro administrativo correspondiente.

g)   En caso de que se perciban, comunicación de aquellas subvenciones, ayudas, ingresos o recursos, para la misma finalidad, procedentes de otras Administraciones o entes públicos o privados, nacionales, de la Unión Europea o de organismos internacionales.

h)   La presentación de la solicitud de subvención conllevará la autorización del solicitante para que el órgano concedente obtenga de forma directa la acreditación de la circunstancia de estar al corriente de las obligaciones tributarias y con la Seguridad Social a través de certificados telemáticos, en cuyo caso el solicitante no deberá aportar las correspondientes certificaciones.

No obstante, el solicitante podrá denegar expresamente el consentimiento, debiendo aportar entonces certificación acreditativa de hallarse al corriente de las obligaciones tributarias y con la Seguridad Social.

Asimismo, cuando las entidades solicitantes sean federaciones, confederaciones, uniones o personas jurídicas similares que integren en su seno a varias entidades miembros, se entenderá por otorgado el consentimiento para que el órgano concedente obtenga de forma directa la acreditación de la circunstancia de estar al corriente de las obligaciones tributarias y con la Seguridad social a no ser que alguna de las entidades miembros se oponga expresamente a ello, en cuyo caso la entidad de que se trate deberá presentar certificación acreditativa de dicho extremo.

i)   Declaración responsable de que el solicitante se encuentra al corriente en el pago de obligaciones por reintegro de subvenciones, de acuerdo con lo previsto por el artículo 25 del Real Decreto 887/2006, de 21 de julio.

Cuando las entidades solicitantes sean federaciones, confederaciones, uniones o estructuras similares que integren en su seno a varias entidades, deberán presentar, además, declaración responsable de que las entidades a las que proponen como ejecutantes de los proyectos se hallan al corriente de sus respectivas obligaciones por reintegro de subvenciones, comprometiéndose aquéllas a acreditarlo en cualquier momento en que les sea requerido por el órgano concedente de la subvención.

j)   Declaración responsable de quien ostente la representación legal de la entidad, de que, tanto la entidad solicitante como las entidades miembros que proponen como ejecutantes de los proyectos no se encuentran incursas en las prohibiciones para obtener la condición de beneficiarios de subvenciones establecidas en el artículo 13.2 y 3 de la Ley 38/2003, de 17 de noviembre.

k)   Declaración responsable de quien ostente la representación legal de la entidad solicitante del cumplimiento del criterio de solvencia establecido en el artículo 4.1.5.º de la presente orden, en el caso de entidades sin entidades miembro.

En el caso de plataformas, federaciones, asociaciones de asociaciones, confederaciones, cuyos proyectos van a ser ejecutados, en todo o en parte, por entidades asociadas, declaración responsable de quien ostente la representación legal de la entidad solicitante de que todas ellas cumplen el criterio de solvencia de acuerdo con lo establecido en el citado artículo 4.1.5.º

l)   Declaración responsable, en el caso de entidades que vayan a contar con personas voluntarias para el desarrollo de los proyectos, de quien ostente la representación legal de la entidad solicitante, del cumplimiento de las obligaciones que para las entidades establece la Ley 45/2015, de 14 de octubre, del Voluntariado, debiendo incluir referencia al número de voluntarios con que cuentan y que están cubiertos con la póliza de seguros correspondiente.

m) Declaración responsable de que la entidad cumple con las obligaciones legales de reserva de empleo para personas con discapacidad establecidas en el Texto Refundido de la Ley General de derechos de las personas con discapacidad y de su inclusión social, aprobado por el Real Decreto Legislativo 1/2013, de 29 de noviembre.

La comprobación de la existencia de datos no ajustados a la realidad, tanto en la solicitud como en las memorias o en la documentación aportada, podrá comportar, en función de su importancia, la denegación de la subvención solicitada, sin perjuicio de las responsabilidades que pudieran derivarse de dicha actuación.

4. De conformidad con lo establecido en la Ley Orgánica 3/2018, de 5 de diciembre, de Protección de Datos Personales y garantía de los derechos digitales, la solicitud conlleva la autorización del solicitante para tratarlos de forma automatizada y cederlos para fines de evaluación, seguimiento y control, al órgano evaluador y a los organismos de control comunitarios y nacionales.

5. Subsanación de errores. Si la solicitud de subvención no reuniera los datos de identificación, tanto de la subvención solicitada como del solicitante y/o cualquiera de los previstos en el artículo 66 de la Ley 39/2015, de 1 de octubre, del Procedimiento Administrativo Común de las Administraciones Públicas, se requerirá al solicitante, de acuerdo con lo establecido en el artículo 68.1 de la citada Ley, para que en un plazo de diez días hábiles subsane las faltas o acompañe los documentos preceptivos, con indicación de que si así no lo hiciera, se le tendrá por desistida de su petición, previa notificación de la resolución que habrá de dictarse en los términos previstos en el artículo 21 de la misma ley.

Sin perjuicio de lo anterior, en cualquier momento podrá instarse al solicitante para que complete los requisitos necesarios de un trámite defectuosamente cumplimentado, de acuerdo con lo previsto en el artículo 73 de la Ley 39/2015, de 1 de octubre, concediendo a tal efecto un plazo de diez días hábiles a partir del día siguiente al de la notificación, con expreso apercibimiento de que, de no hacerlo así, se le podrá declarar decaído en su derecho a dicho trámite.

7. *Financiación de los proyectos presentados.* 1. Los solicitantes cumplimentarán el apartado referido al presupuesto que figura en la memoria explicativa de cada uno de los proyectos presentados, especificando las previsiones de gastos que estimen necesarios para la realización de las diferentes actividades que comporta el contenido del correspondiente proyecto, diferenciando, en su caso, entre gastos corrientes y gastos de inversión, y al que acompañarán de un compromiso de financiación propia, cuyo porcentaje mínimo vendrá determinado en la resolución de convocatoria, pudiendo establecerse éste entre el 2 % y el 10 % de la cuantía total del proyecto.

La cuantía total del proyecto será la resultante de la suma de la cuantía solicitada, la financiación propia aportada y la procedente de otros financiadores, en su caso.

2.   A los efectos de la presentación del presupuesto, tendrán en cuenta que los gastos corrientes imputables a la subvención están sometidos a las limitaciones previstas en el artículo 21, conforme se detalla en los Manuales de Justificación y de Gestión de las subvenciones elaborados por el órgano concedente, y que serán proporcionados a los beneficiarios de la subvención.

3.   Las subvenciones que se regulan por la presente orden serán compatibles con la percepción de otras subvenciones, ayudas, ingresos o recursos para la misma finalidad, procedentes de cualesquiera Administraciones, entes públicos o privados, nacionales, de la Unión Europea o de organismo internacionales siempre que, aisladamente o en conjunto, no superen el coste de la actividad subvencionada, en caso contrario, se procederá conforme a lo establecido en el artículo 12.

4.   El importe de las subvenciones concedidas, en ningún caso, podrá ser de tal cuantía que, aisladamente o en concurrencia con subvenciones o ayudas de otras Administraciones Públicas o de otros Entes Públicos o Privados, nacionales o internacionales, supere el coste de la actividad a desarrollar por el beneficiario.

8.   *Cuantía de la subvención.* 1.   La concesión de las subvenciones estará siempre supeditada a la existencia de crédito suficiente en la aplicación presupuestaria que corresponda.

2.   El importe de la subvención correspondiente a cada proyecto subvencionado se determinará teniendo en cuenta los criterios de valoración establecidos en el artículo 9, atendiendo a la puntuación obtenida por cada proyecto presentado, el montante total de la partida presupuestaria y la cuantía solicitada.

3. Las correspondientes resoluciones de convocatoria podrán establecer una cuantía máxima y/o mínima del importe solicitado por proyecto, en función del crédito disponible.

4. De igual forma, las convocatorias podrán establecer un número máximo de proyectos a solicitar por cada prioridad.

9. *Criterios objetivos de valoración para el otorgamiento de la subvención.* 1. Para el otorgamiento de la subvención y la determinación de su cuantía se tendrá en cuenta, además de la cuantía establecida en los correspondientes créditos presupuestarios, que condiciona las obligaciones que se contraigan con cargo a los mismos, y los límites a que se refiere el artículo 8, los siguientes criterios objetivos de valoración.

2. Criterios objetivos de valoración de los solicitantes, y su ponderación:

a) Implantación: Se valorará el ámbito territorial de las actuaciones y proyectos realizados por el solicitante, así como el número de socios y afiliados y la capacidad de la entidad para establecer acuerdos de colaboración con organismos públicos (máximo 15 puntos).

Tendrán una valoración prioritaria las confederaciones, federaciones o agrupaciones similares que presenten proyectos integrados.

1. Ámbito territorial: 8 puntos.
– De 2 a 4 CC.AA.: 2 puntos.
– De 5 a 7 CC.AA.: 5 puntos.
– 8 o más CC.AA.: 8 puntos.

2. Número de socios: 3 puntos.
– De uno a cien socios: 1 punto.
– De ciento uno a trescientos: 2 puntos.
– Más de trescientos: 3 puntos.

3. Confederaciones, federaciones o agrupaciones similares que presenten proyectos integrados: 2 puntos - 2 puntos.
– Menos de 7 CC.AA.: 1 punto.
– Más de 7 CC.AA.: 2 puntos.

4. Acuerdos de colaboración/Participación en órganos representativos: Hasta 2 puntos.
– Acuerdos de colaboración suscritos con entidades públicas o privadas relevantes para la ejecución de los proyectos objeto de la convocatoria - 1 punto.

– Participación en órganos representativos de entidades del tercer sector - 1 punto.

b) Experiencia en la atención al colectivo: Se valorarán los años de experiencia del solicitante en la atención al colectivo previsto en el artículo 1.2 (máximo 8 puntos).

– De dos a cuatro años: 2 puntos.
– De cinco a siete años: 4 puntos.
– De ocho a diez años: 6 puntos.
– Más de diez años: 8 puntos.

c) Estructura y capacidad de gestión: Se valorará que la estructura del solicitante sea adecuada para gestionar las actividades previstas en los proyectos presentados, disponiendo de sistemas de calidad que contribuyan a la consecución de los objetivos previstos. Se tendrá en cuenta el conjunto de medios aportados por las diferentes entidades ejecutantes (máximo 15 puntos).

1. Inmuebles propios, en alquiler o cesión (6 puntos).
– Dos o tres comunidades autónomas: 2 puntos.
– Cuatro a seis comunidades autónomas: 4 puntos.
– Siete o más comunidades autónomas: 6 puntos.

2. Medios materiales y tecnológicos. Se tendrán en cuenta las instalaciones, materiales didácticos, docentes, medios tecnológicos (software y hardware) de los que dispone la entidad (2 puntos).

3. Certificaciones externas de calidad: Certificado en vigor expedido por un organismo externo en base a la Norma ONG Calidad, ISO 9001:2015, EFQM (hasta 7 puntos).

– En preparación, siempre que resulte acreditado: 1 punto.
– En vigor y aplicados a los tres años anteriores: 4 puntos.
– En vigor y aplicados con anterioridad a tres años: 7 puntos.

d) Adecuación de recursos humanos: Se valorarán las líneas de actuación del solicitante en materia de gestión de los recursos humanos que se adscriben a los diferentes proyectos, teniendo en cuenta (máximo 8 puntos):

1.º La naturaleza, características y duración de la contratación del personal asalariado preexistente y de nueva incorporación.

2.º Que los criterios de contratación del personal contribuyan al fomento de la integración laboral de las personas con discapacidad.

1. Volumen de personal contratado:
– De uno a cinco: 1 punto.
– De seis a diez: 2 puntos.

    – De once a cincuenta: 3 puntos.
    – Más de cincuenta: 4 puntos.
    2.   Fomento de la integración laboral de personas con discapacidad, inmigrantes, mujeres y otros colectivos contemplados en medidas específicas de fomento del empleo (porcentaje sobre personal contratado) (máximo 2 puntos):
    – No cuenta con este tipo de personal (0 puntos).
    – Hasta un 10 % (0,5 puntos).
    – Del 10 % al 15 % (1 punto).
    – Más del 15 % (2 puntos).
    3.º   Existencia de un Plan de Igualdad adecuado a lo establecido en la Ley Orgánica 3/2007, de 22 de marzo, para la Igualdad Efectiva de Mujeres y Hombres, y al Real Decreto 901/2020, de 13 de octubre, por el que se regulan los planes de igualdad y su registro y se modifica el Real Decreto 713/2010, de 28 de mayo, sobre registro y depósito de convenios y acuerdos colectivos de trabajo: 2 puntos.
    e)   Voluntariado: Se valorará que el solicitante cuente con un número relevante de voluntarios para el desarrollo de sus proyectos, priorizándose aquéllas que dispongan de un sistema de formación de los voluntarios y de incorporación de éstos a las actividades del solicitante (máximo 5 puntos).
    1.   Número relevante de voluntarios:
    – De uno a cincuenta: 1 punto.
    – De cincuenta y uno a 100: 2 puntos.
    – Más de cien: 3 puntos.
    2.   Porcentaje de voluntarios formados sobre el total de voluntarios.
    – De 1 al 50 %: 0,5 puntos.
    – Más del 50 %: 1 punto.
    3.   Existencia de un Plan de voluntariado, conforme a la ley del voluntariado y en vigor: 1 punto.
    f)   Auditoría externa: Se valorará que el solicitante someta su gestión a controles periódicos de auditoría externa (máximo 9 puntos).
    – No cuenta con auditoria o con opinión denegada o desfavorable en los dos ejercicios anteriores: 0 puntos.
    – Auditoria de cualquiera de los dos ejercicios anteriores con salvedades: 3 puntos.
    – Auditoria de cualquiera de los dos ejercicios anteriores sin salvedades: 6 puntos.

– Auditoria de los tres últimos ejercicios sin salvedades: 9 puntos.

3. Cumplimiento de las obligaciones derivadas de las subvenciones recibidas con cargo al Presupuesto de la Secretaría de Estado de Migraciones: Se valorará la exactitud en el cumplimiento de las obligaciones contraídas, respecto a las subvenciones concedidas en anteriores convocatorias, que se encuentren debidamente justificadas por la entidad beneficiaria y liquidadas por el órgano concedente. De este modo, cuando el cumplimiento no sea total, atendiendo al tipo de incumplimiento que se haya producido, podrá detraerse hasta un máximo de 15 puntos de la puntuación total obtenida por el solicitante.

Se detraerán 2,5 puntos por el incumplimiento de cada una de las siguientes obligaciones:

– Ingresar la subvención concedida en una cuenta bancaria única o tener su contabilidad adaptada al Plan General Contable.

– Someterse a actuaciones de comprobación, seguimiento y evaluación que determina la Dirección General, facilitando la información requerida.

– Presentar una Memoria económica justificativa de los gastos de cada proyecto.

– Presentar una Memoria justificativa de las actividades que se ajuste a los requisitos. exigidos por la Dirección General.

Se detraerán puntos en función de los reintegros realizados en la última convocatoria liquidada con la siguiente escala:

– Hasta 5 % de la subvención concedida: 0 puntos.
– Del 6 % al 20 % de la subvención concedida: 3 puntos.
– Del 21 % al 40 % de la subvención concedida: 5 puntos.
– Más del 40 % de la subvención concedida: 10 puntos.

4. Criterios objetivos de valoración de los proyectos presentados por los solicitantes, y su ponderación:

a) Diagnóstico de las necesidades sociales (máximo 5 puntos). Se tendrá en cuenta el estudio estadístico de la necesidad social, el estudio sociodemográfico de la población destinataria y el análisis de la cobertura pública o privada de las necesidades sociales detectadas.

a.1) Definición clara y concreta de la necesidad detectada (0-2).

a.2) Justificación de la necesidad social a través de datos estadísticos actualizados y especificación de las fuentes de información utilizadas y existencia de un análisis sociodemográfico de la población destinataria (0-2).

a.3) Descripción de la cobertura pública o privada existente de las necesidades sociales detectadas (0-1).

b) Contenido técnico del proyecto (máximo 27 puntos): Este apartado trata de valorar el contenido técnico del proyecto, teniendo en cuenta los siguientes elementos: definición clara de objetivos, actividades para su consecución, cronograma previsto, medios técnicos y personales con los que cuentan, n.º de beneficiarios, impacto del proyecto, perspectiva de género, etc.

b.1) Objetivos (máximo 3 puntos).

b.1.1) Objetivos ajustados a la necesidad social detectada y a las características de los beneficiarios descritos (0-1).

b.1.2) Son claros, concisos y bien definidos y son evaluables (0-1).

b.1.3) Son realistas y viables a medio plazo (0-1).

b.2) Actividades (máximo 8 puntos).

b.2.1) Descripción detallada de las actividades a realizar y ajustada al marco de referencia de los proyectos que establece la convocatoria (0-4).

b.2.2) Adecuadas para la consecución de los objetivos planteados y de los resultados esperados (0-2).

b.2.3) Planificación previa, responden a un orden lógico de ejecución y calendarización de actuaciones a través de un cronograma realista con la sucesión de actividades a desarrollar y la interrelación de las mismas. (0-2).

b.3) Impacto de la intervención (máximo 3 puntos).

b.3.1) Se describen suficientemente y de forma evaluable los resultados esperados y son coherentes con el diagnóstico de las necesidades sociales realizado: 2 puntos.

b.3.2) Número de usuarios directos adecuado al contexto de intervención y al presupuesto estimado: 1 punto.

b.4) Medios humanos (máximo 5 puntos).

b.4.1) Idoneidad del número de profesionales destinados al proyecto y adecuación del perfil profesional, con formación en la materia de la línea del proyecto (0-2).

b.4.2) Especificación de las funciones a realizar y su concordancia con el proyecto (0-1).

b.4.3) Dedicación, número de horas adecuado (0-1).

b.4.3) Participación de personal voluntario en el proyecto (0-1).

b.5) Medios materiales (máximo 2 puntos).

b.5.1)   Detallan correctamente los medios que serán dedicados al proyecto (0-1).

b.5.2)   Los medios son suficientes y adecuados a las actividades planteadas (0-1).

b.6)   Indicadores de evaluación (máximo 4 puntos).

b.6.1)   Coherentes con los objetivos y resultados descritos (0-1).

b.6.2)   Medibles y cuantificables e incluyen fuentes de verificación (0-2).

b.6.3)   Son suficientes para la evaluación del proyecto (0-1).

b.7)   Perspectiva de género (máximo 2 puntos).

b.7.1)   La perspectiva de género se aplica de forma transversal a todo el proyecto (0-1).

b.7.2)   El proyecto contiene acciones concretas que fomenten la igualdad de género (0-1).

c)   Aspectos económicos (máximo 12 puntos): Para la valoración de este punto se tendrán en cuenta:

c.1)   Presupuesto del proyecto (máximo 4 puntos).

c.1.1)   Previsión de gastos suficientemente detallada y precisa (0-2).

c.1.2)   Distribución entre partidas adecuada y coherente (0-2).

c.2)   Financiación de otros organismos para la ejecución del mismo proyecto (máximo 1 punto).

El proyecto está cofinanciado por otras entidades externas para la ejecución del mismo proyecto (0-1).

c.3)   Cofinanciación de la propia entidad (máximo 3 puntos).

– El proyecto cuenta con financiación propia superior al 2,5 %:1 punto.

– El proyecto cuenta con financiación propia superior al 10%:3 puntos.

c.4)   Eficiencia, adecuación recursos-actividades-resultados, costes medios de las actividades (máximo 2 puntos).

c.4.1)   Eficiencia y adecuación recursos-actividades-resultados esperados (0-1).

c.4.2)   Costes medios de las actividades (0-1).

c.5)   Subcontratación de actividades inferior al 5 %. 2 puntos.

d)   Experiencia acreditada en la gestión de proyectos de contenido y destinatarios similares (máximo 6 puntos): En este punto se trata de evaluar la experiencia de la entidad en el desarrollo de proyectos de contenido y destinatarios similares.

d.1)   La entidad cuenta con experiencia demostrable en la gestión de proyectos similares (0-4).

d.1.1)   Se valorará con 2 puntos proyectos de uno o dos años de antigüedad.

d.1.2)   Se valorará con 4 puntos los de una antigüedad superior.

d.2)   Experiencia internacional (0-2).

d.2.1)   se valorará la ejecución de proyectos en el ámbito internacional (0-1).

d.2.2)   se valorará la participación en redes transnacionales (0-1).

10.   *Evaluación y propuesta de resolución.* 1.   La Comisión de Evaluación, a la vista de todo lo actuado, emitirá un informe en el que se concrete el resultado de la valoración efectuada de todas las solicitudes.

2.   La persona titular de la Subdirección General de Emergencias y Centros de Migraciones, a la vista del expediente y del informe de la Comisión de Evaluación, formulará la propuesta de resolución provisional debidamente motivada, expresando la relación de solicitantes para los que se propone la concesión de la subvención y su cuantía, especificando su evaluación y los criterios de valoración seguidos para efectuarla. Asimismo, se incluirá la relación ordenada de todas solicitudes para las que se propone la denegación, según puntuación obtenida en la evaluación.

3.   La propuesta de resolución se notificará a las entidades propuestas como beneficiarias, a fin de que, en el plazo de diez días siguientes a la notificación, comuniquen la aceptación de la subvención y reformulen su solicitud con el fin de ajustar los compromisos y las condiciones a dicha propuesta de resolución.

4.   Para la reformulación de las solicitudes, se cumplimentará una Memoria adaptada de los proyectos a la propuesta de subvención, en el modelo normalizado que figurará como anexo a la propuesta de resolución notificada o que se pondrá a disposición de las entidades provisionalmente subvencionadas por cualquier otro medio. En esta memoria deberá adecuarse el contenido del proyecto inicialmente solicitado al importe de la subvención propuesta.

La Memoria adaptada vinculará en todos sus extremos a la entidad subvencionada, y no podrá incluir contenidos, actuaciones, localizaciones territoriales o cualesquiera otros extremos distintos de los inicialmente consignados en la solicitud inicial de subvención. Asimismo, deberá mantener los distintos conceptos presupuestarios en la misma proporción que el presupuesto inicial solicitado.

5.   Si dentro del plazo previsto para la reformulación de las solicitudes, el beneficiario no comunicara la aceptación de la subvención, la persona titular de la Subdirección General de Emergencias y Centros de Migraciones podrá realizar propuesta de subvención a favor del solicitante o los solicitantes siguientes en orden de puntuación de los proyectos del mismo colectivo de atención al que perteneciera el proyecto sobre el que se ha ejercido el desistimiento, siempre que el crédito liberado resulte suficiente.

6.   Las propuestas de resolución provisional no crean derecho alguno a favor del beneficiario propuesto frente a la Administración, mientras no se le haya notificado la resolución de concesión.

7.   La propuesta de resolución será objeto de publicación de acuerdo con lo dispuesto por el artículo 45 de la Ley 39/2015, de 1 de octubre.

11.   *Resolución.* 1.   La persona titular de la Subdirección General de Emergencias y Centros de Migraciones formulará la propuesta de resolución definitiva, que será remitida a la persona titular de la Dirección General de Atención Humanitaria e Inclusión Social de la Inmigración para que, previa fiscalización de los expedientes dicte, por delegación de la persona titular de la Secretaría de Estado de Migraciones, en virtud de lo previsto en la normativa aplicable, la resolución del procedimiento de concesión en el plazo de quince días.

La resolución acordará tanto la concesión de las subvenciones como la denegación o inadmisión de las solicitudes, incluyendo, en su caso, una relación ordenada de todas las solicitudes que, cumpliendo los requisitos, no hayan sido estimadas por rebasarse la cuantía máxima del crédito fijado en la convocatoria.

2.   Las resoluciones serán motivadas, debiendo, en todo caso, quedar acreditados los fundamentos de la resolución que se adopte, de conformidad con lo establecido en el artículo 25.2 de la Ley 38/2003, de 17 de noviembre.

3.   Las resoluciones se dictarán y notificarán a los solicitantes en el plazo máximo de seis meses, contados desde la fecha de publicación del extracto de convocatoria en el «Boletín Oficial del Estado». Excepcionalmente, podrá acordarse una ampliación del plazo máximo de resolución y notificación en los términos y con las limitaciones

establecidas en el artículo 23 de la Ley 39/2015, de 1 de octubre, del Procedimiento Administrativo Común de las Administraciones Públicas.

4. Si en el plazo de cinco días, contados desde la fecha de notificación de la resolución de concesión, se produjese la renuncia a la subvención por parte de alguno de los beneficiarios, el órgano concedente podrá acordar la concesión de la misma a favor del solicitante o solicitantes siguientes en orden de puntuación de los proyectos, siempre que el crédito liberado resulte suficiente.

5. Estas resoluciones pondrán fin a la vía administrativa, pudiéndose interponer contra las mismas recurso potestativo de reposición en el plazo de un mes ante la persona titular de la Secretaría de Estado de Migraciones, o bien ser impugnadas directamente ante el orden jurisdiccional contencioso-administrativo en la forma y plazo previstos en la Ley 29/1998, de 13 de julio, reguladora de la Jurisdicción Contencioso-administrativa.

6. Transcurrido el plazo máximo establecido sin que se haya dictado y notificado resolución expresa, se podrá entender desestimada la solicitud, de acuerdo con lo previsto en el artículo 25.5 de la Ley 38/2003, de 17 de noviembre.

7. Las subvenciones concedidas se publicarán en la Base de Datos Nacional de Subvenciones de acuerdo con lo previsto en el Real Decreto 130/2019, de 8 de marzo, por el que se regula la Base de Datos Nacional de Subvenciones y la publicidad de las subvenciones y demás ayudas públicas.

8. La concesión de una subvención al amparo de la presente orden y sus correspondientes resoluciones de convocatorias no comporta obligación alguna, por parte del Ministerio de Inclusión, Seguridad Social y Migraciones, o sus organismos adscritos, de adjudicar subvenciones en los siguientes ejercicios económicos para proyectos similares.

9. La resolución será objeto de publicación de acuerdo con lo dispuesto por el artículo 45 de la Ley 39/2015, de 1 de octubre.

12. *Modificación de la resolución de concesión.* 1. Toda alteración de las condiciones tenidas en cuenta para la concesión de la subvención y, en especial, la solicitud por parte del beneficiario del traspaso del importe subvencionado para la ejecución de un proyecto distinto, dentro de los expresamente autorizados en la resolución original, o el cambio de titularidad de la subvención, podrá dar lugar a la modificación de la resolución de concesión, de acuerdo con lo previsto en el artículo 19.4 de la Ley 38/2003, de 17 de noviembre.

Las solicitudes de modificación podrán ser autorizadas cuando traigan causa en circunstancias imprevistas o sean necesarias para el buen funcionamiento de los proyectos, siempre que estén debidamente justificadas, no se altere el objeto o finalidad de la subvención y no se perjudiquen derechos de tercero.

Las solicitudes se presentarán a través de medios electrónicos, de forma inmediata a la aparición de las causas que las justifiquen, antes de que finalice el período de ejecución y siempre con carácter previo a su realización, no pudiendo hacerse efectivas hasta que se emita la correspondiente resolución que las autorice

2. La resolución de la solicitud de modificación se dictará por la persona titular de la Dirección General de Atención Humanitaria e Inclusión Social de la Inmigración por delegación de la persona titular de la Secretaría de Estado de Migraciones, en virtud de lo previsto en la normativa aplicable, y se notificará en el plazo máximo de tres meses, contados desde la fecha de su presentación en el citado registro electrónico. Esta resolución pondrá fin a la vía administrativa, pudiéndose interponer contra ella el recurso potestativo de reposición ante el citado órgano administrativo en el plazo de un mes, o bien ser impugnadas directamente ante el orden jurisdiccional contencioso-administrativo en la forma y plazo previstos en el artículo 46 de la Ley 29/1998, de 13 de julio.

Transcurrido el plazo máximo establecido sin que se haya dictado y notificado la resolución expresa, se entenderá desestimada su solicitud de acuerdo con lo previsto en el artículo 25.5 de la Ley 38/2003, de 17 de noviembre, teniendo a todos los efectos la consideración de acto administrativo finalizador del procedimiento y sin perjuicio de la obligación de dictar resolución expresa confirmatoria del mismo

3. Asimismo, podrá dar lugar a la modificación de la resolución de concesión la obtención concurrente por el beneficiario de otras subvenciones, ayudas, ingresos o recursos para la misma finalidad procedentes de cualesquiera Administraciones, entes públicos o privados, nacionales, de la Unión Europea o de Organismos Internacionales, siempre que, aisladamente, o en conjunto, superen el coste de la actividad subvencionada, en cuyo caso, la persona titular de la Dirección General de Atención Humanitaria e Inclusión Social de la Inmigración dictará, por delegación de la persona titular de la Secretaria de Estado

de Migraciones, en virtud de la normativa vigente, resolución de reducción de la cuantía equivalente al exceso, procediéndose al reintegro de las cantidades percibidas indebidamente, en su caso, conforme a lo previsto en el artículo 24.

13. *Modificación de los proyectos.* 1. Cuando aparezcan circunstancias que alteren o dificulten el desarrollo de los proyectos subvencionados, los beneficiarios de las subvenciones podrán solicitar, siempre con carácter excepcional, la modificación de las actividades o partidas de gasto de los proyectos subvencionados, así como de la forma y plazos de ejecución y justificación de los correspondientes gastos, los cuales podrán ser autorizados siempre que no se altere el objeto o finalidad de la subvención, y no se perjudiquen derechos de terceros.

2. Las solicitudes se presentarán a través de medios electrónicos, de forma inmediata a la aparición de las causas que las justifiquen, antes de que finalice el período de ejecución y siempre con carácter previo a su realización, no pudiendo hacerse efectivas hasta que se emita la correspondiente resolución que las autorice, y deberán fundamentar suficientemente dicha alteración o dificultad.

3. La resolución de la solicitud de modificación se dictará por la persona titular de la Dirección General de Atención Humanitaria e Inclusión Social de la Inmigración, y se notificará en el plazo máximo de tres meses, contados desde la fecha de su presentación en el citado registro electrónico. Esta resolución pondrá fin a la vía administrativa, pudiéndose interponer contra ella el recurso potestativo de reposición ante el citado órgano administrativo en el plazo de un mes, o bien ser impugnadas directamente ante el orden jurisdiccional contencioso-administrativo, en la forma y plazo previstos en el artículo 46 de la Ley 29/1998, de 13 de julio.

Transcurrido el plazo máximo establecido sin que se haya dictado y notificado la resolución expresa, se entenderá desestimada su solicitud de acuerdo con lo previsto en el artículo 25.5 de la Ley 38/2003, de 17 de noviembre, teniendo a todos los efectos la consideración de acto administrativo finalizador del procedimiento, y sin perjuicio de la obligación de dictar resolución expresa confirmatoria del mismo.

4. Igualmente, y previa solicitud debidamente motivada, la persona titular de la Dirección General de Atención Humanitaria e Inclusión Social de la Inmigración podrá conceder una ampliación del

plazo señalado para realizar la actividad establecido en la resolución de concesión de la subvención, que no exceda de la mitad del mismo, y siempre que con ello no se perjudiquen derechos de tercero, en las condiciones y conforme al procedimiento regulado en el artículo 32 de la Ley 39/2015, de 1 de octubre.

14. *Pago de la subvención.* 1.   Conforme a lo dispuesto en el artículo 34.5 de la Ley 38/2003, de 17 de noviembre, los beneficiarios de la subvención deberán acreditar, previamente al cobro de la subvención que se encuentran al corriente en el cumplimiento de sus obligaciones tributarias y frente a la Seguridad Social, y que no son deudores por resolución de procedencia de reintegro, conforme a lo establecido en el artículo 6.3, letras g) y h). En caso de haber presentado declaración responsable, ésta deberá renovarse si han transcurrido más de seis meses desde su firma.

2.   La forma de pago de las subvenciones concedidas se determinará expresamente en las correspondientes convocatorias. A estos efectos, se podrán realizar pagos anticipados, en un solo plazo o en varios, con carácter previo a la justificación, así como pagos a cuenta, de acuerdo con lo dispuesto en el artículo 34.4 de la Ley 38/2003, de 17 de noviembre.

En aplicación del artículo 42 del Reglamento de la Ley 38/2003, de 17 de noviembre, General de Subvenciones, quedan exoneradas de la constitución de garantías las entidades no lucrativas, así como las federaciones, confederaciones o agrupaciones de las mismas que desarrollen proyectos de acción social y cooperación internacional.

3.   El pago se efectuará mediante transferencia a una cuenta bancaria que la entidad beneficiaria habrá de tener reconocida ante la Secretaría General del Tesoro y Política Financiera.

15.   *Subcontratación.* 1.   Con carácter excepcional, y por razón de la naturaleza de las actividades que integran el proyecto subvencionado, se podrá autorizar al beneficiario la subcontratación parcial por un máximo del 50 % del importe de la actividad subvencionada, computado aislada o conjuntamente, siempre que su objeto no constituya el contenido esencial de dicha actividad, aporte un valor añadido a la misma y se motive su necesidad debidamente.

Dicha subcontratación se ajustará, en todo caso, a lo dispuesto en el artículo 29 de la Ley 38/2003, de 17 de noviembre, y en el artículo 68 de su Reglamento.

2. En el supuesto de que la actividad subcontratada exceda del 20 por 100 de la subvención concedida, y dicho importe sea superior a 60.000 euros, además de la citada autorización, será preceptiva la celebración de un contrato por escrito, conforme a lo previsto en el artículo 29.3 de la Ley 38/2003, de 17 de noviembre.

Asimismo, en aplicación del artículo 31 de la citada Ley, cuando el importe del gasto subvencionable supere las cuantías establecidas en la Ley 9/2017, de 8 de noviembre, de Contratos del Sector Público, por la que se transponen al ordenamiento jurídico español las Directivas del Parlamento Europeo y del Consejo 2014/23/UE y 2014/24/UE, de 26 de febrero de 2014, para el contrato menor, el beneficiario deberá solicitar como mínimo tres ofertas de diferentes proveedores, con carácter previo a la contracción del compromiso para la obra, la prestación del servicio o la entrega del bien, salvo que por sus especiales características no exista en el mercado suficiente número de entidades que los realicen, presten o suministren, o salvo que el gasto se hubiere realizado con anterioridad a la subvención.

3. La resolución de concesión podrá autorizar, en su caso, las subcontrataciones que el beneficiario hubiera previsto en su solicitud. En tal caso, se deberá haber aportado en la reformulación de la solicitud documentación acreditativa de la especialización de la entidad con la que se contrata la realización de las actividades, en la materia objeto de dicha contratación.

Asimismo, se habrá aportado documentación acreditativa de que la entidad con la que se contrata la realización de las actividades se encuentra al corriente de sus obligaciones tributarias y frente a la Seguridad Social o autorización para que el órgano concedente la obtenga de forma directa según lo establecido en el artículo 22 del Reglamento de la Ley 38/2003, de 17 de noviembre, General de Subvenciones.

Además, deberá acreditarse mediante declaración responsable de quien ostente la representación legal de la entidad con la que se ha contratado o se vaya a contratar la realización de la actividad, que no se encuentra incursa en las prohibiciones para obtener la condición de beneficiaria de las subvenciones establecidas en el artículo 13 de la Ley 38/2003, de 17 de noviembre, y que en la misma no concurre ninguna de las causas previstas en los apartados b), c), d) y e), del apartado 7 del artículo 29 del mismo texto legal.

4. Cuando la subcontratación no esté prevista en la solicitud inicial de subvención, deberá obtenerse la previa autorización de la persona titular de la Dirección General de Atención Humanitaria e Inclusión Social de la Inmigración, en los términos previstos en el apartado 5 del presente artículo. En todo caso, la solicitud de autorización, que deberá estar debidamente justificada, habrá de formularse por medios electrónicos antes de que finalice el período de ejecución y siempre con carácter previo a su realización, no pudiendo hacerse efectivas hasta que se emita la correspondiente resolución que las autorice. Junto con la misma, deberá acompañarse documentación acreditativa de la especialización de la entidad con la que se contrata la realización de las actividades, en la materia objeto de dicha contratación, así como acreditación de que esta entidad se encuentra al corriente de sus obligaciones tributarias y frente a la Seguridad Social o autorización para que el órgano concedente la obtenga de forma directa, según lo establecido en el artículo 22 del Reglamento de la Ley 38/2003, de 17 de noviembre, General de Subvenciones.

5. La resolución de la autorización de subcontratación se dictará por la persona titular de la Dirección General de Atención Humanitaria e Inclusión Social de la Inmigración por delegación de la persona titular de la Secretaría de Estado de Migraciones, en virtud de lo previsto en la normativa aplicable, y se notificará en el plazo de máximo de tres meses, a contar desde la fecha de presentación de la solicitud de subcontratación. Esta resolución pondrá fin a la vía administrativa, pudiéndose interponer contra ella recurso potestativo de reposición en el plazo de un mes, o bien ser impugnada directamente ante el orden jurisdiccional contencioso-administrativo, en la forma y plazos previstos por la Ley 29/1998, de 13 de julio.

Transcurrido el plazo máximo establecido sin que se haya dictado y notificado la resolución expresa, se entenderá desestimada su solicitud de acuerdo con lo previsto en el artículo 25.5 de la Ley 38/2003, de 17 de noviembre, teniendo a todos los efectos la consideración de acto administrativo finalizador del procedimiento y sin perjuicio de la obligación de dictar resolución expresa confirmatoria del mismo.

16. *Obligaciones de los beneficiarios.* 1. Los beneficiarios de las subvenciones vendrán obligados a cumplir, además de las obligaciones previstas en los artículos 17 a 21 y las que con carácter general se recogen en el artículo 14 de la Ley 38/2003, de 17 de noviembre, las siguientes:

a)   Ingresar el importe total de la subvención concedida en una cuenta bancaria abierta exclusivamente para los ingresos y pagos realizados con cargo a dicha subvención.

No les será de aplicación esta obligación a aquellas entidades que tengan adaptada su contabilidad al Plan General Contable.

b)   Cumplir el objetivo, realizar la actividad y adoptar el comportamiento que fundamenta la concesión de la subvención, en la forma, condiciones y plazo establecidos en la resolución de concesión de la subvención y en las respectivas resoluciones de convocatoria y, en otro caso, antes del 31 de diciembre de cada año, sin perjuicio de la prórroga que pudiera concederse, previa solicitud debidamente justificada por el beneficiario, conforme a lo establecido en el artículo 13.4.

c)   Justificar, ante la Dirección General de Atención Humanitaria e Inclusión Social de la Inmigración, el cumplimiento de los requisitos y condiciones, así como la realización de la actividad y cumplimiento de la finalidad que determinaron la concesión y disfrute de la subvención, en la forma y plazos establecidos en la resolución de concesión de la subvención; en las respectivas resoluciones de convocatoria y en el Documento de Instrucciones para la gestión, seguimiento y justificación.

d)   Comunicar a la Dirección General de Atención Humanitaria e Inclusión Social de la Inmigración, tan pronto como se conozca, y, en todo caso, con anterioridad a la fecha establecida para la presentación de la justificación final de la subvención, la obtención de subvenciones, ayudas, ingresos o recursos para la misma finalidad procedentes de cualesquiera Administraciones o entes públicos o privados, nacionales, de la Unión Europea o de organismos internacionales, así como su importe y la aplicación de tales fondos a las actividades subvencionadas. Asimismo, deberán comunicar cualquier alteración prevista de su forma jurídica.

e)   Incorporar de forma visible, en el material que se utilice para la difusión de los proyectos subvencionados, el/los logotipo/s que permita/n identificar el origen de la subvención, según los modelos que se establezcan en las correspondientes resoluciones de convocatoria.

f)   Disponer de los libros contables, registros diligenciados, soportes documentales de las actividades realizadas y demás documentos debidamente auditados en los términos exigidos por la legislación mercantil y sectorial aplicables, con la finalidad de garantizar el adecuado ejercicio de las facultades de comprobación y control.

Conforme a lo previsto en el artículo 17.3.h) de la Ley 38/2003, de 17 de noviembre, las entidades beneficiarias deberán llevar una contabilidad separada de la actividad o proyectos subvencionados, debiendo contabilizarse en el Libro Mayor del proyecto subvencionado los costes directos e indirectos declarados en la cuenta justificativa.

g)   Conservar los documentos justificativos de la aplicación de los fondos recibidos, incluidos los documentos electrónicos, durante el período que establezca la normativa nacional o comunitaria aplicable, a partir de la finalización del plazo de ejecución del proyecto, en tanto puedan ser objeto de las actuaciones de comprobación y control reguladas en el artículo 17.

h)   Reinvertir, en cualquiera de los proyectos subvencionados, los posibles ingresos que pudieran generar los mismos, o cualesquiera rendimientos financieros que, igualmente, pudieran generarse por los fondos librados a los beneficiarios, así como los intereses devengados por la subvención recibida hasta el momento del gasto.

i)   Proceder al reintegro de los fondos percibidos en los supuestos recogidos en el artículo 24.

j)   En el supuesto de adquisición de bienes inventariables no inscribibles en un registro público, deberán destinarse al fin concreto para el que se concedió la subvención, al menos durante dos años. En el caso de bienes inscribibles en un Registro Público, el plazo no será inferior a cinco años.

2.   Los beneficiarios de las subvenciones estarán también obligados a cumplir los requisitos y obligaciones derivados de la normativa reguladora de los Fondos de la Unión Europea que cofinancian los proyectos subvencionados.

17.   *Control, seguimiento y evaluación.* 1.   De acuerdo con lo establecido en los artículos 14.1.c) y 32.1 de la Ley 38/2003, de 17 de noviembre, y el capítulo IV del título II del Real Decreto 887/2006, de 21 de julio, los beneficiarios de las subvenciones se someterán a las actuaciones de comprobación, seguimiento y evaluación que determine la Dirección General de Atención Humanitaria e Inclusión Social de la Inmigración, facilitando cuanta información sea requerida en orden a verificar la correcta ejecución de los proyectos subvencionados.

2. Igualmente, los beneficiarios se someterán a las actuaciones de control financiero que corresponden a la Intervención General de la Administración del Estado, y a las previstas en la legislación del Tribunal de Cuentas en relación con las subvenciones concedidas y, en su caso, a las derivadas de la normativa aplicable a las subvenciones financiadas con cargo a Fondos de la Unión Europea.

3. Los beneficiarios deberán comunicar periódicamente el grado de cumplimiento de los proyectos, de acuerdo con el calendario establecido y con las indicaciones contenidas en el Manual de Instrucciones para la Gestión, Seguimiento y Justificación, así como, en su caso, con las derivadas de la normativa aplicable a las subvenciones financiadas con cargo a Fondos de la Unión Europea.

18. *Justificación de la subvención.* 1. De acuerdo con lo establecido en la Ley 38/2003, de 17 de noviembre, y en su Reglamento, los beneficiarios de las subvenciones están obligados a justificar el cumplimiento de las condiciones impuestas y la consecución de los objetivos previstos en la resolución de concesión y en las respectivas resoluciones de convocatoria, en el término de dos meses a contar desde la fecha de finalización del plazo de realización de la actividad contemplado en el artículo 16.1.b).

Los beneficiarios que resulten subvencionados para la realización de actuaciones financiadas con cargo a Fondos de la Unión Europea quedarán obligados, en todo caso, a la justificación de las mismas conforme a lo que establece la normativa comunitaria aplicable.

2. Con carácter general, la justificación adoptará la modalidad de cuenta justificativa con aportación de informe de auditor, en los términos previstos en los artículos 72 y 74 del Reglamento de la Ley 38/2003, de 17 de noviembre, General de Subvenciones, y deberá contener la siguiente documentación:

a) Una Memoria de actuación justificativa del cumplimiento de las condiciones impuestas en la concesión de la subvención, con indicación de las actividades realizadas y de los resultados obtenidos, de conformidad con lo previsto en el artículo 72.1 del Reglamento de la Ley 38/2003, de 17 de noviembre, General de Subvenciones.

b) Una Memoria económica justificativa abreviada del coste de las actividades realizadas, de conformidad con lo previsto en el artículo 74 del Reglamento de la Ley 38/2003, de 17 de noviembre, General de Subvenciones.

3.   En las resoluciones de convocatoria se podrá prever, para las subvenciones concedidas por importe inferior a 60.000 euros, que la cuenta justificativa tenga carácter de simplificada, con el contenido previsto en el artículo 75.2 del Reglamento de la Ley 38/2003, de 17 de noviembre. General de Subvenciones. En este caso, la Dirección General de Atención Humanitaria e Inclusión Social de la Inmigración podrá comprobar, de forma aleatoria, una muestra de los justificantes que permita obtener evidencia razonable sobre la adecuada aplicación de la subvención, a cuyo fin podrá solicitar la revisión de los justificantes de gasto seleccionados. Cuando en una muestra examinada se aprecien irregularidades significativas, la comprobación será exhaustiva.

4.   La Memoria económica y la Memoria de actuación justificativas de la subvención recibida, cuyo contenido se regula en los artículos 19 a 21, se presentarán en el plazo de dos meses contados desde la fecha de finalización de cada proyecto teniendo en cuenta lo previsto en el artículo 16.1 b), salvo que, por causas justificadas, se modifique el plazo de justificación, de acuerdo con lo previsto en el artículo 13.4.

5.   Si vencido el plazo establecido para justificar, el beneficiario no hubiese presentado la cuenta justificativa, se le requerirá para que lo haga en el término improrrogable de quince días, comunicándole que la falta de presentación de la justificación en dicho plazo llevará consigo la exigencia del reintegro y demás responsabilidades establecidas en la Ley 38/2003, de 17 de noviembre, de acuerdo con los establecido en el artículo 70 de su Reglamento. La presentación de la cuenta justificativa en este plazo adicional no eximirá al beneficiario de las sanciones que, conforme a la Ley General de Subvenciones, correspondan.

6.   No obstante lo previsto en los apartados 2 y 3 de este artículo, las correspondientes convocatorias podrán establecer que la justificación de la subvención se realice bajo la modalidad de cuenta justificativa con aportación de justificantes de gastos de acuerdo con lo previsto en los artículos 72.1 y 74 del Reglamento de la Ley 38/2003, de 17 de noviembre, General de Subvenciones.

19.   *Memoria de actuación justificativa de la realización del proyecto subvencionado.* Los beneficiarios de la subvención deberán presentar ante la Dirección General de Atención Humanitaria e Inclusión Social de la Inmigración una Memoria de actuación justificativa de la aplicación de las subvenciones concedidas, y explicativa de la realización de cada proyecto subvencionado.

A estos efectos, el contenido mínimo de dichas Memorias será el siguiente:

a)   Entidad.

b)   Denominación del proyecto.

c)   Colectivo de atención.

d)   Breve introducción al contenido del proyecto.

e)   Período de ejecución del proyecto.

f)   Localización territorial del proyecto.

g)   Resumen económico: Importe subvencionado; estado de liquidación del proyecto, desglosado por conceptos de gasto y por origen de financiación, según se establece en el artículo 20.2.

h)   Número de usuarios directos.

i)   Metodología o instrumentos utilizados.

j)   Actuaciones realizadas.

k)   Objetivos previstos, cuantificados en la medida de lo posible.

l)   Resultados obtenidos del proyecto, cuantificados y valorados.

m)   Desviaciones respecto de los objetivos previstos.

n)   Conclusiones.

20.   *Memoria económica justificativa.* 1.   Los beneficiarios de las subvenciones quedan obligados a justificar los gastos efectuados con cargo a la subvención concedida para los proyectos, así como la financiación propia comprometida correspondiente a los mismos.

2.   Se presentará una Memoria económica justificativa abreviada de los gastos efectuados con cargo a la subvención por cada uno de los proyectos subvencionados con aportación de informe de auditor que, conforme a lo dispuesto en el artículo 74 del Reglamento de la Ley 38/2003, de 17 de noviembre, General de Subvenciones, deberá contener:

a)   Un resumen de ejecución financiera en el que se refleje, en su caso, la desviación producida con respecto al presupuesto aprobado.

b)   Una relación clasificada de los gastos autorizados, diferenciando los gastos corrientes de los gastos de inversión, conforme a las categorías descritas en el artículo 21 de la presente orden, siempre que sea aplicable al objeto de la convocatoria y sin perjuicio de lo que establezca la normativa aplicable en cada momento sobre los gastos elegibles.

c)   En el caso de otros ingresos o subvenciones que hayan financiado la actividad subvencionada, deberá aportarse adicionalmente una relación detallada de gastos, a la que deberá acompañarse justificación de su importe, procedencia y aplicación de tales fondos a las actividades subvencionadas.

d) Un Certificado General de Gasto.

e) En su caso, la carta de pago de reintegro en el supuesto de remanentes no aplicados, así como de los intereses generados por los mismos.

3. En los proyectos cofinanciados por Fondos de la Unión Europea que puedan utilizar las opciones de costes simplificados previstos en el artículo 21.3, las convocatorias establecerán las condiciones particulares del contenido de la Memoria económica.

21.   *Gastos subvencionables.* 1.   Dependiendo del tipo de proyecto subvencionado, y sin perjuicio de la normativa europea aplicable, podrán ser subvencionables, siempre que cumplan los requisitos establecidos en el artículo 31.1 de la Ley 28/2003, de 17 de noviembre, y se encuentren debidamente registrados en la contabilidad del proyecto, las siguientes categorías de gastos:

a) Costes de personal. En esta partida se podrán incluir los gastos derivados del pago de las retribuciones al personal vinculado al proyecto, así como las del personal ajeno a la entidad con contrato de arrendamiento de servicios o que realice una colaboración esporádica.

Son imputables los costes del personal laboral fijo y el personal contratado con carácter temporal para el cumplimiento del proyecto subvencionado. Se consideran costes de personal tanto las retribuciones al trabajador, como las cotizaciones a la Seguridad Social, en los términos previstos en el convenio de aplicación.

No podrán incluirse en este concepto los gastos originados por los miembros de Juntas Directivas o Consejos de Dirección de las entidades, derivados del desarrollo de esa función.

Las colaboraciones esporádicas prestadas por profesionales se entenderán como una participación puntual en la realización de alguna de las actividades del proyecto.

Las retribuciones del personal contratado en régimen de arrendamiento de servicios, modalidad ésta que tendrá siempre carácter excepcional, se admitirán únicamente en los casos en que, por las especiales características de la actuación, no resulte adecuado el desarrollo de las actividades concretas de que se trate por el personal sujeto a la normativa laboral vigente. Estas retribuciones quedarán también afectadas, con carácter general, por las limitaciones señaladas en el apartado anterior, pudiéndose establecer excepciones a dichas limitaciones, por razón de la naturaleza de la actividad, en el Documento de Instrucciones para la Gestión, Seguimiento y Justificación de las subvenciones.

b) Actividades. En esta partida se podrán incluir los gastos derivados de la realización del proyecto subvencionado, siempre que se puedan determinar y sean necesarios para la ejecución del proyecto, entendiendo como tales:

1.º Artículos de consumo, suministros y servicios generales, que serán subvencionables en base a costes reales incurridos, soportados por facturas, debiendo ser asignados a prorrata con arreglo a un método justo y equitativo que debe constar por escrito.

2.º Alquiler de bienes inmuebles utilizados para el desarrollo del proyecto. No obstante, y siempre que así se contemple en la correspondiente resolución de convocatoria, en determinados supuestos también serán subvencionables la compra, la construcción o la renovación de inmuebles utilizados para el desarrollo del proyecto.

3.º Subcontratación. Tal como aparece definida y con los requisitos exigidos en el artículo 15.

4.º Gastos específicos relacionados con el grupo de destinatarios. Para ser elegibles, deberán cumplir los requisitos establecidos en el Manual de Gestión de la convocatoria correspondiente y en el Manual de Justificación.

c) Gastos de viaje y estancia. Podrán justificarse con cargo a este concepto exclusivamente las dietas y gastos de viaje del personal adscrito al proyecto, incluido el voluntario.

Las dietas y gastos de viaje podrán ser imputables en las cuantías fijadas en el convenio de aplicación. En el caso de no disponer del mismo, se aplicarán los límites establecidos para el Grupo 2 por el Real Decreto 462/2002, de 24 de mayo, sobre indemnizaciones por razón del servicio.

Las cuantías correspondientes a dicho concepto no podrán superar el 3% del importe de la subvención concedida al proyecto, salvo que, en atención a la naturaleza de este y, previa solicitud suficientemente justificada, se autorice otro porcentaje distinto, que en ningún caso podrá ser superior al 7%, conforme al procedimiento establecido en el artículo 13.

d) Gastos de inversión. Serán subvencionables las obras de acondicionamiento y adaptación de inmuebles, así como la adquisición de equipamientos, medios informáticos, audiovisuales y mobiliario, siempre que, si así se prevé en la correspondiente resolución de convocatoria, se solicite y obtenga financiación para este fin. Deberá justificarse suficientemente la necesidad, aportándose la documentación que, a tal efecto, allí se establezca.

e) Costes Indirectos. Tendrán la consideración de costes indirectos aquellos que no puedan vincularse directamente con un proyecto, pero que son necesarios para la realización de la actividad subvencionada. Se incluyen tanto los imputables a varios proyectos, como los gastos generales de estructura que, sin ser imputables a una actividad concreta, son necesarios para llevar a cabo la actividad.

Los costes indirectos se basarán en costes reales incurridos, soportados por facturas, debiendo ser prorrateados con arreglo a un método justo y equitativo, de acuerdo con principios y normas de contabilidad generalmente admitidas, que debe constar por escrito. En todo caso, tales costes deben corresponder al período en que efectivamente se realiza la actividad.

La entidad conservará una relación de gastos que soporten dichos costes indirectos que no será necesario presentar con la cuenta justificativa abreviada.

Se establece como cuantía para esta partida la aplicación de un tipo fijo del 15% sobre los gastos de personal imputados a la subvención concedida.

f) Gastos del informe auditor. El gasto derivado de la revisión de la cuenta justificativa tendrá la condición de gasto subvencionable, con los siguientes límites por cada uno de los proyectos cuya justificación se presenta:

a) Subvenciones concedidas por importe de hasta 1.000.000 de euros, 3.000 euros.

b) Subvenciones concedidas por importe superior a 1.000.000 de euros, 9.000 euros.

2. Las correspondientes convocatorias podrán establecer como subvencionables los gastos financieros, los gastos de asesoría jurídica o financiera, los gastos notariales y registrales y los gastos periciales para la realización del proyecto subvencionado, si están directamente relacionados con la actividad subvencionada y son indispensables para la adecuada preparación o ejecución de la misma.

En aquellas convocatorias que se cofinancien con Fondos de la Unión Europea, cuando la normativa comunitaria de aplicación excluya la elegibilidad de los gastos citados en el párrafo anterior, se limitará su elegibilidad a los proyectos no cofinanciados por dichos fondos.

En ningún caso serán gastos subvencionables:

a)   Los intereses deudores de las cuentas bancarias.

b)   Intereses, recargos y sanciones administrativas y penales.

c)   Los gastos de procedimientos judiciales.

3.   En los proyectos cofinanciados por Fondos de la Unión Europea, las correspondientes convocatorias podrán establecer el uso de sistemas de costes simplificados: financiación a tipo fijo, baremos estándar de costes unitarios y/o importes a tanto alzado.

El ámbito de aplicación de estas tres opciones de costes simplificados se publicará claramente especificado con arreglo a los principios generales de transparencia e igualdad de trato.

4.   Cuando el importe del gasto subvencionable supere las cuantías para el contrato menor establecidas en Ley 9/2017, de 8 de noviembre, de Contratos del Sector Público, deberán presentarse tres presupuestos, en cumplimiento de lo establecido en el artículo 31.3 de la Ley 38/2003, de 17 de noviembre.

22.   *Comprobación de la subvención.* 1.   El órgano concedente comprobará la adecuada justificación de la subvención, así como la realización de la actividad y el cumplimiento de la finalidad que determine la concesión de la subvención, tal y como establece el artículo 32.1 de la Ley 38/2003, de 17 de noviembre, y revisará la documentación que obligatoriamente deba aportar el beneficiario conforme al artículo 84 del Reglamento de la Ley 38/2003, de 17 de noviembre, General de Subvenciones.

2.   La comprobación de la justificación documental de la subvención podrá llevarse a cabo mediante un procedimiento de muestreo sobre la totalidad de los gastos justificados por las entidades. Una vez realizado este se requerirá la documentación justificativa correspondiente a los gastos obtenidos, que consistirá en:

a)   Facturas o documentos de valor probatorio equivalente en el tráfico jurídico mercantil o con eficacia administrativa, así como la documentación acreditativa del pago.

b)   Documentación acreditativa de que la entidad ha satisfecho sus obligaciones tributarias y con la Seguridad Social en relación con los gastos justificados por la entidad.

c) La documentación justificativa adicional para las distintas categorías de gasto que se determine en las instrucciones para la justificación de la subvención.

3. Esta documentación justificativa se almacenará en soportes de datos comúnmente aceptados, en especial versiones electrónicas de documentos originales o documentos existentes únicamente en formato digital.

Cuando los documentos únicamente estén disponibles en soportes de datos, los sistemas informáticos utilizados cumplirán las normas de seguridad aceptadas que garanticen que los documentos conservados cumplen los requisitos legales nacionales y son fiables a efectos de auditoría.

A partir de la finalización del plazo de ejecución del proyecto, y en tanto puedan ser objeto de las actuaciones de comprobación y control reguladas en el artículo 17, los documentos justificativos de la aplicación de los fondos recibidos, incluidos los documentos electrónicos, deberán conservarse durante el período que establezca la normativa nacional o comunitaria aplicable y, en todo caso, durante el plazo de prescripción del derecho de la Administración a exigir el reintegro.

23. *Responsabilidad, régimen sancionador y auditorías.* 1. Los beneficiarios de subvenciones estarán sometidos a las responsabilidades y régimen sancionador que sobre infracciones administrativas en materia de subvenciones establece el título IV de la Ley 38/2003, de 17 de noviembre, y el Real Decreto 887/2006, de 21 de julio.

Asimismo, quedarán sometidos a la Ley 40/2015, de 1 de octubre, respecto a la potestad sancionadora de las Administraciones Públicas, con aplicación del procedimiento previsto para su ejercicio previsto en dicha Ley y en la Ley 39/2015, de 1 de octubre.

2. La Comisión Europea podrá efectuar auditorías de la utilización que se haya dado a la subvención, en aquellos proyectos cofinanciados por Fondos de la Unión Europea. Estas auditorías podrán llevarse a cabo durante toda la duración del desarrollo del proyecto, así como durante el período posterior a la finalización del proyecto, que establezca la normativa comunitaria aplicable.

3. Igualmente, y según dispone la disposición adicional octava del Real Decreto 887/2006, de 21 de julio, la Agencia Estatal de Administración Tributaria podrá efectuar controles sobre ayudas de la Unión Europea.

4. Sin perjuicio de las competencias del Tribunal de Cuentas y de los controles efectuados por los Estados miembros, de acuerdo con las disposiciones legales, reglamentarias y administrativas nacionales, los funcionarios o representantes autorizados de la Comisión podrán efectuar controles sobre el terreno, incluso mediante muestreo, de las acciones financiadas con Fondos de la Unión Europea. La Comisión informará de ello al Estado miembro en cuestión con el fin de obtener toda la ayuda necesaria. Podrán participar en estos controles funcionarios o representantes autorizados del Estado miembro de que se trate.

24. *Reintegros.* 1. Procederá el reintegro de las cantidades percibidas y, en su caso, de los ingresos generados por los proyectos e intereses devengados por la subvención, así como la exigencia del interés de demora correspondiente, desde el momento del pago de la subvención hasta la fecha en que se acuerde la procedencia del reintegro, en los supuestos recogidos en los artículos artículo 36 y 37 de la Ley 38/2003, de 17 de noviembre.

2. El procedimiento para el reintegro se regirá por lo dispuesto en los artículos 41 a 43 de la Ley 38/2003, de 17 de noviembre, el capítulo II del título III del Reglamento de la Ley 38/2003 de 17 de noviembre, General de Subvenciones, y el título IV de la Ley 39/2015, de 1 de octubre, así como por lo previsto en esta orden.

3. El órgano competente para exigir el reintegro de la subvención concedida será la persona titular de la Dirección General de Atención Humanitaria e Inclusión Social de la Inmigración, de conformidad con lo establecido en el artículo 41 de la Ley 38/2003, de 17 de noviembre.

4. En el supuesto de incumplimiento parcial, la fijación de la cantidad que deba ser reintegrada se determinará en aplicación del principio de proporcionalidad, y teniendo en cuenta el hecho de que el citado incumplimiento se aproxime significativamente al cumplimiento total y se acredite por las entidades beneficiarias una actuación inequívocamente tendente a la satisfacción de sus compromisos.

25. *Criterios de graduación de los incumplimientos.* 1. Los criterios de graduación de los posibles incumplimientos por los beneficiarios de las condiciones impuestas con motivo de la concesión de las subvenciones serán los siguientes:

a)   El incumplimiento total de las obligaciones y fines para los que se otorgó la subvención dará lugar al reintegro de la totalidad de la cantidad concedida.

b)   La cantidad a reintegrar en caso de incumplimiento parcial en la ejecución o en la justificación de las acciones o gastos vendrá determinada, con arreglo al criterio de proporcionalidad, por el volumen y grado de incumplimiento de las condiciones impuestas con motivo de la concesión de la subvención.

2.   Igualmente, en el supuesto contemplado en el artículo 19.3 de la Ley 38/2003, de 17 de noviembre, procederá el reintegro del exceso obtenido sobre el coste de la actividad subvencionada, así como la exigencia del interés de demora correspondiente.

3.   En caso de incumplimiento de la obligación de publicidad por parte del beneficiario, así como de ausencia de las tres ofertas requeridas en el artículo 31.3 de la Ley 38/2003, de 17 de noviembre, procederá el reintegro un 2% de la cuantía concedida.

DISPOSICIÓN DEROGATORIA

Disposición derogatoria única.   *Derogación normativa.* Queda derogada la Orden ESS/1423/2012 de 29 de junio, por la que se establecen las bases reguladoras para la concesión de subvenciones en el área de integración de los inmigrantes, solicitantes y beneficiarios de protección internacional, apatridia y protección temporal.

DISPOSICIONES FINALES

Disposición final primera.   *Título competencial.* Esta orden ministerial se dicta al amparo de lo dispuesto en el artículo 149.1.2.ª de la Constitución Española que atribuye al Estado la competencia exclusiva sobre las siguientes materias: Nacionalidad, inmigración, emigración, extranjería y derecho de asilo.

Disposición final segunda.   *Régimen jurídico de aplicación.* En lo no previsto en la presente orden, se aplicará supletoriamente lo dispuesto en la Ley 38/2003, de 17 de noviembre, y el Real Decreto

887/2006, de 21 de julio, en la Ley 39/2015, de 1 de octubre, y en las restantes normas que, en su caso, resulten de aplicación.

Las subvenciones financiadas con cargo a Fondos de la Unión Europea se regirán por las normas comunitarias aplicables en cada caso, y por las normas nacionales de desarrollo o transposición de aquellas, de conformidad con lo previsto en el artículo 6.1 de la Ley 38/2003, de 17 de noviembre.

Disposición final tercera. *Facultades de desarrollo.* Se faculta a la persona titular de la Dirección General de Atención Humanitaria e Inclusión Social de la Inmigración para dictar las resoluciones necesarias para la aplicación de esta orden.

Disposición final cuarta. *Entrada en vigor.* La presente orden entrará en vigor el día siguiente al de su publicación en el «Boletín Oficial del Estado».

Madrid, 14 de julio de 2023.–El Ministro de Inclusión, Seguridad Social y Migraciones, José Luis Escrivá Belmonte.

IX. Orden ISM/820/2023, de 18 de julio, por la que se establecen las bases reguladoras para la concesión de subvenciones, por el procedimiento de concurrencia competitiva, para la realización de proyectos en colaboración con entidades públicas y privadas en el área de retorno voluntario seguro y digno para migrantes extracomunitarios en situación de vulnerabilidad social y/o económica.

La Ley Orgánica 4/2000, de 11 de enero, sobre derechos y libertades de los extranjeros en España y su integración social, dispone en su artículo 2 bis que «corresponde al Gobierno, de conformidad con lo previsto en el artículo 149.1.2.ª de la Constitución, la definición, planificación, regulación y desarrollo de la política de inmigración, sin perjuicio de las competencias que puedan ser asumidas por las Comunidades Autónomas y por las Entidades Locales», añadiendo que «todas las Administraciones públicas basarán el ejercicio de sus competencias vinculadas con la inmigración en el respeto, entre otros, a los siguientes principios:

c) La integración social de los inmigrantes mediante políticas transversales dirigidas a toda la ciudadanía;

d) la igualdad efectiva entre mujeres y hombres;

e) la efectividad del principio de no discriminación y, consecuentemente, el reconocimiento de iguales derechos y obligaciones para todos aquellos que vivan o trabajen legalmente en España, en los términos previstos en la Ley;

h) la persecución de la trata de seres humanos».

En su artículo 2 ter se establece que «los poderes públicos promoverán la plena integración de los extranjeros en la sociedad española, en un marco de convivencia de identidades y culturas diversas sin más límite que el respeto a la Constitución y la ley y las Administraciones Públicas incorporarán el objetivo de la integración entre inmigrantes y sociedad receptora, con carácter transversal a todas las políticas y servicios públicos, promoviendo la participación económica, social, cultural y política de las personas inmigrantes, en los términos previstos en la Constitución, en los Estatutos de Autonomía y en las demás leyes, en condiciones de igualdad de trato».

En el Real Decreto 497/2020, de 28 de abril, por el que se desarrolla la estructura orgánica básica del Ministerio de Inclusión, Seguridad Social y Migraciones, se preceptúa en su artículo 5 que a la Secretaría de Estado de Migraciones le corresponde elaborar y desarrollar la política del Gobierno en materia de extranjería, inmigración y emigración.

Para el desarrollo de esta política, el artículo 7 del citado Real Decreto asigna a la Dirección General de Atención Humanitaria e Inclusión Social de la Inmigración, de la referida Secretaría de Estado de Migraciones, «la gestión de subvenciones y otros instrumentos de financiación y gestión para la colaboración con entidades públicas y privadas en materia de atención humanitaria y defensa de los derechos humanos de las personas migrantes, y la colaboración con entidades públicas y privadas cuyas actividades se relacionen con dicha materia, así como el desarrollo y gestión de programas vinculados al retorno voluntario de personas migrantes, la reagrupación familiar, personas migrantes con visado de búsqueda de empleo, en coordinación con la Secretaría General de Objetivos y Políticas de Inclusión y Previsión Social».

Para el logro de estos fines, en los Presupuestos Generales del Estado se consignan los créditos correspondientes.

Las razones que han motivado la necesidad de derogar la y sustituirla por la presente orden vienen se fundamentan en que la sentencia de la Audiencia Nacional de 10 de marzo de 2021 (recurso 256/2017) declaró nula la que modifica la , por la que se establecen las bases reguladoras para la concesión de subvenciones en el área de integración de los inmigrantes, solicitantes y beneficiarios de protección internacional, apatridia y protección temporal. Así mismo la sentencia del Tribunal Supremo n.º 1760/2022, de 23 de diciembre de 2022 (casación 3587/2021) confirmó esta sentencia previa, y, por tanto, la anulación de la citada , que implica a su vez la anulación de la .

A su vez, la STC 87/2017, de 4 de julio de 2017 señala que «… comprendería la atribución al Estado de la competencia sobre extranjería *ex* artículo 149.1.2.ª CE la capacidad del Estado de determinar aquellos derechos que corresponden a los extranjeros en su condición de tales». Esto es, aquellos derechos que les corresponderían, no como consecuencia de su potencial situación de necesidad social y que les puede convertir en beneficiarios de determinadas políticas sectoriales asistenciales (políticas de vivienda, de asistencial social etc.), sino como consecuencia de la específica y particular posición en la que se encuentra el ciudadano extranjero de cara a su integración en la sociedad española.

En esta línea, dado que, a través de los programas de retorno voluntario, tiene lugar la vuelta del ciudadano extranjero a su país de origen, la presente orden regula las condiciones básicas para articular la gestión de los proyectos de retorno voluntario de las personas nacionales de terceros países a sus países de procedencia con la intención de alcanzar el doble objetivo de garantizar el retorno digno de las personas y favorecer su reintegración en la sociedad de la que partieron.

En cumplimiento del artículo 8 de la Ley 38/2003, de 17 de noviembre, General de Subvenciones, con fecha 13 de agosto de 2021 se aprobó el Plan Estratégico de Subvenciones (PES) del Ministerio de Inclusión, Seguridad Social y Migraciones para los ejercicios 2021 a 2023.

Los programas de retorno voluntario se encuadran en la Línea 10 de este PES: «Programas de Retorno Voluntario cofinanciados por el Fondo de Asilo Migración e Integración» y atiende al objetivo específico número 5: Permitir el funcionamiento, por periodos sucesivos de doce meses, de un programa para facilitar el retorno voluntario a su país de origen, y en su caso el emprendimiento en este, de personas nacionales de terceros países, con arreglo a las condiciones establecidas en cada convocatoria anual

Se ha realizado el trámite de audiencia al ciudadano establecido en el artículo 26.2) de la Ley 50/1997, de 27 de noviembre, del Gobierno.

El artículo 17.1 de la Ley 38/2003, de 17 de noviembre, General de Subvenciones, dispone que los ministros establecerán las oportunas bases reguladoras para la concesión de subvenciones.

La presente orden cumple con los principios de buena regulación previstos en el artículo 129 de la Ley 39/2015, de 1 de octubre, del Procedimiento Administrativo Común de las Administraciones Públicas. Así, se atiende a los principios de necesidad y eficacia, ya que la norma persigue una cuestión de interés general como es el retorno voluntario seguro, digno y basado en derechos de personas migrantes extracomunitarias en situación de vulnerabilidad social y/o económica, contemplando también la asistencia para la reintegración efectiva en sus países de origen, identifica de forma clara los fines perseguidos y es el instrumento más adecuado para garantizar su consecución. De la misma manera, en cumplimiento del principio de proporcionalidad, la norma se limita a la regulación imprescindible para el establecimiento de las bases reguladoras. Por otra parte, en virtud del principio de seguridad jurídica, la presente orden es coherente con el conjunto del ordenamiento normativo en su ámbito de aplicación, y se han recabado cuantos informes son preceptivos; incluidos los informes previos de la Abogacía del Estado y de la Intervención Delegada de la Intervención General de la Administración General del Estado en el departamento. Igualmente, se ha tenido en cuenta el principio de transparencia, definiéndose el objeto y ámbito de aplicación. Además, se han realizado los trámites de consulta pública previa, y de audiencia pública, conforme a lo establecido en el artículo 26.2 y 6 de la Ley 50/1997, de 27 de noviembre, del Gobierno.

Finalmente, en aplicación del principio de eficiencia, la presente orden no supone nuevas cargas administrativas. De conformidad con lo dispuesto en el artículo 17.1 de la Ley 38/2003, de 17 de noviembre, esta orden ha sido informada por la Abogacía del Estado y la Intervención Delegada de la Intervención General de la Administración del Estado en el Departamento.

En su virtud, con la aprobación previa de la Ministra de Hacienda y Función Pública, dispongo:

1. *Ámbito de aplicación y objeto.* 1. La presente orden establece las bases reguladoras para la concesión de las subvenciones que, por el procedimiento de concurrencia competitiva, convoque la Secretaría de Estado de Migraciones, del Ministerio de Inclusión, Seguridad Social y Migraciones, en el área de retorno voluntario seguro para migrantes extracomunitarios en situación de vulnerabilidad social y/o económica.

2. El objeto de estas subvenciones será la realización de programas que contribuyan a fortalecer la gestión migratoria integral en España a través del retorno voluntario seguro, digno y basado en derechos de personas migrantes extracomunitarias en situación de vulnerabilidad social y/o económica, contemplando también la asistencia para la reintegración efectiva en sus países de origen.

2. *Procedimiento de concesión.* 1. El procedimiento de concesión de las subvenciones reguladas en esta orden se tramitará en régimen de concurrencia competitiva, y se iniciará de oficio, mediante convocatoria pública aprobada por el órgano competente.

2. Las convocatorias que se realicen de conformidad con la presente orden serán objeto de publicidad en la Base de Datos Nacional de Subvenciones y un extracto de las mismas en el «Boletín Oficial del Estado», de acuerdo con lo establecido en el artículo 20 de la Ley

38/2023, de 17 de noviembre y en el Real Decreto 130/2019, de 8 de marzo, por el que se regula la Base de Datos Nacional de Subvenciones y la publicidad de las subvenciones y demás ayudas públicas.

3. *Convocatorias.* 1. Las correspondientes convocatorias de subvención se realizarán de acuerdo con los principios de publicidad, transparencia, objetividad, igualdad y no discriminación.

2. Las convocatorias determinarán los créditos presupuestarios a los que deben imputarse las correspondientes subvenciones, haciendo mención expresa de aquellas que puedan ser cofinanciadas por Fondos de la Unión Europea y su contenido se ajustará a lo dispuesto en el artículo 23 de la Ley 38/2003, de 17 de noviembre.

3. Las convocatorias podrán fijar, además de la cuantía total máxima, dentro de los créditos disponibles, una cuantía adicional, que no requerirá de nuevas convocatorias, cuando se prevea financiación sobrante de convocatorias anteriores, o por generaciones o incorporaciones de crédito, siempre y cuando esa financiación adicional se obtenga antes de la resolución de concesión.

4. Si, una vez adjudicadas las subvenciones, resultaran remanentes de crédito, podrán efectuarse nuevas convocatorias

5. Las resoluciones en las que se formalicen las correspondientes convocatorias contendrán la descripción del logotipo del órgano convocante y, en su caso, de los Fondos de la Unión Europea.

4. *Beneficiarios.* 1. Podrán acceder a la condición de beneficiario de las subvenciones reguladas en esta orden:

a) Las entidades u organizaciones no gubernamentales que reúnan los siguientes requisitos:

1.º Tener como fines institucionales primordiales la realización de actividades a favor de los colectivos citados en el artículo 1.

2.º Carecer de fines de lucro. A estos efectos, se considerarán también entidades sin fines de lucro a aquellas que desarrollen actividades de carácter comercial, siempre que los beneficios resultantes de las mismas se inviertan en su totalidad en el cumplimiento de sus fines institucionales, no comerciales.

3.º Tener ámbito de actuación estatal, según título constitutivo, excepto aquellas organizaciones cuyo ámbito territorial de actuación sea Ceuta y Melilla.

4.º   Deberán estar legalmente constituidas y debidamente inscritas en el correspondiente registro administrativo estatal.

5.º   No haber reintegrado más del 40 por ciento de las ayudas y subvenciones recibidas en cualquiera de las últimas cinco convocatorias como resultado de un procedimiento de reintegro, con cargo al presupuesto de la Secretaría de Estado de Migraciones o de la anterior Secretaría General de Inmigración y Emigración.

b)   Los Organismos Internacionales que tengan sede permanente en el Estado español y que además cumplan los requisitos previstos en los números 1.º, 2.º, 5.º y 6.º del apartado anterior.

2.   A efectos de lo dispuesto en la presente orden, no tendrán la consideración de beneficiarios:

a)   Las entidades de derecho público, los partidos políticos, las sociedades civiles, los colegios profesionales, y otras entidades con análogos fines específicos y naturaleza de los citados anteriormente, salvo que las resoluciones de convocatoria establezcan lo contrario, en función de tipo de programas de que se trate.

b)   Las entidades en las que concurra alguna de las circunstancias contenidas en el artículo 13.2 y 13.3 de la Ley 38/2003, de 17 de noviembre.

5.   *Órganos competentes para la ordenación, instrucción y resolución del procedimiento.*   1.   Órgano instructor: El órgano competente para la ordenación e instrucción del procedimiento es la Subdirección General de Emergencias y Centros de Migraciones, de la Dirección General de Atención Humanitaria e Inclusión Social de la Inmigración, o unidad que la sustituya, a la cual corresponde realizar de oficio cuantas actuaciones estime necesarias para la determinación, conocimiento y comprobación de los datos en virtud de los cuales debe pronunciarse la propuesta de resolución.

Conforme a lo establecido en el artículo 24 de la Ley 38/2003, de 17 de noviembre, la Subdirección General de Emergencias y Centros de Migraciones tendrá las siguientes atribuciones:

a)   Solicitar cuantos informes estime necesarios para resolver y aquéllos que sean exigidos por las normas que regulan la subvención.

b)   Verificar el cumplimiento de las condiciones impuestas para adquirir la condición de beneficiario y evaluar las solicitudes conforme a los criterios objetivos de valoración establecidos en el artículo 9.

c) Remitir las actuaciones practicadas a la Comisión de Evaluación.

d) Formular propuesta de resolución provisional y, en su caso, definitiva, una vez recibido el informe de la Comisión de Evaluación.

2. Órgano colegiado: La Comisión de Evaluación estará compuesta por:

a) Presidencia: Una persona funcionaria perteneciente al subgrupo A1 de la Dirección General de Atención Humanitaria e Inclusión Social de la Inmigración u órgano que la sustituya, que en ningún caso pertenezca al órgano instructor.

b) Secretaría, con voz, pero sin voto: Una persona funcionaria de Dirección General de Atención Humanitaria e Inclusión Social de la Inmigración u órgano que la sustituya, que en ningún caso pertenezca al órgano instructor.

c) Vocales: Tres personas funcionarias pertenecientes al subgrupo A2 de la Dirección General de Atención Humanitaria e Inclusión Social de la Inmigración u órgano que la sustituya, que en ningún caso pertenezca al órgano instructor.

d) Cuando la presidencia lo estime necesario, podrán incorporarse a la Comisión, con voz, pero sin voto, funcionarios de los órganos directivos del Departamento con competencia en las áreas a que afecte la evaluación efectuada.

Una vez evaluadas las solicitudes de subvención, la Comisión de evaluación emitirá un informe dirigido a la persona titular de la Subdirección General de Emergencias y Centros de Migraciones, como órgano instructor, en el que se concrete el resultado de la evaluación efectuada.

En lo no previsto en esta orden, el funcionamiento del órgano colegiado se ajustará al régimen establecido para los órganos colegiados en la sección 3.ª del capítulo II del título preliminar subsección 2 de la Ley 40/2015, de 1 de octubre, de Régimen Jurídico del Sector Público.

3. Órgano competente para la resolución: El órgano competente para la resolución será la persona titular de la Secretaría de Estado de Migraciones, en virtud de lo previsto en la normativa aplicable.

6. *Solicitud, memorias, documentación, subsanación de errores.* 1. Solicitud:

a) Modelo y presentación de solicitudes: Las solicitudes de subvención se formalizarán en el modelo normalizado de solicitud que figurará como anexo a las resoluciones de convocatoria, debiendo relacionarse en el mismo todos los proyectos para los que una misma entidad solicita subvención, así como la cuantía solicitada para cada uno de los mismos. Dicha solicitud deberá suscribirla quien ostente la representación legal de la entidad y acredite poder suficiente para ello.

Las solicitudes y demás documentación que se determine se presentarán exclusivamente por medios electrónicos en el registro electrónico disponible en la sede electrónica asociada del Ministerio de Inclusión, Seguridad Social y Migraciones, y se dirigirán a la Secretaría de Estado de Migraciones

b) Plazo de presentación: El plazo de presentación de las solicitudes se determinará en las convocatorias, no pudiendo ser inferior a diez días ni superior a veinte días hábiles contados a partir del día siguiente al de la publicación del extracto de la correspondiente convocatoria en el «Boletín Oficial del Estado».

2. Memorias:

a) A la solicitud deberá acompañarse una memoria explicativa de las características sustanciales de la entidad solicitante, así como otra memoria explicativa por cada uno de los programas, proyectos o actividades para los que se solicita subvención. Dichas memorias se formalizarán en los modelos que figurarán como anexos a las resoluciones de convocatoria.

b) En el supuesto de que la entidad solicitante sea una confederación o federación, y el programa para el que solicite subvención sea el resultado de la suma de varios proyectos diferenciados, habrá de formalizarse el anexo correspondiente que, igualmente, acompañará a las resoluciones de convocatoria.

c) En la memoria explicativa de cada uno de los programas presentados deberá reflejarse, entre otros aspectos, el contenido y actividades que incluye el programa y el presupuesto estimado para el mismo, desglosado por origen de financiación y por concepto de gasto.

3. Documentación. Junto con la solicitud y las memorias explicativas deberá adjuntarse la siguiente documentación, que ha de ser original o copia, debidamente compulsada de la misma:

a) Documento acreditativo de la identidad del representante, así como poder bastante en derecho para actuar en nombre y representación de la persona jurídica solicitante. Cuando proceda, el consentimiento del interesado para que tales datos puedan ser consultados mediante un Sistema de verificación de Datos de Identidad.

b)   Tarjeta de identificación fiscal debidamente actualizada.

c)   Estatutos de la entidad debidamente legalizados.

d)   Documento acreditativo de la inscripción de la entidad en el registro administrativo correspondiente.

e)   Certificación en la que conste la identificación de los directivos de la entidad, miembros de su patronato u órgano directivo, así como la fecha de su nombramiento y modo de elección. En esta certificación deberá acreditarse la presentación de dichos datos en el registro administrativo correspondiente.

f)   Comunicación de aquellas subvenciones, ayudas, ingresos o recursos, para la misma finalidad, procedentes de otras Administraciones o entes públicos o privados, nacionales, de la Unión Europea o de organismos internacionales.

g)   La presentación de la solicitud de subvención conllevará la autorización del solicitante para que el órgano concedente obtenga de forma directa la acreditación de las circunstancias previstas en los artículos 18 y 19 del Reglamento de la Ley 38/2003, de 17 de noviembre, a través de certificados telemáticos, en cuyo caso, el solicitante no deberá aportar la correspondiente certificación.

No obstante, el solicitante podrá denegar expresamente el consentimiento, debiendo aportar entonces la certificación acreditativa de hallarse al corriente de las obligaciones tributarias y con la Seguridad Social.

Asimismo, cuando las entidades solicitantes sean federaciones, confederaciones, uniones o personas jurídicas similares que integren en su seno a varias entidades miembros, se entenderá por otorgado el consentimiento para que el órgano concedente obtenga de forma directa la acreditación de la circunstancia de estar al corriente de las obligaciones tributarias y con la Seguridad social a no ser que alguna de las entidades miembros se oponga expresamente a ello, en cuyo caso la entidad de que se trate deberá presentar certificación acreditativa de dicho extremo.

h)   Declaración responsable de que el solicitante se encuentra al corriente en el pago de obligaciones por reintegro de subvenciones, de acuerdo con lo previsto por el artículo 25 del Reglamento de la Ley 38/2003, de 17 de noviembre.

Cuando las entidades solicitantes sean federaciones, confederaciones, uniones o estructuras similares que integren en su seno a varias entidades, deberán presentar, además, declaración responsable de que las entidades a las que proponen como ejecutantes de los programas se hallan al corriente de sus respectivas obligaciones por reintegro de subvenciones, comprometiéndose aquéllas a acreditarlo en cualquier momento en que les sea requerido por el órgano concedente de la subvención.

i) Declaración responsable de quien ostente la representación legal de la entidad de que, tanto la entidad solicitante como las entidades miembros que proponen como ejecutantes de los programas no se encuentran incursas en las prohibiciones para obtener la condición de beneficiarios de subvenciones establecidas en el artículo 13.2 y 3 de la Ley 38/2003, de 17 de noviembre.

La comprobación de la existencia de datos no ajustados a la realidad, tanto en la solicitud como en las memorias o en la documentación aportada, podrá comportar, en función de su importancia, la denegación de la subvención solicitada, sin perjuicio de las responsabilidades que pudieran derivarse de dicha actuación.

j) Declaración responsable, en el caso de entidades que vayan a contar con personas voluntarias para el desarrollo de los proyectos, de quien ostente la representación legal de la entidad solicitante, del cumplimiento de las obligaciones que para las entidades establece la Ley 45/2015, de 14 de octubre, de Voluntariado, debiendo incluir referencia al número de voluntarios con que cuentan y que están cubiertos con la póliza de seguros correspondiente.

k) Declaración responsable de que la entidad cumple con las obligaciones legales de reserva de empleo para personas con discapacidad establecidas en el Texto Refundido de la Ley General de derechos de las personas con discapacidad y de su inclusión social, aprobado por el Real Decreto Legislativo 1/2013, de 29 de noviembre.

4. De conformidad con lo establecido en la Ley Orgánica 3/2018, de 5 de diciembre, de protección de datos personales y garantía de los derechos digitales, la solicitud conlleva la autorización del solicitante para tratarlos de forma automatizada y cederlos para fines de evaluación, seguimiento y control, al órgano evaluador y a los organismos de control comunitarios y nacionales.

5. Subsanación de errores. Si la solicitud de subvención no reuniera los datos de identificación, tanto de la subvención solicitada como del solicitante y/o cualquiera de los previstos en el artículo 66 de la Ley 39/2015, de 1 de octubre, del Procedimiento Administrativo Común de las Administraciones Públicas, se requerirá al solicitante, de

acuerdo con lo establecido en el artículo 68.1 de la citada Ley, para que en un plazo de diez días hábiles subsane las faltas o acompañe los documentos preceptivos, con indicación de que si así no lo hiciera, se le tendrá por desistida de su petición, previa notificación de la resolución que habrá de dictarse en los términos previstos en el artículo 21 de la misma Ley.

Sin perjuicio de lo anterior, en cualquier momento, podrá instarse al solicitante para que complete los requisitos necesarios de un trámite defectuosamente cumplimentado, de acuerdo con lo previsto en el artículo 73 de la Ley 39/2015, de 1 de octubre, concediendo a tal efecto un plazo de diez días hábiles a partir del día siguiente al de la notificación, con expreso apercibimiento de que, de no hacerlo así, se le podrá declarar decaída en su derecho a dicho trámite. Sin embargo, se admitirá la actuación de la entidad interesada, y producirá sus efectos legales, si se produjera antes o dentro del día en que se notifique la resolución en la que se tenga por transcurrido el plazo.

7. *Financiación de los programas presentados.* 1. Los solicitantes cumplimentarán el apartado referido al presupuesto que figura en la memoria explicativa de cada uno de los programas presentados, especificando las previsiones de gastos que estimen necesarios para la realización de las diferentes actividades que comporta el contenido del correspondiente programa, diferenciando, en su caso, entre gastos corrientes y gastos de inversión, y al que acompañarán de un compromiso de financiación propia, cuyo porcentaje mínimo vendrá determinado en la resolución de convocatoria, no siendo este inferior al 2 % ni superior al 10 %.

2. A los efectos de la presentación del presupuesto, tendrán en cuenta que los gastos corrientes imputables a la subvención están sometidos a las limitaciones previstas en el artículo 20 y detalladas en el Documento de Instrucciones para la Gestión, Seguimiento y Justificación de las subvenciones elaborado por el órgano concedente, y que será proporcionado a los beneficiarios de la subvención.

3. Las subvenciones que se regulan por la presente orden serán compatibles con la percepción de otras subvenciones, ayudas, ingresos o recursos para la misma finalidad, procedentes de cualesquiera Administraciones, entes públicos o privados, nacionales, de la Unión Europea o de organismo internacionales siempre que, aisladamente o en conjunto, no superen el coste de la actividad subvencionada, en

caso contrario, se procederá conforme a lo establecido en el artículo 12.

4. El importe de las subvenciones concedidas, en ningún caso, podrá ser de tal cuantía que, aisladamente o en concurrencia con subvenciones o ayudas de otras Administraciones Públicas o de otros Entes Públicos o Privados, nacionales o internacionales, supere el coste de la actividad a desarrollar por el beneficiario.

8. *Cuantía de la subvención.* 1. La concesión de las subvenciones estará siempre supeditada a la existencia de crédito suficiente en la aplicación presupuestaria que corresponda.

2. El importe de la subvención será el coste total del programa finalmente aprobado por el órgano concedente en función de la puntación obtenida según los criterios de valoración del artículo 9, una vez deducido el porcentaje de financiación propia mencionado en el artículo 7.1.

3. Sólo se podrán subvencionar programas cuyo coste total sea igual o superior al importe mínimo que establezca expresamente la correspondiente convocatoria de subvenciones.

9. *Criterios objetivos de valoración para el otorgamiento de la subvención.* Para el otorgamiento de la subvención y la determinación de su cuantía se tendrá en cuenta, además de la cuantía incluida en los correspondientes créditos presupuestarios, que condiciona las obligaciones que se contraigan con cargo a los mismos, y los límites a que se refiere el artículo 8, los siguientes criterios objetivos de valoración:

En la primera fase se comprueba que las entidades cumplen con los requisitos para obtener la condición de beneficiario:

a) Aquellas que cumplen los requisitos establecidos en el apartado 1 del artículo de la presente orden de bases.

b) Aquellas no excluidas en virtud del apartado 2 del artículo 4 de la presente orden de bases.

En la segunda fase se lleva a cabo la valoración de los solicitantes y ponderación de los mismos en base a los criterios establecidos en el Anexo I de la orden.

En la tercera fase se valoran los proyectos presentados por los solicitantes según los criterios objetivos de valoración establecidos en el Anexo II de la orden.

10.   *Evaluación y propuesta de resolución.* 1.   La Comisión de Evaluación, a la vista de todo lo actuado, emitirá un informe en el que se concrete el resultado de la valoración efectuada de todas las solicitudes.

2.   La persona titular de la Subdirección General de Emergencias y Centros de Migraciones, a la vista del expediente y del informe de la Comisión de Evaluación, formulará la propuesta de resolución provisional debidamente motivada, expresando la relación de solicitantes para los que se propone la concesión de la subvención y su cuantía, especificando su evaluación y los criterios de valoración seguidos para efectuarla. Asimismo, se incluirá la relación ordenada de todas las solicitudes para las que se propone la denegación, según puntuación obtenida en la evaluación.

3.   La propuesta de resolución se notificará a las entidades propuestas como beneficiarias, a fin de que, en el plazo de diez días siguientes a la notificación, comuniquen la aceptación de la subvención y, en su caso, reformulen su solicitud con el fin de ajustar los compromisos y las condiciones a dicha propuesta de resolución.

4.   Para la reformulación de las solicitudes, se cumplimentará una memoria adaptada de los programas a la propuesta de subvención, en el modelo normalizado que figurará como anexo a la propuesta de resolución notificada. En esta memoria deberá adecuarse el contenido del programa inicialmente solicitado al importe de la subvención propuesta.

La memoria adaptada vinculará en todos sus extremos a la entidad subvencionada, y no podrá incluir contenidos, actuaciones, localizaciones territoriales o cualesquiera otros extremos distintos de los inicialmente consignados en la solicitud inicial de subvención.

5.   Si dentro del plazo previsto para la reformulación de las solicitudes, el beneficiario no comunicara la aceptación de la subvención, la persona titular de la Subdirección General de Emergencias y Centros de Migraciones podrá realizar propuesta de subvención a favor del solicitante o los solicitantes siguientes en orden de puntuación de los programas del mismo colectivo de atención al que perteneciera el programa sobre el que se ha ejercido el desistimiento, siempre que el crédito liberado resulte suficiente.

6. Las propuestas de resolución provisional no crean derecho alguno a favor del beneficiario propuesto frente a la Administración, mientras no se le haya notificado la resolución de concesión.

11. *Resolución.* 1. La persona titular de la Subdirección General de Emergencias y Centros de Migraciones formulará la propuesta de resolución definitiva, que será remitida a la persona titular de la Dirección General de Atención Humanitaria e Inclusión Social de la Inmigración para que, previa fiscalización de los expedientes, dicte por delegación de la persona titular de la Secretaría de Estado de Migraciones, en virtud de lo previsto en la normativa aplicable, la resolución del procedimiento de concesión en el plazo de quince días.

La resolución acordará tanto la concesión de las subvenciones como la denegación o inadmisión de las solicitudes, incluyendo, en su caso, una relación ordenada de todas las solicitudes que, cumpliendo los requisitos, no hayan sido estimadas por rebasarse la cuantía máxima del crédito fijado en la convocatoria.

2. Las resoluciones serán motivadas, debiendo, en todo caso, quedar acreditados los fundamentos de la resolución que se adopte, de conformidad con lo establecido en el artículo 25.2 de la Ley 38/2003, de 17 de noviembre.

3. Las resoluciones se dictarán y notificarán a los solicitantes en el plazo máximo de seis meses, contados desde la fecha de publicación del extracto de convocatoria en el «Boletín Oficial del Estado». Excepcionalmente, podrá acordarse una ampliación del plazo máximo de resolución y notificación en los términos y con las limitaciones establecidas en el artículo 23 de la Ley 39/2015, de 1 de octubre, del Procedimiento Administrativo Común de las Administraciones Públicas.

4. Si en el plazo de cinco días, contados desde la fecha de notificación de la resolución de concesión, se produjese la renuncia a la subvención por parte de alguno de los beneficiarios, el órgano concedente podrá acordar la concesión de la misma a favor del solicitante o solicitantes siguientes en orden de puntuación de los programas, siempre que el crédito liberado resulte suficiente.

5. Estas resoluciones pondrán fin a la vía administrativa, pudiéndose interponer contra las mismas recurso potestativo de reposición en el plazo de un mes, o bien ser impugnadas directamente ante el orden jurisdiccional contencioso-administrativo en la forma y plazo

previstos en la Ley 29/1998, de 13 de julio, reguladora de la Jurisdicción Contencioso-administrativa.

6.   Transcurrido el plazo máximo establecido sin que se haya dictado y notificado resolución expresa, se podrá entender desestimada la solicitud, de acuerdo con lo previsto en el artículo 25.5 de la Ley 38/2003, de 17 de noviembre.

7.   Las subvenciones concedidas se publicarán en la Base de Datos Nacional de Subvenciones de acuerdo con lo previsto en el Real Decreto 130/2019, de 8 de marzo, por el que se regula la Base de Datos Nacional de Subvenciones y la publicidad de las subvenciones y demás ayudas públicas.

8.   La concesión de una subvención al amparo de la presente orden y sus correspondientes resoluciones de convocatorias no comporta obligación alguna, por parte del Ministerio de Inclusión, Seguridad Social y Migraciones, o sus organismos adscritos, de adjudicar subvenciones en los siguientes ejercicios económicos para programas similares.

9.   La resolución será objeto de publicación de acuerdo con lo dispuesto en el artículo 45 de la Ley 39/2015, de 1 de octubre.

12.   *Modificación de la resolución de concesión.* 1.   Toda alteración de las condiciones tenidas en cuenta para la concesión de la subvención y, en especial, la solicitud por parte del beneficiario del traspaso del importe subvencionado para la ejecución de un programa distinto, dentro de los expresamente autorizados en la resolución original, podrá dar lugar a la modificación de la resolución de concesión, de acuerdo con lo previsto en el artículo 19.4 de la Ley 38/2003, de 17 de noviembre.

Las solicitudes de modificación podrán ser autorizadas cuando traigan causa en circunstancias imprevistas o sean necesarias para el buen funcionamiento de los programas, siempre que estén debidamente justificadas, no se altere el objeto o finalidad de la subvención y no se perjudiquen derechos de tercero.

Las solicitudes se presentarán a través de medios electrónicos, de forma inmediata a la aparición de las causas que las justifiquen, antes de que finalice el período de ejecución y siempre con carácter previo a su realización, no pudiendo hacerse efectivas hasta que se emita la correspondiente resolución que las autorice.

2. La resolución de la solicitud de modificación se dictará por la persona titular de la Dirección General de Atención Humanitaria e Inclusión Social de la Inmigración por delegación de la persona titular de la Secretaria de Estado de Migraciones, en virtud de lo previsto en la normativa aplicable, y se notificará en el plazo máximo de tres meses, contados desde la fecha de su presentación en el citado registro electrónico. Esta resolución pondrá fin a la vía administrativa, pudiéndose interponer contra ella el recurso potestativo de reposición ante el citado órgano administrativo en el plazo de un mes, o bien ser impugnadas directamente ante el orden jurisdiccional contencioso-administrativo en la forma y plazo previstos en el artículo 46 de la Ley 29/1998, de 13 de julio.

Transcurrido el plazo máximo establecido sin que se haya dictado y notificado la resolución expresa, se entenderá desestimada su solicitud de acuerdo con lo previsto en el artículo 25.5 de la Ley 38/2003, de 17 de noviembre, teniendo a todos los efectos la consideración de acto administrativo finalizador del procedimiento y sin perjuicio de la obligación de dictar resolución expresa confirmatoria del mismo

3. Asimismo, podrá dar lugar a la modificación de la resolución de concesión la obtención concurrente por el beneficiario de otras subvenciones, ayudas, ingresos o recursos para la misma finalidad procedentes de cualesquiera Administraciones, entes públicos o privados, nacionales, de la Unión Europea o de Organismos Internacionales, siempre que, aisladamente, o en conjunto, superen el coste de la actividad subvencionada, en cuyo caso, la persona titular de la Dirección General de Atención Humanitaria e Inclusión Social de la Inmigración dictará, por delegación de la persona titular de la Secretaría de Estado de Migraciones, resolución de reducción de la cuantía equivalente al exceso, procediéndose al reintegro de las cantidades percibidas indebidamente, en su caso, conforme a lo previsto en el artículo 23.

13. *Modificación de los programas.* 1. Cuando aparezcan circunstancias que alteren o dificulten el desarrollo de los programas subvencionados, los beneficiarios de las subvenciones podrán solicitar, siempre con carácter excepcional, la modificación de las actividades o partidas de gasto de los programas subvencionados, así como de la forma y plazos de ejecución y justificación de los correspondientes gastos, los cuales podrán ser autorizados siempre que no se altere el objeto o finalidad de la subvención, y no se perjudiquen derechos de terceros.

2. Las solicitudes de modificación deberán fundamentar suficientemente dicha alteración o dificultad y deberán formularse con carácter inmediato a la aparición de las circunstancias que las justifiquen, respetando los plazos máximos establecidos en el Documento de Instrucciones para la Gestión, Seguimiento y Justificación de las Subvenciones y, en todo caso, antes de la finalización del plazo de ejecución del proyecto.

3. La resolución de la solicitud de modificación se dictará por la persona titular de la Secretaría de Estado de Migraciones, en virtud de lo previsto en la normativa aplicable, y se notificará en el plazo de tres meses contados desde la fecha de su presentación en el citado registro electrónico. Esta resolución pondrá fin a la vía administrativa, pudiéndose interponer contra ella el recurso potestativo de reposición ante el citado órgano administrativo en el plazo de un mes, o bien, ser impugnadas directamente ante el orden jurisdiccional contencioso-administrativo en la forma y plazo previstos en el artículo 46 de la Ley 29/1998, de 13 de julio.

Transcurrido el plazo máximo establecido sin que se haya dictado y notificado la resolución expresa, se entenderá desestimada su solicitud de acuerdo con lo previsto en el artículo 25.5 de la Ley 38/2003, de 17 de noviembre, teniendo a todos los efectos la consideración de acto administrativo finalizador del procedimiento y sin perjuicio de la obligación de dictar resolución expresa confirmatoria del mismo.

4. Igualmente, y previa solicitud debidamente motivada, la persona titular de la Dirección General de Atención Humanitaria e Inclusión Social de la Inmigración podrá conceder una ampliación del plazo señalado para realizar la actividad establecido en la resolución de concesión de la subvención, que no exceda de la mitad del mismo, y siempre que con ello no se perjudiquen derechos de tercero, en las condiciones y conforme al procedimiento regulado en el artículo 32 de la Ley 39/2015, de 1 de octubre.

14.   *Pago de la subvención.* 1.   Conforme a lo dispuesto en el artículo 34.5 de la Ley 38/2003, de 17 de noviembre, los beneficiarios de la subvención deberán acreditar, previamente al cobro de la subvención, que se encuentran al corriente en el cumplimiento de sus obligaciones tributarias y frente a la Seguridad Social, y que no son deudores por resolución de procedencia de reintegro, conforme a lo establecido en el artículo 6.3, letras g) y h). En caso de haber presentado declaración responsable, ésta deberá renovarse si han transcurrido más de seis meses desde su firma.

2. La forma de pago de las subvenciones concedidas se determinará expresamente en las correspondientes convocatorias. A estos efectos, se podrán realizar pagos anticipados, en un solo plazo o en varios, con carácter previo a la justificación, así como pagos a cuenta, de acuerdo con lo dispuesto en el artículo 34.4 de la Ley 38/2003, de 17 de noviembre.

En aplicación del artículo 42 del Reglamento de la Ley 38/2003, de 17 de noviembre, General de Subvenciones, quedan exoneradas de la constitución de garantías las entidades no lucrativas, así como las federaciones, confederaciones o agrupaciones de las mismas que desarrollen proyectos de acción social y cooperación internacional.

3. El pago se efectuará mediante transferencia a una cuenta bancaria que la entidad beneficiaria habrá de tener reconocida ante la Secretaría General del Tesoro y Política Financiera.

15. *Subcontratación.* 1. Por razón de la naturaleza de las actividades que integran el programa subvencionado, se podrá autorizar al beneficiario la subcontratación parcial por un máximo del 50% del importe de la actividad subvencionada, computado aislada o conjuntamente, siempre que su objeto no constituya el contenido esencial de dicha actividad y aporte un valor añadido a la misma.

Dicha subcontratación se ajustará, en todo caso, a lo dispuesto en el artículo 29 de la Ley 38/2003, de 17 de noviembre, y en el artículo 68 de su Reglamento.

2. En el supuesto de que la actividad subcontratada exceda del 20 por 100 de la subvención concedida, y dicho importe sea superior a 60.000 euros, además de la citada autorización, será preceptiva la celebración de un contrato por escrito, conforme a lo previsto en el artículo 29.3 de la Ley 38/2003, de 17 de noviembre.

3. La resolución de concesión podrá autorizar, en su caso, las subcontrataciones que el beneficiario hubiera previsto en su solicitud. En tal caso, se deberá aportar documentación acreditativa de la especialización de la entidad con la que se contrata la realización de las actividades, en la materia objeto de dicha contratación.

Asimismo, se aportará documentación acreditativa de que la entidad con la que se contrata la realización de las actividades se encuentra al corriente de sus obligaciones tributarias y frente a la Seguridad Social u organismos equivalentes propios de su país o autorización para que el órgano concedente la obtenga de forma directa según lo establecido en el artículo 22 del Reglamento de la Ley 38/2003, de 17 de noviembre.

Además, deberá acreditarse mediante declaración responsable de quien ostente la representación legal de la entidad con la que se ha contratado o se vaya a contratar la realización de la actividad, que no se encuentra incursa en las prohibiciones para obtener la condición de beneficiaria de las subvenciones establecidas en el artículo 13 de la Ley 38/2003, de 17 de noviembre, o según legislación propia de su país, y que en la misma no concurre ninguna de las causas previstas en los apartados b), c), d) y e), del apartado 7 del artículo 29 del mismo texto legal, o de la legislación propia de su país.

4.   Cuando la subcontratación no esté prevista en la solicitud inicial de subvención, deberá obtenerse la previa autorización de la persona titular de la Dirección General de Atención Humanitaria e Inclusión Social de la Inmigración, en los términos previstos en el apartado 5 del presente artículo. En todo caso, la solicitud de autorización, que deberá estar debidamente justificada, habrá de formularse por medios electrónicos antes de la finalización del plazo de ejecución del programa y siempre con carácter previo a su realización, no pudiendo hacerse efectivas hasta que se emita la correspondiente resolución que las autorice. Junto con la misma, deberá acompañarse documentación acreditativa de la especialización de la entidad con la que se contrata la realización de las actividades, en la materia objeto de dicha contratación, así como acreditación de que esta entidad se encuentra al corriente de sus obligaciones tributarias y frente a la Seguridad Social o autorización para que el órgano concedente la obtenga de forma directa, según lo establecido en el artículo 22 del Reglamento de la Ley 38/2003, de 17 de noviembre, o según la legislación sobre esta materia propia de su país.

5.   La resolución de la autorización de subcontratación se dictará por la persona titular de la Dirección General de Atención Humanitaria e Inclusión Social de la Inmigración, por delegación de la persona titular de la Secretaría de Estado de Migraciones, en virtud de lo previsto en la normativa aplicable, y se notificará en el plazo de

tres meses a contar desde la fecha de presentación de la solicitud de subcontratación. Esta resolución pondrá fin a la vía administrativa, pudiéndose interponer contra ella recurso potestativo de reposición en el plazo de un mes, o bien ser impugnada directamente ante el orden jurisdiccional contencioso-administrativo, en la forma y plazos previstos por la Ley 29/1998, de 13 de julio.

Transcurrido el plazo máximo establecido sin que se haya dictado y notificado la resolución expresa, se entenderá desestimada su solicitud de acuerdo con lo previsto en el artículo 25.5 de la Ley 38/2003, de 17 de noviembre, teniendo a todos los efectos la consideración de acto administrativo finalizador del procedimiento y sin perjuicio de la obligación de dictar resolución expresa confirmatoria del mismo.

16. *Obligaciones de los beneficiarios.* 1. Los beneficiarios de las subvenciones vendrán obligados a cumplir, además de las obligaciones previstas en los artículos 17 a 21 y las que con carácter general se recogen en el artículo 14 de la Ley 38/2003, de 17 de noviembre, las siguientes:

a) Ingresar el importe total de la subvención concedida en una cuenta bancaria abierta exclusivamente para los ingresos y pagos realizados con cargo a dicha subvención. No les será de aplicación esta obligación a aquellas entidades que tengan adaptada su contabilidad al Plan General Contable.

b) Cumplir el objetivo, realizar la actividad y adoptar el comportamiento que fundamenta la concesión de la subvención, en la forma, condiciones y plazo establecidos en la resolución de concesión de la subvención y en las respectivas resoluciones de convocatoria y, en otro caso, antes del 31 de diciembre de cada año, sin perjuicio de la prórroga que pudiera concederse, previa solicitud debidamente justificada por el beneficiario, conforme a lo establecido en el artículo 13.4.

c) Justificar, ante la Dirección General de Atención Humanitaria e Inclusión Social de la Inmigración, el cumplimiento de los requisitos y condiciones, así como la realización de la actividad y cumplimiento de la finalidad que determinaron la concesión y disfrute de la subvención, en la forma y plazos establecidos en la resolución de concesión de la subvención; en las respectivas resoluciones de convocatoria y en el Documento de Instrucciones para la gestión, seguimiento y justificación.

d) Comunicar a la Dirección General de Atención Humanitaria e Inclusión Social de la Inmigración, tan pronto como se conozca, y, en todo caso, con anterioridad a la fecha establecida para la presentación de la justificación final de la subvención, la obtención de subvenciones, ayudas, ingresos o recursos para la misma finalidad procedentes de cualesquiera Administraciones o entes públicos o privados, nacionales, de la Unión Europea o de organismos internacionales, así como su importe y la aplicación de tales fondos a las actividades subvencionadas. Asimismo, deberán comunicar cualquier alteración prevista de su forma jurídica.

e) Incorporar de forma visible, en el material que se utilice para la difusión de los programas subvencionados, el/los logotipo/s que permita/n identificar el origen de la subvención, según los modelos que se establezcan en las correspondientes resoluciones de convocatoria.

f) Disponer de los libros contables, registros diligenciados, soportes documentales de las actividades realizadas y demás documentos debidamente auditados en los términos exigidos por la legislación mercantil y sectorial aplicables, con la finalidad de garantizar el adecuado ejercicio de las facultades de comprobación y control.

Conforme a lo previsto en el artículo 17.3.h) de la Ley 38/2003, de 17 de noviembre, las entidades beneficiarias deberán llevar una contabilidad separada de la actividad o programas subvencionados, debiendo contabilizarse en el Libro Mayor del proyecto subvencionado los costes directos e indirectos declarados en la cuenta justificativa.

g) Conservar los documentos justificativos de la aplicación de los fondos recibidos, incluidos los documentos electrónicos, durante el período que establezca la normativa nacional o comunitaria aplicable, a partir de la finalización del plazo de ejecución del programa, en tanto puedan ser objeto de las actuaciones de comprobación y control reguladas en el artículo 17.

h) Reinvertir, en cualquiera de los programas subvencionados, los posibles ingresos que pudieran generar los mismos, o cualesquiera rendimientos financieros que, igualmente, pudieran generarse por los fondos librados a los beneficiarios, así como los intereses devengados por la subvención recibida hasta el momento del gasto.

i) Proceder al reintegro de los fondos percibidos en los supuestos recogidos en el artículo 24.

j) En el supuesto de adquisición de bienes inventariables no inscribibles en un registro público, deberán destinarse al fin concreto para el que se concedió la subvención, al menos durante dos años. En el caso de bienes inscribibles en un Registro Público, el plazo no será inferior a cinco años.

2. Los beneficiarios de las subvenciones estarán también obligados a cumplir los requisitos y obligaciones derivados de la normativa reguladora de los Fondos de la Unión Europea que cofinancian los programas subvencionados.

17. *Control, seguimiento y evaluación.* 1. De acuerdo con lo establecido en los artículos 14.1.c) y 32.1 de la Ley 38/2003, de 17 de noviembre, y el capítulo IV del título II de su Reglamento, los beneficiarios de las subvenciones se someterán a las actuaciones de comprobación, seguimiento y evaluación que determine la Dirección General de Atención Humanitaria e Inclusión Social de la Inmigración, facilitando cuanta información sea requerida en orden a verificar la correcta ejecución de los programas subvencionados.

2. Igualmente, los beneficiarios se someterán a las actuaciones de control financiero que corresponden a la Intervención General de la Administración del Estado, y a las previstas en la legislación del Tribunal de Cuentas en relación con las subvenciones concedidas y, en su caso, a las derivadas de la normativa aplicable a las subvenciones financiadas con cargo a fondos de la Unión Europea.

3. Los beneficiarios deberán comunicar periódicamente el grado de cumplimiento de los programas, de acuerdo con el calendario establecido y con las indicaciones contenidas en el Documento de Instrucciones para la Gestión, Seguimiento y Justificación así como, en su caso, con las derivadas de la normativa aplicable a las subvenciones financiadas con cargo a fondos de la Unión Europea.

18. *Justificación de la subvención.* 1. De acuerdo con lo establecido en la Ley 38/2003, de 17 de noviembre, y en su Reglamento, los beneficiarios de las subvenciones están obligados a justificar el cumplimiento de las condiciones impuestas y la consecución de los objetivos previstos en la resolución de concesión y en las respectivas resoluciones de convocatoria, en el término de dos meses a contar desde la fecha de finalización del plazo de realización de la actividad contemplado en el artículo 16.1.b).

Los beneficiarios que resulten subvencionados para la realización de actuaciones financiadas con cargo a fondos de la Unión Europea quedarán obligados, en todo caso, a la justificación de las mismas conforme a lo que establece la normativa comunitaria aplicable.

2.   Con carácter general, la justificación adoptará la modalidad de cuenta justificativa con aportación de informe auditor en los términos previstos en los artículos 72 y 74 del Reglamento de la Ley 38/2003, de 17 de noviembre, y deberá contener la siguiente documentación:

a)   Una memoria de actuación justificativa del cumplimiento de las condiciones impuestas en la concesión de la subvención, con indicación de las actividades realizadas y de los resultados obtenidos, de conformidad con lo previsto en el artículo 72.1 del Reglamento de la Ley 38/2003, de 17 de noviembre.

b)   Una memoria económica justificativa del coste de las actividades realizadas, de conformidad con lo previsto en el artículo 72.2 del Reglamento de la Ley 38/2003, de 17 de noviembre.

3.   En las resoluciones de convocatoria se podrá prever, para las subvenciones concedidas por importe inferior a 60.000 euros, que la cuenta justificativa tenga carácter de simplificada, con el contenido previsto en el artículo 75.2 del Reglamento de la Ley 38/2003, de 17 de noviembre. En este caso, la Dirección General de Atención Humanitaria e Inclusión Social de la Inmigración podrá comprobar, de forma aleatoria, una muestra de los justificantes que permita obtener evidencia razonable sobre la adecuada aplicación de la subvención, a cuyo fin podrá solicitar la revisión de los justificantes de gasto seleccionados. Cuando en una muestra examinada se aprecien irregularidades significativas, la comprobación será exhaustiva.

4.   La memoria económica y la memoria de actuación justificativas de la subvención recibida, cuyo contenido se regula en los artículos 19 a 21, se presentarán en el plazo de dos meses contados desde la fecha de finalización de cada programa teniendo en cuenta lo previsto en el artículo 16.1 b), salvo que, por causas justificadas, se modifique el plazo de justificación, de acuerdo con lo previsto en el artículo 13.4.

5.   Si vencido el plazo establecido para justificar el beneficiario no hubiese presentado la cuenta justificativa, se le requerirá para que lo haga en el término improrrogable de quince días, comunicándole que la falta de presentación de la justificación en dicho plazo llevará consigo la exigencia del reintegro y demás responsabilidades establecidas en la Ley 38/2003, de 17 de noviembre, de acuerdo con los establecido en el artículo 70 de su Reglamento. La presentación de la cuenta justifica-

tiva en este plazo adicional no eximirá al beneficiario de las sanciones que, conforme a la Ley General de Subvenciones, correspondan.

6.   No obstante lo previsto en los apartados 2 y 3 de este artículo, las correspondientes convocatorias podrán establecer que la justificación de la subvención se realice bajo la modalidad de cuenta justificativa con aportación de justificantes de gasto de acuerdo con lo previsto en el artículo 72 del Reglamento de la Ley 38/2003, de 17 de noviembre.

19.   *Memoria de actuación justificativa de la realización del programa subvencionado.* Los beneficiarios de la subvención deberán presentar ante la Dirección General de Atención Humanitaria e Inclusión Social de la Inmigración una memoria de actuación justificativa de la aplicación de las subvenciones concedidas, y explicativa de la realización de cada programa subvencionado.

A estos efectos, el contenido mínimo de dichas memorias será el siguiente:

a)   Entidad.
b)   Denominación del programa.
c)   Colectivo de atención.
d)   Breve introducción al contenido del programa.
e)   Período de ejecución del programa.
f)   Localización territorial del programa.
g)   Resumen económico: Importe subvencionado; estado de liquidación del programa, desglosado por conceptos de gasto y por origen de financiación, según se establece en el artículo 20.2.
h)   Número de usuarios directos.
i)   Metodología o instrumentos utilizados.
j)   Actuaciones realizadas.
k)   Objetivos previstos, cuantificados en la medida de lo posible.
l)   Resultados obtenidos del programa, cuantificados y valorados.
m)   Desviaciones respecto de los objetivos previstos.
n)   Conclusiones.

20.   *Memoria económica justificativa.* 1.   Los beneficiarios de las subvenciones quedan obligados a justificar los gastos efectuados con cargo a la subvención concedida para los proyectos, así como la financiación propia comprometida correspondientes a los mismos.

2.   Se presentará una memoria económica abreviada de los gastos efectuados con cargo a la subvención por cada uno de los programas subvencionados con aportación de informe auditor que, conforme a lo dispuesto en el artículo 74 del Reglamento de la Ley 38/2003, de 17 de noviembre, deberá contener:

a)   Un resumen de ejecución financiera en el que se refleje, en su caso, la desviación producida con respecto al presupuesto aprobado.

b)   Una relación clasificada de los gastos autorizados, diferenciando los gastos corrientes de los gastos de inversión, conforme a las categorías descritas en el artículo 20 de la presente orden, siempre que sea aplicable al objeto de la convocatoria y sin perjuicio de lo que establezca la normativa aplicable en cada momento sobre los gastos elegibles.

c)   En el caso de otros ingresos o subvenciones que hayan financiado la actividad subvencionada, deberá aportarse adicionalmente una relación detallada de gastos, a la que deberá acompañarse justificación de su importe, procedencia y aplicación de tales fondos a las actividades subvencionadas.

d)   Un certificado general de gasto.

e)   En su caso, la carta de pago de reintegro en el supuesto de remanentes no aplicados, así como de los intereses derivados de los mismos.

3.   En los proyectos cofinanciados por fondos europeos que puedan utilizar las opciones de costes simplificados previstos en el artículo 21.3 de la presente orden, las convocatorias establecerán las condiciones particulares del contenido de la memoria económica.

21.   *Gastos subvencionables.* 1.   Dependiendo del tipo de programa subvencionado, y sin perjuicio de la normativa europea aplicable, podrán ser subvencionables, siempre que cumplan los requisitos establecidos en el artículo 31.1 de la Ley 28/2003, de 17 de noviembre, y se encuentren debidamente registrados en la contabilidad de proyecto, las siguientes categorías de gastos:

a)   Costes de personal. En esta partida se podrán incluir los gastos derivados del pago de las retribuciones al personal vinculado al programa, así como las del personal ajeno a la entidad con contrato de arrendamiento de servicios o que realice una colaboración esporádica.

Son imputables los costes del personal laboral fijo y el personal contratado con carácter temporal para el cumplimiento del programa subvencionado. Se consideran costes de personal tanto las retribuciones al trabajador, como las cotizaciones a la Seguridad Social, en los términos previstos en el convenio de aplicación

No podrán incluirse en este concepto los gastos originados por los miembros de Juntas Directivas o Consejos de Dirección de las entidades, derivados del desarrollo de esa función.

Las colaboraciones esporádicas prestadas por profesionales se entenderán como una participación puntual en la realización de alguna de las actividades del programa o proyecto.

Las retribuciones del personal contratado en régimen de arrendamiento de servicios, modalidad ésta que tendrá siempre carácter excepcional, se admitirán únicamente en los casos en que, por las especiales características de la actuación, no resulte adecuado el desarrollo de las actividades concretas de que se trate por el personal sujeto a la normativa laboral vigente. Estas retribuciones quedarán también afectadas, con carácter general, por las limitaciones señaladas en el apartado anterior, pudiéndose establecer excepciones a dichas limitaciones, por razón de la naturaleza de la actividad, en el Documento de Instrucciones para la Gestión, Seguimiento y Justificación de las subvenciones.

b)   Actividades. En esta partida se podrán incluir los gastos derivados de la realización del programa subvencionado, siempre que se puedan determinar y sean necesarios para la ejecución del proyecto, entendiendo como tales:

1.º   Artículos de consumo, suministros y servicios generales, que serán subvencionables en base a costes reales incurridos, soportados por facturas, debiendo ser asignados a prorrata con arreglo a un método justo y equitativo que debe constar por escrito.

2.º   Alquiler de bienes inmuebles utilizados para el desarrollo del proyecto. No obstante, y siempre que así se contemple en la correspondiente Resolución de Convocatoria, en determinados supuestos también serán subvencionables la compra, la construcción o la renovación de inmuebles utilizados para el desarrollo del proyecto.

3.º   Subcontratación. Tal como aparece definida y con los requisitos exigidos en el artículo 15.

4.º   Gastos específicos relacionados con el grupo de destinatarios. Para ser elegibles, deberán cumplir los requisitos establecidos en el Manual de Gestión de la convocatoria correspondiente y en el Manual de Justificación.

c)   Gastos de viaje y estancia. Podrán justificarse con cargo a este concepto exclusivamente las dietas y gastos de viaje del personal adscrito al programa, incluido el voluntario.

Las dietas y gastos de viaje podrán ser imputables en las cuantías fijadas en el convenio de aplicación. En el caso, de no disponer de ninguno de los documentos anteriormente mencionados, se aplicarán los límites establecidos para el grupo 2 por el Real Decreto 462/2002, de 24 de mayo, sobre indemnizaciones por razón del servicio.

Las cuantías correspondientes a dicho concepto no podrán superar el 3 % del importe de la subvención concedida al programa, salvo que, en atención a la naturaleza de este y, previa solicitud suficientemente justificada, se autorice otro porcentaje distinto, que en ningún caso podrá ser superior al 7 %, conforme al procedimiento establecido en el artículo 13.

d)   Gastos de inversión. Serán subvencionables las obras de acondicionamiento y adaptación de inmuebles utilizados para el desarrollo del proyecto, así como la adquisición de equipamientos, medios informáticos, audiovisuales y mobiliario, siempre que, si así se prevé en la correspondiente resolución de convocatoria, se solicite y obtenga financiación para este fin en un programa independiente.

e)   Costes Indirectos. Tendrán la consideración de costes indirectos aquellos que no puedan vincularse directamente con un programa, pero que son necesarios para la realización de la actividad subvencionada. Se incluyen tanto los imputables a varios programas, como los gastos generales de estructura que, sin ser imputables a una actividad concreta, son necesarios para llevar a cabo la actividad.

Los costes indirectos se basarán en costes reales incurridos, soportados por facturas, debiendo ser prorrateados con arreglo a un método justo y equitativo, de acuerdo con principios y normas de contabilidad generalmente admitidas, que debe constar por escrito. En todo caso, tales costes deben corresponder al período en que efectivamente se realiza la actividad.

La entidad conservará una relación de gastos que soporten dichos costes indirectos que no será necesario presentar con la cuenta justificativa abreviada.

Se establece como cuantía para esta partida, la aplicación de un tipo fijo del 15% sobre los gastos de personal imputados a la subvención concedida.

f)   Gastos del informe de auditor. El gasto derivado de la revisión de la cuenta justificativa tendrá la condición de gasto subvencionable, con los siguientes límites por cada uno de los programas cuya justificación se presenta:

a) Subvenciones concedidas por importe de hasta 1.000.000 de euros, 3.000 euros.

b) Subvenciones concedidas por importe superior a 1.000.000 de euros, 9.000 euros.

2. Las correspondientes convocatorias podrán establecer como subvencionables los gastos financieros, los gastos de asesoría jurídica o financiera, los gastos notariales y registrales y los gastos periciales para la realización del proyecto subvencionado, si están directamente relacionados con la actividad subvencionada y son indispensables para la adecuada preparación o ejecución de la misma.

En aquellas convocatorias que se cofinancien con fondos europeos, cuando la normativa comunitaria de aplicación excluya la elegibilidad de los gastos citados en el párrafo anterior, se limitará su elegibilidad a los proyectos no cofinanciados por dichos fondos.

En ningún caso serán gastos subvencionables:

a) Los intereses deudores de las cuentas bancarias.

b) Intereses, recargos y sanciones administrativas y penales.

c) Los gastos de procedimientos judiciales.

3. En los proyectos cofinanciados por fondos europeos, las correspondientes convocatorias podrán establecer el uso de sistemas de costes simplificados: financiación a tipo fijo, baremos estándar de costes unitarios y/o importes a tanto alzado.

El ámbito de aplicación de estas tres opciones de costes simplificados se publicará claramente especificado con arreglo a los principios generales de transparencia e igualdad de trato.

4. Cuando el importe del gasto subvencionable supere las cuantías para el contrato menor establecidas en Ley 9/2017, de 8 de noviembre, de Contratos del Sector Público, deberán presentarse tres presupuestos en cumplimiento de lo establecido en el artículo 31.3 de la Ley 38/2003, de 17 de noviembre.

22. *Comprobación de la subvención.* 1. El órgano concedente comprobará la adecuada justificación de la subvención, así como la realización de la actividad y el cumplimiento de la finalidad que determine la concesión de la subvención, tal y como establece el artículo 32.1 de la Ley 38/2003, de 17 de noviembre, y revisará la documentación que obligatoriamente deba aportar el beneficiario conforme al artículo 84 del Reglamento de la Ley 38/2003, de 17 de noviembre.

2. La comprobación de la justificación documental de la subvención se llevará a cabo mediante un procedimiento de muestreo sobre la totalidad de los gastos justificados por las entidades. Una vez realizado este se requerirá la documentación justificativa correspondiente a los gastos obtenidos, que consistirá en:

a) Facturas o documentos de valor probatorio equivalente en el tráfico jurídico mercantil o con eficacia administrativa, así como la documentación acreditativa del pago.

b) Documentación acreditativa de que la entidad ha satisfecho sus obligaciones tributarias y con la Seguridad Social en relación con los gastos justificados por la entidad.

c) La documentación justificativa adicional para las distintas categorías de gasto que se determine en las instrucciones para la justificación de la subvención.

3. Esta documentación se almacenará en soportes de datos comúnmente aceptados, en especial versiones electrónicas de documentos originales o documentos existentes únicamente en formato digital.

Cuando los documentos únicamente estén disponibles en soporte de datos, los sistemas informáticos utilizados cumplirán las normas de seguridad aceptadas que garanticen que los documentos conservados cumplen los requisitos legales nacionales y son fiables a efectos de auditoría.

A partir de la finalización del plazo de ejecución del proyecto, y en tanto puedan ser objeto de las actuaciones de comprobación y control reguladas en el artículo 17, los documentos justificativos de la aplicación de los fondos recibidos, incluidos los documentos electrónicos, deberán conservarse durante el período que establezca la normativa nacional o comunitaria aplicable y, en todo caso, durante el plazo de prescripción del derecho de la Administración a exigir el reintegro.

23.   *Responsabilidad, régimen sancionador y auditorías.* 1. Los beneficiarios de subvenciones estarán sometidos a las responsabilidades y régimen sancionador que sobre infracciones administrativas en materia de subvenciones establece el título IV de la Ley 38/2003, de 17 de noviembre y en su Reglamento.

Asimismo, se aplicará supletoriamente las disposiciones contenidas en la Ley 40/2015, de 1 de octubre, respecto a la potestad sancionadora de las Administraciones Públicas, con aplicación del procedimiento previsto para su ejercicio previsto en dicha Ley y en la Ley 39/2015, de 1 de octubre.

2.   La Comisión Europea podrá efectuar auditorías de la utilización que se haya dado a la subvención, en aquellos programas cofinanciados por Fondos de la Unión Europea. Estas auditorías podrán llevarse a cabo durante toda la duración del desarrollo del programa, así como durante el período posterior a la finalización del programa, que establezca la normativa comunitaria aplicable.

3.   Asimismo, y según dispone la disposición adicional octava del del Reglamento de la Ley 38/2003, de 17 de noviembre, la Agencia Estatal de Administración Tributaria podrá efectuar controles sobre ayudas de la Unión Europea.

4.   Sin perjuicio de las competencias del Tribunal de Cuentas y de los controles efectuados por los Estados miembros, de acuerdo con las disposiciones legales, reglamentarias y administrativas nacionales, los funcionarios o representantes autorizados de la Comisión podrán efectuar controles sobre el terreno, incluso mediante muestreo, de las acciones financiadas con Fondos de la Unión Europea. La Comisión informará de ello al Estado miembro en cuestión con el fin de obtener toda la ayuda necesaria. Podrán participar en estos controles funcionarios o representantes autorizados del Estado miembro de que se trate.

24.   *Reintegros.* 1.   Procederá el reintegro de las cantidades percibidas y, en su caso, de los ingresos generados por los programas e intereses devengados por la subvención, así como la exigencia del interés de demora correspondiente, desde el momento del pago de la subvención hasta la fecha en que se acuerde la procedencia del reintegro, en los supuestos recogidos en los artículos artículo 36 y 37 de la Ley 38/2003, de 17 de noviembre.

2.   El procedimiento para el reintegro se regirá por lo dispuesto en los artículos 41 a 43 de la Ley 38/2003, de 17 de noviembre, el capítulo II del título III de su Reglamento y el título IV de la Ley 39/2015, de 1 de octubre, así como por lo previsto en esta orden.

3.   El órgano competente para exigir el reintegro de la subvención concedida será la persona titular de la Dirección General de Atención Humanitaria e Inclusión Social de la Inmigración, de conformidad con lo establecido en el artículo 41 de la Ley 38/2003, de 17 de noviembre.

4.   En el supuesto de incumplimiento parcial, la fijación de la cantidad que deba ser reintegrada se determinará en aplicación del principio de proporcionalidad, y teniendo en cuenta el hecho de que el citado incumplimiento se aproxime significativamente al cumplimiento total y se acredite por las entidades beneficiarias una actuación inequívocamente tendente a la satisfacción de sus compromisos.

25.   *Criterios de graduación de los incumplimientos.* 1.   Los criterios de graduación de los posibles incumplimientos por los beneficiarios de las condiciones impuestas con motivo de la concesión de las subvenciones serán los siguientes:

a)   El incumplimiento total de las obligaciones y fines para los que se otorgó la subvención dará lugar al reintegro de la totalidad de la cantidad concedida.

b)   La cantidad a reintegrar en caso de incumplimiento parcial en la ejecución o en la justificación de las acciones o gastos vendrá determinada, con arreglo al criterio de proporcionalidad, por el volumen y grado de incumplimiento de las condiciones impuestas con motivo de la concesión de la subvención.

2.   Igualmente, en el supuesto contemplado en el apartado 3 del artículo 19 de la Ley 38/2003, de 17 de noviembre, procederá el reintegro del exceso obtenido sobre el coste de la actividad subvencionada, así como la exigencia del interés de demora correspondiente.

3.   En caso de incumplimiento de la obligación de publicidad por parte del beneficiario, así como de ausencia de las tres ofertas requeridas en el artículo 31.3 de la Ley 38/2003, de 17 de noviembre, procederá el reintegro un 2% de la cuantía concedida.

DISPOSICIÓN DEROGATORIA

Disposición derogatoria única.   *Derogación normativa.* Queda derogada la Orden ESS/1423/2012, de 29 de junio, por la que se establecen las bases reguladoras para la concesión de subvenciones en el área de integración de los inmigrantes, solicitantes y beneficiarios de protección internacional, apatridia y protección temporal.

DISPOSICIÓN FINAL

Disposición final primera.   *Título competencial.* Esta orden ministerial se dicta al amparo de lo dispuesto en el artículo 149.1.2.ª por el que se establece que el Estado tiene competencia exclusiva sobre las siguientes materias: nacionalidad, inmigración, emigración, extranjería y derecho de asilo.

DISPOSICIONES ADICIONALES

Disposición adicional segunda.   *Régimen jurídico de aplicación.* En lo no previsto en la presente orden, se aplicará supletoriamente lo dispuesto en la Ley 38/2003, de 17 de noviembre, y en su Reglamento, aprobado por el Real Decreto 887/2006, de 21 de julio; en las Leyes 39/2015 y 40/2015, de 1 de octubre, y en las restantes normas que, en su caso, resulten de aplicación.

Las subvenciones financiadas con cargo a fondos de la Unión Europea se regirán por las normas comunitarias aplicables en cada caso, y por las normas nacionales de desarrollo o transposición de aquellas, de conformidad con lo previsto en el artículo 6.1 de la Ley 38/2003, de 17 de noviembre.

Disposición adicional tercera.   *Facultades de desarrollo.* Se faculta al titular de la Dirección General de Atención Humanitaria e Inclusión Social de la Inmigración para dictar las resoluciones necesarias para la aplicación de esta orden.

Disposición adicional cuarta.   *Entrada en vigor.* La presente orden entrará en vigor el día siguiente al de su publicación en el «Boletín Oficial del Estado».

Madrid, 18 de julio de 2023.–El Ministro de Inclusión, Seguridad Social y Migraciones, José Luis Escrivá Belmonte.

ANEXO I.   *Criterios objetivos de valoración de los solicitantes y ponderación de los mismos*

a) Implantación: Se valorará el ámbito territorial de las actuaciones y programas realizados por el solicitante, así como el número de socios y afiliados (máximo 15 puntos). Tendrán una valoración prioritaria las confederaciones, federaciones o agrupaciones similares que presenten programas integrados.

a.1) Ámbito territorial de las actuaciones y programas realizados (máximo 9 puntos).	N.º CC.AA.	Puntos
	2-4	3
	5-7	6
	≥ 8	9

a.2) N.º de socios y afiliados (máximo 4 puntos).	N.º Socios	Puntos
	1-25	1
	26-50	2
	51-100	3
	> 100	4

a.3) Confederaciones, federaciones o agrupaciones similares que presenten programas integrados (máximo 2 puntos).

b) Antigüedad en la atención al colectivo: Se valorarán los años de experiencia del solicitante en la atención al colectivo previsto en el artículo 1.2, o bien, que esté constituido como asociación del propio colectivo mencionado (máximo 10 puntos).

b.1) Experiencia en la atención a la población destinataria establecida por la presente orden (máximo 8 puntos).	N.º años	Puntos
	De 1 a 2 años	2
	De 2 años y 1 día a 4 años	4
	De 4 años y 1 día a 6 años	6
	más de 6 años	8

b.2) Asociación constituida por el colectivo contemplado en el artículo 1.2 de esta orden (máximo 2 puntos).	N.º años	Puntos
	De 2 a 5 años	1
	Más de 5 años	2

c) Estructura y capacidad de gestión: Se valorará que la estructura del solicitante sea adecuada para gestionar las actividades previstas en los programas presentados, disponiendo de sistemas de evaluación y de calidad que contribuyan a la consecución de los objetivos previstos (máximo 15 puntos).

c.1) Estructura adecuada (inmuebles en posesión, alquiler y demás medios disponibles para ejecutar los programas solicitados) (máximo 9 puntos).

c.1.1) Implantación del inmueble propio o en alquiler (máximo 3 puntos).	N.º CC.AA.	Puntos
	2-3	1
	4-6	2
	≥ 7	3

c.1.2) Valor catastral de los inmuebles en propiedad (máximo 3 puntos).	Valor catastral	Puntos
	Hasta 500.000 euros	1
	De 500.001 euros a 1.000.000 euros	2
	> 1.000.000 euros	3
c.1.3) Comunicación y difusión (máximo 3 puntos).	Ítem	Puntos
	Tiene página web	1
	Está actualizada	1
	Tiene boletín electrónico, presencia en redes sociales o web al menos en dos idiomas	1
c.2) Capacidad de gestión (máximo 6 puntos).		
c.2.1) Sistema de evaluación (máx. 2 puntos).	Sistema de evaluación	Puntos
	No existe	0
	Existe	1
	Existe y está en vigor	2
c.2.2.) Sistema de calidad (máximo 4 puntos).	Sistema de calidad	Puntos
	No existe (o antigüedad > 3 años)	0
	Existe pero desactualizado, con una antigüedad < 3 años	1
	En implantación (se está desarrollando)	2
	Existe y está en vigor	4
d) Auditoría externa: Se valorará que el solicitante someta su gestión a controles periódicos de auditoría externa (máximo 6 puntos).		
d) Auditoría externa (la más reciente de los dos últimos ejercicios) (máximo 6 puntos).	Auditoría externa	Puntos
	No tiene auditoría, o con opinión denegada o desfavorable	0
	Auditoría presentada con salvedades	3
	Auditoría presentada sin salvedades	6
e) Presupuesto y financiación: Se valorará el volumen del presupuesto del solicitante en el último año, su patrimonio, así como la financiación obtenida de otras instituciones y su capacidad para movilizar recursos de otros entes públicos y/o privados, primándose a las que tengan una capacidad de financiación privada de, al menos, el 10 por 100 de su presupuesto total de ingresos (máximo 10 puntos).		

e.1) Volumen del presupuesto de la entidad (total de ingresos) en el último año (máximo 4 puntos)..	Total ingresos entidad	Puntos
	De 50.000 a 100.000 euros	1
	De 100.001 a 150.000 euros	2
	De 150.001 a 300.000 euros	3
	Más de 300.000 euros	4
e.2) Financiación de instituciones públicas (máximo 2 puntos).	Financiación pública	Puntos
	≤ 10%	1
	> 10%	2
e.3) Financiación privada (propia y externa no pública) (máximo 4 puntos).	Financiación privada	Puntos
	≤ 5%	1
	> 5% y ≤ 10%	2
	> 10%	4

f)   Participación social y voluntariado: Se valorará que el solicitante promueva la participación y movilización social y que cuente con un número relevante de voluntarios para el desarrollo de sus programas, priorizándose aquéllas que dispongan de un sistema de formación de los voluntarios y de incorporación de éstos a las actividades del solicitante (máximo 8 puntos).

f.1)   Fomento de la participación y movilización social (máximo 2 puntos).

Actividades desarrolladas en los últimos 3 años (valorar 0,5 puntos cada una, hasta un máximo de 2 puntos). Por ejemplo (lista no exhaustiva):

– actuaciones de sensibilización y fomento de la convivencia.	0,5
– formación a la sociedad civil (talleres, jornadas, exposiciones…).	0,5
– participación de estudiantes en prácticas, acuerdos o convenios con Universidades, centros educativos, empresas con RSC, etc.	0,5
– otras.	0,5

f.2)   Voluntariado (máximo 6 puntos).

Ítem	Puntos
f.2.1) Existencia de un programa de voluntariado, conforme a la Ley del Voluntariado, en vigor (máximo 1 punto).	1
f.2.2) Idoneidad de funciones y actividades realizadas por los voluntarios. (máximo 1 punto). Se puntuará desfavorablemente que voluntarios ejerzan funciones de dirección o coordinación de proyecto.	1

f.2.3) N.º relevante de voluntarios (máximo 3 puntos).	N.º voluntarios	Puntos
	De 1 a 50	1
	De 51 a 100	2
	Más de 101	3

f.2.4) Porcentaje de voluntarios formados sobre total de voluntarios (máximo 1 punto).	% voluntarios formados	Puntos
	1 % - 50 % voluntarios formados	0,5
	> 50 % voluntarios formados	1

g) Adecuación de recursos humanos: Se valorarán las líneas de actuación del solicitante en materia de gestión de los recursos humanos que se adscriben a los diferentes programas, teniendo en cuenta (máximo 6 puntos):

1.º La naturaleza, características y duración de la contratación del personal asalariado preexistente y de nueva incorporación.

2.º Que los criterios de contratación del personal contribuyan al fomento de la integración laboral de las personas con discapacidad, así como de otros grupos sociales sobre los que existen medidas especiales de fomento de empleo y, especialmente, inmigrantes y mujeres.

g.1) Volumen de personal contratado, fijo y eventual (máximo 3 puntos).	N.º personas contratadas	Puntos
	1-10	1
	11-50	2
	> 50	3

g.2) Fomento de la integración laboral: personas con discapacidad y otros colectivos contemplados en medidas específicas de fomento del empleo (porcentaje sobre personal contratado) (máximo 2 puntos).	% sobre personal contratado	Puntos
	0%	0
	≤ 10%	0,5
	10% - 15%	1
	> 15%	2

g.3) Mayor porcentaje de personal fijo que eventual (máximo 1 punto).	% sobre personal contratado	Puntos
	fijo ≤ eventual	0
	fijo > eventual	1

h) Puntuación negativa: Cumplimiento de las obligaciones derivadas de las subvenciones recibidas con cargo al presupuesto de la Secretaría de Estado de Migraciones o de la anterior Secretaría General de Inmigración y Emigración (máximo 15 puntos).

Exactitud del cumplimiento de las obligaciones reflejadas en los artículos 16 a 21 de la presente orden, contraídas en subvenciones concedidas en anteriores convocatorias.

h.1) Se considerarán las siguientes obligaciones, relativas a la última convocatoria. En caso de que la entidad no haya atendido alguna de estas obligaciones, se deberá puntuar, en cada apartado, –2,5 puntos:	Puntos
No ingresar la subvención concedida en una cuenta bancaria única o tener su contabilidad adaptada al Plan General Contable.	-2,5
No someterse a actuaciones de comprobación, seguimiento y evaluación que determine la DGIAH, facilitando la información requerida.	-2,5

No presentar una memoria económica justificativa de los gastos de cada programa.		-2,5
No presentar una memoria justificativa de las actividades que se ajuste a los requisitos exigidos por la DGIAH.		-2,5
h.2) Se considerarán los reintegros derivados del inicio de un procedimiento de esta naturaleza, en relación con la última convocatoria liquidada cuyo objeto sea análogo a la actual, en base a la siguiente escala:	% reintegro derivado de procedimiento	Puntos
	Hasta 10% de la subvención concedida	0
	Del 10% al 25% de la subvención concedida	-3
	Del 25% al 40% de la subvención concedida	-5

Valoración máxima de la entidad: 70 puntos.
Valoración mínima: 35 puntos.
Si en esta fase no se supera la valoración mínima no se procederá a evaluar la siguiente fase, quedando el /los proyecto/s presentados por dicha entidad excluido/s.

ANEXO II. *Criterios objetivos de valoración de los proyectos presentados por los solicitantes y ponderación de los mismos*

a) Diagnóstico de las necesidades sociales (máximo 5 puntos). Se tendrá en cuenta el estudio estadístico de la necesidad social, el estudio sociodemográfico de la población destinataria y el análisis de la cobertura pública o privada de las necesidades sociales detectadas.	
Subcriterios	Puntos
a.1) Definición clara y concreta de la necesidad detectada (Referida al momento concreto sobre el que se quiere actuar y a una población concreta) (máximo 2 puntos).	0-2
a.2) Justificación de la necesidad social a través de datos estadísticos actualizados y especificación de las fuentes de información utilizadas y existencia de un análisis sociodemográfico de la población destinataria (máximo 2 puntos).	0-2
a.3) Descripción de la cobertura pública o privada existente de las necesidades sociales detectadas (máximo 1 punto).	0-1

b)   Contenido técnico del programa (máximo 25 puntos):

1.º   Programación: definición de objetivos, actividades, n.º de usuarios, impacto de la intervención, perspectiva de género y calendario de actividades.

2.º   Medios: Medios técnicos y materiales.

3.º   Indicadores de evaluación medibles y coherentes.

Subcriterios	Ítem	Puntos
b.1) Objetivos (máximo 3 puntos).	b.1.1) Objetivos ajustados a la necesidad social detectada y a las características de los beneficiarios descritos.	0-1
	b.1.2) Son claros, concisos y bien definidos y son evaluables.	0-1
	b.1.3) Son realistas y viables a medio plazo.	0-1
b.2) Actividades (máximo 3 puntos).	b.2.1.) Descripción detallada de las actividades a realizar y ajustada al marco de referencia de los proyectos que establece la convocatoria.	0-1
	b.2.2.) Adecuadas para la consecución de los objetivos planteados y de los resultados esperados.	0-1
	b.2.3.) Planificación previa, responden a un orden lógico de ejecución.	0-1
b.3) Número de usuarios (máximo 4 puntos).		0-4
b.4) Impacto de la intervención (máximo 4 puntos).	b.4.1) Se describen suficientemente y de forma evaluable los resultados esperados.	0-2
	b.4.2) La intervención conlleva transformaciones en el contexto que perduran a largo plazo y es coherente con la necesidad social detectada.	0-2

b.5) Medios Humanos (máximo 4 puntos).	b.5.1) Idoneidad del n.º de profesionales destinados al proyecto y adecuación del perfil profesional.	0-1
	b.5.2) Especificación de las funciones a realizar y su concordancia con el proyecto.	0-1
	b.5.3) Dedicación, n.º de horas adecuado.	0-1
	b.5.4) Presencia del voluntariado adecuada a las necesidades del proyecto, valorando el perfil, las funciones y la dedicación.	0-1
b.6) Medios materiales (máximo 2 puntos).	b.6.1) Se detallan correctamente los medios con los que cuentan y que serán dedicados al proyecto.	0-1
	b.6.2) Los medios son suficientes y adecuados a las actividades planteadas.	0-1

b.7) Indicadores de evaluación (máximo 3 puntos).	b.7.1) Coherentes con los objetivos y resultados descritos.	0-1
	b.7.2) Medibles y cuantificables e incluyen fuentes de verificación.	0-1
	b.7.3) Son suficientes para la evaluación del proyecto. Valoración según las siguientes características: – pueden ser cuantitativos o cualitativos. – específicos: deben tener el objetivo de responder a una necesidad de información concreta. – orientados a la acción: servir para tomar decisiones informadas = deben poder medir los avances en la ejecución del proyecto posibilitando, en su caso, una reformulación. – relevantes: aportar resultados significativos y representativos para el proyecto. – operativos en el tiempo: aporta información en el momento que resulte útil (relacionado con la orientación a la acción-toma de decisiones.	0-1
b.8) Perspectiva de género (máximo 2 puntos).	b.8.1) La perspectiva de género se aplica de forma transversal a todo el proyecto.	0-1
	b.8.2) El proyecto contiene acciones concretas que fomenten la igualdad de género.	0-1
c) Aspectos económicos (máximo 10 puntos):			
1.º Presupuesto del programa.			
2.º Cofinanciación (programas que cuenten con otras fuentes de financiación).			
3.º Corresponsabilización (programas cofinanciados por la propia entidad).			
4.º Eficiencia, adecuación recursos-actividades-resultados, costes medios de las actividades.			

c.1) Presupuesto del proyecto (máximo 4 puntos).	c.1.1) Previsión de gastos suficientemente detallada y precisa.	0-2
	c.1.2) Distribución entre partidas adecuada y coherente.	0-2
c.2) Financiación de otros organismos para la ejecución del mismo proyecto (máximo 1 punto).		0-1
c.3) Cofinanciación de la propia entidad (máximo 1 punto).	El proyecto cuenta con financiación propia superior al 2,5 %.	0-1
c.4) Eficiencia, adecuación recursos-actividades-resultados, costes medios de las actividades (máximo 4 puntos).	c.4.1) Eficiencia y adecuación recursos-actividades-resultados esperados.	0-1
	c.4.2) Costes medios de las actividades.	0-3
d) Experiencia acreditada y de calidad en la gestión de programas de contenido y destinatarios similares (máximo 10 puntos).		
d.1) Experiencia demostrable en la gestión de proyectos similares (máximo 4 puntos).	Experiencia demostrable en gestión proyectos similares	Puntos
	1-2 años.	2
	> 2 años.	4
d.2) Experiencia internacional (máximo 2 puntos).	d.2.1) Ejecución de proyectos en el ámbito internacional.	0-1
	d.2.2) Participación en redes transnacionales.	0-1
d.3) Calidad en la gestión de proyectos similares (máximo 4 puntos).	d.3.1) Presentación de la documentación y datos requeridos en tiempo y forma.	0-5
	d.3.2) Actitud colaboradora en la gestión diaria del proyecto.	0-5
	d.3.3) Ejecución técnica de calidad y justificación técnica del proyecto.	0-5
	d.3.4) Justificación económica adecuada y completa. Auditorías y reintegros, en su caso.	0-5
	Puntuación total = (suma de todos los apartados x 4) dividido / 20.	0-4

Valoración máxima del proyecto: 50 puntos.

Los proyectos que obtengan una puntuación igual o superior a 25 puntos serán tenidos en cuenta por la Comisión de Evaluación, en caso negativo serán descartados.

3. NACIONALES DE ESTADOS MIEMBROS DE LA UNIÓN EUROPEA

I. Real Decreto 240/2007, de 16 de febrero, sobre entrada, libre circulación y residencia en España de ciudadanos de los Estados miembros de la Unión Europea y de otros Estados parte en el Acuerdo sobre el Espacio Económico Europeo.

España se adhirió a las Comunidades Europeas como Estado miembro de pleno derecho el 1 de enero de 1986, siendo necesario en aquellos momentos dictar el Real Decreto 1099/1986, de 26 de mayo, sobre entrada, permanencia y trabajo en España de ciudadanos de los Estados miembros de las Comunidades Europeas, en el que se regulaban las formalidades administrativas para el ejercicio de los derechos de entrada y permanencia en España por parte de los ciudadanos de sus Estados miembros para la realización de actividades por cuenta ajena o por cuenta propia o para prestar o recibir servicios al amparo de lo establecido en el Tratado de la Comunidad Económica Europea.

Posteriormente, el Consejo de las Comunidades Europeas adoptó el Reglamento (CEE) 2194/1991, de 25 de junio de 1991, relativo al período transitorio aplicable a la libre circulación de los trabajadores entre España y Portugal y los restantes Estados miembros, y las Directivas 90/364/CEE, relativa al derecho de residencia; 90/365/CEE, relativa al derecho de residencia de los trabajadores por cuenta ajena o por cuenta propia que hayan dejado de ejercer una actividad profesional, y 93/96/CEE, relativa al derecho de residencia de los estudiantes, lo que motivó que se dictase el Real Decreto 766/1992, de 26 de junio, sobre entrada y permanencia en España de nacionales de Estados miembros de las Comunidades Europeas.

La entrada en vigor, el 1 de enero de 1994, del Acuerdo ratificado por España el 26 de noviembre de 1993, sobre el Espacio Económico Europeo, así como la necesaria adecuación del citado real decreto a la Jurisprudencia emanada del Tribunal de Justicia de las Comunidades Europeas (asunto 267/83, Diatta contra Land Berlin), obligaron a modificar el Real Decreto 766/1992, de 26 de junio, por el Real Decreto

737/1995, de 5 de mayo, y por el Real Decreto 1710/1997, de 14 de noviembre.

Debe también recordarse la vigencia, desde 1 de junio de 2002, del Acuerdo, de 21 de junio de 1999, entre la Comunidad Europea y la Confederación Suiza, sobre libre circulación de personas, por el que a los ciudadanos suizos y a los miembros de su familia les es de aplicación el mismo tratamiento que a los ciudadanos de los Estados miembros de la Unión Europea y a sus familiares.

La firma, el 28 de julio de 2000, en Marsella, por los Ministros del Interior de Francia, Alemania, Italia y España, de una Declaración en la que se comprometían a suprimir la obligación de poseer una tarjeta de residencia en determinados supuestos, obligaba a introducir las correspondientes adaptaciones en el régimen contemplado en los reales decretos mencionados, por lo que se hizo necesario introducir la no exigencia de tarjeta de residencia para los ciudadanos de los Estados miembros de la Unión Europea y de otros Estados parte del Acuerdo sobre el Espacio Económico Europeo que fueran activos, beneficiarios del derecho a residir con carácter permanente, estudiantes o familiares de estas personas que sean a su vez ciudadanos de los mencionados Estados.

Por otra parte, se consideró necesaria la elaboración de un nuevo texto normativo que derogara los entonces aún vigentes Real Decreto 766/1992, de 26 de junio, sobre entrada y permanencia en España de nacionales de Estados miembros de las Comunidades Europeas; Real Decreto 737/1995, de 5 de mayo, que lo modificaba, así como el Real Decreto 1710/1997, de 14 de noviembre, y por ello se aprobó el Real Decreto 178/2003, de 14 de febrero, sobre entrada y permanencia en España de nacionales de Estados miembros de la Unión Europea y de otros Estados Parte en el Acuerdo sobre el Espacio Económico Europeo.

Posteriormente, el Parlamento Europeo y el Consejo de la Unión Europea han valorado la necesidad de codificar y revisar los instrumentos comunitarios existentes, con objeto de simplificar y reforzar el derecho de libre circulación y residencia de todos los ciudadanos de la Unión Europea, lo que ha hecho necesario un acto legislativo único, con el fin de facilitar el ejercicio de este derecho.

Dicho acto legislativo lo ha constituido la Directiva 2004/38/CE, del Parlamento Europeo y del Consejo, de 29 de abril de 2004, relativa al derecho de los ciudadanos de la Unión y de los miembros de sus familias a circular y residir libremente en el territorio de los Estados miembros por la que se modifica el Reglamento (CEE) nº 1612/68 y se derogan las Directivas 64/221/CEE, 68/360/CEE, 72/194/CEE, 73/148/CEE, 75/34/CEE, 75/35/CEE, 90/364/CEE, 90/365/CEE y 93/96/CEE. Dicho instrumento comunitario ha modificado el Reglamento (CEE) 1612/68, relativo a la libre circulación de los trabajadores dentro de la Comunidad, y ha derogado diversas Directivas CEE en materia de desplazamiento y residencia, estancia de trabajadores de los Estados miembros y de sus familias dentro de la Comunidad, establecimiento y libre prestación de servicios, y residencia de los estudiantes nacionales de los Estados miembros.

La Directiva 2004/38/CE, del Parlamento Europeo y del Consejo, de 29 de abril de 2004, regula el derecho de entrada y salida del territorio de un Estado miembro, el derecho de residencia de los ciudadanos de la Unión y de los miembros de su familia, y los trámites administrativos que deben realizar ante las Autoridades de los Estados miembros. Asimismo regula el derecho de residencia permanente, y finalmente establece limitaciones a los derechos de entrada y de residencia por razones de orden público, seguridad pública o salud pública.

En todo caso, la aprobación de la citada Directiva 2004/38/CE, de 29 de abril de 2004, ha hecho necesario proceder a incorporar su contenido al Ordenamiento jurídico español, todo ello de acuerdo a lo dispuesto por los arts. 17 y 18 del Tratado constitutivo de la Comunidad Europea relativos a la ciudadanía de la Unión, así como a los derechos y principios inherentes a la misma, y al principio de no discriminación por razón de sexo, raza, color, origen étnico o social, características genéticas, lengua, religión o convicciones, opiniones políticas o de otro tipo, pertenencia a una minoría nacional, patrimonio, nacimiento, discapacidad, edad u orientación sexual.

Por otra parte, y de conformidad con lo dispuesto en el art. 1.3 de la Ley Orgánica 4/2000, de 11 de enero, sobre derechos y libertades de los extranjeros en España y su integración social, en su redacción dada por las Leyes Orgánicas 8/2000, 11/2003 y 14/2003, debe recordarse que dicha Ley Orgánica es de aplicación para las personas incluidas en el ámbito de aplicación de este real decreto en aquellos aspectos que pudieran serles más favorables.

Igualmente, el derecho a la reagrupación familiar se determina como un derecho inherente al ciudadano de un Estado miembro, pero asociado necesariamente al ejercicio de su derecho de libre circulación y residencia en el territorio de los otros Estados miembros, todo ello de conformidad con la normativa comunitaria y con la Jurisprudencia del Tribunal de Justicia de las Comunidades Europeas. En este sentido, para regular la reagrupación familiar de ciudadanos españoles que no han ejercido el derecho de libre circulación, se introduce una Disposición Final Tercera que, a su vez, introduce dos nuevas Disposiciones adicionales, decimonovena y vigésima, en el Reglamento de la Ley Orgánica 4/2000, sobre derechos y libertades de los extranjeros en España y su integración social, aprobado por Real Decreto 2393/2004, de 30 de diciembre. Estas Disposiciones protegen especialmente al cónyuge o pareja de ciudadano español y a sus descendientes menores de veintiún años, mayores de dicha edad que vivan a su cargo, o incapaces.

El presente real decreto ha sido informado por el Foro para la Integración Social de los Inmigrantes, por la Comisión Permanente de la Comisión Laboral Tripartita de Inmigración y por la Comisión Interministerial de Extranjería.

En su virtud, a propuesta de los Ministros de Trabajo y Asuntos Sociales, de Asuntos Exteriores y de Cooperación, y del Interior, con la aprobación previa del Ministro de Administraciones Públicas, de acuerdo con el Consejo de Estado y previa deliberación del Consejo de Ministros, en su reunión del día 16 de febrero de 2007,

DISPONGO:

CAPÍTULO PRIMERO
DISPOSICIONES GENERALES

1. *Objeto.* 1. El presente real decreto regula las condiciones para el ejercicio de los derechos de entrada y salida, libre circulación, estancia, residencia, residencia de carácter permanente y trabajo en España por parte de los ciudadanos de otros Estados miembros de la Unión Europea y de los restantes Estados parte en el Acuerdo sobre el Espacio Económico Europeo, así como las limitaciones a los derechos anteriores por razones de orden público, seguridad pública o salud pública.

2. El contenido del presente real decreto se entenderá sin perjuicio de lo dispuesto en leyes especiales y en los tratados internacionales en los que España sea parte.

2. *Aplicación a miembros de la familia del ciudadano de un Estado miembro de la Unión Europea o de otro Estado parte en el Acuerdo sobre el Espacio Económico Europeo.* El presente real decreto se aplica también, cualquiera que sea su nacionalidad, y en los términos previstos por éste, a los familiares de ciudadano de la Unión Europea o de otro Estado parte en el Acuerdo sobre el Espacio Económico Europeo, cuando le acompañen o se reúnan con él, que a continuación se relacionan: [344]

a) A su cónyuge, siempre que no haya recaído el acuerdo o la declaración de nulidad del vínculo matrimonial o divorcio. [345]

b) A la pareja con la que mantenga una unión análoga a la conyugal inscrita en un registro público establecido a esos efectos en un Estado miembro de la Unión Europea o en un Estado parte en el Espacio Económico Europeo y siempre que no se haya cancelado dicha inscripción, lo que deberá ser suficientemente acreditado. Las situaciones de matrimonio e inscripción como pareja registrada se considerarán, en todo caso, incompatibles entre sí. [346]

c) A sus descendientes directos, y a los de su cónyuge o pareja registrada siempre que no haya recaído el acuerdo o la declaración de nulidad del vínculo matrimonial, divorcio o se haya cancelado la inscripción registral de pareja, menores de veintiún años, mayores de dicha edad que vivan a su cargo, o incapaces. [347]

d) A sus ascendientes directos, y a los de su cónyuge o pareja registrada que vivan a su cargo, siempre que no haya recaído el acuerdo o la declaración de nulidad del vínculo matrimonial, divorcio o se haya cancelado la inscripción registral de pareja. [348]

---

[344] Dada nueva redacción párrafo 1 por apartado 2 letra a de Sentencia de 1 de junio de 2010, anulando el inciso «otro Estado miembro», con vigencia desde 03/11/2010

[345] Dada nueva redacción letra a por apartado 2 letra b de Sentencia de 1 de junio de 2010, anulando el inciso «separación legal», con vigencia desde 03/11/2010

[346] Dada nueva redacción letra b por apartado 2 letra e de Sentencia de 1 de junio de 2010, anulando el inciso «que impida la posibilidad de dos registros simultáneos en dicho Estado», con vigencia desde 03/11/2010

[347] Dada nueva redacción letra c por apartado 2 letra b de Sentencia de 1 de junio de 2010, anulando el inciso «separación legal», con vigencia desde 03/11/2010

[348] Dada nueva redacción letra d por apartado 2 letra b de Sentencia de 1 de junio de 2010, anulando el inciso «separación legal», con vigencia desde 03/11/2010

2 bis. *Entrada y residencia de otros familiares del ciudadano de un Estado miembro de la Unión Europea o de otros Estados parte en el Acuerdo sobre el Espacio Económico Europeo.* [349] 1. Se podrá solicitar la aplicación de las disposiciones previstas en este real decreto para miembros de la familia de un ciudadano de un Estado miembro de la Unión Europea o de otros Estados parte en el Acuerdo sobre el Espacio Económico Europeo a favor de:

a) Los miembros de su familia, cualquiera que sea su nacionalidad, no incluidos en el artículo 2 del presente real decreto, que acompañen o se reúnan con él y acrediten de forma fehaciente en el momento de la solicitud que se encuentran en alguna de las siguientes circunstancias:

1.º Que, en el país de procedencia, estén a su cargo o vivan con él.

2.º Que, por motivos graves de salud o de discapacidad, sea estrictamente necesario que el ciudadano de la Unión se haga cargo del cuidado personal del miembro de la familia.

b) La pareja de hecho con la que mantenga una relación estable debidamente probada, de acuerdo con el criterio establecido en el apartado 4.b) de este artículo.

2. Si los miembros de la familia y la pareja de hecho que se contemplan en el apartado 1, están sometidos a la exigencia de visado de entrada según lo establecido en el Reglamento (CE) 539/2001, de 15 de marzo, por el que se establece la lista de terceros países cuyos nacionales están sometidos a la obligación de visado para cruzar las fronteras exteriores y la lista de terceros países cuyos nacionales están exentos de esa obligación, la solicitud de visado, contemplada en el artículo 4 del presente real decreto, deberá acompañarse de lo siguientes documentos:

a) Pasaporte válido y en vigor del solicitante.

b) En los casos contemplados en la letra a) del apartado 1, documentos acreditativos de la dependencia, del grado de parentesco y, en su caso, de la existencia de motivos graves de salud o discapacidad o de la convivencia.

c) En el supuesto de pareja, la prueba de la existencia de una relación estable con el ciudadano de un Estado miembro de la Unión Europea o de otros Estados parte en el Acuerdo sobre el Espacio Económico Europeo y el tiempo de convivencia.

---

[349] Añadido por art. único apartado 1 de Real Decreto 987/2015 de 30 de octubre de 2015, con vigencia desde 09/12/2015

3. La solicitud de la tarjeta de familiar de ciudadano de la Unión deberá acompañarse de los siguientes documentos:

a) Pasaporte válido y en vigor del solicitante. En el supuesto de que el documento esté caducado, deberá aportarse copia de éste y de la solicitud de renovación.

b) Documentación acreditativa de que el ciudadano de un Estado miembro de la Unión Europea o de otros Estados parte en el Acuerdo sobre el Espacio Económico Europeo al que acompañan o con el que van a reunirse cumple los requisitos del artículo 7.

c) En los casos contemplados en la letra a) del apartado 1, documentos acreditativos de la dependencia, del grado de parentesco y, en su caso, de la existencia de motivos graves de salud o discapacidad o de la convivencia.

d) En el supuesto de pareja, la prueba de la existencia de una relación estable con el ciudadano de un Estado miembro de la Unión Europea o de otros Estados parte en el Acuerdo sobre el Espacio Económico Europeo y el tiempo de convivencia.

4. Las autoridades valorarán individualmente las circunstancias personales del solicitante y resolverán motivadamente debiendo tener en cuenta los siguientes criterios:

a) En el caso de familiares, se valorará el grado de dependencia financiera o física, el grado de parentesco con el ciudadano de un Estado miembro de la Unión Europea o de otros Estados parte en el Acuerdo sobre el Espacio Económico Europeo, y, en su caso, la gravedad de la enfermedad o discapacidad que hace necesario su cuidado personal o el tiempo de convivencia previo. En todo caso, se entenderá acreditada la convivencia cuando se demuestre fehacientemente una convivencia continuada de 24 meses en el país de procedencia.

b) En el caso de pareja de hecho, se considerará que se trata de una pareja estable aquella que acredite la existencia de un vínculo duradero. En todo caso, se entenderá la existencia de este vínculo si se acredita un tiempo de convivencia marital de, al menos, un año continuado, salvo que tuvieran descendencia en común, en cuyo caso bastará la acreditación de convivencia estable debidamente probada.

5. Las autoridades resolverán motivadamente toda resolución.

3. *Derechos.* 1. Las personas incluidas en el ámbito de aplicación del presente real decreto tienen derecho a entrar, salir, circular y residir libremente en territorio español, previo el cumplimiento de las formalidades previstas por éste y sin perjuicio de las limitaciones establecidas en el mismo.

2. Asimismo, las personas incluidas en el ámbito de aplicación del presente real decreto, tienen derecho a acceder a cualquier actividad, tanto por cuenta ajena como por cuenta propia, prestación de servicios o estudios, en las mismas condiciones que los españoles, sin perjuicio de la limitación establecida en el art. 39.4 del Tratado Constitutivo de la Comunidad Europea. [350]

En caso de finalización de la situación de familiar a cargo y eventual cesación en la condición de familiar de ciudadano de la Unión, será aplicable el art. 96.5 del Reglamento de la Ley Orgánica 4/2000. [351]

3. Los titulares de los derechos a que se refieren los apartados anteriores que pretendan permanecer o fijar su residencia en España durante más de tres meses estarán obligados a solicitar un certificado de registro o una tarjeta de residencia de familiar de ciudadano de la Unión, según el procedimiento establecido en la presente norma.

4. Todos los ciudadanos de la Unión que residan en España conforme a lo dispuesto en el presente real decreto gozarán de igualdad de trato respecto de los ciudadanos españoles en el ámbito de aplicación del Tratado constitutivo de la Comunidad Europea. Este derecho extenderá sus efectos a los miembros de la familia que no tengan la nacionalidad de un Estado miembro de la Unión Europea o de un Estado parte en el Acuerdo sobre el Espacio Económico Europeo, beneficiarios del derecho de residencia o del derecho de residencia permanente.

---

[350] Dada nueva redacción apartado 2 párrafo 1 por apartado 2 letra f de Sentencia de 1 de junio de 2010 , anulando el inciso «exceptuando a los descendientes ... en el art. 2.d) del presente Real Decreto» , con vigencia desde 03/11/2010

[351] Dada nueva redacción apartado 2 párrafo 2 por apartado 2 letra g de Sentencia de 1 de junio de 2010 , anulando el inciso «No alterará la situación de familiar ... la retribución el citado carácter de recurso no necesario para el sustento» , con vigencia desde 03/11/2010

CAPÍTULO II
ENTRADA Y SALIDA

4. *Entrada.* 1. La entrada en territorio español del ciudadano de la Unión se efectuará con el pasaporte o documento de identidad válido y en vigor y en el que conste la nacionalidad del titular.

2. Los miembros de la familia que no posean la nacionalidad de uno de los Estados miembros de la Unión Europea o de otro Estado parte en el Acuerdo sobre el Espacio Económico Europeo efectuarán su entrada con un pasaporte válido y en vigor, necesitando, además, el correspondiente visado de entrada cuando así lo disponga el Reglamento (CE) 539/2001, de 15 de marzo, por el que se establece la lista de terceros países cuyos nacionales están sometidos a la obligación de visado para cruzar las fronteras exteriores y la lista de terceros países cuyos nacionales están exentos de esa obligación. La expedición de dichos visados será gratuita y su tramitación tendrá carácter preferente cuando acompañen al ciudadano de la Unión o se reúnan con él.

La posesión de la tarjeta de residencia de familiar de ciudadano de la Unión, válida y en vigor, expedida por otro Estado parte en el Acuerdo sobre el Espacio Económico Europeo, eximirá a dichos miembros de la familia de la obligación de obtener el visado de entrada y, a la presentación de dicha tarjeta, no se requerirá la estampación del sello de entrada o de salida en el pasaporte. [352]

3. Cualquier resolución denegatoria de una solicitud de visado o de entrada, instada por una persona incluida en el ámbito de aplicación del presente real decreto deberá ser motivada. Dicha resolución denegatoria indicará las razones en que se base, bien por no acreditar debidamente los requisitos exigidos a tal efecto por el presente real decreto, bien por motivos de orden público, seguridad o salud públicas. Las razones serán puestas en conocimiento del interesado salvo que ello sea contrario a la seguridad del Estado.

4. En los supuestos en los que un ciudadano de un Estado miembro de la Unión Europea o de un Estado parte en el Acuerdo sobre el Espacio Económico Europeo, o un miembro de su familia, no dispongan de los documentos de viaje necesarios para la entrada en territorio español, o, en su caso, del visado, las Autoridades responsables del

[352] Dada nueva redacción apartado 2 párrafo 2 por art. único de Real Decreto 1161/2009 de 10 de julio de 2009, con vigencia desde 24/07/2009

control fronterizo darán a estas personas, antes de proceder a su retorno, las máximas facilidades para que puedan obtener o recibir en un plazo razonable los documentos necesarios, o para que se pueda confirmar o probar por otros medios que son beneficiarios del ámbito de aplicación del presente real decreto, siempre que la ausencia del documento de viaje sea el único motivo que impida la entrada en territorio español.

5. *Salida.* Los ciudadanos de un Estado miembro de la Unión Europea o de otro Estado parte en el Acuerdo sobre el Espacio Económico Europeo, y los miembros de su familia con independencia de su nacionalidad, tendrán derecho a salir de España para trasladarse a otro Estado miembro, ello con independencia de la presentación del pasaporte o documento de identidad en vigor a los funcionarios del control fronterizo si la salida se efectúa por un puesto habilitado, para su obligada comprobación, y de los supuestos legales de prohibición de salida por razones de seguridad nacional o de salud pública, o previstos en el Código Penal.

CAPÍTULO III
ESTANCIA Y RESIDENCIA

6. *Estancia inferior a tres meses.* 1. En los supuestos en los que la permanencia en España de un ciudadano de un Estado miembro de la Unión Europea o de otro Estado parte en el Acuerdo sobre el Espacio Económico Europeo, cualquiera que sea su finalidad, tenga una duración inferior a tres meses, será suficiente la posesión de pasaporte o documento de identidad en vigor, en virtud del cual se haya efectuado la entrada en territorio español, no computándose dicha permanencia a los efectos derivados de la situación de residencia.

2. Lo dispuesto en el apartado anterior será de aplicación para los familiares de los ciudadanos de un Estado miembro de la Unión Europea o de otro Estado parte en el Acuerdo sobre el Espacio Económico Europeo, que no sean nacionales de uno de estos Estados, y acompañen al ciudadano de uno de estos Estados o se reúnan con él, que estén en posesión de un pasaporte válido y en vigor, y que hayan

cumplido los requisitos de entrada establecidos en el art. 4 del presente real decreto.

7. *Residencia superior a tres meses de ciudadanos de un Estado miembro de la Unión Europea o de otro Estado parte en el Acuerdo sobre el Espacio Económico Europeo.* [353] 1. Todo ciudadano de un Estado miembro de la Unión Europea o de otro Estado parte en el Acuerdo sobre el Espacio Económico Europeo tiene derecho de residencia en el territorio del Estado Español por un período superior a tres meses si:

a) Es un trabajador por cuenta ajena o por cuenta propia en España, o

b) Dispone, para sí y los miembros de su familia, de recursos suficientes para no convertirse en una carga para la asistencia social en España durante su período de residencia, así como de un seguro de enfermedad que cubra todos los riesgos en España, o

c) Está matriculado en un centro público o privado, reconocido o financiado por la administración educativa competente con arreglo a la legislación aplicable, con la finalidad principal de cursar estudios, inclusive de formación profesional; y cuenta con un seguro de enfermedad que cubre todos los riesgos en España y garantiza a la autoridad nacional competente, mediante una declaración o por cualquier otro medio equivalente de su elección, que posee recursos suficientes para sí y los miembros de su familia para no convertirse en una carga para la asistencia social del Estado español durante su período de residencia, o

d) Es un miembro de la familia que acompaña a un ciudadano de la Unión Europea o de otro Estado parte en el Acuerdo sobre el Espacio Económico Europeo, o va a reunirse con él, y que cumple las condiciones contempladas en las letras a), b) o c).

2. El derecho de residencia establecido en el apartado 1 se ampliará a los miembros de la familia que no sean nacionales de un Estado miembro cuando acompañen al ciudadano de la Unión Europea o de otro Estado parte en el Acuerdo sobre el Espacio Económico Europeo o se reúnan con él en el Estado español, siempre que dicho ciudadano cumpla las condiciones contempladas en las letrasa), b) o c) de dicho apartado 1.

---

[353] Dada nueva redacción por disposición final 5 de Real Decreto-Ley 16/2012 de 20 de abril de 2012, con vigencia desde 24/04/2012

3. A los efectos de la letra a) del apartado 1, el ciudadano de la Unión Europea o de otro Estado parte en el Acuerdo sobre el Espacio Económico Europeo que ya no ejerza ninguna actividad por cuenta ajena o por cuenta propia mantendrá la condición de trabajador por cuenta ajena o por cuenta propia en los siguientes casos:

a) Si sufre una incapacidad temporal resultante de una enfermedad o accidente;

b) Si, habiendo quedado en paro involuntario debidamente acreditado, tras haber estado empleado durante más de un año, se ha inscrito en el servicio de empleo competente con el fin de encontrar un trabajo;

c) Si, habiendo quedado en paro involuntario debidamente acreditado tras concluir un contrato de trabajo de duración determinada inferior a un año o habiendo quedado en paro involuntario durante los primeros doce meses, se ha inscrito en el servicio de empleo competente con el fin de encontrar un trabajo. En este caso, la condición de trabajador se mantendrá durante un período que no podrá ser inferior a seis meses;

d) Si sigue una formación profesional. Salvo que se encuentre en situación de paro involuntario, el mantenimiento de la condición de trabajador exigirá que la formación guarde relación con el empleo previo.

4. No obstante lo dispuesto en la letra d) del apartado 1 y en el apartado 2, únicamente el cónyuge o persona a la que se refiere el apartado b) del art. 2 y los hijos a cargo tendrán el derecho de residencia como miembros de la familia de un ciudadano de la Unión Europea o de otro Estado parte en el Acuerdo sobre el Espacio Económico Europeo que cumple los requisitos de la letra c) del apartado 1 anterior.

5. Los nacionales de un Estado miembro de la Unión Europea o de otro Estado parte en el Acuerdo sobre el Espacio Económico Europeo estarán obligados a solicitar personalmente ante la oficina de extranjeros de la provincia donde pretendan permanecer o fijar su residencia o, en su defecto, ante la Comisaría de Policía correspondiente, su inscripción en el Registro Central de Extranjeros. Dicha solicitud deberá presentarse en el plazo de tres meses contados desde la fecha de entrada en España, siéndole expedido de forma inmediata un certificado de registro en el que constará el nombre, nacionalidad y domicilio de la persona registrada, su número de identidad de extranjero, y la fecha de registro.

6. Junto a la solicitud de inscripción, deberá presentarse el pasaporte o documento nacional de identidad válido y en vigor del solicitan-

te, así como la documentación acreditativa del cumplimiento de los requisitos exigibles para la inscripción establecidos en este artículo. En el supuesto de que el pasaporte o el documento nacional de identidad estén caducados, deberá aportarse copia de éstos y de la solicitud de renovación.

7. En lo que se refiere a medios económicos suficientes, no podrá establecerse un importe fijo, sino que habrá de tenerse en cuenta la situación personal de los nacionales de un Estado miembro de la Unión Europea o de otro Estado parte en el Acuerdo sobre el Espacio Económico Europeo. En cualquier caso, dicho importe no superará el nivel de recursos por debajo del cual se concede asistencia social a los españoles o el importe de la pensión mínima de Seguridad Social.

8. *Residencia superior a tres meses con tarjeta de residencia de familiar de ciudadano de la Unión.* 1. Los miembros de la familia de un ciudadano de un Estado miembro de la Unión Europea o de un Estado parte en el Acuerdo sobre el Espacio Económico Europeo especificados en el art. 2 del presente real decreto, que no ostenten la nacionalidad de uno de dichos Estados, cuando le acompañen o se reúnan con él, podrán residir en España por un período superior a tres meses, estando sujetos a la obligación de solicitar y obtener una «tarjeta de residencia de familiar de ciudadano de la Unión».

2. La solicitud de la tarjeta de residencia de familiar de ciudadano de la Unión deberá presentarse en el plazo de tres meses desde la fecha de entrada en España, ante la Oficina de Extranjeros de la provincia donde el interesado pretenda permanecer o fijar su residencia o, en su defecto, ante la Comisaría de Policía correspondiente. En todo caso, se entregará de forma inmediata un resguardo acreditativo de la presentación de la solicitud de la tarjeta, que será suficiente para acreditar su situación de estancia legal hasta la entrega de la tarjeta. La tenencia del resguardo no podrá constituir condición previa para el ejercicio de otros derechos o la realización de trámites administrativos, siempre que el beneficiario de los derechos pueda acreditar su situación por cualquier otro medio de prueba.

3. Junto con el impreso de solicitud de la tarjeta de residencia de familiar de ciudadano de la Unión, cumplimentado en el modelo oficial establecido al efecto, deberá presentarse la documentación siguiente:

a) Pasaporte válido y en vigor del solicitante. En el supuesto de que el documento esté caducado, deberá aportarse copia de éste y de la solicitud de renovación.

b) Documentación acreditativa, en su caso debidamente traducida y apostillada o legalizada, de la existencia del vínculo familiar, matrimonio o unión registrada que otorga derecho a la tarjeta.

c) Certificado de registro del familiar ciudadano de un Estado miembro de la Unión Europea o de otro Estado parte en el Acuerdo sobre el Espacio Económico Europeo al que acompañan o con el que van a reunirse.

d) Documentación acreditativa, en los supuestos en los que así se exija en el art. 2 del presente real decreto, de que el solicitante de la tarjeta vive a cargo del ciudadano de un Estado miembro de la Unión Europea o de otro Estado parte en el Acuerdo sobre el Espacio Económico Europeo del que es familiar.

e) Tres fotografías recientes en color, en fondo blanco, tamaño carné.

4. La expedición de la tarjeta de residencia de familiar de ciudadano de la Unión deberá realizarse en el plazo de los tres meses siguientes a la presentación de la solicitud. La resolución favorable tendrá efectos retroactivos, entendiéndose vigente la situación de residencia desde la fecha acreditada de entrada en España siendo familiar de ciudadano de la Unión. [354]

5. La tarjeta de residencia de familiar de ciudadano de la Unión tendrá una validez de cinco años a partir de la fecha de su expedición, o por el período previsto de residencia del ciudadano de la Unión o de un Estado parte en el Acuerdo sobre el Espacio Económico Europeo, si dicho periodo fuera inferior a cinco años.

9. *Mantenimiento a título personal del derecho de residencia de los miembros de la familia, en caso de fallecimiento, salida de España, nulidad del vínculo matrimonial, divorcio o cancelación de la inscripción como pareja registrada, en relación con el titular del derecho de*

---

[354] Dada nueva redacción apartado 4 por art. único apartado 1 de Real Decreto 1710/2011 de 18 de noviembre de 2011, con vigencia desde 27/11/2011

residencia [355] . 1. El fallecimiento del ciudadano de un Estado miembro de la Unión Europea o de un Estado parte en el Acuerdo sobre el Espacio Económico Europeo, su salida de España, o la nulidad del vínculo matrimonial, divorcio o cancelación de la inscripción como pareja registrada, no afectará al derecho de residencia de los miembros de su familia ciudadanos de uno de dichos Estados. [356]

2. El fallecimiento del ciudadano de un Estado miembro de la Unión Europea o de un Estado parte en el Acuerdo sobre el Espacio Económico Europeo, en el caso de miembros de la familia que no sean ciudadanos de uno de dichos Estados, tampoco afectará a su derecho de residencia, siempre que éstos hayan residido en España, en calidad de miembros de la familia, antes del fallecimiento del titular del derecho. Los familiares tendrán obligación de comunicar el fallecimiento a las autoridades competentes.

Apartado 2 párrafo 2 (Derogado) [357]

3. La salida de España o el fallecimiento del ciudadano de un Estado miembro de la Unión Europea o de un Estado parte en el Acuerdo sobre el Espacio Económico Europeo no supondrá la pérdida del derecho de residencia de sus hijos ni del progenitor que tenga atribuida la custodia efectiva de éstos, con independencia de su nacionalidad, siempre que dichos hijos residan en España y se encuentren matriculados en un centro de enseñanza para cursar estudios, ello hasta la finalización de éstos.

4. En el caso de nulidad del vínculo matrimonial, divorcio o cancelación de la inscripción como pareja registrada, de un nacional de un Estado miembro de la Unión Europea o de un Estado parte en el Acuerdo sobre el Espacio Económico Europeo, con un nacional de un Estado que no lo sea, éste tendrá obligación de comunicar dicha circunstancia a las autoridades competentes. Para conservar el derecho de residencia, deberá acreditarse uno de los siguientes supuestos:

a) Duración de al menos tres años del matrimonio o situación de pareja registrada, hasta el inicio del procedimiento judicial de nulidad

---

[355] Dada nueva redacción leyenda por apartado 2 letra c de Sentencia de 1 de junio de 2010, anulando el incisó «separación legal», con vigencia desde 03/11/2010

[356] Dada nueva redacción apartado 1 por apartado 2 letra c de Sentencia de 1 de junio de 2010, anulando el inciso «separación legal», con vigencia desde 03/11/2010

[357] Anulado apartado 2 párrafo 2 por apartado 2 letra i de Sentencia de 1 de junio de 2010 , con vigencia desde 03/11/2010

del matrimonio, divorcio o de la cancelación de la inscripción como pareja registrada, de los cuales deberá acreditarse que al menos uno de los años ha transcurrido en España.

b) Otorgamiento por mutuo acuerdo o decisión judicial, de la custodia de los hijos del ciudadano comunitario, al ex cónyuge o ex pareja registrada que no sea ciudadano de un Estado miembro de la Unión Europea ni de un Estado parte en el Acuerdo sobre el Espacio Económico Europeo.

c) Existencia de circunstancias especialmente difíciles como:

1º Haber sido víctima de violencia de género durante el matrimonio o la situación de pareja registrada, circunstancia que se considerará acreditada de manera provisional cuando exista una orden de protección a su favor o informe del Ministerio Fiscal en el que se indique la existencia de indicios de violencia de género, y con carácter definitivo cuando haya recaído resolución judicial de la que se deduzca que se han producido las circunstancias alegadas.

2º Haber sido sometido a trata de seres humanos por su cónyuge o pareja durante el matrimonio o la situación de pareja registrada, circunstancia que se considerará acreditada de manera provisional cuando exista un proceso judicial en el que el cónyuge o pareja tenga la condición de imputado y su familiar la de posible víctima, y con carácter definitivo cuando haya recaído resolución judicial de la que se deduzca que se han producido las circunstancias alegadas.

d) Resolución judicial o mutuo acuerdo entre las partes que determine el derecho de visita, al hijo menor, del ex cónyuge o ex pareja registrada que no sea ciudadano de un Estado miembro de la Unión Europea o de un Estado parte en el Acuerdo sobre el Espacio Económico Europeo, cuando dicho menor resida en España y dicha resolución o acuerdo se encuentre vigente. [358]

5. Cuando las Autoridades competentes consideren que existen dudas razonables en cuanto al cumplimiento de las condiciones establecidas en los arts. 8 y 9, podrán llevar a cabo comprobaciones al objeto de verificar si se cumplen las mismas. Dichas comprobaciones no tendrán en ningún caso carácter sistemático. [359]

---

[358] Dada nueva redacción apartado 4 por art. único apartado 2 de Real Decreto 1710/2011 de 18 de noviembre de 2011, con vigencia desde 27/11/2011

[359] Añadido apartado 5 por art. único apartado 3 de Real Decreto 1710/2011 de 18 de noviembre de 2011 , con vigencia desde 27/11/2011

9 bis. *Mantenimiento del derecho de residencia.* [360] 1. Los ciudadanos de los Estados miembros de la Unión Europea y de otros Estados parte en el Acuerdo sobre el Espacio Económico Europeo y los miembros de sus familias gozarán del derecho de residencia establecido en los arts. 7, 8 y 9 mientras cumplan las condiciones en ellos previstas.

En casos específicos en los que existan dudas razonables en cuanto al cumplimiento, por parte de un ciudadano de algún Estado miembro de la Unión Europea o de otro Estado parte en el Acuerdo sobre el Espacio Económico Europeo o de los miembros de su familia, de las condiciones establecidas en los arts. 7, 8 y 9, los órganos competentes podrán comprobar si se cumplen dichas condiciones. Dicha comprobación no se llevará a cabo sistemáticamente.

2. El recurso a la asistencia social en España de un ciudadano de algún Estado miembro de la Unión Europea o de otro Estado parte en el Acuerdo sobre el Espacio Económico Europeo o de un miembro de su familia no tendrá por consecuencia automática una medida de expulsión.

3. No obstante lo dispuesto en los apartados anteriores y sin perjuicio de las disposiciones del Capítulo VI de este real decreto, en ningún caso podrá adoptarse una medida de expulsión contra ciudadanos de los Estados miembros de la Unión Europea o de otros Estados parte en el Acuerdo sobre el Espacio Económico Europeo o miembros de su familia si:

a) son trabajadores por cuenta ajena o por cuenta propia; o,

b) han entrado en territorio español para buscar trabajo. En este caso, no podrán ser expulsados mientras puedan demostrar que siguen buscando empleo y que tienen posibilidades reales de ser contratados.

CAPÍTULO IV
RESIDENCIA DE CARÁCTER PERMANENTE

10. *Derecho a residir con carácter permanente.* 1. Son titulares del derecho a residir con carácter permanente los ciudadanos de un Esta-

---

[360] Añadido por disposición final 2 de Real Decreto 1192/2012 de 3 de agosto de 2012, con vigencia desde 05/08/2012

do miembro de la Unión Europea o de un Estado parte en el Acuerdo sobre el Espacio Económico Europeo, y los miembros de la familia que no sean nacionales de uno de dichos Estados, que hayan residido legalmente en España durante un período continuado de cinco años. Este derecho no estará sujeto a las condiciones previstas en el capítulo III del presente real decreto.

A petición del interesado, la Oficina de Extranjeros de la provincia donde éste tenga su residencia o, en su defecto, la Comisaría de Policía correspondiente, expedirá, con la mayor brevedad posible y tras verificar la duración de la residencia, un certificado del derecho a residir con carácter permanente.

2. Asimismo, tendrán derecho a la residencia permanente, antes de que finalice el período de cinco años referido con anterioridad, las personas en las que concurra alguna de las siguientes circunstancias:

a) El trabajador por cuenta propia o ajena que, en el momento en que cese su actividad, haya alcanzado la edad prevista en la legislación española para acceder a la jubilación con derecho a pensión, o el trabajador por cuenta ajena que deje de ocupar la actividad remunerada con motivo de una jubilación anticipada, cuando hayan ejercido su actividad en España durante, al menos, los últimos doce meses y hayan residido en España de forma continuada durante más de tres años.

La condición de duración de residencia no se exigirá si el cónyuge o pareja registrada del trabajador es ciudadano español o ha perdido su nacionalidad española tras su matrimonio o inscripción como pareja registrada con el trabajador.

b) El trabajador por cuenta propia o ajena que haya cesado en el desempeño de su actividad como consecuencia de incapacidad permanente, habiendo residido en España durante más de dos años sin interrupción. No será necesario acreditar tiempo alguno de residencia si la incapacidad resultara de accidente de trabajo o de enfermedad profesional que dé derecho a una pensión de la que sea responsable, total o parcialmente, un organismo del Estado español.

La condición de duración de residencia no se exigirá si el cónyuge o pareja registrada del trabajador es ciudadano español o ha perdido su nacionalidad española tras su matrimonio o inscripción como pareja con el trabajador.

c) El trabajador por cuenta propia o ajena que, después de tres años consecutivos de actividad y de residencia continuadas en territorio español desempeñe su actividad, por cuenta propia o ajena, en otro

Estado miembro y mantenga su residencia en España, regresando al territorio español diariamente o, al menos, una vez por semana. A los exclusivos efectos del derecho de residencia, los períodos de actividad ejercidos en otro Estado miembro de la Unión Europea se considerarán cumplidos en España.

3. Los miembros de la familia del trabajador por cuenta propia o ajena que residan con él en España tendrán, con independencia de su nacionalidad, derecho de residencia permanente cuando el propio trabajador haya adquirido para sí el derecho de residencia permanente por hallarse incluido en alguno de los supuestos del apartado 2 anterior, expidiéndoseles o renovándose, cuando fuera necesario, una tarjeta de residencia permanente de familiar de ciudadano de la Unión.

4. A los efectos contemplados en el apartado 2 anterior, los períodos de desempleo involuntario, debidamente justificados por el servicio público de empleo competente, los períodos de suspensión de la actividad por razones ajenas a la voluntad del interesado, y las ausencias del puesto de trabajo o las bajas por enfermedad o accidente se considerarán como períodos de empleo.

5. Si el titular del derecho a residir en territorio español hubiera fallecido en el curso de su vida activa, con anterioridad a la adquisición del derecho de residencia permanente en España, los miembros de su familia que hubieran residido con él en el territorio nacional tendrán derecho a la residencia permanente siempre y cuando concurra alguna de las siguientes circunstancias:

a) Que el titular del derecho a residir en territorio español hubiera residido, de forma continuada en España, en la fecha del fallecimiento durante, al menos, dos años.

b) Que el fallecimiento se haya debido a accidente de trabajo o enfermedad profesional.

c) Que el cónyuge supérstite fuera ciudadano español y hubiera perdido la nacionalidad española como consecuencia del matrimonio con el fallecido.

6. A los efectos del presente artículo, la continuidad de la residencia se valorará de conformidad con lo previsto en el presente real decreto.

7. Se perderá el derecho de residencia permanente por ausencia del territorio español durante más de dos años consecutivos.

11. *Tarjeta de residencia permanente para miembros de la familia que no tengan la nacionalidad de un Estado miembro de la Unión*

Europea o de otro Estado parte en el Acuerdo sobre el Espacio Económico Europeo. 1. Las autoridades competentes expedirán a los miembros de la familia con derecho de residencia permanente que no sean nacionales de otro Estado miembro de la Unión europea o de un Estado parte en el Acuerdo sobre el Espacio Económico Europeo, una tarjeta de residencia permanente, en el plazo de tres meses contados desde la fecha en que la correspondiente solicitud haya tenido entrada en el registro del órgano competente para su tramitación.

La solicitud deberá presentarse en el modelo oficial establecido al efecto, durante el mes anterior a la caducidad de la tarjeta de residencia, pudiendo también presentarse dentro de los tres meses posteriores a dicha fecha de caducidad sin perjuicio de la sanción administrativa que corresponda. Dicha tarjeta será renovable automáticamente cada diez años.

2. Junto con la solicitud de la citada tarjeta de residencia permanente, deberá presentarse la documentación siguiente:

a) Pasaporte válido y en vigor del solicitante. En el supuesto de que dicho documento esté caducado, deberá aportarse copia de éste y de la solicitud de renovación.

b) Documentación acreditativa del supuesto que da derecho a la tarjeta.

c) Tres fotografías recientes en color, en fondo blanco, tamaño carné.

3. Las interrupciones de residencia no superiores a dos años consecutivos, no afectarán a la vigencia de la tarjeta de residencia permanente.

CAPÍTULO V
DISPOSICIONES COMUNES A LOS PROCEDIMIENTOS DE SOLICITUD, TRAMITACIÓN, EXPEDICIÓN Y RENOVACIÓN DE CERTIFICADOS DE REGISTRO Y TARJETAS DE RESIDENCIA

12. *Tramitación y resolución de las solicitudes.* 1. Las solicitudes de los certificados de registro y tarjetas de residencia previstos en el presente real decreto se presentarán personalmente en el modelo oficial establecido al efecto, se tramitarán con carácter preferente y se resolverán conforme a lo previsto en los arts. 7, 8 y 11 del presente real decreto.

2. La solicitud y tramitación del certificado de registro o de las tarjetas de residencia no supondrá obstáculo alguno a la permanencia provisional de los interesados en España, ni al desarrollo de sus actividades.

3. Las Autoridades competentes para tramitar y resolver las solicitudes de certificado de registro o de tarjetas de residencia que se regulan en el presente real decreto podrán, excepcionalmente, recabar información sobre posibles antecedentes penales del interesado a las autoridades del Estado de origen o a las de otros Estados.

4. Asimismo, cuando así lo aconsejen razones de salud pública y según lo previsto en al art. 15 del presente real decreto, podrá exigirse al interesado la presentación de certificado médico acreditativo de su estado de salud.

13. *Renovación de las tarjetas de residencia.* En caso de que fuese necesaria la renovación de la tarjeta de residencia antes de la adquisición del derecho a residir con carácter permanente, dicha renovación se tramitará conforme a lo dispuesto en el presente real decreto, si bien en el caso de ascendientes y descendientes no se exigirá la aportación de la documentación acreditativa de la existencia del vínculo familiar que da derecho a la expedición de la tarjeta.

14. *Expedición y vigencia del certificado de registro y de la tarjeta de residencia.* 1. La expedición del certificado de registro o de la tarjeta de residencia se realizará de conformidad con los modelos que determinen las Autoridades competentes y previo abono de la tasa correspondiente, de conformidad con la legislación vigente de tasas y precios públicos, cuya cuantía será la equivalente a la que se exige a los españoles para la obtención y renovación del documento nacional de identidad [361].

2. En todo caso, la vigencia de los certificados de registro y tarjetas de residencia contemplados en el presente real decreto, y el reemplazo de éstos por un documento acreditativo de la residencia permanente o una tarjeta de residencia permanente, respectivamente, estará condicionada al hecho de que su titular continúe encontrándose en alguno

---

[361] Véase O PJC/617/2025, de 13 junio, por la que se establece el importe de las tasas por tramitación de autorizaciones administrativas y documentos de identidad en materia de inmigración y extranjería

de los supuestos que dan derecho a su obtención. Los interesados deberán comunicar los eventuales cambios de circunstancias referidos a su nacionalidad, estado civil o domicilio a la Oficina de Extranjeros de la provincia donde residan o, en su defecto, a la Comisaría de Policía correspondiente.

3. La vigencia de la tarjeta de residencia de familiar de ciudadano de la Unión caducará por las ausencias superiores a seis meses en un año. No obstante, dicha vigencia no se verá afectada por las ausencias de mayor duración del territorio español que se acredite sean debidas al cumplimiento de obligaciones militares o, que no se prolonguen más de doce meses consecutivos y sean debidas a motivos de gestación, parto, posparto, enfermedad grave, estudios, formación profesional, o traslados por razones de carácter profesional a otro Estado miembro o a un tercer país.

Esta caducidad por ausencia no será de aplicación a los titulares de tarjeta de familiar de ciudadano de la Unión vinculados mediante una relación laboral a organizaciones no gubernamentales, fundaciones o asociaciones, inscritas en el registro general correspondiente y reconocidas oficialmente de utilidad pública como cooperantes, y que realicen para aquéllas proyectos de investigación, cooperación al desarrollo o ayuda humanitaria, llevados a cabo en el extranjero. Tampoco será de aplicación a los titulares de dicha tarjeta que permanezcan en el territorio de otro Estado miembro de la Unión Europea para la realización de programas temporales de estudios promovidos por la propia Unión.

4. Sin perjuicio de la obligación de los ciudadanos de los Estados miembros de la Unión Europea y de los restantes Estados parte en el Acuerdo sobre el Espacio Económico Europeo así como de sus familiares de solicitar y obtener el certificado de registro o la tarjeta de residencia y sus correspondientes renovaciones, los mismos podrán acreditar ser beneficiarios del régimen comunitario previsto en el presente Real Decreto por cualquier medio de prueba admitido en Derecho. [362]

---

[362] Añadido apartado 4 por art. único apartado 4 de Real Decreto 1710/2011 de 18 de noviembre de 2011, con vigencia desde 27/11/2011

CAPÍTULO VI
LIMITACIONES POR RAZONES DE ORDEN PÚBLICO, SEGURIDAD PÚBLICA Y SALUD PÚBLICA

15. *Medidas por razones de orden público, seguridad y salud pública.* 1. Cuando así lo impongan razones de orden público, de seguridad pública o de salud pública, se podrá adoptar alguna de las medidas siguientes en relación con los ciudadanos de un Estado miembro de la Unión Europea o de otro Estado parte en el Acuerdo sobre el Espacio Económico Europeo, o con los miembros de su familia:

a) Impedir la entrada en España, aunque los interesados presenten la documentación prevista en el art. 4 del presente real decreto.

b) Denegar la inscripción en el Registro Central de Extranjeros, o la expedición o renovación de las tarjetas de residencia previstas en el presente real decreto.

c) Ordenar la expulsión o devolución del territorio español.

Únicamente podrá adoptarse una decisión de expulsión respecto a ciudadanos de un Estado miembro de la Unión Europea o de otro Estado parte en el Acuerdo sobre el Espacio Económico Europeo, o a miembros de su familia, con independencia de su nacionalidad, que hayan adquirido el derecho de residencia permanente en España, si existen motivos graves de orden público o seguridad pública. Asimismo, antes de adoptarse una decisión en ese sentido, se tendrán en cuenta la duración de la residencia e integración social y cultural del interesado en España, su edad, estado de salud, situación familiar y económica, y la importancia de los vínculos con su país de origen.

2. Aquellas personas que hayan sido objeto de una decisión de prohibición de entrada en España podrán presentar una solicitud de levantamiento de la misma en un plazo razonable que será determinado por la Autoridad competente en función de las circunstancias concurrentes y que constará en la resolución por la que se determine la prohibición de entrada. La solicitud de levantamiento de la prohibición de entrada se realizará con alegación de los motivos que demuestren un cambio material de las circunstancias que justificaron la prohibición de entrada en España. En todo caso, dicha solicitud podrá ser presentada transcurridos tres años desde la ejecución de la decisión de prohibición de entrada en España.

La Autoridad competente que resolvió dicha prohibición de entrada deberá resolver dicha solicitud en un plazo máximo de tres meses a partir de su presentación.

Durante el tiempo en el que dicha solicitud es examinada, el afectado no podrá entrar en España. [363]

3. La continuidad de la residencia referida en el presente real decreto se verá interrumpida por cualquier resolución de expulsión ejecutada válidamente contra el interesado.

4. En los casos en los que una resolución de expulsión vaya a ejecutarse más de dos años después de haberse dictado, las autoridades competentes deberán comprobar y valorar posibles cambios de circunstancias que pudieran haberse producido desde el momento en el que se adoptó la decisión de expulsión, así como la realidad de la amenaza que el interesado representa para el orden público o la seguridad pública.

5. La adopción de una de las medidas previstas en los apartados anteriores 1 a 4 se atenderá a los siguientes criterios:

a) Habrá de ser adoptada con arreglo a la legislación reguladora del orden público y la seguridad pública y a las disposiciones reglamentarias vigentes en la materia.

b) Podrá ser revocada de oficio o a instancia de parte cuando dejen de subsistir las razones que motivaron su adopción.

c) No podrá ser adoptada con fines económicos.

d) Cuando se adopte por razones de orden público o de seguridad pública, deberán estar fundadas exclusivamente en la conducta personal de quien sea objeto de aquéllas, que, en todo caso, deberá constituir una amenaza real, actual y suficientemente grave que afecte a un interés fundamental de la sociedad, y que será valorada, por el órgano competente para resolver, en base a los informes de las Autoridades policiales, fiscales o judiciales que obren en el expediente. La existencia de condenas penales anteriores no constituirá, por sí sola, razón para adoptar dichas medidas.

6. No podrá adoptarse una decisión de expulsión o repatriación respecto a ciudadanos de un Estado miembro de la Unión Europea o de otro Estado parte en el Acuerdo sobre el Espacio Económico Europeo, salvo si existen motivos imperiosos de seguridad pública, en los siguientes casos:

[363] Dada nueva redacción apartado 2 por art. único apartado 5 de Real Decreto 1710/2011 de 18 de noviembre de 2011, con vigencia desde 27/11/2011

a) Si hubiera residido en España durante los diez años anteriores, o:

b) Si fuera menor de edad, salvo si la repatriación es conforme al interés superior del menor, no teniendo dicha repatriación, en ningún caso, carácter sancionador.

7. La caducidad del documento de identidad o del pasaporte con el que el interesado efectuara su entrada en España, o, en su caso, de la tarjeta de residencia, no podrá ser causa de expulsión.

8. El incumplimiento de la obligación de solicitar la tarjeta de residencia o del certificado de registro conllevará la aplicación de las sanciones pecuniarias que, en idénticos términos y para supuestos similares, se establezca para los ciudadanos españoles en relación con el Documento Nacional de Identidad.

9. Las únicas dolencias o enfermedades que pueden justificar la adopción de alguna de las medidas del apartado 1 del presente artículo serán las enfermedades con potencial epidémico, como se definen en los instrumentos correspondientes de la Organización Mundial de la Salud, así como otras enfermedades infecciosas o parasitarias contagiosas, de conformidad con la legislación española vigente.

Las enfermedades que sobrevengan tras los tres primeros meses siguientes a la fecha de llegada del interesado, no podrán justificar la expulsión de territorio español.

En los casos individuales en los que existan indicios graves que lo justifiquen, podrá someterse a la persona incluida en el ámbito de aplicación del presente real decreto, en los tres meses siguientes a la fecha de su llegada a España, a un reconocimiento médico gratuito para que se certifique que no padece ninguna de las enfermedades mencionadas en este apartado. Dichos reconocimientos médicos no podrán exigirse con carácter sistemático.

16. *Informe de la Abogacía del Estado.* 1. La resolución administrativa de expulsión de un titular de tarjeta o certificado requerirá, con anterioridad a que se dicte, el informe previo de la Abogacía del Estado en la provincia, salvo en aquellos casos en que concurran razones de urgencia debidamente motivadas.

2. Sin perjuicio de los recursos administrativos y judiciales legalmente procedentes, la resolución de la Autoridad competente que ordene la expulsión de personas solicitantes de tarjeta de residencia o certificado de registro será sometida, previa petición del interesado, a examen de la Dirección del Servicio Jurídico del Estado o de la

Abogacía del Estado en la provincia. El interesado podrá presentar personalmente sus medios de defensa ante el órgano consultivo, a no ser que se opongan a ello motivos de seguridad del Estado. El dictamen de la Abogacía del Estado será sometido a la autoridad competente para que confirme o revoque la anterior resolución.

17. *Garantías procesales.* 1. Cuando la presentación de recurso administrativo o judicial contra la resolución de expulsión vaya acompañada de la solicitud de una medida cautelar de suspensión de la ejecución de dicha resolución, no podrá producirse la expulsión en sí hasta el momento en que se haya adoptado la decisión sobre la medida cautelar, excepto si se da una de las siguientes circunstancias:

a) Que la resolución de expulsión se base en una decisión judicial anterior.

b) Que las personas afectadas hayan tenido acceso previo a la revisión judicial.

c) Que la resolución de expulsión se base en motivos imperiosos de seguridad pública según lo señalado en el art. 15.5.a) y d) del presente real decreto.

2. Durante la sustanciación del recurso judicial, el interesado no podrá permanecer en territorio español, salvo en el trámite de vista, en que podrá presentar personalmente su defensa, excepto que concurran motivos graves de orden público o de seguridad pública o cuando el recurso se refiera a una denegación de entrada en el territorio.

18. *Resolución.* 1. Las resoluciones de expulsión serán dictadas por los Subdelegados del Gobierno o Delegados del Gobierno en las comunidades autónomas uniprovinciales.

2. Las resoluciones de expulsión deberán ser motivadas, con información acerca de los recursos que se puedan interponer contra ellas, plazo para hacerlo y autoridad ante quien se deben formalizar, así como, cuando proceda, del plazo concedido para abandonar el territorio español.

Las resoluciones de expulsión establecerán un plazo para abandonar el territorio español, que sólo podrá ser excepcionado en los supuestos en que concurra alguna de las circunstancias mencionadas en el art. 17.1.

Excepto en casos urgentes, debidamente justificados, dicho plazo no podrá ser inferior a un mes a partir de la fecha de notificación. En todo caso, la decisión adoptada sobre la duración del plazo no podrá suponer impedimento para el control de la resolución de expulsión en vía administrativa y/o judicial. [364]

DISPOSICIONES ADICIONALES

Disposición Adicional Primera. *Atribución de competencias.* Las competencias en materia de recepción de comunicaciones o resolución de solicitudes en el ámbito del presente real decreto no expresamente atribuidas serán ejercidas por el Jefe de la Oficina de Extranjeros de la provincia en la que el solicitante tenga su domicilio.

Disposición Adicional Segunda. *Normativa aplicable a los procedimientos.* En lo no previsto en materia de procedimientos en el presente real decreto, se estará a lo dispuesto en la Ley Orgánica 4/2000, de 11 de enero, sobre derechos y libertades de los extranjeros en España y su integración social, en su Reglamento, aprobado por Real Decreto 2393/2004, de 30 de diciembre, en la Ley 30/1992, de 26 de noviembre, de régimen jurídico de las Administraciones Públicas y del procedimiento administrativo común, y en su normativa de desarrollo, con carácter supletorio y en la medida en que no se oponga a lo dispuesto en los Tratados constitutivos de las Comunidades Europeas y el derecho derivado de los mismos.

Disposición Adicional Tercera. *Régimen especial de aplicación a los ciudadanos de algunos Estados no miembros de la Unión Europea ni Parte en el Acuerdo sobre el Espacio Económico Europeo.* 1. En virtud del Acuerdo entre la Comunidad Europea y la Confederación Suiza sobre libre circulación de personas, firmado en Luxemburgo el 21 de junio de 1999, a los ciudadanos suizos y a los miembros de su familia les es de aplicación lo previsto en el presente real decreto.
2. En virtud de acuerdos celebrados entre la Comunidad y sus Estados miembros, por una parte, y Estados no miembros de la Unión

[364] Dada nueva redacción apartado 2 por art. único apartado 6 de Real Decreto 1710/2011 de 18 de noviembre de 2011, con vigencia desde 27/11/2011

Europea ni Parte en el Acuerdo sobre el Espacio Económico Europeo, por otra, a los ciudadanos de dichos Estados terceros y a los miembros de su familia les será de aplicación lo previsto en el presente real decreto para el ejercicio de los derechos de entrada y salida, libre circulación, estancia, residencia y trabajo en España, cuando ello sea conforme con lo establecido en dichos acuerdos.

DISPOSICIONES TRANSITORIAS

Disposición Transitoria Primera. *Solicitudes presentadas con anterioridad a la entrada en vigor de este real decreto.* Las solicitudes presentadas con anterioridad a la entrada en vigor de este real decreto se tramitarán y resolverán conforme a lo previsto en él, salvo que el interesado solicite la aplicación de la normativa vigente en el momento de la solicitud y siempre que ello sea compatible con las previsiones del presente real decreto.

Disposición Transitoria Segunda. *Atribución transitoria de competencias.* En las provincias en las que aún no haya sido creada la correspondiente Oficina de Extranjeros, las competencias en el ámbito del presente real decreto no expresamente atribuidas serán ejercidas por el Subdelegado del Gobierno o por el Delegado del Gobierno en las comunidades autónomas uniprovinciales.

Disposición Transitoria Tercera. *Régimen especial de los trabajadores por cuenta ajena nacionales de Estados miembros de la Unión Europea a los que se apliquen medidas transitorias para regular su acceso al mercado de trabajo español.* Los trabajadores por cuenta ajena nacionales de Estados miembros que se incorporen a la Unión Europea, podrán verse sometidos a determinadas limitaciones de acceso al mercado de trabajo español en virtud de lo establecido en las Actas de adhesión de dichos Estados y de acuerdo con las decisiones adoptadas por el Gobierno en cada caso respecto a la aplicación de un período transitorio sobre esta materia.

Las medidas transitorias que regulen su situación como trabajadores por cuenta ajena, que en ningún caso supondrán menoscabo alguno del resto de derechos contemplados en tanto que ciudadanos de la

Unión Europea, determinarán la obligación de proveerse de la correspondiente autorización de trabajo por cuenta ajena. Las autorizaciones necesarias habrán de ser solicitadas y tramitadas según lo previsto en la Ley Orgánica 4/2000, de 11 de enero, sobre derechos y libertades de los extranjeros en España y su integración social, y su normativa de desarrollo, teniendo en cuenta lo establecido por las citadas Actas de adhesión y por el acervo comunitario aplicable.

DISPOSICIÓN DEROGATORIA

Disposición Derogatoria Única. *Derogación normativa.* Queda derogado el Real Decreto 178/2003, de 14 de febrero, sobre entrada y permanencia en España de nacionales de Estados miembros de la Unión Europea y de otros Estados Parte en el Acuerdo sobre el Espacio Económico Europeo, así como todas aquellas normas de igual o inferior rango que contradigan lo dispuesto en el presente real decreto.

DISPOSICIONES FINALES

Disposición Final Primera. *Incorporación de derecho de la Unión Europea.* Mediante el presente real decreto se incorpora al derecho español la Directiva 2004/38/CE, del Parlamento Europeo y del Consejo, de 29 de abril de 2004, relativa al derecho de los ciudadanos de la Unión y de los miembros de sus familias a circular y residir libremente en el territorio de los Estados miembros por la que se modifica el Reglamento (CEE) nº 1612/68 y se derogan las Directivas 64/221/CEE, 68/360/CEE, 72/194/CEE, 73/148/CEE, 75/34/CEE, 75/35/CEE, 90/364/CEE, 90/365/CEE y 93/96/CEE.

Disposición Final Segunda. *Facultad de desarrollo.* [365] Se autoriza a los titulares de los Ministerios de Empleo y Seguridad Social, de Asuntos Exteriores y de Cooperación, del Interior, y de Hacienda y Administraciones Públicas para dictar, en el ámbito de sus respectivas

---

[365] Dada nueva redacción por art. único apartado 2 de Real Decreto 987/2015 de 30 de octubre de 2015, con vigencia desde 09/12/2015

competencias y, en su caso, previo informe de la Comisión Interministerial de Extranjería, las normas que sean necesarias para la ejecución y desarrollo de lo dispuesto en este real decreto.

En el supuesto de que las materias no sean objeto de la exclusiva competencia de cada uno de ellos, la ejecución y desarrollo de lo dispuesto en este real decreto se llevará a cabo mediante orden del titular del Ministerio de la Presidencia, a propuesta conjunta de los Ministerios afectados, previo informe de la Comisión Interministerial de Extranjería.»

Disposición Final Tercera. *Modificación del Reglamento de la Ley Orgánica 4/2000, de 11 de enero, sobre derechos y libertades de los extranjeros en España y su integración social, aprobado por Real Decreto 2393/2004, de 30 de diciembre.* El Reglamento de la Ley Orgánica 4/2000, de 11 de enero, sobre derechos y libertades de los extranjeros en España y su integración social, aprobado por Real Decreto 2393/2004, de 30 de diciembre, queda modificado como sigue:

Uno. Se introduce una disposición adicional decimonovena:

«Disposición Adicional Decimonovena. *Facilitación de la entrada y residencia de los familiares de ciudadano de un Estado miembro de la Unión Europea o de otro Estado parte en el Acuerdo sobre el Espacio Económico Europeo, no incluidos en el ámbito de aplicación del Real Decreto 240/2007, de 16 de febrero, sobre entrada, libre circulación y residencia en España de ciudadanos de los Estados miembros de la Unión Europea y de otros Estados parte en el Acuerdo sobre el Espacio Económico Europeo*

Las Autoridades competentes facilitarán, de acuerdo con lo dispuesto en la Ley Orgánica 4/2000, de 11 de enero, sobre derechos y libertades de los extranjeros en España y su integración social, y en el presente Reglamento, la obtención del visado de residencia o, en su caso, de una autorización de residencia por circunstancias excepcionales, a quien sin estar incluido en el art. 2 del Real Decreto 240/2007, de 16 de febrero, sobre entrada, libre circulación y residencia en España de ciudadanos de los Estados miembros de la Unión Europea y de otros Estados parte en el Acuerdo sobre el Espacio Económico Europeo, acompañe a un ciudadano de la Unión o se reúna con él, y se halle en una de las siguientes circunstancias:

a) Sea otro familiar, en línea directa o colateral, consanguínea o por afinidad, que, en el país de procedencia, esté a cargo o viva con el ciudadano de un Estado miembro de la Unión Europea o de otro Estado parte en el Acuerdo sobre el Espacio Económico Europeo, o cuando por motivos graves de salud o discapacidad, sea estrictamente necesario que dicho ciudadano se haga cargo de su cuidado personal, [366]

b) sea la pareja, ciudadano de un Estado no miembro de la Unión Europea ni parte en el Acuerdo sobre el Espacio Económico Europeo, con la que el ciudadano de la Unión mantiene una relación estable debidamente probada.

Las autoridades exigirán la presentación de acreditación, por parte de la autoridad competente del país de origen o procedencia, que certifique que está a cargo del ciudadano de la Unión o que vivía con él en ese país, o la prueba de la existencia de motivos graves de salud o discapacidad que requieran estrictamente que el ciudadano de la Unión se haga cargo del cuidado personal del miembro de la familia. Igualmente se exigirá prueba suficiente de la existencia de una relación estable con el ciudadano de la Unión.

Las autoridades competentes estudiarán detenidamente las circunstancias personales en las solicitudes de entrada, visado o autorizaciones de residencia presentadas y justificarán toda denegación de las mismas.»

Apartado 2 (Derogado)

Disposición Final Cuarta. *Normativa subsidiaria y supletoria.* 1. La entrada, permanencia y trabajo en España de los familiares de los ciudadanos de los Estados miembros de la Unión Europea y de otros Estados parte en el Acuerdo sobre el Espacio Económico Europeo, incluidos en el ámbito de aplicación del presente real decreto, se regirán por la Ley Orgánica 4/2000, de 11 de enero, sobre derechos y libertades de los extranjeros en España y su integración social, en aquellos casos en que no quede acreditada la concurrencia de los requisitos previstos en el presente real decreto.

2. Las normas de carácter general contenidas en la citada Ley Orgánica 4/2000, de 11 de enero, sobre derechos y libertades de los

---

[366] Dada nueva redacción letra a por apartado 2 letra k de Sentencia de 1 de junio de 2010, anulando el inciso «parentesco hasta segundo grado», con vigencia desde 03/11/2010

extranjeros en España y su integración social, así como las normas reglamentarias vigentes sobre la materia, serán aplicables a los supuestos comprendidos en el ámbito de aplicación del presente real decreto, con carácter supletorio y en la medida en que pudieran ser más favorables y no se opongan a lo dispuesto en los Tratados constitutivos de las Comunidades Europeas, así como en el Derecho derivado de los mismos.

Disposición Final Quinta. *Entrada en vigor.* El presente real decreto entrará en vigor al mes de su publicación en el «Boletín Oficial del Estado».